U0547345

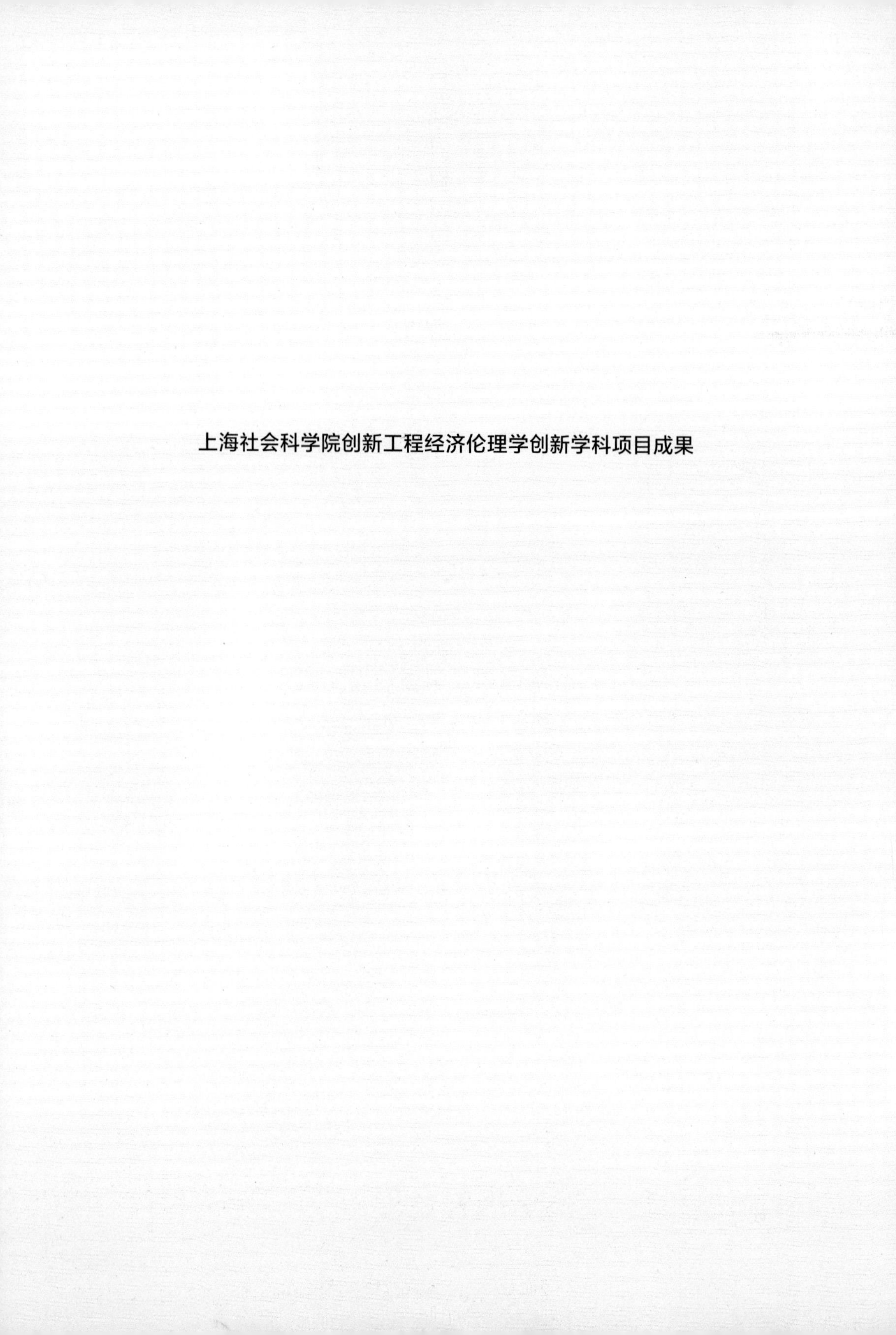

上海社会科学院创新工程经济伦理学创新学科项目成果

经济伦理国际论坛丛书
International Forum Series on Business Ethics

企业和经济发展中的伦理、创新与福祉

主　　编　陆晓禾
EDITOR　XIAOHE LU
客座编辑　［美］乔安妮·齐佑拉
GUEST CO-EDITOR　JOANNE B. CIULLA

Ethics,Innovation,and Well-Being in Business and the Economy

上海社会科学院出版社
SHANGHAI ACADEMY OF SOCIAL SCIENCES PRESS

▲ 大会筹备会议留影之一（A planning meeting of ISBEE and SASS for the Congress），左起：恩德勒（G.Enderle）、金黛如（D.Koehn）、齐佑拉（ISBEE 主席 J.B.Ciulla）、王 战（上海社会科学院院长）、陆晓禾、李轶海（院外事处处长）、金彩红（院外事处项目官），2013 年 10 月 22 日，上海社科院院长会议室。

▲ 大会筹备会议留影之二（A planning meeting of ISBEE and SASS for the Congress），左起：恩德勒、金黛如、李轶海、金彩红、齐佑拉、陆晓禾、张 森（院外事处项目官），2013 年 10 月 22 日，上海社科院外事处办公室。

▲ 大会开幕式前合影（Meeting before the Opening & Welcome），左起：科尔（G.Kell）、王 战、齐佑拉、潘夏琳（L.S.Paine）、狄乔治（R. T. De George）、赵 雯（上海市副市长）、于信汇（上海社科院党委书记）、沈国明（上海市社联党组书记）、黄仁伟（上海社科院副院长）、王 振（上海社科院副院长）、陆晓禾，2016 年 7 月 13 日，上海社科院大礼堂会客室。

◀ 大会期间，齐佑拉主席会见上海市和大会部分协办单位领导：上海市委宣传部副部长 / 上海市社联党组书记燕 爽(左 2）、中欧国际商学院 CEIBS）副院长 / 教务长张维炯教授（右 3）、上海交通大学安泰经济与管理学院（ACEM）院长周 林教授（右 1），大会特邀翻译梅俊杰教授（右 2），2016 年 7 月 14 日，上海锦江小礼堂。

上海社科院党委书记于信汇教授主持大会开幕式，2016 年 7 月 13 日，上海社科院大礼堂。

ISBEE 主席齐佑拉教授在大会开幕式上致辞。

上海市副市长（Vice Mayor of Shanghai）赵雯教授在大会开幕式上致辞。

ISBEE创始主席狄乔治教授在首场全体大会（PLENARY I）上作主旨演讲。

上海社科院院长王战教授在首场全体大会（PLENARY I）上作主旨演讲。

ISBEE前主席韦哈尼（P. Werhane）教授主持第二场全体大会（PLENARY II）。

美国科学、政策与效果演讲协会（CSPO）联合创始人/会长萨里维茨（D.Sarewitz）教授在第二场全体大会（PLENARY II）上作主旨演讲。

中国伦理学会会长万俊人教授在第二场全体大会（PLENARY II）上作主旨演讲。

宾夕法尼亚大学沃顿商学院唐纳德森（T.Donaldson）教授主持第三场全体大会（PLENARY III）。

哈佛商学院高级副院长潘夏琳教授在第三场全体大会（PLENARY III）上作主旨演讲。

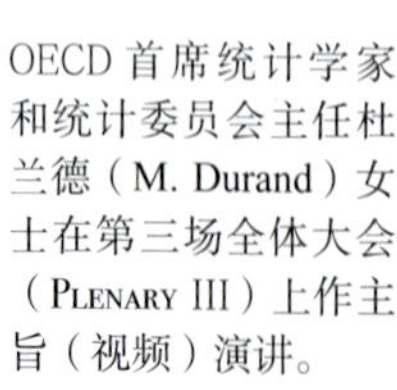

OECD首席统计学家和统计委员会主任杜兰德（M. Durand）女士在第三场全体大会（PLENARY III）上作主旨（视频）演讲。

联合国负责任投资原则组织常务董事费边（N. Fabian）先生在第三场全体大会（PLENARY III）上作主旨演讲。

联合国全球契约前执行主任科尔（G. Kell）先生在晚会上演讲，2016年7月14日，上海锦江小礼堂。

拜耳中国总裁朱丽仙（C. Chew）女士在晚会上致辞，2016年7月14日，上海锦江小礼堂。

ISBEE
第六届ISBEE世界大会
The Sixth ISBEE World Congress
企业和经济发展中的伦理、创新与福祉
Ethics, Innovation, and Well-Being in Business and the Economy

杨义芹

企业和经济发展中的伦理、创

ISBEE
第六届ISBEE世界大会
The Sixth ISBEE World Congress
企业和经济发展中的伦理、创新与福祉
Ethics, Innovation, and Well-Being in Business and the Economy

▲ **专题论坛 1** 经济伦理教学（PANEL 1 Teaching Business Ethics），左起：斯利瓦桑（V.Srinivasan）、罗索夫（D.Rossouw）、苏勇、狄乔治（R.De George）、阿鲁达（C.Arruda）、杰里森（R. Jeurissen）、王小锡。

▲ **专题论坛 2** 主编论坛（PANEL 2 Editors Panel），左起：格林伍德（M.Greenwood）、金黛如、王泽应、阿诺德（D.Arnold）、杨义芹、希金斯（C.Higgins）、范布伦（H.V.Buren）。

▲ 专题论坛 3 为国际经济伦理学者提供交流和研究机会（PANEL 3 Networking and Research Opportunities for International Business Ethics Scholars）演讲人，左起：梅津光弘（M.Umezu）、科克伦（P.L. Cochran）、马洪（J.Mahon）、艾尔姆（D.R.Elm）、乌卡其（R.E. Wokutch）、斯图尔伯格（S. Stueckelberger）、周祖城、文丁斌（J.J.Moon）、希金斯（C.Higgins）。

▲ 专题论坛 4 企业和管理中的美德传统：儒家和亚里士多德（一）（PANEL 4 Cofucian and Aristotelian Traditional in Virtue Ethics in Business and Management）, 左起：费列罗（I.Ferrero）、楚（I.Chu）、摩尔（G.Moore）、西松（A.J.G.Sison）、阿尔索拉（M.Alozola）、金万泰（Tae Wan Kim）。

▲ **专题论坛 5** 医药卫生行业中的伦理与创新（PANEL 5 Ethics and Innovation in China's Medicine and Health Care Sector），此为论坛举办前的筹备会议，出席会议的有：曹国英、沈铭贤、李善国、陈佩、方秉华、樊民胜、薛迪、王永、马强、胡苏云等。

▲ **专题论坛 6** 经济伦理学在非洲（PANEL 6 Business Ethics in Africa），左起：沙尔克（E.Schalk）、诺德（P.Naude）、西姆福里安（S.Ntibagirinwa）、罗索夫（D.Rossouw）。

▲ **专题论坛 7** 员工参与在中国（PANEL 7 Worker Participation in China），左起：陆晓禾、恩德勒、袁立、穆建霞、陈鹤鸣、汉普顿（D.Hamptton）、姚文娟。

▲ **专题论坛 8** CEIBS 论坛体可持续创新（PANEL 8 Sustainability Innovation），主持人白诗莉（L.Price）教授（左 3）：发言人：原博雍、张伟、程玲、白秀娟、谷青。

▲ **专题论坛9** 经济伦理学在欧洲（PANEL 9 Business Ethics in Europe），发言人（左起）：圣何塞（L.S.Jose）、卢奇（C.Lutge）、杰里森（R.Jeurissen）、梅勒（D. Mele）。

▲ **专题论坛10** 供应链管理中的伦理（PANEL 10 Ethics in Supply Cain Management），主持人白诗莉（左1），发言人（左起）：闫海峰、陈 耀、胡东伟、张维琦。

▲ **专题论坛 11** 中国传统文化、伦理和管理（PANEL 11 Traditional Chinese Culture, Ethics and Management），发言人（左起）：晁 罡、苏 勇、茅忠群、朱建民、齐善鸿、吕 力。

▲ **专题论坛 12** 经济伦理学在拉丁美洲（PANEL 12 Business Ethics in Latin America），发言人（左起）：雷菲科（E.Reficco）、卡普瑞尔斯（R.Capriles）、穆诺兹（D.P.N.Munoz）、阿鲁达、斯卡尔佐（G.Scalzo）、白希埃尔（A.P.Bissieres）、阿尔索拉（M.Alzola）。

▲ **专题论坛13** 金融伦理（Panel 13 Ethics in Finance），左起：恩德勒、博特莱特（J.Boatright）、邱慈观、佩恩（C.Payne）、张 雄、郝 云。

▲ **专题论坛14** 金砖国家：价值观与公民（Panel 14 Values and Citizens in BRICS），左起：诺德（P.Naude）、格里雅兹诺娃（A.Gryaznova）、沃哈尼、阿鲁达、杨建锋、斯利瓦桑。

▲ **专题论坛 15** 经济伦理学在亚洲（PANEL 15 Business Ethics in Asia），左起：陆晓禾、王珏、梅田彻（T.Umeda）、赫玛尼（N.Rahmani）、阮黄安（H.a.Nguyen）、翟博思（H-C.d.Bettignies）、林洁珍。

▲ **专题论坛 16** 创新与经济伦理学（PANEL 16 Business Ethics and Innovation），主持人齐佑拉（左 1）、发言人（左 2 起）：狄乔治、刘可风、赵修义、陆晓禾、马克（T. Maak）、李兰芬。

▲ **专题论坛 17** 新兴市场中的伦理企业文化（PANEL 17 Ethical Business Cultures in Emerging Markets），发言人：罗索夫（右 1）、萨努多（M.Sanudo）（左 2）、拉玛尼（N.Rahmani）（右 2）。

▲ **专题论坛 18** 企业和管理中的美德传统：儒家和亚里士多德（二）（PANEL 18 Confucian and Aristotelian Traditions in Virture Ethics in Business and Management），左起：西松、金黛如、廖申白、普罗维斯（C.Provis）、鲁伊兹（P.G.Ruiz）、罗德里格斯（C.Rodriguez）。

第六届ISBEE世界大会
The Sixth ISBEE World Congress

QUESTIONS?
Please contact me:
Harry Van Buren
University of New Mexico
hjvb3@unm.edu

"医药卫生行业中的伦理与创新"论坛

Previous studies
第六届ISBEE世界大会
企业和经济发展中的伦理、创新与福祉

伦理、创新与福祉
n Business and the Economy

背景分析
经济金融化

ISBEE
第六届ISBEE世界大会
企业和经济发展中的伦理、创新与福祉

论文研讨
PAPERS

I

论文研讨
PAPERS
I

论文研讨
PAPERS

I

论文研讨
PAPERS
II

论文研讨
PAPERS

II

论文研讨
PAPERS

II

论文研讨
PAPERS

III

论文研讨
PAPERS

III

▲ 大会闭幕式，ISBEE前主席罗索夫教授主持：ISBEE执委代表论坛（Panel of ISBEE Excoms），左起：韦哈尼、罗索夫、周祖城、阿鲁达、梅田彻（T.Umeda）、维特斯坦（F.Wettstein）教授。

第六届ISBEE世界大会
The Sixth ISBEE World Congress
企业和经济发展中的伦理、创新与福祉
Business and the Economy
主办
Organizer
承办
Host
ISBEE

▲ 大会闭幕式：告别和感谢（Farewell and Thanks），左起：王玉梅教授（社科院党委副书记）、齐佑拉主席、陆晓禾教授。

▲ 大会闭幕式后举行ISBEE会员代表大会（ISBEE Member Meeting），ISBEE秘书长麦克尔森（C.Michaelson）教授（左上）主持，继任ISBEE主席南澳大学马克教授（右下）致辞。

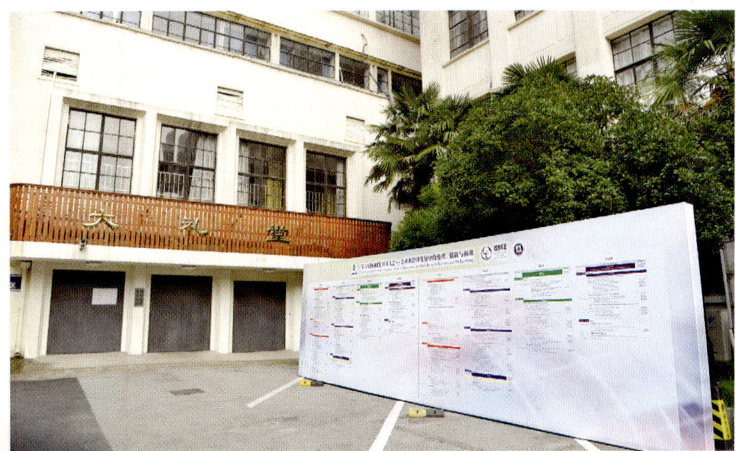

大会全体大会会场（Auditorium for Plenaries）：上海社科院/上海市向明中学大礼堂。

大会专题论坛和论文研讨会场（The Classrooms in Shanghai Xiangming Middle High School as the Venues for Panels and Papers）：向明中学教室（震旦楼和逸夫楼）。

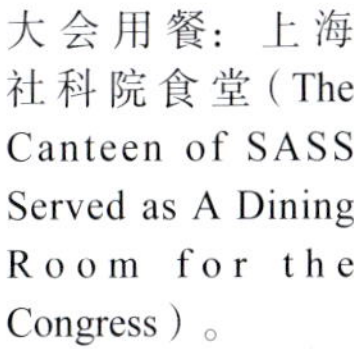

大会用餐：上海社科院食堂（The Canteen of SASS Served as A Dining Room for the Congress）。

▲ 会后合影留念（上海靖达国际商务会展团队、上海社科院会务组和研究生自愿者合影 / Group Photo of Ester Star Event Management Team, SASS Team and Postgraduate Volunteers），2016 年 7 月 16 日，上海社科院大礼堂。

▲ 上海社会科学院（Shanghai Academy of Social Sciences）总部（淮海中路 622 弄 7 号）。

MU LU

目录

第一编　主旨演讲

第二编　专题论坛

第三编　论文研讨

四、创新：企业组织和企业责任

五、职场文化、公司治理和领导力伦理

六、可持续性、正义与减贫

七、全球化、福祉与公民视角

八、区域报告、创新方法和未来议题：研究与教学

附录

CONTENTS

PART ONE KEYNOTE SPEECHES

PART TWO PANEL DISCUSSIONS

PART THREE PAPER SESSIONS

VIII. REGIONAL REPORTS, INNOVATIVE TEACHING METHODS AND FUTURE AGENDA: RESEARCH AND EDUCATION

Appendixes

致　谢

非常感谢本书中外作者和版权人授权出版本书相关内容。

非常感谢下列单位赞助、协助举办了第六届国际企业、经济学和伦理学会(ISBEE)世界大会：

上海市社会科学界联合会；上海交通大学安泰经济管理学院；中欧国际工商学院；中国伦理学会；中国社会科学院应用伦理学研究中心；中国人民大学伦理学与道德建设研究中心(教育部伦理学重点研究基地)；复旦大学管理学院；南京师范大学经济伦理学研究所；湖南师范大学道德文化研究院；上海财经大学人文学院；上海师范大学慈善与志愿者服务研究中心；美国圣母大学亚洲与亚洲学研究所；拜耳(中国)有限公司；信誉楼百货集团有限公司；上海富大集团股份有限公司；上海市向明中学。

非常感谢**上海靖达国际商务会展旅行有限公司**在会务方面为大会成功举办作出了杰出的专业贡献。

同时感谢联合国全球契约组织创始人和前执行主任乔治·科尔个人对大会的捐款。

Acknowledgement

Many thanks to the Chinese and foreign authors and the copyright holders for authorizing the publication of the relevant contents in this book.

We are grateful to the following organizations for sponsoring and helping to hold the Sixth World Congress of the International Society of Business, Economics, and Ethics (ISBEE):

Shanghai Federation of Social Science Association (SSSA); Antai College of Economics and Management, Shanghai Jiaotong University; China Europe International Business School (CEIBS); China Association for Ethical Studies (CAES); Center for Applied Ethics, Chinese Academy of Social Sciences (CAE); Center for Ethical Studies of Renmin University of China (Key Research Bases of Ethics by The Ministry of Education); School of Management, Fudan University; Nanjing Normal University Institute of Economic Ethics, Najing; Institute of Moral Studies of Human Normal University, Changsha; School of Humanities, Shanghai University of Finance and Economics; The Research Center of Charity and Volunteer Service, Shanghai Normal University; Liu Institute for Asia & Asian Studies at the University of Notre Dame; Bayer (China) Limited; Xin Yu Lou Department Store Group Co., Ltd; Shanghai FuDa Group; Shanghai Xiangming High School

Many thanks *Shanghai Jingda International Business Exhibition & Travel Co., Ltd*. for outstanding helping SASS (the host) and ISBEE (the organizer) to hold the Congress successfully.

We would also like to thank *George Kell*, Founder and former Executive Director of the United Nations Global Compact, for his personal donation to the Congress.

序言：想要与需要的悖论

本文集讨论的是企业和经济中的伦理创新如何能够有助于个人和社会的福祉。作为这一话题的序，让我们考虑一下经济与福祉之间的关系。幸福由想要与需要组成。一旦我们满足了基本的需要，我们就会渴望其他的东西来让我们的生活更好。企业为我们提供了我们所需要与欲望的东西。然而，它们也发明新产品，让我们想要它们。虽然我们的基本需要是有限的，但我们的欲望却可以是无限的。这就是为什么福祉在于需要与欲望的交汇处。当我们有太多的需要或想要，或不当的需要与想要时，我们就会远离福祉的道路。

柏拉图在《理想国》第二卷[①]中探讨了想要与需要之间的关系。在这篇对话中，苏格拉底说，我们的需要创造了城邦或“必需品是我们发明的根源”(369c)，然后他指出，在生活、食物、住所和衣服方面只有很少的需要，满足这些需要，要求分工为农民、织工、木匠、鞋匠、零售商等。像许多乌托邦主义者一样，苏格拉底想象这样一个原始社会，在这个社会里，快乐的人们食用简单的食物，芦苇做床，歌颂众神。他说：“他们会注意不让他们的家用超过他们的收入。”(672c)在对话的这一部分中，福祉只在于满足人们的需要。苏格拉底还警告说，想要的东西比你需要的更多是危险的，因为这会导致贫穷或战争。

当葛劳贡(Glaucon)反对苏格拉底有关福祉是有限的观点时，柏拉图的讨论从需要转向想要。他说：“这听起来像是一座猪仔的城”，难道人们不应该将橄榄、盐、无花果和奶酪等美味食品与谷物搭配起来吗？苏格拉底同意，

---

① 所有关于《理想国》的引用都出自 Plato, The Republic of Plato, translated by Benjamin Jowett. Project Gutenberg E-Book #55201, release date July 26, 2017. The Stephanus numbers are in parentheses. https://www.gutenberg.org/files/55201/55201-h/55201-h.htm。

他们应该享受美食，适度饮酒。他说，有了这种饮食，人们将过上健康的生活(372d)。接着，苏格拉底问："您还想要什么？(672d)"葛拉贡列出了其他舒适的东西，例如沙发、桌子、酱汁和糖果。然后，对话描述了一个奢侈的城邦，供应肉类、艺术品、珠宝和音乐等东西，并且需要新的工匠、企业和资源(373)。要向社会提供这些物品，就必须寻求更多的土地和资源，这可能需要军队征服其邻国。苏格拉底还敏锐地观察到，这样一个奢侈的或消费者的城邦将需要更多的医生来治疗人们因食用丰富食物而患上的疾病(373d)。

在《理想国》的这段话中，柏拉图巧妙地展示了有关福祉的悖论。没有人想要睡地上、吃树叶，过没有使人生愉悦和刺激的东西的生活。企业通过创新来满足我们的需求。它们利用营销来刺激我们对我们认为会改善福祉的产品的欲望。通过正当的产品和正当的营销，产品有时会从我们欲求的东西变成我们认为是必需品的东西。例如，人们认为，手机和宽带接入是世界上许多地方的需要。汽车在美国大部分地区都是一种必需品，因为如果没有它，人们就不能工作、购物、上学或就医。当创新把我们想要的产品变成我们需要的产品时，它通常会扩大富人与穷人之间的经济差距。

所以，柏拉图是对的。我们为制造和营销创新产品付出了代价，这些产品使我们的生活更轻松、愉快和舒适，有助于我们的福祉。各国为了石油、矿产和其他资源而开战。人们陷入债务，是因为他们用信用卡来支付他们想要但自己没钱买的东西。而且，当人们从传统食品转向快餐食品和加工食品时，他们的健康就会受到损害。然而，环境恶化是消费主义的最高代价。全球变暖以及水和空气的污染把我们带入了柏拉图悖论的核心。我们在消费社会中所想要的食物和其他事物有助于我们的福祉。然而，它们通常对环境问题负有责任，这些问题对我们的健康、福祉以及社会财富的分配是有害的。

培养人类欲望所带来的损害，就是何以关于企业和经济中的伦理创新讨论成为当今乃至我们星球未来的最关键话题的原因。正如柏拉图在其对话中所指出的，对福祉的要求是复杂的。福祉始于我们生存所必需的基本需要。然而，正如马斯洛(Maslow, 1943)等人所指出的，基本需求是福祉的必要但不是充分的条件。[①] 企业的目的是为社会的需要和欲望服务。伦理创新对企业提出了挑战，要求它们开发出既不直接或间接损害人类或地球，又能满足这些需求的方法。道德创新对企业提出了挑战，要求它们开发出既不直接或间接伤害人类或地球，又能满足这些需要的方式。我们还必须考虑如何

① Maslow, A.H.1943. A theory of human motivation. Psychological Review, 50(4), 370－396.

利用企业的专有技术和创造力,并利用它们来帮助修复因环境恶化和经济不平等而造成的破坏。此外,企业应反思自己生产和营销的产品类型。只要他们的产品及其生产对消费者或其他利益相关者无害,那么消费者想要各种各样的商品并没有错。

如我们所见,理解想要与需要之间的关系是福祉的核心部分,也是理解伦理创新本质的有用方法。柏拉图关于想要与需要的悖论把我们引向了这个根本问题。没有企业和经济中的伦理创新,地球满足人类的基本需要与不受束缚的欲望还能有多久?

［美］乔安妮·齐佑拉(Joanne B. Ciulla)
美国罗格斯大学(Rutgers University)教授
国际企业、经济学和伦理学学会(ISBEE)主席(2013—2016 年)
2020 年 12 月 20 日
(陆晓禾校译)

前言：ISBEE 与中国

"国际企业、经济学和伦理学学会"(International Society of Business, Economics and Ethics,简称 ISBEE)成立于 1989 年,是世界首个也是最有影响力的国际经济伦理研究组织,其支持者和参加者包括国际顶级企业组织、学者、学刊和北美、欧洲、亚洲、非洲、拉丁美洲等地区经济伦理网络组织,其使命是提供交流经济伦理经验和理念的平台,增进跨职能和跨文化项目的合作,支持跨学科研究企业和经济学领域中的伦理问题,促进经济伦理学科及其实践在世界各地的发展。

ISBEE 最重要的事件是每四年举行一届的世界大会,被誉为"经济伦理学的奥运会",因为它致力于世界各国学者和实践工作者会聚一堂,研讨彼此关心的世界经济伦理问题。每届世界大会都有一个主议题和若干子议题,连续举办会议三到四天。应邀作主旨发言的嘉宾来自学术界、企业界和公共生活领域,其中的著名人物有,例如阿马蒂亚·森(Amartya Sen, 1998 年诺贝尔经济学奖获得者)、穆罕默德·尤努斯(Muhammad Yunus, 2006 年诺贝尔和平奖获得者)和瓦文萨(Lech Walesa, 1983 年诺贝尔和平奖获得者)。每届世界大会还组织有区域研究报告和教学与出版研讨会。ISBEE 世界大会还有一个特点,就是有大量的个人论文在会上发表。大会结束后,ISBEE 还挑选会议论文,在 ISBEE 丛书(由 Springer 出版公司出版)、《经济伦理学季刊》(Business Ethics Quarterly)和《经济伦理学期刊》(Journal of Business Ethics)等专业期刊上发表。从 1992 年起,ISBEE 已经先后通过竞标在日本东京(1996)、巴西圣保罗(2000)、澳大利亚墨尔本(2004)、南非开普敦(2008)和波兰华沙(2012)举行了 5 届世界大会。

第六届 ISBEE 世界大会的申办竞标工作从 2012 年 8 月开始。竞标申办的国家有欧洲的西班牙和拉丁美洲的智利。由于中国令世界瞩目的发展和国际影响力的增大以及上海在中国经济和社会发展中的重要地位,同时由于上海社会科学院经济伦理研究中心 90 年代以来在国际经济伦理学界的影响，有很多友好国际学者提出并积极支持中国上海、上海社会科学院经济伦理研究中心参与这次申办竞标。

上海社会科学院经济伦理研究中心成立于 1999 年 12 月，是国内最早成立的经济伦理专业研究组织之一，旨在推动经济伦理学科和实践在中国的发展，和中外经济伦理国际学术交流。自成立以来，中心成功举办了各种学术研讨会 30 多次，其中最出名的两个国际品牌会议是"上海经济伦理国际研讨会"（3 届）和"经济伦理国际论坛"（11 届），出版了经济伦理研究丛书 5 套，并由美国麦克米兰出版公司出版了英文版《发展中国经济伦理》（Developing Business Ethics in China）（2006），促进了学界与业界、中国与国际学者和业者之间对重大经济伦理及其社会问题的关注和交流，在上海、中国和世界产生了积极的影响。

如同申办奥运会，ISBEE 世界大会在一个国家的成功申办和举办，对举办国具有重要意义和影响。尤其是，这样的世界大会是伦理道德方面的国际大会，经济伦理问题更涉及各层次上的行为者和全球关心的前沿伦理问题，如经济金融政策、国际经济关系、企业社会责任、公平正义，生态环境等。因此，以发展经济伦理为主题，以学术研讨会的形式，邀请世界各国的学者和企业家共同研究，不仅突出了在中国发展经济伦理的重要性，而且显示了中国经济伦理研究的开放性和国际性。全球化，不仅是物质生产方面的走出去和引进来，还包括精神生产方面的共同研究和共享，尤其是一国的经济伦理问题与世界其他国家的经济伦理问题具有高度的关联性，申报并举办这样的世界大会，将使得聚焦当今各国共同关心的经济伦理问题不仅必要而且可能。同时，中国正处于改革带来的十分难逢的机遇，上海更具有先试先行的机遇，试和行的问题同时就要考虑伦理问题，申报和举办这样的大会，有可能利用四年的时间，汇聚上海和全国的学者和企业家共同从伦理方面提出和考虑试行问题，利用国内和国际学术力量，发挥上海社会科学院的学科和智库双轮驱动作用，更好地促进中国的改革开放。

2013 年 5 月经过 ISBEE 执行委员会（15 名国际执行委员）最后的匿名投票，中国上海以 14 票对 1 票的高票获得 2016 年 ISBEE 第六届世界大会的主办权。

笔者与 ISBEE 的邂逅，始于 27 年前的西子湖畔。1994 年，时任 ISBEE 秘书长的美国圣母大学乔治·恩德勒教授参加上海社会科学院哲学研究所与美国天主教大学联合举办的"哲学与经济发展"国际研讨会，作为其论文"Corporate Responsibility and Economic Development in China"的点评人，为更好地了解他的观点，我同时读了他在 1993 年发表的论文“What is Business Ethics”，正是通过他的论文以及研讨会期间与他的交流，我才了解了作为一门新学科的 Business Ethics，并对之发生了浓厚的兴趣。同年 10 月，我发表了“乔治·恩德勒的经济伦理学述评”，并首次将“Business Ethics”中译为“经济伦理学”，理由是，它是一门具有经济学与伦理学合作模式的新学科，研究所有经济行动层次上的伦理问题，而不仅仅是企业或商业或管理伦理学。1995 年恩德勒教授邀请我赴美专门研修经济伦理学。翌年初，我获知第一届 ISBEE 世界大会将于这年 7 月在日本东京举行。作为 ISBEE 秘书长和区域经济伦理报告的组织者，恩德勒教授邀请我提交“Business Ethics in China”(“经济伦理学在中国”)的学术报告。由于签证的原因，我未能如期出席这届大会，但我的研究报告被作为大会专题报告列入了大会议程，并在 1997 年的 Journal of Business Ethics 上刊发了，成为英文文献中中国学者关于中国经济伦理学的最早研究。2000 年 ISBEE 在巴西圣保罗举行了第二届世界大会，我提交的题为“Ethical Issues in the Globalization of the Knowledge Economy”(“知识经济全球化中的伦理问题”)的英文论文被大会组委会接受。这次，我不仅参加了 ISBEE 世界大会，在会上作了演讲，还被推选为 ISBEE 执行委员候选人(2001—2004)，并经会后的匿名投票而当选，这是中国第一位、也是 ISBEE 第一位中国执行委员。ISBEE 执行委员的任期，与 ISBEE 世界大会一样，每四年一届。此后我又连任为下一届的 ISBEE 执行委员(2005—2008)。按 ISBEE 的规定，执行委员只能连任两届。2012 年经会员推选和匿名投票，我再次当选为执行委员(2013—2016)，又于 2016 年连任至今。这样，我就成了唯一一位连任两届后，又再次当选并又连任两届的 ISBEE 执行委员。这不是我个人有多大贡献，主要还是在我背后有伟大的中国！

2000 年在圣保罗第一次参加 ISBEE 世界大会时，我就希望有一天这样的世界大会能够在中国举行，让更多中国学者和企业家不出国门，就能参加这样的经济伦理学的奥运会！2013 年，在上海社会科学院领导的支持下，由时任院外事处处长、也是院经济伦理研究中心副主任的李轶海和我联合申报，并由上海市社联、上海市新沪商联合会、中国伦理学会、中国社会科学院应用伦理学研究中心等单位的背书支持，我们提交了第六届 ISBEE 世界大会竞标申报书(BID)，并如上所述，最后高票获得了主办权。

2013 年 5 月上海社会科学院经济伦理研究中心获得 2016 年第六届 ISBEE 世界大会主办权后，按 ISBEE 的惯例，主办单位需与 ISBEE 执委会共同商议，着手大会的筹备工作，包括大会主题、会场、经费、宣传等一系列工作。为了更充分地做好筹备工作，我邀请 ISBEE 主席乔安妮·齐佑拉和部分执行委员恩德勒和金黛如等参加 2013 年 10 月中心举行的第十一届经济伦理国际论坛，借此机会举行 ISBEE 执委会关于世界大会筹备会议，同时会见上海社会科学院领导并商议大会的相关筹备工作。

有必要说明的是，2013 年的上海经济伦理国际论坛的主题是"道德与创新"。作为举办者，我的考虑有二：一是由美国次贷危机引发的全球金融危机，使人们意识到，"这是一种系统性原因造成的危机，是一种需要系统性改革、创新甚至革命才能改善的危机"；二是存在着把创新作为一种绝对的价值和目的来追求的倾向，为创新而创新，结果是公共安全、公众利益被忽略甚至被侵害了，如造成美国以至全球金融危机的所谓金融创新所表明的那样。因此，就有必要系统地考虑道德与创新的关系，对道德在创新中的地位和作用以及创新活动对公众的影响等问题展开研讨。

对这次论坛的意义，正如恩德勒教授 2020 年在《道德与创新》论文集"序言"中所评价的，"早在 7 年前的 2013 年，上海社会科学院经济伦理研究中心就高瞻远瞩地邀请了中国和其他国家的学者以及企业领导参加'道德与创新'——第十一届国际经济伦理论坛。这次论坛是在有关'创新'的讨论开始超越专家圈子、影响更广泛公众之时举行的。"他认为，"2013 年论坛以当时讨论的'创新'为主要议题，增加了'道德'和'创造'的视角，在此结合中，开创了经济伦理研究的新领域。在随后的几年里，伦理与创新成为国际会议的核心议题。2014 年在美国圣母大学举行的跨大西洋经济伦理研讨会（TABEC）聚焦于'企业和经济中的伦理创新'。2016 年在上海举行的'国际企业、经济学和伦理学学会'（ISBEE）世界大会将其主题确定为'企业和经济发展中的伦理、创新和福祉'。2018 年在美国罗格斯商学院举行的跨大西洋经济伦理会议探讨了'困难时期的企业伦理领导力'的创新视角。"（参见《道德与创新》，上海社会科学院出版社 2020 年）

可以认为，2013 年的"道德与创新"（"Morality and Creativity"）国际论坛是 2016 年 ISBEE 世界大会的预备会议。事实上也是。在来沪举行的 ISBEE 执委会关于世界大会的筹备会议上，大家最先确定的 2016 年 ISBEE 世界大会的主题就是"企业和经济发展中的伦理与创新"（Ethics and Innovation in Business and the Economy）。所不同的是：1）聚焦"Business and the Economy"；2）将"Morality and Creativity"改为"Ethics and Innovation"；因为一，在英语经济伦理教学和实践中，人们更倾向于或习惯于使用"ethics"而非"morality"；二，"creativity"是指将某物从非存在带入存在,可以理解为从无到有的创造,而“innovation”往往是为了解决某些特定的问题,可以理解为对有、对存在的改变,或者说革新;因此“道德与创新”国际论坛的主题更宽泛和基本,而“企业和经济发展中的伦理与创新”则相对更聚焦和具体,也更切合 ISBEE 世界大会的与会者,他们大多来自企业和管理学界,而国内经济伦理学者大都来自哲学伦理学界。然而在我看来,这两个改变还是不够的,“企业和经济发展中的伦理与创新”这个主题仍有一个问题,就是:我们重视和讨论企业和经济发展中的伦理与创新的目的究竟是什么?也就是说,创新不是绝对的价值和目的,那么伦理的创新呢?我们究竟为了什么要强调伦理的创新呢?我提出了这个问题。执委会讨论的最后结果是:福祉!这样就形成了大会的主题“企业和经济发展中的伦理、创新与福祉”(Ethics,Innovation and Well-Being in Business and the Economy)。这样就有了关于创新、伦理的创新,福祉、人民的福祉的大会主旨演讲,整个大会和大会论文集,正如 ISBEE 主席乔安妮·齐佑拉在本书序言开头所概括的,“本文集讨论的是企业和经济中的伦理创新如何能够有助于个人和社会的福祉”,而她的序言也集中考虑了“经济与福祉的关系”。

2016 年 7 月 13 日,第六届 ISBEE 世界大会在上海社会科学院举行,大会持续 4 天,以“企业和经济发展中的伦理、创新与福祉”为主题,来自联合国的重要官员和来自世界五大洲 30 多个国家和地区的 500 多位专家学者与会。大会共举行了 3 场全体大会有 7 位主旨演讲嘉宾、18 场专题论坛 105 位专题发言人、36 场论文小组研讨会 184 位论文发言人,期间还举行了“与乔治科尔(联合国前契约主任)对话”和“儒商与伦理创新”特别论文研讨会,总计约 200 篇演讲和论文交流。应该说明的是,按 ISBEE 的惯例,所有作者提交的论文只要经大会评审专家匿名评审接受后,大会议程中就必须为所有与会者一视同仁地按论文主题,安排发表演讲的机会。

大会开幕式由上海社会科学院党委书记于信汇教授主持,ISBEE 主席齐佑拉教授和上海市副市长赵雯分别致辞。齐佑拉主席在致辞中,首先感谢上海社会科学院、赵雯副市长、大会的赞助和协办机构和单位,以及与会的所有中外学者和企业家。她谈到,本届 ISBEE 世界大会,恰逢 1996 年 ISBEE 世界大会举办 20 周年庆,建议我们可以把这届世界大会看成是 ISBEE 世界大会的生日派对,共同庆祝它的 20 周年诞辰。然后她回顾了这届大会的筹备工作,感慨地说:“我们经历了很长的时间才走到今天,大会从 2013 年 10 月开始筹备。对本届大会的主题讨论了很久,最后才定下现在这个主题。”她还特别就“福祉”阐述了大会主旨,提出要思考福祉的本质,并从福祉来反思创新的目的和必要条件。赵雯副市长代表上海市政府欢迎来自世界各地的专家学者和企业家，她认为，当前国际经济合作和竞争局面正在发生深刻的变化，全球经济治理体系和规则面临重大的调整，而我国正在进行着富有深远意义的社会变革和实践的创新。本次大会，为中外专家企业领袖提供了一个良好的契机，期盼与会中外学者、企业领袖就人类发展的共同问题集思广益，沟通思想，凝聚共识，谋划未来。通过理论创新和实践创新造福人类。

大会期间，在排满主旨演讲、专题论坛和论文研讨这三大主体内容外，组委会还利用晚上就餐和会议休息的时间、以欢迎酒会、晚宴、对话会和最后的闭幕式，尽可能创造机会，请政府官员、国际组织专家、企业家和重要的学术机构领导发表致辞或演讲，与参会代表互动，提供更多的交流机会和信息。大会邀请了上海市委宣传部长、上海市社科界联合会党组书记燕爽教授、中欧国际工商学院副院长、教务长张维炯教授、上海交通大学安泰经济与管理学院院长周林教授、拜耳中国总裁朱丽仙女士、联合国全球契约组织前执行主任乔治·科尔发表致辞和演讲，闭幕式还安排了ISBEE执行委员论坛，由来自亚洲、非洲、欧洲、北美和拉美的ISBEE执行委员代表与全体会员互动对话，最后以上海社会科学院党委副书记王玉梅教授的闭幕式致辞，乔安妮主席和陆晓禾秘书长的告别与感谢而结束。

首次在中国举行的这届ISBEE世界大会，吸引了国际和国内众多媒体的极大兴趣和关注，有40多家媒体进行了现场注册，其中15家为境外媒体，25家境内媒体，包括中国日报、凤凰财经网、人民网、新华网、中国新闻网、光明网、网易新闻、中国经济网、搜狐财经、大上海、新闻综合频道、ICS、地铁MITV、社会科学报、解放日报等网络媒体、电视台、地铁传媒、纸媒都作了报道，一些媒体还对大会组委会和参会的专家作了现场采访，并刊发了多篇大会主旨演讲。此外，剑桥、斯普林格、爱德华·埃尔加出版社和哲学文献中心等国际著名出版机构还注册并在现场作了展示。从大会现场和会后的报道和反应来看，与会代表和媒体都对大会作了高度评价。ISBEE主席齐佑拉教授在给上海社会科学院领导的感谢信集中表达了国际学会和与会专家的感受，她写道：

> "我谨代表ISBEE国际学会，向各位领导给予主题为'企业与经济发展中的伦理、创新和福祉'的第六届ISBEE世界大会的大力支持和亲自参与致以诚挚的感谢！
>
> 许多参会代表告诉我们，本届世界大会是他们参加过的最好的一届ISBEE世界大会，也是他们所参加过的最好的一次国际会议。主讲嘉宾、专题论坛和论文研讨会组织得非常好和成功。许多参会

代表反映说，与来自不同文化背景的学者与实践家们的探讨受益匪浅。还有一些代表告诉我们，他们很高兴能通过本届大会学习并了解了中国经济伦理研究和实践。”

“很荣幸在大会期间能与各位领导见面并聆听您们的演讲。这是一个非常成功的世界大会！我们非常感谢您们和上海社会科学院的卓越的同仁们，正是您们使得这次世界大会得以成功举行！”

闭幕式当天，全程出席大会的斯普林格(Springer)出版社人文集团负责人尼尔·奥利弗(Neil Oliver)就与ISBEE执委会商议出版大会英文论文集事宜，并请约翰霍普金斯大学凯里商学院的林赛·汤普森(Lindsay J. Thompson)教授负责英文论文集的编辑工作。与之前五届ISBEE世界大会只有英文出版成果不同，但与上海社会科学院经济伦理研究中心举办的历届国际会议都有论文集出版相同，我考虑会后编辑出版大会中文论文集，作者有自由投稿给中英文论文集的权利，主编们则由编委会根据论文质量来选择入选论文。会后我与林赛一起联名致信所有与会作者，约定：2017年1月底提交英文论文的修订稿、2017年2月底提交会议论文的中文修订稿，并计划最迟能在2018年底出版。但主要由于如下原因，这一计划未能如期完成：一是，作者们希望在收入论文集前，先投稿并发表于专业期刊，而期刊上的发表及其时间并不能取决于作者，因此我们未能在约定期限内收到大部分论文修订稿；二是，提交大会的论文大都是英文论文，中文版的出版需将所有选收的英文论文译成中文，加上翻译不属于目前教学和研究单位的考核成果，交付译者的翻译工作未能如期顺利进行。

尽管如此，作为大会秘书长和主要负责人，也是大会中文论文集的主编，我认为，作为首届在中国成功举行的ISBEE世界大会，就大会的主题、研讨、影响和评价来说，无论从历史还是学术价值，都值得保存和出版，更不用说，大会从筹备到成功举行，包含和凝聚了太多人的付出和奉献。因此，为尽可能为中国读者提供可供借鉴和参考的大会成果，2019年尤其2020新冠病毒驻足在家，我集中翻译和编辑了全部大会论文，并基本完成了论文集的另外两大内容(大会主旨演讲和专题论坛的整理和编辑工作)。由于最困难和最耗时的主要内容已经基本完成，因此我于2020年8月联系了所有入选论文的中外文作者，请他们再次确认是否授权同意收入大会中文论文集并有否需要更新相关论文；同时对未提交和授权给中文论文集、但经主编审读认为有助于中国读者因而适合收入的，我也分别与他们联系，请他们授权同意并更新相关论文。绝大多数入选论文作者都对论文作了修订，有些重新撰写了部分段落，并对相关数据作了更新。对在国外期刊上已经发表的英文论文，我还与作者联系，并请恩德勒教授帮忙联系期刊出版社购买版权。收入的大会7位主旨演讲嘉宾和7个专题论坛的演讲和讨论文字，我都直接与嘉宾本人和专题论坛负责人联系，请他们审核和修定拟发表的文字内容，并在获得他们的同意并修订了文本后收入本书。

从2013年5月申办、2016年7月举办，到2021年3月中文论文集编辑完稿，历经近8年。从1996年ISBEE在亚洲日本东京举行首届世界大会，到2016年在中国上海举行第六届世界大会，历经20年。这一被称为"经济伦理奥运会"的ISBEE世界大会的火炬从亚洲点燃后，每隔四年火炬传递，相继于2000年在巴西圣保罗、2004年在澳大利亚悉尼、2008年在南非开普敦、2012年在波兰华沙举办，已经传遍了世界五大州：亚洲、拉丁美洲、澳洲、非洲和欧洲，2016年再次回到亚洲，在中国上海点亮，开始了它的新一轮世界之旅。很难说，20年后，中国是否还会成为ISBEE世界大会的新一轮亚洲起点，尽管希望，但很可能它将会选择在亚洲其他某个国家举行。然而，无论如何，ISBEE来到中国，经过了20年，经济伦理学的这届奥运世界大会，从筹备到成功举办也经历了4年，这是一个值得纪念和留存的共同经历，更无须说，读者将会看到的，在你们面前的这本书包含了30多个国家和地区150多位作者的研究成果，其主要观点和论证经过了时间的磨砺，其相关数据和资料也经过了与时俱进的更新，因此我希望也相信，读者会从中有诸多获益。

最后，我想衷心感谢所有与会的中外与会者和作者，感谢所有支持和赞助大会的学术单位、企业和个人，尤其要感谢大力支持的社科院领导、所有院相关部门和研究生志愿者，感谢极其专业和敬业的上海靖达国际商务会展公司的徐郑总经理、杨正总监及其团队，感谢向明中学校长和教师员工为大会免费提供会场和假期志愿服务，并特别要衷心感谢与我一起为大会成功举办而辛苦付出的乔治·恩德勒(Georges Enderle)、周祖城、白诗莉(Lidia Price)、李轶海、朱玲妹、施璇和杜晨等大会筹备组和会务组成员，以及本书责任编辑董汉玲。谨以主编和出版这部书表达我对你们的衷心感谢!

陆晓禾

上海社会科学院经济伦理研究中心执行主任/哲学研究所研究员

"国际企业、经济学和伦理学学会"(ISBEE)执行委员(2013—2020)

2021年3月29日

导论：从增进福祉的角度定义伦理创新

［美］乔治·恩德勒(Georges Enderle)* 陆晓禾 译

创新已成为吸引企业和经济政策以及其他领域大量关注的流行语。它被认为是提高生产力从而促进经济增长的关键动力。据说，处于创新前沿的公司和国家赢得了全球优势的竞争。毫不奇怪，在创新政策方面，中美之间的竞争似乎大大加剧。然而，这种对创新的热情也带来了深远的挑战和问题。创新是否比它创造的就业机会更多(也许在错误的行业或错误的地点)？它是否加剧了收入和财富的不平等？诸如水力压裂法(或水力压裂)等新技术是否会加剧环境退化？纳米技术和基因工程的后果是什么？

面对这些前景，令人惊讶的是，伦理问题几乎没有提出或直接解决。压倒一切的假设是，创新**仅仅是为了造出某种新的东西**(响应需求)，而"新的"也是**事实上**更好的。但"更好的"究竟意味着什么？当谈到创新时，重要的是不仅要限定我们所说的造出某种"新的"东西，而且要造出某种"更好的"东西。同样重要的是，必须讨论"更好的是为了什么目的？"2016 年 ISBEE 世界大会的主题抓住了所有 3 个重要概念："伦理、创新和福祉。"

人们期望并要求在许多生活领域进行创新：教育和保健、科学和技术、研究和教学、人文艺术、政治和公民社会。在 2016 年世界 ISBEE 大会的背景下，从企业和经济伦理的角度来看，创新的重点是企业和经济。因此，大会的整个主题是："企业和经济中的伦理、创新和福祉。"

---

* © Georges Enderle, 2015.作者乔治·恩德勒，美国圣母大学(University of Notre Dame)门多萨商学院约翰·T·莱恩讲席教授、欧洲经济伦理学网络(European Business Ethics Network)创始人之一、ISBEE 前任主席(2001—2004)。这篇文章是作者为 2016 年 ISBEE 世界大会准备的，比较全面地阐述了大会的主旨概念。部分内容发表在 Ethical Innovation in Business and the Economy, edited by Georges Enderle and Patrick E. Murphy (Cheltenham, UK: Edward Elgar, 2015)。——编者

一、定 义 创 新

我们所说的创新(innovation)是什么意思？在他们的优秀著作《创新——非常简短的导论》中，作者马克·道奇森(Mark Dodgson)和大卫·甘恩(David Gann)将创新定义为“想法，成功地应用”(2010, xi)。这个定义指向了两个组成部分，它们以不同的形式也描述了许多其他定义的特征：它是人类智力的(新颖的)成果，并在具体事项上实现了这一成果。一方面，创新源于人类的思想和想象，是对思想的寻找和发现；另一方面它是使思想发挥作用，并成功地应用于物质世界。想象力是至关重要的，但只是第一步。成功的应用是必要的第二步。因此，创新不应等同于想象和发明，因为创新包括想和做。

至于创造(creativity)一词，一些作者，如吉尔·基库尔和托马斯·里昂(Jill Kickul and Thomas Lyons)，将它与想象和发明联系起来，并将其与创新区分开来(Kickul et al., 2012: 45)。然而，如果创造意味着——正如通常所理解的——造出某种新事物或使某种新事物出现的能力，那么它也与创新有关，至少在一般意义上如此。

创新被定义为思想的成功应用或有价值的目标的实现(Dees et al., 2001: 162)，这就意味着对什么是成功或有价值的目标的评估。它涉及某些规范和价值观，这可能是道德的或不道德的。换句话说，这种伦理含义是不可避免的；它不仅是关于“做”，而且也是关于做“正当的事”。诚然，道奇森和甘恩没有在他们对创新的“非常简短的导论”中阐述伦理层面。但在关于建设一个更聪明的星球(a smarter planet)的最后一章中，他们明确提到了更讲伦理和更负责任的决策、可持续性、直觉和判断、宽容和责任、利益多样性和跨文化敏感性。毫不夸张地说，建设一个更聪明的星球意味着建立一个更合乎伦理的星球；或者说创造意味着造出一些东西，不仅是新的，而且是更好的。

此外，正如道奇森和甘恩所强调的，创新在多个方面都是有**风险的而且**充满了**失败**(第3章)和恐惧。许多想法的应用不会成功，并且仅仅为了改变而改变也不是该走的路。然而，在提供自由空间环境的支持下，**好奇心、冒险**和“**发现的快乐**”(Landes, 1999)的态度对于创新至关重要。不用说，随着风险和不确定性，对创新的伦理评估和指导变得更具有挑战性。

经过这些一般的考虑，我们现在转向在这里特别感兴趣的应用领域：企业和经济。为了建构这一领域，我们可以使用现在常见的经济伦理学概念，它区分了3个层次的分析，包括个人、组织和系统的层次，或所谓的**微观、中观和宏观层次**(Enderle, 2003, 2014)。同样，道奇森和甘恩(Dodgson & Gann,

2010：22,26)区分了个体创新者、企业家和管理者的层次(例如,Thomas Edison);组织创新的企业战略层次(例如,IBM);国家创新绩效的经济层次(应该由全球创新系统来补充;见 Atkinson and Ezell，2010)。值得注意的是,每个层次都有其特殊的复杂性、可预测性和治理挑战;层次越复杂,可预测性越低,治理这些挑战就越困难(见技术层级 1、2、3，Allenby and Sarewitz，2011)。

实际上,我们可以区分主要位于微观和中观的 7 种创新形式(Kickul et al.，2012：45 - 46)：

1. 创造新的产品、服务、方案或项目；

2. 产生新的程序或交付现有的产品、服务、方案或项目(例如人类住区)；

3. 向新的或以前服务不足的市场(例如，格莱珉银行)提供现有的产品、服务、方案或项目)；

4. 利用新的劳动力来源或其他生产投入(例如,扬克斯的格雷斯顿面包店)；

5. 实施新的组织或产业结构(如社区开发银行)；

6. 实施新的方式吸引"客户"或目标受益人；

7. 利用新的筹资模式。

总之,创新包括以下特征：它意味着思想的成功应用;它是要创造某种具有伦理意义的新事物;它是有风险的,需要好奇心和冒险态度;它可以发生在个人、组织和/或系统层次,并采取多种形式的产品、服务、方案、项目等;它不同于想象和发明,比创造更具体。

基于对创新的这种理解,我们从经济的和伦理的角度来探讨创新的重要性和挑战,并将其与福祉联系起来。

二、从经济角度看创新的重要性和挑战

由于创新被理解为思想的成功应用,显然如何设想企业和经济的应用领域很重要。知识和技术是经济运行的外部因素(就如罗伯特·索洛的著名增长模型)还是内部因素,这是有区别的。在他的开创性著作《增长螺旋》中,汉斯-克里斯托弗·宾斯万格(Hans-Christoph Binswanger)主张第二种方法,将想象力定义为一种智力资源:"人类的智慧和想象力之于经济,就像阳光之于生态循环一样,是一种不断自我更新的动力。"(Binswanger，2013：87)大卫·沃什(David Warsh)在他迷人的著作《知识与国富论》中,描述了这种驱动力在经济发现史上的展现。

然而，阳光需要有能够将其转化为能量或使这种应用成功的接收者。对此，大卫·兰德斯提出了一个至关重要的观点，即市场和自由企业使发明在经济和金融方面是可实行的，这在欧洲发动了工业革命：

> 企业在欧洲是自由的。创新是有效的，并有回报的，统治者和既得利益者预防或阻止创新的能力方面受到限制。成功孕育了模拟和仿效；还有一种权力感，从长远来看，这种权力感会使人达到接近神的水平(Landes，1999：59)。

在关于资本主义的经济学文献中，财富创造的问题往往与“企业家”和“企业家精神”的作用有关。根据约瑟夫·熊彼特(1934)的说法，企业家是经济发展的原动力，他的职能是在新产品、新生产方法、新市场、新供应来源和新工业组织方面进行创新或“进行新的组合”(这是上述 7 种创新形式中的 5 种；见 Casson，1987)。企业家具有管理的或决策的作用，企业家精神不仅可以发生在微观层面，也可以发生在中观和宏观层面(至于后者，见 Mariana Mazzucato 的书 The Entrepreneurial State，2013)。

不用说，并非任何经济理论都能以适当的方式处理企业家精神和创新问题。例如，在马克·卡森(Mark Casson)看来，新古典经济学派通过假设完美的信息和完美的市场来淡化企业家的作用。但随着对经济结构的复杂性和进化性质的更现实的理解，“对企业家的研究导致了经济学的视野比一个简单地推导出一组一致的价格和数量方程的学科要宽广得多。人的个性方面。获得了关键的作用，在文化态度的影响下人格的可塑性也是如此”(Casson，1987：153)。

正如阿特金森(Atkinson)和埃泽尔(Ezell)反对传统经济学家的观点一样，自由市场单独作用会导致创新失败。由于多个市场失灵，它无法创造复杂的国家创新体系，这是成功面对全球竞争的先决条件(Atkinson et al.，2012：142－159)。

创新具有更大的意义，因为企业和经济的目的不仅仅是使经济增长，而是在全面的意义上创造财富(Enderle，2009)。创新形成财富的内容：金融资本以及物质资本、人力资本和社会资本。它影响私人和公共财富。虽然创新通过提高生产力和提高竞争力促进增长，但也通过弥合生产力差距以及惠及和激发中低收入群体，促进包容性增长和发展(OECD，2012,2013)。创新证明了它在长期范围内的成功，从人的能力来看，这是可持续和可衡量的。它不仅涉及物质和技术方面，而且还涉及精神和人类方面(Allenby et al.，2011)。创新是真实地创造某种新的和更好的东西，由利他的动机和自利的动机所驱动。

因此，如果将企业和经济的目的视为财富创造，创新就会在这一应用领域中发挥核心作用，它在面临全球化、可持续性和金融化等三大挑战时，就变得更为重要。

从这对企业和经济中的创新的简要概述中，有许多问题需要探索：

多形式创新

— 上述 7 种创新形式的具体例子和一般模式是什么？
— 那些创新的驱动因素和障碍是什么？
— 在创新过程之前、期间和之后，知道的或忽略的风险有哪些？
— 我们如何区分重要的创新和不那么重要的创新？
— 什么是创新的合适标准？
— 应当如何重新设计国家会计体系？

创新的主体

— （成功的）创新者或企业家表现出哪些个人的和企业的品质？他们追求哪些有价值的目标？
— 领导力创新意味着什么？
— 哪些业务策略对组织创新是聪明的和有效的？
— 中小企业怎样才能成为创新的？
— 跨国公司在推动全球创新方面的作用是什么？
— 各国有什么样的创新政策，并为未来做了规划？
— 全球创新体系需要什么样的国际标准？
— 技术转让有哪些标准？知识产权（专利、版权、商标）保护的标准是什么？

创新理论

— 经济理论（有关假设、目标和后果）如何可能有助于理解、促进、妨碍或阻止创新？
— 经济理论（有关假设、目标和后果）管理理论如何可能有助于理解、促进、妨碍或阻止创新？
— 什么是“创造性会计”？什么是“创造性金融”？
— 如何可能教授创新业务？

不难理解，这些问题中许多涉及伦理维度，例如，当谈到“重要的”创新、“成功的”创新者、“有价值的”目标和“必需的”标准时。为了通过询问什么是“好的”和什么是“应该的”来使这一维度更加明确，我们从伦理的角度概述了创新的重要性和挑战。

三、从伦理角度看创新的重要性和挑战

对企业、工程、科学等领域的许多人来说，创新有着非常积极的意义。他们指出了蒸汽机、铁路、电力、航空和互联网等例子。另一方面，也有一些非常值得怀疑的创新，比如原子弹、生化武器、人类克隆和其他形式的基因工程(Mehlman, 2012)。经济全球化可能对某些区域和国家产生破坏性的影响。仅仅是经济增长可能会严重破坏自然环境。生产过程中的自动化可以扼杀成千上万的工作。金融服务部门的创新产品可能会导致巨大的财政资源浪费，即使不会破坏金融体系的稳定性。

鉴于创新本身及其后果存在着极大的模糊性，对创新进行伦理审查就有不应再忽视的理由。由于地球和每个国家的人民(今天和未来几代人)都面临着巨大的挑战，它的紧急性就更加迫切，需要有好的和重要的创新这样的挑战，包括气候变化和其他环境问题(如可获得的清洁水和空气)、可再生能源、收入和财富的不平等、贫穷、创造就业机会、全民基本保健和教育、城市化和交通等。

伦理评价和指导需要伦理标准，它包含的内容比认识和做“正确的事情”的直观的感觉更多，它们还需要伦理推理和伦理判断，这些都必须在实践中学习和行使。在复杂程度高、可预测性低的情况下(在具有第三级技术的宏观一级)，伦理评价和指导特别困难。因此，它们应使多种选民的声音参与进来，并设法尽量使长期后果最小化(Allenby, et al., 2011, chapter 8)。认为创新总是更好的，这种观点是天真的，所以不加批判地坚持现状也同样是错误的。

如果我们将企业和经济的目的定义为全面意义上的财富创造，那么伦理创新在所有 7 个特征中都是相关的。它涉及物质(自然和生产)、人的(健康和教育)、社会(信任关系)和金融资本的形成。它不仅关系到生产私人财富，而且关系到创造往往被低估的公共财富(如非破坏性的气候、金融体系的稳定和法治)。生产的伦理创新是以公平竞争的规则为基础的；同时，它为所有人的公平分配而努力，特别注重中低收入群体。1987 年布伦特兰委员会(Brundtland Commission)定义了可持续性[①]，并以人的能力来衡量，这提供了长期的指导。伦理创新既考虑物质方面，也考虑精神方面，其动机不仅出于自利，而且也出于对他人的同情和团结。

显然，试图在一个多元化和全球社会中证实伦理价值观和规范的努力遇

① 布伦特兰委员会将可持续发展定义为“在不损害后代满足他们自己需要的能力情况下满足现在的需要”(WCED, p.8)。

到了许多困难。同样,一些基本的伦理规范对于以可持续的方式在地球上的共同生活是必要的。因此,建议以基于人的尊严的人权来证实这些规范。它们已被世界公认为是普遍的,尽管并非是无可争议的。有效的伦理规范,在国际舞台上没有任何其他潜在的规范能与它们抗衡。今天,这一指导可供企业使用,并附有联合国人权理事会 2011 年颁布的"企业与人权指导原则"(Ruggie, 2013)。

除人权之外,其他伦理规范和价值观不仅在总体上非常重要,而且在财富创造和创新方面也更为具体。它们因不同的国家和文化、各国内部不同的情况和时间的变迁而大不相同。这种多样性不应事先作为道德相对主义的证据而加以排除。相反,以开放和批判的精神来看,它们是创造力和创新的丰富来源。然而,这些多样性也给公司经理和他们经营的公司带来了许多艰难的伦理困境:无论是在国家还是国际上,即使有道德上的敏感性和良好的意图,管理人员也常常作出可能超出侵犯人权的有害后果的决定。因此,正如帕特里夏·韦哈尼(Patricia Werhane)所建议的那样,道德想象力是一个创造性的过程,它改变了人们的思维模式,以解决经营中看似难以解决的伦理困境(Werhane, 1999)。

在下一节中,在宽泛的福祉概念下进一步证实伦理规范和价值观之前,我们可提出一些问题:

消极的和可疑的经验

— 在执法不力的国家,公司应该如何应对窃取其知识产权的竞争对手?

— "创造性的"会计和财务是否合乎道德?

— 那些试图成为创新的公司显然有哪些不道德的做法? 如何制止和防止这样的做法?

— 面对全球竞争,各国奉行哪些显然是不道德的创新政策?

— 企业和经济中是否存在本质上不道德的(或邪恶的)创新? 如果存在的话,这些创新是什么? 或者创新只是在伦理上中立的(或非道德的),因此只有它们的使用才必须接受伦理审查?

— 在什么条件下,通过创新破坏就业岗位是不道德的?

— 在什么条件下,创新导致的环境退化是不道德的?

— 在什么条件下,自动化在伦理上是合理的?

不同层次的伦理责任

— 评估产品和过程创新的管理责任是什么?

- 领导者在伦理创新中需要哪些品质？
- 道德想象如何形成全球管理决策？
- 谁是全球经济中的伦理企业家？
- 跨国公司在推动全球创新方面负有哪些伦理责任？
- 中小企业应如何履行伦理创新的责任？
- 哪些伦理公司在国内和国际创新方面表现出色？
- 在金融服务业可推荐什么样的伦理创新？
- 政府如何促进公共产品的伦理创新？
- 是什么使国家创新政策具有包容性？
- 公司和国家在向发展中国家转让技术时出现了哪些伦理问题，应如何处理？
- 什么伦理标准对全球创新体系至关重要？
- 企业和经济中的伦理创新的关键标准是什么？它们应该如何塑造经济体系？

关于可持续性和人权的指导

- 是什么使创新具有可持续性？
- 将创新导向可持续性的方式和方法是什么？
- 如何促进全球研发网络追求可持续性？
- 尊重人权如何激励组织创新？
- 对人权的关注如何产生利益相关方对话的新形式？

教学与培训

- 如何以创新的方式教授伦理？
- 如何培养企业领导和学生的道德想象力？
- 如何才能学会从伦理上处理复杂程度高、可预测性低的模糊问题？
- 应该构想和教导哪些新的伦理规范和价值观？

有了这一详细的问题清单，我们试图在某种程度上描述企业和经济中创新的伦理相关性范围。在下一节中，我们将它放在更广泛的福祉背景下。

四、福祉的目的

在从经济和伦理的角度探讨创新之后，我们现在要求其超越企业和经济的更宽广的目的。我们的简短回答是福祉(well-being)。这并不意味着，创新的经济维度变得不那么重要。相反，因为这一更宽广的目的，它需要更现实地理解什么是经济业绩(也就是说,它超出了强调 GDP 或国内生产总值等概念的传统经济学)。此外,伦理维度获得了更大的广度和深度。正如约瑟夫·查顿(Joseph Des Jardins)所指出的,"伦理的"价值观是那些"寻求以公正的方式促进人类福祉"的信念和原则(2011: 7)。

福祉可以涉及个人、群体、组织、国家和其他集体实体。它不仅可以包括人类,也可以包括动物的福祉。它翻译成不同的语言,具有不同的意义和细微差别。在有关福祉的许多概念中,有两个因其详尽阐述和广泛影响而特别令人感兴趣:约瑟夫·查顿、阿玛蒂亚森(Amartya Sen)和让-保罗·菲图西(Jean-Paul Fitoussi)合编的《经济业绩和社会进步衡量委员会报告》的概念框架(2009),以及经合组织出版的书《生活如何? 2013 测量福祉》(2013a)。

《斯蒂格利茨-森-菲图斯报告》讨论了"传统的国内生产总值问题"、"生活质量"的概念和衡量以及"可持续发展和环境",森和玛莎·娜斯鲍姆(Martha Nussbaum)的能力方法突出地表明,除了基于主观福祉和公平分配概念的方法外,还将其作为衡量生活质量的方法之一。

福祉(被理解为人类福祉)具有多重维度,应同时评估当前的福祉以及在可持续性的背景下评估这是否可以持续一段时间;换句话说,流量(flows)(在一段时间内)和存量(stocks)(在某些时间点)是相关的。斯蒂格利茨-森-菲图斯报告建议将重点从衡量生产转向衡量人民的福祉。

物质的福祉包括收入和消费,而不是生产。强调从家庭角度考虑部门之间的支付,如向政府纳税、来自政府的社会福利,以及向金融公司提供的家庭贷款的利息支付。家庭收入和消费还应反映政府提供的实物服务,如补贴保健和教育服务。收入也应该衡量非市场活动。收入和消费(即流量)应与财富(即存量)一并考虑,并且应该更加突出收入、消费和财富的分配。

除了收入、消费和财富的物质生活标准外,这个报告还强调了其他一些非物质层面:生活质量取决于人们的健康和教育、他们的日常活动(包括获得体面的工作和住房的权利)、他们参与政治进程、他们生活于其中的社会和自然环境以及影响他们个人和经济安全的因素。衡量所有这些特征需要客观的和主观的数据。重要的是评估生活质量各个方面的不平等。

经合组织的福祉概念框架(2013a)吸收了斯蒂格利茨-森-菲图斯报告的许多内容,并用于衡量全球金融危机对不同国家人民福祉的影响。它侧重于当前情况下的个人福祉(人口平均数和各群体之间的差异)(即流量)和长期福祉的可持续性(即存量)。

福祉是由 3 个物质条件和 8 个生活质量方面来定义的。物质条件是:收入和财富、工作和收入以及住房。生活质量包括：健康状况、工作和生活平衡、教育和技能、社会联系、公民参与和治理、环境质量、个人安全和主观福祉。

随着时间的推移，福祉的可持续性需要保护不同类型的资本，即自然资本、经济资本、人力资本和社会资本。有趣的是，正如上文所解释的，这一要求在全面意义上接近创造财富的概念。

福祉不应仅限于人类，还应包括动物的福祉。人类文明对动物世界产生了巨大的影响，从而产生了如何对待动物的严重伦理问题（Regan, 2001）。在各种行业中，动物被大量杀害和虐待。但是，公民社会组织的批评虽然不断增加，然而似乎并没有产生持久的影响（例如，见促进动物福祉协会：www.saawinternational.org）。

在概述了福祉的一些重要概念方面之后，我们现在可以将它们与企业和经济中的伦理创新联系起来，并探讨与以下问题的联系：

生活质量

- 在以下方面，什么样的创新对提高生活质量至关重要：健康、教育和技能、社会联系、公民参与和治理、环境质量、个人安全和主观福祉？
- 这些创新本身有多重要？它们能为提高经济生产力作出多少贡献？

物质条件

- 鉴于重点从生产转向收入、消费和财富，什么样的创新特别适合改善这些物质条件？
- 劳动力市场的哪些创新是值得推荐的，以确保充分和高薪的工作？
- 为了确保负担得起的住房和消除无家可归的现象，住房市场的哪些创新是可取的？

注意不平等问题

- 社会正义需要什么样的创新来解决上述生活质量方面的极端不平等？
- 减少这些不平等如何有助于提高经济生产力？

长期福祉的可持续性

- 需要哪些体制创新来确保长期福祉的可持续性？
- 他们应该提供什么样的公共产品？哪些私人物品应该留给市场机构？

行为者的责任

— 企业家能够和应当如何提高员工和客户的生活质量?

— 公司责任对促进公司利益相关者的福祉意味着什么?

— 政府有哪些责任支持其公民的主观福祉?

— 企业、政府和公民社会组织之间的成功合作形式是什么,以改善国内外边缘群体的福祉?

— 国际组织在公平促进全球福祉方面有何责任?

对教学和研究的意义

— 在企业教育中如何认真对待和整合福祉概念?

— 企业和经济学研究如何在地方、国家、区域和全球层面上开发创新的方法来提高生活质量?

— 什么是适当的方法来教人们如何过创新的生活,以加强人们的福祉?

关于动物的福祉

— 我们人类有什么义务"人道地"对待动物?

— 创新如何使工厂化耕作在伦理上是可以接受的?

— 制药公司可以用什么创新的方式来减少或终止动物实验?

这一简短的问题清单可能足以为"企业和经济中的伦理、创新和福祉"的令人兴奋的探索打开广阔的视野。

参考文献

Allenby, B. R., Sarewitz, D. 2011. The Techno-Human Condition. Cambridge, MA: MIT Press.

Atkinson, R.D., Ezell, S. J.2012. Innovation Economics. The Race for Global Advantage. New Haven: Yale University Press.

Binswanger, H. C. 2013. The Growth Spiral. Money, Energy, and Imagination in the Dynamics of the Market Process. Heidelberg: Springer.

Casson, M. 1987. Entrepreneur. In: Eatwell, J., Milgate, M., Newman, P. (Eds.) 1987. The New Palgrave. A Dictionory of Economics. Vol. 2. London: Macmillan, pp.151 – 153.

Dees, J. G., Emerson, J., Economy, P. 2001. Enterprising Nonprofits: A Toolkit for Social Entrepreneurs. New York: Wiley.

DesJardins, J.2011.An Introduction to Business Ethics. Fourth Edition. New York: McGraw-Hill.

Dodgson, M., Gann, D. 2010. Innovation. A Very Short Introduction. New York: Oxford University Press.

Enderle, G. 2009. A Rich Concept of Wealth Creation beyond Profit Maximization and Adding Value. Journal of Business Ethics, 84 (Supplement 3), 281－295.

Kickul, J., Lyons, T. S. 2012. Understanding Social Entrepreneurship. The Relentless Pursuit of Mission in an Ever Changing World. New York: Routledge.

Landes, D. S. 1999. The Wealth and Poverty of Nations. Why Some Are So Rich and Some So Poor. New York: Norton.

Mazzucato, M. 2013. The Entrepreneurial State. Debunking Public vs. Private Sector Myths. London: Anthem.

Mehlman, M. J. 2012. Transhumanist Dreams and Dystopian Nightmares: The Promise and Peril of Genetic Engineering. Baltimore: John Hopkins University Press.

Organization for Economic Co-Operation and Development (OECD). 2012. Innovation for Development. A Discussion of the Issues and an Overview of Work of the OECD Directorate for Science, Technology and Industry. May.

Organization for Economic Co-Operation and Development (OECD). 2013. Innovation and Inclusive Development. Conference Discussion Report. Cape Town, South Africa, 21 November 2012. February 2013 Revision.

Organization for Economic Co-Operation and Development (OECD). 2013a. How Is Life? 2013 Measuring Well-Being. Paris: OECD Publishing.

Regan, T. 2001. Animals, Treatment of. In: Becker, L. C., Becker, C. B. (Eds.) 2001. Encyclopedia of Ethics. Second Edition. Vol. I. New York: Routledge, pp.70－74.

Ruggie, J. 2013. Just Business. Multinational Corporations and Human Rights. New York: Norton.

Schumpeter, J. A. 1934. The Theory of Economic Development. Transl. R. Opie. Cambridge, MA: Harvard University Press.

Stiglitz, J. E., Sen, A., Fitoussi, J.-P. 2009. Report by the Commission on Measurement of Economic Performance and Social Progress. www.stiglitz-sen-fitoussi.fr.

The World Bank and the Development Research Center of the State Council, the People's Republic of China (WB). 2013. China 2030. Building a Modern, Harmonious, and Creative Society. Washington, D. C.: World Bank.

Warsh, D. 2007. Knowledge and the Wealth of Nations. A Story of Economic Discovery. New York: Norton.

Werhane, P. H. 1999. Moral Imagination and Management Decision Making. New York: Oxford University Press.

World Commission on Environment and Development (WCED). 1987. Our Common Future. New York: Oxford University Press.

第一编　主旨演讲

中国经济发展的伦理底蕴及其面临的挑战

——中国传统经济伦理的当代价值

王 战*

[提要] 首先,我将与大会分享中国改革开放以来在经济尤其是经济伦理方面的进展情况。中国经济发展取得了令人瞩目的成就,离不开伦理精神的支撑。尽管今天中国仍面临种种问题和挑战,但认识、珍视和重视这种精神,是中国经济和社会进一步发展的信心和力量所在。中国政府、学者和企业家已经愈益清晰地意识到这一点,并自觉地致力于这一重要的精神根基工作。其次,我将与大家包括中国学者分享的是,这种精神根基的重要资源、源泉,就在我们可能认为并非现代或前沿的传统文化和民间文化中,中国市场经济朝向社会福祉的创新发展,需要我们继续和加强中国经济和社会的伦理根基建设,重视中国传统经济伦理的当代价值。最后,我还将提出,中国可能也是世界未来将面临的重要问题和挑战,与作为学术共同体的ISBEE世界大会的与会代表,共同研究和探讨。

我的专业是世界经济,在担任上海社会科学院院长以前,我从事了约30年的中国经济研究和咨询工作,经济伦理始终是我关注的一个领域。因此,我想把经济伦理与中国经济作为今天的演讲主题。

我主要分三个部分来论述。首先想和大家探讨当代中国经济发展为什么要关注经济伦理这一问题,其次想和大家分享中国传统文化隐含的朴素的经济伦理及其在当代的价值,最后我想谈谈经济伦理在未来发展中的重要作

---

* 作者王战,时任上海社会科学院院长,现任上海市社会科学界联合会主席。本文是作者应邀在2016年7月13日第六届ISBEE世界大会首场大会上的主旨演讲,曾以《江南人曾做成全世界都知道的生意,秘诀是啥?》为题,刊于2016年7月16日文汇《思想者》,收入本书时编者作了文字方面的修订,并经作者阅改审定。原文采用的地图,因清晰问题,由出版社删略。——编者

用以及面临的重大挑战。

当代中国经济发展为什么要关注经济伦理

中华人民共和国成立至今已经将近 67 年了。可能大家都知道在这 67 年中,中国经济发展取得了举世瞩目的成就。尽管如此,中国仍然把当前的发展阶段称为社会主义初级阶段。这个初级阶段实际上分为两个阶段。

第一个阶段是 1949—1978 年。在这一阶段中,我们实行的是中央指令性经济。在这 30 年的发展中,一方面我们受到了外部的制约,另一方面对于社会主义国家应该怎么建设,我们自己也在进行探索,积累了很多经验,但也碰到了很多问题,有很多的失误。

从这 30 年来看,很难说中国有经济伦理学这样一个学科,但是,在整个 30 年的国家发展中,仍然存在着经济伦理。中国当时人均收入在 200 美元左右,但是,为广大老百姓共享的文化、教育、医疗水平达到了世界中等发达国家的水平。在那个很穷的时代,我们完成了大量的基础设施建设,包括水利建设、铁路、交通、发电站等方面。我们当时没有市场经济意义上的企业,因为我们的国有企业是听政府的,但是,从国家来看,这个阶段为我们整个经济建设特别是后面 30 多年的改革开放,实际上准备了很多条件。

比如,大家都知道中国的农村改革很成功,但是如果没有前 30 年中国大量的水利建设,可以说,农村的改革照样不会带来农业的丰收。又比如说,大家都知道我们改革开放中,利用外资加工贸易做得非常好,很多外国企业喜欢到中国来投资。为什么呢? 实际上和中国前 30 年的教育有很大的关系。我们每一个可以从农村来到城市到工厂里去做工的人,差不多都完成了 9 年的义务教育,这在非洲甚至在印度都是不能想象的。我们的义务教育中就包括了重义轻利等传统经济伦理以及爱国敬业、诚信友善等道德教育。因此,可以说,前 30 年虽然我们还没有经济伦理学这样的学科,但是中国的经济建设当中依然有它的经济伦理。

第二个阶段是从 1978 年实行改革开放开始至今。在这个阶段中,我们实行了中国特色的社会主义市场经济,取得了显著的经济社会建设成就。与市场经济有关的经济伦理问题开始逐步凸显出来,并成为全社会关注和研究的重点问题。有些专家说,中国的企业缺少社会责任,其根本原因在于许多经济伦理观念缺失,从而导致了整个中国经济伦理失范的现象。也有些专家认为,面对经济全球化这样的时代,中国经济伦理需要重构或者重建。这些说法有些片面和绝对。有一点可以肯定的是,当前的中国不得不正视经济伦理问题。毕竟，一些因过度片面追求经济发展和企业利润而带来的伦理问题时有发生，甚至屡见不鲜。

可能很多人都知道，在中国曾经发生过不少食品、药品安全问题，也发生过生态环保问题，特别是近几年的雾霾问题。这些问题都拷问着企业的社会责任、政府的监督责任和整个社会的经济伦理。应该承认，采用市场和资本来发展经济，具有对人的个性、自由和权利的解放意义。马克思曾经充分肯定了在流通领域中发展起来的自由和个人利益的正当性，但同时认为，采用市场和资本的生产方式也具有不平等、异化、拜金主义的问题。也因此，马克思认为这种生产方式是不道德问题的根源，尽管他坚持认为，这样一个经济生产方式阶段是不能跨越的，它以铁的必然性在起作用。

西方市场经济的经济伦理研究或可追溯到马克斯·韦伯，他有本名著叫《新教伦理与资本主义精神》。对于资本主义如何摆脱道德危机的问题，他回答说，没有人知道。韦伯以后，在20世纪70年代，起源于美国的世界经济伦理运动也想依靠经济伦理来克服资本主义的伦理问题。这些我想都是经济伦理学界所做的重要努力。但是，21世纪初美国的安然事件以及不久前发生的金融危机，使得美国以及其他西方国家的一些左派认为，资本主义的伦理问题的病根是终极性的，金融危机并非是不正确的货币增值或监管不严而导致，而是资本主义制度本身的矛盾所导致的，主张只有通过世界社会主义革命，才能将生产力从过时的非理性的和毁灭性的利润制度的驱动中解放出来。

从中国来说，中国政府在改革开放以后就明确表明，中国实践的是中国特色的社会主义市场经济。从生产和服务的目的来看，中国特色的社会主义市场经济是为了满足人民日益增长的物质与精神文化的需求，而不仅仅追求企业的利润最大化。但是，我们用市场经济这个手段去实现这个目的的时候又发现，搞市场经济会出现异化以及拜金主义。在改革开放初期，中国就提出要一手抓精神文明建设，一手抓物质文明建设，以此来处理市场经济发展过程中可能面对的经济伦理问题。当然，这并不是说我们的社会主义市场经济伦理问题已经处理得很好了。相反，一些企业、群体以及个人在追求经济效益时无视经济伦理的道德坚守，使得当前中国面对的经济伦理问题日益复杂和严峻。

中国传统文化隐含的朴素的经济伦理及其当代价值

这里我特别想提到的是，习近平主席提出要用中华民族优秀传统文化来涵养社会主义核心价值观，这也为我们发掘中国经济发展的伦理底蕴提供了新的视野，这也就是今天我要讲的中国传统文化中有着丰富的经济伦理资源。事实上，凡是有经济活动必然会有伦理问题，中国在5 000年的经济和社会的发展中，形成了悠久的经济伦理传统。

刚才提到韦伯讲的新教与资本主义的问题，后来他又写了一本书，讲的是儒教与道教等。他要研究在中国经济活动中是不是具有经济伦理的问题。实际上，中国文化当中具有经济伦理，具有经济伦理的传统因素。

为了在很短的时间内把这个问题讲清楚，我想以江南经济和江南文化发展为例。各位可能都知道，中国有一条大运河。在中国唐代到宋代的200年间，中国大量人口从北方移到了江南，而大运河就是一条南北贸易的通道。之后，中国南方经济占了中国经济的80%。从国际比较中可以看到一个有趣的现象，从唐代以后，也就是公元10世纪以后，中国的经济相对开始衰弱了，而欧洲在公元10世纪以后出现了一系列的历史事件，从殖民扩张一直到之后的文艺复兴、宗教革命和思想启蒙运动，欧洲崛起了。但是，当欧洲崛起的时候，中国经济在江南这块却得到了很大的发展。这个观点不是我的观点，是美国南加州学派的观点，他们认为，差不多在五六百年时间当中，中国的江南是当时世界经济最发达的地方。

原因是什么？我认为，与中国江南文化中的经济伦理有很大的关系。为什么这么说呢？因为在中国的北方文化、中原文化中，人们的价值观是，我通过科举制度能够去当官，这是人们的第一个选择，第二个选择是当农民，第三个选择是做手工业，最后的选择是去当个商人。但是，这么多人移民到南方以后，由于大运河所带来的贸易机会改变了人们的价值观。所以，江南的老百姓开始觉得，我第一个选择是读书，去考状元，通过科举制度去当官。第二个选择是什么？如果我考不取，我就去经商办企业，因为有商业机会。然后是手工业，再后面才是农业。我认为这个变化实际上为江南带来了一场手工业和商业的革命。于是，它在人生观当中改变了中国文化。中国的文化中，大家知道我们有儒教(学)、佛教和道教，这是韦伯也探究的问题。但是，这三个教在北方的时候相互之间是并立的，到了江南，这三个教开始相互融合了。它们融合的基础是什么？是人们的经济生活。从北方移民到南方来，怎么样在这样一个地方安心生活生产？道教帮他解决了人与自然的相处问题，因为道法自然。儒教帮他解决了人与人、村庄与村庄之间的关系问题，因为儒教提倡仁义礼智信。然后，佛教帮他解决了人的内心问题，怎么样来对待生与死和苦与乐。所以，一个人如果能够处理好人与人、人与自然和人与内心的关系，他就能安身立命。这就是为什么在江南的人，能够把中国经济在18世纪以前搞成世界经济最发达地方的一个重要原因。

所以,我认为这里面有很深的经济伦理问题。当然,在老百姓当中实际上把它简化了。老百姓不可能把理论研究得很深。儒学处理社会关系的准则叫做仁义礼智信,但是,到了江南,实际上老百姓处理人与人之间的关系已经变成“信”放在了第一位。也就是说,因为是移民,有了南北贸易,人们之间已经不完全是家族和村庄的关系了,人与人之间不认识,需要有一种信用。第二位是义,我们说社会需要公正和正义,然后才是仁。仁就是人与人之间关系要和睦相处。然后是智,中国这个智,讲的是包容,我们可以有不同意见,但是我们应该和睦相处。最后是礼,我们要用礼仪来对待人与人之间的关系。

这样的处事方式实际上影响了中国农耕社会到江南商品经济发育中的经济伦理。因此,我很愿意和大家分享我们如何在建设未来的经济伦理中运用好一些传统文化因素。如果我把这一段做一个小结的话,可以举两个案例。

可能各位都知道,中国两千年中在经济全球化做得最大的是丝绸之路。丝绸之路里面有三样东西:瓷器、茶、丝绸。这三样东西都集聚在江南,是景德镇的瓷器、湖州的丝绸、杭州的茶叶。所以,我们讲丝绸之路所有的货物主要来自江南这块地方。这当中有一个很微妙的地理现象,孔子后代第二个故乡在衢州,衢州边上就是徽商,我们把它称之为儒商。这说明什么问题呢?说明孔子的儒学实际上影响了商业的发展,他认为做商业要诚信。

这也就是说,一千年来为什么景德镇会变成一个瓷都?江南会变成茶叶和丝绸的故乡?这是有经济伦理在支撑的。其实,有很多地方可以做商业、手工业。但是经商,你这一代人做好了,并不意味着你的后代都能做好,如果没有诚信就做不好。而中国的传统文化所秉承的诚信,使我们做瓷器的人、做丝绸的人、做茶叶的人,世世代代用诚信的理念做手工业去经商,所以,把这样的一个生意做成了全世界都知道的生意。

我还可以举一个案例。我们讲中国改革开放 30 多年中,产生了很多的企业家。那么,产生企业家最多的地方在哪里?就是江南一带。去年,我到日本参加一次高级官员和企业家的对话,中国去了 42 家企业,都是中国很大的企业。结果有人告诉我,其中 60%是浙江的企业家。我就问了其中一位,为什么浙江人能成为企业家?他说,我不知道啊。我告诉他是因为江南文化当中的经济伦理。所以,我很希望大家能够更深入地研究这个问题。

经济伦理在未来发展中的重要作用及重要方向

最后，我用一点时间来讲未来发展中的经济伦理问题。最近，我组织完成了一个课题，就是“上海 2050 年发展愿景”。① 我们预测，到了 2050 年上海应该怎么发展。我们在这个预测中提出了一个概念，就是上海要建设成为一个具有信息文明、生态文明、治理文明以及具有文化融合力的全球文明城市。很多人现在讲全球城市、世界城市，我们则更强调文明，提出了全球文明城市的概念。为什么？这里面也包含了经济伦理的因素。

第一个是信息文明。当今，以新一代信息技术为引领和推动的科技创新，正在引发更为深刻的科技革命和产业变革，信息文明孕育而生。信息文明是以信息技术和产品为主要手段，通过信息资源的开发利用，加速科技创新、革新生产方式、改变人类生活的一种信息化生存发展方式。现在我们所讲的经济伦理，主要还是工业化社会中的经济伦理。但是，大家都能感受到今天网络经济在引领工业化社会。实际上，我们已经进入了信息化社会，我们每天都离不开网络。那么，在网络时代的经济伦理是什么？一个人可以很自由地使用网络，那么，他是不是能够在网络上爆粗口？是不是可以在网络上诈骗？是不是可以在网络上造谣？有时候，这样一个小小的事件可能会造成很大的经济损害。这就提出了一个新的经济伦理问题，即我们在今后几十年中需要有信息文明，包括在信息方面的经济互信的问题、经济伦理的问题。

第二个是生态文明。表现在绿色技术创新、可持续生产方式和生活方式、生态环境保护等方面，实现资源高效利用、排放低碳循环、人与自然和谐、城市可持续发展。我们现在实际上也是从物质文明开始进入了生态文明，中国人现在切身感受到，经济发展了，但是，空气似乎不能呼吸了，因为有雾霾。尤其是上海作为一个特大型城市，要应对快速工业化和城市化所带来的环境污染治理、应对超大规模的人口集聚和城市改造更新，将面临比世界其他大城市更加严峻的生态环境挑战。这里面也有经济伦理的问题，我们需要什么样的空气和环境？我们需要怎样的舒适生活？因此，我们必须面对生态文明的问题。这里面涉及我们在经济上什么事情可做，什么事情不可做，要思考哪些东西违背了生态文明。

第三个是治理文明。这表现为充分的社会参与、完善的法制体系、高效

---

① 参见王战、王振等：《智库报告：上海 2050 年发展愿景》，上海社会科学院出版社 2016 年。——编者

的政府管理、发达的自治组织和安全的保障体系。当前，中国特色社会主义正从初级阶段走向成熟阶段，反映在城市管理方面，就是从强调公共管理的发展阶段逐步走向强调治理文明的发展阶段。上海是一座特大型城市，要实现社会共商、依法治市、高效管理、基层自治和公共安全的城市治理目标，其中很多方面都需要充分借鉴发达国家城市发展和管理的成功经验，但也有许多方面没有先例可循，需要自己去探索、去创新、去实践，形成具有中国特色和上海特点的城市治理文明。治理文明中，当然我们说民主选举很好，但是，美国的选举中也有"特朗普现象"。所以，我们在治理文明方面可能也要做点事儿，这和我们经济伦理也有关系。

第四个是文化融合。前面提到了 3 个文明，那么，怎么来解决这些问题？我认为，可能要取决于文化的融合。一座城市的崛起必然有其特定的历史背景和文化因素，必然有其自身特殊的文化优势和气质，从而成为吸引国内外各类人才集聚的文化元素，成为这个城市的文化支撑。未来，随着社会主义核心价值观在国家发展和城市化进程中得到更多的体现和成功印证，随着上海城市发展越来越接近全球城市，上海需要将最具自身特质的文化——海派文化发扬光大。海派文化的最大精髓，就是高度的学习力、继承力和融合力，既吸收西方发达文明的最新成果，又保存中华文明的优良传统，并形成以中华文明为主导的文化多样性、文化融合力和城市活力、城市魅力，成为大气谦和的文化吸纳之都、包容并蓄的文化聚集之都、深远睿智的文化创新之都以及时尚繁荣的文化共享之都。要实现这个目标，既需要借鉴西方文明几百年积累下来的很多有用经验，同时我也希望大家关注用东方文明中很多经济伦理的因素来解决这些问题。在这个过程中，中国还需要继续努力和探索，而其中经济伦理显然也是一个必不可少的维度。

创新、制度与伦理

［美］理查德·狄乔治(Richard T. De George)* 陆晓禾 译

［提要］ 本文在制度层面上研究了3个创新案例，并且简要分析了每一个案例的道德要求。本文试图有助于澄清在这一层面作出评价的误区，并辨明这种评价在多大程度上是合理的。第一个创新例子是在美国兴起的金融资本主义；第二个例子是中国政府与经济的新关系；在第三个例子中，创新的方式是南部国家打破了对北部国家依赖的旧范式，而代之以各个国家在内部采取行动和南南国家之间的互助发展。本文认为，所有这三个例子都是在评价动态的目标，它们是复杂的；每个例子在道德方面的缺陷都最好通过法律、监管和伦理来逐一弥补。

企业中的创新和宏观问题是经济伦理学中最有趣、最困难也是研究最少的问题。企业的创新实践之所以有趣，因为它们是全新的。无论个人还是社会都没有也不能依靠对它们的直觉反应，因为如果创新是真实的，那么就不太可能有过去积累的经验可以依赖。宏观问题，诸如经济制度的道德合理性问题，本身就很复杂，因而难以分析。本文的部分目的是，考察经济体制方面的创新，试图理解为何经济伦理文献中对此很少关注，并且试图揭示某些内在的困难，这些困难限制了人们可以期望通过进行这样的分析而获得的结果。

我将在国家以及全球经济层面上来讨论创新。我将表明，在这层面上作

---

* 作者理查德·狄乔治，美国堪萨斯大学(University of Kansas)哲学系教授；"国际企业、经济学和伦理学学会"(ISBEE)创始人和首届主席；国际哲学学会(FISP)首届主席。本文是作者应邀在2016年7月13日第六届ISBEE世界大会首场大会上的主旨演讲，全文由作者授权中译并在《伦理学研究》2018年第6期上刊发，收入本书时译者根据作者的更新版本对译文重新作了校译和修订。——译者

出有意义的道德评判是如何困难，并且采用3个案例来阐述：美国、中国和《2013年联合国人类发展报告》中称之为的“南部国家”①②。它们都例示了要进行道德评价的创新。我的目的是，帮助澄清作出这种评价的困难，并且可能辩明合理作出判断的程度。

本文将讨论的第一个创新例子是在美国兴起的金融资本主义；第二个例子是中国政府与经济的新关系；第三个例子的创新方式是，南部国家打破了对北部国家依赖的旧模式，各个国家在内部采取行动和南南国家之间的互助发展。

一、美国金融资本主义与2008—2009年的金融危机

持续了大约40年的冷战，在1991年苏联解体后结束。这场战争主宰了全球舞台，而诸如越南战争等其他事件则是主要故事线的次要情节。在此期间，苏联人拿下了道德高地，并宣称共产主义作为一种制度在道德上优于资本主义。美国捍卫了资本主义和自由、人权以及为其公民创造比苏联更好生活方式的制度的道德优越性。苏联基本上采用了马克思对资本主义的结构分析(structural analysis)，认为资本主义是建立在对工人剥削之上的(是一种盗窃)，并且造成了公民异化的后果。美国则使用了一种结果状态分析(end-state analysis)，将资本主义为美国人创造的生活与共产主义为苏联公民创造的生活作了对比。1991年后，许多人声称，资本主义已经胜利了并且成为未来的发展趋势。无疑，美国比苏联更持久地存在，但这一事实是否证明了，资本主义对共产主义或社会主义就具有道德优越性，或者资本主义就成了未来的发展趋势？批评家们对此提出了质疑，尤其在2000年科技泡沫破裂和2008—2009年资本主义国家爆发了金融危机之后。

双方的大部分宣称都是错误的，错误来自使用过度的概括和似是而非的论据。实际上从来没有人宣称苏联已经实现了共产主义，尽管1961年赫鲁晓夫总理声称苏联已经实现了社会主义即共产主义的第一阶段，并且正在建设共产主义。以美国为首的西方集团，在没有定义资本主义的情况下为资本

---

① United Nations Development Programme, *Human Development Report 2013, The Rise of the South: Human Progress in a Diverse World*, available at http://www.undp.org/content/dam/undp/library/corporate/HDR/2013GlobalHDR/English/HDR2013%20Report%20English.pdf.

② 作者用“the South”指的是我们通常称为的发展中国家，因为发展中国家的地理位置大多位于南半球和北半球的南部，因而称它们为南部国家，与“the North”北部国家即发达国家相对应。——译者

主义辩护,并且经常将资本主义与民主、政治自由和人权等同起来。那些捍卫资本主义的人和那些攻击资本主义的人,都将资本主义视为一个清晰的概念,而且这个概念在其所有的实体化中都是相同的。有时把它说成是自由企业,就好像它没有政治上的制约似的;有时说它是一种制度,利用市场来设定基于供求的价格。事实上,资本主义从来不可能脱离实体而存在,除非认为它是某种经济模式。[①] 作为一种制度,资本主义总是在一个有着特殊的历史、政府和文化的给定社会中出现。如果没有法律来定义和保护财产,并且不允许制定和执行合同,那么资本主义就不可能存在。美国资本主义不同于法国、德国、日本或新加坡的资本主义。2016 年的美国资本主义也不同于 19 世纪或 20 世纪大部分时间里所发现的资本主义。资本主义与社会主义的二分法是错误的二分法,因为当今大多数国家都是一种混合经济制度,美国和中国亦然。

自马克思抨击以来,资本主义受到了许多攻击。马克思对资本主义的结构性抨击是基于他对利润或剩余价值的分析。他声称,利润或剩余价值是资本家从工人那里窃取工人生产的真实价值的结果,因此是资本家剥削的结果。不去考虑这一声称正确与否,西方的工人为什么没有反抗,很大程度上是因为他们的生活命运得到了改善,而不是恶化(部分由于马克思开始的工会运动)。一旦中产阶级出现,那些不太富裕的人就有机会加入这一阶层,革命的动力就会减弱。然而,批评人士认为,资本主义国家的每一次经济衰退都表明,资本主义正在走下坡路。由于 2000 年的经济衰退,人们提出了对于资本主义未来的质疑,还有对于资本主义道德合理性的质疑。人们不再谈论对工人的剥削,而剥削是马克思主要关心的一个问题。在此后和今日受到的这些道德抨击,都与结果状态的变化有关,也即都涉及采用资本主义制度的结果状态,并且都涉及采用这种制度的人们是否比他们选择某种其他制度的结果状态更好。1991 年后的共识似乎是,某种形式的资本主义会被越来越多的国家所接受,因为那些生活在资本主义社会中的人比在其他类型社会中的人生活得更好。我自己的观点是,这种判断太宽泛,得出的结论也太草率。但需要表明更重要的一个观点是,任何形式的资本主义都不是恒长不变的,而是处于不断的演变之中。创新经常在微观层次上发生,有时会在宏观层次上引起变化,诸如从市场经济向服务型经济,或者从工业资本主义到金融资

① 关于资本主义模式的道德分析,见我的 Business Ethics (Englewood Cliffs, N.J.: Prentice Hall, 7th ed., 2010), Chapter 7。

本主义的变化。批评家们评价这些变化并没有错。然而,他们往往只是简单地重复以前的评价,就像是他们还在把这种过去的评价用到新的版本上。任何制度的批评者与捍卫者如果想要他们的评价具有说服力,就都必须时常重新考虑适合变化的现实的根据。这样,批评家们对人们才会是有帮助的,如果那些最有兴趣和能力的人想要改变、修改、控制或管理某种制度的话,那么他们对正确的批评就要持开放的态度,并且希望对道德方面的抱怨和挑战作出回应。

1991 年得出的这一宽泛结论的主要缺陷在于,它未能认识到,没有一种叫作资本主义的经济制度是自由漂浮的(不受社会、历史和政治的约束)或静止的。它总是情境化的和变化的。对于任何版本的想要繁荣并造福于整个社会的资本主义来说,政府必须控制马克思所指的有害的资本主义倾向,用必须通过立法和实施适当的法律(包括关于财产的法律和合同)来制约这些倾向,并且要向它的所有公民提供不允许他们沦落的安全保障和一篮子福利(如安全、教育和医疗)。有些人会补充说,资本主义在民主社会中最繁荣。但民主不是资本主义的必要组成部分,正如我已经指出的,今日的大多数国家都是混合经济体,它们既不是纯粹的资本主义,也不是纯粹的社会主义。

2008—2009 年的西方金融危机,正如之前的金融低迷和经济衰退,再次提出了资本主义在道德上的正当性问题。而这一次,人们对新金融工具的道德正当性提出了质疑,这些金融工具至少部分地卷入了接着发生的困境。但是,那些关注 2008—2009 年金融危机的人所得出的结论,即认为这些后果表明资本主义是不道德的结论,是错误的结论。确实有足够多的指责,道德上的和其他方面的俯拾皆是。[①] 在美国,人们的指责可以从对政府的政策开始,政府鼓励自置住房并鼓励金融机构向那些很少或几乎没有首付的人发放贷款,并向他们提供超出其负担能力的贷款。政府的政策也许是合理的,因为假定所购买的房子的价值会随着时间的推移而增加,而工资的增加也会支付得起房贷费用。银行发放了次级贷款,然后把这些次级贷款卖给了更大的银行,减轻了前者对其所提供贷款质量的责任,而大型金融机构设计了料想会分散风险的新工具。但是,最大的保险公司,如美国国际集团(AIG),在经济低迷的情况下,未能保持足够的储备。信用评级机构未能进行全程评估。当房地产泡沫破裂时,经济尤其是建立在它之上的工具也崩溃了。结果表明犯了许多错误:一些当事人的贪婪、银行大而不能倒的脆弱性以及政府各部门

---

① 更全面的讨论参见对此更详尽的讨论,Business Ethics,第 239 页。

所犯的错误。可以将世纪之交至今的这段时期,作为美国的一个创新时期。那么我们对之能作怎样的道德评价呢? 当然,许多人受到金融崩溃的伤害。人们可能会举出各种道德上的失误。很少有人被认为对此负有道德上或法律上的责任,这一事实多少有些令人惊讶。在许多层次上违反的一个明确的道德原则是,风险应该由那些从中受益的人来承担。不公平的是,一方在预期回报的情况下设想有风险,却把失败的后果转嫁给他人。这种做法屡见不鲜。

无论人们对金融危机的原因作出何种分析,我们关心的是这一问题: 这场危机及其后果是否可以成为宣布资本主义作为一种经济制度在道德上是不合理的有效依据呢? 答案是: 否。首先,我们承认,危机在很大程度上至少是最近开发的金融工具的过失: 抵押贷款支持的证券(MDSs)、债务抵押债券(CDOs)、信用违约互换(CDSs)等等。这些新工具(构成了有助于界定资本主义新形式创新的重要部分)并未被证明本身是不道德的,也不清楚它们是如何不道德的。它们不涉及欺诈,无关买卖双方或任何形式的欺骗。它们是应对风险的新工具。就像大多数工具一样,它们可以被误用,而且在危机之前的一段时期内,已经被误用了。尽管它们作为创新很重要,正如金融资本主义是一种创新一样,但这些新工具对于资本主义,甚至对金融资本主义本身,也并非必不可少,因此不能用它们来证明这个制度本质上或结构上是不道德的。然而,可以认为,它们是造成大量社会危害的一个重要部分: 许多人失去了他们的家园、工作和积蓄。而另一方面,政府却拯救了这些金融机构。这表明,创造它们的公司在使用它们的方式上存在缺陷,政府也未能对它们进行充分的监管。但是,这些缺陷能够而且某种程度上已经得到了纠正。立法,例如已经通过的《多德-弗兰克法案》(the Dodd-Frank Act)①,试图控制对权力的滥用并监管工具。基于结果状态分析的论证表现得更好些。美国已经相当成功地经受住了经济衰退的冲击,而股市作为一个指标,已经收复了大部分损失。一些欧洲国家的情况则相对逊色。非常奇怪的是,一些批评欧洲资本主义实体化的人,比美国人更倾向于社会主义,他们把一些政府提供的福利成本更多归咎于他们所采用的资本主义制度。当前对美国和欧洲制度的批评,与其说聚焦资本主义或社会主义,不如说关注国家内部和

---

① Dodd-Frank: Wall Street Reform and Consumer Protection Act, 2010 (Pub.L. 111 - 203, H.R. 4173)。有趣的是,在美国,这一法令被一些人批评为过于严厉,而另一些人则因为在控制大银行方面不够严格而予以抨击。

国家之间日益加剧的不平等。[①] 稍后我将对此发表更多评论,但现在要转向中国和南部国家,这两个地方几乎没有受到西方金融危机的影响。

二、中国的社会-经济创新

中国的经济与政府的联盟是一个大规模的社会创新。虽然政府是共产党领导的,社会结构是社会主义的,但政府允许市场运行,至少部分地用来配置商品和指导生产,政府还引进了股票市场,鼓励个人投资股市,并且允许某种私人所有制和竞争。尽管如此,中国共产党的领导人和政府是最终决策者,决定鼓励和支持哪些产业,并尝试指导经济和国家的发展。这是一个宏大的社会实验,而且中国已经上升为世界上第二大主要经济体。

它的批评者们并没有从道德上挑剔这一经济制度。我同意,经济结构本身并不存在不道德的部分,例如像奴隶制那样的情况。来自西方的道德批判主要是基于人权的层面以及对政治批评的限制,因此不是基于经济制度,而是基于与其结合的政治制度。中国在减贫方面取得了长足的进步。它提升了许多公民的生活水平。官方已经发起了反腐败运动,尽管承认这仍然是一个社会问题。批评者们指出这个制度的弱点,例如过度建设,而不是让市场有效地发挥作用。但是,那些都不是明显的结构性缺陷,尽管有些人认为这些缺陷是错误政策的标志。无论如何,这些缺陷都可以在不改变基本制度的情况下得到纠正。我们如果对这个制度采取结果状态分析,那么就像所有的结果状态分析一样,就必须决定结果在哪里。如果永远推迟结果,而为了达到一个遥远的结果,人们需要作出牺牲,那么任何事情都可以证明是合理的,也就没有合理的分析是可能的。随着普通公民生活方式的改善,朝结果的进步是必然的。批评人士还会提出,有必要承认人权以及所有人的自由度。如同美国的情况,也有过挫折,中国政府同美国政府一样,已经作出了改变来改善这个制度。在每一种情况下,关键的问题都不是外部批评是否正确,而是人们是否认为最终的结果有利于全体,以及人们希望什么样的变化,或者更强烈的,人们有什么要求。与美国和欧洲一样,中国的不平等问题正在加剧。增长和成功的发展如同财富和收入一样是不平等的。在这个过程中,中国正经历着非常富有的人与其他人之间愈来愈大的差距。一个曾经被表征为平

---

① 对于正在进行的关于不平等的讨论来说,一个重要的催化剂是,Thomas Piketty 的 Le Capital au XXI Siècle (Paris: Éditions du Seuil, 2013), Arthur Goldhammer 英译为 Capital in the Twenty-first Century [《21 世纪资本论》](Cambridge, Mass. and London, England, The Belknap Press of Harvard University Press, 2014)。

等主义的社会，现在正面临着不平等的发展，而这是所谓的资本主义国家的特征。在简要地考察我们的第三个案例后，我将更多地讨论这个趋同问题。

三、南部国家的崛起[①]

南部国家的崛起与全球化有关。在过去的30多年里，具有最近形式的全球化，因技术、通讯和运输方面的创新而成为可能，尽管全球化本身有着悠久的历史。全球化经常被认为是一种单一的现象。但事实并非如此。富国对穷国的剥削受到指责，即便为后者提供了就业机会，并将知识从富国转移到穷国。或许更重要的是，尽管西方国家正在艰难地应对2008—2009年的金融危机及其后果，但那些受到危机影响较小的南部国家却在发展它们自己。南部国家依赖北部国家的老套已经被打破了，南部国家用它们的重大创新来帮助自己。中国、印度和巴西以创新的方式走在前面。这是全球化现象的一部分，但全球化却有着不同的面孔。就像之前的全球化一样，这次的全球化也有道德上的缺陷和不足。

说到南部国家，就好像它是一种制度，当然，这是过度的简单化和对现实的扭曲。但重要的一点是，以前被描述为不太发达的各个国家，已经形成了一个新的现实：不像世纪之交时那样依赖西方。《2013年联合国报告》记录了这一情况，不仅自2000年以来全球范围内的贫困人口减少了一半，而且每个可供使用记录的国家都显示了已经取得某种程度的改善，不仅包括收入，还包括教育和健康。此外，同样重要的是，这些国家之间建立了新的关系，已经开发和分享适合它们需要的适当技术。简言之，它们大规模地进行了创新。不幸的是，一些收益，如巴西的情况，已经被广泛的政府腐败割去了。但值得注意的是，在2016年，众多民众表达了对猖獗的腐败的反对，并促成了政府改革。

四、一些经济伦理学的考虑和启示

所有这三个案例都表明，对这三种制度进行整体道德评价的一个主要困难是，这三种制度的目标都是动态的。所有这三种制度无论从概念还是事实来看，都是混合的复杂的制度。在每一个案例中，制度层面的创新都依赖于较低层面的创新。因此整体评估的价值有限。具有可执行的后果的最健全

① 见《2013联合国人类发展报告"南部国家的崛起"》，它记录了这一事实，即到2013年，联合国千年目标是世界上赤贫人口减少一半。从本文的目的来看，更有趣的是，如何实现这一目标的细节。

的道德评价是零碎的，而法律、监管和伦理所提供的必要的道德补救也是零碎的。没有一条道德的捷径可走。尽管如此，我还是会提出从道德观点来看可能作出的一些概括。

（一）许多人认为，这三个案例中日益加剧的不平等不是一个道德问题，就是一个威胁现存结构的社会问题。无论这种与不平等相关的道德指责是否能够成立，美国、中国和南部国家都有可能从彼此以及世界所有其他国家的经验中学习。多大程度的不平等以及哪种不平等是可以接受的，可能会因社会而异，并且必须由每个社会中正在经历不平等的人来决定。在决定这个问题上，道德理论只能帮助我们到此为止。但是，道德理论可以作出一些贡献。就不平等而言，对每一种制度的批评都是相似的，并且表明不平等问题不是任何特定经济制度的结果，而是似乎在社会发展超过一定水平时就会出现。一旦允许市场运行，基于贡献的不同回报就是意料之中的事情。马克思像亚当·斯密一样，清楚地看到了这一点，而且马克思允许在社会主义条件下，根据贡献来分配报酬。

有两个批评似乎超越了国界和特定的道德视角，一个是对国内日益增长的不平等的关切，尽管各国经济制度不同；另一个是各国在国际上的不平等。这种关注在很多方面仍是含糊不清的。不平等在许多领域并非一定是不道德的。当涉及收入或财富的不平等时，两者都未必是不道德的。即使是“从按劳分配到按需分配”的名言，也承认能力和需求的不平等。收入的不平等并非唯一值得考虑的变量。机会平等通常被认为比结果平等更为重要。从政治上来看，权利平等和法律面前的平等通常被认为比经济平等更重要（我认为有正当理由）。然而，人们对它的解读是，不平等是一个日益严重的问题，而那些从事经济伦理研究的人至少可以帮助人们澄清那些利害攸关的问题。

（二）一国内部的不平等是一个最严重影响这个国家内的人们的问题，最好由国内的人来处理。在达到可接受的各种不平等的目标与这样做的成本之间总是存在着权衡。实现目标的方法和目标的实现同样重要。正义，无论在这一制度内如何定义，都必须得到尊重。不同的社会可能满足于不同层面和不同种类的平等。在某种程度上，这需要进行结果状态分析。采用任何结果状态分析，都必须有某种方法来确定这个结果，即什么时候接近它，什么时候实现它。还必须有某种方法来决定什么时候达致它，或者朝着达致它所取得的进展。这通常是由政府领导人来做的。但是，他们宣布的这一成就如果要有意义，就必须与在这个社会中的人的经验、期望和接受产生共鸣。

(三)对经济制度的批评和辩护,无论是针对某一特定国家,还是针对全球而言,总是从特定的道德角度进行,而道德角度总是包含着某些道德前提。对资本主义的攻击通常来自拥护某种社会主义或共产主义的人,而对社会主义或共产主义的批评通常来自捍卫某种资本主义的人。在这种情况下,这种批评可以称为外部批评。它与那些接受道德前提或观点的人产生共鸣,但与不接受的人则不然。这并不意味着不应该提出这样的批评。即便他们不能说服后者,可能也有助于提高对各自认可的价值观的意识。要实现变革,更重要的不是来自外部的批评,而是内部的批评。内部的批评可以由被批评的制度内的人作出,也可以通过采用被批评的制度的前提,显示出内部的困难、矛盾或缺点。此外,为一个制度辩护的最重要的部分是,获得并巩固那些受该制度影响的人的支持。当一个从属于这个制度的重要群体开始认为它是压迫性的或无法满足其要求时,这个制度的合法性,或者更可能的是,这个国家的政府,就可能会发现有相当部分的人民要求改变。

(四)正如不平等问题正在引起人们的关注一样,腐败也被广泛地认为是一种道德缺陷,它能够而且确实会破坏经济效率,造成困难,尤其是对社会中最脆弱和最贫穷的成员。腐败,就像不平等一样,不是任何一种经济制度的组成部分,但它存在于几乎所有的社会-经济制度中。在中国,政府已正式谴责政府官员的腐败行为,并已开始采取措施控制并最终消除这种现象。政府的努力获得了它的公民的支持,时间将告诉我们这一努力的成功程度。中国可以借鉴美国的经验。然而,在美国,目前国内部批评者提出的指责,担心的不是政府官员的受贿,而是大公司的寻租趋向,它们通过游说(这是合法的)并通过它们对政治候选人的支持而插手治理它们的监管条例的起草,使之符合它们的利益。在南部国家,腐败一直在破坏当地经济的稳定,领导人抽走资金使自己获益,而牺牲为普通民众提供的增长和公共服务。在一个运行良好的社会里,为确保公平和效率,政府的一个责任就是对企业的控制和监管。很明显,企业与政府的关系越是紧密,对企业的公正和公平的监督就越是困难。

反腐败的立法当然很重要,但如果它听任恣意妄为或者不付诸实施,那么这种立法也无济于事。反腐败的一个有效工具是公之于众,这凸显了公众通过媒体、互联网和其他媒体获取适当信息的必要性。巴西最近的情况是,公众对腐败的强烈抗议导致了总统下台,这似乎就是一个恰当的例子。当企业公开运作,自由的媒体可以报道企业对公众有害的外部影响或者对环境的破坏行为时,企业的表现会比较好。政府也是如此。

(五) 对大的体系,诸如国家的政治经济体,进行道德评估是极其复杂的。当对一个制度,例如,对资本主义或共产主义,由反对它们的人提出道德指控时,不太可能期望达成多大的一致。但这并不意味着,人们不能作出任何这样的判断,不管他们是否被那些认为其行为是不道德的人所接受。也不意味着,所有这样的判断都不值得作出。每一种制度都可以加以改善,在任何情况下,零碎的变化都比相当于革命的大规模的变化更有可能发生。信息技术的兴起是评估经济制度的一个重要因素。对于不同社会的人来说,了解其他社会正在做的事情越来越容易,而且也越来越容易对比其他社会来评价自己的社会。人民可能认为这是积极的,而有些政府可能认为是消极的(如果它引发不满的话)。但是,从积极的方面来看,它允许所有人和所有政府从他人的成功和失败中学习。在某种意义上说,互联网已经成为道德讨论的全球论坛,并使其有可能发挥道德影响,并用可能前所未有的方式施加道德压力。

(六) 大规模的创新往往是在较小规模和较低水平上进行创新的结果。较低层面和较小规模的创新往往更经得起道德评估;但是,就像大规模的创新一样,通常结果状态的评估比直接的结构分析要更为合适。在这方面,对受影响的个人、他们的权利和福祉的影响,也不应因某些已经承诺的未来利益而受到侵犯。例如,在信息技术发展带来创新的场合就是如此。

(七) 在每一项道德评估以及创新解决方案的需求背后,都隐藏着由气候变化和环境破坏带来的问题。无论是采取行动的义务,还是未能采取适当行动的道德失误,都不能与具有任何特定经济制度的国家联系在一起。尽管人们普遍同意,每个国家在这方面都负有某种责任,但对每个国家的公平要求是什么仍存在争议。如果一个国家不尊重环境,在帮助减轻气候变化有害影响方面也未作出适当贡献的话,那么能否认为这个国家的社会经济制度是公正的呢?这是一个人们很少提出的问题。这一点,再加上一个国家中的个体企业、国家和国际层面上的产业以及跨国公司的责任,都是经济伦理学可能会富有成效地引起人们关注的话题。

因为制度在不断地演变,从而成为一个动态的目标,所以有必要不断地意识到那些值得道德审视的变化和创新。对资本主义、社会主义或全球化,没有最终的、一劳永逸的道德分析。然而,道德评估必须像寻求评估的实践中的创新一样,不断与时俱进。

◎ 提问与讨论

主持人乔安妮·齐佑拉：我们刚才听了两个非常精彩的演讲，他们的演讲都指向这届大会的主题。上海社会科学院院长王战教授给我们介绍了中国伦理发展的历史，并且从中国文化背景来探讨中国的经济伦理，如何秉承中国儒家的仁义礼智信，这是一种非常有意思的思路。通过他的演讲我们知道，伦理可以带来生产力。堪萨斯大学理查德·狄乔治教授在经济伦理学界是非常著名的学者，而且是这个学界资格最老的学者，他的很多学生也成为学界非常知名的学者，他演讲的话题非常宏观和广泛，讲到了不平等问题，我们可以在全球各种制度中看到不平等问题出现。现在是问答和讨论环节。我鼓励大家抓住机会踊跃提问。

提　问：狄乔治教授，你刚才讲到了政府有责任来管理企业、监管企业，我觉得这可能不是一个制度性的解决办法，因为世界太复杂了，政府的角色其实不是直接监管企业，而是保证企业在公平的环境中运营。所以我想政府的职责是不是应该这样来定位？而企业应该是让它们自我治理？

狄乔治：我理解你是问，在任何情况下，在任何国家，在任何经济体系中，政府是不是都不应该直接监管企业的运作？政府的角色是不应该直接监管企业，我认为从经济学的理论来说，这是一个公平的说法。大多数社会都发现，企业的这种自我治理是有局限性的。企业很大程度上依赖于外部性，而并不是依赖于自律。唯一让企业循规蹈矩的方法就是，通过政府的监管来约束企业。所以我对你提到的问题有一些顾虑。我认为，实际上企业通过提高伦理道德，政府通过提高政府治理政策的能力，可以让社会进一步发展。我想对于任何一个道德经济体来说，从长期来看这将是一个趋势。

提　问：我们有两个不同的演讲，一个是讨论中国的经典哲学理论体系。另一个谈论的话题是关于创新。我想提的问题是，我们面对未来，是否面对同样的挑战？是否只有一种答案？或者说，对于不同的国家，我们是否有不同的方法、遵循不同的传统？

狄乔治：是的，就像我们刚才所说的，如果我们来审视不公平这样一个概念的话，实际上我们知道，不管它在什么样的政治制度下都会存在，不管它是社会主义、资本主义、共产主义。我们需要思考的是，不公平的本质是什么？什么样的不公平是人们可以接受的？如果这个不公平是在过程中成就了另外的进步，是否可以接受？我想不同的国家有不同的价值观，有一些国家更强调个人主义，另一些国家强调集体主义。如果一个国家的人民对于他们的政府和他们的社会进步所带来的结果满意的话，那么外人实际上并没有权利去指手划脚，认为这是不公平的或者是不平等的，除非他能够说服该国人民，让他们要求更平等的待遇，否则我认为批评是没有实质意义的。因此我会期望，虽然说有各种各样的问题，但是我想不同的国家会找到不同的解决办法，找到各自国家的人民可以接受的解决办法。在我看来，这是完全没有问题的。

提 问：我想向王战教授提一个问题。您刚才演讲的时候有提到像华人这边的伦理系统有优势，但是它有些地方是向西方的文化传统、西方的伦理制度学习，能不能请王教授多谈论一些互相学习的情况？

王 战：这是一个很好的问题，刚才我因为时间关系没有展开讲。实际上江南文化的后续就是海派文化。江南文化以大运河为依托，到了近代发展以后，海运替代了运河，所以江南的很多商人到了上海，他们带来了很多优秀传统文化，也就是商业上的一些伦理文化。但是另一方面，上海又是西方文化进入中国的一个口岸。据我所知的资料，中国最早90%的外文材料都是通过上海翻译进了中国的，也包括西方的商业、契约精神、商业合同这方面。因此海派文化可以归结为一句话，是江南文化的经济伦理和西方的契约精神、商业合同精神、信用精神的一种集合。所以回答你这个问题，实际上可以从上海第一代的企业家那里看到，他们非常遵守商业秩序，同时又有传统的中国经济伦理的精神。

提 问：我来自日内瓦，有一个问题请问王战教授，您刚才讲到了2050年的研究报告，我们也能够想象出另外一个场景，就是新的民族主义、保护主义和暴力、战争等等。我们认为这些因素开始变得抬头，如果看欧洲和其他地区，这种苗头已经出现了，所以对于这种情景您如何从经济伦理来分析和评判？另外还说到儒家，我觉得所有宗教谈论的一个问题都是对人的关怀。我想您能不能从儒家的角度讲一讲宗教对人的这种关怀。

王 战：这是两个完全不同的问题。我是学世界经济的，我的观点是，现在世界经济正处于一个长周期中的一个相对衰退期。所以2008年迄今，我们还没有彻底走出这个危机。也就是说，世界经济是低迷的。世界经济低迷会迎来什么？出现什么问题？国内的民族矛盾、宗教矛盾、阶级矛盾会激化，当然在不同的国家有不同的表现，在乌克兰可能是民族矛盾的激化，在阿拉伯可能是宗教矛盾的激化。在目前的治理文明中，国内矛盾激化，一个被选举出来的总统往往容易把这些矛盾引到外面去，寻找一个敌对国，或者说把这些矛盾怪罪于外面发生的事所引起的。这种情况我们看到很多,在阿拉伯国家我们看到了,在乌克兰我们看到了,甚至在日本我们也看到了。这就变成了地缘政治问题。地缘政治问题又需要寻求朋友,就又变成了地缘集团性的一些冲突。这种情况往往与民族主义、民粹主义情绪的高涨结合起来。目前我们所看的这些问题还在进一步激化,从乌克兰问题、叙利亚问题、中国南海问题、难民问题,现在英国的脱欧问题,美国大选当中的特朗普现象,还包括恐怖事件的发生,都说明在经济低迷的时候,矛盾的激化最后会形成很多的不同事件,在这种情况下经济伦理的作用是什么?我认为在当前这个阶段,像刚才狄乔治教授所讲的,创新使这个世界经济能够继续增长,当然也包括我们提升全球基础设施的水平使很多国家经济能够发展起来。经济发展了,老百姓的生活提高了,就业扩充了,那么就能缓解经济低迷时期民族矛盾和民粹主义的高涨。这是我先回答你的第一个问题。

至于宗教问题,我刚才讲的三教合一的问题,其实把这个问题再放大一点,我们说一个人的世界观使得一个人能够安心去从事自己的事业,他要解决人与人之间的和谐相处,人与自然的和谐相处,还有人怎么对待自己,就是生与死、苦与乐的问题,在这方面中国人有自己的选择,比如说选择佛教,佛教的中国化,在西方也有他们的选择,比如说天主教、基督教,当然我们也说在阿拉伯国家相信伊斯兰教,这些都是他们自己的选择。所以,在这个问题上我认为是平等的。人要通过自己信念来解决自己有关生与死、苦与乐方面的信念问题,可以作自己的选择,也可以说有宗教自由。因此根据这样的理解,中国在这方面实际上对各种教是很宽容的,比如在上海存在多少教?我们实际上有9个教,不光有伊斯兰教、天主教、基督教、道教、佛教、孔庙,我们知道还有犹太教,所有这些教在上海都有,但是一百多年来从没有在上海因为宗教而引起冲突的。谢谢!

提　问:王教授,我是在中国出生长大的,现在我去了美国追求我的美国梦,现在我又回到了上海,非常高兴回到老家。从机场到酒店的路上,我看到了一些标志、口号,就是中国梦之类的标志和口号到处都有。那能不能帮我界定一下,中国梦到底是什么?从社会科学的角度来界定一下,伦理道德在中国梦里面能够起到什么样的作用?谢谢!

王　战:我想中国梦的解释,习近平主席已经做了很清晰的定义。我认为,一方面它来自老百姓,现在有很多的选择机会,给每个人平等的机会,能够把自己的理想实现了,这就是老百姓的中国梦。现在中国有一些真人秀,我看了是非常感动的。比如说,有个老太太做了一些很辛苦的工作,她是卖菜的，但是她喜欢唱歌，喜欢唱美声唱法，意大利的歌剧，结果她在舞台上唱了歌，得到了大家的好评，尽管她的工作是微不足道的，但是她有很好的歌喉，然后她能够展现给大家，这就是她的中国梦。当然中国人还有一个家国情怀，我们叫国家，把家和国家的命运联系在一起，也就是说我们在实现自己梦的时候，中国的未来发展怎么样，这也是老百姓所关心的，这两者结合在一起就是中国梦。

提　问：我来自法国商学院，我的欧洲学生总是说企业的确在努力，但是它们的努力都是停留在表面，它们其实还可以做得更多，这样的话我们的社会才能够可持续发展，有一个未来。而我的中国学生往往说我不肯定中国的企业已经有可持续发展的努力。我不确定他们为什么这么说，是真因为中国企业没有这样做？还是因为消费者对企业的可持续发展的努力不太了解？或者是中国消费者经济不够发达，所以没有愿意买那些可持续发展的公司所生产的更贵的产品呢？是否因此中国学生告诉我说，他们不确定，中国这个国家还有没有准备好可持续发展和伦理企业发展。所以我想问问两位，我们商学院的教授怎么来给我们学生相应的指导，使得他们以后为企业工作的时候，能够有助于企业承担社会责任？希望这个工作不会拖到下一代，而是这一代，这一代的学生就能付诸实践。

狄乔治：我先来回答一下。我有一个立场，那就是教经济伦理的，还有教道德哲学的，他们在道德判断方面并不一定比别人更好，除非他们有更多的信息。所以您刚才问的问题，企业界人士真的已经找到了一些道德解决方案吗？他们是不是该促使政府来执行这些方案的解决呢？我的答案是，企业跟所有人一样都可以据理力争，如果据理力争真的足够有力的话，政府和立法机构会或应当尊重，否则只不过是公司观点，不能够影响到日常生活。我想说的是，人们必须自己来决定他们想承受什么，想接受什么。讲到可持续发展，我们如何把可持续发展和其他的一些需求进行权衡，这是一个现实的问题，必须由人民自己来回答，让社会找到最好的答案。据我所知，现在有的人还很穷，他们说清洁能源车对我们来说太贵了，我宁可用一辆汽油车或柴油车，就算它有污染我也得用，所以这对穷人来说就是一个真实的困难，我们社会必须正视这个问题。如何让穷人也能够用得上交通运输工具，如果穷人被迫使用柴油车而不是清洁能源车的话，整个社会该找出一个最恰当的解决方案来。也许你必须要依赖创新或者对需求方施加一些压力，而每个社会都必须通过自己的思想斗争和辩论才能找到适合自己社会的解决方案。除此之外，我没办法给您任何指南，因为教科书里面找不到一个以一应全的方案。

王　战：我的回答是简单的，您刚才讲中国学生讲的问题是真实的问题，当然中国企业家从刚刚开始的时候，可以就是花一万元钱办了一个企业，在这个时候他根本没有什么可持续发展的想法，所以我觉得我们从事经济伦理的研究者以及教师，应该多多宣传经济伦理。但是这个宣传要让他能够听得懂。所以在中国的宣传，我认为应该从信义仁智礼讲起。原则上伦理道德并不限于经济伦理，孔夫子首先是一个教育家，他希望每一个中国人都能成为君子。一个努力做君子的人，在企业中会比较快地接受可持续发展理念。另外，政府在这方面应该要做很多事情，应该有这方面的法律规定，然后在很多公共设施投资方面，比如说中国在新能源汽车、在新能源发电方面就投了很多的钱，花了很大的力气。这样可以使老百姓，也使我们的企业家逐步树立起可持续发展理念。谢谢！

提　问：我来自印度，首先谢谢两位教授，谢谢你们的精彩发言，特别是要谢谢狄乔治教授，因为我们把您看成是经济伦理这个学科的创始之父。作为您的"孩子"，我对创始之父有一个问题。讲到跨国企业，世界上有很多的跨国企业，在很多的国家和地区都有运营，您曾经指出过每个不同的国家都会有自己的不同文化。一个跨国企业如果在不同的国家和文化里面都有运营的话，那么经济伦理怎么样才能实现统一呢？也就是说跨国企业有没有可能有一个统一的经济伦理的模块和框架可以套到每一个国家去呢？还是每一个区域、每一个国家都有自己的道德经济伦理的概念呢？谢谢您！

狄乔治：您提了一个非常有意思的问题，那就是如果您的企业在许多国家和地区都有运营，有没有一个统一的经济伦理概念呢？我的答案是，如果一个企业想用诚信、道德的方法经营的话，这个公司必须要判断有没有哪些基本规范是公司所不可违背的，不管这个公司的业务活动处在哪一个国家或地区。人权有时候在不同的国家会有不同的定义，不同的社会对不同的道德权利有不同的看重，所以对这种跨国企业来说有一些基本的原则是不可以违背的。比如说，我们不能伤害人的生命，不能为了生产更多的产品而危及我们人的生命。我们所在的国家都有什么样的价值体系？我们能够尊重当地的价值体系，并且调整我们自己的道德立场吗？同时我们还不能违背我们之前已经规定的那些基本的道德规范。也就是说，一个企业不能做它认为不道德的事，还不能做企业所在的那个国家认为的不道德的事。有时候可以有一些通用准则，有时候要按国家、按地区来分开讨论。有时候是在个人层面上来说，有时候是在企业层面来说，都得想一想有什么要求是不能违背的，那我也不能违背。如果个人认为企业有一些准则不对的话，能做些什么来帮助企业改变？另外还有一种可能，那就是如果一个人发现另外一家企业所在的价值观更好，也可以敦促自己的企业来采用。

齐佑拉： 现在我们将结束这场大会演讲及其提问和讨论。公认理查德·狄乔治是经济伦理学之父，形容本场研讨是父子之间的讨论是最好的结束语。让我们一起鼓掌感谢两位演讲嘉宾！

（陆晓禾整理）

创新经济的道德之维

万俊人*

[提要] 有必要通过建构一个简明的道德推理或道德价值分析框架，对当下中国举国开展的创新经济作出一种道德分析和伦理学批判性反思。作者的判断和初步结论是：当今中国政府主导下的"万众创新、全民创新"之经济运动急需给予理性的、社会伦理的反省，需要一种必要的道义-价值约束，以避免既往的社会运动的盲动性后果，同时有效控制新科学、新技术及其应用所可能产生的消极效应，甚至是难以消除的综合后果。

当今，世界经济发展越来越复杂。在各种经济活动中，新技术如因特网、新化学、新材料、新能源等层出不穷，在推动社会进步和改善人们生活的同时，也给经济和社会带来了前所未有的道德伦理问题。从这个角度来说，越是在一个创新的时代，越是需要研究经济伦理问题，即经济发展尤其是经济创新过程当中的道德和伦理问题。探讨这些问题，对于认识、理解和推进当代中国经济的创新和转型，有着特别重大的意义。

一、什么是"好"的创新？

现在，很多人都在说创新经济。所谓创新经济，是指主要由科学技术变革等内在科技因素带来整体经济创新进步的经济发展形态。就创新经济而言，推动经济社会前进的动力，已由传统的生产力要素驱动转向了由科学技术，尤其是新型技术的发展驱动。它不仅可以使社会生产力得到快速提高，

---

* 作者万俊人，中国伦理学会会长、清华大学人文学院教授、院长。原文为2016年7月14日第六届ISBEE世界大会第二场大会英文演讲稿，本篇中文稿曾以"仅仅瞄准GDP增长？那不是好的创新"在2016年10月16日《文汇·思想者》上刊发。现在的标题、文章内容、文后的提问和讨论获得作者同意并审定后收入发表。——编者

甚至也将使经济管理方式、商品营销方式、科技研发方式和转化方式等生产关系样式及经济结构都发生深刻变化。从这一角度来说,创新经济即是一种新型经济。

历史地看,人类社会的发展历来都是由创新推动的,只不过以往创新活动的速度比较缓慢。相对来说,社会对科技创新的激励幅度也比较弱小。而现代社会则有更多创新理论、制度对经济创新提供更多、更强的激励和支持,因而,现代的经济创新速度更快,对整个社会经济发展的影响更大,甚至某种程度上已成为最根本、最关键、最持久的经济发展动力。因此,世界上很多国家都非常重视创新经济,中国也是如此。

科学技术的变迁不仅推动了经济发展,也必然带来政治社会结构的变化。与此同时,整个社会也需要理念或观念创新、体制机制创新等作为整个经济社会创新不可或缺的前提条件。比如,18 世纪的工业革命。如果当时没有大量的新技术发明,没有大量发明性、创新性的价值理念的支持,以及从 15 世纪到 17 世纪积累起来的较为雄厚的资本条件,近代西欧的工业革命就很难出现,更不可能最终充分实现。同样,现在的世界正在或者已然进入了信息化时代。如果没有 20 世纪的计算机科学技术和其他相关性先导性科学技术的支撑,当代社会的技术创新也是不可能出现的。对当代中国经济发展而言,如果没有 20 世纪晚期的改革开放,没有中国与外部世界日益广泛深入的沟通联系,没有 30 多年改革开放伟大实践所创造并积累的现代经济经验、经济资本和科学技术发展成果的积累,我们也不可能在许多新科学、新技术、新经济领域等方面创造出今天如此雄厚完备的经济创新转型的条件和动力,也就不可能实现我国经济发展的又一次崭新的前沿性科技主导型经济创新转型。如果说,从计划经济向市场经济的体制转变,构成了我国现代经济发展历程中第一次具有革命性意义的内在结构转型的话,那么,从以变革经济社会体制为主要驱动力转向、以科学技术创新为主要驱动力的创新经济发展,则不仅是中国特色社会主义市场经济发展进程中,而且将是 5 000 多年来中国经济社会发展史上又一次具有革命性和世界性意义的内在(经济)动力与外部(经济全球化)效应的伟大经济转型。

今天,大家都在追逐创新、热议创新经济。可以说,创新已经被认为是当今中国社会最重要的价值理念。但是,要弄懂创新或创新型经济的全部,我们还需要关注创新背后更加复杂的方面,尤其要关注创新的伦理之维。通过关注创新的伦理之维,可以更好地理解创新经济以及创新经济可能产生的复杂而深远的社会文化后果,也可以更好地驾驭和管理创新型经济,更好地规范创新经济的发展方向和路径。

20 世纪伊始，英国道德哲学家 G.E.摩尔曾经重新审视“好”或“善”这一伦理学的核心概念。他指出，我们之所以说某些东西、某件事或某个人“好”，是因为它或他自身好。而说另一些东西、事情或人好，则是因为它或他可以对其他外部的事务或目的带来好的影响或结果。后一种好，实际上并不是内在的、目的意义上的，而是手段、工具意义上的好。自在或内在的好，出自目的本身来说的好，才是真正的、也就是内在目的性的“好”或善的标准。

为了便于理解，我在这里举一个例子。汽车是好的吗？不同的人可以从不同的层面进行理解。当人们说汽车好，是因为它可以给人们带来便利的交通，从而让生活变得更方便。但这是外在的好，因为它只是一种工具意义上的善，它在实现工具意义上的善的时候，还可能会带来外部的或附加的不好，比如污染。所以说，它并不是最高的善。由此，我们可以用同样的方式追问，创新是好的吗？说创新好，是因为它对整个社会是好的，还是因为它本身就是好的？这些问题让我们看到，必须要更全面地思考创新经济的道德问题。尤其是在判断有关创新经济之道德伦理后果时，考虑这些尤其重要和必要。

柏拉图曾经说道，人类的各种“技艺”本身包含着人类的智慧和目的，而且这种创新性的智慧本身也是人类善的来源。亚里士多德也在其形而上学中对此进行了深入思考。他认为，“技艺”的关键就是能够让人们处理或掌握一些问题时可以更加合理有效，但是，“技艺”不应超越其自身的合理范围，人们不能完全为“技艺”而“技艺”。也就是说，不能为追逐技术本身而进行技术创新，“技艺”最终要起到帮助人们或者有利于人们最终获得幸福的积极作用。在亚里士多德看来，“技艺”既包含有目的论意义上的善或好，也包含而且更重要的和根本的是，它对人类创造和获得幸福生活的积极的工具价值或手段的善(好)。

古代哲学家之所以如此高度地重视“技艺”或技术，以及它所包含的人类智慧价值，是因为在他们看来，这种创新性的智慧本身是人类善的价值非常重要的来源。用现在的话来说，它能够以自身的创新性推动良善本身的创新和完善，并运用不断创新和改进的“技艺”来帮助人类获取或实现幸福生活的目的。所以，亚里士多德还专门研究了怎样的技术才能最有利于帮助人们获得幸福。

当我们把思绪拉回当下可以发现，对创新而言，我们通常或许较少考虑它自身何以为善的目的论层面，而是较多也较自然地去考虑创新相对于其他事务所可能带来的意义、价值或后果。可是，当我们从经济伦理的视角来审视创新和创新经济时，就不仅要充分考虑创新或技术创新之于创新经济的功能性、工具性，甚至是绝对条件意义的积极价值，而且还必须充分考虑和理解创新——不单单是技术创新，还有管理创新、观念创新等——本身内在的价值意义，也就是创新性的目的论价值。唯有这样，我们才能真正认识到，任何形式的创新本身都是好的或善的，因为它本身便是人类智慧和人类社会文明的内在动力和标志，因而其本身具有崇高的目的和尊严，值得我们尊重。唯其如此，我们才能真正认识到人类所有科学技术创新内涵的绝对价值，才能从根本上而不只是从有用、有效、有利的工具或手段意义上来看创新本身，从而将之内化为一种持久而自觉的目的追求。也只有这样，我们社会的创新经济才有可能超越简单、直观、短视的实利主义或实用主义层面，从长远、理性和内在目的论的意义上来考量、理解、从事创新经济的伟大实践，从而形成我们投入创新经济这一伟大事业的内在而持久的精神动力和使命感。

在人类文明进步、特别是近现代文明史上，大凡在科学技术和思想、理论、制度等方面的创新作出过基础贡献的创新者，都曾经是怀有纯粹的探索真理使命、具有开拓进取精神、为人类文明进步和幸福奉献智慧乃至生命的创新先驱。

二、中国的创新够不够“好”？

现在，很多人都在说要讲好“中国故事”。我相信，中国今天大力推进的创新经济就是一个最新的“中国故事”。但要讲好这个最新的“中国故事”，依然任重道远。

在过去的30多年中，中国创造GDP年均增长10%甚至更高的两位数增长的奇迹。总体上，中国已经实现了从计划经济向社会主义市场经济的重大转变。未来，中国将会成为更加具有全球影响力的经济体。努力将经济发展带到一个更先进、更高效、更环保的新高度，是接下来几年甚至相当长时期中国发展的战略性选择。

但是，中国经济未来发展也面临着很多不确定性，必须面对越来越多日趋严峻的甚至是前所未有的挑战。例如，经济增长有“三驾马车”，即消费、投资、贸易或出口。但对中国经济而言，不管是从内部来看还是从外部来看，最近几年来，这“三驾马车”的拉动力都或多或少呈现出放缓的态势。这意味着，我们必须寻找新的方法，为经济发展注入新动力和新能量，这是当代中国经济转型升级的关键。正是在这样的情况下，创新经济在今日中国的地平线上日趋凸显并开始勃兴。

如今,中国已经开启创新经济并成为经济全球化前沿最具活力的经济体,中国经济的发展不仅会影响中国社会的发展,也必将影响当今世界的经济发展。我们正在大力推进创新经济,鼓励大众创业、万众创新,通过大众创业、万众创新的方式来刺激、动员和鼓励中国经济从传统的工业化经济转向知识-技术创新型经济。在此背景下,我比较关心的是,在这一轮经济转型过程中所折射或蕴含的伦理问题,即在创新经济普遍发生的今天,如何对其进行恰当的伦理评估。更明确地说,就是要弄清楚当我们说创新是好的,只是对中国经济发展而言是好的,还是对人们改善生活而言是好的?或者说,我们能否以及如何实现真正好的创新?我们该如何驾驭创新,使其保持在一个正确的轨道上,从而真正以创新带动中国的腾飞和现代化进程?

乍听起来,创新经济无疑是非常美好的。创新经济可以给经济社会发展注入新的活力,让中国的经济列车继续向前行驶。有数字显示,目前中国大概40%的经济发展来自技术或者体制性的创新。这是过去3年的一个数字。这也解释了,为什么说中国到目前为止依然能够保持6.8%左右的GDP增长率。最重要的一点是,创新驱动战略的执行,实际上也一直在激励人们更积极地尝试和追逐自己的梦想。从这个意义上来说,创新经济不管是从其自身来说,还是从发展推动来说,抑或对于人们自身的生活本身而言,都是有益的。

然而即便如此,对创新经济的道德哲学反思仍然是有必要的。譬如,创新的目标仅仅只是GDP的增长吗?或者说得更直接一些,创新经济只是为了保持目前的增速吗?对这一问题的回答,如果角度是片面或偏狭的,就难以正确地看待创新,甚至可能导致过分依赖GDP来判断创新经济的成效。实际上,创新对提高人民生活质量或许是更重要的。以亚里士多德的话来说,就是经济创新的根本目的仍然是为了提高人民生活的幸福感。如此一来,我们就不得不对创新作更全面的反思和评估。

比如,认真考量在创新过程中,我们付出了多少代价,这些代价是否被忽视了,等等。创新经济或许会耗用大量的成本,需要很多资源,包括自然资源、社会资源、金融资源、科技资源等。在创新的过程中,这些成本或资源是否得到了合理的利用,还是被浪费了?需要强调的是,任何形式的创新如果缺失了合适的条件或前提,实际上都是无法实现的,也未必一定是值得追求和鼓励的。在当今社会环境下,人们固然可以尝试各种各样的创新,但其前提条件是,创新者在创新前必须要具备一些先提条件,比如,创新主体的科学技术知识准备、科技设备仪器、财务支持、社会环境、组织激励,等等。回头审视过去 500 年现代化的历程,很多例证都说明,如果没有上述条件,创新通常就只能是某种财富奢望和资源奢侈。

这样的质疑似乎与创新经济的道德维度没有关系,实际上却非常密切。其中,至少包括以下几个方面:

第一,任何经济创新都必须具备社会价值的合理性。比方说,不管是否会带来经济上的成功,如果造成污染或者付出高昂的生态环境代价,任何所谓创新在社会伦理意义上都必定是恶的。

第二,任何经济创新都必须具备科学的合理性,否则只会导致过度使用甚至浪费社会资源,其资源消耗与其所带来的经济成效是不可能相匹配的。而任何形式的浪费无疑都是罪恶。

第三,创新需要必备的社会体制条件,而一些用于刺激、鼓励经济创新的新的制度安排都将或多或少产生某种程度的制度偏向,从而引起某种形式的制度偏颇或制度安排不公。例如,对于经济发达地区和欠发达地区来说,国家政府的某些针对创新经济而作出的现时性制度安排(特殊政策或策略)会不会产生这类制度效应的不公,就值得思考。

第四,创新需要足够的法治环境,尤其是知识产权保护。创新需要新科学、新技术和新知识的支撑。在这个过程中,必然会涉及大量新的知识产权的引进、使用、转让和保护。从某种意义上说,创新的成功在很大程度上取决于对知识产权的保护。如果不能有效防止创新成果被剽窃或“被抢劫”,创新经济最终将是一句空话。如果创新者的创造成果不能得到很好的保护,人们也就没有高涨的创新热情。更重要的是,知识产权保护绝不仅仅是科技知识的法律保障问题,而且更根本地说是对创新者个人或团体的基本权利的保护问题。在现实中,知识产权可以说是目前中国社会所面对的一个较为严重的问题。

第五,创新要避免过度商业化的炒作和利用。创新作为一种知识产权或一种创意实现,其中自然蕴含着巨大商机,而且一般说来,它应该且必须按照市场方式来运作。但是,如果因此把创新简化为一种牟取利润和财富的方式,缺少真正意义上的科学精神和社会责任感,也将会扭曲创新本身,至少会大大降低知识创新、科技创新和经济创新本身所蕴含的美德伦理意义,比如说,追求卓越、追求真理、追求知识荣耀的意义。换言之,如果遵循社会科学的逻辑和道德伦理的考量,创新其实也有真理与道德、手段价值与目的价值的双重意义。

三、中国的创新该怎么做?

展望未来,创新之于中国的重要性和必要性已经基本无需再去论证。值得思考的是,如何更好地推动中国的创新经济。在此过程中,需要回应以下三大挑战。

(一)文化的挑战

总体来说,文化的挑战可以归纳为一句话,即如何传承和突破文化传统?这不是一个新问题,而是中国社会近代百年以降仍未真正解决的老问题,但也是中国创新过程中必须面对和解决的一个大问题。一方面,我们对自身的文化传统多有不恭,甚至充满怨恨;另一方面,我们似乎又总是难以真正超越传统文化的束缚,不敢独立自由地尝试知识创新。历史的经验和教训,尤其是近代数百年的文明史说明,如果不敢或不能突破既定传统,不敢进行大胆创新,是很难实现中国现代化的,更不用说创造现代化的中国经验了。不必讳言,中国传统文化总给人们一种较弱的创新印象,在很多方面缺乏创新,特别是首创精神。著名的"李约瑟之问",即为何古代科技发达领先的中国没有成为现代科学技术的先行者,在很大程度上就是对中国传统文化的现代追问。我们必须突破传统文化中那些不利于创新的守成主义藩篱。也就是说,不仅传统文化自身需要与时俱进,而且必须将之转化为与现代社会相适应的、有益于现代创新的文化思想资源。

(二)制度的挑战

面对当代科学技术的飞速进步和现代科技之于经济创新发展所具有的越来越强劲的影响,我国创新中最为急需的,与其说是前沿的科技创新,不如说是适应这一科技革命的社会制度创新。没有科技体制的革新和社会制度的创新,就无法使创新获得必要的社会制度保障。比如,知识产权的保护,就需要有力的制度保障。此外,还需要加强教育制度改革,尤其是对长期积弊甚厚的应试教育的体制改革创新。同样,就经济社会发展而言,创新绝不仅仅局限于企业本身的内部改革,而且要为企业创造更好的外部制度环境,这是因为,后者决定着现代企业的建构和发展可能。显而易见,对于当代中国而言,企业外部的制度创新要比企业内部的体制创新更为急迫、更为重要,但也更为复杂和艰难。一套真正有效合理的社会制度必须是能够较为充分地激励、发挥和保护知识创新、技术创新和企业创新的制度系统。

(三)能源与生态环境的挑战

一种合理可取的创新经济应该且必须是以较低能源成本和生态环境代

价获得较高经济效率的新型经济。这大概是新型创新经济区别于近代以来工业现代化经济的主要标志。我们时代的经济不仅具有了深刻而广泛的全球化特征,而且遭遇了前所未有的自然资源紧缺和生态环境危机的困局。这些要求,必须改变既有的现代化发展方式和价值观念。人们的生活、消费、生产,不仅要接受经济理性的检验,也要接受生态伦理的审视和评价。从这个意义上说,因特网、新化学、新生态技术对整个经济转型不单具有极为重要的技术意义,也具有积极而重大的生态环保价值。

2015年底,习近平总书记提出创新、协调、开放、绿色、共享五大发展理念。这是极为重要而全面的战略性社会价值理念系统,对当代和未来中国经济社会发展有着根本和长远的指导意义。它更为全面科学地阐明了我国经济社会发展的基本价值取向和路径,必定会对中国社会的未来发展产生积极而深远的影响,也将对世界的未来发展发挥积极影响。同样,在此框架下思考创新经济及其道德维度,将是中国伦理学界所面临的新的时代课题和发展机遇。

创新、技术-人的条件与根本不确定性中的伦理学

[美] 丹尼尔·萨里维茨(Daniel Sarewitz)* 陆晓禾 译

[提要] 基因编辑只是人类与技术逐步融合的最新例证。这种融合可以从复杂性的3个层级来看：一、特定技术的直接功能；二、该技术在更广泛但仍可定义的社会-技术网络中的位置；三、该网络在开放的地球系统中的联系。指导有关技术-人融合决策的伦理考虑必须因复杂性的每一层级的不同而有所不同，因为随着可能的后果的复杂性和多样性的增加，个人的能动作用以及行动与后果之间的联系变得越来越不确定和不可预测。伦理框架必须要重视对可选择未来多元审议的参与。这里的目标不是徒劳无功地讲述技术发展的轨迹或者后果，而是让人们认识这套选择与机遇的创新系统，并以此来指导人们更加自觉地按照社会期望来指导技术。

我记得我儿子第一次说："让我们问问Siri吧。"我们的小家庭——儿子、妻子和我正坐在餐桌前。当时他大约10岁，在我们关于那天他在学校学到的东西的谈话中出现了一些事实上的分歧，也许是关于一个拉丁美洲国家的首都，或者美国总统的正确命令。当我还是孩子的时候，作为一个更大家庭的一员，在餐桌上讨论时，经常会有表兄弟、阿姨和叔叔，如果我们有不同意见，我们就会发生争论，而且通常会非常大声。也许晚饭后，有人会翻阅百科全书、地图册或字典，试图解决这个问题，尽管我不确定那是否真的很重要。当然，在我儿子带Siri回家吃饭之前，我就知道Siri的事了。我甚至试着用她在我的iPhone上搜索网络，然后才确定她是一个没

---

* © Daniel Sarewitz, 2020. 作者丹尼尔·萨里维茨，亚利桑那州立大学(Arizona State University)科学与社会教授，"科学、政策与结果协会"(CSPO)主席与创立者之一。原文为2016年7月14日第六届ISBEE世界大会第二场大会的英文主旨演讲稿，本书出版时，译者获得作者的授权同意全文中译并收入本书。——译者

有她我就做不到的新奇事物。但我儿子和她的关系是直观的、随和的、自动的——尽管在餐桌上的那一刻之前，我完全不知道他竟然和Siri有关系。

我和我的同事布拉德·艾伦比(Brad Allenby)用“技术-人的条件”来描述技术变革与人类经验之间不可避免的亲密关系。技术制品本身可能存在于我们之外并且远离我们，但我们所经历的世界，包括我们自身的主观体验，不能离开我们对技术的理解而理解。技术制品是我们人类有意识的创造。它们有力地决定了我们的世界和我们有关这个世界的体验。创造和改进技术的过程——这是我在这篇演讲中使用“创新”这个词所说的意思，因此带有内在的伦理维度需要我们关注。但这里有一个基本的张力，因为随着这些伦理维度在范围和潜在后果方面的增大，我们对如何理解它们以及如何通过干预来处理和管理它们的不确定性也在增大。换句话说，我们越可能关心，甚至不得不关心我们创新的伦理维度，我们就越不能真正理解这些维度，更不用说以可能减轻伦理担忧的方式对它们作出反应了。

所以我今天想说的是，我们应该如何看待不断上升的伦理风险与不断上升的不确定性之间的张力关系。我特别高兴受邀在专门讨论伦理创新与企业的会议上来讨论这个问题，原因很显然，大多数技术创新发生在企业中，因此在许多方面，企业环境必须是任何有效努力的中心，以应对创新、伦理和不确定性的挑战。

因此，我希望在这篇演讲中提供的是一个思考技术复杂性的框架，它可以有助于围绕伦理创新进行结构分析、讨论和行动，并就我们可能使用什么样的方法和工具来追求伦理创新提出一些具体的建议，特别是当社会和技术在高度复杂的情况下相互参与时。

但是让我花一分钟时间回到我儿子和他的朋友这里。对我儿子来说，Siri只不过是他智能手机上的方便的资源接口。他要求Siri告诉他步行到某家商店需要多长时间，或者最新的运动会的结果是什么，或者打电话给朋友，或者找出公共汽车什么时候到达离我们家最近的车站。现在我想在这里谈一下关于Siri的两个观点。首先，她是我儿子认知图景的一部分，但在我看来不是这样。因为她，我们在某种程度上是不同的。

我想说的第二点是，Siri相当可靠。她的语言解释能力并不完美，但一旦你学会了如何和她说话，以及她的局限性是什么，她就很擅长做她的工作。她的存在的目的是明确的：在智能手机用户与手机提供的强大资源之间提供一个方便的接口。

层级 1：技术复杂性
- 包含工程的复杂性
- 可靠性和功能
- 明确的因果关系
- 伦理属性可能
- 专业知识可能

这就是我想称为层级 1 的技术复杂性。智能手机作为一种技术设计和开发，是一种极其复杂的设备，远远超出了即使是最专业的电气工程师或软件设计师所能充分理解的能力。但在层级 1，所有的复杂性都被安置在手机光滑的外壳中。从这个角度来看，智能手机是一个简单的黑匣子，也是一个工具，用来沟通、搜索网络、寻找一个人的位置或拍摄和发送照片，它也是一个难以置信的简单而可靠的黑匣子。

也许这有点显而易见，但我想更详细地指出，我们使用技术正是因为它们为我们提供了这种可靠性和透明度，以执行明确规定的功能。因此，它们使我们的世界和我们在其中的行动更加可预测和更加确定。层级 1 是技术允许我们实现我们的意图、维护我们的机构、控制未来的地方。层级 1 是有关功能性的；这是我们使用技术的目的。

但我确实想知道智能手机对我儿子的大脑和智力、对他的社会关系、对他经历世界的性质和质量的影响。他不断地通过短信、Instagram 和 Facebook 与他的朋友交流，但似乎实际上很少花时间与他们面对面——当他和他的朋友在一起时，他们仍然大多坐着盯着他们的屏幕，而不是精力充沛地相互接触，这真的没关系吗？他也许永远不会知道在一个陌生城市里迷失的经历，在公共汽车站等一个小时，除了等待什么也做不了，永远不会、永远不需要承诺记住一套关于任何事情的事实，因为任何人在任何地方都可以立即获得所有的事实，只需要让 Siri 寻找它们，这真的没关系吗？

层级 2：社会-技术复杂性
- 层级 1 功能仍然强大
- 意想不到的社会-技术后果
- 伦理属性可能但有争议
- 专业知识可能但有争议

欢迎来到层级 2，即社会-技术系统，在那里我们仍然可以认识到我们的技术与其后果之间的直接联系，但它们不再是智能手机工程师在设计这项技术时所想到的后果。这些后果远远超出了技术-人对我儿子大脑布线和社交网络的影响。让我提供一个例子来说明：因为现在每个人都携带智能手机，而智能手机几乎都具有数字视频记录功能，人们可以拍摄以前几乎从未录制过的事件的视频，因为它们非常短暂和罕见。在美国，拍摄警察枪击公民视频的公民被证明具有政治爆炸性，特别是当公民是少数种族的时候。通过提供这些暴力事件的视觉证据，智能手机对围绕警察行为和公民权利问题的全国辩论产生了深远的影响。无法预测，智能手机的视频能力会导致这种后果，然而智能手机与后果本身之间的联系是明确的。层级 1 的可靠功能仍然是高度便携和方便的视频记录与社会变化之间的因果链的核心。但是，因果链现在是一个复杂的和不可预测的链，并远远超出了个人用户试图通过精心设计的设备完成可靠的事情的中介和意图。

我儿子对 Siri 提供给他的所有功能都有很高的舒适度。我来自一个认为隐私是一项应该受到保护的重要权利的一代人。我讨厌这样一个事实，即除非我关掉智能手机上的定位服务，否则我的行踪会一直在被跟踪，我认为企业和政府都可以通过这些方式获取我的信息。相反，我的儿子想要和他的朋友分享他的个人信息，这样他们可以随时知道他在哪里，他也可以知道他们在哪里。

因此，技术-人的条件的另一个方面是，规范、价值观和伦理本身是偶然的，并且不断地受到基于将技术带入我们生活和社会关系方式的变化的影响。

在思考智能手机时，在某一时刻，与设备相关的复杂性和偶然性变得如此普遍，以至于从设备核心功能中产生的因果链不再有效地描述设备与它帮助创建的世界的关系。让我们继续考虑信息和隐私问题。我们都知道，智能手机不断地收集关于我们的信息，这些信息可以在许多方面被汇编、解释和利用，以产生不属于手机设计的黑盒功能的后果和能力。例如，我国政府声称，通过跟踪智能手机生成的元数据，即关于手机移动和位置的数据，以及接收来自该设备的短信、电子邮件和电话的人的位置，它可以确定通信、移动和行为的模式，从而确定可能的恐怖活动。美国目前正在进行一场政治和法律辩论，讨论是否应该允许这样做，对隐私的威胁是否大于安全的增加。

由于智能手机的存在，恐怖主义和打击恐怖主义的努力都会有所不同。然而，对于智能手机独立可靠的功能与更大的历史驱动因素、社会和信息网络、地缘政治后果，以及围绕社会应对恐怖主义的法律和伦理辩论之间的联系，我们不可能说出任何有用的东西。

隐私和安全的本质现在是不同的，人们的行为也是不同的，从关切的公民、民权律师、政府官员到恐怖分子。但是说智能手机导致了这些变化是没有用的，即使智能手机从来没有出现过，这些变化也不会以它们的方式发生。

当然，这只是智能手机改变了人类活动的一个方面，而这种改变在15年前是完全无法预测的。智能手机正在利用一组惊人的、快速多样的、以前完全不同的创新途径的融合，包括人工智能、数字图像处理、地理空间数据分析和自然语言识别。在这一过程中，由于我们随身携带的这个简单的黑匣子无处不在，人类活动正在发生惊人的变化，包括但绝不限于：商业和金融交易的性质、医疗诊断和治疗、音乐艺术的享受和个人健身活动、社会群体的组织和动态，以及政治运动的发展和演变。所有这些变化都可能带来伦理的考虑、挑战和困境，因为它们影响人类的关系、机会和结果。

层级3：地球系统复杂性

- 层级1可能不确定
- 伦理属性不可能
- 多重合法问题定义
- 专业知识不可能(或：每个人都是专家)

现在我们已经进入了层级3，即复杂的地球系统，在那里一切都是偶然的，甚至包括认知、伦理以及关于世界如何运作和应该运作的基本期望。我们的智能手机是如此深刻和紧密地嵌入到我们作为个人的功能中，作为社区的成员，作为更大网络中的节点，我们甚至可能不知道它们的存在，以至于如果不考虑这些设备的功能(设计的与偶发的)，我们就不能合理地将自己定义为人类。

熟悉的界限和范畴在很大程度上限制了我们在这个世界上的理解和行动的方式，它们不仅开始变得模糊，而且真的消失了：精神与物质、自然与人为、个人与社会、设计与紧急、意向性与偶然性——在层级3，不再清楚的是，这些区分是否能可靠地帮助我们理解正在发生的事情，或者我们应该如何行动。事实上，我们现有的技术发展的伦理框架在很大程度上是对层级1思维的反应，并在某种程度上是对层级2思维的反应。我们有对每个科学家和工程师负责的行为守则，要求他们对其工作的完整性和工作产品的直接后果负责。

我们有监管标准，以确保创新产品不会对人类直接造成不当的伤害，而这些标准应该要求公司在可能知道的伤害确实发生时承担责任。我们有监测和测试制度，以持续的方式评估许多类型的创新对健康和环境的新风险，包括难以预测的风险，例如新药从人口相对较少的临床试验转移到一般人群中使用更多的新药的低概率风险。

即使在层级 1 和层级 2,与这些努力有关的不确定性可能是巨大的,而且这种不确定性既是技术性的,也是规范性的。也就是说,即使我们能够衡量某一特定技术的安全水平,我们也很可能不同意所谓的“足够安全”。无休止的关于如何最好地考虑与环境中的化学品有关的不确定性和风险,或者在相互竞争的能源技术之间选择的辩论表明,管理创新伦理即使是在层级 1 和层级 2 上是如何困难。

尽管如此,这里还是有某种分析上的和哲学上的一致性。所有这些努力都是标准的风险-效益框架的变体,其中可以相当清晰地说明从创新到风险和效益的因果链,即使经过辩论,对风险和效益也可以明确界定和经常量化,个人科学家或工程师或特定的组织实体,如公司或政府监管机构的作用,可以与责任归属和伦理绩效标准挂钩。我们完全锚定在层级 1 和层级 2 的思想和行动上。

然而,作为一个经验问题,有证据压倒性地表明,试图用层级 1 和层级 2 的智力、政策和伦理工具来应对层级 3 技术-人的复杂性的挑战,是适得其反的。如果我们看看有关气候变化、核能、转基因食品、环境中的化学品、技术变革和就业以及人类认知和身体表现的技术提高等各种问题的科学和技术风险的无休止辩论,那么在我们应该如何行动的问题上,我们看不到任何封闭、共识或趋同的观点。我们看到了相反的情况——更多的分歧,更多样化的观点,以及通常更多的冲突。即使我们看到人们要求更多的数据,更多的“基于证据的政策”,更复杂的预测模型。这应该能告诉我们一些事情。确实如此。

使用层级 1 思维和工具试图解决层级 3 问题,犯了基本类别错误。最近这类错误的一个突出例子是 107 位诺贝尔奖得主签署的一封信,信中说,由于缺乏可靠证据表明转基因作物对人类和环境健康有害,环境团体应该放弃对转基因生物的反对。这封信强烈地暗示,反对转基因生物是不道德的,因为它剥夺了人们本来可能得到的健康福利。所以这是层级 1 思维,用来作出层级 1 的伦理判断。但社会科学研究表明,反对转基因生物的理由远远超出了层级 1 的风险-效益框架,并被称为对全球经济、环境和政治因素关注的层级 3,例如谁将控制粮食供应和农用化学品的使用,农业综合企业将如何影响景观、粮食品种和国家自主权,以及参与、透明和选择等基本问题在对影响每个人的农业和粮食的未来作出决定时是否得到尊重。

在这场关于转基因生物辩论的小冲突中,诺贝尔奖获得主们错误地认为，层级 1 风险-收益的观点应该说服那些主要关注层级 3 的人。

另一方面，那些通过援引层级 3 地球系统后果来反对转基因生物的人，通过使用标准的因果归因来对问题进行错误的描述，在层级 1 创新与层级 3 后果之间建立伦理联系。难怪这种争论永远不会得到解决。事实上，随着我们做更多的研究来解决它们，情况往往会变得更糟。

我们居住并不断创造我们的技术-人复杂性、偶然性和深刻的不确定性的层级 3 世界。那么，明智和伦理地治理层级 3 的创新后果意味着什么？

我建议这里有四个基石。首先，我们不能准确地预测层级 3 技术创新的技术的、社会学的或规范的后果。如果你不相信这一点，就想想智能手机 25 年的演变吧。其次，这种不确定性和不可预测性意味着，总是有多种相互竞争的合法方式来描述这些后果。不可能从全面和统一的事实或规范的角度来理解层级 3 条件。第三，缺乏一种单一的全面的方法来看待和评价事物，这意味着专门知识本身是有限的。在层级 3，专门知识绝不仅仅是局部的，我们应该期望，提出许多关于创新及其后果的相互竞争主张的人和团体都想要被承认为专家。因此，关于层级 3 现象的专门知识的主张本身就是政治性的。第四，从前面的观点来看，对在层级 3 上创新的任何明智的和伦理的治理制度，都必须借鉴多元分析的和规范的观点。倾向于用单一的方式来理解正在发生的事情，会冻结事实和价值观，而这些事实和价值观可以合理地促进理解和决策。

因此，作为一个方法论问题，未来创新路径和未来价值偏好的不确定性意味着层级 3 思维必须始终是多元的，可以采取两种不同的可能相关的方式。首先，我们需要对新兴创新所带来的各种社会技术可能性有丰富的认识。具体而言，这意味着我们需要开发多种可能的社会技术未来情景。其次，为了帮助理解这些不同的未来情景，我们需要在考虑什么是可取的未来、什么是不可取的未来时，考虑到价值观的显著多样性。

目前正在一些大学和政府系统中开发并小规模测试的这些纳入层级 3 思维核心要素的工具，例如，在我的大学，我们创建了一个新的社会创新未来学校，试图建立了解、甚至指导层级 3 创新后果的能力和经验。我们与一些伙伴机构合作，一直在发展我们所说的新兴技术“预期治理”的概念和方法。最好认为预期治理是一套方法和过程，旨在使对其他理想未来的审议成为研究和开发过程本身的一个综合部分。欧盟正在开展补充活动，努力制定和推进一种正式的管理社会技术变革的办法，称为负责任的创新。(我可以告诉你，迄今为止这种努力中最薄弱的一点可能是未能与私营部门伙伴建立牢固的联系。所以我参加这次大会特别兴奋的原因之一就是,我希望能与你们中的许多人讨论今后如何建立这种伙伴关系。)

预期治理、负责任的创新和其他类似的努力并不意味着预测或规定创新路径。其愿望是构建了解和反思创新活动的社会能力,作为创新过程本身的一部分。结果应更深入地了解和广泛地审议社会面对层级 3 的复杂性和偶然性面临的备选方案和决定。追求的不是作为控制基础的全面预测知识,这是不可能的,而是自反性(reflexivity)。但就自反性而言——如果我可以用某种社会科学术语的话,它可以让我们在面对不可预测和偶然的社会技术变化时拥有更强的弹性。

让我给大家快速介绍一下我在亚利桑那州立大学和其他地方的同事们正在开发的一些方法。工作的一个领域是设计新的方法来构建可能的社会技术未来的多种情景。我们的场景工作直接建立在商业社区,通过使用场景来预测商业模型从意外干扰到市场的挑战所学到的东西上。我们与来自自然科学和工程以及社会科学和人文科学的不同专家小组合作,并与具有广泛代表性的公众成员合作。在开发社会技术场景时,我们探索了新兴的创新前沿,如城市设计中的纳米技术、先进的生物医学诊断、认知增强和气候工程。就一切情况而言,我们明确地将创新可能性的技术考虑与期望和不期望的未来的规范考虑结合起来。

第二个重点领域是理解和激发与复杂的社会技术变革相关的价值观和规范。我们工作的一个方面,称为"社会-技术一体化",将社会科学家和人文主义者带入实验室环境,科学家和工程师正在研究新兴技术的问题,以培养对激励研究选择和优先事项的价值观和信念的讨论。第二个要素是我们所说的"公共价值绘制"("Public Value Mapping")。这里的目标是理解激励不同创新领域的价值观,看看这些价值观在不同群体之间是如何不同的,并开发逻辑模型,探讨哪些价值观在创新和社会技术成果中得到体现以及哪些价值观被忽视。我们在气候变化、纳米技术和癌症治疗、自然灾害以及大学在创新中的作用等方面的工作表明,在所有情况下,研究和发展的实际决策过程中都体现了非常狭隘的一套价值观,这种狭隘可能会损害实现更广泛公共目标的创新潜力。

我们还与一些机构伙伴合作,包括科学博物馆、非营利性组织和政府机构,将我们在价值观方面的工作与我们的情景构建工作结合起来,作为称为"参与性技术评估"的一系列日益增长的活动的一部分。我们的 ECAST 网络——科学技术的专家和公民评估(Expert and Citizen Assessment of Science and Technology),将不同的公民群体和专家聚集在一起,对高度复杂和不确定的技术问题进行选择,从而筛选出相关的价值观。这一想法既是要描绘出价值观的多样性,也同样重要的是要根据这些价值观来考虑选择,直接输入到政府目前就纳米技术、小行星撞击、能源技术、气候变化和核废料处理等各种问题的创新政策问题作出的决定。我们非常令人信服地表明,非专家公民可以有意义地参与这种审议,并能提出不会从专家团体中产生的见解和观点。

让我举一个很小的、相当明显的例子,来说明这些努力如何能够提高社会能力,以更明智和更合乎伦理地管理在复杂性层级 3 上的创新。几年前,我们的价值观启发工作表明,纳米科学家和公众对纳米技术的未来风险和好处有非常不同的看法。一个特别明显的区别与工作有关。

纳米科学家们并不担心这种技术会减少工作机会,而公众却非常担心。每一群体都是理性的。纳米科学家有充分的理由对他们帮助创造的技术前沿所创造的机会感到乐观;公民有理由担心这些前沿将破坏劳动力市场。

然而,这种普遍的担忧几乎总是被科学、技术和工业专家所忽视,他们坚持层级 1 的理性和价值观,如"新勒德"("neo-luddite")[①]或反-创新(anti-innovation)而置之不理。事实上,纳米技术工作完成以来,已经近 10 年了,创新、经济公平和政治交叉的层级 3 正在成为欧洲和美国的一个重要的和不稳定的政治力量。我认为,合理的假设是,这些地区正在崛起的民粹主义政治至少与专家的强大共识有某种联系,即由高科技创新产生的经济增长将不仅仅弥补全球市场造成的当地劳动力错位。作为一种挑衅性的反事实,我想提出一种可能性,即如果美国的创新政策至少得到一套更丰富和更多样化的未来设想和价值观的信息,而不仅仅是来自专家,而且来自广泛的公民,那么政府在过去几十年中就很难轻率地推行剥夺数百万工人经济权利的政策。

《经济学人》最近在英国投票退出欧盟的背景下发表了类似的观点。"包括本报在内的全球化支持者必须承认,技术官僚犯了错误,而普通人为此付出了代价。转向一种有缺陷的欧洲货币,一种技术官僚的卓越计划,导致了停滞和失业,并使欧洲四分五裂。精心设计的金融工具削弱了监管机构,破坏了世界经济,最后以纳税人的钱为银行纾困而告终,后来又削减了预算。"

谦卑往往来得太晚。我想在今天上午结束发言时指出,层级 3 提出的主

---

① 勒德分子(Luddite)是一个历史上的政治运动术语,用来形容那些反对技术创新的人。新勒德分子(Neo-Luddite)用来形容那些被认为是反技术的人,或者那些不喜欢或难以理解和使用现代科学技术的人。新勒德分子是用来描述勒德分子的现代术语。——译者

要的伦理挑战是，将谦卑制度化到创新过程中，使其从一开始就存在，而不是仅仅是遗憾的产物。我用智能手机来帮助说明不同层级的偶然性和复杂性是技术-人条件的核心，因为虽然它的意想不到的、改变世界的层级 3 的影响是显而易见的，但它并不是主要的社会、政治和经济辩论的中心。（尽管我不知道有哪个父母不希望他们的孩子花更少的时间在手机上，而把更多的时间花在其他事情上。）

但是，如果你仅仅考虑人类在未来几十年可能正在发展的新兴技术前沿，谦卑的价值是显而易见的。快速发展的人工智能可能很快就会在一系列复杂的认知活动中为人类智能提供严重的竞争，对个人和社会造成不可知的后果。像 CRISPR 这样的基因编辑技术不仅开始提供新的有效方法来改变人类和动物的遗传特征，而且使这些特征成为可遗传的，从而引入了有意识地指导生物进化的真正可能性。合成生物学也在朝着创造一个完整的合成人类基因组的方向发展，这指向了创造一个拥有合成基因组的人的真正可能性。通过改造气候来减少全球变暖的后果，正越来越受到科学家和政策制定者的重视。这些只是新兴创新中最显著的领域，有可能催化根本性的转变社会技术的变革，从而使我们对社会、自然和规范世界的许多基本假设过时。然而，这些转变的性质，以及产生这些转变的社会技术途径，仍然是不可预测和相互制约的。在过去的几分钟里，我作了简单的介绍勾勒出一些概念、方法和工具，旨在推动谦逊向上，通过应用预期治理和负责任的创新的理念和理想，将层级 3 从一个遗憾的领域转变为一个构建更具反射性的未来的场所。因此，技术-人的条件的伦理义务体现在努力使多元化、参与、开放和反思成为创新过程本身的一部分。

◎ 提问与讨论

主持人帕特里夏·韦哈尼(Patricia Werhane)[*]**:** 刚才我们听了两场非常重要、有启发性的演讲。第一位专门讲了创新经济的伦理之维,第二位专门分析了技术对人类影响带来3个层面的后果以及我们怎样能够很好地应对。现在大家有问题的话,可以提问。

提　问: 我向两位发言者提问。第一个问题是,比如说你们政府要专门引进一些可以追溯的钱,我知道在俄罗斯和中国,都是政府找到了要推出既是数字化的货币,也能够对抗洗钱活动的办法。在澳大利亚,我们也专门推出了这样的一个立法。也就是说,专门引进的钱不能用来进行赌博或者酗酒,那么这样的货币引进来会带来什么样的伦理后果呢?第二个我想提的问题是,如果所有的交易在未来都要用可追溯的货币的话,那么它会带来什么样的后果?这样是否侵犯了人们的隐私权?谢谢!

萨里维茨: 我认为首先要做的是,应该把这样的问题提交给人们,让普通公众对于不同的前景进行讨论。也就是在这个讨论中,人们才能知道有各种各样不同的观点,最后伦理影响自然会浮现出来。

万俊人: 我可能并未完全理解你刚才的问题,我可以说的是,就中国政府或者中国的情况而言,我们现在的创新经济还做得不好,我们的政府在努力推动我们的人民来进行创新,甚至还邀请年轻人、发动年轻人来进行万众创新、万众创业,成为一种运动。比如说在我的大学,我们的校长就说,本科生也可以获得创新资助,鼓励大学生进行创新。我并不觉得这是明智的政策,所以想要对这一政策提出一些批评的意见。因为这样搞创新经济的话,有可能会适得其反。

韦哈尼: 我想评论一下,刚才您问到货币是否侵犯了人们的隐私权,还有智能手机的定位技术是不是侵犯隐私,我想我们要在不同层面来思考这些问题。

萨里维茨: 我想当然可以通过政府的监管措施来保护人们的隐私。但是像前面讲到的可追溯的货币,这个我们现在还完全不知道最后带来的后果,比如对澳大利亚的土著人会带来什么影响,这是很有意思的话题。有的时候可能就是把人们的一些财富带出来,让人失去隐私。有的人可能因此不

---

* 主持人帕特里夏·韦哈尼,美国德保罗大学(Depaul University)经济伦理学 Wicklander 讲座荣休教授;弗吉尼亚大学(Univiersity of Virginia)达顿商学院荣休 Ruffin 教授。——编者

愿意利用这样一些可追溯货币,这是我们对于技术的后果需要考虑的问题。

提　问: 万教授,听您的演讲受益匪浅,您的演讲中提到了对我国的创新经济有所鼓励。因为创新经济要面对三大挑战,特别强调了要以伦理道德的视野来审视这些挑战。这就意味着,在创新经济过程中,我们伦理学有义不容辞的责任,我很赞同您的观点。请您能不能进一步谈谈伦理学界和伦理学者在推动创新经济中的主要责任是什么,怎样能够发挥我们伦理学者的作用?

万俊人: 对不起,我想请大家原谅,因为我前面用英文讲的,现在用中文回答。今天的中国创新经济面临的三大挑战,其实刚才另外一位主题报告人萨里维茨先生也谈到了这个问题。虽然我的直觉告诉我,在重要的时刻,伦理学和伦理学家应该承担一份责任,就像刚才萨里维茨先生所说的,要使得我们社会的创新经济成为能够负责的创新经济。我特别欣赏他谈到的一个关键概念,就是不确定性的伦理,所以我们伦理学面对创新经济有很多不确定的东西,包括我自己对很多东西也是在思考中。但是我们可以至少做到这样一点,就是以旁观者的身份认真地观察今天中国创新经济和世界创新经济的发展,对它们作出理性的思考和综合的判断。也就是说,不是简单地提出伦理批判,或者简单地去唱和,而是一定要把创新经济的动因、过程、所运用的技术及其实际效果和可能带来的后果,进行认真的价值分析,无论是从长远的目的还是当下工具的角度。这是我要说的第一点。

第二点是,我经常说,伦理学家包括哲学家,就像黑格尔说的,是黄昏才起的猫头鹰,总是事后诸葛亮,事情发生了,我们才能说什么。刚才萨里维茨先生也讲了,很多东西是我们不能预期的,我的报告中也谈到了很多是不能预期的。即便这样,我们也应该尝试尽可能用科学真理与价值理想双重的评价,去试图预期创新经济的一些可能的后果,以便防患于未然。刚才我记下了萨里维茨先生引用的一句话,就是著名科学家霍金斯说的,我们一定要注意,人工智能如果失去控制的话,很可能终结人类本身。这是一种警示。我想我们这个时代需要科学家,可能比任何时代更需要有智慧的伦理学家,这是我对你问题的两个回答。

提　问: 我有一个问题请问萨里维茨先生。刚才您做了非常棒的演讲,您提了两个问题,一个是多元性。我要用印度的例子来阐明我们所面临的挑战。第一个就是你讲到的相互连通性,也就是说各种利益相关方是相互联通的。所以当我们看创新的时候,当我们看多元利益相关方的时候,他们是各自不同的利益。参与性的过程、商讨的过程意味着什么呢?在某种程度上,就是要回到一个所谓的占主导性的联盟。第二个就是,我们知道技术短期的一些益处，有的时候可能让我们对于技术长期对社会的破坏视而不见。所以想一下我们在多大程度上，能够捕捉到长远的不利后果，然后来评判短期的好处。在印度，比如说智能手机的使用实际上也是非常普及的。我不知道是否在短期带来好处的同时带来长期的一些后果，人们能否对这样的后果进行很好的管理？

萨里维茨：对你刚才讲到的有关参与性、商讨的过程，以及在这个过程中形成主导性的联盟，我理解你的意思，也就是说经常有钱的人才参与进来，弱势群体可能没有参与进来，所以他们没法成为主导性联盟中的一员。我想在我们的参与过程中，要找到各种各样多样性的社会的群体，比如说在华盛顿特区，有很多无家可归者，我并不是说完全能够照应到权利的不对称问题，但还是要尽可能让所有的人群，都能够在整个商讨过程中表达他们的意见。我想参与是我们可以用来让一些被边缘化的人群能够参与进来，这个是近来在做的。

第二点，有关短期和长期的问题，我想这其实是我刚才所谓的第三层面的问题。在第一层面是智能手机的功能使它在全世界各地变得那么受欢迎，同时又导致了很多的不安全性。带来了很多不稳定的因素，所以现在的问题是我们有没有可能去干预呢？我想我刚才所说的这些案例，其实还是一个设计的问题。如果我们能够对多种价值观、多种未来场景进行设想的话，虽然说不能够解决问题，解决问题还是第一层面的一种思考，但是我觉得我们可以改变创新的方法，这样大家可以对未来的走向会有更多的了解，而且我们可以听取不同的声音，可以了解到不同的方法，怎么样去更好地管理，而并不是说只是由科学家一个团体从技术的角度为我们引领创新。比方说，如果对于一些不治之症，科学家研发了诊断的手段。既然这些都是不治之症，我们诊断它又有什么意义呢？所以通过这些思考，我们可以体现不同的价值观，作出的决策也能够体现多样性，多样性在目前的决策中显然没有被体现出来。

提　问：萨里维茨先生，非常感谢您的演讲。我来自德国，目前在做一个项目，是关于数字时代的伦理，因此，我想我们现在确实是要结合不同的伦理方式。我刚才在听第二个演讲时，想起了技术评估。德国从 20 世纪 70 年代就在做这样的技术评估，但是我想差异之处在于，您的技术是将技术的评估更多的引向大众。所以我想知道，我们怎样让大众参与这些技术评估呢？我完全同意我们需要公众更多去思考这些问题，但是我想具体怎样来做能不能介绍一下？

萨里维茨：首先我想区分一下，我刚才说的这些技术评估和标准的技术评估可能不太一样，我认为技术评估的出发点是要首先预判未来的技术发展的方向、趋势。这样，我们才能够采取一种前瞻性的准备姿态。因此，如果我们的预测是错的话，那么是不是最好不要预测呢？我们还是要作出不同的预测。那么我们怎样能够参与这种多样性的预测呢？其实这种方式我自己也疑虑了很久。我们有一位丹麦的成员，也曾经跟我们探讨过这样的问题，但是我觉得我们就先不用想太多，而是先去做。我们在过去的5年中，实际上没有人给我们资助，我们就和大学生、政府机构，任何愿意和我们合作的人来做这件事情。5年后，我们开始得到了政府的支持，因为政府对于这个技术也有很多艰难的决策要做，他们又不想为这些决策的结果完全负责。所以他们也希望能够让这些决策的更多部分交给公众，因此就找到了我们，让我们帮助他们来做这个项目。我想我们在这些讨论中听到的声音越多，或许我们解决这些问题的能力也会越强，我刚才是用了耐克的口号，就是“去做吧！”。我们做的这些判断中，有可能会触及创新的未来场景。我知道很多经济学家可能会说，虚伪、伪善是通向赎回的障碍等等，但是我们还是要先开始做起来比较好。

提　问：我是来自日本的学者，我在这里要非常感谢万俊人教授，刚才您和我们分享了很重要的观点，其实在韩国和日本，我们对于这些创新的方向，以及对比您刚才讲到的创新方向是很独特的。所以我想提的一个问题就是，和谐如何去引领创新？您刚才也讲到了创新所面对的三大挑战，当您说到了传统文化、亚洲文化好像是不太愿意接受新生事物，比较愿意守旧。我想，创新需要很快速地响应变化。我想这会不会让中国政府处于两难境地呢？我们一方面要保留住中国的传统文化，另一方面又要采取快速的应对措施来改善创新的节奏。

万俊人：非常感谢您的提问，问题非常好。说到创新，当今中国实际上是落后于日本和韩国的，差距还很远，我想这是我的一个诚实的判断。我经常会讲到韩国的三星和政府的政策，实际上我们大多数中国人，对20世纪50年代都有着很痛苦的回忆。当时我们中国经历了“大跃进”，中国政府号召全民炼钢，其实这样的做法损失惨重。所以我想因为这个原因，我对于“运动”这个词比较警惕。我刚才所说的是基于中国独特的经验，在这方面，我们中国人尤其要向韩国和日本学习。

至于说到您的第二个问题，在我看来，中国的传统文化基本上是一种比较狭隘、封闭的文化观念。中国的文化是以儒家为核心，昨天我们也有学者谈到了儒家，我基本上也认同他们的观点。中国的传统观点是基于儒家的，他们关注家庭生活，其中最重要的关系就是家人的关系，比方说父子、夫妻、兄弟等等，之后才有朋友之间的关系，先家人，后朋友。或许我们可以这么说，中国的传统文化可以称为农耕乡土文化，基本上并不那么鼓励中国人尝试一些新生事物。大家可以看到，大多数的普通中国人，都倾向于日复一日过一成不变的生活，不太愿意尝试新生事物。所以在两千多年的中国历史中，我们很难找到关于冒险或者在西方和欧洲国家经常出现冒险的历史故事。这个问题很大，所以我只是说一些我的想法。

提　问：我来自印度，也想问万教授一个问题，您觉得创新的环境代价对于中国有多大？我的意思是说创新对环境带来的破坏，我们知道中国的经济增速现在也在放缓。

万俊人：你知道我的大学前校长也是我们环保部的部长，是我的好朋友，也是环保界的一名专家。说到环境的代价，简单地说，我们中国人和整个中国已经付出了惨重的代价，已经为环境的退化付出了巨大的代价。大家可以看到，在上海中国最大的城市似乎看起来很光鲜，有很多的变化，在过去的5年中是很明显的。比方说在5年之前，我们发现空气好像越来越糟糕了，特别在中国的北方，如果你去河北的话，会发现那边有很多的工厂，从厂里冒出的浓烟笼罩了整个天空。所以你到那边甚至呼吸都会觉得有点窘迫。我想现在大家已经在关注环境治理，已经有了很多的改善，确实我们已经为环境的恶化付出了巨大的代价。

这里可以给你两个例子。第一个例子是土壤的污染，我们知道土壤的污染清理要花很多年，而且要花很多的钱，来让我们的土壤从污染当中复原，这是一个非常严峻的问题。第二个例子是，大概百分之七十的中国大城市都是被污染的，而且都有雾霾的现象，都在遭受雾霾的影响。

我想这是两个非常典型的例子。幸运的是，我们的政府已经意识到，问题已经严峻到不得不解决的程度了，并且也采取了极有力的措施来修复环境、保护环境，以免环境受到进一步的破坏。像过去那样牺牲环境的开发不可能再发生了，但是确实我们要花很多、很长的时间，才能够去恢复环境。我想这是我们的一个惨痛的经历。

韦哈尼：我们的时间到了，但是我们的演讲人还会在今天留在会场，所以大家可以继续交流。也非常感谢大家提出的精彩的问题。

（陆晓禾整理）

人民的福祉：公共政策与企业作用

［法］马汀·杜兰德(Martine Durand)*

［提要］ 数年来，各国的全部经济与社会发展都是用GDP来衡量的。尽管GDP仍旧是一个国家宏观经济是否健康的一项有用指标，但是它在衡量人民的生活与福祉上的不足是无可争议的，这使得国家付出巨大努力建立新的数据与作出新的举措来找到对人民来说真正重要的是什么。

在支持世界各国制定更有意义的衡量福祉与进步的指标并将这些指标植入日常公共政策的运动中，经合组织(OECD)一直扮演着核心角色。自2011年以来，经合组织还在"更好生活计划"的常规基础之上得出了福祉的证据与分析，使福祉在日渐增多的政策工具中成为主流。

如果福祉在当今已经是政策决定的核心要素，那么它难道不也应该在企业这一社会的主要活动中占有一席之地吗？在今天的演讲中，我将论证不仅仅在今天、在国家的范围内，而且在未来、在国际的范围内，企业对人类的福祉都有着重要影响。然而，庞大的研究议程摆在我们面前，我们要以更加精确的方式把握这些影响，找到数据告诉我们增强人类福祉的最佳企业实践是怎样的。

经合组织(OECD)现有30多个世界发达经济体，非常感谢大会邀请我来参加你们的讨论，我知道这是一次非常重要的ISBEE世界大会，抱歉因为有些事情我无法亲身来到会场，所以我在这里必须利用视频技术和大家进行交流。

我先向各位讲述一下，经合组织是怎样处理公共政策中的福祉问题的，

---

* © Martine Durand, 2020.作者马汀·杜兰德，经合组织(OECD)首席统计学家和统计委员会主任，应邀在2016年7月15日第六届ISBEE世界大会第二场全体大会上作主旨演讲，本文由陆晓禾整理，收入本书时经作者修定并同意发表。——编者

然后我可能会利用公共政策方面的工作来介绍我们怎样把这样一些原则运用到企业中去。

我首先要讲的是,为什么公共政策中衡量福祉是重要的,其次要讲的是,经合组织"更好生活"的倡议,最后将谈谈关于企业与福祉的一些想法。

一、福祉衡量公共政策

现在我先讲一下公共政策中的福祉衡量问题。因为经合组织是一个经济组织,我们多年来经常使用的是国内生产总值 GDP,作为我们衡量福祉的一个指标。但是大家都知道,GDP 实际上并不是一个真正能够衡量福祉的指标,而更多的是衡量每年、每个季度、每个国家生产产品和服务的总值。用来衡量这个总值,并不能直接评估从中获得的福祉。大家都知道,现在越来越明显的,特别是在最近这场金融危机中,可以看到经济中发生的状况与人民的感知实际上还是有一定差距的。

我们看到,现在人们说我们有经济增长,但是另一方面不少人还是失业的,他们的经济境况没有得到改善,而且整体的生活质量没有提高,因为生活水平不仅仅是物质的。所以从这个角度来说,我们必须能够重新衡量人们的福祉,这样才可以使人们对我们的经济指标会有信心。我想我们要做的,就是应该能够提出一些新的指标,或者有一些新的理念,克服 GDP 指标的不足。还有就是直接瞄准人们的生活质量,瞄准对于人们生活直接相关的指标,而不仅仅是 GDP 或者收入。

为什么我们对人们的生活感兴趣?我们一般都用平均数,其实平均数的人并不存在。在不同的人群中,有不少都是弱势群体,包括老年人、残疾人等等。所以,要衡量好整个社会中不同阶层的经济福祉或者整体的福祉,GDP 是完全不能起作用的。而且我们同时还需要考虑可持续性问题。不仅仅考虑这一代人的福祉,还要考虑子孙后代、整个环境、地球等。从这个角度来说,我们也需要关注人们福祉的可持续问题。

所有这些都意味着,我们不是要抛弃 GDP,GDP 终究还是一个有用的指标,对衡量经济的某一方面还是重要的,但是它只是一种手段,不能作为我们的目标,最终还是应该直接考虑人们生活的质量。我想,我们采用这种新的方式,至少在我们的政策方面,应该要有一些新的思路,或者有一些新的指标,这样就会有助于改善我们的公共政策制定。这就是为什么我们在经合组织中看待这个问题的理由。

在以往几年当中,我们看到国际势头一直在发展,人们都认为要超越

GDP,已经有几份报告,像斯提格利茨-森-菲图斯 2009 报告指出的,我们实际上衡量的并不对,因此我们的决策被误导了。[①] 在国际层面上,我们看到 EU 2020 年的议程,就讲到我们不仅仅要有关注经济的还要有关注社会和环境的角度。然后我们知道不少世界领导人也意识到,不仅仅追求经济,还要求有一个广泛的议程。最终我们看到,联合国在 2015 年 9 月举行各国领导人开会,提出了一个 2030 年议程,这样就把人们所要追求的放在一个更开阔的视野中。在国际事务中看到不少这样的做法和趋势,一些国家也参与了新衡量指标的制定,它们也希望因此改变本国的公共政策,像不丹、法国、德国等,整个欧洲大陆也在朝这个方面走。

我想具体阐述一下这样做的理由。请看图 1:

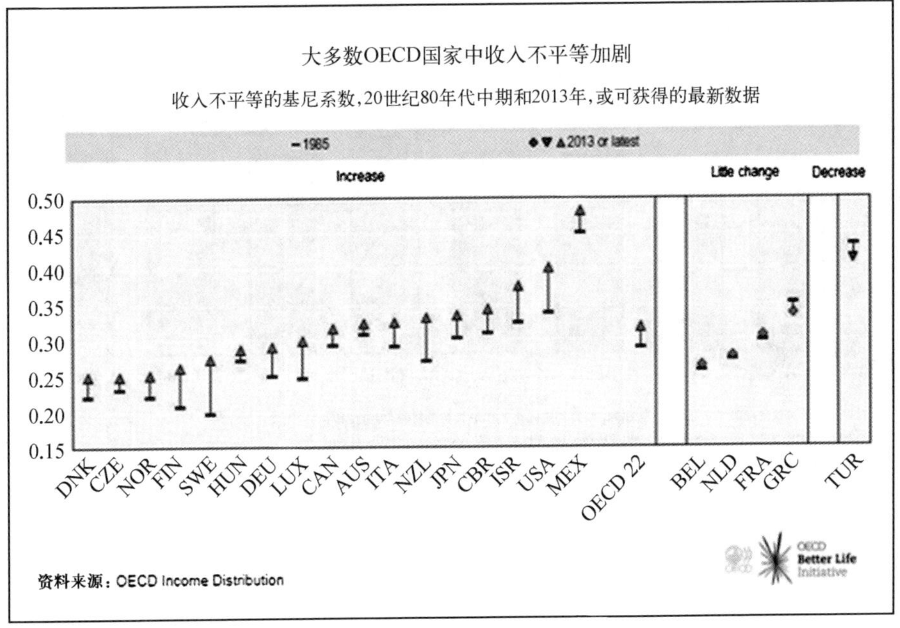

图 1　收入不平等在增长

GDP 不能影响到每个人。就是说,它不能把它的好处传播给所有的人。你们可以看到,在过去的 20 年中,收入可能在上升,有的时候即使 GDP 还在

① 参见 Joseph Stiglitz,Amartya Sen 和 Jean-Paul Fitoussi 的合著 Mismeasuring Our Lives,The New Press, 2010 以及 Joseph Stiglitz, Jean-Paul Fitoussi 和本演讲人 Martine Durand 的合著 Measuring What Counts: The Global Movement for Well-Being, The New Press 副标题: The Global Movement for Well-Being 2019。——编者

增长,但并非每个人的收入都以同样的速度增长。我们看到,只有少数几个国家的收入差距有所缩小。一些国家,如瑞典、丹麦和挪威,在收入分配方面做得比较好,这些国家的基尼系数相对较低,所以对于这些国家来说,他们做得比其他国家要好,美国、英国、墨西哥这些国家做得并不好。

我想不仅仅有关收入不平等问题,在其他一些方面,比如说健康、环境等这些方面也是很重要的。而且我们现在面对的是不平等,未来我们的孩子是否能够做得更好?希望他们做得更好的话,他们就不应该受到这些不平等的影响,我们现在看到机会的均等也是一个问题。

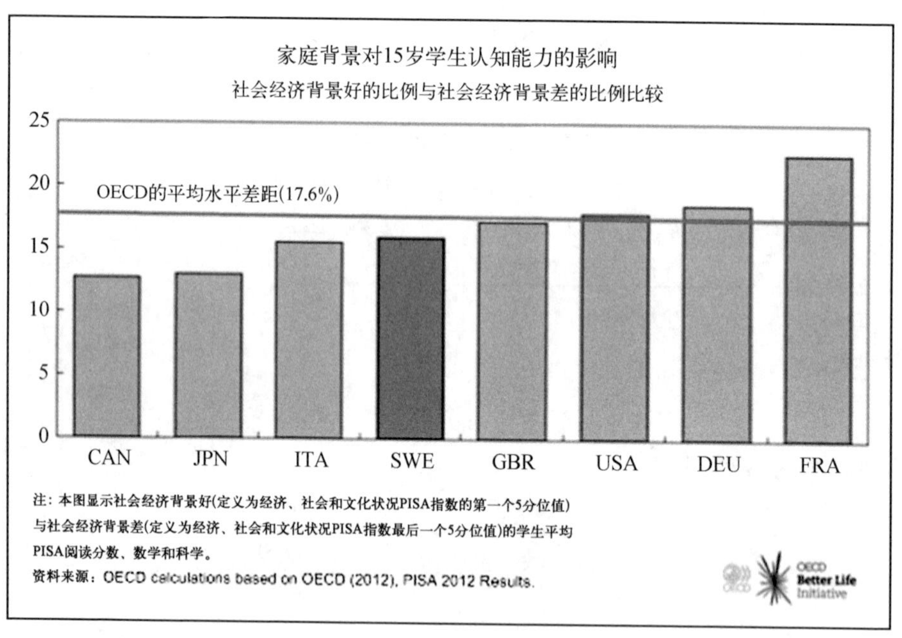

图 2　增长的机会不平等

从图 2 可以看到学习方面的综合评估。从学生的学习状况来看,他们在学习上表现得越好,就越能反映出他们父母的经济收入。就是说,如果社会财富分配不均,会影响他们的学习表现。所以说,如果父母比较穷,他们的孩子的学习就比较差。这意味着下一代可能比他们的父母更糟糕。

所以,更多的成功人士依赖于他们比较富裕的家庭背景。我不认为法国的情况是一样的,所以我们不仅要看经济的平均绩效,还要特别关注其他的社会指标。

二、经合组织“更好生活”倡议

经合组织提出了“更好生活”的倡议，这意味着我们需要超越GDP，这是在2011年提出来的，当时经合组织庆祝50周年，提出了新的反思，对任务和前景作出了新的思考，提出了新的模式。当时我们说经合组织的主要使命，就是帮助政府来设计更好的政策，让人民获得更好的生活，所以这就叫做“更好生活的倡议”。不仅是政策，我们要构建一些新的、能够衡量人民福祉的指标，同时还有社会进步的指标，这个实际上包括很多方面。

我想，主要目标并不仅仅是提供单纯的经济指标了，我们现在实际上已经有很多的各种各样的经济信息。关键是能够拿出实证的数据，让决策者可以参考，特别是采用新的方法，制定公共政策，使我们能够采用多维度的视角，整合的方法来处理问题。也就是说，必须同时关注多方面的，而不是某几个方面，比如说收入不平等对于教育的影响等等，所以从多个角度看问题，可以很好地制定我们的公共政策，因此能够实现增效。而且这样的话，可能有的时候决策更加困难，但是毫无疑问因此而获得的好处是更加可见的。

因此我们提出一个框架，用来衡量一些新的有关福祉的指标。我在这里介绍一下我们怎么制订新的数据，这些数据实际上也有不少的资料来支撑，我们在这里有一个大正方形在我们目前福祉指数的顶部。它涵盖了人们的物质条件和生活质量的重要方面。

目前的福祉加起来有11个方面，包括收入、工作状况、教育、社会关系、参与、环境质量、个人安全和其他福祉条件。但我们不仅关注当前的福祉，还关注底部方格中未来的福祉。

因此这里的关键是可持续性，福祉的可持续性。

我们在这里列入了自然资本，经济资本、人力资本、社会资本，保证这四类资本，才可以保证今天的福祉和未来的福祉。这个框架的特点就是以人为中心，毫无疑问就是以人民的福祉，而不是以GDP概念为中心为基础。这不仅与收入有关，还与人们因收入而产生的其他结果有关，包括健康和技能等等，而与政府对教育上花了多少钱无关，这当然也重要。但更重要的不仅仅是政府在教育上花了多少钱，而是人民的技能以及教育的质量，因此这里涉及调整政府预算开支等等。

所以，我们强调结果，有什么样的结果是关键的。实际的结果很重要，所以我们当然对平均数也感兴趣，但并不是单纯的关注平均数，因为我们看到不同的社会阶层在11类中的状况，而且还要看一下人们的主观看法，问他们

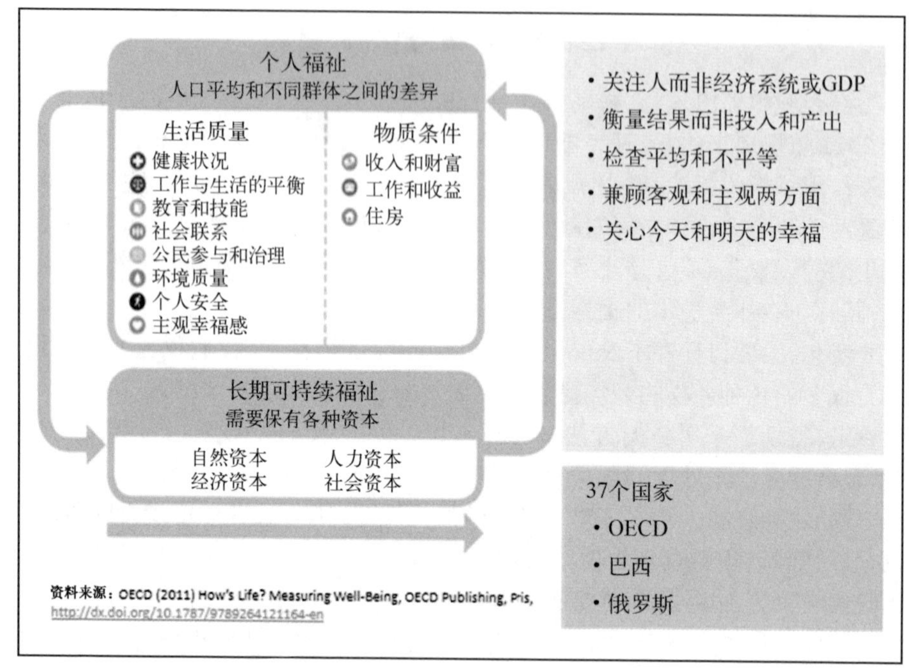

图 3　经合组织的福祉框架

感觉怎么样，所以不是单纯的客观指标，而是客观与主观必须结合起来。同时我们也关注今天和未来的福祉。经合组织有 37 个国家，还有两个是新兴国家，俄罗斯和巴西，我想未来有可能也会把其他国家计算在内。

我们想选择这样一些指标，使我们整个框架丰满，我们提出了具体的指导原则：相关性和可比性。相关性指导原则要求跟现在我们在数据中已经确立的一些数据是相关的。我们还强调需要数据的可比性，不仅仅是横向的，还要有纵向的历史的数据比较，还有不同阶层的数据比较，我们来看平均数，另外还要有其他一些补充性指标。我们成立有专门的委员会，专门进行这些数据质量的调整等等。我们也把这些指标进行出版，书名是《生活是怎样的？衡量福祉》(How's Life? Measuring Wellbeing)。

三、企业与福祉

最后，我想讲一下企业与福祉，所有这些都很有趣，我们要学习，尤其重要的是，我们要把它运用到工商业务中去。因此要讲到企业与福祉这样一个话题，首先我认为，作为一个重要的经济主体，它不仅仅是这个社会中的一个主体，而且是经济方面的主体，企业的行为对于我们刚才讲到的所有指标都有巨大的影响。收入、工作、工作-生活的平衡、健康、教育、环境、社会联系、(间接的)主观性福祉等等，特别是环境，这些都是企业所能够影响到的方方面面。

在工作场所，也有很多关系，所以也会影响到人们的社交情况，所以企业的状况也影响人们的主观判断，不仅仅是他在公司内部的主观感觉，而且影响到他对社会整个生存状态的感觉。

在工作的质量状况方面，经合组织专门做了一种统计，看这样的报告时，你们会看到一些细节，基本的要素已经在这里概括了，也就是说，到底什么是一个好的工作？什么是一个有质量的工作？我们看到不少国家的大多数工作，都被认为是有质量和比较健康的，这涉及他们的工作条件，只要他们对其工作实际上的满意度比较高，我相信他们的生活质量也比较高，因此对于整个社会贡献比较多，劳动生产力也比较高。这一个例子说明，企业如何能够影响我们的生活。当然这种影响，像前面说的那样，影响人们福祉的各个方面。企业对未来的福祉也会发生重要的影响，我们知道它涉及的不仅仅是经济，而且是社会、生态方面。所以毫无疑问，它们直接影响到未来。

在经济当中，要进行有形的和无形的投资，也要进行人力资本的投资，包括技能和健康，同时还要进行直接投资甚至环境投资，包括要消耗自然资源等，还有影响到社会的信任度和社会的规范，这些方面企业也是有一定的责任，影响社会的各个方面。

最后要说的是，福祉作为企业的一个重要关注点，如我前面向大家所展示的，世界各地的许多国家的政府已经纳入了福祉议程，因此我相信，通过我们的倡导，我们所有的企业都可以看到接受这一理念的优势。企业实际上从这样一些新的理念中可以获益，所以它们可能未雨绸缪。很多公司已经非常主动，它们在履行社会责任，也在促进发展的议程，因此有助于提高人们工作的质量。我想这种提高，不仅仅是这些员工，而且是社会、整个社区等等，还有包括跟企业相关供应链中的其他方面。

所有的人，不仅仅是股东，其他相关方都会很好地受到这些新的指标、理念的影响。所以很关键的是，需要有新的指标，我前面已经讲到了，实际上政府现在制定了一些超越 GDP 的指标，让我们能够看清楚福祉的新框架。我的观点非常关键的是，把所有的指标整合起来，不管企业用什么指标，最后归结到大框架内。我们有了这样一个新的框架，就能够影响我们的决策，包括影响企业的决策，特别是首先在公共政策，在过程的层面、基层层面，我们都需要这样做。

我知道,很多企业都有兴趣跟进这个过程。政府、社会和企业,都采用新的指标进行整合。对大家都是有好处的。我们不是说简单的衡量,或者重新给它一个新的名字。

不是的,而是我们要往一个新的方向走,要改善公民的福祉,改善社会的福祉。我前面已经讲到了,这将是一个很好的方法。经合组织的"更好生活"倡议是有指导意义的。在这个框架下,我们可能有某些指标要制定,另外还有其他的指标要制定,重要的是能够把它们整合起来,特别是企业能够把狭隘的追求与比较大的追求结合起来。至少要先保证它们不是相互矛盾的,而是最终能够相互促进的。

我们下一步要做什么呢?企业是否能够作出贡献?我对这一点非常感兴趣,我们会制订一个行动计划,并将在今年2月23日在法国巴黎经合组织总部召开会议,考虑如何制定衡量福祉的指标,这是一个重要的课题。同时,还要考虑如何具体衡量,有什么样的指标?而且关键是让企业如何能够在它们的日常经营中来贯彻,化解为日常的指标。我们会听到很多新的思想,有兴趣的话可以与我们联系,我的邮件地址是 romina.boarini@oecd.org.,很抱歉不能现场回答大家的问题,但是可以给我写信。

颠覆时代的公司治理

[美] 潘夏琳(Lynn S. Paine)*

[提要] 公司治理理论具有极其重要的现实意义。如何治理公司——由谁治理、遵循何种原则、通过哪些程序、达到什么目的——在全球范围内对个人和社会都有着深远的影响。在过去的几十年里,有关公司治理的许多思考都基于一种被称为“代理理论”的学说。本演讲对这种方法进行了批判,并主张用一种以企业为中心的方法作为替代。该方法将公司视为依法独立、能够长期存在的实体。作者的主张是,代理理论不适合今天这个技术飞速发展、市场转型、经济、社会和环境的剧变前所未有的时代。为了更好地为投资者、公司和社会服务,治理方法应该认识到这些颠覆性力量给创新、组织更新和未来投资所带来的挑战。

我认同本次大会的提议,那就是企业必须参与到社会福祉和可持续发展的建设当中。但与此同时,我们也要务实。秉承这样的精神,我想与大家分享我和同事约瑟夫·鲍尔(Joseph L. Bower)过去几年来的有关研究成果。我们的研究发现,如果我们希望企业认真对待可持续发展和社会福祉建设,就必须考虑改变公司治理模式。我将在演讲中介绍这个结论是如何得出的,并提出可供考虑的几项变革。这些建议还在研究当中,所以我也希望借此机会进行交流。

---

* 作者潘夏琳,美国哈佛商学院贝克基金会讲席教授、John G. Mclean 工商管理讲席教授(荣休)、高级副院长,应邀在第六届 ISBEE 世界大会第三场全体大会(2016 年 7 月 15 日)作主旨演讲。本文据潘夏琳教授修订的英文演讲稿,经哈佛中心上海研究员林舒翻译而成。作者在演讲中展示的 PPT 和数据未在本文中列出。读者可进而参见作者与约瑟夫·鲍尔教授 2017 年在《哈佛商业评论》上发表的与演讲主题相关的合著论文,题为“公司领导力核心的错误”(Bower, Joseph L., and Lynn S. Paine. “The Error at the Heart of Corporate Leadership.” Harvard Business Review 95, No. 3 〈May - June 2017〉: 50 - 60)。——编者

我们是如何得出公司治理需要改变这一结论的呢？让我们回到 2007 年，当时，哈佛商学院即将在 2008 年迎来成立 100 周年的里程碑，我和 Joe 和其他几位同事于是讨论应该做点什么来纪念学院成立 100 周年。我们没有往后看，而是向前看，思考哈佛商学院应该做些什么，我们的研究应该做些什么，而我们未来的教学项目又应该做些什么。

为了展开讨论和帮助思考这些问题，我们将世界各地的企业领袖组织起来，就全球经济的未来走向进行了一系列探讨。当时全球金融危机尚未来临，形势一片大好，乐观主义高涨，有些人把它描述为“非理性繁荣”（“irrational exuberance”）。然而，我们在谈话中惊讶地发现许多企业领袖对一些问题十分忧虑。

问题清单很长。是什么让他们忧心忡忡呢？他们担忧气候变化、资源枯竭；他们担忧金融体系的稳定性，认为金融体系过于复杂、缺乏透明度；他们担忧全球各地日益增多的贸易壁垒和不断增长的保护主义；他们还担忧人口流动的挑战，担心跨境移民和国内流动人口难以融入当地社会造成动荡；他们还看到腐败问题愈演愈烈，法制在一些地区弱化，许多国家的公共卫生和教育水平下降，以及不同形式的资本主义在市场上发生冲突；他们还担心激进运动和恐怖主义、流行病和疾病，SARS 仍然在人们心里留有阴影。

这一长串问题有点让人沮丧。因为过去 10 年以来，这些问题都没有得到改善。与我们对话的这些企业领袖早就看到了这些问题，甚至不仅看到了这些问题本身。他们警告，如果这些问题得不到解决，就可能减缓全球增长，让我们过去几十年在减少贫困、创造财富和提高全球生活水平上取得的巨大进步功亏一篑。这些问题甚至可能对整个全球市场体系构成挑战。这就是为什么我们称这些问题为潜在的颠覆性力量，因为它们有可能颠覆全球市场经济。最重要的是，这些企业领袖们对我们的多边机构及治理体系应对这些挑战的能力感到十分忧心。

不久之后，这些颠覆性力量就给我们上了现实的一课。2008 年，金融危机爆发，信贷冻结，全球贸易暴跌超过“二战”以来的任何时期，金融危机引发全球性衰退，至今尚未完全恢复。这些进一步印证了我们讨论的要点，也就是企业需要积极努力地与这些颠覆性力量作斗争。

与我们交谈的企业领袖都不是天真的理想主义者，像很多企业界人士一样，他们是非常务实的人。在他们看来，世界各地的政府中，有许多在经济或政治上太过软弱无能，不足以应对这些颠覆性力量。同时，他们还认识到这些颠覆性力量会给企业带来重大风险，并可能对企业运营的各个方面造成破坏性影响。不过其中许多人也意识到，这些颠覆性力量之中蕴藏机遇，可以发展新产品、新技术，以及有助于应对颠覆性力量的新业务。

这一切的关键在于创新。走老路行不通。要想释放机会、减轻风险，使整个系统更具可持续性，企业需要在新产品、新技术、新实践和新商业模式上加大投入。

与企业领袖的对话让我们深受鼓舞，因为在面对这些严峻的问题时，企业可以发挥有益作用。企业擅长的一点是创新。实际上，许多早期企业公司的建立，都是明确地为了筹集资金、进行创新，以解决社会问题。于是我们开始寻找在创新领域进行了大量投入的、有助于应对颠覆性力量的公司的例子。

我们研究了耐克公司在无水染色技术上的投资。给织物染色需要耗费大量的水，染一磅聚酯纤维要用12～18加仑的水。给2015年生产的聚酯纤维染色，就要耗费多达1万亿加仑的水，约等于迈阿密、洛杉矶和芝加哥的用水量之和。如果这一无水染色技术被全球服装链采用，将会对用水产生巨大影响。

我们了解了通用电气的绿色创想计划，该计划发源于通用电气首席执行官杰夫·伊梅尔特(Jeff Immelt)对于严肃对待气候变化问题的决定。通用电气经过一年时间的研究，制定了战略、组织、指标，并建立了一个治理结构。到目前为止，他们已经投资了150亿美元。业务非常成功。

我们观摩了联合利华在可持续生活方面的做法。2010年，联合利华宣布了一项10年计划，旨在将对环境的影响减半，并通过帮助10亿人改善健康和福利来提高公司的社会影响力。该计划提出将成千上万的小规模农户和分销商纳入联合利华的价值链。

我们还研究了中国移动为了弥合中国的数字鸿沟所做的努力。2004年，中国尚有7亿农村居民没有电话联网，于是有了尝试弥合这一鸿沟的行动。和所有其他行动一样，公司内外都出现了很多怀疑的声音。比如有分析师质疑，既然中国移动在上海和东部沿海地区盈利颇丰，为什么要把资源投向中国西部呢？然而事实证明，东部沿海地区的智能手机市场已经饱和，乡村连接战略最终推动了该公司后续四五年的发展，并带来了2.2亿用户增长。

虽然找到了很好的案例，但我们逐渐意识到，这样的案例凤毛麟角。当我们与商界团体和投资人讨论我们的案例研究时，他们会说："哦，我真的很佩服他们的做法，很棒，但是我们做不到。"我们问，"为什么做不到呢？"答案五花八门:"这样有悖于我对股东的责任","这是一个信托义务的问题","我要这么做就必须先改变股东的想法"。换句话说,就是"我的股东出于种种原因不让我这么做"。

随着研究的深入,我们意识到这一情况并不在意料之外。我们来看投资界和资本市场在过去40年都发生了什么改变呢?一些重要的变化不容忽视。首先是股东结构的改变。1975年,美国大约1/4的公司股权持有人是机构投资者。2014年,这一比例高达70%。

与此同时,公司治理的改变让投资者的权力越来越大。采用毒丸计划(poison pills)[①]和交错董事会制度(staggered boards)[②]的公司越来越少,这样一来,恶意收购就更容易进行。此外,股东召开特别会议的限制越来越少,股东对董事选举的影响越来越大,因为整个投票制度发生了令多数人难以理解的改变。

投资者结构和投资者权力的变化已经严重影响了高管们对自己工作的看法。1997年,会员由美国公司CEO组成的企业圆桌会发表了有关公司治理的声明,其中说管理层和董事会的首要责任是对公司股东负责。根据1997年的声明,企业的主要目标是给所有者带来经济回报。有意思的是,这个声明是在16年前,也就是1981年企业圆桌会声明的基础上修订而来的。1981年的版本称,管理层的责任是让股东必须获得丰厚回报,但其他利益相关方的合理诉求也必须得到适当关注。

为什么这样改呢?我很好奇,于是采访了起草1997年声明的工作组负责人和起草1981年声明的工作组负责人,两位先生都退休了。我得到的答案很简单——是机构投资者施加压力要求1997年版本这样改的。但重点是,我们要认识到这个改变不仅是投资者施压的结果,连学术界也为之提供了理论上的辩护,也就是代理理论(agency theory),你们中的许多人对此都不陌生。

代理理论是一个非常简单且直观的概念,它的出发点是股东拥有公司,

---

① "毒丸计划"(也称为"股东权益计划"),是美国著名并购律师马丁·利普顿(Martin Lipton)于1982年发明的一种反收购手段。一般情况下,该计划必须得到公司董事会批准,当不被认可的一方收购目标公司股份达到一定比例(通常为10%~20%),"毒丸计划"就会被激活。然后,目标公司向除收购方以外的所有股东发行大量折价股份,从而稀释收购方股权并增加收购成本,使收购方无法完成收购。

② 交错董事会的董事任期起始年份不同,因此每年只有一定比例的董事(通常为1/3)轮流重选。这种安排增进了董事会的连续性,并可以在某种程度上防止恶意收购,因为收购方需要通过不止一次选举才能获得董事会多数席位并取得董事会控制权。

因此股东凭借“所有权”,是对公司业务具有根本决定权的委托人。该理论认为,股东任命管理层,管理层的权力来自股东。因此,管理层是股东的代理人,有义务按照股东希望的方式开展业务。股东想要什么?根据该理论,股东想以最大化自己经济回报的方式开展业务。这一理论隐含着这样一种想法,即股东的诉求都一样。

我第一次听到这个理论是在 1980 年代初,当时并不认为这个理论会变得如此有影响力。我上过法学院,学过公司法。公司法告诉我,管理公司业务的权力属于董事会,管理层的权力来源于董事会授权,并非来源于股东。我还知道,管理层和董事会是受托人(fiduciaries),并非代理人(agents)。受托人有义务代表受益人(beneficiary)行使独立判断权,而不是仅仅是听命于委托人(principal)的代理人。作为受托人,董事会有责任保障公司的最佳利益,保障所有未来股东和当前股东的利益,而不仅是最大化当前股东的利益。

虽然这个理论的前提有这些问题,但它不仅没有消失,事实上,它还在学术界得到了广泛的关注。我遇到的许多年轻的商学院教授除了代理理论之外都不知道还有其他公司治理理论。在实践中,代理理论得到了机构投资者的广泛关注,连一些开始从经济学家那里寻求指导的法律学者和执业律师也注意到代理理论。

另一件加速发展的事情是股票交易,在 1966 年的英国和欧洲,股票的平均持有期约为 8 年。1983—1984 年,持有期是 3 年。到 2005 年,持有期缩短至不到 1 年。全球各地的交易所都呈现了这一趋势。在今天的美国,股票平均持有期约为 7 个月。这些数据部分反映了自动交易的兴起。然而,持股期变短说明很多持股人其实更多地把自己视为股票交易者,而不是公司投资人。而交易心态和投资心态有很大的不同。

我刚才说的这些投资者结构的变化、投资者权力的扩大、代理理论的传播、交易心态的采纳,为投资者积极主义(investor activism)奠定了基础。投资者积极主义有一系列表现形式,从提出股东决议和股东投票,到对冲基金积极主义和全面的代理权之争。积极主义对冲基金目标明确地将募集的资金投入他们认为股票价值被低估的公司中,通过在公司内部进行变革来推高股价,然后卖出股票、转战下一家公司。在过去几年中,奉行积极主义的对冲基金已经变得很有影响力,它们的数量在增加。越来越多的公司被它们列为目标,而这些积极主义者也很善于达成自己的需求。事实上,有数据表明在积极主义投资者提出的需求中,大约有 3/4 都得到了一定程度的满足。

他们都有哪些需求呢?我的同事进行了更详尽的研究,将这些需求归为四大类。有些是关于治理的,也就是说,想变更董事会、调整股东权力或修改公司章程。有些与战略相关,也就是与公司的方向、运营模式相关,可能想出售公司的一部分,可能想进行合并或分拆,或者采取其他行动。还有一类需求与公司的资金结构有关,通常要增加债务,或者通过分红或股票回购的形式来减少账面现金。其他需求一般是增加股东价值。

不少研究表明,这些做法常常可以成功地提高股票价格,平均跑赢市场6%~7%。这些积极主义干预行为的长期影响颇受争议,相关的研究结果有好有坏。但有一件事是明确的,那就是这些干预措施会在大量增加债务的同时大量减少投资,特别是在研发方面的投资。关于这些干预对其他利益相关者影响的研究并不多,但是现有的研究表明,为股东带来的额外价值有部分来自工人和债券持有人,是以他们的利益为代价的。

但是你听不到积极主义对冲基金对可持续性和福祉进行投资的需求。恰恰相反,积极主义投资者通常希望减少公司在有风险的事情上进行投资,比如回报周期长的研发项目。对于积极主义对冲基金来说,对可持续性的投资显然不是优先考虑的事项。一位积极主义投资人评价杜邦公司对生物燃料的投资是投机且昂贵的公司科学项目,损害了股东价值。另一位积极主义投资人认为艾尔健(Allergan)制药公司在早期研究中投入了过多资金,而削减研发支出是创造股东价值的好机会,并提出要将研发预算削减90%来增加股东价值。这就是我们今天看到的积极主义。

积极主义并非仅仅影响了几家公司,很多公司和董事会都难逃它的阴影。去年,普华永道会计师事务所做了一个调研,发现接受调查的董事中有85%表示他们的董事会曾围绕积极主义进行讨论,约半数(48%)董事表示讨论涉及方方面面,并有约半数(48%)表示担心积极主义者干涉公司战略。其实他们中只有大约1/3真正碰上过积极主义者,但调查结果说明积极主义者的影响范围已经超出了被列为目标的公司。实际上,已经有大量的公司和专业人士向董事会提供应对积极主义的建议。什么主意呢?一个常见的建议是:像积极主义者一样思考!敦促董事会抢先于积极主义者一步,采用积极主义者的玩法,率先减少投资、增加债务、增加分红。这个环境不利于在我前面提到的社会挑战上进行大量投资。

但你可能会说,好吧,积极主义投资者是这样做的,那其他机构投资者,比如大型公募基金和指数基金,又是怎么做的呢?一些其他机构投资者也开始发声了。全球最大的资产管理公司之一贝莱德(BlackRock)董事长兼首席执行官呼吁公司关注可持续的长期增长,先锋集团负责人和道富环球投资顾问(SSGA)也发表了类似声明,许多机构投资者正在搭建ESG(环境、社会和治理)团队、参与支持负责任的投资原则(PRI)。

但实际上,许多机构投资者都承认理想很丰满,现实很骨感。一位高管解释说,尽管他的公司意识到长远眼光的必要性,但实际上资产是交给按季度评价业绩的团队管理的。有一位首席财务官说:"长期股东确实不再有了,即使机构投资者长期持有股票,也会基于短期业绩来给资产管理人支付报酬。"还有一个问题是机构投资者建立的ESG团队与资产管理团队并没有协调起来,如果各司其职的问题得不到解决,ESG团队就很难影响公司的投资策略。

考虑到所有这些因素,高管们说自己在短期内作出成绩的压力越来越大也就不足为奇了。麦肯锡(McKinsey)在2013年对高管进行的一项调查显示,接受调查的人中有将近一半将压力归因于公司董事会。这是可以理解的。董事会从资本市场得到的信号似乎很明确——最大化今天的股东价值。如果不这样做,你就会在投票中从董事会出局,会面对积极主义者的维权运动或进行代理权斗争,甚至可能保不住工作。

因此,我想问问大家——在这样的治理环境中,期待董事会和企业领袖们在应对之前所说的这些重大问题所需的创新上进行大量投资、发挥显著影响,这现实吗?我的结论是,除非治理结构和资本市场行为发生变化,否则这是不现实的。那么需要进行哪些变化呢?

我想提出三个可能的变革方向。一是改变股东和资产管理者的诉求。通过领导力、激励措施和榜样,有可能激发更多的"负责任的投资者"心态。如果更多的散户投资者(像我们这样的人)明确表示自己对长期可持续回报感兴趣,那么管理我们的退休资产的机构也许会作出相应的调整。

第二个方向是调整董事会和股东的相对权力。比如,有人建议恢复交错董事会。交错董事会是指董事会每年只能改选一定比例的董事会成员。这样的董事会有更多机会进行长远思考,也有更多延续性。另一个建议是将表决权交给长期持有股份的人。还有人提议提高持股人信息的透明度。有关公司透明度、管理透明度的讨论很多,但有关持股人透明度的讨论很少。要查出股票持有人信息很难。在美国,85%的股票被券商账户(以券商的名义)持有,其中有75%账户的所有人不想透露身份信息。

第三个方向是回到根本上,重新对公司治理理论进行根本性的思考。也许我们应该回过头来认清代理理论的种种问题,重新思考公司的宗旨,并重新定义股东、董事会和管理层的角色。也许我们应该重新强调董事会作为公司及其所有股东的受托人的责任，而不仅仅是对那些要将本季度的收益最大化的股东负责。

这些改变哪一个最有用有待商榷，但改变的需求是明确的。要解决全球社会所面临的严重环境、社会和经济问题，公司可以发挥至关重要的作用。然而，如果现有的公司治理方式没有改变，公司将难以进行必要的投资。可持续发展和福祉仍将是遥不可及的愿望。

对人民福祉的负责任投资

[澳] 南森·费边(Nathan Fabian)*

[提要] 自2008年的经济衰退以来,世界各地的许多投资者——养老基金、投资经理人和其他利益相关者已开始意识到,孤立地盯着财务因素看并不能真正代表某家公司是否是一项好的投资。我们只需看看大众汽车公司,就能知道追求利润而忽视治理问题会发生什么。投资者现在越来越多地看到,环境、社会和治理(ESG)问题可以更全面地说明一家公司如何管理诸如气候变化这样的关键问题。他们还看到,考虑ESG可以帮助他们在决策过程中更好地管理风险和识别新的投资机会,从而为更可持续的市场作出贡献。

我们已经多次证实,气候变化等因素及其造成粮食和水资源短缺的直接后果,对投资者来说是实质性风险。英国央行行长马克·卡尼(Mark Carney)去年警告英国投资者,气候变化存在"灾难性风险",尤其是与搁浅资产有关的风险。

在过去的10年里,PRI(负责任投资原则组织)已经看到了可持续投资的概念在整个发达国家的增强。我们还看到,在许多新兴市场,尤其是亚洲、拉丁美洲和非洲,人们非常希望了解如何利用ESG问题来改善投资决策和公司管理。

近年来,随着股东积极主义和其他模式的兴起,投资者对公司运营方式和投资方式的不满在过去几年中不断增加。但这还不够。投资者需要利用自己的财务影响力,让企业对自己的管理方式负责,包括它们如何管理ESG

---

* © Nathan Fabian, 2020.作者南森·费边,联合国负责任投资原则组织执行高管,应邀在2016年7月15日第六届ISBEE世界大会第三场全体大会作主旨报告,本文由陆晓禾整理,插图版权为作者所有,收入本书时全文以及提问与回答中的相关内容由作者委托PRI中国办公室修订审定。——编者

问题。只有通过提高透明度和信息披露,才能建立一个让所有投资者受益的强大的金融体系。在确保这一愿景成为现实的过程中,投资者应该发挥自己的作用。

投资者毫无疑问具有很大的责任,有时候他们采取一些不好的投资行为,确实产生了一些不利的后果,所以我这里专门分析投资者的作用问题。

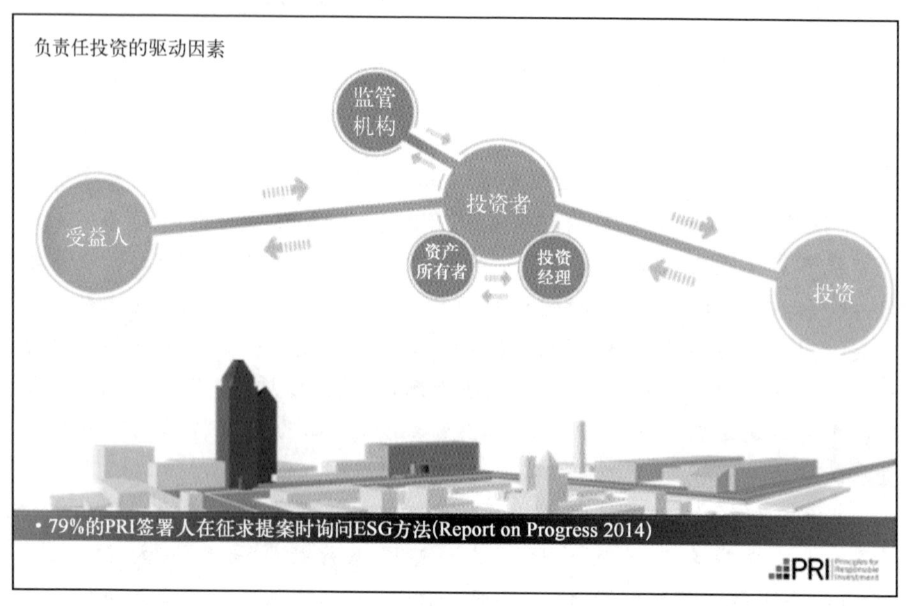

图 1　投资链

从投资者的整个投资链来看,这里实际上也有一个代理问题,因为人们有时候并不是自己来投资,而是投资公众入股的基金,我们可以投资公司,可以投资基础设施,也可以投资债券,但是公司也是一种比较常见的投资对象。

从图 1 中可以看到资产拥有圈和资产管理圈。前面潘夏琳已经讲到了所有者和管理者。资产管理者不是所有者,怎么让他们充分关心所有者的利益呢？这是关键的一个问题。还有,政府和行业管理者也是很重要的,我们知道在投资市场和股票市场,都需要有很严格的管理。

我在这里并不是为银行辩护,而是我们的整个金融系统需要大的改造,有不少银行实际上不仅仅提供服务,也提供管理,但不少都出了一些问题。

我们现在来看 PRI 的原则到底是什么,还是给大家做一个背景介绍,然后讲一下这些投资行为对于人民的福祉将产生什么样的影响,特别是 PRI 与经合组织的框架有什么关系。我也会介绍这些思考和原则有哪些不足。

我们这一联合国负责任投资原则组织获得了联合国的一些支持，但它并不是联合国的一个正式机构。这个机构建立时，联合国发挥了关键作用，它要求我们强调人们在投资时要充分注意环境问题的影响，充分注意投资的治理。所以，在整个投资业界，我们应该遵守联合国的一些公约，同时也要遵守联合国相关的一些其他倡议。还在2005年时，我们就认为需要有一个框架，能够让我们不仅注重长期回报，而且是可持续回报。

这是我们当时提出的一个理念，现在还在继续发挥作用。对这个理念，新闻媒体有广泛的报道。为什么负责任投资现在还在不断地扩大影响？因为它最终会影响到，或者说会促进投资者的价值，如果不能促进投资者的价值，那么现在可能还是一个假设，做不大规模。在现有的体系下，也有不少的约束。有时候也有一些非常复杂的问题。

我们来看ESG在多大程度上能够影响人们的投资行为和人们的投资价值。很重要的是应该意识到，我们现在采用了一个结构性的方法，投资者如果遵守负责任投资的原则，必须避免短期行为。我在这里讲的是资产所有者，例如养老金基金最终能够帮助人们更好地养老。因此，作为投资者，或者第三方投资，就要实行负责任的投资行为，只有这样，才可以保障养老金所有者的利益。

所以这里，我们确实可以看到，所有者与代理方之间的利益不一样，但又是必须挂钩的。我在这里给大家看一下负责任投资的推动力。在基本的金融机构中，到底存在什么样的利益在影响具体的经营？10年前，实际上投资界还是比较怀疑的，他们认为这种负责任投资好像很幼稚，完全是空想，不可能做到的。当时，人们认为，一些价值观或者说伦理判断，不应该干预投资行为。他们认为，所谓的投资行为是中立的，不应该包含任何价值观或伦理理念等等。所以他们认为，这个负责任投资行为并不是切实可行的。后来人们还说，如果你要进行负责任投资，最后会影响回报。而且当时人们还说了，如果不在某些领域进行投资，最终整个投资规模会受到影响，而且整个投资种类也会受到影响。所以在这种状况下，有价证券或者其他任何的投资，最后一定会影响到收益。2005年我们的负责任投资行为原则出台时，很多人提出了这样的怀疑。虽然有这么多担忧，但是在图2上可以看到，每年的增长不少。所以毫无疑问，人们的兴趣在增长。下面我还会讲到这方面的细节。

这里可以看一下，我们的六大原则，要求签署者实行的六大原则。

大家可以看一下，一个就是我们要把负责任投资原则放到我们的投资分

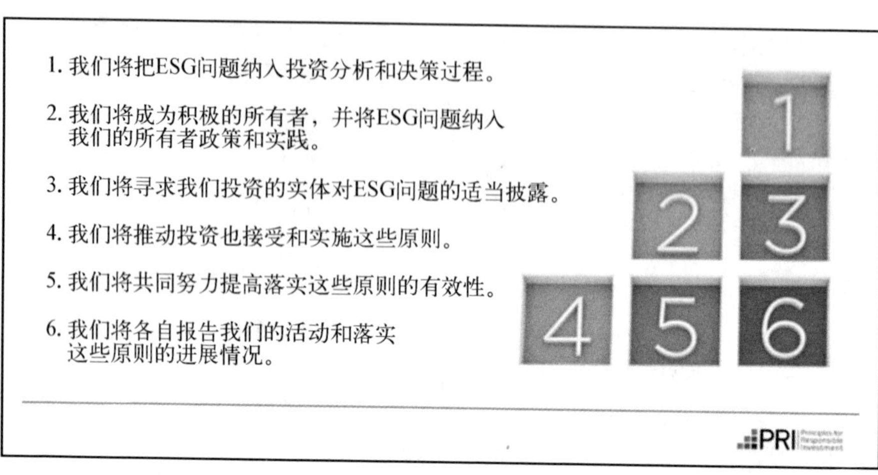

1. 我们将把ESG问题纳入投资分析和决策过程。
2. 我们将成为积极的所有者，并将ESG问题纳入我们的所有者政策和实践。
3. 我们将寻求我们投资的实体对ESG问题的适当披露。
4. 我们将推动投资也接受和实施这些原则。
5. 我们将共同努力提高落实这些原则的有效性。
6. 我们将各自报告我们的活动和落实这些原则的进展情况。
1
2
3
4
5
6
PRI

图 2 负责任投资六原则

析中和决策过程中，而且我们必须成为负责任的所有方，把这种负责任投资充分融入我们跟所有者相关的政策和做法中去，并且寻求一些恰当的披露，对有关负责任的投资行为进行披露，促进我们对于这些原则在投资界的接受和实施。我们还和其他各方一起保证这些原则能够得到有效的贯彻，同时就这些负责任投资行为的活动和落实情况作出定期的报告。

所以我们强调，我们在投资中要以追求长远的好处，包括对环境、社会最后的好处，而不仅仅是单纯关注经济的原则，而且我们要把这些原则贯彻到公司、部门、区域、资产类别和过程的各个阶段，要把投资者的目标跟整个社会的目标挂起钩来，所以这是一个非常雄伟的目标。

那么落实到实践上又意味着什么呢？我们用这些来做投资决策，我们的分析师会提供报告，在报告中会指出有可能会影响公司未来市值的因素，公司的管理人(steward)应该去思考，然后作出相应的调整和改变。投资者还会去思考 ESG 的这些因素，然后去思考如何加以采用和运用。另外还会和投资经理人和公司管理人保持对话，知道提出什么样的问题。要知道这个公司追求的长期目标是什么，然后在这个目标进程中，ESG 又应该扮演什么样的作用。我认为，这个对于投资管理人来说是非常重要的。如果你要进行资产分配，如果你希望资产分配的方式与这些原则相协调，那么你可能会在持股的时候做一个平衡，买卖的时候也做一个平衡，那么你可以在一系列的公司中选取某一类别中表现最好的公司。在这个过程中，我们还必须接触政策制定人，比如说是行业部门或者政府，将我们的这些想法与他们进行沟通。

还有更多的实例。前面说到了这些组合,在和公司董事会打交道的时候,这些组合有什么区别也是我们应该考虑的。可以考虑对于与气候变化相关的议题,我们可以做什么。下面我把这些 PPT 提供给大家来了解其中的细节。

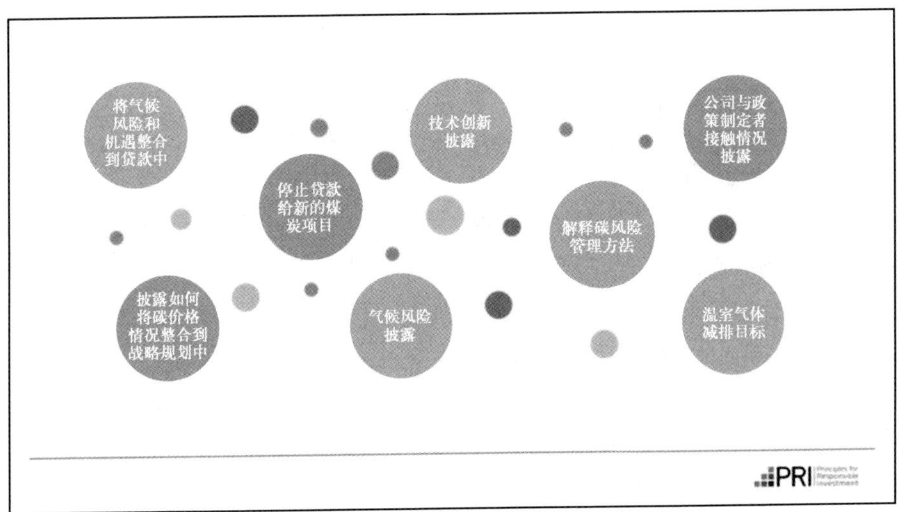

图 3　公司参与气候议题

我们来看图 3,我们希望公司有哪些表现、如何去落实?我们希望能够通过公司的 ESG 专员向社会有更透明的披露,希望公司有好的治理。这也就意味着,要将重要议题交与公众讨论,希望在政策制定方面,也可以帮助我们更积极地参与 ESG 的这些事务,比如在公司和政府的政策制定者的游说中强调这些议题。

需要注意,有些做法有时可能会伤害公司的利益。关于 ESG 的活动,目前我们和公司考虑降低液化气的使用和排放。另外在社会方面,我们在农业供应链、人权和劳动雇佣、高管报酬工资等方面有议题,这些都是我们希望通过公司管理人去发挥影响的。

说到底,是由公司的所有者在推动这些变化。这里,我们可以看到,公司决议这方面的支持度在上升,最好的例子是,公司现在要求将这些压力测试的信息予以公布,这些都是与社会环境相关的一些议题。

这是我们对公司的期望。现在看一下我们对投资人有什么期望?我们希望投资人能够就他们对于刚才所说的这些事情如何一步一步落实,希望他们采取行动,希望他们以透明的方式告诉我们,在这个过程中是如何一步一步地取得进展的。在这里,我们看到一个报告框架,可以在图片上看到,我们在这个框架中,是如何一步一步地依照这个框架完成报告程序的。

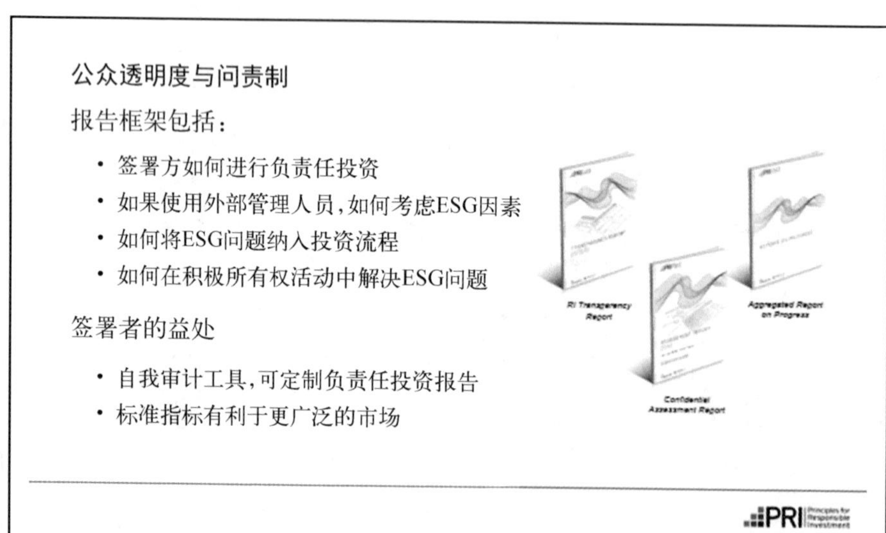

图 4　投资和评估

我们在过去 10 年的报告中学到了什么呢?可以看到,整个工作是很复杂的,有时计划做得很好,但在执行方面有时会失败,或者有时执行的力度不强。待会再具体展开。

在这里,我想介绍一下 OECD 与金融市场、与人类福祉方面的一些议题。我们可以看到,OECD 的人类福祉包括 4 个方面,即自然资本、人力资本、经济资本和社会资本。这是我们目前正在研究的一个议题,希望大家也可以参与到这项研究中来。可以看到,我们在 ESG 和这些资本之间有一些直接和间接的关系,我在这里可以举一些例子。

我们要保证把钱投向好的方面,避免投向坏的方面,这是有挑战性的。我们现在也在做一些工作,来更好地解决这些问题。我们把它称之为可持续的金融系统项目。我们要记住,作为投资者,他们在经济中发挥着基本的重要的作用。如果投资得好,大家可以在未来享受收益。政府的投资也涉及未来预算,如果这些投资做得好,不仅仅是经济收益,对于社会、环境,都将受益。这些都将是重要的原则。为了给社会带来积极的影响,我们的决策者在作决定的时候,不要过分偏重于某些侧面,而忽视了另一些侧面。当然在这个过程中,我们对于投资人的经济回报也是要关注的。因此,我们必须给投资人经济回报,同时在保证对社会、环境的积极影响之间取得平衡。这是我们应该面对的一个挑战。

另外,这些行为对于股市的表现又会有什么影响?这也是我们思考的问题。对于增加这些资本或者影响这些资本都并不是简单的工作,比如增加投资或者降低投资,并不会自动带来公司的业绩变好或者变坏。所有这些工具都要进行更智能的搭配和运用。有一些影响可能比较间接,另有一些影响可能比较直接。比如,全球有12家银行决定不对澳大利亚的某个自然资源项目进行投资,那么这12家银行为什么不去投资呢?因为如果开发这些项目,对于气候会有破坏性的影响,这样对做全球公民也是不利的。所以在思考了这些利弊之后,他们决定不对澳大利亚的这个项目进行投资。

另外,还有一些对煤炭的投资可能会带来很多收益,但是煤炭排放对环境会带来破坏性的影响。大家可能知道,对化石和燃料过度开发和投资的话,肯定会对环境带来很大的破坏。因为这个原因,有一些煤炭公司,其实已经濒临破产了。所以,对这些机构投资者和个人投资者来说,他们的这些做法有些时候对实体产生了影响,其中要经过一些迂回的道路。

我在这里介绍一下我们所发现的一些局限。首先,并不是所有的资本都是在进行负责任的投资,投资活动和经营活动有些并不是成体系的。另外还有一些流程上的回应,其实并不能够保证产生影响力。那么我们怎样来应对呢?这里给大家举一个统计数据,56%的成员都意识到了气候变化是一个重要问题,但只有10%的成员在采取切实的行动去应对气候变化,显然这还是我们应该加强的一项工作。所以我们要做的第一件事情,就是要求我们的成员来提高他们的实践做法,如果他们不能够通过报告、流程来显示出他们的问责和责任担当,我们的组织就会劝退他们。这是对我们所有的成员国要求的一个责任。

第二件事情也是非常重要的,就是我们必须在体系的层面上开展工作,而不只是在投资者的层面工作。大家都觉得,现在的金融体系运作得并不良好,如果我们不调整这样的金融体系,2008年的悲剧有可能在未来还会重演。那么我们对这样的体系应该做什么?我们如何施展积极的影响力,使得我们的金融体系更加有弹性,并且更加有利于可持续的发展?我认为,我们要重新审视各个投资机构之间的关系、投资者与公司之间的关系、授权的投资链,另外还包括市场的结构和功能,以及经济的外部性。

我们知道,PRI已经找到了有60多种能够引起风险的潜在原因,都会导致金融体系的崩溃。因此，对于金融机构的这些问题，我们必须逐一应对。我们的会员中没有银行，但是我们有大型银行的客户，包括信托服务、研究服务、托管服务等等。因此我们也非常关注银行改革，因为这也是经济体系中的一个特别大的门类。对于金融体系的理想特征，我们一直在试图构建，比如应该让金融体系变得更加具有生产力，不仅仅是进行融资，而且要将资本引向更具有影响力的部门和国度。

我们也要关注一些潜在的脆弱因素，加强整个体系的稳健性。另外，我们也要关注人口的变化、新兴市场的一些结构性变化，还有多边主义、民族主义。我们知道，这些可能都会对金融市场产生破坏，因此，我们也必须实时加以跟踪和关注。

我们的假定是，如果加强我们的金融体系，能够让金融体系发挥更好的作用，就更有助于促进可持续发展。我们也构建了社会视角中的良好的经济体系蓝图。我们希望，将经济体系中的活动与这些目标进行更好的关联。比如，应对气候变化，改善医疗、教育、基础设施，这些都是遍布全球各地的一些议题。我们希望能够增加商业价值，为了达到这个目标，必须对我们的原则进行与时俱进的调整和修订，来保证我们所有成员能够及时更新他们的责任、权利和利益。同时，不久后将会发表我们的 10 年蓝图，在这个蓝图中，我们会提及上述的发展，更好地将我们的金融活动和我们的目标保持一致。

◎ 提问与讨论

主持人托马斯·唐纳德森(Thomas Donaldson)[*]：有人说当人们进行一场交易的时候,总有一些内容是没有包括在内的。那么我们在这里实际上尤其要关注的一点,就是我们怎样能够尽可能把更多的内容包括在我们的业务和交易当中,就是不要留下任何东西。那么我想我们的伦理、人民的福祉这方面的内容,也应该包括在我们的商业交易中。

实际上,我可以说,我们业务中的重要支柱是"伦理"。这就是我们这一届大会的主题。我们今天邀请的三位演讲人讨论了一些重要的问题,从经营主体和人们在具体的经营交易中应该遵守的准则等等,到有关公司治理的情况,以及我们的经营治理中的一个重要方面即金融投资这个大问题。

我们第一位嘉宾马汀·杜兰德女士不能够亲自来进行演讲,但是她给我们提供了20分钟的视频,她的演讲在一个比较高的层面论述了人民福祉、公共政策与企业作用。第二位潘夏琳教授论述的是颠覆时代的公司治理,介绍了各种巨大的技术进展对公司治理带来的影响。最后一位演讲人南森费边先生论述了人类福祉中的负责任投资,强调了公司经营的透明原则以及公司数据的充分披露。

马汀·杜兰德女士是本场研讨唯一不用问答环节的演讲。请大家在每一次演讲后做简短的提问,并可以在最后所有3场嘉宾讲演后进行总的问答。

提　问：在过去几十年中,退休计划已经从原来的固定收益计划、社会保障变成了个人自己往养老金账户里存钱的退休计划,再投资由大机构管理的基金。因此,普通老百姓必须依靠机构投资者,而老百姓对获得投资回报确实很感兴趣。请问潘教授,您认为这将对环境产生什么影响?

潘夏琳：一些大型机构投资者已经签署了《负责任投资原则》(PRI),但这些原则并没有真正解决我们今天上午一直在谈论的问题。我建议,股份的受益所有人,即我们中为退休而投资的所有人,都需要与那些机构投资者进行沟通,让他们了解我们的投资诉求,不要假设我们无视其他一切,只想让他们多赚钱。我们当然希望他们赚钱,但是我们想要以一种可以为我们和子孙

---

* 主持人托马斯·唐纳德森,美国宾夕法尼亚大学沃顿商学院 Mark O. Winkeiman 教授,美国经济伦理学会(SBE)创始人之一及其前任会长,目前担任《经济伦理学季刊》副主编。——编者

后代保护未来的方式来赚钱，这一点可能并不总是被理解。

提　问：我想有一个产业是不听股东的，这就是银行业。但银行利用这种权力让很多内部人士获取利益。如果我们成功限制了股东的权力，该如何避免内部人士中饱私囊的问题？

潘夏琳：这个问题非常重要，它引发了一个思考，就是股东赋权与内部人士获利的关系。您的话假设赋予股东更多权力会减少内部人士获利，但如果鼓励管理者将自己视为股东的话，这个假设恐怕就不成立了。代理理论的推论之一是高管的利益应与股东的利益保持一致。所以在过去的几十年中，随着股东权力的增加，高管薪酬也大幅飙升，因为给管理层的股权激励增加了。但高管的不当获利或财务不当行为并没有相应减少。因此，我对赋予股东更多权力将有助于限制高管不当获利这一前提持怀疑态度，尤其考虑到高管的薪酬结构。加强董事会并为其提供更多监督工具可能是解决方案的一部分。此外，董事会任命具有强烈道德意识的高管也很重要。无论采用哪种公司治理体系，都必须谨防内部人士不当获利，谨防股东为了自己的利益而牺牲公司的利益。

提　问：我有两个简短的评论。首先，关于受益股东，有一些值得关注的案例研究。例如，在澳大利亚的安大略省，教师退休金投资的项目显然会损害教师地位，这让教师们十分担心。而所涉及的退休金机构拒绝回应这些教师，因为这与他们所理解的信托责任不符。但是另一个问题是，您的观点的问题之一是您关注的是一种自我监管的公司治理形式，但是还有第四种方法，也就是消费者开始参与，开始通过理事会来给公司制定标准。比如在自然资源行业。以林木业为例；林木业管理委员会等机构制定了反映消费者态度的、与可持续性直接相关的标准，为了响应这些倡议，林木业发生了改变，公司治理也发生了改变。在我看来，我们需要在公司治理之外寻找新的监管模式，以产生可以影响和迫使公司治理发生变化的力量。

潘夏琳：谢谢您的观点，我不想将答案局限在我提出的3个建议中，虽然我认为这是3个重要的建议。我自己研究过程的方向是相反的。几年前，我开始研究行业范围内的监管行为，以及一些外部驱动的约束，但最终回到根本的公司治理问题上。虽然监管法规可以帮助鼓励某些做法以及防止不良行为，但它们对增加创新投资的帮助不大。我的观点是，外部监管对于规范公司行为至关重要，但我们必须从根本上解决公司治理问题，才能让系统以更可持续的方式运行。但谢谢您的观点。

唐纳德森：谢谢潘夏琳教授。我想加拿大教师投资者工会投资最后碰到问题，实际上跟我们第三位演讲的讨论有关，就是投资者怎么来作出负责任的投资行为。

提　问：费边先生，你有没有可能参加12月的经合组织会议，建议告诉他们也许这四个资本还不够，还要加一下，要让利益相关方的声音能够充分得到倾听，其他的方面还是不足，特别要考虑利益相关方。

费　边：我想经合组织在做的就是他们支持的声音，实际上法国政府也是支持的，那就是一定要保证，在公司治理中，董事会的权利也要得到充分的尊重和加大，这是我们强调的一个观点。

提　问：潘夏琳教授专门讲到，在自愿要求与强制要求之间，最后能够有一个平衡，费边先生您怎么看这个问题？我们是不是要出台一些规则，然后强制性地来实行？因为现在对公司而言，有不少问题非常迫切，而且现实主义考虑的话，也必须进行强制。

费　边：我知道，要市场对投资者行为进行强制和干预的话，确实也不太现实。跟业界打交道过程中，经常说不要来碰我们，让我们自己来做。从这个角度来看，你再次对他们进行干预的话，效果并不是很好。我们现在已经意识到，如果把某些部分强加给这样的市场，那么有时候也会带来一些其他的问题，比如说最后可能某些投资价值会受影响，然后经济的供求原则受到扭曲，甚至把他们的一些损失最后怪罪到我们的干预。我们现在需要一些董事会，能够在内部做一些约束、规范，这会比较好。我觉得，如果是董事会能够在一定程度上规范经理人，使得经理人不去进行某些投资，这可能更现实一点。也就是说，政府的管制尽可能通过董事会来影响，通过这种方式最后影响到实际的投资经理人。

提　问：费边先生，我非常好奇，就是你说8%的组织都报告了他们的后果，我想这可能会树立某种榜样，对整个议程是有好处的。你可以告诉我们，这些人到底是哪些人？也就是8%是一些什么人？能否介绍一下他们的好经验？

费　边：我觉得，一个好的组织就是让董事会在他们的董事决议中提出有关的投资原则。通过这样的方式来施加一些压力。比如过去几年里，在气候变暖的过程中，CalSTRS① 拿出了具有很大价值的技术，通过这样的贡献来影响投资行为。我们需要更多进行有关负责任投资的宣传，所以有不少公司都是通过这种方式宣传负责任投资原则，同时也有中介组织力量来进行

---

① CalSTRS系加州教师退休基金，https://www.calstrs.com/。——编者注

宣传。

唐纳德森：我要问两位演讲人，你们所讲的内容是不是有一定的可比性？南森所讲的就是政府也可以来做，比如我们可以限制某些股东、经营者的投票权等等，通过这些方式来贯彻负责任的投资行为。

潘夏琳：这个对话实际上一直在进行当中。我非常高兴能够向南森·费边了解很多新的东西，我刚才在记笔记，我觉得他们的组织提供了一些建议，你可以问为什么这些建议有的时候管用，有的时候无效？我认为，我们是否应该把更多的权利交给那些长期投资者，然后限制短期投资者的投票权。我们知道，投票过程有流动性，还有就是在多大程度上能够延续到未来，所以要具体规定投资权。股权是拥有了10年还是更长时间？我觉得，长期的所有者应该有更大的权利。我不知道这样回答是否对，我们应该对此进行更多的讨论，总结一些事件，对理论进行更好的完善，这也是一个做法。不知道南森·费边怎么看？有没有其他的一些倡议和可能？

费　边：毫无疑问，你对问题的诊断非常清晰，我们看到，所有者经常并没有明确提出一些要求，有时候作为给予人们资金的所有人，是完全可以提出一些要求的。如果我们拿出新的规范的话，首先所有者也要有这样的意识。

唐纳德森：感谢大家的贡献，我们这场研讨会到此结束了，谢谢！

（陆晓禾整理）

第二编　专题论坛

专题论坛 1　经济伦理教学研讨*

［提要］　2008 年的经济危机暴露了企业及其领导人的不道德行为。因此，管理教育受到了越来越多的关注，重新思考基本课程设置的呼声也一直在增加。2012 年出版的《全球经济伦理调查》[①]表明，作为教学、培训和研究领域的经济伦理学在所有地区都取得了实质性的发展。关于义务、伦理、社会责任的问题也被认为需要受到更多和更广泛的关注。作为教育者，我们要做的是，突出培养负责任的未来企业领导者在伦理教学中的意义。

伦理教育从来没有像今天这样充满挑战。论坛发言人将重点关注三大问题：教授伦理相关课程的经验以及在课程、教学、表达方面的创新（包括研究生和本科生教学）；全球语境对其教学框架的影响程度；以及他们为教授经济伦理的教师提供的关键课程。

瓦桑蒂·斯里尼瓦桑（Vasanthi Srinivasan）[②]：我来自印度班加罗尔管理学院，这场论坛由我主持。我们知道，教授企业伦理、经济伦理是一个挑战。有时你在读 1960 年代的一些论文，看那时的经济伦理教学体验时，你会发现有一些东西很奇特，就是我们在 1960 年代的论文中读到的一些字眼，到现在似乎还非常的重要和相关。那么，是否经济伦理教学什么也没改，还是社会停滞不前，以至于同样的问题在不同的时间都存在，或者说是现在的变化太多，无论在经济伦理教学的情景和内容方面的变化都太大，还是就算有变化

* 该论坛原为第六届 ISBEE 世界大会专题论坛 1（2016 年 7 月 13 日上午举行），本篇文字由陆晓禾整理，收入本书时请论坛中文发言人对相关内容作了修订。——编者

① Deon Rossouw/Christoph Stuckelberger: Global Survey of Business Ethics, Globethics.net, 2012.

② 主持人瓦桑蒂·斯里尼瓦桑，印度班加罗尔管理学院（Banalore School of Management）教授。——编者

但是对每一代的教师来说都只是维持现状？所以，对所有的经济伦理教师和学者来说，我们这个专题讨论非常幸运，能够请到经济伦理教学大师齐聚一堂，来讨论他们的观点和他们的教学经验。

我们的专题发言人都非常棒，是来自世界各地经济伦理教学的知名专家。大会手册上有发言人的背景介绍，我就不花时间来一一介绍了，我们要将有限的时间尽可能用于发言和讨论。现在专题发言开始，首先有请南非伦理学研究院(Ethics Institute)迪恩·罗索夫(Deon Rossouw)教授，然后是复旦大学管理学院苏勇教授、美国堪萨斯大学(University of Kansas)理查德·狄乔治(Richard T. De George)教授、巴西赫迪加商业培训学校塞玛利亚·阿鲁达(Cecilia Arruda)教授、荷兰奈耶诺德大学(Nyenrode University)罗纳德·杰里森(Ronald Jeurissen)教授和南京师范大学王小锡教授。

经济伦理教学：目的是什么？

迪恩·罗索夫：非常高兴再次来到上海。我想简要介绍经济伦理教学的目的。经济伦理在很多不同的场景中教学，在哲学课程、本科生课程、MBA 课程或专业课程，也在企业董事会或会议室上教授。所以很显然，对教学目的不能以一概全，我们必须分清经济伦理教学的目的是什么。

几年前我写过一篇论文，区分了 3 种不同的胜任力，都是我们可以实现的教学目的。第一种是认知胜任力；第二种是行为胜任力；第三种是管理胜任力。我们教哪一种胜任力，就要有不同的策略。所以我想说的是，我们在开始教学之前，必须确定教学的目的是什么，因为教学目的对我们的教和学的场景设置有很重大的影响。

举例来说，几年前，会计学职业经历了大动荡，那时会计学者们非常关注审计人员的伦理行为准则，于是决定要教会计学专业的学生企业伦理，但他们也教行为胜任力，也就是让审计人员能够在未来有更恰当的行为。但是，他们没有教认知胜任力和管理胜任力，因为觉得这跟行为胜任力没关系。所以我现在就先从认知胜任力来讲，如果要教认知胜任力，它的目的是确保学员能够获得智力上的知识和技能，这样才能够理解伦理，进行伦理分析和作出伦理判断。特别是希望看到学员能够发展出的胜任力是伦理的认知、伦理的概念和理论，很好地理解企业环境中的伦理问题到底有哪些，还应该能够做情景分析，得出伦理的结论和决策，至少能够理解如果要做伦理决策需要哪些能力，这是我们要教会的胜任力。

如果你是教师，那你就会有一些正常的讲座，还有案例、两难困境的分析讨论等。但是我们不应该期望认知理解会导致引领行为胜任力或者是管理胜任力,如果想教会这两者,我们的教学方法就会不同。

这个星期我看过一个卡通,有个人去工作面试,他说我认知胜任力缺失,可以用我的道德灵活性来弥补。这个例子很能说明问题。如果我们要教的是行为胜任力,就要培养你的学员有这样的倾向和承诺,愿意使得自己的行为符合伦理道德,这时有许多的胜任力可以教,但有很多例子说明人们在道德上是残酷无情的,我们想要教学员胜任力,就还要教会他们有道德敏感性、道德承诺,也就是说他们愿意根据自己的道德信念来行为。此外,我们还可以教道德想象力、道德勇气和道德美德。那么,作为教员,我们需要什么样的教学方法呢?显然,需要不同的教学方法。我们可以提供一些典范、角色扮演,讲一些故事或放电影,还要给学生看一些学刊。更重要的是要激发学员的内在动力,让他们愿意有所作为。

最后,可以有认知胜任力和行为的胜任力,但还是不知道,在一个大组织中如何进行伦理道德的管理。因此为了让我们的学员做好承担管理工作的准备,我们的经济伦理教学方法又得不一样了,因为这时候我们想培养学员有领导和管理的能力,使得整个组织的表现都符合伦理道德。这时候需要的胜任力,是符合伦理道德的领导力,是理解伦理道德的战略重要性,理解组织不同伦理道德的维度,需要做些什么才能做好伦理治理,管理好组织的伦理道德。这时候就要求教员设定不同教学的场景,也许要更强调案例分析、讨论、场景设置、模拟,还有干预计划等,使得学员们能够逐步培养出他们的管理胜任力。概言之,在我们教经济伦理之前,首先得想清楚我们的教学目的是什么,然后设置不同的教学方案以及教学计划。

经济伦理教学的三点体会

苏　勇: 我们今天讨论如何教好经济伦理这个主题非常重要。我是从1996年开始教复旦大学的MBA学生,我们的课叫做“管理伦理学”。同时这年出版了我的第一本管理伦理学的书,用作这个课程的教材。从那以后一直教到现在,给复旦大学还有全国一些大学的MBA、EMBA教这个课程。我想谈一下总体感受和自己20年来教这门课的甘苦,与各位分享。

总体感觉和环境应该是向好的,现在教这门课比以前感觉要好很多。我非常清晰地记得,当时因为中国还没有EMBA,我给MBA学生讲课时,有学生说,我们做生意、办企业,赚钱最要紧,你给我们讲伦理好像完全不沾边。但是今天没有一个学生,至少在公开场合不会像他这样来挑战我。几乎我们每一个学员、每一个企业家都认识到,做生意是要讲伦理的。这是我总体的一个感受。

1996年,时任复旦管理学院院长郑绍濂教授点名要我去教这门课。我问为什么选我?他说因为我看重你有人文背景,而且知识面比较广泛,所以我就硬着头皮开始上这门课,到现在有20年了。教授这门课,我有3点体会。

一、怎样把这门课教得有趣?

就我个人教学经验来说,面对的都是成人学生,而且都是企业高管、老板,他们的自我感觉都非常好,所以在给他们上课中,如果进行道德说教肯定会完全失败。但是我们这门课又要把伦理原则跟他们讨论,这是我们所面临的第一个问题。怎样把这门课教得有趣、生动,让学生能够坐下来?像现在我们的ENBA课程4整天,你想要企业老板、高管坐在那里听你讲4天企业伦理?第一天听听好像还有点劲,第二天、第三天是怎样让他坐下来不翘课?我的体会就是一个,尽量运用案例。这些案例有的是我自己去企业调研后写的,有的是我根据报刊资料改编的,而且这门课案例我一年上两至三次,案例经常更新,上半年和下半年用的案例都不一样,采用的是新发生的案例。这样就让他们能够比较有收获。比如,2014年长春4S店,有偷车的人把车偷走了,并杀死了坐车后座的小孩,有一家4S店借着这个事情做广告。那么,从商家的角度来说,这样做到底符合不符合伦理呢?学生在课堂上争论得非常激烈,最后我再把我的意见讲出来,这样就让学生感到比较有收获。

二、怎样应对学生对这门课和教师的挑战?

有学生跟我说,你讲的道理都对,讲的案例也很生动,但是现在中国很多地方政府不讲伦理,"新官不理旧账",你要我一个做企业的人,以营利为主的企业怎么办?我们做工程的不能欠民工的钱,但是我做政府的工程,业主工程款不给我,我拿什么钱支付给民工工资?像这些问题我都会事前有一些准备,待会儿介绍。

三、怎样使学生有收获?

我一直跟学生讲,我不要求你们听了我的课后立马改变世界观、人生观、商业理念,但是至少能够有所思考,今后在进行企业经营活动时有伦理的考虑,至少在签合同、做决策时要有伦理的考量。想到我们课上曾经讲过这样的问题,这样我的目的也就达到了。所以课程最后,我总是用这样一句话总结说,"君子爱财",财富大家都喜欢,但最后还是要落到"取之有道"上。

经济伦理教学:作为人文学科的课程来教

理查德·狄乔治: 正如大家所看到的,我要讲的是如何教授经济伦理这门课程？我要讲的这种方法和我的同事所做的 MBA 的教学方法有所不同，我在这里要讲的是，对于本科生如何去教经济伦理？我知道不同的教员有不同的方法，要了解各个层次学生的不同兴趣和诉求，例如，MBA 学生和本科生学生的不同。我在这里要介绍一下，我们在教授经济伦理方面的人文层面的一些特色。

首先想一想经济学是什么？经济学是不是就只是指操纵金钱和财务呢？其实经济学还要去面对人与人之间的关系，这是通过金钱做中介而发生的一种人际关系。

在企业工作的人都要思考，我们在从业中的一些优势、缺陷，大家都要思考，我在经营环境中所从事的工作，如何让我变成一个更好的人，我应该怎样过我的生活？如果我做一个商人，我一辈子的 1/2 甚至 2/3 的时间都要从事商业活动，我在做决策的时候要注意一些什么？我是让学生自我思考，鼓励他们来过一种融合的生活，将他们的商业生活作为人的生活不可或缺的一部分，同时他们也要独立思考伦理问题，要学会更好地去做决策，让自己的决策有利于他人。如果他们要解雇员工的话，必须对员工解释为什么要解雇他们，而且不要让被解雇的人觉得自己是被利用了。此外，还要教会他们发挥想象力去思考，我用各种文本、文学和电影，并且还举行课堂讨论或者写论文。用不同的教学方式，目的是让学生学会自我思考，作为一个人，作为一个个体，作为人类，如果我们想要过好自己的生活，那么我们在企业环境中应该怎样做事？企业环境中所保持的商业观和生活中的商业观不应该背离。我认为，作为这门课，我们要更好地去审视经济伦理和道德，生活与企业原则。

最后我想说的是，作为人文学科的课程，我们要教他们学习如何更好地认识和思考经济领域中的道德问题，如何发展和评估道德论证，如何在道德的不确定性和风险中生活，以及如何看待经济活动作为一种人类的努力，以一种让他们感到自豪的方式融入他们的生活。我想他们一旦进入生活，一定会面对这一问题，既然要面对这些问题，最好对这些问题有一些思考。

在拉美教授经济伦理学

玛利亚 · 阿鲁达：我来自世界上一个偏远的地方，要乘 34 小时的飞机，才能从巴西飞到上海。记得几年前，我们在波兰的一次会议上，说到拉美经济伦理时，大家都非常忧虑。确实，很多学院似乎对经济伦理不是非常重视，有些学院甚至把伦理课程删除了，这在拉美已经是司空见惯的了。但是现在，我们也重新开始重视这个问题，因此我非常高兴今天能够来这里参加大会。不仅仅是政府,而且是社会,从最基本的社会层面开始重视经济伦理。所以这是一种自下而上的一种重视。

在这过程中,我们有危机,也有机遇。大家知道,在巴西有一家非常大的石油公司,这家公司已经有 30 多起商业贿赂、腐败的案件。在南美的其他国家也差不多,比如在阿根廷,也出现了很多经营腐败现象。因此,我想现在我们必须把经济伦理作为一门课程,重新把它放到重要的位置,而且我们学生也希望讨论经济伦理,因为他们在现实环境中看到的这些事件,促使他们想要去强化这方面的学习。从这门课程的教学来说,这是一种非常乐观的信号。

现在伦理学教师也有了新的视角,他们不仅仅有着这些表层的信息,也有了更多务实的理论和信息可以教学生。我们发现,我们不仅仅是在谈论这些非常具体的伦理,而且是在以各学科的知识融入伦理教学中。例如,社会责任是非常重要的,而且现在的重要性比过去还要大。我们如何可持续发展?如何在可持续发展过程中加强伦理?很多心理学家现在也在研究人力资源范畴内的伦理,因为他们知道,如果没有透明度、没有忠诚度,人的底线很容易被穿破。因此,对经济伦理,现在都非常重视。

在这些过程中,我们有什么样的方法呢?以巴西为例,现在好像年轻人看书阅读的习惯比较差,阅读量越来越少了,不知在中国的情况如何?比如说,我们其实可以用一种讨论的方式,以传统典籍作为主题进行讨论,引起年轻学生的兴趣。我们学校在智利和阿根廷开发了一些项目,用讲故事的方法进行经济伦理教育,这种方法在阿根廷和其他的南美国家非常有效。我们在拉美看到不同的现象,告诉我们腐败是一个重大的问题,因此我们也在组织学生讨论未来前景在哪里。

我们每年也举行各种各样的研讨会,还有在巴西的各个政府机构的年轻人,也在非常努力学习 OECD 的倡议、动议。另外,在网站上也有很多信息,还有专业人员,我们每年给他们举办年会,并且在全国一些课程已经成为必修课程了。

市场营销、法律与经济伦理(MLBE)模块

罗纳德·杰里森:我来自荷兰的奈耶诺德大学,是在场的一个来自欧洲的教师。我在这里要介绍的是,在我们大学做的一个教学模块,它的目标是分析和处理复杂的与企业关联的社会问题。我们知道有很多问题并不是一个独立的问题,在这些问题的表象背后有很多与法律伦理相关的事务。比方

说，数据的使用，还有隐私的问题。我们知道有了大数据，很多公司可以挣很多的钱，但是我们现在要思考的是，如何以合法并且合乎伦理的方式去赚钱，去利用这些数据，而不侵犯他人的隐私或者其他。我们试图从伦理的角度去建立一些跟机制有关的做法，来形成更好的管理手段和更好的经济伦理方法。

首先要知道法律，法律和伦理是互为表里的。每一个企业从业人员都必须知道两者之间的关系，也要知道两者与市场之间的关系。这像一个三维的象棋，有些学生说这太难了，我就经常给他们举这个例子，就是来自西门子公司创始人[①]说的一句话，他说，“事故预防不应该被看作是一种法律义务，而是对我们的同胞的一种义务，这也是从共同的经济理解而来的。”也就是说，对于一个企业人士来说，我们必须将法律、经济、社会事务融合起来考虑。这样才能形成好的、健康的伦理学，有健康才会带来经营收益，并且两者是互为因果的。

说到我们的学习目标是什么？我们的学生会发现，我们现在所身处的经济环境、经济事务变得越来越复杂了，我们必须面对市场、法律和伦理三者关系。在这三者形成的互动关系中，我们如何更好地认知和把握三者的关系？比方说，当他们不太清楚工作中遇到的困境时，他们可能会去征求公司法律顾问的意见。这三者是相互增强、相互补充、相互反对的，举例来说，伦理如何与市场相互增强，如何支持市场？因为如果没有信任就没有市场，没有信任就没有伦理道德，所以伦理道德和市场是密切相关的。我们荷兰有一个岛专门给动物权利的，你们可能不知道，荷兰女王是这个动物岛的主席。可以看到，在我们社会中，伦理道德与法律之间的关系在改变，而且伦理在改变法律，也在改变我们的企业事件。而且法律还能增强伦理道德，这是很显然的。美国一位学者说，伦理道德就是无政府主义，因为你必须要允许个人发表自己的意见，没有一个人的意见比别人的更好。而法律是一种秩序，责任与权利之间的相互关联性，不是逻辑的结论，而是一种政府的指令。这样，如果伦理道德要在社会上行得通的话，就必须把它变成法律。虽然它很必要，但是往往做不到。

经济伦理研究生教学中的一点体会

王小锡：我在经济伦理学教学中的体会是，教学必须面向实践，立足应

---

① 维尔纳·西门子(Werner von Siemens, 1880)。——编者

用。在授课中，我们经常组织学生外出社会调研，尤其鼓励学生利用假期开展社会调查，用经济伦理学知识分析社会经济现象，分析企业伦理道德问题，同时为企业道德建设提供决策或参考依据。这就是说，我们的观点来自实践，又服务于实践，服务于企业。多年来，在教学过程中，通过组织学生进行社会调查，加强了学生的学习效果，我也通过调查研究，建构了一套企业道德资本实践与评估指标体系，受到了企业的关注和欢迎。

昨天，中国伦理学会与江苏大型企业今世缘酒业集团合作成立了智库"中国伦理学会今世缘道德文化研究院"，其缘由就是因为我们中国伦理学会在企业道德文化研究上的突出成就，以及我在教学过程中通过调研形成的关于企业道德资本实践与评估指标体系，引起了今世缘酒业集团的关注和重视，并在共同协商的基础上，中国伦理学会与今世缘酒业集团合作共同建设智库。智库的成立，就是要展开一系列关于企业道德文化问题的研究、实验与推广工作，同时又为经济伦理学学科建设和人才培养创建实践平台。

通过面向社会尤其是各类企业的教学和实践，我的关于道德资本的实践与评估指标体系，受到了许多企业的积极响应。关于道德资本的实践与评估指标体系涉及了 8 个方面，提出了 100 个具体评分标准。这八个方面主要是企业的道德理念、企业的道德制度、企业的道德环境、企业的道德忠诚、企业的道德产品、企业的道德销售、企业的社会责任以及企业的道德领导；这 100 个具体评分标准，又设计了 1 000 分指标分值，目的是拉开评分的差距，以提高企业道德评估的可信度。

下一步我们准备在教学过程中不断提出新问题，在实践中不断完善道德资本实践与评估指标体系，为经济伦理学理论体系的完善、经济伦理学教学效果的不断加强乃至经济伦理学学科建设的发展提供丰富的素材，也为企业提供增加道德资本存量的完善的操作依据。

我的道德资本理论以及道德资本实践评估与指标体系均编撰在我的《道德资本研究》一书中，该书已经被翻译成英语、日语和塞尔维亚语在海外出版，有兴趣的朋友可以阅读一下。近期我们准备在江苏召开"企业道德资本理论与实践"国际研讨会，也准备邀请一些国际学者参加，届时欢迎大家参会。

◎ 提问与讨论

斯里尼瓦桑：因为时间有限，我鼓励大家抓紧时间问一两个问题。但在这之前，我想总结我们嘉宾发言的三大要点。

作为教学者，第一，我们得问我们的受众是谁，这一点在所有演讲嘉宾中的演讲中都听到了，因为受众不同，所以教学目标不一样。第二，我们得问，我们的教学目的是什么？我认为，理查德的总结很好，还有迪昂也问到了，就是如何把经济活动看成是人类生活不可或缺的部分，经济伦理可以带来更好的市场，不管你从哪里来你的目的是什么？你都必须清楚经济伦理教学背后的目的和目标是什么。第三，我们听到了几位发言人的展示，罗纳德也讲到了法律、伦理与市场之间的互相增强补充关系，在我看来，这是一个很好的模型。还有很有趣的就是苏勇、塞西里亚、王小锡教授都介绍了他们不同的教学方法，有的可能更加传统，有的更为当代，而复杂的社会问题都是他们教学的出发点。这些都有助于我们教师们更好地上好经济伦理课。

最后，我还要讲一句，特别是对我们这些来自发展中国家的教授，我们每一天都有道德伦理方面的挑战。谢谢理查德提出的问题：如何在一个道德不确定的时代中生活，并且有自己的信念。

提　问：我来自印度，我想问罗纳德·杰里森教授一个问题，您讲到了法律、伦理道德与市场之间的关系，我的问题是，您怎么来判断企业赚钱的方式是不是符合伦理道德？

杰里森：这是一个很有挑战性的问题，因为有时候伦理被放在了利润的对立面。苏勇教授提到学生说，我们不需要这门课，因为做企业就是赚钱。这是20年前的观点，现在已经变了。所以我觉得你可以分两方面来看。一方面讲伦理与讲利润可以实现双赢，好的伦理道德也可以带来好的利润。你可能会说我太乐观了，因为有时候讲伦理的企业不一定有利润，但这是一个短期的现象。我们还要看另一方面，我觉得伦理道德是你必须相信的东西，跟你的人格、内心的信念有关，你必须从内心出发愿意以符合伦理道德的方法来经营。对立，双赢，如果真有这样的信念，那么奖励就会来。这是我知道的观点。

提　问：我想问的是，社会在做什么？我是说立法者们还有职业专业协会们都在做什么？我们在课堂填鸭式地教学生商业伦理道德，但是如果没有法律的配合，还是没有用的。比如说你教智力，但什么叫做良好的智力良知呢？现在有的审计员在审计时还撒谎，怎么来处理这个问题？怎么来游说政府和立法机构？

苏　勇：我尝试回答这个问题，因为正好是我昨天与几个企业家讨论讲到的一个问题。我想就中国的案例与我们在座的各位专家讨论，就是宜家召回“夺命柜子”的案例。这个案例非常有趣，介于商业法律和伦理道德的问题。我们知道，宜家在美国、在世界其他发达国家已经把可能给顾客造成危害的柜子召回了，但是在中国一直到昨天才作出召回的决定。为什么？因为按照中国的技术标准，也就是从所谓的法律层面来讲，宜家这个柜子没有违反中国的技术标准，是符合中国标准的，因此以这点为理由迟迟不予召回。但是它的柜子实际上是有问题的，就是小朋友把抽屉拉出来以后，如果抽屉里东西重一点或者拉出两个柜子的话，柜子会倒下来压在小朋友的身上，以至于把人压伤或者压死，但是它不违反中国的技术标准。回答刚才这位教授的问题，就是我们中国的消费者协会，我们的有关政府机构严肃地找了宜家中国公司进行约谈，对它施加了压力，所以导致宜家决定在中国也全部召回很多年来它所出售的柜子。

我想这就是我们社会组织所做的一些努力。回到刚才第一个问题，这个问题非常有趣，就是怎样来衡量一个行为是不是符合标准、符合伦理道德？我给学生的回答就是，因为伦理道德没有一个很鲜明易见的标准，如果你要作出一种经营决定的话，你应该设身处地考虑一下，也就是问问自己的良心。比如我跟学生讲，你在发展中国家用童工不违反当地的法律，但是我说会不会让你自己的孩子去做这种繁重的工作？这样可能就比较容易得到大家的一个共识。

专题论坛 2　主编论坛[*]

［提要］ 主编论坛研讨各种经济伦理学期刊想要发表的各类文章。主编们介绍他们期刊的主要投稿动态和趋势。主持人金黛如(Daryl Koehn)。

金黛如：现在开始我们的专题论坛。我知道，大家都有发表的压力，所以对我们很感兴趣，想知道成功概率有多大，我们希望看到什么样的论文，不想看到什么样的论文？那么我们现在就来讨论这些问题。介绍一下我自己。我的中文名字叫金黛如，来自美国德保罗大学(DePaul University)，我是《企业和职业伦理学期刊》(Business and Professional Ethics Journal)的合作主编。首先请米歇尔・格林伍德(Michelle Greenwood)发言，他是《经济伦理学期刊》(Journal of Business Ethics)主编；然后依次请《伦理学研究》王泽应主编；美国《经济伦理学季刊》(Business Ethics Quaterly)丹尼斯・阿诺德(Denis Arnold)主编；《道德与文明》杨义芹主编；澳大利亚《企业与社会》(Business and Society)期刊科林・希金斯(Colin Higgins)副主编；和《翡翠丛书：企业与社会研究与实践》(Emerald Books: Research and Practice in Business and Society)哈利・范布伦(Harry Van Buren)主编发言。

米歇尔・格林伍德：谢谢金黛如教授，谢谢大会组织了这一专题论坛。很高兴今天与会者众多，非常荣幸能来这里。我其实是新上任的主编，先给大家介绍一下我们期刊的历史，以及我这位新的合作主编，希望我们的期刊未来怎么发展。

《经济伦理学期刊》历史悠久，创建于 1980 年，有很大增长，第 1 期在 1982 年出版，一年 4 期，现在一年要出 24 期，如果你们熟悉我们这个刊物，可

---

* 该论坛原为第六届 ISBEE 世界大会专题论坛 2(2016 年 7 月 13 日上午举行)，本篇文字内容由陆晓禾整理，收入本书时请论坛中文发言人对相关内容作了修订。——编者

能会知道它的厚度是别的期刊的 4 至 8 倍,我们现在有 21 个不同栏目,像股市一样,代码越来越多,过去一两年还新增了栏目,待会儿我会介绍。刊物的核心是 1982 年创刊时秉承的宗旨,即提供给大家用于讨论经济伦理的公开、开放的平台,非常强调我们应该包容不同的观点,让不同的人有发表的机会,体现多元化和丰富包容的平台。因此我们可以在网站上看到对于这个刊物的描述,一以贯之地秉承了最初的原则,我们所刊发的文章来自不同学科、不同专业背景、不同观点。但是在未来,我们的焦点可能会有所区别,因为我们在未来可能会更多关注经济伦理,因为经济伦理现在已经变得越来越重要了。因此,我们必须对重点予以强调。

非常荣幸,我今年担任了这个期刊的重要职责,开始我们的工作。第一件工作是制定编辑的原则,用来指引主编和所有编辑团队。我们所有作者、编辑和校对包括工作人员都要遵循这些原则。这些原则说来很简单,但我们却非常严肃地来看待它们。我们不能够让作者去写编辑让他们写的文章,而是要让作者写他们自己想写的文章。在这个过程中,编辑应该作为一个团队来合作。虽然我们关注经济伦理,但我们的话题还是非常开放的,我们希望能够包容不同的话题。这里我想要介绍一下我们上周开始的三个栏目。第一个栏目叫经济伦理与经济学;第二个叫经济伦理与社会伦理;第三个叫伦理学与刑事犯罪研究。我们不仅刊发传统文章,还采用不同的新形式、格式,包括社交媒体的一些方式。同时,我们在操守方面也秉承非常高的水准,我们要保证我们的观点原创性,保证在发表文章观点之前在其他地方没有披露过。

过去几年,我们的订阅数量一直在上升,我想这是亚历克斯[①]在退休前努力工作所带来的成就。可以看到它在全球不同商学院排行榜上处于很领先的位置。这儿有简单的几个统计数字,其中最重要的是总的提交文章,在 2015 年有 2 000 篇,今年上半年就收到了将近 1 000 篇文章。刊用文章占 21%,未来退稿率可能还会更高。简单介绍一下我们对作者的要求,在我们的网站上有这些信息,要求作者在提交论文时要保证你的文章在其他地方没有发表过,而且没有被其他刊物退稿过,同时也要保证联名作者同意你来发表文章,而且保证其他机构评估委员会同意你提交文章。

---

① 指的是亚历克斯·麦考劳斯(Alex C. Michalos),他是加拿大布兰登大学经济学教授,长期担任 Jounal of Business Ethics 的主编,于 2015 年卸任。他也是 Asican Journal of Buisness Ethics 期刊的创刊和首任主编。——编者

我还想告诉大家的是，刊物还有一些特刊。比如关于企业社会责任的特刊等，有截稿期。所有这些信息都可以在我们的网站上找到。如果大家有兴趣，强烈建议来访问我们的网站，仔细看我们的一些指南文字，特别仔细看相关栏目的文字说明，来了解我们的发表标准以及未来用稿标准，也可以在我们过去的记录中得到验证。

王泽应：非常高兴有机会来参加此次盛会，我来自中国湖南师范大学道德文化研究院，我首先简单介绍一下我们湖南师范大学伦理学学科，属于国家重点学科、教育部人文社会科学重点研究基地，同时也是中国特色社会主义道德文化协同创新中心。今天来参加此次盛会的很多中国著名学者都跟我们中心和我们基地有非常密切的联系，对我们的中心建设作出了很大的贡献。

我们中心于 2002 年 9 月创办了《伦理学研究》这个期刊，至今有 13 年了，已经发展成了一个比较成熟的刊物，先后成为中国人文社会科学核心期刊、中国社会科学核心期刊、CSSCI 来源期刊，同时在 2012 年成为获得国家社科基金资助的重点期刊，被中国知网、万方数据库、维普数据库等收录。我们期刊的影响因子近年来也在不断增长，应该说受到了国内外伦理学研究学人的好评。我们的办刊是建立在道德文化研究院整体实力的基础上的，研究院的所有研究员都是编辑，大家既从事研究工作又从事编辑工作，把研究与编辑两者很好地结合了起来，应该说是我们的一个特点。因此，我们在研究过程中碰到的一些问题，也跟《伦理学研究》怎么来寻找新的理论增长点、怎么来寻求理论突破是密切联系在一起的。我们这个刊物整体上是要繁荣发展伦理学学科和伦理学学术体系、话语体系，包括教材体系。刊发的文章有理论文章也有实践文章，还有像书评、学术会议综述、学人介绍以及其他一些信息性文章。

我们开设的主要栏目有："伦理学基础理论研究""中国伦理思想研究""外国伦理思想研究""应用伦理学研究"，还有博士研究生和硕士研究生的学位论文发表栏目。"经济伦理研究"是我们创刊以来一直在办的一个重要栏目，已经发了几百篇文章，内容涉及经济伦理研究很多领域和热点问题，包括经济伦理学概论、企业伦理学、管理伦理学、中外经济伦理思想史、中外经济伦理活动史，还有经济伦理的调研报告。

总体来看，我们想把经济伦理学这个栏目继续提升，要打造成为经济伦理研究的重要园地，为刊发经济伦理研究文章提供园地。因此我代表我们的刊物在这里向大家发出邀请，请继续支持我们的《伦理学研究》，给我们投稿、约稿和组稿，同时也欢迎各位到湖南长沙，莅临我们道德文化研究院指导。

丹尼斯・阿诺德：过去5年，我一直担任《经济伦理学季刊》的主编，这是由剑桥大学出版的一个期刊，这是非常学术性的一个刊物，目的是与业界共同从事这方面的工作。关注的焦点是新的理论焦点，特别是与我们经济伦理相关的研究项目。

首先来看我们刊发文章的范围。我们的声誉是建立在理论成就上的，我们刊物发表的所有文章都必须是有原创的理论贡献。从理论的角度说，例如从管理伦理的角度和经济伦理的角度，我们可以用规范的方法或者其他一些领域进行探讨。这些是我们非常欢迎的项目。

另外，我们也关注田野调查。例如，用访谈方式或者其他的一些方式进行调查，但是调查的焦点还是在于理论构建。我们可以通过一些数据组的运用作定量分析，也可以用历史回溯的方法、历史档案的方法来构建理论，这些都是常用的理论方法。

作为编辑，我们现在也有很大的刊发压力。我们要保证在社会科学文章中所提交的数据是真实可行的。另一方面，我们作为编辑也要保证，这些文章所得出的结论是有重大意义的。比如，一些著名作者也和我们一起共事，来保证我们只发表最高水准、最真实的文章，这样可以保证在这些文章中所披露的调查数字是有意义的、真实的。我们也和其他商学院联合共同发表文章，通过这样的方式，也可以保证我们的文章是经过我们同行交叉评估的，从而保证其中所涉及的数据和结果都是准确无误的。

在这里还有一些其他的排名、不同的排名，比如在400多篇哲学文章中，也是不断在排名，不断地在上升。这也可以看到，在过去的2年和5年中，我们刊发的文章被引用的因子也是相当可观的。说到我们刊物的主要特点，我们是多学科的一个期刊，那也就意味着，只要是有意义的，能够在理论上有重要建树的文章，我们都是可以接受刊发的，不管它是局限于专门学科的。只要是社会科学领域的，我们都可以接受多学科领域的文章，而且在文章刊发之前，一定会经过多个同行的审阅、评估。

我们刊物的话题是非常宽泛的，包括儒学、伊斯兰教等的伦理，都是我们发表的范围。另外还包括人格构建等等，所以是非常宽泛的，不局限于某一种意识形态的文章。我们强调的是理论构建的高度，而并不对任何意识形态抱任何一种歧视。

刚才还提到，我们刊发文章有一些标准。比如，英语语言一定要过关，对于非英语国家的作者，你们在提交文章前，一定要经过语言的打磨等等。

杨义芹：非常感谢主办方提供这次机会让我介绍《道德与文明》的基本情况。我从 2005 年开始担任这个期刊的专职主编。下面简要介绍《道德与文明》的基本情况、简要发展、近年来的学术活动以及投稿和审稿方面的基本信息。

《道德与文明》是伦理学专业学术期刊，1982 年创刊，现在是 CSSICI 期刊，中国人文核心期刊，2012 年我们获得了国家社科期刊出版资金资助，2015 年被中国社会科学评价中心发布的中国人文社会期刊评价报告(2014)评定为哲学学科的权威期刊。

《道德与文明》的办刊宗旨是，致力于追踪伦理学前沿信息，重视基础理论研究，力求反映国内外伦理学研究的前沿和热点的理论问题，以及各种应用伦理学研究的发展趋势和最新成果。我们每期必出的栏目包括：特别推荐、基础理论、马克思主义伦理、中国传统伦理、外国伦理、应用伦理学前沿、社会热点探析、博士后及博士后论坛，后者是专门给年轻人留的一个板块、提供的一个平台。

不定期开辟的还有很多栏目，例如："中西伦理比较""公民道德建设""社会主义核心价值观"以及具体应用伦理学热点问题，如经济伦理、企业伦理、管理伦理等等。我们实行编委会制度。目前专职编辑共有 7 位。

近几年我们开展的一些主要的学术活动，例如，2011 年的文化三自与社会主义核心价值观理论研究，2012 年创刊 30 周年的学术研讨活动，2014 年的传统美德与核心价值观的理论研讨，2015 年的道德与文明 200 期应对当代文化建设挑战的高端论坛等，都收到了很好的学术效果。我们的审稿主要有 4 个步骤：初审、复审、匿名外审和终审，确保刊发的稿件经过严格评审，而且完全采用网络审稿。在校对环节，我们也是严把质量关，精益求精。这是投稿的网址：ddwm.alljournals.net，也就是说，目前《道德与文明》不接受纸质投稿，全部稿件的投稿和审稿过程都可以通过这个网址链接来进行。有关这个期刊的简要介绍，包括以往期刊的查询都可以在这个网站上查到。投稿的作者要先登录这个网站进行注册和投稿，也可以随时登录查询稿件的审稿阶段。欢迎大家关注我们的期刊和给我们投稿。

科林·希金斯：非常有幸来发言，来讲讲我们的《企业与社会》期刊。我也很高兴能够代表我的合作主编来发言，我们是一个非常密切的小团队。这次大会就有好几位成员参加，他们是以前或者现在是我们期刊的编辑，很多同事今天都在会场上。我想跟大家谈谈,我们期刊的专注范围、审稿流程,以及我们希望看到什么样的论文,您为了投稿该做些什么。

《企业与社会》的目的是要成为一个领先的、跟企业与社会话题相关的学术研究的论坛。我很高兴地听到之前几位主编的介绍,我们期刊覆盖的范围更广,同时现在也在重新调整我们的专注点。我们关心的是企业与社会之间全方位的关系,包括企业社会责任、企业治理、企业可持续发展及其报告制度等。如果要投稿的话,关键的一点是,您的论文必须要有实质性的理论贡献。这是什么意思呢? 就是您的论文得有一个大局观。我们对中国、印度、东南亚的论文感兴趣,因为我们期刊传统上覆盖这些地区不多,所以我们很愿意和这些地方来的作者合作,能够提供一些高屋建瓴的论文。在中国、印度和东南亚国家,最近经济发展过程中涌现的企业与社会之间的一些话题,这些话题有可能在世界其他地方也有。我们新上任的几位编辑,过去几年新增加的栏目是"编辑洞察"。其中一个洞察讲到了什么是理论贡献,所谓的理论贡献就是要有这种大局观。我们期刊创办于 1960 年,历史悠久,由美国的一个大学创办,现在由 SAGE 出版公司来出版。

简要总结一下,我们的期刊是一个非常开放、非常多元的一个学刊,我们接受定性和定量的研究,有一个公开和效率高的评审机制,只要您的论文有重大的理论贡献,我们不会让您忐忑不安地等很久。我们有 4 个总编,会跟您合作来选评审专家,然后确保您的论文最后能顺利发表。我们的目标就是要给您非常及时的回馈,在我们给您写的第一封信里,您就可以很清楚地获知您的论文结局将会如何。我们现在收到的投稿很多,我们要扩编到 1 年 8 期,所以我们很忙。我们现在投稿接受率大概是 10%,有 70%的论文不被接受,原因是作者的理论贡献不够大。他们可能讲到了中国的公司治理、印度的公司治理,题目很有趣,但是我们要有理论贡献,要有大局观,为什么公司治理在中国、在印度这么重要? 在你的国家有什么特别之处、不同之处? 我们这个学刊声誉正处于上升期,在澳大利亚被评为 A 刊,现在在德国、法国出版,在德国也是 A 类期刊,也是最高层级的期刊,在英国商学院期刊的排名中,我们名列第三,我们的影响因子也很高,我将最近 5 年的影响因子都列了出来,跟我们的一些竞争对手作了比较。我们对你们论文的影响因子是非常看重的,我们有社交媒体的编辑,他专门负责推特等社交媒体,与你互动,让你知道你的论文发表之后在社会上的一些反映。

我们非常愿意帮助你获得你论文更大的影响力,请访问我们的网址(http:// bas.sagepub.com),为我们供稿,我们 365 天都接受投稿,我们还愿意出版一些特刊。这些特刊都可以有各种当下密切关注的一些主题。期待各位向我提问。

哈利·范布伦： 谢谢金黛如教授邀请我参加论坛，这是很有价值的论坛，尤其是对想出版的研究者来说。但是，我要讲的话题可能有所不同。我在这里讲的是书籍的出版，你们还记得书籍吧？书籍比期刊要厚一点，比论文要长一点，要花比较长的时间才能读完。之前其他主编讲的是他们要刊发领先的、前沿的理论，或者是要有非常强的定性质量，而知识的前沿，在我们这个领域里，就是通过他们的编辑工作向前推进的。这里就出现了一个问题，就是我们这些对书籍出版感兴趣的人，在企业与社会的研究和实践过程中，发现研究与实践之间有脱节。

比如，您知道的业务，你认识的企业经理，有多少人会读我们刚才的这些期刊呢？虽然我爱这些期刊，但这些企业经理的书架上有多少会放我们的期刊呢？也许没有太多吧。所以我们在系列书籍出版计划中，希望能够建立起理论与实践之间的桥梁。我们还是需要有好的理论，但是希望这个理论的出版和写作能够真正让企业管理的实践者看得到、读得懂。我们都知道，影响因子有多重要，但讲到书籍，尤其是我们想要出版的书籍，我们对社会影响力的看法是不一样的，那就是如何能够影响企业界、管理人员之间的对话，由他们来考虑企业决策与社会之间的关系。我们如何影响商学院的学生？要是我想让我的学生不高兴的话，我就让他们去读期刊的论文。我们怎样才能把期刊里的一些论文的洞察，用平易近人的语言在书籍中反映出来呢？我们有这样的一些计划。

我们其实需要找到各种各样出书的建议，都是跟企业与社会之间的关系有关。比如说企业伦理道德的应用，怎样让企业更符合伦理道德、更加合规。还有财务报表和企业社会责任方面的一些书，企业与企业伦理和人力资源管理、企业管理和企业社会责任，以及企业界精神文明建设等等这样一些多种多样的话题。我们希望尽可能反映不同的视角。

如果各位想出书，计划书里一定要讲讲企业在社会中的问题，您要为企业经理人、学生和我的同事们著书。出书建议书的投稿过程和期刊的投稿过程很不一样。刚才几位主编讲到了淘汰率，都是期刊的淘汰率，但是我们书籍行业不是讲淘汰率的，因为出书的建议书投给我们之后，我们就展开一个对话过程。作者在他的出书建议书中要写清楚题目、章节、目标读者以及预计完成时间，这些对我们都很重要。我们会把收到的出书计划书发给评审专家，因为到底能不能成书、书的质量是否高？对于评审专家来说还是非常重要的。评审通过后，就可以跟您签合同，等您把书写完之后还有另外一轮的评审。所以，我们也有非常严谨的同行评审过程。因为我们需要最后出版的书能够真的触动读者，包括经理人、学者、学生的心灵。您可能会问，谁会来评审我的书呢？会影响我的晋升吗？我们所有的书也是参加各种索引的，所以您别担心，当然，在期刊上发表论文对我们的职业生涯非常重要，但是我觉得期刊论文的发表还是有一点局限性的，因为论文不够长，所以你不能充分阐述你的观点，而且也不能面对不同的受众，所以我们出书也是另外一种供您发表高见的渠道，能够对社会发生影响。所以各位如果有问题的话可以联系我，我的邮箱地址也打出来了：hjvb3@unm.edu。

另外想指出一点，这是 QUESTLONST 的出版领域，其他图书出版商也有这个计划，为什么呢？因为书籍还是很重要，对企业伦理以及对社会关系还是有很大的影响力。

金黛如：我想简单介绍我们的期刊《企业和职业道德伦理期刊》。它创刊于 1981 年，比其他期刊历史悠久些，但是比起更悠久的又要年轻些，所以可以说是中生代吧。我们非常欢迎理论文章，特别欢迎时政文章，希望能够发表很多高质量的、具有哲学意义的文章。我们也有非常严格的评审，评审过程是透明的，大家可以在线提交，并且实时查看评审的状态。我们每年评审的文章数量比较大，我希望大家的文章都能成功提交发表，但是有些文章却达不到我们的标准，有些甚至是因为语言文法的问题而无法发表。我们的资源有限，无法对大家的文章进行语言润色。所以希望大家可以找到相关的语言机构进行英语润色。

还有些文章可能语法和文法并不是很好，有些作者本身是美国人，但是他的英文还不是很好。这种情况我也没办法帮他聘本土改稿人帮他改稿，因为他本来就是英语母语作者。我们知道，中文是很难的，所以需要转化成英文，还是要有一个过程。还有要学生收集样本的文章请不要提交，我们不接受这样的文章。这就是我们期刊的基本情况。

◎ 提问与讨论

金黛如：现在我们可以进入问答环节，请提问者指明你的问题是问在座的哪一位发言人或者是请所有发言人回答的问题。

提　问：我来自印度，想请问所有发言人一个问题：刊物应该是讨论不同观点的交互平台，但我们知道有些刊物并不提供开放接口，也就是说，公众可能并没有办法进入这些刊物，那么这种方式是不是和刊物所倡导的开放的观点相矛盾呢？

格林伍德：这是一个非常中肯、重要的问题，特别是在讨论企业伦理的时候。我们有很多顾虑，也有很多要面对的挑战，就是如何去构建我们的商业模式。我想对这个问题没有简单的答案，因为从编辑的角度说，我们自然认为这个事情是在我们的责权之外了。而且我们对这些事情并没有掌控力，只能尽我们的能力将我们的刊物某些属性提高它的开放度、包容度，能够接受尽可能多的文章。未来，我们也会在编辑的职权范围内，更多去做这些事情。我想或许以不同的形式，比如，不仅是网站，也包括其他形式和其他平台，来鼓励大家写文章、研究问题，将它作为一个实证的问题来研究，研究这种商业模式对于权益相关人来说是如何运作的。

阿诺德：这是一个非常好的问题，是一个复杂的问题。对于有的刊物来说，是有自己的盈利模式的，还有一些是非营利性的期刊。但刊物的印刷和邮寄都是有费用支出的，因此有些刊物是有政府非常雄厚的财力支持的。对于其他没有政府拨款的刊物来说，就有很大的经济压力，我们要付作者的稿酬等。美国大多数大学，其实并不把发表论文作为评职称或者签合同的标准，因此我想进入这些刊物，比如，在印度、印度尼西亚、菲律宾或者中国，还是要取决于服务的团体或者指标。我所在的印度大学有一个很大的财团，资助了很多印度大学来办刊物，它在亚洲的其他地方也是这么做的。这样就需要与大学或者说主要的图书馆建立联盟关系。这并不是理想的方式，但却是现实情况下一种可行的方式。

王泽应：我们《伦理学研究》还是很鼓励学术论辩、学术争鸣的，因为观点需要交锋，思想理论的创新需要在这种交流、沟通特别是论辩的过程中才会碰出火花。所以我们刊物特别欢迎那些有个人独到见解、也能够对别人的观点提出批评的文章。

顺便讲一下，我们从来没有收过版面费，也不为金钱的事情发愁，因为我们确实获得了国家社科基金资助，所以还有稿费并且还在不断提高，不存在为了盈利去损害学术的问题。

杨义芹：我简单回应一下。因为《道德与文明》与《伦理学研究》情况差不多。我们的办刊经费也是有充足的财政支持的，包括刚才王主编提到的国家社科基金资助，我们还有市财政的专项拨款，所以不存在经济方面的问题。至于说探讨性的文章，我们同样关注，有专门的一个栏目聚焦“探索与争鸣”，而且我们中国一直都有一个原则叫“百家争鸣”才能“百花齐放”，学术是鼓励探讨与争鸣的。但是，纸质期刊有编辑、印刷等的规律，不能像网络那样开一个端口大家可以实时进来讨论这些问题。写文章的作者、学者都是经过一番思考和研究才提交的，到发表也有一些过程。我们欢迎大家对期刊发表过的文章进行商榷、讨论，也欢迎探讨性的文章。

另外，我们还有一个栏目叫“新著评介”，分两块，一块是简单的介绍，例如这个领域的学者出了专著会给他一定的版面来介绍，让更多的人看到、知道他的研究成果；还有一块是评价，对这部专著的学术价值进行评价，认为哪些观点值得再探讨或者不认同。这两类的文章我们都有发表。

提　问：我来自日内瓦，非常感谢刚才各位主编发言人的工作，这是非常学术的工作。刚才听有发言人说，我们各家刊物似乎可以和会计界的四大会计师事务所相提并论。我想到的一个问题是，我们知道，除了你们介绍的这些刊物之外，还有很多其他的刊物，比如在非洲、日本都有自己的刊物。我想问的是，作为一个刊物的编辑，你和你的出版社也有评价能力，就商业模式作一些修改。我并不是说要完全改变，而是说作一些改进。这样是不是让那些不以英语为母语的国家的作者或者读者有更多的话语权？我想我们现在已经有了一定的话语权，但是还不够，所以我想说的是，我们作为学者，希望能够扩大参与。我想问一下是不是我们也可以敦促出版商在这方面作出同样的努力？

希金斯：非常感谢，我想这是一个很好的问题。我刚才想要说的一点，就是刊物和会议之间的问题。之后我们有一个专题论坛，专门讨论专业学会与研究机会。我想，对于企业与社会，实际上与ISBEE有很紧密的关系。大会期间，大家和不同的编辑和出版社有交流的机会。此外，我们编辑部还举办各种研讨会，最近一次会议是在美国，主题是如何对待重新提交的文章。我想在这样的会议期间，我们可以与出版界有更密切的接触和互相交流。

提　问：刚才很多发言人都强调了，在教授伦理学的过程中案例分析是非常重要的。我想问一下，在你们的刊物中是不是也刊发一些案例呢？

格林伍德：我想重复一下这个问题：我们的刊物是否接受做得很好的案例分析？也就是把案例分析在伦理教育中的地位予以提高？实际上我们有一个栏目是专门研究案例分析的。我们的要求是，不能简单地描述案例，还要对这个案例有所评点。另外，我们还有伦理教育的板块。我想请我的同事介绍一下自己好吗？我们有不同领域非常出色的专家，来分门别类地引导各个板块。如果你希望就伦理教育方面问更多的问题，可以和他联系，看看案例分析是否能够在伦理学的教育板块中得到更好的发表机会。

金黛如：米歇尔，你们是不是有案例分析这样的板块呢？

格林伍德：对了，刚才这位提问者问了这个问题，我想回应一下。我们是有一本期刊叫《亚洲伦理》，Springer 出版社本周也会来参加会议，如果你想了解编辑和出版商的选题的话，可以和他联系。

阿诺德：说到案例分析板块，我想从宽泛的角度来说，对于案例分析一定是有需求的，我们的刊物并不发表或者出版与案例分析相关的内容。我知道对一些教授来说，案例分析是很好的教学方法。但问题是，如果案例和公司利益相关的话，这会涉及一些版权费，或者说，如果把这个案例写进教科书的话，可能会产生相关费用。我想这确实是我们面对的一个问题，如何提交更多、及时、可供读者合法合理使用的案例，这确实是一个真实问题。我觉得很失望的是，如果去哈佛或者其他大学，可以看到当代案例分析数量并不是很多。所以我们需要有更多的创新思考，来产生更多高质量的案例。同时也使案例分析在全球范围内得到更合理、合法的使用。我们也知道，有一些刊物有案例分析的专刊，比如关于可持续性和企业社会责任方面的专刊。

范布伦：我想补充的是，去年我们这个期刊发了一个奖，给企业社会责任案例的丛书，其实出版案例研究的挑战是，每一个案例都是有关理论、有关它的影响意义的。我们不能只看这个城市案例本身，而是要看这个案例里有可以拓展到其他情况的意义和价值。所以，为了出版好的案例研究，你得与实践界的同事合作，看看能不能在这个案例中找到一些理论的依据，然后以书的形式出版。

金黛如：《企业和职业伦理期刊》有时也会出版案例研究，有实践者的专栏，但这个案例必须有通用、普世的理论指导意义。我们现在也会很便宜地出售一些简短的案例，大概 50 美分到 1 美元，因为价格便宜所以可以使用，而且可以为中层经理人所使用，因为现在哈佛商学院出售的案例价格太高了，也不适合我们的学生还有中层经理人来使用。

王泽应：我们《伦理学研究》几年来先后开放了一个栏目“调研报告”，我们以后也想拓展对学术研究有提升的案例分析。

杨义芹：我们《道德与文明》有一个专门栏目叫“实证研究”，可能跟刚才说的案例分析、调研报告稍微有一点区别，就是在做田野调查、实地调研基础上的理论分析，我们要这样的稿子。我们当初创立栏目的初衷，是鼓励国内学者进行调研，我想这对于企业界或者经济伦理界的学者来讲，这方面可能更有前景，我期待大家的投稿。

金黛如： 非常抱歉，到时间点了，我们必须结束本场的讨论。我要感谢各位期刊和丛书的主编，感谢两位同声翻译，虽然看不见你们，谢谢你们的大力帮助。还有谢谢各位观众的参与！

专题论坛 3　为国际经济伦理学者提供交流和研究机会*

［提要］ 本论坛讨论经济伦理学者为了多加交流而参与的国际经济伦理学组织。此外，这个论坛还讨论了经济伦理学领域中的研究机构，特别是国际经济伦理学领域中的研究机会。

论坛主持人：理查德・乌卡其(Richard Wokutch)，美国弗吉尼亚理工大学(Virginia Polytechnic Institute and State University)教授；发言嘉宾：菲利普・科克伦(Philip Cochran)，美国印第安纳大学(Indiana University)教授；道恩・艾尔姆(Dawn Elm)，美国圣托马斯大学(University of St. Thomas)教授；科林・希金斯(Colin Higgins)，澳大利亚迪肯大学(Deakin University)教授，国际企业与社会学会(IABS)主席；约翰・马洪(John Mahon)，美国缅因大学(University of Maine)教授；文丁斌(Jon Jungbien Moon)，韩国大学(Korea University)商学院教授；克里斯多夫・斯图尔伯格(Christoph Stueckelberger)，Globethics.net 网站创始人和主席，瑞士巴塞尔大学伦理学教授；梅津光弘(Mitsuhireo Umezu)，日本庆应大学(Keio University)教授，日本经济伦理学会会长；周祖城，上海交通大学教授。

理查德・乌卡其：非常高兴有这么多听众来参加我们这个有关专业学会和研究机会的专题论坛，我们的与会者都是国际经济伦理学者。我先介绍一下我自己的历史。我第一次来亚洲是 1986 年，那时我去的是日本，研究那里的企业伦理。在日本碰到的人问我是做什么的，我说做这个的，他们都说不懂，所以我得解释这些术语是什么意思。我们的发言嘉宾们将会给大家一个很好的机会，来讨论一些国家的和国际的经济伦理学会的情况以及研究机

* 该论坛原为第六届 ISBEE 世界大会专题论坛 3(2016 年 7 月 13 日中午举行)。本篇文字由陆晓禾整理，部分相关内容请周祖城作了修订。——编者

会。我非常诚挚地希望这一专题论坛,能够帮助我们建立更好的人际关系,找到联合研究的机会。我认为,联合研究和更深密的个人关系会让世界更美好。我们的论坛发言人有 9 位,时间有限,我就不一一介绍了。下面按姓氏字母顺序发言,先请菲利普·科克伦教授。

菲利普·科克伦: 非常高兴再次来到中国,去年 10 月我来过两周,在中国各地巡回演讲,我是美国国务院的演讲嘉宾,演讲的话题跟今天的大会主题有所不同。

我跟理查德不同,我第一次来中国是 1970 年代,这么多年中国的变化非常大。今天我想讲的是社会影响投资,这个概念将会颠覆我们对企业社会责任的传统看法。传统的企业社会责任的模型,基本上就是补贴模式,企业或者是富有的慈善家把钱给一些值得追求的事业,很少监督这钱是怎么花掉的。但是我们看到,在过去 10～15 年有了一个新的经营模式,让企业、慈善人士和社会企业家,还有私营企业家合作,来充分利用企业社会责任和慈善的社会影响力。他们会持续对社会影响力投资的模型的效率进行分析和监控。

企业界学者常常讲颠覆性的业务模式,为了追求更高的企业效率,一个个行业都在受到颠覆性创新的影响,而且颠覆往往来自行业以外。大家知道,亚马逊就颠覆了美国传统零售行业,然后波及全世界。而阿里巴巴在美国也有子公司,“双十一”再次颠覆了美国零售行业,对亚马逊构成了挑战。还有其他企业,比如特斯拉和谷歌。特斯拉已经完全颠覆了汽车行业的制造模式,它是一个营利性的企业,但是也有一个终极的目标,就是企业社会责任,希望能够降低环境污染、减少自然资源的损耗。谷歌同样也是营利性的企业,它的基本理念就是社会责任,还有沃尔沃、吉利也有这样的目标,到 2020 年没有任何一辆沃尔沃汽车会严重影响乘客,这讲的是 4 年以后要发生的事情了。如果这一点真的实现,那么社会影响将会极其巨大,而且是几乎难以评估的。在美国,这就能够拯救 4 万人的生命。还有每年因汽车事故而造成的 4 万天的住院时间会影响美国的法律界,因为美国的好多律师是做汽车伤害诉讼案件的;也会影响美国的医疗保健行业,因为这个行业的收入会减少,那么数以百万美元计也会影响美国的保险界,因为汽车保险是保险里面最大的一块,它甚至还会影响运输行业,Uber 也在严重颠覆传统的出租车行业。去年来中国时,发现 Uber 在中国占有了 35%的出租车市场份额。去年 1 月,它的市场占有率只有 1%,到 10 月仅仅 9 个月的时间,之所以增长这么快,主要因为人民 Uber,而人民 Uber 是不赚钱的,是拼车业务。这个模式在中国遍地开花。

另外一个颠覆模式来自多邻国(duolinggo)[①],它是帮助你在线学习外语的应用程序,如果您拿出手机、电脑或者 iPad 就可以学语言,已经有 40 多种语言可以免费学习,这对大学还有语言学校的影响将是深度的。这样的经营模式非常令人神往,这家公司为用户提供语言教学服务几乎没有什么成本。企业社会责任和慈善也将会受到颠覆性创新的影响。在过去几十年,我们看到了传统慈善模式和企业社会创业范式的转变,也许最重要的影响来自社会影响力投资。也就是说,企业需要考虑底线,也就是对企业的利润是有影响的。

有一家公司叫 D-lat,是斯坦福设计学院几个学生开的公司,它的目标是为 20 亿用不上电灯的穷人提供太阳能照明。这样做之后可以让用户不再用煤油灯,煤油灯容易导致肺癌、火灾和烫伤,而且这家公司盈利了,已经去了资本市场募集到了很大的资本,而且它已经占有 15%～20%的市场份额。

道恩·艾尔姆: 谢谢大家参加本场论坛,我和理查德、菲利普以及其他发言嘉宾不太一样,我是第一次来中国,所以我非常激动,我期待这几天在上海获得很多知识,跟各位很好交流意见,建立稳固的关系,看看我们可以有哪些合作研究的机会。我们经济伦理学会组织之所以创办,是为了让人们能够就经济伦理进行意见交流,并且对不同经济伦理问题进行调查研究,所以大家可以看到我们的网页的截屏,我们学会为了给学者们提供机会,让他们能够聚集一起讨论和分析不同的见解,而且希望能够促进研究。我们怎样促进研究的呢？就是出版学术成果。我们有一个季刊,《经济伦理季刊》,很多人都熟悉,它已经是经济伦理学领域的顶尖刊物,我们对此也很骄傲。

为什么一定要来参加这个世界大会呢？为什么要参加我们经济伦理大会和其他的活动呢？这是因为我们越来越多地在学会引入了国际和协作的机会,比如我们的刊物会举办酒会,让同行进行一些交流。我们还有一个“新型学者”或者叫“学术新星”的活动,这其实是一个年轻的学者、博士生们能够欢聚一堂的场合,他们还可以找到导师,指导他们的研究,他们的研究成果可以在我们的大会上宣读,我们学会还有一个与众不同的地方,就是我们有一个所谓的咖啡馆式的做法,我们有一个指定的中央区域,与会者 400 人左右,大家可以随便就座和交流,这是一个非正式的场合,让大家能够随时进行交流,典型的大会的做法我们也有,论文宣读、大会演讲等等,我们都有,但是咖

① 多邻国(duolinggo),一款多语言翻译软件。——编者

啡馆方式是我们所独特的。

此外,我们还有一个季刊可以发表你的研究成果,让公众能够获知。我们还有其他典型的做法,比如网站、社交媒体等等。在过去 25 年中,我们有三大主要研究领域,至少是我们的投稿者和研究者们非常关注的三大领域,第一是全球和国际的议题,这对我们的会议最重要,其次是技术和社会媒体的议题,再有一个就是伦理的逻辑与模型。这三个领域其实都有国际色彩,但是全球和国际议题的研究,一般来说,很多的研究都是有关全球人权的,还有有关文化伦理的。除了传统的西方的伦理道德以外,还有哪些伦理道德?我们还做过一些可持续企业模式的讨论。比如刚才菲利普提到的社会影响力投资也是我们常常会讨论到的。

还有一些其他的领域,比如技术和社交媒体,还有国内国际有信任的问题,隐私问题、数据保护问题等,我想这些是全球性的问题,我们也在做研究,而且这也是跨越国界的。另外还有信任和共享经济,刚才菲利普也讲到了颠覆性的共享经济,这是一个非常新的经济模式,我们如何参与这种模式,在这个过程中去推动信任的建立。

最后,就是伦理逻辑推理问题,在这方面有越来越多的研究,人们如何采取自己的立场?是否在这个过程中有文化的原因、传统的原因等等?每个人在成长过程中如何采取自己的伦理定位的?我想在这方面,我们有很多的机会去学习,有很多的研究机会,希望大家在会后再和我继续交流。

科林·希金斯:非常感谢邀请,我在这里非常愿意和大家来探讨国际经济伦理学者专业学会和研究方面的话题。ISBEE 创建于 30 年前,创建者来自伦理学界领先学者。他们开始讨论企业和社会交汇的一些话题,比如伦理。随着组织的成熟,在过去 20～30 年中,我们大家,资深教授、博士研究生,都有很多新的研究进路。通过这个学会,我们可以形成一个非正式场合来共同探讨这些进路。我自己参加这些会议也是为了去学习和讨论。通过这些讨论,我们能够加强与其他同事、同仁之间的交流,互相分享一些数据和事实。我们这个学会有 300 名成员,来自 30 个国家,他们有的是教授,有的是相关的博士研究生,其中一些课题我们也与他们合作,比如政府间关系、慈善、社会发展、社会责任等等。我们认为在这样的场合,如果大家思考上述话题都可以进行交流和表达。

我们每年在学会年会期间都会进行大量讨论,并且展开各种形式的交流和活动,我刚才介绍了我们的期刊《企业与社会》,我自己也是这本刊物的主编。我们期刊的前主编,也来到了这里。我们学会经常组织各种研讨会和工作坊,同时研究各种理论。刚才的演讲人也提到了我们学会和刊物如何进行更好的互动和联系。我们刚才也说到了,我们的主编、出版人和学者参加会议可以有很好的互动交流的机会,也可以了解更多的出版机会。我想通过这样的学会,我们可以建立一个专业网络,两年前我在澳大利亚悉尼曾经参加过这样的会议。最早参加这样的会议是在2003年,当时我还是一个博士生。这些年通过参加这样的会议建立了业界的人脉和学术界的关系。这个过程也帮助我在各种活动中找到更好的资源,这些资源对我们大家都是非常重要的。在我们不断进取的学术生涯中,会让我们获得很多帮助。同时还有国际协作也非常重要。刚才说到了招待会、咖啡、研讨会等等。通过这些形式,也可以进一步加强我们的交流对话的平台。我们的目标是能够建立这样一个国际团体,我们每年都有一个年会,今年在美国,去年在哥斯达黎加,明年在阿姆斯特丹,再后年可能在亚洲某个国家。所以,不是每年让大家飞到美国去开会。明年的会议希望大家一起共同探讨企业社会责任方面等等的话题。另外,我们有一些博士生的团体,还有很多刊物,届时会参加会议。

约翰·马洪:试想一下大家现在在听美妙的音乐,忽然听到一声刺耳的小提琴声音,我就是这声刺耳的小提琴。我在这里要告诉大家的是,大多数文章平均只有2.7个作者,其中包括评审者。在管理学院和组织当中说到,很多的学者都有对文章的引用。对新的学者来说,我们面对的挑战是什么呢?那就是我们如何进行研究。就我所知,很多发表文章的学者缺乏实践经验,而有实践经验的人又不能发表文章。我们如何来弥补两者之间的鸿沟呢?我想问一下在座有多少人曾经以联合作者或者经理的身份发表过文章?1位?比如,我们收到伦理与企业社会责任的文章,我们如何激发企业界的自发兴趣?经常是我们兴致勃勃谈论的时候,而工商界的人则沉默不语或者没有很活跃的回应。这种影响力确实是堪忧的。

我想告诉大家的是,我自己也做了很多研究,对于公司的财务表现与公司的社会表现之间的关联问题,我研究的目的是为了显示,如果我们能够遵守操守的话,我们能够盈利,能够获得利润。最好的一种结果就是将两者整合起来,因此我们需要找到一种新的研究进路、新的模式来吸引经理人的注意。

举例来说,对于老年人的态度是21世纪我们最应该关注的伦理问题,我自己做过人口研究。大家可能会知道,全球60岁以上老年人口会超过60岁以下的人口总和,到2025年,80岁以上的人口会超过16岁以下的人口。因此,这对未来是一个挑战,人口老龄化就算对中国也将是必须面对的重要课题。如何保证我们的机构能够正常运行？我们知道，现在全球有很多国家通过移民来补充人口，这些移民仅仅是补充不足的劳动力。此外，还有气候变化也是我们要面对的共同课题。

我做过加州红酒的调查，这个产业因为气候变化现在已经濒临破产了。我想，如果能够把行为表现和伦理操守结合在一起考虑的话，我们能够找到一些洞见。我们的文章以及为我们的文章而编的刊物，如果希望能够产生影响力，让经理人能够有更多的关注和参与，能够如我们所期望的那样关注和反馈，那么我们必须要改变，否则，读者的反应也不会更高。

甘地最早回到印度的时候，向人们作了一次演讲，之后人们在尼赫鲁的年代已经生活了很多年，他说了这样一段话：如果我们听人民的话，将我们的社会推进向前，那样什么事情都不会改变。如果不改变我们现在研究方法的话，在未来也不会有任何变化。

文丁斌：大家好，非常感谢主持人对我的介绍。我来自韩国大学商学院，是负责全球经济伦理的研究室主任。KABE 是 1998 年建立的，今年已经有 19 年了。我们的目标是从事韩国经济伦理方面的研究和教学，在韩国有 500 多名成员，其中很多是企业会员。我们主要从事三方面的工作：出版刊物、组织国际研讨会、颁发韩国商业伦理奖项。

我们的刊物《韩国商业伦理评论》已经出了 15 期，每年出 2 期，每期有 5～6 篇文章。这个刊物没有得到韩国政府资金的支持，因此对于编辑和机构，我们要承担很大的压力。同时，我们每年春秋两季召开两次研讨会，也有全球化的计划。我们在两年前举办了日本和韩国两国合办的研讨会。去年中国、韩国和日本的学者就亚洲企业社会责任举行了会议。我们还创设了韩国经济伦理奖，从 2003 年开始颁发这个奖，颁发的对象不仅包括大公司，也包括中小企业、半政府性质的企业和民营企业，还包括大学、医院和作为社会企业的基金会。

我们的机构之所以能够这么做有两个原因。第一个是韩国的公司都非常害怕出任何关于企业伦理方面的丑闻或者纰漏，所以他们要和我们合作，保证他们的机构在企业操守上是合规的。另一方面，我们韩国有悠久的传统，也就是儒家的传统，我们还是非常尊重学者、老师和学术协会的，认为他们是道德的权威。如果我们的这个奖项给企业，比如说三星医院获得这一个奖项，是深受尊重的。我们有客观的评奖标准，要看这些企业的伦理、行为准则，还有 CEO 的道德标准、企业内的一些政策。我们还会评估他们的伦理管理的一些绩效，还会看这个企业伦理管理的文化等。

最后,我要再讲一点,就是我们研究的一些导向和我们研究的方向。在过去的一年半里,也就是 2015 年 1 月到现在,我们学刊已经接受了 31 篇论文,至少有一位作者是韩国大学的教师,我们的论文不一定是传统的人力资源,也有营销、财务、会计,甚至还有一些博士生,资历浅的研究人员论文也被接受发表,所以很高兴地向大家报告,我们韩国有这样伟大的传统,也具有资源能够帮助各位在做经济伦理方面的研究,所以我期待和各位及所有的在场的观众将来进行合作,我认为这样的一种实践,就是颁发出这种商业伦理奖这样的实践是一种我们能够和商业界同步的一个非常重要的方法。

克里斯多夫·斯图尔伯格: 非常高兴也非常荣幸能够来这里。ISBEE 在波兰华沙和南非开普敦举行过世界大会,这次是我参加的第三届大会了。全球伦理也是我们网站的名称,你们可以上网登录,访问所有我介绍的内容,就算您不登录不注册,也有许多资源可以随意调阅的。

我来参加大会有什么目标呢? 12 年前我建立了全球伦理这个机构,主要反映的是企业加强伦理管理这样一个行动,特别是要增强对于南方发展中国家平等发展的重视。我要向大家展示我们在做些什么。我们有 200 多个合作伙伴的协议和一些区域性企业的网络都有合作伙伴关系,南非、拉丁美洲、欧洲都有,今天的好多机构都是我们的合作伙伴,我们 2/3 的活动都在南方国家。比如在印度、印度尼西亚,还有在中国。南方国家是我们承诺的对象和研究的重点。上个月我们发起了 6 000 家中国企业家社会责任报告,我们找到了北京的公司,我们还建立了专门的中文网站与这家北京公司合作,翻译了所有的数据,从中文翻成英文。我们翻译的不是报告而是原数据,有了原数据后可以按公司的类型、名称、行业类型、报告发表年份等来进行检索。你们可以看到一共有 6 000 份报告可供检索。

比如第一份报告是腾讯的,如果你想用这个著名的中国企业 CSR 报告的话,你可以点进去看看他们去年的 CSR 报告。另外,我们有世界上最大的有关伦理道德的在线图书馆,有 440 万份文献。我们最重要的特点就是在线全文和免费,所以我们强调的是自由获取知识,尤其是让那些不够富裕环境中的人能够访问我们的资源,也许这些人是师范大学的学生,也许他们所在的国家没有足够的经费来购买各种期刊,所以大家可以访问我们的在线图书馆。

我来给大家看一下我们这个在线伦理道德的图书馆,如果你输入领域,就可以进行检索。你可以检索各种话题,比如输入中国,输入教学,再输入企业或者经济伦理,你就会发现一共有 2 375 篇论文或文献讲到了中国,讲到了经济伦理的教学。当然,中国经济伦理教学这些关键词不一定会出现在论文或书籍题目里,但是你可以层层地进行检索,可以看到各种资源,而且文件都是 PDF 的格式可以下载,如果没有下载,我们会有网络链接指引你到别的网站去下载,都是全文。

再举一个有关经济伦理文献的例子。今天早上瓦桑蒂·斯里尼瓦桑是第一个专题论坛的主持人,她是我们在印度的合作伙伴,是我们印度项目的主任。这其实也是我们的一个理念,我们的项目不全是从日内瓦总部来指导的,我们有一个分布式项目。比如,有些中国项目是在北京做的,还有一些项目是在印度班加罗尔做的等,班加罗尔管理学院瓦桑蒂·斯里尼瓦桑提的例子。这里可以找到几千份文献都是人工选出来的,1 545 份的文献都是有关企业伦理道德的,是在班加罗尔管理学院收集的,目的就是为了让全球人都能够访问这些资源。

我们还提供我们自己的出版物。非常高兴地说,我们在过去 4 年里出版了 110 种书。这些书有这样一些特点:它们都是在线的,也是可以免费下载的,而且也可以在网上从亚马逊和其他网站购买纸质版本。4 年前在波兰,我们开启了一个全球项目,这个项目后来成书,我自己是主编,你们也可以下载。我们有一个由约 500 个经济伦理方面的专家组成的专家库。比如你点一下中国,点一下研究活动,你会发现有 79 位经济伦理方面的专家。这 79 位专家都参加了我们的全球调查,周祖城教授是我们的合作伙伴,谢谢您今天到场。我们有 200 个国家参加了全球调研,你们也可以按照国家、活动、话题来进行检索。比如经济伦理,有的人感兴趣的是教学,那么你会看到有 1.7 万个人对这个问题感兴趣等。

还有一个在线研究组,10 天前我们在日内瓦举办了专门论坛,建立了一个经济伦理教学研究小组。你们可以上网注册,由管理员来接受你或不接受你的申请。而所有这些都反映在我们的新战略上,我们有 4 个主要目标,一是教育,二是公共领域伦理,三是企业伦理,四是一体化伦理。所以欢迎大家加入我们,使我们的资源为您所用。

梅津光弘:我将介绍 3 个日本经济伦理组织:GABES、BERC 和 ACBEE。首先来说第一个组织 GABES,就是日本"全球经济伦理研究学会"(Global Association of Business Ethics Studies)。1983 年,大约 30 位学者,还有从业人员聚集一起,决定建立这个学会。它开始的时候是一个学术性的学会。我们从美国经济伦理学会那里学到了很多东西,跟其他国家的姊妹学会也有很好的关系。基本上说,它现在还是一个学术机构,主要由管理学学者组成，与美国的经济伦理学会不同，因为美国学会的成员是哲学家，他们做的都是一些实证的或者是实验性的研究。我自己是有哲学背景的，所以我在日本经济伦理学会里是少数派。我们刚刚开过 25 周年成立的研讨会，今年的大会主题是地方和区域的重建，因为我们是在地震修复区开的这个会。这是我们成员的发展史，一开始是 30 多人，现在大约有 500 人，大概是一个中型学术机构了。

1994 年，我们组建了 ACBEE，就是“经济伦理认证专家协会”(Association of Certificated Besiness Ethics Expersts)，这跟美国的做法不一样，也许和世界其他地方的做法都不一样。为什么要建立这个协会呢？就是因为我们创建了经济伦理学会之后，发现从业者和学者之间的兴趣有很大的差距。就算我们都在做研究，但是我们研究的内容很不一样，我可以给大家举一个例子。

今年在日本最热门的话题之一，就是所谓的 LGBT，不知你们是不是听说过这个概念？LGBT 的意思就是女同性恋、男同性恋、双性恋和跨性恋这些人群。学者对 LGBT 这个话题很感兴趣，特别是他们的人权以及如何来界定和区分 LGBT 这四种人群，有一些实证研究的结果认为，我们怎样来归纳日本人口中有多少百分比是 LGBT 太难了，因为很多日本人的身份很单一，这是一个合法的值得研究的问题。而一些企业界的从业人员的关注点是，我们如何来为 LGBT 的厕所进行分开建造，我们是不是要将 LGBT 厕所与男女厕所区别开来？可以看到，同样的研究，都是 LGBT 研究，学者和企商界从业人员的关注焦点是不一样的。

因此我们认为，我们需要有一个更加整合的做法，能够在学者与企商界的从业人士之间搭建桥梁。于是我们创建了 ACBEE，现在有 500 多个企业专家已经通过了认证，他们大都是企业界的从业人员，也有少部分是学者。如果你要通过认证的话，你得上 14 门课，还得通过一个期末考试。但是有的人又说这样还不够，于是我们又组建了 BERC，就是“经济伦理研究中心”(Business Ethics Research Center)。实践研究，是我们日本企业和经济伦理研究的一个特色，这是公司会员的一个组织，现在有 157 个公司会员，有的很有名，比如资生堂、富士、丰田等大公司。我们每月都有研讨会，有 10 个研究小组积极参加研究和讨论，这些是我们开研究会讨论的照片。

总的来说，在过去 20 年里，我们发展了相当多的经济伦理机构，做了很多研究，几乎 90%的日本企业都有了行为准则，还有公司治理委员会、帮助热线等，这些我们都作了一些统计和分析。所以可以看到，日本在这些方面有了相当大的进展。

最后我要说，作为这三个组织的创始成员，我可以很有自信地这样说，日本公众对经济伦理的认知程度已经有了很大的改进，尤其是在过去 20 年间。20 年前“性骚扰”这个词在日本都没有听说过，而现在它在日本企业界已经是耳熟能详的字眼。所以我们这三个学会既作出了学术的也作出了实践的贡献。我们还要继续努力，继续推广企业伦理、社会认知、社会教育，建立良好的企业行为准则，提高日本整个社会的伦理道德水平。我们要从刚才介绍的各个方面进行更多的努力，也期待更多的合作，学术的以及实践研究方面的合作。

周祖城：我想简要介绍一下中国经济伦理与企业伦理方面的学术组织。首先介绍“中国伦理学会经济伦理学专业委员会”。它成立于 2010 年 10 月，会长是南京师范大学王小锡教授。这个专业委员会是隶属于中国伦理学会的一个正式的学术组织，在中国伦理学界有很大的影响，每年举行一次学术研讨会，成员主要由具有伦理学背景的专家构成，绝大多数成员在大学的哲学学院、马克思主义学院、公共管理学院等人文社会科学学院工作，或者在社会科学研究机构工作。该专业委员会自成立以来，已经举办了 6 届研讨会，主题分别是：面向实践的中国经济伦理学、经济伦理与社会发展、经济伦理与社会公正、中国特色社会主义伦理文化建设、经济伦理与社会主义核心价值观、经济伦理与分配正义。从这些主题可以看出，研究的问题是偏向宏观层面的，该专业委员会成员在做研究的时候，偏重采用规范性研究方法。从上午王小锡教授的发言中可以看到，王教授带领的团队也正在用一些描述性研究方法研究中国企业道德建设问题。这是正在发生的一些变化。

接下来介绍“中国企业·管理·伦理论坛”。它于 2014 年 6 月由上海交通大学安泰经济与管理学院和《管理学报》杂志社联合发起。这是一个论坛或者说会议形式的学术组织，也是每年举行一次学术研讨会。这是一个面向双学院中从事企业社会责任、管理伦理相关研究专家学者的学术交流平台。大家知道，大量的企业伦理问题发生在企业层次和个人层次，商学院有责任开展相关的教学和研究，事实上中国商学院中确实有相当一批专家学者在从事企业社会责任、企业管理伦理相关的教学和研究，所以大家需要有一个交流的平台。这个论坛的定位是专业性、学术性、高水平的论坛。这个论坛的成员重点关注企业层面和个人层面的研究，关注企业经营与伦理、管理和企业责任的研究。这个论坛于 2016 年 11 月举行第二届论坛，主题是“中国企业社会责任研究 15 年回顾”，第三届论坛合并到本次大会举行，主题是“中国传统文化、伦理与管理”。该论坛成员在做研究时，主要采用描述性研究方法。研究成果主要发表在管理学刊物上。

总结起来说，有三点结论：第一，中国目前有两个组织，分别为两个群体的学者搭建了交流平台，但是目前缺乏这两个群体共同广泛参与的学术交流的平台。第二，目前已经有了学术交流平台，但学者与企业家的交流，尚未形成气候，虽然有时我们也邀请企业家参与学术研讨会，但是参加的人数有限，还没有形成韩国、日本那样有大量企业家参与的学术组织。第三，在经济伦理、企业伦理领域，个人层次的国际学术交流比较活跃，但是全国性学术组织与国外组织之间的交流还很少。

总之，在过去的六七年时间里，中国全国性的经济伦理学术性组织从无到有，开展了大量卓有成效的工作，发展势头也很好，这是值得我们中国经济伦理、企业伦理学术同行值得自豪的事情。但是从发展的眼光来看，我们还是有几个问题需要去考虑的：如何建立能吸引不同专业背景、不同工作背景的专家广泛参与这样的学术组织？如何建立一个能吸引学者和企业家共同参与、志在推进伦理实践的组织？如何增强国际学术组织之间的合作和交流？这些问题我们都在思考中，也很愿意听听国际同行的意见和建议。

◎ 提问与讨论

理查德·乌卡其：我们现在大概还有10分钟时间可用于问答。在我们提问之前，我想先说的是，对年轻学者来说，希望大家意识到，这些组织是非常欢迎你们参与的，我们有很多的导师项目或者其他面向年轻学者的项目。另外，我们也非常欢迎国际学者。还有一点值得注意的是，管理学院的会议，基本上也和伦理学的年会重合，这样可以节省大家的旅行开支，出一次差参加两次会议。现在就有请提问。

提　问：各位下午好！我在美国长大，但我是华裔，所以非常高兴回到老家。我想提的一个问题是，经济伦理方面有没有细分，比如有管理伦理、会计伦理这样的细分？

马　洪：我想有会计伦理等，是的。我想这些学者彼此之间有没有对话，我们在教授伦理的时候是不是太过于颗粒化、过于垂直？比方说我上营销课，我了解营销伦理，还有其他的课程是教授课程专业背景的伦理课。我自己的经验是，我们在MBA的核心课程中有伦理课、金融课、营销课、商业信息课、会计课等等，这样我们可以有很好的机会来做一些联合的教学和调研。

提　问：我们是不是可以设一些奖项，按照国别来设或者按照门类来设，从而更好地去研究在经营领域的这些伦理关系？

斯图尔伯格：这是一个非常重要的挑战，我们要应对这样的挑战。如果将学者、实践者、公司管理人员、NGO，如何将不同的权益相关者结合起来去共同应对伦理问题，那么我们应该记得影响力是由谁来释放、由谁来执行的？

比如在美国，有伦理公民权这样的说法，对有些公共话题展开了很激烈的讨论。我们对这些学者和那些做咨询顾问的机构要有更多的联系。我本人在CEO直接培训方面做了很多工作。这是一种自上而下和自下而上两种方式的结合，在我看来可以有更大的影响力，比如自下而上的方式，所有这些机构是在监督公共部门、在监督公司企业的操守。那么在这两个自上而下和自下而上的过程中，会更好地去帮助这些公司建立自己的伦理。如果只有一个单向的压力传导可能还不够。

梅津光弘：我想我们最终的目标是为了整个社会更加符合伦理道德，我们可以从商业团体开始，但仅凭学者的力量还是不够的，薄弱的。因此我鼓励在座的所有人、所有利益相关者，不仅仅是学术界，也包括我们企业界、媒体、政府，还包括我们的学生，还有消费者组织，任何大家可以想得到的实体和个人，形成360°的网络，每个个体、每个机构都出力建造伦理，我想20年后我们可能有望提高全球伦理标准。我是其中的一分子，我们课堂上有很多公司高管，一方面我们要教育这些公司符合伦理操守，另一方面对做得好的公司要予以褒奖。

提　问：我来自中国，我的问题是提给约翰·马洪教授的，刚才您讲到了财务问题，在我看来这是一个全球普遍的问题，所以我的问题是，您如何看待这些金融机构，如何从自上而下和自下而上的角度去看待这个问题？

马　洪：我想，我们要弄清公司做好事是为了赚钱还是什么，或许我们可以换一个角度，就是如何做好事不会去伤害自己的底线。也就是说，我们要在盈利与社会表现之间去构建一种健康的、积极的关系。问题是，我们的社会过于关注盈利，过于关注个人财富的增长，过于关注股市的市值表现。因为过于关注这些，所以就忽视了其他方面，比方说这些公司在中国是否为本地社区做了其他的工作。

提　问：刚才周教授的发言对中国经济伦理学会历史活动做了很多回顾，让我记起许多精彩的场面，因为我是这次活动的参与者和践行者，同时我也想向周教授请教一个问题，就是我们一系列的经济伦理宏观问题的研究，有没有在实质上对我们中国企业发展战略起到影响？如果说有的话，这些影响的渠道、平台有没有基本形成？

周祖城：我想先简单说一下，因为我在商学院工作，从商学院的角度来考虑，特别需要伦理学界对我们的研究、教学方面的指导、参与。昨天、前天我们开了全国性的MBA商业伦理与企业社会责任教学研讨会。在这个会上，老师们提出了很多问题，我觉得很多涉及伦理学的基本概念和理论，我们确实还是有所欠缺的，所以我这里想响应的一点是，我们特别需要伦理学专家广泛参与和指导。

提　问：我来自日本，我教经济伦理课，谢谢你们的分享。我看到你们对教学和研究有各种多元化的做法，我很想问克里斯多夫·斯图尔伯格一个问题：你说你搜集了6 000份中国企业CSR的报告，你有一个指南，你把这些报告都翻译成了英文，你是怎么选择这些报告的？是按照这些公司的市值来选的吗？除了这6 000份中国的CSR报告，日本、韩国有没有资料，有没有数据？

斯图尔伯格：我之前介绍过，这些持续进行的项目是北京的一家公司在做的，过去5～6年里是搜集到了6 000份报告，我们没有翻译报告文本，这个工作量太大了。但是在中国的公司的大部分CSR报告本身都是中英双语的，他们在中国有很多的业务。同样的模型当然可以用在搜集其他国家的CSR报告上，比如说韩国和日本，如果能这样做的话，如果能够建立这样一个项目的话，将会非常有意思。我们的模型是可以复制的，但还没有复制。如果我们在别的国家也能够搜集到CSR报告，也可以上线，让大家都能够访问。我们怎么来选择CSR报告？评判标准相当粗糙，不过都是具有统计学显著意义的一些公司。

乌卡其：谢谢大家！如果你们跟发言嘉宾还有更多问题要问的话，可在大会期间个人联系，相信他们很乐意解答。

专题论坛 4　中国医药卫生行业中的伦理与创新*

［提要］　医药卫生是创新、伦理和社会问题高度聚集的行业，也是关乎个人、家庭和社会福祉的重要领域。改革开放以来，尤其最近几年，中国医疗行业、医疗制度和医药企业面临种种严峻的伦理挑战，中国的医药行业、医药企业是如何看待和应对这些挑战的？中国的医疗制度、组织和研发技术有哪些经验、教训和创新？由上海市医学伦理学会、上海市医学伦理专家委员会和中华医学会伦理分会组织的本论坛，邀请了来自医院、学院、医药企业和医药医疗行业的专家学者和管理者马强、李善国、徐一峰、薛迪、曹国英、樊民胜、胡苏云、施永兴、王永对处于技术前沿和社会高度关注的生殖、生物、临床、疗护和养老、临终关怀、医药生产和推广以及医药企业的责任问题，从伦理方面展开研讨，旨在推进医药医疗行业和企业与社会公众的对话交流，促进彼此的了解、信任和支持。论坛由上海市医学伦理学会副会长陈佩、方秉华主持。

陈　佩：很高兴能够与方秉华共同主持“中国医药行业中的伦理与创新”论坛。首先介绍这次论坛的总体情况。上海市医学伦理学会作为上海市最重要的医学研究领域的专业委员会，专注于医学临床中涉及的伦理问题，包括生殖伦理、儿童伦理、精神卫生伦理、口腔伦理问题，其中还涉及医患关系伦理、养老和临终关怀伦理等问题。同时我们学会还是专注于医学科学研究、药物研究方面和新技术伦理方面的学术研究团体。所以在医学领域和跨学科领域的学术研究中，学会发挥了独特的作用，影响力也越来越广泛。此

* 本论坛原为第六届 ISBEE 世界大会专题论坛 5(2016 年 7 月 13 日下午举行)，由上海市医学伦理学会、上海市医学伦理专家委员会、中华医学会伦理分会协办。本篇内容由陆晓禾初步整理，收入本书时请陈德芝负责统稿并请论坛演讲人对相关内容作了审订，编者最后作了编辑方面的校订。——编者

外,最近两年我们在与上海市心理学会、上海市伦理学会多次跨学科的合作交流中也取得了一定的成效。应 ISBEE 世界大会组委会的邀请,我们很荣幸地合作举办这场中国医药卫生行业中的伦理与创新专题论坛,同时也将这场论坛作为中华医学伦理学会 2016 年会来举办。

我们邀请了 9 位著名专家作为本论坛的演讲人,他们是:中华医学会伦理学分会马强主任委员、国家卫生计生委妇幼司人类辅助生殖技术专家组李善国专家、上海市精神卫生中心徐一峰院长、复旦大学公共卫生学院薛迪教授、复旦大学附属华山医院药物临床试验机构办公室曹国英主任、上海中医药大学樊民胜教授、上海社会科学院胡苏云研究员、中国生命关怀协会调研部施永兴常务副主任、国药控股上海医药管理总部王永副总经理。同时我们还邀请了上海市医学伦理学会顾问沈铭贤教授和陈洁教授参加本次论坛,让我们以热烈的掌声欢迎他们,并欢迎来自 30 多个国家和地区以及上海和其他省市的医药卫生行业的 300 多位专家学者参加我们的论坛。

论坛分开场报告、专题报告和互动讨论 3 个环节。下面首先有请马强专家做开场报告。

医学伦理在中国——医学伦理的时空经纬

马　强: 大家知道,医学伦理与医学相伴而生,历经几千年的继承和发展。最早文字表述可见于公元 1 000 多年前的中国西周时期,以及西方古希腊时期最经典的希波克拉底誓言。1926 年中华医学会发表了医学伦理法典,1932 年上海震旦大学教授、我国知名医学教育家和医学伦理学宋国宾(1893—1956)主编的《医业伦理学》出版,这是我国第一部系统的医学伦理学专著。作为人类文明积淀的医学伦理学,是多重学科交叉的产物,是一门理论与实践结合特别强的学科。东西方医学文化如何才能得到有效的交流、继承与发展,服务于人类?从这一考虑出发,我今天的报告试图与各位探讨、主张的是:高度关注医学伦理的理论、实践与时空的结合,防止教条式的理解,倡导在各个领域历史与辩证的研究、应用医学伦理学的基础原理。

首先,医学伦理与企业道德经纬交叉,具有同一性与不同性。我们应该注意到,医学与企业两者之间的同一性是,都围绕着人的生存、生命与健康。它们的不同性是角度不同,社会责任不尽相同。从企业角度出发,有盈利才会有企业,所以盈利是基本前提。但是,从医学角度来看,唯独生命与健康才是基本前提。对涉医企业来说,这两者之间关系就更加密切。例如:

案例 1:甲氨蝶呤药害事件,涉及 100 多人的生命与健康,最终此事故涉及生产流程不规范、相关生产设备配置不到位、员工培训不到位、药品成本与销售价格倒挂等综合原因。核心是企业在生产过程中某些不当行为造成了该次严重事件。所以，我们应该注意到，涉"医"企业在生产、经济活动中的道德状况如何，直接与人的生命安全健康密切相关。这个企业就是由于生产经营中制度规范不全、管理不严，企业管理层对可能造成众多生命严重受损的行为疏于管理。从生命伦理角度看，属于藐视他人生命安全。这种不符合企业经营道德的行为，最终导致了严重的生命损害，企业也受到了被取消生产经营资质、经济赔偿等处罚。社会与企业都受到了巨大的伤害。

案例 2：政府组织对部分公立医院使用的药品采购实行谈判协商机制，致使药品大幅降价。最近刚报道，国家有关部门依法对公立医院药品采购实行谈判协商机制，致使埃克替尼、吉非替尼、替诺福韦酯这三种药物降价 54%～67%。也就是说，当药物与人的生命直接相关的时候，如何让它在适合社会基本经济状况的前提下，既符合生产企业的实际成本，保证企业经营活动的运行，又能够挽救更多人的生命。例如，在肺癌高发的地方，我们怎么能够把这种机制用得更好，也就是说，政府与部分药品的生产企业和经销企业的谈判机制可以有效地利用市场机制来调整药品价格，以有利于人民的健康和发展。所以，如果从最大程度维护全社会最广大肺癌患者的生命角度看，政府对部分药品的价格管理和谈判采购机制，制药企业的合理成本利润确定，均具有道德上的责任和共同承担的道德后果。同时，我们也都应该注意到，对于市场机制与政府干预药品价格，企业确实处在两难选择中，但只有、也必须主动适应、共同营造社会基本伦理道德的需求，才能长治久安。

案例 3：非洲抗 HIV 药品起诉案(2003—2004)。20 世纪末和 21 世纪初，当人类免疫缺陷病毒(HIV)感染者和艾滋病(AIDS)患者在数量上快速增长的时候，尤其在非洲直接涉及 4 000 万～5 000 万人口的健康的时候，人们注意到"鸡尾酒疗法"必需的齐多夫定、拉米夫定、依非韦伦等 3 个基本药品因原产地和新药保护原因，价格超过了可承受范围，是非洲患者平均月工资的 3～4 倍，患者无法承受，社会防治工作也无法进行。因此在 2002—2003 年，被提起了诉讼。在政府和企业的共同支持和理解下，药品开发商同意采用专利保护期满后仿造药品的生产、定价与销售方式。最后，企业经济、社会效果均非常好，通过政府和法律的干预促进了企业在道德层面上去思考并寻找双赢的道路。

第 3 个案例展现了现代医学、与医学相关企业、社会道德伦理三者如何结合的典型案例。但是也应该看到，企业的医学发明专利、大量亟待拯救的生命、药品开发企业的经济收益、社会道德原则，只能放在一定的时空维度中应用才体现出它的正确，非洲的案例却不能放在经济十分发达的其他国家和地区。因为，发明专利和保护专利是促进医学更快、更好发展、拯救更多生命的必需。企业的生产及其经营决策，从伦理上说，无论是自觉的或不自觉的，最终都必须服从于医学与道德的属性。

其次，道德伦理的区域性和进行性发展特点。大家都知道，"安乐死"在有些国家实行，有的国家不实行。我们也看到了相关的一些案例。"安乐死"合法或非法是一种判定。但是，合法与否是否要考虑不同的社会历史进程、不同的社会思想文化、不同的民族风俗习惯？对此会有不同的认知。从历史发展来看，某些医学道德观被认为是正确的，除了从理论上说反映了事物的内在规律外，最重要的恐怕是要看能否符合这个国家、地区、民族、大多数人在该时期对道德的认知，从而允许去实践、印证，成为一种真实的存在。我们看到，在美国等西方国家，同性恋与同性恋者结婚，有的不合法，有的被批准为合法，有的从不批准到批准。我们更关注和熟悉的脑死亡，从认知上、理论上似乎已经相对成熟和统一，但是在世界上，还是有的国家对此有律法，有的暂时还没有律法规定。有实施的国家，也有还没有实施的国家。但可以肯定，这是一个"科学"遇到的统一过程，这是一个历史过程，人类最终将会走向共同的认知，但也不能期望一切民族和地区的完全统一。这是伦理道德的时空观之一。

再次，道德在不同情境中的同一性和差异性。几年前，北京某医院曾经发生了因为"准丈夫"不同意医生给难产的妻子实施剖宫产，坚持不签字，结果引起孕产妇与腹中胎儿死亡的事件。我们现行的法律规定较多的是强调患者(甚至是家属)的知情同意权，否则医方就难以实施有创伤性的医治，并要承担法律后果。但是，该案例提示我们，必须高度关注伦理道德的同一性和差异性。在不同的地区、不同的人群、不同的文化程度和有不同道德观的人那里，对生命的认知有所不同，而维护患者最大的利益(生命)时，在患者的生命权利和患者家属的知情权面前，维护生命权显然是第一位的，家属的知情权只能服从于生命权。不能在两条生命维系的攸关之时而允许家属将生命视同儿戏、不放在眼里，这是不合理的，也是不道德的。

医学伦理在不同的时间、地点具有互相影响和补充的作用。我们面临着复杂的脑死亡问题、安乐死问题，社会也关注着代孕问题。在世界上有些国家允许代孕，甚至出现女儿帮妈妈代孕、妈妈代自己的儿子代孕等难以厘清的复杂伦理关系，完全超越了一般的社会认知。一些地方还事实上存在"走婚制”,但是却都得到了当事国政府的同意或默许。从这个维度看,道德在人类、民族不同的发展进程中,受限于区域道德风俗和不同的生命、价值观的左右,在不同的时间、地点,人们对同一个事件的伦理认识也可以不同,但确实存在相互影响、借鉴并随着时间的推移而发生变化的客观事实。

企业经济伦理与医学行业倡导的伦理是密切相关的,有时也许它们存在于一种道德博弈之中。在同一个国家和地区也会存在对伦理道德的认识差异性,存在着伦理道德和历史发展阶段的密切相关性。满足人类生命、生存需要的产品,符合整个人类安全、稳定、健康发展的伦理道德是人类的共同需要。倡导和坚持与本国、本民族历史发展阶段相适应的、满足绝大多数人生命安全与健康发展相关的伦理认知与伦理标准,是我们企业、医学伦理学界所共同追求的目标。尽管医学道德在不同的时空经纬中会有所不同,这不同也将随着时间的推移和社会的发展、社会风俗习惯的改变,随着人们在长期的社会实践中不断的磨砺,最终会沉淀下科学、合理、代表发展方向的共同的伦理道德观,同时也保留了符合不同民族、地区特点的不同的伦理道德表达方式。所以,我们应该允许各个国家、地区、民族,按照各自不同的文化、历史进程、社会风俗习惯,以及长期的实践来探索、印证和表达自己的伦理道德观;允许各自按照不同的历史进程、社会风俗和文化来确定自己的一些道德标准,并允许各自按照实践与理论的深化来不断的调整、完善。

世界那么大,历史进程那么漫长,人类社会还在不断的向前发展,既不可能永远只有一个伦理道德标准,也不可能共有一个标准。有些标准可以共同来理解、印证、推广,有些可能会产生实事求是的变化,我们应该倡导的是追求真理性,允许世界和而不同、各展其彩,这才是充满生机和活力、非富多彩的人类世界。

陈　佩: 谢谢马强教授的开场报告,讲得很精彩,特别从时空经纬来说,比较了医学道德在各个不同时期、不同阶段的同一性和差异性,强调要围绕着是否有利于我们人类的健康发展,来确立我们的伦理观点、伦理价值和伦理认知的标准。接下来,我把话筒交给方秉华书记,下面的研讨由他来主持。

方秉华: 有人说有医学实践就有伦理,这是客观的,也是医学实践客观应该有的内涵。今天的论坛,我们不可能包罗万象,涉及医学领域的所有伦理实践和伦理判断。根据议程安排,今天我们主要聚焦医学研究伦理、生命关怀伦理和中西医药伦理这三大主题。我们在马强主委报告之后将开始第一个主题:医学研究伦理。今天到会就这个领域做报告的有:复旦大学公共卫生学院薛迪教授、复旦大学附属华山医院曹国英教授、上海交通大学医学院附属精神卫生中心徐一峰教授。有请三位逐一作报告。

一、医学研究伦理

生物样本库：发展与规范

薛　迪：各位同仁，今天我与大家分享的主要是生物样本库的发展与规范，从四个方面来介绍。

首先是生物样本库的发展。最近几年，国内外有很多机构在发展生物样本库。美国建立的样板库规模比较大，也比较著名，包括神经艾滋库、肿瘤组织库、干细胞库、梅奥诊所生物样本库等。在欧洲，英国建有生物样本库，卢森堡、冰岛、德国、瑞士、奥地利、丹麦等国也有生物样本库，还有罕见疾病样本库，泛欧洲生物样本库与生物分子资源研究平台（BBMRI）。其他一些国家或地区也有生物样本库。在中国，最近几年发展也非常快，比较有名的如中华民族的永生细胞库、中国人类遗产资源平台，中国医学科学院也有自己的生物样本库，还有深圳国家基因库。上海很多三级医院也建立了生物样本库，有些二级医院也有生物样本库。为什么那么多的国家、地区、机构都在建生物样本库？因为在我们的研究中，生物样本库是很重要的一个战略资源，对于研究疾病的发生和变化的规律、促进疾病的预防、诊断和干预都是很重要的一个资源。所以，许多国家和机构都在花钱建生物样本库。但是最近几年发展下来，我们也感到，至少在国内，生物样本库的发展还是碰到了一些问题。一个是规模比较小，有很多只是在一个机构中独立存在，资源共享非常有限，开展国际合作交流也不充分。另外是缺乏标准，在临床诊疗中采集、储存、利用生物样本方面，现在还缺乏标准化的程序，当然每个机构可能都有自己的一个规程，但还是缺乏一些统一的生物样本库的管理法规，来规范我们各个生物样本库的建设和生物样本的利用。在国外，因为生物样本库发展比较早，现在有向大型化、产业化、信息化发展的趋势，一些法规、指南也相对完善。我国刚刚起步，可能还做不到像国外这样大规模的生物样本库的建设和利用。

从国内外来讲，生物样本库的建设与样本利用是有相关规范的。像国际生物和环境资源协会（ISBER）就有《生物样本库的最佳实践》。在英国也有一个《英国生物样本库伦理和管理框架》。我国也有中国医药生物技术协会组织生物样本库分会的《生物样本库采集技术规范及数据库建设指南》《中华人民共和国人类遗传资源管理条例》《涉及人的生物医学研究伦理审查办法》等，与我们生物样本库的建设与生物样本利用的伦理规范相关。我们比较了国内外生物样本库伦理规范方面的差异性，总体上我国还缺乏一个比较完整的、能够普遍认可的生物样本库的伦理管理规范。从生物样本库的设置要求、规范的制度建设、知情同意书的签署、知情同意书的内容(退出的权利)、资源的访问、开发使用、境外合作，还有共享性、商业性这几个方面进行比较，我国的一些规范性文件对于知情同意书的内容(包括退出的权利)、境外的合作共享性、商业性这些方面的要求还是相对薄弱，缺少一些具体的规范要求。

另外，我们前些年也有一个研究组，通过问卷调查医院及其伦理委员会、知情同意书评阅和关键知情者访谈，研究上海市三级和二级公立医院生物样本库的伦理管理状况。我们调查的结果显示，被调查的 9 个公立医院有一些生物样本库的伦理管理比较松散，有很多是科室水平的生物样本库，上级管理机构可以是科研处也可以是病理科或者临床科室等。这些医院中的生物样本库集中管理的比较少，分散在各个科室或者部门的相对比较多。我们医院中有很多生物样本来自临床病人，生物样本主要用于临床研究、基础医学研究，当然还包括其他方面的研究。从生物样本库采集的生物样本量来讲，基本满足了利用的要求。我们医院生物样本库的利用对象主要还是我们医院内的研究人员，与其他机构分享的还是少数。从医院生物样本库现有的制度来讲，有些做得比较好，也有一些相对薄弱。特别是生物样本库的硬件，如果一旦发生了意外，那我们应该怎样处理？这些方面可能还是相对薄弱。医院伦理委员会对于生物样本库有很多的审查，也遵循了一些原则，但是我们在监督生物样本库的样本采集和处理上，在监督生物样本和它的信息利用方面，还有不足。另外，对生物样本采集、利用的伦理审核的主要内容，基本符合生物样本库的主要伦理要求，但在知情同意的一些细节方面未达到伦理的要求，生物样本库的信息安全保护方面做得还不够。我们在知情同意书评阅中也发现，有一些基本信息在知情同意书里有，但是有关退出的方式和程序，如果样本捐献者受到伤害如何处理，信息泄露怎么处理，伦理委员会联系方式，明显存在告知不足。

总的来讲，医院生物样本库运行状况良好，但未来还应加大生物样本库的投入，加强生物样本规范化管理，提高知情同意书质量，加强对生物样本库的内部伦理监督，加强生物样本库相关伦理培训，制定统一的上海市医院生物样本库伦理规范。

伦理规范化建设在临床研究中的推进与实践

曹国英：首先非常感谢大会的邀请，我的报告题目是伦理规范化建设在临床研究中的推进与实践。不知道大家是否了解，在 20 世纪 70 年代，有位哈佛医学院教授在顶级的新英格兰期刊上发表的文章，揭露了美国几十名顶级医学院教授做的医学研究中存在的伦理问题。虽然这些研究很好，也许我们的科学家只是为了研究的科学价值，全身心地投入在医学研究中，但是从另一方面来说，他们只是把病人当作一些数据、一些数学符号，虽然研究很有价值，实际上却违背了伦理规范。国外有这样的情况，国内也有类似的案例。比如 2008 年，在我们卫生界、健康领域轰动一时的“黄金大米”的事件。所谓“黄金大米”是一种转基因的稻米，用于治疗或预防维生素 A 缺乏症。当时对于这样的一个研究，我们不去聚焦“黄金大米”的转基因机制到底是什么，而是更多聚焦在为什么杂志最终拒绝发表这个研究文章，其实背后的原因更多的是伦理不规范方面的一些问题。正是这些轰动一时的事件促使我们反思和认识到，伦理规范化建设在临床研究中是非常必要的。虽然我们 5 000 年的文明古国具有很多伦理道德原则，但这些非常轰动的事件警示了我们必须进行伦理规范化建设。

伦理规范化建设并不容易，就像搭建一个房子，下面的地基至关重要。就医学伦理建设来说，整个伦理规范化流程建设就非常重要。这样的建设包括多个方面，首先是伦理审查的水平和能力，其次是伦理审查的独立性，最后是伦理审查的效率，这样才能体现伦理审查达到了一定的质量。当然最理想的是，如果社会中人与人之间的信任体系进一步优化，那么医学伦理规范化建设的路程可能会更加平坦一些。

讲到伦理规范建设，最重要的首先是法规的遵循，其次是 SOP 的遵循。SOP 的制定也需要遵循一定的法规，并且包含伦理审查工作的所有完整的流程。不同的 SOP 之间需要具备一致性，这样才能保证伦理规范化建设的进程，能够一步一步顺利进行。大家可以回顾一下，我国从 20 世纪开始就有一些伦理方面的法规颁布了。因为今天这个世界大会在上海举办，所以尤其要向大家强调的一点是，我们上海的伦理专家们在上海市卫计委及医学会的支持下，起草了上海首个伦理方面的地方标准，在 2015 年 5 月获得了质监局的批准。幸运的是，伦理地标标准也获得了上海市卫计委的大力支持，在全市得以落实推广。

所以说，近些年在整个伦理业界，很多专家花费了很多力气，真可谓呕心沥血。同时他们在伦理规范化建设的进程中，非常重视伦理领域国内外的交流，包括像今天这样大的一个国际论坛，还有很多国内的伦理培训、研讨会等。马强书记在中华医学会的医学伦理分会的重要领导地位，也有助于上海在伦理规范化建设方面的先行先试。我们还在上海市医学会下建立了医学研究伦理专科分会，创办了伦理研究杂志，参与了伦理教材的编写工作等等。在国际交流方面，大概从10多年前，上海就不断有人才输出。今天在座的陈洁校长，当年在WHO工作时也建立了很多工作联系，支持了年轻的伦理工作者参加伦理审查方面的进修与培训，并且输送了上海很多年轻人才到国外进修学习。樊教授联系的国际伦理合作项目，又为近期不少同行到国外进修培训提供了机会。此外，国内近两年在伦理规范化建设方面也做了很多工作，包括在认证方面。除了国际认证，国内中医药管理局针对受试者保护体系方面的认证，也在一定程度上促进了伦理规范化建设的进程。

从2012年开始，上海市卫计委就发起了一个伦理委员会能力建设的培训项目。到目前为止，已经有800多人，包括医疗机构的伦理委员会委员、很多研究者参加了这样的培训。很多专家今天都在我们会场的前排就座，都是我们伦理领域方面非常活跃的专家。这些专家对我们上海乃至全国在伦理规范化建设方面，都起了积极的推进作用。因此，通过今天这样的论坛，通过近些年来我们在上海以至全国，在伦理规范化建设进程方面所进行的许多培训、交流，我希望能够有助于提高伦理审查的质量。当然，我们的最终目的是要促进医药卫生研究的发展和受试者的保护，这也是大家共同的目标。

精神卫生伦理

徐一峰：非常荣幸参加医药卫生的伦理与创新论坛，今天与大家分享有关精神疾病知情同意的相关因素，分几个方面来介绍，包括背景、方法、结果和结论。

精神疾病是一类比较严重的疾病，也是比较重要的一个问题。目前中国估计有广义上的各类精神疾患，大概是1亿人。流调数据显示，精神病患病人数在1 600万左右，其中精神病人很多是弱势群体，不太有权利来伸张他们的主张和要求，也常常会被质疑有没有行为能力、有没有责任能力，所以这些患者的一些权利，经常在实践当中会遭到忽视。关于精神疾病研究和医疗方面，相对于医学的其他主流学科也是比较弱，而且有时候还会存在一些冲突。

国际上,也有相关的一些讨论,包括中国的情况,上海市精神卫生中心有研究人员在 2009 年提出,中国精神疾患人数是比较高的,而且相当一部分患者很少得到较为恰当的治疗,也缺乏足够的信息。但是,中国精神疾病方面的临床试验数量比韩国还小一点,中国大陆也就约等于台湾地区所做的临床注册研究的数量。这当中存在很多实际困难,所以我们做了一项调查,算不上严格意义的研究:一个是了解在中国精神专科机构中临床试验的伦理规制现状,同时也探索一下精神疾病患者和他们的监护人员、与医护人员的态度进行比较。但从全国来看,精神疾病领域伦理学相关的研究还是很少的。

另外,谈到影响临床试验的因素,这项调查特别选了北京、上海、广州等 3 个地点,这三个地点是有代表性的,今天参加论坛的制药行业的人员比较有经验,就如同邀请海外演讲人,北京、上海、广州通常是学术交流优先的城市,因为这些是最重要的市场。调查问卷设计,一个是给医护人员的,包括医生、护士和其他相关的人员,其中包括一般的人口资料和临床试验的伦理态度,共计 80 个问题;另一份问卷是给患者家属的,以及跟患者没有直接关系的照料者,共计 88 个问题,也涉及这两个方面。

调查样本来自北京、上海、广州的 24 个调查点,邀请这些机构参加,当然是在书面知情同意的情况下,由调查员帮助或者是被调查人员自行完成。医护人员发放 1 200 份问卷,应答率是 100%。根据设立的入排标准,有缺失项达到一定数量的不作为有效问卷,最终排除 23 份问卷。患者方面的应答率也是很高的,达到了 98.6%,收回 3 550 例份问卷。

统计资料包括定性数据和定量数据,因为时间关系,分析方法在此不做详细介绍。从总体情况看,调查医生和护士占的比例相近,医生 569 人,占 48.3%;护理人员 561 人,占 47.7%;还有 37 名为其他职业人员。在对患者或家属的调查中,患者比家属的调查人数略少,其中患者是 1 569 份问卷,家属是 1 885 份问卷,首次发病的中位数是 24 岁。患者构成中,超过 3/4 是精神分裂症(76.8%),疾病较轻的,像焦虑症或者人格障碍占的比重很小,主要还是重性精神疾病患者的情况。

在伦理方面的分析:大概有 88%的医院(这里是指精神专科医院),没有伦理委员会,有 73%的应答者认为,医院应该设立这样的机构;52%的应答者没有接受过系统的医学伦理教育和培训,但是有 90%的人认为此类培训是有必要的;几乎所有的(占 97.2%的)应答者,从来没有被邀请参加过伦理审查委员会或者是自己有相关课题;78.6%的人不确定说病人参与临床试验是否有利于治疗;有40%的人认为临床试验和制药公司的关系密切;有2/3的人认为最好由本人签署书面知情,但也有一半人认为由监护人决定患者是否参加临床试验。精神专科医院的现状与上海综合性医院的对照,这个可能是薛迪老师做的研究,很显然医学伦理委员会不但可以提高科学研究质量,而且可以促进患者的权利保护。

我们知道,在临床工作中有3种决策方式:第一种是家长主义的,医生替患者做决定;第二种是共同决策的,比较理想化的;第三种是完全由患者或者由家属决定的。这也取决于患者家属在治疗决策中起到什么样的作用。这项调查发现,医生是比较保守的,可能是因为,正如在世界癌症大会上提到的文献:当时的背景是中国的医生,受到了人身安全方面的考虑,所以他们不太愿意来替患者做治疗决定,不想因此而承担责任,更不要说工作当中存在错误的观点,比如说患者想改一个诊断,医生可以帮他修改等,这里就不一一讲了。

小结一下:我们觉得,教育可以改变我们的认识,可以改变医患双方对临床试验态度的差异,可以减少患者潜在损害,当然也可以改变对临床试验的负面认识。

方秉华: 谢谢三位教授的精彩报告,接下来有请国家卫计委妇幼司人类辅助生殖技术专家组成员李善国教授、上海社会科学院胡苏云研究员和中国生命关怀协会施永兴教授,就生命关怀伦理做主题报告。

二、生命关怀伦理

人类辅助生殖技术的立法进展与思考

李善国: 加强人类辅助生殖技术管理具有现实和长远的意义。最近发生了一个媒体广泛报道的事件,由闵行区法院和上海一中院判决的借卵子借肚子的案例,引起了社会的广泛关注和争议。这个问题本质上就是伦理和法律的问题。从我们关心的市民需求和技术背景来说,因为辅助生殖技术应用越来越广泛、服务项目越来越多,世界各国包括我国每年实施的治疗周期数在不断增加,而且每年生殖技术服务机构的数目和规模还在扩大。

新技术的应用,在伦理上和法律上不断提出了新问题、新挑战,我们面临的管理问题也层出不穷。这是毋庸置疑的现实,迫切需要政府部门依法加强监管。当然,也需要从事生殖技术服务的机构和医生依法行医、加强自律。刚才说的是加快立法的必要性,政府部门管理坚持依法治国,前提是有法可依、有法必依。我国法制建设很快,立法法、行政许可法、行政处罚法等出台,对辅助生殖技术依法监管产生了一定的影响,需要进行及时调整和适应。我们说加快辅助生殖技术立法,是形势发展的迫切需要,因为生命权、生育权、生存权等是涉及公民的基本权利,原卫生部发布的管理文件涉及立法权限的问题,所以要加快全国立法,最好通过人民代表大会立法,至少推出一部国务院行政法规。

尽管立法是一个艰难和长远的过程,但加快立法、提升层次不仅是势在必行而且是可行可为的,因为毕竟从2001年开始,国家卫生主管部门已经制定了一系列管理文件。此外,欧美国家和中国香港特区及台湾地区也都已经有了完整的辅助生殖技术立法可供借鉴。

据我所知,国家卫生监管部门已着手开始提升人类辅助生殖技术立法的前期调研工作,从10多年全国辅助生殖技术监管工作中总结有效经验,发现重点问题,尤其是以人民健康为中心,加强辅助生殖技术的规范应用和科学发展。我们可以相信,在提升辅助生殖技术法制化管理上一定会跨出一大步。

上海居家和社区养老服务的现状和发展

胡苏云: 我接下去讲的是养老方面,可能与伦理也是相关的。我们知道,上海养老服务现在是在民政系统下,形成9073格局[①],而实际上养老或者老龄事业应该是覆盖所有人的。养老在全球的发展趋势是,不仅是在机构养老,而且更多的是越来越倾向于在社区或者居家养老。上海有自己的一个服务体系目标:到2020年要建成五位一体的社会养老服务体系,突出的也是以居家为基础、社区为依托、机构为支撑的一个格局,尤其是要支持居家养老的社区养老服务项目。

对于养老问题,不同人的视角不一样。从老年人本身来看,他们对养老有需求;从服务照料人员来看,对老年人的照料也有自己的一套看法。我们

---

① 2005年上海市“十一五”规划提出“9073养老服务格局”,即到2010年,上海市将形成以90%居家为基础,7%社区为依托,3%机构为支撑的上海市养老服务格局。该格局建立之初取得较好的效果,为上海养老服务奠定了一个很好的基础。但随着老龄化和生育模式的改变,加之现实的推行情况出现不少问题,这一模式已经无法适应上海养老服务新需求,有必要探索新的养老服务格局。——编者

现在越来越提倡医疗和养老结合，那就势必会涉及一些医疗伦理问题。上海的机构养老和居家社区养老都在发展，机构、床位数、新增床位数都在不断增加，在社区则有各种各样的居家养老服务机构，包括日托所、助老服务社、长者照护中心、综合为老服务中心、助餐点等等都在增加。居家养老服务的比例基本上一直在7%左右。

从上海居家和社区养老服务现状来看，在2013年，大约有230家社区助老服务社、340家日托所、500多家助餐点。服务内容也在不断拓展，基本上有10项助服务，与医疗有关的在社区卫生服务中心都提供家庭病床，大约有5万张左右，最近又开展了舒缓疗法，临终关怀试点大概有200多张病床，2012年的时候为10万名老人提供了服务。

对于社区居家服务有一些规范，而且规范在不断完善，有社区居家养老服务规范，老年照料、照护等级评估的要求，有对事前、事中和事后规定各项基本服务的内容和要求。而且社区居家养老服务的模式也在不断创新。

我们面临的问题也是比较突出的，因为上海的老龄化程度比较高，高龄化也很快，家庭结构小型化、空巢化一直在发展，尤其是不能自理的老年人的规模也在增加。失能失智的老人和半失能失智的老人大概有25万人，占户籍人口的6.7%。对老年人的调查中，询问他们希望在怎样的环境下养老的问题，很多人都选择传统的家庭养老。还有一些人倾向于社区居家养老。纯老家庭对社区居家养老的意向更加高，只有11%的人倾向于机构养老。

从现状来看，社区养老和居家养老服务的内容供需缺口也比较大，老年人的个性化需求越来越多。调查显示，老年人对护理、医疗保健、精神慰藉服务需求比较多，还有康复护理服务也是供不应求。根据对2 000多老人的调查，受访者对医疗保健类的服务需求最高，大概是80%，认为很需要体检、保健和知识普及、家庭病床以及上门诊疗、急诊联络和家庭医生等等。

从目前来看，给老年人洗洗弄弄是供大于求的，有缺口的是如康复指导服务和家庭病床，而康复、家庭病床这两项都与我们的医疗服务密切相关。现在居家养老服务人员的构成情况是怎样的呢？大部分是外来从业人员，大概占90%，也有一些是失业协保人员，服务人员基本上女性服务人员占多，年龄也比较大，45岁以上占68%，文化程度高中、中专文化程度14%，大专及以上1.6%，总的来说文化程度比较低。专业的老年护理人员很短缺，因为服务人员工资比较低，培养还不到位等。目前社区居家养老服务社会化运作也不够，政府在居家养老服务招投标项目运作不畅。上海从前两年开始有高龄老年人居家医疗服务，医保系统提供的资金，为80岁以上老人提供居家上门服务，内容是基础护理加临床护理，但实际提供中，服务和目前养老民政系统提供的十助服务有很多内容是雷同的，而老年人实际上需要的医疗方面的护理内容开展则不太顺利，原因在于居家养老服务目前分散在各个部门。

接下来应该有哪些措施呢？首先是，要加强顶层设计，就是要加强对大众型养老服务的供给，因为现在高端瞄准的人比较多，而政府是解决低收入人群养老，但很多养老服务实际上是适应中等收入人群的需求。上海市发布有加快发展养老服务业、推进社会养老服务体系建设的意见，以及有初步的顶层设计。在社区，接下去应该统筹社会服务资源，可以与社区建立综合为老服务机构，进行项目化、集约化的运作，培育发展老年人的互助组织。其次是，要加大资金投入，整合资源。我们推出老年长期照护保险制度，一定程度上整合医疗卫生和社会照护服务。最后是，要以统一需求评估为契机，扩大服务覆盖面，鼓励发动社会力量，加强基层的医养结合。要加强养老护理人员的队伍建设，因为养老护理人员的短缺比较严重，要提高他们的专业化水平，壮大志愿者队伍，尤其要加大社区居家养老服务的社会参与面。

上海市临终关怀(安宁疗护)服务的现状与无效治疗分析

施永兴：今天我向大家报告的是，上海市民众关怀服务的现状和医疗费用的分歧。其实临终关怀(安宁疗护)服务与我们医学伦理很大的关系。中国的临终关怀最大的瓶颈不是技术性的，而是文化的。我们知道文化有伦理、宗教的。最近 6 月 11 号和我们上海市卫计委联合拍摄的专题片《人间事》，现在热播的 10 集，其中第 4 集就是《告别》，在社会上引起很大的反响。我认为这就是对我们普通公民的一个生死教育，是非常有意义的。

我想简单谈一下上海 34 年来在临终关怀(安宁疗护)方面的发展和变化，以及上海市政府实施安宁疗护的现状。上海一共有 80 家临终关怀(安宁疗护)的服务机构，其中市政府实施项目的试点机构和项目的机构是 76 家，还有 4 家分别在复旦大学的肿瘤医院，还有儿童医学中心，浦东老年医院和新华医院的宁养院。实际上这个数量和台湾的临终关怀服务机构的数量是持平的。

这是上海 34 年安宁疗护从探索阶段到试点阶段、推广阶段以及现在正在深化、完善的阶段。作为一名研究者和实践者，我很高兴见证了这一段历史。我们上海在全国开安宁疗护之先河。2012 年 1 月 11 号，在上海市政府报告中，将开展临终关怀(安宁疗护)列为政府的工作目标和任务。其他省市的一些同行非常羡慕，说你们上海有一个好的政府，有好政策。我查了一些资料，到目前为止，1949 年以来，在省市的政府报告当中，提到开展临终关怀(安宁疗护)的只有我们上海市政府的报告。这一点，在全国影响很大。

因为有了政府的工作报告作为一个目标和任务，所以，我们有了 2012 年和 2014 年市政府的实施项目，这对推动上海的临终关怀发展，提升城市的良心和文明程度，推动社会进步起到了很大的作用。通过 2014 年的试点项目，我们已经建成了 200 多张安宁疗护床位，形成了 18 家试点机构。上海的临终关怀(安宁疗护)服务的试点项目让我们意识到这一个事实，就是政府的责任和号召在临终关怀(安宁疗护)服务工作中有着如此重要的地位。从 2012 年和 2014 年两次市政府的事实项目，市、区两级政府一共投入 9 300 多万元的资金，用于临终关怀服务的一些项目的硬件与建设。这个数据是非常巨大的。

实践证明，我们可以通过更好的专项投入来节约整个社会的财富，从而维护人的基本权利，以及提高社会文明水平。4 年来上海试点临终关怀项目的实践，提供临终关怀最为创新的不是技术，而是有关文化的。当然面临最大的困难就是死亡教育，最大的挑战是医护人员医学目的的再教育，最大的困惑是从业人员对临终关怀(安宁疗护)服务的直接动机，大部分医护人员尤其是综合性医院很少接触临终关怀，全社会对临终关怀(安宁疗护)的接纳还需要一个缓慢的过程，大多数医疗资源都集中在治愈性的治疗上。

我们做了一个上海市临终关怀服务机构的地图，大家可以看到，截至 2014 年底，上海已经建立了 80 家临终关怀(安宁疗护)服务机构，除由复旦大学附属肿瘤医院、新华医院宁养院、上海市儿童医学中心和上海市浦东老年医院提供临终服务关怀外，上海市政府作为实事试点项目建立了 76 家。上海的土地面积是 6 340 平方千米，我们平均是将近 80 平方千米就有 1 家临终关怀(安宁疗护)的医疗机构。我们还按照户籍人口来统计上海的临终关怀(安宁疗护)的服务机构的分布，还统计了上海的老年人服务机构在各个区县的分布情况。从我们的统计来看，上海的临终关怀(安宁疗护)的机构在各个区县分布不平衡，分布最多是闵行有 13 家，最少的是虹口，虹口接近是 1 家，杨浦 100 万人口也仅有 2 家，说明上海的临终关怀的服务有很大的差异性和不平衡性。

关于上海临终关怀的机构病房和病床的情况。目前上海机构的床位达到了 920 张，再加上居家的 800 多张，一共有 1 600 多张的临床关怀床位。从这个数据来看，基本上可以满足临终关怀的服务需求，但是利用率不高。我们进行了10年的调查,利用率只有49%,还不到50%。平均床位的使用率,以及它的一些费用的分析还是非常有价值的。

从"住院费用"数据来看,临终关怀(安宁疗护)减少了大量的无效医疗费用,也达到了国家赢和居民赢的双赢局面。我们还对病房床日和日均费用以及居家临床关怀作了分析。临终关怀(安宁疗护)病房为不可治愈的患者在临终阶段提供了人道主义的关怀途径,这样的做法,减少了不必要的医疗和无效的医疗,而且节省了医疗费用,可以用于治愈更多的患者。

三、中西医药伦理

陈 佩: 我们接下来要进行的主题报告,内容是中西医药伦理,有请来自中医药大学的樊民胜教授和国药控股有限公司上海医药管理总部的副总经理王永为我们做报告。

中医药生产推广应用中的伦理考量

樊民胜: 我向大家报告的是中医药生产推广应用当中的伦理考量。我想讲3个问题。第一个问题是当代中医药发展的成就,第二个问题是中医药生产和应用中的问题,第三个问题是中医药发展需要伦理审查。

一、当代中医药发展的成就。当前应该说是我国中医药发展的最好时机,作为全世界第二大经济实体,中国现在不缺少发展中医药的实力。国人对健康的重视也促进了社会对中医药研究的投入。现在可以这样讲,从我们的电视、报纸、社会组织的各类讲座来看,对健康的需求、对养生的需求是持续不断的。改革开放使我们走出了国门,既具备国际的眼光,同时我们也可以避免先进国家发展中走过的弯路,所以具有一种后发优势。当然,现在对后发优势和后发劣势是有争议的,但在我国,中医、西医、中西医结合三驾马车长期共存,取长补短,是医疗卫生的基本方针,也是长期发展基本的格局。

这几年,大家感到最惊喜的事情是屠呦呦获得诺贝尔生理学和医学奖。站在奖台上的屠呦呦说:"青蒿素的发现是中国传统医学给人类的一份礼物。"我认为,肯定中医药的成就和价值就体现了一种文化自信。中医药是中国文化的组成部分,是千百年来实践总结的产物,经受了实践的考验。作为全世界唯一的民族医学,中医并没有走向消亡。我们现在听不到什么法国医学、意大利医学或者罗马医学。但是现在全世界唯一的民族医学就是中医学。它在不断的发展和进步,继续为维护公众的健康而发挥作用。

我想举4个例子。(一)我们过去讲中医是慢郎中,只能治疗一些慢性疾病,它的起效作用很慢。但是凤凰卫视主持人刘海若车祸脑外伤后,在英国医生宣布已脑死亡的情况下,是北京宣武医院采用中西医结合的办法,除了西医之外加上针灸,还加上一些中医康复的办法,将她从"鬼门关"拉了回来,现在已经成功地恢复了健康。她的康复,证明中医药在危重病抢救中的价值。(二)中医药在SARS发生时的独特优势。根据宣武医院中医科提供的资料,接受中西医结合干预治疗的患者122例,其中包括重症患者84例,占全院SARS重症患者总数的52%。治疗结果治愈110例,好转7例,死亡5例,死亡率为4.10%;作为对照,接受西医治疗的患者总数98例,其中重症65例。治疗结果治愈72例,好转11例,死亡14例,死亡率为14.29%。世界卫生组织因此充分肯定了中医药对治疗SARS的贡献,认为中西医结合治疗要优于单纯的西医治疗。(三)中医药基础理论的研究和创新。华山医院的中科院院士沈自尹,教授是我国用科学方法研究中医基础理论的第一人。他原来是内分泌专家,西医学出身,1950年代率先对中医称为"命门之火"的肾阳进行研究,研究成果得到国内7个省市以及日本高雄病院等研究单位的重复与公认。(四)中医药辅助治疗癌症方法的优越性。我们过去讲西医治疗有三大王牌:手术、化疗、放疗,而这个过程实际上对病人都有伤害。中医在治疗上提出的是"扶正祛邪"的治疗原则。根据中医整体观和扶正祛邪的理念,通过中医药的补气补血,恢复人体平衡的作用,可以弥补西医治疗上的不足。我们有一个中医的国医汤钊猷院士深信,在抗癌战争中,中医学是值得探索的。

二、中医药生产和应用中的问题。中医药需要继承、发展和创新是一种大趋势,但如何创新是要仔细研究和讨论的。

(一)"废医存药"是不是可能?最早提出"废医存药"的是民国时期著名的医学家余云岫,实际上在现代也有很多人重复。中华人民共和国建国初期,国人对中医药有3种结论,一是完全废止,二是废医存药,三是改进中医中药,使之科学化。当然近代也有人提出告别中医中药,主要是张功耀、方舟子和何祚庥,他们完全没有余云釉的水平,余云釉自己开了中医药厂,而且在中医研究分析方面实际上是很深的。他在1920年发表《灵枢商兑》系统地批判了《黄帝内经》,1929年参加中央卫生委员会议,提出"废止旧医以扫除医事卫生之障碍案"并获得通过。但他同时是近代中国首先引用西方科学方法来研究中国医学、医药的先驱,无论中医、西医都没有人能够超过他。他是第一个研究和尝试使用中药的西医。他对中国医药的贡献很大。

对中医与中药的关系问题，中国中医药管理局局长，也是我们卫生计生委副主任王国强最近发表了谈话："有人说中医可能毁在中药上，这不是危言耸听。我着急的是，再好的大夫，即便是国医大师，你开的方子再好，但抓的药不行，百姓吃了没效果，那就会毁掉中医。"因为原产原始的药没有了，都是种植的，种植药现在有什么问题呢？就是过度使用农药、过度使用化肥，包括重金属的污染等。大家有没有注意到一个问题，因为条件太好，天天吃冬虫夏草，为的是养生保健，结果吃到最后水银中毒。中药现在的问题是，由于种植的问题，由于过度使用这些农药、化肥的问题，甚至还有造假的问题（卖给你的是药渣），这是非常严重的问题，也是困扰我们中医药行业的一种难题。

（二）中药的西化是不是方向？现在我们讲中医药不方便要煎很麻烦，是不是可以把它西化，吃起来像西药那样简便。现在我们知道有一个农本方，就是把中药一味一味弄成颗粒，然后我们回去像周立波讲的调一调。调一调是不是起到作用呢？我的观点是，这不符合中医理论，原因是中药在煎煮过程中通过化学反应可能会降低它的毒性，增加它的效率。但是我们现在把单味的东西混合一下能不能起作用呢？我觉得这个是需要研究的。

（三）中药注射剂的安全风险。主要体现在基础研究不充分、药用物质基础不明确、生产工艺比较简单、质量标准可控性较差以及药品说明书对合理用药指导不足、使用环节存在不合理用药等。西医的注射剂是在现代科学理论指导下，通过系统的实验研究，动物实验和人体实验所确定的化学物质，其内含化学物质稳定，可用分子式表达，质量可控。中药注射剂开发必须严格符合法规要求。那么已经上市的中药注射剂需要清理和认定，凡是未通过药物生产程序的注射剂（包括取得准字号，但实际并未达到标准）的，不管有无疗效，必须立即无条件停止使用。

（四）来自国外的竞争。中医药在全世界愈来愈受到重视，而跟我们有关的，仅在于为日韩等国提供中药原材料。今天中国大陆在国际中医药市场上拿到的份额，却只是世界中草药销量的2%，日本则以90%的市场份额牢牢占据第一把交椅。韩国和中国台湾地区则占5%～7%。曾获得日本医师会授予"最高功勋奖"的日本医学权威大家敬节，1980年去世前，曾叮嘱弟子："现在我们向中国学习中医，10年后让中国向我们学习。"

三、中医药发展需要伦理审查。为什么需要伦理审查呢？因为我们中医药和世界接轨要走出我们的国门，要能够让全世界人民都来，像享受青蒿素那样，享受我们中医药的成果，对全人类的贡献。但是这里面你就必须符合全世界的规范。就是任何一种药，任何一个疗法，它在用到病人身上之前必须要经过伦理审查。不经过伦理审查,随随便便的拿病人来做试验是不符合伦理的。很高兴的是我们国家中医药管理局,第一个取得了国务院认证、认可委的同意、批准,成立了我们国家医学伦理的认证机构。我也是这个机构的副主任之一,所以我们中医药发展在国家的支持下,经过大家的共同努力,一定能够为全世界的病人服务。

爱如雨露、责任如山:国控企业责任报告

王　永:作为一个企业、上市公司,我们觉得,要尽到一个社会的伦理责任主要是什么呢? 是社会责任。尽到自己的社会责任,做到用药、送药安全,做到对员工有很好的关怀,这是我们的一个本分,也是一个伦理的责任。

首先,给大家简单介绍一下国药控股的情况。国药控股是一家上市公司,2003 年成立,总部在上海,2009 年在香港上市。到今年,整个销售额是 2 300 亿元左右。我们对社会责任的理解分为 3 个方面:第一个是要全体员工积极参与;第二个是要有利益相关方的参与和监督;第三个是携手供应商共同承担社会责任。我们在经营绩效上做了许多方面的工作,如:混合所有制探索,是第一批试点单位;与国内外医药企业强强联手,在医院零售渠道以及其他渠道进行战略合作;着重推进电子商务业务,实现互联互通;大力拓展医疗服务,提供增值服务;试水互联网金融,实现产融结合;营销平台转型、物流服务模式变革,拓展社区卫生服务新功能、开拓网上远程医疗新领域等等。

对于公司员工,我们做了以下几方面的工作:一是以人为本,尊重和关心员工,维护员工的合法权益,促进员工的价值实现和能力提升,实现企业和员工的共同成长;二是平等公平,做到重视员工职业生涯的发展,积极探索管理人才和专业人才的成长规律,把员工职业发展需求和企业发展予以统筹规划;三是在薪酬服务方面,为员工提供公平的待遇、均等的机会,确保员工享受良好的福利待遇;四是健康安全,牢记安全使命,积极开展安全管理,采取更加有力的措施,有效防止事故发生;五是关爱员工,促进员工身心健康的发展,提高员工的综合素质等。

现在提倡绿色发展,我们在环境这方面也是严格按照国家的要求来做。2015 年,在万元增加职能耗方面下降了 40.2%,在环保方面投入了 1 771 万元,产生了每年 592 万元的经济效益。还有一个是社会绩效,我们是中央医药储备单位,我们国药控股及下属各承储公司以高度的政治责任感、社会责任感和经济责任感,按照国家储备管理工作的要求,一如既往,严肃认真地做

好医药储备工作。同时我们践行关爱生命合乎健康的使命。海南公司接到万宁市人民医院抢救蝮蛇咬伤者需要，立即启动配送方案，在紧急情况下，为用药患者提供了及时服务。此外，我们还致力于参加社区卫生服务的提升活动。以社区为范围、以需求为导向，以妇女、儿童、老年人、慢性病人、残疾人为重点。

我们公司将以实现互联网＋的现代服务业为目标，加大改革、创新和转型的力度，抓住发展的关键点，持续着力推动增长方式、持续推进环境保护，节约能源资源，强化安全基本设施建设，提高各类安全人员的专业素养，保障企业的快速经营发展。

◎ 提问与讨论

方秉华：今天开场报告和3个专题报告9位嘉宾都已经做了报告。根据议程安排，我们可以有一段时间的互动、提问与回答。我要报告各位的是，上海市医学伦理学会的另外两位副会长也到会了，可以一起跟我们共同讨论。有请各位与会者发表见解或者提问报告者。

提　问：我想与大家进行探讨的问题是，利用我们现有的医疗资源，一个大医院是否可以带5家或10家临终关怀医院？

方秉华：谢谢您积极提出建议，关于临终关怀，数十年的探索形成了上海模式，也为上海百姓走完人生最后的道路给予了很好的呵护。关于大医院带小医院的建议，看看施永兴教授有什么回应。

施永兴：非常高兴有人在关注临终关怀，实际上临终关怀是人生生与死的一体两面。刚才这位提到了大医院带小医院的问题，实际上从临终关怀（安宁疗护）的宗旨、原则以及目标来讲，临终关怀的主体还是在基层。因为到了有限的时间，患者不需要积极治疗，仅仅提供一个照料、照顾的办法。因此不涉及技术性大的问题。我刚才在报告里面也提到了，我们中国在80个国家中排在71位，倒数第9位。我认为大医院的责任，应该是以提高临终关怀优质资源的培训、教育、示范为主。大量的基层工作还是应该在基层来实施，不知道我这个回答是不是满意？

提　问：我来自南京，我不是做医学伦理，但是我上课中也会涉及，所以我还是挺感兴趣的。应该说我提的是与伦理相关的问题。刚才有一位专家讲到，在实践过程中，会出现医生不愿意承担责任、不愿意去替病人作出决定，哪怕是参考性这样一种决策和决定。我的问题是，在我们的技术和伦理以及政策这三者发生冲突的情况下，通常我们医院的医生是采取哪一种选择？第二个问题是，当我们不得不去违背了伦理而倾向于技术或者倾向于所有的规定（医院的规定或者是政策）的时候，我们的医生是不是事后有心理上的遗憾？就是说道德上的一种愧疚？或者说是一种自我反思？因为我觉得，如果有这样一种愧疚感，它会推动我们的伦理改善，就像开始的主题所讲的，因为有爱我们才会有责任。

方秉华：我与你的观点有些不同的是，对于医生不愿意承担责任这个问题，可能你理解有误了。不过，有关这个问题，我们可以请徐一峰院长具体做一个回应。

徐一峰：刚才是讲到了有不替患者或者家属来做决定的情况，但那是在一些特别背景情况下会说的，也就是，我们不会站在某一种高度或者优势地位上替患者或其家属做决定，特别是当疾病治疗选择本身很难做决定的情况下，医生给患者做决定，将是非常困难的。

提　问：是为了医院这一方避免风险和不确定性，还是真的是替病人本身来考虑他的医疗费用和他自身生命的安全？就是主要的考虑站在哪一方？

徐一峰：因为这是我们做的一个调查出来的现象，所以我想你提到的考虑都会有，但不一定是绝对有。当然，实际情况总是会很复杂的。

樊民胜：我来补充一点。医患关系有3种。一种是相互参与性，这个是最普通的，就是说慢性病。一种是指导合作型的，就是说长期病人住院的指导合作。还有一种是急症病人。那么我们最需要关注的是什么呢？现在上海在放红十字会的节目，看到我们第六人民医院，对那些急症病人，我们来不及跟他商量甚至跟家属也没法商量，就要及时作出决定，就要抢救他。在这种情况下，医生肯定是要承担责任的。而且你看节目当中，有的病人甚至抢救不过来，但是我们医生还是愿意承担这个责任，愿意负这个责任。所以3种医患关系是完全不同的，针对不同的病人不能一概而论，这是我的看法。

提　问：我来自德国的一个大学，刚才大家的演讲让我印象非常深刻，特别是讲到中国的传统中医的价值等，以及中国的这些价值观和西方的价值观之间的对比差异等，让我非常感兴趣。特别对最后一个报告，我想问一下，国药控股除了全球普世价值之外，是否还有中国特色的价值观可以向我们介绍一下？

王　永：我认为，世界的企业和中国的企业，在定义方面应该是一样的，就是企业首先是法人，在做到盈利目的时候，还要尽到社会责任。尽到社会责任，又分几个方面，一个是对社会和国家的责任，还有一个是对自己员工的责任，自己的员工就像一个企业的细胞一样，如果企业的细胞出了问题，这个企业也不会发展得很好。我觉得这是一个最基本的问题。此外，从东西方差异来说，根子其实是文化问题。中国的文化和西方的文化有很大的差异，西方文化可能更强调秩序、伦理或者说思维方式，逻辑性更强一些。中国的价值观和西方的价值观不同在于，中国讲“和谐”，讲共同发展。思维方式也决定了企业伦理，在这方面的确有一些不同的地方。

方秉华：因为时间关系，我们的提问和互动就到这里。作为第六届ISBEE世界大会的一个论坛，我们首次参与了这样的世界大会，探讨了医药卫生行业中的伦理与创新。今天的论坛有3个特点。第一，参与面非常广。来自世界各地、国内以及上海企业、经济学和伦理学的同仁们，尤其是医学伦理学的同仁，共同参与了我们这次论坛。9位报告者，在马强教授的时空纬度引领下进行了聚焦，从研究伦理、生命关怀伦理以及中西药伦理的角度切入，报告了我们所做的一些工作。第二，话题比较深入。由于时间关系，2个小时的报告，对所论话题只能点到为止，但报告所蕴含的内容可以引起与会者的深入思考，也可以使我们在实际工作中去实践、反思和作出新的判断。第三，引出新的思考。我们所提供的一些阶段性研究成果，可以成为医学伦理建设的一个新起点。如果说医学是技术为基础的一个学科，那么在“以人为本”的前提下，伦理是它的又一个重要支撑。可以说，医学是技术＋伦理，是有道德的、以人为本的技术，是将生命置于至高无上地位的学科。如果我们有这样一个共识，那么医学伦理的创新就会越来越多。作为在全国医学伦理研究和实践走在前面的城市，上海积累了很多经验，我们与很多同道一起参与和推进了医学研究和实践的发展。今天的9个报告显示了我们在基础研究、临床实践、辅助生殖、养老和临终关怀等方面，已经有了深入的伦理思考，使得这些领域具有的伦理判断、道德水准，医学技术更具温度。这是今天论坛所传出的信息。我想在论坛结束前，再次感谢中华医学会医学伦理分会对本次论坛的指导，感谢上海市医学会、医学研究伦理专科分会对这次论坛的协办和支持，感谢以马强教授为首的9位报告者的精心准备、独到见解和精彩报告。我认为，这次论坛在上海探索医学、医药卫生行业的伦理及其创新方面具有里程碑意义。

专题论坛 5　员工参与在中国*

［提要］　本专题论坛分两场举行。在第一场，论坛邀请了两位中国中型企业总裁上海富大集团董事长袁立先生和河北信誉楼百货集团董事长穆建霞女士，就员工参与其组织的情况发表演讲。他们与员工齐心协力成功树立了企业管理与诚信经营的典范。论坛第二场介绍了圣母大学的“员工参与试点计划”。圣母大学改变了政策，从中国工厂采购产品，这些中国工厂非常重视员工参与。这部分邀请了三位发言人：汇达帽业深州有限公司（Wintax Caps）人事与行政经理陈鹤鸣先生、美国新时代帽子公司（New Era Cap Co, Inc）全球合规经理黛安·汉普顿（Diane Hampton）女士、维泰企业社会责任机构（Verité）姚文娟女士。论坛主持人：上海社会科学院陆晓禾研究员、美国圣母大学乔治·恩德勒（Georges Enderle）教授。

第一场　员工参与：企业管理与诚信经营

陆晓禾：谢谢各位来参加我们的专题论坛，论坛主题是“员工参与在中国”，由我与恩德勒教授主持。论坛分为上下两场。第一场由我主持，邀请两位来自中国公司的总裁，首先我们要请袁立先生来作演讲，他是上海富大集团的总裁。第二位是穆建霞女士，她是信誉楼百货集团的董事长，来自中国的河北。两位将向我们介绍，他们集团公司的员工参与公司治理和经营的情况。他们会跟我们分享他们的经验，包括如何来发动员工参与公司的活动，打造一个有信誉的公司员工发挥什么样的作用。下面请袁立先生给我们作演讲。

---

*　该论坛原为第六届 ISBEE 世界大会专题论坛 7(2016 年 7 月 14 日上午举行)。本篇文字由陆晓禾整理，收入本书时，论坛第一部分征得论坛发言人袁立和穆建霞同意并修订；论坛第二部分特邀论坛发言人姚文娟补充和修订，姚文娟并据论坛中英文录音对全篇作了修订和通稿。——编者

职工参与企业管理的利与弊

袁 立：我是上海一家民营企业的老板，创业已经有24年了，在中国的民营企业中，我们这个企业属于比较长寿的。同时我还有一个身份是上海市人大代表，上海市人大对企业非常关心，它已经出台了3项地方性的法规条例管理(员工参与)。第一是职代会条例，就是规定所有企业必须成立职工代表大会，职工代表占整个职工人数的10%左右，职工代表大会民主选举出职工董事和职工理事、监事，共同参加企业管理。自从职代会条例出台以后，接下来出台的第二项法规是工资协商条例，就是说，企业老板和职工工资需要有投资方和职工代表大会一起协商，不是老板可以决定的。所以工资协商条例是建立在职工代表大会条例基础上的。我们人大又出台了第三条，叫最低工资标准，就是任何企业的工资不能低于某一个标准数。2016年最新出台的最低工资标准是2 200元人民币。同时人大还出台了关于所有人，不管是工人还是农民，只要签了劳动合同，企业就必须给他交四金。四金里面包括养老金、医疗保险金、失业保险金和住房公积金。地方人大出台的这一系列地方法规，应该说极大地保护了广大劳动者的利益。作为我们企业的老板方，也就是投资方，这对我们肯定带来了一定的压力。

作为人大代表，我必须带头执行政府的法令法规。所以10年前，我们公司成立了职工代表大会。今天我发言的主题就是，职工参与了企业管理以后，给企业带来的利与弊，我给大家做一个剖析。

每年的职工代表大会，我们都希望每一个代表都给我们董事会提交建议书，我们称之为提案，你对当前企业经营管理中存在的问题、对现在的董事会有什么希望和要求以及企业今后的发展提一些建议。我们每年大概可以收到这样的提案80份。从第一届职代会开始，提案中82%涉及的内容全都是关于员工的福利待遇：工资、津贴、饭贴、车贴、高温津贴或春节时发年货等。经过比较长的一个过程，现在每年职代会的提案涉及福利待遇越来越少了，大概只有10%左右，80%～90%的提案都涉及企业现在面临的形势、怎样转型、怎样升级、怎样能够很好地生存下去。我觉得这是一个过程。在这一个过程中，我们的职工开始进入企业主人翁意识中了，他们把企业当成自己的了。当然职工参加企业管理，肯定有利有弊。

从企业老板角度来看，首先我们应该遵纪守法，接受政府法规并尽可能落实和践行，其次我们要做到合作双赢。职工工资协商制度出台以后，职代会与我进行谈判，就是说老板要有一个态度，员工的工资不能一成不变。我说没问题，大家一起讨论，确定一个合理增长的幅度。我的意思是按照CPI，就是每年CPI增长多少，我保证增长多少。他们说不行，太低了，要超过CPI。那么到底要多少呢？他们提出10%。今年没问题，明年没问题，但把它写进我们双方合同中去，以后每年10%，我说我感到压力很大，那么是否可以这样？我给你定一个5年，每年5%，5年以后我们再谈？好的。这样我们签了一个每年5%的5年合同。后来5年过去了，又签了第二个每年5%的5年合同，大家还是比较通情达理的。我们国家的CPI每年的增长没有超过3%，员工的收入多增了两个百分点，作为我们企业来讲也能够承受。

去年开始，大家都知道，我们的经济进入了低谷，我们的企业碰到了历史上最大的危机，我的主要用户的煤炭、煤矿出现了急剧下滑，主要的问题是产能过剩，煤卖不掉，在这种情况下，企业利润出现了断崖式的下落。从每年5 000万元利润下降至每年500万元利润，又下降至每年负利润，有时候亏损大概200万元左右。在这种情况下职代会开会了，我就跟职工代表商量说，现在企业已经开始亏损了，每年增加工资5%是不是可以重新考虑？职工代表说可以考虑，我们理解你老板的困难，减掉一半，每年工资增长2.5%。我也很开心，他们体谅我。现在开始又签了5年每年增长2.5%。我说所有的福利待遇各种津贴可以再考虑吗？回答说不可以，这个是刚性的，定下来后就不能变。我说可以，不变。我现在负担很重，现在这样的亏损情况，你们也要体谅我，我需要适当地裁一点员，裁20%，因为现在生产任务不足，这个请你们体谅我。他们说，没问题，这个事情交给我们来办，不要你出面。由职代会出面，公司在工会的领导下，把一部分多余的员工进行了劝退，按照国家劳动法规，给了他们应有的补偿。

这整个过程长达半年，非常顺利地解决了这个问题。我觉得职代会帮了我很大的忙。按照我们现在地方法规的规定，职工代表大会的领导机构是谁？是工会。工会主席是由工会会员选举产生的。我就跟工会主席讲，你现在就作为我们公司的一个管理人员，直接参与到公司的日常管理中来，所有的日常管理都请你一起参与。这样他也觉得自己的价值得到了体现，老板对他非常重视，他也很高兴。许多非常棘手的问题，我们请他一起商量处理或者请他出面处理。比如，我们最近发生了一件不愉快的事情，我们的产品出厂以后在售后服务的过程中，由于人为的因素而造成了损坏，损失高达40万元人民币，对方对我们提起了诉讼，法院判决是我们输，要求我们赔偿对方40万元。在这样的情况下，我把这个案子交给了我们的职代会，请职代会讨论这件事情，这个40万元造成的损失应该由谁来承担？最后职代会进行了长达3个月的调查以后，认定这个人是我们公司的员工，要求他个人承担70%，我们公司只需要承担30%，对这个结果当事人口服心服。所以我认为，职代会对我在企业管理中肯定是有作用、有帮助的。因为时间关系，我不再展开谈，我只想告诉大家，中国的民营企业现在生存的环境是非常严峻的，我们首先要遵守我们党和政府所有的法律法规，然后必须要与我们的职工同心同德、合作双赢。

诚信经营理念与共享型经济

穆建霞：我来自渤海之滨河北省黄骅市，与上海这样的国际大都市相比，我们那里就是一个小渔村，信誉楼就创建于此。信誉楼百货集团的创办人张洪瑞先生于1984年个人筹资贷款办起了一个不足300平方米的小商场，15年后走出去开设第一家分店，至今在河北、山东开设了20家百货商厦，绝大部分为自己征地自建。2016年新建的6家自营店目前已陆续开业。30多年时间发展至20多家店，经营面积30多万平方米。这样的规模可能不引人注目，但信誉楼的发展却是稳健而充满活力的：2万多名员工都是自己招聘经培训上岗，干部全部是自己培养，没有“空降兵”，商品自营率达98%以上，拥有数以千计的买手，从不搞促销，各店客流如潮，令消费者称道的服务，让业界称奇的坪效和纳税额。2015年集团销售收入72亿元，纳税3.5亿元。发展到现在，企业不缺资金，不缺人才，却留有余地，顺其自然地发展，永不上市，决不涉足高风险投资领域，专注做百货。企业不追求做大做强，而是追求做好、做健康，追求基业长青。总结信誉楼健康发展的原因有两点：一是切实为他人着想；二是把主要精力放在做企业而不是赚钱上。我们所说的做企业就是把着眼点放在企业内部各系统管理的持续改善上，致力于提高全员素质、注重人力资源开发和企业体制、机制、文化建设及战略的管理。

现在政府大力倡导大众创业，万众创新，对于创业者一定要弄清楚一个问题：做企业究竟是为什么？企业的价值何在？经济下行，发展速度放缓，全球经济还在复苏，2015年中国经济增速降至了6.9%，在新常态下，很多企业碰到了困难，可能与我上面的问题也有关。

我先讲一个羊群的故事：据说，草原上的羊群走在前面的能够吃到鲜嫩的草，而走在后面的却总是吃剩下的。于是，后面的羊会努力跑到队伍的前面，这样羊群为了争夺食物都不愿落在后面，开始不断地往前奔跑，而前面的路上是否危险已经少有关注；脚下的草是否已够吃，也少有关注；羊已忘记了为什么出发，羊已忘记了自己最终想要什么…… 难道我们现代人就没有羊群的困惑吗？很多老板奋斗打拼到最后，企业做大了，积累了财富，是显赫了、富贵了，但身心俱疲，有的因生意奔波而忽略了对家人的关爱，失去了亲情和幸福，得到的是他们自己真正最想要的吗？

信誉楼从一个小商场发展成一个连锁商业集团，最重要的是，我们的创办人张洪瑞先生 32 年前在创办信誉楼伊始，就想明白了做企业为什么这个问题。他说："我办信誉楼不是为了个人发财，就想干点儿事，证实一下我自己。我搭台，让大家来唱戏，都唱个大红大紫。"他的创业初衷就成为信誉楼的企业使命："让员工体现自身价值，享有成功人生"。有了这样的创业初衷，才有了我们做企业的指导思想、理念和方法。

一、大商不奸　诚信经营

信誉楼创办人张洪瑞先生原是一位优秀的生产队长，农村实行联产承包责任制，生产队解散了，但带领全村致富的他还有很多想法没有实现，那时他慨叹："空有报国志，却无报国门"。改革开放，催生万物。1984 年黄骅市（当时还是黄骅县）政府领导要新建一个市场，非常了解他的常务副县长就鼓励张洪瑞带头进城经商，他连连摆手："我可干不了，都说是'无商不奸'，可我说句假话都脸红，耍奸取巧的事儿，我干不了。"一位商界前辈找到他语重心长地说："洪瑞啊，大商不奸！"他顿时心里有了底：这么简单?! "既然经商还有这道儿，那我就试试，做一个不奸的大商。"基于此把企业字号定为"信誉楼"，从一开始就确定了要走一条诚信的经营的道路，尽管 6 年没有盈利，也未改初衷，恪守诚信，并把诚信的基因注入进了企业——决定了对员工讲诚信、对顾客讲诚信、对供应商讲诚信，对所有的利益相关者讲诚信。

我们认为诚信有 3 个层次：第一说到做到，兑现承诺。第二在信息不对称情况下，做到不欺不瞒，童叟无欺。第三在做到以上两点的同时，切实为所有利益相关者着想。由于时间关系，我只讲信誉楼是如何为顾客着想的。

信誉楼的经营宗旨是：以信誉为本，切实维护消费者和供应商的利益。信誉楼的经营辩证法是：一心想赚钱的路越走越窄，只有诚信诚意为消费者和供应商着想，财源才会滚滚而来。

1985 年元旦，信誉楼挂牌营业。开业当天就推出了"五试一退"制度：自行车试骑 3 天；洗衣机试用 7 天；电视机允许试看半个月；收音机、录音机试听 5 天；各种日用化妆品可以当面试用；凡信誉楼经营的商品，属于质量问题的，都可以凭发货票据退换。到现在，"五试一退"已经发展成比较完善的三包措施。1986年,我们开出了全国第一张信誉卡,售出商品凭信誉卡包退、包换、包修。1987年,信誉楼明确提出:"三包措施是对我们工作过失的补救,优先热情接待好退换货的顾客"。并设立了"退换货接待处"。1996年,信誉楼明确了"视客为友"的服务理念。很多商家提出"视顾客为上帝",我们把企业和顾客的关系确定为亲友关系,把顾客当作自己的亲戚、朋友来接待,真心实意地站在顾客的角度为顾客考虑。1998年,信誉楼进一步明确"我们不是卖什么的,而是帮助顾客买什么的"。因为我们更专业,我们就应该站在消费者的角度上,帮助顾客买到合适的商品。所以我们也把"售货员"的称谓改成了"导购员"。随着市场的发展,我们提出要为顾客提供解决生活问题的方案,以满足顾客更高的消费需求。

信誉楼视客为友服务理念的具体体现:

(一) 为顾客提供品质优良、物有所值的商品。经商,商品是第一位的。好的商品是诚信的载体,严把进货质量关,树立代客购物的理念。我们的采购已经延伸到全国范围,走到了厂家、源头,为消费者精挑细选,把品质优良、物有所值的商品呈现给消费者。

(二) 导购中做到切实为顾客着想。信誉楼导购员的收入不与销售额挂钩。我们认为,如果按业绩提成,导购员就不能做到为顾客着想,他们就会为自己的工资着想,我们考核导购员的商品知识的丰富程度、服务专业技能、是否能站在顾客角度为顾客提供优质服务。顾客的满意度越高,我们对导购员的评价就越好,导购员的服务质量甚至影响到他的晋升和发展。所以,在销售过程中,导购员会站在顾客角度为顾客推荐合适的商品,如实介绍商品,不强行推销,经常会出现"能修的不卖;能少卖的不多卖;能卖便宜的不卖贵的"。例如一位年轻人来到柜台前要买一个2 000多元的智能手机,当导购员了解到是给他的老父亲购买的时候,我们的导购员给他推荐了一款老年人专用机,既操作简单,数字更大更清晰,更适合老年人使用,价格才200多元,小伙子高兴地说:"你们信誉楼真好!给我省了不少钱,又满足了我的需求。"

(三) 做好售后工作。三包措施是对我们工作过失的补救,优先热情接待好退换货的顾客是我们应尽的责任,让退换比买货更舒心。我们解决退换货问题的原则是:凡我们认为可能是顾客的原因而造成的退换货,同时就意味着也有可能是我们的原因造成的。对这种情况,认定是我们的责任,倾向顾客解决,不让顾客吃亏。大家都买过鞋子,新鞋磨脚不是质量问题,但我们也负责给顾客解决,因为我们认为是导购员没有给顾客当好参谋,没为顾客选到合适的商品。

二、基于使命的追求

信誉楼的企业使命:“让员工体现自身价值,享有成功人生。”这就决定了创办信誉楼不是把赚钱放在第一位,也不仅是为给员工一个挣钱的饭碗,而是为给员工提供实现人生价值,享有成功人生的平台,我们所讲的成功人生是指“有益自己,有益社会,无怨无悔的人生。”有益自己,就是做自己喜欢的事,并能从中获得相应的回报,收获快乐和满足。有益社会,就是自己所做的事情,能为社会创造价值,为别人带来幸福。也就是说,只要我们在生活中享受快乐,在工作中立足本职,作出色的自己,我们生活愉快,自身价值也得到充分体现,这就是信誉楼人追求的成功人生。所以,我们始终坚持“员工第一”的人本思想,从 1990 年代初,开始投入大量资金和人力开办职工职业学校,建设教学型组织,逐步形成了多形式、多层次、全方位的学习系统,为员工营造了终生学习的环境,培养员工好习惯、好心态、好品格,也就是教会员工如何做人怎样处世。关注关爱员工的工作状态、生活状态和心理状态;打造积极健康向上的内部环境,让员工轻松愉快地工作。春节“黄金周”所有商厦关闭给员工放假,让员工与家人团聚共享亲情。为减轻员工精神、经济负担,企业内部相互之间不允许请客送礼;员工收入不与销售业绩挂钩,干部薪酬不与利润指标挂钩。取而代之是全方位的成就员工,为员工提供实践锻炼的机会,充分授权,允许试错。发展不看关系,不讲背景,晋升考察品格和能力,不拘一格用人才,创造公平公正的有利于人才成长的发展空间。通过发挥团队优势,让平常人创造出不平常的业绩,让员工有成就感、价值感,在劳动中体会快乐,享有成功人生。

三、共享型经济

追求价值最大化,而不是利润最大化的核心价值观决定了信誉楼的一切管理举措和制度设计都必须回归到了“人”自身的发展上,在现代企业制度方面,开创性地提出了“企业无终极所有者”的理念,全力推行人力资本股权化制度。集团内实行岗位股(不是全员持股),岗位决定股权,不同的岗位授予不同的股权,岗位变动时股权随之变动,退休或离职,其股权全部按离退时的价格由公司收回,不允许继承(包括创业者),不允许自行转让和个人控股企业。它的主要作用一是用股权激励,让核心员工与企业结成命运共同体;二是不断地将有能力、有贡献的人才进入公司的中坚层;使货币资本和人力资本融为一体,为员工创造了一条依靠自己的劳动、技术、能力和智慧来参与公司的治理和分享公司利润的途径。截至 2015 年底,信誉楼百货集团的优秀导购员及柜组主任以上干部持有岗位股的达到 7 000 多人,占总人数的近

30%(这个数还会增加),创办人张洪瑞先生所持有的股权占比不足1%(这个数还会减少)。人力资本股权化的制度从根本上改变了信誉楼的资本属性。

信誉楼注册的是一个公司法人,创办人张洪瑞先生自己筹资贷款创建的企业,从法权上说,他是企业的所有者,但是他真正地弄明白了做企业的目的和企业的本质,真正认识了劳动的本质。他承认信誉楼的发展壮大是包括他和所有员工共同劳动和创造的结果,他认可企业是劳动者、知识、资本、企业家等多方要素的事业共同体。所以,他抛却一己之私,自愿放弃了自己的所有权主张,把信誉楼分享给不断更替的真正能为企业创造较大价值和对企业前途有重要作用的员工手中,把企业传承给了一个团队。尽管企业注册类型是有限责任公司,其本质已发生了根本性的改变,这是对现有体制的突破和创新。

另外,信誉楼从2012年实施了《员工退休安置金制度》,每位员工退休时,除享受国家的社保退休金外,根据工作年限,企业赠予一笔安置金,让普通员工共同分享企业的经营成果,安享晚年。人力资本股权化和退休安置金这两项制度,使信誉楼实现了谁创造的价值归谁,让它成为全体信誉楼人共同拥有的企业,成为一个真正的共享型经济。

我们肩负的使命是成就员工,所以一直把实现员工的幸福和全面发展作为企业的目的和归宿。新建一家自营店就建立了一个新的平台,提拔一批新干部,成就一批人才。肩负近1 000名员工,我们用心经营好每一座商厦,就能不断提高员工的收入水平,扩展员工的发展空间,增进员工的福祉,实现“企业发展为了员工,发展企业依靠员工,发展成果由员工共享”的理念。信誉楼与员工已成为事业共同体,成长共同体,利益共同体,命运共同体。在张洪瑞成为优秀企业家的同时,信誉楼的员工也成为“出色的自己”,和我们的创办人一起享受着“成功人生”的幸福和快乐。

◎ 提问与讨论

陆晓禾: 非常感谢袁总和穆董的精彩演讲。袁总是富大的创始人,曾荣获“中华慈善之星”荣誉称号,富大集团也为我们上海社会科学院经济理论研究中心提供了研究案例,可参见我们出版的中英文版《企业责任:中国中小企业标准探寻——以上海复大集团为例兼与国际企业责任标准比较研究》一书。另外,我想说的是,我们研究经济伦理学的,往往注重大企业。一年前一个偶然的机会,我知道了在中国北方的一个小城市黄骅有一个获得交口称赞的商业企业信誉楼，在专程去那里调研后，我深深地为他们的经营理念和出色的实践所感动，所以我推荐它为全国道德模范，然后也推荐它到今天的世界大会上来演讲。概言之，这两个企业都在经济伦理方面作出了富有特色和具有创新的贡献，刚才我们也分享了他们的经验，现在请大家提问和讨论。

提　问：麻烦向穆总提一个具体问题，你们给顾客的退货很大的权利和自由，但是我想问一个问题，你不是一个单一的机构，也有你上游的供应链。以你出售的皮鞋为例，假设有30%的顾客退货，那么这些皮鞋是再卖出去呢，还是退给你的供应链？如果从共赢的角度会有什么问题？是不是需要考虑？

穆建霞：我们的退换货制度一方面提出来早；再一个可以说是无障碍的。我们把退换的权力放到了柜台，顾客凭信誉卡，我们柜台的员工都有解决的权力。再有超出标准的，就被请到我们的退换货接待处，这是一个终极解决部门，本着维护顾客利益的原则，倾向于顾客解决。顾客退回来的商品我们自己都做处理，不允许把这部分风险转嫁给供应商，因为我们维护顾客利益也要切实维护供应商的利益，只有与上游的供应商和下游的顾客，上下关系处理妥当，才能够实现共赢。我们跟供应商的交往本着"客我利相当"的原则：我利客无利，则客不存；我利大，客利小，则客不久；客我利相当，则客可久存，我可久利。所以我们跟供应商是互惠双赢的关系。

提　问：我向穆总提一个问题，你们经营的最初6年是零利润，当然后来公司是越来越好了，在中国现在电商蓬勃发展的形势下，我知道实体零售店的日子确实不好过，我相信有关风险可能还会继续累积，甚至有些企业最后破产。所以我在想，回顾你们公司历史的时候，你们是否想过这样做的背后理念到底能不能普遍推广？是不是能够让其他零售商、零售商店也可以能够，比如说最后模仿你们的一些做法，如果他们碰到前面几年零利润的时候怎么办？因为我知道服务他人让他人获利这个想法可能是很好的，但是，特别是前面6年零利润的话，这个是很少有企业能够或者是有的企业无法承受的。所以你们的公司或者你们其他管理者在回顾公司历史的时候，是否觉得这样的一些经营理念到底能不能推广或者让其他商家模仿？

穆建霞：这实际上还是关乎做企业到底为什么。如果做企业把眼睛盯在挣钱上，当然6年是坚持不了的，但如果把它作为人生的一部分、一个过程，情况就不同了。信誉楼是一个注重过程管理的企业，我们认为过程做好了，结果是自然而然的。人生既然是个过程，创业也是个过程，做其他行政管理、理论研究也是过程，无非是怎样一个心态来看待这个问题。所以，我们是在32年创业过程里前6年没有盈利。现在我们每建一个新店也有1～2年的市场培育期，甚至长的还有5年不盈利的。在新店不盈利的时候我们也没有急着要利润，而是静下心来做好该做的事情——商品、服务、管理水平提升等工作。我们知道新店成长是有一定规律的，必须要遵循规律。当我们不断学习、不断提升的时候，相信一年会比一年好。我们有了这样坚定的信念，所以才有一步一步扎扎实实做了大量与挣钱无关的事情，一些重要而不紧急的事情，如员工培训、制度打造、体制机制建设和平台建立等，这是第一个问题。

第二个问题关于电商这块，我们也拥抱这个时代，也紧跟时代的发展节奏，现在也在尝试网上商城。我们网上商城也做得有自己的特点，线上和线下商品价格是一样的，我们只想把它做成实体店的有益补充，让那些喜欢信誉楼，又没有时间去体验信誉楼的顾客，因为信任我们，选择好商品后，通过线上配送到他的家里，这是我们做电商的一个想法。

至于中国其他商家能不能学习的问题，我不好说，这跟追求有关。但是在黄骅像我们这样的模式不是我们一家。在当地有一个"骅商"现象，就是黄骅人学习借鉴信誉楼的做法走出去自己开商场或受聘于他人做职业经理人，采用我们的自营模式来经营商场，效果都不错，走到了全国各地。据黄骅市商务局统计有近1 000人，走出去把商场开到了河南、山东、山西、内蒙古等地大约有160多家，大家评价"骅商"的领头雁就是信誉楼。

提　问：袁总是著名的企业家也是慈善明星，现在有讲做慈善是影响力投资，我想请袁总谈谈你的慈善理念、经营理念和影响力投资这两者之间是一样的还是不一样的？或者你有哪些自己特殊的理念？

袁　立：我是1996年开始做慈善的，那时候公司利润已经达到了100万元，所以当年拿出10万元做助学基金。以后每年拿出100万～200万元，现在总的拿出来大概2 000万元左右。做慈善是这样的，我的一个比较传统的理念，钱多了应该把它捐出去一点，我不知道我这个人的福报应该有多少钱，我怕把钱赚太快了，使命完成了，我就差不多要回去了。所以我就不断地把钱捐回去。实际上我现在个人没钱，我把公司的股份分给大家了，我们公司有100多个百万富翁，有2个千万富翁。我把我的钱变成各种各样的基金，基金将来都不是我的。我们中国人讲因果报应，报应是客观存在的一个规律，慈善做了多了以后一个最大的好处，就是很多人都愿意跟你合作。所以我们现在到外面谈项目，只要我出场基本上都很顺利，对你可以相信，事情就OK了。

另外做慈善会带来一种快乐。一个人最快乐的就是看到自己所帮助的对象，比如我赞助了20多个小学生读到大学毕业，现在工作非常好。他们每年回来看我的时候，我的心情是非常高兴的，因为我改变了他们的人生命运。总的来说，在这个世界上做一个好人，你会得到的更多，如果老是想去损害别人的利益来为自己谋好处的话，最后你失去的会更多，我就是这个理念。

提　问：我是来自印度的教授，我有一个问题请问穆总，刚才您讲到你们公司在做福利的事情，提到了你们公司的员工，除了国家的养老金之外，公司还另外专门给这些员工一笔养老金。那么我还想问一下，你们公司给员工的养老金在总的养老金中大概占的比例多少、比重多少？

穆建霞：社保退休金跟员工本人投保时间有关系，退休金一般都不会太高，只能作为基本生活费。我们设立退休安置金进行补充，就是希望员工退休后生活得更有保障，能安享晚年。现在每年按照每人 4 000 元的基数提取安置金，根据他的工作年限计算，工作时间越长，他享有的越多。如果一个员工有 30 年的工龄，初步核算是 39 万多元。而社保退休金是按月领取跟每个人的寿命有关，我们没有计算过其中的占比。

提　问：我来自纽约一家大学，我想请问袁总，在你们公司员工中，工人与高管之间的工资差距有多大？是否因为员工参与，所以工人与高管之间的工资差距缩小了？

袁　立：我们公司工人与高管的差距大概有20倍，没有因为职工参加管理以后这个差距就缩小了，高管的工资与工人工资不同，我们这里高管的年薪 100 万元的很多。

提　问：今天非常高兴，看到袁总和穆总，两位具有非常好的领导力。我问一个简单的、可能很难的问题就是，你们具有的非常好的领导力是从哪里来的？读过什么书、认识什么人？哪种人、哪种思想对你们的影响最大？

袁　立：我觉得还是中国的传统文化对我的影响最大。我是 1950 年生人，还算读过几年书。感谢老祖宗留给我们许多好的文化和理念，比如说要求我们每一个人“己所不欲，勿施于人”，这是我做事遵循的非常重要的原则。然后老祖宗教我们做人要多积德、行善。虽然没有什么好的福报，但是你的灾难和灾祸远远离开你了，这是从小受到的教育对我的一生都是很好的指导。

穆建霞：袁总讲得非常好，我也赞成袁总的看法，我们生活在一个优秀的国度，我们有优秀的传统文化，这些都在滋养着每个人。我非常感恩我们公司的创办人张洪瑞先生对我的影响，他是一个非常有智慧、有境界、有思想的人。他不仅影响了我，也影响了我们整个团队 2 万多人。他有极强的学习能力，有非常明确的价值理念和追求，在他的带领下整个团队共同学习，共同进步,30多年我们就是这样不断成长起来的。

袁 立: 在我们中国,实际上做事和做人是分不开的,在某种程度上做人要大大超过做事。如果你很会做事但做人不行,你肯定会失败;如果你不会做事但做人绝对到位,你还会成功。这是我们国家的特色。像我和穆总都是属于很会做人的人,同时又会做点事,所以形成了领导力。

提 问: 对此我想说几句,我觉得会做人的人是竞争成功的人,会做事的人,一般来讲不会做人不会成功,这两者是相通的。我在美国做企业,在企业待的时间远远超过在中国。

提 问: 袁总激励了我,他是1950年生人,我们是同龄人,所以看你那种精神状态,我觉得我还有努力的空间。刚才听了你在处理公司发展的利益关系和事件过程中,我觉得你游刃有余。我们现在提出五大新发展理念,我想请教一下,这五大发展理念中间,对于处于经济发展下滑过程中的企业来说,哪一个理念对它的冲击最大?这是一个问题。另外一个问题是我特别关注的,就是像你们这些优秀公司,员工非常优秀,但是员工与高管(工资)有20倍的差异,你们觉得这是否属于合理的企业?在共享发展理念下,你觉得这个合理性,对你们有没有挑战?

袁 立: 你刚才提两个问题,一个是工资差距大了以后,对我们企业是不是会有影响?我在这里可以非常负责任地告诉你,我们公司的这个差距并不大。我们有许多国企、央企有相差100倍的。我认为,劳动力报酬完全是按照他产生的贡献,我们不是傻瓜,我们不会白白的给年薪100万元,而是你肯定值100万元,你创造出来的是好几个100万元。差距必须拉开,因为这是市场经济。我们这几年走的是市场经济,这条路是走对了。

对于第二个五大理念的问题,我认为,我们现在在走下坡,经济发展不可能永远一直往上走,也不可能永远往下走,所有的规律都是有高有低,有上有下。像我们这种传统企业在往下走的时候,唯一要做的,就是坚持、坚持、再坚持。现在我们都在讲转型、创造、提高、提升。传统企业不转型等着死,一转型马上死。我太知道这个情况了,就是原来这块东西你能做你就做,慢慢做,资金链保持了不要断掉。如果你要转型,最好的办法,就是拿出一笔钱来投资一家企业,你看好一个企业去投资。如果你自己想转型又不在这个行业里面,你重新再开始做起来,这个失败的可能性是99.9%。所以现在困难的时候,我们要坚持,我们会渡过这个困难期,我们现在处于低谷,但是我们还是会重新崛起,我们要坚定这个信心。

陆晓禾: 非常感谢袁立先生和穆建霞女士,他们的报告非常精彩。我想会后我们还可以和他们继续讨论。现在我们应该进入论坛的第二场了。

第二场　圣母大学的“员工参与试点计划”

乔治·恩德勒：好，我们现在开始论坛的第二场。袁立先生其实是我的老朋友了，我们圣母大学师生曾访问过富大集团，每次袁总都能说 2 个小时，非常激动人心、鼓舞人心。他有非常丰富的经验、思想，有出色的领导力。我想强调的是，刚才这两家公司都不是两三年前才创立的公司，它们有 25 年和 32 年的历史了，这也意味着它们在中国有非常丰富的经验了。我作为一个外国人，来到中国，能看到这样的榜样，是非常好的。

我们这个论坛的主题是“员工参与在中国”，我们知道，中国的企业现在也进入了全球经济体系当中，这也就意味着全球供应链变得非常重要，这对我们大学来说都是如此。我所在的学校，在美国印第安纳州的圣母大学是一个天主教大学，天主教的教学思想对我们学校非常重要，那意味着，工会应该有自由结社和谈判的权利。因为中国在这方面的一些法律的问题，2001 年，我们大学决定不能够从中国供应商那里采购我们特许授权生产的产品。幸运的是，经过大家的反思和坚持，3 年之前，圣母大学的执行副总裁决定设立一个工作组重新审视和改变我们不从中国供应商那里采购产品的决策。所以我们现在要看的是，在中国员工参与的国际视角，为此，我们邀请了 3 位十分卓越的嘉宾来演讲。

首先邀请的是来自新世纪帽子公司的全球合规经理黛安·汉普顿女士，她代表的是我刚才所说的这些经过许可为我们生产商品的企业。新世纪帽子公司是我们的特许授权生产商，但他们自己并不做这些帽子，他们管理一个国际供应链，是向汇达帽业这样的企业采购产品。他们会告诉我们他们如何管理诸如汇达帽业这样的供应商，如何鼓励供应商实施员工参与的政策和措施。具体地说，包括他们都有些什么标准，他们如何与供应商合作确保这些标准都得到执行。我们在美国，在我们的学校所面临的问题是，我们怎样才能说服学校的教授和学生们，这是一些好的企业，我们希望能够跟他们合作，这不是一件容易的事情。但是我们现在已经取得了进展。我自己是圣母大学教国际商务伦理的教授，我认为这是一个非常好的例子，能够体现出国际商务伦理在实践中的应用。现在首先有请黛安·汉普顿，她讲话之后，还有两位嘉宾演讲，之后我们还会有一些讨论的时间。

黛安·汉普顿：刚才富大集团和信誉楼集团的两位老总做了非常好的报告，非常激励人。我的报告会有一个不太一样的视角。因为我们是一个设在美国的国际品牌，我们在中国并不生产产品，而是从中国采购产品。我会介绍，我们在圣母大学的这个项目中，如何在供应链管理中遵守经济伦理。正如乔治所介绍的，作为全球的合规经理，我的职责是要保证我们所有采购的产品是在符合道德的劳动条件和遵守当地法律法规以及国际劳动标准的情况下生产的，同时也要保证我们在供应链中的环境管理方面践行行业最佳实践。

新世纪帽子公司1920年代创立，创立地点是在美国纽约州的水牛城，今天还是公司的总部所在地。当时我们每年生产6 000顶帽子，今天已经是全球最大的帽子公司，年产量达到数百万顿，在7个国家设有办公室，另外还有70余间零售商店分布在世界各地。在美国，我们公司以与美国人最喜欢的一项运动密切相关而著称，我不知道在中国棒球是不是一个流行的运动，在美国这是非常流行的运动，如果我们看美国的棒球运动，所有的棒球选手都戴着新世纪帽子公司的帽子。

另外，我们也有全国的橄榄球和NBA篮球赛的帽子生产许可证，我们在娱乐、体育方面有数百项生产许可和很多的合作伙伴，包括迪士尼、星球大战、漫威等。除了这些业务之外，我们也是全球超过300所大学的授权生产商，这当中主要是美国的大学，但也有其他国家的大学。这个图片是一些我们为圣母大学设计的帽子，今天我也带了一些样品，如果大家有兴趣的话，可以会后来看看。

正如乔治所说，我们自己并不制造帽子，我们只是在纽约州有一家工厂，除此之外，大多数帽子是由第三方的制造商来生产的，我们对这些第三方制造商并没有所有权，也不参与他们的管理。我们在全球15个国家都有帽子生产商。昨天有人问我，作为一家跨国公司，我们如何在全球各地这么多国家采取一套同样的道德生产标准？我们确实有一个统一的标准，那就是写在我们的《工作场所行为准则》的标准。这套行为准则是我们合规管理的基石，这套准则是基于国际劳工组织的核心劳动标准而制定的。我们已经将其翻译成了在我们有生产商的地方的当地国家或地区的语言。正如大家所知道的，许多国际买家和大学都有类似的行为准则，类似的对于符合经济伦理的生产一些最低标准，比如：禁止使用童工、禁止强迫劳动、禁止歧视、公平的工资、良好的劳动条件，当然还包括自由结社，那是被国际劳工组织界定的一项基本劳动权利。那么，我们在中国如何界定这个问题呢？因为中国的法律规定可能与国际劳动标准还有一些不同，这是我们今天所要讨论的话题。我在维泰的同事待会儿会就这个问题再具体展开。我想说的是，每个国际品牌,只要有工作场所行为准则,就有关于遵守自由结社的条款。我们也知道,大多数的品牌都有在中国生产,所以我们如何在中国的环境下定义这些行为准则呢?我们在这个问题上的观点和做法有一个发展演变的过程。我们是从2001年就开始在采购中采用工作场所行为准则的,那是在15年之前。在这些年里,我们在定义、衡量工人自由结社和鼓励工人参与方面的做法也有一个演变的过程。通过参加圣母大学这个项目,我们在这方面的绩效也有所提升。

说到我们的行为规则,有一个重点我想强调的是,那不仅仅是停留在纸上的一个文件。我们知道,有很多公司尽管有他们的行为准则,但实际上并不认真落实。我们感到很骄傲本公司是认真推行我们的行为准则的,尽管做起来很不容易。我们公司设有专门的合规管理机制。这个管理机制的宗旨就是确保我们所有产品是在公平、安全和合法的条件下生产的,都应当符合国际劳工工作标准,对环境的负面影响最小化。所以当圣母大学在2013年邀请我们参加这个项目时,我们非常高兴能有这个机会。因为我们已经在这方面努力了很多年了,在这个项目中与一个战略伙伴合作,那是一笔重要的财富,而且我们可以在这个项目中学习和获益。我们在达成更好的员工参与绩效方面的历程可以追溯到2001年,那年我们开始采用《工作场所行为准则》,2003年,我们加入了"公平劳动协会"(Fair Labor Assocation)。那(公平劳动协会)是一个多个利益相关方合作的组织,包含企业界、公民社会组织和人权组织以及学院和大学,旨在提升供应链社会责任合规性。经过4年实施"FLA"的标准和遵循成员单位义务,在2007年,我们取得了FLA董事会的认证。2009年,我们对公司的合规管理机制做了一些重大的调整,我们对评估工厂合规状况的方式作出了改变,我们增加了对工厂管理体系进行评估的要求。那意味着,要看工人参与在工厂层面意味着什么。从这时开始,我们对工厂如何开展工人参与活动进行评分。比如,管理层怎样与员工职业健康安全委员会,或者员工申诉委员会互动,或者工人是否被邀请参与生产方面的决策,工厂是否进行员工满意度调查等。我们把这些标准纳入常规的社会责任合规审核中,去了解工厂在这些方面做的基本状况。同时,鼓励工厂进行持续的改善。2010年,我们取得了FLA的认证,在香港办公室设立了合规管理团队。从2013年开始,我们开始在中国供应商工厂直接进行工人培训。培训内容涉及我们的行为准则、员工的权利与义务,以及我们在全球范围内特别是在中国给工人提供的可以匿名的热线电话服务,因为我们绝大多数的产品都在中国生产。因此,2014年,我们没有丝毫犹豫就接受邀请参加了圣母大学的项目。我们推荐汇达帽业(Wintax Caps)参加这个项目。大家稍后可以听到汇达的同事介绍他们的做法。去年,我们很高兴作为第一家企业得到圣母大学的批准在中国给他们生产帽子。那么,圣母大学的项目在合规性方面有哪些益处呢?首先,这个项目是由一个在全球范围内享有公信力和领导地位的独立的社会责任机构维泰来实施的。我们非常高兴能够与维泰合作,因为这个机构在业界广受尊重,被公认为供应链劳动标准方面的思想领袖。维泰给我们提供了一个全面的员工参与的评估框架。我刚才说到,我们自己的员工参与方面的评估有11个问题,而维泰的框架有71个问题,覆盖员工参与的方方面面,包括自由结社、集体协商、员工反馈与参与等,那是很多规范和细节,多于我们之前所做的很多。我们把这套标准用于评估我们的一些战略合作伙伴,使得我们了解到之前从来不知道的一些情况。这个评估框架让我们确认了汇达帽业一些很独特的强项,比如多个员工反馈和申诉的渠道,民主选举的工会领导等。维泰以擅长做员工的访谈而著称。员工访谈不仅在中国,在全球范围内都很难做。维泰在汇达成功的工人访谈也验证了汇达的一些做得很好的地方。我个人觉得很有说服力的一个发现是,通过员工访谈,维泰了解到工人认为他们工厂的工会在维护员工权益方面很有效。这个发现的意义在于,人们普遍的认知是,中国很多企业工会的作用主要体现在组织员工活动方面,很少有工会真正介入关于员工福祉和劳动标准的讨论。这个图片是John在组织一个工人委员会的会议和工会的会议。维泰的评估也帮助我们找到了可以继续改善的地方。比如:工人对他们的集体合同缺乏认知。但是我觉得这个项目最重要的意义是建立起了一个员工参与的商业案例。因为在那么多我们得到授权的大学中,圣母大学是唯一的,也是第一个真正要求他们的特许生产商落实他们的行为准则的学校。圣母大学告诉他们的特许生产商,我们很重视基本劳动权利和人权,如果你想获得我们的许可在中国为我们生产商品,在中国法律对自由结社有限制的情况下,你们的工厂必须符合这套关于员工参与的标准的要求。对圣母大学来说,这是一个很坚定的立场,他们和他们的特许授权商都要为此付出很多资源。但是我想圣母大学采取这样一个积极的立场,要求其特许授权商在满足这些条件的基础之上开展业务合作对于建立这个商业案例非常重要。这样做的效果是,对我来说,我可以拿着圣母大学的要求,告知我的上司:你们看,圣母大学有这些高标准,如果我们想继续在圣母大学拓展业务的话,我们就必须确保我们使用的工厂能够达到这些标准的要求。这也能够使我给那些达标状况好的工厂发更多的订单。我们常常听到“向下竞争”这个词,特别是在像服装这样的劳动力密集型行业，买家多是在全球范围内寻找最便宜的供应商，而圣母大学的做法，我想可以有"向上竞争"的效果。这对我们这个行业非常重要，因为顾客/许可方必须牵头提出要求才能保证在供应链最底层的工人能够获益。另外，参加这个项目，在业务上也给我们带来了好处。比如我们圣母大学的产品销售量增加了25%。而且，因为能够在中国生产，接近原材料和部件的产地，我们产品上市的速度得到提升，交货时间大幅缩短。同时，我们也得以在产品中使用一些顾客所喜欢的更时尚的原材料。因此，我想，这个项目是一个很好的使企业和工人都可以获益的样板。我希望这是一个趋势，就是大学能够基于特许生产商在符合商业伦理标准方面的绩效来给予他们订单。

陈鹤鸣：非常感谢前面两位老总对企业管理和领导力方面的分享，让我受益匪浅。我来自汇达帽业深圳有限公司，前面有介绍过，我们实际上是黛安·汉普顿帽子的分销商，她是我们非常好的伙伴，从2001年一直至2016年在社会责任方面取得进步，一点一点将我们国内的制造商从开始是零的基础上，慢慢建立符合国际化社会责任标准的管理。

在员工参与项目过程中，我们非常感谢维泰公司，在这个过程中让我们学到很多的知识，更加认识到员工参与对企业在管理上是非常好的进步。所以我这里再跟大家分享一下我在做具体项目方面的一些经验。

首先，企业的目标是以人为本、服务社群。让员工参与管理，可以实现这个目标。其次，员工参与管理的程度，特别要注重从员工的个人能力和员工岗位的需求这两方面。最后，我们期望建立既能让员工参与、也让员工和企业获得共同进步的双赢局面。

在具体做的过程中，在自由结社和员工协商方面，我们在建立职工代表大会、工会以后，同时还召集一些愿意参与企业管理的员工，组成健康安全委员会、伙食委员会、生产效率改进委员会、工人福利委员会、申诉处理委员会，和其他有必要提出来的可以组织的委员会。这里跟大家分享一下申诉处理委员会。

刚开始，员工觉得，跟企业或老板去谈薪资福利，老板可能不会让员工发挥这么大的功能或者给予这样的机会。他先是通过申诉处理的途径来公司反映问题，我们就抓住员工这样一个心态，在处理员工申诉过程中慢慢让员工参与管理进来。申诉委员会是怎样处理员工参与这方面的工作呢？

员工组织申诉委员会，进行申诉的调查，通过问卷调查以后做分析，看应该从哪方面改善员工的伙食，这是最基本伙食方面的权利。集体协商，要签定集体合同,在深圳这一块我们的具体做法是,员工比较关注的是他每年薪资的增长幅度,我们做的是传统制造业,开始我们是计时,后面慢慢改成计件。员工可以尽其可能争取更多工资,所以对工资的增长率一点不担心,每年起码5%增长是没有问题的。我们每年给员工的目标就是企业创造机会给员工,让一线的员工每年增长率至少达到10%以上。所以每年签集体劳动合同的时候,了解员工对每年工资增长的期望,以这点充分调动员工的积极性。我们每次集体协商的过程可以非常愉快地完成。

在员工参与决策这一块,除了前面讲到的成立职工代表大会外,还推进代表参与公司各项的决策。在制定一些有关工人利益的新的和大的政策之前征求员工的意见,让员工知道公司的新政策和重大变化。我们还有定期例会,与工人一起探讨他们关心的问题,公司必须有高层参与,让员工可以直接面对管理者。当然做完这些后,每半年都做工人满意度调查。

我们还通过员工参与改变了超市,一个小小的例子。公司过去设立的超市,开始很单一,主要满足员工的日常需求,提供生活用品、饮料,不用到外面去买。但后来满足不了"90后"员工,员工不满意,超市也做不下去。我们后来做了调查,定义为员工休闲园区,提供免费的WIFI、下棋的地方、各种烘烤小吃、啤酒炸鸡、生日蛋糕,这些都是员工自己参与建立的。

在员工参与工程中,我们也强调让员工不断去学习,公司认为学习是为了员工更好的参与管理。在这方面,我们每年有固定的读书节,我们会邀请一些各方面有影响力的专家或者是记者,或者是新闻人物来参与。这个也是员工提出来的,他们自己觉得需要学习,接受社会上的新事物、新信息,所以在这方面鼓励员工不断学习,目的是让员工更好地参与企业的管理。

最后,在员工参与管理方面的成效,我的理解是:第一,对雇主来讲,可以留住更好的员工,使公司和员工双方都能受惠;第二,使企业文化更完善,帮助员工学习和让员工得到职业生涯的发展;第三,员工参与和支持公司,使得我们各项政策可以很容易建立起来并且非常容易落实下去,这是对雇主来说的。对于员工来讲,他可以看到,通过不断的学习和不断的参与管理,可以提升员工自我管理的能力。所以过去比较难搞的员工,可以通过员工自己组成的委员会去解决,不用企业管理者更多的去考虑了。对员工的尊重和信任,使他们有更大的归属感。公司在每一次重大决策之前,都会跟员工沟通,这种透明化的管理,可以使员工有效地跟管理者沟通。这是我跟大家分享的管理内容。

姚文娟: 非常感谢ISBEE和圣母大学的邀请,很荣幸能够参加这次会议，并向大家分享我们与圣母大学在保护工人自由结社权和倡导工人参与方面的尝试，因为时间关系，我主要集中介绍我们如何在工厂层面实现工人自由结社、保护工人权益、提倡工人参与这些客观的评估，特别是我们在制定评估标准方面的一些思考。在正式分享前，我先介绍一下我工作的机构。谢谢黛安刚才给我们一个很高的评价，虽然我们在业界比较有名，但是在座的大部分来自学术界，可能对我们这个名字比较陌生。我们是一个国际性的非营利性机构，总部在美国，我们在 60 多个国家和地区有一些业务活动。我们这个机构的愿景是希望全球的人们能在安全、公正和合法的条件下工作。

我们主要在 3 个方面开展业务以达成我们的愿景：首先，我们跟企业合作，进行企业，特别是跨国公司的能力建设，以降低工人的脆弱性；其次，我们从事工人能力建设，以提升工人的主体能力；再次，我们从事研究，以为企业和政府决策提供建议和意见。由于我们在这个领域的出色工作，我们赢得过多个国际奖项，其中包括 Skoll 基金会和 Schwab 基金会的社会企业家奖。

我现在与大家分享我们和圣母大学合作中对工人自由结社和工人自由参与的评估标准方面的一些思考。我们在工作中经常会对企业管理人员做培训，有一个工厂管理人员说，地方政府部门要求我们成立工会，当工厂表现出犹豫的时候，政府部门的人说，那你们至少要设一个工会账户。另一次培训时，一个管理人员说，品牌的代表要他们在工厂设立工会。另一个管理人员说：我们工厂有个工会，但品牌的人要我们给工会的工人代表提供培训，以增强工会的有效性。在我们给圣母大学的一个供应商工厂做评估时，工厂的总经理问我们的工作人员：你们是来我们这里搞政治的吗？我们的人回答：当然不是啊。但是，这些工厂管理人员的疑惑应该引起我们的注意。我们可能需要问问我们自己：在保护工人的自由结社权方面，我们究竟对工厂管理层有什么样的要求，我们想要他们做什么？

在与圣母大学合作开发这个工人自由结社和参与评估项目的时候，我们尝试了回答与这个问题相关的几个问题。

第一个问题是，国际劳动标准中所保障的工人自由结社权是否应该同样应用在中华全总下属的工会或工人代表机制上？

我们的回答是：是的。国际劳工标准当中所保障的结社权可以，也应该适用于中华全总下的工会和工人代表机制。大家都知道，中华全总是中国唯一合法的工会，我们认为，问题的关键在于，我们的项目不是在对一个国家的法律体系进行评估，我们评估的是企业，我们不可能要求企业去改变一个国家的法律框架，特别是在中国这样的环境下。中国的法律框架里有自己的工会法律,也有它自己的标准,以及官方认可的工会。那么问题来了,中华全总及其所属的工会是否应该被作为工会来对待?工厂是否应该遵守国际劳动标准中规定的保障工人自由结社的权利?我们的回答是:是的,应该的。因为这是中国工人在中国的现实条件下唯一的选择,这个工会是他们能够合法组织起来保护自己权利的唯一的途径。

中华全总及其所属工会作为工人组织的现实,也不意味着他们没有或者不做事情来保护工人的利益。在过去和近些年来,我们都看到工会组织在保障工人权利方面做了很多工作。如果不认可中华全总作为一个工人工会组织的存在和其所做的工作,就等于是把中国看成是铁板一块,是为了意识形态的原因而漠视真实生活的丰富性和工人多姿多彩的抗争。因此,在评估标准的第一部分,我们全面应用了国际劳工标准当中在自由结社方面对企业行为的规定。这些标准是:

第一,企业尊重和认可工人自由结社和集体谈判的权利。

第二,企业避免干扰工会/工人代表组织的产生和运行。

第三,企业管理层诚心诚意地与工人进行集体协商。

在每条标准下面,我们用六至七个衡量基准来衡量企业的达标情况。

这些基准一般是检查工厂的政策、程序、执行和执行效果几个方面。我们相信,在这样评估的时候,我们不仅仅是在评估工厂对当地法律的符合性,同时也在向工厂管理层、工会代表和工人专递国际劳动标准的信息、知识。

第二个问题是,工厂的管理层是否应当对工会的有效性负责?

我们的回答是:不用。因为要求企业对工会组织的产生和有效性负责,是违背了国际劳动标准中自我决定和非干涉的规定。但问题又来了,如果工厂存在工会,那我们要不要对工会的有效性进行评估呢?我们认为需要。但是并不意味着在全国范围内超过300多万个中华全总下面的地方工会、基层工会都没效力。事实上我们看到,很多地方工会、基层工会在维护和保障工人权益方面是很有效的。我们认为,在与圣母大学的合作当中,我们注意到,工厂工会的组织情况参差不齐,差距很大。有的不仅建立了工会,而且工会领导实现了民主选举,工会与工厂有多个专项集体合同,但也有工厂完全没有工会,还有一些工会完全被管理层控制了,只是一个摆设。尽管我们不会要求工厂的管理层对工会的有效性负责,但我们可以通过评估工会的有效性来努力促进工会的改善,以便推动他们更加有效地维护工人的权益。因此,我们用了一个部分来评估工会的有效性。

在这个部分，我们使用了7项基准。其中包括工会的章程、工会选举的程序和流程、工会领导和员工代表对他们职责的认知程度、工会开展的与员工权益相关的活动、工会在集体协商或劳动争议当中起的作用，以及员工对工会有效性的看法等。

第三个问题是，工厂是否应该通过改善员工参与来促进企业劳资关系的改善？

我们的回答是肯定的。我们认为，应该大力提倡劳资参与。事实上，从劳资关系的发展的历史来看，这是很明显的趋势。仅从字面上看，从谈判到参与，有一个思维模式的转换。谈判意味着员工与雇主之间有零和的游戏，一方面得，以另一方的失为代价，是一种冲突的模式。而参与的概念意味着可以有合作共赢的模式。在这种模式中，我们认为雇主是主导的一方。因此，在评估的第二部分，我们是用管理体系的方式来评估工厂在员工参与方面的情况。在这个部分我们总共有30项标准，45个衡量的基准，我们从工厂的计划、实施、检查、调整，也就是我们常说的管理体系PDCA循环这样的模式来评价工厂对员工的沟通与参与各个方面的管理情况。

最后我想跟大家分享之前提到的那个故事的结尾，就是工厂老板说你来搞政治吗？我们说不是的。最后我们项目做完了，老板很高兴，觉得很好。其实这不仅对员工有利，对老板的管理也非常有利。所以最后这位老板问我们的团队是否可以兼职做他的顾问，帮他们做员工参与改善方面的事情。

我们充分意识到，在中国在关于自由结社和集体谈判权利方面还有很长的路要走。坦率地说，我并不知道，在我有生之年能在中国看到一个根本性的改变。但是我觉得正向的改变每天都在发生，我们在圣母大学的工厂中看到了不断的改善，看到有的工厂原来没有工会的现在开始有工会了，原来没有集体合同的现在有了，也看到有工厂的工会已经进行了民主选举以产生工会领导，工人参与的程度也在不断地改善。所有这些变化可能都很微小，但是每个微小的进步都有意义。所谓不积跬步，无以至千里。如果所有的利益相关方，比如政府、工会、学术机构、非政府机构、跨国公司、供应商工厂、工人都发挥自身的作用，致力于达成共同的目标，我相信，我们的下一代够看到一个伟大的改变。

◎ 提问与讨论

乔治·恩德勒：非常感谢三位演讲人作了非常生动、具体的演讲。这都是些很重要的，既很具体，也是很哲学性、原则性的问题，可以用来指导我们促进在中国，甚或在全世界范围内的员工参与。这些问题需要我们花长时间来讨论。但是下面我们只有几分钟时间可以用来问答。

提 问：我来自印度尼西亚。从文化的角度看，所有上述关于（员工参与）策略的讨论，实际上都来自西方文化，这里面好像并没有充分注意到东西方文化的差别，实际上在西方文化和中国文化，以及和我的国家文化之间还是有一定的差异的。例如，不同权力结构的差异。在有些专权的国家，他们实际上对民主，包括对于员工参与还是了解不深的。所以我想问一下黛安和陈先生，你们最早是怎么利用西方做法的？怎么鼓励员工参与的？我们知道有时候在东方，更多情况是由领导者来做决策，其他人跟随，中国和印度尼西亚都有这样的特征。还有在东方是非常注重人际关系的，比如人们应该在企业帮助自己的亲戚，这在西方是不可能的。在你们公司中是怎么采用西方的方式，改变员工的习惯，使他们能够适应西方的做法？

汉普顿：我想先来回答第一个问题，你问得非常好，这也是我们遇到的很具挑战性的一个问题，特别是当新的国家纳入我们的供应链的时候，如何将我们的工作场所基本行为准则推行到那些与我们文化背景不同的供应商当中？我们应该如何界定这些权利？我想对我们来说，一个有效的方法，特别是针对那些战略合作伙伴来说，就是在一开始时（建立业务关系时，项目开始时）就让他们了解，这是与新世纪帽子公司做生意的组成部分之一，也让他们明白，那些写在我们行为准则当中的规定对于工厂来说具体意味着什么。我们也会举行合规性年度研讨会，在会上我们会介绍在我们的全球供应链中不同企业的最佳实践。正如你从我们前面的演讲中看到的，我们公司有近乎100年的制造业经验，我们自己走过了工人参与的这条路。我经常跟我们的供应商讲，我们在纽约州的自己的工厂在30余年前建立工人职业健康安全委员会时，只有几个机师和主管参加，但现在有30%的一线工人参与。我们通过分享自己的经验和我们从这当中得到的商业利益，引导供应商改善。我们也让在我们供应链当中像汇达这样表现出色的企业分享他们的做法和成绩，让供应商之间相互交流。尽管他们之间是生意上的竞争对手，但我们让他们在关于工作条件相关的问题上相互沟通和学习，因为我们希望同行的压力也成为促进进步的一个方式。这是我们采取的一些有效的方法。

提 问：我来自圣母大学，我要感谢5位专家的演讲，他们的共同主题，让我想到我们在西方做的一些研究，他们都强调好的管理层和工会在公司中的存在能够产生更好的企业，工人的福祉会更好，企业的绩效也会更好。在中国的环境中，不仅仅是有文化的因素在起作用，还有政治和社会其他方面的一些因素。所以我会想，我们在中国看到的好的公司，其实不是有工会，而是有好的公司领导。我觉得，有工会的企业，应该是因为公司领导支持和允许工会的存在和发挥作用。前面作演讲的两位公司的老总谈到你们的公司的员工参与，你们都是很严肃真诚地在做员工参与这件事情。所以我在想，我们其实是在讨论好的中国企业的领导。我想问一下三位企业领导，你们作为中国的企业管理者、领导者，按照你们的观察和反思，你们认为中国的好的企业领导的独特性在哪里？有哪些地方是我们西方的企业管理者可以学习的？特别是在员工参与方面有什么中国特色的做法可以让其他国家包括西方国家来学习的？

袁　立：我谈一点个人意见，在中国民营企业，百分之一百主要靠老板，老板行企业就会活下去，靠其他人没有用。国有企业更是都是听领导的。

穆建霞：关于刚刚这位女士提到的工会组织，我们也有工会，有党支部。我们觉得发挥它们的作用主要是定位准确。在企业的制度和治理结构确定后，企业是否将员工放在第一位，如果是这样的话，工会完全没有对抗的关系，而更多的是服务员工，这是我们企业工会发挥的作用，效果也非常好。

提　问：我来自北卡罗来纳大学，我的问题主要是向黛安提的，当然其他人也可以回答。我知道在中国，有一个问题，在做供应链企业社会责任管理的时候，有些公司会聘请顾问来帮助他们。这些顾问可以很轻易地通过帮助工厂做假记录，辅导工人说假话来应对外方公司的检查等。所以我想知道，在这种情况下，你们怎么来防止第三方中介顾问做这样的造假工作？你们的多大比例的供应商工厂参加了像维泰这样深入的评估项目？

汉普顿：你提出了一个很好的问题，很明显，咱们在企业合规领域都面临着相似的挑战。我们审核我们供应链中100%的供应商工厂。有些我们不做审核的，是因为它们或者给我们的产量太小，或者是临时的，在资源缺乏的时候，去审核它们就没有什么意义。就产量来说，我们的生产主要集中在15家供应商企业。所有这些企业，我们至少做年度第三方审核，我们自己内部再做跟进访问。从审核的结果看，那些新进入我们供应链的企业与那些跟着我们多年的企业的确有很大的差距。我可以坦率地说，在做新工厂的初次审核时，我们有心理准备会看到造假的记录。而一旦我们跟他们建立业务联系，特别是对那些战略合作伙伴，我们会告知他们：透明度是我们关注的首要问题。我们不会太在意你们的工作时间是多长，甚至可以允许你逐步改善工资支付方面的违规，但透明度是第一要务，是我们建立互信的基础。我们在一开始时就会把这个问题摆在台面上。在解决这个问题之后，再谈其他问题。我想这对所有想在中国落实行为准则的国际买家来说都是一个主要的问题。

恩德勒：我想我要来结束这一场的讨论了。感谢所有的发言嘉宾，感谢陆晓禾教授和我一起的主持，也感谢与会者提出的所有问题，那都是一些我们需要解决的问题。我们还面临许多困难和问题，如果大家对继续探讨这些问题有兴趣，我们在2点钟还有一个全球供应链管理的论坛，你们可以移步那里去听一听。如果你没有机会向这场讨论的嘉宾提出问题，请跟他们索取联络方式，继续与他们交流。

专题论坛 6　中国传统文化、伦理和管理*

［提要］　自 20 世纪 70 年代末改革开放以来，中国企业一直追随西方的管理理念和实践。近年来，越来越多的中国企业尝试将中国传统文化纳入管理实践，并且取得了显著的进步。这种新兴现象已经对管理学与经济伦理产生了深刻影响，值得引起理论和实践的关注。本论坛旨在通过解决 3 个问题来考察这一现象：一、中国企业将传统文化与管理实践结合的动机是什么？二、中国传统文化的管理实践与西方管理实践最根本的区别是什么？中国传统文化的哪些部分应该纳入中国企业管理实践，哪些不应该纳入？三、如何将传统文化的价值观和原则应用到具体的管理实践并指导员工日常行为？如何将中国传统文化与西方管理理论和实践相结合？在中国厨具行业居领先地位的方太集团董事长兼首席执行官茅忠群先生将分享他在将中国传统文化融入管理实践方面的想法和经验。6 位管理学教授或伦理学教授：华南理工大学晁罡教授、台湾华梵大学朱建民、武汉理工大学吕力教授、南开大学齐善鸿教授、复旦大学苏勇教授和上海交通大学周祖城教授将讨论茅先生提出的上述问题。本论坛由周祖城教授主持。

周祖城： 首先热诚欢迎各位参加中国传统文化、伦理与管理论坛！改革开放以来，中国企业走过了一条学习西方管理理论与实践的道路，与此同时，关于中国传统文化在管理中作用的思考和探索一直没有停止过。近年来，出现了一个值得关注的现象：伴随着国学热的兴起，一些企业开始有意识地把中国传统文化运用于企业管理实践，并且取得了显著的成效。

从管理角度来看，这一现象引出了很多值得思考的问题：中国企业有意

---

* 原论坛为第六届 ISBEE 世界大会专题论坛 11(2016 年 7 月 14 日下午举行)。论坛文字内容由陆晓禾整理，收入本书时，请周祖城教授负责统稿并请相关发言人作了修订。——编者

识地把传统文化应用于管理实践的动因是什么？中国传统文化企业管理与西方企业管理有何实质不同？中国传统文化中哪些值得弘扬，哪些需要扬弃？如何将这些抽象的传统文化理念落实到企业的各项制度和员工的行为中？如何把中国传统文化思想与西方管理理论和实践结合起来？这些都是值得我们思考的问题。同时，企业经营必然会涉及企业与利益相关者、与社会、与环境的关系等。

这些是企业管理者必然要面对、要回答的问题。中国传统文化中有丰富的思想可以帮助企业管理者去处理这些关系。而这些应有的关系恰恰就是伦理所要考虑的内容。所以我们这个论坛(也是第三届中国企业管理论坛)的主题确定为“中国传统文化、管理与伦理”，把传统文化、管理、伦理这三者联系起来了。

为什么要把中国传统文化运用于管理实践以及如何做到这一点？企业实践是最有说服力的。也正因为如此，我们今天特地邀请了方太集团董事长、总裁茅忠群先生，请他与大家分享他的一些思考以及方太集团的实践。方太集团创建于 1996 年，20 年来始终专注于高端厨电领域，努力站在该领域的前沿。茅忠群先生同时也是中华民营企业联合会副会长、中国五金制品协会吸油烟机分会会长。当然，我们要对中国传统文化与现代企业管理相结合的有关问题做深入系统的回答，离不开理论探讨。所以我们也邀请了来自管理学或伦理学的 6 位教授来共同讨论。

本论坛由两个环节构成，第一个环节请茅忠群董事长作演讲，接下去的环节请 6 位教授也请茅总参与一起讨论，也欢迎与会者提问互动。下面有请方太集团董事长总裁茅忠群先生演讲！

茅忠群：今天非常荣幸来到这里跟大家分享传统文化在方太企业当中的运用。我本人是学理工科的，以前对语文、传统文化基本上不感兴趣。2000—2002 年在中欧读了 EMBA 后，考虑下一个班应该读什么，当时想了很多，读 EMBA 学的都是西方管理，但是中国有 5 000 年的文明，那么再过 20 年是不是我们商学院还都在讲西方管理，会不会有基于中国文化的东方管理？2004 年开始我在清华北大上了几个国学班，发现自己对传统文化特别有兴趣，就一直在学习。到 2008 年，我尝试把中国传统文化，尤其儒家文化融入方太企业中，让更多员工获得传统文化的好处，所以可以说这是一个缘起。

那时起，我一直有一个想法，就是能不能打造一套中国特色的现代管理模式？如果能，它一定会有一些核心的理念、指导方针或者总纲。这个总纲的特点应该跟西方管理有明显的差别，而且有非常鲜明的中国文化特色。在这个过程中，我总结了 5 条总纲跟大家分享，这是方太实行的最核心的内容。如果能够真正理解这 5 条，那么也就理解了传统文化在方太中的应用。

第一条总纲是关于中西合璧的，所谓"中学明道，西学优术，中西合璧，以道御术。"在儒家看来，天有天道，人有人道，商有商道，企业经营有它的经营之道。所以第一，我们要通过传统文化的学习来明白企业经营之道。第二是西学优术，方太一开始是一家管理上非常西化的企业，相当深入地采用了西方现代管理成果。但是，我们不能像"五四"时期为了学习西方，把自己的文化全盘抛弃；也不能走另外一个极端，把西方的抛弃完全只学习自己的东西。这两个极端都是中国传统文化所反对的，我们讲中庸之道就是无过又无不及。所以中国文化善于吸收世界上一切好的东西为我们所用。这就是西学优术。第三是中西合璧，在企业里面都要整合成一个整体，不能搞很多张皮。我们不能谈到理念的时候，讲的都是中国的文化；谈到具体管理的时候，又讲的都是西方的管理。这样会造成隔阂，形成两张皮。所以我们要把这两张皮揉成一个整体，怎么揉？就是以道御术，引进西方文化的时候让它转化，让它符合传统文化、符合方太的核心理念。这就是中西合璧的思想。

第二条总纲是关于领导力的，我们知道谈管理离不开领导力，西方关于领导力有大量的著述，我书架上就有不下 50 本领导力的著作，也看过一些，上过一些培训班。西方的领导力主要关注在领导的艺术、方法、技巧这些层面。我们学习中国传统文化的时候，我也在问自己：中国传统文化对我们领导人提升领导力到底有什么核心的理念？最后我发现其实它就是品德。于是我们要提升领导力，只要聚焦我们领导人的品德，提升领导力的品德就能够提升我们的领导力。《论语》在这方面有很多论述，比如，"为政以德，譬如北辰，居其所而众星共之"。这样的领导人就像那颗北极星，其他的星星都会围绕在它的周围，这样一个有德的领导人，其他的人才都会围绕在这个领导人的周围，并不需要像以前学的领导力那样，要花很多的技巧、方法，然后跟每一个下属去沟通。另外就是"其身正不令而行，其身不正虽令不从。"都是从不同的角度说明，一个有品德的领导人自然就具有很强的领导力，这是品德领导。

第三条总纲是关于管理的，我们讲企业经营管理还得回到管理。对管理，传统文化讲阴阳平衡，两手抓，管理也应该是两手抓。其实西方的管理也讲两手，只是我读 EMBA 的时候有一个错觉，好像西方的管理只是制度跟流程的管理，其实他们还有价值观和信仰，后来发现西方员工的信仰不是企业家去做的事情，是社会在做的。中国的企业或者说中国的现阶段不是这个情况。中国人大多数还是缺乏一个明确的信仰，这样，我们的管理如果只是从EMBA学到的，就变成单手、单脚管理。好多人觉得学了EMBA回到了企业还是不好，原因就在于我们是单只脚在走路，不是阴阳平衡的。所以学伦理的时候发现，原来管理之道就在这里，如果员工有了羞耻感、敬畏感，自然而然行为就会端正了。“道之以政，齐之以刑，民免而无耻”。儒家管理也是认同要有刑法，只是它处于一个辅助地位，单纯拿出来可以理解为法家的思想。

第四条总纲是关于经营的，企业要生存、发展，还要讲究经营的结果，经营之道究竟是什么呢？我想了很久，最后发现原来经营之道就是人道经营。“修己以安人，修己以安百姓”，作为企业的经营者、领导人，其实很简单，要做好经营就是把自己修炼好，然后把别人给安顿好。别人包括企业的员工、顾客、合作伙伴等。假如说，我们的客户、顾客对我们的产品和我们的服务，如果能够达到12分安心的话，想想我们的经营结果还会差吗？绝对差不了，他们也肯定成为我们这个品牌的忠实用户，不会再考虑别的品牌。

最后一条，其实也是前四条的一个总结，是我最近才把它加上的，因为在看前四条的时候发现一个共同点，也就是说中国特色的管理有一个共同点，就是每一条对领导人的要求都比较高。所以如果哪一家企业要践行中国特色的管理，要基于中国传统文化的管理，领导人首先是核心，是关键，领导人首先要修身，把自己修好。所以增加了第五条，领导人的修身。领导人如何修身？当然儒家给出了很多的方法和途径，我也是拿了《论语》中一句话，叫“志于道，据于德，依于仁，游于艺。”志于道，立志得道，立志是我们所有学习修身的开始。这12个字内涵非常丰富，因为时间关系我就不作展开，因为后面还有很多内容。

这里再简单介绍一下，我在2014年下半年思考的一个概念，就是究竟什么是伟大的企业？通过反复的感悟，我发现，真正伟大的企业既是一个经济组织，又是一个社会组织，好比中国人讲的“修身齐家治国平天下”中的“家”，这个家不是今天小家庭的家，而是大家族的家。今天大家族没了，企业代替了这个位置，所以一个国家要治理好很简单，只要把大家族治理好，国家就很容易治理好。要大家族治理好，就要让每个家长把身修好。

伟大的企业既要满足并且创造顾客的需求，同时还要导人向善，因为它还有社会组织的功能。我具体提出了伟大企业的4个特征，即：顾客得安心、员工得幸福，社会得正气，经营可持续。这四个特征缺一不可，如果缺少一个都难以称得上伟大的企业。这里有一个很明显的关系，就是我们要把企业社会责任贯穿到企业经营管理的全过程,而不是说我赚钱归赚钱,花钱归花钱,包括西方人可能会说,我前半生赚钱,后半生花钱,这个当然都很好。但是我们还可以更高一步,就是把我们的这种社会责任意识贯穿到经营管理,贯穿到赚钱的全过程,同时我们经营管理的方方面面都要给社会带来正能量。我想这才称得上是一家真正伟大的企业。

理清楚这个概念后,在 2014 年公司年终大会上,我们在 1 万多名员工面前提出了新的愿景,就是成为一家伟大的企业。我把这四个特征转化成了方太的新典范,叫作五心品牌新典范、员工之家新典范、社会责任新典范、卓越经营新典范。这是我们新的愿景,在未来 10 年以至 20 年,我们就要去实现这样的伟大企业。我们的使命是让家的感觉更好,主要体现在两个层面:一个是用户层面,通过我们高品质的产品和服务,打造一种生活方式,让千万家庭享受更加幸福、安心的生活;另一个是员工层面,就是要成就全体方太人在物质和精神两方面的幸福,让方太这个大家庭更加美好。核心价值观是人品、企品、产品,三品合一。把人品放在第一位,同时把儒家的仁义礼智信廉耻勤勇严等纳入人品范畴。

如果用一句话来概括方太文化,我想用这句话:以顾客为中心,以员工为根本,快乐学习,快乐奋斗,促进人类社会的真善美。

前面讲到以道御术,我们在术的方面、管理方面大量采用了西方管理的一些精华,从战略、顾客、员工、运营等四大方面建立了体系。当然今天要分享的是,前面提出的方太的核心理念如何落地,我们在这几年中已经形成了一套落地的方法或者说落地的工具,叫两要五法:两要是以顾客为中心、以员工为根本;五法是教育熏化、关爱感化、礼制固化、专业强化,还有领导垂范。以顾客为中心,最根本的就是要以仁爱之心来待顾客。我们要完善顾客体验,让他们得到五颗心:动心、省心、放心、舒心、安心。以前很多人认为,中国传统文化有很多优点,但是认为它不支持创新。后来我感悟到,这个看法不对,因为我体会到,创新最大的源泉是我们的仁爱之心、我们的良知;创新一旦离开了这个源泉,可能带给人类社会的是灾难;创新如果不是来自仁爱之心,而是来自纯粹的功利,那么可能对人类社会的发展带来很多隐患。所以,只有来自仁爱之心,才能最终让顾客得到安心。

以员工为根本,核心是要成就员工的幸福,现在有很多优秀的大企业,企业经营得很好,但是员工却很不幸福。那么如何才能让员工幸福呢?我总结一条,就是:企业营造环境、员工创造幸福。企业要营造一个怎样的环境呢?营造一个有五感的环境,包括安全感、归属感、使命感、成长感、成就感,员工要在这样的环境下,用自己的双手创造幸福。他怎样创造呢?就是成为快乐的学习者和快乐的奋斗者,就是要修身心和尽本分。这个内容里融入了大量儒家文化的内容,就是一定要让员工真正明白,为什么我们的人生只有这样才活得有意义、有价值,我们才能成就圆满幸福的人生。在公司内部把这个道理对员工讲清楚,员工一旦明白这个道理以后,又在一个良好的企业环境里,他就能做到快乐学习和快乐奋斗了。我们小时候觉得学习是苦的,为什么呢?因为我们小时候被灌输的是学海无涯苦作舟,而翻开《论语》的第一句话则是,“学而时习之,不亦说乎”。无论是学习奋斗都能够感到快乐,这才是推崇传统文化真正的价值和意义所在。每一个员工的人生都能过得非常充实、非常有意义和有价值。

围绕着以员工为根本,我们也在打造十大文化,包括生命教育文化、快乐学习文化、快乐奋斗文化,五个一文化、三省文化、党建文化、师徒制文化,还有中医文化、全员身股文化。我们现在推中医文化,因为现在完全健康的人应该说很少,可能只有百分之几,大部分人处于亚健康状态。我们怎样通过中医文化的导入让员工身体更健康呢?这其实是追求幸福的一个很重要的环节。因为当一个人生病的时候,他其实就谈不上幸福了。十大文化背后的源泉是我们的良知,是我们的仁爱之心,最终目标是让员工得幸福。

最后我简单讲一下效果。2008 年以来,执行以后的效果如何?分为两个方面。一个是员工行为,行为分两种,一种是 60 分以下的行为,就是违纪、违规这一类行为。我们前 4 年坚持的结果是这类行为每年总量下降一半。另一种叫优良风尚,就是 80～90 分的行为,这些行为普遍明显增加。比如,孝敬长辈,很多外地员工以前可能也不太懂孝顺,现在起码经常会给父母打打电话问候;同事互助,有同事生病,大家踊跃捐款,最多一次光员工就捐了 40 多万元;热爱公司,从合理化建议、加班、离职率下降等表现出来;还有用户表扬,由于我们服务人员服务工作质量的提升,我们去年一年受到用户书面表扬信、锦旗达 631 件,现在的人很少写信了,能够收到书面表扬信那么多不太容易;敬业乐业,今年也获得了非常有名的翰威特最佳雇主的特别奖;经营结果也是每年持续稳定的发展,尤其这两年经济形势不太好,今年上半年仍然增长达到了 28%,社会效益方面,累计纳税到去年达到了 40 亿元,在慈善、工艺传统文化弘扬方面也做了大量工作。

周祖城:茅先生的演讲给我们很多启示,很多问题值得我们讨论。下面进入第二个环节,请华南理工大学晁罡教授主持。

晁　罡:各位嘉宾,刚才茅总讲了方太公司用传统文化治理企业的情况。我国从 2000 年以来，特别是 2005 年以后，出现了一大批用中华传统文化治理的企业，包括方太这样的著名公司，而且地域方面也是全国各地都有，比如长江三角洲、珠江三角洲、山东半岛和渤海地区等，都有这样的企业出现。这些企业形式多样，从企业的性质来讲，有民营企业，也有合资企业，甚至一些外商独资企业。这样的企业有逐年递增的态势，而且似乎已经成为一种由大批企业推动的社会文化运动。

这些企业在企业文化塑造、企业制度安排和创造、领导者的理念和行为以及员工文化体现方面，都有非常独到的东西，非常具有理论价值和实践价值。当然，我们国家在本土化管理方面，以前也有体现，但是过去的很多研究，只是在员工行为方面、在领导者行为方面或者在一些局部方面。这种比较碎片化的样本，现在逐渐成为一种整体性的全面的样本，就是说，像方太这样一大批企业，从企业理念、文化、精神层面，到企业制度，再到员工的行为和领导者的行为等方面，都比较充分地体现了中国文化很多元素。这些企业的这种发展，很多学者都非常关注，接下来我们将围绕这些问题展开讨论：这些企业是怎样出现的？它们的原因、成因是什么？有什么样的特征？这些企业是如何做的？它们的理念是如何落实的？员工行为以及企业实际效用是什么？下面讨论第一个问题：是什么原因导致这些企业的出现，有请复旦大学苏勇教授发言。

苏　勇：为什么会将中国传统文化应用到现代企业管理中？从刚才茅忠群董事长的发言，我们可以看到，主要有 3 点原因。

第一，是我们文化传统的接续。长期以来由于中国发展中走的一些弯路，中国几千年的优秀传统文化实际上产生了很大的一个断裂或者说遭到了颠覆。到了今天我们拨乱反正，要使中国社会能够更好发展，我们要把被割裂、被颠覆的文化传统接续起来，而且其中有很多优秀元素，就像方太集团，是可以在我们所有的企业，乃至今天最先进的 IT 企业中，照样运用的。

第二，在我们现代企业管理中，西方的管理理论虽然有很多优秀的地方，但是并不完全管用。我自己原来是学人文学科的，本科读历史，硕士读中国思想文化史，博士读企业管理。原来我们学管理讲到案例都是可口可乐、花旗银行、通用汽车等。但是，2008 年金融危机发生后，这些以往被我们奉为经典的企业管理理论并不完全管用，按照这些经典理论打造起来的企业，通用汽车，花旗、雷曼兄弟等都碰到了很大的问题，有的企业甚至于消失。这种情况也促使我们开始反思。

中国今天经历了 30 多年的改革开放，涌现了一大批优秀的企业和优秀的企业家,也产生了很多很好的管理思想。这些也使得我们今天完全有底气来谈基于中国优秀传统文化、基于中国社会国情的管理思想和管理理论。我最近在做的研究项目是中国杰出企业思想家管理企业访谈,我们用了差不多一年半的时间到现在,访谈了12位中国优秀企业家,包括方太集团的茅忠群董事长和他的父亲。第一批成果4本书已经出版,电视专题片去年底在"第一财经"也已经开播。我们访谈了那么多优秀企业家,虽然切入的角度不同,但是都无一例外的谈到中国优秀传统文化对他们今天经营企业的影响。所以这也是我们所不能够忽视的。

刚才茅总讲到了传统文化在领导力和企业可持续发展方面对他的一些影响。我去年访谈方太也进行了实地考察。不仅是企业领导人,而且整个方太的员工、整个企业都给我留下了非常深刻的印象。

第三,我们今天怎样来运用中国的优秀传统文化?我现在主持复旦大学东方管理研究院,我们研究东方管理并不是考古,并不是把所有古代的东西原封不动地在今天加以运用,而是思考和研究怎样把优秀的东西发扬出来。比如,我们在《外国经济与管理》杂志开了一个"东方管理"的专栏,希望通过非常扎实的工作和研究,有助于企业家在他们的经营管理中能够很好的实践,把中国传统文化的优秀元素与现代企业管理很好对接,能够使我们中国传统文化在我们企业管理领域、在我们社会发展的领域得到进一步的发扬光大。

晁　罡:第二个问题:这一类企业有什么样的特征?在管理思想上有怎样的表现?有请南开大学齐善鸿教授发言。

齐善鸿:各个国家、各个民族都有自己的传统,所以我们今天的所思、所想、所做都离不开自己的传统,那么对于传统到底怎么理解或者定义?当然这是一个问题。作为中国人,我们现在一谈到中国传统可能更多讲的是儒释道,实际上释家进入中国不到2 000年,儒家和道家这两个学派出现在2 000多年前,那么7 000多年前中华文明的根是什么?这是我们常常忽略的。实际上这些学派每一个都离不开中国的根。

我们的论坛是要讨论传统文化、信仰、伦理对企业的影响,正好我现在也在做关于企业信仰问题的国家课题。我们老是在谈管理,强调管理伦理,实际上真正有信仰的人是不需要管理的。而如果是只有欲望的人,那么用什么样的办法也是管理不好的。这两个认识,决定了我后续很多的研究。我们家祖上是中医,我是学医出身,后来学管理、心理学、学经济管理,现在的教职在南开大学商学院,同时还是医院的院长,已经做了9年,还做过4家企业。在这个实践过程中,我觉得文化,也就是人类灵魂,决定了我们怎么想问题、怎么行为。而中国文化传统在这方面给我们提供了非常丰富的资源和素材,我们怎样从中吸取其精华,变成我们生命中的修行。因为我的身份是修行者,我要练功,拿我自己的生命去检验中华文化的效果,而不仅仅是脑子在想或嘴巴在说。所以我对中国文化的信仰有这样的理解。如果我们不能用自己的生命和生活去检验它,那我们说的是不是中华文化可能都值得怀疑。

中华文化传统的六合思想,可以说融合了各门各派的观点。六合强调的是,首先,个人不能跟自己打架,自己不能跟真理打架,所以叫"明心见性";其次,从每个人的起点上来说,就是要做好自己的本职工作,这叫"君子务本";第三,从利益追求来讲,要追求综合价值最优,不是一个方面、一个人的优;第四,从关系上说,就是让大家"各得其所",有什么能力就干什么样的工作,挣什么样的钱。第五,从每个人的地位来说,在中国文化中讲的是"内圣外王",就是个人的内在决定你的外在。第六,天人合一,从终极上说,当我们的生命停止时,又进入了一个新的形态。如果对此能够想得清楚,人间的各种利害、纠结、矛盾通通都能化解。

晁　罡: 儒家思想、传统文化思想,是怎样一步一步变成制度并落实到员工的行为上呢?台湾华梵大学朱建民校长有很多思考,有请他发言。

朱建民: 中华文化或者说儒家思想非常庞大,真的要做起来可以从最基本的道理去做就可以了,所以我要讨论的主题是:实践可以从最基本的道理开始。也就是谈谈如何做,如何将传统文化落实到企业制度与员工行为。方太的思考非常周延,我只是从另一个角度把我自己在台湾碰到的经验跟各位分享,可能对许多想要起步的一些企业有一些参考作用,也让方太茅总看一下,很多东西是殊途同归的。

过去5年我协助台湾一家医疗器材企业开展经营。这位60多岁的企业家思考接班传承的问题,下一代无意接班,他也不愿把太多财富留给子女,因为觉得这样纯粹是害了下一代。他最关心的是,如何把自己一手创立的企业及其核心价值能够延续下去?这位企业家在美国开始他的事业,后来在台湾发展。他回顾自己一生,觉得不管是在西方还是中国,自己能够成功应该归因于儒家伦理给他的基本做人、做事的道理,而企业要能真正可持续发展,它的灵魂、它的道、它的核心价值必须回到儒家伦理。所以如何内化、普及、传承儒家伦理成为他过去这些年一直思考的问题。我也在一旁给他提过一些建议。

第一如何内化,要表现在企业的员工守则、人事制度、相关激励措施上,不能说一套做一套，这个是员工最能够清楚感觉到的。我个人觉得，每一个文化都有它的道，西方的企业能够成功也有它的道，中国的企业能够成功也有它的道，问题是这些道在文化的发展中所呈现出来的方面和重点不完全一样。如果从相同的方面来看，西方学者孔汉思提倡的全球伦理中，包括儒家讲的己所不欲，勿施于人。儒家伦理最有优势或最能够运用的地方在个人、修身、人际关系、安身立命，最重要的是它的价值观、人生观。不能说一个企业是中国企业，就完全用儒家伦理，因为它有适用的范围和优势所在，要像茅总所讲的那样，德、道与术能够兼用。

就道而言，一些企业是从仁义礼智信来进行的。从古代的传统伦理转化到我们现代社会，注重怎样从日常伦理转化到企业的各种行为中。所以仁义礼智信在台湾，实际上已经确立了五德作为德的内容，而并不是空洞的口号。

第二如何推动，我的建议是不要强制，过于强制会引起反弹。其次不要求速效，因为企业主管常常希望立竿见影。所以要分几个步骤、3 个层面来进行。第一个是全面普及，属于比较软性的部分，让大家都能够接受的，比如从电影讲人生的道理。第二个是对干部进行经典的研习，其实经典不需要读太多，甚至只读《论语》就够了，或者想扩大，读到《四书》也就可以了。最后是要成立一个核心小组，不断地把学习的道理与我们现行的体制制度进行对照，不断地去修改、设计、反思，这是我提供给一个台湾企业的思路，已经实施了 5 年。我觉得简单易行，当然我也希望有一天它们能够像方太一样发展成完备的体系。

晁　罡：我们用中华传统文化去管理企业，前面几位教授，包括茅总都提到了，治理和管理并不是局限于只用中国的东西，只用儒家的、道家的或者佛家的文化。我们对西方还是抱有一种开放的态度。因此第三个问题：我们怎样跟西方对话？中国企业文化的主要特征是什么？怎么样跟西方进行对比对话？下面有请武汉工程大学吕力教授发言。

吕　力：刚才晁老师提的问题非常重要，就是中西方如何对话，因为在全球化的今天，中西方不可能相互分割开。那么对话的前提是什么？我认为，一定要站在中西方平等的基础上。如果我们认为西方都是好的，我们就是学生，西方是老师，这个不存在对话，是学习。如果认为中国的就一定比西方好，这个也不是对话。那么怎样才能对话呢？我想从文化的两个层次来讲。

文化的第一个层次是方法论。中国人在做事的时候，当然在管理的时候也是这样，他们的方法与西方人的方法不一样，在这方面有很多跨文化的研究。最近两年我也是从这个视角来观察很多问题，比如对家族的观察，中国的组织中有很多称兄道弟的存在，实际上是把家族的东西放到组织中。这到底好不好呢？我想中西方对话可以从这个角度来开展。

第二个层次是从价值和伦理的角度来进行对话。这样的对话意义会是非常深刻的。从这个角度对话，我们的起点仍然应该双方是平等的。对于中国的传统价值观，比如仁义礼智信，如果我们学者，包括本土学者，认为仁义礼智信没有必要，所有这些都可以百分之百地翻译成西方的学术语言，实际上就不存在对话的基础。所以我们要建立一个互相尊重、互相包容的学术环境。当然这依靠我们所有在座学者的努力。

另外，我觉得也是非常重要的，就是我们要树立起价值在管理学研究中的位置，传统的主流管理学没有把价值放在一个重要的位置，它不研究价值，即使研究价值也是从属于效率，这样就不能从价值的角度来考虑问题，也不能建立起中西方在价值方面对话的基础。所以我想，这两个方面在中西方的对话，在这个领域的对话是非常有必要的。

最后，从道德的角度来考虑管理问题，也有学者这样做，但我们以前做的工作是不彻底的，比如我们谈到企业社会责任的时候，总会想到这个企业到底挣不挣钱。实际上道德的问题也需要我们从道德的视角来看，需要反思性的来看道德在管理伦理中的位置。这就是我的思考。

晁　罡：改革开放以来，我们一直学习西方企业管理制度，今天出现这样一类企业，从制度层面来考察，算不算是一种比较典型的制度上的创新呢？有请苏勇教授来分享一下。

苏　勇：我觉得这是一种制度上的创新，因为我们讲企业管理有很多种方法，以我所接触的那么多的企业家，虽然切入的角度不同，但是管理无定法。我们采访了方太和其他一些企业。海尔很大的创新就是组织小型化、微型化，这个探索也很有成效。同样我们也采访了珠海的格力电器，它没有做组织结构上大的颠覆、大的调整，但是它也能够进行一些非常有效的管理。所以管理没有一定之规，很多优秀的企业家都在进行卓有成效的探索。类似方太这样的企业，把优秀的传统文化，尤其是儒家思想，运用到员工管理、企业经营中，这其实就是一种制度创新。

刚才茅总告诉我们，方太公司所有员工每天早上 15 分钟学习中国传统文化，读《论语》等。不仅领导读，管理人员读，所有一线操作工人也读，而且坚持到现在，持之以恒，这就是一种管理措施。这种管理措施有没有用？在我看来是有用的，由表及里、由外而内。比如我在方太访问茅总的时候观察到,在大楼里乘电梯出来看到,所有等待进电梯的人整齐地排成一路纵队很好地等在门口。很多高档写字楼里的白领,可能文化程度要比方太的要高,但是他们是拥挤在那里的。我觉得可能是文化熏陶所产生的作用,这也是一种制度创新,可能切入的角度不同、使用的方法不同,但是我觉得都是非常有益的探索。

晁　罡: 朱建民教授,您还有一个身份是台湾华梵大学的校长。我观察到,大陆也有一批企业是用中国文化去治理的,台湾也有一些企业是用中国文化去治理的,但是他们之间还是有明显差异的。刚才您特别提到,推动的时候不要强制、不要速效,但是观察大陆的企业,在推动用中国传统文化治理的时候,大都用比较强力的手段。您觉得这个跟台湾的文化没有割断、民间有文化基础有没有关系?大陆的传统文化割断了,所以不强制、不推动做是不是就不行?想听听朱校长的意见。

朱建民: 很多在推动的时候,其实在选材上也是一个问题。就是说,如果你跟这个文化有中断,你对它是陌生的,你就会不知道怎样选材。有的人从《弟子规》开始,要求读《弟子规》,台湾这样做比较少,因为弟子规属于儿童教育。对员工直接用《论语》,因为《论语》跟弟子规不一样的地方在于,它是一个人的生命方向、生命形态的展现。通过整体的人格典范,能够对整个人、生命方向发生影响。所以这时候你用强硬的方式,要他认为你是老板我就听你的,尤其在台湾,自主性比较强,如果采取比较强制的方式,员工内心是拒绝的。你的员工将来要成为你的接班团队,你会把权力交给他,如果他在你面前阳奉阴违怎么办?在台湾我们反而担心阳奉阴违会有负作用产生,所以有时间还是尽量由外而内发生影响,而对进到核心班子的成员,要求他们坐下来一页一页读,找人一页一页讲。我想各种方式都有一定的效果,只是综合考量的时候给出不强制的建议。

苏　勇: 我补充一句,刚才朱校长的发言很有启发,联想到刚才茅总也讲到,《论语》里有"道之以政,齐之以刑,民免而无耻",就是用刑法约束大家的行为,虽然不犯法,但是他们并不明白哪些事情是羞耻的、哪些事情是高尚的。

晁　罡: 这里涉及一个问题,台湾的文化没有断,没有断的情况下比较自然地去做,可能比较顺理成章。但大陆断了很久,所以怎么推动跟领导者有非常大的关系。到底是采用强制的办法,还是用领导垂范的方法,哪个更恰当?也请茅总和齐教授两位谈谈。

茅忠群: 我还是赞成刚才朱校长的意见,在方太推行传统文化也是有一个大的原则就是不强制。因为儒家文化最强调教育,这种教育跟我们从小长大接受的教育有很大的不同。我们从小学、中学到大学,其实接受的都是培训。教育是开发人性的工程,培训是开发知识跟技能的工程,这两者的方法应该完全不同。培训成不成功很清楚,今天培训课一上,发一张卷子下来或者技能方面操作一下,人人过关。但是教育不一样,教育成不成功只有两个标准来衡量,第一个我是不是发自内心的认同,第二个我这种认同能不能转化成我的行为乃至习惯。所以靠强制是强制不出内心的认同的。

晁　罡: 我接着茅总问,您说的发自内心的认同,能否跟大家分享一下,怎么是发自内心的认同?现在有很多企业家推行传统文化只是作为管理手段,内心是另外一套,您怎么看?

茅忠群: 我觉得,如果他只是把传统文化作为一种管理的手段,为了更好地管理员工,我相信他最后是会失败的。我们推行的时候,主要就是我刚才讲到的让员工明白道理,然后我们的教材一定要打动人心,不是给他泛泛的知识。所以 2008 年开始做的时候花很大的功夫选择教材,包括选了一些好的视频,让所有的人坐在那里,一看就心里触动,乃至都会流泪。这样他就能真正发自内心地改变了。因为之前可能大家觉得传统文化都已经落伍了,怎么还讲传统文化?当他看到这样的视频以后,对传统文化的认识发生 180°的转变,这都是发自内心的。因为只要不是发自内心的认同,你的教育就已经失败了,不可能成功。

齐善鸿: 我赞成前面两位的观点,我每年大概要讲二三十场中国企业文化传统管理的培训。我在学习、管理医院和企业中的体会是,文化要用文化的方式去做,文化不能用反文化的方式去做。强制、控制都是传统管理中我们习以为常的,但是属于反文化、反文明、反人心的方式。如果用这种方式来做文化,那就一定不是在做文化,是在毁掉文化。有人说,现在的员工对文化这块也不熟悉,你不去强制他,怎么让他来学习呢?我就在我自己的工作或者在我自己的认识和工作中,实现了下面的转变:从过去的好意强制变成了美好的吸引,从过去行政上大规模的推广,变成激活其中最具有条件的那一部分人,让他们形成示范,用自身的进步来说明问题。组织在这个过程中不是去引领,而是给他们做辅导、做服务、做推动,也就是说领导退后一步让员工往前一步,让大家上台做演员,领导在台下做好服务。所以我们那儿的契约、制度全部都是集体契约;所有的制度不是我定的,而是大家充分协商讨论甚至争论,最后集体签字共同承诺的。因为制度的本质就是大家的共同企业,现在很多企业的制度之所以不好使,之所以让大家反感,原因在于剥夺了人们表达自己意志的权利，在于少部分人意志对于大部分人意志的强制。强制的东西不可能有好的结果。

过去我们去奖励，说你做得不错，现在我们把奖励变成每个人对自己的进步和综合利益的考量，而不仅仅是组织认定你业绩做得不错给你奖励。我认为我没有权利奖励大家，因为我只是一个服务者。如果我还去奖励大家，高高在上，这个领导者就一定是个当官的。这是我在学习中华文化过程中，对我自己的身份和角色有一个觉醒和转变。我们那里也废除了惩罚制度，代之以每一个人的自我反省制度和承诺制度，将每一个人当作人来看待，他们的人性就会向着神性的方向发展。我觉得，这才是文化给生命和事业带来的智慧和力量。

晁　罡： 谢谢齐教授，这里我再提出一个问题：你们都说要领导垂范，不要强制。但是，我们目前观察到的很多用传统文化治理的企业，推行的手段是强制，一开始员工也不接受，但是通过长期一段时间以后，员工认为也不错，慢慢就走上了这条道路。哪位嘉宾可以回答一下这个问题？

齐善鸿： 实际上我个人比较喜欢强制，跟员工商量太费事。但是强制让人家心里不痛快，做法本身伤害目的。可以有效但不是最优。我们做学术、研究、思考一定是寻找最优，这是我的看法。

苏　勇： 我觉得领导垂范大概是在两个层面，一个是在个人行为层面，比如方太要员工读儒家的经典，员工就会看茅总读不读，如果茅总读了我们也读，而不是只叫我们读。但是，茅总可以读为什么强制我读？这就涉及企业文化的问题。员工作为社会人，可以有自己的价值观，但是到了企业，就是一个企业人了，在企业里应该遵守企业的价值观。所以这个层面是第一个层面，个人层面。第二个层面是企业层面，就是企业的经营行为是不是真正给员工垂范了？是不是真正把儒家理念运用到企业经营管理中？比如发扬工匠精神，把产品做得更好。这样才能真正让员工信服，而不是嘴上说的是一套，做的是另一套。否则言行脱节，对员工是没有任何影响力和号召力的。

吕　力： 我也同意刚才各位老师的见解。我想说两点，第一，如果说领导是以儒家文化作为导向，显然应该这么做，因为儒家就是强调你要求别人，就必须自己要先做到，这是儒家文化所要求的。我要讲的第二个见解是，儒家文化当然很重要，但是另一个方面，中国传统制度是外儒内法，所以法家嵌入我们领导中，我们要思考的问题是，在这样的社会环境下，推广一种纯粹的儒家文化，是否与现在的社会氛围相符合呢？或者我们是否应当采取与时俱进的态度,因为制度本身也是演进的,如果把过去的东西原封不动搬过来,恐怕还是有一些问题的。

◎ 提问与讨论

提　问: 我来自日内瓦,非常感谢大家刚才的讨论。我有两个想法、两个问题。首先是,刚才讲到了儒家、儒教。儒学是中国文化中非常重要的一支,中国传统文化至少有8种价值体系,包括释、道,另外还有社会主义、毛泽东思想,也是中国思想体系的一部分。这些都是中国思想的资源。此外,还有五大宗教:儒教、天主教、基督教、伊斯兰教和道教。因此其实中国的传统体系是比较多元化的。我的问题是,如何面对这种多元的中国文化体系?第二个问题关于和谐社会。现在都在讲和谐社会,那么这些不同的价值体系如何形成一种和谐关系?这个问题涉及方法论,我们在现代社会中如何解读儒教?有哪些解读的方法?比方对儒家伦理能够有怎样的现代解读方式?

苏　勇: 刚才这位教授的问题非常有趣。中国传统文化中,有儒家、墨家、兵家、道家、法家,还有伊斯兰文化、基督教文化。可以用中国一位有名学者、社会学家费孝通先生的话来回应这个问题。他在一篇文章中谈到,我们怎样来看待这样一种多元文化、多元价值观的问题。他用了四句话16个字来解释。第一句话是“各美其美”,第一个“美”是动词,第二个“美”是名词。简单的意思就是,比如你是相信儒家的,你要认识到儒家的优点,你是相信道家的,你要相信道家的优点,所谓各美其美。第二句话是“美人之美”,就是说,你不能说我相信了儒家,天下就都是儒家好,别的都不好。尤其是在当今这样一种多元文化并存的社会中,所以要“美人之美”,看到别的文化体系的优点。第三句话是“美美与共”,就是大家要和谐相处、并存发展。第四句话是“天下大同”,这样就达到了和谐社会。

提　问: 我向茅忠群董事长提一个问题。就儒家而言,包括昨天关于儒家和亚里士多德的专题讨论,很多人认为儒家与等级制度是有着联系的。因此就会产生一个疑问,在现代社会平等、尊重、个性化、民主等等这样一些价值占主导地位的情况下,儒家思想或者说儒家伦理,还能不能适用于当前社会?因此我的问题是,按您的理解,儒家伦理是不是与等级制有必然的联系?不管这两者有没有联系,儒家的思想毕竟代表了旧时代的一个方面。当前社会代表了新时代的一个方面,这两者现在又如何结合一起?

茅忠群: 我从2004年开始学习传统文化,对传统文化的理解,确实有一个比较曲折的过程。我们很多人对传统文化的理解本来就是很片面的，就是说，谈到儒家就是天然的把它跟封建社会的一些东西联系起来。所以什么是真正的传统文化？什么是真正的儒释道？我的理解，传统文化跟儒家没有必然的联系。中国的传统文化揭示的真理，在孔子看来，就是“仁”，在王阳明看来，就是“良知”。春秋时期各种制度规定，包括等级，都是当时情况下的具体应用。这个应用、这个礼，都是可以与时俱进的。所谓道不变、法无定法，所以拿到今天的社会背景、今天的良知呈现下应该是什么样的礼、什么样的法，就是什么样的礼或法。因此我觉得这不存在什么问题。

朱建民：我补充两点。第一，从历史事实来看，孔子是把君子这个概念，从一个阶级的概念转型成一个德性的概念，所以才有人人皆可为尧舜这样的思想出现。第二，您刚才提到亚里士多德和孔子，从伦理学来说，中世纪以前大概都在谈理想的伦理，就是人怎样向往最高的境界，以这个作为典范去追求。到了近代以后比较强调的是底线伦理，要求每一个人至少什么不能做。从一个完整的文化架构来讲，理想和底线这两者其实都不可偏废。

提　问：我是一个老师，我对刚才齐教授所讲的不强制很感兴趣。您是做领导的，我在学校跟学生在一起，在家里是做妈妈的，所以我觉得这个身份与领导有雷同的地方。我的一个基本理念也是不强制，从积极方面来说是自由。我和我先生有时候发生争执的是他喜欢强制，这是我和他争执比较多的一个。我特别认同您说的这句话，就是领导很多时候是服务者，因为我在课堂上基本上是学生的服务员，怎样带领他们去探讨问题。您说领导是服务者，然后一些问题是员工共同讨论形成契约，在共同参与过程中会认同自己的决定，从而是一种自主决定的过程，员工会由内而外相信、遵守契约，而不是从外向内的强压。我的第一个问题是，当员工做的决策和领导者的意志以及单位的发展方向发生冲突时，您是怎么看待和处理的？第二个问题是，除了服务者，领导还要有用更科学、更理性的方式来带领团队，怎样把领导这个方面再凸显出来？

齐善鸿：我简要回应一下。我过去是一个非常喜欢强制的人，因为我觉得强制才有效率。我学了中国文化，学了将近30年，读书、修行。之所以不强制了，是我懂得了西方一位哲学家说过的话，孩子调皮不想上学有他的合理性，怎么办？我带着孩子出来玩不上学，陪伴着他、了解他的心智路线，帮他链接，就能通畅。因为中国文化的核心有一个非常重要的法门，也是中国文化的核心方法论，就是“道法自然”，就连大道这般神一样的力量都要效法自然，也就是尊重我们主观之外的客观规律。“大曰逝，逝曰远，远曰反。”“夫物芸芸，各复归其根。”如果不顺应客观规律，也就谈不上他自己的“反”。管理的智慧，若是不从中国“以道为本”的哲学那里找到根源，就一定是解决了眼前问题，又同时制造了未来更多的问题。这是中华文化的一个核心方法论。

做领导怎么体现领导？我认为，领导的身份就是服务者，就是想怎么帮大家。帮了大家，大家觉得有我，他们获得了价值，我才有价值。所以我的价值不是要表现得像个领导者，而是证明我能够为他们创造价值。每个人都会关心自己的价值，在这过程中意见不一致怎么办？意见不一致的时候，我相信任何事情都需要过程，假如这个事情是错的，大家一致认为该这么做那就这么做，可能没做两天就知道错了，错了就再改。因为我是服务者，我要让他们成长，他们成长，组织才能成长，他们不成长就始终要依赖我，我就解放不了自己。

提　问：请教一下朱校长，因为历史原因，中国和日本属于同根同源或者说日本文化某种程度源于中国文化。日本曾经殖民台湾很多年，中国传统文化多大程度由于殖民时期的日本化而受到影响或者继承和发展？

朱建民：台湾的文化一直是以中国的文化作为主流脉络。即使是在日本占据的时代。有一个很特殊的组织，叫作诗会。好像是大家一起在那边写诗，表面上看起来是风花雪月，实际上是传递中华文化的根据地，所以底层一直是有的，没有中断过。当然在这过程里一定吸收到西方文化，吸收到日本的文化营养，但是底层的大方向基本上不脱中华主流的脉络，儒释道三教基本上是在中华主流里的。

晁　罡：从各位教授的发言和互动来看，一大批用传统文化治理的企业出现，可以说不是碎片化的，而是形成中国本土化企业制度的样本。我向西方学了很多年，可能还是有很多水土不服的地方，因为这样的企业，其创生、变迁和内在机制，具有重大的理论意义。如果在这方面做研究，对中国企业的发展具有很大的启发。

从现实来看，这一类用中华传统文化治理的企业，也是在应对当前很多现实的挑战，在制度上有很多的创新。如果我们能够从根源上去认识，运用传统文化观念，对员工进行教育，领导者又身体力行，能够获得很多好的管理效果。对企业界来讲，具有重要的借鉴意义。更广泛地讲，这一类企业的推行、实践，对于复兴中华传统文化具有重要的历史意义。为什么说具有历史意义？因为属于中华文化的传统社会是政教合一的社会。在那种情况下，一种文化精神有政治上的依托、家庭上的依赖，但是今天的中国是政教分离的社会，同时家族在逐渐解体，在这个文化传承非常艰难的时刻，企业能够站出来主动担当文化传承的大义，着实具有重要的历史意义。下面请周祖城教授做总结。

周祖城：总结谈不上，简单说一下我的感受。梳理关于中国传统文化与管理的讨论，实际上有5个问题是相关的。

第一个问题：是否应该把中国传统文化运用于中国现代管理实践？这个问题以前争议可能比较多一些，但是现在争议比较少了。第二个问题：中国是否有企业努力把中国传统文化运用于现代管理实践？方太的实践，以及类似企业的实践，已经表明有这样的企业，而且正在越来越多地出现。第三个问题：我们需要把什么样的传统文化运用到管理实践？这个问题看来有争论，在刚刚的提问和讨论中，已经表现出来了。第四个问题：把中国传统文化运用于管理实践的模式是怎样的，这样的模式是唯一的，还是有多种模式？这还需要进一步讨论。第五个问题：到底怎么来建设基于中国传统文化的现代管理？这个问题当然也有不少争论，可喜的是，现在企业界和学术界都越来越清楚地看到了这些问题，然后共同在探索。我相信，不久的将来对这些问题的回答会越来越清晰，只是希望这一天早些到来，希望今天的论坛能为这一天早一点到来起到一定的推动作用。

专题论坛7　经济伦理学与创新*

［提要］　与大会多数论坛从伦理角度探讨创新不同，本场论坛聚焦经济伦理学科本身的创新。创新需要伦理视角，同时也需要伦理研究本身的创新，尤其是在市场经济和全球化挑战推动下兴起的作为一门新学科的经济伦理学本身的创新。从20世纪70年代中期兴起以来，经济伦理学已经获得了全球范围的政府、企业和学界的承认，但同时也面临着新的严峻挑战。对新兴市场经济国家的经济伦理学者来说，尤其面临着不能满足于仅仅用西方经济伦理研究成果来解释新兴市场经济的伦理问题。因此提出了如何立足新的全球经济实践、立足各国经济实践来反思和创新经济伦理学科的问题。

本场论坛邀请了ISBEE创始人、首届主席(1996—2000)、美国堪萨斯大学(University of Kansas)理查德·狄乔治(Richard T. De George)教授；候任ISBEE主席(2016—2020)、澳大利亚南澳大学(University of South Australia)托马斯·马克(Thomas Mark)教授；我国较早从事经济伦理学研究的华东师范大学赵修义教授、上海社会科学院陆晓禾研究员、中南财经政法大学刘可风教授和苏州大学李兰芬教授作为论坛讲演人，并邀请了现任ISBEE主席(2012—2016)、美国罗格斯大学(Rutgers University)乔安妮·齐佑拉(Joanne B. Ciulla)教授担任主持。

乔安妮·齐佑拉：欢迎大家参加我们这一场论坛，本场讨论的主题是“经济伦理学与创新”，我想这对正在进行相关教学和研究的人来说，是很重要的一场讨论。论坛演讲人都是著名教授，他们是美国堪萨斯大学理查德·狄乔治教授、中国中南财经政法大学刘可风教授、华东师范大学赵修义教授、

---

* 该论坛原为第六届ISBEE世界大会专题论坛16(2016年7月16日上午举行)。本篇文字内容由陆晓禾整理，收入本书时请中国发言人对相关内容作了修订。——编者

上海社会科学院陆晓禾研究员、澳大利亚南澳大学托马斯·马克教授和苏州大学李兰芬教授。下面请他们发言。

企业创新：对学术经济伦理学的挑战

理查德·狄乔治：一般来说，人们是根据他们的直觉来作出有关道德的决定的。心理学家告诉我们，人们作出决断的时间大概是5秒钟，所以通常人们作出道德决定也是很快的。例如，他人的东西没人看见是否可以拿？你会立即认为这是不能拿的。实际上，你这里依赖的是一种直觉、道德直觉。在经济活动中，人们知道，例如，你不应该杀死你的竞争对手，这些都是很清楚的，所以很快可以靠道德直觉来作决定。那些从事经济活动的人并不比社会上其他成员更道德或更不道德，他们像社会其他成员一样作道德决定，他们的道德直觉没有任何特权。

我们知道，经济活动有些是道德的，有些是不道德的。人们当然希望大家都作出符合道德原则的决定，但有时候要具体问为什么持这样看法的时候，他们很难说得清楚，通常会说这是我的直觉。所以直觉在道德决策中是发挥了重要作用的。那么，在这种情况下，社会为什么需要我们这样一些搞伦理学的人呢？为什么需要某个人来指导他们做决策呢？这是因为在一些新的情况下，人们觉得单纯依赖直觉不能作出好的决定，所以需要我们为他们提供分析，帮助他们进行推理。通过这种方式，让他们知道为什么这样选择比另外选择要好。所以，在直觉不能起作用的时候，需要进行理性和有意识的推断。这是我们伦理学专家能发挥作用的地方。

那么，我们怎样不单纯凭直觉做决定呢？首先要了解我们的问题。比如涉及信息科技的时候，我们先要了解这个信息科技的来龙去脉，然后要知道在这样一个技术中，现在面临什么样的伦理困境，这样我们可以进行很好的推理。在经济活动进展中，我们也会需要这样一些了解和判断。比如，在医学伦理中，我们经常会碰到很多新的情况。在这些新的创新情况下，医生应该怎么做，医护人员应该怎么做，这就需要我们来帮助他们了解这个新情况的来龙去脉，然后再根据道德原则作出合理的决定。在他们作出合理的决定后，就会逐步成为他们未来的直觉了。

所以，我们在进行伦理分析的时候进行评估，很大程度上要对各种可能的前景带来的后果作出分析。例如，对经济中的创新，我们要先从道义角度对创新可能带来的后果进行分析，这里不是依赖直觉，而是依赖很多理性的逻辑推断工作，因为创新活动也随时在发生变化，所以有关创新活动的道义后果也会经常发生变化，我们会看到不同观点的冲突、不同利益的冲突等。所以在这个时候，我们了解伦理原则的人需要介入进来，帮助他们来评估不同的、对立的观点，能够促进社会就有关的创新以及它的后果进行讨论，最后达到一个合理的结论。

伦理学专家的工作跟其他领域专家的工作，实际上是类似的。也就是说，凭着他的专长来指导人们进行活动，使我们能够就创新的选择以及最佳的路径作出一个最佳的决策。我们经常看到有一些相互矛盾的观点需要来判断，比如说这样做会更好或者那样做会更好。通过这样的权衡、比较、衡量，我们最后就可以作出比较恰当的结论。传统社会不会经常出现新的状况，因为上一代的经验，基本上可以直接用于下一代，下一代经历的社会生活跟上一代也没什么区别。在这种情况下，新出现的情况需要我们进行道德判断的情况就非常少，所以就不是那么需要道德专家、伦理专家。但是在现代社会中，有那么多创新的情况，所以我们这个职业就显得更加重要了。现代社会中，经济可以说整个生命力就在创新，所以我们看到技术在不断地向前推进，全球化又使我们密切接触，所以我们看到各种各样新的情况在发生。所以从这个角度来说，我们随时需要对一些最新情况以及可能带来的后果进行伦理评价。可以说，有不少决策超越了我们可能、能够判断的范围，所以就需要专家，有的时候甚至专家也觉得知识不够，还需要运用他们的想象力来进行讨论。

我就强调这一点。

企业伦理学的推广和普及是经济伦理学界的迫切使命

刘可风：非常荣幸参加这次大会并在这里发言，因为这对我个人来说，具有非常特殊的伦理意义。我的母亲现在已经在天国，从1947年至1956年，她就在我们今天开会的这所中学，作为生物课教师和教导主任服务了10年。63年以前，我就是在这里降生的，今天故地重游，觉得一切都那么熟悉和陌生，就好像我的母亲又复活了一样。与中国许多学者一样，我也是从20世纪90年代开始，在我们学校和其他大学的EMBA、MBA和企业中高层管理者培训项目中讲授经济伦理学、企业伦理学。从历年的教学评价来看，企业伦理学已经成为最有价值和最受欢迎的课程之一。

这说明，企业伦理学确实是企业管理者所需要的。他们所缺乏的只是对企业伦理学的了解。在我的接触中，当刚听说企业伦理学这个名称的时候，他们往往会误以为这就是一个一般的职业道德培训课程。也就是说，是要灌

"心灵鸡汤",所以他们一开始往往是有些抵触、有些反感,不太感兴趣的。但是一旦听了课,接触了企业伦理学,他们大都会感到耳目一新,有意外的收获,有实用的价值。因为企业伦理学可以提供传统管理知识中所没有的道德智慧,有助于企业家破解管理中的深层矛盾、困惑和难题。他们唯一的建议就是,这个企业伦理学不能只给做企业的人讲,应该讲给政府官员们听。即便如此,我认为,我们中国的企业伦理学,因为起步比较晚,还是相对滞后的,还没有从根本上摆脱自说自话、自娱自乐的状况。困难在于,真正愿意了解和有机会了解企业伦理学的企业家还是少数。

企业家决策无非是在"我应该"和"我愿意"之间作出选择,而我们企业伦理学,现在基本上还是停留在要求企业家应该做什么这个层面上。我们还很难去影响他们更愿意做什么,所以他们即便是接受和赞同企业伦理学的某些观点,也并不意味着他们把企业伦理彻底融入了企业经营理念和管理模式中。企业基于自身的利益和目标,正如狄乔治教授所说,基于他们的直觉,可以产生伦理偏好,也可以产生伦理厌恶。而且伦理厌恶又经常会像大雨一样把伦理偏好冲刷得干干净净。对此,学者似乎是无能为力的。这就是为什么今天中国的企业高喊社会责任,但是企业丑闻却层出不穷的原因之一。更深的困难是制度性的,我这里主要是指作为非正式制度的企业伦理关系。

企业伦理关系,我个人觉得,是指企业组织中固有的、客观存在的伦理关系与道德规范之间的契合。在这方面,中国的经济伦理学与欧美的经济伦理学,以及日本、韩国的经济伦理学面对的问题是不同的。现代企业制度必然要求建立和依赖与之相应的企业内部的,以及企业外部的伦理关系。这种伦理关系是人际间的平等、权利与责任间的相对平衡,以契约为纽带的高信任关系。在中国,企业制度改革已经30多年了,仍然举步维艰,一个重要的掣肘原因是,我们依然主要以身份、等级来划分亲疏远近,权责失衡,呈现一种差异结构的低信任关系。如果不改变这种传统的旧伦理关系,幻想依靠企业家个人的美德或者一般道德约束来解决中国企业伦理问题,来适应经济发展的需要,我觉得是不可能的。

回到企业伦理学的推广和普及来说,反思我们学者自己,在学界与企业界的交流中,不能过于学术化、学究化,不能故作高深,更不能采取说教和灌输的方式,毕竟我们是坐而论道,而企业每天所面临的是生死竞争。我们应该用共和式的对话和商讨式的方式进入企业家的内心世界。我们的工作就是帮企业家把他们心中真实所想解决的、但又是困惑、模糊、矛盾、零散、甚至杂乱的一些企业伦理问题梳理清楚,与他们一起共同寻求出路。如果有一天，中国大多数企业家能够对处理企业伦理问题由“我应该”变成“我愿意”、由基于利益变成基于信念，进而建立起企业界和学界的伦理共同体，就像日本、韩国的企业家成为他们本国企业伦理学会组织的主体一样，我想到那时候，我们就有理由说，我们的企业伦理学有实实在在、广泛的实效了。

经济伦理学需要宏观思维

赵修义：我想提出一个问题，就是我们企业伦理和经济伦理，在现在这个时候是不是特别需要宏观思维？最近几年，中国的学界，特别是上海的学界，非常热衷于讨论一个问题，叫读懂世界，就是我们要看懂这个世界。为什么提这个问题？因为中国有很多学者都深深意识到，现在面临着一个大的变局，各种发展方式、各种制度、甚至各种文明都遇到了前所未有的新问题和难题。

今天早上，我看新闻就吓了一跳，昨天法国刚刚出事，今天土耳其又政变了。这让我们深深地忧虑，今天的世界到底会走向何处？这是摆在我们面前的一个问题。有问题就会有创新。所以我觉得我们今天来谈创新，恐怕不能仅仅看到技术的创新。即将面临的创新恐怕包括产业形态、产业结构、社会结构、治理方式、甚至全球国际关系都面临着很多新的事物、新的问题。所以我们在考察经济问题、考察企业伦理问题的时候，恐怕都要把这个问题放在心中，要想一想，未来可能走到哪里去，可能会出现哪些创新？

既然要面向未来，这里要提出一个问题，很可能未来的世界不是我们过去所熟悉的世界和过去的历史所能够解释的世界。过去的经验、过去的理论，很可能只能作为我们的思想资料去参考和借鉴，但是更需要超越。如果不能有超越性的思维，那么我们在考虑微观问题的时候，很可能只是在做一些无用功。

具体说到企业伦理和经济伦理问题，我记得大概在七八年前，金融危机以后，我们曾经在上海开过一次国际研讨会，在这个会上，我就提出过这个问题。我觉得从这个角度来讲，我们首先需要超越的是两个东西。

第一，要超越原子主义假设前提下的契约关系，企业当然有一种契约关系，个体与个体之间有一种契约关系。但是从现在的发展来看，恐怕单单用个人与个人之间的契约关系很难解释经济、企业的行为，需要把共同体的关系这个概念引进来。因为从一些新型企业，尤其是创新型企业的一些案例来说，包括像中国的华为、阿里巴巴等，还有就是世界上很有名的一些创新型企业来看，这里面可能有3个共同体。第一个是利益共同体，中国有句古话叫

"兄弟同心,黄土成金",就是要构成一个利益共同体,因为企业是要讲利益的。第二个是知识共同体,这一方面我看过很多关于创新型企业的研究,因为它是在构建知识共同体,而知识共同体,体现最好的一个就是惠普公司的广告词,叫作"我们不仅能够分享工具,而且我们能够分享思想"。第三个,在一定程度上企业可以成为一个命运共同体。而成为命运共同体,这样的企业是有生命力的。

第二,要超越经济人假设。经济人假设无疑是有道理的,讲经济活动,离开经济人假设往往会进了误区,我们中国过去有这种教训。但是,就创新而言,我觉得应该非常重视马克思关于自由劳动是人的本质属性这样的概念。创新,包括最近上海,也是中国讲得最多的工匠精神,背后的东西就是自由劳动。没有自由劳动,只有对个人经济利益的追求,创新是不可能的。劳动没有乐趣、没有自由、没有创造的欲望,创新企业是不可能存在的。我认为,这两个超越对经济伦理研究是非常重要的,因为有很多案例提供了这样的考虑。

最后我再讲一点,如果要做宏观考察,我们也需要摆脱那种一般与个别两极对立的思维方式。我称之为种加属差的思维方式。我们做理论的人非常喜欢一般,没有一般不成为理论。但是经过这两年中国国内关于普世价值的讨论,我个人越来越觉得,我们要超越这种思维方式,不要仅仅去找一般的东西。企业也好、经济也好,在不同的历史条件、文化背景下,包括现在世界大格局的变化下,它们必定会出现很多原来的一般没有办法概括的东西,而且世界会呈现多样性。在这种情况下,我们需要更多的相互沟通、相互借鉴,去找出一些可以通融的东西,而不是高高在上谈论必定如此的一般。

经济伦理学创新面临的 4 个问题

陆晓禾: 我们这场讨论是要聚焦"经济伦理学与创新",就是说我们要考虑和讨论,经济伦理学本身是否也需要创新。

"创新"在中文中意味着破坏和新的出现。那么对经济伦理学来说,创新意味着什么? 也就是说,它要破坏什么,然后它应该有什么新的出现? 我注意到,前五届 ISBEE 世界大会贯穿始终的主题之一是经济伦理与全球化。但我发现,这届世界大会很少有论文讲这个问题,大部分都是讲"创新"。这说明我们现在这个时代,一方面,就像昨天潘夏琳教授讲的,是颠覆的时代,同时又意味着是创新的时代。

我想就这个话题谈 4 个问题。第一个问题是,经济伦理学作为一个学科,是不是同经济学或者其他学科一样,是一门科学？我们在刚开始研究经济伦理学的时候,曾经就这个问题展开过讨论。答案是,它不可能是一门科学,因为它同所有伦理学理论一样,分两个部分,一个是基础理论,另一个是规范体系,特别是规范体系,涉及的是伦理行为的规范和准则,它们反映的是不同国家的文化传统和背景下所通行的伦理规范,用以论证规范体系的基础理论以及各国面临从而研究的问题也不同。就中国现在的一些经济伦理学教科书来看,大都采取了西方经济伦理学教科书的框架体系,先是伦理学理论,道义论、功利论、美德论等,然后是几大层次的问题。所以,如果经济伦理学不是科学,而是学科、是一种应用伦理学,那么不同的国家、立足于不同的文化传统、国情和通行的理论,就应该有不同的伦理学基础理论、不同的通行规范体系、不同的经济伦理学问题。

但是这里有一个进一步的问题：所有这些伦理学理论中的规范体系,对于不同的国家、不同的文化是不是有共同的、最基本的价值规范,是所有不同文化中的经济伦理学都应该、都可以认可的？我注意到,西方经济伦理学著作中,基本上都是以人权为基本价值的,中国实行市场经济以来,已经用经济的语言表达了人权的要求,自由、平等、民主、所有权,这些马克思称为流通领域中天赋人权王国的基本价值,在中国应该说基本上已经存在了并已经被吸收到中国的宪法中,在实践方面也已经得到了表达。今天我们在马路上,再也看不到大家都穿同样的衣服。也就是说,市场经济比我们的理论研究更有力量。人权这样的基本价值已经得到了体现。不过,我们同时也应该看到,人权概念实际上具有局限性,因为它实际上是人与人隔开的一种权利,所以今天仅仅承认人权还不够,应该还有更多的社会价值,比如和谐、文明等。在中国我们有核心价值观,这些比仅仅人权概念更加全面。因为今天许多社会经济问题表明了,仅仅以人权为前提,并不能完全解决问题,公民性、公民道德是人权发展的方向。

第二个问题是市场制度问题。中国经济改革,经济蓬勃发展,实际上一个重要原因就是我们用了市场制度和资本生产方式,但是资本生产方式在中国,并不像在西方那样是以自在的方式发生的,在中国是一种自为的方式,也就是说是通过政府决策的方式开展起来的。从市场维护来说,包含了两重任务。一方面要充分鼓励、肯定、保障,同时又面临着规范、制约和提升。这实际上也是所有新兴市场经济国家都面临的任务。但是仅仅停留在说要肯定或者要制约还不够,因为实际上面临着非常现实的问题,比如劳动力短缺的问题,中国很多年来就存在着民工荒的问题,所以现在要转型经济,也就是说要通过用科技发展的创新方式，来转变经济生产方式。但是经济转型以后，缩短了劳动力的时间，延长了剩余劳动的时间，改变了依赖劳动密集型生产方式。这样一来，就面临了过剩人口大军，因为有大量的劳动力过剩、面临了大量失业的问题，所以我们搞经济伦理学的要深入企业实践中去，帮助企业和决策者怎么来走出这样一个困境，而不仅仅是提供理论上的规范和指导。

第三个问题是管理经济的问题。马克思当年认为，要通过无产阶级的暴力革命改变所有制生产关系。实际上，现代经济的发展，已经改变了这样一个基本的矛盾。也就是说，现在工人不是孤立的，在利益相关者的概念下面，工人、消费者、社会等，已经结合在一起，实际上现在面临的矛盾是，广大的利益相关者与少数高管之间的矛盾，因为我们现在是管理经济。但是广大利益相关者与管理者之间并不是敌对矛盾，管理者同样也是员工，但关键是，要让高管、要让企业来体现社会的利益，体现利益相关者的利益，所以面临的是一个新的问题。

第四个问题是公司组织的问题。2012 年，我在旧金山参加了 B 型公司(B-Corporation)首届世界大会，B 型公司就是利益相关者公司，美国 16 个州已经把利益相关者吸收到《公司法》中了。企业家告诉我，20 年前根本不敢想象说企业不是为了赚钱、不是为了股东。现在在法律层面提供了对此的支撑，旧金山市政府也说要在订单和税收方面给 B 型公司提供优惠。这也就是说，利益相关者理论在今天已经通过 B 型公司得到了体现、成为现实。这是 2012 年发生的，现在过去多年了。我认为，我们研究经济伦理学的应该关注，在企业组织、在市场制度方面发生的创新变化。

所以我的基本观点是，市场经济的实践在变化，经济制度、组织和伦理在变化，我们经济伦理学科在这些方面相对是滞后的，对许多创新并不了解，所以需要研究、交流，从理论方面加以提升和总结。这样，我们的学科、我们经济伦理学者才能够站在企业或者经济决策者们的实践基础上，说出真正有价值、有助益的话。否则我们就只是在自娱自乐。

经济伦理学与创新

托马斯·马克：非常高兴能够参加这一讨论，前面几位发言者都非常有名，我感到很荣幸。我实际上进入这个领域并不是很久，最多 25 年。过去主要从事道德伦理研究，现在则把重点放在经济和企业伦理方面。

我们经常说，企业是非常重要的社会组成部分，而且对企业家来说，确实也不容易理解他们的一些想法。所以，我想重要的是我们要理解他们所面临的一些问题，以及整个社会所面临的问题。这样我们才能够很好地从事经济伦理学研究。所以，从这个角度，我们要强调，用非常务实的现实主义的方法来研究经济伦理学，这样才可以使我们这个世界变得更加美好。

这里，我想要谈谈经济伦理学的创新问题。首先是，创新在这个领域里意味着什么。其次基本的问题是，在一个复杂的世界中，特别是在一个多元价值冲突的环境中，经济伦理学中的创新到底意味着什么？它可以达到什么样的成就？刚才大家已经讲到了，这个世界确实变得太快了，跟以前的时代已经很不一样了。在这样高度变动的时代，我们又在倡导创新，这对我们经济伦理学者来说意味着什么呢？

创新一般来说，主要指的是企业界、经济界的创新。实际上，它本意指的更宽泛。任何领域，只要是新的，足以改变原有的秩序和规范，不管是范围大小都可以被称为是创新。我知道现在创新这个词可能用得已经有点烂了。实际上像刚才陆晓禾教授讲的，在中国创新具有破坏和创新这样的含义，这个跟熊彼特的概念倒是很相近。所以我们现在在经济生活的服务提供、产品提供中，经常看到各种各样的创新，确实有很多是在破坏同时更新的基础之上发生的。现在的创新，有的时候可以是一个有预先制定目标的推进，这是一种创新，还有一种更多的可能是偶然、偶发的创新。所以如何来管理这样的创新是很有意义的事情。

不少时候，我们有某些目标、有社会需求，所以组织人员或者说有某人来进行创新，这相对来说比较好驾驭的，因为他本来就是有目标的。那么这对于经济伦理学来说意味着什么呢？我觉得需要考虑3点。

第一，在思维层面，创新在这里意味着，要利用我们的创造力来定义原来一些习以为常的东西，来进行重新思考、反思，再思。通过这样的方式，我们可以转换视角，让经济伦理能够最后适应企业界变化的状况。我们经常看到，原来一些流行已久的伦理概念和话语可能不加思索地接受了，甚至利用它们来进行表述和分析，但是它们在现实面前可能是脱节了。所以从这个角度来说，在面对创新的时候经济伦理学本身需要创新。

第二，在实践层面，需要关注在企业界、经济学界的创新最后所导致的社会后果。所以从这个角度来说，经济伦理学也需要关注社会创新，因为只有社会创新的跟进，才能够应对或者说管理好企业的创新。

第三，在价值观念层面，很重要的是，企业界本身要关注创新所意味的价值观念的变化。他们在做决策的时候不能简单地凭直觉，而是需要进行充分知情的决策。所以这一点也是我们经济伦理研究和教学中需要非常重视的，也要通过我们的研究来引导企业，使他们能够作出知情的创新。

这个世界确实变化很大。有不少变化会往某些我们不知道的方向发展。例如，有一家叫作互界的碳交易公司，希望通过他们的碳交易创新，最后使我们对于整个人类的生产经营活动有一个重新和全新的思考，能够达到可持续发展。它的创始人说了，原来我们有很多问题实际上根本没有想到，但是通过我们用新的方法来思考，就可以成就一项前所未有的事业。所以他们希望现在通过他们的努力，最终能够实现低排放，甚至是零排放。

我的另外一位朋友在印度，是印度最大的一个非政府组织的创始人，在南印度活动。他的整个生活、生命，实际上都是为那些最贫穷、最弱势的群体，特别是在一个半岛上的穷人们。他致力于改善他们的饮用水状况，通过他的活动能够提升人们的尊严，能够很好地控制一些水传播的疾病。实际上，通过现代技术，可以很容易来解决这些问题，关键就是你要能够来参与。我知道，通过他的努力，很多人实际上签字加入了他的这个活动。

另外我们还看到有一个叫作夏日传播幸福的组织，它的组织人叫安东尼・谢，他所做的工作也是非常有趣。还看到有一个电子公司，也是很有创新的理念，公司按照幸福概念再造企业，组织业务，强调幸福的员工、幸福的家庭等。这个公司并不是西方的，安东尼・谢就是在上海的一家企业。

所以大家可以看到，通过伦理的提倡，我们完全可以展开很多活动，甚至经济中的一些重要活动。因此我认为，伦理学非常重要。当然，伦理学本身也有各种各样的理论，也有争论。但是大家的共同努力，确实可以为人们提供一些更好的指导，特别是能够更直接地来让企业和其他社会阶层服务于那些弱势群体，满足人们的基本需求。所以，在现在不确定的时代，我们确实需要创新性的思维和想象力。

这样来看，经济伦理学课程非常重要。要找到一个能够贯通过去、现在和未来的学科，我觉得，伦理学就是这样一个学科。当然，如何把普遍的规范，跟具体的某一个地区文化的现状结合起来，确实是一个问题或者说我们还需要做很多的事情。我知道，在中国是强调三教合一，佛教、儒学、道教合一，我觉得这确实是我们应该要做的，既然能够促进人类幸福，我们在理念上什么都是可以做的。

共享企业理念及其发展处境

李兰芬：将近 4 天的会议，让我收获颇多。在讲主题之前，我先讲一个我个人对中国伦理学界关于企业伦理研究的基本历程。中国伦理学界关于企业伦理的研究，大致经历了3个阶段。第一阶段的主题是企业文化。第二阶段的主题是企业社会责任，现在进入了第三阶段企业共享发展。企业文化的早期研究主要研究的是企业系统。因为长期的计划经济，人们怀疑中国有没有真正的企业，中国有没有真正的企业家。所以我们伦理学参与企业伦理研究，主要是从这儿起步的。随着中国市场经济的发展、中国企业的发展、企业家队伍的形成，企业、企业家成为一个特殊的群体，成为中国一部分先富起来的群体。一旦他们富起来以后，社会就对他们有了要求，这个要求冠以了特殊的名称就是“企业社会责任”。但是，在我看来，企业责任对于企业家来讲更多的是外在的规范要求。所以在这个问题上需要深化。

也就是总体来讲，企业社会责任的研究，还是属于企业如何发展得更快、发展得更好的问题。至于企业为什么要发展，在这个阶段还没有认真考虑。企业共享发展就是要解决企业为什么要发展的问题。大凡在中国成功的企业，基本上都是比较好地解决了为什么要发展的意义问题。我有幸在第一天下午聆听了企业家的专场讨论，比如信誉楼、富大集团，他们就是明白了我为什么要做企业这个意义问题。所以像信誉楼就明确，我做企业不是为了赚钱，而是要让人们活得好，我之所以要上线，不是为了赚钱，而是要方便那部分没有时间来我们店的顾客，这就是信誉楼对为什么要发展企业问题的回答。

我今天要讲的，不是总结这些成功经验的企业，而是更多的是面向经济下滑过程中的企业发展问题，是对这些问题进行反思。我今天讨论的主题是共享理念中的企业处境及其发展愿景，如何研判我们当今企业发展的处境？我个人的研判是，一方面，我们高品质的产品满足不了日益升华的市场消费需求；另一方面，又是需求萎缩、成本增加，一些企业的利润率极低，甚至难以维系下去。我把这种现象用一个词来研判，就是当下企业的处境，是共享不足。企业家没有获得感、消费者没有获得感、员工没有获得感。这说明了一个问题，就是共享严重不足。所以，我们国家提出了一个新型发展理念，就是共享发展理念。共享发展理念提出的意义是什么？我认为，有两个维度的考量。一个是相对于传统GDP论英雄的发展观而言的，它将关注发展由物的意义转向人的意义，将关注或者强调如何发展得更快的科学技术问题转向关注为了谁发展、应该怎样发展的价值论、目的论的问题。但凡成功的企业，不仅是解决了如何做的问题，更主要的是想明白了为什么要这样做的含有价值的意义问题，这是我们考量共享发展理念的一个角度。

另一个角度，是相对于现在中国经济转型的新形态。相对于新常态的经济,共享发展理念的意义在于什么?在于从满足民众需求入手,把人民群众的福祉、人民群众的获得感、生活的满意度和对未来发展的感觉,一起纳入发展的评价体系中。

我认为,这样一种共享发展理念一定要落实到要强化企业的主体地位,因为企业是现代经济的砥柱。在共享发展中,企业的主体性主要表现为要用共享理念去审视、规范企业的利润增长方式。要以这个理念去审视、规范企业的财富分配方式,要以共享理念去审视、谋划企业未来发展的方向。也就是说,从单一的利润崇拜走向共享发展,这是时代赋予现代企业发展的责任和使命。它触及了企业发展所面临的三大重要问题:资本与劳动的关系问题、效率与公平的关系问题和需求与供给的关系问题。

那么企业需要何种共享?我的基本观点是,共享不能改变有社会分工决定的企业性质,但是共享能够使企业发展回归企业本性。当代中国实行共享发展理念,才能让企业发展回归企业本身。所以共享发展对企业形成两大因素:一个是能力共享,另一个是成果共享。能力共享就是怎样在共享发展中找到企业利润的长生点。成果共享就是怎样在共享发展中最大限度地满足群众消费者的需要、满足市场需要,提升人民的福祉。

◎ 提问与讨论

乔安妮·齐佑拉: 我们刚才听了关于经济伦理的一些洞见以及经济伦理领域需要什么样的创新,现在我们进入了问答环节,请大家提问或者发表评论。

提　问: 我想请问托马斯,您刚才讲到,我们现在需要对创新进行思考,经济活动需要讲道德。我好奇的是,您怎样来看经济活动能够与道德整合起来,也就是说在多大程度上创新活动能够道德化?

马　克: 我自己也没有找到一些基本的解决方案,有些思考实际上也是我在学校做博士论文的时候想到的,当时我认为要给企业提供更多伦理道德方面的教育和指导。也许这在理论上听起来不错,但在实际工作中做起来并不容易,因为企业活动本质上是独立的,让他们讲道德确实非常困难,但是另一方面也有不少例子告诉我们,这是做得到的,特别是在一些人类价值观方面,比如使用童工问题,我觉得企业对这个问题还是有很高认知度的,比如他们也知道孩子是不应该被雇佣来劳动的。当然我知道,在有些国家这样的情况会变得模糊,比如那些贫穷国家中的家庭,也需要通过孩子参加劳动来增加他们的收入,所以这就使得当地企业也处在一个两难境地。他们想按照普遍接受的规范来做,但是不雇佣这些儿童,最后反而会导致这些家庭受到伤害,甚至孩子受到伤害。所以这里我们需要找到一些中间的或者说妥协的解决方案。我们还要思考,怎样能够把理论和实践结合起来,我想在中国这样的环境中确实也是这样。我们看到经常因为文化不同,所以使得一些单一的原则最后会产生复杂的后果,我自己对这些问题也没有很好的解决方案,只能让我们更多思考吧。

提　问:我提一个可以问所有人的问题,特别要请赵修义教授回答,您刚才讲到我们对某些问题应该采用一种比较普世性的方法,但是我也听到刚才陆教授的演讲,似乎告诉我们现在经济伦理学还不是一门严格的科学。那么我们怎么能够把这两者结合起来呢?

赵修义:可能我刚才讲得不是很清楚,其实我不赞成过分的普世性。作为一个学科,当然要采取一些假设演绎方法,需要有一些一般性的原则。但是实际上,这个一般性的原则,作为假设,都是从很多条件里抽象出来的,所以这些假设的运用一定要把其他抽象掉的因素放进去才能把问题看清楚。比如说,刚才讲到创新的问题、企业的问题,现在的世界很复杂,创新的情况也很不一样,有些创新产生的效果是很明显的,比如现在大家都用智能手机,经济效应是很明白的。但是社会后果怎样呢?很复杂,讲不清楚。还有很多创新不是这种类型,所以我觉得在这些问题上,还是更多的做具体分析比较好。

我们研究伦理学的或者价值论的,必须把两个问题分开。第一个,创新现在是世界潮流,是我们需要的。第二个,不能认为凡是新的就是好的,新的东西提出了很多新的问题,有些东西避开不了,但是我们做价值论的或者搞伦理学的,必须有清醒的头脑去分辨。新的,有的是好的;有的有双重作用;也有的是不好的。所以我造了一个词,叫唯新主义,这恐怕要不得,不是新的都是好的。

陆晓禾:确实,我认为,经济伦理学并不是一门科学,因为各国的经济伦理学并没有、也不应该有统一的伦理规范内容。记得 2002 年,狄乔治教授出席我们经济伦理研究中心举行的上海经济伦理国际研讨会,当时有中国学者问他,你认为中国应该采用什么样的伦理原则?狄乔治教授回答说,这个问题应该由中国人自己来考虑和决定。另外我记得恩德勒教授在上海中欧工商管理学院上课时,有学生问他,你作为教授应该告诉我们,我们应该采取什么伦理原则?恩德勒教授也回答说,这应该是你们中国人考虑的事情。所以我认为，在全球化时代，各国文化、各国的经济伦理学有很多规范要求是可以共享、共同承认的，例如我刚才讲的最基本的人权，我们中国也签署了人权协议，人权也入了宪，但是仅仅人权还不够。我们中国发展到今天，现在也是到处都说这是我的权利，但是还应该考虑和认同的是公共权利、公众的利益，也就是说，作为一个合格和成熟的公民，应该把自己从个体上升到公民的高度，要注意社会共同体的利益。不知我的回答是否说清楚了。

提　问：我来自澳大利亚，有一点让我产生共鸣的是，乔安妮·齐佑拉教授在大会开幕式致辞中讲到，在苏格拉底和柏拉图之间曾经有对话谈到了需求与欲求之间的区别。所以我们的创新有一个问题是，如何保证满足人们的基本需求，而不是放纵他们的欲求，我觉得这是我们在经济与伦理关系中要考虑的。刚才中国发言者讲道，有些理念并不容易落实到实践。所以我在想，如何能够把有关原则放到实践中去，比如在中国的环境中如何进行创新，我不知道中方学者是怎么思考的？

刘可风：这个问题很大，我想讲的是，中国的企业伦理当然需要我们去努力、去建立一些新的理念，形成一个很好的经济伦理秩序。但是现在的问题是，我们把伦理与道德有的时候搞混淆了。我们现在比较强调的是提升道德的观念，而没有把重点放在解决新型人文关系上。如果我们还是用传统的人文观念处理关系就不太容易，我们再强调道德也可能是一个事倍功半的事情。因为相对来说，人与人之间的伦理关系一旦建立起来是客观存在的，而道德理念只是如何去处理好这个关系。如果前面的问题没解决，后面的这个问题就可能落空了，所以我的本意是这样。

提　问：我的问题是给李兰芬教授提的。李教授基于对现实问题的分析，谈到了企业如何进行共享这一个问题，讲得非常好，从逻辑性、条理性以及思想的深度和厚度，对企业如何共享进行了理想的价值目标上非常好的设想。我想问的是，中国政府对在整个社会大环境治理方面，是否应该考虑得更多？事实上，在还没有能够由理想的价值目标变成现实的情况下，特别是目前中国社会存在的共享问题的深层次原因，是否资本和权力的勾结？再一个问题是，企业现在都处在这样一个资本向全球扩张的世界，企业的存在，首先还是要追求利润的最大化。在这样的情况下，要把共享的价值和理念真正变成我们企业家、办企业过程中的价值理念，是否不是一件简单的事情？究竟有什么途径和方法，能够把这样的价值目标变成他们心中的目标，而且变成办企业的一个实际行动？

李兰芬：这个问题确实非常尖锐。我想现在中国的企业生存处境非常复杂，共享这个概念本身是一个何以范畴，兼顾公与义和道的3种维度，有可能契合内在的交汇，但是也有可能内在发生张力，不是任何时候都会随着发展自然形成的。所以简要说来，企业共享的发展实际上也是一个治理的过程，需要国家、市场、企业三位一体。我认为，国家主要提供好的政策导向，审视共享发展理念，对出台的政策中是不是有违理念要检讨。其次还要强调，企业家精神应该起到引领的作用。再一个非常重要的一点是，企业共享发展内在的功力，一定要体现品质革命、工匠精神，因为它影响到共享发展的价值取向。需要考虑，提供满足老百姓升级版消费需求高品质的产品，是不是要三位一体协同治理的过程才能完成？

提　问：我想问刘可风教授一个问题。您谈到，今天仅靠企业家的美德是不足以解决问题的，最大的问题是制度性的。那么想请问刘教授，在当前中国的情况下，改变问题的突破口或者切入点到底在哪儿？

刘可风：我觉得在中国特有的情况下，最大的突破口，简要说来，就是李兰芬教授说的，解决好政府与企业的关系。因为政府与企业在权力的分配上是有瑕疵的，然后导致了中国不同的企业有不同的情况。总的来说，在它们与政府之间的关系方面，相对来说，它们的责任大于它们的权利，所以它们有些不堪重负。当企业家不堪重负的时候，他就可能会放弃一些伦理责任，他们可能也会把一些伦理缺失转嫁给了普通老百姓。所以我觉得，这里最主要的还是要处理好政府与企业之间的关系。

提　问：我想提几个建议。举例来说，美国的价值观是不是来自美国，中国的价值观来自中国，因此我们的价值观都是脱胎于我们各自的历史？我上牛津大学的时候，曾经思考过这样的问题。我的一些观点与理查德·狄乔治的观点差不多，当时我在思考越南问题，美国在越南所做的事情是不是体现美国的价值观？我想越南人可能不会这么想，今天我们也在面对着同样的一些困难，不管是在谈论美国的、中国的这些事务，现在是一个全球化的环境，受到的影响来自全球。因此我们现在面对的是找到一个标准，对于那些延伸出国境的问题，如何去更好的界定？实际上，我对这些问题也在思索，我们都在共同寻找共同的解决办法。比方说我们知道之前有美国的水门事件，水门事件其实就是美国政坛的一个丑闻。那么这个水门事件揭示的是什么？就是美国公司在行贿政府、行贿其他国家的政府，来达到他们的经济和政治的目的，所以我们特别需要思考经济伦理。

我们要解决的问题，不仅仅是本国的问题，还要去思考外国的问题，特别是在全球化背景下不同的文化、不同的价值观的碰撞。因此我想，我们刚才说到了政府的权力与企业的责任两者之间如何进行互动，我想这对中国是很重要的问题，对其他国家也是很重要的问题，这些问题是全球性的。我们在共同寻找解决的办法，希望这种解决办法能够不仅仅适用于一个国家，也可以适用于多个国家。因为我们现在的业务已经是跨世界的在流转了，所以我们现在都在面对同样的挑战，很多问题都是不可避免的。因此我们在做经济伦理的时候，要思考这些价值观的脉络。在思考权利的关系，以及思考全球背景下责权的分配的时候，或许需要更多批判性的思考。

狄乔治：我想中国的事情不仅影响中国还会影响世界，所以从这个角度来说，可以有共同的国际性原则，而不仅仅考虑一个地区的状况。但是，有些问题可能确实还是本地的特色、本地的国情。有些时候也不完全是国与国之间互动的范围。比如，在中国现在有不少局部问题，对于美国来说，没有什么可比性。美国人也并不为中国出现的问题而感到特别焦急，因为对他们来说没有感同身受类似的情况。我知道在中国这样的环境中，确实有很多因为他们的传统，因为他们现实的政权关系、政权和社会的关系，以及中国快速发展所带来的一些特殊问题。首先他们肯定要考虑，按照中国的问题状况提出解决方案，而这个解决方案在提出来的时候，并不是要考虑它怎么能够运用到美国或者南非这些地方。当然有一些问题，比如贸易领域的问题，可能是会直接影响到其他国家的状况。

那么在这样的领域里，会涉及不同的国家，会需要进行国际间的商讨，包括制定一些国际标准，把某一个地方问题的解决方案，运用到其他一些国家。这个当然听起来有必要，特别是像气候变化影响到整个人类的问题，我们更需要通过国际磋商来共同解决。所以，一个国家是不能单打独斗解决问题的，所以像这些问题，确实要在全球范围里来拿出解决方案和制定标准，所以对有关问题要分层次，并不是所有的问题都是全球性的。也并不是所有的问题都属于特殊国情的，还是要具体问题具体分析。

对于全球性问题，我们显然应该进行全球磋商，制定全球标准。当然对于不同的国家来说，如果这个国家拥有影响全球的能力，那么无疑也更需要考虑可能产生的国际影响。在金融方面，我们知道，比如美国的影响是非常大的，所以美国在金融方面的一举一动，无疑都是会影响到世界的其他地区。我觉得美国理应制定更高的标准，这些标准不仅要让美国得到更好的利益保护，也要能够服务于世界其他人的利益。所以，对于大国来说，它有更大的责任。

为什么大家关心现在美国谁当总统？并不是说总统是一个国际总统，而是因为美国的总统,上任以后采取的很多决策,无疑可能会影响到其他国家,所以其他国家更加关注也是很有道理的。所以我们要这样来看问题。

提　问: 我来自西班牙的一所商学院,听了前面的讨论,我觉得很有意思。我们应该记住一点,那就是民族国家的特殊状况,是国情的一方面。另外一方面是普通、普遍的价值或者原则,这是另外一方面。我知道在中国有不少是儒学的内容,但是儒学中也有不少准则是具有普遍性的,比如在基督教中也可以找到类似的教义。几年前有人说,在世界最重要的一些地区的文明中,有很多是共性的内容,我想这是人性共通所造就的。所以我觉得讲到创新伦理学,也一定会包括很多大家都需要共同遵守,而且也因此能够共同获益的原则。所以,我们完全可以在一些重大的原则方面达成共识。刚才狄乔治教授说,对于不同问题要进行分层次,我觉得是必要的。在世界层面上、全球层面上的重大问题上,我们确实有必要达成一些国际的准则,提出一些国际的原则。

马　克: 我在这里简要地评论一下,我完全同意,这是一个经久不息的讨论,在我的发言中也讲过,一方面我们可能有一些全球的规范和标准,有一些理论的规定,这些规定可能在不少情况下反映的是他们的文化和想法。比如,包括某些国际工业,多多少少都反映了一些强势文化、他们的一些想法。但是另外一方面,关键就是要看他们是否有普世性,如果是的话,他们是否能够对其他文化产生很好的影响,如果能够,强势文化内容也可以运用到其他的文化。比如,我们看到有关政商关系的规范,西方制定的一些限定做法也是好的,比如他们对游说做了不少规定,这个是完全可以在其他一些国家来效仿。因为归根到底,这可能有助于我们促进进步。比如说游说,能够不是单纯的为他们自身的小团体来牟利,而是要让他们在牟利的同时不损害、最好还能促进其他社会群体的利益。所以从这个角度来说,他们对于游说作出的一些规范,是可以称为国际性的甚至全球性的标准。

所以我们对现在的国际规范,当然要作一些思考,看看是否确实跟当地的特色能够结合起来。有的时候可能一时解决不了,没法结合起来,就要弄清,到底是因为这些特色国家还处在一个转型过程中,因此最终能够走到一致,还是它们存在一些非常特殊的文化。所以这些是细节性的,我们也要加以考虑。

狄乔治: 刚才听到大家实际上涉及一个共性的问题,讲到西方的然后是西方哲学,还有基督教的普世性概念,到底是否真的可以普世到其他的一些国家。我想这是我们经常喜欢进行讨论的:是否可以把你的规范最终运用到其他人那里去带给同样的福祉？所以我想，归根到底我们还是需要，比如就公司来说，在任何一个局部问题上，都先要问我这样做是否会给人们带来福祉、长久的福祉。我想，总的来看，现在有很多的差别，但是我们也确实在这个差别中看到有不少的共性。

当然我们认识到，在不同的发展阶段，不同的国家在不同的文化背景下，是有很多差异性的。比如隐私问题，就是不同国家有很多不同的看法。人们对于这样的问题，认识是各不一样的。比如，我们看到技术最后带来对隐私的侵犯，人们的敏感程度也是不一样的。在美国和欧洲之间，他们对于信息技术和隐私之间的关系还有一些不同的看法。所以我们要看，最终我们到底采用什么样的政策，在可以的情况下交由当地的群体，由他们来决定哪一个政策会更好。

比如，按欧洲的法律，公民应该有隐私，美国则可能为了反恐而牺牲有的隐私，所以某些时候，我们要比较到底哪个政策更好。不同的国家相互之间应该进行互动、相互学习。而且要把自己的具体情况、人们的意愿，以及原来这样一个规范出台的背景精神加以通盘考虑。

赵修义： 刚才讨论的问题确实非常有意思，当然也是一个难题。全世界要共同交往，如果能够构成普遍原则，当然是件好事情。但是，联合国教科文组织全球伦理计划最后没有成功，确实其中有一些困难，比如，刚才讲到，儒家的原则跟基督教的原则有很多是共通的。抽象来讲是这样的，具体来讲确实是不同的文化，折射出来的是不太一样的。比如基督教的黄金律，用中文来解释，就是己所欲者，施之于人，就是我所喜欢的东西推荐给他人。但是儒家讲的是什么？他强调的是己所不欲，勿施于人。强调的是不欲，勿施，就是你不喜欢的东西不要推荐给别人。

最近一些研究儒家的中国学者提出，儒家还有一个思想，就是要关注人所欲之，就是他人所欲求的东西，施之与人。不是你认为他需要，而是实际上他希望的东西你给他。当然这些原则，都有它的道德，但是一到具体也有共通相同的地方就都是讨论人际关系，就会有分歧。我觉得在这些问题上，当时联合国的普世伦理计划意识到了，像这样的原则怎样来表述，对此争论不休，没办法达成一致。我想，如果我们在沟通、交往、交流过程中首先达成我们如何与人交往的原则，这是比较切实可行。在这个基础上能够达成一些比较普遍的认识。

提　问： 我出生在上海，现在在国外生活。我参加这个大会，发现缺失了一个话题，就是社交媒体。比方说，推特、Facebook，这些是非常重要的日常工具，它们也导致了文化的全面重构。中国也有微博和微信，也有一些公众号。我的问题是，社交媒体是不是能够被纳入经济伦理的公式当中？它们是不是能够对于经济伦理的图谱产生新的实践影响力？

马　克：我想这是一个很大的问题，社交媒体是全球普遍存在的一种工具，现在对社交媒体伦理也有了更多的研究。比方说，社交媒体背后权益相关人的控制、投资者，以及对于舆论的导向、社会活动家等。这些话题确实值得关注，媒体的运用如何去服务不同利益团体的目的等等。现在这些公司，不管是生产制造业企业，还是消费品企业，它们的报告中都会提到一句，就是对于美国的这些权益相关人要予以重视。我觉得，随着社交媒体的崛起，对于舆论导向也开始有了变化，我也同意，这个话题其实我们也可以谈好几天，社交媒体伦理也是一个值得关注的话题，例如社交媒体的边界和分寸的控制也是重要的。

齐佑拉：比方说大数据的力量实在是太大了，我想这是一个很好的问题。我知道土耳其总理也是用他的苹果手机在推特上向他的国民发表了政变之后的一个公告，我想这就是社交媒体的一个例证。

最后，我想感谢所有中外同事在这里各抒己见，集思广益，非常感谢大家的光临。

第三编　论文研讨

一、经济伦理学：社会、制度和哲学视角

经济伦理学如何能够加强社会凝聚力？

［美］乔治·恩德勒(Georges Enderle)* 陆晓禾 杜 晨 译

［提要］ 经济伦理学是一种三层次的研究方法，本文旨在表明，经济伦理学如何能够加强现今正遭受许多方式危害的社会凝聚力。本文第一部分，将企业和经济的目的解释为财富创造，定义财富是私人财富与公共财富的结合，包括自然资本、经济资本、人力资本以及社会资本，并且特别强调，公共财富的创造意味着需要不同于市场的机制和不同于利己主义的动机。第二部分将讨论社会凝聚力问题。在讨论了不同的方案：开明的利己主义、新博弈论和天主教社会教义倡导的共同善概念后，我将提出自己的建议。在第三部分，我提出了经济伦理学加强社会凝聚力的如下观点：一、聚焦企业和经济创造自然资本、经济资本、人力资本和社会资本的目的；二、倡导通过伦理审查的公共产品；三、保障作为公共产品概念来理解的人权。

对一个社会的凝聚力而言，所谓的“公共产品”是至关重要的。这是本文所要研究的主题。关于靠什么来凝聚一个社会的问题，无疑极其复杂。在我们认为社会凝聚力遭到危害甚至破坏之时，提出这个问题有着极大的紧迫性。我们可以在不同的社会层次上认同这些危机经验。在我们的城市或社区，我们可能无力修复那些破败不堪的基础设施或克服极端分化的社会不平等。在我们的国家，我们不能保障少数族群和宗教群体拥有体面的生活。在欧盟国家，我们无法找到应对中东难民挑战的共同基础。而且整个世界缺乏为应对气候变化的威胁而恪守承诺有效政策的必要凝聚力。

---

* 该文中译文首刊于《哲学分析》2018 年第 6 期，收入本书时，陆晓禾对全文重新作了校译和修订。——编者

这些例子清楚地表明，我们面临着大量的问题：政治的、经济的、社会学的、心理学的、法律的、道德的和其他方面的。这些问题互相关联而且在从地方到全球不同层次上的许多社会中俯拾皆是。

社会的凝聚力是一个令人生畏的问题，极其复杂而又重要。当然，为了真切认识并紧迫警告社会凝聚力遭受的破坏危险，我们也不必危言耸听。而且，社会凝聚力问题涉及广泛，远非经济伦理学所能解决。但是，经济伦理学在其有限范围内面临的挑战是：经济伦理学如何能够加强一个社会的凝聚力？

为了解决这个问题，我首先用以下方式对“社会凝聚力”和“经济伦理学”这两个关键术语加以界定。按迪克·斯坦利(Dick Stanley)的定义，“社会凝聚力”是“一个社会的成员为实现生存和繁荣而彼此合作的意愿。合作的意愿指的是，他们自由选择建立合作伙伴关系并有合理的机会实现目标，因为其他人愿意尽力公平地合作并分享这些成果。”(Stanley, 2003：5)这个定义目前已经足够，本文后面将讨论这个定义。

第二个术语“经济伦理学”，指的是，按全面和有区别的含义来理解的企业和经济伦理学，正如近些年在全球化影响下发生的变化那样。它从伦理的观点涵盖了全部经济生活领域，包括理论阐述(作为学科)和实践履行(在所有层次上的健全实践)。与被欧洲经济伦理网络广泛接受的(Rossouw and Stückelberger, 2011)汉克·范卢克(Henk van Luijk)的定义(van Luijk, 1997：1579)相一致，经济伦理学的根本任务是，提高在个人(微观)、组织(中观)以及制度(宏观)层次上的所有经济活动的决策和行动的伦理质量。当面对复杂的问题时，经济伦理学必须采取多层次的方法来考虑每一层次的自由与限制以及这些层次之间的相互关系。

记得上述概念说明后，本文将分三步展开。首先，我们将聚焦企业和经济的目的。我提议，在私人财富与公共财富结合的全面意义上(包含自然的、经济的、人力的以及社会的资本)，将企业和经济的目的定义为财富创造。其次，我们将视角拓展至整个社会，为社会凝聚力寻找一个恰当的概念和基础。在讨论了不同的凝聚力方案：开明的利己主义、新博弈论和天主教社会教义倡导的共同善概念之后，我将提出我的方案：强调公共产品的重要性。最后，基于上述对财富创造的理解，我将提供经济伦理学能够加强社会凝聚力的3种方式：(1) 聚焦企业和经济的目的即创造自然的、经济的、人力的和社会的资本；(2) 倡导经过伦理审查的公共产品；(3) 保障作为公共产品概念来理解的人权。

一、企业和经济的目的：作为私人财富与公共财富结合的财富创造

面临全球化、金融化和环境灾害威胁的多重挑战，迫切需要追问企业和经济的目的并考察财富的不同概念。财富的含义通常非常简单，相当于“大量的金钱”；而企业和经济的目的据说就是“尽可能多地赚钱”。或者，企业和经济的目的的定义也可以非常含糊，例如定义为“创造价值”，所以有着多种并且矛盾的解释。因此，似乎合适的办法是，用批判的和建设性的方式来考察企业和经济的目的以及财富概念这两个问题。

财富概念具有多维度的含义。罗伯特·海尔布隆纳(Robert Heilbroner, 1987: 880)认为：“财富确实是经济学的最基本概念，也许是这一学科的概念起点。然而，尽管财富概念处于中心地位，对于这一概念的定义却从未达成普遍共识。”财富概念，在亚当·斯密的名著《国富论》(1776/1976)中扮演着非常重要的角色；在冈纳·缪尔达尔(Gunnar Myrdal)的著作《亚洲悲剧：国贫论》(1968)中，却显然并不存在；而在戴维·兰德斯(David Landes)的著作《国富国穷》(1999)中，则与作为财富对立面的贫穷一起出现。

为了探究和考察财富概念，我们首先可以考虑一国的财富是什么意思。是什么使挪威这样一个国家成为“富有”的国家？[①] 世界银行、经合组织和其他机构的最近研究得出了令人感兴趣的结果，纠正了通常以国民生产总值(GDP)作为一国经济状况的决定性的通常是唯一的指标这种情况。这些研究促进了对一国财富更丰富和更现实的理解(参见 World Bank, 2006, 2011; Warsh, 2006; Stiglitz, et al., 2009; UNDP 2010; OECD 2013)。

从这些丰富的文献中，我们能提出并简要描述企业的规范目的的特征，同时还可以参考笔者在多篇论文中的广泛讨论(Enderle, 2009, 2010, 2013, 2015a, b)。

(一) 一个社会的财富是私人财富与公共财富的结合

当我们着手定义“一国的财富”时，很难否认财富应该同时包含私人产品与公共产品或公共资产，也就是两种类型的赋有：一类能够由个别行为者拥有和控制，无论这些个别行为者是个人、团体或组织，另一类则不能将这个国家里的任何一个成员排除在外。在经济学理论中，“公共产品”被定义为具有这种非排他性和非竞争性的特征(参见 Musgrave, 1958; Samuelson, 1954、1955)。一个经典的例子是(在民主政治背景下的)国防。一旦建立了国防，

① 据世界银行(2011)的统计，挪威在 2005 年是世界上最富有的国家。

没有人可以被排除在外。而且,没有一个人能够在减少另一个人受国防保护的情况下自己从中受益。换言之,甲对于公共产品的“消费”或“享受”与乙对于公共产品的“消费”或“享受”并不存在竞争性。相反,私人产品的特征则具有排他性和竞争性。

公共产品的这两个形式标准也可应用于负面性的公共产品,或者也可叫作“公共恶品”①。当疫病(如埃博拉)肆虐某个地区时,(原则上)没有一个人能被排除在外,某个疫区的某个居民受到感染的风险并不会由于另一个居民的感染而减少(相反,这另一个居民的风险甚至很可能增大)。

当然,我之后还会对私人产品与公共产品的简要特征作进一步的解释。现在,重要的是理解,一个社会(从地方到全球)的财富是私人财富与公共财富的结合,而非仅仅私人财富的聚集。这意味着,私人产品的创造依赖于公共产品的可用性;反过来说,公共产品的创造也有赖于私人产品的可用性。

要说明这个观点,我想以中国近期的历史为例。毛泽东逝世后,邓小平在 1978 年开始了这个国家的经济改革和开放政策,号召中国老百姓“下海”,也就是抛弃国有企业的安全而冒险外出创业。在此后的数十年里,很大程度上证明市场经济的引入是非常成功的(当然,成功并不能否定这一经济发展有消极面)。成功的决定性因素是所谓的“邓小平效应”(Yasheng Huang)。尽管当时还没有完善建立的法规来保护私人企业家,但这些中国人相信邓小平不会欺骗他们,而是会承认和支持他们的努力。因此,公允而言,对邓小平的信任作为当时的公共产品,是中国经济改革中私人企业家创业成功的关键因素。

另一方面,公共产品的创造事实上也有赖于私人产品的创造。只要回忆一下私人对于公共财富创造的多维度贡献,就足以说明这一点了,这些贡献可见于企业、教育、研发、艺术、医保、税收及其他领域。

因此,这种关于一个社会的财富是私人财富与公共财富的结合的理解,隐含着某些基本的假定。我想强调两个有深远意义的假定。第一,我们知道,市场制度一般而言在创造私人产品方面是相当有效的,这也就是为何邓小平将某种市场经济引入中国的原因。从经济理论中我们也知道,市场在创造公共产品方面会失灵。尽管许多公共产品都有物质方面,但为了恰当地发

① 在经济学中,公共恶品被用作公共善品的对应术语,因为它具有非排他性和非竞争性的特征并且对人和自然造成了负面影响。空气污染是公共恶品的一个明显例子。至于目前有关公共恶品的定义,参见 Kolstad (2010)。

挥供求功能而制定公平产品的价格，这如果不是不可能，也是极端困难的。因此，创造公共产品需要不同于市场的机制。众所周知，为了解决加勒特·哈丁(Garrett Hardin)在1968年指出的“公地的悲剧”，埃莉诺·奥斯特罗姆(Elinor Ostrom)提出了其他制度形式，为此她在2009年获得了诺贝尔经济学奖。

第二个基本假设隐含着一个社会的财富是私有财富与公共财富的结合这一论点：就创造公共财富而言，利己主义动机必然失灵。为什么呢？因为无论谁从事公共产品的创造，实际上都不能期望得到与投入这种创造的时间和努力相等的回报。在许多情况下，人们必须接受或至少忍受这种或那种形式的牺牲。仅仅完全以利己主义为导向，例如，按俄裔美国哲学家安·兰德(Ayn Rand)所倡导的那样[①]，人们只能在不与自己利益冲突的程度上，支持或容忍他人的利益。所以，为了创造公共产品，必然需要另一种动机：至少像认真考虑自身利益一样认真考虑他人、团体、组织、国家和其他实体的利益。正如经济史所表明的，可以采取各种形式的动机，例如，为创业成功而无私参与、热爱祖国、团结穷人，以及为注定会失败的事业而战斗。在每种情况下，关心他人的动机都超越了利己主义，无论是出于正当的或不正当的理由。因此，尽管不是创造公共产品的充分理由，但关心他人的动机却是必要的，而且创造正面的公共产品仍然需要进行伦理评估。当事关全球公共产品或公共恶品(例如气候变化)时，关心他人的动机尤其难以调动起来。所以，人们可能会期望世界上的宗教有助于加强生产(积极的)全球公共产品的动机(Enderle, 2000)。

(二) 一个社会的财富包含自然资本、经济资本、人力资本和社会资本

在讨论了私人产品与公共产品的形式标准后，我们现在转向对财富的实质衡量上。在这样做时，我会使用一些经济学理论的概念，如资本、消费、投资和机会成本等，这可能对非经济学家来说有些奇怪。这些概念可有助于更准确地把握复杂的问题，而不会屈服于某种经济学帝国主义。

根据经合组织的报告《过得怎样？衡量福祉》(2013)，我提议将一个社会(例如一个国家)的财富，定义为包括自然资本、经济资本、人力资本和社会资本的所有在经济上与私人资产及公共资产有关的总和。自然资本由自然资

---

① 受安·兰德启发几十年后，美联储主席(1987—2006)格林斯潘直至2008年10月23日在美国参议院听证会上才承认：“我错误地认定，尤其是银行和其他组织的利己主义，使他们能够最好地保护其股东及其公司权益。”(引自 Knowlton and Grynbaum, 2008)。

源减去环境负担而构成。[①] 经济资本由“实物”资本和金融资本所构成。人力资本指的是人的健康和教育。最后，社会资本，按罗伯特・普特南(Robert Putnam)的理解，是信任关系，指的是人与人之间的信任程度。[②]

财富的这一定义(接近福祉的含义)也包含了经合组织报告(2013)所强调的重要特征。[③] 首先，不单经济资本，而且自然资本、人力资本和社会资本都与经济相关。但是，这并不意味着，它们只在经济方面是重要的；毋宁说，它们本身也是有价值的。因而，公共产品不仅与财富创造相关，还与其他非经济的目的有关。

其次，财富的这一定义包括了人类以及与人类息息相关的事物和环境条件。这样，它超越了通常对财富的物质性定义，而重视“人的能力”(根据阿马蒂亚・森的观点)并将人的福祉置于中心地位。这一定义与联合国开发计划署的人类发展定义不同，后者似乎只在人类身上发现了“国家的真正财富”(而没有包括对人类重要的事物和自然)。简言之，这里提出的定义旨在重视人类的物质性表达方面。

再次，按斯蒂格利茨-森-费图斯委员会的报告(Stiglitz-Sen-Fitoussi Commission, 2009)以及经合组织的报告(2013)，资本概念是指股票和资金流，在经济意义上不仅包含了处于某个时间点的相关资本存量，还包含了一段时期内的资本存量的变化。用这种方式，人们就会考虑，例如财富与收入以及自然资源和前面提到的变化。

正如这些从概念方面的考虑所表明的，一个彻底的和深思熟虑的财富概念，具有重要的意义。我们已经解释了它的一些重要方面，别的方面不能在

---

① 强调自然资本的重要概念，是金融部门对“里约＋20 峰会”的承诺。它将自然资本定义为地球的自然资产(土壤、空气、水、植物和动物)以及由此而产生的生态系统服务，正是这些使人类的生活成为可能。宣言的签署方希望表明其承诺，也就是最终将自然资本考虑因素纳入私营产业的报表、会计和决策制定过程中，以标准化方式测量并披露其自然资本的使用(www.naturalcapitaldeclaration.org)。宣言的签署国希望展示他们对最终将自然资本考虑纳入私营部门的报告、会计和决策的承诺，并对私营部门的自然资本使用的测量和披露进行标准化(www.naturalcapitalation.org)。

② 对多层次人际关系中的社会资本，有非常多的概念(例如参见 Ayios et al.,2014)；Kwon and Adler 在看了 90 多本书和文章后得出的结论是：“关于社会关系在提供信息、影响和团结方面可以是有效的这一基本论点已不再有争议了。”(p.419)本文中，我专注于经济上有关的社会资本，并运用罗伯特・普特南(Robert Putnam)的定义，即指的是“个体间的联系，也就是社会网络以及由此产生的互惠和信任规范。”社会资本可以是私人产品同时又是公共产品，也可以有“黑暗的一面”(意思是限制自由和不鼓励容忍)，Ayios 等人从伦理角度对此作了考察(2014)。因此，本文中所使用的社会资本的定义与社会凝聚力的概念不同，在后面的章节中将作清晰的说明。

③ 同样地，《国际整合报告委员会》区分了 6 种资本类型：金融资本、制造资本、智力资本、人力资本、社会资本和关系以及自然资本(IIRC 2013，特别见 pp.12－13)。

本文中论及，但在其他地方有过讨论（参见作者的参考文献）。不在本文讨论范围但可进而探讨的一个特别有趣的问题是，贫困和经济不平等，可以采取这一私人财富与公共财富的全面概念来研究。

还在亚当·斯密年代，斯密就从财富的创造中看到了企业和经济的目的。今天，我们能够用更广泛和丰富的术语来定义这一目的。毫无疑问，只有少数负责任的科学和政治领导人可能具有这样的概念。然而，尽管这样的概念具有重要意义，却不应予以高估，因为它总是根植于社会环境中，在这个环境中有其他同样重要或更为重要的目标：民主对权力的控制、负责任地促进知识和艺术、谨慎地对待自然，以及其他一些目的。

二、用什么来凝聚一个社会？

在比较准确地界定了企业和经济的目的是财富创造后，我们现在将聚焦如何从概念上最恰当地理解社会凝聚力问题。尽管这个问题不是一个新问题，近年来却引发了大量的讨论。如果我们意识到全球化对我们的社会及其多元化碎片造成的巨大压力，那么就没必要对此而感到惊讶了。罗尔斯早在《正义论》(1971)和《政治自由主义》(1993)中就敦促说，我们的多元化(民主)社会的稳定需要一种"交叠共识"，或者说一种共同的伦理基础。1996 年瑞士新教教会联合会社会伦理研究所在庆祝该所成立 25 周年之际，举办了"社会凝聚力问题"研讨会(Voyé, et al., 1998)。几年前，耶稣会士慕尼黑哲学学院罗腾多夫(Rottendorf)基金会邀请学者们参加了一个讨论会，主题即"用什么来凝聚一个社会？应对多元主义面临的困境"(Reder, et al., 2013)。2015 年克里斯朵夫·卢德格(Christoph Luetge)的新书名就是《秩序伦理还是道德过剩——用什么来凝聚一个社会？》(2015)。

与社会凝聚力概念相关的讨论有很多，尤其在社会学文献中，但这一术语本身在政治哲学和经济伦理学的文献中却较少出现。[①] 经合组织报告(2011)对社会凝聚力下了一个非常宽泛的定义："如果一个社会致力于其所有成员的福祉，反对排斥和边缘化，造成归属感，促进信任，并且为其成员提

---

① 参见 Stanley(2003)和经合组织(2011)引用的参考文献。"社会凝聚力"这一术语在下列出版物的索引中并未出现：Lexikon der Wirtschaftsethik [German Encyclopedia of Business Ethics, 1993], A Companion to Business Ethics (1999), The Blackwell Companion to Philosophy (2003), Encyclopedia of Ethics (2001), The Blackwell Encyclopedia of Management. Second Edition. Business Ethics (2005), Encyclopedia of Business Ethics and Society (2008), The Oxford Handbook of Corporate Social Responsibility (2008), Handbook of Research on Global Corporate Citizenship (2008), The Oxford Handbook of Business Ethics (2010)。

供上升的社会流动机会，那么这个社会便是'有凝聚力的'"(OECD 2011：51)。社会凝聚力由 3 个不同但同样重要的部分组成：(1) 社会包容性(由贫困、不平等和社会两极化这样的社会排斥方面来衡量)；(2) 社会资本(结合各种形式的公民参与来测量人际和社会信任程度)；(3) 社会流动性(按人们能够或认为他们能够改变自己的社会地位的程度来衡量)。社会凝聚力的这一定义受到众多国际组织报告的影响，尽管相当全面，但在我看来，仍然缺乏精确性和一致性。

在加拿大政府的社会凝聚力研究网络上，迪克・斯坦利(Dick Stanley)对社会凝聚力的概念和模式，作了如下细致和有区别的讨论：

> 社会凝聚力可定义为一个社会的成员为生存和繁荣而相互合作的意愿。合作意愿意味着他们是自由地选择去建立合作伙伴关系和获得实现目标的合理机会，因为其他人也愿意合作并公平地分享他们的努力成果(Stanley，2003：5)。

这一概念包含 3 个关键部分。首先，人们在多样性的集体企业中相互合作的意愿和能力。相互合作是社会成员为了生存和繁荣所必须做的。这也意味着，合作伙伴愿意公平地分享合作成果。因为合作发生在社会活动的所有层次上，所以社会凝聚力是全体个人合作意愿的总和。其次，社会凝聚力不应与社会秩序、共同价值观或诠释共同体[①]相混淆，因为这些也可以在威权社会或被围困的社区中，通过强迫和排斥，在社会成员没有自由选择权的情况下，出于恐惧或仇恨而取得。再次，社会凝聚力与自由、平等、宽容、尊重多样性和人权等自由社会价值观之间有着密切的关系。由自由社会价值观引导的社会凝聚力产生了公平的社会结果，进而增强了社会凝聚力。

从经济伦理学和道德责任的角度来看，这一社会凝聚力概念似乎特别合适。根据理查德・狄乔治(De George，2010，chapter 6)所说，以道德负责的方式行动意味着能够采取行动(造成行动结果)，并且是在知情和自愿的情况下这么做的。换言之，这意味着不被强迫去做，有选择权，知道自己在做什么，并有意去做。

基于上述斯坦利的社会凝聚力概念，我们现在讨论提供社会凝聚力基础的不同方案。第一种是新古典经济理论的个人主义模式，这种理论也用于所谓的秩序伦理。第二种即博弈论方案，超越了新古典主义模式，开辟了充满

① 原文为"communities of interpretation"，指的是这样的群体，他们有着对世界、社会的共同理解，但这种理解不必以个人参与这个群体的自由协议为基础。——编者

希望的新视角，可以纠正个人主义模式的弱点。第三种方案提供了天主教社会教义所倡导的共同善概念。最后，我将更为广泛地解释，为何公共产品对社会凝聚力具有决定性的重要意义。

（一）开明的利己主义本身基础牢固吗？

在新古典经济学理论中，经济活动的理性和动机具有"经济人"及其知识分子后代"REMM"（即足智多谋、善于评估和追求最大化的人）的特征（Kaufmann，1988：244 ff.；也可参见 Luetge，2013：251－335）。经济行为者（家庭、企业）如果各自追求自己的效用或利润最大化，那么就是理性的行为。这一理性概念基于行为理论，专注行为的各种选择，而行为的条件假定是相对稳定的。它预设了方法论上的个人主义，将所有行为溯至（家庭和企业的）个体决策。按弗朗-兹泽维尔·考夫曼（Franz-Xavier Kaufmann）在《企业和经济学手册》中所述，经济人具有 3 种含义：（1）经验性经济行为的现实典型重建；（2）理性经济行为的规范定义；（3）决策论计算的分析起点。

相应地，对经济人的批评也包含 3 个方面：（1）作为概念，它是一种糟糕的现实典型的重建，可以用多种方式来驳斥（在这一点上，行为经济学已经成功地做到了）；（2）作为规范，它是可疑的，因为几乎难以通过推理来加以证明；（3）作为分析方法，它也没有任何解释的价值。

除了这些批评外，方法论上的个人主义也可能遭到质疑，因为它没有把集体行为者的相关性考虑在内，甚至还有争议。这种行为理论的方法难以清晰地捕捉变化的行动条件。效用或利润最大化所发生的时间跨度也很难确定。最后，就像多年前肯尼斯·阿罗（Kenneth Arrow）在其名著《社会选择和个人价值观》（1951/1963）中所论证的，个体行为者的效用成为一种"社会福利函数"，这在实践上是不可能的。

尽管存在诸多问题，但令人惊讶的是，"经济人"不仅幸存了下来，而且还在经济学科和其他领域中繁盛起来。不论所有这些可疑性，这个概念如何能够提供维系一个社会的坚实基础呢？卡尔·霍曼（Karl Homann）以及最近克里斯多夫·卢德格（Christoph Luetge，2015）尝试了对经济人概念作部分纠正工作。他们承认如下批评：如果按真实典型的意义和规范意义（上述批评 1 和 2）来理解，经济人概念是站不住脚的。然而，他们坚持认为，这一概念的建构是恰当的，可以用来分析某些问题（上述批评 3）。卢德格主张，经济人为解决社会基本秩序问题提供了坚实的基础，即提供了一种"秩序伦理"。以开明的利己主义来指导的态度和行为，在全球和多元化的情境中，确实会将一个社会凝聚一起（Luetge，2015，especially，pp.176－177）。

卢德格小心翼翼地逐步展开了其具有挑战性的论点,在讨论中还引用了许多著名哲学家。遗憾的是,这里不能提供我的评论,但至少,我想扼要地点明我的批评,主要是两个反对理由:首先,方法论个人主义建立在个人主义和西方人类学的基础上,未能用适当的方式认真地看待集体现象。其是,当我们考虑到处于危险中的这类产品时,这一方法就失灵了。因此,正如上面所解释的,仅仅依靠利己主义,即使是开明的利己主义,也不能激发创造和维护公共产品的动机。需要的还是利他主义的动机,这种动机才能认真地对待整个社会的利益。

为了克服仅基于利己主义的方法,朱利安·克劳斯(Juljan Krause)与马库斯·舒勒茨(Markus Scholz)提出了一种根植于博弈论的团队导向模型(Krause and Scholz, 2016)。博弈论模型的目的是,把握利益相关者在协商最重要的全球共同标准中出现的关键问题。行为者可以在两种推理类型:我-模式(I-modus)与我们-模式(We-modus)之间切换。这种协议在这样一种程度上受到影响,即这些行为者愿意从团体的立场来提供理由。在我看来,这一模型为更好地理解公共产品的创造提供了具有前景的途径。

(二)天主教社会教义的共同善概念有多牢固?

共同善(common good)是天主教社会教义的一个重要概念,具有多种含义。在《论教会在现代世界的牧职宪章》"喜悦与希望"("Gaudium et Spes" 1965, No. 26)中可找到如下重要定义:

> [共同善]是让私人及团体可以充分而便利地玉成自身的社会生活条件的总和,今天亦愈形普遍化,从而包括整个人类的权利和义务。每一团体应顾及其他团体的急需及合法愿望,甚至应为整个人类大家庭的共同善着想。①

这一定义中有4个方面值得特别强调:第一,共同善属于社会(或社会性)生活条件,而并非属于所有社会成员的实质性目标(德语称作"Gemeingut")。第二,这些条件对社会团体及其个体成员实现各自人生计划("他们的自我实现")是必要的。第三,共同善包括这些社会条件的总体。第四,由于全球化(即全世界范围愈益紧密的相互依赖性),所有这些条件都与全人类休戚相关。

那么,如何用实质性术语来定义这些社会条件呢?根据教宗若望二十三

---

① 此段译文取自梵蒂冈官网中文版宪章:http://www.vatican.va/chinese/concilio/vat-ii_gaudium-et-spes_zh-t.pdf,个别字略有修改。"common good",这里译作"公益"。——译者

世的通谕《和平于世》(Pacem in Terris, 1963)并经梵蒂冈第二届大公会议所确定，这些条件包含了1948年颁布的《世界人权宣言》以及联合国各项盟约和公约中所规定的人权。今天的天主教社会教义已经明确无误地确认了上述全部人权，尽管许多信徒和教会以外的普通人对这个事实不甚了解，或者不想注意或不抱希望。

假定这一共同善概念是存在的，我们现在要问的是，它对我们的社会凝聚力问题意味着什么呢？与人类学对“经济人”的假设相反，天主教社会教义假定人类是关系性的存在。与其他人的关系构成这个人的身份，《牧职宪章》“喜悦与希望”中着重肯定了这一点(No.12)。“[由于]人最内在的本质是一种社会性存在，因而除非他将自己与他人关联在一起，否则他就既不能生存也不能发展他的潜能。”这种基本的人类学假设构成了任何一个社会的社会凝聚力的基础，同时排除了个人主义的以及集体主义的概念。

因此，仅仅以利己主义作为动机，即便是开明的利己主义，也无法与人类的关系性相容。不用说，人们可以而且经常通过不顾或违背他们的关系来采取行动。

如上所述，共同善指的是社会团体及其个体成员应该能够追求其人生计划的条件。这些条件适用于从地方到全球的每一个社会，它们在很大程度上由人权所构成。话虽如此，这里仍然有两个重要问题：首先，更确切些说，我们所说的是哪种社会？其次，这些条件是由哪种产品所构成的？

正如人们可能怀疑的那样，我建议将这些社会条件从概念上理解为私人产品与公共产品的结合。这样做之后，会更易于清晰地确定所要考虑的那种或那些社会了。

(三) 公共产品的创造和维护为社会凝聚力提供坚实的基础

如上所述，公共产品被定义为具有非排他性和非竞争性。为了创造和维护公共产品，必须要有集体行为者，他们的动机是，至少在为他们自己的利益考虑范围内，认真地对待他人的利益和社会行为者的利益。

在这一点上，我们将进而对公共产品概念做恰当的澄清工作。我特别提出3个方面。首先，由于非排他性和非竞争性的特点，可以非常清楚地将私人产品与公共产品区别开来，按照排他性和竞争性的程度，在这两级之间，可能会出现许多混合形式。例如，软件程序可能具有最低限度的竞争性，因为某个工程师的使用，几乎不会影响其他工程师使用这个程序。然而，知识产权的法律保护则使局外人无法使用该程序。

其次，是“公地悲剧”：如果牛没有被排除在公共土地之外放牧，那么大量的牛可能会破坏牧场,尽管每一头牛只有很小的竞争性消费。其次,在既定的政治、社会、文化或其他范围之外还存在大量不同种类的公共产品。例如,位于某一国家边界的核电站所产生的影响波及邻近的国家。一种公共产品的外延标准是这一公共产品对人与自然的影响范围。

再次,对公共产品的形式定义意味着,公共产品可以是“善的”(正面的)或“恶的”(负面的)。[①] 例如,一个稳定、有效、公平和可靠的金融体系是善的公共产品,而另一个不稳定、低效、不公平和不可靠的体系是“公共恶品”。公共产品的这种两面性,当然通常并不那么清楚,但能促使甚至迫使那些受到公共产品/恶品影响的人(或那些受到影响的人的代表)采取立场并作出决策,形象地说这是因为他们坐在同一条船上。不仅要考虑正面公共产品的获益,还得考虑其机会成本。通过提供公共产品和防范公共恶品,公共产品的两面性对加强社会凝聚力来说,既是挑战也是机遇。对进一步的研究来说,一个有趣的视角是下面这个问题:天主教社会教义如何用它的团结原则和辅助性原则,为认清并解决公共产品问题提供重要的指导。

三、经济伦理学如何加强社会凝聚力?

在考察了企业和经济的目的以及公共产品对于财富创造所具有的重要意义后,至少就概念的简要澄清而言,对本文开头提出的问题的回答就在意料之中了。当然,最重要的答案必须在实践中才能给出。

我们将企业和经济的目的定义为全面意义上的财富创造。它涵盖了所有与经济有关的私人资产与公共资产,包括自然资本、经济资本、人力资本和社会资本。因此,它比利润最大化更具实质性,比所谓的“价值创造”更为准确。公共产品对公共财富的重要性尤为突出,在我们今日的公开辩论中,对这些真正的公共事务的理解力正在消失,它威胁并破坏了社会凝聚力。而这一危险的发展由于全球化所带来的巨大挑战,正变得特别具有威胁性。

然而,尽管面临这些挑战,经济伦理学并非无能为力。它能够用多种方式加强从地方到全球层次的社会凝聚力。我辨明了以下 3 组机遇和任务:关

① 积极的公共产品的例子有物理基础设施、获得重要信息(透明度)、法治、基本医疗保健和教育、社会资本(对人际关系和社会机构的信任)、人权(公民的、政治的、经济的、社会的和文化的),相对无腐败的企业实践、相对无冲突的(和平的)环境、安全的交通运输系统、创新的自由先决条件等。关于负面的公共产品(“公共恶品”)的例子,包括多种形式的环境退化、腐败、军事冲突、流行病、失职的政府机构。

于财富的实质性概念、公共财富的形式概念以及将人权作为公共产品的理解。[①]

（一）创造自然资本、经济资本、人力资本和社会资本

正如经合组织关于福祉的报告(2013)所解释的，在考虑这些资本在全体居民中的分配时，福祉的可持续性要求长期保存所有这四种资本。经济伦理学应从这个重要的框架中得到启发，无论是在经济学科还是在企业和经济实践中，坚持提出企业和经济的目的问题，并在所有个人、组织和制度层次上，提供深思熟虑后的答案。企业和经济的目的问题关乎财富"创造"(意味着创造新的和更好的东西)，换言之，关乎"企业和经济中的伦理创新"(参见 Enderle and Murphy, 2016)。更具体地说，伦理创新适合每一种资本的伦理创新：

— 自然资本的创造：也就是减少自然资源消耗和环境负担，对此必须要认真对待，在诸如消费者这样的个人行为者层次，企业、投资公司和消费者组织层次，以及制度层次上，由可持续性文化、可制定和实施的环境法和监管一齐来推动。

— 经济资本的创造：除了许多其他的挑战外，还需要将金融服务业与实体经济重新整合，以便在财富创造的整体意义上(重新)发挥服务性作用。

— 至于人力资本的创造：医疗保健和教育系统不应被先入为主地视作国家的巨额开支。它们反而应该被视为提高人民的健康和教育水平的有效投资。

— 创造社会资本：意味着通过诚实的经济行为来加强和扩大人际关系的信任，同时，这也需要以公平和有效的制度来保证。

（二）培育对公共财富的全面理解

经济伦理学应系统地发展并阐明公共财富的核心重要性，并证明其对创造自然、经济、人力和社会资本的相关性。

— 为了更好地理解公共财富，应该澄清和深化公共产品概念。要公开探讨和阐述这个概念中所隐含的结构性前提和后果。对公共产品的创造所必要的制度和动机应该进行广泛的讨论。

— 由于公共产品的定义具有形式的性质，即具有非排他性和非竞争性，因而对它们的伦理评估是不可或缺的。"善的"公共产品与"恶的"公

① 这些观点与世界宗教的积极参与在另一篇文章(Enderle, 2011)中对作了进一步的阐发。

共产品应该是可加区别的。

- 因为一个社会的财富被认为是私人财富与公共财富的结合，所以至关重要的是，理解这两者之间的相互依赖性和达到两者之间的合理平衡。需要澄清两种基本制度的潜力和局限性，并且考察从地方到全球层次上的私人财富的创造所需要的市场与公共财富的创造所需要的集体行动者。

（三）从概念上理解并保障作为公共产品的人权

为了加强一个社会的凝聚力，一般来说，经济伦理学有助于创造全面意义上的财富，同时特别促进公共财富。更具体地，我建议从概念上将人权理解为具有伦理约束力的"善的"公共产品。

对人权特别关注的原因有多种。在全球化过程中，经济和企业已经扩展至国界之外，并日益在国际和全球的层次上联系了起来。在这一过程中，不仅私人产品而且公共产品的领域也急剧扩大了。随着这种扩大，对企业和经济的普遍规范标准的需求也在增大。自从1948年《世界人权宣言》发布以来，人权的伦理（和法律）框架已发展成一个广为接受的普遍的伦理框架，尽管并非毫无争议，但没有类似的可替代框架。而且，21世纪以来全球对企业与人权的关切已大大加强。

根据这一联合国框架及其在约翰·鲁格(John Ruggie)2005—2011年领导下开发的企业与人权《指导原则》，人权已成为明确界定的全球企业责任（即组织层次的经济伦理）标准。（当然，这并不能免除在不同层次上国家和其他行为者各自的责任。）在由鲁格的团队与企业界、公民组织和来自多领域的专家，数次世界范围的磋商而得到支持的多项国际协约和公约基础上，确定了30项人权与企业有关(UN, 2008)：公民权利、政治权利、经济权利、社会权利和文化权利，包括发展权利。2011年，联合国发布了《联合国企业与人权指导原则》(UN, 2011)。从那以后，该原则似乎获得了越来越大的推动力。鲁格在其著作《正义企业》(2013)中，对这些发展以及最新影响作了很好的描述。

我的提议是，在本文作出的这些考虑后，从概念上将这30项人权理解为"善的"公共产品可能就比较容易了。非排他性意味着，没有一个人**应当**被排除在任何一项人权之外。换言之，所有人都应该可以享有所有人权。非竞争性意味着，一个人享有任何一项人权**不应当**减少另一人享有这项权利；而且意味着，不同人权的享有**不应当**与其他人的享有相冲突。换句话说，人权之间的取舍是不可接受的。例如，参与政治的权利不应妨碍思想、良知与宗教自由的权利，反之亦然；又如，结社自由的权利不应对非歧视权利造成否定性影响，反之亦然。

除了排除负面影响外，人们还可以论证说，自己或任何人对任何一项人权的享有可能都不影响他们对其他人权的享有。例如，行动自由的权利可能不会影响免于酷刑的权利。而且，某一项权利的享有甚至还可以增进对另一项权利的享有。例如，适当生活水平（包括食物、衣着、住房和最低收入）的权利与工作权利和受教育权利可以相互加强。

人权作为伦理性要求的公共产品这一定义，显然对各个国家和政府间组织具有深远的影响，因为需要在多层次上的集体行动（这是超越本文范围外的一个广泛话题）。就目前而言，我们将简要概述由《联合国指导原则》定义的“企业责任”的三个含义。[①] 首先，跨国公司和其他企业“有责任尊重人权”，并且帮助“纠正侵犯人权的行为”，而不是“保护人权”（这是国家的“义务”）。换句话说，企业除了生产私人产品外，还必须为这种公共产品作出贡献。其次，对公共产品的贡献需要超越企业的利己动机而包含利他动机。并不存在预先建立的和谐机制，能够调整专门利己的行为，以便一般地生产公共产品以及特殊的尊重人权（见上述对开明的利己主义的批评和脚注 3 中格林斯潘的承认）。再次，对公共产品的贡献不只是对社会的某种“慈善捐赠”（或“份外事”）。相反，某些公共产品（如法治和人权、社会习俗、技术知识、教育技能和健康条件）实际上是生产私人产品的先决条件。因此，企业有道德义务承认这些来自社会的投入并“回馈社会”以应得的分享，包括尊重人权和纠正侵犯人权的行为。用这种方式，将社会财富理解为私人财富与公共财富的结合，可以明晰并加强企业的人权责任。

我们的社会凝聚力受到来自从地方到全球不同层次上多种方式的威胁。本文中，我已试图表明，为应对这一挑战，经济伦理学如何能够作出尽管有限但是重要的贡献。对企业和经济的目的这一并非不至关重要的老问题，可以有一个崭新的丰富的答案，这一答案提出了全面意义上的财富创造，包括自然、经济、人力和社会资本，并且提出了特别意义上的公共财富。我们已经讨论了凝聚社会的不同方案：开明的利己主义、新博弈论方案以及天主教社会教义所倡导的共同善概念。我个人的提议是，公共产品的创造和维护为社会凝聚力提供了坚实的基础。在财富创造的目的和公共产品的重要意义的指导下，经济伦理学可以展开令人兴奋视角下的整个事业，通过创造全面意义

① 关于联合国企业与人权的框架及其指导原则的广泛讨论，参见 Enderle(2014)。

上的财富特别是聚焦公共财富来加强社会凝聚力。就更具体和清晰定义的规范伦理学任务而言，我的结论是，按公共产品的概念来理解人权。实际上，经济伦理学正面临着令人兴奋的新挑战。

参考文献

Ayios, A., Jeurissen, R., Manning, P., & Spence, L. J. 2014. Social Capital: A Review from An Ethics Perspective. Business Ethics: A European Review, 23(1): 108 - 124.

Brieskorn, N. 2010. Gemeinwohl. In W. Brugger & H. Schöndorf (Eds.), Philosophisches Wörterbuch (pp.157 - 158). Freiburg im Breisgau: Karl Alber.

Enderle, G. 2011. Three Major Challenges for Business and Economic Ethics in the Next Ten Years: Wealth Creation, Human Rights, and Active Involvement of the World's Religions. Business and Professional Ethics Journal, 30(3 - 4): 229 - 249.

Enderle, G. 2014. Some Ethical Explications of the UN Framework for Business and Human Rights. In O. F. Williams (Ed.), Sustainable Development: The UN Millennium Development Goals, the UN Global Compact, and the Common Good (pp.163 - 183). Notre Dame: University of Notre Dame Press.

Enderle, G., & Murphy, P. E. (Eds.). 2016. Ethical Innovation in Business and the Economy. Cheltenham: Edward Elgar.

Heilbroner, R. L. 1987. Wealth. In J. Eatwell, M. Milgate, & P. Newman (Eds.), The New Palgrave: A Dictionary of Economics (Vol.4: 880 - 883). London: Macmillan.

Kaufmann, F.-X. 1988. Wirtschaftssoziologie I: Allgemeine. In W. Albers, et al. (Eds.), Handwörterbuch der Wirtschaftswissenschaften (HdWW) (Vol.9: 239 - 267). New York: Springer.

Knowlton, B., & Grynbaum, M. 2008. Greenspan "Shocked" that the Markets are Flawed. New York Times, October 23.

Kolstad, C. D. 2010. Environmental Economics (2nd ed.). New York: Oxford University Press.

Landes, D. 1999. The Wealth and Poverty of Nations: Why Some are so Rich and Others are so Poor. New York: Norton.

Luetge, C. (Ed.). 2013. Handbook of the Philosophical Foundations of

Business Ethics. Three Volumes. Dordrecht: Springer (Particularly Vol.1, Part 3: Morality and Self-interest: from Hume to Smith to Contemporary Perspectives, pp.251 – 335).

Luetge, C. 2015. Order Ethics or Moral Surplus: What Holds a Society Together? Lanham, MD: Lexington Books.

Moore, G. (Ed.). 2010. Fairness in International Trade (pp.9 – 26). Dordrecht: Springer.

Musgrave, R. A. 1958. The Theory of Public Finance. New York: McGraw-Hill.

OECD. 2011. Perspectives on Global Development 2012: Social Cohesion in a Shifting World. OECD Publishing, July 27.

Rawls, J. 1971. A Theory of Justice. Cambridge, MA: Belknap Press of Harvard University Press.

Rawls, J. 1993. Political liberalism. New York: Columbia University Press.

Reder, M., Pfeifer, H., & Cojocaru, M.-D. (Eds.). 2013. Was Hält Gesellschaften Zusammen? Der Gefährdete Umgang mit Pluralität. Stuttgart: Kohlhammer.

Ruggie, J. G. 2013. Just Business: Multinational Corporations and Human Rights. New York: Norton.

Samuelson, P. A. 1955. Diagrammic Exposition of a Theory of Public Expenditure. Review of Economics and Statistics, 37, 350 – 356.

Smith, A. 1776/1976. An Inquiry into the Nature and Causes of the Wealth of Nations. In R. H. Campbell & A. S. Skinner (Eds.). Oxford: Clarendon Press.

Stanley, D. 2003. What Do We Know about Social Cohesion: The Research Perspective of the Federal Government's Social Cohesion Research Network. The Canadian Journal of Sociology/ Cahiers Canadiens de Sociologie, 28(1): 5 – 17.

Stiglitz, J., Sen, A., & Fitoussi, J.-P. 2009. Report of the Commission on the Measurement of Economic Performance and Social Progress. www.stiglitz-sen-fitoussi.fr/ documents/ rapport_anglais.pdf.

United Nations (UN). 2008. Protect, Respect and Remedy: A Framework for Business and Human Rights. Human Rights Council. Eighth Session, A/ HRC/ 8/ 5.

United Nations Development Programme (UNDP). 2010. Human Development Report 2010. The Real Wealth of Nations. Pathways to Human Development. New York: Palgrave Macmillan.

United Nations (UN). 2011. Guilding Principles on Business and Human Rights: Imglementing the United Nations "Protect Respect and Remedy" Framework. Human Rights Coucil. Seventeenth Session. A/ HRC/ 17/ 31.

Van Luijk, H. J. L. 1997. Business Ethics in Western and Northern Europe: A Search for Effective Alliances. Journal of Business Ethics, 16(14): 1579 - 1587.

Voyé, L., Ruh, H., Peter, H.-B., Bühler, P., & Belorgey, J.-M. 1998. Gesellschaftlicher Zusammenhalt — in Frage Gestellt. Beiträge zur Sozialethischen Orientierung. Bern: Institut für Sozialethik.

Warsh, D. 2006. Knowledge and the Wealth of Nations: A Story of Economic Discovery. New York: Norton.

World Bank. 2006. Where is the Wealth of Nations? Measuring Capital for the 21st Century. Washington, DC: World Bank.

World Bank. 2011. The Changing Wealth of Nations: Measuring Sustainable Development in the New Millennium. Washington, DC: World Bank.

同情、金钱和社会：米尔顿·弗里德曼与亚当·斯密的经济哲学

［南非］马克·拉斯伯恩(Mark Rathbone)* 陆晓禾 译

［提要］ 米尔顿·弗里德曼(Milton Friedman)的股东企业责任经常遭到利益相关者理论家的鄙视，认为它没有考虑社会和伦理责任。然而，弗里德曼路径的优势在于，它有一个明确的经济重点，使责任内含在企业实践中。许多企业社会责任理论家的问题是，他们的路径是支离破碎的，将经营、伦理、社会和慈善责任划分开来。这给企业带来的挑战是，要应对可能会变得不切实际的竞争目标。正是在这一点上，对亚当·斯密的著作的新研究可能是具有见地的，而且可能会为企业提供创新的替代方案。广泛认为，亚当·斯密是现代经济学的创始人。不幸的是，他的经济哲学几乎只与他的《国富论》(1776)相关。我认为，斯密早期和鲜为人知的著作强调同情，《道德情感论》(1759)含有的社会伦理框架，构成了他的经济哲学的基础。这个框架可能提供了有关企业特别是当代企业社会责任的创新的、也许被忽视的观点。这项新研究的主要贡献是，强调企业、社会、伦理的“同情”(sympathy)概念，并不表达为分离的目的，因为企业的目的是造福社会，而要实现这个目的，道德行为是至关重要的。对弗里德曼的意义在于，本文强调了他肯定的企业的经济重心是有道理的；然而，这正是《道德情操论》挑战弗里德曼经济学的地方，因为企业、社会和伦理是相互关联的。

一、导　言

许多企业社会责任(CSR)理论家批评米尔顿·弗里德曼(1962,1970)的

作者马克·拉斯伯恩，南非西北大学(North-West University)副教授，本书出版前，作者对原文作了修订。——译者

股东责任论,认为它是不负责任的,而且支持专注于利润的贪婪的生意行径(James and Rassekh, 2000: 659)。在许多情况下,弗里德曼与亚当·斯密(1950)的著作有关,因为斯密认为自利(self-interest)是企业的动力。所以,斯密被认为是弗里德曼股东责任遭受批评的根本原因。虽然自利在斯密与弗里德曼那里都起着重要作用,但两者还是有一些关键的差别,它们可能对与当代企业社会责任相关的问题产生重要的影响。当代企业社会责任的主要问题之一是,它对经济、法律、伦理和慈善责任的关注,使企业的目标支离破碎,变得不切实际。

本文的假设是,斯密对《道德情操论》中的同情的理解有助于解决上述与企业社会责任相关的许多问题。本文将论证,同情是《道德情操论》中的一个技术术语,它发展了对自利的更全面的理解,这种理解内嵌于社会互动和道德发展中,提供了自我与他人之间的张力关系(Rathbone, 2015)。在这方面,作为企业基础的自利内嵌于社会-伦理动力系统中,商业在这里提供了有利于社会与个人的创新手段。换言之,处于商业核心地位的并不是利己的个人或追求利润的公司。更确切些说,是社会和社会-伦理的动力系统产生了商业,而与社会和个人有关的商业的目的是处在张力之中的。这意味着,一方面,斯密可能支持弗里德曼的股东责任;另一方面,斯密会对弗里德曼未能认识到商业的社会性质而提出质疑。显然,企业社会责任是一种同义反复(或悖论),因为根据《道德情操论》,一个人不能在没有责任的情况下谈生意。责任就嵌入在生意之中。

本文第一节讨论卡罗尔(Carroll)的企业社会责任,特别论及与企业目标碎片化和分离相关的问题。我将论证,对于斯密的新研究强调了弗里德曼与斯密之间的不同,它可为与当代企业社会责任相关的问题提供解决方案。接着的重点将转到《道德情操论》和斯密的同情概念上,后者提供了一个扩展的、更复杂的自爱观,揭示了自我与他人之间的张力关系。这为所谓的“亚当·斯密问题”以及同情对商业的含义提供了新的解释。人们会认为,《道德情操论》和作为嵌入在企业中的社会-伦理动力功能的同情意味着,企业社会责任是一种同义反复,它给人的印象是,伦理是附加给企业的。企业和责任是可持续商业的重要组成部分。在第三节中,本文将强调,《道德情操论》确实支持弗里德曼的股东责任。然而,对自利和同情的新见解挑战了在弗里德曼那里的社会与企业之间的分离。本文还将论证,企业固有的社会-伦理性质可能为企业提供某种创新的视角。

二、企业社会责任、弗里德曼与斯密

广泛引用的卡罗尔(Carroll, 1979)的企业社会责任模型对企业社会责任理论产生了很大的影响，该模型对4种类型的责任从概念上作了区分，即，经济责任——盈利；法律责任——遵守社会法律；伦理责任——做正确、公正和公平的事；慈善责任——社会、教育、娱乐和文化的目的。问题是，这一模模型将经济责任与法律责任、道德责任和慈善责任分离开来了。后来，卡罗尔(1991：42)提出了一个经济责任金字塔，经济责任代表了金字塔的基础，突出了盈利能力。其次是法律责任和合规。这两个基本方面反映了弗里德曼的股东观点，并辅以法律要求。第三种责任是伦理的，与对企业的期望有关，尽管它不是强制性的。慈善处于金字塔的顶端，它是令人向往的和自愿的。施瓦茨和卡罗尔(Schwartz and Carroll, 2003)强调了企业社会责任金字塔模型的问题，即它代表了一种造成混乱的等级结构，因为虽然经济和法律是重要的，但慈善顶端会给人一种印象，似乎它更重要；该模型没有考虑到重叠的维度；慈善严格来说是自愿的，并不总是清楚它是否属于企业社会责任或是否可以纳入伦理责任中。为了纠正这些问题，施瓦茨和卡罗尔(2003)提出了一个用维恩图描述的三域模型，其中经济责任、法律责任和道德责任重叠。[①] 这个模型的问题是，假设责任的3个领域与具有纯粹形式的经济、法律和道德责任是不同的。这就产生了这样一种印象，即企业社会责任拒绝复杂性的分离。进一步的问题是，它造成了这样一种印象，即企业社会责任并没有真正的业务目标，而且执行起来可能是可选的和不切实际的。

米尔顿·弗里德曼的股东公司责任往往与经典经济学和亚当·斯密的自利概念相关联(James and Rassekh, 2000)。弗里德曼(1972)认为，企业的主要专注点是盈利；社会-伦理问题是个人和政府，例如立法的责任。斯密(1950)认为，自利是经济活动的动力而且对社会是有益的。这意味着，斯密与弗里德曼经常受到诋毁，被视为支持原始资本主义，支持可能导致丑闻的伦理上有问题的商业交易。

詹姆斯和拉塞克(James and Rassekh, 2000)的观点是，斯密和弗里德曼的自利更加微妙，并不支持自私：对斯密来说，正义是压倒一切的美德，可以抵御自恋；而对弗里德曼来说，非强制性的立场必须保护个人自由。有趣的是，弗里德曼(1962：14)对经济学的非强制性观点是基于他对斯密的著作

① 维恩图解是英国逻辑学家维恩制定的一种类逻辑图解。——译者

《国富论》(1776)的解释。弗里德曼(1962：14)指出,《国富论》的突出方面是,双方之间的交换是自愿的,并在互利的基础上启动。换言之,对弗里德曼来说,个人的自由和自由的行使限制了可能与自利有关的过度行为。因此,企业的责任是盈利,其他任何事情都被视为一种强制。社会目标和慈善事业属于个人和政府的责任。这表明弗里德曼对斯密的依赖和联系。然而,詹姆斯和拉塞克(2000：664)指出,弗里德曼对斯密的自利观的解释没有考虑到正义在他的经济哲学中的作用——正义是一种保护他人自由并带来社会稳定的外部控制。

詹姆斯和拉塞克的著作强调,斯密和弗里德曼对于企业都有一个明确的经济目标。然而,詹姆斯和拉塞克所注意到的正义在斯密那里的作用也强调了,斯密与弗里德曼之间存在着重要差异。当代对亚当·斯密的《道德情操论》和同情的研究探讨了这些差异,它们认为,他的著作对于企业有一个社会-伦理框架,可以为与当代企业社会责任相关的问题提供答案。

弗里德曼的股东责任的优点在于,它为企业提供了一个清晰的整合的聚焦点。然而,弗里德曼(1962)的问题是,他没有考虑到斯密对同情的理解及其对自利的影响的全部复杂性。因此,把斯密归类为一个原始资本主义者是荒谬的;相反,他提出的可能是一种社会——资本主义的经济学。这对于当代企业社会责任的碎片化方法很重要,这种方法导致的看法是,企业社会责任是企业的问题,是一种可选的或自愿的事业,对企业的目标没有贡献(Paine, 2000、2003)。

三、自爱、同情和正义

(一)同情

在《道德情操论》中,关键的技术术语是同情。斯密(2004：13)区分了怜悯(pity)、慈悲(compassion)和同情。怜悯和慈悲表示对他人悲伤的"同胞之情",而同情则更为宽泛,指的是"对任何激情的同胞之情"。斯密通常将同情定义为同胞之情并且与情境密切相关。斯密(2004：15)说,同情"与其说是从激情的角度产生的,不如说是从激发它的情境中产生的"。例如,一个具有攻击性和无法控制的狂暴的愤怒的人,可能因为表现出的这种激情而不会引起同情。如果说它是不公正的,可能会导致同情这个愤怒的人的受害者。在这一点上,同情显然与个人在特定社会情境中的道德起的作用有关。社会情境对理解道德评估很重要。一旦观察者体验到其他人有相同的评估,一种相互认同的感觉就会油然而生。斯密(2004：17)指出,这种相互认同是"相互同情的快乐”的基础。快乐产生于人与人之间相互激情的喜悦以及接受和支持的感觉。[①]

同情假定，人们是相互关联的，其他人对行为具有影响。通过类比想象[②]，其他人的痛苦和苦难会对观察者产生影响。在这种联系中，过去经验和对他人经验的观察之间的相似性是这种联系的基础。然而，同情有另一个功能，即它也与赞许(approbation)有关。斯密(2004：20)说：“因此，赞成他人的激情适合于他们的目标，就等于观察到我们完全同情他们；不赞成他们这样做，就等于说我们并不完全同情他们因此，赞许他人的激情，认为它适合于他们的对象，就像看到我们完全同情他们一样；而同样的，不赞许它，就等于看到我们并不完全同情他们”。这意味着，任何行动都取决于他人的接受。因此，行动就会受到调整以获得赞许。改变我们的激情，以获得赞许，斯密强调，自然教会我们成为我们自己行动和他人行动的旁观者，以保持和谐融洽(Smith，2004：27)。[③] 这种调整是在公正的旁观者的基础上进行的，这是对其他人对所发生的任何行动的看法的一种精神建构，并确保社会的和谐和利益，例如，一个愤怒的人会缓和他的尖锐的声音，以照顾到他的公司中其他人的情绪(Smith，2004：27)。我们从外部看待自己，以调整我们的行动或言语，以获得他人的赞许。这是一个双向的过程。其他人想象我们的感受，我们是自己处境的旁观者(Smith，2004：27－28)。“由于他们不断地考虑自己的感受，如果他们确实是受害者，他就会不断地想象，如果他只是自己处境的旁观者之一，他会受到何种影响”。斯密得出结论，这种在“不偏不倚的观点”中反思的过程导致道德发展，因为一个人学会改变行动和言语(Smith，2004：28)。

不偏不倚的旁观者帮助道德发展，并提供一个自利的社会-伦理框架。因此，虽然自利支配着个人行动，但它内嵌在一个复杂的道德互动中，在这个互动中，人们评估他人的经验。同时，我们想象他人是如何评估我们的。从这种互动中，决定社会参与的规则或社会惯例发展。然而，这些规则是动态

① 有些人认为，令人愉快的结果背叛了后果论的观点。然而，判断不是基于后果。共同的情操是快乐的重要因素。瑟顿(Sugden，2002)认为，斯密的优点和缺点观点侧重于行动的作用及其评价。因此，他指出，斯密的后果主义观点是非功利主义的。

② 类比想象是指一种情境的观察者通过自己对类似情境或想象相似的体验而经历的情感。情感不是亲身经历的，就好像观众正在经历同样的情况。它是一种提高意识和与他人联系的精神结构。

③ 和谐融洽不是通过理性选择理论来实现的，而是同情和道德情操在这个过程中是突出的。这是一个通过社会参与发展起来的直觉和本能的问题。

的,随着情境和境况的发展而变化。[①]

这种不偏不倚观点的目的是获得他人的同情或对我们激情的赞许。然而,并非所有情况都如此,因为人与人之间的距离决定了我们将在多大程度上公正地反映我们自己的境况。根据斯密(Smith, 2004: 28)的说法,这取决于我们与之交往的人。当我们与陌生人在一起时,我们会采取更公正的观点。我们期望更接近我们的人给予我们更多的同情;因此,当我们与陌生人在一起时,我们会抑制我们的激情。"我们期望从一群陌生人那里得到的同情会更少,因此我们认为在他们面前会更平静,我们总是努力把我们的激情降低到一定的程度,而我们所在的这一群人可能也希望这样做"(Smith, 2004: 28)。换句话说,人与人之间的社会距离会直接影响一个人控制自己激情的程度(Smith, 2004: 32)。陌生人的存在对美德的发展至关重要。斯密(2004: 29)承认,"自制、自律、控制激情这些美德支配着我们本性的所有运动,使之符合我们自身的尊严和荣誉以及我们自身行为的得体性要求,这些美德都源自他人"。换句话说,陌生人的他人性给我的印象是一种更克制的举止,因为他人的存在激活了公正的旁观者,我通过这个他人的眼睛来审视自己。换句话说,陌生人的差异性给我的印象是一种更克制的行为,因为他者的存在激活了公正的旁观者,我通过他者的眼睛来审视自己。

重要的是要注意,斯密所使用的他人不能与它在后现代哲学中的使用混为一谈。虽然它确实包含了差异的概念,但它没有提到中心与边缘或分化之间的层级关系。并不是他人的他人性导致调整;而是相同性的需要导致调整。必须克服自我与他人之间的差异或张力关系,以获得赞许和恢复社会和谐。讽刺的是,斯密似乎暗示,为获得他人的赞许,可能会牺牲个人的自由。这一假设是不正确的,因为对斯密来说,同情不是一条规范伦理原则,而是对个人参与时所涉及的认知过程及其对道德的影响的心理-社会评估。任何个人都可以自由地与他人不同。然而,这不是人们的自然本能。在极端情况下,案例差异化甚至可能导致社会的不稳定和混乱。这种同情的自然指示,在考虑到它与物质现实的关系时,就更清楚了。

---

① 同情是一种类比想象的形式,我们通过类比的经验来评估他人和我们自己,这些经验是社会互动直觉规则发展的结果(Griswold, 2006)。它是规则的一个方面,提供了一定程度的规范性。还必须补充的是,规范不是形而上的。它是一种高度语境化的动态原则。类比想象在自然界中是互动的,因为它在直觉规则的发展中传达了社会互动。这些规则不是外在于我们自己,而是植根于内在的人性、自我利益和语境的表达之中。

（二）富有与贫穷

斯密后来进而在《道德情操论》中认为，同情与物质联系在一起，对道德发展和社会和谐有着直接的影响。同情作为一种评估他人和自我的系统，离不开物质和本体。社会互动发生在时间和空间中，并评估自我和其他人的物质福祉。斯密非常清楚这个问题以及事物对人们道德发展的作用。然而，这不是一种基于理性计算的功利主义的评估。而是它与道德发展的心理有关。斯密认为，虽然我们同情他人的痛苦，但精神和身体更倾向于快乐。斯密（2004：53）强调，“在某种意义上，对悲伤的同情比对快乐的同情更普遍”。根据斯密的说法，之所以如此，是因为“心灵的或身体的”痛苦，“是一种比快乐更刺激的感觉，我们对痛苦的同情，尽管远远不及受害者的自然感受，但通常是比我们对快乐的同情更生动和更明确……”这种同情别人的痛苦而不是快乐的倾向，是因为我们为自己嫉妒别人而感到羞愧（Smith，2004：54）。因此，斯密（Smith，2004：54）肯定，“在没有嫉妒的情况下，我们同情快乐的倾向要比同情悲伤的倾向强烈得多”。没有嫉妒会导致更强烈的倾向去同情快乐而不是悲伤，因为“与悲伤同行是痛苦的，我们总是不情愿处于悲伤之中。”（Smith，2004：56）换言之，避免痛苦，拥抱快乐。这就是物质财富导致同情的原因。①

我们赞同并追求财富，因为它可以提供可能的快乐。贫穷是由于与痛苦和苦难相关而要避免的。对欢乐的赞许直接影响经济活动和对财富增加的关注。根据斯密（Smith，2004：61）的说法，这就是我们为什么工作和从事生意的原因。从事经济活动是我们天性的一部分。“不，我们追求财富，避免贫穷，主要是出于对人类情感的这一考虑”（Smith，2004：61）。斯密（Smith，2004：61）认为，工作提供了生活必需品，如食物、衣服和舒适的房子。然而，这必须与奢侈品区分开来。奢侈品与虚荣和名气有关。这与改善你的物质条件或社会地位的愿望有关。虚荣与改善生活方式的尝试有关，因为这会带来赞许和崇拜。财富吸引别人的注意，点燃别人愉快的情绪。因此，富人喜欢他的财富，不是因为它能获得什么，而是因为它激起了多大的赞许。“富有的人受到赞许的注视，这种喜悦和欢欣自然地激励着他。他的行为是公众关心的对象”（Smith，2004：62）。财富之所以能被人们观察和关注，是因为它

① 重要的是要注意到，休谟反对斯密假定的所有同情都是令人愉快的观点（Smith，2004：56）。对此，斯密（2004：56）的回应是，赞许有两个方面，即旁观者的同情激情；以及其次，由观察到同情的激情与相关人的激情的完美巧合所产生的情绪。后者总是令人愉快的，而前者既有令人愉快的，也有令人不愉快的。在对不公正表示赞许的情况下，不愉快的赞许是常见的。

有一种更强烈的亲近感。

另一方面,根据斯密(Smith, 2004: 62)的说法,贫穷引起羞耻和遮掩,因为人们害怕被侵占和缺乏同情,贫穷没有被观察到,而是被回避了。它唤起悲伤的感觉,引起痛苦。斯密(2004: 63 - 64)强调,人们的这种倾向于富人和强者的激情是一个本性的问题。我们赞许他们,因为我们不愿意关注贫穷和悲伤。现实的这一物质方面在《国富论》中得到了更广泛的论述。在《国富论》中,从供求关系的角度解释了社会资源的物质性和稀缺性的复杂动态。因此,经济学是社会参与和社会发展的一个具体方面,因此斯密(2004: 72)警告说,这种同情财富而忽视穷人的人性倾向对社会和道德产生了负面影响。虽然赞许财富和荣耀对社会秩序很重要,但它有可能破坏美德和智慧。"我们经常看到,世界对富人和伟人的尊敬,比对智者和贤德的尊敬更强烈。我们经常看到强者的罪恶和愚蠢远没有无辜者的贫穷和软弱受人鄙视"(Smith, 2004: 73)。斯密警告说,本性会导致道德败坏,我们必须意识到它对社会的危险,因为它可能导致能力、优点和美德的贬值(Smith, 2004: 74)。这也许就是斯密在《国富论》中警告自恋对社会产生负面影响的原因。

(三) 正义

为了保护社会不过分赞许财富,避免贫穷,没有正义就没有社会和谐(Smith, 2004: 93)。斯密写道,"违反正义就是伤害:它对某些特定的人造成了真实的和绝对的伤害,其动机自然是得不到赞成的"(Smith, 2004: 93)。换言之,不公正要求对受害者所遭受的伤害作出确定的同情回应,以恢复社会的和谐。这是人性中的一个至关重要的方面,因为尽管人们赞许财富有时会表现出的癖好和愚蠢,但当它造成伤害时,却有一个自然的限度。正是在这一点上,同情怨恨要求对违规者采取行动或给予惩罚(Smith, 2004: 91)。同情怨恨指的是旁观者角色被犯罪者的激情与受害者的痛苦之间明显的不平衡所冒犯。正义与其他美德有区别。后者留给我们个人获得赞许的选择。前者的特点是,我们"感到自己以一种特殊的方式被捆绑、束缚,并有义务去观察正义"(Smith, 2004: 93)。然而,正义并不是一种积极的美德,因为坚持法律和不伤害他人并不意味着一个人有感恩的权利(Smith, 2004: 95)。"在大多数情况下,纯粹的正义是一种消极的美德,它仅仅阻碍我们去伤害我们的邻居"(Smith, 2004: 95)。

正义是一种机制,有助于防止过度自利而导致利用他人。因此,对不公正的受害者有一种自然的同情。因此,通过不公正手段获得的财富遭到蔑视,而同情被利用者的苦难。斯密(2004: 96)相信,正义是自然纠正导致伤害他人自利的过度自利和自恋的手段。[①] 其原因是，对"煽动他人作恶"的自然抵制(Smith, 2004: 96)。伤害他人，扰乱他人的幸福，以牟取私利，将导致缺乏公正的旁观者的支持。公正的旁观者有"使我们自爱的傲慢变得谦卑"的功能(Smith, 2004: 97)。在争夺财富、荣誉和晋升的竞赛中，他可能会尽最大努力奔跑，使每一根神经和每一块肌肉都紧张起来，为的是超越所有竞争对手。但是，如果他突然跳起来，或者把其中的任何一个扔下去，观众的兴致就完全没有了。这违反了公平竞争，观众不能承认这种不公平的竞争(Smith, 2004: 97)。旁观者不会赞同侵犯者的自爱，这种自爱会导致另一方的伤害。旁观者的同情将与受害方的"自然怨恨"共鸣。侵犯者将成为仇恨和愤慨的对象(Smith, 2004: 98)。换句话说，无限制的自爱，甚至伤害他人，从来不是斯密的自爱观的愿景，正如可以在《国富论》中所可看到的。

（四）商业、同情和正义

同情和正义对商业至关重要。斯密强调，自利是商业背后的动力，是服务社会的必要条件。然而，自爱是斯密经济哲学的基础，正如《国富论》中所讨论的，必须在他人和社会福祉的更大背景下来理解。在这方面，斯密在《道德情操论》中关于"自然宪法"的效用的讨论直接关系到他的经济哲学(Smith, 2004: 100)。他的现在著名的引言是指屠夫的仁慈与他的自爱作为一种为社会提供肉类的手段是有启发性的，因为自爱是为社会提供效用的手段，而不是仁慈(Smith, 1950: 16)。因此，社会利益并非完全基于仁爱，而是一种自利的功能。这并不意味，有些人不会利用别人来使自己富裕。斯密指出，"人类社会需要彼此的帮助，同样也面临相互伤害"(Smith, 2004: 100)。[②]

互惠对社会的繁荣很重要。这种互惠最明确的表现是在商业上。用商品和服务交换金钱既符合个人的利益，也符合社会的需要。这就是为什么社会中的稳定与和平关系必须受到保护，不受有害的自恋和不信任的影响。然而，商业的动机和社会成员之间的帮助不一定是互爱或慈善的结果。这对于社会繁荣并非至关重要。"社会可能存在于不同的人之间，就像存在于不同的商人之间一样，从社会的效用来看，没有任何相互的爱或感情"(Smith, 2004: 100)。在这种情况下，供求和公平估值的商业制度为社会繁荣提供了

---

① 斯密提到的各种形式的伤害并不都是相同的。谋杀被认为是最大的伤害，然后是财产和所有物的损失，最后是个人权利或"他从他人的承诺中应得的东西"(Smith, 2004: 98)。

② 斯密在提到自然时使用大写字母。这可能是因为他和其他启蒙思想家认为，自然是规范性的。也可以认为自然是形而上的，即科学之神。

手段(Smith, 2004: 100)。这一思想后来在《国富论》中充分发展为看不见的手这个概念。虽然社会可能从慈善事业中获益,但很明显,这对繁荣并不重要。“因此,仁慈对社会的存在不像正义那么重要”(Smith, 2004: 101)。只有当不公正的现象普遍时,繁荣才会受到损害。这根源于对受害者的同情性怨恨。换句话说,斯密很清楚,商业和正义是社会福祉与和谐的必要条件(Smith, 2004: 101)。“正义……是支撑整个大厦的主要支柱。如果它被移走,那么人类社会的巨大结构,一定会在瞬间土崩瓦解”(Smith, 2004: 101)。为了维护社会,自然“在人的心中植入了不幸者的意识”(Smith, 2004: 101)。斯密将“恶意”定义为所有应当惩罚的伤害,而且是“保护弱者,遏制暴力,惩罚罪犯”(Smith, 2004: 101)。因此,虽然人们对他人的痛苦不像对自己的福祉那么感兴趣,如“野兽”一样,但正义的自然法则支撑着社会。因此,“对社会的自然爱”通过对不公正的同情性愤恨来维系社会秩序与和谐(Smith, 2004: 103)。斯密(2004: 103)认为,个人利益与社会之间存在着相关性。然而,这是有条件的,因为社会的“保存”是与个人的“保存”联系在一起的。对于个人来说,正义占上风是非常重要的,因此将尽一切可能维持有秩序的现状。

因此,正义是建立社会和谐的基础。在《道德情操论》语境中的正义是一种同情和自我与他人之间张力的功能。正义是可能的,因为同情被剥削者,因为维护社会是首要的。在这种情境中,自利有一个必须尊重的自然边界。当它导致创新和社会福祉时,自利的行动是值得称赞的。在这种情境中,财富受到赞扬,并产生强烈的同胞情感。

(五) 亚当·斯密问题

在这一点上,很明显,斯密对自利有一个非常具体的定义,这与自恋和原始资本主义无关,后者导致以牺牲他人为代价而积累财富。同情强调,自利内嵌在社会的社会-伦理结构之中。因此,商业和创新是社会福祉与和谐的功能。这一观点对理解《国富论》至关重要,因为它为商业提供了社会-伦理基础。这种关于自利的社会-伦理观点也为亚当·斯密问题或《道德情操论》与《国富论》之间的不一致提供了一个新的视角。我们现在转向的正是这一观点。此外,《道德情操论》和《国富论》之间的不一致通常与同胞情和自利之间的不一致有关(Montes, 2004)。《道德情操论》因此被简化为一部道德教育著作,而《国富论》是一种非道德的经济科学。这一观点受到了最近研究的挑战,对商业产生了至关重要的影响。

瑟顿(Sugden, 2002)认为,规范视角与描述视角之间的平衡是《道德情操论》与《国富论》之间区别的核心。这是因为自利和同情被视为道德的方面。哈康森(Haakonssen, 2004: vii)指出，他的理论在亚里士多德、康德和边沁等人的经典道德理论意义上是解释的理论，而不是规范的理论。斯密并不试图发展规范道德理论；相反，他认为道德哲学的任务就是解释工作。认为《道德情操论》含有一种规范理论，对此是有争议的。然而，正是对人类道德的理论理解构成了《国富论》的基础。大卫·休谟和斯密都认为，道德理论是人性科学的基础。

帕格内利(Paganelli, 2008: 366)超越了这种不相容的观点，提出自利形成了《国富论》和《道德情操论》的基础。根据帕格内利(2011: 273)的看法，《道德情操论》对自利的美德有一种更有利的、可能是理想主义的观点，这种观点可以限制在有利于个人和社会的范围内。另一方面，《国富论》批评了自利的局限性在于缺乏校正，这种局限性可能会导致自恋在一些事情上的表现，诸如被教会和教育体系滥用的重商主义政策(Paganelli, 2008: 380)。帕格内利的观点是正确的，斯密在《国富论》中确实强调过度的自利；然而，这些过度是在政府的干预作用或保护某些人(如商人)利益的管理当局的背景下提出的。问题是斯密的批评究竟是针对自利，还是针对政府对商业的干预，后者可能会干预并导致不公平竞争。

斯密认为，道德发展是一种植根于同情的心理和社会过程的功能。《道德情操论》为《国富论》提供了社会-伦理框架，因为它将自利定位在社会-经济方面(Teichgrayeber, 1981)。因此，斯密在《国富论》中批评贪婪和不公正，因为它对社会造成危害。不公正的混乱扰乱了经营，不符合个人和社会利益。出于这个原因，埃文斯基(Evensk)指出，斯密的经济哲学不能仅仅局限于金融方面和粗糙的资本主义。这是一种更微妙的社会资本主义形式。似乎《道德情操论》更多的是对人类互动的社会-伦理探索，而不是规范理论。埃文斯基(2005)指出，斯密的经济学是社会-资本主义的，并非基于理性经济人(homo economicus)的观点。商业具有与人的交往为基础的社会功能，有利于道德的发展。这对企业社会责任是至关重要的，因为它强调企业嵌入社会之中。企业在提供效用方面起着至关重要的作用，也有助于道德的发展。重要的是要注意到，斯密所指的美德和适当并非理解为规范的道德体系。适当是一种同情和赞许的功能。这是指人们通过积极向上的同胞情感来寻求快乐的自然本能。因此，希尔和米亚特(Hill and Myatt, 2010: 15)关于斯密会被归结为理性决策经济学的担忧是有缺陷的，因为心理学在斯密对道德的理解中起着重要作用。决策经济学的担忧是有缺陷的，因为心理学在史密斯对道德的理解中起着重要的作用。帕格内利(2008：369)指出,对斯密(如休谟)来说,自利更多的是“直觉而非理性计算”。这一观点在斯密(2004：313－386)在《道德情操论》第七部分关于道德体系的讨论中是明确的。这是对新自由主义的严重挑战,正如弗里德曼的企业社会责任所反映的那样。

从上述情况可以清楚地看出,同情和自利并非不相容——相反,没有同情,自利就无法发挥作用。从关于同情的讨论中,可以清楚地看出,同情阐明了斯密世界观的社会-伦理出发点。商业,如在《国富论》中所阐述的,是作为一种自利的功能嵌入这个社会的视角中去的。自利的作用并非天衣无缝、毫无争议。斯密清楚地认识到自利的危险。然而,有一种自然的同情倾向将人们联系在一起,并为过度行为和滥用行为的纠正提供了边界。因此,自我与他人之间存在的张力需要通过调整行动来克服。这种张力对社会的存在是必不可少的,而且是不断运动的。商业是一种促进自利的手段;同时也是一种造福社会的机制。这对当代社会的企业社会责任有着重要的影响。

(六)企业社会责任和同情

卡罗尔的企业社会责任模型是从四层级模型发展而来的三层重叠方法,突出了社会责任的实践意义与企业机制脱节的事实。然而,从上述对于亚当·斯密问题的观点来看,自我与他人之间的张力可能有助于应对企业面临的挑战。

当代商业和企业社会责任的问题是,往往忽略了斯密提出的经济哲学中同情的作用(Sen, 1999)。结果是,斯密的工作等同于一种粗俗的自恋自由主义,它将社会和道德置于括号中。这可能会给人一种印象,即企业对社会和环境没有责任——一种非道德的观点。这种思维形成了一种致命的错误,这一点在频繁发生的公司丑闻中是显而易见的。对斯密来说,企业社会责任似乎比利润更重要,它是衡量自利的标准,而不是仁慈或慈善。这意味着企业在成为一种赚钱的手段之前就有社会责任。

显然,《道德情操论》对企业社会责任的碎片化观点提出了严重的挑战。斯密认为,责任是商业活动重要组成部分。换句话说,没有责任就没有商业。这是商业嵌入社会的重要一步。没有创新和社会效益,商业就会失败,因为它会导致混乱。企业社会责任不是企业的附加物,而是企业的DNA的一部分。2008年的债务危机清楚地表明了这一点,其中无节制而非创新是商业的动力。它还确认,弗里德曼强调了作为股东责任的企业重点,这是有道理的。然而,《道德情操论》挑战了弗里德曼的社会与企业之间的脱节。

四、弗里德曼和同情

从《道德情操论》可以推断，弗里德曼是正确的，商业应该集中在盈利上。然而，《道德情操论》严重限定了这一说法，因为它不意味着企业与个人责任可以分开。对弗里德曼来说，这种分离是他支持股东企业社会责任的基础，因为责任可能会破坏盈利能力和对股东的责任。已经清楚的是，事实恰恰相反；没有责任就没有企业。企业植根于社会而并非脱离社会。企业为社会创造价值。

因此，斯密的《道德情操论》为著名的(或更确切地说，声名狼藉的)米尔顿·弗里德曼在《纽约时报》上的头条文章(1970)提供了新的解释，该文即"企业的社会责任是增加其利润"。文章的标题突出了斯密在《国富论》中阐述的古典经济学原理，即在自由社会中，自利支配着经济活动(Friedman，1962、1970)。弗里德曼的主要问题是，社会责任是否对自由社会有害。他的基本前提是，企业是一个法人，所以不能承担责任。因此，他把重点放在作为自然人的公司高管的社会责任上。在这种情况下，企业社会责任被弗里德曼视为一种合谋的和墨守成规的社会主义活动。其原因是，它损害了自由社会的承租人。弗里德曼认为，企业社会责任是对公司与其股东之间契约协议的滥用。企业高管会通过对股东征税，并将它分配给维权人士和其他压力团体支持的社会公益事业，而否定社会参与的自愿性质。如果企业披上"社会责任的外衣"的情况下，这可能只是短期的善意。然而，这是在欺骗股东，破坏自由社会的自愿性质。弗里德曼指出，"……企业有一种且只有一种社会责任——用社会资源从事旨在增加利润的活动，只要它符合游戏规则，也就是说，从事没有欺骗或欺诈的公开和自由的竞争"(Friedman，1962：133；1970：126)。他的结论是，企业社会责任是自由社会中的一种"根本性的颠覆学说"。

重要的是要注意到，虽然弗里德曼被视为股东企业社会责任理论家，但这可能是基于对他《纽约时报》著名文章的概括，该文被利益相关者、理论家用来强调他们立场的重要性(Rathbone，2014)。琼斯(Jones，2007：515－522)指出，弗里德曼的立场含有一定程度的张力。《纽约时报》的文章和《资本主义和自由》(1962)一书突出了这种张力。在前者中，利润是企业的目的这一标准是在自由社会的语境下使用的。这就意味着，企业应该自愿地以互惠互利为动力。然而，在《资本主义和自由》中在自由经济语境下提到的同一利润标准包括了在这种自由经济的背景下的工人和工会等利益相关者——

“同样,劳工领袖的‘社会责任’是为工会成员的利益服务”(Friedman, 1962: 133)。在这种情况下,责任比关注股东要广泛得多。然而,虽然琼斯提出了一个重要的观点,但问题是,劳工问题被视为工会领导人对其支持者的责任。弗里德曼的关注点似乎仍然在对股东负有的最终的财务责任。弗里德曼的股东企业社会责任,特别是他关于公司不是具有权利和责任的自然人的论点,在关于公司公民身份的文献中再次受到关注。马滕和克莱恩(Matten and Crane, 2005)关于公司公民的研究认为,公民身份与强调个人权利和责任的自由传统有关。因此,将公司称为公民是没有意义的。公司最多可以帮助“管理个人的公民权利”(Matten and Crane, 2005: 173)。弗里德曼关于企业的主要关注点是为股东创造利润的论点得到了保留,因为企业的盈利能力将直接惠及股东。然而,《道德情操论》的见解清楚地表明,这样的出发点有将企业的社会定位加上括号的风险,因为企业是植根于社会的结构和互动之中的。换句话说,成功的企业离不开负责任的社会关系。弗里德曼似乎认为,作为社会一个方面的企业与作为社会个体成员的角色之间有着明显的区别。因此,企业的作用是创造利润,而个人对社会参与负责。弗里德曼可能强调这种分别,以避免社会强制。然而,这是他的论点中的一个关键缺陷,因为个人在复杂的社会互动的基础上从事经济活动,也因此将受到评判。企业不能为自己找借口,也不能不负责任。在《道德情操论》中,斯密认为,企业的关注点最终植根于诸如道德情操、正义、社会稳定与和谐之中。就此而言,伦理不是对商业的补充;商业对道德发展很重要。对斯密来说,这并非否定自由,而是强调道德发展的动力系统。

因此,《道德情操论》肯定了弗里德曼,同时也挑战了社会与企业之间的脱节。就此而言,斯密的自利概念中的自我与他人之间的张力关系在弗里德曼这里反映了出来,并为植于企业社会责任及其经济、法律和道德责任提供了出发点。

(一)商业、创造性和创新

斯密的经济哲学强调,公司管理层和股东在董事会上应该问的关键问题,不是什么赚钱;相反,这个问题一直是一个负责任企业的问题。斯密认为,企业是为了造福社会,而这需要创造性和创新。在这方面,企业处于第一线,并响应社会的需要。做生意不仅仅是为了赚钱。在物质匮乏和巨大的生态挑战的世界中,这一点至关重要。已经很清楚的是,企业正在通过引进新技术,例如可再生能源,来应对世界所面临的生态挑战。

对斯密来说,商业不是理性决策的功能。商业是植根于社会-伦理之中的，一如同情的功能。它与涉及想象力的社会的和心理的过程有关。公正的旁观者也是想象力的一种建构，涉及适应认知和行动的创造性手段。这对商业来说是重要的呀，因为它假定，创造性过程必须涉及创新，为的是造福社会、赚钱和获得一种赞许感的体验。

（二）商业与道德发展

帕格内利（Paganelli, 2010：435）指出，商业社会是一个陌生人的社会。换句话说，《道德情操论》假设，商业社会由于陌生人之间的互动而有助于道德发展。帕格内利（2010：436）认为，"在商业社会中，有许多情况下，人们必须与陌生人接触，他们有很多机会训练自己的自制。通过与陌生人交往的习惯，我们养成了自制的习惯，这是牢固的道德和德行准则所必需的"。帕格内利的假定是，商业可能作为陌生人之间互动的一种功能有助于道德发展。他的这一假设是有问题的。因为虽然商业可能有助于道德发展，但在《道德情操论》中，斯密一般并不提及商业情境中的陌生人互动。确切些说，斯密是指一般的社会的和人际的互动，而不是商业本身。然而，斯密确实在快乐和厌恶痛苦的重要情境中直接提到效用。美好和追求财富，是因为它与积极的情绪有关，而要避免贫穷，是因为它与稀缺和痛苦有关。

由于陌生人之间的社会互动，商业社会可能有助于道德发展（Zak, 2008）。休谟在18世纪（1752）指出，商业使人们不那么暴力，更具社会性，从而发展了人们的品格。后来，在20世纪，凯恩斯（1976：372）继续这一论点，指出，商业为人们提供了一个领域，以建设性的方式展示攻击性，而不诉诸暴力或战争。凯恩斯指出："我们所生活的经济社会的突出缺陷是，它未能提供充分的就业，以及它对财富和收入的任意和不公平分配"（Keynes, 1976：372）。为了避免"残忍的行为，不计后果地追求个人权力和权威，以及其他形式的自我膨胀"，经济的重建和赚钱对于引导一些人的"危险的人类倾向"是必要的（Keynes, 1976：374）。为了保护自由免受暴力的威胁，政府需要进行干预。支撑古典理论的利己主义和个人主义是"对个人自由的保护"（Keynes, 1976：380）。然而，对凯恩斯来说，商业是实现社会和谐最终目标的过渡办法。从他对经济学家在社会中的重要作用的看法来看，这一点是清楚的："经济学家不是文明的受托人，而是文明的可能性的受托人"（Keynes, 1976：381）。在《我们后代的经济可能性》（1930）中，凯恩斯写道："贪婪、高利贷和防范，还得再坚持一段时间。因为只有它们才能带领我们走出经济需要的隧道，进入光明"。对斯密来说，和谐是商业本身固有的。商业的互动有助于道德的发展，从而使得社会和谐。这不是像埃文斯基（2005）所说的《道德情操论》固有的理想主义立场。从《道德情操论》中公正的旁观者所扮演的作用就可以清楚地看出这一点。在《道德情操论》中，为了产生有益于所有参与者的建设性的社会互动，激情的调节与特定的境况和事件有关。和谐不是什么理想，而是商业的本质。

（三）正义和法律

商业的社会-伦理性质也突出了正义和法律的作用。正义不是对企业的外部补充，这在企业的合规思维中是显而易见的。这种合规思维具有消极的含义，即伦理和正义对企业的成功并非至关重要——最多是一种自愿活动。唯一重要的原因是它是否赚钱(Paine, 2000、2003)。虽然全球化和技术提高了伦理和企业社会责任的重要性，但这些方面最多是作为企业和盈利能力的一种功能(Paine, 2000: 322 - 327)。

潘夏琳认为，这损坏了伦理作为辨别和判断的基础。然而，正如《道德情操论》所反映的那样，这种企业观对企业的社会功能和道德发展的完整性是有问题和危险的。潘夏琳(2000: 329)在其最后论述中呼应了斯密的观点，"……伦理规范对于任何类型的有效交流和合作活动都是必要的……"。她继续说，"为了给经济活动指明方向和目的，并确定其在人类目标的更大框架中的位置，更高阶的价值观是必要的"(Paine, 2000: 329)。因此，根据潘夏琳(Paine, 2000: 329)的说法，伦理对企业是极其重要的，因为它提供了企业的基础设施和上层建筑。在这方面，可以认为，《道德情操论》提供了企业的上层建筑，这在道德发展和社会和谐中是很重要的，而《国富论》则侧重于在劳动分工、供给/需求和看不见的手的动态系统中来解释企业活动的基础设施。

弗里德曼的回应可能会反驳说，盈利能力是主要方面。然而，同时，与斯密的情况一样，他可能会争辩说，如果一项决定可能造成损害，正义可能会压倒利润动机。然而，斯密将不会同意弗里德曼的观点，即认为一种合法的正义和合规并不只是道德行为的动机。换言之，我不欺骗，因为这对生意不利，而且有法律影响。同情和道德情操的心理更为重要。亦即是说，我们的动机是同情受害者，因为不公正对社会因而对我们自己的幸福有负面影响。

五、结　　论

在本文中，论证了斯密的《道德情操论》提供了一个重要的选择，以取代当代支离破碎和分离的企业社会责任。《道德情操论》的出发点是，同情是人类互动和道德发展的基础。同情被理解为"同胞之情"，它强调了社会相互关系的本质和作为类比想象功能的道德在所有人类互动中的作用。换言之，社会交往被嵌入社会-伦理框架中，参与者在这个框架中形成了他人的心理形象。这样，自利就与那些需要调整以避免自恋的他人处于持续的张力状态。这种张力关系也存在于商业中，正如斯密在《国富论》中所展开的那样。

《道德情操论》以及同情概念的含义是，商业活动嵌入了社会-伦理框架。这意味着，斯密认为商业是一种道德的和社会的活动。这对当代企业社会责任很重要，因为企业的目标与财务目标直接相关——弗里德曼在其股东责任理论中提出了这一观点。然而，《道德情操论》在社会和道德发展的背景下来理解金融目标——这是弗里德曼的立场所没有承认的。商业的这种嵌入的社会-伦理性质对创造性和创新、商业对道德发展的作用以及法律和正义具有直接的意义。

参考文献

Carroll, A. B. 1979. A Three-dimensional Model of Corporate Social Performance. Academy of Management Review, 4: 497 - 505.

Carroll, A.B. 1991. The Pyramid of Corporate Social Responsibility: Toward the Moral Management of Organizational Stakeholders. Business Horizon, 34(4): 39 - 48.

Evensky, J. 2005. Adam Smith's Moral Philosophy. New York: Cambridge University Press.

Friedman, M. 1962. Capitalism and Freedom. Chicago: University of Chicago Press.

Friedman, M.1970. The Social Responsibility of Business Is to Increase Its Profits. New York Times Magazine, 13 September 1970, pp.32 - 33, 122 - 126.

Griswold, C.C. 1999. Adam Smith and the Virtues of the Enlightenment. Cambridge: Cambridge University Press.

Hill, R, & Myatt, T. 2010. The Economics. Anti-Textbook. London: Zed Books.

James, H. J. & Rassekh, F. 2000. Smith, Friedman and Self-interest in Ethical Society. Business Ethics Quarterly, 10(3): 659 - 674.

Jones, C. 2007. Friedman with Derrida. Business and Society Review, 112: 4, 511 - 532.

Keynes J. M. 1930. Economic Possibilities for Our Grandchildren. Essays in Persuasion. New York: Harcourt, Brace & Co., pp.358 – 374.

Keynes J. M. 1976. The Collected Writings of John Maynard Keynes. Vol. VII. The General Theory of Employment, Interest and Money. London: Royal Economic Society.

Matten, D. & Crane, A. 2005. Corporate Citizenship: Toward and Extended Theoretical Conceptualization. Academy of Management Review, 30/1: 166 – 179.

Paganelli, M. P. 2008. The Adam Smith Problem in Reverse: Self-interest in the Wealth of Nations and the Theory of Moral Sentiments. History of Political Economy 40: 2, pp.365 – 382.

Paganelli, M.P. 2010. The Moralizing Distance in Adam Smith: The Theory of Moral Sentiments as Possible Praise of Commerce. History of Political Economy 42: 3, pp.425 – 441.

Paganelli, M.P. 2011. The Same Face of the Two Smiths: Adam Smith and Vernon Smith, Economics Faculty Research, Paper 1, http// digitalcommons.trinity.edu/ econ_faculty/ 1.

Paine, L.S. 2000. Does Ethics Pay? Business Ethics Quarterly Vol.10/ 1, pp.319 – 330.

Rathbone, M. 2015. Love, Money and Madness: Money in the Economic Philosophies of Adam Smith and Jean-Jacques Rousseau. Southern African Journal of Philosophy 34/3: 379 – 389.

Schwartz, M.S. & Carroll, A.B. 2003. Corporate Social Responsibility: A Three-domain Approach. Business Ethics Quarterly, 14/4: 503 – 530.

Smith, A. [1759] 2004. The Theory of Moral Sentiments. Cambridge: Cambridge University Press.

Smith, A. [1776] 1950. An Inquiry into the Nature and Causes of the Wealth of Nations, Edited with Introduction, Notes, Marginal Summary and an Enlarged Index by Cannan, E. London: Methuen & Co. Ltd.

Sugden, R. 2002. Beyond Sympathy and Empathy: Adam Smith's Conception of Fellow-feeling. Economics and Philosophy, Vol.18.

Teichgraeber, R. 1981. Rethinking das Adam Smith Problem. Journal of British Studies 20/2: 106 – 123.

公共性与自利性：经济制度与政府主体间的价值冲突论析

乔法容*

［提要］ 经济伦理研究的宏观层次，是对经济制度、决策的伦理考量。公共性既是对政治制度的要求，同时也是对经济制度与决策行为的道德诉求。公共性体现在政府提供的公共产品必须代表社会公共利益，维护公平与社会正义。自利性是指政府公务员个体生存与发展的必要条件，是人之为人普遍存在的欲望、需要和动机。公共性与自利性存在于政府—社会—公司(或组织)—公民个体利益的关系结构之中。自利性不等于自私、利己，但在道德价值取向扭曲、又缺乏制度约束的背景下，自利性跨越正当性边界而走向自私、走向贪婪的可能性就会演变为现实。维护政府经济职能的公共性，防止自利性失当，需从伦理的视角评价经济制度的价值合理性与合法性，还需重视政府从业者自律德性的培育与以“人民为本”的好政府建设。

经济伦理研究的宏观层次，是对经济制度合义性的伦理考量。公共性是政治制度的根本属性，同样也是经济制度的根本属性。政府经济职能公共性的彰显与现实体现，是通过政府管理层来实现的，由此形成经济制度的公共性价值诉求与各级政府管理主体自利性之间的密切关联。公共性与自利性存在于政府—社会利益—公司(或组织)利益—公民个体利益的关系结构之中，两者之间的张力与冲突，构成一对特殊的道德矛盾，在政治文明、经济民主日益推进的今天，认识和解析这一矛盾，对于“好政府”的建设尤为必要。

---

* 作者乔法容，河南财经政法大学教授、中国伦理学会经济伦理学专业委员会副会长。——编者

一、公共性：政府经济职能的根本属性

政府的公共性及其政府经济职能的公共性思想，可谓人类生活中一个古老的话题，但中西方对公共性这一概念的理解差异较大，即使在西方，不同的历史发展阶段对此也有不同理解。哈贝马斯研究公共领域和私人领域的划分，认为公共性经历了3种历史形态：即古希腊城邦型公共性、欧洲中世纪代表型公共性和近代西欧市民型公共性。为我们研究公共性提供了理论借鉴，提供了对公共性理解的基本共识。

在古希腊哲学家那里，就有了深刻的论析。柏拉图阐述了维护城邦正义体现了政府的公共性，亚里士多德继承柏拉图的思想，指出人们组成城邦的目的是为了过一种美好的生活，如何判断政府的好与坏呢？他认为，当一个政府的目的在于整个集体的好处时，它就是一个好政府；当它只顾及自身时，它就是一个坏政府。随后的思想家洛克提出的人民主权理论，标志着政府公共性逻辑论证的完成。卢梭认为，主权始终属于全体人民，全体人民行使主权，表现为一种公意，亦即是这个政治实体的意志。政府的权力须来源于体现公意的法律，政府是人民的仆从机关，是人民行使主权的工具，必须绝对听命于人民。公正与不公正的标准在于公意，好的公正的政府必定是最符合公意的政府。至此，政府权力归属问题获得了明确的解答，对政府存在及其权力职能的公共性作了论证。之后的思想家，如哈贝马斯、汉娜·阿伦特等，对政府的公共性问题展开多维度的讨论，成为现当代政治文明和经济学说的一个重要问题。如汉娜·阿伦特把私人性视为家庭的特性，把公共性视为政治领域的特性，并对公共性的3个维度的概括：一是公共性；二是复数性；三是共同性。世界银行在其1997年的世界发展报告《变革世界中的政府》中将每一个政府的核心使命概括为5项最基本的责任，是从政治领域政府的职能出发的，即(1) 确定法律基础；(2) 保持一个未被破坏的政策环境，包括保持宏观经济的稳定；(3) 投资于基本的社会服务和社会基础设施；(4) 保护弱势群体；(5) 保护环境。这5项基本职能，凸显了现代政府的公共性特征。

宏观经济层面政府的公共性，集中体现在政府作为“看得见的手”，作为宏观调控的主体，其经济职能是从经济社会的全局和长远利益出发的。在中国社会主义市场经济的模式中，强调市场这只“看不见的手”在资源配置中起决定作用，政府要更好的发挥作用，“看不见的手”与“看得见的手”协同调控经济，使自发的市场调节与自觉的调节市场之间形成互相制约、互相转化的

良性运转过程。总结发达国家的经验，结合中国市场经济发展阶段的实际，当前必须发挥和完善政府的四大经济职能。

（一）经济调节的职能

简称协调稳定经济的职能。市场经济发展具有周期性、波动性特征，特别是在全球经济一体化的今天，国际经济对国内经济的影响程度日益加深，我国经济发展的不确定性因素在不断增多。如：当经济出现萧条状态时，存在总需求不足，政府实行扩张性的财政政策，即增加财政支出，减少税收，以便于刺激总需求的扩大，消除通货紧缩现象；当经济处于膨胀状态时，由于存在总需求过度，政府则应采取紧缩性的财政政策，即减少财政支出，增加税收，以便于抑制总需求，消除通货膨胀，这是市场经济条件下政府财政政策的基本原理。通过积极的财政政策，来调节经济稳定增长。这是我国改革开放以来政府的基本经济职能。此外，我国作为发展中国家，由于工业化经济还比较脆弱，经济结构不合理，市场体系发育不成熟等因素的存在，面对巨额无约束的国际投机资本的冲击，国内经济发展就会面临巨大的风险。因此，从国与国之间的经济竞争和国内民族经济的稳定角度来考虑，政府的经济调节以及保证经济安全的职能在今天显得更加必要和重要。就国内经济而言，政府还要从宏观上、战略上对全社会的微观经济活动进行引导和调节，以保持经济总量平衡，促进经济结构优化。

（二）公共服务的职能

通过公共财政，提供公共产品和公共服务，配置一部分社会资源，满足公共需求。公共财政建立的理论根据，是市场存在缺陷，需要覆盖市场失灵的所有领域。换言之，市场缺陷为政府介入提供了根据、为政府行使经济职能划定了范围和边界。公共财政提供如国防、司法、警察、环保、公共文化设施、公共卫生等公共产品，除了与财政支出相对应的经济职能和公共服务外，与财政收入相对应的政府职能和公共服务还包括：税收政策、国债政策以及预算、转移支付等，也都属于公共财政的范畴。一般而言，公共财政在市场经济条件下有3项职能：资源配置职能、收入分配职能、稳定经济职能。随着我国改革开放的步步深化，公众对公共产品的需求日益增大，政府提供公共产品和公共服务的能力与公众的需求水平之间，尚存在较大差距，这正是需要通过我国政府经济职能的转换来逐步解决的。

（三）调节收入分配的职能

政府采用税收、补贴、转移支付等手段，缓解收入分配不公的矛盾，亦即二次分配。由于个人的自然禀赋、能力和每个人所拥有的财富多寡、受教育的程度和机会等都不同,还有在市场竞争中遭受失败的人,或根本无能力参与市场竞争的老年人、未成年人、残疾人等社会弱势群体,在追求效率第一的市场经济规则下,自然面临着被淘汰甚至生存危机危险。市场的负面表现之一是加大两极分化,尤其在我国存在多种所有制的条件下,更需要调节分配,实现公平。政府通过征税、补贴、救济、福利等方式,提供必要的社会保障。社会主义的本质是最终实现共同富裕。贫穷不是社会主义,贫富两极分化也不是社会主义。通过政府以公平为原则的收入再分配职能调节,以及社会保障体系的建立与完善,缓解第一次分配造成的收入过大的差距,为社会的弱势群体的生存与发展能力提升提供基本保障和条件,让每个人都能享受到改革开放和经济发展带来的成果,这是政府的重要责任担当。对于第一次分配,政府也不是无所作为的,正如十八大报告指出的,初次分配也要正确处理公平与效率的关系。“共享”理念的提出,从更广更深的意义上,阐明了走向社会主义“共同富裕”目标的当代方案。

(四)监管规范市场的职能

我国在建立社会主义市场经济体制进程中,由于市场发育不全不成熟,市场秩序成为一个影响经济社会健康发展的突出问题。建立公平的竞争法则,培育市场体系,建构规范有序的市场秩序,为经济发展创造良好的发展环境,迫切需要政府发挥监管的职能。市场经济是法制经济。政府监管的基本思路是依法治市。针对市场活动中的不正当竞争,政府出台有关“反垄断”、反不正当竞争、保护名优产品、打击假冒伪劣产品和各种非法经营的经济主体等一系列法律法规。根据法律法规要求,2013 年 3 月以来国家发改委查处了国内三星、茅台和五粮液等企业价格垄断大案,之后,合生元、美赞臣、多美滋、雅培、富仕兰、恒天然等 6 家国外乳粉生产企业因违反《反垄断法》,包括合同约定、变相罚款、扣减返利、限制供货等,限制竞争行为,国家对其罚款约 6.7 亿元人民币,这也是中国反垄断史上开出的最大罚单。通过产品质量法、税法、环保法等一系列法规对各类经营主体的经济活动进行约束,包括经济处罚和行政手段;还有保护未成年人和协调劳资关系等一系列法规,如《禁止使用童工规定》《中华人民共和国劳动合同法》等,切实保护劳动者的合法权益。

与其他的经济组织明显不同,政府的经济职能集中体现的是政府的公共性。诺贝尔经济学奖得主斯蒂格利茨曾讲到,政府与其他经济活动中的组织不同,“在这些不同之处中,政府有两大显著特性:第一,政府是一个对全体社会成员具有普遍性的组织;第二,政府拥有其他经济组织所不具备的强制力。”[①]强调了政府经济行为所具有的普遍性、公共性、强制性特征。比如，政府通过公共财政，提供公共产品和服务，配置一部分社会资源，满足公共需求（简称提供公共产品的职能）。这一职能是基于市场无法配置的社会资源，需要政府的介入，弥补市场缺陷，即市场失灵的领域。包括在市场经济条件下，公共财政需要担负的 3 个方面的职能，即资源配置职能、收入分配职能和稳定经济职能，重在解决市场资源配置所不能解决的科学、教育、卫生、文化等社会事业发展以及基础设施等公共物品或服务提供财力保证，通过税收和转移支付等手段，调节地区与地区之间、社会成员之间的收入分配格局，缩小贫富差距，实现社会公正。这就是政府经济职能的公共性特征的具体展现。

当今，中国在进一步建立和完善市场经济体制的历史背景下，政府的公共性还特别表现在立足社会全局和长远发展的战略考虑，如强调科学发展、绿色发展，强调生态文明建设，强调体制机制创新驱动，强调法治社会和道德治理等，其实质在于，把经济发展与环境保护结合起来，把经济增长效率与社会公平及其社会成员的心理承受力结合起来，把眼前利益与长远利益结合起来，统筹政府与经济、经济与生态、经济与社会、国内与国外等多种关系，从而在根本上维护好、发展好全体社会成员的利益。概言之，所谓政府的公共性，即政府产生、存在的目的是为了公共利益、公共目标、公共服务以及创造具有公益精神的意识形态等。为此，政府必须保护国家安全，提供法律手段以惩治违规者，提供社会福利以及保护国民财产等。当然，这是一般意义上的政府公共性特征。这些说明，任何时代、代表任何阶级的政府，都在不同的背景下体现出具有各自内容的公共性。

二、自利性：政府公务员的个体属性

政府在宏观层面发挥调控职能的必要性毋庸置疑，这是政府公共性彰显的场域。但现实中普遍存在的公共性缺失问题，也成为近些年来学者热衷讨论的重要话题。政府公共性缺失的原因是多方面的，有认知方面的原因；有外部的客观的市场环境因素；有不同利益间的博弈关系；有政府政策指向；也有政府公务员自身的道德缺失等方面的原因。其中，道德缺失的价值观根源，与政府公务员个体或部门由自利性走向以权谋私直接相关，由此形成政

① 斯蒂格利茨：《政府为什么干预经济——政府在市场经济中的角色》，中国物资出版社 1998 年，第 45 页。

府经济职能行使中的公共性与自利性的矛盾冲突。

公共性缺失在不同时期不同制度的政府中表现不同。如生态环境问题、教育资源不公等问题，是公共性不到位的表现。另如政府的一个重要经济职能是通过公共财政，保障社会公平，如一个社会长期处于贫富差距过大的状态中，即是公共性缺失的表现。这一问题恰如托马斯·皮凯迪在《21 世纪资本论》一书中，基于现今发达国家的历史经验，尤以英、法、美、德、日五国的经验为主，揭示这些发达国家的人民生活并没有随着经济增长而提高，"21 世纪的今天依然重复着 19 世纪上演过的资本收益率超过产出与收入增长率的剧情时，资本主义不自觉地产生了不可控且不可持续的社会不平等，这从根本上破坏了以民主社会为基础的精英价值观"。[①] 研究表明，贫富差距并没有随着经济增长而缩小，仍是这些发达国家所面临的社会矛盾。新兴经济体在其发展过程中，如印度、中国，贫富不均问题不仅存在而且会日益凸显。中国经济发展将可能呈现 L 型，描述了在一个时期内经济增长将放缓运行的走势，这种背景有可能使国内财富不平等的状况进一步加剧。世界银行 1997 年发展报告《变革世界中的政府》明确指出："在几乎所有的社会中，有钱有势者的需要和偏好在官方的目标和优先考虑中得到充分体现。但对于那些为使权力中心听到其呼声而奋斗的穷人和处于社会边缘的人们而言，这种情况却十分罕见。因此，这类人和其他影响力弱小的集团并没有从公共政策和服务中受益，即便那些最应当从中受益的人也是如此。""政府即便怀有世间最美好的愿望，但如果它对于大量的群体需要一无所知，也就不会有效地满足这些需要。"[②]可见，维护政府职能的公共性，始终是政府的重要使命与责任。人们在审视政府公共性的同时，更加关注政府自身的意志与行动之于其公共性的影响。

关于政府的自利性，历史上一些思想家早有论述。卢梭曾提出政府代表 3 种意志。他认为："在行政公务员个人身上，我们可以区分三种本质上不同的意志：首先是个人固有的意志，它仅只倾向于个人的特殊利益；其次是全体行政官的意志，这一团体的意志就其对政府的关系而言则是公共的，就其对国家——政府构成国家的一部分的关系而言则是个别的；第三是人民的意志或主权者的意志，这一意志无论对被看作是全体的国家而言，还是对被看作是全体的一部分的政府而言，都是公意"，"按照自然的次序，则这些不同的

---

① ［法］托马斯·皮凯蒂：《21 世纪资本论》，第 2 页。

② 世界银行发展报告：《变革世界中的政府》，中国财政出版社 1997 年，第 110 页。

意志越是能集中，就变得越活跃，于是公意总是最弱的，团体的意志占第二位，而个别意志则占一切之中的第一位。因此政府中的每个成员都首先是他自己本人，然后才是行政官，再然后才是公民；而这种级差是与社会秩序所要求的级差直接相反的”。① 这一段话，充分说明了政府的自利性来自不同层次的3种意志：一是来自政府从业人员的个人利益和意志；二是来自团体或部门的意志；三是来自某一阶级的意志或公意。在其强度上，个人的自利性大于团体的自利性，团体的自利性大于阶级的自利性。

中国进入改革开放后，政府的职能与计划经济时期相比，发生了根本性的转型。一些学者格外重视政府的自利性问题。认为所谓政府的自利性，是指政府并非总是为着公共目的而存在，政府在公共目的的背后隐藏着对自身利益的追求，这一特性称之为政府的自利性。利益总是隶属于一定的主体，不同的主体具有不同的利益。“政府本身有其自身的利益，政府各部门也各有其利益，而且中央政府与地方政府也有很大的区别。政府行为和国家公务员的行为与其自身利益有密切关系。”②这就是说，政府作为社会组织同样追求自身的良性发展，政府作为一个整体，是其成员的共同利益代表。另外，作为地方政府为“造福一方”，追求地方利益的最大化，也会导致政府组织自利的发生。同理，政府职能部门乃至公务员个人为了追求部门利益的最大化，也会追求部门或个人的自利。因而政府自利性表现出3种形式：

(一) 地方各级政府的自利

地方各级政府在中央政府的领导下，实施本地行政管理职能。中央政府更多地考虑全国的利益、全社会的整体利益。而作为地方公共事务管理的地方政府则更多地考虑地方利益。地方各级政府的自利有多种表现形式：一是东西部地区政府利益之争；二是上下级政府的利益之争；三是地方政府为了实现政府目标而为本地企业争利；四是地方政府为了吸收外来投资而无原则地让利；五是地方政府为实现本地的经济社会管理职能而与中央争利。

(二) 政府职能部门的自利

长期以来我国的政府管理体制采用的是条块分割，作为“条条”的政府职能部门与作为“块块”的地方政府之间常常出现摩擦。政府职能部门作为一

---

① 卢梭：《社会契约论》，商务印书馆1996年，第83页。

② 齐明山：“转变观念界定关系——关于中国政府机构改革的几点思考”，《新视野》1999年第1期。

个利益共同体，是其成员的共同利益的代表者，因而为了部门的利益而与国家或是地方争利益的现象并不少见。具体表现在：政府职能部门执法产业化、政府职能部门与地方政府争利等。

（三）政府组织成员的自利

政府组织成员的自利主要通过组织的自利而得到满足，公务员既是行政权力的行使者，又是普通公民，具有为自己谋取利益的优越条件。一些成员利用行政权力谋私利，干违法乱纪的事。

也有学者用另一类词汇表达了相同的思想，认为政府公务员的利益、政府部门的利益、政府组织整体的利益都是这种自利性的具体表现，其依据是"政府是市场经济中的利益主体之一"。

还有一些学者提出了政府失败的几种类型：(1) 公共政策失效；(2) 公共物品供给的低效率；(3) 内部性与政府扩张；(4) 寻租及腐败。从这几种类型的"政府失败论"中，也存在自利性失当这一重要原因。

另有学者不同意上述一些观点，明确表达自利性不应是社会主义制度下政府的属性。"当前国内理论界存在一种倾向，即不加批判地将西方公共选择理论拿过来，将西方经济学有关'经济人'的假设运用于政府人行为分析。""这种分析在理论上是不科学、不正确的，以此指导实践必然是有害的。它尤其不适用于社会主义制度下的政府行为分析，社会主义制度下的政府人应是公共人"。[①] 因此，不应将"经济人"假设作为一个不变的思维视角来评析和说明当前的中国政府行为。认为政府是追求利益最大化的理性经济人一说，来源于西方公共选择学派的理论。当前国内论证政府普遍具有自利性的多数学者，主要的理论依据和话语体系也是源自这里。公共选择学派的奠基者布坎南(James M. Buchanan)指出，在公共决策或者集体决策中，实际上并不存在根据公共利益进行选择的过程，而只存在各种特殊利益之间的"缔约"过程。[②] 同时认为在经济市场和政治市场上活动的是同一个人，没有理由认为同一个人会根据两种完全不同的行为动机进行活动；同一个人在两种场合受不同的动机支配并追求不同的目标，是不可理解的，在逻辑上是自相矛盾的。正是由于这种人性假说截然对立的"善恶二元论"，把政府公务员也推向了自利性的一面。其中包含这样一个逻辑关系：同一个公务员公共领域与私人

① 刘瑞、吴振兴："政府人是公共人而非经济人"，《中国人民大学学报》2001 年第 2 期。

② J. Bchanan. A Contract ran Paradigm for Applying Economics, American Economics Review, 1975, No.5.

领域的行为是一致的，公务员是“经济人”并且是自利的，政府行为即政府公务员行为，所以政府是自利的。提出这种观点是缺乏立论依据的。

基于上述不同解说，如何界定政府的自利性？我们以为，政府的自利性的确表现在地方保护、部门利益、公务员的自利等方面，但并不认同不分政治制度，一概认为所有政府组织的属性就是自利性。

三、由自利到自律：维护公共性的道德防线

政府经济职能的公共性与其公务员自利性之间，由于自利性跨越正当性边界而走向自私，在现实中表现出尖锐的价值对峙与冲突。保障政府宏观经济调控及其决策行为的合法性与合义性，必须着力于政府自身的道德建设。

（一）彰显政府经济职能的公共性，化解“公共性丧失”之因，需要对自利性有一个正确认识，关键是防范由自利性走向自私与极端利己

如何理解与界定自利性？自利性与自私两个概念，有着重要的区别。伦理学对自利性与自私两个概念是有严格区分的。近年来，在西方政治理论中，自利是主宰公民道德的一个价值概念。但对于自利也各有不同解说。一种解释认为自利是对个人自身福利或好处的关注，另一种解释认为自利是一个人的自身利益或好处，还有一种解释认为自利是一个人的个人利益或好处，尤其是当不顾他人而追求到的。我们以为，自利性则是指政府公务员个体生存与发展的必要条件，是现实的人普遍存在的欲望、需要和动机，因此，政府公务员的自利性不等于自私、利己，如现实的个体都具有“吃、喝、住、行”等原始功利动机，也都存在对经济利益、政治权益与文化需求等。当然，自利性有两种发展趋向：一是表现为个体的正当利益；一是发展为自私、利己。前者既被社会利益所规定，也是社会整体利益的最终体现和落实，在伦理上，通常称为个人正当利益，这是道德评价所肯定的一个范畴。自私则是指个体着眼于自己的欲望和需要的满足，甚至通过损害他人和社会公共利益来实现自己的目的。对于掌握公权者来说，在法律与权力约束存在缺陷的条件下，不断膨胀的个人需要，就会变公权为谋一己私利的工具。显然，自利性与自私不同，自利性不等于自私。关于个人欲望、需要及利益的话题，我们应该坚持辩证思维，承认并肯定客观存在的个体基本需求的合理性。身处要位的政府公务员，他们同样有自利的需要，他们应该是公共人，同时还是自利人，是公共人与自利人的有机统一体。不能只强调其中的一个方面，而忽视另一方面。马克思曾经提醒人们，“首先应当避免重新把‘社会’当作抽象的东西同个体对立起来。”当普列汉诺夫还是马克思主义者的时候也曾经强调指出，个

人利益从来不是一个道德的诫命，而是一个科学的事实。社会利益与个体利益的关系是辩证的，是你中有我，我中有你，不是有你无我，有我无你的对立关系。政府公务员不管地位有多高，也必须承认有各自的个人利益，并且应该通过制度设计，激励他们为实现更大的公共利益目标而努力工作。当然，基于掌握公权人的地位与职责，他们应该也必须成为公共人，成为承担公共人使命、具有公共道德精神的公务员。

（二）政府的自利性系公务员的个体属性，不能作为政府组织的整体属性，更不能离开国家制度的性质与政府的本质

试图从一般的意义上解释问题，其局限性不言而喻。毋庸讳言，在宏观经济层面，政府作为调控经济生活的主体，其自利性本质上是对社会公共利益的侵犯，公共权力非公共运用，导致公共资源成为政府及其个别公职人员的私有资源。无论是谋不正当的地方利益和部门利益，还是谋政府公务员不正当的家庭与个人私利，最终都会使政府的公共性缺失，丢掉维护社会公平与正义这把价值尺度，失去民心，这也正是当下中国政府痛下反腐决心要解决的。这也说明，随着时代发展，当代的“公共”概念已发生很大改变，公共已然成为政府和政治的同义词，成为政府存在的合法性、合义性的根本。

（三）公务员自律精神的养成，是解决政府公共性与公务员追逐私利价值冲突的治本之策

自律精神体现个体的道德觉悟，是内在的遵守道德的主体力量，是从心所欲不逾矩的道德自控力和境界。道德的基础是他律与人类精神自律的统一。作为管控经济的政府，必须在法律的框架下行为，必须重视公务员自律意识的养成。著名经济学家厉以宁特别强调道德调节在经济活动中的重要意义，强调政府机构工作人员需要有道德的约束（自律）与道德的激励。他说：“对政府及其工作人员的权力的限制，意味着任何一个政府职务和担任这一职务的政府工作人员在行使权力时，既要受到制约，又要受到监督检查，以免滥用权力或利用权力谋取私利，为此，就要求权力的行使规范化、公开化。”①诺贝尔经济学奖获得者斯蒂格利茨在《政府为什么干预经济》一书的开章中首先指出，本文力图对政府经济角色作一新的透视，对有关政府角色演化的描述性问题和有关政府的角色应当是什么的规范性问题提供一新的见解。高度重视政府在经济活动中“应当是什么的规范性问题”，提出政府应该

① 厉以宁：《超越市场与超越政府——论道德力量在经济中的作用》，经济科学出版社1999年，第191页。

成为最优经济角色，而优秀政府一就是“信任政府”。[①] 他们都提出了建立健全政府经济行为的价值规范系统的深邃见解。

在当下中国，经济社会取得的成就与进步，源于市场在资源配置中起决定作用、政府公共性更好发挥这双重因素；而对经济社会消极影响最大的、甚至阻碍其发展的莫过于政府公务员的决策失误、地方保护以及严重的腐败行为。所以，讲市场的决定作用，不能只见市场不见人，尤其是政府组织中的每位掌权者，他们在市场资源配置中仍握有分配资源的权利，是遵循市场规律还是拍脑袋决策，显然对经济发展具有完全不同的影响。恩格斯有精辟论断：“政治权力在对社会独立起来并且从公仆变为主人以后，可以朝两个方向起作用。或者按照合乎规律的经济发展的精神和方向去起作用，在这种情况下，它和经济发展之间没有任何冲突，经济发展加快速度。或者违反经济发展而起作用，在这种情况下，除去少数例外，它照例总是在经济发展的压力下陷于崩溃。”“经济发展总是毫无例外和无情地为自己开辟道路”[②]公务员的不当决策与腐败行为逆经济规律而行，最终必定被历史所淘汰。厉以宁先生经常强调“资源配置效率”这个概念，在他的经济分析框架中，“从事融资筹资工作的人，从事人事组织工作的人，从事行政管理工作的人”都与“资源配置效率”有较大的相关性。“从事融资筹资的人是直接来参与资源配置效率的提高，做人事组织工作的人他们是在人力资源上能够做到最佳配置，提高效率。从事行政管理工作的人是把物质资源和人力资源更好地结合起来。”[③]这意味着，许多看似不直接参与经济生产的人，其实都与资源配置的效率有直接或间接的关系。而保持这些群体工作的廉洁高效，防止发生腐败，将最终促进资源的有效配置，进而推动经济的健康发展。因此，在党纪、法律、制度等他律的约束下，培育政府公务员的自律意识尤其重要。自律要求政府工作人员在任何情况下，尤其是在市场秩序不规范不正常时，严格遵守政府公务员的职业道德操守，遵纪守法，奉公尽职；谨慎使用手中的权力，切不可滥用权力来为自己谋取私利，也不可凭个人的好恶滥用权力。政府公务员有了自律意识和公共道德精神，才能做到维护社会公平与公正，彰显政府经济职能的公共性。德国前总理赫尔穆特·施密特在《全球化与道德重建》一书中，曾谈到对政府公务员的道德约束问题。他认为英国在 1995 年提出的适用于公职人

① 斯蒂格利茨：《政府为什么干预经济》，第 108 页。

② 《马克思恩格斯选集》（第 3 卷），人民出版社 1995 年，第 526、527 页。

③ 《厉以宁坚定表示：反腐败与经济发展正相关》，2015 年 3 月 24 日，中央纪委监察部网站。

员的行为规则非常有意义。其中有两点他特别认同：一是试图排除个人利益对政治决定的影响；二是告诫政治家们即使在非正式的和非公开的会议上也要始终意识到自己对选民、对国家利益所承担的重大责任。这些思想值得参鉴。

经济治理的伦理意蕴

向玉乔[*]

[提要] 经济治理是一项具有深厚伦理意蕴的人类活动。它在本质上是向善的,在运行上应该合乎一定的伦理要求,在效果上应该体现有利于国家发展、社会进步和个人福祉的崇高道德价值。经济治理问题是一个经济学问题,也是一个伦理学问题。它同时涵盖经济性和伦理性两个维度。要彰显经济治理的伦理意蕴或伦理维度,人类应该从其自身进行经济治理的道德记忆中吸取善治的经验和恶治的教训,应该捍卫经济治理权力的内在善性,应该致力于实现经济正义,应该通过同时诉诸德治和法治的途径来推进经济增长,应该具有以实现同生共荣、互利共赢、共享发展为道德价值目标的国际伦理视野。

经济治理既是一个经济学问题,也是一个伦理学问题。作为一个经济学问题,它说明人类的经济治理活动总是要通过具体的经济治理主体、经济治理动机、经济治理模式、经济治理制度安排等表现出来。作为一个伦理学问题,它说明人类的经济治理活动必然要通过具体的道德主体、道德动机、道德方式、道德规范等表现出来。这两个维度并不是截然分离的,而是一种相互关联、相互作用、相互影响、相辅相成的关系。它们的融合和贯通不仅将使人类经济治理活动实现经济性与道德性的统一,而且使人类实现“经济人”和“道德人”的统一。本文拟通过探析经济治理的道德记忆基础、经济治理的主要伦理问题、经济治理的国际伦理视野等内容,来揭示经济治理的伦理意蕴。

---

* 作者向玉乔,湖南师范大学道德文化研究中心教授。该文已发表于《华中科技大学学报》(社会科学版)2018 年第 6 期,收入本书时作者对论文作了修订。——编者

一、经济治理的道德记忆基础

人类的经济活动可以追溯到原始社会,但这并不意味着原始社会就存在经济治理。原始社会是一种没有国家或政府主导人类生活的社会状态,人类依靠氏族部落这种原始集体形式过着简朴的群集生活。在这种群集生活方式中,人与人之间的社会关系实质上仅仅是血缘关系,部落酋长在协调社会关系方面发挥着举足轻重的作用。由于生产力水平低下,原始社会的人类只能从事采集、狩猎等非常低级的劳动,所取得的劳动产品根本无法达到有剩余产品的程度,人与人之间的经济利益矛盾相对简单,经济治理也无从谈起。

经济治理是人类在进入有国家和政府的社会状态之后才遭遇的问题。国家和政府出现之后,人类经济活动不仅在规模和水平上发生了根本变化,而且在方式上发生了根本转变。具体地说,人类经济活动从受氏族部落管理的原始方式转变为受国家治理支配的方式,经济治理问题也才应运而生。经济治理问题是随着国家治理问题的出现而形成的一个问题,它只不过是国家治理问题的一个子问题域。

人类总是带着一定的道德价值观念从事经济、政治、文化等活动。这不仅意味着他们所从事的一切活动都深受其自身的道德价值观念的影响,而且意味着他们所从事的一切活动都会留下深刻的道德记忆痕迹。作为人类记忆思维的一种特殊表现形式,道德记忆是关于人类道德生活经历的记忆。由于人类的道德生活经历是通过经济活动、政治活动和文化活动具体表现出来的,我们的道德记忆必然涵盖人类社会生活的方方面面。人类社会生活经历的范围有多大,我们的道德记忆覆盖的范围就有多大。

道德记忆是连接人类社会生活的“过去”“现在”和“未来”必不可少的纽带。当代人类之所以愿意过道德生活,其重要原因之一是我们的先辈一直在过着道德生活。我们的先辈在“过去”拥有丰富多彩的道德生活经历,并且借助于我们的记忆能力将它们作为历史经验和教训流传给我们,道德记忆因此而被刻写和建构,人类社会源远流长的道德文化传统也因此而形成。道德记忆是人类建构道德文化传统的必要条件。

人类进行经济治理留下的道德记忆非常复杂,但归纳起来无非两个维度:一是关于善治的道德记忆;二是关于恶治的道德记忆。经济治理有善治和恶治之分。善治意义上的经济治理是具有善性本质的经济治理模式,它受到人类所普遍认可的道德价值观念的有效引导,具有可靠的道德价值。相比之下,恶治意义上的经济治理是具有恶性本质的经济治理模式,它背离人类所普遍认可的道德价值观念，缺乏可靠的道德价值。人类在推进经济治理的漫长历史中，形成了善治和恶治两种模式，也留下了关于这两种模式的道德记忆。

中华人民共和国成立之后，我国曾经一度推崇苏联式的计划经济体制。这种经济体制赋予政府全面干预经济活动的绝对权力，允许政府将所有经济活动纳入中央的统一指令性计划，这有助于凸显国民经济发展的宏观计划性和政府统筹性，但它既不利于调动企业、个人等经济主体的积极性、能动性和创造性，也不能产生高经济效率。因此，在它居于主导地位的时代，我国的国民经济严重缺乏活力，社会民众的经济生活处于极低的水平。计划经济体制的最大弊端是政府过多干预经济活动，市场配置资源的作用几乎彻底被扼杀。历史地看，计划经济是一种严重缺乏道德合理性基础的经济体制，它留给我们的是经济效率低下、人们物质生活普遍困窘的道德记忆。

我国走中国特色社会主义道路的一个重大成就是用市场经济体制取代了计划经济体制。这是我国进入社会主义发展阶段之后发生的一场深刻社会变革，因为它标志着社会主义中国在经济治理模式方面的根本性转变。在市场经济体制下，政府干预经济活动的绝对权力遭到合理弱化，企业和个人参与经济活动的权利受到合理维护，这不仅有利于激活市场配置资源的功能，而且有利于提高经济效率，从而使我国的国民经济在改革开放时代表现出生机勃勃、欣欣向荣的新气象。改革开放30多年，我国在经济治理方面留下的主要是善治的道德记忆。市场经济体制的成功实施使我国社会各界对政府干预主义经济治理思想的迷信被逐渐破除，而对“市场”这只看不见的手调节经济活动的力量树立了越来越坚定的信念。如果说我国的改革开放是成功的，它的一个重要表现就是我国实现了从过度迷信和推崇政府干预经济的经济治理模式向主要依靠市场经济规律的经济治理模式的重大转变。

从30多年改革开放的历史来看，虽然市场经济体制也存在容易导致物欲横流、贫富悬殊等社会问题的弊端，但是它总体上是一种优于计划经济体制的经济体制。在当今世界，越来越多的国家已经认识到，任何国家的国民经济都不能单独依靠政府计划或市场调节来达到推进经济发展的目的，而是必须同时依靠政府宏观计划和市场自主调节的协同推进来实现该目的。之所以如此，是因为绝大多数国家从人类推进经济发展的道德记忆中借鉴了很多东西。人类推进经济发展的道德记忆告诉我们，经济发展需要以合理的经济治理模式为前提和基础；合理的经济治理模式本质上合乎伦理，它既表现为一种能够提高经济效率的经济治理模式，也表现为一种能够真正造福于人类的经济治理模式;相反,不合理的经济治理模式是本质上不合乎伦理,它的存在既不利于经济效率的提高,更不用说造福于人类。

向人类推进经济治理的道德记忆学习是当代经济治理者应该具有的一种美德。这一美德不仅要求当代经济治理者深刻认识人类经济治理活动总是基于一定道德记忆基础之上的事实,更重要的是要求当代经济治理者具有以史为鉴的道德思维方式、道德思想境界、道德价值观念和道德行为选择能力。人类在进行经济治理的历史长河中积累了大量关于善治经验和恶治教训的道德记忆,它们都是当代人类进一步推进经济治理不可或缺的历史合法性和历史合理性资源。对这样的资源进行合理发掘、保护和传承有助于当代人类更好地开展经济治理活动。

二、经济治理中的主要伦理问题

作为一个具有深厚伦理意蕴的问题,经济治理主要由 3 个子问题构成:(1) 如何保全国家公共权力的内在善性?(2) 如何将人类经济治理活动纳入合乎道德要求的轨道?(3) 人类的经济治理活动应该实现什么样的道德价值目标?

(一) 经济治理是国家治理的一个重要内容

这一方面意味着我们应该将“经济治理”这一概念作为“国家治理”的一个子概念来加以认识、理解和解读,另一方面也意味着我们应该关注人类经济活动与国家公共权力的紧密关系。对此,我们需要借助于历史唯物论来加以诠释。

根据历史唯物论,公共权力的出现是国家诞生的根本标志,因为它不仅标志着人类社会从无政府状态转入了有政府状态,而且标志着公共权力影响人类社会生活的肇始。事实亦如此。在进入有国家的社会状态之后,人类社会生活的方方面面时刻都受到国家公共权力的强力制约,人类所从事的经济活动、政治活动和文化活动都必须在国家公共权力允许的范围内进行。更进一步说,人类在有政府的社会状态中的生活不是一种孤立、任性的生活,而是从根本上受制于国家公共权力的生活。可以说,进入文明社会之后,如何保证国家公共权力朝着有利于人类正常开展经济活动、政治活动和文化活动的方向运行,是人类进行国家治理的关键所在。

国家公共权力的运行状况取决于它自身的内在本质能否得到保全的事实。国家公共权力的内在本质是什么?就是它的内在善性。地球上原本没有国家公共权力,只是到了国家必须产生的历史节点,公共权力的产生才获得了历史必然性。然而,公共权力毕竟是人类所建构出来的一种东西。被人为建构的公共权力本身无所谓善恶,但一旦被具体的人所掌握或使用,它就会打上善恶的烙印。因此,国家公共权力的善恶实际上是由掌握和使用它的人类的善恶道德价值观念所决定的。人类用善的道德价值观念来掌握和使用国家公共权力,则后者是一种具有善性本质的权力。如果人类用恶的道德价值观念来掌握和使用国家公共权力,则后者是一种具有恶性本质的权力。

国家治理的核心任务就是要保全国家公共权力的内在善性,而要完成这一核心任务,人类必须同时诉诸两种基本手段,即德治和法治手段。前者借助于国家治理者的个人道德修养来规约他们手中所掌握的国家公共权力,后者借助于以法律为主要内容的社会制度来规约国家治理者手中掌握的国家公共权力。第一种手段是自律性手段,即它主要依靠国家治理者对自己的道德约束来发挥作用,因此,它是一种柔性的非强制性手段;第二种手段是一种他律性手段,即它主要依靠基于国家意志制定的社会制度对国家治理者掌控和使用国家公共权力的方式进行外部规约,因此,它是一种硬性的强制性手段。要使国家治理所依赖的国家公共权力保持内在善性,德治和法治手段缺一不可。

作为国家治理的一个重要维度,经济治理的状况也从根本上取决于国家公共权力的内在善性能否得到保全的事实。当经济治理者用于经济治理的国家公共权力的内在善性能够得到保全,则他们的经济治理活动就更容易被引上向善、求善和行善的轨道。如果经济治理者用于经济治理的国家公共权力不具有内在善性,则他们的经济治理活动就很容易滑入向恶、求恶和作恶的深渊。因此,经济治理的首要伦理问题是必须同时借助于经济治理者的个人道德修养和合理的社会制度安排,保护、维护和捍卫国家公共权力的内在善性。

(二)经济治理必须确保人类经济治理活动合乎伦理要求

合乎伦理要求的经济治理是那种受到人类道德价值观念的有效引导、规约、支配的经济治理模式。人类的经济治理活动不能仅仅停留在片面追求经济效率或经济利益的经济性诉求层面上,而是应该彰显合伦理性。单纯基于经济效率或经济利益诉求而进行经济治理是狭隘的,因为它缺乏道德价值。经济治理应该体现经济性和伦理性的贯通、融合和统一。

人类的经济治理活动应该受到人类道德价值观念的有效支配。人类道德价值观念具有人际差异性,但也具有普遍性的一面。在经济生活领域,人类对其自身的经济活动所作的道德价值认识、道德价值判断、道德价值选择总是存在某种程度的共识性，这既是人类能够在经济生活领域给予相互道德尊重的一个重要原因，也是人类能够共同建构合理经济秩序的一个重要原因。正是由于道德的介入，人类在经济活动中才能超越狭隘的经济效率或经济利益追求，并且能够通过自身的道德价值观念使自己的经济活动或经济生活具有崇高的道德价值。

现实中的经济治理常常会遭遇道德难以介入人类经济活动的困难。导致这一困难的根源是人类向善、求善和行善的道德价值观念不够强大。当向善、求善和行善的道德价值观念不够坚强的时候，向恶、求恶和作恶的道德价值观念就会主导我们的脑海。唯利是图往往是人类在经济生活领域向恶、求恶和作恶的强烈动机和行为表现。在现实中，一些企业或个人之所以会通过生产和销售假冒伪劣商品的方式牟取暴利，在其背后发挥决定性作用的都是唯利是图的贪婪动机在作怪。

（三）经济治理应该以实现经济正义为道德价值目标

人类进行经济治理必然会带来经济发展成果，如何以公平的方式分配这些经济发展成果就是如何实现经济正义的问题。经济正义是分配正义的一种重要表现形式，它意指经济发展成果分配的公平性。如果经济治理能够以经济正义作为伦理价值目标，它就能够朝着公正的方向运行，并且契合人类对经济活动的道德价值诉求。正如孔子所说：“有国有家者，不患寡，而患不均，不患贫，而患不安。”[①]其意指，人类在有国家的社会状态中生活，最担心的不是从社会分配中得到的份额少，而是分配不公；最担心的不是贫困，而是分配不公所导致的社会动荡。

人类进行经济治理的最终目的不仅仅是要造就丰硕的经济发展成果，而是要让最大多数的人能够最大限度地从中受益。用当代中国人的话来说，就是要让广大社会民众具有强烈的“获得感”。要增强广大社会民众对经济发展成果的获得感，唯一行之有效的途径是维护和实现经济正义。由于经济发展成果集中表现为物质财富或经济利益，经济正义得到实现的状况实质上就表现为物质财富或经济利益在广大社会民众中间得到公正分配的事态。

经济治理中的问题大都与人类的道德价值诉求有关。人类总是要带着一定的道德价值观念进行经济治理，也总是希望我们的具体经济活动能够经得起一定道德价值观念的检验。物质财富或经济利益的存在价值具有双刃性。它既可能成为推动人类不断创造物质财富或经济利益的强大动力，也可

① 《论语 大学 中庸》，中华书局 2015 年，第 198 页。

能成为驱动人类唯利是图或贪得无厌的根本原因。唯其如此，经济治理对于所有国家来说都是必要的。如果没有合乎道德要求的经济治理，一个国家的经济发展就不可能达到有序化状态，更不用说达到伦理化状态。将人类经济活动纳入伦理化轨道，并使之应有的伦理特性得到充分凸显，是经济治理的内在要求。

三、经济治理的国际伦理维度

经济治理应该合乎伦理的内在要求。什么是伦理？它是自然界和人类社会存在和发展的内在机理或自在之理，是以客观性、必然性和普遍性为主要特征的自然法则、自然规律、社会规范、社会规律等构成的公理，是不以人的主观意志为转移的一种客观力量。不过，客观的伦理可以被人类认识、理解和把握，并能够转化为人类的道德认知、道德情感、道德意志、道德信念和道德行为。道德是对伦理的反映。从这种意义上来说，合乎伦理要求的经济治理是那种体现自然界和人类社会存在和发展的内在机理或自在之理的经济治理模式。

客观伦理总是在具体的空间中对人类经济治理活动形成规约。这就是人类经济治理活动的伦理空间。这种伦理空间有多大？它是由人类经济治理活动的范围决定的，而后者又是由人类经济活动的范围决定的。具体地说，人类能够在多大范围内开展经济活动，经济治理就在多大范围内发挥作用，规约它的伦理空间也就有多大。在经济全球化时代，由于人类的经济活动不再仅仅局限于民族国家的范围，经济治理不可避免地要从民族国家的范围突破到国际范围；或者说，经济全球化时代的到来必然要在很大程度上将民族性经济治理纳入国际治理的格局之中；其结果必然是人类经济治理活动具有一个更大的伦理空间——国际伦理空间。

经济全球化不仅极大地拓展了人类经济活动的范围，而且迫使人类深刻认识、理解和把握国际伦理存在的实在性。国际伦理是通过国与国之间的伦理关系状况来体现的。在经济全球化时代，由于国与国之间的经济交往和合作变得日益频繁，国际关系的伦理维度也充分凸显出来。日益频繁的国际经济交往和合作使世界各国都变成了彼此的利益相关者，国与国之间的关系也因此而变成了一种“利益攸关”的关系。与此同时，出于维护彼此经济利益的需要，世界各国又不得不结成相互尊重、相互包容、相互支持、相互促进的伦理关系，以实现同生共荣、互利共赢、共享发展的道德价值目标。

要实现世界各国同生共荣、互利共赢、共享发展的道德价值目标，不仅需要将经济治理从民族国家的层面拓展至国际层面，而且需要充分凸显国际经济治理的伦理意蕴。国际经济治理的伦理意蕴必须建立在国际公共权力的基础之上。在当今世界，国际公共权力是存在的，它是通过世界贸易组织、联合国下设的一些经济管理机构（如联合国经济发展委员会）等来体现的。不过，由于领导权实质上掌握在西方发达国家手里，这些国际性经济组织或机构并不是可以真正凌驾于所有国家之上的国际公共权力组织，而是常常实际地充当着西方发达国家的经济利益维护者。

将经济治理从民族国家的层面拓展到国际层面不是一件容易的事情，而将国际经济治理纳入合乎伦理的轨道更加困难。在当今世界，没有哪一个国家能够独立承担国际经济治理责任的能力，已有的国际经济组织或机构也都因为缺乏真正的独立性而难以在国际经济治理中发挥应有的作用。世界各国目前仅仅能够在非常低的程度上实现国际经济治理和推动着彼此朝着同生共荣、互利共赢、共享发展的道德价值目标前进。

民族利己主义是当今世界在推进国际经济治理的过程中必须着力解决的一个重大伦理问题。世界各国大都倾向于从自身的利益需要出发来理解国与国之间的经济关系，并且在处理国际经济关系的过程中倾向于更多地关注和强调本国的一己私利。在民族利己主义价值观的驱动下，有些国家甚至大搞贸易保护主义，甚至肆意侵害其他国家参与世界经济活动的权利。民族利己主义是当今世界推进国际经济治理的一个巨大障碍。

不过，有两个客观事实要求人类将国与国之间的经济关系纳入道德的调节范围内：一是国与国之间的相互依赖性；二是生态环境保护、贫困等问题的国际性。在经济全球化时代，国与国之间在经济上的相互依赖性日益强化，这不仅为国际伦理关系的建构提供了经济基础，而且为国际伦理的巩固创造了条件。另外，生态环境保护、贫困等全球性问题的存在也使国际伦理具有更大的空间。如果这些问题不能在最广泛的国际交流和合作基础上得到解决，整个人类就会深受其害。这种可怕背景有助于推动世界各国加强命运共同体意识，也有助于国与国之间建立合乎伦理的相互关系。

人类经济治理活动应该体现国际伦理视野。国际伦理视野的形成有助于消解经济生活领域的民族利己主义，有助于化解国与国之间的经济利益矛盾，有助于推动当今世界弘扬和践行同生共荣、互利共赢、共享发展的道德价值观念。人类经济活动具有国际伦理意义，经济治理也具有国际伦理意义。如果人类不能从国际伦理的角度来审视、认识和理解经济治理问题，人类经济活动造福人类本身的功能就不可能充分发挥出来。

管理化的经济伦理缺失理解为好客的道德

[荷] 金姆·梅耶尔(Kim Meijer)* 陆晓禾 译

[提要] 本文建立在批判学者所奠定的基础之上,他们认为,经济伦理学已经演变为一种管理策略,在其务实方法的追求中,这种策略已经变得缺乏道德。本文通过重新审视伊曼纽尔·列维纳斯(Emmanuel Levinas)对道德作为好客(hospitality)的理解,进一步研究了这一批判。对道德的这一理解关注的是经常被忽视的道德的内在或复杂的维度。本文最后给出了何以列维纳斯的思想应当在经济伦理学中得到更认真对待的多种原因,目的是为这门学科的未来发展提供方向。

一、导　言

自从40年前经济伦理学创立以来,我们见证了经济伦理学者的面貌发生了巨大的变化。这门学科的最初目的是用不同的伦理理论批判性地反思企业的责任、职责和行为。① 这里的总体目标是从理论的以及实践的角度激励企业组织伦理行为。理论的观点认为,学者将从康德伦理学中提取某些成分,从而确定企业组织的道德职责。实践的观点则认为,这些道德职责已转化为政策和程序,使伦理在企业组织内制度化了。② 过去需要、现在仍然非常需要在企业组织中提升伦理品行。这种需要往往是由多年来不断发生的公

---

* © Kim Meijer, 2020.作者金姆·梅耶尔,荷兰萨克森应用科学大学(Saxion University of Applied Sciences)好客学院博士研究生。原文标题为 The Absence of Hospitality in Managerial Business Ethics,中译标题基于译者对论文观点“经济伦理学已经演变为一种管理策略”和对道德作为好客的理解,译者并对与注释重复的参考文献作了删略。——译者

① Luc van Liedekerke and Wim Dubbink. 2008. Twenty Years of European Business Ethics — Past Developments and Future Concerns. Journal of Business Ethics, pp.82, 273 - 280.

② Mollie Painter-Morland. 2010. Questioning Corporate Codes of Ethics. Business Ethics: A European Review, 19(3): 265 - 279.

司丑闻引起的，从1995年的壳牌布兰特史帕尔(Brent Spar)储油平台灾难事件，2001年安然公司的会计欺诈，到2012年荷兰拉博银行(Rabobank)，以及最近的英国银行同业拆息(Libor)事件，或者2016年与星巴克和苹果等跨国公司有关的逃税丑闻。我们所看到的是，这些丑闻可能对组织造成的负面影响，引发了学者和从业者开始考虑经济伦理作为一种潜在的、有时是自利的措施来保护组织的可能性。[①] 这种方法导致了经济伦理策略的发展，这些策略被称为"尊法的"(基于规则的)和"计算的"(规避风险的)经济伦理。[②] 这些策略中众所周知的成分是守则、伦理培训、伦理官员和治理部门。这些成分目前存在于大多数(如果不是所有)公司组织中。[③] 如果我们看今天的经济伦理出版物和项目，它们中的大多数实际上要么是尊法的(例如，如何确保员工遵守行为守则?)，要么是计算的(例如，X组织内违反诚信的数量与伦理项目有何关系?)。[④] 这里，我们见证了经济伦理领域发生变化的方式之一。如果经济伦理学过去是对组织中的道德的一种基本的和批判性的哲学反思，由学者应用并由从业人员实施，那么现在的主导方法可以被认为是一种"复选框"措施，以确保组织保持其正面的公司形象，或被用作限制丑闻的"保险政策"。[⑤] 正因如此，经济伦理学强烈要求对伦理采取更加务实的做法。仍然存在的问题是，这种做法是否为道德也在发挥作用的复杂思想和情况留有余地? 例如，这种复杂性适用于伦理准则被现实压倒的情况。下面，我们将讨论对经济伦理学主导理论和项目的学术批评，这种批评认为它已经失去了与道德的联系，因此面临失去其合法性的风险。

二、管理化的经济伦理学

面对经济伦理学领域的变化，许多学者指出，由于目前占主导地位的做

---

① John Kaler. 2000. Reasons To Be Ethical: Self — Interest and Ethical Business. Journal of Business Ethics, pp.27, 161-173.

② Campbell Jones. 2003. As if Business Ethics Were Possible, "Within Such Limits".... Organization, 10(2): 234.

③ Michael Schwartz. 2000. Why Ethical Codes Constitute an Unconsiable Regression. Journal of Business Ethics, pp.23, 173-184.

④ 例如，参见 The Special Issue by the Journal of Business Ethics. Vikas Anand, Tina Dacin and Pamela Murphy (Eds.). Unethical Conduct within Organizations: Understanding and Preventing Fraudulent Behavior [Special Issue]. Journal of Business Ethics, 131(4), 2015。

⑤ Mollie Painter-Morland. Business Ethics as Practice: Ethics as the Everyday Business of Business. Cambridge: Cambridge University Press 2008.

法，经济伦理学有可能面临成为一种没有任何道德实质的战略管理工具。[①]这种在理论和课程中都有出现的经济伦理学的方法，本文称之为“管理化的经济伦理学”(MBE)。最近批评 MBE 的原因是什么？一方面，随着经济伦理学领域的稳步发展，目前 MBE 的流行对学者和从业人员都有明显的好处。它已扩展到了其他学科(例如，心理学、历史学)，经济伦理学理论是许多组织内的政策和程序的组成部分(由治理部门或伦理部门来实施)。然而，另一方面，我们看到，从相当令人担忧的“企业伦理案例”来看，企业通常的实用需求普遍压倒通常不那么实用的伦理需求。企业更喜欢符合现有框架的伦理学理论，因此倾向于所选择的伦理学理论或伦理学方法，能够很容易地转化为政策或程序。通过这样做，它们专注于理论中的实践潜力(例如，职责或准则)，并有意把不太实际的东西抛掷一边(例如这样的问题，做一个道德行为者意味着什么?)。因此，毫不奇怪，在经济伦理学理论和项目的开发中，一些人更喜欢来自分析哲学的伦理学理论，而不是来自大陆哲学的伦理学理论。据此，贝文(Bevan)断言，分析哲学之所以受到一些人的青睐，是因为它为管理化的经济伦理学家提供了一个基于逻辑结构的“方便”框架，以评估员工行为、产品或服务，或设计伦理准则。[②] 人们可能会认为，在这种方便的框架下，道德被简化为仅仅是员工应该知道和遵守的某种东西，就像伦理准则一样。相反，“不方便的伦理学”，主要是由大陆哲学提供的，更难适用于并在组织中实施，因为许多(如果不是所有大陆哲学家)都避免将道德归结为一个规范或一句格言。[③] 这里在如下两者之间出现了一个有趣的矛盾：一方面是，MBE 理论家或实践者希望伦理学是什么，即是可管理的、可控的和无论如何是可评估的；另一方面是，伦理学实际上是关于什么的，以及它需要的、必要的复杂性是什么。这并不是说，分析的伦理学理论比大陆伦理学理论更方便、更简单，甚至更少道德合法性。这并非本文的要点。而是反对这样的观点，即 MBE 中的许多但不是所有的理论家和实践者似乎更喜欢方便而不是不方

---

① 例如，参见：John Roberts. 2011. Corporate Governance and the Ethics of Narcissus, Business Ethics Quarterly, 11(1)：109－127；Jones, 2003；Campbell Jones, Martin Parker and René ten Bos, For Business Ethics：A Critical Approach. London：Routledge, 2005；Painter-Morland, 2008；Ruud Welten. 2014. Case Studies in Business Ethics：A Hermeneutical Approach. Journal of Business Ethics Education, pp.11, 303－316。

② David Bevan. 2008. Continental Philosophy：A Grounded Theory Approach and the Emergence of Convenient and Inconvenient Ethics. in Cutting Edge Issues in Business Ethics(Eds.) M. Painter-Morland and P. Werhane (Springer), p.143.

③ *Ibid.*, p.144.

便,他们更喜欢“黑白分明”的伦理规范,清楚地知道什么是对什么是错,因而认为,也属于道德和伦理领域的复杂的灰色和模糊的区域可以被忽略。因此,目前的问题以及最近对MBE的批评原因可能是,MBE出于实际考虑,力求务实地降低道德性,并且认为这种考虑可能是被暴力侵害了或损害了更为复杂的道德核心。

MBE的一些实际影响

除了对MBE的批评之外,也可以对MBE主张在企业实践中的有效性加以评估。我们将分享MBE的一个例子,这是作者作为一名公司伦理培训教师在日常实践中获得的。伦理培训的目的是让学员熟悉伦理术语,并向他们展示如何使用伦理决策模式,或逐步规划如何处理企业实践中出现的伦理困境。[①] 一方面,培训是有效的,因为它提供了对伦理问题更清晰的看法,以及如何处理这些问题的实用工具。然而,培训也可以被认为是无效的,因为我经常看到我的学员“淹没在”伦理指南的海洋中,特别是在金融部门。学员们还发现,伦理指南在理论上似乎是合理的,但往往不适用于更复杂的经营实践。看起来,即使这只是两种情况,但MBE的主张:伦理学应该是实用的,它应该像任何其他经营部门一样来管理,似乎失败了。除了MBE的实用主义主张之外,也许这包含了一个潜在的问题,道德的设定也出了问题。如前所述,伦理培训提供了实用工具:如何处理伦理问题。在这种情况下,这种工具性的方法提供了处理伦理困境的方便步骤,导致许多学员认为,只需完成这种步骤,他们就可以解决伦理困境。这里也出现了争取务实的一个可能的缺点,这是MBE方法所固有的。学员被引导认为道德案例就像任何其他企业案例一样。它们涉及的问题可以通过使用正确的工具和采取正确的步骤来解决。与企业案例需要一种类似经营的方法相反,许多时候伦理案例需要某些其他的东西。所罗门指出了这些不同的要求,他写道:“没有简单的微积分或决策程序可用来选择最好的商业交易,那些试图遵循这样一个演算或程序的人,几乎不可避免地会陷入头脑简单的境地[……]。”[②]不仅不可能完全解决道德困境,正如德里达(Jacques Derrida)所说。[③] MBE对实用主义

① Robert Solomon. Ethics and Excellence: Cooperation and Integrity in Business. Oxford: Oxford University Press 1993, p. 177; Wim Dubbink. Luc van Liederkerke and Henk van Luijk. European Business Ethics Casebook. Dordrecht: Springer 2011, p.13.

② Solomon. Ethics and Excellence. p.179.

③ See Derrida's Comments on Aporias: Jacques Derrida, The Gift of Death, Trans. Wills Chicago: University of Chicago Press 1991, p.67.

的追求(本案例只是其中一个例子),结果无非是如何作出伦理规划和简单的指导。关于这一点,我们可以说,这甚至还没有开始公正地对待道德这一复杂的现实。MBE 努力最大化地发挥其理论和项目的作用,但在其过程中却取得了相反的效果,因此可以认为是适得其反的。因此,MBE 的主张不仅在理论上是无效的,而且在这个基于实践的例子中也被证明是无效的。这可能是由于作者的训练技能较差;然而,似乎更有可能的是,在 MBE 的道德方法中有一个更系统的预设造成了问题。快速浏览最近企业实践中的伦理丑闻,也揭示了这种方法中的问题预设,例如星巴克(2016)和荷兰拉博银行(2012)。这两个组织都有它们的伦理培训项目,甚至因此而受到赞扬,但它们受到了很大程度上的伦理丑闻的打击。因此,我们的讨论揭示了 MBE 中有一个问题,但我们尚未完全了解其原因,也没有对其进行系统的研究。因此,在下面的讨论中,我们将研究是否有可能通过聚焦更基本的理解或对道德的可能误解,来获得对 MBE 问题的更好理解。我们将通过在 MBE 所认为的道德和列维纳斯所理解的道德之间进行对比来做到这一点。这两种理解之间存在着巨大的反差,下文将对此加以说明。MBE 声称,道德可以是固定的,伦理可以被有意识地决定,两者都是可管理的概念。而列维纳斯会从更一般的角度来论证,任何试图管理或简化道德和伦理,使之成为已知的、因此可管理的概念的尝试都是毫无意义的。超越了道德和伦理的特点。它们是不可简化的。[①] 由于篇幅有限,本文不打算对列维纳斯的哲学进行全面的讨论,因为这对他的工作来说是不公平的。本文试图做的是指出有关列维纳斯的道德观念的特定基础。这可以为许多学者提出的 MBE 问题提供更多的洞见。很可能是 MBE 误解了道德,因此错误地对待了它。如果我们能够通过与列维纳斯的观点进行对比来说明这种对道德的误解,那么问题就来了,这对 MBE 有什么意义呢?如果我们能成功地证明,列维纳斯的道德观念对于经济伦理学中的讨论是有用的,那么这可能会导致我们所知道的学术学科与管理实践的"面貌改变"。在经济伦理学理论中涉及列维纳斯哲学的某些基础的培训项目并不具有创新性。[②] 作为对现有学术努力的一种贡献,本文将聚焦列维纳斯对道德的理解,然后分析它可能有重新考虑 MBE 的可能性。

---

① Emmanuel Levinas. Totality and Infinity: An Essay on Exteriority. Pittsburgh: Duquesne University Press 1969.

② 例如,见:Roberts. 2003; Jones, 2003; Painter-Morland, 2010; Paula Becker, The Contribution of Emmanuel Levinas to Corporate Social Responsibility and Business Ethics in the Post-Modern Era, Journal of Business Ethics, 6(1-2)(2013), 19-27。

我们将具体分析列维纳斯等同于道德的好客概念。这一洞见基于德里达对列维纳斯文本的细致解读。[①] 尽管如此，本文中的分析将基于列维纳斯的文本，这为德里达的解读提供了主要来源。[②]

二、列维纳斯和道德

让我们首先重新介绍列维纳斯，他是20世纪的哲学家，对哲学、伦理学和道德提出了截然不同的观点。当时，伦理学和哲学中占主导地位的话语因其所谓的个人主义方法而受到批评。主要从个人的观点来讨论存在与人性的哲学问题。[③] 这意味着，尽管个人完全不受他者的意见或影响左右，但个人可以知道作为一个道德主体意味着什么。然而，列维纳斯强调，这种观点太狭隘了，因为他者[*Autrui*]的观点被忽视了。[④] 为了反对在主导话语中对他者的忽视，列维纳斯的方案从一开始就是从"伦理关系[……]与他者"的角度来解决关于主体性与道德性的哲学问题。[⑤] 因此，在解读列维纳斯的哲学著作时，我们不断地遇到他的最重要的论点，即在伦理学中，"他者"应被置于显著的中心地位。[⑥] 这是因为我们与他者的相遇，无论是我们可以看到的他者，还是我们超越他者的想法，都构成了道德体验的必要条件。列维纳斯为他者保留的中心地位引出了首次论及道德作为好客的思想。或者它们作为两个独立的概念，如何可以理解为是一个和相同的概念。有人可能会说，如果这不是针对他者，那么根据我个人对什么是道德或好客的想法来思考或行动，这对我来说是毫无意义的。这是毫无意义的，因为我没有邀请他者批判性地评价我的想法。她不在接收端吗？相比之下，站在空荡荡的餐厅里做一个好客的女服务员，这对我来说没有什么意义。只有在我愿意接受客人的赞赏时，我的好客才能得到评价。同样地，我可能会独自思考道德的意义，舒适地坐在扶手椅上，而道德的对象，或与我相关的、唯一能判断我沉思对象的他者，却不在我的身边。在这种情况下，列维纳斯可能会问："有什么用呢？道德与好客都来自主体之间的关系基础，同样，它们也来自我们对他者需求的

① Jacques Derrida. Adieu à Emmanuel Lévinas, Paris: Galilée 1999, p.21.

② 本文特别关注列维纳斯的代表作，Totality and Infinity。

③ 黑格尔和海德格尔的哲学著作在这里可以被认为是过于个人主义。

④ Levinas. Totality and Infinity, p.25, 43.

⑤ Jacques Derrida. Writing and Difference, London: Routledge 1987, p.102.

⑥ Other(他者)这个词在列维纳斯的大部分著述中都是大写的。这种大写化据说是指Other在主体间关系中对I(我)的地位提高了。本文将保持这种大写化。

严肃性的认识[……]。”[①]

伦理关系

我们已经指出，我们与他者的关系—主体间关系—是伦理和道德经验所必需的。正是他者质疑我们的“自我的自由、自发性和认知事业[……]。”[②]他者批判性地质疑我们的存在、信念、信仰和我们的行动。因此，在列维纳斯看来，与他者的对抗，是相当令人不快的，因为它扰乱了我们的自我形象。我可以自己决定，因此，我同意自己的观点，道德是这样那样的。然而，对这个决定有最终决定权的是他者。因此，面对他者的观点很可能会动摇和重置我的道德观。在这方面，列维纳斯说，与他者的遭遇是使人不快的。[③] 此外，这里出现了第二种将道德视为好客的说法，与他者的相遇是无法预见的。这意味着道德不能预先计划。我们无法未雨绸缪，这有两个明显的原因。第一个是，我们总是与他者有关(除非我们居住在另一个星球上)；第二个是，与他者相遇总是像一场突然袭击。我们被要求遵守道德，正如我们被要求好客，以应对一个在午夜寻求庇护的陌生人的意外敲门。在一个更基本的层面上，伦理关系提供了唯一的机会来表明作为好客的道德，因此它构成了我们的存在。列维纳斯说，他认为“[……]作为欢迎他者的主体性，是好客。”[④]第三种把道德比作好客的说法，也是列维纳斯在《总体和无限》(Totality and Infinity)一书中的一个核心原理，是他者对我提出了对她负责的伦理要求。[⑤]我们会把主人对客人的责任与列维纳斯的个人对他者的责任观念进行比较吗？我们可能会的。回到陌生人敲我们门的例子，一位好客的主人会邀请陌生人进来，照顾她，就像她是客人一样。这既是好客的，也是合乎道德的事情。在这个说法中，两个概念似乎发生了冲突。

继续进到第四种说法，主体间关系是不对称的，因为列维纳斯把他者看得比我要高。[⑥] 因此，他者有权向我提出要求。这种不对称是列维纳斯哲学的基本部分。为什么主体间关系是不对称的？根据我们对列维纳斯的解读，可以认为，这种关系是出于保护他者的意图而形成的。首先，从对象化上说：这时我把他者还原为我对她的意象。列维纳斯会认为，客观化他者的行为是

---

① Emmanuel Levinas. 2007. Sociality and Money. Business Ethics a European Review, 16(3): 205.

② Simon Critchley and Robert Bernasconi. The Cambridge Companion to Levinas. Cambridge: Cambridge University Press 2002, p.15.

③ Levinas, Totality and Infinity, p.43.

④ *Ibid.*, p.21.

⑤ *Ibid.*, p.215.

⑥ *Ibid.*, p.216.

一种歪曲行为。如果我从我的角度来判断你是谁，那么我就会粗暴地摒弃所有那些同样属于你的复杂而独特的因素。其次，这种关系是不对称的，因为没有互惠关系。他者可以要求我承担责任，但我可能不会对她抱有同样的期望。这种关系一直是列维纳斯的哲学遭到极大抵制的理由。[①] 当我们到了一定的年龄，除了来自我们的君主或上帝，或我们的父母之外，认为任何人都高于我们自己是有问题的，特别是在当今的个人主义社会。我们考虑到这一点，但不会进一步解决明显的伦理问题，例如采取女权主义者的观点，这可能与列维纳斯的不对称思想有关。[②] 目前，根据先前的讨论，我们将强调 MBE 中的道德性与列维纳斯所说的道德性之间的对比。

三、关于列维纳斯、MBE 和道德

我们先前的讨论导致这样的假设：MBE 的实用主义的主张失败了，因为它的理论和项目往往适得其反。此外，我们认为，这种失败的根本原因可能由对道德的一般误解所造成。为了进一步检验这些假设，MBE 对道德的理解将与列维纳斯的理解放在一起，这样做时，我们将假定列维纳斯对道德的理解是正确的。我们意识到，列维纳斯的道德观是复杂的、苛刻的，有时几乎不可能理解的。然而，我们认为列维纳斯的观点将使讨论更接近对道德的更好理解，因为它确实考虑了而不是排除了道德的复杂核心中的不方便成分。我们将分析列维纳斯与作为好客的道德相关的基础在 MBE 中的存在或缺失。如果是这样，MBE 已经失去了与道德的联系，那么它将从邀请列维纳斯参与正在进行的话语中获益良多。有鉴于此，我们谨将我们的分析作为一种初步的研究。我们确定了 4 个原理，借此我们讨论了列维纳斯对道德的理解：(1) 对他者或伦理关系的取向；(2) 他者不可预见的在场或到来；(3) 对责任的伦理要求；(4) 不对称的主体间关系。这些原理将用于讨论。

（一）他者或道德关系的取向

首先，我们将考察对他者的取向，作为道德经验的一个必要条件。在 MBE 中，道德是如何指向他者的？我们将讨论 MBE 范围之外的一个例子。在现有的经济伦理学理论中，当爱德华·弗里曼(Edward Freeman)引入了

---

① Critchley and Bernasconi. The Cambridge Companion to Levinas, p.176.

② 例如，见：Tina Chanter(Ed.), Feminist Interpretations of Emmanuel Levinas. Pennsylvania: The Pennsylvania State University Press 2001。

利益相关者理论时,采取了一个类似的但并非同样的改变,将对组织的关注转移到围绕和影响的各方。[①] 这种相似处在于,个人或组织应该考虑他们与被确定为利益相关者的他者的(道德)关系。然而,不同之处在于,特别在他的早期著作中,弗里曼将利益相关者理论发展为战略管理理论,而不是伦理理论。[②] 尽管弗里曼通过更多地关注利益相关者理论的伦理来修改他对利益相关者理论的最初研究,我们仍然发现这一理论的战略成分胜过企业实践中的伦理成分。[③] 我们经常看到组织使用利益相关者分析来为做生意制造机会,或者作为识别和随后避免风险的措施。按照这种观点,正如肯尼斯·古帕斯特(Kenneth Goodpaster)在1991年已经指出的,该理论在道德上仍然是中立的:它有助于识别利益相关者,但在确定对利益相关者的道德责任方面作用甚微。[④] 列维纳斯对"他者"取向的理解则完全相反(我们在这里将他者确定为利益相关者)。在伦理关系中没有寻求战略利益,也不能将其视为结果。此外,如果我们遵循列维纳斯,并认为他的道德观是正确的,那么组织为了是道德的,就将有义务欢迎所有利益相关者向他们开放。如果没有任何先前的知识,或者在利益相关者地图上没有预先设定的位置,那么利益相关者就将是陌生的他者。

(二)他者不可预见的在场或到场

列维纳斯理解道德所依据的第二个要素是,他者的到场是不可预见的。如果是这样,那么认为道德是组织可以理性地决定的东西就成了问题。以上,我们以利益相关者理论作为MBE的一个例子。列维纳斯认为,"他者"最初是一个陌生人,他总是出乎意料地出现。显然,这个考虑给利益相关者理论背后的基本理念带来了麻烦。然而,目前我们将重点关注MBE范围的其他成分,即伦理准则和计算策略。伦理规范背后的理念是,道德可以在指南中确定,这样在遭遇他者发生前就可以确定正确的伦理行为。列维纳斯的道德概念不会使伦理准则的目标在道德上变得无足轻重吗?作为一项伦理准则,它往往是基于预先确定的正确的和错误的行为的观念之上,采用它的人可以将它应用于任何既定的情境中,而不需要征求他者的意见。如果我们遵

---

① Edward Freeman. Strategic Management: A Stakeholder Approach. Cambridge: Cambridge University Press 1984.

② Edward Freeman. Some thoughts on the Development of Stakeholder Theory. In: Stakeholder Theory: Impact and Prospects, ed. Robert Phillips. Cheltenham: Edward Elgar 2011.

③ *Ibid.*, 2011.

④ Kenneth Goodpaster. 1991. Business Ethics and Stakeholder Analysis. Business Ethics Quarterly 1(1): 57.

循列维纳斯对道德的理解而不是伦理准则，那么在面对任何一种伦理情境时，他的道德理解对我们都没有太大的帮助，因为不可能事先确定正确的道德行为。此外，列维纳斯的观点对 MBE 中更多计算性策略的合法性提出了问题。其中，组织试图计算经济伦理的优势，例如，通过促进在组织中进行的伦理项目，或通过影响员工的伦理行为，以改善组织的形象。[①] 这些计算的优势是指定给在场的他者，还是那些预期到场的他者？或者，他们是出于自利的吗？MBE 所固有的计算方法，符合其对实用主义的追求和主张，可能为我们提供更多的洞见，来看待我们在这里试图认识的问题。正如琼斯所提到的："一旦我对于伦理采取计算的或策略的方法，那么我是伦理的，就不是出于对他者的尊重，而是出于对自己的尊重。"[②]我们上面所描述的这种计算的自利的利用道德，则是列维纳斯在其大部分著作中所反对的。

（三）对责任的伦理要求与伦理关系中的不对称性

在本节中，将讨论列维纳斯与道德联系的第三和第四个条件。这是因为伦理关系中的不对称性，认为他者在某种程度上高于自己的思想，是她有权提出要求的理由。不对称的关系可以比作主人与客人之间的关系。荷兰谚语说，客人是国王。当在 MBE 的情境中来解释时，这意味着一个利益相关者可以要求组织承担责任。这并不是什么新鲜事，因为我们已经看到现实生活中有这种情况发生。例如，客户或非政府组织经常要求组织承担他们的责任，就像壳牌与绿色和平组织之间发生的布兰特史帕尔储油平台（Brent Spar）事件一样（1995）[③]。然而，列维纳斯的责任观念的要求更高。[④] 这是因为组织对利益相关者的责任，总是大于利益相关者对组织的责任。列维纳斯认为，对他者的责任是无限的。[⑤] 根据列维纳斯，如果认真对待我们对他者的责任，承认它是无限的，那么这就构成了我们的人性。这里再次发生了他者在列维纳斯哲学中的关键作用，我们通过与他者的相遇而变得有道德。所以，我们的道德责任是无尽的，也不是互惠的。这意味着组织不能对其利益相关者提出类似的责任要求，因为在伦理关系中没有互惠性。这些条件，对责任的伦理要求和不对称的关系，列维纳斯将其与道德联系起来，开始揭示出他的道德观念有多么复杂。MBE 是否充分考虑了这些条件？我们这样询

---

① Jones, 2003, p.234.

② *Ibid.*, 2003, p.235.

③ 指的是英国壳牌石油公司在北大西洋上的一座储油平台泄露事件。——译者

④ Bevan, 2008.

⑤ Levinas. Totality and Infinity. Critchley and Bernasconi, p.43.

问还为时过早。然而,如果道德是列维纳斯所说的那样,那么就可以这样来问。如果我们只能通过我们与他者的相遇来体验它,那么这可以为我们提供一个重访 MBE 的很好理由。

四、结论:走向好客的经济伦理?

本文对 MBE 是与伦理脱节的这一假设进行了初步研究。MBE 致力于实用的理论和项目,即认为它们必须是有用的、可管理的和可衡量的。本文从理论上研究了学者们提出的批评,认为 MBE 已经变得缺乏道德。本文还讨论了一些实践问题,这些问题本身似乎与 MBE 的实用主义主张相矛盾。本文的目的是通过将 MBE 对道德的理解与列维纳斯对道德的理解进行比较,从而更好地理解 MBE 中的问题。具体来说,讨论集中在道德作为好客的概念上,提出了一个问题,即被列维纳斯理解为好客的道德,是否为目前对 MBE 的讨论提供了有用的见解,并使我们能够评价它对道德的理解?这就要求我们更深入地研究 MBE 在其务实主义的努力中是否排除了道德要求我们退一步的复杂可能性,并且对他者,就像列维纳斯会说的那样,"您先请"[*apres vous*]?给予他者无限的优先权。鉴于我们的研究尚在初步阶段,我们没有在文中提出确凿的答案。而是希望提出更多具有哲学性质的问题。也许,本文是"好客的经济伦理学"发展的第一步,因此需要补充研究。虽然在经济伦理学的实用领域欢迎列维纳斯可能是在提出挑战,但本文认为,我们还应该再次关注哲学家们对经济伦理学的看法,因此必须更加开放。

二、企业伦理：规范与评价

基于大数据的企业伦理与网络治理分析

唐少清　刘立国　段祥伟　姜鹏飞*

[提要]　大数据(Big Data)已经深刻影响着人们日常生活方式、工作习惯及思考模式，但目前大数据在收集、存储和使用过程中面临着诸多安全风险，大数据所导致的隐私泄露为用户带来严重困扰，虚假数据将导致错误或无效的大数据分析结果。对此企业必须承担社会责任，有伦理约束，政府要担负起网络治理的重担。本文基于这样一个问题和思考，阐述了中国大数据中的用户“隐私”问题的重要性，讨论了网络伦理与网络治理的相关概念和问题，提出了“企业自我约束、政府主动监管、用户加强保护”的“隐私”保护机制。

自2008年开始，中国的互联网企业开始进入大数据领域，通过分析用户的注册资料、消费记录、浏览记录、使用偏好等信息，来获取用户信息资源和习惯偏好。当用户在查地图、找餐馆、看视频、网络购物时，网站和软件就自动搜集资料，进行及时和实时数据处理，然后主动向用户推荐需要和感兴趣的相似或相关服务及信息。这种通过大数据技术，商业广告实现了精准营销，未来随着大数据技术从行为分析发展到身份认证，商业广告还将实现“跨屏营销”。因此，大数据的发展所引起的安全与隐私问题已经成为关注的热点，因此而延伸为企业伦理和网络治理的思考。当前，人们在互联网上的一言一行都掌握在互联网商家手中，包括购物习惯、好友联络情况、阅读习惯、检索习惯等。如果企业不能自我约束，自我管理，所造成的后果将是非常可

* 作者唐少清，北京联合大学商务学院教授；作者刘立国、段祥伟、姜鹏飞，均为北京联合大学商务学院国际商务系讲师。——编者

怕的;政府如果不能承担网络治理的责任,建立和完善网络治理规则和制度,也是难辞其咎的。许多已经发生的实际案例说明,即使无害的数据被大量收集后,也会暴露个人隐私。事实上,大数据安全含义更为广泛,人们面临的威胁并不仅限于个人隐私泄漏。与其他信息一样,大数据在存储、处理、传输等过程中面临诸多安全风险,具有数据安全与隐私保护需求。而实现大数据安全与隐私保护,比过去其他安全问题(如云计算等)更加严重和困难。这是由于在云计算中,虽然服务提供商控制了数据的存储与运行环境,但是用户仍然有些办法保护自己的数据,例如通过密码学的技术手段实现数据安全存储与安全计算,或通过可信计算方式实现运行环境安全等。而在大数据的背景下,Facebook 等商家既是数据的生产者,又是数据的存储、管理者和使用者,因此,单纯通过技术手段限制商家对用户信息的使用,实现用户隐私保护是极其困难的事。毫无疑问,企业伦理的约束和自我管理,以及政府的网络治理就显得非常必要和必须。

一、问题的提出

随着信息化和网络化的快速发展,尤其是"互联网+"的提出,导致数据爆炸式增长。据统计[①],平均每秒有 200 万用户在使用谷歌搜索,Facebook 用户每天共享的东西超过 40 亿,Twitter 每天处理的推特数量超过 3.4 亿。同时,科学计算、医疗卫生、金融、零售业等各行业也有大量数据在不断产生,2012 年全球信息总量已经达到 2.7 ZB,而到 2015 年这一数值预计会达到 8 ZB。目前,大数据已成为继云计算之后信息技术领域的另一个信息产业增长点。据 Gartner 预测,2013 年大数据将带动全球 IT 支出 340 亿美元,到 2016 年全球在大数据方面的总花费将达到 2 320 亿美元。国际数据公司(IDC)的数字宇宙研究报告[②]称:2011 年全球被创建和被复制的数据总量超过 1.8 ZB,且增长趋势遵循新摩尔定律,即全球数据量大约每两年翻一番,预计 2020 年将达到 35 ZB。与此同时,数据复杂性也急剧增长,其多样性、低价值密度、实时性等复杂特征日益显著。

网络技术的迅猛发展给社会的政治、经济、文化、教育、科技领域等发生了深刻而显著的变化,也改变了人们的生活方式,于是网上购物、远程诊断、

① 冯登国、张敏、李昊:"大数据安全与隐私保护",《计算机学报》2014 年 1 月第 37 卷第 1 期。

② 冯芷艳等:"大数据背景下商务管理研究若干前沿课题",《管理科学学报》2013 年 1 月第 16 卷第 1 期。

免费邮箱等悄然兴起。然而,网络在给人类带来繁荣、便利的同时,也打破了时间、空间的界限,使作为隐私权屏障的时间、空间在很大程度上失去了意义,给几百年来人类形成的生活方式和价值观念带来极大的冲击。它使社会和公众的全部活动一览无余,使文明的人类面临着一种被剥夺的赤裸的感觉。因此,网络隐私、企业伦理等问题日益引起重视,成为学界关心的新热点。

二、有关大数据隐私研究综述

(一)大数据的概念与特征

大数据是什么?企业和学术界目前尚未形成公认的准确定义。维基百科把大数据定义为"无法在一定时间内用常规软件工具对其内容进行抓取、管理和处理的数据集合";NetApp公司认为大数据[①]应包括A、B、C三大要素,即分析(Analytic)、带宽(Bandwidth)和内容(Content)。权威IT研究与顾问咨询公司Gartner将大数据定义为"在一个或多个维度上超出传统信息技术的处理能力的极端信息管理和处理问题";美国国家科学基金会(NSF)则把大数据定义为"由科学仪器、传感设备、互联网交易、电子邮件、音视频软件、网络点击流等多种数据源生成的大规模、多元化、复杂、长期的分布式数据集"。尽管存在不同的表述,但一个共同的观点是,大数据与"海量数据"和"大规模数据"的概念一脉相承,但其在数据体量、数据复杂性和产生速度等3个方面已经大大超出了传统的数据形态,也超出了现有技术手段的处理能力。

综上所述,大数据是指数据产生规模大且类型复杂、以至于很难用现有数据库管理工具或数据处理应用来处理的数据集。大数据具有三大主要特点:包括大规模(Volume)、高速性(Velocity)和多样性(Variety)。根据大数据来源的不同,可分为如下三类。

1. 来自人的数据。人们在互联网活动以及使用移动互联网过程中所产生的各类数据,包括文字、图片、视频等数字信息。

2. 来自计算机的数据。不同类型计算机系统所产生的数据,以文件、数据库、多媒体等形式存在;还包括日志、审计等自动生成的信息。

3. 来自物的数据。各类数字设备所采集的数据,如摄像头产生的数字信号、医疗物联网中产生的人的各项特征值、天文望远镜所产生的大量数据等。

---

① 俞立平:"大数据与大数据经济学",《中国软科学》2013年第7期。

（二）有关大数据的研究综述

大数据作为继云计算、物联网之后，IT产业又一次颠覆性的技术变革，必将对现代企业的管理运作理念、组织业务流程、市场营销决策以及消费者行为模式等产生巨大影响，使得企业商务管理决策越来越依赖于数据分析而非经验甚至直觉。

国内外知名企业（如Ebay、Amazon、Wal-Mart、淘宝、中国移动和凡客等）相继推出相应的大数据产品和平台，开展了多种深度商务分析和应用。从管理学的角度应用大数据技术以支持商业分析和决策，已经成为各商学院教育的热点方向。以数据驱动为主导的金融、市场、战略、营销和运作管理研究和实践指导，将成为未来商学院重点发展的核心领域。

2008年，美国卡内基梅隆大学的布赖恩特(R. E. Bryant)、加利福尼亚大学伯克利分校的卡茨(R. H. Katz)、华盛顿大学的洛索斯卡(E. D. Lazowska)依托“计算社区联盟”(Computing Community Consortium)发表了《大数据计算：商务、科学和社会领域的革命性突破》的白皮书，使得研究者和产业界高管意识到大数据的新用途和带来的新见解，而非数据本身。随后，EMC、IBM、惠普、微软等全球知名企业纷纷通过收购大数据相关厂商来实现技术整合，实施其大数据战略。国内外咨询机构也相继发布与大数据相关的研究报告，积极跟进大数据领域的研发与应用。2011年5月，EMC公司在EMC World 2011大会中，作了“云计算相遇大数据”一个专题演讲，阐述了云计算与大数据的理念和技术发展趋势；同年10月，Gartner将大数据列入2012年十大战略新兴技术；11月，由CSDN举办的中国大数据技术大会在北京成功举行，大数据在产业界逐渐形成新的发展态势。2012年3月，美国奥巴马政府投资2亿美元启动“大数据研究和发展计划”。2012年4月，英国、美国、德国、芬兰和澳大利亚研究者联合推出“世界大数据周”活动，旨在促使政府制定战略性的大数据措施。2012年7月，日本推出“新ICT战略研究计划”。现有的大数据研究大多立足信息科学，侧重于大数据的获取、存储、处理、挖掘和信息安全等方面，而从管理学的角度探讨大数据对于现代企业生产管理和商务运营决策等方面带来的变革与冲击的研究较少，缺乏对社会化的价值创造，网络化的企业运作，以及实时化的市场观察等分析与研究。

（三）大数据的应用与发展分析

大数据挖掘与应用在营销、销售、人力资源、电子商务等各个商业领域广泛开展，并取得了引人注目的成效，尤其BAT公司的影响。从这个角度看，大数据标志着面向数据的研究和应用已超越了起步阶段，步入了成熟和深化的新时期。大数据包含了互联网、医疗设备、视频监控、移动设备、智能设备、非传统 IT 设备等渠道产生的海量结构化或非结构化数据，并且时时刻刻都在源源不断地渗入现代企业日常管理和运作的方方面面。企业从不断生成的交易数据中获取万亿字节的有关消费者、供应商和运营管理方面的信息。百万台网络传感器被植入手机、智能电表、汽车以及机械等设备来感应、创造并交换数据。社会媒体中数以亿计的网民群体的实时交流与内容分享也在大数据的指数级增长过程中起到重要作用。大数据可应用于科学、医药、商业等各个领域，用途不同，开启了“互联网＋”模式，主要可用于以下 3 个方面。

1. 获得客观知识，预测发展趋势

对数据进行分析的最初且最重要的目的，就是获得知信息、利用知识，因大数据包含大量原始、真实信息，大数据分析能够有效地摒弃个体差异，透过现象，更准确地把握事物的本质规律。基于挖掘出的知识和特征，可以更客观、更准确地对自然或社会现象进行预测。典型的案例是 Google 公司的 Google Flu Trends 网站，它通过统计人们对流感信息的搜索，查询 Google 服务器日志的 IP 地址判定搜索来源，从而发布对世界各地流感情况的分析与预测。

2. 分析个体数据，掌握个性化特征

个体活动在满足某些群体特征的同时，也具有鲜明的个性化特征。正如“长尾理论”中那条细长的尾巴那样，这些特征可能千差万别，企业通过长时间、多维度的数据积累，可以分析用户行为规律，更准确地描绘其个体轮廓，为用户提供更好的个性化产品和服务，以及更准确的广告推荐。例如京东、淘宝网通过其大数据产品，对用户的习惯和爱好进行个性化分析，帮助广告商评估广告活动效率，预测在未来可能存在的市场规模。

3. 通过数据分析，辨识事实真相

错误信息不如没有信息，由于网络信息的传播更加便利，所以网络虚假信息所造成的危害也更大。例如，2013 年 4 月 24 日，美联社 Twitter 账号被盗，发布虚假消息称总统奥巴马遭受恐怖袭击受伤。虽然虚假消息在几分钟内被禁止，但是仍然引发了美国股市短暂跳水。由于大数据来源广泛及其多样性，在一定程度上它可以帮助实现信息的去伪存真。目前人们开始尝试利用大数据进行虚假信息识别。例如，社交点评类网站 Yelp 利用大数据对虚假评论进行过滤，为用户提供更为真实的评论信息；Yahoo 和 Thinkmail 等利用大数据分析技术来过滤垃圾邮件。

三、大数据中的“隐私”的重要性分析

根据 Wikibon 的研究报告，2013 年全球大数据市场规模大约 181 亿美元，比 2012 年增长 61%，预计到 2017 年每年还将保持 30%的增长，同时也预计中国 2020 年数据总量将达到 8.4 ZB(1 ZB＝1 024 GB 的四次方)，占全球数据量的 24%，当然将成为世界上第一数据大国和“世界数据中心”。

（一）隐私的概念与特征

隐私①是敏感的且不愿意公开的个人信息。Banisar 等人把个人隐私分为 4 类：

1. 信息隐私，即个人数据的管理和使用，包括身份证号、银行账号、收入和财产状况、婚姻和家庭成员、医疗档案、消费和需求信息(如购物、买房、车、保险)、网络活动踪迹(如 IP 地址、浏览踪迹、活动内容)等。

2. 通信隐私，指个人使用各种通信方式和其他人的交流信息，包括电话、QQ、E-mail、微信等。

3. 空间隐私，指个人出入的特定空间或区域信息，包括家庭住址、工作单位以及个人出入的公共场所。

4. 身体隐私，指保护个人身体的完整性，防止侵入性操作，如药物测试等。

本文所指的个人隐私是公民个人生活中不愿为他人公开或知悉的个人信息，如用户的身份、轨迹、位置等敏感信息，隐私的范围包括私人信息、私人活动和私人空间。

而网络隐私权则是隐私权在网络中的延伸，是指自然人在网上享有私人生活安宁、私人信息、私人空间和私人活动依法受到保护，不被他人非法侵犯、知悉、搜集、复制、利用和公开的一种人格权；也指禁止在网上泄露某些个人相关的敏感信息，包括事实、图像以及诽谤的意见等。2013 年 11 月 26 日，联合国通过由巴西德国发起的保护网络隐私权决议。

（二）大数据中的个人“隐私”商业化和公开化

2014 年“双 12”期间，京东、淘宝等购物网站会在你搜索物品时，搜索页面下方《你可能需要》一栏中的商品会有许多相似的商品，面对这些商品，消费者会面对多种选择，同样有时难以抉择。“面对这些商品，确实无力抵抗，但却被大数据牵着鼻子走”“它在影响我的决定，我觉得自己正在失去自由。”

---

① 刘雅辉等：“大数据时代的个人隐私保护”，《计算机研究与发展》2015 年第 1 期。

这是网络购物者的心声和担忧,导致个人"隐私"的商业化和公开化。

在从众心理的影响下,消费者会认为多数人的选择是合理、正确的,这很容易左右其购物决策。与传统运营模式相比,网络平台通过大数据计算和分析的结果,大大增强了对用户的影响力和控制力。消费者有时真不清楚这是自己的选择,还是大数据的选择?在习惯接受各种软件推荐的视频、餐馆和行车路线之余,也会感到担忧和恐惧。越离不开大数据,就越觉得自己在被大数据控制。

(三)个人隐私与安全保护所面临的"两难困境"

随着大数据时代的来到,数据的收集和存储更加方便,但由于缺乏规范,更缺乏监管,主要依靠企业自律,用户无法确定自己隐私信息的用途。而部分企业收集用户数据的使用权限边界界定不清,造成用户隐私和权益遭受严重侵害。2013 年 10 月,国内漏洞监测平台"乌云"发布报告称,如家、汉庭等大批酒店的 2 000 万个客户开房记录因存在第三方存储和系统漏洞而被泄露。2014 年 5 月,小米论坛的用户数据库在黑客界传播,给大批"米粉"造成困扰。2015 年 1 月,130 万个拟参加硕士研究生考试的考生信息以 1.5 万元价格"打包出售"等。因此,大数据时代,本质上就是商家与商家之间、用户与商家之间的隐私之战。对商家来说,谁更靠近用户的隐私,谁就占据了更多的机会。对用户而言,保护隐私,从一开始就是一个不能实现的目标。

2015 年 5 月 27 日下午 5 点 30 分左右,支付宝出现网络故障,账号无法登录、支付。支付宝官方回应,原因是杭州市萧山区某地光纤被挖断,将紧急切换用户请求至其他机房。虽然其声明,用户的资金安全不会受到任何影响,但账户余额无法显示依然让其用户捏了一把汗。继支付宝之后,5 月 28 日上午,携程网的官方网站和 App 突然崩溃,页面显示 404 报错。携程网回应称,其部分服务器遭到不明攻击,但数据并没有丢失。又让不少用户惊出了一身冷汗:"不要泄露用户信息就好,请看好自家的机房"。

但是未来的大数据关系到用户的人身和财产安全,必须出台相关法律明确企业使用用户数据的权限和方式,建立信息泄露的维权机制,逐步完善一套集法律、技术、管理、应用、开发等多个层面为一体的联动数据安全保障体系。

(四)大数据中的用户隐私保护的法律缺失

大量事实表明,大数据未被妥善处理会对用户的隐私造成极大的侵害。根据需要保护的内容不同,隐私保护又可以进一步细分为位置隐私保护、标识符匿名保护、连接关系匿名保护等。人们所面临的威胁并不仅限于个人隐私泄漏，还在于基于大数据对人们状态和行为的预测。一个典型的例子是某零售商通过历史记录分析，比家长更早知道其女儿已经怀孕的事实，并向其邮寄相关广告信息。而社交网络分析研究也表明，可以通过其中的群组特性发现用户的属性，例如通过分析用户的 Twitter 信息，可以发现用户的政治倾向、消费习惯以及喜好的球队等。

当前企业常常认为经过匿名处理后，信息不包含用户的标识符，就可以公开发布了，但事实上，仅通过匿名保护并不能很好地达到隐私保护目标。例如，AOL 公司曾公布了匿名处理后的 3 个月内部分搜索历史，供人们分析使用。虽然个人相关的标识信息被精心处理过，但其中的某些记录项还是可以被准确地定位到具体的个人。《纽约时报》随即公布了其识别出的 1 位用户，编号为 4417749 的用户是 1 位寡居妇人，家里养了 3 条狗，患有某种疾病等。美国尚且如此，中国的企业的用户隐私保护应该与此相同，或者相类似。

因为目前中国用户数据的收集、存储、管理与使用等均缺乏规范，更缺乏监管，主要依靠企业的自律，用户无法确定自己隐私信息的用途。而在商业化场景中，用户应有权决定自己的信息如何被利用，实现用户可控的隐私保护。例如用户可以决定自己的信息何时以何种形式披露，何时被销毁，包括：1. 数据采集时的隐私保护，如数据精度处理；2. 数据共享、发布时的隐私保护，如数据的匿名处理、人工加扰等；3. 数据分析时的隐私保护；4. 数据生命周期的隐私保护；5. 隐私数据可信销毁等。但是现状是：用户无从知晓，而且一旦知晓，也处于弱势，无法保护自身正当的权益，表现为法律的“空白”和缺失。

（五）个人“隐私”泄露的危害

个人隐私泄露[①]的频繁发生威胁到个人的生活安全，也成为影响社会治安的主要因素。据北京中关村派出所统计，2012 年全年接报的电信诈骗占立案的 32%，为比例最高的发案类型，诈骗中常采用 6 种手段：

1. 个人或交友圈信息泄露后的身份冒充，如犯罪分子冒充公检法机关、邮政、电信、银行、社保的工作人员或者亲友等实施诈骗，占诈骗案件总数的 42%；

2. 购物信息泄露后冒充卖家诈骗；

3. 电话、QQ 或邮箱等通信方式泄露后的中奖诈骗；

4. 寻求工作信息泄露后收到的虚假招聘信息；

---

① 宋素红、罗斌：“个人网络信息的隐私性及侵害方式——网络服务提供者收集和使用个人信息的性质分析”，《新闻法制研究》2016 年第 2 期。

5. 交友信息泄露后的网络交友诈骗；

6. 家庭信息泄露后的绑架诈骗。由此可见，许多企业都在不同程度上泄露了用户的个人信息。

个人隐私信息的泄露引发了部分用户的恐慌，他们担心隐私数据丢失或者被恶意窃取。一项民意调查报告显示有72%的人担心他们的在线行为被公司跟踪和分析。因此，大部分人提高了隐私保护意识，而很多企业对用户隐私保护重视不够，导致企业承受了潜在客户的丢失和经济利益损失。

（六）大数据的“失信”分析

与信息安全性相关联的是数据的可信性分析，亦即“失信”分析，对于大数据，一个普遍的观点是：数据自己可以说明一切，数据自身就是事实。但实际情况是，如果不仔细甄别，数据也会欺骗，就像人们有时会被自己的双眼欺骗一样。

大数据可信性的威胁之一，是伪造或刻意制造的数据，而错误的数据往往会导致错误的结论。若数据应用场景明确，就可能有人刻意制造数据、营造某种“假象”，诱导分析者得出对其有利的结论。由于虚假信息往往隐藏于大量信息中，使得人们无法鉴别真伪，从而作出错误判断。例如，一些点评网站上的虚假评论，混杂在真实评论中使得用户无法分辨，可能误导用户去选择某些劣质商品或服务。由于当前网络社区中虚假信息的产生和传播变得越来越容易，其所产生的影响不可低估。用信息安全技术手段鉴别所有来源的真实性是不可能的。

大数据可信性的威胁之二，是数据在传播中的逐步失真。原因之一是人工干预的数据采集过程可能引入误差，由于失误导致数据失真与偏差，最终影响数据分析结果的准确性。此外，数据失真还有数据的版本变更的因素。在传播过程中，现实情况发生了变化，早期采集的数据已经不能反映真实情况。例如，餐馆电话号码已经变更，但早期的信息已经被其他搜索引擎或应用收录，所以用户可能看到矛盾的信息而影响其判断。

因此，大数据的使用者应该有能力基于数据来源的真实性、数据传播途径、数据加工处理过程等，了解各项数据可信度，防止分析得出无意义或者错误的结果。

四、加强网络伦理与网络治理的建议与对策

个人隐私保护是一个复杂的社会问题，除了需要先进的保护技术外，还需要结合国家制定的相关政策法规以及行业间形成的行业规范来保护好个

人隐私,确保个人免遭人身安全的威胁以及财产损失。

（一）网络伦理的含义

网络伦理[①]指在计算机网络中,人们应遵守的道德意识和道德行为、法律准则。其表现形式为3个层次：观念层面上,个人自由主义盛行;规范层面上,道德规范运行机制失灵;行为层面上,网络不道德行为蔓延。网络伦理产生原因表现为：网络结构缺陷、经济利益驱动和网络法律法规建设不健全等。构建网络伦理需要遵循的原则：坚持促进人类美好生活原则、平等与互惠原则、自由与责任原则、知情同意原则、无害原则。

（二）制定和完善网络隐私保护的规章和法律

在2002年12月23日九届人大常委会第31次会议首次审议的民法草案中已有明确界定,私人信息、私人活动和私人空间都属隐私范畴。在《未成年人保护法》规定:"不得披露未成年人的隐私",即隐私权是公民民事权利能力的内容之一。郭瑜[②]研究了中国应如何建立个人数据保护的法律制度,对中国应如何制定独立的、综合性的个人数据保护法提出了具体建议,并对个人数据使用者应如何正确使用个人数据提供了针对性的意见和建议。

在大数据时代,对原有规范进行修修补补,已经不能满足个人隐私保护的需求,也不足以抑制大数据所带来的风险,需要重新定义规则来满足现在的新需求。数据提供者、企业以及政府需要提升对隐私保护的高度重视,个人隐私保护应做到数据使用者为其行为承担责任;建立完善的个人隐私保护的法律法规;加强行业的自律性建设及制定行业隐私法。

尽管2006年3月8日,民建中央企业委员会在全国政协会议期间向大会提交了《个人信息数据保护法的提案》,要求通过制定法规对公民个人信息数据的采集、使用、营销等方面进行明确限制,并对触犯法规的行为予以处罚,从而更完善地保护公民权利与安全,保障社会稳定与国家安全,增强经济发展。虽然该提议在当时有一定的意义,但是对于进入大数据时代的今天,这些提议已经明显不能满足个人隐私数据保护的需求。因此,应该根据大数据的特点以及个人隐私数据的特征建立通用的大数据《个人隐私数据保护法》。维护大数据时代个人隐私保护的权利,明确大数据时代个人隐私数据保护的范围;法律管辖的对象是用户及企业或特定的组织;法律的监督机构

---

① 宋振超、黄洁:"大数据背景下网络信息的伦理失范、原因及对策",《理论与改革》2015年2月。

② 郭瑜:《个人数据保护法研究》,北京大学出版社2012年,第33—38页。

是建议设立或委托专门的行业协会和行业自律组织辅助相关政府部门监管该项法律的实施,如中国互联网协会。法律建立的视角是个人数据的收集、使用、发布、共享以及刑事处罚。

1. 关于数据收集的规定:任何企业或组织不能为某种特定目的以欺骗的手段收集个人的信息,对收集到的用户信息,要保证在传输过程中不会被窃听;不能试图获得某些特定用户群的更详细信息,而对他们进行跟踪;在用户并不知情的情况下,企业或组织收集到个人信息时,不能滥用或者卖与他人。

2. 关于数据使用的规定:对个人隐私数据进行二次使用时要保证不能丢失、泄露或者滥用个人的隐私信息;数据使用中应该建立严格的等级访问控制策略,保证敏感数据的安全。

3. 关于数据发布的规定:发布出来的数据信息既有利于数据挖掘研究又能保护到个人的隐私信息;对发布的数据要有非常清晰的权限界定,不能造成个人隐私的泄露。

4. 关于数据共享的规定:在数据共享的过程中,数据共享的双方需签订一份有法律效力的合同或者协议,能保证用户的数据不被泄露,一旦引起用户隐私数据的泄露,将追究所有参与方的连带刑事责任[①]。

5. 刑事处罚:对违反上述条款的企业或组织,依据对个人生活或财产造成后果的严重程度,予严厉的刑事处罚。

2015 年 8 月 21 日,最高人民法院审判委员会讨论通过了《最高人民法院关于审理利用信息网络侵害人身权益民事纠纷案件适用法律若干问题的规定》,并于 2015 年 10 月 10 日起执行。不少地方基于本地实际情况还出台了相关地方性法律条例,如《深圳经济特区互联网信息服务安全条例》等。

(三) 企业伦理的坚守与隐私保护责任

2013 年 2 月,由中国软件评测中心牵头制定并实施的《信息安全技术公共及商用服务信息系统个人信息保护指南》,是中国个人信息保护的行业性国家标准。2013 年 7 月,工业和信息化部印发了《电信和互联网用户个人信息保护规定》,对电信业务经营者和互联网信息服务提供者在提供服务的过程中收集的用户姓名、出生日期、身份证件号码、住址、电话号码、账号和密码等信息提出了明确要求,明确提出未经用户同意,电信业务经营者、互联网信

① 曹雯雯:"欧盟法院'安全港协议'无效案对我国网络数据隐私保护的启示",《理论观察》2016 年第 5 期。

息服务提供者不得收集、使用用户个人信息。

用户如果想在互联网上使用某种服务，如购物、医疗、交友、建立个人主页、免费邮箱、下载资源等，服务商往往要求用户申请注册，并填写登录姓名、年龄、住址、身份证、手机号、工作单位等身份信息，还要同意他们所制定的一些条款，往往在这步操作时，用户不会详细阅读，而直接同意，这使得服务商以合法的形式获得了用户信息的支配和使用权。在大数据时代需要设立一个不一样的隐私保护模式，该模式应该着重于数据使用者为其行为承担责任，而不是将重心放到收集数据之初取得个人同意上。将责任从用户转移到数据的使用者很有意义。

因为数据使用者比任何人都明白他们想要如何使用数据，他们是数据二次应用的最大受益者，所以应该让他们对自己的行为负责。服务商对收集的个人数据，有义务和责任保守个人的敏感信息，未经授权不得泄露。个人也应该意识到保护好自己的隐私，如果隐私保护机制存在缺陷，个人应该加以区分并拒绝提供敏感数据，尽量避免面临生命和财产威胁的隐患。因此，服务商需要使用正规的评测方法评测数据再利用的行为对个人所造成的影响，且这种影响不能对用户的生活构成威胁。

（四）依法治网，建立有序的网络治理空间

促进“互联网＋”发展，需推动网络空间法治化，保障网络安全，其中一条就是要保障互联网经济信息安全[①]和市场交易安全，保护好消费者个人隐私。针对当前制约发展的瓶颈问题和法律法规的空白领域，梳理研究相关法律法规，同时推动现行法律延伸适用到网络空间，建立起诚信为本、守信激励，失信惩戒的信用环境。

“互联网＋”给我们的日常生活带来了诸多方便，却也带来了一系列的问题。互联网隐私和网络信息的轻易“泄露”，更是容易让网民处于时刻危险的“风口浪尖”。从已经报道的个人信息“公然叫卖”现象来看，互联网隐私的“漏洞”，已经开始危害到个人、社会乃至国家的安全。“千里之堤，溃于蚁穴”。探究互联网隐私出现漏洞并且长期存在的原因，主要有两点。一是法律惩治不够严，相关利益主体存在“投机心理”。在西方国家，个人隐私是受到严格保护的，不管是自律模式还是立法模式，都对网络隐私权有着严格的界定和法律保护。而在我国，在“法不责众”的非法治思维下，缺乏对于侵犯或者泄露个人隐私的严厉惩处和严谨法治程序，导致网民、媒体、企业等相关

① 李晓田：“大数据时代下网络隐私安全探析”，《数据安全与云计算》2016 年 5 期。

责任主体,在保护互联网个人隐私上,极度不负责;二是诚信意识不够强,关于网络隐私和个人信息的诚信体系建设,并不健全。尽管相关网站在要求用户填写个人信息的时候,明确承诺了不会泄密。但是,在市场利益驱使之下,还是没有禁得住诱惑,严格自我管理,这让"个人信息"满天飞,自然也就谈不上"隐私"保护了。

保护互联网个人隐私,需先用"法制"填满惩处的"空白",提高泄露个人隐私和侵犯个人隐私的"代价"。整顿互联网隐私漏洞,提高违法成本,坚持有法必依,才能树立保护个人隐私的"社会共识"。

（五）营造网络诚信体系,增强自律

安全、长期地保护互联网个人隐私,更需要坚持"诚信体系"建设。用法律的手段惩治泄密者,这是推进"四个全面",实现依法治国在网络治理中必由之路;当然法律的功用也有其边界和有限性,不可能解决所有的问题,此时,就需要针对网民和相关主体,设置较为完善的诚信体系,努力营造网上"信用环境"。当相关利益主体"失信"就等于失去了未来和市场的时候,也就没有了信息"泄露"的动力。

（六）加强宣传,形成社会共识

一切的强制手段,都是为了让个人隐私得到更好的保护。在加大互联网隐私的法律和诚信体系建设的同时,要加强宣传,通过网络道德经典案例展示、宣讲、网络文明进校园、进单位、进社区等形式深入开展网络道德[①]教育,创造良好的网络文明氛围,树立更为广泛的社会隐私共识、法律共识和安全共识,营造集尊重与信用为一体的上网环境,共同营造和保护互联网隐私。

五、小　结

总体上来说,当前国内外针对大数据安全与隐私保护的相关研究还不充分,只有通过技术手段与相关政策法规等相结合,加强企业自我管理和伦理约束,同时用户也要提高隐私保护意识,提高"隐私"保护能力,逐步形成"企业自我约束、政府主动监管、用户加强保护"的"隐私"保护机制,营造有效的网络诚信体系,才能更好地解决大数据安全与隐私保护问题。

---

① 王伯平、李龙:"网络虚拟社会中的道德问题与治理研究",《吉林广播电视大学学报》2016年第2期。

企业道德资本及其评估指标体系

王小锡*

［提要］ 道德资本是指作为生产性资源的道德理念、道德规范、价值取向及其善行习俗、崇德行为等投入生产并促进价值增殖的能力与价值。作为精神资本的道德资本有其自身独有的特征。企业道德资本尽管不可以度量，但可以依据企业道德行为及其道德现象进行评估。企业道德资本评估指标围绕道德的两大本质指向即“企业的人的完善”和“企业各种关系的和谐协调”而设计，具体包括：企业道德理念、道德制度、道德环境、道德忠诚、道德产品、道德销售、社会道德责任、道德领导等内容。企业道德资本评估指标亦即企业道德资本实践指标。

一、企业道德资本及其特点

“资本”是经济学的一个核心范畴，撇开社会制度的特殊规定性，资本的一般属性是指能带来利润的体现为实物和思想观念的价值。从另一角度讲，“资本是一种力，是一种能够投入生产并增进社会财富的能力”。① 为此，资本不只是传统理论所认为的物化的或货币化的物质资本与货币资本，也可以是非物化的思想观念的精神资本，或称无形资本。事实上，离开了精神资本，所谓的物质资本与货币资本就不能成立，也毫无意义，因为，资本之为资本，需要作为具有主观意识的人去激活才能体现或实现，否则，物质、货币只能是生产性资源而已。因此，资本是作为生产性资源投入生产过程并使价值增殖的物质和精神的统一体。

作为精神资本，它包括思想、知识、文化、价值、道德等，这其中，道德是精

---

* 作者王小锡，南京师范大学教授，中国伦理学会经济伦理专业委员会会长。——编者

① 王小锡：“21世纪经济全球化趋势下的伦理学使命”，《道德与文明》1999年第3期。

神资本的基础的、核心的要素，离开了一定的道德境界，其他精神资本要素必不能发挥正常的促使企业增殖的作用，这也就必然影响物质资本与货币资本投入生产过程的效益。

道德作为一种精神资本要素，具体包括道德理念、道德规范、价值取向及其善行习俗、崇德行为等，它们在价值创造和增殖过程中具有不可替代的独特作用。"科学的伦理道德就其功能来说，它不仅要求人们不断地完善自身，而且要求人们珍惜和完善相互之间的生存关系，以理性生存样式不断创造和完善人类的生存条件和环境，推动社会的不断进步。这种功能应用到生产领域，必然会因人的素质尤其是道德水平的提高，而形成一种不断进取精神和人际间和谐协作的合力，并因此促使有形资产最大限度地发挥作用和产生效益，促进劳动生产率的提高。"[①]企业也因道德的介入而获得更多的效益和利润。因此，道德资本是指作为生产性资源的道德理念、道德规范、价值取向及其善行习俗、崇德行为等投入生产并促进价值增殖的能力与价值。[②] 其实，道德资本还不单纯是在企业经营活动中促进价值增殖，也能在企业经营活动中促进人的素质的全面提升和物质、货币资本的理性运作，进而促进社会理性精神的增强，最终实现经济效益与社会效益的双赢。有一个 200 人规模、生产品牌棉质内衣的民营企业，因其产品设计、生产和销售等一切服从顾客需求，尤其是实行无条件退换经营准则，受到顾客的欢迎，市场占有率逐年提升，以至于经营业务不断扩大，生产、经营的品种也不断增加。这期间，培养了一批懂经营、讲道德的管理人才，因此，该企业在扩大至 4 个分厂过程中，管理人员全部内部调配，适应和满足了企业扩展的需求，在不断赢得社会好的声誉的同时，也为社会提供了更多的利税和更多的就业岗位。

要指出的是，作为生产性资源的道德资本与企业其他货币和实物等资本相比，除了有形和无形之区别以外，还有以下特点：

（一）货币和实物等资本在其投入生产过程并获得利润或收益时才能使

---

① 王小锡："21 世纪经济全球化趋势下的伦理学使命"，《道德与文明》1999 年第 3 期。

② 我在 2000 年发表的"论道德资本"（《江苏社会科学》2000 年第 3 期）一文中提出并系统论证"道德资本"概念后，我和我的合作同仁曾经作过以下不同角度的概括：1. 道德资本是指道德能够投入生产并增进社会财富的能力；2. 道德资本是指投入经济运行过程，以传统习俗、内心信念、社会舆论为主要手段，能够有助于带来剩余价值或创造新价值，从而实现经济物品保值、增殖的一切伦理价值符号；3. 道德资本是指道德能提供一种有经济价值即利润的生产性服务的能力；4. 道德资本是指道德具有对于获取利润和经济发展的工具性功能。这些对"道德资本"概念的不同表述，大多是不同语境下的话语，其共同的理念是强调能促进并体现为人的完善和人际关系的和谐的道德，能够帮助企业实现理性生产并获得更多的利润和效益。参见王小锡：《道德资本与经济伦理》（自选集），人民出版社 2009 年。

得资本成其为资本,而道德作为企业及其员工道德觉悟和德行、道德性制度、“物化德性”等,只要生产活动启动,其资本作用及其特性就已生成。

(二)货币和实物等资本在生产过程中如遇到经营不景气或经济行为调整时可以撤出某一经济活动过程,而道德资本不存在撤出的问题,作为人的道德觉悟和德行、道德性制度、“物化德性”等,在企业经营过程中能对货币和实物等资本的投入起到指导、引导和约束的作用,就是在货币和实物等资本撤出时,道德资本还能起到督促理性撤资和理性再投资的作用。事实上,道德资本在企业经营过程中始终起着积极的促进作用。

(三)道德资本不能独立存在,它只有依附于实物资本才能发挥其精神资本作用,并由此促进道德性物质资本的形成。而实物资本可以独立存在,不过,实物资本的价值在很大程度上有赖于道德资本作用的发挥。

(四)道德资本需要在具体的行动中实现,正如西班牙学者西松所说:“开发道德资本的关键,在于充分利用人类自身在行动、习惯以及性格这三个操作层面上所具有的动力。在这些层面中,行动是最基本的构成要素,可以被视为道德资本的基础货币。这就意味着,除非付诸行动或者产生结果,否则人类的活动将不具有道德上的意义。”①西松还说:“道德资本主要依赖于行动,这意味着,首先,无论思想或者观念多么不可或缺,但它们本身都是不够的。领导力,或者个人或其所在组织的道德资本的增长,其本身并不是一种理论,而是一种艺术,一种实践。”②他还特别强调,“道德资本由行动构成,这意味着,仅具有行动能力——或者仅能够依理智行事——是不够的。除此之外还需要真正地运用此种能力”。③

二、企业道德资本分类与评估指标

作为企业无形资本或精神资本的道德资本,尽管不可以量化,但是,“我们一直习惯于依赖那些可以被度量的东西,而忽视那些不能被度量的东西。但我们应该记住爱因斯坦的话‘那些可以被度量的东西通常是不重要的,而重要的东西通常是不可能被度量的’”。④ 道德资本虽然不可度量,但是,它是

---

① [西]阿莱霍·何塞·G.西松:《领导者的道德资本》,于文轩、丁敏译,中央编译出版社2005年,第62页。

② 同上书,第84页。

③ 同上书,第85页。

④ [荷]丹尼尔·安德里森、勒内·蒂森:《无形资产的评估与运营》,王成、宋炳颖、沈妙颖译,江苏人民出版社2002年,第104页。

企业经营获利中最最重要的因素。事实上,为什么许多知名公司的“市场价值”和“账面价值”差异明显,即“市场价值”[①]大大超过“账面价值”,其主要原因是不可度量的以道德资本为核心的精神资本在起着独特且不可期待的作用。[②]

不过,道德资本尽管不可以度量,但可以依据企业道德行为及其道德现象进行评估。当然,企业道德资本评估指标亦即企业道德实践指标。

(一) 企业道德资本评估指标围绕(道德的)两大本质指向即“企业人的完善”和“企业各种关系的和谐协调”而设计:

1. 企业主体(包括企业领导或企业主、企业员工等)的道德认知、道德觉悟和道德行为等。

2. 企业内外部关系的和谐协调与合作行为等。

(二) 企业道德资本评估指标坚持以下四方面确认路向:

1. 企业道德理念,即企业对企业道德及其价值取向在思想观念上的认识和把握程度。

2. 企业主体道德觉悟,即企业领导、员工及企业外合作者的体现为忠诚、关爱、诚信、责任等等的道德觉悟。

3. 企业道德制度,即企业道德转化为包括利益相关者在内的所有有关企业关心和尊重人的制度、清洁生产制度、诚信销售和服务制度、利益协调和分配制度等等。

4. 企业生产经营的道德诉求,即企业在生产经营过程中面向用户和社会的道德责任、道德要求和道德目的。

以上道德资本评估指标 4 个确认路向形成的逻辑依据,一是企业首先要有明确的道德理念,如企业应该有什么样的经营价值观和经营目的、产品应该内涵什么样的道德理念、如何更好更有效地服务于顾客等等;二是知道了是什么和应该是什么,还应该成为企业一种觉悟即必须这么做;三是企业道德实践不仅仅靠理念和自觉,还要靠制度及道德化制度,这可以形成比较稳定的道德软环境;四是企业发展所涉及的关系不只在内部,还有外部关系,因

---

① 这里的企业(公司)的“市场价值”是指在员工忠诚度、企业家道德觉悟、人本管理水平、服务信誉、利益相关者的合作诚意、社会影响力等以道德为主要要素的企业(公司)无形资产(资本)影响下,因顾客的认可度和市场占有率而形成的价值估计数额或“潜在价值”。这里的企业(公司)的“账面价值”是指企业(公司)资产账面余额减去资产折旧或摊销、资产减值准备所实际获得的经济收益指标。

② [荷] 丹尼尔·安德里森、勒内·蒂森:《无形资产的评估与运营》,第 10—18 页。

此企业在生产经营过程中应该重视对用户和社会的道德责任、道德要求和道德目的。

(三) 根据以上对道德资本评估指标的确认路向,结合我国企业实际道德建设状况,可以把道德资本分解为以下 8 项一级指标:

1. 道德理念,即体现为企业在生产、经营、管理等过程中应有的道德境界和道德要求,以及道德境界和道德要求渗透其企业生产、经营、管理等过程的具体的道德指导、道德管理观念等。

2. 道德制度,即体现为企业人性关怀、公正平等、和谐共治的规则等。

3. 道德环境,即体现为企业员工在工作、生活中的被尊重、被关注的家庭式的和谐人际关系环境、道德风尚环境和道德文化浓厚的物化道德环境等。

4. 道德忠诚,即体现为企业领导和员工、企业合作者对企业的向心度和敬业、奉献精神等。

5. 道德产品,即体现为企业产品在设计和生产过程中对用户的生产、生活、心理、生理等人性和社会需求的认识程度和贯彻程度等。

6. 道德销售,即企业产品在销售过程中对用户或对社会的责任承诺的兑现主动性和兑现程度等。

7. 社会道德责任,即企业在遵纪守法的同时,对包括国家、社会、同行、员工、顾客等等在内的利益相关者所应该履行的义务等。

8. 道德领导,即企业领导者自身的道德素质以及对员工生产、生活的道德性领导和人性化、民主化管理等。

在这八项企业道德资本评估的一级指标中,道德理念是贯通其他 7 项指标的核心内容,由于有道德理念的贯通,因此,各项一级指标之间也均存在着或多或少的联系和程度不一的关联度。尤其要指出的是,企业道德资本是综合性理念,它不以某项突出指标为依据来评估道德资本。事实上,一个企业的道德资本雄厚,它必定是意味着企业道德在各方面都建设的比较有成效,而且在企业生产、经营和员工生活等方面取得了比较明显的成效。

企业道德资本实践和评估的 8 项一级指标中,又可分解成 100 项具应用和操作性的二级指标。根据 100 项二级指标中内容的有或无、好或差、高或低、强或弱、多或少等给予每项指标 0～10 分不等的分数(10 分为一个整数,有利于按比例打分,同时,打分拉开差距,有利于评估过程中提高可信度),满分 1 000 分。按百分制得分(习惯性考量数字,有利于评估等级比较)=实得总分÷10。

表 1 企业道德资本评估指标及评分表

一级指标	二级指标	得分（0～10 分）	备注
一、道德理念	1. 企业物质文明和精神文明发展宗旨		
	2. 社会责任意识和目标		
	3. 企业或宣言、或行风、或训条		
	4. 诚信经营等价值观		
	5. 内部以人为本的管理理念		
	6. 企业决策道德理念		
	7. 资产统计分析中的道德理念		
	8. 员工道德准则		
	9. 产品设计、制造和销售中的道德主旨		
	10. 经营(服务)道德准则		
二、道德制度	1. 民主协商与规章集体通过制度		
	2. 厂务公开制度		
	3. 企业经营业绩报告制度		
	4. 利益分配(工资、津贴等)的公正、公开制度		
	5. 公正、平等地对待企业外利益相关者制度		
	6. 员工培训制度		
	7. 企业领导定期或不定期跟班作业制度		
	8. 保障休息与节假日加班加薪制度		
	9. 女工保护制度		
	10. 健康体检制度		
	11. 不用童工、善用残疾人等合理劳动用工制度		
	12. 企业与员工签订劳动合同制度		
	13. 企业员工晋级公示制度		
	14. 奖惩制度		
	15. 清洁生产制度		

续 表

一级指标	二级指标	得分（0～10分）	备注
三、道德环境	1. 宣传企业良好精神的各种媒体平台		
	2. 企业内外宣传牌或道德性硬件建设等		
	3. 企业人际关系的和谐度		
	4. 员工的安全保障度		
	5. 员工的工作环境舒适度		
	6. 员工的生活环境舒适度		
	7. 员工对企业大家庭的认同度		
	8. 环境卫生、休闲娱乐、身体锻炼等设施		
	9. 生产、生活等事故的快速反应机制		
	10. 维护员工尊严的氛围		
四、道德忠诚	1. 员工关注企业发展愿景		
	2. 员工参加集体活动的积极性		
	3. 员工参加培训的积极性		
	4. 员工加班加点的积极性		
	5. 企业经济不景气时员工的共渡难关意识		
	6. 员工关注企业领导的思想道德素质		
	7. 员工正面提意见的积极性		
	8. 员工跳槽的数量或频率		
	9. 员工工作出现差错时对被罚的认同度		
	10. 拒绝商业贿赂		
五、道德产品	1. 产品设计前进行顾客需求调查		
	2. 产品的人性化、环保性设计		
	3. 产品综合质量检验		
	4. 产品制造环节中的质量检验		
	5. 产品款式的更新		
	6. 产品的安全性		

续 表

一级指标	二　级　指　标	得分（0～10分）	备　注
五、道德产品	7. 产品的耐用性		
	8. 产品的美观性		
	9. 产品的环保性、节约性包装		
	10. 产品中的次品处理方式		
六、道德销售	1. 产品销售承诺		
	2. 人性化的产品使用说明书		
	3. 产品质量保证书		
	4. 产品保修时间规定		
	5. 售后人性化服务		
	6. 企业问题产品的召回制度		
	7. 产品质量问题包退或包换		
	8. 对顾客的销售服务满意度的监测		
	9. 了解消费者对产品的意见或偏好		
	10. 产品广告的真实、科学、信誉度		
七、社会道德责任	1. 经营遵纪守法，维护国家和社会利益		
	2. 重视保护生态环境		
	3. 关注产品的社会评价		
	4. 对顾客投诉的反映和处理机制		
	5. 对利益相关企业的诚信度		
	6. 坚持利益相关者的友好合作		
	7. 产品质量的信息公开		
	8. 按章纳税		
	9. 不做假账		
	10. 尊重、维护知识产权		
	11. 参与捐赠等慈善公益活动		
	12. 参与各类救灾救助活动		

续 表

一级指标	二 级 指 标	得分（0～10分）	备 注
七、社会道德责任	13. 勤俭节约和可再生材料利用		
	14. 残留物处理		
	15. 维护社会正常生活秩序		
八、道德领导	1. 领导工作报告或工作安排中的道德建设内容		
	2. 领导管理职责和管理承诺		
	3. 领导定期或不定期召开征求员工意见的座谈会		
	4. 领导经常调研或检查生产、销售等情况		
	5. 领导团结、民主、有亲和力		
	6. 领导关注生产或工作安全		
	7. 领导准时上下班		
	8. 领导定期不定期走访员工		
	9. 发挥工会组织的作用		
	10. 公正、公开考核员工		
	11. 购买养老保险、医疗保险和失业保险等		
	12. 企业解雇员工的理由		
	13. 关心残疾（生病）等困难员工		
	14. 关心员工各项福利		
	15. 员工犯错误的教育态度和教育方式		
	16. 让家属了解员工工作、生活、学习等情况		
	17. 关心员工家属的生活、困难等情况		
	18. 了解社会责任管理体系 SA8000 等国际规则		
	19. 成立道德委员会或设置道德协调员、道德督察员等		
	20. 每年进行企业道德资本评估		

注：可以自评、互评或第三方评分。　　道德资本评估（百分制）得分。

三、企业落实道德资本评估指标的变通

要指出的是，企业类型多样，涉及的具体企业又是千差万别，因此，道德资本实践和评估指标会有差别。生产性企业大致可以按照以上道德资本实践和评估指标来规划企业道德建设、评估本企业的道德资本存量情况，但诸如商品经营、饮食、旅游、宾馆等服务型企业，在道德资本实践和评估的8项一级指标的范围内，其二级指标的具体内容、表征及其提法会有所不同，不过，其宗旨是一致的。例如，"产品设计"，生产性企业主要通过产品设计让产品渗透进道德要素，服务性行业则主要通过服务项目设计让服务项目充分体现道德性，他们共同的目的是让使用者或消费者实现最佳的使用效果。再如，"道德环境"，有的大企业的空间范围之大，像个企业社会或企业城，道德环境从软件到硬件如何展示，本身就是一项系统工程。而有的服务性企业小到只有一个服务平台或一栋办公楼或一间办公室等，其环境道德设计就应因地制宜，要是只有一栋办公楼或一间办公室，那道德硬环境和道德软环境的设计就比较简洁一些，诸如进取的文化氛围、舒适的工作环境、和谐的人际关系、齐全的安全保障等。又如，"产品道德涵量"，以上表中内容的一些概念内涵和表征形式，生产性企业和服务性企业大不一样，有的企业无法照搬或通用。产品道德涵量在商品经营企业，应该表现在进货、销货、服务的严格检验制度和服务行为优化，真正实现最好性价比、最好服务和最好使用效果等；在饮食行业，应该表现在保证食品质量的前提下，对消费者的健康、口福的享受乃至生活质量的提升负责等；在旅游行业，应该是表现在设计旅游产品过程中对游客的高度负责，设计出最科学、最经济、最有理性意味并能让游客满意的旅游路线等；在宾馆行业，应该表现在通过设计和服务，让人有宾至如归的家的感受等。特别要指出的是，新兴的互联网商业企业，其道德资本实践和评估指标尤其是道德资本实践和评估二级指标，在坚持道德资本一级实践和评估指标基本理念的基础上，在保留以上直接可操作的二级指标的同时，要有以诚信为核心的适应这特殊企业的新的内容和表征的设计。

同样，道德资本实践和评估指标中的二级指标，其内容和表征表达方式上也会因企业经营的内容、特点、方式等的不同而不同。例如，"清洁生产"，在生产性企业可以主要表达为绿色生产等，在服务性企业尤其是商业互联网服务企业可以主要表达为最诚信、最好性价比服务等。还有，他们共同的内容和表征表达应该是在理念上趋善避恶、境界高尚等。再如，"产品的安全性"，这在不同的企业所设计或生产的产品有不同的安全要求。用来买卖的

劳动产品,要注意运输和使用的方便和安全,而旅游产品则主要是游客在旅游过程中的生命财产的安全,至于饮食行业,那食品安全则是首要安全内容。又如,“企业问题产品的召回制度”,这对于生产性企业来说具有很强的针对性,而对于旅游行业,那就应该重在赔偿和旅游产品的设计、应用、总结和改进上面,当然,也不排除直接赔偿旅游产品等。

为此,我认为,我以生产性企业(一般来说,现代生产性企业活动包括生产、销售、服务等全过程,因此,在一定意义上生产性企业内涵服务性企业)为主所设计的道德资本实践和评估一级指标,在基本理念上和范围上适用于所有企业,在道德资本实践和评估二级指标上,只是在内容和表征表达方式上因企业不同而不同。要强调的是,不管什么企业,尽管其道德资本实践和评估指标的内容和表征表达方式上因企业不同而不同,但其道德资本实践和评估的主旨理念是一致的。

需要说明的是,我设计道德资本实践和评估指标,其愿景一是主张对现代企业资产(资本)尤其是企业无形资产(无形资本)理念要有完整和完善的把握,其中,切不可忽视对企业道德资产(道德资本)的认识、培育和应用;二是为企业增加道德资本存量提供可操作性的指标、或条例、或行动方案;三是启迪企业能够在企业发展进程中充分树立道德资本意识,并以此促进企业不断取得新的更好的业绩。

企业家慈善的正义之维

何建华　马思农*

[提要]　创造财富和分配财富是人类经济生活的两大主题，也是成功企业家人生活动中两大重要使命。经过30多年的改革开放和市场经济实践，中国的企业家群体已大量涌现，第一代富人已经诞生，且数量越来越多；同时我国也出现了明显的贫富差距现象，且有越拉越大的趋势。要使社会财富为大多数人所共享，一方面要实行有效的政府再分配，健全社会保障制度；另一方面则必须发挥社会慈善、特别是企业家慈善在财富分配中的作用。企业家慈善属于第三种分配，是实现社会分配正义的重要途径。由于企业家慈善的非功利性、自愿性，这种财富分配方式具有更强的伦理道德性，它体现人类人性的完善和圣洁的光芒，因而本身具有正义性。同时在具体的慈善活动中，企业家慈善必须建立在科学的程序和规则的基础上，重视其伦理价值目标，尤其要重视企业家慈善活动的正义性。在企业家的慈善活动中必须做到：用于慈善的财富应当是获取正义的；慈善的动机应当是正义的。正义的慈善应当是纯粹的慈善；慈善的方式应当是正义的；慈善的效果应当是公正与效率的统一。必须重视企业家慈善的质量和效果，防止财富不善分配带来的不良后果，以切实保证企业家慈善的正义性。

随着人类创造财富的能力不断增强，社会财富日益丰富，人类渐渐地从创造财富为重心转向以财富分配为重心的时代，财富收入分配和再分配问题也相继成为一种时代主题。改革开放30多年来，中国经济发展尽管取得了巨大的成就，但贫富悬殊、环境污染、社会不公平等等问题引起了广泛的关

---

*　作者何建华，浙江行政学院教授；作者马思农，英国华威大学博士。该文已发表于《浙江社会科学》2017年第2期。——编者

注。在改革开放和现代化进程中，必须以共同富裕为目标，坚持共享发展的理念和原则，完善收入分配制度，逐步缩小贫富差距，让发展成果真正为全民所共享。当前企业已经成为推动我国慈善事业发展的重要力量。企业家慈善作为第三种分配，在调节贫富差距、促进社会公平、维护社会公正秩序等方面的作用日益突出。对企业家慈善至少可以从正义和效用两个方面来研究。在罗尔斯看来，一个秩序良好的社会，自由、权利和正义的要求应当优先于社会福利的总增长。[①] 本文拟从道义论角度探讨企业家慈善活动的正义之维，旨在促进企业家慈善事业的健康发展。

一、企业家慈善：实现分配正义的重要途径

企业家慈善本身具有正义性。慈善是人的同情心和关爱情怀的体现，它体现了人们对构建美好社会以及美好生活的愿望，也蕴涵着人们对社会、对他人所应承担的社会责任的一种自觉意识。由于慈善的自愿性和非功利性，这使慈善这种财富分配方式具有很强的伦理道德性，它体现了人性的完善和圣洁，因而本身具有正义性。企业家慈善是企业家承担社会责任的重要方式，是企业家主观意识到的自主自愿承担的责任，它不具有其他责任与义务如经济和法律责任的强制性特征。作为第三次分配，企业家慈善对调节贫富差距、缓和社会矛盾、促进社会公平正义具有重要而独特的意义。

企业家慈善属于第三种分配，是实现社会分配正义的重要途径。分配正义具有历史性和相对性。在现代社会里，分配正义意味着每个人的所得因条件不同，人与人之间应有合理差距及差异，这样才能使分配所得与各人条件均衡，才能使人们满意。广义的分配正义涉及社会善的所有方面，包括收入、财富、机会、社会地位以及道德尊严等等的分配，但核心问题是收入和财富的分配。收入和财富的分配是一个动态过程，因此对分配正义的考察“应该贯穿在经济活动的整个状态和过程中：在资源的初始配置（这在帕累托标准中是不加以考虑的）、在过程（例如市场经济的价格形成，国家的再分配）和结果中。”[②]分配无疑首先是在经济领域进行的，我们将此称为初次分配。初次分配既包括生产资料的分配，又包括消费资料的分配。消费资料在各类经济实体内部成员中如何分配，以及在市场经济中如何通过交换以实现分配，既有

① 罗尔斯：《正义论》，何怀宏等译，中国社会科学出版社 1988 年，第 25 页。

② 乔治·恩德勒等主编：《经济伦理学大辞典》，李兆荣等译，上海人民出版社 2001 年，第 561 页。

一个合不合乎经济规律的合理性问题，还存在如何处理经济利益关系的公平问题。在经济领域中所要求的公平主要表现为：经济权利公平、交易规则公平和竞争机会公平。经济领域的公平虽在理论上赐予广大民众以平等的权利，但因其主旨在于维护效率原则，在效率优先时难免会压制公平甚至牺牲公平。为了弥补这一缺陷，就需要国家通过适当手段进行第二次分配。只有通过国家进行再分配，才有可能将分配正义推向社会领域。当然，国家如何进行再分配是一个十分复杂的问题，但无论什么国家在分配生活资料时，都必须运用税收、财政、预算、价格政策和各类经济法规等刚性强制手段，将分配正义作为首选价值目标。第三次分配是由广大公众主动参与并按各自的伦理公平观念进行的社会性分配，包括赈灾救灾、慈善济贫、人道支援、无偿捐赠、义演义卖(买)等多种形式。因而，在现代社会，完整的分配过程既要经历由经济而政治而社会等 3 个领域或 3 个阶段；又内在地包含着经济分配、政治分配和社会分配 3 种彼此区别、相互作用的方式和手段。其中，初次分配是分配过程的起点和分配正义的基础；政府分配是实现分配正义的刚性手段和制度保障；社会分配是对前两类分配必要的补充，对分配不公起到预警、纠偏等多种作用。

企业家慈善作为第三种分配在实现分配正义、社会正义方面有着重要的作用。企业家慈善能够弥补第一、第二次分配的不足。应当承认，市场分配不但具有实现经济繁荣的功能，而且体现了自由和平等的价值，强调付出与获得之间的对等，体现了正义的应得原则，市场按贡献分配的原则也凸显了个人依靠自身努力所得到的回报，体现了对平等竞争结果和自致性努力的认同。而政府再分配更是从制度上保障了分配正义的实现。然而，实践表明，市场分配与政府再分配也存在难题和困境。诚如萨缪尔森指出："当各国试图把收入在它们的公民中间平等地分配时，它们遇到了越来越大的对积极性和效率的影响。越来越多的人问到，为了更公平地分割社会馅饼，需要牺牲它的多大部分？"[①]另一位与萨缪尔森同时代的著名经济学家奥肯也认为，我们无法既得到市场效率的蛋糕，又公平地分享它。[②] 实际上，从来就没有平等分配收入的社会，也没有哪个社会试图去平等分配收入，因而平等地分享经济成果总是相对的。企业家慈善作为一种自愿的非功利性的基于道德激励的分配，能够对收入分配进行良性调节，缩小贫富差距，通过对市场经济运行

① 保罗·A.萨缪尔森：《经济学》(12 版)，高鸿业译，中国发展出版社 1992 年，第 1247 页。

② 参见阿瑟·奥肯：《平等与效率》，王奔洲等译，华夏出版社 1999 年。

机制下的弱势群体进行利益补偿,维护人的平等和尊严,增强社会团结,增进社会福利,维护社会秩序,促进经济社会和谐健康发展。在现代社会中如果没有公正和社会团结,公民们就可能感到绝望、不安全、嫉妒,产生敌意。由于财产不平等很容易转换成权力和社会地位的不平等,当收入、财富和权力分配处于不公平时,会使处于不利地位者产生愤怒、挫折和疏离感,从而危及经济社会秩序。同时,过度的不平等会对财产占有的合法性提出挑战,因为报酬不再反映个人的努力和才能。拥有大量财产的人常常游手好闲却得到丰厚的报酬。穷人们感到市场不过是一场已经拥有财产的人永远获胜的权力斗争,就会失去努力的信心。罗尔斯认为,即使收入是按个人才能进行分配,也仍然是不公平的,因为才能是受随机性的天赋因素影响的。通过企业家的慈善事业,使社会中最穷者的福利最大化,维护人的尊严、促进公民的共同利益感和相互信任的形成,促进强者与弱者、富者与贫者、得者与失者之间的团结,使社会经济发展公正而有序。同时,企业家慈善还能够通过促发人力资源的活力和创造公平感促进效率的提高。当人们具有一种公平感和共同体感时,他们就会更有效地在一起工作。此外,企业家慈善还可以促进社会效率。比如,企业家慈善可以通过投资公民所需要的住宅周围的安全、清洁的空气和社会公正等公益项目,促进公益事业的发展。

在当前我国,企业家慈善有利于促进"穷人与富人之间的正义",是实现共享发展、共同富裕的重要途径。经过近 30 年的改革开放和市场经济发展的实践,中国的社会政治经济生活发生了深刻的变化。我们在享受经济建设所取得的伟大成就的同时,也正在承受着社会分配不公给人们的心理和实际生活造成的巨大压力和影响。在我国当前的收入分配中,既存在收入差距悬殊的问题,又存在平均主义的余孽,这两种情况都不符合经济发展、社会公正的要求。尤为强烈和突出的问题是,城乡之间、地区之间、行业之间以及不同社会群体和成员之间收入差距日益扩大,日趋接近社会民众心理承受的最大限度和社会稳定机制的最低临界点。社会分配的不公正已经影响到人们的劳动积极性和劳动效率的提高,影响到社会的稳定与安全,甚至影响到我们共同富裕目标的实现。让资本创造的财富为全民所共享,是促进社会发展和经济繁荣的基本途径。中共十八届五中全会提出共享发展观,强调必须坚持发展为了人民、发展依靠人民、发展成果由人民共享。共享发展是社会主义的本质要求,是民生幸福的基本前提和保障,是促进社会共同富裕和保障发展正义的重要条件。共享发展是新发展观的核心理念,它强调发展的主体性、正义性、公平性、共富性,要求我们在发展中正确处理好效率与公平之间的矛盾,积极追求效率与公平的统一。在中国改革开放和现代化进程中,必须以共同富裕为目标,坚持共享发展的理念和原则,一方面,必须建立公平竞争的市场秩序和实行有效的政府再分配,完善效率与公平相统一的收入分配制度,健全社会保障体制,提供更多的公共产品和公共服务,实施精准的扶贫攻坚工程,大力加强以民生为重点的社会建设,通过制度安排让发展成果为全民所共享;另一方面,必须积极培育和壮大慈善事业,这是一种更令人愉悦的共享方式。现代慈善具有非功利性、社会性(民间性)和自愿性等特点。因为慈善是自愿的,是一种大家都心甘情愿地参与和推动的共享方式。在慈善事业发展中,必须提升全民慈善意识和理念、让多数人都参与其中,尤其要重视和发挥富人在公益慈善中的作用。经过30多年的改革开放,中国第一代企业家已经产生,他们面临着3个很现实的问题:他们的企业怎么办,他们的财富怎么办、人生价值如何最大化的问题。在慈善公益事业发展过程中,企业家应该是现代慈善事业发展的主角。企业家慈善对经济的繁荣发展、社会的公平正义、企业的永续发展以及个人的进步提升具有十分重要的实践价值和推动意义。

二、企业家慈善活动的正义性要求

企业家慈善活动中必须强调正义原则。企业家慈善是一种具体活动。一个企业家,花多少钱用于慈善和公益事业,才算真正有社会责任感?衡量企业慈善的尺度是什么?到底是"赚钱行善"还是"行善赚钱"?这实际上涉及慈善活动的正义问题。英国约瑟夫·朗特瑞(Joseph Rowntree)认为,如果资金和情感上的施舍取代了正义,所施的恩惠带给人们的伤害就会大于益处。他坚信:紧紧抓住财富是一种罪,而不善分配带来不良后果同样是罪。因而企业家慈善必须建立在科学的程序和规则的基础上,必须重视其伦理价值目标。企业家慈善具有正当性根据与合理性边界。明确企业慈善责任的正当性根据与合理性限度,是企业慈善行为达到理想之境的逻辑前提。因而在强调企业家慈善的正义性的同时,必须重视企业家慈善活动的"正义性"。

要弄清企业家慈善活动的正义性,首先应当理解慈善和正义是两个既有区别有紧密相关的伦理范畴。早在古罗马时期,西塞罗在《论义务》中就对正义与慈善这两个范畴作了区别。他承认正义和善行有联系,认为给予穷人物质帮助的善行是所谓正义的一部分,正义包含善行,善行补充了正义,不允许在牺牲正义的情况下满足人类需要。但是西塞罗也看到了正义与慈善的区别,认为能够而且应该要求人们遵守正义,但不应该要求人们做慈善,破坏正义会造成积极的伤害,而不做慈善只不过剥夺了人们的一个好处。正义是任何人在任何地方都必须履行的义务,而慈善的责任更多地属于朋友、亲属、同胞,而不是陌生人。[①] 亚当·斯密认为正义与仁慈一起成为人类共有的基本德性。斯密认为,“当我们考虑任何个人的品质时,我们当然要从两个不同的角度来考察它:第一,它对那个人自己的幸福所能产生的影响;第二,它对其他人的幸福所能产生的影响。”[②]在斯密看来,“对自己幸福的关心,要求我们具有谨慎的美德;对别人幸福的关心,要求我们具有正义和仁慈的美德。”[③]他认为,“按照完美的谨慎、严格的正义和合宜的仁慈这些准则去行事的人,可以说是具有完善的德性的人”。[④] 在斯密看来,正义“与谨慎和仁慈不同,它是靠权威来贯彻的;是人为法的规则和法规领域”。“与其说仁慈是社会存在的基础,还不如说正义是这种基础。虽然没有仁慈之心,社会也可以存在于一种不很令人愉快的状态之中,但是不义行为的盛行却肯定会彻底毁掉它。”[⑤]“行善犹如美化建筑物的装饰品,而不是支撑建筑物的地基,因此作出劝诫已经足够,没有必要强加于人。相反,正义犹如支撑整个大厦的主要支柱。如果这根柱子松动的话,那么人类社会这个雄伟而巨大的建筑必然会在顷刻之间土崩瓦解”。[⑥] 从思想家们对慈善和正义关系的阐述中,我们可以看到重视企业家慈善活动的正义性的重要性。

那么,企业家慈善的正义性主要体现在哪些方面呢?我们以为,企业家慈善活动中正义性主要体现在:

(一)用于慈善的财富应当是获取正义、持有正义的

只有获取正义、持有正义,才能做到转让正义。诺齐克认为,一个人的持有是否正义,关键在于他是否对其拥有权利。“如果一个人按获取和转让的正义原则,或者按矫正不正义的原则(这种不正义是由前两个原则确认的)对其持有是有权利的,那么,他的持有就是正义的。”[⑦]只有当企业家对其持有的财富是有权利的、正义的,这种财产权才是神圣不可侵犯的,这种获取正义、

---

① [美国]塞缪尔·弗莱施哈克尔:《分配正义简史》,吴万伟译,凤凰出版传媒集团、译林出版社2010年,第27、28页。

② 亚当·斯密:《道德情操论》,蒋自强等译,商务印书馆1998年,第271页。

③ 同上书,第342页。

④ 同上书,第308页。

⑤ 同上书,第106页。

⑥ 同上书,第106页。

⑦ 罗伯特·诺齐克:《无政府、国家与乌托邦》,何怀宏等译,中国社会科学出版社1991年,第159页。

持有正义的财富用于慈善才是正义的。应当承认,在市场经济条件下,由市场机制所决定的市场分配是一种按贡献、按能力的分配。在这里,一切都遵循着等价交换原则,人们在市场中公平竞争,谁的投资大、能耗少、成本低、质量高,就得益多,这应当是公正合理的。企业家在市场活动按照公平竞争和按贡献分配原则获得的财富,应当是正义的。因而,企业家在创造财富的过程中,必须公平竞争,合法经营,遵守国家制定的工资法、劳动法、最低工资法等相关法律。如果违反以法律形式规定的最低工资标准和最低劳动条件,使工人沦为企业攫取最大利润的牺牲品,如此获得的财富就是不正义的,而以获取不正义的财富用于慈善则会影响企业家慈善的正义性。

(二) 企业家慈善的动机应当是正义的

企业家慈善作为一种是自主自愿的道德活动,不像经济行为、政治行为那样具有种种功利性,它是作为一种精神目标和收获而昭示于世的。慈善活动是人类在道德意识支配下以自身完善为目的的道德选择,是人类主体出于高级的精神需要和道德动机而进行的旨在达到自我、他人或社会完善的实践精神活动。从某种意义上讲,人类的各种活动都包含有旨在达到自身完善的因素,但道德活动对人类的完善具有特殊意义。道德活动的一个重要的职能便在于实践中规范和完善人性,其主要目标是引导人性向善,使人性中的那些自然本能的属性向符合善的规范方向发展。人们正是通过道德实践来实现自己完善人性的基本目标的。因而,道德活动是人实现自我肯定、自我完善的重要环节,它可以改造人、完善人,使人的精神境界不断提高。在现实生活中,企业家慈善到底是“赚钱行善”还是“行善赚钱”?是把慈善看作是企业家人格完善的方式,还是把慈善看作是企业营销的一种宣传手法,是为了今后获取更高的回报?我们以为,正义的慈善应当是纯粹的慈善。企业家慈善应当是企业家的善心、善念和善意的体现。如果企业家的慈善活动出于税收优惠、企业战略竞争优势效应的目的,甚至更多的是出于利益输送的目的,那么,这种慈善活动的慈善性、正义性也是要打引号或者打折扣的。

(三) 企业家慈善的方式应当是正义的

企业家慈善活动首先要依法依规。法律是对个人基本权利的最基本的保证。只有存在法律,才有可能形成好的秩序,才有可能有个人的安全与自由。如果离开正义制度的保障,一切都无从谈起。因而,必须把慈善活动纳入法制的轨道上来。企业家的慈善活动也要受到相关法律的规制,真正做到善款实现善用。企业家慈善活动必须信息公开。要用好管理、好企业慈善资金,规范企业慈善行为,必须信息公开,促使自律与他律相结合。企业家慈善活动必须科学化。慈善事业是一门科学,必须大力培养慈善活动专业人才,使企业家慈善活动在操作、组织和管理上更高效更合理,减少浪费等不当行为。企业家慈善还必须合理化。企业家慈善符合社会的倡导与公众的期望,但其对慈善责任的承担是有限度的,即企业承担社会慈善责任应与自身的承受能力和企业自身的正常生产以及可持续发展相适应,应量力而行。当然相关法律必须是良法,必须不断完善,否则不仅会影响企业家慈善的社会效益,而且会损害企业家慈善的正义性。

(四)企业家慈善的结果应当是要公正与效率的统一

要重视企业家慈善的质量和效果,防止财富不善分配带来的不良后果,以切实保证企业家慈善的正义性。企业家慈善应具有纯粹性、公开透明性、科学性和高效性。正义的慈善应当是纯粹的慈善。同时,正义的慈善应当是有效率的结果。在现代企业慈善的质量和效益上,卡耐基有自己的一套经营管理哲学。在他看来,应当把钱花在那些真正渴望进步的人身上,认为没有比把钱花在优秀的、有能力、有抱负的青年人身上更好的投资了。在《财富福音》中,卡耐基还特别设定了一个明智的财产保管人用于慈善事业的 7 个领域:大学、图书馆、医院、公园、教堂建筑、音乐厅和游泳馆。他更愿意选择通过创建捐赠基金和信托基金来分配他的大量财富。这对于中国企业家来说,无疑提供了一种企业慈善的尺度和导向。

三、构建企业家慈善活动的正义之维

企业家慈善是社会慈善事业的重要资金来源。目前,慈善事业作为社会保障体系的一个重要补充,其发展正处在一个非常重要的阶段。我国企业家慈善行为越来越受到人们的重视,特别是汶川大地震发生后,企业家慈善与企业社会责任受到人们空前的关注。但从总体上讲,我国企业慈善供给不足,慈善文化和慈善机制还不够完善,企业家慈善的正义性没有受到足够的重视。慈善是一种大家都心甘情愿地参与和推动的共享方式。在社会转型期,大力培育现代慈善文化和共识意识,在培养全体公民参与社会慈善事业的同时,有效引导企业家积极履行其社会责任,构建企业家慈善活动的正义之维,是促进我国慈善事业的健康和可持续发展的重要途径。

(一)必须培植企业家慈善的文化土壤和共识意识

现代慈善具有纯粹性和自愿性。慈善事业是靠每个人的觉悟,是靠每个人自由、自愿的参加。企业家慈善必须走出传统的道德框架,应把现代慈善与企业家的价值观、财富观结合在一起,这样的慈善才会更有效率、更有生命力。从人类的历史看，几乎所有伟大的企业家，最终都成为慈善家，慈善家是企业家的最高境界。一方面，必须培育慈善文化，提升全民的慈善意识和理念。“正义是从宗教、文化或者其他整体人生观的差异中抽象出来的结果”。[①]早期企业慈善事实上是企业家个人在宗教教义影响下的爱心行动。必须重视企业慈善行为的意识形态支撑。意识形态是指在一定的社会经济基础和政治制度上形成的思想观念。社会中的任何团体，都有自己的一套意识形态体系，用以认知周围世界及团体本身，意识形态的核心内容是价值观。企业家的慈善行为也不是凭空无根的，它同样有一套意识形态体系。必须正视和研究企业家行善的动机，积极探索和剖析企业家慈善动机背后的社会文化根源，培育与企业发展阶段相适应的企业慈善文化，探讨企业家慈善行为的生成规律。另一方面，必须培育“有信仰的企业家”。伟大企业家不仅是成功的企业家，他是有灵魂、有思想、有精神的企业家，这样伟大的企业家必然的归属就是一个慈善家。如洛克菲勒、卡耐基等。在韦伯的《新教伦理与资本主义精神》中，企业家有着共同的时代特征：勤勉地工作、简单地生活，有着开明的自由主义信条和虔诚的基督新教伦理价值观，热心地对待员工，晚年热衷于慈善事业。经过 30 多年的改革开放，中国第一代企业家积累了相当数量的财富，现在已经到了 60 岁，都在思考企业的发展、财富的出路及其人生价值最大化的问题。在这个关键时刻，需要社会能够给他提供一种指引，帮助企业家树立共享的财富观和价值观，给他们提供一种正义的散财之道，促进他们成为有信仰的真正伟大的企业家。

（二）必须建立健全企业家慈善活动的法律规制

企业家慈善活动需要良好的制度空间。一方面，企业家只有在健全的法制环境下才能获得正义的财富；另一方面企业家只有在公正的法制和良好的制度空间里才能进行正义的慈善活动。“任何国家，如果没有具备正规的司法行政制度，以致人民关于自己的财产所有权，不能感到安全，以致人民对于人们遵守契约的信任心，没有法律予以支持，以致人民设想政府未必经常地行使其权力，强制一切有支付能力者偿还债务，那么，那里的商业制造业，很少能够长久发达。简言之，人民如对政府的公正没有信心，这种国家的商业制造业，就很少能长久发达。”[②]而“最神圣的正义法律就是那些保护我们邻居

① ［美］塞缪尔·弗莱施哈克尔：《分配正义简史》，吴万伟译，凤凰出版传媒集团、译林出版社 2010 年，第 15 页。

② 亚当·斯密：《国民财富的性质和原因的研究》（下卷），商务印书馆 1974 年，第 473 页。

的生活和人身安全的法律;其次是那些保护个人财产和所有权的法律;最后是那些保护所谓个人权利或别人允诺归还他的东西的法律。"①总之,公正的法制必须尊重人的权利,并"使各个人能保有各自的劳动果实"。② 目前,我国企业家慈善捐赠法律规制还不完善,企业家慈善捐赠定性没有法律依据、立法上缺乏对捐赠企业及受捐者相关权利保障、对企业家摊捐劝捐的现象随处可见。2014 年民政部和全国工商联联合下发《关于鼓励支持民营企业积极投身公益慈善事业的意见》为民营企业参与公益慈善事业提供了 7 个方面的指导意见。2016 年 3 月公布的《中华人民共和国慈善法》第四条明确规定:开展慈善活动,应当遵循合法、自愿、诚信、非营利的原则,不得违背社会公德,不得危害国家安全、损害社会公共利益和他人合法权益;第五条强调必须依法开展慈善活动。这为企业家开展慈善活动提供了重要的法制保障。必须在进一步明确和完善企业家慈善的相关配套法律法规,明确慈善企业家与受捐人的合法权利,并对企业摊捐劝捐行为予以规制,从制度上切实保障企业家慈善的主动性、自愿性和纯粹性。

(三)必须营造企业家慈善的良好社会环境

一般而言,企业家慈善捐赠的动力要素主要包括:目的理性下的企业自身战略发展动力,合法性下的外部生存环境动力,价值理性下的社会责任动力。这三个动力要素要更好地发挥作用,应该遵循公益性、自愿性和利益兼容原则。

首先,要制定鼓励企业家慈善行为的税收政策。企业家的慈善行为与税收政策紧密相关。很多研究都发现各个国家税收法律制度的不同以及企业自身传统观念的差别使得税收的影响程度在不同国家和地区之间存在明显的差异。我国作为新兴市场国家,企业的行为与发达国家的企业相比,存在一定的差异,企业的慈善捐赠与国家税收政策之间的相关程度还比较低。在我国,很多企业还处于发展初期,企业的实力不强,参与社会公益事业的能力有限,而许多社会问题又需要企业和社会各方面力量的共同投入,对于企业捐赠行为,国家必须在政策上给予支持,尤其在税收政策上应当给予一定的鼓励,以促进社会资源的有效配置,提高全社会的经济效益和社会效益。

其次,必须处理好政府与企业的关系,规范政府在企业慈善中的角色定位与作用。从目前我国企业家慈善的现状看,企业家慈善需要进一步发展,

① 亚当·斯密:《道德情操论》,蒋自强等译,商务印书馆 1998 年,第 103 页。
② 亚当·斯密:《国民财富的性质和原因的研究》(下卷),商务印书馆 1974 年,第 181 页。

需要政府的引导与支持。从政府的角度来说,就要进一步出台一些引导和监督政策,推动和实现企业慈善事业的立法,依法发展现代企业慈善。现阶段,由于慈善责任理念的缺失以及受企业发展规模和实力限制,我国企业在履行慈善责任方面缺乏主动性和前瞻性。应强化企业慈善责任理念,优化企业慈善责任建设的伦理环境。必须培育企业慈善文化、完善制度环境和舆论环境、促进企业与慈善组织合作,以促进企业经济目标和社会目标的双赢。同时,必须发挥企业家的主动性和创造性。

再次,必须处理好企业与社会的关系,尊重企业家的社会地位。必须营造良好的道德氛围,消除仇富心理。企业家慈善是企业家自发自愿地承担社会责任的行为,是企业家作为社会公民在社会责任上的德性践履。企业家慈善无疑有利于和谐社会的构建和公民社会的养成。同时,企业家慈善也有赖于良法善治,有赖于良序社会和良好的社会风气。必须营造良好的社会环境,使企业家积极主动地去参加慈善活动,并在慈善活动中不断获得慈善和共享意识,不断提高自身的道德意识水平和道德选择能力,从而促使企业家把追求利益最大化的经济目标与社会责任的担当融合起来,在慈善捐赠方面更好地发挥主体作用,并以自觉的社会责任担当意识来推进国内慈善事业的健康发展。

企业慈善创新的伦理评价

周中之*

［提要］ 慈善是自觉自愿的奉献行为，它集中表达了人类社会的文明和公民的良知，其本质是伦理的。但在中国社会主义市场经济发展的新形势下，随着一大批企业和企业家进入慈善领域，这一理念面临着一系列新的课题。新情况表明商业与慈善的界限日益模糊，促使理论工作者更深入地反思慈善与功利的关系，如何以法律来规范慈善，以伦理来引导慈善。义利并举做慈善是企业有最大可接受性的价值选择路线，同时在慈善运作的角度上，要肯定企业对功利（效率）的追求。

慈善是自觉自愿的奉献行为，它集中表达了人类社会的文明和公民的良知，其本质是伦理的。但在中国社会主义市场经济发展的新形势下，随着一大批企业和企业家进入慈善领域，这一理念面临着一系列新的课题。在伦理价值评价的视野下，这些新课题蕴含的基本理论问题是慈善与功利的关系。面对慈善事业多元化的情况下，慈善与功利的关系呈现出复杂的情况，需要深入的研究。

一、企业慈善创新的特点

2008 年汶川大地震后，中国的慈善事业翻开了新的一页。2013 年，国家有关方面推出了公益慈善组织直接登记注册的改革政策，释放出体制对公益慈善组织全面接纳的信号。尽管政府和靠近政府的社会组织仍然主导着中国的捐款市场，但公益慈善组织在慈善事业中的地位已经发生了很大的变化。甚至有学者认为："来自民间或者民间化的公益慈善组织及其创新成为

---

* 作者周中之，上海师范大学教授。——编者

中国慈善事业的主力军。"[①]一大批企业和企业家通过公益慈善组织纷纷进入了公益慈善领域,他们的公益慈善行为在社会上产生了广泛的影响,对推动当代中国慈善事业的发展功不可没。深入分析这一现象,不难发现当代中国企业慈善创新的新特点:

（一）将企业慈善作为履行社会责任的重要形式

企业社会责任的内容中是否包含慈善公益责任,这在中国的经济伦理研究中是有不同意见的。有些人认为,企业是经济实体,是追求盈利的,其社会责任不包括慈善公益,慈善公益是政府部门的责任。但当代中国的情况已经发生了重大变化,一些走在时代潮流前沿的企业家,他们是企业的掌舵者,也是人类良知的代表。面对生态环境与人类的紧张关系,他们感到"睡不着觉了",感到责任,并需要一种行动。要以"促进人与自然、人与社会和谐发展"为宗旨,让天更蓝、水更清、身体更健康为使命,建立非公募基金会。他们的社会责任意识和实际行动应该给予肯定和赞扬。

（二）"影响力投资"成为企业慈善的新概念

所谓"影响力投资"就是通过有经济效益的投资来做慈善公益,它力图把资本的利润诉求和慈善公益的价值诉求熔于一炉,被国外权威人士誉为"自税收优惠政策被引入公益慈善事业以来该领域出现的最有力量的创新之一"。[②] "影响力投资"新概念的出现是各种力量推动的结果,一方面,随着社会文明的进步,有社会责任感的投资人和投资机构不断增多,另一方面,许多社会问题的解决面临资金不足的困难,发挥市场机制的作用,也是解决困难的一种思路。这就为"影响力投资"的兴起提供了机会。2013 年,国内第一支以社会价值为导向的股权投资基金——"社会价值投资基金"诞生了,它成为慈善公益界的新时尚,推动了社会企业的大发展。

二、企业慈善"功利性"的伦理反思

企业慈善出现的新情况表明商业与慈善的界限日益模糊,促使理论工作者更深入地反思慈善与功利的关系。而这种反思首先要建立在慈善分类的基础上。古代的慈善主要是以宗教慈善、政府慈善为主,而现代慈善不同。在当代世界,企业成为社会慈善公益领域的重要主体。它们的慈善公益活动有其自身鲜明的特点,对于它们在慈善公益活动中的功利观的评价标准应有

---

① 杨团主编:《中国慈善发展报告》(2014),社会科学文献出版社 2014 年,第 2 页。

② 顾远:"影响力投资的理想与现实",《世界经济导报》2015 年 10 月 20 日。

所区别。

笔者认为,慈善的伦理评价的前提是将慈善分为两大类,一类是非功利性慈善;另一类是有一定功利性的慈善。对于非功利性慈善,一些学者将其称为"纯粹慈善"。这种慈善是高层次的慈善,具有理想性。而在当代中国社会生活中,这样的慈善不占多数,却是社会应该提倡和鼓励的。对于具有一定功利性的慈善,在社会中普遍存在,但需要规范和引导,而当前企业慈善出现的新情况,正表明了这种规范和引导的紧迫性。

功利的概念有多重含义,首要的含义是利益,利益是满足人类自身需求的事物。既包括满足物质需求的事物,也包括满足精神需求的事物。无论是作为履行社会责任的企业慈善,还是作为"影响力投资"的企业慈善,它们都不拒绝功利,而是义利并举。它们在完成慈善的同时,也实现了企业利益的增值。这种利益的增值,也许是眼前利益的增值,也许是长远利益的增值。2008 年汶川抗震救灾中,国内有一家企业捐赠 1 亿元,受到了社会舆论的一致好评。企业的产品销量也大幅增长,获得了可观的经济效益。也有些企业虽然没有从企业慈善中获得眼前的、直接的经济效益,但扩大了企业的影响力,增加了企业品牌的影响力。这种无形资产的增值,在一定条件下也会转化为经济效益。不可否认的是,某些企业所做的慈善并非出于功利的考量,而完全是出于社会的责任,"得之于社会,还之于社会"的理念指导慈善行动。但这样的情况并不是企业慈善的主流。义利并举做慈善是企业有最大可接受性的价值选择路线,因为企业是经济实体,离开了利益来谈慈善是不明智的。

但社会遇到的棘手的现实问题是,企业在功利的驱动下做慈善,是否会阉割了慈善的灵魂?在功利原则"野蛮生长"的情况下,慈善是否会堕落为"高级广告"?而这其中的关键是如何划清慈善与商业的界限。我们要在理想的指引下,站在现实的土壤上思考问题。以法律来规范慈善,以伦理来引导慈善。

2016 年,全国人民代表大会表决通过了《中华人民共和国慈善法》(简称《慈善法》),这是我国慈善领域一部基础性、综合性的法律,它将对我国慈善事业的发展产生深远的影响。该《慈善法》第四条中规定"开展慈善活动,应当遵循合法、自愿、诚信、非营利的原则"。第九条规定,慈善组织应当"不以营利为目的"。简言之,商业是以"营利"为目的的,而慈善是以"非营利"为原则的。"非营利"是慈善的底线,违反了"非营利"原则的慈善是违法的。但在实践中如何落实"非营利"原则,又面临不少具体的问题。世界各国对于"非营利”的法人是否能从事营利的商业活动的问题,有着不同的立场。主要分为三类:第一类是绝对禁止主义,也就是禁止非营利法人从事任何营利活动;第二类是原则禁止主义,也就是原则上禁止非营利法人从事营利活动;第三类是附条件的许可主义,也就是在一定条件下允许非营利法人从事营利活动。[①] 从当前中国的《慈善法》规定情况看,中国的情况属于第二类,即从原则上、目的上规定非营利法人不能从事营利活动。

在现实生活中,包括慈善组织在内的非营利法人要实现增值,难以拒绝商业活动。许多情况下,将商业活动中的收益用于公益,而不是用于慈善组织内部成员的分配,社会有关方面不会提出异议。但是,由于市场活动中的逐利性,由于当代中国道德失范和诚信缺失,慈善组织的许多商业收益经过变通,进入了个人的腰包,滋生了慈善的腐败。同时,相对于不享受各种政策优惠的一般企业来说,也是不公正的。中国需要进一步加强法律建设,围绕着《慈善法》建立完整的相关配套的法律,以更好地规范慈善活动。但法律是相对抽象的条文,是需要通过人来执行的,这样就必然提出价值观上伦理引导的问题。这种引导的前提是承认慈善价值理念的多元。在对待慈善与功利的问题上,企业及其企业家有着不同的价值理念和不同的境界是正常的。关键是要引导企业及其企业家在坚持义利统一基础上,走向高尚,更好地反映慈善的本真。这里的“利”要做两方面的深入理解。利有私利和公利之分,慈善公益讲利,更多的应是社会之公利,而不仅仅是个人的利益、企业的利益。这是其一。其二是在理解利益的内涵时,不仅要理解为满足物质生活的利益,也要理解为满足精神生活需求的利益。这样,才能以高尚的境界理解慈善。

三、企业慈善创新效果的伦理评价

功利论是一种效果论,主张将效果作为评价事物的根据。对于功利,不仅要从道德价值角度认识,而且要从效果论角度加以认识。慈善与功利的关系也必须从效果的角度加以反思。

现代市场经济是效率经济,现代市场经济条件下慈善活动必然需要专业化和市场化运作,讲求效率。从传统慈善走向现代慈善一个重要标志,就是现代慈善公益基金会的建立。20 世纪初,现代慈善公益基金会在美国诞生。

① 金锦萍:“论非营利法人从事商事活动的现实及其特殊规则”,《法律科学》(西北政法学院学报)2017 年第 5 期。

美国慈善公益之所以采取基金会的形式，是市场经济发展的产物，也是美国文化孕育的结果。实用主义是20世纪美国社会的主流思潮，而实用主义是功利主义的变种。重功利、重效率的社会文化和个人主义、精英主义相结合，成为美国慈善公益基金会诞生的文化土壤。

慈善是"做好事"和"做得好"的统一。"做好事"是指做有利于社会和他人的善事，"做得好"是在"做好事"的过程中，使慈善资源的分配更合理，更有效。因此，从慈善运作的角度出发，要肯定企业对功利(效率)的追求。现代市场经济条件下，慈善事业的发展，需要市场化机制发挥作用。在这方面，一些基金会在吸引更多的资金进入慈善、更有效地管理慈善组织方面走在了潮流的前列。慈善公益不仅是仁慈之善举，更是商业理性经营的一种战略智慧。

进入21世纪以后，国际上出现了新的慈善公益模式。这与传统的慈善公益模式有着很大的不同，其最大的特点是"通过以市场为基础的创新为全球弱势群体服务。"[①]这种新的慈善公益模式，强调规模效应，因而看重资助可复制的模式，即重视效果。

现代信息技术为慈善公益提高效率提供了平台。20世纪初的基金会尽管已经有了"科学地"做慈善的概念，但手段和范围很有限，与今天大数据时代的条件不可同日而语。现在，各个国家的巨大数据库有海量的信息。这就为更加精确地了解社会需求、客观地评估基金会工作的效益提供了便利和可靠的保证。

企业慈善创新的伦理评价将推动慈善组织队伍的专业化建设。"慈善法"的概念以大慈善立论，救助自然灾害、事故灾难和公共卫生事件等突发事件造成的损害，促进教育、科学、文化、卫生、体育等事业的发展，防治污染和其他公害，保护和改善生态环境等公益活动都属于慈善的范畴。而这些公益活动要设计得好，运行得好，必然要运用大量的专业知识，需要大量的专业人才。让专业的人做专业的事，才能"做得好"。因此，效率原则必然推动慈善公益组织的专业化的进程。当然，这里的专业包括教育、科学、文化、卫生、体育等各个具体专业，也包括慈善组织管理的专业人才。近几年来，社会对慈善的专业化的呼声不断，一方面反映了社会的需求，但同时又是慈善事业发展的推动力。而这种专业化背后所支撑的是重视功效的价值观。我们必须坚持适应潮流，将这种价值观作为慈善活动伦理评价的根据之一。

---

① 资中筠：《财富的责任与资本主义的演变　美国百年公益发展的启示》，上海三联书店2015年，第402页。

论公益组织的诚信生态

余玉花　李　敏*

［提要］　公益组织的诚信生态是以公益组织为主体，以诚信为核心价值所形成的一个道德生态系统。公益组织的诚信生态呈现内外多重维度的特点。公益组织的诚信生态拓展了社会诚信的广度，有助良善生活的形成，促进其他伦理精神的发展。但是失信事件与诚信危机使公益组织诚信生态出现断裂失衡，需要伦理修复。公益组织诚信生态的伦理修复必须是全维度的，诚信生态修复不限于道德的手段，还需引入其他有效修复诚信生态的手段。

公益组织诚信生态是公益组织发展过程中诚信状况的集中反映，其在一定程度上折射出社会系统诚信建设的情况。公益组织本是扶危救难、充满道德正能量的社会团体，诚信是公益组织道德性的内在要素。然而不争的是，近些年公益组织的诚信道德不断遭到质疑，公益组织面临着诚信危机的严峻挑战。令人不解的是，以公益为目的的社会组织何以背离办会的宗旨？研究发现，公益组织发生诚信危机有诸多复杂的因素，不仅与公益组织的活动特点有密切关系，并且与公益组织的公益活动所涉及的各种社会关系有密切联系。因此公益组织的诚信问题的发生不是单一性的，甚至可能不是公益组织本身的问题，而具有系统性的特点，本文将其称之于"诚信生态"，并试从伦理的视角来探讨公益组织诚信生态优化的路径。

一、公益组织诚信生态的多重维度

社会诚信的主体既可以是个人，也可以是组织，公益组织无疑是社会诚

---

*　作者余玉花，华东师范大学教授；作者李敏，上海音乐学院副教授。该文原为第六届 ISBEE 世界大会论文 III－4 论文，后刊《伦理学研究》2016 年第 5 期。——编者

信主体之一。一般的社会组织在作为诚信主体的活动中,其活动的道德后果能够直接反映活动主体的道德选择,社会也常常依据社会组织的道德选择和社会后果进行道德诚信评价。但有一些社会组织比较特殊,组织活动的道德诚信不单纯取决于社会组织主体的道德意向,更多是由该组织相联系的次生组织或社会个体的诚信行为组合所决定的。社会公益组织就是这样一种特殊的诚信主体。本文讨论的公益组织的诚信生态,就是基于公益组织诚信主体的多重性复杂性而提出来的。公益组织的诚信生态是以公益组织为主体,以诚信为核心价值所形成的一个道德生态系统。作为生长、根植于社会领域的公益组织,其与社会诸多领域之间发生着深刻的联系,这些联系决定了以公益组织的活动为原点,形成一个"多元化、多角度、负责任地关注、讨论和行动去构筑公共空间的生态系统"。[①] 也就是说,公益组织的诚信生态呈现多重维度的特点。

毫无疑问,公益组织诚信生态的核心主体是公益组织本身。作为一个以公益为宗旨的社会组织,诚信是其必然的价值要求,公益本身不能掺杂任何虚假成分在其中。公益组织承担着扶助弱势群体、解决公共危难、化解社会矛盾的公益使命,无条件的利他主义是公益组织及其活动的本质,公益组织在发挥其社会救助慈善功能之时,必然要在其人道、自治、志愿等应然精神中注入真实性、公开性、无私性、可信性等诚信价值要素。只有诚信的公益组织或只有公益组织的诚信所为,才能去完成其先赋的"立仁"使命。诚信是公益活动的应有之义,没有诚信,也就无法实现真正的"公益"。

公益组织自身的诚信是公益组织诚信生态的内向维度或第一维度,要求公益组织自身必须运行于诚信的轨道中。具体表现为:(1) 公益组织成员是基于志愿、为了公众利益而非私益目的而结社,每个人都抱有一份对公益组织的忠诚感和对社会的使命感。(2) 公益组织的工作人员要有一定的奉献精神。由于现代公益成为时代潮流,公益活动的工作量大增,公益组织人员职业化成为趋势,但尽管公益组织人员职业化,可领取一份薪水,但公益工作不能仅仅停留在谋职的层次上,更要坚守公益的服务奉献精神。"'不图回报'是现代公益的一条基本道德规范。"[②](3) 公益组织的内部应有严格的管理结构,自律机制完善,财务、人事等重要信息必须向社会公开,接受政府或第三方的监督评估,对外界的质疑除了及时回应还必须有反思的制度安排。

① 张小进:"社会公益合作供给:研究综述与理论建构",《北京行政学院学报》2014 年第 2 期。
② 彭柏林等:《当代中国公益伦理》,人民出版社 2010 年。

(4) 公益组织开展的公益活动要注重实效性而非形式主义,注重社会效果而非经济效率,并尊重捐赠方和受赠方的知情权与参与权等。

公益组织自身内在的诚信只是公益组织诚信生态中的一部分,虽然是核心部分,但是仅仅靠公益组织自身的诚信则不足以支撑公益组织的诚信生态,公益组织的诚信生态是由众多参与公益活动的其他社会组织(企事业、社会团体)和社会个体的诚信共同形成。这些公益组织之外的社会组织和社会个人的诚信,可以称之为公益组织诚信生态的外向维度。当然诚信生态的外向维度也是多重的,并不限于一个方面。

公益组织诚信生态的多重外向维度与公益组织的公益活动之特殊性有关。公益活动是一种社会参与性极为广泛的活动,既有各种各样的社会组织和社会名流,更有平民大众的积极参与,公益组织只是公益活动的组织者、发起者和落实者。一项公益活动的成功推进,首先要筹善款,动员社会组织与个人募捐;然后还要招募志愿组织和个人,最后才是救助、扶贫、资助的工作开展。在这一系列的活动之中,公益组织将与社会各种组织和个人发生公益联系,从而产生包括诚信在内的道德关系。

公益组织的公益活动所涉及的外部关系包括:(1) 公益组织与资助者的关系。公益的资助者无论是组织还是个人,他们提供了公益组织公益活动的资金或物质来源,是公益活动得以正常开展的主要保障。但是资金能否及时足额到账,物资用品能否保质保量的按时运达,都会影响公益活动的质量,也会影响公益组织的诚信声誉。(2) 公益组织与志愿组织和志愿者的关系。志愿组织指专业性的救助帮困团队,如医疗救助必须有医疗专业的志愿者团队,地震火灾等救助团队也必须是专业的志愿团队。而志愿者通常是零散的社会个体。公益组织所招募到的无论是志愿团队还是志愿者个体在参加公益活动中都有两点道德要求:精湛高超的救助能力与仁爱尽责的服务态度。志愿团队和志愿者个体缺乏其中任何一项,都会影响公益质量,也会引发公益诚信问题。(3) 公益组织与受助者关系。受助者包括受助单位和受助个体。公益组织与受助者的道德关系除了对公益组织提出的诚信要求外,社会对受助者也有道德诚信的要求。如受助者应该提供真实的困难信息及合理的求助要求等。如果受助者夸大困难程度以索取更多的利益或者挪用善款于非救助对象,也属于不诚信不道德的行为,亵渎了资助者的善心,影响资助帮困者参加社会公益的热情,给公益活动和公益组织带来负面的社会影响。(4) 公益组织与上述道德关系和公益实践中的具体表现都会影响公益组织的诚信生态。

因此,公益组织诚信生态客观上要求公益组织与其外部系统之间,根据诚信价值建立起一种良性互动关系。市场系统中的主体要通过与公益组织的合作实践,推动公益组织市场活动机制及组织竞争机制的形成,通过有效的机制运行,优质的公益资源也将会在市场系统中形成,在公益组织的诚信生态中,社会系统中的公众及大众传媒等通过参与公益活动,不断地提升社会主体公益意识和诚信意识,公益诚信意识的形成和生长将会为公益组织的良性发展提供丰沃的文化土壤。此外,公益组织外部环境在诚信生态中能不能发挥出积极的作用还取决于公益组织与它们之间的互动状态。公益组织在发挥社会自治力的同时也要遵守政治底线,遵法守法、接受政府各项制度的约束;公益组织在走向市场的活动中在坚持非营利属性之时也要遵守市场规则,更要与企业相互约束,共同探索公益市场化的创新模式;公益组织在倡导社会公众参与公益活动时要与公众形成有效的沟通渠道,鼓励公众培育其监督问责意识和理性思维。但不得不承认,"公益组织的诚信问题不单单是它们自身的问题,而是一个社会的问题。"①公益组织外向维度中的任何一环的道德失信都会破坏公益组织的诚信生态。

综上所述,诚信是公益组织的生命命脉,公益组织的社会功能、行动方式和关系结构决定了公益组织的诚信处在各社会主体相互作用、相互影响、相互制约的生态层级中,而只有围绕着"诚信"这一核心价值形成公益组织"场域",才能实现公益组织的诚信,并构建起现代社会的公益文明。

二、公益组织诚信生态的伦理评价

公益组织的诚信生态建构,对于推动社会诚信建设来说,确实具有伦理价值。

(一)诚信生态的核心主体即公益组织的公益诚信释放着社会最大的善意

向社会需要帮助的人们伸出真诚的援助之手,为社会公共生活提供支持的力量,并且公益组织尽其所能以最大程度唤起社会各类组织和民众共同投入公益活动,共同创造中国公益力量。这种无私利他的公共诚意在充满自我现代性的当代显得难能可贵。其伦理意义在于,公益诚信善举是社会良善生活必要的组成部分。良善生活是人们期望的社会生活,良善生活需要互信、互爱、互帮,杜绝冷漠、谎言和自私。麦金泰尔认为,良善生活一定是社会的、

---

① 李彬:"当代中国公益伦理的研究主题及其面临的挑战",《湖南师范大学学报》(社会科学版)2008年第3期。

利他的，“一种良善的生活不可能是自私的或自我中心的。”[①]公益事业是社会公共事业，不仅需要专业组织去实现公益目标，更需要全社会参与共同筑起公益的大厦，公益组织诚信生态正是以此为目标结合社会各种资源和力量，形成推动社会良善发展的社会合力。爱尔维修说，“公共福利就是美德的目的。”休谟也认为，公共德性应当体现其产生的社会结果上，“人群的幸福，家庭的和谐，朋友间的互助，将永远被认为是社会德性之温和地支配人心的结果。”[②]可以说，公益诚信不仅创造一种公共德性的美德生活，而且提倡一种生活信仰。

（二）公益组织的诚信生态拓展了社会诚信的广度

现代化的中国正面临着诚信建设的时代难题。虽然中国诚信文化源远流长，但是传统诚信使用范围局限于熟人社会，对于转型社会出现的大量陌生人之间的诚信交往尚是诚信文化的处女地，需要开垦探索，寻找到一条较为合适有效的建设路径。公益组织的诚信生态构建可以看作是推进社会诚信建设的路径之一。

1. 公益组织的诚信生态是社会诚信的组合体，它不仅容纳着社会所有参与公益活动的企事业组织、个体公民的公益诚信观念与行动，还包括公益受助对象的诚信态度，甚至离不开政府部门的诚信贡献。公益组织的诚信生态其实就是一个诚信道德网络，公益组织与社会其他组织与个体发生的方方面面的公益关系，尽管公益内容涉及的是实打实的钱款、物质、人力，公益形式，可能是救助、解困、公共活动等，但是公益关系能够建立起来并实际地有益于社会，都依赖诚信来维系。因为参与公益的组织与个体来自不同领域，彼此并不熟识，正是急人所急的仁慈之心、热心公益的诚挚之心通过公益组织把素不相识的人们联系起来，成就公益事业。

2. 诚信还是公益成功的必要条件，“假如我们赋予伦理真诚以优先性，我们就把生活和信念合并为一个伦理成功的参数”。为什么公益成功需要诚信作为道德保障呢？缘由在于，公益是纯粹利他的道德行为，排除任何利益与名誉上的考虑，是不求回报的道德付出。这样的活动唯有道德真诚才能做到，唯有诚信才能使陌生的公益人汇聚一起，共同完成公益的使命。任何对公益诚信的背离不仅损害公益的名誉，并且必然导致公益活动的失败。所以公益的诚信本质要求任何参与社会公益的主体都应当以真诚之心呵护公益

① 万俊人主编：《20世纪西方伦理学经典》，中国人民大学出版社2005年。

② 周辅成：《西方伦理学名著选辑》（下卷），商务印书馆1996年。

事业，诚心诚意参加公益活动。这是公益组织诚信生态的道德来源。公益组织诚信生态的要求客观上有助于公益活动的各类主体强化诚信观念，并以公益活动为载体扩大诚信价值的社会影响力。

（三）公益组织的诚信生态促进其他伦理精神的发展

1. 提升中国市场系统中市场主体的契约、法治、责任等现代意识。公益组织是实现“第三次分配”的部门，要实现公益目的，公益组织自身的发展是极为重要的，因而现代公益需要通过参与市场活动，借鉴市场性机制，与市场主体合作等方式来筹集分配性资源。对此，公益组织和公益组织诚信生态中的各类主体都必须根据法规和市场要求建立合作契约关系，承担社会责任，由此促进各类公益主体的契约精神和社会责任意识。

2. 促动政治系统的伦理建设，提升政府公信力。公益组织代表着社会自治力量，与管理社会的政府公权部门有着千丝万缕的联系。政府与社会公益组织应该建立什么样的伦理关系？这是当前国家治理中的新问题。公益组织的诚信生态事实上也包含着政府与公益组织之间的诚信关系，要求政府以诚信的态度支持社会公益，反对政府用权力粗暴地干涉公益。这就从社会自下而上的倒逼政府实施政务诚信，提高政府管理社会的伦理能力。

3. 公益组织的诚信生态吸引更多的公民加入志愿者队伍，有助于提升志愿者的仁爱、公义精神，有助于激发社会受助人的感恩情怀和将来回馈社会的道德动力，推动中国社会的诚信文明。

因公益组织诚信生态的自我建设也是积极有效的，公益组织的诚信生态产生着积极的伦理效果。不少公益组织都通过加强成员价值观教育、主动公开财务和人事信息，接受政府和社会监督等方式加强自身的诚信建设；公益行业特别是基金会成为公益领域的行业自律典范，在公益基金会的行业自律中，有一个中基透明度指数 FTI，这是为推动公益基金会公开透明而采取的行业举措，通过 FTI 指数的评价机制，公益基金会的信息透明度得到了极大的提升。2014 年 4 894 家公益组织的平均中基指数是 49.92，[①]虽然处于中等程度，但已经有很大的进步。然而也不得不承认，当下中国公益组织的诚信生态还是非常脆弱的，失信的红灯时有亮起，一不小心甚至会陷入诚信危机，致使诚信生态出现断裂失衡。诚信生态一旦出现严重的断裂失衡，要恢复良好的道德生态则要付出极大的信任代价。

---

① 数据来自 CFC 基金会中心网，2014 年。

2011 年,因为“郭美美炫富”事件,中国红十字会被陷入社会舆论的巨大漩涡,遭遇到百年未曾遇到的信任危机。社会公众对中国红十字会的善款流向不明,运作不公开以及体制官僚化等问题提出了质疑。在这个诚信危机事件中,官僚化体制下的红十字会因为信息不对称和不透明使其失信于社会,红十字会与商业系统之间建立的说不清道不明的利益关系存在着违背非营利性道德风险的可能性。尽管事后红十字会积极进行危机处理,向社会诚恳道歉,承诺进行公开透明化制度改革,但是这场震动全国的诚信危机还是重创了社会的捐助信心。事后下属深圳市红十字会当年收到的社会捐款仅为 100 元;有的地方的红十字会系统包括医院、学校甚至未收到任何捐款。[①] 2012 年全国红十字会系统接受社会捐赠 21.68 亿元,比 2011 年下降了 6.79 亿元,同比下降 23.68%。[②] 如果说中国红十字会的诚信危机起因于“郭美美事件”导火线,具有偶然性的因素,那么“施乐会”的“置顶费”丑闻则敲响了公益组织自律诚信和监管诚信的警钟。随着互联网的普及化,网络公益的低门槛、便捷性受到了人们的欢迎,使公益更加容易和大众化,但是网络的诚信风险也是不可低估的。施乐会网站,全称“中国首家全透明网络慈善”网站于 2007 年注册成立,开网络公益的先河。施乐会公益运作模式就是一个网上慈善市场,实行注册制,注册人数已达到 14 万余人。注册网友可以通过施乐会网站平台,查看求助者信息并自由选择是否捐助多少,这种模式大大削减了普通民众参与慈善的门槛,他们不仅可以随时获得求助者的信息,而且可以通过网上银行或支付宝等付款方式进行爱心捐款。可以说,“施乐会”是网络时代下的公益组织弄潮儿。然而从 2012 年开始,“施乐会”向受助者收取高额费用的问题被媒体揭露,“施乐会”收取的费用类似于商业性网站的广告信息费,即以金钱的多少来决定谁的信息能放在醒目位置,这笔费用被称为“置顶费”。毋庸置疑,收取“置顶费”使“施乐会”的公益性质发生扭曲,这种用市场交易的模式来衡量和决定受助机会的多少,有悖于公益组织救困解难的宗旨;同时纯粹市场化的操作事实上也为虚假信息和不诚信行为留下了可利用的空间。“施乐会”也从第四届“浙江慈善奖”的获得者成为广受社会诟病的公益失信者。

“施乐会”诚信事件反映了公益组织诚信生态面临着多重考验: 1. 公益组

① 王名:“破解中国公益组织的治理困境:从‘郭美美事件’中的红十字会谈起”,《中国改革》2011 年第 9 期。

② 魏铭言:《2012 年度中国慈善捐助报告》,《新京报》2013 年 9 月 22 日。

织如何在市场与现代网络环境下坚守诚信自律。2. 公益组织特别是网络公益组织的筹款与公益运作过程中的诚信如何得到政府和社会的有效监督。3. 体制外公益组织在资源不足的情况下,在利用市场的过程中如何把握公益与商业的尺度与边界问题。这些问题需要提供可行性的伦理破解思路和方法。

必须指出的是,公益组织的诚信生态除了来自公益组织本身的诚信问题之外,还有来自公益组织的合作方、受助者甚至是毫不相干的社会其他组织的失信挑战。例如有的企业打着慈善的招牌进行捞钱甚至行骗,损害公益组织的诚信声誉。又如,公益组织的某些合作方报多捐少或者承诺不兑现,也在一定程度上破坏了公益的诚信生态,使公益组织的诚信生态失去平衡。

三、公益组织诚信生态的伦理修复

诚信生态关系到公益组织的生死攸关,也关系到公益事业可持续与否的大问题,国家与社会应当予以高度重视,对于诚信生态已经出现的问题进行梳理分析和必要的伦理修复。当然伦理修复并非仅仅限于道德的手段,还需引入其他有效修复诚信生态的手段,包括政策的、技术的和管理的手段。公益组织诚信生态的修复不能限于公益组织内在维度,还要组合公益组织诚信生态外在多方面维度共同完成诚信生态的修复。

(一)公益组织内在维度的诚信修复

公益组织自身诚信修复的关键在于公益组织始终坚守诚信的价值理念并体现在行动上。诚信是公益组织的生存之基,它是公益组织获得社会信任的道德来源。现代公益组织本是一个向社会传递大爱的社团,慈善、公义、人道是公益组织秉持的基本道义,这是感动社会、获取社会爱心的道德缘由。但是公益组织本身并没有施爱的物质基础,包括施爱的人力条件,公益所需要的一切物力人力皆来自社会,在这个意义上,公益组织充其量只是社会爱心交换的中介桥梁。问题在于,社会其他组织和个人凭什么将钱财交付公益组织呢?其关键在于,公益组织必须真实地没有自我利益追求,真实地全心全意做公益,由此才能换得社会的信任,愿意提供各种公益资源。可见,公益组织的工作来不得一丝一毫的私心与虚假,否则就会失去社会的信任,同样也就失去了从事公益活动的条件。中国红十字会前副会长赵白鸽所言:"信任危机说明了一个道理,公众的理解和信任是任何一个具有公益职能的机构赖以存在的基础"。[①] 当然诚信的修复最主要落在行动上,那就是将公益活动

---

① 李妍:"专访中国红十字会常务副会长赵白鸽",《中国经济周刊》2011 年 11 月 15 日。

的一切特别是收支账目公布于众，让公益行走在阳光下。对于中国红十字会遭遇的那场百年危机，赵白鸽认为“红十字会想要成功度过此次信任危机，必须通过各种方式和渠道加强与公众的交流和沟通，让公众了解和理解红十字会的性质和工作，以服务公众和社会的心态，小心谨慎地在各种职能中转换角色。”[①]公开透明是公益组织诚信生态修复的重要举措。

公益组织诚信修复还需要正确的自我定位，坚持公益的本职。公益的本职简单言之，就是做好事，具体承担两方面的社会任务：一是以诚信和努力工作吸引更多的社会人参与公益，募捐善款，招募志愿者；二是根据突发灾难和社会困难人群的需要组织救助和发放善款。从公益组织的本职出发，公益组织要避免下述问题：

1. 公益组织坚守公益本职，不能超越公益的规定去进行不属于公益的活动。公益组织是非营利性团体，因而不能从事营利性的活动。如，企业间的交易活动，或者获利性的市场活动。这些活动与我国法律规定的公益性活动相悖，公益组织绝不可染指，一旦涉足则使公益组织的公益性质发生了变异，自然违背了诚信原则。

2. 公益组织要避免企业化扩张。现在有些公益组织好大喜功，扩展规模，急于快速做大做强。问题在于公益组织不是企业，也不存在公益组织之间的利益竞争，所以完全没有必要像企业那样追求强大。正如学者刘韬在反驳“公益市场化”观点时所提出的，“NGO 其意义不言自明，不仅只在于一个‘益’、一个‘善’的问题，它背后代表着全社会对于‘公义’、对于‘进步’等精神价值的追求。如果用商业去做大做强，那只能停留于更多的‘财富’第三次分配的意义上，对于中国的文化转型无疑没有太大的意义”。[②] 公益组织的社会影响力不在于其规模大小，重要的是把公益义事做好，使真诚之义获得社会信任，产生公益号召力和社会公益组织力，并善于动员更多的企事业和民众参加公益活动，而不是公益组织庞大自身。像中国红十字会那样庞大的组织系统有历史的原因，除了计划经济的痕迹之外，还有体制内的复杂因素。中国红十字会虽然有政府资助之优势和广泛的社会影响力，但是系统的复杂性也带来诸多烦赘，一个子系统的错误就能拖累整个组织。总之，公益组织应摒弃好大喜功、急功好利，因为急功好利容易导致公益组织偏离公益本真的

---

① 李妍：“专访中国红十字会常务副会长赵白鸽”，《中国经济周刊》2011 年 11 月 15 日。

② 刘韬：《警惕“公益市场化”》，公益服务网 NGO 发展交流网(www.ngocn.net)2014 年 5 月 7 日。

轨道。

3. 不能把公益组织看作解决就业的场所。随着现代社会对公益需求的不断增多,公益组织的专业化、职业化的趋势日渐明显,但即使如此,公益组织的职业也是特殊的,它不是一般的谋生岗位。公益岗位的工作人员不仅要有专业性的能力,更要具备热爱公益事业、品德良好、乐于奉献的人格素养,这是从事公益事业必备的条件。所以一方面要慎重挑选公益工作人员,防止不合适的人进入公益领域;另一方面也要加强对工作人员进行专业能力和职业道德的培训。此外,公益组织的专职人员应当少之又少,既减轻公益组织的成本支出,也有利于精干队伍提高工作效率。

(二) 公益组织诚信生态外向维度的诚信修复

大多数公益组织需要完成"筹资—分配"的行动过程。由于公益组织不是生产性部门,也非权力性机构,因此,它无法通过自身去创造资源,其资源的获取主要依赖于外部社会领域。公益组织资源从组织外部的行业和社会中获取,公益行业中运作型基金会的资助,政府部门的孵化扶持和服务购买,市场主体的直接合作与间接支持,以及社会大众的捐助奉献都是公益组织获取资源的重要渠道。毫无疑问,社会各类企事业是公益组织最主要资金财物的来源,它们是公益组织的合作单位,也是构成公益组织诚信生态的道德链条,可以断言合作组织的诚信与否在一定程度上决定了公益组织诚信生态的质量。事实上一些公益组织的诚信声誉就是败于合作组织的失信上,因此注重合作组织的诚信道德非常重要。现在有不少企业愿意参加慈善,这体现了现代企业对社会责任的担当,也是社会进步的体现。但也不排除企业参与公益存在着某种功利的打算,例如经济上的免税或利用公益提高企业社会知名度等。当然在合法的范围内无须计较企业的某种计算。但是如果企业过于计算利益的"私心"太重的话,必然会损害公益的诚信。从保证公益活动的诚信起见,公益组织需要做的工作是:(1) 挑选优秀的合作组织。优秀的标准,经济实力固然是考量的条件之一,但更重要的是合作组织的诚信指数,只有那些诚信度高的企事业才是优秀的合作组织,才能成为公益组织的合作单位。(2) 签订诚信合同。对于挑选确定的优秀合作组织,还需要签订公益诚信合同,其意义在于双方的诚信关注和道德约束,使双方的合作关系建立在诚信的基础上。(3) 建立动态性的评估制度。可委托社会第三方建构一套包括诚信在内的公益评估指标,定期对合作组织进行诚信评估,及时发现问题及时解决,把失信的可能性降至最小。(4) 对冒用公益名称滥打公益旗号的社会组织(包括合作组织)要坚决打击,维护公益的纯粹性和道德性。但是打击工作谁来做、如何做值得探讨。笔者认为,公益组织可做的是,第一时间在公共媒体上澄清事实,引导社会舆论进行道德谴责。政府部门则可依规实施惩罚,警示效尤。社会征信系统启动失信记录。由此形成联动机制共同遏制损害社会公益的组织活动。

公益组织诚信生态外向维度还包括受助单位和受助人,他们的失信也会影响公益活动的诚信声誉,诚信修复不能遗漏了这一维度。目前受助单位与受助人的诚信问题主要在两个方面:(1) 受助单位和受助人的信息不全或不真,甚至有骗捐之嫌,以至公益帮助了不该帮助的人,由此造成捐助者的不满,伤害了他们的捐助爱心;(2) 受助者善款不当使用和结余善款流向问题。受助人的诚信修复是一件较为困难的事情。一方面过去计划环境下的个人依附于集体单位的隶属关系已不存在,"社会人"已经代替"单位人",加上人的流动性加速,个人归属处于不确定状态,这造成了个人信息的不全面,增加了公益组织甄别"需要受助"和"无困受助"的难度;另一方面,部分国人还存在等靠要甚至"吃白食"的陈旧观念,从而增加了公益组织施爱活动的诚信风险。如何规避诚信道德风险?(1) 通过社区组织(居委会、村委会)和企事业单位获得最原始的信息以及信息甄别;(2) 通过社会征信系统了解受助人的诚信记录,同样通过征信系统把受助人不诚信的行为记录送入征信系统,来反制骗捐;(3) 公益组织以理性态度对待网络炒作,坚持客观公正的原则。网络是当今社会最强大的力量之一,它能够聚焦事件,揭露真相,提供数据。同样,网络也善于炒作事件,大数据中隐藏着真假难辨的风险。对此,公益组织一方面要充分利用网络数据信息大和快捷性,及时捕捉有效信息;另一方面要理性分析各种数据,不被网络炒作所迷惑,去伪存真,及时帮助急需社会援助的人。

（三）政府的诚信监管帮助诚信修复

公益组织的诚信修复不能缺少政府的监管作用,政府也负有促进和维护公益诚信责任。政府对于公益组织的诚信监管可以从如下方面考虑:一是提供制度支持。必须承认,国家已经出台 8 项关于公益组织发展的法律制度,政府也不断完善相关的制度规定,来支持公益组织的诚信建设,但是还有一些制度不够完善,需要修正和改善。如,公益组织财务制度还不够细化,存在着可能导致失信的漏洞瑕疵,需要研究与改进。又如,社会征信制度如何运用于公益组织尚值得探讨。二是政府对公益组织的监管要到位。这里有几个方面的问题可以讨论。(1) 公益组织信息公开的监督。信息公开是公益组织诚信公益的必要条件,是其公信力的体现。而不公开不透明、暗箱操作是公益失信的肇源之一。信息公开包括财务信息公开应该成为一项强制性的要求，它能够促进公益组织的信息化建设，加强公益组织的诚信自律，因此信息公开是政府对公益组织诚信监督的重点。(2) 科学有效的公益组织诚信评估。评估是监管体系中不可或缺的环节。现阶段我国社会组织的评估由民政部负责，通过组织报送材料的形式进行评估考核。这一评估体系的问题在于，评估主体单一、评估指标过于粗放、评估形式不合理（自报材料的可信度难以保证）、评估结果难以产生激励性和惩戒性的良效。对此，应改良政府对公益组织的评估方式：① 改变评估主体政府部门单一化，增加社会组织和社会公众为评估主体。增加政府外的评估主体既可以减轻政府大包大揽的负担，激发社会公众关心参与公益的积极性，同时也使公益评估更贴近现实生活、使之更加合理。② 建立科学的评估指标体系。评估涉及多方面的利益和公益组织的声誉，评估工作不仅严格谨慎，评估的依据（指标）更要科学合理，符合公益评估的规律与特点，使评估既能客观反映公益组织活动的状况、实绩和问题，又要有价值性的权重评价，引导公益组织维护公益诚信的声誉。③ 评估逐步常态化建设。常态化评估包括年度评估和日常的抽检。目前，深圳市已率先出台《深圳市社会组织抽查监督办法》，实施抽检＋年度报告代替原来的年审制，这种包括评估在内的监督方法值得推广。④ 执行严格的淘汰制度。现代社会公益组织当然多多益善，但是公益组织是社会良心的代表，或许公益组织有规模大小的区别、有公益业务侧重点的不同，但每一个公益组织都应该是诚信度高、专业规范的“优质组织”。为了保证公益组织的优质性，政府可以实行道德与能力双淘汰制，或者诚信淘汰制，把不合格的公益组织清理出去，特别要坚决清除那些以公益之名行牟利之实的公益组织，给公益组织营造一个良好的诚信环境。

三、金融创新：伦理挑战与责任

金融化世界与精神世界的二律背反

张　雄*

［提要］　21世纪金融化的生存世界是个高度经济理性、高度世俗化、高度价值通约的世界。逐利的金融意志主义蔓延，直接导致个体生命的"金融内化"和人类整体主义精神的日趋衰减。世界发展离不开金融体系的创新，但现实的金融体系已偏离了本质。不可否认，与马克思时代的资本相比，21世纪的资本追求剩余价值的秉性没有变；资本的社会关系本质没有变；资本的财富杠杆效应没有变。但是，21世纪资本逻辑的发展有了巨大变化：随着全球资本金融体系的强力推进，资本变得更加抽象、更加具有脱域性，资本的主体定位异质多元，运作方式虚拟迷幻。尤其是，伴随着工具理性的智能化，资本的精神向度更趋主观性和任性。本文通过对金融化世界的精神现象学解读，旨在深层揭示21世纪人类精神本质与人的对象化世界相异化问题，为客观理解21世纪资本范畴提供精神向度的思考。

皮凯蒂的《21世纪资本论》激发了我们一个时代直觉：在资本的驱动下，地球上的财富总量大大超过历史上任何时期，世界的贫富分化问题却已成难以逾越的鸿沟，其解决之道一筹莫展。笔者以为，作者在书中对全球经济正义的价值判断有着激动人心的思考，但总体而论，此书是一部未加反思的21世纪资本论。资本的技术澄明只能说明资本逻辑外部实存的部分内容，它通常从经验或给定的体验出发，通过计算的数据或图表所进行的抽象与推理，从定量的精确性来感觉资本脱域性的存在并预期未来。这种单向度的技术结论，只能是资本形式化运动的外在显现，不能完全阐明人类生命的真正本

---

*　作者张雄，上海财经大学人文学院教授。该文发表于《中国社会科学》2016年第1期。——编者

质，不能深刻揭示世界历史进化运动的深层动因。而精神向度的追问，则注重把资本由感性的杂多性状，转向精神的自觉反思领域，其方法论优势在于：它把资本各种实际发生的变化从感性的世界转移到精神的反思领域，“哲学只具有一项任务，那就是：跟随一个时代，用思想性的表述和所谓概念、甚至用一个‘体系’来传达这个时代的过去和当前。”[①]正如马克思所启示的那样，哲学应当成为改造非理性现实的武器，成为行动哲学，从市民社会财产关系异化的本体论中去寻找扬弃异化事实的历史哲学根据。

一、21 世纪：金融化世界的到来

20 世纪人类的历史，从前 50 年的世界性战争，走向后 50 年的全球理性化社会转型。[②] 殊不知，一些对资本金融高度敏感的国家，[③]正是在 20 世纪下半叶开始了智能化资本运作工具创新的全球战略：以投行金融为主导，以全球资本市场为基础，以流动性和金融合约为特征的全球化资本金融体系的打造与实施。毫无疑问，如此金融战略的拟定，起因于布雷顿森林体系的解体和浮动汇率时代的到来，以及生产与金融的全球化发展趋势。21 世纪，可谓是世界走向金融化的世纪，如美国学者詹姆斯·里卡兹所言：“全世界金融联系的规模和复杂性而呈指数增长。”“这更像一个充满金融威胁的新世界的开始。”[④]通常而言，经济金融化是指全部经济活动总量中使用金融工具的比重已占主导地位，它是经济发展水平走向高端的显现。而金融化世界是指金融的范式及价值原则对生活世界的侵蚀，它在政治生态圈、经济生态圈、文化生态圈以及社会生活生态圈里占据了十分重要位置。社会在诸多方面受到金融活动者的控制，并产生实质性影响。毋庸置疑，金融化世界是人类智力发展的标志，其积极的正能量作用不可低估。但过高的社会成本，过度虚拟

① 海德格尔：《尼采》(下卷)，商务印书馆 2002 年，第 778 页。

② 张雄：《历史转折论》，上海社会科学院出版社 1994 年，第四章“20 世纪的意义：伟大的历史转折与社会转型”。

③ 有关“资本金融”“资本金融时代”的学术认知，可参阅刘纪鹏教授的《资本金融学》著作。经济学家厉以宁在该书序言中指出：资本金融是当今世界现代金融发展的新领域，它是从传统货币金融单一的间接融资，向资本市场直接融资为主的现代金融发展的方向。笔者以为，资本金融最关键的变革理念，主要来自 19 世纪末和 20 世纪初由 J. P.摩根提出的现代投资银行创新理念：把证券公司的业务从简单的证券经纪上升至包括行业、企业整合的策划与融资全套服务。以摩根家族为代表的华尔街投资银行导演了世界经济史上第一场企业大并购，成就了美国经济强国和世界新霸主地位。本文对资本金融进行现象学分析，不是全面否定它的存在，而是从精神与实在的关系中探讨现代性无法规避的二律背反问题。

④ 詹姆斯·里卡兹：《谁将主导世界货币——即将到来的新一轮全球危机》，中信出版集团股份有限公司 2012 年，引言 XIV。

和无节制衍生带来的生存风险，利益冲突引起的结构性社会矛盾，短期投资行为带来的社会不稳定，尤其是，它对人类精神世界的影响更是创巨痛深的。[①]

世界在何种意义上已被深度"金融化"？首先，资本金融已构成全球核心的社会和政治力量。经济学家詹姆斯·斯图尔特指出："许多人力图提高国家的利益却可能会加入毁灭这个国家的行列。"[②]被金融合约化的世界，严重地存在着高度的经济理性导致高度的政治非理性风险。国家主权往往受到具有创新光环的金融机构或衍生品的攻击，主权极易被资本金融所控制。如希腊债务危机。具有130年历史的美国投资银行高盛集团为帮助希腊政府解除债务困境，利用衍生金融工具掩盖政府赤字的真实情况，通过货币掉期交易的作弊手段使希腊进入欧元区。但是，欺诈最终被揭示，被投行玩于股掌之中的希腊政府陷入了严重的债务危机，至今不能自拔。世界的金融化深刻地体现在：世界被锁定在高风险投资中。资本金融的高流动性和无疆界性突破了民族国家的壁垒，实现了全球化和自由化的任性。世界资本市场作为市场经济的最高形态，对于培育新兴产业，促进产业结构调整有着神奇的功效，但我们也更应当看到：当今的资本能够在瞬间以金融合约及其衍生工具的运作方式把千亿、万亿财富或资产悄悄转移，用最小的代价、最短的时间完成用军事手段都难以实现的国家战略目的。金融战争在诸多领域替代了传统的军事战争，政治家们深刻地体悟到：注重21世纪资本金融大格局的战略，远比考量军事大格局战略更紧迫。毋庸置疑，以资本金融为主的现代金融体系，在新的国际经济秩序与分工中占据极为重要的核心地位。资本金融与传统的货币金融相比至少在3个方面显示出它特有的强势和控制力：

（一）通过从传统的债权关系向股权关系的跨越，使生存世界的关系交往，变得更灵活便捷、更值得利益期待。

（二）资金来源从个体到全社会的配置，更强化了金融对社会的穿透力。

（三）融资模式从间接融资到直接融资的变化，大大提升了资本的渗透性和流动性，使生存世界的发展意志更加强硬。因此，拥有智能化的现代资本金融体系乃是一个国家掌握自身命运主动权的关键。

金融秉性的两大特征对生存价值观的侵蚀是深刻的、全方位的。

---

① 关于金融化概念的理解，还可以进一步参阅法国政治学家、国际马克思大会社会主义学科主席托尼·安德烈阿尼教授的论文"能否再次改革金融化的资本主义"，译文刊复旦大学哲学学院主编《国外马克思主义发展报告 2009》，人民出版社 2009 年，第 257—263 页。

② 转引自赫希曼：《欲望与利益》，上海文艺出版社 2003 年，第 44 页。

(一) 追求逐利(套利)的秉性,使愈来愈多的人对货币、资本和财富的“权利可转让性”过于痴迷。在国际市场上,金融“可转让性”所显示的热情和意志十分高涨,外汇市场每日交易量就已超过全年的世界贸易总值。[1]

(二) 追求“证券化”“高杠杆率”的价值偏好,使得日益倍增的全球投行或金融机构倾力推进衍生品的创新,客观导致生存世界从物质资源到知识产权,从公民财产到国家主权,从生活方式到价值观念,都程度不同地被锁定在金融契约中、高杠杆率金融衍生品的巨大泡沫中。随着金融工具的不断创新,金融活动的主体结构也发生了深刻变化,原有的以少数金融寡头为主体的结构被打破,充满着疯狂投机意志的“散户”和投资机构成为撬动资本市场的力量。在操作方式上,计算机和移动互联网的发展,使金融交易可随时随地进行,从而使整个生存世界变成一个巨大的风险投资载体或赌场。人类随时可能因为很小的金融事件而爆发危机并产生“蝴蝶效应”。如美国次贷危机、欧债危机。

再次,二十世纪七八十年代世界经济进入新的历史转折点。诺贝尔经济学奖得主罗伯特·席勒指出:“20 世纪 70 年代,金融体系在世界范围内兴起,……这不能不称为人类历史上一个重要的转折点,也是我们正在迅速告别历史的象征。”[2]1980 年代世界经济进入里根、撒切尔全面推行新自由主义经济政策的时代,其中货币学派和供给学派对美国金融政策产生重大影响。金融市场的自由化和金融监管的放松,带来了金融衍生品层出不穷,也为国际“金融大爆炸”的局面埋下了伏笔。世界经济逐渐“脱实向虚”,实体经济被弱化,追求资本金融的帕累托效率成为理解全球经济发展的动力论原理。1990 年代出现的互联网股票和互联网金融的问世,也进一步加速了金融功能脱域的进程,资本金融在更为广阔的实体和虚拟空间中征服着世界和“酸蚀”着人类。

值得提出的是,在 21 世纪刚进入的 10 多年中,全球资本的金融化导致直接性融资占比趋高,但 2008 年金融危机的爆发,深刻地显现了马克思《资本论》中所揭示的资本具有内在否定性的哲学真谛。“在经历这种危机之后许多人不禁要问,金融到底能在社会良性发展中扮演怎样的角色?不论作为一门学科、一门职业,还是一种创新的经济来源,金融如何帮助人们达成平等

---

① 罗伯特·L.海尔布罗纳、威廉·米尔博格:《经济社会的起源》,格致出版社·上海三联书店·上海人民出版社 2010 年,第 171 页。

② 罗伯特·席勒:《金融与好的社会》,中信出版社 2012 年,第 6 页。

社会的终极目标？金融如何能为保障自由、促进繁荣、促成平等以及取得经济保障贡献一分力量？我们如何才能使得金融民主化，从而使得金融能更好地为所有人服务？”[①]在现代性的视阈下，金融化生存世界本质上是一个高度经济理性、高度世俗化、高度价值通约的社会，它使经济得到了快速增长、人性得到了解放、自由得到了发展，但它也是一个充满了二律背反的生存世界：人的精神本质与人的对象化世界的异化更趋深重，金融的“富人更富”的秉性与金融的民主化、人性化的矛盾对立不可调和。因此，21 世纪人类生存的主要问题在于，如何借助于金融化，超越金融化，进一步实现人的自由与解放。

二、“金融创新”：人类追求自由意志的定在

不可否认，金融创新对世界历史进程有着举足轻重的影响。4 000 年的金融发展史，就是一部人类大胆探索、积极变革社会福利配置如何最优化的金融创新的历史。[②] 金融从来就是经济与社会制度变革创新的重要工具。历史上荷兰东印度公司创新的融资机制，资助了欧洲人在全世界范围内进行航海探险和商业扩张，这是金融史上最重要的事件。[③] 该公司成立后的 300 年里，金融创新改变了全球经济格局，并且催生了资本主义制度的重要的特征。[④] 13 世纪—14 世纪在佛罗伦萨等意大利城邦推出现代债券、基金，开启了东西方之间的金融创新大分流，并引发、激励出各种社会制度的变革。[⑤] 事实上，货币起源伴随着价值量度的起源，而金融的创新却促进了量度价值的工具和手段得以提升，使价值跨越时空的配置方式愈来愈便利。从而使物的交换带动人的社会交往走向更加深入、更加自觉。

金融创新之所以有着推动历史变革的重大作用，从哲学视阈分析，“金融工具”乃是人类智慧的结晶，是人类追求自由意志的定在。人类自从有了经济活动，也就有了金融创新。黑格尔指出：“人为了作为理念而存在，必须给它的自由以外部的领域。因为人在这种最初还是完全抽象的规定中是绝对无限的意志，所以这个有别于意志的东西，即可以构成它的自由的领域的那个东西，也同样被规定为与意志直接不同而可以与它分离的东西。”[⑥]实际上，

---

① 罗伯特 · 席勒：《金融与好的社会》，第 2 页。
② 参阅戈兹曼等编著：《价值起源》(第 2 版)，万卷出版公司 2010 年，第 1 页。
③ 同上书，第 13 页。
④ 同上书，第 13 页。
⑤ 同上书，序第 2 页。
⑥ 黑格尔：《法哲学原理》，商务印书馆 2009 年，第 57 页。

这里有两个重要理念值得比对：

(一) 金融作为“自由的领域的那个东西”，有两个本质特征：

1. 金融乃是人的自由意志的直接性存在。人的意志不完全是纯粹的抽象，它往往体现在我的意志所规制的财产关系中，尤其是体现在不同人格意志所占有的“财产权”转让的关系中。“占有”通常有三种形式：直接占有、使用占有和转让占有，黑格尔认为，“转让”是真正的占有取得。[①] 金融转让是对未来时间的产权索取的运作，它所追求的自由意志，乃是自由秩序对自然秩序的超越，放债人把现在的财富放到“时间机器”中，将它的价值转移到未来某个时间节点，其财富受益有着增量的预期。显然，转让占有比使用占有更需要“理性的狡计”，更显自由意志的本质。

2. 金融是自由意志的灵性工具。金融创新是通过人的自由意志的中介而变成事物的规定。它是一种意志对另一种意志在时效的约束下所进行的未来权的自由交换。意志的中介作用表现在：推出计算时间价值的手段、运用就随机结果签约的能力以及建立一个允许转让金融权利的法律框架。可以说，金融创新本质上是人类追求自然历史化的意志显现，是人类据自身实践需要而不断开拓生存时空资源的诉求。大自然赋予人类生存资源是稀缺有限的，但人类可以自觉运用属人的历史时间来超越自然进化时间的极限，未来的时间价值被发现，其积极意义正在于对物的原在性生存世界的改造并超越：首先，超越物所定在的时间价值——物的自然属性一旦被框定在受意志支配的历史时间坐标中，一种交换所有权的抽象符号——货币观念，将当下实物财产的索取权锁定在彼此契约的未来效益的预期中，自由意志的外在物(产权)的交换，“未来”在人的自由意志的运作下，当下占有权的被动性被激活，它可以提前支付或索取，占有权的时效性被改变，它可以使价值发生跨时期转移。人的自由意志在历史时间坐标中获得“当下与未来”“未来与当下”的双向延展。康德曾高度评价人类拥有支配未来能力的理性智慧。他指出：“理性的第三步便是深思熟虑地期待着未来。不是单纯享受目前一瞬间的生活而是要使自己面向将来的、往往是异常之遥远的时代的这种能力，乃是人类的优越性之最有决定性的标志，它使人类根据自己的天职在准备着遥远的目的；——然而它同时也是无从确定的未来所引起的忧虑和愁苦的无穷无尽的根源，而那却是一切动物都可以免除的。”[②]实际上，人类对未来的认知

① 黑格尔：《法哲学原理》，第 83 页。

② 康德：《历史理性批判文集》，商务印书馆 2009 年，第 67 页。

和运筹的能力,时下已大大超越了康德所理解的“优越性”:

1. 未来已不是主客体之间的适应与被适应的关系,而是创造与被创造的关系。

2. 深入未来的实质性领域——人类对不确定性的变化律的把控,近代的机器思维能力远不及当今的智能化运筹工具能力。

3. 未来已成为人类生存资源的重要部分,而不是近代意义上的“可移动的箱体”。超越物所定在的空间价值——它是就未来的偶然结果达成的契约。人类不是僵化无助地等待未来的裁定,而是积极运筹并能动创造未来命运。“或有权利”是金融创新的重要本质,它可以通过套期保值规避未来风险,不仅为人类应对直接的、可预见的风险提供了工具,而且还为人类应对未来的不确定性提供了工具。尤其是通过金融衍生品技术的运用,使未来的风险得到分解、对冲和交易。

(二) 金融又可以被规定为“与意志直接不同而可以与它分离的东西”,主要显现在两个方面:

1. 金融是货币交易中所承认的“物同视”,①它的发展给人类生存意志带来挑战:在社会经济事务中金融产生的宏观效应并引发的社会文化主导精神观念的转变,直接对个体心理气质产生刺激和影响。如中国股市现代性发育对亿万股民和基民的心理气质的影响。

2. 金融与意志是相互独立的范畴,金融的实在性与精神的实在性的对立,是物性与灵性的对立,逐利欲望与自由意志的对立。精神自由是无所阻碍而表达出的概念,而金融所充盈的自由是金钱式自由,就它的负面作用而言,如西美尔指出的,“消极自由”不过是金钱式自由,在看似相当自由的外表下隐藏的是生命的空虚和无聊,和最终的混乱。② 当然,金融所承载的价值作为主观意志的客观化,反过来又对(生活)主体产生制约作用。一方面构成客观价值的心理事实,并诉求着主观价值与之相统一;另一方面多样的、碎片式的金融工具形式与更为深刻的精神的整体主义诉求必然构成矛盾关系,金融价值的逻辑本质上与意义世界价值的逻辑迥然不同。

三、“金融化世界”的精神现象学分析

金融与精神的关系早在中世纪神学家们就把它理解为金融与宗教的关

① 黑格尔:《法哲学原理》,第58页。

② 西美尔:《货币哲学》,华夏出版社2002年,译者导言第13页,脚注②。

系问题。在他们看来,金融与宗教的冲突主要是因为贷款(loan)一词与生命(life)一词的相似。英语中金融“finance”一词源于古法语,与“结束”(finish)一词有着相同的词根。在14世纪,金融是指最后的清算。Lamentatian Of Mary Magdelene是英国诗人乔叟的著作,书中写道:“Dethe is my Finaunce。”寓意是生命是从上帝那里借来的,而死亡是结束和偿还。[①] 随着现代性的发育和推动,当代人的价值观发生了变化:金融不再意味着生命的终极结算,而是生命的最具有价值的追求和显现。公允而论,金融的正常体验与人的精神世界有着积极的适应关系,但过度充盈的金融意志和行为与人的精神世界的关系,已构成现代人必须与自己进行自我交战的深刻根源。

(一)人类个体生命的“金融内化”,导致生命与形式的冲突难以通融

生命的本真意义被追求一种价值通约的“可转让性”所贯通。狄尔泰指出:“精神脉络具有某种目的论特征。只要心灵通过痛苦和快乐学到某种具有价值的东西,它就会通过注意过程、通过选择过程和对各种印象的详细陈述、通过斗争、通过意志活动、通过对它那些目标进行选择,以及通过寻求实现它那些目的的手段,作出自己的反应。”[②]显然,个体生命所具有的内在精神结构,既涉及外部事物所具有的各种价值,也涉及生命所具有的各种价值,更涉及生存世界的意义和理解。通常而论,外部世界构成的整体往往会作为对于某种内在的东西的表达而显现出,有的会形成某种内在的神圣成分,内化为个体生命的生存意志、生活态度以及世界观和价值观。资本金融的逻辑进入个体生命的精神结构主要来自两种“化合反应”:

1. 金融逐利与人性贪婪的契合,导致人的内在精神朝着货币化、资本化和世俗化方向发展。不可否认,现代人的日常生活程式已离不开现代金融工具及其衍生品的支撑,更灵活的财富管理、更有效的资源配置、更多样的需求选择等等,这是生存质量重大提升的显现。但另一方面,资本金融的偏好——唯利是图、金钱至上,会导致人性的裂变。金钱本身并非生来即坏,但对它追求过甚就会产生物欲化的金钱拜物教,产生单向度的人。马克思在《资本论》中对此有着深刻的分析与批判。金融的内在自然性癖——逐利(套利)与人性的内在本质——自私与贪婪两极相通,生存主体和个性都会由此变成事物,变成物品,变成客体。

① 威廉·N.戈兹曼等编著:《价值起源》,第3页。

② 狄尔泰:《历史中的意义》,中国城市出版社2002年,第209—210页。

2. 过度的“衍生化”金融偏好与人性嗜赌的契合,导致个体生命的自我意识沉浸在“投资—交易—风险”的生存范式中:生命的定在,被日复一日、年复一年的股票流转、资金流转、数字流转而固化、而激活、而冲动、而沮丧,这种充满着风险的零和游戏最能产生生命的节奏感和抗争力,但也会带来精神的堕落性、奴役性和分裂性。精神的无限性变成十分狭隘的有限性;精神的思辨知性被退化为单纯工具主义的感性;精神的丰富性被衰减为单维的物欲性。

个体生命的“金融内化”,尽管它能体验生命自身的内在矛盾,尤其是生命发展的肯定、否定、否定之否定的辩证转换过程,但如果每天都把生命搁置在关涉瞬间的丰裕回报或巨大财产损失的“读秒抉择”体验中,过度丰盈的欢乐或痛苦,定会招致精神的如此悲剧:精神超越世俗的秉性变得极端脆弱、极端无能、极端异化。被称为“华尔街巨熊”的国际股神利弗莫尔,从事股票操作长达 48 年,历经无数次兴衰起伏、破产与巨大成功。个体生命的“金融内化”最终导致他走向自杀。留下最后的遗言:“我的人生是失败的旅程”。当一个人的精神信仰不足以支撑他的巨大欲望时,走火入魔就是他的不归之路。如哲学家柏格森所言:“我们的思维,就其纯粹的逻辑形式而言,并不能阐明生命的真正本质,不能阐明进化运动的深刻意义。既然我们的思维是由生命在确定的环境下为了作用于确定的事物被创造出来的,那么它就只是生命的一种流溢或一种外貌,它怎能把握整个生命?”[①]应当说,逐利的金融意志主义蔓延,在全球金融体系的框架中,个体生命的“金融内化”与人类精神持有的“整体性自由”必然发生严重冲突。金融化所承载的世俗性,被理解为当今生活世界新的“基督性”:金融即财富,它拥有着神灵般的想象,宙斯般的力量,拥有它便拥有着通约世界的至高权力,同样也拥有着在瞬间将荒芜的土地变成价值连城的“金字塔”的机会。掌握资本金融工具,便掌握了一切话语权,掌握了用金融手段左右经济、价格和价值再分配的权力。显然,生命的“金融内化”的严重后果在于:它直接导致人类对生命意义及价值认知的颠倒,金融转让价值似乎永远高于生命价值。黑格尔在《法哲学原理》中曾对“财产权至高无上”的政治哲学信条作出深刻批判。他指出:“生命,作为各种目的的总和,具有与抽象法相对抗的权利。……生命既被剥夺,他的全部自由也就被否定了。”[②]因此,生命的价值高于所有权的价值,生命构成了一个比

① 柏格森:《创造进化论》,商务印书馆 2004 年,第 1—2 页。

② 黑格尔:《法哲学原理》,第 149 页。

所有权绝对更高的价值。生命作为人格的定在,它是自由的最实质性根据:“那些构成我的人格的最隐秘的财富和我的自我意识的普遍本质的福利,或者更确切地说,实体性的规定,是不可转让的,同时,享受这种福利的权利也永远不会失效。”[①]因为生命“所享有的权利不因时效而消灭,因为我借以占有我的人格和实体性的本质使我自己成为一个具有权利能力和责任能力的人、成为一个有道德原则和宗教信仰的人的那种行为,正好从这些规定中除去了外在性……。”[②]黑格尔的观点很清晰:在货币化、资本化生存世界里,从神性走向俗性的现代性发育,人类生命的整体性受到挑战,一方面要积极接纳追求经济性的世俗社会,另一方面更要高扬追求彻底自由的批判精神。可是,难以超越的是:现代性主张主体性与物欲的关联,而不是它与“整体性自由”的关联。

康德提示人类:人是目的,人就是人,而不是达到任何目的的工具。这一深刻的哲学理念,已成为理解人类精神持有的“整体性自由”内涵的逻辑前提。它根植于文明历史进化的需要之中,是人类由人性的利己主义倾向向更为广阔的社会化倾向进化的历史禀赋,因而也是“道德的整体”和实践原则。“整体性自由”来自人性中高度私向化行为受阻,而被迫产生的“利他主义”道德原则。人类正是不断接受个人的虚荣心、权力欲或贪欲心的挑战,不断创造一种更高的“生存境界”,从而推动人类不断实现自由计划。从历史哲学的维度来理解金融现象的逻辑,人类相关活动实存着特殊性与普遍性相统一的公理。个体生命的“金融内化”本质上割裂了两者关系:只注重特殊性,否弃了普遍性。实际上,两者是辩证统一的关系:一方面,特殊性是普遍性存在的前提和基础。充分肯定感性的个体及私欲的特殊性其合理性和重要性,对金融行为的个人动力学原理予以高度重视,个人乃是各种需要的整体以及自然必然性与任性之混合体存在的根基,充分理解恶的历史作用的具体性、可感性和自我性,没有因个人私欲、利己动机引发的金融活动中一切癖性、一切禀赋、一切冲动、一切激情,整体主义的普遍性就会成为毫无生命、毫无真实存在的空洞幻想。另一方面,特殊性应当接受普遍性的规制和导引,唯有“受到普遍性限制的特殊性是衡量一切特殊性是否促进它的福利的唯一尺度。”[③]这里有两个重要理念:第一,普遍性是特殊性的类本质。马克思指出:“本质

① 黑格尔:《法哲学原理》,第83页。
② 同上书,第84页。
③ 同上书,第225页。

只能被理解为'类',理解为一种内在的、无声的、把许多个人自然地联系起来的普遍性。"[①]人的类本质包括欲望的需要,更包括精神的自我认知诉求,金融架构越是隐性地侵入人的灵魂,改变人的世界观和价值观,人的本质就会逐渐向经济的物的世界转移。人不能按照事物的种的尺度来生产并创造对象化世界,相反,金融尺度本身定义了人本质的规定性。第二,特殊性只有在普遍性中才能达到真理。特殊的东西只有把自己提高到普遍的形式,才能获得它的生存。此真理有三个重要原则:一是追求利他主义原则;二是追求社会化(社会责任意识)原则;三是追求共有的制度文明原则。在现实的社会中,每一个特殊的人都是通过他人的中介,同时也无条件地通过普遍性的形式的中介,而肯定自己并得到满足。这意味着创设金融机构或金融工具,应当以人类的利他品性为核心,本质地说,金融的原在性有着更为宏阔的美学境界:如诺贝尔经济学奖得主罗伯特·希勒指出,"金融服务的是人类的欲望和潜能,它为我们构成一生中日复一日的各种活动提供资助。这些目标明确的活动本身都具有美感,……正是在为人类所有的活动提供帮助的过程中,也就是为一个拥有为所有成员所分享的富饶和多元化的合约的人类社会服务的过程中,金融才体现出其最真实的美丽。"[②]因此,狭隘的自利动机,极端的敛财心理,不道德的金融欺诈,失去社会责任的种种行为,包括刻板的金融职业习俗,都是与金融的真正本质相背离的。

显然,生命的意义体验与金融规制的过程体验相渗透,如果让精神世界完全服从市场命令,服从逐利的金融意志主义的行为节奏的召唤,它将招致人类的精神堕落或毁灭。自由是精神性的深度,欲望是经济性的根据,两者是灵魂与肉体、理性与欲望的关系,完全离开精神性的经济性,资本金融只会运动在"原始丛林"中,产权转让关系便成为"狼群撕咬"的关系。尼古拉·别尔嘉耶夫指出:"如何在世界上实现精神,即不让它处在未展开的状态,处在仿佛是潜在的状态,同时不对它进行客体化,不使之与自己异化,不把生存向堕落的世界里抛。这就是创造的精神问题。这意味着,精神性应该在世界上被实现,而不是被象征,应该在生存里实现,而不是在客体里。"[③]这里有两层意思:一是一切客体化存在的绝对首要性属于精神,即自由。精神的堕落不是精神的对象化或客体化的结果,而是精神离开了生命的本质运动方向,放

① 《马克思恩格斯选集》(第1卷),人民出版社1995年,第56页。
② 罗伯特·希勒:《金融与好的社会》,第194—195页。
③ 尼古拉·别尔嘉耶夫:《精神与实在》,中国城市出版社2002年,第59—60页。

弃了对物欲的批判和超越,精神被纠缠在物欲的世界里,这才是精神的真正悲剧。二是精神的彻底胜利将意味着作为非真正世界的客观世界的毁灭和消失(表现为不同时代的金融工具、金融体系、金融理念等都莫过是人类精神追求自由的产物,在一定的分寸上诞生着,在一定分寸上消失着。),资本金融永远是人类生存实践的产物,它是可变的,被选择的,被调制的,而不是生活世界的本体或惟一,在当代金融化世界里,诸多光怪陆离的投资理念已成为精神活动的主要偏好,全球拥有人数众多的亿万股民和基民,从清晨到夜晚,人们的生活已深深地被金融工具或产品所规制,有事实表明,21 世纪人类对资本金融愈来愈准确、愈来愈复杂、愈来愈依赖的心理适应并盲从,已构成民族或国家的集体无意识。这种人的本质向经济的物的世界转移,全球范围必然出现“富有者更富有、贫困者更贫困”的两极分化的生存世界。

(二)生存世界的金融合约化极易导致人类历史化意识淡薄,金融结构的语义系统与金融所赖以存在的历史文化的意义构成系统发生认识论断裂,意义世界被彻底的平面化了

现代金融体系已经打乱了人类对时空坐标的基本认识,极大程度地深化了人类对主观时空价值理解的内涵并强烈意识到当下与未来的对比。追求财富的时间幻觉集中体现在:人类的财富被摆放在“时间机器”中,一方面,“时间就是金钱”;另一方面,生命的过程与金融合约过程相重叠。人人成为谨慎的签约人和利润回报的算计者,并且永远处在讨价还价的世界里。品种繁多的“金融合约”,试图把人类的生存偏好改变为“即时性买卖”过程的唯一体验。不少充满着符号幻象、价格幻象、杠杆率幻象和财富倍增率幻象的金融衍生品,其产品的合理性和有效性证明,往往被“荒诞的叙事情结”“否定主义美学的逻辑推理”“虚实有加的比对心理”以及“后现代主义视觉效应”等所粉饰并被包装。更值得提及的是,财富的创造及其流转,离不开数字化逻辑程式的运作,虽然在一定程度上使人性的自由获得了进一步的放大,但同时也使得充满生命活力的人类逐渐囚禁在程式逻辑的“牢笼”中不能自拔。数字成为人类强迫性的记忆,一旦失去数字,人类便陷入苦恼甚至灾难。世界意义的生命节奏似乎就在财富之梦的构造与财富泡沫破灭的体验中轮回闪现。不可否认,现代资本金融体系加深了人类对未来时间坐标的生存意义的理解,却相对弱化了对历史时间坐标的生存价值的重视。高度理性化的交易程序,导致人类生存时间更多地被工具化、数字化、计量化和模式化所定义,人类已被金融合约化操纵了:金融市场暗含着原生的对称理论,金融品价格总是因市场不同而发生变化,微小的价格波动实质上反映了强大力量的博

弃，在时间的推移下，众多微小的波动将汇集成一个必然结果。该结果已成为当下人类生存体验的重要关注事件，它是如此重要，以至于人们关注的每天第一信息就是国际汇率、大宗商品期货市场报价、股市开盘指数点位等。每日交易所开市时间成为大都市"第一关注时间"。每天被市场涌现的杂多信息所影响，技术的灵性吞噬了历史承载的人文精神，金融的历史化被金融的工程化所替代，实体性的历史传统被虚拟性的当下创意所替代，金融的社会历史担当被追求既得利益的形式化套利功能所替代。毫无疑问，理解现代金融体系，必须认真思考思想和社会的历史，人是历史性地存在着，一个缺乏历史感的人类是十分危险的人类。狄尔泰指出："历史本身所产生的某些原则之所以有效，是因为它们使生命所包含的那些关系明显地表现出来了。这些原则都是义务，都是以某种契约、以对任何一个个体仅仅作为人而具有的价值和高贵性为基础建立起来的。这些真理之所以具有普遍有效性，是因为它们使历史世界的所有各种方面都具有了秩序。"[①]关注历史中的意义，有必要将金融理性提升到历史理性来把握。金融体系本身是合理的，它实存着现实理性，金融理性的核心要义是追求金融效益的最大化，主要表现为：充分的零和博弈、最大化的风险套利、尽可能的趋利避害、本能的嫌贫爱富等原则。与之不同的是，历史理性不属于私见和任性的主观偶然性，它源出于人类，是经过反思的、以追求自由意志为内核的历史普遍性观念。康德把它诠释为：由恶引起的对抗，由对抗诉求着和谐，从而形成人类觉解自身的历史进步观念："把那种病态地被迫组成了社会的一致性终于转化为一个道德的整体。"(即人类的文明社会)[②]这里的关键思想是：尽管完美状态的历史进步，离不开人类过渡状态的恶欲、冲突、犯错以及道德方面的堕落，如康德所言："自由的历史则是由恶而开始的，因为它是人的创作。"[③]但历史的进步离不开人类追求彻底自由意志的能动驾驭，离不开善的正义精神对恶的异化事实的扬弃，离不开从否定主义走向积极的建构主义。从金融理性走向历史理性，至少有如此深刻的思想要义：从对抗性走向和谐性。21 世纪全球资本金融体系的发展，已导致社会财富的增长率远远不及资本的收益率，劳动报酬的增长率远远低于资本的收益率。资本收益率为什么能如此偏离全球经济正义的轨道而狂奔？为什么能如此脱离劳动价值论的科学规制而任性？鲁

① 狄尔泰：《历史中的意义》，第 13 页。
② 康德：《历史理性批判文集》，第 7 页。
③ 同上书，第 70—71 页。

道夫·希法亨在《金融资本》巨著中得出重要结论:“金融资本,在它的完成形态上,意味着经济的或政治的权力在资本寡头手上达到完成的最高阶段。它完成了资本巨头的独裁统治。同时,它使一国民族资本支配者的独裁统治同其他国家的资本主义利益越来越不相容,使国内的资本统治同受金融资本剥削的并起来斗争的人民群众的利益越来越不相容。”[①]这说明,金融资本发展的脱域性极易导致社会财富的两极分化,权利与资本的交易必然带来国家与市民社会的对立,资本收益率高倍增长与社会贫富差距日益拉大的矛盾乃是金融化世界最深刻、最普遍的社会存在本体论问题。在全球资本高倍收益率的背后深藏着马克思所忧患的社会劳资关系对立的性状,金融资本实质上是特定的社会关系、生产关系和财产关系的反映,资本与劳动关系的对立,证明了相关制度的不公正性和人权发展的不平等性。金融资本,它的私向化程度愈严重,其自身的内在否定性愈充分,金融与人民的对抗性矛盾愈尖锐。毫无疑问,现代金融体系应当从狭隘的逐利群体或阶层自觉走向深刻的“人民金融”内涵。坚持人道主义宗旨,从制度上改变让“富人更富、穷人更穷”的金融秉性,改变与之相应的一切不合理的社会制度安排,尤其是改变“以资本为轴心”的社会核心制度形式。确保实现金融的民主化、人性化和社会公正性。人权问题首先是财产权问题,如果没有一个合理的社会公正制度,多数人的人权是无法保证的。金融制度乃是国家经济制度、政治制度的体现,如若没有一个人民性的制度安排,全球经济正义无从谈起。

(三)资本的精神向度更趋主观性和任性

资本是人类追求自由自觉创造活动的产物,在每个创造行为里都有主观精神的原初自由的因素。早在20世纪初,希法亨曾把高利贷资本、银行资本和金融资本解释为“否定之否定”的发展过程。[②] 从自由竞争的资本主义过渡到垄断阶段即帝国主义阶段时期,“资本便采取自己最高和最抽象的表现形式,即金融资本形式。”[③]资本的精神向度趋向主观性和任性:由虚拟资本所形成的“价格不再是一个客观决定的量,而变成那些以意志和意识决定价格的人们的计算数例,变成了前提而不是结果,成了主观的东西而不是客观的东西,成了任意的和偶然的东西而不是不依赖于当事人的意志和意识的独立

---

① 希法亨:《金融资本》,商务印书馆2009年,第433页。对此观点的进一步理解还可阅读曼德尔:《权力与货币》,中央编译出版社2002年,第199页相关内容。

② 同上书,第254页。

③ 同上书,第1页。

的和必然的东西。”[①]在他看来，导致这种主观性和任性的原因在于：

1. 金融资本所形成的垄断价格虽然可以根据经验确定，但是它的水平却不能从理论上客观地认识，而只能从心理上主观地来把握。[②] 客观的价格规律只能通过竞争为自己开辟道路。如果垄断消除了竞争，它们也就因此而消除了客观的价格规律能够借以实现的唯一手段。价格不再是一个客观的决定力量，而是主观意志的结果。

2. 随着股份公司和资本集中的发展，控制银行的虚拟资本的所有者与控制产业的资本所有者，愈来愈合二为一，愈来愈以金融资本的形式操控着市场，操控着价格，直至操控着整个社会。因此，资本的动员同生产过程无关，它仅仅涉及所有权，仅仅创造执行职能的资本主义所有权的转移形式，即作为资本、作为产生利润的货币额的资本转移形式。[③] 这样，关于价格的竞争便成为关于价格的权力叙事，关于企业生产力的报告便成为关于上市公司的股票交易性状的报告，虚拟逐渐摆脱实体，甚至真实变为“虚假”，虚假反成为“真实”，财富的劳动价值论被财富的权力意志论所替代。

21世纪资本金融时代的到来，既有着希法亭强调的“金融资本”的特性，更有着值得当代人思考的新内容：它已不再是银行的货币资本与产业资本的简单聚合，而是资本的金融化和金融化资本的相契合。资本的金融化，意味着资本集聚和运作重心由产业部门转向金融部门，金融化资本，意味着资本构成和资本运作方式与股权化和衍生工具化相勾连。在资本的全球化和信息技术的智能化（如大数据、互联网、云计算等）背景下，资本与金融的契合，就金融化资本主义制度而言，它是全球资本的垄断与权力控制的结合，是追求垄断资本效率的最大化与追求垄断金融效率最大化的结合。资本的主观性和任性表现为资本的高度私向化：

1. 全球资本金融体系加速了全球公共资本总量的衰减，私人资本总量的飙升，皮凯蒂在《21世纪资本论》中指出：“当前在发达国家，国民资本几乎全部为私人资本：全都占90%以上，有些国家甚至超过100%。”[④]

2. 在逐利的金融意志主义强力推进下，西方众多的国家核心功能被严重的私有化。哈贝马斯在反思金融危机时深刻指出：国家政纲“以其私有化的幻想掏空国家的核心功能，从而容忍了把政治公共领域残存的一点协商性成

---

① 希法亭：《金融资本》，第256页。
② 同上书，第256页。
③ 同上书，第207页。
④ 皮凯蒂：《21世纪资本论》，中信出版社2014年，中文版自序，第XVII页。

分贱价变卖给利润率节节高升的金融投资商，使得文化和教育依附于对经济气候敏感的出资人的兴趣和心情。”[①]从资本运作的精神向度分析，过渡资本化与过度金融化的契合，内生着技术与心理、逻辑与直觉、实体与符号、始基与想象等工作原理的运用。虚拟资本的工作原理离不开意识论，衍生品的创意离不开意志哲学。资本的虚拟创意，从界面到网络空间，处处充满着追求虚拟实在的形而上学。通过形象和意义流通，而非通过简单的产品物质机理的描述，按照预先定义了的现实，通过模式和符码以自我指涉的方式生产出来，从而达到比真实还要真实的“超现实”效果。

21世纪的资本似乎表达了对自由之本质的新规定，资本为人类的自由伸张作出了重大贡献，其所开辟的新的自由，开启了将来人本身能够而且有意识地设定起来的必然性和义务的多样性。实际上，21世纪的资本在现代金融的框架内，已经把主体自由界定为某种无穷无尽的财富创造和想象力。由无障碍的意识流动，变成无障碍的财富创造形式。意识有多远，资本就能走多远。资本是一个作为主体的自我表象着的客体，意识越被虚无化，资本就越被虚拟空间化。资本一旦拥有虚拟空间形式，其意志形态空间远远大于物理形态空间。资本的上述特征，说明了现代人精神的不安分。斯宾格勒曾把现代人称为浮士德式的人，也就是追求自强不息，不断进取，不安于任何有限的、完成的、完全古典的东西。另一方面，在资本永无止境的创造自我面前，精神只有拒绝接受僵硬的资本逻辑所带来的命运安排，才能真正获得内在自由。柏格森指出：“意识赋予‘存在’一词的确切含义是什么，我们认为，对于一个有意识的生命来说，存在在于变化，变化在于成熟，成熟在于不断地自我创造。”[②]生命的冲动在于一种创造的需要，这种创造的本质就是力图把尽可能多的不确定性和自由引入物质。如投资银行家们，每时每刻都有可能受灵感火花的启迪而创意出具有极强脱域性的新金融工具或金融衍生品，这些挑战“确定性”、伸张“自由意志”的新工具，在一系列恰当的分析、评价及交易过程后，最终进入金融工程师和投资者们心理信赖的永久工具箱中，物质的财富通过抽象和创意，在主观叙事和理性狡计的驱动下，有限的承载变成无限想象的索取权，在特定的态势中，它的确可以以倍增式的财富效应变现，但也回避不了连概念到实体都被归零的命运。

资本运作离不开分析师、评估师的意识判断。如以股票、权证、汇率和利

① 转引自复旦大学哲学学院主编：《国外马克思主义研究报告2009》，第210页。
② 柏格森：《创造进化论》，第12—13页。

率期货等产品为代表的资本市场交易主体(以投资银行业务为主的金融公司),由于资本市场虚拟经济的特点,信息成为人们进行买卖交易的主要依据,而电子数字化则是投资人的主要交易手段,没见过黄金的人可以买成百上千盎司的黄金,没见过原油的人也可以买成千上万桶原油,没见过某企业产品的人也可以买该企业的巨额股票,那么决定市场未来走势的重要分析和预测普遍是由投行首席经济学家和分析师提供的,①其中他们在特定环境下的精神状态、心理因素、情感反映等对评估及分析的结论影响是不言而喻的。再一方面,资本运作监管制度的不健全,导致不少衍生品的交易处在"任意叙事"的非理性状态中。如对期权进行交易并非出于管理民众生计这个高尚的目的,而仅仅是一种非理性行为。这种交易的需求是巧言令色堆叠出来的,是销售期权的人利用顾客心理的弱点编造出来的。他们提出,对期权交易兴趣最大的人是那些不懂市场、可能完全误解期权的功能并夸大期权价值的人。② 可见,不完美的衍生品市场,资本运作存在着严重的主观性、意志性和任性。

资本精神向度的主观性还集中反映在 3 个领域:

1. 衍生品的创意领域。主观性往往表现为资本脱离金本位制,脱离实体经济,通过衍生工具座架世界的意志主义企图。

2. 资产证券化的精神生产领域。资本市场是一个生态系统,有它自身的发展规律,资产的证券化是全球经济发展的大趋势,但这又是一个长期发展的过程,倘若资产证券化的意志过强,而实际资本市场的可承载性却很弱,必然导致资本的主观性和任性。

3. 上市公司股票定价有着过高估值的意志偏好领域。企业的资本打造,主要不靠工业生产,而是靠股票投资,企业的价值只由资本市场来决定。估价过高意味着对资产的估计价值高于资产的实际价值,客观地说,它对于推进资本市场大量新股的发行和交易有着一定的作用。但是,正如米切尔所指出的,"过高估价可能只是一个幻景",③一方面,公司发行比其自有资产更多的股票将会导致公司未支付更多的股票分工而抬高股票价格,仅靠公司的资产显然不能够使公司以公平的股票价格发行股票;另一方面,它通过股票"掺水"将多余的垄断利润分散到更多的普通资本中,以遮蔽公司的垄断利率;再

① 刘纪鹏:《资本金融学》,中信出版社 2012 年,第 22 页。

② 罗伯特·席勒:《金融与好的社会》,第 113—114 页。

③ 米切尔:《金融如何压倒实业》,东方出版社 2011 年,第 52 页。

一方面,它的极端的投机性极易导致市场的波动性。[1] 2015 年上半年中国发生的股灾事件其原因之一正在于此。这说明,想象的时间与想象的财富,最终不能与真实空间和真实的发展条件相分离。在想象的时间里,前进与后退没有很大的区别,但在真实的时间里前进与后退有着重大差别。

四、结　　语

对金融化世界的哲学反思,并不是呼吁人类要废弃金融价值观,消除现代金融生活范式,而是将人类引入更为深刻的形而上的问题思考。如金融学家、诺贝尔经济学奖得主席勒的发问:“我们都生活在金融主导的时代,也就是金融制度对社会经济体制的影响力逐步增长的年代,而 2007 年开始的金融危机使大多数人都认为这种制度已经腐化,我们都需要认真思考这个社会的发展方向是否正确?我们这一代人以及下一代人是否仍要坚持同样的发展方向?”[2]笔者以为,席勒所指的“发展方向”,寓意是人类应当期待着更高的生存状态的完美综合。如何理解这种生存状态,如何实现“完美综合”?有 3 个要义值得重视。

(一) 它需要我们从未加反思状态进入反思状态。只有通过反思才能把握比金融更抽象的社会存在论的思辨道理。毋庸置疑,现代资本金融体系仍然归属现代性发展的高级形态,现代性二律背反的本质深藏其中:欲望与理性的对立、形式与内容的对立、私向化与社会化的对立、自我意识与道德律令的对立、康德式的主体与斯宾诺莎式的实体的对立。唯有深刻反思,才能触及现代性与现代金融本体论存在的关联性,才能对习俗的东西、本能的东西、感性的东西进行辩证超越,才能把属人的自由程式更多地理解为主体性与自由的勾连,而不是单纯客观性、实体性与自由的联结。才能认识到金融的创造力与人类的思想创造力同出一辙,金融在场性的缺陷,本质上是人类历史进化过程中的实践局限、理论局限和制度缺陷的反映,它证明了主观精神(追求彻底的自由精神)与精神的客体化沉沦(它意味着世界的堕落性,世界的分裂性和奴役性,而且生存主体、个性都被变成事物,变成物品,变成客体)[3]之间的冲突十分严重,人性的弱点只有在更高人类实践活动的历史过程中被加以克服,尽管这一历史充满着矛盾、对立和分歧,充满着强化的需求与力量的

---

① 米切尔:《金融如何压倒实业》,第 52—53 页。

② 罗伯特·席勒:《金融与好的社会》,前言。

③ 尼古拉·别尔嘉耶夫:《精神与实在》,中国城市出版社 2002 年,第 55 页。

较量。人类的智慧正在于：永不停顿的忧患，永不停顿的改造，永不停顿的前进。

（二）21世纪全球资本金融体系的发展已深陷四大“二律背反”中：

1. 公平与效率的矛盾冲突。

2. 技术向度与人本向度的矛盾冲突。

3. 私向化与社会化的矛盾冲突。

4. 金融理性与政治理性的矛盾冲突。事实上，从资本的任性到权力的任性，21世纪人类历史已出现超出人们意料之外的偏斜运动。世界如何实现全球经济正义？人的异化何时被扬弃？纯粹的经济理性已导致人与人之间关系的疏离，最终使人也成为被深度开发的金融衍生品。国际金融投资大师乔治·索罗斯曾语重心长地告诫人类：世界经济史是一部基于假象和谎言的连续剧。要获得财富，做法就是认清其假象，投入其中，然后在假象被公众认识之前退出游戏。索罗斯的判断尽管比较偏激，但他深刻地提出了千百年来人们一直追问的一个深刻的经济哲学问题：金融的存在有无合理性与合法性？笔者以为，“金融与好的社会”的结合，它深层次关联着一种新的政治经济学批判精神的在场性。传统的自由放任的市场哲学来自西方个人理性的政治哲学谱系的价值同构，这种历史精神的沉积已被人类实践反复证明：它不再具有“现实性”和历史的合理性。该政治哲学的核心价值观只能导致“让富人更富”的社会制度，如国际货币基金组织和世界银行在1990年作出的“华盛顿共识”这一经济构想：世界改革应当遵循如此方针：Trickle down（渗漏效应），让富人更富，然后福利就已然渗漏到穷人了。[①] 这种社会公正来自自然发生论的教条已被历史证明是十分错误的。社会主义国家虽然有着“好的社会”的政治制度基础，但由于存在着上层建筑的不完善，社会主义现代市场制度构建的不成熟，尤其是构建现代金融体系的不发达，“金融与好的社会”结合的优越性还很不充分。它也期待着新的政治经济学批判精神的理论先行。

（三）根本上解决皮凯蒂所忧患的世界两极分化问题以及资本发展的主观性、任性和脱域性问题，只有从制度的合理性与合法性、人民性和政党的先进性相一致的政治理性框架中，才有可能辩证地引导资本发展的积极效用，使自由放任的资本历史进化到促进人类全面进步的自由历史。应当清醒地看到，当代全球资本金融垄断集团对世界经济的控制和掠夺日益加重，其投

---

① 复旦大学哲学学院主编：《国外马克思主义研究报告2009》，第211页。

机性、掠夺性和寄生性有增无减,它已从根本上证伪了金融帝国主义政治制度和经济制度的合理性与合法性问题。若不承认这一客观事实,地球上的人类还要历经更多的、也是更为惨重的历史磨难。2008 年金融危机后,中国的道路、中国的模式愈来愈成为世界学术领域关注的新视点,这说明历史的偏斜运动尽管有着人类追求自由意志的价值偏好,但它仍然离不开历史的必然性与历史偶然性的辩证运动规律的支配。这也是马克思的思想价值和科学价值在当代再度被唤醒的原因之所在。在中国,21 世纪资本已成为追求普遍理性进步意义上的人性自由发展的重要象征,这是 21 世纪资本论最值得关注、最值得期待、最值得提升与总结的具有世界意义的重大事件。在中国,一个健全的资本市场,一个健全的融资机制,一个健全的市场经济体制是多么的重要。21 世纪的资本论最值得研究的是: 中国精神与中国资本的互动。它不是单纯资本运动的个别规律,而是极具创新意义的从特殊规律上升到一般规律的实践探索。海德格尔指出:"对人类一切能力的至高的和无条件的自身发展的确保,亦即对人类一切能力向着对整个地球的无条件统治地位的发展的确保,乃是一种隐蔽的刺激,推动着现代人不断走向新的觉醒。"[①]21 世纪是什么样的"隐蔽的刺激"使得资本的运动给了当下人类新的觉醒呢?笔者以为,中国资本创新模式是 21 世纪政治经济学批判再唤醒的学术事件。至少有两个视阈的问题值得研究:

1. 大力促进社会主义资本发展在何种意义上是积极的、有效的、正能量的? 让资本在社会主义阳光下最大化运行,重要的要解决哪些深层次的制度问题和改革实践问题? 社会主义与市场经济内生关系如何理解? 社会主义与资本的内生关系如何认知? 中国资本发展独特的制度优势、精神资源优势是什么?

2. 资本: 如何从经济理性上升到政治理性,即把追求经济最大化效应扩延为追求社会发展的最优化效应,把经济人的财富论提升到人民的财富论。这是十分重要的制度创新,也是中国为世界作出最重要贡献的历史期待。

---

① 海德格尔:《尼采》(下卷),第 776 页。

风险管理失败的原因：道德与行为的解释

［美］约翰·博特赖特(John R. Boatright)* 黄艾克 陆晓禾 译

［提要］ 最近的危机是现代风险管理发挥了重要作用的第一个危机。显然引人注目的是，在这项最初重大测试中，风险管理失败了。风险管理失败的原因有很多。本文的重点是从伦理和行为方面来考察这一失败，特别是个人、组织和社会因素在其中是如何发挥作用的。个人因素对风险管理的影响包括：产生虚假的信心、鼓励更大的风险承担以及为错误的目标而使用风险管理。危机中风险管理的失败可以通过组织采用的风险管理方式来进一步解释，它影响了管理风险的选择、风险的转移、风险管理的责任分配以及风险水平的确定。最后，利用风险管理来满足社会期望维护合法性和有控制能力的形象是危机的重要因素。

一、导 论

尽管最近的金融危机非常复杂，但从过去的几次事件中可以了解，资产价格泡沫的破裂导致了银行体系的压力。正如《这次不同：八个世纪的金融蠢行》(This Time is Different: Eight Centuries of Financial Folly, Rogoff and Reinhart, 2009)一书充分证明的，这些金融危机非常相似，尤其是在认为高资产价格是“这一次”的新因素观点上。然而，这一次的情况在如下方式上与之前有所不同：这是第一次风险管理在其中发挥了重要作用的重大金

---

* © Oxford University Press, 2021. Acknowledgement: Oxford University Press Granted the Copyright Permission for John Boatright's Chapter "Why Risk Management Failed: Ethical and Behavioral Explanations," Published in The Global Financial Crisis and Its Aftermath: Hidden Factors in the Meltdown, ed. by A. G. Malliaris, Leslie Shaw, and Hersh Shefrin, 2016, 384 - 398.

作者约翰·博特赖特，美国芝加哥洛约拉大学(Loyola University)昆兰商学院教授。——译者

融危机。现代风险管理，采用高度复杂的数学方法和模型，是过去几十年的发展。

在最近的危机中，对风险管理失败的一个完整的解释是，风险管理不可能在一个很小的空间里进行，并且涉及一些高度技术性的问题（有关这一解释，见 Hubbard, 2009）。本文的重点是，在处理这一失败过程中，对其伦理和行为方面的关注是相当有限的。即使关注这种更有限的范围，目的也特别是考虑行为伦理学新兴领域的激增（见 Trevino, Weaver, and Reynolds, 2006），这在很大程度上与行为经济学和行为金融学有很大的重叠。当然，对于风险管理在最近的危机中是如何失败的，从伦理行为和伦理解释方面的充分研究，将涉及几乎所有关于道德行为心理学的发现。这里提供的讨论必定是简要的和部分的。

二、危机中的风险管理

管理生命的不确定性一直是人类关注的事。在古代，它导致了满足神祇的神秘的手段，而神的意志决定了人们的命运。在《反众神》（Against the Gods）一书中，彼得·伯恩斯坦（Peter Bernstein, 1996b）追溯了风险管理的发展，直至文艺复兴发现了概率数学。随后，这种对风险的数学方法被现代银行和保险行业以及政府所采用（伯恩斯坦指出，由于早期在治理中使用了数据，所以统计学“statistics”这个词的词根是“state”）。

然而，目前形式的风险管理始于 1970 年前后金融理论方面的进步，为高度复杂的数学测量和模型奠定了基础。现代基于数学的风险管理已成为有助于人类的一个确定的恩惠。然而，关于它可以提出一些关键性的问题，因为正如伯恩斯坦所警告的，风险管理可以成为“一种新的宗教，一种与旧的一样难以调和、狭隘和任意的信条”（Bernstein, 1996a: 47）。在他看来，过分依赖数字可能会导致错误，就像那些依赖于预兆和供品的老人所犯下的错误一样严重。如尼尔·弗格森（Niall Ferguson, 2008）所调侃的那样，“神想要摧毁那些人，首先教他们数学。”

风险管理在最近的金融危机中发挥了作用，首先是通过开发新金融工具，包括沃伦·巴菲特（2002）称为“金融大规模杀伤性武器”的衍生品的构建。特别是风险管理工具促进了债务抵押债券（CDOs）的结构，这些证券把大量贷款捆绑在一起，并将它们分成不同风险等级和回报率的组别。如果没有数学模型来确定这些证券的风险以及相应的各个组别的价格，这些证券是不可能构建起来的。评级机构依靠相同或相似的模型对这些新证券进行评级,通常将最高的评级授予那些后来变得一文不值的证券。

需要更多的数学模型来构建其他的外来金融工具,如合成CDOs和信用违约互换(CDSs)。(合成CDOs是基于CDOs或各种指数衍生品和二阶和三阶衍生品,而信用违约互换本质上是债务工具的保单,任何投资者都可以购买,即使是那些没有持有贷款或证券的投资者。)主要银行不仅发行了CDOs、CDSs和其他证券,而且还收取了高额费用,但它们也持有许多这类证券,并使用其他公司发行的信用违约互换来为自己的头寸提供保险。危机发生时,银行持有的一些证券价值下跌,而因为这种下跌,更重要的是,因为这些证券价值的不确定性,银行无法用它们来抵押借贷。没有考虑到的风险来源是流动性的损失,也就是说,这些证券突然没有了买家。

风险管理的第二次使用发生在银行评估其投资组合,包括大量的CDOs和类似的证券风险之时。尽管银行通过利用资本来承担非常大的风险(在某些情况下超过30比1),但它们能够非常自信地做到这一点,因为通过新开发的基于模型的技术精确地测量了它们的风险。特别是风险价值(VaR)成为一种广泛采用的工具,用于确定银行投资组合带来的风险。VaR给了用户很大的信心,他们相信公司的风险是受到谨慎管理的,而结果证明这是错的。

三、对风险管理的批评

现代风险管理在许多不同的方面受到了批评。最常见的批评是,用于管理风险的模型在危机中失败了,原因是数据不足、变量有限和假设错误(Cassidy, 2010; Stulz, 2008)。在某些情况下,这种失败在于模型本身,而其他一些失败则是滥用好的模型的结果。许多风险管理的目标是预测低概率、高影响的事件,有些人不仅质疑这种可能性,甚至质疑尝试这样做的意义(Rebonato, 2007; Taleb, 2007)。这一点对于"未知的未知"尤其如此,它可能从未发生过,甚至可能是被构想出来的。这些在原则上无法预测的事件,不能在模型中捕捉到,但可能是最需要管理的风险。

另一种批评是模型本身可能会影响预测的事件,结果会是,模型经常在危机中失灵,因为它们让每个人都以同样的方式行动(Daníelsson, 2002)。例如,天气预报可能会让人们带伞,但这样做对天气没有影响,不像对市场的预测可能会影响人们的交易方式。更广泛的批评是,被预测的人类行为是不确定的,因此无法被建模。即使当行为按常规而足够建模时,它也会随着事件的发生而改变,这样模型就会失去它们的预测力(Pollock, 2008)。

对具体方法,特别是风险价值概念或VaR,提出了进一步的批评。这概念认为，1 美元的数字，在一定的时间内，可以有一定的概率丢失（Leippold, 2004; Nocera, 2009）。这种方法的一个问题是，丢失的数量在误差范围内可能是无限的。此外，当发生群体行为时，这方法也会在危机中失败。出于这个原因，VaR 被比作一个安全气囊，除了在猛撞中，它总是有效的（Einhorn and Brown, 2008）。对最近金融危机中使用的模型的技术特征提出了进一步的批评，其中一个被广泛接受的假设是，违约之间的相关性可以由当前而不是历史数据来决定。这种假设被描述为“杀死华尔街的公式”（Salmon, 2009; Jones, 2009; Li, 2000）。

对风险管理的主要批评显然没有涉及道德规范，除非是对风险的管理是不小心的，或者更糟，是恶意的。当然，这场危机给整个社会所带来的巨大伤害是可悲的，但就像有缺陷的产品所造成的伤害一样，只在有某种意图或至少是重大过失的情况下，这种伤害才是道德上的错误。尽管没有人可能打算造成随后的损失，但许多人意识到，一些借款人将失去他们的房子，或许还有毕生的积蓄，而这将给全球无数投资者带来巨大的损失，这些投资者购买了高风险抵押贷款支持的证券。

人们常说的“我要走了，你也会走的”（这一愤世嫉俗的缩写为 IBGYBG），让人们对许多参与抵押贷款和证券化过程的个人的道德品质产生怀疑。而且，投资银行对它们出售给投资者的抵押贷款支持的证券进行押注的例子，在道德上也是可疑的，尽管他们辩称，这些银行是在与“老练的投资者”打交道，他们知道自己在做什么，并希望承担风险（Storey, 2010）。在这种情况下，道德上的过错如果有的话，也是在于角色的混乱：银行是受托人的受托人，负有保护客户利益的受托责任，还是仅仅是市场交易的对手方，哪种角色可以正当地利用他人的错误判断？

更为困难的是，想要通过在深思熟虑的不当行为或过失侵权行为与事后回想可能称为“愚蠢透顶”的巨大误判之间划出界线的办法，来找出金融危机中的道德过错。有句警告来自被称为“汉龙剃刀”的名言：永远不要把恶意归咎于那些可以用愚蠢来解释的行为！对这个忠告可修正为：在复杂的互动系统中，决不能用恶意或愚蠢来解释有适当理性的个人的激励机制（Hubbard, 2009: 55）。这种解释似乎符合最近金融危机中的大部分行为。

对风险管理的许多批评，针对的既有它的技术缺陷，也有可能是不道德的滥用，考虑到了风险管理方法和模型的具体应用，或者将风险管理作为一种手段或工具。为了探讨风险管理的伦理和行为方面，我们必须考虑两个问题：第一，使用风险管理的人的影响和被影响的方式；第二，风险管理在组织中应用的后果,包括出于监管目的的利用率。关于第一个问题,现代风险管理不仅仅是对某些事件发生概率的技术分析,而且还是决策制定的全面方法的一个关键部分,对个人行为和组织功能有巨大的影响。第二个问题反映了这样一个观点,即在组织中实施风险管理时,必须与组织的运作模式和组织的理性相一致。

四、风险管理的使用

与许多创新一样,风险管理的价值在很大程度上取决于它的使用方式。在这种情况下,它的用途不仅仅涉及它作为手段所致力于的目的问题,还包括它的使用方式——也就是说,如何明智地使用风险管理。当然,智慧是决策的圣杯——所有的决策者都应该是明智的。但是,这种警告在不理解什么构成风险管理智慧的情况下,是没有指导意义的。具体来说,在最近的金融危机中,风险管理是如何没有得到明智使用的呢?

首先,回想起来,太多的风险是由太多的人承担的:投资银行、全球投资者和个人房主,列出的这些是主要的罪魁祸首。人们的普遍印象是,这些风险并没有经过仔细评估,但事实恰恰相反:特别是银行使用非常复杂的风险管理系统,来精确地校准它们发行的证券和它们自己投资组合中的证券的风险。重大错误的发生并没有影响所发生的巨大的风险管理工作。事实上,有人可能会说,太多的风险管理(或者可能是错误的类型,而且过于依赖它),是这场危机的核心。

错误的一个来源当然是错误的信心,认为已经了解并控制了风险。这不仅是由于所使用的风险管理方法和模型的复杂性,而且因为一些影响所有决策的偏见和启发法,它们还形成行为经济学和行为金融学的基础。首先,从风险管理工具中获得的结果很容易就能符合确认的偏差,这使得人们能够接受确认的证据,并对任何相反的证据产生抵触,这也导致他们只寻找前者。例如,每个模型都是为了回答一些特定的问题而创建的,因此只有被问到的问题才会从模型中得到答案。

可用性启发法进一步使人们更依赖于现有的证据,而风险管理模型的普遍性确保了某种证据是最容易获得的。因果关系的偏差,是由于人们相信事件的原因是已知的和可操作的,这增加了对风险管理努力结果的信心。风险管理不仅确保了事件是可预测的,而且还确保了它们得到正确的预测。这种保证进一步强化了控制的错觉。此外,框架效应确保,当以风险管理模型所呈现的风险为决策框架时,这些框架因素将主导人们的思维,排除其他因素。

最后，承担一定风险的财务回报是一种强大的激励机制，让人们相信，风险管理模型显示出这些风险是可承受的谨慎的风险。

风险管理不仅增加了人们对承担风险的信心（也许会导致更多假设的而非现实的风险），但它也会导致承担更大已知风险。除了对风险管理良好的信心之外，造成这种结果的一个原因是，风险管理提供了一种有价值的商品，即合理的推诿。风险管理允许一个失败的决策者将责任转移到那些对被证明是错误的预测负责的人身上。他们会说，“我的风险管理人员告诉我这是安全的！”在失败的情况下，责任可以转移，从而鼓励更多的风险承担。”当决策者与产生结果的风险管理专家相去甚远时，这种推卸责任的做法就更有效了，通常情况下是这样的。一般来说，风险决策的级别越高，决策者就越能从合理的推诿中获益。

加重风险承担的一个更微妙的因素是，风险管理结果的存在，支持具有高潜在回报的行动，这使得决策者很难支持任何提供较低回报的替代方案。这样一个决策者的举证责任不仅在于说明为什么不应该采取更高潜在性的行动，而且任何辩护都可能不那么以技术为基础，因此也就不那么有说服力了。拉古拉姆·拉詹（Raghuram Rajan, 2010: 144）已经观察到，“不去冒一个不理解的风险往往是最好的风险管理形式。”然而，任何遵循这一建议的决策者都承认，自己没有理解某些东西（这对于一个“宇宙的主人”来说是非常困难的），而给出的理由（“我不明白这一点”）与风险管理的“硬”结果相比，是相当“软”的。

然而，风险管理的另一个错误来源是，关注于管理已经假定的特定风险，而不是使用它来确定将承担何种风险。例如，一旦作出了大量投资 CDOs 的决定，风险管理工具就能让一家公司去管理投资组合的风险。但是，首先这样的巨额投资是否一个明智的决定？换句话说，风险管理可以在制定战略或实施战略的领域中使用，而且往往只有后者成为公司风险管理工作的重点。同样的道理也适用于使用风险管理来提出问题。不是使用风险管理来质疑一个公司的总体战略，在那些严重的问题可能存在的地方，而是它通常只是用来证明具体的战术和实施决策，比如在投资组合中购买或出售哪些证券。

乔·诺塞拉（Joe Nocera, 2009）讲述了高盛的银行家们如何决定控制他们的风险的故事，他们试图发现其利润和损失模型导致的下降结果的原因，这些模型仍然是令人满意的，但却令人担忧。许多公司可能已经从模型中使用了类似的结果来证实其当前策略的合理性，但高盛的银行家们则对此感到担忧，并寻求导致这一下降趋势的原因。他们的调查导致了一项重大战略决策，即大幅减少对房地产市场的曝光，从而“离家更近”。因此，高盛通过询问被竞争对手忽视的风险管理系统提出的问题，避免了一些损失。换句话说，成功地使用风险管理取决于如何解释它的方法和模型，以及采取什么行动来应对。

不管风险管理是否被用于制定或实施战略，必须作出如何管理风险的决定。通常情况下，风险管理系统会识别出所冒的风险，并衡量所承担的风险量，但这些信息对实际风险管理几乎没有指导意义，除非可以确定每种方法的成本效益。通常的反应是以最低的成本达到预期的总体风险水平。然而，这种方法假定的目标是识别所有的风险，并找到解决每一个风险的方法，因为这是风险管理系统所能够做的事情。

这种方法的一个严重问题是，聚焦风险本身，这些风险通常是低概率、高影响的事件。这些事件不仅数量众多，而且最可能的危险是那些可能没有预料到甚至是构想出来的危险。试图制订一个全面的计划来解决所有这些风险是不必要的、代价昂贵的，而且很可能会失败。此外，风险管理系统处理的风险较低、影响较大的事件可能不会对公司造成最大的威胁，因为在有许多不同概率分布的事件中会发生巨大的损失。正如一位匿名的风险经理所承认的那样，“我们还没有完全意识到，一个非常大的数字中，有 20%的人会造成比一个小数字的 80%更大的损失”(Anonymous, 2008)。

这种方法的另一种选择是，找到最具成本效益的方法来达到一个可期望的风险水平——不是关注具体的风险，而是集中在总体准备上。这一点由塔勒布、戈德斯坦和斯皮兹纳格尔(Taleb, Goldstein & Spitznagel, 2009: 79)以如下方式表达：

> 不是试图预测低概率、高影响的事件，而是我们应该减少它们的安全隐患性。我们认为，风险管理应该是降低我们所不理解的东西的影响，而不是徒劳地尝试去开发复杂的技术和故事，使我们永远幻想能够理解和预测社会和经济环境。

他们补充说，更有效的方法是关注后果，关注任何形式的极端事件的可能影响，而不是特定事件的可能性。这个建议可以简单地表达为：“准备，不要计划！”

在使用风险管理中，最后一个错误的来源是，用对它的唯一依赖取代了个人的判断。数学度量和模型是有用的工具，但它们不能完全取代人类的判断，并且必须始终与之结合使用。这是阿玛尔·毕海德(Amar Bhidé, 2010a)最近出版的一本书的主题(2010a)。在《需要判断力：为充满活力的经济提供明智的金融》(A Call for Judgment: Sensible Finance for a Dynamic Economy)中，毕海德认为，在现代金融中，使用基于数学的模型创造了一种新形式的集中决策，很大程度上取代了旧分散式系统的判断，许多个人的判断被聚合起来以产生合理的、知情的决定。在这种从分散到集中决策的转变中，不仅个人在市场上提供的信息丢失了，而且这些信息甚至也不再相关了。集中决策需要一种不同类型的信息，可以在数学模型中进行处理。

这一点的一个例子是自动化抵押贷款处理的发展，它有一个很大的优势，就是贷款申请的批准可以用几分钟而不是几天来获得，而且成本要低得多。然而，这一过程很少使用传统信贷员对借款人的信用度的判断，而传统信贷员通常掌握着大量关于这个具体借款人的第一手信息，或者可以很容易地获得这些信息。更重要的是，在自动贷款处理过程中，借款人的信用度在很大程度上是无关紧要的，因为该过程的算法主要需要的是总体违约率的数据，而不是任何特定借款人违约的概率。通过这种方式，决策过程不仅变得集中化，因为它已经取代了以前的去中心化系统，而且它还依赖于不同类型的信息。毕海德认为，在一个分散的决策系统中的个人判断与在集体模式中的数学模型之间存在着“合理的平衡”，而这种快乐的折衷也需要判断力。因此，人类判断力的首要地位是至关重要的。他总结说，“然而，如果我们要保持人类判断力的首要地位，我们必须学会驾驭和控制这些模型，而不是屈从它们”(Bhidé, 2010b)。这类似于伯恩斯坦的(1996a: 47)警告：不要让风险管理成为一种新的宗教。

五、风险的管理化

对现代风险管理的理解，不能离开其在组织中的实施。组织实施风险管理的方式不仅会对其功能产生深远的影响，而且这种实施本身也形成了风险管理领域。从定义上讲，风险管理处理的就是组织所面临的不可避免的不确定性。这一点在迈克尔·鲍尔(Michael Power, 2007)的书名中表达了出来，这本书将风险管理描述为有组织的不确定性。按鲍尔的观点，20 世纪 90 年代所有行业的公司采用的管理控制系统所处理的，是传统上由银行、保险公司和其他风险专家以技术方式处理的那类风险。

关于风险管理对组织的影响的描述可留给鲍尔的书来提供，这里的重点是，组织如何影响风险管理的实践。组织有特定的操作模式，用于实践、例程、策略等；它们采取了特定的结构形式，其中大部分是等级制的和官僚化的；它们按表现出某种组织的理性程序来作出决策。因为这些特征强有力地影响了它们范围内的任何东西,组织构成了一个可以进行风险管理的普罗克鲁斯塔斯床[①]。因此,塔勒布(Taleb, 2010)指出,风险管理只是强迫现实符合预想形式这样一种普遍存在的现象的例子。

在希腊神话中,普罗克鲁斯塔斯是一个强盗,他把受害者的四肢伸展开来,或者把它们切下来,以便把他们的身体放进一个固定长度的床上。因此,普罗克鲁斯塔斯床成为一个比喻,形容将任何东西都装进任意的标准或形式。在将风险管理纳入组织的过程中,某些调整会发生,其中一些是不可避免的,而另一些则需要深思熟虑的选择。

(一)在组织中承担最大风险的管理者自身的风险更有可能得到关注

最重要的是,任何管理者都希望获得成功的回报,并避免因失败而受到责备。在低概率、高影响事件和高概率、低影响事件之间,后者具有优先级,因为它们对所有人都是显而易见的,而且未能处理好这些问题也会被注意到——即使这些事件没有发生。相比之下,极不可能发生的事件对管理者的威胁较小,这不仅是因为它们按定义也是不太可能发生("这是永远不会发生的!"),而且因为未能为它们制订计划而更容易得到原谅("谁能预见到这一点?")。

此外,风险的选择受到保护手段有效性的影响。对于一个经理来说,无论计划多么仔细,他勇敢尝试去避免一个已知是徒劳的风险都不会获得任何褒奖。所以,能够有效管理的风险——以及对结果的信心,对管理者更有吸引力。有些风险在本质上比其他风险更易于管理,但有效的、有保证的手段的可获得性也可能是由于过去的经验,在过去的经验中,这些手段是用来处理某些风险的。因此,以前遇到并有效解决的风险,而不是一个没有现成补救措施的不寻常事件,更有可能得到经理的注意。

(二)组织因素对风险的实际管理有重要的影响

不仅可以比其他风险更有效地管理一些风险,而且更重要的是,一些管理方法更适合于组织。在管理风险时,组织必须考虑其资源和能力、决策和操作模式、目标和激励机制以及所有的约束条件。简言之,对任何给定的风险,组织都必须询问"我们能采取什么行动来有效地应对这个风险,考虑我们是谁、我们拥有什么、我们如何行动?"

在组织中,对所有问题的责任,包括风险,都必须分配给拥有各种能力的特定的官员。这种责任的分配既影响风险管理的行为,也影响其质量。在过

---

① 意谓削足适履。——译者

去的 20 年里，组织的责任被推到了更高的层次，包括 C 级官员（即首席官员——译者），甚至是新设的首席风险官（CRO）。尽管这种对风险的高度关注有一定的好处，但它也在顶层的最终决策者和处于较低水平的风险技术专家之间造成了一种距离。这样做的效果还在于消除了组织中其他成员的一些管理风险的责任，比如交易员和投资组合经理的责任。

所有这些因素都导致了对常见的、已知的灾难和故障的有组织的风险管理的关注，而不是那些真正具有破坏性的罕见事件，而风险管理可能应该对此关注。因此，这种危险是一种“错位”，即企业关注的是在组织中可以管理的东西，而不是真正的风险来源，而确实，这可能也是难以管理的。因此，鲍尔（2004：30－31）写道：“管理不可知风险的负担……被代之以更简单的任务，可以成功地向上级报告。杀手事件和恐惧来源被转化为惯例、规则和数据收集过程。”

六、风险管理的社会影响

从伦理的角度来看，现代风险管理的一个重要特征是，影响社会每个人的多重风险，成为企业决策的一个领域，并在这样狭窄的经济企业中受到决策条件的影响。在现代风险管理中，识别风险、决定防范它们的方法，以及最重要的是，选择总体风险水平的任务是由公司承担的。在承担这一责任的过程中，公司作出的决策对社会上的许多群体都有广泛的影响。

（一）在执行管理社会风险的任务时，一家商业公司实施风险管理，唯一的目的是为股东而最大化公司的价值

具体来说，一家公司只确定那些可能给公司带来潜在损失的风险，而忽略了由其他各方单独或主要承担的任何影响。例如，在最近的金融危机中，一旦这些风险转移到其他方手中，银行的贷款风险，包括次级抵押贷款和被证券化的债务抵押债券（CDOs），对银行来说几乎没有什么关系。主要管理的风险仅限于银行自身的投资组合：这些“有毒资产”可能导致的任何损失都是别人的问题。

（二）从事风险管理的商业公司选择他们喜欢的方式来处理风险

基本上有 5 种管理风险的手段：避免风险、降低风险、转移风险、对冲风险或接受风险。在每一种手段中，都有许多方法：例如，降低风险可以通过多种方式实现。通常情况下，公司会选择手段和方法的组合，以最低的成本达到预期的风险水平。然而，每一种可能的反应都会对不同的群体产生不同的影响，而且，每一组可能对总体风险水平有不同的偏好。

例如,一个避免某些风险的公司可能会否认人们会得到的好处,否则,就像洪水灾害的不确定性导致保险公司停止发行此类保单,从而迫使房主自行承担风险——或者将其转移到政府部门。一家通过改善安全措施来降低工伤风险的公司,这样做有利于工人,但如果它选择通过购买保单来转移风险,那么对工人的好处就会以他们可能不喜欢的方式加以改变。在发生事故时,他们已经在工作上进行了事前的补偿,这可能不是他们的偏好,也不是他们的最佳利益。

风险的转移往往是在没有多少意识或考虑的情况下发生的,这是近年来的一个重大发展。在巨大的风险转移中,雅格布·海克尔(Jacob Hacker, 2006)记录了企业和政府如何摆脱了他们的许多传统责任,并给普通民众带来了更大的负担,比如就业、医疗、教育和退休,从而导致了经济安全的削弱。这种风险的转移,不仅是由于企业的利润追求,也是由个人自由和责任的意识形态驱动的,这种意识形态将削弱政府在人们生活中的作用。另一个因素是大公司作为支持来源的减少和金融市场重要性的相应增加(Davis, 2009)。这种大规模的风险转移,无论是好是坏,肯定是适合进行伦理审查的主题。

(三)风险管理具有广泛社会影响的第三个领域是确定可接受的风险水平

在风险管理方面,公司要确定自己的风险偏好或对风险的容忍度,并据此采取相应行动。因为股东通常比其他群体更愿意承担更高水平的风险,风险管理系统会增加风险的总体水平,从而导致股东和其他群体在风险偏好上的紧张关系。此外,冲突可能不仅在风险水平上,而且也可能是针对每个群体愿意承担的风险类型。风险承受能力相同的群体在愿意承担哪些风险方面,可能仍然存在分歧。

(四)风险管理可能会给所有群体带来一种虚假的信心,从而导致他们承担过多的风险

显然复杂的风险管理系统的存在可能会产生一种错觉,认为所有的风险都被理解和控制,因此即使是高水平的风险也被认为是可以接受的。正如塔利布(Taleb, 2007)所观察到的,更大的危险不是来自高水平的已知风险,而是来自低概率但高影响事件的未知风险,这些事件的本质是不可预测的,因此难以管理。所以,风险管理系统本身可能是风险的来源,因为它制造了一种虚假的信心,使管理者和公众对他们实际面临的危险视而不见。

七、风险管理的目的

尽管商业公司为要最大化公司价值或股东财富,可能会实施风险管理系

统，但仍需要就如何实现这一总体目标作出具体决定。其中一些具体决定是实现最终目标的间接但必要的手段，而另一些则是采用风险管理系统的误导原因，这可能会损害公司的价值。特别是，风险管理可能会被管理者用来提高他们自己的利益，而非股东的利益，并巧妙地将风险管理系统的目的转移到其他不那么合法的目标上。在这里考虑的风险管理可能的滥用是，增加个人补偿、应对企业合法性挑战和遵守监管要求这些额外的目的。

（一）在最近的金融危机中，利用风险管理的能力和承诺来提高公司的价值这一理想被管理者们颠覆了，他们把风险管理用作烟幕来掩盖他们对交易利润的追求，从而获得高额报酬

最好的风险管理系统不仅可以通过巧妙的操纵来产生更大的，但可能是不可持续的利润，而设计糟糕的或者不恰当的实施系统更容易产生相同的结果。

美国证券交易委员会高级主管小组比较了那些使用了风险管理在最近的金融危机中赢了的公司和那些输了的公司，它们之间的显著差异是显而易见的。他们发现，输家是那些：有等级制度而没有合作组织结构的公司；没有及时地在整个公司内共享信息并参与深入的讨论；决心扩大吸纳 CDOs 和类似产品；依靠信用评级而不是开发自己内部的专门技术；对配置给他们的资金的风险没有收取业务费用；使用数量有限的模型；没有做充分的压力测试，检查它们的模型在不同假设下的情况（Senior Supervisors Group, 2008）。这些赢家与输家之间的差异并不在于风险管理系统的存在，而在于其不同质量的设计和操作。赢家和输家之间的一些差异只是反映了差劲的管理风险实践，但它们也表明了风险管理系统不是为了真正管理风险，而是为了掩护不计后果承担的风险。那些亏损的公司也是风险经理经常被认为阻碍或妨害有利可图交易的公司，因此他们的建议被忽略或最小化。在这些公司中，风险部门被分配到的地位较低，配备了不太称职的人员，并且被剥夺了大量的资源。那些认真对待风险管理的公司必须小心地纠正这些缺陷，这些缺陷不是由风险管理系统的缺陷造成的，而是由于缺乏对它们的投入。

（二）为了满足社会对合法性的要求，往往采用风险管理系统，特别是在负责任的风险管理方面

当然，企业应该承担风险责任，这样做有助于最大限度地提高公司的价值，这也是受到了社会期望的影响。然而，风险，尤其是来自低概率、高影响的事件，即使不是不可能，也很难管理，但是企业的合法性可能依赖于维持一个方便的有能力控制的虚构。因此，玛丽·道格拉斯和阿伦·威尔达弗斯基

(Mary Douglas and Aaron Wildavsky, 1982: 1)问:“我们能知道我们现在或将来面临的风险吗? 不,我们不能: 但是的,我们必须表现得像我们能知道的一样。”在米歇尔·鲍尔(Michael Power)看来,其结果是风险管理系统通过建立一个“管理烟幕”来维护“可控制和可管理的神话”(Power, 2004: 10)来欺骗公众。

如果它阻止寻找可获得的、但更困难的保护手段,这种欺骗就更加严重了。以这种方式使用,风险管理并不是真正管理风险,而是管理人们对风险的感知。对于许多风险来源的解决方案可能是根本性的、系统性的改变,在关注风险管理的过程中可能会忽略。例如,银行体系的脆弱性可能需要进行广泛的结构改革,以解决“大而不能倒”或“关联而不能倒”的问题,但仅仅关注于更好地管理银行自身投资组合中的风险,往往会转移人们对实质性的有效变革的注意力。

(三) 对于这两项指控,风险管理是掩盖风险交易的烟幕,并维持管理控制的神话,还可以增加第三项指控: 这是一种保留监管合规假象的烟幕

拉詹(Rajan, 2010: 140)观察到,“在许多陷入困境的公司中,风险管理主要用于监管合规,而不是作为管理控制的工具。”尽管风险管理是许多监管的目标,但相关监管是政府为某些社会利益而负责的事务。企业利用风险管理来提高公司的价值是一个不同的结局,可能与政府监管的结局相冲突,不管后者有多值得。因此,当企业为了监管合规的目的而采用风险管理时,麻烦可能会出现。

然而,风险管理和监管相互纠缠在一起。按鲍尔的说明,风险管理在组织中发展为内部控制功能的转换。他写道,“组织内部控制系统的私人世界已经被彻底颠覆,被公开、规范和标准化,并重新包装为风险管理”(Power, 2004: 27-28)。此外,风险管理是艾尔斯和布雷斯威特(Ayers and Braithwaite, 1992)所称的“强制自我监管”的一种监管体系的一部分,这是政府企业监管方式的主要推动力。这一做法涉及从通过实施制裁手段的事后执行监管条例的方式,到通过内部合规制度采取事前预防和自我发现的转变(Ayer and Braithwaite, 1992: 38)。

(四) 在巴塞尔协议 II 和巴塞尔协议 III 中采用了风险管理的方法,即采用基于风险的方法而不是基于规则的方法,来制定银行资本准备金要求的机制

由于银行可能需要持有的资本数量,现在是基于风险承担的数量和风险控制系统的质量,作为监管方面的考虑,银行被迫将重点放在风险管理上。

无论强制的自我监管和基于巴塞尔风险的资本要求方法,是否构成良好

的政府监管，它们对风险管理实践的影响都是值得怀疑的。除了分散管理人员使用风险管理来增加公司价值之外，还引入了监管合规的额外目标，这些进展可能也会降低风险管理系统的质量。与任何监管一样，风险管理也可以被操纵。在银行业，这可能采取交易员寻求投资的形式，在这种投资中，风险模型并不容易发现风险。特别是，VaR 指标的监管很容易受到交易的影响，这些交易利用了在未知领域超出了概率范围的风险。当交易受到风险管理系统的严格监管时，交易员就有机会承担监管规定所允许的最大风险，而不是引导他们自己对适当风险的判断。

基于风险的监管只是其中的一个例子影响人类行为。任何形式的风险管理，当用于监管目的时，都是脆弱的。强纳森·德米(Jón Daníelsson, 2002)指出，古德哈特定律(Goodhart's Law)的一个推论("任何统计关系在用于政策目的时都会失效")是，"当用于监管目的时，风险模型会失效。"因此，在风险管理中有效工作的模型在监管中使用可能会失败，因为模型对被建模的行为有影响。此外，丹尼尔森、乔根森和德弗里斯(Daníelsson, Jorgensen & de-Vries)认为，对风险管理使用的监管使得银行采用了比其他方式更低的风险管理系统。他们声称，其结果是，"不当选择的监管可能会诱使银行减少对风险管理的投入"(danel-elsson, Jorgensen & de Vries, 2002: 1423)。

八、结　　论

现代风险管理，拥有丰富复杂的数学测量方法和模型，是过去 20 年的一项重要成就。由于这一非凡的发展，金融能力，乃至所有业务，都极大地扩展了我们的生活。然而，风险管理也有其弱点和缺点，这在最近的金融危机中表现得非常明显。尽管这只是这场危机的众多原因之一，但风险管理的失败在其从业者和最终用户中必定引起相当深刻的反思。这种自我反省的大部分涉及技术性质，是由那些在这个领域中涉及最深的人所做的。风险管理失败的伦理和行为方面则相对被忽视了，然而，这种观点为正在进行的危机调查提供了宝贵的补充。

风险管理是一种工具或手段，它对人类福利的贡献取决于如何使用它。由于风险管理是由人类决策者使用的，因此它很容易受到心理研究在认知过程中发现的所有偏见的影响，也容易产生一种危险的错误信心，即风险得到了很好的管理。组织决策的一些特征也会导致错误，比如仅仅为了实施策略而使用风险管理，而不是也开发风险管理；未能得出正确的结论或开发有效的应对措施；用机械模型来代替健全的判断。

实施风险管理系统的组织环境也具有深远的影响。管理上的激励措施可能会导致关注容易和有效管理的风险，这些风险通常是众所周知、习以为常的风险，而不是可能会带来最大危险的低概率、高影响的事件。此外，组织的风险管理对社会产生了深远的影响，特别是在确定要管理的风险方面：选择管理这些风险的方法；确定可接受的风险水平；并且创造了一种可能错误的信心，即风险得到了很好的管理。

风险管理可能会被批评为掩盖事实的烟幕。在不计后果冒险追求利润的过程中，为了维护一个方便的管理控制的神话，并仅仅展示法规的遵从性，而不是真正的风险管理。对于现代风险管理的企业来说，这些伦理和行为方面都不是致命的，但它们表明了需要解决的问题，以实现这一非凡发展的全部承诺。

参考文献

Anonymous. 2008. Confessions of a Risk Manager: A Personal View of the Crisis. Economist, August 7.

Ayers, Ian, and John Braithwaite. 1992. Responsive Regulation: Transcending the Deregulation Debate. New York: Oxford University Press.

Bernstein, Peter L. 1996a. The New Religion of Risk Management. Harvard Business Review 74: 47 - 51.

Bernstein, Peter L.1996b. Against the Gods: The Remarkable Story of Risk. New York: Wiley.

Bhidé, Amar. 2010a. A Call for Judgment: Sensible Finance for a Dynamic Economy. New York: Oxford University Press.

Bhidé, Amar. 2010b. The Judgment Deficit. Harvard Business Review. September, pp.44 - 53.

Boatright, John R. 2010. The Ethics of Risk Management in the Information Age. Waltham, MA: Bentley University Center for Business Ethics.

Boatright, John R. 2011a. The Ethics of Risk Management: A Post-Crisis Perspective. Ethics and Values for the 21st Century. Madrid: BBVA.

Boatright, John R. 2011b. Risk Management and the Responsible Corporation: How Sweeping the Invisible Hand? Business and Society Review, 116: 145 - 170.

Buffett, Warren. 2002. Berkshire Hathaway Annual Report. Cassidy,

John. 2010. What's Wrong with Risk Models? New Yorker Blog, April 27.

Daníelsson, Jón. 2002. The Emperor Has No Clothes: Limits to Risk Modelling. Journal of Banking and Finance, 26: 1273 – 1296.

Daníelsson, Jón, Bjørn N. Jorgensen, Casper G. de Vries. 2002. Incentives for Effective Risk Management. Journal of Banking and Finance, 26: 1407 – 1425.

Davis,Gerald F. 2009. Managed by the Markets: How Finance Re-Shaped America, New York: Oxford University Press.

Douglas, Mary, and Aaron Wildavsky. 1982. Risk and Culture: An Essay on the Selection of Technological and Environmental Dangers. Berkeley: University of California Press.

Einhorn, David, and Aaron Brown. 2008. Private Profits and Socialized Risk. Global Association of Risk Professionals, June-July, pp.10 – 26.

Ferguson, Niall. 2008. Wall Street Lays Another Egg. Vanity Fair, December.

Hacker, Jacob S. 2006. The Great Risk Shift: The Assault on American Jobs, Families, Health Care, and Retirement And How You Can Fight Back. New York: Oxford University.

Hubbard, Douglas W. 2009. The Failure of Risk Management: Why It's Broken and How to Fix It. New York: Wiley.

Jones, Sam. 2009. The Formula that Felled Wall St.. FT Magazine, April 24.

Leippold, Markus. 2004. Don't Rely on VaR. Euromoney 35: 46 – 49.

Li, David X. 2000. On Default Correlation: A Copula Function Approach. Journal of Fixed Income 9: 43 – 54.

Nocera, Joe. 2009. Risk Management: What Led to the Financial Meltdown. New York Times, January 4.

Pollock, Alex J. 2008. The Human Foundations of Financial Risk. American Enterprise Institute for Public Policy Research, May.

Power, Michael. 2004. The Risk Management of Everything: Rethinking the Politics of Uncertainty. London: Demos.

Power, Michael. 2007. Organized Uncertainty. Oxford: Oxford University Press.

Rajan, Raghuram G. 2010. Fault Lines: How Hidden Fractures Still

Threaten the World Economy. Princeton, NJ: Princeton University Press.

Rebonato, Ricardo. 2007. The Plight of the Fortune Tellers: Why We Need to Manage Finance Risk Differently. Princeton, NJ: Princeton University Press.

Rogoff, Kenneth, and Carmen M. Reinhart. 2009. This Time is Different: Eight Centuries of Financial Folly. Princeton, NJ: Princeton University Press.

Salmon, Felix. 2009. "Recipe for Disaster: The Formula that Killed Wall Street." Wired Magazine, February 23.

Senior Supervisors Group. 2008. Observations on Risk Management Practices during the Recent Market Turbulence. Washington, DC: Securities and Exchange Commission.

Storey, Louise. 2010. Panel's Blunt Questions Pub Goldman on Defensive. New York Times, April 27.

Stulz, René M. 2008. "Risk Management Failures: What Are They and When Do They Happen", Journal of Applied Corporate Finance, 20: 58 – 67.

Taleb, Nassim. 2007. The Black Swan: The Impact of the Highly Improbable. New York: Random House.

Taleb, Nassim. 2010. The Bed of Procrustes: Philosophical and Practical Aphorisms. New York: Random House.

Taleb, Nassim N., Daniel Goldstein, and Mark W. Spitznagel. 2009. The Six Mistakes Executives Make in Risk Management. Harvard Business Review, October, pp.78 – 81.

Trevino, Linda, Gary R. Weaver, and Scott J. Reynolds. 2006. Behavioral Ethics in Organizations: A Review. Journal of Management 32: 951 – 990.

[编者致谢：本文中文版权由乔治·恩德勒教授个人捐款购买，特此致谢。(Special thanks Professor Georges Enderle for his personal donation to the copyright of this article in Chinese.)]

美国国际集团“后门纾困”的间接伦理

[美] 丹尼尔·阿尔塞(Daniel G. Arce)
[美] 劳拉·拉佐里尼(Laura Razzolini)* 陆晓禾译

[提要] 我们通过实验评估美国政府2008年金融危机期间间接纾困美国国际集团(AIG)的伦理。当我们将间接纾困与政府直接纾困的反事实相比较时,受试者认为,间接纾困要不道德得多。另一方面,当这两种情况是分开判断的,受试者认为对银行的直接纾困更不道德。这表明,间接行为与直接行为的伦理判断表现出一种偏好反转,这取决于评估模式是联合的还是分开的。本文讨论了这种偏好逆转的教育学和政策意义。

一、导 言

当一个组织采取了可能被认为是道德上值得怀疑的行为时,公众对这种行为的伦理看法取决于这种行动是该组织自身行为的直接结果呢,还是取决于通过该组织的代理人间接实施的行动?例如,如果一家跨国公司的产品在国外“血汗工厂”的条件下生产出来,那么这家跨国公司是否拥有这个违规工厂对消费者来说重要吗?此外,如果行动是由一位间接行为人采取的,那么组织能否预见行为人的行动对外部观察者来说会有影响呢?这些问题有助于我们理解个人的伦理判断、决策者和监管者对此类行为的反应,以及面临伦理困境的组织的公共关系。我们所感兴趣的是,这些担忧如何影响人们对美国政府在2008年金融危机期间间接纾困AIG银行交易对手方的看法,以

* © Daniel G. Arce & Laura Razzolini, 2016.该文英文提交给2016ISBEE世界大会,首次发表于Journal of Business Ethics, March 2018, 148(1), 37-51。作者丹尼尔·阿尔塞,美国德克萨斯大学(University of Texas)安歇贝尔·史密斯教授(Ashbel Smith),美国阿拉巴马大学(University of Alabama)经济学教授;作者劳拉·拉佐里尼,美国弗吉尼亚联邦大学(Virginia Commonwealth University)经济学教授,《南方经济期刊》(The Southern Economic Journal)主编。——译者

及这对经济伦理教育意味着什么。

具体地说，我们从道德的角度来考虑 2008 年美国联邦政府纾困 AIG 所引发的挥之不去的争议。特别是我们审视了政府伦理，根据如下条款：AIG 要提供 79.9％的股东权益补偿作为 AIG 获得 850 亿美元 2 年期贷款，连同政府决定的 AIG 要偿还投资银行 1 美元等于 100 美分的信用违约互换协议，该协议由这些投资银行与 AIG 的金融产品部门所签订。最初，纽约联邦储备银行(以下简称 FRBNY)禁止 AIG 公布支付给投资银行交易对手方的条款以及交易对手方的身份信息。当这些细节在事件发生近 4 个月后才为人所知时，FRBNY 的行动：(1) 被"问题资产纾困项目特别监察长"(以下简称"SIGTARP"，2009)称为"后门纾困"；(2) 受到大众媒体的谴责(Krugman, 2009; Jenkins, 2013; Taibbi, 2013)；(3) 联邦法官发现这是被误导和没有合法目的的行动(Wheeler, 2015)。

正如博迪(Boddy, 2011: 255)所观察的，全球金融危机引发了许多伦理问题，涉及谁为造成的损害买单以及谁对造成的危机负责。本文主要聚焦美国纳税人、AIG 的股东和债券保险的交易方，并表明从道德的角度来看，回答谁从 AIG 的纾困中受益、谁为其买单的问题并不是明确的。因此，我们将采用行为伦理学来检查 AIG 的纾困行动。[①] 我们在实验室环境中评估政府在 AIG 纾困中的行为伦理，办法是比较受试者对两种纾困做法的伦理评价：对保险债券持有人的间接纾困与在相似条款下对保险债券持有人的直接纾困。另一组受试者被要求对两种场景进行伦理上的比较，并判断政府对债券持有人进行的后门纾困的动机是否可疑。我们发现，当比较两种情况时，会出现一种偏好逆转，受试者发现(实际的)间接纾困更不道德，而分开和独立评估的受试者发现直接纾困更不道德。这种类型的偏好逆转值得关注，因为它们表明，启发的伦理判断可能对决策者评估等价道德问题的模式(联合模式与独立模式)很敏感。然而，如果伦理判断对评估模式不是不变的，那么决策者持续进行伦理判断的能力可能会随着决策制定的方式不同而不同。

本文安排如下：第 2 节提供关于使用联合/独立与直接/间接评估模式启发道德偏好的文献综述；第 3 节简要介绍政府对 AIG 的干预历史；第 4 节介绍实验和结果；第 5 节讨论我们的调查结果的教学、政策和经营意义；第 6 节简要总结。

---

① 关于伦理行为方法的调查可见 Appiah (2008) and Bazerman and Tenbrunsel (2011)。

二、相 关 文 献

偏好逆转是指个体的偏好随着启发模式的不同而变化的现象。一个简单的例子是始终发现,受试者试图以高于他们愿意支付一个物品的价格来出售这个物品。在这个例子中,启发式的模式随着买方或卖方的角色而变化。偏好逆转在社会科学中得到了广泛的研究,因为它们表明,被认为是用来做判断的原始数据——受试者的偏好——可能是不稳定的。在经济伦理的情境中,埃尔姆和拉丁(Elm and Radin, 2012)特别注意伦理偏好逆转这样的矛盾,因为它们挑战了伦理决策与其他表现出类似矛盾的决策过程有不同意义这一基本假设。

我们对此的补充是,道德偏好的逆转尤其令人不安,因为它们可以培养出潜在的行为,通过对评估模式的控制,可以为隐藏道德上可疑的行为提供欺骗性的策略。

例如,2005 年制药巨头默克公司将其生产和销售一种抗癌药物的权利出售给了一家规模小得多但公众形象较低的公司欧威逊制药(Ovation Pharmaceutical)。出售后,欧威逊公司将这种药物的价格提高了 10 倍(Berenson, 2006)。在检查受试者对默克行为的伦理认识时,巴哈利亚等人(Paharia, et al., 2009)允许受试者从道德上对作为中介的欧威逊哄抬价格的场景进行道德评价,以得出默克直接提高癌症患者药物价格的相反事实。他们发现了伦理偏好逆转的证据。具体来说,当来自相同人群的受试者分别面对通过代理商间接提价或默克公司自己直接提价的场景时,受试者发现直接提价显然更不道德。与这些独立的评估不同的是,当受试者同时面对这两种场景时,他们发现通过代理商间接提价更不道德。联合评估使得间接代理的意图透明化。此外,如果间接行为以可疑的动机(例如,避免药品价格大幅上涨可能导致的负面声誉)来表述的话,这就增加了间接代理的透明度,从而确立了不道德行为的因果责任。

考夫曼(Coffman, 2011)利用联合和独立的伦理判断之间的差异,对欺骗策略的形成作了实验测试。在考夫曼的研究中,伦理意见不是启发出来的;相反,外部观察者被给予了一个不需要付出代价的机会来惩罚直接和间接的行为。考夫曼用了独裁者游戏的一个版本,这是一个两名玩家的游戏,其中第一个玩家(独裁者)决定盈余的分割(通常是一些现金),第二名玩家(接受者)得到由第一个玩家决定的分割下来的部分。先前的实验结果表明,先玩者获得 70%或更多的盈余被认为是不公平的或不正义的。在考夫曼的拓展实验中，先玩者通常可以像独裁者游戏那样直接决定盈余的分配，或者先玩者可以把独裁者的权利卖给中间人。这样，中间人的作用类似于间接的行动者。出售成为独裁者的权利掩盖了先玩者获取不公平回报的欺骗策略，就像中间人一样在决定盈余分配时，需要承担成为独裁者的成本。接受者直接或间接地受到先玩者行为的伤害。最后，外部观察者的任务是指定是否和如何惩罚第一个先玩者的所有可能的游戏(例如，惩罚是由策略方法引起的)(Selten, 1967)。考夫曼发现，当使用中间人时，先玩者的惩罚程度和频率显著降低。特别值得关注的是，似乎先玩者了解中间人对惩罚的缓和作用，因此，先玩者经常使用中间人的欺骗策略来避免与不道德行为相关的惩罚。

因此，在一个道德上负有责任的情况下，对直接行为的联合评估可能产生不同于对同一行为的独立评估的道德判断。事实上，巴泽曼等人(Bazerman, et al., 2011)认为，有关道德性的联合评估比独立评估更少情绪化，而且情绪在独立决策中起着太大的作用。

联合评估通过将注意力转移到对直接行动的更直接选择上来促使人们考虑主要代理人的动机(Paharia, et al., 2009)。因此，提高对有时是可疑的间接行为动机的认识，可能是防止权力滥用的有用保障。

巴泽曼和基诺(Bazerman and Gino, 2012)认为，这种思维模式的转变会导致个人和社会在如何作出伦理决策方面的深刻差异。例如，他们推测，联合评估为很好地了解那些在最近的金融危机中从事明显非法和不道德行为的人的行为提供了手段。这样，就可以用行为伦理学来衡量那些间接造成巨大伤害的人的行为。我们通过对 2008 年金融危机期间 AIG 干预行动的审视来验证这一点。实际上，与巴哈利亚(Paharia, et al., 2009)研究的癌症药物场景不同，在这个场景中，人们只能猜测默克公司采取间接行动与直接行动的动机，下面将表明，AIG 从决策者那里得到了隐藏其间接行动的明确指示。此外，采取了间接行动，而不是当时的决策者随时可以采取的直接行动。

三、AIG 介入的背景

AIG 的金融产品部门(以下简称 AIGFP)成立于 1987 年，最初从事承担商业交易风险的业务(如利率或汇率波动)。很久以后，AIGFP 开始从事信用违约互换业务(CDSs)。AIGFP 为收取一定的费用，会同意向债券持有人支付仍在债券违约的事件中基础债务的任何部分。除了这种违约的“信用风险”，还包括信用违约掉期将 AIGFP 暴露于“附属风险”中，即 AIGFP 将被要求提供与其相关的附属风险，如果 AIG 或相关债券池的信用评级遭到下调，合约对方将会受到影响。

随着2007年次贷危机的到来,AIGFP受到了众多CDS合约方的担保要求。仅在2008年9月,该公司的股价就达到了向合约方提供32.8亿美元的抵押品(SIGTARP, 2009: 8)。AIGFP并不是唯一的债券保险公司,经历了与由降级引起的抵押品要求相关的流动性困难抵押贷款支持证券(见表1)。在严峻的信贷市场条件下,规范的做法是,银行合约方及保险公司通过保险公司从合同票面价值中以1美元支付不到100美分折扣的妥协解决关于债券估值的分歧。合约方收到低于1美元100美分的金额被称为“削价融资”。银行不得不将这一损失冲销。

表1　AIG干预时间表

干预前的事件			
2018年7月28日	2008年8月4日	2008年8月	2008年9月15日
债券保险公司SCA以1美元按30美分的价格与美林达成和解。	债券保险公司Ambac与花旗集团以1美元按60美分的价格结算。	高盛与AIG就“削发”问题达成和解。	雷曼兄弟申请破产。
干预期			
2008年9月16日	2008年9月25日	2008年10月14日	2008年11月10日
FRBNY的AIG干预,首期850亿美元。AIG股东损失79.9%的股权。政府拥有的公司继续向交易对手支付抵押。	$2b FDIC出售华盛顿互惠银行向摩根大通提供联邦存款保险公司20亿美元。债券持有人按1美元获得25美分。	AIG的交易对手是获得直接资本的9家银行之一财政部通过问题资产救助计划注资。美洲银行(第150亿),高盛(100亿)、美林(100亿)、富国银行(250亿)。	FRBNY与财政部协调重组了对AIG的干预。AIG的交易对手由迈登巷III SIV于11月25日以1美元按100美分支付。
结　果			
2009年2月27日	2009年3月5日	2009年3月15日	2009年11月17日
花旗集团纾困990亿美元。股东损失30%权益。	关于AIG合约方款项,美联储副主席主席向国会作证,但拒绝识别合约方或条款。	在公众和国会的重大压力下,AIG合约方被确定为以1美元按100美分履行支付。	SIGTARP报告描述了AIG干预的特点是,对AIG的银行合约方的“后门纾困”。

表 1 中的时间线显示了政府干预 AIG 的细节。2008 年 9 月 16 日,也就是雷曼兄弟破产后的第二天,美国政府对 AIG 进行了干预,向其提供了一笔 850 亿美元的 2 年期贷款,年利率高达 14%。① 作为交换,政府获得了 AIG79.9%的股权。② 考虑到几乎损失了 80%的股东权益,AIG 实际上被国有化了。

AIG 的干预是美国政府有史以来为纾困一个私人公司而花费最多的钱。但拯救 AIG 是政府干预的真正目的吗? SIGTARP 办公室(SIGTARP, 2009)的报告,毫不含糊地将 AIG 干预称为对 AIGFP 旗下 CDSs 的银行合约方的"后门纾困"(Barofsky, 2012: 187)。事实上,政府最终用 620 亿美元以 1 美元按 100 美分的价格(即没有削价融资)偿还了 AIGFP 的全部 CDS 债务,办法是让 AIG 补足已经提供给合约方的抵押品与 CDSs 票面价值之间的差额(见表 2)。此外,FRBNY 禁止 AIG 报告银行合约方的身份和支付给其中每一家的金额。只有在国会的坚持下,这些名字和金额最终才能公布,大约是在款项已支付的 4 个月后。

表 2 向 AIG 信用违约互换(CDS)合约方支付的总金额
(以美元 10 亿为单位)

AIG 的合约方	迈登巷 III 支付	之前的抵押已支付	总 计
法国兴业银行	6.9	9.6	16.5
高盛公司*	5.6	8.4	14.0
美林*	3.1	3.16.2	6.2
瑞银	2.5	1.3	3.8
卡利昂	1.2	3.1	4.3
德意志 Zentral-Genossenschaftsbank	1.0	0.8	1.8
蒙特利尔银行	0.9	0.5	1.4
美联银行*	0.8	0.2	1.0
巴克莱银行	0.6	0.9	1.5

① 后来利率下调,AIG 获得的全部贷款总额将达到 1 820 亿美元。

② 政府的持股比例有意控制在 80%以下,因为根据法律规定,如果持股比例在 80%或以上,FRBNY 将不得不将 AIG 的财务整合到 FRBNY 的资产负债表中。考虑到几乎 80%的股东权益损失,AIG 实际上被国有化了。

续 表

AIG 的合约方	迈登巷 III 支付	之前的抵押已支付	总　计
美国银行*	0.5	0.3	0.8
德累斯顿银行	0.4	0.0	0.4
拉伯班克	0.3	0.3	0.6
德国巴登符腾堡州银行	0.1	0.0	0.1
美国汇丰银行	0.0	0.2	0.2
共计	27.1	35.0	62.1

* 在最初 AIG 干预行动和迈登巷 III SIV 之间的过渡期间，还收到 TARP 资金。资料来源：SIGTARP(2009：20)

人们普遍认为，大多数由 AIGFP 担保的信用违约掉期的市场价值不到面值的 50%(Boyd, 2011：293)，AIG 已经向其银行交易对手提供了大量抵押品。当国会追问为什么要全额付款时，当时的 FRBNY 主席、美国财政部长盖特纳(Timothy Geithner)说，"合约方的财务状况不是一个相关因素"(SIGTARP, 2009：15)。相比之下，在他的回忆录《压力测试》中，盖特纳(2014：215，219，246，409)称，以面值 100%的价格向 AIG 的合约方支付款项是"不需要动脑筋的"，是后来成为"恐慌中不需要削价融资"的一部分。这样做的理由是，削价融资会发出一个不稳定的信号，表明未来还会有更多的削价融资，鼓励金融公司遭到挤兑，从而成为整个金融体系的恐慌催化剂。①

股东权益的损失以及随后支付给合约方的款项形成了斯塔尔国际(Starr International, 2013)提起的诉讼的基础，该慈善机构是 AIGDE 最大股东之一。② 斯塔尔由 AIG 前首席执行官莫里斯·"汉克"·格林伯格(Maurice "Hank" Greenberg)执掌。主审法官托马斯·惠勒(Thomas C. Wheeler, 2015：6)指出，"由于大多数其他金融机构经历了流动性危机，这些机构是

① 在不削价融资的问题上，众所周知，如果所有其他交易对手都削价融资，瑞银会自愿削价 2%，但 FRBNY 官员告诉瑞银没有必要这么做(SIGTARP, 2009：15)。不太为人所知的是，高盛愿意在干预前削价资产。贝莱德随后的一份报告发现，高盛在干预前一个月就向 AIG 提出了削价融资的要求(Chittum, 2010)。或许这是因为高盛对 AIG 的抵押品风险进行了完全的对冲，如果 AIG 真的违约的话，高盛可能会得到更多(SIGTARP, 2009：16)。

② 值得注意的是，AIG 自己决定不参与这场诉讼。

AIG 的合约方,政府有能力通过使用 AIG 的资产来确保合约方在这些交易中得到全额支付,从而将 AIG 破产的连锁反应降到最低。"惠勒法官在判决书中写道(第 7 页):"与其他机构相比,政府对 AIG 过于苛刻的处理,是被误导的,没有合理的目的,甚至考虑到'道德风险'。在考虑了整个记录之后,法院在非法索取索赔上对斯塔尔有利。"与此同时,惠勒法官没有判给斯塔尔任何损害赔偿,他的结论是,AIG 股东的利益是避免破产,并"再活一天"。各种媒体都报道了 SIGTARP 对 AIG"后门纾困"的描述(Krugman, 2009; Jenkins, 2013; Taibbi, 2013),法官之后对斯塔尔国际诉讼的裁决提出了伦理问题:为什么政府选择(a) 使 AIGFP 的合约方得到全额赔偿,(b) 间接而不是直接通过 AIG 这样做,和(c) 通过这种间接的方式损毁了 AIG 股东权益? 此外,对政府通过干预 AIG 的间接纾困来说,有一个直接的相反事实可以存在。具体来说,政府本可以直接纾困 AIGPF 的合约方,从而终止正在吸走 AIG 准备金的抵押品赎回。毕竟,AIG 的国内银行合约方也通过 TARP 直接从政府获得了注资(见表 1),而美联储最终通过量化宽松计划直接从银行购买了按揭证券。考虑到直接纾困选择的存在,接下来我们将使用直接/间接和联合/独立的方法来评估政府在 AIG 干预期间的伦理。

四、实　　验

我们进行了两个实验来审视政府在 2008 年金融危机期间对 AIG 干预的伦理性。我们使用了联合/独立的评估设计来评估受试者对政府实际纾困的伦理评价:政府通过一家大型债券保险公司对投资银行间接(后门)纾困,对比政府直接纾困投资银行的相反做法。在任何一种场景中,政府都给债券保险商母公司的股东带来了困难,他们因此损失了其在母公司持有的一部分股权,作为对政府纾困计划的补偿。

在第一个实验中,我们评估了间接代理人的作用对股东的有害影响程度是恒定的,通过测试:

(一) 当分别评估事实时,个人评估大型债券保险公司对投资银行的间接纾困,是否比对投资银行的直接纾困更仁慈。

(二) 在对事实进行联合评估时,消除了直接和间接的影响,通过债券保险公司间接纾困投资银行被认为更不道德。

在第二个实验中,我们评估了间接代理的影响,并在直接和间接场景中改变了对股东有害后果的程度。在两个实验中,受试者在独立评估中,提出了直接的或间接的干预描述，被要求评估政府行为的伦理性，等级从1(政府的行为并不是都不道德的)到10(政府的行为是很不道德的)来排列。该量表如图1所示。然后，通过比较间接纾困和直接纾困1至10个评级，对两种处理方法之间的差异进行统计检验。使用这个量表是因为要求受试者自己直接进行比较，而在独立的实验中，比较是通过统计方法进行的。在联合评分中，负分数表明，受试者认为直接纾困更不道德，直接纾困的道德评分为−5，比间接纾困的道德评分差得多。0分表示这两种情况的道德/不道德程度相同。正面的评分反映了间接纾困更不道德的评级，5分的评分表明间接纾困在道德上比直接纾困差得多。因此，一个统计上的正分数表明，在联合比较中，间接纾困被认为比直接纾困更不道德(使用一个样本t检验，以0—量表中点作为检验值)。

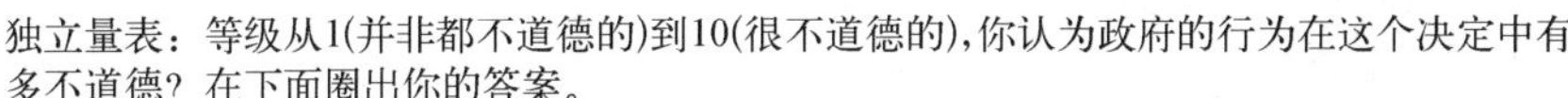

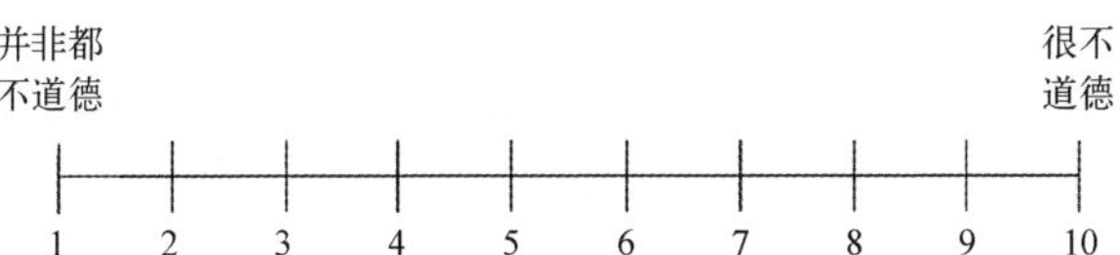

联合量表：在哪种场景下政府的行为更不道德？在−5(场景A比场景B更糟)，到0(在道德方面，这两种场景同样是道德的/不道德的)，到5(场景B比场景A更糟)。在下面圈出你的答案。

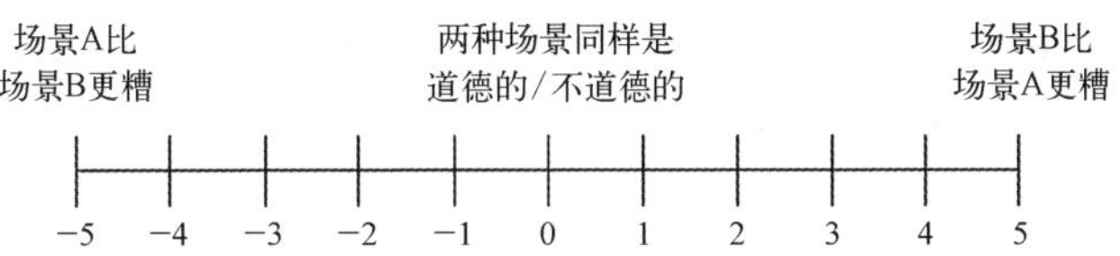

图1　直接纾困和间接纾困的道德评分

下面的实验标题用两个数字表示，第一个是直接干预(反事实)中的股东权益损失，第二个数字对应于(实际的)股东权益在间接干预中的损失。总共541个受试者参与实验，80～80实验中有225人，50～80实验中有316人。学生参与者被要求完成调查，以换取他们的额外分数类级。实验在弗吉尼亚联邦大学进行，对象主要从高级商业和经济学课程的学生中招聘。完成调查后，学生们回答了一份关于他们个人特征的问卷。受试者的样本大约59%是男性。这在伦理学的行为研究中很常见，我们发现，当按照性别细分样本时，我们的发现在统计学上有显著差异。因此,下面给出了整个样本的结果。这个样本也比大学生的平均年龄略大:平均年龄为22.8岁(标准偏差为1.62)。受试对象样本的多样化,接近美国人口构成,52%的受试者认为自己是白人,18%是非洲裔美国人,大约13%是亚裔,西班牙裔占6%,其余的不是多种族就是没有回复。[①]

实验80-80

过程

随机分配225人(女性79人,男性146人,平均年龄23.01岁,SD=1.66)五种不同情况之一:

A+:独立评估——直接

B:独立评估——间接

B′:独立评估——间接+预知

AB::联合评估

AB":联合评估

当分别面对场景A或场景B或同时面对AB两个场景时,参与者阅读以下背景信息:

投资银行把债券记在他们的账簿上,这些债券是有风险的,但可能是非常有利可图的。投资银行自己设计和构建这些债券。因为投资银行不能由政府投保,他们购买私人债券保险公司为他们的资产投保。这些债券保险公司的母公司的许多股东都不能很好理解他们公司投保的这种类型的债权,由于债券的复杂性,债权保险不被认为是母公司的主要业务活动。

当几家投资银行的债券同时坏账时,债券保险公司不太可能按保险价值(100%的保险价值)偿还该投资银行的所有资产。最近一家债券保险公司(X公司,见表)和一家投资银行参与谈判,因为450亿美元的银行债券已经变质。这些谈判结果是,保险公司向投资银行支付了1美元14美分的债券,原保险总额为450亿美元。其结果是,债券保险公司母公司X的股东损失了约50%的股权价值。这个为母公司Y和Z私人协商的决议和其他两个类似的决议,总结如表3:

① 当被问及他们的宗教信仰时,55%的受试者报告说他们每月参加1次或更多的宗教活动。

表 3 债券公司与投资银行协商决议

债券保险公司	投资银行提供的保险金额	投资银行从 债券保险公司收到的金额
X	450 亿美元	1 美元 14 美分
Y	35 亿美元 billion	1 美元 29 美分
Z	14 亿美元	1 美元 60 美分

2 个月后，一家规模大得多的债券保险公司，W 公司，在支付给投资银行 630 亿美元的保险债务时遇到了麻烦。政府决定支付 630 亿美元纾困这些投资银行，而不是纾困债券保险公司 W。也就是说，政府为 W 公司承保的 630 亿美元债券向投资银行以 1 美元按 100 美分支付。其结果是，股东损失了他们在债券保险公司 W 母公司债券中所持股份的 80%的价值，作为给政府的补偿。

另一方面，当面对场景 B 时，参与者阅读(上面的文本被替换为以下文字)：

政府决定支付 630 亿美元纾困大型债券保险公司 W 公司，然后指示 W 公司对投资银行进行后门纾困，由 W 公司以 1 美元的 100 美分支付投资银行 630 亿美元的保险费用。其结果是，股东损失了他们在债券保险公司 W 母公司债券中所持股份的 80%的价值，作为给政府的补偿。政府使用的一个可能动机用纳税人的钱来救助 W 公司，让它为每 1 美元的投资支付 100%银行是政府担心的负面新闻的救助投资银行会导致。

当面对情景 B′时，它将政府的行为归因于一个可疑的动机，参加者阅读(以上部分改为下列文字)：

政府决定支付 630 亿美元救助大型债券保险公司 W，然后指示 W 公司对投资银行进行秘密救援，由 W 公司为 630 亿美元的保险以 1 美元按 100 美分支付投资银行。其结果是，股东损失了他们在债券保险公司 W 母公司债券中所持股份的 80%的价值，作为给政府的补偿。政府使用纳税人的钱来纾困 W 公司并让它按面值的 100%支付给投资银行的一个可能动机是，政府担心纾困投资银行会导致负面的新闻。

所有的参与者都被要求“从 1(一点都不不道德)到 10(非常不道德)，你认为政府的行为是不道德的吗?”在场景＋AB(AB′)中，斜体文本被替换为：考虑以下两种情况：

A. 政府决定支付 630 亿美元纾困投资银行，而不是纾困债券保险商 W 公司。也就是说，政府为 W 公司承保的 630 亿美元债券以 1 美元按 100 美分支付投资银行。其结果是，股东损失了他们在债券保险公司W母公司债券中所持股份的80%的价值，作为给政府的补偿。

B. 政府决定支付630亿美元来纾困大型债券保险公司W，然后指示W公司对投资银行进行后门纾困，由W公司为630亿美元以1美元按100美分支付投资银行。其结果是，股东损失了他们在债券保险公司W母公司债券中所持股份的80%的价值，作为给政府的补偿。

B′. 政府决定支付630亿美元救助大型债券保险公司W，然后指示W公司对投资银行进行秘密救援，由W公司为630亿美元的保险以1美元按100美分支付投资银行支付投资银行。其结果是，股东损失了他们在债券保险公司W母公司债券中所持股份的80%的价值，作为给政府的补偿。政府使用纳税人的钱来纾困W公司并让它按面值的100%支付给投资银行的一个可能动机是，政府担心纾困投资银行会导致负面的新闻。

在“AB”和“AB”两种场景中，参与者被问及“在哪种场景中，政府的行为更不道德?”可能的评级从－5“场景A在道德上比场景B(B′)更坏”，到0“这两个场景在道德上/不道德上是一样的，”再到＋5“场景B(B′)在道德上比场景A更坏。”

注意，在这个实验中，损害的大小(80%的所有权价值)在A对B(B)场景中没有变化。只有政府的直接作用与间接行动在这两种场景中是不同的。

结果-独立评估-A与B

调查结果显示，直接性的影响显著，$t(84)=2.89$, $p<0.05$，表明场景A明显比场景B更不道德($M=6.8$, $SD=2.24$)($M=5.31$, $SD=2.53$)

结果-独立评估-A vs. B′

调查结果不支持一个显著的效果时，直接结合预测，$t(88)=1.09$, $p=0.27$，表明案例A并没有被认为是更不道德的($M=6.8$, $SD=2.24$)比案例B($M=6.3$, $SD=2.1$)。对可疑动机的预知减少了间接代理的影响。

结果-联合评估-AB

结果以量表中点(0)为样本进行单样本t检验测试值。结果－$t(46)=2.75$, $p<0.01$－表明，当联合评估两种场景时，间接场景B被评为比场景A更不道德加($M=1.0$, $SD=2.49$)。

结果-联合评估-AB′

结果以量表中点(0)为样本进行单样本t检验测试值。结果－$t(45)=4.38$, $p<0.0001$－表明，当对两个场景联合评估时，间接场景B′比场景A被

评估为更不道德(M＝1.35，SD＝2.09)。

讨论

当独立评估这些场景时，参与者认为，政府直接纾困投资银行比通过债券保险公司间接纾困更不道德。这意味着，参与者在独立评估由间接行动造成的伤害时要更为宽容。另一方面，当联合评估这些场景时，可看到评估发生了逆转；意味着，间接行为的不道德的性质变得更为透明。注意，当加上可疑动机的预知时，在对直接性与间接性的独立评估方面的区别消失了，因为参与者没有区分对投资银行的直接纾困和动机可疑的间接纾困。这一事实被这样一个结果所强化：当我们联合评估时，场景 B′被认为比场景 A 更不道德。

实验 50－80

在这个实验中，两种情况 A 和 B(B′)有两种不同的方式，而之前的区别只是在直接行动和间接行动方面。现在，在直接案例中，损害的程度变为50％的所有权价值损失，但在间接案例中仍然是 80％。50％的股权损失更接近股东在花旗集团纾困中所经历的 30％的损失。在之前的 80－80 实验中，我们将对股东的损害幅度保持在 80％不变，只考察改变政府行为的间接性影响。从政策角度来看，如果对股东造成的后果与其他纾困行动更为一致，那么了解一下有关纾困的道德情绪是否会发生变化，将是有益的。

过程

随机选取 316 名受试者(其中女性 133 名，男性 183 名，平均年龄 21.23 SD＝2.09)规定处在 5 种不同情况中的 1 种：

A：独立评估－直接＋股东权益损失 50％

B：独立评估－间接＋股东权益损失 80％

B′：独立评估－间接＋预见＋股东权益损失 80％

AB：联合评估

AB′：联合评估

独立试验 A 相对 B(以及 A 对 B′)的受试者得到相同的 10 分与 80－80 实验相同，联合试验(AB 或 AB′)的量表再次得到双极－5－0－5 量表(见图 2)。

结果－独立评估－A 与 B

调查结果并不支持直接性的显著效应，因为 t(131)＝0.39，p＝0.69，说明案例 A 并不比案例 B(M＝5.81，SD＝2.39)更不道德(M＝5.97，SD＝2.31)。

结果－独立评估－A 与 B′

调查的结果并不支持直接性的显著效果，当与预见结合一起时，

$t(125)=0.30$, $p=0.76$,说明案例 A 被评为没有比案例 B($M=5.85$, $SD=2.15$)更不道德($M=5.97$, $SD=2.31$)。对可疑动机的预知再次降低了间接代理的作用。

结果-联合评价-AB

结果采用单样本 t 检验,以量表中点(0)为检验值进行分析。结果 $-t(61)=6.57$, $p<0.0001$ —表明,当两个场景一起评判时,间接场景 B 被评为比案例 A 更不道德($M=2.08$, $SD=2.49$)。

结果-联合评估-AB′

结果以量表中点(0)为样本进行单样本 t 检验测试值。结果 $-t(59)=10.73$, $p<0.0001$ —表明,当两个场景一起被评判时,间接场景 B 被评为比案例 A 更不道德($M=2.48$, $SD=1.79$)。

讨论

当分别评估通过债券保险公司对银行的直接纾困与间接纾困时,W 在间接情况下(80%)与直接情况下(50%)相比,受到更大的伤害,参与者不能在伦理上区分这两者。伤害的增加在间接抵消对股东造成的损害的情况下,对股东造成的损害似乎比直接的情况要小。另一方面,当两种场景一起评估时,可观察到一个明确的评判,场景 B 和 B 被认为比 A 更不道德,这意味着,纾困的间接性不如其危害之大的后果更重要。

五、意　　义①

在两种实验处理中,受试者都被告知,他们刚刚评估的场景是基于现实世界的事件。在调查过程中,受试者还被要求陈述他们是否知道真实世界中的事件是什么。尽管“救市”这个词用在描述这个场景时,只有 4.25%的受试者正确地将 AIG 识别为现实世界的事件。大多数人只能大致上将这种情况与 2008 年的金融危机和政府干预银行和/或金融系统联系起来。因此,在实验中观察到的伦理偏好逆转不可能是由于这些受试者预先知道关于美国国际集团(AIG)纾困。

这里探讨的美国国际集团(AIG)干预行动,为在不道德行为是认知重组的结果方面提供了宝贵的教训。班杜拉(Bandura 2002)认为,道德代理人有两个方面: 抑制性: 避免作出不道德行为的能力,和主动性: 作出道德行为的能力。防止这两种情况发生的机制包括: 将不道德行为的认知重组为良

① 我们感谢一位匿名审稿人帮助我们充实了这一节。

性的或有价值的行为,通过以下方式:道德辩护;消毒语言和不作社会比较;否认个人代理在扩散造成的伤害或推卸责任;不顾或最小化某人行为的有害影响;将责任归咎于受害者,对受害者进行非人化处理。必须采取保障措施,维护道德行为,摈弃不道德行为。

在对 AIG 的干预中,大量使用了消毒语言和委婉的标签。例如,为了抑制纳税人的愤怒,财政部长汉克·保尔森(Paulson, 2010: 233,237, 240)要求所有相关人士将美联储对 AIG 的行动描述为救援或干预,而不是纾困。此外,不作比较会为破坏性的行为服务。美联储主席本·伯南克在国会作证时说:"我和你一样担忧。我和你一样愤怒。这是一个可怕的情况……但我们这么做当然不是为了拯救 AIG 或其股东。我们这样做是为了保护我们的金融体系,避免我们的全球经济出现更严重的危机。"最后,无视或将自己行为的伤害效应最小化,而且指责受害者的行为也时有发生。他说:"过去 18 个月里发生了很多事情,但发生在 AIG 的事情是最离谱的……没人关心 AIG 的股东。没有一个人对那些把我们带入困境的人感到有丝毫的义务"(Suskind, 2011: 216)。我们对 AIG 纾困的直接与间接和共同与单独的道德评估的结果也属于道德紧急情况的领域,这是伦理学课堂上流行的困境问题(Appiah, 2008),例如"电车"或"人行桥"的著名问题。在这些特殊的道德困境中,伦理判断受到有害遗漏与有害行为之间的道德差异的影响,尽管最终结果是相同的(Lapsley and Hill, 2008)。阿皮亚(Appiah, 2008: 96 - 97)认为,道德突发事件具有以下 4 个特征:它们涉及(1) 有限的(即瞬时的)决策时间,不允许有收集更多信息的机会;(2) 一套明确而简单的备选办法;(3) 风险很高,缩小了可考虑的选择范围;(4) 最佳位置,即决策者承担责任,因为没有其他人处于更好的位置或更有能力采取行动。通过指出这些特征,阿皮亚对我们是否能从这种极不可能的、特殊的电车或人行桥问题中学到很多东西产生了怀疑,因为他们需要这样一个假设:从想象的场景中学到的东西,可以反映我们对真实场景的反应。

相比之下,对 AIG 的干预并不是一个理论构想。相反,它是一个现实世界的现象,随后由联邦法官对参与者的行动进行了评估,并满足了阿皮亚的道德紧急状态的 4 个特征:

(一)"雷曼兄弟周末"过后,市场对负面反应的敏感性意味着政府官员需要立即采取行动来解决 AIG 的问题,因为人们认为,如果不采取干预措施,AIG 可能撑不过这周(Paulson, 2010: 217)。

(二)在同一个周末,高盛和摩根大通曾试图私下解决 AIG 的抵押危机,但均以失败而告终。政府随后采取了类似的做法,并额外融资 100 亿美元(Barofsky, 2012)。

(三) 对 AIG 及其交易对手而言,风险极高,或许对整个世界经济而言也是如此,鉴于 AIG 通过其非 AIGFP 业务(包括退休储蓄和养老基金、越洋航运保险、航空保险和飞机租赁、员工医疗保健/福利等),在世界商业的车轮上起到润滑作用。

(四) 按照他们自己的说法,财政部和美联储官员对 AIG 的干预满足了最优配售的条件,因为私人部门挽救 AIG 的努力失败了。其他任何实体都不可能出手拯救 AIG。

在经济伦理教学的情境中,埃尔姆和雷丁(Elm and Radin, 2012)认为,当伦理决策的制定显示出矛盾的一面,例如在本研究中确定的偏好逆转时,就支持了这样一个论点,即伦理决策过程与其他类型的决策过程之间可能没有区别。埃尔姆和雷丁进一步论证说,这意味着社会科学中存在的伦理决策领域可能很贫乏,与一般的决策研究没有联系。我们补充说,如果是这样的话,那么它意味着,伦理决策应该在社会科学中正规化并扩展其专业。如果伦理决策并非全然不同的,那么它不应该与众不同,决策的伦理内容应该像企业决策的会计、经济、战略等方面得到正规的考虑。与前面提到的经济的功能领域一样,伦理也不能与经济决策分开。通过识别和考虑伦理情境中的三种决策矛盾:偏好逆转、框架效应和双重处理,本研究支持埃尔姆和雷丁的论点。我们将依次简要讨论每一种矛盾。

首先,伦理偏好的逆转提出了伦理判断的程度问题发生于受试者既存的道德构造,或者道德标准在引发伦理判断的情境中构建。也就是说,偏好反转表明受试者的道德推理可能是不稳定的,取决于直觉变化的评价方式。此外,道德判断只能用单独或联合评价模式作出。如果伦理判断在这些模式中不稳定,那么任何一个决策者采用独立和联合方法时,都会应用不同的伦理原则,或者不能应用与这些方法相一致的相同原则。因此,伦理偏好的逆转造成了令人不安的现实是,被认为是道德的可能取决于一个特定的决定是如何提出的。换言之,就是那些有能力设计要研究的伦理困境的人,可能会以一种非常真实的方式,来决定什么是道德的,什么是不道德的。

事实上,狄德金(Dedeke, 2015: 438)认为,作为道德决策的第一阶段,决策者构成的道德问题可能比道德意识更值得关注,因为道德决策会受到所构成问题的影响。因此,狄德金建议,伦理培训应该包括构建问题的例子,不同的构建会导致不同的结果。对是否将它们构建为联合的或单独的直接和间接道德判断这种敏感性就是一个例子。我们的研究表明，构架可能会在什么是道德或不道德的问题上引入令人不安的相对主义。这也意味着元过程可以被有意识地操纵，从而形成一个显得更合乎道德或更合乎道德的决定。因此，构架是判断与决策理论中的一个传统主题(例如，Baron, 2008)，我们的结果表明，在经济伦理课程中需要像 AIG 纾困这样的案例，以便理解构架在伦理情境中的作用。只有这样，才能像狄德金建议的那样，密切关注构架在不道德的决定发生时的贡献。因此，包括构架作用的经济伦理教育能够引导员工挑战构架实践。

其次，这就引出了双处理在道德决策中的应用。按照斯坦诺维奇和韦斯特(Stanovich and West, 2000)的表述，双处理的特征是系统 1 和系统 2 的推理方法。系统 1 的处理体现为联想、经验、隐含和默示的启发式教学法。相比之下，系统 2 的处理是分析的、有意识的、深思熟虑的和“理性的”。特别是，决策者可以使用系统 2 处理通过反射判断来推翻系统 1 的决定(Lapsley and Hill, 2008)。在我们的研究中，独立构架中提供的有限信息适合系统 1 的处理，而联合构架允许系统 2 的处理。因此，我们的结果说明了处理系统 2 监控处理系统 1 的能力，以及在不考虑相反事实的情况下道德启发教学法的局限性，无论是否明确提供了相反事实。普罗维斯(Provis, 2015)称之为“假设思维”。“系统 2 的处理过程有助于把这些点联系起来，但它的代价是需要付出比系统 1 的处理过程更多的认知努力。”在经济伦理教育中包含的独立与联合、直接与间接的例子可以使假设推理变得更加自动化，从而减少相关的认知努力。

六、结　　论

2011 年奥斯卡最佳导演奖得主、金融危机纪录片《监守自守》(Inside Job)导演查尔斯・弗格森(Charles Ferguson)在他的获奖感言中哀叹道，“没有一个金融高管因为导致金融危机的行为而入狱”。本・伯南克(Ben Bernanke, 2015)也得出了类似的结论，认为在个人层面上应该有更多的问责制，因为所有出错或违法的事情都是由个人而不是由抽象的公司完成的。然而，对在金融危机期间所犯行为的道德判断不存在诉讼时效。经济伦理学家也普遍接受，对一个行为的合法性的判断可以与对这个行为的道德性的判断相分离。鉴于 21 世纪已经历了两次与有争议的经营实践有关的危机，需要了解企业和政府的决策者如何从形成伦理判断到防止此类危机，就比以往任何时候都更重要。

我们采用直接/间接评估和联合/独立评估两种评估模式来考察美国政

府在金融危机期间作出的最有争议的决定之一;也就是在2008年秋天决定纾困AIG。这项行动由美国财政部、联邦储备委员会和纽约联储银行共同决定。它引起争议的原因至少有3个:

(一)它是政府纾困的最大一家上市公司,总计约1 820亿美元。

(二)作为对政府干预的补偿,AIG股东损失了79.9%的股权。事实上,AIG的一个大股东,斯塔尔国际慈善机构,就这些条款起诉了美国政府,一名联邦法官发现征收股东权益是非法的(Wheeler, 2015)。

(三)新近由政府控制的AIG以面值100%的价格向银行合约方支付债务抵押互换(债券保险),这些银行与AIGFP共同持有这些债券,拥有其低于50美分的市场价格。这一最终行动被称为银行合约方的"后门纾困",是由SIGTARP办公室(2009)采取的,斯塔尔诉讼法官误导并服务于没有合法性的目的(Wheeler, 2015)。

我们的研究结果表明,当间接纾困银行与政府直接纾困银行的相反事实一起进行比较时,受试者评估间接纾困是更不道德。联合评估可以确定间接不道德行为的因果责任。此外,科夫曼(Coffman, 2011)表明,那些对不道德行为负责的人明白,他们可以通过使用将行为指定给中间人的欺骗策略来避免与不道德行为的关系。除非外部观察者有直接行动的可能性,否则很难将间接行动追溯到对可疑行为负有最终责任的一方。参与决定AIG向合约方支付每1美元100美分的政府官员似乎明白这一点,他们禁止AIG披露向合约方支付的金额,甚至禁止披露合约方的身份。相比之下,我们的研究表明,如果直接透明地纾困AIG的合约方,如果这是政府官员的终极关切(就像SIGTARP所宣称的那样),那么政府官员可能会得到更好的服务,而且纾困的条款也更符合其他纾困的要求;例如,对花旗集团的990亿美元的纾困,致使股东损失了30%的权益,或者是FDIC坚持要求华盛顿互惠银行的债券持有人每1美元获得25美分。事实上,政府最终确实通过量化宽松计划直接从银行购买了不良抵押贷款支持证券。最后,政府最终从AIG的纾困中获得了220亿美元(Paletta and Scism, 2014),所以它当然可以通过减少在AIG的股份来获得更少的收益。[①]

这些结果表明,道德决策可以表现出不一致性,通常与社会科学中的决

① 事实上,纾困从来不是为了让纳税人得到一笔好交易。对金融公司的纾困是基于系统风险的概念,因为当一个高度相互关联的公司倒闭时,这可能会削弱其他金融公司。相比之下,在非金融行业,企业往往从竞争对手的失败中获益。

策有关。具体来说,道德决策者可以表现出偏好反转、构架效应和双重决策过程。

本文提供了一个案例,可以在经济伦理学课堂中讨论这些现象。此外,AIG 纾困计划促进了对传统经济伦理学的讨论,例如,将不道德行为的认知重构为良性的或有价值的行为,并提供了一个真实的道德紧迫情况的例子,从而不同于如电车或人行桥问题这样的选择。

参考文献

Appiah, Kwame Anthony. 2008. Experiments in Ethics. Cambridge, MA: Harvard University Press.

Bandura, Albert. 2002. Selective Moral Disengagement in the Exercise of Moral Agency. Journalof Moral Education 31(2): 101 - 119.

Barofsky, Neil. 2012. Bailout. An Inside Account of How Washington Abandoned Main Street While Rescuing Wall Street. NY: Free Press.

Baron, Jonathan. 2008. Thinking and Deciding, Fourth Edition. Cambridge: Cambridge University Press.

Bazerman, Max H. and Francesca Gino 2012. Behavioral Ethics: Towards a Deeper Understanding of Moral Judgment and Dishonesty. Annual Review of Law and Social Science 8: 84 - 104.

Bazerman, Max H., Francesca Gino, Lisa L. Shu and Chia-Jung Tsay. 2011. Joint Evaluation as a Real-World Tool for Managing Emotional Assessments of Morality. Emotion Review 3(3): 290 - 292.

Bazerman, Max H. and Ann E. Tenbrunsel. 2011. Blind Spots. Why We Fail to Do What's Right and What to Do about It. Princeton, NJ: Princeton University Press.

Berenson, Alex. 2006. A Cancer Drug's Big Price Rise is Cause for Concern. New York Times, 12 March.

Bernanke, Ben. 2015. The Courage to Act. New York: W.W. Norton.

Boddy, Clive R. 2011. The Corporate Psychopaths Theory of the Global Financial Crisis. Journal of Business Ethics 102: 255 - 259.

Boyd, Roddy. 2011. Fatal Risk. A Cautionary Tale of AIG's Corporate Suicide. Hoboken, NJ: Wiley. 27.

Chittum, Ryan. 2010. Audit Notes: Counterparties Relevant. Columbia

Journalism Review, 26 January.

Coffman, Lucas C.2011. Intermediation Reduces Punishment (and Reward). American Economic Journal: Microeconomics 3(4): 77 - 106.

Dedeke, Adenekan. 2015. A Cognitive-Institutionist Model of Moral Judgment. Journal of Business Ethics 126(3): 437 - 457.

Elm, Dawn R. and Tara J. Radin. 2012. Ethical Decision Making: Special or No Different? Journal of Business Ethics 107(3): 313 - 329.

Friedman, Daniel and Daniel McNeil. 2013. Morals and Markets. The Dangerous Balance. NY: Palgrave Macmillan.

Geithner, Timothy F. 2014. Stress Test. Reflections on the Financial Crisis. NY: Crown.

Jenkins, Holman. 2013. Was the AIG Rescue Legal? The Wall Street Journal, 1 February.

Krugman, Paul. 2009. The Big Squander. New York Times, 20 November.

Lapsley, Daniel K. and Patrick L. Hill. 2008. On Dual Processing Approaches to Moral Cognition. Journal of Moral Education 37(3): 313 - 332.

Paulson, Henry M. 2010. On the Brink: Inside the Race to Stop the Collapse of the Global Financial System. New York: Business Plus.

Paharia, Neeru, Karim S. Kassam, Joshua D. Green and Max H. Bazerman. 2009. Dirty Work, Clean Hands: The Moral Psychology of Indirect Agency. Organizational Behavior and Human Decision Processes 109: 134 - 141.

Paletta, Damien and Leslie Scism. 2014. Bernanke Takes a Harder Line at Trial. Wall Street Journal, 10 October.

Provis, Chris. 2015. Intuition, Analysis and Reflection in Business Ethics. Journal of Business Ethics, forthcoming, DOI: 10.1007/s10115-015-2688-z.

Selten, Reinhart. 1967. Die Strategiemethode zur Erforschung des Eingeschränkt Rationale Verhaltens im Rahmen Eines Oligopolexperiments. In H. Sauermann (ed.), Beiträge zur Experimentellen Wirtschaftsforschung, Tübingen: Mohr, pp.136 - 168.

SIGTARP: Office of the Special Inspector General for the Troubled Asset Relief Program. 2009. Factors Affecting Efforts to Limit Payments to AIG Counterparties. SIGTARP - 10 - 003, 17 November, Washington, DC.

Stanovich, Keith E. and Richard F. West. 2000. Individual Differences in Reasoning: Implications for the Rationality Debate? Behavior and Brain Sciences, 28(4): 531-573.

Starr International. 2013. Second Amended Class Action Complaint against The United States of America, Defendant, and American International Group, Inc., Nominal Defendant. 3 November.

Suskind, Ron. 2011. Confidence Men. NY: Harper Collins.

Taibbi, Matt. 2013. Hank Greenberg Should be Shot into Space for Suing the Government over the AIG Bailout. Rolling Stone, 9 January.

Wheeler, Thomas C. 2015. Judge's Opinion and Order for Starr International, Inc. v. The United States, New York: United States Court of Appeals NO.11-999C, 15 June.

投资者伦理：从社会责任投资到有原则投资

[日] 杉本俊介(Shunsuke Sugimoto)* 陆晓禾 译

[提要] 本文研究了金融中的伦理，特别是与投资者相关的伦理。社会责任投资(SRI)一直是大量经济伦理学文献的主题。多年来，SRI 受到了广泛的批评。近年来，伦理原则正迅速成为事实上的标准，不仅是对社会负责的而且是可盈利投资的标准。例如，联合国在 2006 年制定了《负责任投资原则》(PRI)，要求机构投资者将 ESG(环境、社会和公司治理)问题纳入投资分析和决策过程。笔者把这些现象称为"有原则投资"。这就提出了以下问题：如果 SRI 有问题，那么这些"有原则投资"也有问题吗？本文首先阐明了 SRI 和"有原则投资"的历史背景。然后，转向 SRI 的问题，认为"有原则投资"没有问题。最后，我研究了反对邪恶公司原则的论点，认为它是站不住脚的。因此，我的结论是，它们比 SRI 的问题要少。

一、导　　论[①]

本文研究了金融中的伦理，特别是与投资者相关的伦理。社会责任投资(SRI)一直是大量经济伦理学文献的主题。英国一位基金经理拉塞尔·斯帕克斯(Russell Sparkes)解释了"伦理投资"在英国被"社会责任投资"取代的两个原因："按盎格鲁-撒克逊传统，'伦理'通常被视为某种个人的、有关个人的价值观'，所以它对于养老基金的描述没有多大意义：使用'伦理'这个词来描述利润最大化显然是矛盾的"(Sparkes, 2002, No.357 - 367)。目前，SRI 指的是 3 种类型的金融活动：社会甄别、股东积极行动和社区投资

---

* © Shunsuke Sugimoto, 2020.作者杉本俊介，日本大阪经济大学·经营学部准教授(伦理学)。——译者

① 本文最初提交给日本经济伦理学会 2016 年 2 月在大阪举行的关西分部会议以及 2016 年 3 月在京都举行的京都生物伦理学会。

(social screening, shareholder activism, and community investing)。社会甄别既有积极的一面,也有消极的一面。前者包括好公司,后者不包括坏公司,也就是所谓的"罪恶股"。投资它们的投资者得到了甄别社会责任的共同基金和养老基金的帮助。这些基金的共同名称就是SRI。因此,"SRI既是一种产品,也是一种实践"(Boatright, 2014: 149)。SRI作为一种实践可能涉及股东积极行动和社区投资。在本文中,我用SRI指SRI基金。多年来,SRI受到了广泛的批评。

近年来,伦理原则正迅速成为事实上的标准,不仅用于社会责任,而且用于盈利投资。例如,2006年联合国制定了《负责任投资原则》(PRI),要求机构投资者将ESG(环境、社会和公司治理)问题纳入投资分析和决策过程中。我把这些现象称为"有原则的投资"(Principled Investments),如"负责任的投资"(Responsible Investment)(Mizuguchi, 2013)、"ESG投资"(Taka, 2010)或"PRI式负责任投资"(Eccles, 2010: 416),它们将重点转移到投资本身的伦理意义,而不是SRI。

然而,这引发了以下问题:如果SRI有问题,那么这些有原则投资也有问题吗?

本文首先阐述了SRI和有原则投资的历史背景。然后,转向SRI的问题,认为有原则投资没有问题。最后,研究了反对邪恶公司原则的论点,认为它是站不住脚的。因此,我的结论是,有原则投资比SRI的问题要少。

二、从SRI到有原则投资

(一) 什么是SRI?①

社会责任投资(SRI)始于贵格会(Quakers),他们通过社会甄别将"罪恶股票"(涉及酒、烟草和赌博相关的企业)排除在教会捐赠基金之外。②

20世纪60年代末,美国的反越战活动人士敦促人们不要投资陶氏化学,因为该公司生产凝固汽油弹B。1971年,第一家SRI共同基金,即和平世界基金(Pax World Fund)在联合卫理公会(United Methodist Church)的帮助下成立。该基金除了包括那些符合社会责任标准的企业外,还剔除了与越南战争有关的企业。

1972年,美国圣公会成员成立了"企业责任跨宗教中心"(Interfaith

---

① 见Domini [2001] Ch2, Tanimoto [2003] Ch.3, and Mizuguchi [2005] Ch.1。

② 这不是一个产品,而是一种做法,所以我在本文中把它排除在SRI之外。

Center on Corporate Responsibility, ICCR)。他们发起了一项股东决议,要求通用汽车公司撤出南非。1982 年成立的卡尔弗特社会投资基金(Calvert Social Investment Fund, CSIF),是第一个反对种族隔离的共同基金。1984 年英国成立了第一家道德单位信托基金——"朋友公积金管理基金"(Friends Provident Stewardship Fund)。

总之,SRI 在成为反越南战争运动和反种族隔离运动等社会运动的一部分之前,是作为教会的捐赠基金而开始的。

20 世纪 90 年代,生态基金或生态效率基金以 SRIs 的形式出现。这些基金甄别环境友好公司。2000 年代,欧盟提出的企业社会责任(CSR)倡议推动了 SRI 运动。

(二) SRI 在日本

SRI 日兴资产管理公司(SRI Nikko Asset Management)于 1999 年成立了日兴生态基金(Nikko Eco-fund),这是日本第一家 SRI 基金。社会甄别("生态甄别")是由一家 SRI 评级机构好银行家(Good Bankers)提供的。[①]

此后,在日本推出了许多绿色基金: Sompo Japan green Open (Buna no Mori)、DLIBJ 资产管理的 Eco 基金,以及瑞银(UBS)的 Nihon Kabushiki Eco 基金(Eco Hakase)。2000 年,朝日人寿资产管理公司开始出售 SRI 社会贡献基金(Asu no Hane)。这种社会甄别是针对环境和消费者责任、就业和社会贡献而做的(Tanimoto, 2003: 195 - 206)。2003 年,住友信托银行(Sumitomo Trust Bank)推出了首个 SRI 养老金基金。同年,日本晨星公司推出了首个面向日本的社会责任投资指数 MS - SRI。我们现在可以在日本找到各种类型的 SRIs: 镰仓投资管理公司(Kamakura Investment Management)的"Yui 2101",大和证券集团(Daiwa Securities group)的股票基金"Tsubaki"等。总体而言,与美国和欧洲相比,日本采用的是积极甄别而非消极甄别。

根据日本可持续投资论坛(JSIF)的统计,截至 2013 年 9 月 30 日,Broad - SRI 信托基金的净资产[②]总额达 2 430.5 亿元。

一些人认为,SRI 应该成为健康股市的主流(Aizawa, 2009: 236 - 241)。其他人则认为,SRI 对于一个有效的合规项目是至关重要的(Taka, 2010: 48)。

---

① 另一家 SRI -评级机构 IntegreX 提供基于 R - BEC 001 的评级服务,R - BEC 001 是日本丽泽大学发布的负责任投资甄别框架。

② JSIF 对广义的 SRI 的定义如下:

(1) 可以确定最终基金(包括养老金等)提供者的投资意向。

(2) 在投资决策过程中至少考虑 ESG 的一个因素的投资(JSIF2014, p.42)。

三、有原则投资的兴起

伦理原则已迅速成为事实上的标准，不仅是社会负责而且是可盈利投资的标准。这一趋势的起源是英国1999年出台的《社会责任养老基金条例》(social responsible pension fund regulations)，该条例要求所有受托人在其基金的投资原则声明(SIP)中加入以下两项考虑。

(一) 英国 SIP[①]

1. 受托人在选择、保留和实现投资时，要考虑社会、环境或伦理因素的程度(如有的话)。

2. 该政策(如有)指导投资附加的权利(包括投票权)的行使。

我们现在在德国、法国、比利时和瑞典的养老基金管理条例中也发现了类似的条款。

2006年，时任联合国秘书长的科菲·安南提出了"负责任投资原则"(PRI)。这些原则要求机构投资者将ESG(环境、社会和公司治理)问题纳入投资分析和决策过程。

(二) 联合国负责任投资(UN PRI)[②]

在符合受托职责的情况下，我们承诺：

1. 我们将把ESG问题纳入投资分析和决策过程。

2. 我们将成为积极的所有者，并将ESG问题纳入我们的所有权政策和实践。

3. 我们将寻求我们投资的实体适当披露ESG问题。

4. 促进投资行业接受和落实这些原则。

5. 我们将共同努力，提高落实这些原则的有效性。

6. 我们将各自报告我们在执行这些原则方面的活动和进展。

1 500多家投资机构(2016年3月17日[③])签署了负责任投资六项原则。2015年，约137.5万亿世界最大养老金基金日本政府养老金投资基金(GPIF)加入了PRI。我把英国的养老基金和基于PRI的机构投资称为"有原则投资"，因为它们有"伦理"原则。另一个有原则投资的例子是2010年发

---

① Sparkes, 2002, No.165.

② Principles for Responsible Investment: https://www.unpri.org/about (Accessed May 15, 2016).

③ Signatories to the Principles for Responsible Investment: http://www.unpri.org/signatories/signatories/ (Accessed May 15, 2016).

布的《南非负责任投资守则》(CRISA):

(三) CRISA[①]

1. 机构投资者应将可持续性考虑(包括环境、社会和治理)纳入其投资分析和投资活动,作为向最终受益人提供更高风险调整回报的一部分。

2. 机构投资者应在其投资安排和投资活动中证明其接受所有权责任。

3. 在适当情况下,机构投资者应考虑采取合作方式,促进对CRISA原则和适用于机构投资者的其他准则和标准的接受和执行。

4. 机构投资者应认识到可能存在利益冲突的情况和关系,并在这些情况和关系发生时积极加以管理。

5. 机构投资者应该对其政策的内容、政策如何实施以及如何应用CRISA使利益相关者能够作出明智的评估保持透明。

四、批 评

多年来,SRI受到了广泛的批评。主要涉及(一) 受托职责;(二) 财务业绩;(三) 伦理甄别,和(四) 股票价格登记。在本节中,我将从这些方面来考察有原则投资。

(一) 受托职责

SRI经理们对其受益人负有受托职责。例如,《雇员退休收入保障法》(ERISA)第404条规定,"受托人应当仅为参与人和受益人的利益履行其对计划的职责,并且(A) 目的专门是(i)向参与人及其受益人提供福利[……](B) 在当时普遍存在的情况下,一个谨慎的人以类似的身份行事,并熟悉这些事情,在从事类似性质和目标相同的事业时,会小心、有技能、谨慎和勤奋。"因此,他们的伦理考虑似乎与他们的受托职责相冲突。事实上,"许多机构投资者认为,他们对受益人的职责与考虑ESG因素之间存在冲突"(Sandberg, 2010, p.144)。

然而,受托职责是否妨碍了管理人员将社会责任投资考虑在内,这一点并不明显。ESG的考虑可能会使参与者和受益者的利益最大化。因此,这一点取决于SRI的财务表现。

① ICGN(The International Corporate Governance Network): https://www.icgn.org/sites/default/files/South%20African_Code.pdf (Accessed May 15, 2016).

原则投资也是如此。他们是否签署了 PRI 或 CRISA，以及这是否与受托职责相容，取决于投资的财务表现。然而，在英国养老基金的案例中没有问题，因为监管规定优先于受托职责。

（二）财务业绩

SRI 是否赢利一直存在争议。一些人认为，与传统基金相比，SRIs 的财务回报率应该更低，因为它的分散化程度较低，交易成本也更高。许多研究人员在业绩方面将 SRIs 与传统基金进行了比较。

博特赖特认为，“到目前为止的研究未能发现 SRI 基金回报率有任何统计上的显著差异”(Boatright, 2014: 151)。如果它们的表现与传统基金不相上下，那么受托职责就没有问题。不过，博特赖特继续说，总体而言，SRI 基金的风险可能更大，因为它们的投资分散度更低，持有的小盘股更多(同上引书)。同样，SRIs 可能会与受托职责发生冲突。[①]

有原则投资也会面临业绩问题吗？在一份关于负责任投资业绩的报告中，联合国环境规划署财务倡议(UNEP FI)，分析了 20 项有影响力的学术工作和 10 项关于负责任投资业绩的主要经纪人的研究。他们认为，“有证据表明，在投资组合管理过程中，将 ESG 因素考虑在内，似乎不存在绩效损失”(36)。

博特赖特提出，SRI 基金的风险可能更大。然而，有原则投资就不一样了，因为它们已经内置了多样化。

因此，对于有原则投资而言，业绩是没有问题的。在 PRI 和 CRISA 的案例中，受托职责也没有问题。

（三）伦理甄别

批评者可能会说，社会甄别不是伦理甄别。事实上，这就是社会责任投资(SRI)取代“伦理投资”的原因。邓菲(T. Dunfee)认为“这里没有一个通用的、高级的、强制性的标准，一个公司必须遵循这个标准才能被认为是伦理的社会甄别基金”(Dunfee, 2003: 248 - 249)。然而，他继续说，我们不应该把“一个只投资于资助可预见导致无辜人死亡的恐怖主义活动的基金”(248)视为 SRI 基金，这意味着存在普遍的原则。(邓菲称之为“超规范”[②])。狄乔治给出了另一个例子可能进一步澄清了这一点，他认为“[如果]

---

① 高田承认，“SRIs 的财务回报应该更低”，但他声称，“我们应该创造一个对其进行适当评估的市场”(Takada, 2005, p.191)。

② 超规范(hyper norm)在唐纳森和邓菲 1999《社会综合契约论》中至关重要。

谋杀公司正在悄悄地寻找投资者，那么投资该公司就会是不道德的”(DeGeorge, 1990: 174)。

尽管如此，我们应该避免教条主义。高田指出，“将一些工作甄除为‘罪恶’工作可能会导致工作歧视”，而且“一些 SRIs 无法逃脱我们将自己的价值观强加给其他文化的指责”(Taka, 2010: 46)。邓菲和狄乔治都认为，我们不仅需要财务审计，还需要社会和伦理审计来评估公司的伦理价值观(Dunfee, 2003: 250 - 251; DeGeorge, 1990, Ch.8)。

对于有原则投资来说，ESG 是否与伦理有关是很重要的。日本研究所的神崎(Kozaki)和竹林(Takebayashi)对 ESG 和 ISO26000 的 KPIs 进行了比较分析，结果表明，劳工惯例、环境问题、公平经营惯例和消费者问题是 ESG 的因素，而人权和社区参与和发展则不是(Kozaki and Takebayashi, 2011: 14)。然而，这种分析只提出了 ESG 当前的 KPIs 问题；这不是有原则投资的基本问题。

(四) 股价登记

博特赖特研究了这个异议(Boatright, 2014: 152 - 153)。在金融经济学中，有效市场假说对 SRI 的意义提出了挑战。该假说认为，“所有公开的信息都已经反映在股价中了”。如果信息包括社会责任或道德表现，那么 SRI 使用什么来进行社会甄别呢？当然，股市并非完全有效。然而，“这种情况对 SRI 没有提供多少支持，除非没有反映在价格中的信息涉及公司的社会绩效”(152)。如果该公司是一家“邪恶公司”，那么它的股票已经打折了(153)。

这种异议是反对有原则投资的一种论证，有原则投资来自市场外部，而非市场内部。虽然有关这些原则的信息可能会影响股价，但股价还没有反映这些信息。

因此，有原则投资是没有问题的。

五、“邪恶公司”原则

许多人可能会认为，投资一家“邪恶的公司”总是错误的，就像我们在这里所说的一样。狄乔治认为，“一般原则是，如果一个公司的成立是为了一个不道德的目的，那么没有人会通过购买其股票在道德上支持其活动”(DeGeorge, 1990: 174)。

欧文称之为“邪恶公司原则”(evil-company principle)，并通过一个反例(235)来反驳它(Irvine, 1987: 234)。我们首先想象一个邪恶的公司，XYZ 公司，它使用奴隶劳动力来制造导致可怕死亡的产品。一天，XYZ 公司的总裁来你这里宣布说，他认识到了他的错误方式，并承诺说，如果你购买一定数量他的公司股票，他的生产过程将不再需要奴隶劳动，他将停止生产有害的产品。假如这样，欧文声称，购买这家公司的股票在道德上没有错，因此拒绝了邪恶公司的原则。①

欧文随后提出了他所称的"使能原则"(enablement principle)(236)，根据该原则，"一个人做使别人犯错事的事在道德上是错的"(同上)。因此，即便我不投资于一个邪恶的公司，只要我的投资使得别人犯错，那在道德上就是错的。②

拉尔默反驳了欧文的论点。首先，拉尔默声称，如果欧文的例子是邪恶公司原则的反例，那么 XYZ 公司不仅以前是一个邪恶的公司，而且现在也是一个邪恶的公司，这是有争议的(Larmer, 1997: 398)。

其次，拉尔默声称，使能原则以接受恶公司原则为前提(399 - 400)，并表明道德上可取的不是做让别人犯错的事情，而是怀有恶意地让别人犯错。他认为，因此使能原则需要邪恶公司原则。

我对欧文的论点提出另一个反对意见。欧文假设，这个公司总裁的意图与 XYZ 公司的意图相同。我在别的文章中论证过，前者不一定与后者相同(Shunsuke, 2007; Sugimoto, 2008)。我的观点是，他的例子太简单了，无法反驳邪恶公司原则。从这个意义上说，欧文的论点是站不住脚的。

六、结　　论

在本文中，我认为，有原则投资不比 SRI 的问题更多。我按：(一) 受托职责；(二) 财务业绩；(三) 伦理甄别；(四) 股价登记等与社会责任相关的问题，研究了有原则投资，为自己这一观点作了辩护。我认为，有原则投资是没有问题的。最后，我研究了欧文关于邪恶公司原则的论点，认为它是站不住脚的。③

参考文献

Aizawa, Kouetsu. 2009. An Introduction to Theory of Financial Panic (Kyoukou Ron Nyumon), NHK Books.

---

① 欧文也拒绝了他称之为的"不良利润原则"("tainted-profits principle")，即一个人采取措施从他人的错误行为中获益是不道德的(Irvine 1987, pp.235 - 236)。

② 欧文不接受使能原则的这一阐述，对它作了修正(Irvine 1987, pp.236 - 241)。

③ 这项工作得到了 JSPS KAKENHI Grant Number JP16K16691 的支持。

Boatright, John R. 2014. Ethics in Finance, 3rd. Edition, Wiley-Blackwell.

De George, Richard T. 1990. Business Ethics, 3rd. Edition, Macmillan Publishing Co. Domini, Amy. 2001. Socially Responsible Investing: Making a Difference and Making Money, Kaplan Publishing.

Donaldson, Thomas and Thomas W. Dunfee. 1999. Ties That Bind: A Social Contracts Approach to Business Ethics, Harvard Business School Press.

Dunfee, Thomas W. 2003. Social Investing: Mainstream or Backwater, Journal of Business Ethics, Vol.43: 247 - 252.

Eccles, Neil Stuart. 2010. "UN Principles for Responsible Investment Signatories and the Anti-Apartheid SRI Movement: A Thought Experiment", Journal of Business Ethics, Vol.95: 415 - 424.

Irvine, Willaim B. 1987. The Ethics of Investing, Journal of Business Ethics, Vol.6: 233 - 242.

JSIF. 2014. 2013 Review of Socially Responsible Investment Japan: http://japansif.com/2013review.pdf (Accessed May 15, 2016).

Kozaki, Aiko and Masato Takebayashi. 2011. Domestic and International Situation and Analysis on ESG Investments, Securities Analysts Journal, Vol.49: 8 - 18.

Larmer, Robert. 1997. The Ethics of Investing: A Reply to William Irvine, Journal of Business Ethics, Vol.16: 397 - 400.

Sandberg, Joakim. 2010. Socially Responsible Investment and Fiduciary Duty: Putting the Freshfields Report into Perspective, Journal of Business Ethics, Vol.101: 143 - 162.

Sparkes, Russell. 2002. Socially Responsible Investment: A Global Revolution, John Wiley & Sons.

Sugimoto, Shunsuke. 2007. Controversy on Corporate Moral Agency, Philosophical Investigation (Tetsugaku no Tankyu), Vol.34: 103 - 125.

Sugimoto, Shunsuke. 2008. In Defence of Corporate Moral Agency — Applying David Gauthier's Theory to Business Ethics—, Study of Practical Philosophy (Jissen Tetsugaku Kenkyu), Vol.31: 41 - 59.

Taka, Iwao. 2010. Knowledge of Compliance (Compliance no Chishiki), 2nd Edition, Nikkei Bunko.

Takada, Kazuki. 2005. On a Viewpoint of Social Responsible Investment, Japan Society for Business Ethics Journal, Vol.12: 187 - 196.

Tanimoto, Kanji. 2003. An Introduction to SRI (SRI Shakaiteki Sekinin Toushi Nyumon), Nihon Keizai Shinbun (Nikkei).

Mizuguchi, Takeshi. 2005. Basic Knowledge of SRI (Shakaiteki Sekinin Toushi (SRI) no Kiso Chishiki), Japanese Standards Association.

Mizuguchi, Takeshi. 2013. Responsible Investment (Sekinin Aru Toushi), Iwanami Shoten.

西班牙金融机构早期发展中的礼物逻辑与社会资本

［墨］吉尔曼·斯卡尔佐(Germán Scalzo)
［西］安东尼奥·阿尔马塞吉(Antonio Moreno Almárcegui)*
陆晓禾　杜　晨 译

［提要］　本文以宗教与经济学为研究对象，更具体地探讨了互惠、社会资本与金融机构发展之间的关系。自现代性发端以来，主要由于新教的影响，礼物与契约逻辑在完全独立的领域中运行，使得契约关系成为唯一可能的社会模式。我们将支持这样一种观点：市场与国家的发展和功能都是先前某种事物即礼物在社会关系中出现的结果。这也是所谓的“社会资本”的基础。我们将研究西班牙的案例，特别是 14—19 世纪慈善机构的创建演变，作为构建社会资本的一个指标，以便更好地将礼物逻辑与经济发展相联系。我们增加了证据来回答这个问题，即为礼物至上的辩护是否阻碍了现代西班牙经济以最具活力的新教国家相同的速度发展。

一、导　言

埃纳夫(Hénaff, 2010)最近又回到了韦伯(Weber, 1955)提出的一个有关新教与资本主义关系的老问题，从社会的角度发展了他的论点。埃纳夫提出，按新教的社会愿景，有着对契约作为公共社会关系排他性框架的辩护，这种辩护完全脱离了礼物的逻辑，而这正是新教经济成功的关键所在。埃纳夫断言，对于新教而言：

> ……完成职业任务比从事慈善工作更重要；前者甚至取代了后

---

* © Germán Scalzo & Antonio Moreno Almárcegui, 2020.作者吉尔曼·斯卡尔佐，墨西哥泛美洲大学(Universidad Panamericana)教授；作者安东尼奥·阿尔马塞吉，西班牙纳瓦拉大学(Universidad de Navarra)。——编者

者。路德甚至认为，劳动分工本身就履行了对他人的义务(*PE 81*)。在韦伯看来，路德在某种程度上天真地预示了亚当·斯密。实际上，他并不是那么天真的，因为当时人们所质疑的是把慈善态度作为社会观点首要条件的整个问题(韦伯对此并未提及)。

这一学说影响深远，一方面出现了一种完全以交换关系，如工作、价格和合同为基础的社会秩序。另一方面，基于一种将恩典视为单方面神圣礼物的新概念，“现代”礼物概念出现了，即无条件的道德礼物是一种纯洁和慷慨的礼物，不期待回报(没有互惠)。因此，它最终使博爱的概念普遍化，同时也使它没有了具体的内容，而在此之前，这些内容是由酬金来规定的(Nelson, 1949)。

在产生新教的社会中，礼物逻辑与契约逻辑是完全独立的两个领域。这一学说使受交易逻辑支配的契约关系成为唯一可能的社会模式，而把礼物逻辑排除在社会关系之外。

对这一主张契约的激进自治的传统，现代天主教世界观，根据早期的传统，继续捍卫礼物优于契约，也就是说，分配正义优于交换正义。对一些作者来说，契约之从属于礼物对于天主教世界观中的资本主义发展具有重大意义。他们认为，资本主义在新教世界扩展的关键在于礼物与契约的彻底分离，礼物被简化为私人关系，而契约则成为公共社会关系的主导社交形式。这种关系在天主教的世界观中受到了质疑，在现代世界，礼物与契约仍然是统一的，这使得发展资本主义经济成为不可能(Clavero, 2000)。

诚然，礼物与契约之间的混淆是许多形式的强力腐败的基础，因此对每个社会都构成了风险，特别是对那些提倡礼物与契约之间牢固关系的人。但通常在这些情况下，将一种东西作为礼物来赠予实际上是一种非常自利的行为，而“免费”提供的东西具有实在的价格，一个强有力的还盘。然而，中世纪晚期的传统很清楚地将它们区分开来。所有关于高利贷的基于案例的推理都需要努力确定哪一部分符合契约关系，哪一部分是免费的。换句话说，它试图确定哪部分是出于友谊，哪部分是出于公正。然后说，没有公正，也不可能有友谊。这是因为友谊高于公正，而礼物高于契约。

二、探讨问题：礼物逻辑、社会资本与经济增长

20世纪90年代在美国社会学中产生的与社会资本有关的理智传统(Putnam, 2003a)，最近又从一个有点不同，而且在某种意义上具有原创性的观点回到了这个古老的问题上。对社会资本的研究也就是对“社交网络和与

之相关的互惠性规范”的研究(Putnam, 2003b)。对普特南来说：

> 密集的社会互动网络似乎促进了强大而普遍化的互惠规范：现在，我为你做了一些事情，但并不期待立即得到回报，因为以后你会回报我的善意(如果没有，其他人也会)。换言之，社会互动有助于解决集体行动的困境，鼓励人们在可能不会有信任的情况下采取行动。当经济的和政治的关系嵌入到一个密集的社会互动网络中时，就会减弱机会主义和腐败的激励机制(Putnam, 2003b: 14)。

这种方法的原创性就在于，它试图从制度性的构架来衡量互惠网络的强度，这构架指导着社会各个战略性部门——政治、教育、劳资关系、宗教密集网络的形成和发展，有益于社会中形成一种普遍的信任和善意的氛围。

这种方法的目的是，衡量和解释这种制度构架对整个社会和经济发展的影响，因为与此同时，这些制度有助于建立并表达“润滑社会生活”的信任。这种方法事实上基本接近中世纪晚期的观点。确实，如果社会资本尝试将量化方法应用于礼物逻辑的现象，为的是客观地衡量与社会发展有关的强度和力度，那么断定社会资本的相关性就是肯定礼物与契约之间、无偿性与市场发展和国家之间有着密切的关系。如果是这样，经济发展的关键就在于创造足够的社会资本来维持普遍的社会信任。

我们的论点是，市场和国家的正常运作和历史发展(这也是历史研究中的一个突出的话题)，实际上是先前某种更复杂和难以确定的事物的结果，与此同时也使之成为可能。事实上，这些制度是一种非常脆弱的平衡的结果，只有广泛和深刻信任的气氛才可以让其发展。这正是社会资本这个概念所指。假设这个观点是正确的，那么社会长期发展的关键是建立一个强大的社会网络，作为广泛的社会关系和强互惠规范的表达，它表达的是一种广泛的信任氛围，使经济制度和稳定有效的政策得以出现。换句话说，最重要的不是经济机构本身，而是使它们成为可能的安全和信心的社会网络。因此，经济发展的长期关键是创造足够的社会资本来维持一种普遍的信任氛围。

在现代，由于出现了中世纪闻所未闻的大城市，使欧洲的商业扩张成为可能。这些大城市负责推动和组织贸易，导致出现全新体量和质量的国际和国内市场(De Vries, 1980)。

从人口统计学的角度来看，这些大城市是通过移民而发展起来的，这就带来了无根的问题：新城市如何才能避免负面的社会后果，而让新来者融入社区，成为社区的一员呢？

因此，这些大城市见证了一种新型关系的诞生，这种关系更加非个人的、中立的和客观的,这对市场和国家的发展至关重要。对于市场的发展来说,必须扩大基于交换正义的契约关系,交换正义坚持交换物的等值,但忽略了主体的条件。

现代国家的发展对于交换正义的胜利是至关重要的,它是公共领域中关系发展的核心标准。但是,无论是大规模的移民还是基于现代法律概念的契约关系,都无法产生个人认同,从而建立个人关系,而个人关系最终是社会凝聚力的基础(Revue du Mauss, 2004: 23; Hénaff, 2010)。相反,它们创造了一个不被承认的世界,成为紧张关系的潜在根源,最终可能蔓延到整个社会,并使得国家的社会发展陷入瘫痪。这些新的社会机构的历史意义在此被研究:它们计划将礼物和互惠的逻辑从自然社交圈,即家庭、邻里、友人的圈子,扩展到大城市创造的新的社会环境。简言之,这些机构的历史意义在于,在社会承认的构架内插入新的非个人的关系:接受和承认他人,扩大关系的范围,并为有助于和平与社会稳定的普遍信任的氛围作出贡献。只有这样的环境才有可能出现新的金融机构。

社会资本的密集流动是资本主义制度的出现和发展以及大都市持续发展的必要前提。然而,大城市资本的减少可能导致城市增长的衰竭或崩溃,从而导致贸易恶化和经济增长长期疲软。

在这些假设下,我们下文将试图回答以下问题:对礼物首要地位的捍卫,是否阻碍了现代西班牙以速度与最具活力的新教国家相同的经济发展?对礼物至高无上地位的捍卫,是否阻碍了现代西班牙经济以与大多数富有活力的新教国家相同的速度发展?此外,有可能衡量西班牙历史上社会资本的密集度吗?如果可能,在资本主义出现和发展的相应时期,它是如何演变的?西班牙的大城市是否创造了更多的社会资本来弥补新的社会环境?最后,这种演变能否解释西班牙经济发展中的扩张和危机时期?

为了回答这些问题,我们将在区分大都市(马德里和塞维利亚-加迪斯轴线)与西班牙其他地区之后,首先研究作为社会资本建设指标的慈善机构创建的一般演变。因此,我们可以更好地把礼物、社会资本和商业革命联系起来。然后,我们将分别研究以服务形式提供帮助的机构,主要是医疗和教育,以及以金钱形式提供帮助的机构,如嫁妆、布施、寡妇养老金或奖学金。尽管这两类机构在17世纪中期都遭遇了危机,但这些提供资金的机构在19世纪经历了深刻的转变,因此这项研究存在很大分歧。此外,这样的划分使我们更好地将礼物逻辑、社会资本创造和经济发展联系起来。最后,我们将使用定性的方法来概述在每个历史时期激励这些机构的互惠规则。

三、慈善事业在西班牙作为社会资本的指标：14—19世纪

20世纪初，西班牙政府列出了一份慈善机构的清单，这些机构是几个世纪以来通过社会倡议而产生的，并一直存在到现在。这份清单包括大约1.3万个非常不同的机构(医院、疗养院、招待所、婚嫁或研究补助金、学校、粮仓、基金(montepíos)、储蓄等)，将成为我们分析社会资本的主要来源。[①]尽管这份清单并非详尽无遗，但它包含了一个足以代表本研究目的的样本。从1450年至1900年，社会机构数量的演变如图1所示。[①]

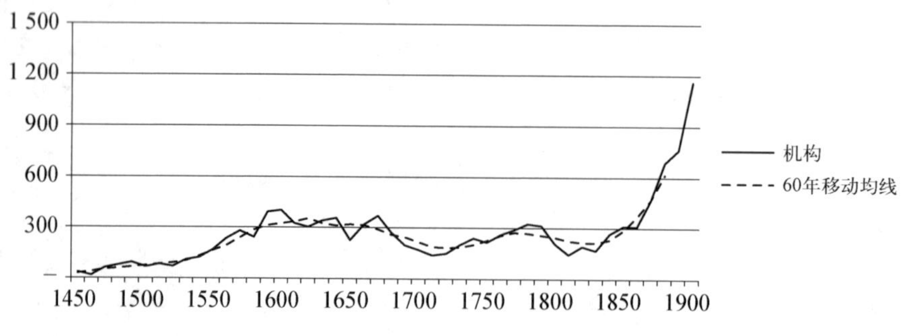

图1 1450—1900年西班牙慈善机构建立情况

图1中可以区分3个主要时期：第一个时期包括两个世纪(15世纪和16世纪)，特点是机构的增长，从1600年到1610年(正好是西班牙历史上最辉煌的时期之一)，一直持续到1650年；第二个时期的特点是危机，包括之后的2个世纪(1650—1850年)；第三个时期，是1850年以后的迅速发展期，到1870年超过了以前的水平。这两个增长期(1400—1650年和1840—1900年)与西班牙历史上最辉煌时期相吻合，包括西班牙文化的“黄金时代”和广泛的政治、社会改革运动(“复兴主义”)。然而，与这些机构应对的人口总数相比，第一个时期显然更好。

现代时期，马德里、塞维利亚和加的斯是西班牙最大的城市，它们集中了推动创造大型市场的战略功能，而这些市场是资本主义扩张的关键。马德里是新君主制的首都，塞维利亚和加的斯则是与美州进行国际贸易的港口城市(De Vries, 1987)。如果将这些大都市中人均机构的变化与全国其他地区相比，则都市的创建速度几乎是其他地方的6倍(每1万居民有1.62个机构，而

---

① 这项数据以10年为单位，加上60年的移动平均值。这个时期达560年，使我们能够观察中期和长期的趋势。本文对这些数据作了一般性的处理，但更详细的研究见Moreno-Scalzo(2016)。

其他地方仅有0.28个)。此外,危机时期在大城市要严重得多,显示出城市危机与社会资本恶化之间存在着相关性。

如前所述,这里所考虑的机构是非常混杂的。然而,它们可以分为两类:提供服务的(主要是医疗和教育),与提供捐款的。随着时间的推移,提供服务的机构往往趋于更加稳定,而以金钱形式提供帮助的机构则经历坎坷。在扩张时期(1550—1650年,1850—1900年),后一种机构的发展比前一种机构更为强劲。然而,这两个时期机构的构成在性质上是不同的:在第一个时期,机构规模小,靠个人的主动性建立起来;而在第二个时期,由公司运营并由资本推动的大型机构占主导地位。

以金钱形式提供的帮助与提供服务的不同——给予受助者更大的灵活性,反映出对其正确使用有更大的信任。慈善机构的扩张与捐款机构的扩张之间的关系,是值得注意的。图2显示了这种相关性。我们的假设是,社会机构的创建是一个特定社会在一个特定时间中的礼物逻辑强度的反映,即有信心的和密集的货币流通要求有普遍的信任氛围,并为社会发展提供安全保障。在这种情况下,金钱是礼物逻辑的一种表达。根据普特南的观点,"一个以普遍互惠为特征的社会比一个没有信任感的社会更有效率,就像金钱比物物交换更有效率一样。信任是社会生活的润滑剂"(2003: 14)。普遍的互惠和金钱都是一种信心气氛的表达,这种信心能柔化和放松社会生活。西班牙的经验表明,金钱可以强有力地表达一个社会的"普遍的互惠"。J.努南(Noonan)认为,经院哲学认为金钱是一种礼物,是建立在这种逻辑支配下的人际关系的基础上的(Noonan, 1957: 104),这种观点在中世纪晚期和现代早期存在。因此,慷慨和有信心地使用金钱可能是礼物逻辑强度的最有力的标志之一。

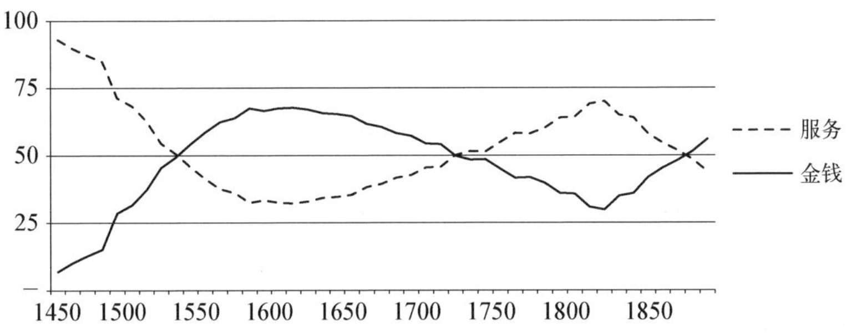

图2 以金钱或服务形式提供支持的机构的相对分布

1650—1850年的危机主要是由捐赠资金的社会机构的收缩引起的。需要明确的是，这是一个普遍丧失信任的迹象。图2显示，正如普特南在他的比较中所指出的那样，这种信任的普遍缺失等同于礼物逻辑和互惠的恶化。捐款的社会机构显然对短期社会变化最敏感：它们在经济景气时出现得更快，而在危机时衰败得更厉害。这些提供金钱的机构是1650—1850年时期危机的表现。最后，对慈善机构的研究得出了一个令人惊讶的结论，即慈善事业的发展似乎与金融机构的发展密切相关。至少从现代开始，慈善机构和金融机构的扩展需要一种信任的社会氛围。

除了这里的定量分析(作为社会互惠指标的机构数量)外，社会资本概念还包括一个很难确定的定性方面，即互惠概念的强度和质量。解决这一问题的一个方法是，把那些不打算将受助者作为这个社会正式成员的机构与那些设法把受助者变成“平等者”的机构区别开来。尼尔逊(1949：163)认为，到18世纪，欧洲新教国家的慈善观念开始恶化。在这个新概念中，慈善变成了为了某些被视为“下等人”所做的事情。换句话说，接受慈善对于受助者来说是某种羞辱的行为，包括对自己社会地位低下的公开承认。在这种行动中，虽然客观上需要帮助，但并没有改变社会差异的愿望。简言之，它的目的不是将受助者作为一个成员、一个“兄弟”、一个最终是平等的人纳入这个社会。我们认为这是互惠性概念在质上的恶化。

在西班牙政府的研究中，与援助可能被称为“困者”的机构相比，致力于“穷人”的机构持续而稳定地增加。我们认为，“困者”这个术语是指由具体和客观的情况所造成的暂时状态，慈善机构将设法来补救。而“穷人”指的则是更有结构和更持久的社会经济状况，慈善机构不一定尝试补救，而是试图减轻这种状况。[①]

“困者”并不对应某一个社会范畴，而是一种具体境况，而“穷人”似乎指的是一种永久的社会状态。因此，为穷人而设立的机构所占百分比的增加与互惠关系普遍恶化有关。慈善机构对公众态度的这种变化揭示了照顾者与被照顾者之间的不对称差异，表明了一种社会距离感和一种不希望他人平等的对待。直接增加专门为“穷人”服务的机构，间接地表明礼物逻辑特有的互惠概念在质上的恶化。这种演变的相对分布如图3所示。

---

① 这两者的区别类似于我们中国人所说的“救急”与“救穷”的区别，所谓“救急不救穷”，这里也有这个意思。——陆晓禾

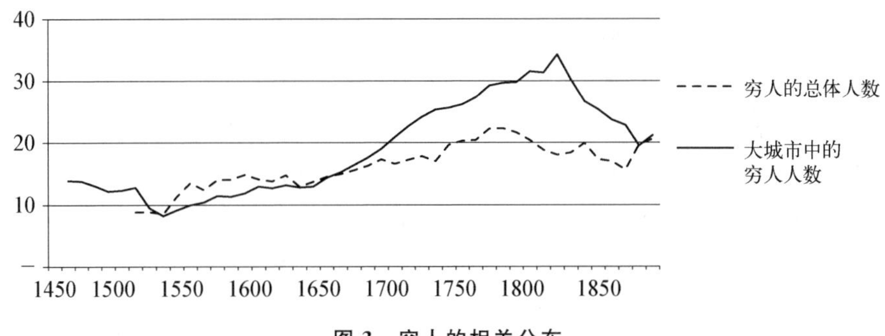

图 3 穷人的相关分布

这种恶化虽然普遍,但在大都市中更为严重,在社会机构创立的关键时期(1820—1830 年)取得了更大的相对重要性。它对应于旧政权向新政权的过渡时期。正如历史学家指出的,这些数据表明,这种政治过渡伴随着互惠关系的严重恶化,这种恶化影响了社会资本的形成。这一关键的 10 年对应着一个人均机构数明显减少的时期,也对应着支持这些机构的互惠质量的下降。

1820 年社会资本的创造发生进一步恶化,这与西班牙的严重危机相对应,特别是在马德里-塞维利亚-加的斯地区,这是西班牙现代社会的中心。这可能与当代西班牙在其他城市的复兴有关,而这些城市以前只起了很小的作用(Ringrose, 1996)。

四、结　　论

所提供的证据表明,在西班牙,自天主教国王开始到 1550—1650 年达到顶峰的一段特别成功的时期之后,社会资本的形成面临着一场危机,这场危机持续了 200 年,直到 19 世纪中叶。这与旧政权的结束和自由国家的出现是一致的。

这场旷日持久的危机不仅表现在人均慈善机构数量的显著减少——尤其是在现代西班牙的大城市,而且还表现在推动这些机构的互惠概念的恶化。一开始,友爱概念占主导地位,而在这个过程结束时,有相当大比例的社会机构,尤其是在大城市,都聚焦“穷人”,也就是说,这一质的区别反映了社会被各种不可调和的差别所分裂。

在马德里和塞维利亚-加的斯轴线城市中,社会资本创造的兴衰更为剧烈,这些城市注定要推动西班牙的商业革命,使该国的经济-社会结构现代化,促进西班牙经济的整体增长。与欧洲其他更具活力的经济体相比,这些城市的危机解释了西班牙社会整体增长乏力的原因。大型国内和国际市场的创建和金融体系的发展,需要有普遍的社会信任作为先决条件,因为新的大城市的规模,不再能依赖古老的亲属关系网络和中世纪典型的邻里关系。所以,1550—1650年大城市中社会机构的大幅增加,伴之以急剧的城市繁荣,其历史意义是,扩大了互惠互助网络,超越了团结一致的传统圈子,形成了广泛的社会信任气氛,改变了社会生活和经济生活。相反,随后1650—1850年的危机显示了社会资本创造的缓慢和稳固的恶化,引发了一场深刻的危机,导致了与欧洲最具活力的经济体相比相当平庸的经济和城市增长。

回到与契约逻辑有关的礼物逻辑,在现代西班牙,契约并没有失灵。事实上,西班牙促进了当时法律学说的发展,以至于有人认为,萨拉曼卡学派对当代文化的主要贡献之一与现代契约概念有关(Gordley, 1991)。这似乎是一个悖论。而社会资本的创造,也就是所谓的"礼物逻辑"却失败了。也许这是因为契约不是自我维持的,而是需要某种先决的东西,这种东西本身不能包含在契约中,但在社会中却是真实的、具体的。它表现为广泛的社会信任,广泛的慷慨的信任的互惠网络,这使得建立机构、签订合同、促进资金在社会各个角落的快速和广泛的流通变得容易。确实,尽管资本形成方面的危机影响了所有机构,但我们已经表明,这对以资金形式提供帮助的机构尤为严重。在1650年以前,这类机构增长最快,1650年后这类机构萎缩最多。考虑到西班牙可以直接获得贵金属资源,这是自相矛盾的,但这不是问题所在。相反,现代新场景在大都市和大型市场所创造的货币广泛而密集的社会流通,需要扩大广泛的信任和慷慨的社会关系网络,超越亲属范围和邻里社区,这有助于养活所考察的社会机构。这种信任和普遍的慷慨是使金钱在社会机构中流通并赋予它生命的力量。1450—1910年的资本创造表明,广泛而普遍的社会信任在1650—1850年遭受了严重损害。我们认为,这是该国社会生活因普遍信心恶化而普遍失控的表现。

参考文献

Anes, Gonzalo. 1972. Economía e Ilustración en la España del siglo XVIII., Barcelona, pp.73 - 94.

Clavero, Bartolomé. 1991. Antídora: Antropología Católica de la Economía Moderna, Milán, Giuffrè.

De Vries, Jan. 1987. La Urbanización de Europa 1500 - 1800. Crítica, Barcelona.

Gordley, James. 1991. The Philosophical Origins of Modern Contract Doctrine, Clarendon Press, Oxford.

Hénaff, Marcel. 2010. The Price of Truth. Gift, Money, and Philosophy, Stanford University Press, Stanford, California. [Original: (2002) Le Prix de la Vérité. Le don, l'argent, la Philosophie, Editions du Seuil, París].

Hénaff, Marcel. 2003. Religious Ethics, Gift Exchange and Capitalism, en Arch. Europ. Sociol., XLIV, 3: 293 - 324.

Ministerio de la Gobernación, (1912 - 1918) Nuevos Apuntes Para el Estudio y la Organización en España de las Instituciones de Beneficencia y de Previsión, Imp. Sucesores de Rivadeneyra, Madrid, 1912 - 1918. Indice General de las Instituciones de Beneficencia en España, pp.1 - 408.

Moreno Almárcegui, Antonio & Scalzo, Germán. 2016. Lógica del don, Capital Social y Capitalismo. El caso de España. Siglos XIV - XIX, en Homenaje a Jesús Longares, EUNSA, pp.83 - 117. Forthcoming.

Nelson, Benjamin N. 1949. The Idea of Usury. From Tribal Brotherhood to Universal Otherhood. Princeton: Princeton University Press.

Noonan, John. 1957. The Scholastic Analysis of Usury, Harvard University Press, Cambridge, Massachusetts. Putnam, Robert D. (2003a) El Declive del Capital Social. Un Estudio Internacional Sobre las Sociedades y el Sentido Comunitario, Galaxia Gutenberg, Barcelona.

Putnam, Robert D. & Gross, Kristin A. "Introducción", Putnam, R. D. (2003b) El Declive del Capital Social. Un Estudio Internacional Sobre las Sociedades y el Sentido Comunitario, Galaxia Gutenberg, Barcelona, pp.7 - 33, p.9. Revue du Mauss, (2004) De la Reconnaissance. Don, Identité et estime de soi, Revue du Mauss, 1er Sementre, No.23. Ringrose, David (1996) España, 1700 - 1900: el mito del Fracaso, Madrid, Alianza.

Weber, Max. 1955. La Ética Protestante y el Espíritu del Capitalismo, Madrid, Revista de Derecho Privado.

四、创新：企业组织和企业责任

从企业社会责任到社会创新：发展和伦理问题

林洁珍　黄元山*

［提要］　对企业社会责任（CSR）的期望及驱动企业活动的因素会随时间而变化。最初，CSR 通常与慈善事业有关，须符合社会性的绩效标准，避免与公司生产、分销商品和服务的相关负外部性（negative externality），并受制于不同外部法规和社会规范。

CSR 报告准则能推动企业，对 CSR 作出更大承诺，并提供指导和激励，但它们的有效性亦有所限制。随着企业被期望为社会作出更多贡献，解决更广泛的环境及社会问题，同时对企业可持续性的要求与日俱增，有些企业通过社会创新（不仅是 CSR 表现，更是与社会企业合作），或把社会效益纳入商业模式，缔造创造社会价值的新机会。

CSR 和社会创新之间存在着密切的相互依赖关系。CSR 的演变意味着资本主义的演变：从追求自身利润最大化的模式到创造共享价值的创造性资本主义。本文将研究 CSR 和相关伦理问题的发展并得出如下结论：通过提高透明度，与其他非牟利机构建立创意伙伴关系以及审慎的政府法规和有效的社会影响评估（SIA），CSR 能在社会价值创造和促进社会创新方面发挥更有效的作用，但它并不能替代政府满足所有社会需求，政府仍应持续为有需要人士提供终极的社会福利。

---

* ©林洁珍 & 黄元山。英文原文为第六届国际企业、经济学与伦理学学会（ISBEE）世界大会“企业和经济发展中的伦理、创新和福祉”会议论文，后由作者修改中译首发《伦理学研究》2018 年第 6 期。

林洁珍，香港浸会大学经济系荣休教授、上海社会科学院经济伦理研究中心客座教授；黄元山，香港大学专业进修学院客座副教授。——编者

作者感谢陆晓禾的宝贵意见及方皓宏的研究协助。——作者

一、引　　言

CSR 概念演进至今几十年。如何培育企业家具有新的社会责任感的相关讨论早于 20 世纪 30 年代开始。现代企业社会责任的研究可以追溯到霍华德·鲍文(Howard R. Bowen)于 1953 年出版的《企业家的社会责任》一书。

真正的辩论始于 1962 年,当时米尔顿·弗里德曼(Milton Friedman)强烈地认为,社会责任理论从根本上是颠覆性的,"企业者接受社会责任,而不是为股东尽可能赚取更多金钱,这将彻底破坏我们自由社会的基础"(Friedman, 1962);并在 1970 年再次表明"企业的社会责任是增加其利润"(Friedman, 1970)。他的论点是基于经济理论和自由主义的道德概念:股东对其资产拥有财产权,也理应获得这些资产之回报。

不过,约瑟夫·麦奎尔(Joseph McGuire, 1963)却对 CSR 有更广泛的观点,尽管他也承认经济责任仍是首要关注(Carroll, 1979)。自那时候起,社会责任便以多种不同方式被概念化,并没有达致普遍认同的定义。有人甚至认为,不应该存在"一刀切"的定义(Van Marrewijk, 2003),因为不同机构的状况或会随着时间和空间而变化。

随着利益相关者(stakeholders)对企业期望的改变,CSR 政策和计划也相应有所变化。过去 20 年来,利益相关者对企业的期望已经从避免为社会带来负面影响,演进为主动积极解决社会问题,例如不平等和贫困、环境恶化及气候变迁,并且不限于本土,甚至推及全球。不能满足利益相关者期望的公司,将可能面临诚信和声誉损失的社会风险,由此影响其长期可持续性;具有良好 CSR 绩效的公司则可能获得良好的信誉和经济效益。企业社会绩效于是成了企业能否持续发展的关键。

越来越多的企业把社会创新视为可持续发展动力(Osburg, 2013),并将预期的社会和环境绩效作为企业创造共同价值观和社会创新的新机遇。CSR 的演变代表着资本主义的演进,从追求自身利润最大化的资本主义到创造共享价值的创造性资本主义。

最近,哈佛大学的一项研究表明,现时大多数的千禧一代都不支持资本主义(哈佛政治学会,2016)。因此,面对人们对大企业和资本主义的信任日益恶化,CSR 和资本主义的演变就显得尤其重要。我们将研究 CSR 和相关伦理问题的发展,以及它们如何与社会创新产生关系。

二、企业社会责任和社会创新

(一) CSR

企业在从事经济活动时,社会预期企业能为利益相关者创造社会价值,这种预期甚至超越法律和法规的最起码的要求。但对 CSR,目前并没有达致普遍认同的定义。

世界企业永续发展委员会(WBCSD)所沿用的定义是:"企业社会责任指企业持续致力为经济发展作出贡献,同时提高员工及其家庭、甚至扩及社区和整个社会的生活质量。"①更具体且广为研究人员接受的定义可见于阿圭那 & 格拉瓦斯(Aquinis & Glavas, 2012)文献,其中把 CSR 定义为:"将利益相关者的期望,以及经济、社会和环境绩效的三重底线(triple bottom line)纳入考量之特定背景的组织行动和政策。"

CSR 可由不同动机来驱动(Prieto-Carron, et al., 2006; Garriga and Mele, 2004)。当它被视为一种责任和义务时,它的驱动力可以是道德动机(moral motivations)或合规驱动(compliance-driven);可以由利润动机驱动,面对社会压力和政治考量,为改善声誉而作的权宜之计(Pratap, 2012; Zhao, 2012);或者是旨在提高市场估值和财务业绩的策略动机(Bruyaka, 2013);可以是超越合规和利润的动机,单纯出于对地球、人类潜能或社会责任的关怀;也可以是寻找一种平衡和功能兼具,在经济、社会和生态环境领域创造有价值的企业绩效表现,并与所有利益相关者取得共赢的解决方案(van Marrewijk, 2003)。概言之,CSR 没有达致公认的定义,而是因应不同机构的发展、意识及目标而有不同的定义。

英特尔(Intel)在中国的表现,便是一个很好的案例。自 20 世纪 90 年代初开始,英特尔的 CSR 策略据其自称由 CSR 1.0 发展到 CSR 3.0 阶段,为的是回应社会不断变化的需求。其时,中国信息通信技术产业仍处于起步阶段。英特尔意识到,要在中国发展业务,必须首先帮助其发展。英特尔先在社区层面展开工作,提供了企业志工服务、慈善及社会贡献等一系列计划,试图成为推动社区发展的有利条件(CSR 1.0)。到 2000 年,察觉到中国对提高教育和技术质量的需求,英特尔适应这一需求而帮助中国开发有效提供高质量的新方法。通过关注教育,英特尔帮助中国提升教育目标、经济以及社会

① http: // www. wbcsd. org / work-program / business-role / previous-work / corporate-social-responsibility.aspx accessed on 20160515.

发展,同时促进中国对信息及通信技术(ICT)的需求。英特尔视这种“共享价值”为 CSR 2.0,而 CSR 3.0 则进而呼吁拥抱“我们”而非“我”的模式,并与各领域的所有利益相关者合作,努力实现集体影响力的系统性解决方案(英特尔,中国, 2014)。

就 CSR 的实践而言,开发 CSR 的一个重要发展,便是发展它与各种国际 CSR 标准的相互作用,包括 ISO 14001(环境管理系统标准)、ISO 9000(品质管理标准)、SA 8000(生产供应链对工人条件的标准)、“全球联合国契约组织”(UN Global Compact)关于人权、劳工权利、环境和反腐败的原则、GRI 可持续发展报告指标以及 ISO 26000(社会责任指引标准)。CSR 的标准可以带来许多有益结果,包括 CSR 的实施、对 CSR 的支持、促进利益相关者参与、持续改善和提高企业声誉。这也可以提高自我督促的效应,毕竟若被视为一个负责任的主体,就更容易采取负责任的行为,而令外部执行成本也可能减低。

然而,常用的 CSR 标准却存在两大弱点。第一个是概念不适当。标准或许适于处理技术性问题,但在定义和处理复杂的社会和伦理问题时,存在各种方法上的困难。采用 CSR 标准的过程将牵涉额外成本,对小型企业来说可能会太昂贵。另外,CSR 标准的采用基本上是自愿制,缺乏合法性以及强有力的合规机制。如果发展过程要有效用,除了表现层面,标准的制定便应涵盖上述两个通则(de Colle, et al., 2014)。另外,三重底线方法亦缺乏整合。CSR 有可能不会融入企业的不同部门,而只限于负责 CSR 或持续发展的部门(Sridhar and Jones, 2013)。若能将整合性报告(Integrative Reporting)融入整个策略管理中可能会更为有效。最后,但并非不重要的是,CSR 标准不能推动系统性的变革,虽然它们能有效地帮助一个特定机构来改善其社会、道德和环境层面的绩效。但当面对国家或全球性规模的问题时,仍需要公共政策层面的思考。

另一个概念性问题是,标准化的国际准则和一般标准都忽视了一件事,即 CSR 的相关概念和维度在不同文化背景下可能有所差异。例如,根据对中国 630 名 CEO 和企业家的大型调查(Xu and Yang, 2010):除西方所见的 6 个常用角度,中国文化下的 CSR 还有 3 个独特的维度,即就业、商业诚信及社会稳定和进步。

还有的研究(Lin-hi and Bloomberg, 2017)指出,尽管企业对 CSR 有所承诺,但违反基本劳工标准的行为仍然普遍存在,例如童工、危险性工作条件、工时过长以及工资低廉等。其中有许多原因,包括全球化竞争的压力、利润最大化、短期盈利主义以及国际供应链的复杂性,而这些问题在新兴市场国家尤其严重。工人的福祉通常都不是管理上的优先事项,政府也未必愿意负责任地执行劳工标准。只要客户不愿意鼓励企业这方面的努力,那么供应商层级确保工作环境的计划就难有成效。作为买家的企业必须保证负责任的标准并不会伤害企业的竞争力。对伦理消费的支持也是推动 CSR 的必要动力,但这种支持经常缺乏。以伦理方式生产的产品价格往往较高,消费者往往因价格高而不愿意购买。如果消费者不愿意为良心消费支付更高的价格,也就无法鼓励良心生产。

CSR 评级的不足在富士康国际身上便可看到。该公司在 CSR 调查中得分很高,在两次调查中都排名第七(Oxfam HK, 2008, 2009)。富士康与另一家公司在供应链组别调查中都获得最高分数,更一直被纳入"可持续发展指数"。然而,2010 年富士康工厂有 18 名负责生产 iPhone 和 iPad 的员工选择了自杀,这说明工人的一些基本需要可能得不到照顾。据报道指出,生活条件和工作规则有可能令一些工人感到孤立和无助①,但这些情况都没有充分反映在 CSR 的调查数据内。

(二) 企业的可持续性发展

随着时间推移,企业可持续性的概念在 CSR 的文献中频繁出现,经常与社会创新概念有关。可持续性通常被定义为从环境、经济和社会层面的发展能力。企业可持续发展创造了利益相关者的长期性价值,于商业营运顾及生态环境、社会和经济层面,透过充分的透明度,以加强沟通(Osburg, 2013: 19)。

为实行良好的管理工作,金融机构投资者关心其财务投资的长期性回报,多于短期性利润。基于伦理因素,对社会责任投资(Socially Responsible Investment)的兴趣亦日益增加。投资者希望通过良好的(同时避免差劲的)可持续性投资,继而影响商业行为,表达对企业提高透明度的预期,并可鼓励上市公司发布可持续发展报告,向潜在投资者传达其可持续发展的信息。一些国家和地区的监管机构(例如中国香港地区),甚至强制性要求上市公司发布可持续报告,以维持透明度以及金融市场的公平性,试图吸引国际金融机构投资者,这对金融市场发展甚为重要。

为鼓励投资者参与社会责任的投资,领先的金融机构便创建可持续发展

---

① http: // www. cbsnews. com / news / what-happened-after-the-foxconn-suicides / 20130807 (Accessed on 20160510).

指数。以美国道琼斯可持续发展指数和香港恒生可持续发展指数为例，其中只包括拥有高度可持续性评级的成员。结果发现，社会责任投资股票组合的平均表现较市场指数相对较好（Cheung, et al., 2010; Brzescznski and McIntosh, 2014; Ortas, 2014）。还有发现显示，投资者会惩罚那些企业社会绩效处于低水平的高盈利公司（Lourenco et al., 2012）。而市场激励和政府的谨慎法规，则可推动社会责任投资，以及企业可持续发展。

随着公共部门的资源减少，越来越多的企业被要求为解决社会问题作出贡献，此举远远超出传统的 CSR。这意味着创新的业务解决方案，必需超越利润最大化的传统目标。企业面对具有挑战性的社会需求，社会创新可能是企业实现可持续发展的最佳方法。

CSR 和企业可持续发展是多面性的。CSR 涉及不同组织的层面，故不同形式的创新都可与企业社会责任相关系（Grieshuber, 2013）。由于 CSR 以及可持续的领导，便可大幅减少招聘、培训成本及降低营业额，从而创造良好的社会绩效。对社会负责的雇主，其价值观便具有吸引力，因而有可能吸引类似价值倾向的人。透过参与及多元化管理（员工或客户），可以带来社会创新。

（三）社会创新

根据熊彼特（Schumpeter）的研究，创新是实现生产要素的新组合，也可以理解为组织采用能创造价值的新东西。因此，社会创新概念包括一个概念转变的过程，或是一项发明转变为创造社会价值的解决方案（Osburg, 2013）。

社会创新已经被各种方式定义过。欧洲商学院（European Business School）把社会创新定义为“面对社会挑战的新解决方式，有处景性的、有具体目标，并着重于促进公共利益”（Osburg, 2013）。解决方案可能有处景性（contextual）[①]，但基本概念是推动公共福利。欧盟委员会（EU Commission）把社会创新定义为：“社会创新是符合社会需求、创造社会关系和形成新合作模式的新想法。”这些创新可以更有效地解决未被满足的产品、服务及模型的需求。它也可被定义为：“面对社会需求和问题，发明新的解决方案、确保支持并付诸实现的过程。”从这个角度来看，社会创新既是一种方法，也是一种成果：一种思维方式，并将此思维方式应用于解决社会问题之上（Intel China, 2014）。莫维斯、古金斯和基瑟（Mirvis, Googins & Kiser, 2012）将

① 一译“情境性”。——编者

企业社会创新定义为“一种策略,结合独特的企业资产(企业技能、创新能力、管理敏锐度、规模能力等)与其他领域的资产合作,共同创造突破性的解决方案,以解决影响商业和社会可持续性的复杂社会、经济和环境问题。”在此我们可以发现,与其他领域合作的理念成为社会创新的要素。创造和融入社会创新代表着CSR新的一步。而CSR的转型需要利用创新动力来突破传统平台和落伍的过程(Googins, 2013; Crets and Celer, 2013)。

根据奥斯堡和熊彼特(Osburg and Schmidpeter, 2013)的观点,社会创新概念超越了传统的CSR,因为它为公司的责任添加积极主动和前瞻性的部分。CSR的传统目标是作为良好的企业公民,并做对的事情。传统方法是去解决跟公司核心业务相关的社会问题。然而,社会创新的方法是为市场创造解决方案,并为参与其中的利益相关者创造共同价值。社会创新概念应该融入企业的核心创新过程。如果社会创新概念被视为临时的或非核心业务的解决方案,便会面临在经济不景气时被牺牲的潜在风险(Osburg and Schmidpeter, 2013: 318)。

2011年,波特和克莱默(Porter and Kramer)在《哈佛商业评论》(Harvard Business Review)发表一篇题为“创造共享价值”的重要文章,指出企业可以在赚取利润的同时解决社会问题。根据波特和克莱默的说法,企业可以通过3种不同的方式来实现:重新设想产品和市场、重新定义价值链中的生产力,以及在公司所处的位置上建立支援性的产业集群。

一些传统上以“在商言商”而闻名的企业,包括:通用电气、沃尔玛、雀巢、强生和联合利华,已经开始在这些领域采取重要措施。例如,为解决非洲和拉丁美洲贫困农村地区小型咖啡农民的困难,雀巢重新调整了它的采购业务。雀巢公司与种植者密切合作,提供农务建议,保证银行贷款,帮助确保资源投入。它亦建设本地设备,用来检验咖啡质量,向优质咖啡豆种植者直接支付更好的价格。此结果为雀巢提升了更高的生产力和优良可靠的供应来源,并为农民带来更多的收入(Porter and Kramer, 2011)。

技术创新、其广泛使用和成熟度推动了社会创新,因为让利益相关者之间的价值沟通变得更加容易。通过创造共享价值,营利企业可以同时实现社会目标,令经济和社会目标之间的区别变得模糊。

虽然社会创新的领域经常强调创造共同价值,但应当指出,在某些情况下,CSR有可能不会创造共同价值;而从伦理观点来看,这仍然是好的(Rangan, et al., 2015),因为一些CSR计划旨在为社会,而不是企业本身创造商业价值。重要的是,CSR应该令企业的社会和环境活动与其业务目标和价值观相一致。若是如此，CSR 的活动便可降低风险、提高信誉，为业务成果作出贡献，这一切都是好的。但投资是个道德决策，需充分考虑良好的管理、竞争优势和成本效益（更高的社会效益，更低的社会成本）。除此之外，企业可能需要牺牲股东的利益，来纠正对其他利益相关者的损害。此举的伦理基础可在亚当·斯密（Adam Smith）的《道德情操论》关于正义的讨论当中找到，如果企业有义务纠正损害，股东的所有权利便要服从于其他利益相关者的所有权利（Brown and Forster, 2013: 309）。基本上，CSR 是个伦理概念，而不仅是商业概念。

至于企业应该在多大程度上支持 CSR 举措，我们可以再次从亚当·斯密获得一些见解。他认为，每个人首要及优先的任务自然就是照顾好自己，而且没有人会比自己更适合此任务，所以这是理所当然的（Smith, TMS, Brown & Forster, 2013）。根据亚当·斯密的逻辑，企业管理层应该考虑自身能力，自行决定是否应该参与 CSR 计划。

事实上，从伦理角度来看，强调 CSR 双赢可能是存在问题的（Mazutis & Slawinski, 2015）。如果一家企业只在拥有即时回报情况下才参与企 CSR，那便有可能错失对社会产生积极影响的机会。另外，这种对利益的注重会让人怀疑这企业在 CSR 上的努力是否真诚，因为其中暗示除非有实际效益，否则此企业便不会参与 CSR。这种思维方式可能会削弱 CSR 的真实性，以及人们对企业的信任。

而过分强调由私营企业创造共同价值，亦有可能会削弱政府的责任。企业本身的社会创新其实大体上无法处理现实中迫切的社会需求。一切依靠创新和自己来执行的概念，可能会使社会的注意力从结构性不平等和环境危机转移，而这是必须通过政府政策的根本改变才能处理的。

（四）与社会企业的联系

社会企业指的是，通过企业模式实践社会创新的一个机构。社会企业的概念因国家而异，但它包含两个基本要素：社会和创业精神。具有社会目标，但没有创业精神、新颖性和价值创造的企业，不能被定义为社会企业。它有时会发生在非政府组织，或政府资助的社会计划当中，以传统方式扶贫，协助弱势工人就业，这些方式只涉及重新分配，而不是以一种新颖方式创造社会价值（Defourny and Nyssens, 2010）。

社会价值能在不同领域中创建。“工作整合型社会企业”（Work Integration Social Enterprise, WISE）即在生产领域中创造价值。社会企业雇用弱势群体、绿色企业和以社区为主的社会企业，也能在此领域中创造价值。“市场创造型社会企业"(The Market Creation Social Enterprises)在消费领域中创造价值,并创造过去不存在的市场,或改变现有的市场。

社会企业可于行销设计和分销渠道中创造价值,借此接触目标消费者,例如中产阶级良心消费者,或特定弱势群体。一些有盈余的社会企业通过分配剩余收入来支持某些社会议题,进一步创造社会价值。有些社会企业通过社会资本和社区建设,结合不同的利益相关者和社区资源以创造价值(香港创业中心,2014)。

成熟的企业能与小型社会企业合作实现共享价值的解决方案,借此帮助小型社会企业的可持续性发展。前者可能拥有更强的企业家精神和商业技能,后者则可能拥有更多的社会资本和实现社会使命的敏感度。大型企业拥有较多销售利润、资源、劳动力和产出。他们有更多资源参与社区建设项目,其规模能对社会产生更大影响。而不同领域之间的合作增加,今日亦可被视为一种创造共同价值观的潜在方式。企业部门、社会企业和非政府组织之间的跨领域合作发展,可以通过 Ienterprise 的三方协作模型价值创造经验(Lam, 2016)来说明。

香港宽频网络有限公司(HKBN)是一家领先的宽频服务供应商。其公开的核心目标是:"成就香港更美好家园"。几年前,HKBN 把客服系统和客户服务从香港转移到中国内地,以降低成本,这是企业界的普遍做法,但这样做会减少香港的就业机会。为实践其核心目标,HKBN 探讨聘用残疾人士融入香港业务营运的可行性,并邀请 Ienterprise(一家相对较小的社会企业)成立一个新的小型电话中心,以支援 HKBN 客户的电话查询服务。Ienterprise 在香港复康力量(HKRP)帮助下招聘员工,该机构在服务残疾人方面拥有逾 16 年经验。这种跨领域合作在参与的 3 个机构间缔造出共同价值。

社会企业可能源于企业对 CSR 的倡议。一个以利润为导向的企业或许看到了回应社会需求的机会,但不清楚是否可以持续发展。企业或许把小规模社会企业项目放在独立的业务范畴,并申请政府或慈善基金来尝试。当社会企业项目获得成功后,便可与现有的企业逐步整合。这种方法于 2006 年被诺华(Novartis)采用,该企业制定了"健康家庭"(Arogya Parivar)计划,试图帮助新兴市场中数百万无法获得医疗保健的穷人(Pfitzer, et al., 2013)。随着整合型组织的出现,营利性与非营利之间的界线便变得不那么清晰了。

虽然社会企业因其社会目标而日益受到欢迎,但应该注意的是,与商业企业家相类似,社会企业家的动机可能是"不纯粹的利他主义"(impurely altruistic)。他们受多重动机驱使，包括自我实现、成就和职业独立性(Bacqet, et al., 2016)。根据经验发现，社会企业家似乎投射出一种脆弱的企业家形象，因此或许更不太可能实现他们的使命。社会企业的社会取向不等于就是伦理的(Chell, et al., 2016)。在经济企业家精神与社会企业家精神之间似乎有着连续性。我们应该避免把社会企业家精神理想化，同时贬低经济企业家精神。

(五) 透明度和社会影响评估的重要性

CSR 计划和社会企业，甚至政府政策，其效力都可通过透明度和社会影响评估(SIA)的有效措施来提高。当某些企业声称是为了社会目标，而不是利润所建立，并且已获得私人慈善基金或公共资金的财政支持，透明度对其诚信建立便尤其重要。

如果 CSR 与企业的商业核心目标相关联，CSR 将被认为更具真实性；而若能让利益相关者感到真实，他们将更能相信该组织执行 CSR 工作的努力(Mazutis and Slawinski, 2015)。企业应该通过透明度，以及有效的社会成果报告来承担责任。

近年来，一些大型国际会计师事务所正积极地为企业界制定 SIA 框架。例如普华永道(PwC)已经制定好“整体影响测量和管理”(Total Impact Measurement and Management)框架及方法，评估客户的商业策略对社会、环境、税务和经济的影响。[①] 另一个大型国际会计师事务所毕马威(KPMG)亦有类似框架，用于全面衡量企业所带来的影响。毕马威的“真正价值”(True Value)是其开发的三步骤工具，用以计算公司的“真实”收益，即在营收外加上对积极经济、社会和环境的影响，并扣除负面效益[②]。这些框架和工具已经被世界上一些最大型公司所使用，有助于披露企业的实际运营，从而提高透明度，使投资者和消费者能作出更好决策。

SIA 也可作为一种评价基准及认证。B 型实验室(B Lab)是一家为营利性企业提供企业认证的非牟利机构，通过“B 影响力评估”(B Impact Assessment)检视营利公司在企业治理、工人待遇、社区策略和环境政策上的表现。感兴趣的公司可向 B 型实验室申请“B 型企业”认证，他们将获得有关

① http://www.pwc.com/gx/en/services/sustainability/publications/total-impact-measurement-management/impact-examples.html (Accessed on May 30, 2016).

② https://www.kpmg.com/Global/en/topics/climate-change-sustainability-services/Documents/introduction-kpmg-values.pdf (Accessed on May 30, 2016).

上述 4 个类别问题之影响评估[①]。分数高于最低分(200 分中有 80 分),同时符合法律要求的企业,便能获得认证证书。而认证代表着遵守可持续性的原则,特别是在创造积极的社会和环境价值观方面。营利性企业不仅能因为认证获得竞争优势,还可通过将表现与之前的分数及其他认证公司的绩效进行比较,从而提高自身绩效,并创造更积极的影响。目前已有 1 728 家获得认证的 B 型企业[②]。

此外,基于结果的评估能帮助确认利益相关者的需求,从而协助改善产品和服务,更进一步满足利益相关者。识别社会问题只是社会创新的第一步。解决方案必须通过创业实现并向公众传播。SIA 能强化政府政策以及企业、社会企业和非政府组织的产品和服务,并促进公众改变心态接受新的产品或服务。

SIA 如何改善社会创新的过程可以通过图 1 来说明。

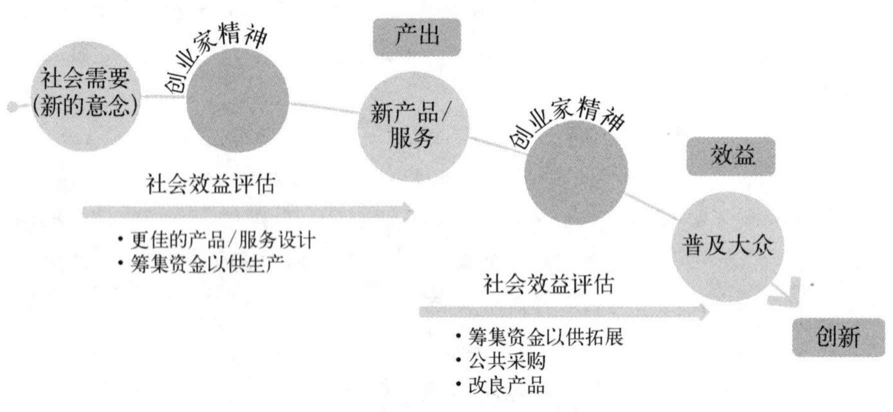

图 1 改善社会的创新过程

除了改善一个机构内部的创新过程外,SIA 还能通过以下方式加强社会创新的生态系统:1. 促进社会成果的竞争(例如在政府采购、基金授予/筹资和非政府组织的评估);2. 结合商业活动;3. 更好的政策制定与能力建构(团结香港基金,2016)。另外,发布具有良好设计的 SIA 能够提高企业实现社会目标之善意的可信度和真实性。而且,如果没有有效的 SIA,无效益的社会计划便可能不会被揭露,而来自非政府组织、政府和慈善基金的资金亦可能

---

① http://bimpactassessment.net/ (Accessed on May 30, 2016).

② https://www.bcorporation.net/community/founding-b-corps (Accessed on May 30, 2016).

获得授予或继续。这违反了良好管理的伦理，并会降低进步及社会创新的诱因。

三、结　论

在过去几十年里，利益相关者对CSR的期望已经不仅是避免企业对社会的负面影响，而是进而希望积极解决诸如不平等和贫困、环境退化和气候变迁等社会问题。随着利益相关者对企业的期望不断演变，CSR政策和计划也在不断发展。CSR并没有通用的定义。CSR的动机是混合性的，从获得信誉和财务回报的策略手段，到与其他社会领域创造共享价值，甚或出于纯粹的伦理回应，企业迎接自己身处的社会经济背景所带来的挑战。社会创新是企业追求持续发展的一种极具前瞻性的方式，因为企业通过与其他社会领域合作创造社会价值，并将社会效益融入其商业模式。

CSR的演变代表资本主义从追求自身利润最大化的模式，迈向共享的创造性资本主义，旨在创造共享价值和良好利润。CSR对于成熟型企业来说具有很大的潜力，能吸引不同利益相关者创造共同价值，甚至参与新兴国家的社区建设，毕竟要当地政府来做可能效率不彰，而小型社会企业又无法独力达成。

事实上，由企业承担社会事务的混合型组织正在出现。在今日的资本主义中，营利性和非营利性之间的界限已变得不那么清楚。在经济企业家精神和社会企业家精神之间似乎存在连续性，我们应避免把后者理想化，同时贬低前者。

然而，我们应该谨慎，不要过分强调通过企业创造共享价值，以满足社会需求的力量。伦理考量可能要求企业甚至在付上经济代价的情况下参与CSR，而CSR的双赢也可能是有问题的。此外，提高透明度和对有效社会影响评估的应用，对于提高CSR的真实性，以及建立对公司的信任，进而影响CSR的有效性都至关重要。

最后，同样重要的是，企业没有能力代替政府在社会福利方面的作用，因为它们基本的功能本质上是由经济需求驱动的，因此不能指望市场会确保企业永远依社会的利益行事。有社会使命的组织规模相对较小，并且经常依赖政府或其他企业的支持，它们不太可能解决整个经济都面临的不平等和贫困、环境恶化及气候变迁等结构性问题。因此政府应当扮演好监管者的角色，保持市场的公平性及透明度，并善尽为社会有需要的人士提供福利的终极责任。

参考文献

Aguinis, H. &Glavas, A. 2012. What We Know and Don't Know About Corporate Social Responsibility: A Review and Research Agenda, in Journal of Management, Vol.38 (4): 932 – 968.

Bacq, S., Hartog, C. and Hoogendoorn, B. 2016. Beyond the Moral Portrayal of Social Entrepreneurs: An Empirical Approach to Who They Are and What Drives Them, Journal of Business Ethics, 133: 703 – 718.

Brown, J. A.&Forster, W. R. 2013. CSR and Stakeholder Theory: A Tale of Adam Smith, Journal of Business Ethics, 112:301 – 312.

Brzeszczynski, J.&McIntosh, G. 2014. Performance of Portfolios Composed of British SRI Stocks, Journal of Business Ethics, 120(3): 335 – 362.

Carroll, A. 1979. T Three-Dimensional Conceptual Model of Corporate Performance, The Academy of Mangement Review 4, 4:497 – 505.

Center for Entrepreneurship 2014. Research Study on the Social Enterprise Sector in Hong Kong — To capture the existing landscape of the social enterprises in Hong Kong, The Chinese University of Hong Kong.

Chell, E., Spence, L. J., Perrini, F. and Harris, J D. 2016. Social Entrepreneurship and Business Ethics: Does Social Equal Ethical?, Journal of Business Ethics, 133:619 – 625.

Cheung et al. 2010. Does Corporate Social Responsibility Matter in Asian Emerging Markets, Journal of Business Ethics 92: 401 – 413.

Crets, S. and Celer, J. 2013. The Interdependence of CSR and Social Innovation, in Osburg & Schmidpeter ed. 2013, Social Innovation: Solutions for a Sustainable Future, Springer.

de Colle, S., Henriques, A. &Sarasvathy, S. 2014. The Paradox of Corporate Responsibility Standards, Journal of Business Ethics, 125: 177 – 191.

Defourny, J.&Nyssens, M.2010. Conceptions of Social Enterprise and Social Entrepreneurship in Europe and the United States: Converges and Divergences, Journal of Social Entrepreneurship, Vol.1(1): 32 – 53.

Fifka, M. S. and Idowu, S. O. 2013. Sustainability and Social Innovation, in Osburg & Schmidpeter ed., Social Innovation: Solutions for a Sustainable Future, Springer.

Friedman, M. 1962. Capitalism and Freedom. Chicago: University of

Chicago Press.

Friedman, M. 1970. The Social Responsibility of Business is to Increase its Profit, New York Times Magazine, September 13.

Garriga, E. and Mele, Domenec. 2004. Corporate Social Responsibility Theories: Mapping the Territory, Journal of Business Ethics, 53: 51 - 71.

Googins, Bradley. 2013. Leading with Innovation: Transforming Corporate Social Responsibility, in Osburg & Schmidpeter ed., Social Innovation: Solutions for a Sustainable Future, Springer.

Grieshuber, Eva. 2013. Innovation Through Corporate Social Responsibility, in Osburg & Schmidpeter ed., Social Innovation: Solutions for a Sustainable Future, Springer.

Harvard Institute of Politics 2016. Harvard IOP Spring 2016 Poll, April 2016 (https://iop.harvard.edu/youth-poll/past/harvard-iop-spring-2016-poll, Accessed on 10 January, 2019).

Intel China, 2014. "The Role of Corporate Social Innovation: From CSR 1.0 to CSR 3.0" (https://www.intel.cn/content/dam/www/program/education/cn/zh/documents/intel-csr-white-paper-en-3.0-revised.pdf, Accessed on 10 January, 2019).

Lam, Ilex K.K. 2016. Tripartite Collaborative Model Value Creation Experience of iEnterprise with Corporate and Nongovernmental Organization, in T. Dudycz et al. ed., The Essence and Measurement of Organizational Efficiency, Springer Proceedings in Business and Economics.

Lin-hi &Blomberg. 2017. The Power (lessness) of Industry Self-regulation to Promote Labor Standards: Insights from the Chinese Toy Industry, Journal of Business Ethics, 143: 789 - 805.

Lourenco, J. C., Branco, M.C., Curto, J. D. and Eugénio, T. 2012. How Does the Market Value Corporate Sustainability Performance? Journal of Business Ethics, 108: 417 - 428.

Mazutis, D. and Slawinski, N. 2015. Reconnecting Business and Society: Perceptions of Authenticity in Corporate Social Responsibility, Journal of Business Ethics, 131: 137 - 150.

McGuire, J. W. 1963. Business and Society. New York: McGraw-Hill.

Mirvis, T., Googins, B. &Kiser, C. 2012. Corporate Social Innovation,

Unpublished Manuscript (Social Innovation Lab, Lewis Institute, Babson University.

Ortas, E. et al. 2014. Does Sustainability Investment Provide Adaptive Resilience to Ethical Investors? Evidence from Spain, Journal of Business Ethics, 124: 297 - 309.

Osburg, T. &Schmidpeter, R. ed.. 2013. Social Innovation: Solutions for a Sustainable Future, Springer.

Osburg, T. &Schmidpeter, R. 2013b. Social Innovation: Quo Vadis, in Osburg&Schmidpeter ed 2013, Social Innovation: Solutions for a Sustainable Future, Springer.

Osburg, T. 2013. Social Innovation to Drive Corporate Sustainability, in Osburg & Schmidpeter, ed. 2013, Social Innovation: Solutions for a Sustainable Future, Springer.

Our Hong Kong Foundation. 2016. Social Innovation For a Better Hong Kong.

Oxfam. 2008, 2009. Corporate Social Responsibility Survey of Hang Seng Index Constituent Companies.

Pfitzer, M., Bockstetter, V. and Stamp, M. 2013. Innovating for Shared Value, Harvard Business Review, September.

Porter and Kramer. 2011. Creating Shared Value, Harvard Business Review, January-February.

Prieto-Carron et al. 2006. Critical Perspectives on CSR and Development: What We Know, What We Don't Know, and What We Need to Know, International Affairs 82: 5, 977 - 987.

Rangan et al. 2015. The Truth About CSR, Harvard Business Review.

Sridhar, Kaushik and Jones, Grant. 2013. The Three Fundamental Criticisms of the Triple Bottom Line approach: An Empirical Study to Link Sustainability Reports in Companies Based in the Asia-Pacific Region and TBL Shortcomings, Asian Journal of Business Ethics, 2: 91 - 111.

Van Marrewijk, M. 2003. Concepts and Definitions of CSR and Corporate Sustainability: Between Agency and Communion, Journal of Business Ethics, 40(2/3): 95 - 105.

Xu, S. and Yang, R. 2010. Indigenous Characteristics of Chinese Corporate Social Responsibility Conceptual Paradigm, Journal of Business Ethics, 93: 321 - 333.

B型公司作为整合企业目标的典范：以新的企业形式产生最大社会和环境影响

［美］大卫·斯泰因哈特(David S. Steingard)
［美］威廉·克拉克(William H. Clark)* 陆晓禾 译

［提要］ 公司目标是更广泛的经济伦理和企业社会责任领域中一个新兴研究领域。本文提出了三种公司目标模式，并将其应用于一种新型的合法企业经营形式，即B型公司(benefit corporation)，以提供积极的社会和环境福利。一、公司的目标应用于公司伦理考虑的两大观点：股东模式和利益相关者模式。这两种公司目标模式都不足以实现企业对积极的社会和环境影响的义务和最大的促进。股东和利益相关者模式从根本上植根于追求利润的企业目标，但在促进公共利益方面受到严格约束，超越最低限度的法律和道德要求。二、提出了另一种企业目标模式，即整合的公司目标(ICP)，以避免对最大化促进公共利益的限制。三、ICP将应用于一种拥抱ICP的新兴企业模式——B型公司。B型公司作为ICP的典范，为促进公共利益提供了一种伦理上优越和有效的模式。B型公司从股东和利益相关者的角度提出了四个实质性的改进，使其能够提供最大化的积极的社会和环境影响：(一) 积极承担利益相关者的职责并且扩大股东的权利；(二) 为经理人和董事管理

作者大卫·斯泰因哈特，美国圣约瑟夫大学(Saint Joseph's University)埃里温·霍博(Erivan K. Haub)商学院管理系副教授、佩德罗·阿鲁佩(Pedro Arrupe)企业伦理研究中心副主任；作者威廉·克拉克，美国宾夕法尼亚州费城德里克比德尔和里斯(Drinker Biddle & Reath)律师事务所公司及证券业务组合伙人。

B型公司，原文为"benefit corporation"，兴起于最近10年，它与公司是股东赢利的工具或晚近的公司是利益相关者的公司不同，从立法上明确公司的目标是为社会和环境造福。"benefit"可中译为利益、受益、得益、好处等，这些中译都不能充分反映这一新型公司的性质，本文采用香港学者林洁珍、黄元山的中译，以"B型公司"来标示。——译者。

因篇幅原因，编者对本文末的参考文献作了删略处理。——编者

公共利益提供法律保护;(三)要求以公共利益为目标;(四)要求对利益相关者和自然环境的利益进行衡量、报告和问责。将在企业社会责任及其实践的更大领域中讨论作为ICP范例的B型公司的意义。

一、公司目标的变化性质:股东、利益相关者和整合的公司目标(ICP)

公司目标领域的新兴文献(Wishnick, 2012; Mayer, 2013; Hollensbe et al., 2014; Blair, 2015; Blount and Nunley, 2015; The Purpose Project)提出了一个根本的伦理问题:公司的目标是什么?公司的目标可定义为"公司活动的职权范围……公司创建或存在的原因、意义和方向"(Hollensbe, et al., 2014: 1228)。公司目标的两个概念主导着研究和实践。首先,股东模式认为,公司的首要目标是在一定的法律和道德约束下,将利润最大化并回报给投资者:

> [公司执行官的]责任是按照其[企业所有者]的愿望经营业务,这通常是在遵守社会基本规则的同时尽可能多地赚钱,包括法律以及道德习俗所体现的规则(Friedman, 1970)。

其次,利益相关者模式将公司的伦理职责扩大到股东以外"任何可能影响或受实现组织目标影响的团体或个人"(Freeman, 2013: 11),例如雇员、社区、客户、供应商、政府、自然环境。股东不再是首要的利益相关者(Stout, 2012)。他们只是"社会网络"中许多利益相关者之一(Hartman, et al., 2014: 223),由"利益相关者的利益结合"所关联(Freeman, 2010: 7)。管理者应该明确考虑利益相关者的权利和利益,他们的职责是在更广泛的利益相关者关系网络中从伦理上裁定利益和伤害。

对公司目标的这两大结构目前正在进行补充,我们认为,它们在伦理上被一种追求"公共利益"的规范性更高的企业目标所取代:

> 由公共利益所定义的目标,为组织及其利益相关者反思企业活动的范围以及他们与员工、社区和社会之间的隐性契约提供了基础(Hollensbe, et al., 2014: 1232)。

我们将公司的明确目标描述为服务于公共利益的工具,即整合的公司目标或ICP。ICP是致力于公司目标的许多相关概念的融合,包括但不限于:三重底线(Elkington, 1997; Hubbard, 2009; Willard, 2012)、社会企业家精神(Phillips et al., 2015)、社会企业(Ridley-Duff and Bull, 2015)、公司可持续性(Hahn, et. al., 2015)、整合的企业社会责任(Hartman, 2014: 226)、创造共享价值(Freeman, 2011; Porter and Kramer, 2011)、企业可持续发展悖论(Hahn, et al., 2014)、混合组织(Doherty, et al. 2014)、混合企业(Brakman Reiser, 2010)、第四部门组织(Boatright, 2015)、目标驱动组织(Mitroff, 2016)和"有目标追求的营利企业"(profit-with-purpose businesses, 2016)[①]。

作为ICP实践中的一个例子,联合利华脱颖而出:"联合利华有一个简单却明确的目标——使可持续生活变得习以为常。我们认为,这是我们业务增长的最佳的长期方式"(Unilever Annual Report and Accounts Overview, 2016)。

所有这些ICP方法的共同之处是,对公司目标进行了彻底重组,特别是挑战股东模式和利益相关者模式,认为它们在从伦理上为人类和地球的利益最大化方面存在不足。不可否认,股东模式和利益相关者模式确实带来了明显的好处:例如,通过产品和服务、经济增长、就业、慈善事业、纳税等方式来满足需求和欲望。然而,因为对企业目标的特定假设,这些福利能够充分实现和公平分配的程度,在原则上和效果上是有限的。公司目标的股东模式和利益相关者模式从根本上限制了它们提供福利的能力,而精确地构思、构造和管理的ICP模式则能够这样做——而且能够做得更多。因为股东公司模式和利益相关者公司模式不需要有伦理考虑的整合核心目标,因此,它们在支持公共利益方面不如另一个模式即ICP公司模式那么有效。图1描述了所有3种模式,按照从伦理上分离到伦理上整合的连续体来组织企业目标"由公共利益来定义"的程度(Hollensbe, et al., 2014: 1232),以及在公司的战略、文化、治理、运营、品牌推广、法律和金融结构"的基因中融合进使命"(Are you a Startup? 2016)。易普拉辛等人(Ebrahim, et al., 2014, 83)认为,"整合的混合"可达致公司实现其直接"服务客户和产生收入"的"社会使命"的顶点。在图1中,伦理上的整合被定义为一个公司将伦理考虑纳入其基本目标的程度——一个更明确地将伦理考虑纳入其基本目标的公司在原则上和效果上都优于那些不这样做的公司。

① "profit-with-purpose businesses",指的是将利润追求与目标追求协调结合的企业,有中译为"兼益企业",本文这里中译为"有目标追求的营利企业"。这种企业理念认为,一旦企业把利润与目标协同结合起来,得到的是一种协同效应,与传统仅仅追求利润最大化的企业相比,这种既追求利润又追求目标的新理念企业会取得更好的业绩。——译者

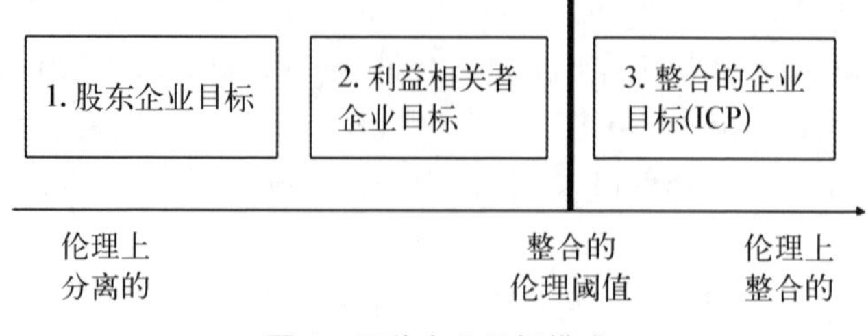

图1　三种企业目标模式

二、伦理上优于股东企业目标模式和利益相关者企业目标模式的 ICP

我们认为,新出现的第三种企业目标模式,即 ICP,在伦理上优于股东模式和利益相关者模式。[①] 至于伦理考虑本身,在这里我们可以从不同的角度来考虑伦理和行为的规范平台(Smith, 2009):"好商品、好财富、好工作"(Teaching Resources on the Three Goods of Business, 2016),《联合国全球契约》(The Ten Principles of the UN Global Compact, 2016)、《联合国可持续发展目标》(Sustainability Accounting Standards Board, 2016)、《全球报告倡议》(Global Reporting Initiative, 2016)、《可持续性会计准则委员会》(Sustainability Accounting Standards Board, 2016)、《考克斯企业圆桌原则》(Caux Round Table Principles for Business, 2016)和《ISO26000 -社会责任》(ISO 26000 - Social Responsibility, 2016)。当然,所有这些不同的企业社会责任进路都维系着不同的伦理实体和实践影响水平。评估这些进路的道德严谨性当然是一项值得做的工作,但不在在本文范围之内。任何提高企业伦理绩效的伦理进路都不应从表面来接受。然而,无论伦理构架是什么,这里的重点是,要明确考虑将积极的社会和环境影响从根本上整合到公司的核心目标和运作中。

除了纯粹的股东模式和利益相关者模式外,"有目标追求的营利企业"(Profit-with-Purpose Businesses, 2016)提供了一种全面整合公司目标的公司,因此是伦理上更先进的公司。这种形式的道德整合企业无缝地融合了公

① 虽然提供了3种截然不同的企业目标模式,但它们之间的关系更多是渐进的,而非革命性的。来自股东模式和利益相关者模式的最佳实践被带进了 ICP 模式。将企业目标重新聚焦于公共利益和相关变革,包括更激进的背离。一个可比较的基本原理适用于随后关于 B 型公司作为 ICP 范例的发展讨论——B 型公司在与大多数公司法相同的基座上构建,但增加了创建"一般公共利益"的具体和必要的职责(Model Benefit Corporation Legislation, 2016)。

司的“社会影响和营利业务”。这些公司将“对影响的首要承诺”与“无限分配”金融资产以支持这一承诺之间的协同作用最大化。认为一个ICP类型的公司形式，如“有目标追求的营利企业”，是比现存的传统的公司形式更具道德性，这无疑是一个大胆的规范命题。传统结构的股东公司和利益相关者公司仍然提供福利，以促进公共利益。然而，由于形式的限制，这些利益被最小化了——这些公司本性上就不能超越社会和环境的基本影响水平，因为它们不是专门为它设计的。

对立的观点可能有理由认为，股东模式和利益相关者模式实际上能广泛行使自由裁量权来促进公共利益，即使没有明确整合的核心目标。本文将探讨两个领先的企业社会责任领域三重底线（Glac, 2015）和创造共享价值（Porter and Kramer, 2011），以审视和批评这一主张。

（一）我们可以从三重底线的角度来看。在这里，公司积极地整合了3个考虑因素：利润（经济的）、人（社会的）和地球（环境的）。这种伦理整合作为一个平台来履行公司的伦理职责，超越传统的股东模式；更符合利益相关者模式，人和地球的维度很容易对应于特定的利益相关者群体。理想情况下，这三重底线以互补和协同的方式工作，以促进公司在伦理上可取的结果。对三重底线提供最大善的能力有许多批评（Norman and MacDonald, 2004; Sherman, 2012）。其中许多批评都指出，利润与对人类和地球的伦理关切被根本分隔开了。这些批判以不同的方式，论及了这一将利润与对人类和地球的伦理关切根本分隔的共同主题。金融底线与社会和环境底线并不等同，它们不能合并成一个和谐的“底线”。人和地球的非经济底线被置于从属的考虑，而这种考虑并不能货币化为金融底线。尽管三重底线报告和审计已经取得明显的进展，[①]但大多数衡量社会和环境影响的指标仍然是基于这样的假设：社会和环境的努力要么是成本（如环境罚款、声誉损害），要么是投资（例如太阳能转换、供应链伦理认证）。这些伦理意图的经济建构并没有整合到核心目标中，而是更多地被解释为外部因素和对营利的附带限制，盈利是可取的，但只有在利润服务于公司的某种有形的市场、经济的或战略的提升时。伦理意图并不是公司根本目标固有的内容，因此更容易根据经济考量来处置。对股东模式和利益相关者模式的三重底线方法在促进公共利益方面走

① 整合的公司报告（Wilburn and Wilburn, 2016），超出了单独的社会和环境报告，在努力反映良好整合的三重底线方面取得了相当大的进展（例如，见 SAP Integrated Report, 2015 和 Unilever Unilever Annual Report and Accounts Overview, 2016）。

得不够远,因为它们没有 ICP,所以撞到了整合伦理门槛的极限。

(二) 采用“创造共同价值”(Porter and Kramer, 2011)范式的股东公司和利益相关者公司,可能产生与具有整合公司目标的公司相同的利益,从而不需要专门的道德目标。波特和克莱默(Porter and Kramer)提供了表面上看来是 ICP 的观点:“用**企业模式**来解决社会需求和挑战”(Creating Shared Value, 2016,着重号是加的)然而,经过更仔细的审视,创造共享价值仍然是一种财务分割的方法,它可能更多地关注利益相关者,但最终只是一种市场驱动的获取利润的战略:“这无关公司好坏,而是有关激励公司开发市场以满足社会需求”(如 Lohr, 2011: 9 中所引证)。[①] 正如前面关于三重底线的讨论一样,在这里,企业的目标仍然被经济利益和财务上有条件的责任所支配,不能超越公司的核心经济目标而为公共利益服务。因为对利益相关者的职责和促进公共利益不是创造共享价值模式的组成部分,这种模式没有越过整合伦理的门槛。即使声称要“超越”企业社会责任和创造共享价值的观点(见例如,Visser and Kymal, 2015),也走得不够远,因为它们不要求从根本上重新定位朝向公共利益的目标。威尔伯恩(Wilburn and Wilburn, 2014a)认为,“共享价值”战略只会在经济上有利的情况下允许伦理上可取的东西——这种构想限制了企业能做多少好事:共享价值是一种允许企业参与可持续发展项目标的策略,因为这样可以通过降低成本来增加利润,而不是因为它们有一种帮助保护环境和居民的企业责任。

当然,企业的经济关切是有意义的,在产生和分配何种类型的价值(经济的、社会的、环境的)方面确实具有特殊的地位:“没有利润,就没有使命”(Wolff, 1993)是企业社会责任中一个发人深省而又熟悉的口头禅。以牺牲经济利益的代价来为人类和地球做社会公益显然是站不住脚的。“做好事行善”当然是可以做到的(Sherman, 2012)。然而,正如威尔伯(Wilburn and Wilburn, 2014a: 1)所指出的,这种将利润凌驾于对社会和环境影响之上的基本特权,根本上是在逃避道德职责,超越了基本的法律遵守和文化上知情的公民行为:公司为利益相关者和公共利益而管理,因为这在财务是必要的,“而不是因为它们有企业责任。”一个公司应该考虑和履行对社会的道德职责的程度是广泛的。鲍伊(Bowie, 1990,引自 DesJardins and McCall, 2014)认为,最低限度的企业社会责任是我们所能期待的,因为:

---

① 兰根等人(Rangan, et al., 2015)提供了一种“经营模式”的方法来创造与 ICP 更一致的共享价值。

> 公司行善的义务不能无限制地扩大。一个协助解决社会问题的命令对企业提出了不可能的要求，因为在实际层面上，它忽略了这些活动对利润的影响(369)。

任何在“解决社会问题”方面超越基本法律和道德职责的积极义务都被视为对追求利润的限制。弗兰科纳(Frankena, 1973: 47)要求，提升“避害、防害、行善”的道德职责。鲍伊(1990，引自 DesJardins and McCall, 2014: 368)认为，企业在道德上并不需要行善[①]，公司的首要目标是提高其财务状况，而不是作为一个积极主动的公共利益的产生者。德雅尔丹(Desjardins, 2014a)反驳鲍威道，公司确实而且也**应该**有行善的职责：

> 但是，如果我们能够提供一种理性上站得住脚的解释，来解释企业的好处，一种客观上优于新古典主义经济学中产生的价值中立的企业模式的解释，那会怎样？

将德雅尔丹的话应用到讨论中的 CSR 框架和方法上——股东、利益相关者、三重底线和创造共享价值——这里的共同点是，所有这些方法在伦理上都是不够的，因为它们只是提议采用一种道德最小限度的方法，而不是“行善”的方法。德雅尔丹的告诫：在传统企业社会责任框架之外，有“促进公共利益的积极责任”(2014b)，这使我们进入了为什么整合企业目标对于企业社会责任的演变是必要的讨论。如前所述，整合方法正引领着 ICP 的发展。这种新的 ICP 方式就像凤凰涅槃——“CSR 已死”(Townsend, 2015)，而 ICP 及其伴随而来的道成肉身的企业正在崛起。“一切照旧”将不足以解决人类所面临的全球性紧急情况[②]：

> 我们如果继续保持“一切照旧”的心态，就不太可能在业务或可持续发展表现方面实现必要的根本性转变。渐进式的变化不仅是缓慢的，它也不允许我们深入了解手头的真正问题(Townsend, 2015)。

这种向 ICP 的演变反映在经济伦理领域的一些响亮的口号中。从利益相关者的观点来看，弗里曼呼吁消除错误应用的“分离论”——即利润与原则在公司中应该保持分离的观点——以“整合论”取而代之(Freeman, 1994, BEQ)：“通过构建我们用来思考经济的概念框架，我们关注自由、平等、后果、

---

① 遵循与弗里德曼(Friedman, 1970)自由市场观点一致的道德最低限度方法的企业，实际上可能会对公共利益造成负面的伦理影响。所谓但未经证实的非道德新古典主义的公司被认为对社会和环境提出了“不可克服的挑战”(DesJardins, 2014: 363)，这些挑战被认为是“正常业务”。

② 关于全面分析全球社会和环境的挑战，参见联合国可持续发展目标(Sustainable Development Goals, 2016)。

体面和共同目标……”(Freeman, 2013, UVA)。从三重底线的观点来看,所有这三个底线都必须整合一起:“一个公司的严肃的战略是,改善其伦理和社会表现,并将这个目标融入其企业文化中”(Norman and MacDonald, 2004: 257)。杜什考(Duska)建议,我们必须超越作为矛盾修饰法的经济伦理的失败主义概念,即“要建构经济伦理,我们需要重新关注经营的目标”(2000: 126)。

本节认为,企业目标的ICP模式在伦理上优于股东模式和利益相关者模式。接下来,将B型公司作为ICP模式的一个实践范例。

三、B型公司作为ICP公司目标模式的范例

为基于实践讨论公司目标的发展,我们转向B型公司,即一种合法建立的具有更广泛的社会和环境效益的新的公司形式(Model Benefit Corporation Legislation, 2016; Benefit Corporation Information Center, 2016)。B型公司反映了ICP的直接应用,它包括并超越股东模式和利益相关者模式的效用,为社会和环境提供最大化的福利(见图2)。

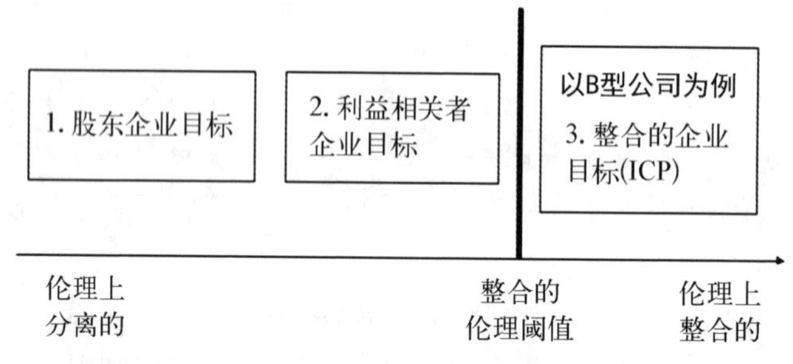

图2 三种企业目标模式和作为ICP的B型公司

B型公司是为社会和环境利益而特许经营的一种合法形式。它在美国的30个州可以作为企业注册的选择,有近4 000家企业已经选择了这种形式的企业。选择B型公司形式的企业家和现有公司是在选择具有包括创造“一般公共福利”在内的公司目标,这一公司目标的定义是“对社会和环境的重大积极影响,从B型公司的业务和经营情况来看,这是根据第三方标准评估的”①

① 自2010年马里兰州颁布第一个B型公司以来,B型公司立法模式一直在演进,通过比较最近颁布的B型公司法和早期制定的B型公司法,可以看出B型公司概念在臻于完善。在过去的几年里,这个模式已经稳定下来了,并且这个模式的最新版本是我们在本文中讨论的基础。

> 本章批准的企业公司形式的组织提供企业家和投资者选择构建和投资的企业，**其经营目标不仅仅是使股东价值最大化，而是自觉地为所有利益相关者（而不仅仅是股东）实现运营利益最大化。**这一目标和责任的实施并非来自政府的监督，而是来自本章中有关透明度和问责制的新规定。[着重号是加的]

作为ICP范例的B型公司，明显不同于公司目标的股东模式（“比股东价值最大化更广泛”）和公司目标的利益相关者模式（“使所有利益相关者的利益最大化，而不仅仅是股东的利益”）。B型公司的首要关注点是对公共利益的贡献最大化，而不必是股东财务回报的最大化或满足所有利益相关者的利益。这种B型公司的ICP取向得到了对管理股东和利益相关者公司形式的传统公司法的实质性改进或修订的支持。B型公司实现了股东和利益相关者公司所不能实现的目标。对ICP的基本承诺成为B型公司的主要组织逻辑。按照这一逻辑，所有的利益相关者，包括股东，都与B型公司相关，他们都参与并对ICP的支持负有责任。所有的利益相关者都为B型公司服务，以促进公共利益，而不是专门促进其自身利益，除非这样做肯定是为了服务而并不损害ICP的更高目标。

B型公司被引入实践，以检查伦理推理和实际企业战略共同发挥作用的“伦理行动策略”(Nielsen, 1988)实践在这里将促进对公司目标的3种模式的进一步理解，以及所需要的将公司目标提升到最合乎伦理的整合层次。B型公司作为具有ICP的公司形式的应用，可以使我们对围绕社会所期望的公司性质的几个重要问题有深刻的认识。

通过将ICP应用于B型公司，可以了解企业为公共利益产生效益的可能性和困难。实际上，B型公司是ICP的一个范例，它在伦理取向和提供利益的有效性方面都优于股东模式和利益相关者模式。

正如前面所讨论的，就其提供社会和环境利益的能力而言，股东模式和利益相关者模式都受到整合的伦理门槛限制（见图2），这些门槛可定义为：一个公司的哲学的、经济的和法律的维度都①禁止公司完全致力于为社会和

---

① “伦理利益的最大化”必须有一个合理的上限。正如鲍维伊所指出的那样，“企业行善的义务不能无限制地扩展”(1990，引自DesJardins和McCall, 2014: 369)。正如利润最大化有道德限制一样（例如，劳动力成本实际上可以通过奴隶劳动消除），商品最大化同样受到公司对各种利益相关者（包括股东）的责任的约束。然而，在ICP所告知的利益相关者的环境中追求伦理利益的最大化，在道德上优于在道德上优于为公司中任何一个特定利益相关者追求最大回报，而不是为了促进公共利益。我在将B型公司视为ICP的一个范例时，B型公司的企业家和投资者“希望他们的企业产生**积极的社会影响**，即使这意味着限制他们的财务回报”(Munch, 2012: 171；着重号是加的)。

自然环境创造最大的伦理利益。哲学上,股东和利益相关者对公司的看法使公司的经济性质成为中心,其中公共利益的考虑离开了企业的核心功能——社会的和环境的底线是第二层的考虑:“如果利润最大化是我们的首要目标,那么其他一切都将服从于这个目标。”(Townsend, 2015)。然而,即使是最关注经济的公司也承认对利益相关者和社会的最低伦理义务:“遵守社会的基本规则”(Friedman, 1970)。为员工提供合理薪酬和良好的工作条件,为消费者提供优质和安全的产品,为股东提供健康的回报,帮助社区参与,慈善捐赠,以及对环境可持续性的承诺,都是对任何企业的合理期望,无论它们是否B型公司。然而,只要企业的经济主导地位支配着社会和环境考虑,伦理规范方面的努力就不够。

无论股东公司和利益相关者公司如何善意地支持对公共利益的积极职责,它们在生产最大善方面基本上都是有限的,因为它们不能作为一个伦理上整合的公司运作。它们没有,也不能无可争辩地将自己的核心目标致力于促进公共利益——根据它们的公司章程,它们在促进公共利益方面只能作出最低限度和伦理上不足的贡献。虽然公司确实对公共利益作出了积极贡献,但它们的生产能力有限,因为大多数企业在章程上没有维护ICP。这些对利益相关者和社会的承诺并不是公司存在的理由,而仅仅是由法律、法规和社会习俗规定执行的基本职责。如果没有一个核心承诺,伦理考虑就会成为主要经济功能的马后炮,可能会在艰难的经济境况下消失,或者被认为是在漂绿,提升企业形象和声誉。因此,公司是一个追求利润、股东财富最大化、以增长为导向的经济机器,它会做足够多的好事来维持其合法性,但不一定足以从根本上增加其对社会和自然环境的积极的伦理影响,即使具有真诚的意图。

诚然,这是一个具有挑衅性的主张,即大多数公司,就其本身的性质,都受到严重的束缚,无法“好产品、好工作、好财富”。① 正是法律维度强化了关于它们伦理缺陷的争论。公司要突破伦理整合的门槛,成为伦理上整合的,最大的挑战与股东模式和利益相关者模式的基本法律结构相关。虽然公司董事和经理在履行特定使命方面有广泛的自由(经营判断规则),但大多数公司都是由州法律特许的,除了基本守法的企业公民外,不要求任何积极的职责。

事实上,我们认为,基于当代公司法和判例,典型的公司在促进公共利益

---

① 具有讽刺意味的是,许多善待员工、致力于慈善事业的公司,其核心目标可能是一种本质上对社会有害的商业模式,加上股东中心(比如大烟草公司)——“照常经营”会产生损害人类和环境的外部性。守法、“体面”的企业公民损害了公共利益。

最大化方面,本身就受其法律地位的限制。这些限制可以细分如下：

(一) 对利益相关者和扩大的股东权利没有积极的职责

除了基本的法律和最底的伦理职责外,公司没有积极的职责来促进利益相关者的福利。而且,如果公司的利益没有得到适当实现或受到损害,利益相关者没有特殊的权利或法律地位来对公司采取行动。尽管有一场推翻股东至上地位的运动(Stout, 2012),但股东及其经济利益仍然是公司所有利益相关者唯一合法可辩护的权利(Strine, 2015)。无论董事和经理如何决心为利益相关者创造公平的竞争环境,股东的利益总是比其他利益相关者更重要。

(二) 没有法律保护经理和董事为公共利益而管理公司

具有讽刺意味的是,通常情况下,试图利用公司资产促进公共利益的经理和董事违反了受托责任(Friedman, 1970)。

(三) 不要求公司的目标是为了公共利益

由各州特许,公司只被允许在象征性的不可强制的社会契约下经营来行善。即使是那些在公司条款中选择了以社会或环境为重点的使命的公司,也不需要以任何有意义的方式来完成这一使命。

(四) 对利益相关者和自然环境的利益,不要求衡量、报告和问责制

除了要求公开财务报告的公众控股公司和没有公开报告要求的私人控股公司外,许多公司不需要记录、报告,或管理它们的伦理承诺和影响。大多数伦理管理采取促进利益的办法是：风险评估、合规管理、声誉管理、提起或抗辩诉讼,或者在最坏的情况下,“漂绿”(Stecker, 2016)。公司不会例行管理或报告它们的伦理影响。

为促进本质上属于公司目标的股东模式和利益相关者模式的公共利益,从法律上规制的结果是,B型公司被提供作为一种合法的公司ICP形式,它超越了这些局限性,并将积极的社会和环境影响最大化。现在,我们将讨论作为ICP范例的B型公司如何解决这些限制和关键问题。

四、作为ICP范例的B型公司的关键问题

作为ICP的一个测试案例,有许多关键领域需要对B型公司进行审视。考虑到B型公司反映了整合公司目标这一新兴形式的主张,本节考察了关于B型公司实现ICP模式的关键问题。我们将B型公司作为ICP的一个范例,将其定位在整合伦理门槛的右侧,并直接进入伦理整合目标领域(见图2)。B型公司的本质导向是整合公司目标以“增进公共利益”(Model Benefit Corporation Legislation, 2016)。

当然,B 型公司与更传统的股东公司和利益相关者公司有许多共同之处。事实上,B 型公司的目标是从传统的公司法律形式中获得可接受和可操作的增量演变。然而,在伦理整合和效率方面,存在着一些关键的差异,使 B 型公司能够提供超越"照常营业"的最大公共利益。

表 1 股东模式、利益相关者模式和 B 型公司模式中公司目标的关键要素

	股东模式和利益相关者模式	B 型公司
1. 对利益相关者的积极职责和扩大股东权利	否	是
2. 为公共利益管理的经理和董事的法律保护	否	是
3. 要求有一个为公共利益而改变的目标	否	是
4. 对利益相关者和自然环境的利益进行必要的量度、报告和问责	否	是

为了解 B 型公司的独特性和公司目标,让我们重新审视股东模式和利益相关者模型的局限性,并论证 B 型公司如何解决每一个问题。①

(一) 对利益相关者的积极职责和扩大的股东权利

B 型公司的董事在履行其董事职责时,必须考虑公司非财务利益相关者的利益[Model sec. 301(a)]。当 B 型公司的官员有权就某项事项采取行动,并且合理地显示该事项可能对公司创造公共利益产生重大影响时,他也同样必须考虑非财务利益相关者的利益[Model sec. 303(a)]。股东有资格提起诉讼,挑战董事和经理未能追求公共利益(Model sec. 305)。

(二) 法律保护经理和董事为公共利益而管理公司

在目前版本的 B 型公司立法中,董事和官员可以免除其 B 型公司未能追求或创造公共利益的个人责任[Model secs. 301(c) and 303(c)]。

(三) 要求有一个为公共利益而改变的目标

每一个 B 型公司都被要求具有作为其公司目标一部分的追求对社会和环境产生实质性的积极影响。公司不能改变作为 B 型公司一部分的公司目标。B 型公司也可以选择追求其公司章程中规定的特定使命或社会的或环境的目标,但不需要对这种特定目标作出承诺,也不取代对社会和环境产生

① 具体引用 B 型公司立法模式(Model Benefit Corporation Legislation, 2016)中的章节为"(Model sec。###)"。

积极影响的目标。

(四) 要求对利益相关者和自然环境的利益进行度量、报告和问责

根据基于《B型公司立法》的州法规成立的B型公司，必须准备一份年度报告，说明公司如何实现其对社会和环境产生重大积极影响的目标。该报告必须由公司向公众提供，在一些州，报告必须提交州务卿，并成为公共记录。

五、B型公司作为ICP范例的意义

本文认为，B型公司是ICP的一个合适而可行的范例。它解决了公司目标的股东观点和利益相关者观点所面临的伦理整合的挑战——在为公共利益提供积极增进方面，B型公司是伦理上优越的公司形式。在促进公共利益方面，B型公司对传统形式的公司的积极增值有实质性的支持[①](Munch, 2012; Cummings, 2012; McDonnell, 2014; Yockey, 2015; Hasler, 2014; Murray, 2016; Clark and Babson, 2012; Kanig, 2013, Robson, 2015; Möslein and Mittwoch, 2016; Lacovara, 2011; Strine, 2015; Neubauer, 2016); Westaway and Sampselle, 2012; Wilburn and Wilburn, 2014a, 2014b; Murray, 2013; Ebrahim et al., 2014; Nass 2013; Stecker, 2016)。[②]

考虑到B型公司是ICPDE一个有意义的应用，在现有批评的基础上对B型公司能否履行其承诺进行质疑是很重要的，就像任何颠覆性创新一样(Koehn, 2016; André, 2012, 2015; Loewenstein, 2013; Brakman Reiser, 2011; Groshoff, 2013; Chu, 2013; Schoenjahn, 2012, Callison, 2012 — can the benefit corporation live up to its promise?)。围绕着B型公司存在着许多有思想的对话和两极分化的争论。虽然这超出了本文的篇幅去重建和回应大量的文献来评估B型公司的正反两面，但是对话的相关方面将在本文的其余部分来论述。提供这种批判性分析的目的是双重的。首先，为了评估和增强其推理过程，本文将处理与本文中提出的具体论点相关的对B型公司的批评——对作为ICP范例的B型公司的相关批评。其次，将对B型公司的核心批评提出一个元评价，围绕如下核心问题：B型公司作为一种公司形式，**在促进公共利益中的最终作用是什么？**

---

① 这些引文中的大多数都对B型公司进行了冗长、复杂和细致的多方面分析。总的来说，这里引用的文章支持了一个基本前提，即利益公司是可行的和值得的事业。

② 这些引文中的大多数都对B型公司作了冗长、复杂和细致的多方面分析。总的来说，这里引用的文章并不支持这样一个基本前提，即B型公司是一项可行的、有价值的事业。

（一）对B型公司作为ICP范例的相关批评

人们经常听到的对B型公司的批评涉及它的能力，与它作为一种公司形式真正区别于现存的传统形式的能力有关。许多人认为，股东模式和利益相关者模式已经具备了为公共利益服务的能力。经营判断规则、有限董事责任和有限股东控制权结合在一起，为公司目标提供了广泛的自由——如果一家公司的董事或多或少想要对社会负责的话，他们可以自由地这样做，而不受包括股东在内的利益相关者的太多干涉。[①] 例如，联合利华可以说是当今最合乎伦理和最可持续的公司之一，而不是B型公司（或类似合法形式的B型公司），其首席执行官保罗·波尔曼（Paul Pohlman）宣称他“不会成为股东的奴隶”（Boynton, A. and M. Barchan, 2015），**他们要求超额回报，而牺牲了提供积极的社会和环境影响**。联合利华对ICP的承诺是针对那些要求卓越的社会和环境表现以及健康的财务回报的现有的和潜在的股东。联合利华在传递社会和环境影响方面是非常成功的，这可能被称为利益相关者模式的公司目标。然而，如果联合利华或其他具有前瞻性的社会责任公司采用合法的B型公司形式，他们将增强其积极的伦理影响，因为增加的使命——保护、要求和职责将结合成一个B型公司，而不是破坏它们。

大多数对B型公司的批评都忽略或贬低了B型公司在增进公共利益的能力方面的附加值。即使B型公司确实加强了企业社会责任的履行，一些批评者认为B型公司作为一种可行的公司形式本身是有问题的——它在实践中基本上没有实现其预期目标。这些批评围绕着两个主题：1. B型公司目标的真实性；2. B型公司法律形式的实践与执行。许多人认为，在B型公司的“一般公共利益”目标上存在太多的自由。判断一个公司目标的伦理善的伦理标准是什么？在极端情况下，董事和投资者可能会选择将公司组合成一个B型公司，以提升声誉优势、获得市场机会、吸引投资者等，但其传递公共利益的意图可能会减弱，甚至是不真诚的。目前，在质量或数量上，没有绝对的道德基准来定义公共利益。虽然有相当大的担忧，但在B型公司系统中建有制衡机制，以缓和这些批评。首先，与任何现有的公司法律形式不同，B型

① 联合利华很可能正在转型为一家B型公司或其他的“社会企业立法”的公司（Murray, 2016）。作为这方面的一个潜在信号，联合利华正在考虑寻求B型公司认证（Will Unilever Become the World's Largest Publicly Traded B Corp? 2016）。虽然获得认证的B型公司和合法注册的B型公司是完全独立的企业（Certified B Corps and Benefit Corporations, 2016），但它们继续主要关注ICP：“B公司是由非营利性组织B Lab认证的营利性公司，在社会和环境表现、责任和透明度方面达到严格的标准”（What is a B Corp? 2016）。

公司要求公开透明的社会和环境报告——B型公司对定义和捍卫它们对公共利益的贡献负有公开责任。其次，批评者认为，B型公司在执行其在经营中“考虑所有利益相关者”的规定时，相对没有实权。正如我们在股东模式和利益相关者模式中看到的那样，这意味着股东至上的幽灵挥之不去。B型公司的董事们被告知，要促进包括股东在内的所有利益相关者的福祉；在管理公司对社会和环境的整体影响时，平衡这些利益。然而，随之而来的争论是，这种做法太过模糊，足以迷惑那些仍被满足股东的首要职责所驱使的董事们。然而，包括“考虑所有利益相关者”的条款，确实让董事有机会在股东至上的框架之外思考和行动——同样，这是传统模型的附加价值。再次，批评人士认为，B型公司的执行力度不够，甚至可能根本没有执行力；B型公司的建立和运营没有任何法律或监管责任或后果：“[B型公司]的目标和责任的执行**不是来自政府的监管**，而是来自包括在本章中的透明和负责条款”(Model Benefit Corporation Legislation, 2016, 着重号是加的)。B型公司有效地自我监管，调整它们的目标和功能与市场及其涉众——消费者、投资者、雇员和其他利益相关者将通过选择参与或退出来加强他们对B型公司目标的证实。虽然将强制执行作为控制公司行为的主要方式似乎站不住脚，但人们对这种做法有很大的信心。政府通过监管和立法对企业目标和行为的执法并没有有效地鼓励企业承担更多的社会责任(Munch, 2012)。大多数来自政府的干预都是对于公然违反法律和道德的行为的惩罚，即使是这样的行为也很少见。

因此，那些认为B型公司缺乏政府执法的批评者暗示了两点。首先，政府有可能对公司及其目标执法；其次，加强对公司目标的执法将更有助于公共利益。这两种说法都是错误的。最终，促进善的更有效的途径并不是通过制定政府执法机制，而是通过本质上由公众来管制的法律结构去释放公司的行善欲望——如果B型公司不提供他们所声称的公共利益，他们最终会失去投资者、客户、管理人员和社会的善意。与股东模式和利益相关者模式相比，B型公司模式的一个明显优点是，要对创造和报告对公共利益的影响负法律责任。明确地致力于公共利益，并建立一个法律结构来激活它，这比批评家们提出的弱化执行模式要有效得多。

（二）作为一种公司形式的B型公司在促进公共利益方面的最终作用是什么？

上一节详细阐述和驳斥了对B型公司作为体现ICP有效机制的基本概念和实施的批评——B型公司在提供一般公共利益方面不同于现有形式的股东公司和利益相关者公司，而且比它们更为有效。考虑到B型公司对促进公共利益的附加值,1. 它对其他现有形式的公司和实践有什么影响？2. 它对增进公共利益有什么可证明的影响？也许对B型公司的整体效能最普遍的批评是围绕B型公司对公司和公司社会责任的所谓倒退的影响。该论点提出了这样一种说法,即专门为B型公司设立的合法的公司形式实际上免除了非B型公司“促进公共利益”而“只注重为自己服务”的职责(Koehn, 2016: 30)。而且,金黛如论辩说,“创建一种特殊的B型公司……**可能最终损害整个公司责任理念**”(Koehn, 2016: 29)。这意味着在更大的公司生态中,非B型公司与B型公司之间存在着一些明显的互动效应。

如果不是不可能的话,证明这种互动影响背后的机制和经验表现是具有挑战性的。即使可以确定因果关系,实际上也可能是这样的情况,即B型公司的崛起浪潮将所有的公司船只都提升到新的公司社会责任水平,而不是B型公司鼓励非B型公司自鸣得意。

确实有证据表明,B型公司的出现和采用在形式和地理上激增,尽管并非可以说它直接影响了非B型公司和公共利益的总体提高。越来越多的州提供了B型公司立法,并在全球(例如意大利和即将在澳大利亚)扩大B型公司立法,这表明了B型公司现象正在成长为一个“B型公司运动”(Alexander, 2016: 19)。虽然更难确定,B型公司可能影响了其他形式的合法的公众利益公司。包括美国在内的许多国家提供了不同于B型公司的合法公司模式,但也共享了许多基本规则。不同的公司形式之间为了一般公众利益的竞争是一种健康的进步迹象,有足够的动力造成变化,最终提升整个领域。正如拉丁语中对竞争的定义所表明的那样,所有这些形式都在“共同努力”,通过经营来增进公共利益。为公众利益服务的公司的“影响力投资”急剧增加(Report on US Sustainable, Responsible and Impact Investing Trends, 2016)。虽然对传统形式的公司并没有这个要求,但提供社会和环境报告已经变得很普遍了,这被认为是标准的、公司自愿的做法(例如, Global Reporting Initiative, 2016)。非政府组织、非营利性组织和其他组织正在采用混合市场参与模式,以促进公共利益(Alexander, 2016: 19)。[①]

总的来说,“有目标的营利企业”的影响就像B型公司一样,如社会影响投资专责小组所界定的,“形成更广泛的‘影响力-驱动的组织”群体的一部分(Profit-with-purpose-businesses, 2016)[②]。从博弈论的观点来看,这种影响

---

① 亚历山大(Alexander, 2016)的手册只涉及特拉华州的B型公司立法,它基于 Model Benefit Corporation Legislation, 2016,但与它有很大区别。对于这些差异的总结,见 Alexander, 2016: 67。

② Social Impact Investment Taskforce, 2016.

可能被认为是一种"'游戏改变者'，即，在通过经营管理福祉方面作为规范行为改变的催化剂"(Robson, 2015: 502)。罗布森(Robson)还对 B 型公司提出了值得重视的挑战：充分评估福利影响的标准化措施(规范问题)；真正承诺核心福利目标；控制管理酌处权，以便在决策中认真考虑所有利益相关者。尽管有这些挑战，罗布森建议，B 型公司可能还要履行其加速经营运作的"新常态"承诺(555)。B 型公司是"机构同构"的典范(DiMaggio and Powell, 1991)，公司"可能因强制压力[①]、规范影响或模仿而采取一些做法"(Jennings and Zandbergen, 1995: 1031)。

我们将以维斯塔韦和萨佩莱(Westaway and Sampselle, 2012)的一段关于 B 型公司作为企业变革推动者的整体作用的富有思想的话来结束。他们强调了，"这项立法最伟大的结果"是，B 型公司如何形成了更直接表达一般公众利益的企业和消费者文化：

> 随着更多的企业明确地以在世界上做好事为目标，我们将置身于人类最好的产品和服务之中。我们会不断地被提醒，重要的不仅仅是这个产品对我们是最好的或好的。B 型公司还鼓励我们根据其对全人类和环境的影响来评估我们的购买。这也许是该项立法最伟大的结果(1085)。

最终，我们应该根据 B 型公司履行其承诺的情况以及对整个经济机构增加公司责任的大环境的影响来评价它。

参考文献

Alexander, F. H. 2016. The Public Benefit Corporation: Understanding and Optimizing Delaware's Benefit Corporation Governance Model Corporation. Wilmington, DE: Morris, Nichols, Arsht & Tunnell LLP.

Benefit Corporation Information Center. 2013. What Is a Benefit Corporation? http://benefitcorp.net/. Accessed May 26, 2016.

Bowie, N. E. 1990. Morality, Money, and Motor Cars. In M. W. Hoffman, R. Frederick, & E. Petry Jr. (Eds.), Business, Ethics, and the Environment: The Public Policy Debate, pp.89 - 97. New York: Quorum Books.

① "强制压力"不是迪马吉奥和鲍威尔(DiMaggio and Powell)的制度同构三原则之一，因为 B 型公司在制度层面对公司形成和业务的社会/环境影响方面有更广泛的影响。"规范影响"和"模仿"反映的是 B 型公司如何模塑、鼓励和促进企业转型，以促进公众福利。B 型公司立法扩展的基本机制是各州、各国——基于 B 型模式而自愿采纳和定制(Model Benefit Corporation Legislation, 2016)。

Certified B Corps and Benefit Corporations. 2016. https://www.bcorporation.net/what-are-b-corps/certified-b-corps-and-benefit-corporations. Accessed May 29.

Clark, William H. Jr. and Babson, Elizabeth K. 2012. How Benefit Corporations are Redefining the Purpose of Business Corporations. William Mitchell Law Review, 38(2): 817 - 851.

Christensen, C., & Raynor, M. 2013. The Innovator's Solution: Creating and Sustaining Successful Growth. Harvard Business Review Press.

Creating Shared Value. 2016. http://www.isc.hbs.edu/creating-shared-value/Pages/default.aspx. Accessed May 26.

Cummings, B. 2012. Benefit Corporations: How to Enforce a Mandate to Promote the Public Interest. Columbia Law Review, pp.578 - 627.

DesJardins, J. 2014a. Sustainable Business: Environmental Responsibilities and Business Opportunities. In J. DesJardins & J. McCall (Eds.), Contemporary Issues in Business Ethics, pp.372 - 384.

DiMaggio, P. J., &Powell, W. W. 1991. The Iron Cage Revisited: Institutional Isomorphism and Collective Rationality in Organizational Fields. In W. W. Powell & P. J. DiMaggio (Eds.), The New Institutionalism in Organizational Analysis, pp.63 - 82. Chicago: University of Chicago Press.

Duska, R. 2000. Business Ethics: Oxymoron or Good Business? Business Ethics Quarterly, 10(01): 111 - 129.

Ebrahim, A., Battilana, J., & Mair, J. 2014. The Governance of Social Enterprises: Mission Drift and Accountability Challenges in Hybrid Organizations. Research in Organizational Behavior, 34: 81 - 100.

Elkington, J. 1999. Cannibals with Forks. The Triple Bottom Line of 21st Century. Capstone Publishing Ltd.

Freeman, R. E. 2010. Managing for Stakeholders: Trade-offs or Value Creation. Journal of Business Ethics, 96(1): 7 - 9.

Freeman, E. 2013. Managing for Stakeholders. http://store.darden.virginia.edu/managing-for-stakeholders. Accessed, May 29, 2016.

Hollensbe, E., Wookey, C., Hickey, L., George, G., &Nichols, V. 2014. Organizations with Purpose. Academy of Management Journal, 57(5): 1227.

Jennings, P., & Zandbergen, P. 1995. Ecologically Sustainable Organizations:

An Institutional Approach. The Academy of Management Review, 20(4): 1015-1052.

Koehn, D. 2016. Why the New Benefit Corporations May not Prove to be Truly Socially Beneficial. Business & Professional Ethics Journal, 35 (1): 17-50.

Lohr, Steve. 2011. First, Make Money: Also, Do Good. The New York Times.

Model Benefit Corporation Legislation. 2016. http://benefitcorp.net/sites/default/files/documents/Model_Benefit_Corp_Legislation.pdf. Accessed May 26.

Murray, J. H. 2016. Social Enterprise Law Market. The Maryland Law Review, 75: 541-589.

Nielsen, R. P. 1988. Limitations of Ethical Reasoning as an Action Praxis Strategy. Journal of Business Ethics, 7(10): 725-733.

Norman, W., &MacDonald, C. 2004. Getting to the Bottom of "Triple Bottom Line." Business Ethics Quarterly, 14(2): 243-262.

Porter, M. E., &Kramer, M. R. 2011. Creating Shared Value. Harvard Business Review Harvard Business Review, 89(1/2): 62-77.

Profit-with-purpose-businesses. 2016. http://www.socialimpactinvestment.org/reports/Mission%20Alignment%20WG%20paper%20FINAL.pdf. Accessed May 26.

Rangan, K., Chase, L., &Karim, S. 2015. The Truth about CSR. Harvard Business Review, 93(1/2): 40-49.

Report on US Sustainable, Responsible and Impact Investing Trends. 2016. http://www.ussif.org/trends. Accessed May 26.

Robson, R. 2015. A New Look at Benefit Corporations: Game Theory and Game Changer. American Business Law Journal, 52(3): 501-555.

Sherman, W.R.2012. The Triple Bottom Line: the Reporting of "Doing Well"&"Doing Good". Journal of Applied Business Research (JABR), 28 (4): 673-682.

Smith, J. D. 2009. Normative Theory and Business Ethics. Lanham: Rowman & Littlefield. Social Impact Investment Taskforce. (2016).

Stecker, M. J. 2016. Awash in a Sea of Confusion: Benefit Corporations,

Social Enterprise, and the Fear of "Greenwashing." Journal of Economic Issues, 50(2): 373 - 381.

Sustainability Accounting Standards Board. 2016. http://www.sasb.org Susataiabilty Accounting Standards Board. Accessed May 26, 2016.

Teaching Resources on the Three Goods of Business. 2016. http://www.stthomas.edu/cathstudies/cst/curriculum-dev/vbl/teaching-res/. Accessed May 26.

Townsend, M. 2015. CSR is Dead. What Comes Next? http://www.greenbiz.com/article/csr-dead-now-what? Accessed May 29, 2016.

Unilever Annual Report and Accounts Overview. 2016. https://www.unilever.com/investor-relations/annual-report-and-accounts/. Accessed May 26.

Westaway, K., & Sampselle, D. 2012. The Benefit Corporation: An Economic Analysis with Recommendations to Courts, Boards, and Legislatures, The. Emory Law Journal, 62: 999 - 1085.

What are B Corps? 2016. http://www.bcorporation.net/what-are-b-corps. Accessed May 26, 2016.

Wilburn, K., & Wilburn, R. 2014a. Demonstrating a Commitment to Corporate Social Responsibility not Simply Shared Value. Business and Professional Ethics Journal, 33(1): 1 - 15.

Will Unilever Become the World's Largest Publicly Traded B Corp? 2016. http://www.theguardian.com/sustainable-business/2015/jan/23/benefit-corporations-bcorps-business-social-responsibility. Accessed May 29.

既无肉体也无灵魂

——公司作为责任承担者

[瑞士] 克里斯托弗·尚克(Christoph Schank)
[瑞士] 薇雷娜·劳恩(Verena Rauen)* 陆晓禾 译

[提要] 根据18世纪的律师和政治家爱德华·瑟洛(Edward Thurlow)的说法,"公司既无可惩罚的肉体,也无可谴责的灵魂;因此,它们能随心所欲。"长期以来,这种信念在经济学和经济伦理学中产生了相当大的影响,人们将责任归咎于微观(个人)或宏观(法律、法规)层面,而不是中观层面的集体行为者或组织。企业(不只是公司)被明确地定义为责任承担者,这是一个相当晚近的现象。在过去的几十年里,人们讨论了企业的代理和道德品质。例如,作为合同关系,它们被简化为其背后的合同关系(关联或聚合模型)的总和,从而否定了代理和独特的责任。它们如同机器,这些机器能够行动,但没有道德品质。作为有机体,它们具有互动和反应的能力,但未必有道德责任。由于它们是人为构造的,它们的责任是人为的责任,它们甚至被等同于自然实体,而据此认为负有完全责任。

本文中,我们对经济思想史作了分析,探讨了作为人为构造的企业责任是如何和何时负有责任的。我们从经济学的早期先驱者开始,从古希腊到现代早期,论述了他们如何缺乏企业作为一种构造的概念。古代著作家(如亚里士多德、柏拉图、西塞罗和塞内卡)发展了一种对商业的理解,这种理解一直延续到(基督教)中世纪,当时人们仍然阅读和解读这些经典。他们的重点是家庭(oikos)及其管理。在古代做生意是有规范的和具有政治含义的(亚

---

* © Christoph Schank & Verena Rauen, 2020.作者克里斯托弗·尚克,瑞士圣盖伦大学(University of St. Gallen)经济伦理研究所教授;作者薇雷娜·劳恩,瑞士圣盖伦大学经济伦理研究所高级研究员。——译者

里士多德的 Trias)。这本可以成为在经济学思考的早期阶段确认责任的一个参考点。然而,亚里士多德缺乏明确的"企业"概念。家庭不是独立的经营实体,而只是自然实体的人们做生意的场所。这种经营有两个目标,即确保家庭的自给自足,以及给予户主经济安全和自由,使其能够履行作为自由的(政治的)公民的公民义务。然后我们转向现代经济学和经济伦理学者,从18世纪开始的经济学家和哲学家,到19世纪结束的经济学家和经济伦理学家。经济学作为一门学术学科的诞生与苏格兰启蒙运动,特别是与亚当·斯密以及(不太有影响力的)重农学派密切相关,他们的思想挑战了在欧洲占主导地位的重商主义和财政学思想。斯密本人并未提出企业责任概念,他研究的是个人。与亚里士多德的观点不同,斯密认为自利的生意本身不再是不道德的,只要追求自利有助于公共利益,就是合法的。斯密对其他责任的解释都是否定性的,例如批评威胁工人生存的极低的工资、僵化的公会法律、价格垄断和卡特尔化。在斯密看来,只要经济行为者不破坏自由市场的规则,不利用自由市场的缺陷,他们就是负责任的。在19世纪和20世纪,我们将聚焦那些对责任问题采取明确的新古典方法的学者。这种聚焦,一方面提供了对于责任的"经济学"推理的证据;另一方面允许我们指出这种方法的局限性。

我们通过回顾1950年代至2000年代的开创性学术工作和事件来对比这种方法,这些工作和事件提出了这样的观点,即企业作为构造物能够而且应该承担责任。责任的意义和范围取决于构造的类型,这种构造被用来制定企业的概念(例如,法律的、交易的、文化的、组织的等)。最后,我们指出了未来研究的方向。

一、导　　言

关于公司社会责任的讨论是一个相当晚近和有争议的现象,即使在企业研究中也是如此(其本身是一个相当年轻的科学领域)。虽然一些早期的出版物可能表明了研究这些论题的传统(Clark, 1916; Donham, 1929; Bowen, 1953; Heald, 1957),但持续、广泛和深思熟虑的讨论直到1980年代才开始[①];这同时确定了"公司社会责任(CSR)"一词的实践导向,这一术语以公司作为责任主

① 到目前为止,经济和企业伦理学领域中最重要的科学学会"经济伦理学会",在理查德·狄乔治(Richard De George),托马斯·唐纳德森(Thomas Donaldson)和帕特·韦哈恩(Pat Werhane)的支持下,于1980年成立。此外,这个时代还包括早期引领潮流的著作,如阿奇·卡罗尔的著作(Archie B. Carroll, 1979),以及由爱德华·弗里曼(R. Edward Freeman)领头的对"利益相关者"这一术语的首次系统讨论(Freeman and Reed, 1983; Freeman, 1984)。

体,将社会的、生态的和社会政治的问题(除实现利润外)纳入企业的运作中。虽然长期以来,公司责任一直是经久不息的学术讨论,但现在有迹象表明,企业经济学的接受范围更广,扩展到典型的管理领域(Hansen and Schrader, 2005; Matten and Palazzo, 2008)。然而,公司责任尚未成为企业研究主流的一部分,因为对这一新兴领域普遍存在偏见和保留态度,这本身就提出了有关企业研究本身的基本问题。经济和企业伦理学方面的教授人数,特别是在德语国家仍然相对较少,就说明了这个问题。

然而,企业社会责任问题的讨论日益扩大和激烈化,这可以解释为是对那些缺乏规范核心和维护价值中立标准的企业研究的一种反映,这种研究既没有体现也没有反思(伦理)规范和价值观,从而试图在其的解释基础上保持"客观"。[①] 按照这种对企业研究的传统理解,公司适用实现利润至上的经济优先性,同时避免可能不能进而推进这一原则的"额外经济"活动。虽然经济伦理学的主题及其大多数追随者要求讨论经济活动的基本价值观和超越利润最大化原则的责任,但"纯粹"企业研究的代表们则基于不同的、部分是相反的论据而拒绝这样的讨论(Göbel, 2013: 5)。例如,施耐德(Schneider, 1990: 885ff)认为,主张对这一学科进行伦理规范是专横、徒劳和误导人的。他要求把重点放在这门学科的核心上,即经济理性和利润原则。传统企业研究的其他拥护者则打算抛开"说教者和指责",而论证经济伦理学连同公司的"社会责任"问题实际上是多余的,因为良好的(即成功的)管理等于伦理管理(参见 Albach, 2005: 809)。因此,拒斥经济伦理学的理由是有两个相互矛盾的论点:一方面,它们被认为是理性经济行为者无法实现的,必须通过经济以外的,例如,通过政治的框架来实施和保障;另一方面,经济伦理学和企业管理被认为必然是相辅相成的,因为成功的导向和成功的管理是为共同善服务的。从规范的角度以及从企业现实来看,这些论点是不能令人满意的。谈到对社会负责与经济成功的活动之间的选择性联系(甚至字面上的统一),似乎是非常值得怀疑的,因为在竞争的框架内进行了一些非常有利可图的交易,而这些交易对共同善的影响无疑是有害的。许多欺诈、伪造资产负债表(例如,2001 年美国能源公司安然公司的破产)、腐败案件(如 2006—2008 年的西门子公司),以及对消费者和员工的财富、健康和生命的无视(例如,2005 年和 2006 年德国的各种肉类丑闻)都是证据。更令人不安的是,有人认为企

① 传统(企业)经济学的这种自我设计的标准忽略的事实是,某种形式的伦理学(所谓的功利主义)是这种学科的基础,因此它并不是价值中立的。

业甚至没有能力承担社会责任。这必定需要一个超越经济行动逻辑的有影响力的权威。但最近的讨论表明,在全球化的背景下,无论是公众还是(民族)国家都没有这样的能力。

本文提出了对公司责任的(企业)经济学方法问题。首先,它似乎有助于评估从古希腊到启蒙时期经济研究的起源——聚焦点,然后阐述在这一现已确立的科学学科中关于公司责任讨论的根源和发展,我们将侧重于那些基于明确的经济准入的经济的和企业的伦理方法,以便提出论证和确定传统方法的局限性。最后,我们将转向整合的经济伦理学和基于文化的经济伦理学——转向那些将提高对经济学、经济和伦理学的理解的问题。这一概述绝非详尽无遗,可能仅作为一个简要的小结。

二、经济学的萌芽:从古希腊罗马到国家经济古典主义的企业社会责任

古希腊是今天发达的和差异化的经济研究的发源地。它的核心思想是在这一时期提出的,这一时期比罗马古代和基督教中世纪都要长久,产生了伟大的思想家和无可争议的权威,如亚里士多德、柏拉图、西塞罗和塞内卡(Aßlander, 2011a: 30)。现代国民经济起源也有一些重要线索。亚里士多德在"实践哲学"的总称下建立了伦理学、政治学和经济学的统一。正如我们今天所知道的,经济研究尚未成为分门别类的科学体系中的一门科学,它仍然与规范问题和政治问题密切相关。家庭(oikos)构成了这种经济的中心。考虑到当时的农业经济形式,它主要用于获取货物,即生计(牲畜、粮食、建筑材料等)。家务基本上与维持生计的概念有关。可以认为,经济的学术必然是伦理至上的,它不是一门以效率为导向的自主科学。其与政治的强大关系也是如此。与经济研究不同的是,家庭不是明确的分析对象,也不受经济决策的制约,而总是深植于包围它的社会中。一个没有国家(城邦)的家庭是不可想象的和不可描述的(参见 Koslowski, 1993: 50)。根据这一古老的制度,无论谁作为经济主体,都必然受到规范的和政治合法性的限制。坦率地说:首先是伦理学,然后是政治学,再然后是经济。效率的概念由于稀缺商品的分配而在经济研究中占主导地位,但它在古代经济中只起了很小的作用——像财政学和复式记账法这样的成就在中世纪和现代之前都没有出现过(Gleeson-White, 2012; Lee, 1977)。

在这样一个早期阶段,经济在规范和政治方面强有力的交汇本应成为孕育企业责任框架的理想温床。然而,由于在亚里士多德的著作中缺乏企业的

概念,这种努力受到了阻碍。家庭本身不是行为者,而只是人类(即自然人)进行经济行动的场所。经济冲突有两个目标:确保家庭的专制和给予家庭主人经济上的安全和自由,否则自由的(政治的)公民将无法履行其公民职责。因此,财富的积累和利润的实现本身并不是目的,而经济行为的最终目的这一客观目标对于任何伦理考虑都是至关重要的。亚里士多德通过他对家庭管理艺术(Oikonomia)、采购艺术(Ktetics)和获取艺术(Chre matistics)(Aßlander, 2011b: 28)的细分来说明这一点。理财学,即作为目的的获取本身,被描述为一种"非自然的"活动而与其他"自然的"的获取形式分开。前者(在很大程度上)包括物物交换经济、高利贷、投机,但也包括旨在销售产品而不是工艺本身的生产。因此,公司作为实现利润的正式组织的现代概念,并不是建立在对社会是好的或负责的经济行动方针这种古老概念之上。

希腊人、罗马人和中世纪欧洲国家的前现代世界与我们现代社会的工作共享、相互依存的工作环境是不能比较的。对亚里士多德来说,没有社会,美好的生活是不可想象的(Aristoteles, 1985: 1099)。社会规范限制个人的不当行为。在现代,经济活动是在一个价值多元化、基本上匿名化的社会背景下进行的,很难对人类的(机会主义的)自利提出反对。鉴于这一发展,经济研究在启蒙时代获得了合法性的新基础似乎是合理的。

三、经济科学在国民经济古典主义中的兴起

作为一门独立的科学,经济学的起源与苏格兰启蒙运动的思想大师们密不可分,特别是其创始人亚当·斯密(1723—1790)以及一些影响力较小的重农主义者,他们的思想是在一个由重商主义者和财政学者统治的欧洲提出的(Priddat, 2011: 35ff)。自上古和中世纪以来,这个世界经历了重大的变化:工业革命和资本主义开始引发了快速的生产增长、更多的劳动分工和经济伙伴之间的匿名交换关系,但也导致了劳动力的大规模贫困。与此同时,对任何经济活动的评估都至关重要的社会环境也发生了变化。虽然直到中世纪晚期,以利润为目的的经济斗争一直被认为是一项不受欢迎的、堕落的日常任务,而将经济自利重新解释一种有生产力的社会力量(Hirschman, 1987: 66ff)。贸易现在被认为是培养美德,如聪明或正当,并促进人类文明的进程(Hirschman, 1989: 139f)。虽然亚当·斯密本人仍然提到伦理、政治和经济的统一,但他的关键动力是致力于将经济研究建立为一门独立的学科,具有主要是(但不限于)经验描述的自我概念(Löhr, 1991: 70)。为了确定"公司

的"责任,斯密提供了一个传统的、看似非常简单的公式:"我们期望我们的晚餐不是出于屠夫、啤酒商或面包师的仁慈,而是出于他们自己的自利。我们关心的不是他们的人性,而是他们的自爱;我们从不与他们谈论我们自己的需要,而是谈论他们的利益"(Smith, 1999: 17)。这将使公司的责任降低到(据称纯粹的)实现利润的组织职能。然而,他对责任的归属并不像看上去那样片面;斯密绝对将商人和企业家之中肆无忌惮的嫉妒、贪婪和为垄断的斗争妖魔化了,并认为这些问题不仅是经济的,也是社会秩序的基本问题(Smith, 1999: 407)。

斯密并未提出公司责任概念,而是关注了企业家。与亚里士多德的观点相反,自利的获取活动本身不再是不道德的,而是享有社会的合法性。除了假定追求自利会有利于共同利益外,责任领域只能通过否定来定义。因此,他反对不稳定的工资、不灵活的行会法律、定价和卡特尔化(参见 Leisinger, 1997: 35ff.)。如果一个经济行为者不阻碍自由竞争或利用自由竞争的缺陷,那么他就是负责任的。

四、公司在多大程度上承担责任?

作为公司行为者的企业是否与有关责任和道德能力的理念相关这个问题经常受到忽略,但从词源上说,讨论企业责任是至关重要的。同时,专门针对这一确切问题的专著(Kleinfeld, 1998; Neuhäuser, 1999)说明了这个研究领域的重要性,这个领域已经产生了许多经典著作,特别是在 1970 年代和 1980 年代期间(Ladd, 1970、1984; French, 1979; Manning, 1984; Werhane, 1980 and 1985)。我们打算追溯这一讨论。根植于哲学以及企业理论的一个突出观点彻底否定了公司作为道德行为者的角色。有时,甚至它们作为独立行动实体的地位也受到争议。弗里德曼(1970)是对公司社会责任最突出的批评者之一,他将这一观点归结为一个简单的陈述:

> 关于"企业社会责任"的讨论以其分析的松垮和缺乏严谨而引人注目。说"企业"有责任是什么意思?只有人才能有责任。

虽然弗里德曼的论证允许人为的人具有人为建构的责任的理论理念,但他触及了一种普遍的直觉,即道德权利和职责是留给自然人的。这一观点在契约关系理论中尤为明显,这一理论将企业(仅仅)视为一个包括隐含的和明确的契约的网络(Macey, 2008)。这种做法使公司的道德地位问题变得过时,因为它没有任何形式的个人行为者身份。基于方法论的个人主义,每一个行动都可归因于一个人,从而将公司归结为他们的总和。这种观点认为,最明显的表现是,在关联模式或聚合模式中,企业仅仅是一个聚合体-集合体(Maring, 2001: 265f),它将公司描述为通过契约相关联的业务伙伴的整体。每种形式的(道德)责任不是这些契约的责任,而是个人行为者的责任。法律-模式(Maring, 2001: 271)似乎更详细,它侧重于契约关系,指出个人责任可以通过契约安排来体现。与聚合-模式相比,法律-模式在某种程度上是通过外部视角来增强的,它着眼于作为一个法律实体的公司与它的社会环境之间的契约关系。对于社会的责任可以是社会的、生态的或道德的责任。然而,作为法律实体的地位并不能说明公司作为负责实体的道德地位应给予何种承认的问题。有关激励与制裁的问题强调了这一讨论与正式法律的紧密关系(Werhane, 1985: 47)。

在公司的自律、主体地位和道德能力等问题上,出现了各种不同的公司模式,它们在不同程度上偏离了公司作为契约关系的理念(Maring, 2001: 266f),没有赋予企业自身个人的或道德的品质。这种机器模式(Ladd, 1983)强调组织的形式特征,其严格确定的焦点在于组织目标的完成。道德责任只有在符合实现利润的组织目的的情况下才能发挥作用。因此,公司实际上是非道德的行为者,按照效率来安排人力资源和社会行动,没有道德原则要承担责任。公司员工作为个人和作为组织成员之间的严格分离是关键的标准。在这方面,公司行为者在一定时期内保持不变,而且不需要某些个人。同时,无论他们自己,还是公司内那些受组织宗旨至上约束的个人和团体,在道德上都不对其行为负责。与机器模式相比,有机体模式(Goodpaster & Matthews, 1983)使用了一个动态的、更面向活动的类比。公司不再沦为没有自己意愿的执行机制,它们与环境相互作用,并且——作为较发达的有机体——能够根据自己的条件设定目标,并在公司—环境—关系中推进目标。为了制定目标和从公司内部产生所需的财政资源,所有有关人员都必须进行自我协调。与机器模型相比,有机体类比带来了一种进步,因为它用交互式的、反射式的协商结构取代了确定性结构。然而,这一观点并不一定包括公司的道德责任,但至少包括社会责任(Maring, 2001: 269)。由于与环境与自然人的反馈过程,公司至少享有一些超出其工具性质的行动自由。

然而,与机器或有机体的类比并不一定是公众普遍认同的。事实上,正是对公司的现实世界的观点推动了有关公司作为道德行为者地位的讨论。克莱因菲尔德(Kleinfeld, 1998: 128)引用了恩德勒(Enderle, 1993),从外部观点描述了公司的责任归属:

从外部看,企业组织由于某些个人特征而被视为自主的行为者。因此,它们被认为是负有责任和道德义务的人。

因此,舆论决定了企业的道德能力。格斯尔(Geser, 1990: 404)支持这一观点,他指出,公众愿意将公司视为活动的主体,这必然假定有一种责任。一系列应受谴责的组织行为包括著名的商业丑闻:2010 年(BP)深水地平线钻井平台爆炸(Deepwater Horizon, 2010)、2006—2008 年西门子腐败、2005 年大众汽车的欢乐之旅或 2011 年福岛核灾难(Tepco)。虽然这些和几乎所有其他事件都导致了关于个人、个人责任和法律后果的讨论,丑闻本身(以及应受谴责的问题)仍然与各自公司的名字联系在一起的。在全球舞台上,不同行动者之间的相互联系,联系日益紧密和不透明的公司内部的协议和行动,创造了一种有组织的责任的印象(Beck, 1988),通过这种印象,个人作为真正的责任接受者,可以由代表个人总体和系统行为的公司行动者来解除责任。因此,恩德斯将现实世界的观察作为企业责任合法性的规范事实基础强调了司法层面。在这方面,公司已经被认为是法人,因而是权利和职责的承担者、控告者和被告。既然它们受制于法律并且必须通过沟通过程来解释和保护自己,他们已经成为对话伙伴。需要自然人充当喉舌,以便使这些沟通过程(司法程序、公共关系、利益相关方对话)成为可能,这只是一个技术性问题。其结果是具有自主人格的公司的禀赋水平不断提高;它们必须对累积的行动及其后果承担责任,这很难归咎于相关的个人(Enderle, 1993)。

这些思考表明,自然人与公司行为者之间的类比有时是不经意的,因为意图、行动和后果似乎是相似的,因此是可比的。这种隐喻性地将人格转移到如公司这样的人为实体上,表现在所谓的人格模型中,特别是弗伦奇(French, 1979)在其“作为道德人的公司”的著作中,实现了最广泛的自然人与公司的同等化。其他作者也得出了类似的结论,但大多是在不同的限制下得出的更谨慎的结论(Goodpasters and Matthews, 1983; Manning, 1984、1989)。按照苏鲍尔(Sübauer, 1991: 33)——他对这一观点颇有微词——这些作者的论点可以明确地概括如下:

(一) 人是有道德责任的。

(二) 企业公司在某些方面与人相似。

(三) 如果人是有道德责任的,公司在某种程度上与人相似,那么公司也是有道德责任的。

(四) 因此,公司是有道德责任的。

弗伦奇的演绎(1979: 215)当然更复杂;但他仍然得出结论,公司不仅是具有道德能力的行为者,对其行为负有绝对责任,而且也是现实的人:

> 然而，根据上述分析，我认为已经提供了理由，让公司本身对它们的所作所为负责，把它们当作形而上的人，即道德的人。

在这一点上，不应讨论形而上的与道德的人之间的关系(Dennett, 1976; Neuhäuse, 1999: 98ff)，这会导致对公司的人格身份的让步。这一论断并没有因为弗伦奇后来的思考(1995)而削弱，他的思考尽管在语言上避免了这种等同化，但仍然符合其陈述的核心。在弗伦奇看来，公司的人格地位依赖于"公司的内部决策结构"(CID 结构)，它承担着不再能归因于个人的决定。公司有自己的权力结构和规则体系(公司政策)，它们与这些决定密切相关，它们必须被归因于作为整体的组织。这一思路承认公司的主观性、意向性和责任担当；它使公司成为自然人同时又成为道德人。除了弗伦奇，特别是古德帕斯特(Goodpaster, 1983: 10)认为这一观点是合法的，甚至是必要的：

> 不仅通过与个人的类比来描述组织(及其特征)是恰当的，而且通过与我们对个人的期望和培养的那些道德属性的类比来期望和培养组织的道德属性也是恰当的。

要讨论公司责任，无须完全消除公司与个人之间的界限，也并非要强制这么做。现实可能证实上述决策和权力结构以及组织的规定、指南和目标的存在，但它们并非从其本身自己产生。它们是由自然人实现并区别的行动。参与这些过程的人的选择，内部的或外部的行动，决定了公司政策的过程和它的性质。同时，这些自然人必然是公司的一部分，因此可以进行深刻的类比。诺伊豪森(Neuhauser, 1999: 123)说：

> 公司是理性的行为者，因其员工是有道德能力的理性行为者。既然认为这些员工个人是公司的职能或职能的承担者，因而他们的能力属于公司。

将公司视为理性的和道德的行为者并不等于承认它们是具有相同情感和权利的理性的和道德的人。韦哈尼的著作(Werhane, 1985)更多的是一种妥协而不是综合，它批评精确的人格模型；它将公司描述为"sekundare moralische Akteure[次级道德行为者]"，因此非常类似于人的模型，但没有一个可以用来推断人格的独立的形而上存在的构造。因此，公司不是道德的人，但仍然是有道德的行为者，尽管是不具人格的行为者。

否认这一点会造成困难。从组织的无可争议的效力来看，不承认公司是道德行动者将意味着纵容一种无法解决的、准自由摆动的权力现象，使其逃避必要的反思。因此，公司既不能是人权的收件人，也不能是人权的侵犯者。然而，必须明确说明的是，公司不会因为有道德行为的能力而不按道德行事。

公司的行为大多是与责任规范相适应的，但似乎仍然是例外。

五、结论和展望

综上所述，一个企业可以被认为是一个有道德责任的道德行为者，即使它不具备一个有道德的人的能力。从回顾古代哲学文本中关于经济行为和责任相互交织的最重要根源入手，特别是在亚里士多德的《尼可马可伦理学》中，我们已经表明，经济的本义是促进作为城邦成员的经济行为者的美好生活。作为城邦的一员，一个行为者的经济努力总是涉及城邦运作的社会价值。由于古代没有成熟的"企业"概念，我们在本文中从苏格兰启蒙运动的思想开始，讨论了对作为道德行为者的企业的不同的研究路径。虽然亚当·斯密仍然认为经济中的道德行为是个人的努力，这些努力遵循了他的无形之手的思想，由自利为动机，最终导致社会所有成员的福祉，从而代表了负责任的经济行为的最有效方式，但 20 世纪明确提出了企业作为一个整体在多大程度上可以承担责任的问题。

企业可以被理解为是动态的有机体而非为生产经济效益而各部分被机械地整合在一起的机器，这一思想认为，企业能够根据自己的动机设想经济活动的目标并结合自己的社会环境来促进社会发展(Goodpaster and Matthews, 1983)。此外，作为道德能力承担者的员工个人的有机互动，确实产生了企业的道德责任，并确保了作为道德行为者的企业社会责任(Neuhäuser, 1999)。即使企业作为一个整体不具有道德人格的特征，因此，作为道德人格的整体，只能算作次级道德行为者(Werhane, 1985)，情况也是如此。

就展望而言，重要的是进一步的研究要包括对与企业有关的责任概念更有差异化的观点。例如，混合集体责任的概念(Isaacs, 2011)可能有利于这一讨论。混合集体责任确实造成了这样一个问题，即个人可以被视为诸如企业这样的行为者集体中的责任承担者，尽管特别是鉴于企业内许多个人相互作用的复杂性，或许不可能将道德和法律责任追溯到单个个人。将企业视为道德行为者，最终会引起这样一个问题：企业的个别成员如何可以视为对整个公司负责，反之亦然，企业必须在多大程度上对其员工的个别行为负责。

参考文献

Aristoteles. 1985. Nikomachische Ethik. Meiner, Hamburg.

Aßländer, M. S. 2011b. Grundlagen der Wirtschafts-und Unternehmensethik. Metropolis, Marburg.

Carroll, A.B.1979. A Three-Dimensional Conceptual Model of Corporate Performance. The Academy of Management Review, 4(4): 497 - 505.

Dennet, D. 1976. Conditions of Personhood, in: Rorty A O (Hrsg.): The Identities of Persons. Berkley: University of California Press, pp.175 - 196.

Enderle, G. 1993. Handlungsorientierte Wirtschaftsethik. Grundlagen und Anwendungen. Haupt, Bern et al.

Freeman, R. E,Reed D.L.1983. Stockholder and Stakeholders: A New Perspective on Corporate Governance. California Management Review, 24 (3): 88 - 106.

Freeman, R. E. 1984. Strategic Management: A Stakeholder Approach. Pitman, Boston.

French, P. A. 1979. The Corporation as a Moral Person. American Philosophical Quarterly, 16 (3): 207 - 215.

French, P.A.1995. Corporate Ethics. Harcout Brace College Publishers, Forth Worth.

Friedman, M.1970. The Social Responsibility of Business Is to Increase Its Profits. The New York Times Magazine, 13. September.

Geser, H. 1990. Organisationen als Soziale Akteure. Zeitschrift für Soziologie, 19(6): 401 - 417.

Goodpaster, K. E. 1983. The Concept of Corporate Responsibility. Journal of Business Ethics, 2/1983: 1-22.

Goodpaster, K. E, Matthews, J. B. 1983. Can Corporation Have a Conscience. In: Beaucham, T. L., Bowie, N. E (eds). Ethical Theory and Business. Prentice Hall, Englewood Cliffs, pp.68 - 81.

Hirschman, A. O. 1987. Leidenschaften und Interessen. Politische Begründungen des Kapitalismus Vorseinem Sieg. Suhrkamp, Frankfurt am Main.

Hirschman, A.O.1989. Entwicklung, Markt und Moral-Abweichende Betrachtungen. Carl Hanser, München und Wien.

Isaacs, T.2011. Moral Responsibility in Collective Contexts. Oxford University Press, Oxford/New York.

Koslowski, P. 1993. Politik und Ökonomie bei Aristoteles.

J.C.B. Mohr, Tübingen, Ladd. J 1970. Morality and the Ideal of

Rationality in Formal Organizations. Monist, 54/1970: 488 - 516.

Ladd, J. 1984. Corporate Mythology and Individual Responsibility. The International Journal of Applied Philosophy, 2/1984: 1 - 21.

Leisinger, K.M.1997. Unternehmensethik. Globale Verantwortung und Modernes Management. C. H. Beck, München.

Löhr, A. 1991. Unternehmensethik und Betriebswirtschaftslehre. Untersuchungen zur theoretischen Stützung der Unternehmenspraxis. M&P, Stuttgart.

Manning, R.C.1984. Corporate Responsibility and Corporate Personhood. Journal of Business Ethics, 3/1984: 77 - 84.

Maring, M. 1989. Modelle Korporativer Verantwortung. Conceptus, 23/1989: 25 - 41.

Maring, M. 2001. Kollektive und Korporative Verantwortung. Begriffs-und Fallstudien aus Wirtschaft, Technik und Alltag. LIT, Münster.

Neuhäuser, C. 1999. Unternehmen als Moralische Akteure. Suhrkamp, Berlin.

Priddat, B. P. 2011. Der Beginn der ökonomischen Wissenschaft. In: Aßländer, M. S. (ed.) Handbuch Wirtschaftsethik. J.B. Metzler, Marburg, pp.35 - 43.

Schneider, D. 1990. Unternehmensethik und Gewinnprinzip in der Betriebswirtschaftslehre. Zeitschrift für Betriebswirtschaftliche Forschung, 42: 869 - 891.

Smith, A.1999. Der Wohlstand der Nationen. Eine Untersuchung Seiner Natur und Seiner Ursachen. Dtv, München.

Süßbauer, A. 1991. Sind Unternehmen Moralisch Verantwortlich? Kriterion, 2/1991: 33 - 48.

Werhane P. H. 1980. Formal Organizations, Economic Freedom, and Moral Agency. Journal of Value Inquiry, 14/1980: 43 - 50.

Werhane P. H. 1985. Persons, Rights and Corporations. Prentice Hall, Englewood Cliffs.

企业社会责任与盈利：何种关系

王淑芹　解本远*

［提要］　在企业社会责任与盈利的关系问题上，存在两种不同的观点：负担论与增殖论。持负担论观点的人认为，企业履行社会责任，是对企业的各种资源的耗费，会增加企业的经营成本，直接分割企业利润。持增值论观点的人认为，企业担负社会责任和追求利润之间并无根本性的矛盾，从企业自身来看，履行企业的社会责任，既是其避免社会惩罚和促进企业发展的策略选择，也是获得员工、消费者等相关利益者认同和尊重的基础。道德与盈利的关系，应分层而论。道德与盈利在应然层面具有逻辑的统一性，在现实生活的实然层面存在或然性，因为一旦社会缺乏正当利益获取机制的有效监控，就会发生不道德性的盈利现象。道德与盈利的悖论是实然层面出现的一种社会现象，至于这种现象的存在程度，会与社会的制度环境、舆论环境、企业管理者的价值观念等相关。企业对企业社会责任的态度，在很大程度上取决于道德、社会责任与利润、财富的契合度。如果企业遵守道德、履行社会责任有助于利润、财富的增长，企业对社会责任会持积极态度。相反，如果遵守道德、履行社会责任不但没有有效地增益利润和财富，反而有损于利润和财富的增加，企业则会持消极态度。

道德、社会责任与利润、财富相比，何者更具优先性？这不仅是企业不得不面临的实际选择问题，也是学界不得不研究的理论和实践问题。有人从企业性质的谋利经济组织出发，认为利润和财富更具优先性。事实上，企业对道德、社会责任的态度，在很大程度上取决于道德、社会责任与利润、财富的

* 作者王淑芹，首都师范大学教授、伦理学与道德教育研究所所长；解本远，首都师范大学副教授。——编者

契合度。具而言之,遵守道德、履行社会责任有助于利润、财富的增长,企业对社会责任会抱有积极的态度。相反,如果遵守道德、履行社会责任,不但没有有效地增益利润和财富反而有损于利润和财富的增加,企业多会抱消极的态度。由是,企业对待道德、社会责任的态度,很大程度上将取决于社会责任与盈利的关系。

一

一些企业对社会责任抱有消极态度,他们把企业盈利与企业社会责任对立起来,认为履行社会责任,是对企业的各种资源的耗费,会增加企业的经营成本,即使有利于企业形象的维护或增加企业的知名度,其效益也是渐进的,难于马上见效。因为从眼前的经济效益上看,社会责任的履行所耗费的成本,直接分割了企业的利润。这些企业往往把履行社会责任视为企业的负担。

企业为何具有承担社会责任的“负担论”的思想呢？究其根由,主要有 3 个误区:(1) 担心强调社会责任会导致政府过度向企业分担责任,使政府的应尽责任向企业推卸的“转嫁行为”合法化,怂恿政府向企业乱摊派的做法;(2) 认为履行社会责任会平添经营成本,即改善员工工作条件、保障和增加员工的福利待遇、更换环保设备等,必然会增加企业的投入,从而减少企业的盈利空间;(3) 把企业社会责任简单等同社会公益的“捐赠论”,认为企业不是慈善机构,企业没有义务解决社会性问题,提出慈善捐助是企业负担的论调。

对这些负担论的思想,我们不能简单冠之其片面而不屑一顾,而是要具体分析。政府的“责任转嫁论”,从企业权益尊重和保护的角度,提出了政府与企业的责任分界问题,即企业的责任是有限度的。这类“负担论”思想的消除,关键是社会在推行企业社会责任过程中,要尊重企业经济组织的特性和基本权益,政府或社会对企业的责任要求不能扩大化,尤其是政府不能巧立名目而向企业乱收费和摊派,要建立企业维权的利益诉求渠道和机制。

对社会责任增加经营成本论的思想,要进行客观的分析。有些企业之所以对盈利经济责任以外的其他社会责任持消极态度或躲避其他社会责任,一个重要的原因是企业的社会责任所表现的利益之间确实存在一定的内在矛盾性,“即在利润和公司为社会作贡献的能力间存在一种内生的矛盾。”(德鲁克语)[①]按照企业社会责任论的普遍观点,企业的社会责任是企业在追求投资

---

① [美] 罗伯特·C.所罗门:《伦理与卓越——商业中的合作与诚信》,罗汉等译,上海译文出版社 2006 年,第 38 页。

者利益最大化之外，维护和增进其他利益相关者的利益，显然，企业的社会责任实际上就涉及一个企业利润的分割问题，即在蛋糕大小一定的情况下，需要分割的利益相关者越多，回报投资者的利益会相对减少。客观地说，与单纯的生产—销售—盈利、不顾环境保护、员工权益满足的传统经营模式相比，确实增加了经营成本。问题是，在当代社会，企业履行对其利益相关者的责任已成为无法自愿选择的经营环境，即社会的法律制度、社会的民间力量、社会的舆论导向和社会的民众期待，已使社会责任成为企业生存和发展的不可或缺的关键因素。质言之，压低劳动力成本、资源无偿使用、污染转嫁的年代已一去不复返了。当所有的企业都必须履行相应的社会责任时，从应然的逻辑上看，他们具有相同的竞争成本，不存在单个企业增加经营成本的问题，但从实然的现实情况来看，一旦现实生活中经常发生履行社会责任与盈利率的悖论，即企业不履行对其他利益相关者的责任不一定利润受损，而企业履行了对其他利益相关者的责任，盈利率也不一定提高，这种现象就会出现履行社会责任的企业增加经营成本的问题。进而言之，一旦不对缺乏人道关怀的“血汗工厂”“低价原罪”的延长工人劳动时间的企业，给予严厉的制裁和惩罚，这些企业就会有更大的利润空间。显然，这种情形的存在就会在客观上使履行社会责任的企业增加成本，在一定程度上会打击企业履行社会责任的积极性，出现企业履行其他社会责任的动力不足问题。需要说明的是，在较为完备的市场经济体系下，这种负担论，不是社会的常态而是社会的特例。

那种把企业的社会责任等同于社会公益捐赠的观点，是对企业社会责任的误读。企业社会责任是有层次的，有必行性社会责任和选择性自愿性责任。按照路易斯·霍奇斯(Louis W. Hodges)的观点，责任的形式主要有3种：法定式责任(Assigned Responsibility)、契约式责任(Contracted Responsibility)、自愿式责任(Self-Imposed Responsibility)。与此相应，我们认为，企业的社会责任也可分三类：法律规定的社会责任、契约约定的社会责任、道德诉求的自愿性社会责任。企业作为人格化的资本，具有天然的逐利性，而企业并非必然具有自我利益约束的自觉性，在客观上就产生了对法律强制的需要。为防止和惩罚企业片面追求利润最大化的不顾其他利益相关者的行为，政府必须通过法律、管理条例等对企业的行为进行规范，以约束市场主体的利益最大化的放任行为。无疑，任何企业都具有守法谋利的社会责任。企业在经营活动中与各类交易主体共同协商、自愿签定的具有法律效力的合同，必然内生出践履契约条款要求的对应性的社会责任。除此之外，企业还有对社会基本道德的遵守以及对社会公众道德期待满足的道德责任。

法律责任和契约责任是企业的必行社会责任，而道德责任是企业自愿性的社会责任。社会公益性的捐赠，是企业量力而为的自愿性社会责任，而不是社会的强制性要求，更何况企业的社会捐赠，因媒体的宣传常常会产生良好的社会效应，不仅会增加企业的美誉度、带动市场的销售，而且在一定程度上会减少企业的广告投入。因此，企业的捐赠行为，如果静止地单从企业给予的角度来看，似乎是企业有付出，但如果从动态的社会效应来看，企业的付出是有丰厚回报的。也正因此，一些企业把对社会的捐赠纳入企业发展的战略环节中，通过为社会"做好事"而把企业"做得好"。

企业社会责任负担论的思想，从社会意识来说，没有意识到企业承担社会责任已成为当代社会要求的一种必然，即社会责任已成为企业生产和经营必不可少的环境成本或社会成本，这种思想固守的仍然是传统的经营观念。从企业的生产和经营的实际投入来看，企业履行对其利益相关者的责任，如为员工创造良好的工作环境、提高员工的福利待遇、按照国家的环保指标而减少工业垃圾和污染等，确实会在不同程度上增加企业的投入，但这种投入不是企业的附加，而是企业的必须，就如同购买生产材料和机器设备一样，是必不可少的投入。为什么没有人把购买原材料和机器设备的投入当成是负担呢？因为在人们的传统观念中，购买机器设备的费用是企业进行生产和经营必要的成本。如今，企业的必行社会责任的投入，也是企业经营的必要费用。当不履行社会责任的企业能够牟利甚至能够获得更大利润时，无疑是对主动承担社会责任企业的打压，相比之下，履行社会责任的费用就成为守规企业的额外付出。从短期成本核算来看，显然社会责任就成为履责企业的负担。这是政府应该整治的一种社会不公现象。

具有社会责任负担论思想的企业，没有从长远看到良好的社会环境是企业发展的宏观影响因素，没有意识到社会的稳定和良好的秩序，对企业发展的间接作用；没有看到当代企业发展的社会公共关系管理和形象维护的必然趋势，没有看到企业社会责任给企业发展带来的机会和挑战。

二

企业对履行社会责任成本的关注，虽然产生了负担论的思想，但同时也有增殖论的观点，即认为"企业担负社会责任和追求利润之间并无矛盾，相反，从长远角度来看，两者只会形成良性循环。"在他们看来，企业通过"做好事"可以"做得好"，并坚信社会责任已不再是"值得做的事"而成为"必须要做的事"。

不管企业履行社会责任的动机是自利还是他利，但其行为结果则是自利与他利的统一。从直接显见的效果来看，企业履行社会责任，即使是最基本的守法经营，只为社会提供合格的产品和服务、保障员工最基本的权益、按照国家环保标准而排污等，在客观上也是一种良好的社会行为，对社会的稳定就是一种贡献，因为他们没有给社会制造麻烦、加剧社会利益冲突、增加社会的治理成本，更何况那些伦理和慈善的社会责任，直接彰显的是企业主动为社会解决问题的能力。从企业自身来看，履行法律的社会责任，既是其避免社会惩罚和断送企业生命的策略选择，也是获得员工、消费者等相关利益者认同和尊重的基础，即在企业内部，可以充分发挥人力资本的作用，在企业外部，可以获得消费者、贸易合作伙伴等信任，提升企业的品牌形象。企业履行的伦理和慈善的责任所获得的社会美誉，可以产生信誉效应，扩大市场份额。

三

尽管企业生命周期的长短受多种因素的影响，但社会责任则是其中的重要影响因素，关乎企业的存亡。对员工的基本权益打折扣，不给予应有的保障，既不能调动员工的积极性，也留不住人才，更吸引不到优秀的人才。缺乏良好人力资本的企业，没有良好的产品和服务，企业缺乏品牌支撑，就没有生存之路。企业在产品和服务的质量和价格上，一旦对消费者进行欺骗，为了利润而不择手段坑蒙拐骗，不但消费者会拒绝购买，而且企业会因名誉扫地而失去市场，葬送企业生命。为此，中国前总理温家宝指出："一个企业家身上应该流着道德的血液。只有把看得见的企业技术、产品和管理，以及背后引导他们并受他们影响的理念、道德和责任，两者加在一起才能构成经济和企业的DNA。"①

社会责任的增殖，依赖于重复博弈。现代经济学对市场经营主体的定位，从传统经济学的"理性经济人"的假定到博弈论经济学的"博弈局中人"的借比，使得微观主体行为的利益驱动力、经济利益关系及其利益的平衡成为经济学的核心问题。经济学家从轮盘赌和股子带来的数学概率论的"机会博弈"，发展为经济活动中市场主体的"策略博弈"，阐明了作为市场主体的"局中人"，在参与经济活动中，其行为的决策和选择，是一种"策略博弈"的过程。也就是说，局中人在追求自身利益最大化的过程中，不仅受自己的利益价值

① 2008年9月23日，中国国务院总理温家宝在纽约出席美国友好团体欢迎午宴，回答有关中国食品安全的提问时的讲话。

观的影响，而且要考虑其他局中人的行为可能和反应，根据对局中其他人的行为推测，而作出对应性的行为选择。从交易活动的持续性和短暂性来看，有“重复博弈”和“短期博弈”。

能够履行社会责任的企业，在“重复博弈”的行为类型中，会因良好的责任信用纪录而取得对方的信任，尤其是良好的历史信用所具有的储蓄功能，会产生“信誉效应”，减少交易费用，实现双方利益的均衡和效用的最大化，体现经济行为的本义，即在利他中利己，在互利中利人利己。缺乏社会责任的企业，虽然偶尔能在“短期博弈”中牟利，但常常难于在“重复博弈”中获利。因为任何利益相关者，都不愿意与缺乏社会责任的企业打交道，甚至那些自己可能做不到守法经营、诚实守信的公司，也不愿意跟不讲道德的公司打交道。因此，这类企业难以长久。蒙牛集团前董事长牛根生曾一语道破中的：“‘德’是制服人心的最佳利器。想赢两三个回合，赢三年五年，有点智商就行：要想赢一辈子，没有德商绝对不行。”有责乃远。

企业社会责任的不可推卸性已为人们共识，但企业社会责任如何从社会的利他期盼与要求转换成利己的要求和自觉，则是一个重要的实践问题。从总体原则上讲，这种转换的契机有赖于发挥出企业社会责任的正效应，即企业因履行对其他利益相关者的义务而提高了企业的美誉度，树立了企业的良好形象，增进了其无形资产，获得了消费者给予的货币投票的优先权，吸引了高素质的员工和商业伙伴等。为此，营销大师科特勒曾指出，应该把企业的社会责任有机地整合到企业的经营和战略中，通过履行好社会责任，“企业的销售额和市场份额增长，品牌定位得到巩固，企业形象和影响力得到提升，吸引、激励和保留员工的能力得到提高，运营成本降低，对投资者和财务分析师的吸引力增大。”[①]换言之，企业对其他利益相关者的利益满足会产生边际效应。但这种边际效应不会自动产生，需要依托社会奖罚机制的促进。布坎南认为，帕累托原则并不是一个纯粹的效率原则，而是以一定的道德原则为前提的。从“长寿”企业的发展历史看，固然不排除它们有不易交易、不易模仿的企业核心竞争力，有独特的企业文化。然而，从长期看，当资本积累达到一定的程度后，理性的资本所有者就更多地考虑如何回赠社会的问题，他们实际上是以资本理性人的身份感悟资本使命，或通过教育扶贫、或进行公益工

① ［美］菲利普·科特勒：《企业的社会责任：通过公益事业拓展更多的商业机会》，姜文波等译，机械工业出版社2006年，第9页。

程投资等，目的都试图通过理性回归形成资本生命力的社会回应。[①]

在当代社会语境下，主要的问题已然不是承不承认利益相关者，因为他们已是客观实然的存在，无法回避和否认，而是在尊重产权的同时，如何兼顾股东利益与相关者的利益，也就是说，在股东利益与利益相关者的利益发生尖锐矛盾时，谁的利益具有优先性？从长远的利益以及社会期待来讲，相关利益者具有优先性；但如果从短暂利益获得来讲，股东利益具有优先性。这种原则性的泛论没有实际意义，必须设定具体情景，才有针对性。如果从企业谋利的策略来看，为牟取股东利益而违背法定的利益相关者的合理利益，因要受到法律的惩治而使形象及经济受损，是一种先害人后害己的违法背德的做法，在遵守基本的法律规定、不触犯法律的底线以及不损及利益相关者利益的前提下，为股东牟取较大的利益，是一种利己不损人的守法遵德的行为方式，超然于利益相关者的法定义务要求而自觉满足利益相关者的道义责任，为股东谋取的是长期的最大利益，是一种人我两利的以义谋利的行为方式。

社会责任“负担论”与“增殖论”的两种截然不同的观点，至少有两个产生诱因：(1) 两者运用成本与收益交易费用的分析方法，计算的经营周期不同。前者着重于眼前利益的得失，后者则放眼未来，看重长远利益；(2) 反映了道德与盈利的“二律背反”的互斥说与统一说之争。简而论之，互斥说的理由是在利润大小一定的情况下，履行社会责任因分割利润而增加经营成本，其诘难是不履行社会责任的企业的市场份额或利润非但不受损还会有较大的利润空间；统一说的理由是道德在本性上不排斥盈利，但反对不正当盈利，有正当与不正当的界限，其困境是不履行社会责任的企业存在投机的牟利性。

上述分析表明，道德与盈利的互斥论或统一说，既不是完全的真命题，也不是完全的伪命题，而是有条件成立的命题。因道德本性与盈利的耦合性而使“互斥说”成为伪命题。同样，因道德实践与盈利具有间断性、存在短期行为的伦理亏利现象而使“统一说”受到挑战。因此，道德与盈利的关系，应分层而论。道德与盈利在应然层面具有逻辑的统一性，在现实生活的实然层面存在或然性，因为一旦社会缺乏正当利益获取机制的有效监控，就会发生不道德性的盈利现象；道德与盈利的悖论是实然层面出现的一种社会现象，至于这种现象的存在程度，会与社会的制度环境、舆论环境、企业管理者的价值观念等相关。一种行为类型在社会中的普存，常是达到了它的给定条件

---

① 李瑞娥：“资本观与资本逻辑视角下的可持续发展”，《财经科学》2005 年第 7 期。

使然。

总之,唯有企业感受到社会责任与企业生存、发展休戚相关,履行社会责任能够对企业绩效产生正效应,才会促使企业关注和重视社会责任。不关注、不重视社会责任,企业难以存在和发展,这种客观实情一旦为企业经营者所强烈意识,企业经营者对其态度就会从消极应付到主动作为。显然,企业社会责任的广泛推行,需要社会创设使社会责任能够对经营绩效发生正效应的环境。在社会责任对企业绩效发生影响的社会氛围中,企业对社会责任的态度就不再是愿意不愿意接受的问题,而是如何更好地接受的问题。因为企业对社会责任已无法选择和逃避。

儒家对企业社会责任创新的影响

——信义房屋的案例

刘世庆(Liu Shih-Ching)　赖柯助(Lai Ko-Chu)*　陆晓禾 译

［提要］ 有不少企业伦理学家,认为伦理学可运用于商业中,但较多的研究与实证是来自西方的伦理学系统,东方的伦理学则较少被加以运用在商业。这样的现象,是有观点认为东方伦理思想,主要是用来培育个人品德、个人修养,而较难以运用在企业经营的实践与创新。在此脉络下,本研究将经由一个具有代表性的案例——信义房屋公司,探讨儒家思想如何影响企业在融入伦理后展现的创新——特别是企业社会责任上的表现。

一、导　　言

在全球经营的趋势下,经济伦理概念迅速扩展和发展,无论是企业、政府还是非营利性组织都开始倡导可持续发展的重要性。1987 年,世界环境与发展委员会发表了《我们共同的未来》(布伦特兰报告),论述了在全球化和经济增长的过程中,人类将面临严重的挑战和环境破坏。这样的观点,也影响了企业的经营。随着时间的推移,企业社会责任(CSR)的概念广泛地考虑到了所有的利益相关者(Freeman, 1984),责任的内容不仅是遵守法规、着重股东利益,取而代之的是,融入伦理元素,且兼顾各类利益相关者。

今天,企业社会责任概念正朝着"厚实的企业社会责任"("thick CSR", Ip, 2008)的方向发展,并出现了许多新的相关理念,包括"绿色资本主义""从摇篮到摇篮""创造共享价值""负责任投资"。一些国家认真对待

---

* 作者刘世庆,台湾政治大学信义书院研究主任;作者赖柯助,台湾"中央研究院"中国文哲研究所研究员。本文原文为英文,作者在 2020 年 9 月和 2021 年 2 月对本文中译文作了更新和修订。——编者

企业伦理，将企业社会责任纳入政府政策，例如挪威政府邀请相关专家制定企业社会责任政策来处理重要问题。此外，加拿大政府还为加拿大工业实施可持续发展提供了名为“CSR——加拿大企业实施指南”的指导方针。

由此可见，企业社会责任的概念是不断发展扩大的。然而，在全球企业社会责任的趋势下，如将西方和华人的企业社会责任发展进行比较，两者却有很大的不同。造成差异的一项因素，在于商业文化和伦理体系的不同。西方企业由于诸多外在因素驱动了更广的企业社会责任，像是气候变化的冲击、生物多样性的丧失等外部环境的影响，在推动企业社会责任过程中，产生了许多管理工具，例如已知的指南和工具是“ISO 26000”“全球报告倡议”等。

不同于西方企业因为外在环境因素，华人企业的企业社会责任推动，则由企业领导者的价值观来实践。有些企业的例子可以支持这一观点，著名的例子是宏碁公司的创始人施振荣，他将“王道文化”融入企业经营中，强调利他主义的重要性。另一个例子是王品牛排股份有限公司的前创始人戴胜义，他运用《论语》的思想来管理他的企业，并有半部论语治王品之说。除此之外，信义房屋的创始人周俊吉，他也以儒家思想打造企业文化，并将儒家元素置于企业文化的核心位置。

这样的现象，让我们思考，那些采用中国哲学作为企业文化的公司，与西方公司在企业社会责任上的表现有什么不同。根据以上讨论，本研究将探讨儒家思想如何影响企业运作，并以信义房屋为代表，从中观察儒家对其在企业社会责任的创新。

二、研 究 方 法

本文的研究方式如下：首先将探讨伦理理论在商业上运用的价值。由于伦理理论的抽象性，应用于实际的企业运作中并不容易，这将导致非哲学背景的企业人士无法理解伦理理论的重要性。然而，许多企业伦理教材对伦理理论进行了探讨，如对利己主义、功利主义、义务论、德性伦理学和社会契约论等的讨论，并论及它们对于商业的价值。然而，这些理论都来自西方文化；关于华人伦理学的特点及其价值取向的讨论，还不多见。再者，西方观点认为华人伦理学较强调自我品德修养，与企业结合较不容易。因此，在此基础上，本研究将经由个案研究，探讨儒家的道德基础如何影响一家的企业社会责任的展现。

三、伦理理论的价值

在关于伦理理论如何运用于商业上,有不少商学教授进行探讨。狄乔治教授(De George, 1987)认为,伦理理论提供了一种严密的逻辑,可以应用于不同类型的企业。狄乔治描述了在堪萨斯大学进行的一项实验,在那里,商学教授与哲学教授进行了为期两周的交流,哲学教授为商学教授们思考伦理理论。这次实验之后,商学教授在他们的具体领域里启用了新的教育材料,例如会计学教授更多地讨论利益冲突,国际商务教授决定聚焦各种问题的新的国际伦理规范,而人力资源教授试图强调人权的重要性。这实验证实伦理理论可以整合到所有的企业运作中,并识别出特定商学领域皆有其重要的伦理议题。

另外的观点认为,伦理理论的另一个贡献是提高伦理推理能力(Crane & Matten, 2010)。人们可以使用伦理理论来识别灰色区域中的伦理问题,类似的观点是,伦理理论是企业在追求利润最大化的同时管理风险的好工具。另一个观点是增强道德想象力,提高道德意识。除此之外,伦理理论也为决策者提供了风险管理上的价值。

表 1　伦理学理论运用商业决策的思考数据源(Crane & Matten, 2010)

理　论	思　考	伦理价值和对企业思维
功利主义	社会后果	如果我考虑我行为的所有可能的后果,对于每一个受影响的人,我们是更好还是更坏的整体?
道义伦理学	对他人的职责	在这种情况下,我对谁负有义务? 如果每个人都像我一样,会发生什么事?
德行伦理学	道德品质	在这种情况下,一个正派、诚实的人会怎么做呢?
正义论伦理学	分配与程序公平	什么样的分配,才符合程序与分配上的公平?
关怀伦理学	与利害关系人的关系	如何经由关怀,促进与不同利害关系人的健康关系?

与此同时,伦理理论的另一功能是增加论证能力,为伦理决策奠定基础。一些学者将伦理理论作为企业运作的逻辑,如诺曼·鲍维伊(Bowie, 2001)运用康德理论发展了康德的经济伦理学,唐纳德森(Donaldson & Dunfee, 1994)运用契约理论构建了他的整合社会契约论。

回到华人商业文化,实际上,很多华人企业都受到了华人传统哲学影响,尤其是讨论治国思想的儒家思想则适合应用于管理。例如罗庚辛(1992)采用德莱斯勒(Dressler, 1985)的管理分类,将业务流程分为5个步骤,包括计划、组织、人力资源、领导和风险控制,可以如下融合儒家思想:

表2 儒学在商业管理的运用数据源(61-87)

管理过程与企业运行	儒家思想
计划 企业运营	预见和预防的必要性。 子曰:"人无远虑,必有近忧。" 《论语·卫灵公第十五》(15.12)
组织 关于计划分工的想法	子曰:"不在其位,不谋其政。" 《论语·泰伯第八》(8.14)
人力资源 伦理能力对雇员的重要性	如何知道君子与小人;以及他们的能力。 子曰:"君子不可小知而可大受也,小人不可大受而可小知也。" 《论语·卫灵公第十五》(15.34)
领导力 伦理领导的重要性	统治者美德的影响力。 子曰:"为政以德,譬如北辰居其所,而众星共之。" 《论语·为政第二》(2.1)
风险管理 言行一致的重要性	君子行重于言。 子曰:"君子耻其言而过其行。" 《论语·宪问第十四》(14.27)

根据以上讨论,我们可以理解儒家式管理的优势,例如,伦理领导和实践在不同经营职能中的重要性。但是,我们也不能忽略,儒家管理的弊端是缺乏对具体管理制度的讨论,如财务问题、人力资源提升、产品管理等。因为这个原因,企业人士在经营时必须小心采用儒家思想,如果误解了儒家思想,就很容易滥用儒家思想,这对企业是有害的。此外,随着时间的推移,企业人士必须考虑外部环境的变化来调整管理方法。有了这些概念后,我们将回到儒家思想,如何在现今的企业社会责任中,带来创新的发展,因此,这需要我们回到儒家的一些根源思想进行探究。

四、儒家伦理的基础

正如上一节所提到的,如果一个企业人士想要在企业运营中采用伦理理论,那么理解伦理理论的核心思想是很重要的。因此,我们必须从以下几个方面来识别和论述儒家关于仁义和尊重人的概念:

首先，我们探讨为什么儒家要强调对“人”的尊重，并且实施“仁义原则”。

孟子对人这个主体的理解，取决于他对人性概念的理解。在孟子的学说中，有两种理解人性的方法。它们是：一般意义上的人性和特殊意义上的“人性”。因此，我们可以这样理解人这个主体：一般意义上的人和特殊意义上的“人”。对孟子来说，只有“人”才值得尊重。有一个基于孟子学说的论证可以说明他的立场，称之为“孟子论‘人之为人’”。这个论证始于他对人性这一概念的主张：

(1.1) 虽然人的动物性（生理性）确实是一般意义上理解人性的方法，但并不是特殊意义上理解“人”的方法。

通过孟子与其对手（告子，约公元前 420—350 年）关于人性的争论，我们可以看到，孟子也同意从人的动物性来理解人性是一种（但不是唯一的）进路。究其原因，他并不反对告子的主张：生理性是理解人性的一种方法。然而，在争论的最后，孟子反问告子：人的本性和动物性能不能仅凭生理性来区分？显然，我们可以看到，告子理解人性的进路与孟子的不同。

(1.2) 孟子认为，道德实践的践履能力是理解“人性”的唯一途径。因为只有通过这种方法，我们才能在道德意义/价值上把“人”与动物从本质上区分出来。

在《孟子·离娄下第十九章》中，“人之所以异于禽兽”是一段重要的文本，这表明了孟子对“人”的理解和定义。他指出，从生理学的角度看本性，人与动物有（许多）共同的本能。然而，即使从人有能力行善而动物不能来说，我们也只能看出人与动物之间的细微差别。但这个小小的差别，却可以从道德的意义而不是非道德的意义在本质上完全区分“人”与动物的价值。这种本质上的不同也可以证明(1.2.1)：“人不仅是自然的存在，同时也是道德的存在。”

(1.3) 孟子所说的道德行为必须是“由仁义（道德原则）行”，而不是“行仁义”。前者是指一个人做他在道德上应该做的事情，只是出于仁义的要求，而不是为达到任何非道德的目的。[①] 相反，一个人可能认为后者（行仁义）是实现其个人非道德目的的一种手段。如果是这样，“行仁义”仅仅是表面上的道德行动。

根据(1.3)，我们可以看到：

(1.4) 对于孟子来说，道德实践的理由并不是为了非道德的目的。

---

① 参见：《孟子·离娄下》第十九节：“舜明于庶物，察于人伦，由仁义行，非行仁义也。”——译注

它是无条件的。

在《孟子·公孙丑章句上第六章》中，孟子举例指出："今人乍见孺子将入于井，皆有怵惕恻隐之心；非所以内交于孺子之父母也，非所以要誉于乡党朋友也，非恶其声而然也。"在这意义下，这个人(在恻隐之心的驱动下所)完成的是一种无条件的道德行动(不考虑非道德的利益或者是个人的喜欢或不喜欢，仅出于救人的道德要求而救人)。

(1.5) 孟子强调，道德行为不应仅作为手段，正如"人"不应被视为是一种用以达到任何非道德的目的的工具。

在《孟子·公孙丑章句上第二章》中，孟子坚定地主张："行一不义，杀一不辜而得天下皆不为也。"它的意思是：如果我们全都同意把无辜的人当作一种工具来实现任何一种利益，这就意味着允许(以极端的方式)牺牲少数人的权利或生命来换取大多数人的最大利益。同样，一旦我们理所当然地只把"人"当作一种手段或工具，而且在功利的算计中把"利益"作为行动的首要条件。那么一些狡猾的人或政治家可能操纵，"以集体利益的名义牺牲少数人的个人利益和权利"(LEE, 1990, p.151)，使之成为"使其个人利益合理化的任何借口"(LEE, 1990, p.151)。

C1：根据这些论证，孟子认为，"人"的价值在道德上是绝对的，因此，我们永远不应当把人仅当作实现我们个人非道德利益的工具。

基于 C1，我们可以看到孔子所说的"己所不欲，勿施于人"的道理(《论语卫灵公第十五》第二十三节)。哪怕每个人在社会中的角色、地位不尽相同，但在"人"的意义上，每个人的尊严都是平等的。因此，我们应该把每个人当作"人"来对待，而不是用来满足我们个人欲望的工具。如果我们都赞同儒家的立场，"人"的尊严(或称为"存的价值")是平等的，那么我们就有充分的理由相信"己欲立而立人，己欲达而达人"(《论语·雍也第六》第二十八节)的原则是更为积极的待人接物之道。

为了理解为什么孟子主张"由仁义行"和"义利之辩"，我们必须理解他为什么坚持，我们行动准则应该是"由仁义行"，而不是"利先于义"。假设有两种不同模式的社会：

(2.1) 社会模式 1(M1)：M1 的成员总是根据"由仁义行"的原则为人处世。

M1 中的每个成员实际上都把"仁义"作为行动的首要原则，同时也作为追求非道德利益的必要条件。换言之，如果仁义原则与利益原则发生冲突，M1 成员必定会选择优先践行仁义原则，而不会选择实现利益原则。从这个意义上说，我们有足够的理由相信，追求利益的活动不会在 M1 中造成不道德的事件。因此，M1 将高度重视和主要依靠道德的法律和秩序。这种理想社会就是儒家所谓的“王道社会”，在这个社会中，每个成员都以合理和道德的方式对待彼此。

(2.2) 社会模式 2(M2)：M2 的成员总是根据“利先于义”的原则为人处世。

在 M2 中，没有人考虑行为是否符合仁义原则是必要条件(优先条件)。他们优先考虑的是行动所能带来的利润。在这种情况下，如果追求利润与道德原则发生冲突，那么每个成员必然会无视道德原则的要求，而不择手段地相互争夺利润。如果是这样，不难想象，在 M2 中的每个成员必定彼此都是“将任何人视为满足个人欲望的工具”。从逻辑上说，这将最终容易导致社会分崩离析，或如孔子所言，仅是只能依靠严刑峻法以维稳社会，但却是“民免而无耻”的社会形态。

C2：M1 是理想社会，在这个社会中，每个成员的行动和生活皆是合宜的，但 M2 不是。就“仁义原则”与“利润原则”的关系而言，M1 是“仁义原则优先于利润原则”的优先关系。

在以仁义原则为首要条件的意义上，人们对利益的追求在不违反道德法则的情况下是可以允许进行的。这就意味着，在实现“利润原则”的同时遵守“仁义原则”是可能的。只有在两种原则相互冲突的情况下，才必须排除利益原则。这说明，只有在冲突的情况下，它们才是不相容的关系。

根据这些论点，基于做道德上应该做的事是无条件的，以及任何“人”理性上不会认同 M2，我们必须总是以“仁义的原则”作为行动的首要理由，而将“利益的原则”视为是行动的次要理由。

从上，我们可以理解到，当今的儒商企业，是能够理解儒家的仁义原则与利益原则的道理后，秉持“先义后利”的价值。之后，根据宋明儒学家程伊川的观点，“义”与“利”简易的区别，则是“公利”与“私利”之别，如果在商业上，与利害关系人概念相融合，则是将利害关系人之利益，优先于企业自身利益，而信义房屋便是秉持这样的价值，发展公司的企业社会责任。

五、信义房屋的企业社会责任展现

历史上有许多著名的儒商，包括子贡(孔子的学生)和徽商。他们都将儒家思想融入他们的经营活动中，强调伦理的重要性，并从伦理中培养创新的管理技能。在亚洲，特别是在中国大陆、香港和台湾地区，有许多现代儒商。

本研究所选取的个案是信义房屋(以下案例情况综合自3个主要来源：书名为《信任会带来新的幸福——信义房屋》(Lee, 2008)；中欧国际工商学院和理查德·艾维商学院的"台湾信义房屋"案例(Tsai, et al., 2009)；和信义集团的企业社会责任报告等二手资料)。

(一) 信义企业集团介绍

从1981年在台湾成立，信义房屋(之后以"信义"称之)成功整合了上游、中游和下游产业，实现多元经营。40年不懈努力，信义建立了一个广受赞誉的经营模式。

过去40年来，信义将业务扩展到中国大陆，包括上海、北京、重庆、苏州、浙江，甚至日本东京。过去，房地产业因欺骗客户而声誉败坏。因此，周俊吉创建了以企业伦理为重要区别的信义。周俊吉的管理哲学和信义的愿景使命是在儒家伦理的基础上确定的，实际的管理实践也因此受到儒家伦理的强烈影响。

(二) 人力资源政策的创新

信义将人力资源视为信义成功及其可持续发展的关键。信义员工代表着信义的质量和声誉。与其他房地产中介公司相比，信义的招募的重点是没有相关工作经验的毕业生，特别是有受过良好教育的应届毕业生，更容易接受信义的伦理要求。

信义将全体员工视为合作伙伴，坚持在技术工作技能和服务品质两方面培养合格的信义员工。信义认为，员工的工作经验和技能可以在工作中得到发展和提高，而不道德的行为在信义是绝对不能容忍的。当公司提供这份工作时，信义要求新员工参加一系列设计好的课程，第一天的课程便是企业伦理培训。信义也用激励机制来鼓励员工在业务中时践行伦理。每一年，信义的最高奖项"信义君子"会授予一名员工。上榜的人数非常少，这个令人羡慕的称号也是在信义能够获得的最高荣誉。为了获得这个奖项，员工必须在成交数量和与同事合作方面表现得最好，同时还要拥有"零客户投诉"的记录。

(三) 客户服务的创新

伦理创新不仅在人力资源中，而且在客户服务里。为了帮助其客户作出合理的而且更好的决定，信义对待交易的房产进行彻底的调查，绘出这处房产的信息图，并且提供客户不动产说明书，让买家在其中可以找到他们想购买的这处房产的所有详细而准确的信息。为了帮助客户作出最好的选择并且避免不必要的纠纷。

（四）社区公益的创新

伦理创新也体现在社区投入，周俊吉当初也因受到《论语》中的“里仁为美”思想影响，认为要是每个人能在小区中跟一群有品德、理念相同的人一起帮助社区成长，将是再好不过的事了。因此，信义房屋的“社区一家”计划便在这样的构想下逐步酝酿。因此，信义房屋为了促进社会和谐，让各式社区皆能够提出计划申请，并且给予补助，凡只要能够凝聚人心、促进社区和谐、促进社区发展的方案都能够申请。在“社区一家”计划多年的落实下，信义房屋得到社会的尊重，也促进社会更和谐地发展。

六、结　　论

根据这项研究，我们可以断定伦理理论对企业是有价值的，包括可运用于风险管理、辨识伦理问题、提供决策基础，甚至企业社会责任的创新。然而，经由信义的个案，我们可以肯定地相信，即便被认为更强调个人修养与品格培育的儒家伦理，也将为企业带来许多价值。分析原因，是由于儒家的“以人为本”与“先义后利”的思想，让个案企业展现出伦理创新，具体体现在对待员工、客户等利害关系人的社会责任上。最终，我们也透过此个案，了解到东方企业展现企业社会责任的方式，不同于西方较多是由外界趋势所驱动，并透过指引与工具来执行，相对地，华人企业则因企业主的价值信念，从而将伦理思维融入于组织文化，由内而外展现出。

参考文献

Bowie, N.2001. Business Ethics — A Kantain Perspective. Cambridge: Cambridge University Press.

Crane, Andrew & Matten, Dirk. 2010. Business Ethics, New York: Oxford.

De George, Richard T.1987. Ethical Theory for Business Professors, Journal of Business Ethics, Volume 6, Issue 7, Natherland Springer, pp.507 - 508.

Donaldson, T., & Dunfee, T. 1994. Toward a Unified Conception of Business Ethics: Integrative Social Contracts Theory. The Academy of Management Review, 19(2): 252 - 284.

Dressler, Gray. 1985. Management Fundamentals, Prentice Hall Co. Reston, Virginia.

Freeman, R. E. 1984. Strategic Management: A Stakeholder Approach, Prentice-Hall, Englewood Cliffs, NJ.

Ip, P.-K. 2008. Business Ethics, Taipei: Wu-Nan Book Inc.

Lee, Bai-Chie. 2009. Trust Will Bring New Happiness-the Store of Sinyi Real Estate Inc (Translated from Chinese Version), Taipei: Commonwealth Publishing Co., Ltd.

Lee, Ming-Huei. 2018. Confucian and Kant, New Taipei: Linking Publishing.

Tsai, Terence& Chen, Borshiuan & Liu, Shubo Philip. 2009. Case material: Sinyi Real Estate in Taiwan. Western Ontario: Ivey Publishing.

罗庚辛:"孔子管理思想之研究",载《管理与哲学研讨会论文集》,"中央大学"文学院哲研所编,1992 年,第 61—87 页。

同理心在企业社会责任管理中的作用

［美］林丽玲（Maria Lai-Ling Lam）*　陆晓禾 译

［提要］ 本文基于作者对同理心（empathy）[①]的广泛文献综述、在中国的10年实地工作（2006—2016）和个人反思，将同理心定义为考虑另一个人的特定视角，以另一个人的感受来感受，并为另一个人的需求来采取行动。有效的企业社会责任（CSR）管理需要在关怀和正义的文化中以同理心的方式来实践。同理心的道德需要培养，并通过中国两家跨国企业的企业社会责任实践得到验证。实践同理心的道德使公司能够致力于企业社会责任，与利益相关者联系，并在短期利润范围内始终如一地为利益相关者的需求分配稀缺资源。

一、导　言

本文基于作者对在华外国跨国企业（MNEs）的企业社会责任持续研究工作的反思和过去14年教学和研究的个人反思。她提出，在关怀和公正原则的实践中，运用同理心来有效地管理企业社会责任是非常重要的。当公司希望致力于企业社会责任（CSR），与利益相关者建立联系，并以牺牲短期利润为代价，始终如一地为利益相关者的需要分配稀缺资源时，需要培养同理心道德。在本文中，同理心被定义为一个过程，从考虑另一个人的特定观点，来感受另一个人的感受，并采取行动满足另一个人的需要（Lam，2014）。在让当地利益相关者参与双赢的合作活动过程中，这对于多重框架的发展、对

---

* © Maria Lai-Ling Lam，2021.作者林丽玲，美国卡尔文大学（Calvin University）教授。原文为英文，收入本书时，作者对中译文作了审阅和修订。——译者

① 术语“empathy”或称“同感心”，又有译为“移情”“共情”等，通常又称“将心比心”“感同身受”。它与“sympathy”（同情或同情心）不同，后者并不包含两人有相同的情绪或苦痛，但同理心则不仅仅是理解，而是确实有类似的情绪、苦痛，两人的情绪产生了联结。——译者

意义的反思性探索和实践推理都是至关重要的。同理心与关心、换位思考和行动有关。同理心是我们与生俱来的能力，可以发展为促进利他行为(Batson, 2011)。同理心唤醒在人类中是普遍存在的。关爱和正义原则中的同理心已被证实可以促进更好的公共利益(Hoffman, 2000)。同理心道德是存在的，但很容易被利己主义欲望所摧毁。

企业社会责任(CSR)是一个有争议的概念。其基本理念是要求企业自愿采取社会责任行动，"超越法律的要求和股东的直接利益而有助于社会"(见 McWilliams 和 Siegel 在 2001 年对公司社会责任的定义)。有效管理 CSR 需要多个利益相关方参与政策制定和执行过程。当跨国企业(MNEs)采用 CSR 做法时，它们必须克服 4 个明确的挑战："开发业绩良好的 CSR 计划和项目，建立基于 CSR 的竞争优势，应对东道国的当地利益相关者问题，并在世界范围内学习不同的 CSR 经验"(Cruz and Behe, 2010)。管理者需要知道如何让多个利益相关者参与进来，并在满足股东利益之前对多个利益相关者的社会、道德和经济需求作出回应(Freeman, 1984)。当他们必须在其企业社会责任政策和项目中与多个利益相关者接触时，他们需要践行同理心，并发展一种关爱和公正的文化。

通过作者对在中国的 20 家跨国公司的研究，只有两家公司认真致力于他们的企业社会责任项目，与他们的工人结合在一起，并始终践行他们的价值观(Lam, 2011b; 2011c)。他们关心那些普通成员，并通过同理心的沟通发展自己对他们负责的能力(Lam, 2014)。他们投入了大量的时间和资源，帮助合作伙伴在整个供应链中发挥有益的作用(Drake and Schalachter, 2007; Tate et al., 2009)。这些公司愿意承担更广泛的责任，并用它们的能力加强供应商伦理。它们在组织内外促进了同理心道德。在本文中，作者将提供两个案例研究，证明当这两个跨国公司在中国实施其 CSR 项目时，是如何激发同理心和同理心道德的。

二、文 献 综 述

(一) 同理心

同理心被定义为"理解他人的情感并自己重新体验这些情感"(Salovey and Mayer, 1990: 194 - 195)，也"指一个人理解通过语言和非语言信息传情递感的能力，在需要时向人们提供情感支持，以及理解他人情感和行为之间的联系"(Polychronou, 2009: 345)。许多学者也以类似的方式定义同理心。同理心被认为是人类发展信任和协作关系的先天的和习得的能力；同理心对有效领导力至关重要;在公司社会责任研究领域,同理心沟通是利益相关方的主要贡献者;领导力中的同理心依赖于积极倾听,并为合作中的脆弱性实践提供一个安全的空间。

根植于关心和正义原则的同理心,可以克服同理心唤醒和同理心偏见对他们所认识的人的负面后果。巴特森 30 年的研究表明,"同理心关爱反映了,价值的延伸,包括对他人幸福的关心,这与对自身的关心不同,超越了自身利益"(Batson, 2011: 159 - 160)。同理心关心被定义为"由需要帮助的人感受到的幸福所激发并与之一致的其导向他人的情绪"(Batson, 2011: 11)。同理心关心的两个关键前因是"认为对方需要,并重视对方的幸福"(Batson, 2011: 44)。对同理心的关注是普遍的,并推动正义和社会道德。在霍夫曼 30 年的同理心和道德发展的研究中,他提出,"同理心可能被认为是一种普遍的亲社会道德驱动力,至少在那些高度重视关怀和正义的社会中是如此"(Hoffman, 2000: 273)。"因此,同理心可能不会对正义作出结构性贡献,但它可能为纠正他人违反正义的行为提供驱动力"(Hoffman, 2000: 228)。同理心道德是存在的,但当人们高度沉迷于利己主义动机时,它很容易被摧毁。可悲的是,同理心道德"会被专横的育儿方式所摧毁,会被把竞争看得比帮助别人重要的文化价值观所削弱,会被强大到足以压倒竞争的个人利己主义驱动力所压倒"(Hoffman, 2000: 282)。因此,在高度竞争的全球市场中,当利己主义欲望得到美化时,同理心所产生的亲社会动机的普遍存在就很容易被削弱。

(二) 企业社会责任

企业社会责任是一个有争议的概念。它可能意味着平衡利润最大化与利益相关者的需求。它需要平衡不同的价值观,如对股东的受托责任、尊重尊严原则和尊重对各种利益相关方的承诺。它还包括回应利益相关者的关切,并将这些关切纳入组织实践。企业社会责任实践没有上限。底线是不得伤害所有利益相关者。坎贝尔(Campbell, 2007)提出了履行无害原则的企业社会责任实践的制度条件:经济绩效、竞争、公共和私人监管、关于适当行为的制度化规范、公司之间有组织的对话以及非政府组织的存在。制度化的因素使公司在实施企业社会责任时能够获得公平的回报和社会认可。许多活动都包括在企业社会责任领域,它涵盖 7 个领域:领导力、市场活动、劳动力活动、供应链活动、利益相关方参与、社区活动和环境活动(Blowfield and Murray, 2011: 11 - 12)。当利己主义的企业欲望占主导地位时,企业将会为了更好的企业社会反应而竞争,这是一个神话。

许多大跨国企业对中国供应商使用回避合规机制(即监督、评价、报告和制裁)(Lam, 2002a),甚至试图在负责任的供应链中使用和滥用国际行为守则,以掩盖其在劳动和环境方面的不法项目。许多来自发展中国家的中小企业认为,企业责任是这些大型跨国公司供应链强横的延伸。研究发现,低成本运营效率范式与在中国的责任实践障碍有关。

(三) 研究方法

作者采用归纳法,总结了其在中国10年的实地工作(2006—2016)。她使用了组织意义制定的过程模型,解释了为在中国的外国跨国企业工作的中国经理人,如何与其关键利益相关者和世界一起思考、讨论和行动。她采访了来自20家不同外国跨国企业的30名中国高管,这些企业被归类为全球企业公民。对受访者的背景进行了统计:15名企业社会责任专员、2名高级销售人员、11名销售和市场经理、2名软件开发人员。这些中国高管对其公司社会责任实践的认知数据是通过半结构化、深度的个人访谈收集的。在这7年间(2006—2012),有几位受访者两次接受了采访。每次访谈都以受访者的母语进行,持续时间为1~3小时。受访内容包括四大部分:个人经验、内部组织做法、公司企业社会责任计划的影响以及对公司企业社会责任计划的期望和建议的变化。她还通过阅读相关的第三方来源和从美国、法国、日本与中国的不同专业社区获得反馈来验证这些数据和她的解释。她在中国的11个城市进行了研究:北京(2006、2008、2009、2010)、大连(2006)、上海(2006、2010)、杭州(2007、2010)、广东(2011)、天津(2009)、青岛(2007)、南京(2007)、重庆(2006、2007、2009)、武汉(2012、2013)和香港(2006—2015)。

三、两个示范计划

20家公司中只有2家培育了同理心道德,并将同理心植入了正义和关怀的文化中。他们对普通合作伙伴表示同情,并为合作伙伴的福利投入资源。他们通过能力建设和持续培训,提高了中国工人和选中的中国供应商的能力。他们选择了那些能够符合公司社会、环境和经济价值的最佳供应商。在他们与所选中的供应商的关系中实践同理心和扩展合作伙伴关系。

(一) 第一个范例

一家日本跨国公司的领导人没有遵循使用回避合规机制的规范,而是倾向于培养他们的买家对选中的中国供应商的同理心道德。他们在关怀和正义的原则中实践同理心。他的公司买家理解中国供应商对企业社会责任标准的畏惧和误解。他要求老板在选中的中国供应商的培训和开发方面分配更多的资源。他尊重那些选中的供应商作为合作伙伴，并致力于通过向合格供应商颁发3年绿色证书来发展与他们的长期关系。该公司提供了许多培训讲习班，详细阐述了要求，制定了渐进的目标，并通过为期3年的全面绿色证书计划来实现这些供应商的业绩。由于该领导通过许多面对面的协商互动对这些中国供应商进行了同理心沟通，因此被选中的供应商如果想更新由这家全球知名公司颁发的绿色证书，就会受到激励，继续学习和接受监督。中国供应商的技能得到了提升，竞争力得到了提高。公司与所选中的供应商之间的情感关系使公司能够实践负责任的供应链管理，并改进整个供应链中的劳动和环境实践。这种做法有助于供应商愿意接受更高的标准，并有动力发展更好的技能，以获得三年绿色证书。

（二）第二个范例

2006年，一家日本跨国公司的首席执行官收到一家非政府组织的信，谈到了中国工人在其中国子公司的恶劣工作条件。他因此重新审视了其企业使命，决定增加对工人福利的投资，并于2006年在日本东京和中国深圳设立了两个企业社会责任办公室。日本的企业社会责任官意识到，中国工人为整个公司创造了80%的销售收入，必须教育日本总部的员工了解这些中国工人的贡献和他们的基本需求。通过许多面对面的互动了解了这些中国工人的故事，促使企业社会责任官承诺将中国工人的声音带回公司。这些中国工人通过员工援助计划在公共卫生、教育和社会保障领域得到了许多培训。在2008年四川地震灾害期间，两位企业社会责任官的同理心也支持工人组织同理心团队，哀悼和志愿帮助中国地震受害者。

经过两年在其中国子公司实施劳动计划的成功经验，两位企业社会责任官在中国和日本的许多论坛上与现有供应商分享了他们留住工人的经验。一些供应商也跟进了日本公司到中国的行动，并建立了非常牢固的关系。他们接受了企业社会责任官的建议，改善了工人的工作条件。供应链成员之间的信任关系决定了行为准则、规范和行为指南。日本企业社会责任官使用主要供应商接受的指南作为解释电子行业行为守则等行业指南的蓝图。在建立供应链行为守则之后，该公司还建立了人权委员会和可以满足每个国家需要的政策，通过多种沟通渠道与其子公司和供应商分享信息，审查了其在人权目标方面的进展情况，在劳动实践中赢得了许多良好的声誉。供应链中的所有制度化做法都是从首席执行官的个人敏感性和两位企业社会责任官的同理心开始的。

四、讨论和影响

从中国两个范例的实践来看，作者主张在关心和正义原则中嵌入的同理心会重新点燃人类2 000多年来一直存在的同理心道德。在利益相关者中培养同理心道德的做法对于有效的企业社会责任(CSR)管理至关重要。企业社会责任项目的管理者需要帮助他们的利益相关者感受他人，并改善他人的幸福。此外，管理者需要注意组织内外的一些做法是如何抑制我们对其他利益相关者的普遍的同理心道德的。许多公司必须重新审视他们的领导失去同理心是如何产生不道德行为的。同理心是可以习得的，不应被视为软弱或干扰决策过程的标志。同理心道德使公司能够在制定规范公司社会责任政策和计划中利益相关者行为的标准时，倾听普通合作伙伴的声音。必须对组织中实施同理心的叙事进行更多的研究。在驱动利益相关者以达到更高的社会和环境标准之前，如何在积极的情感关系中产生智慧？有效的CSR管理需要借助于我们人类已有的宝库——同理心道德。

参考文献

Blowfield, M., and Murray, A. 2011. Corporate Responsibility. New York: Oxford University Press.

Cruz, L. and Boehe, D.M. 2010. How Do Leading Retail MNCs Leverage CSR Globally? Insights from Brazil. Journal of Business Ethics, 91: 243 - 263.

Drake, M. J. and Schlachter, J.T. 2007. A Virtue-ethics Analysis of Supply Chain Collaboration. Journal of Business Ethics, 82: 851 - 864.

Freeman, R. 1984. Strategic Management: A Stakeholder Approach. Massachusetts: Pitman Publishing Inc.

Hoffman, M.L. 2000. Empathy and Moral Development: Implications for Caring and Justice. New York: Cambridge University Press.

Lam, M. L.L. 2002. Globalization and Asian Christians. In Proceedings of the 18th Annual Christian Business Faculty Association Conference.

Lam, M. L.L. 2011b. Successful Strategies for Sustainability in China and the Global Market Economy. International Journal of Sustainable Development, 3(1): 73 - 90.

Lam, M.L.L. 2011c. Becoming Corporate Social Responsible Foreign

Multinational Enterprises in China. The Journal of International Business Research and Practice, 5: 47 - 61.

Lam, M. L. L. 2014. Empathy as a Major Contributing Factor to Sustainability in the Global Supply Chain. In Khosrow-Pour (ed.) Inventive Approaches for Technology Integration and Information Resources Management, 53 - 67. Hershey, PA, USA: IGI Global Publications.

Polychroniou, P.V. 2009. Relationship between Emotional Intelligence and Transformational Leadership of Supervisors: The Impact on Team Effectiveness. Team Performance Management, 15(7/8): 343 - 356.

Salovey, P., and Mayer, J. D. 1990. Emotional Intelligence. Imagination, Cognition and Personality, 9(3): 185 - 211.

Tate, W. L., Ellram, L. M., Bals, L., Hartmann, E. 2009. Offshore Outsourcing of Services: An Evolutionary Perspective. Int. J. Production Economics, pp.120, 512 - 524.

在信息海洋中游泳：企业是否有职责净化数据污染？

[美]凯文·吉布森(Kevin Gibson)* 陆晓禾 译

[提要] 本文探讨了数据纯度和数据污染概念：即担心不准确或不完整的信息有可能造成损害，如果有，是否有职责减轻这些后果。作者用与环境伦理的类比来论证，企业应该在战略和道义的基础上尽量减少潜在的伤害。

一、导 言

本文想要解决的问题是，公司是否有理由创造纯粹的信息，如果它是错误的就纠正它，或赔偿信息污染所造成的损害。在本文中，我主要关注的并不是有关信息的获取、转让或传播的问题，而是首先研究信息污染是否有理由与环境污染作类比，然后讨论它们之间的异同。我的结论是，利益相关者文献为解决环境污染的企业案例提供了道德基础，因为环境污染对人类福利构成了风险，我认为类似的论证也适用于数据污染。

举一个简单的例子，与我想探讨的所关注问题有关。这是一个微不足道但有象征意义的例子：如果一份电话账单不正确，消费者可能会支付超过他们所欠费用的钱，或者如果信用评分错误，他们可能无法获得贷款。如果一个人意识到他的日常账单被多收了，一种求助方式是与公司代表谈。一般来说，公司的反应会是经济的，即会作成本/效益分析，通常的情况是，在某些层面上，赔偿比全面调查和纠正数据更容易和更方便。另一个途径可能是法律补救办法，这将有赖于某一特定文化中现有的法律、法律解释、执行和相关费用。在这方面，公司仍然有遵守适当规定的经济动机，但重要的是，仅此而已。

作者凯文·吉布森，美国马奎特大学(Marquette University)哲学系荣休教授。本书出版前，作者对全文作了补充和修订。——译者

从公司的角度来看，它面对的软件通常有些不完善，公司必须对所涉及的风险和概率进行评估。它需要意识到法律环境，然而，似乎没有令人信服的理由来提高其信息的纯度。

二、环 境 污 染

首先，我将探讨的是与环境污染的类比。污染可被定义为"将有害物质引入环境"(Google)或"损害、破坏或毁坏纯净、玷污、腐化"(Oxford English Dictionary)。这给了我们一种原始景观的概念，这种景观后来由于外部行为者而使得生存环境变得不那么友好了。不过，这幅景观不太准确。自然污染物和人为污染物都有：例如，火山爆发会损害空气质量，对生命有害，因此不应认为背景条件是完全纯净的。另一方面，显然有许多人为造成的污染。一般来说，可以认为这是一系列的权衡，在这种权衡中，人类的方便与接受后果的集体意愿是平衡的。例如，我开车上班，并意识到这样做会给大气带来不必要的排放。同时，对我这样做没有任何社会制裁：事实上，这被视为正常的和可接受的行为。

社会政策可能基于这样一个假设：在方便与成本之间有着学术上的取舍——例如，我们愿意为了开车的便利性或空调的舒适性而容忍整体空气质量较差。然而，虽然其中一些成本是可察觉的和即时的，另一些成本在时间和空间上对个人来说似乎遥不可及。也就是说，虽然油轮漏油事件可能会因其对野生动物和渔业的直接影响而引起国际关注，但其他形式的污染却在不断增加，而且相隔甚远，以至于在我们的日常生活中几乎难以察觉。

值得注意的是，污染科学也在不断发展，而我们可能还没有意识到我们行为的全部后果。在我的一生中，石棉很容易被用作建筑材料，我们的房子因为它的质量和耐用性而被涂上含铅油漆。我记得看到有人把机油埋在后院的一个浅坑里。这样的做法现在会被禁止，但在当时却被接受，一方面是因为它们反映了可得到的经济信号；另一方面是因为人们对这些看似无害的行为的范围和意义认识较少。关键是，在处理潜在有害物质时缺乏充分知识的情况下，我们应当采取谨慎和保守的态度，来维护我们未来的共同利益。

根据开头的定义，我认为污染是有害的，因为它影响人类的福祉。最终，人类才是赋予价值的人，因而我(至少在开头)采取了一种以人类为中心的和工具性的路径。如果我们弄脏了空气，它会影响植物以及动物的生命，但这个问题之所以很重要，是因为它最终会伤害到人类。这再次表明，当污染影响到我们的自身利益时，我们应该关注它。在这种情况下，阻挡美国大峡谷清晰视野的雾霾只在有害人类健康或福祉的范围内是有害的，而不是基于某种内在的善的概念。采用这种观点的价值在于，影响是可衡量的，并允许比较和权衡。相比之下，依赖内在价值概念的观点，在谁赋予相对价值以及如何衡量相对价值方面，往往会遭到反对。

三、人类福祉

尽管讨论的基础是人类福祉，但重要的是要注意，对环境污染的分析涉及多个问题。人们担心负外部性没有被纳入评估，对所涉及的成本和收益作出了不正确的假设，那些没有市场力量的利益相关者遭受了不成比例的损失。此外，"棘轮效应"是指我们倾向于观察短期而非累积的效应：如果我们接受水质可能每年恶化 2%，随着时间的推移，结果是复合的，而不是叠加的。人们还担心污染：一旦杂质进入一个系统（如少量的油在水中），它的影响可能是潜伏的和广泛的。如果这种类比成立，那么即使在没有立即有效的论据的情况下，也可以向公司提供一个似乎合理的企业案例来改善信息的纯度。

就空气和水等公共物品而言，资源没有私有化，因此决策既是集体的，其影响也可以是全球的。也就是说，个人不能（轻易地）选择过滤他们自己的空气，或净化所有他们喝的水，而某些形式的污染，如少量的二噁英，可能会产生毁灭性的后果。哈丁（Hardin, 1968）注意到了他所描述的"公地悲剧"。他断言，一个未经私有化的系统将不可避免地导致搭便车问题，这是一个恶性循环，在这个循环中，个人以他人的利益为代价，最大化自己的资产。这里的例子是一个村庄的草地，每个牧羊人都可以在公地上放羊。哈丁认为，如果没有私有化或监管，牧羊人不会约束自己的羊群，这样它们就能比其他人的羊群吃到更多的草，而如果每个人都采取类似的行动，公共资源就会迅速耗尽。在这种情况下，公地会被分配给牧羊人，他认为，牧羊人会对自己的财产负责，会最大化自己的利益，而对他人漠不关心。假设斯密的"看不见的手"(1776)适用，他相信为他们个人利益而工作的个人将导致互惠互利。

因此，应对污染的一种办法可能是将有关商品私有化，让市场来决定。然而，有两个令人关切的问题表明，在污染问题上，与公地的类比并不适用。一个是，如果公地足够广袤（也就是说，更像大气而不是一块土地），就不可能私有化，任何一个参与者的违规都会对所有人产生负面影响（Lowenstein, Thompson & Bazerman, 1989）。考虑一下，个人可能作出会影响他人的个人选择。在生物污染的例子中，每一个个体的有害行为似乎都可以忽略不计，而且也可以用别人的行为为自己辩护，例如用这样的借口，"这没什么区别，而且每个人都在这么做"。举个例子，收获后焚烧秸秆这种耕作做法现在已经受到谴责，但农民们仍然继续这样做(People's Daily Online, 2013)。

作为回应，政府监管可能代表集体最佳政策，但它总是很难对付违规者——监管总是需要制定和执行大量的投资标准并建有用作惩罚的基础设施。此外，在许多情况下，一旦污染发生，补救措施会是不成比例的昂贵，而且超出违规者的经济能力。例如，如果一个工人迟到了，他决定把清洗液倒入下水道，这种行为会很难察觉，但一旦其后果发生了，清洁成本将超过这个员工所能支付的。因此，私人选择可能会导致广泛的负面结果。

其次，为了发出准确的公共物品的经济信号，我们需要创建影子市场，并有效地将外部性内部化。外部性是指与市场价格无关的利益或成本。例如，如果我的邻居修缮了他们的房子，我的房子的价值就会上升，即使我没有做任何事值得升值。相反，如果他们让这些房子年久失修，我房子的价值就会下降。为了创造准确的市场信号，猜测价格变化并给予奖励或补偿是恰当的。同样，核能发电所产生的废物目前储存在混凝土下或偏远地区。能源的真实成本将考虑到最终的处置。从这个意义上说，成本往往转移给不知情的第三方，有时转移给了不了解后果的人或后代(Hubbard, 2010)。

将这些概念置于经营情境中，企业是在政治制度中运营，并反映消费者的需求。让我们想象一下，对塑料玩具的需求很大。一家公司受市场激励去生产这些玩具，而其生产过程会受政府监管的约束。用原材料制造塑料，通常会产生有害的副产品，而且玩具本身不太可能被回收，因为回收的成本比处理的成本要高。产品的消费者很少会被收取生产和处置的费用，因此制造的全部影响是隐藏的。如果创建一个反映"真实"成本的影子市场，那么价格可能会上涨，导致需求下降。当消费者意识到这种隐藏的成本，他们可能会不买这些商品，但通常情况并非如此。例如，在美国，过时或有缺陷的电子产品通常被丢弃，而不考虑环境成本和影响。此外，企业被进一步鼓励搬迁到生产成本更低的地方，这反过来可能会导致寻求投资的国家降低其环境标准。在某些行业中，宽松的环境监管可能导致更低的管理费用，因此可能会出现"逐底竞争"现象。拆船业就是一个例子，该行业倾向于低成本和宽松的标准。

本节小结：污染可能对人类产生不利影响。同时，我们集体愿意为它带来的好处容忍某种污染。然而，效用计算是至关重要的。我们需要确保它包括准确的成本，使外部性内在化，考虑到经常无法预见的负面后果的风险，并涵盖对所有受影响者(和潜在受影响者)的影响。正如我们在目前的实践中所看到的,企业通常受到成本和监管的约束,并遵循市场信号。然而,真实的成本很少完全由消费者承担,因为他们将负外部性转移到第三方,而资源可能会受到流氓行为的危害。

四、信 息 纯 度

我们现在生活在所谓的信息时代,在这个时代,我们经常收集大量关于我们的购买历史、偏好和我们所属的经济群体的数据。人们越来越关注这些数据的隐私权和财产权。然而,关于数据本身性质的文章则较少。

数据被污染了吗?简单的答案是肯定的;它显然不是纯净的。更紧迫的问题是规范问题,即这种状况(如环境污染)是否可以接受,以及可能存在哪些正向改变的动机。此时,让我们来看一罐汤标签上列出的成分。它们的存在是政府政策的结果,并受到监管和检查。消费者能够识别成分并作出相应的选择。我可能不太信任我的电话账单:可以与数据进行类比,因为有“成分”构成最终产品(系列费用),然后处理数据,以转化为成品(汤罐或账单)。对于汤,需要一定程度的信任,但在整个过程中都有监控,包括原材料、制造、运输、储存和配送(Mandke and Nayar, 2004)。[①]

数据纯度有几个维度:**精确性**涉及所要求的标准和允许的公差、信息的**一致性**;及其在**货币**和**完整性**方面的**可靠性**。例如,一家公司可能有关于我的信息,包括我的工作和病史,但它可能不准确,对我不利。软件**可能没有**捕捉到信号/噪声的区别(可能我随机或错误地购买了一件物品,它被用来表明我属于一个我不属于的分组)。这些信息可能被歪曲、不完整或容易出现错误。而且,一旦产生的信息无论多么准确,都有可能很快进入公共领域。

有趣的是,我们目前对不纯数据有合理的宽容态度。然而,这一话题的广泛影响超出了基本的计费错误情况。人们普遍认为,软件和信息只要“足够好”就行,危害相对较小。然而,从客户(以及其他公司或任何受影响的人)的角度来看,结果可能是灾难性的,他们可能实际上无能为力,无法采取补救措施。

我们经常假定,数据不可避免地变得“乏味”,并预期它将包括错误。考虑到人类程序员和软件中的临时修复,人们相信它一定会包含错误。因此,人们对数据的纯度产生怀疑,导致宿命论的思维定式,认为数据会是有缺陷

---

① 我根据曼德克和纳亚尔(Mandke and Nayar)的书改编了这个例子和表1。

的。这些态度导致创建和维护如下左列所示的数据。与此相反，我们可能会要求文献中的范式转变为右列的其他观点。

表 1 数据的创建和维护

足够好的	对纯信息的期望
试错设计	预先检测
“速度陷阱”修正	“第一次是对的”
对供应商的依赖	UX -设计师/用户的包容性参与
直接费用	利益相关方的长期财务状况

五、促进变革的动机

流行的行业观点通常代表常见的企业论点。企业通常会寻找成本/效益分析，并询问是否最好修复问题或补偿受害者。例如，电话公司可能有一个客户对账单产生争议。对于愤愤不平的客户来说，有各种各样的不利因素(例如，与客户服务代表联系时的等待时间)，但是对于公司来说，调整账单而不是解决问题是很正常的，因为这可能花费较少的时间和精力。公司可能只关注短期症状，而不愿投入长期检查来发现潜在的问题，以及实际上做任何最起码的事情来处理这个问题。当然，考虑到监管环境和市场激励，这些态度是完全可以理解的。

在这一点上，让我借鉴与污染的类比，提出工具性的和道义论的论点，以推动公司做更多的事情。正如我们在物理污染中看到的，行为既有已知的，也有不可预见的后果，以及任何分析都应该包括在内的重大外部性。许多企业决策都需要风险评估，这通常涉及事件的概率及其严重性的函数。例如，核反应堆熔毁的可能性极低，但其影响可能是灾难性的。因此，一个谨慎的管理者必须作出预测，并认识到总是在信息匮乏的情况下作出预测的。在这样做时，应该适用保守主义原则(与倾向于强化我们乐观信念的确认偏见相反)。例如，尽管远洋客轮排出的污水似乎无关紧要，但它可以产生累积效应，尤其是随着时间的推移(Messick and McLelland, 1983)。同样，数据杂质可能看似无害或微不足道，但必须放在更广泛的背景下来考虑。所谓棘轮效应也适用于这里：如果输入杂质数据，那么结果不纯就不足为奇了，事实上，随着基线在每次后续迭代中变得更糟糕时，影响可能会成倍增加。因此，一个自利的公司可能在保持其数据尽可能纯净方面具有战略利益。此外，任何决策过程都需要考虑不纯数据的真实成本。这些影响可能会对第三方造成影响,未来几代人也应纳入预测结果。

再举一个例子:保险公司依赖于对客户的预测。输入各种数据(年龄、职业、健康史、教育程度等),允许公司的精算师对死亡率进行评估,从而制定适当的保费。然而,如果健康记录中出现假阳性检测结果,或者血压读数不正确,可能会导致一些人被拒绝购买保险,公司失去业务。从某种意义上说,任何个案似乎都是无关紧要的(尽管对当事人来说肯定不是这样)。尽管如此,这个人似乎还是受到了伤害,而且公司在未来可能会有不良的声誉(比如,如果有足够多的错误被曝光),或者因为放弃机会而带来的累积效应。

污染作为腐坏的概念似乎也适用于数据。在物理污染的情况下,少量毒素会产生不成比例的大影响。金融世界也是如此,2008 年次贷危机就是一个例子,该危机与脆弱资产的关联破坏了许多原本基本而良好的投资。软件病毒的概念在这里也可能是有启发性的,一个看似很小的(故意的)错误会进入系统并造成相当大的破坏。一旦错误进入系统,恢复是困难的,而且成本上升。关键是,企业应注意其数据的纯度,因为应考虑的是错误的性质,而不是最初的规模。总之,预防比清理更有效。

六、非工具性的动机

我已经建议,通常有一些令人信服的战略原因促使企业更积极主动地追求数据纯净性。我们也可以提出道义论的论点,按照康德的资本主义思路(Bowie, 1998),正当理由是基于对人的尊重。这意味着,企业有道德职责善待人,而不是把消费者看作是利润最大化的权宜手段。这也许是一个更难的理由,因为最初的假定并不总是令企业信服,最好是将企业在社会中的活动放在更广阔的整体背景下。

罗伯特·菲利普斯(Robert Phillips)提出了一个令人信服的理由:基于利益相关者理论,对环境的关注应该是企业活动的必要部分。他评论说:

> 根据利益相关者公平原则,组织及其管理人员有义务考虑当地社区的需要、利益和关切……不是考虑非人类的环境本身,而是考虑企业在其中运营的社区,通过实施无害生态和环境的政策和业务来保障社区福祉(Phillips, 2000: 192)。

与环境的类比可能不严谨。然而,它可能产生一些重要的见解和提高认识。它还可能主张企业和机构对其利益相关者承担更多的积极职责。对物理污染,数据杂质有可能伤害无辜、无赋权者或后代。虽然企业可能对这些群体没有积极的职责，但它们确实是利益相关者进路的一个相关方，因为那些群体可能会受到公司行为的影响。虽然公司应该超越道德底线，这在战略上并非不受影响，但在过去30年里，公司确实采取了一些重大举措来承担额外的社会责任(例如，见，Post, 1991; Driscoll and Starik, 2004; Stead, Stead & Starik, 2004; Rondinelli, 2004)。这与对三重底线的关切有关，以可持续发展的企业为动力，能够与未来的社区互动(Elkington, 2004)。经济伦理文献中关于企业社会责任和B型公司的出现，也表明了对更广泛的社区和长期实践负有责任的更强烈的意识(例如，Freeman, 1984; Hillman and Keim, 2001)。

我想强调的一点是，数据污染对人有害，值得以额外的低效率为代价来减轻。然而，正如利益相关者理论所表明的那样，企业不应该仅仅着眼于短期的盈利能力，而应该关注其他方面，以提高所有受企业行为影响的人的福利。数据污染问题是一个新问题，但是我认为随着越来越多的信息化系统的开发，这需要企业积极主动的工作。正如迈克和普勒斯(Maak and Pless, 2006)所指出的，企业领导的作用是：

> 与组织内外的不同利益相关者建立和培养可持续和信任的关系，并协调其行动，以实现共同目标(如三重底线目标)、企业的可持续性和合法性，并最终有助于实现良好的(即道德上健全的)和共同的企业愿景(2006: 103)。

最后，作为一名教师，让我再用一个比喻。在给我的学生评分时，我希望保持中立，给学生的分数最好能反映他们体现在课堂表现和成绩上的真实能力。我承认，我还没有达到这个目标——我意识到有偏见，特别是在项目和书面作业中，有时评分主观。然而，事实仍然是，我希望实现一个我可能无法实现的目标，而且它会激励我不断改进。我从中得到的只是一个事实，即一个完美的目标可能是无法实现的，但它是值得的；不完美应该是一种挑战，而不是接受宿命论。同样，数据纯度可能难以捉摸，但这是一个值得用于企业界配置资源的愿望。

参考文献

Bowie, N. 1999. Business Ethics: A Kantian Perspective. NY: Wiley.

Driscoll, C., & Starik, M. 2004. The Primordial Stakeholder: Advancing the Conceptual Consideration of Stakeholder Status for the Natural Environment. Journal of Business Ethics, 49: 55 - 73.

Elkington, J. 2004. Enter the Triple Bottom Line. In A. Henriques & J. Richardson (Eds.), The Triple Bottom Line: Does It All Add up?: Assessing the Sustainability of Business and CSR. London, UK: Earthscan.

Freeman, R. E. 1984. Strategic Management: A Stakeholder Approach. Boston: Pitman Publishing.

Hardin, G. 1968. The Tragedy of the Commons. Science, 162, 1243 - 1948.

Hillman, A., & Keim, G. 2001. Shareholder Value, Stakeholder Management, and Social Issues: What's the Bottom Line? Strategic Management Journal, 22(2): 125 - 139.

Hubbard, D. 2010. How to Measure Anything: Finding the Value of "Intangibles" in Business (2nd ed.). Hoboken, NJ: Wiley.

Loewenstein, G., Thompson, L., & Bazerman, M. H. 1989. Social Utility and Decision Making in Interpersonal Contexts. Journal of Personality and Social Psychology, 57(3): 426 - 441.

Maak, T., & Pless, N. M. 2006. Responsible Leadership in a Stakeholder Society — A Relational Perspective. Journal of Business Ethics, 66: 99 - 115.

Manke, V. and Nayar, M. 2004. Beyond Quality: the Information Integrity Imperative. Total Quality Management & Business Excellence, 15: 5 - 6: 645 - 654.

Messick, D. M., & McLelland, C. 1983. Social Traps and Temporal Traps. Personality and Social Psychology Bulletin, 9: 105 - 110.

Peoples Daily Online. 2013. Farmers Burn Wheat Stubble Despite Ban. Available at http://en.people.cn/90882/8285589.html, Accessed June 14, 2016.

Phillips, R. and Reichart, J. 2000. The Environment as Stakeholder? A Fairness-Based Approach. Journal of Business Ethics. 23: 185 - 197.

Post, J. E. 1991. Managing as if the Earth Mattered. Cambridge, MA: Belknap Press of Harvard University Press.

Rondinelli, D. 2004. Creating a Vision for Environmental Responsibility in Multinational Corporations: Executive Leadership and Organizational Change. Journal of International Business Education, 1: 5 - 22.

Stead, W. W., Stead, J., & Starik, M. 2004. Sustainable Strategic Management. Armonk, NY: M. E. Sharp Inc.

通过企业社会责任沟通创新职业足球俱乐部品牌形象：以法国甲级联赛为例

[法] 詹斯·布卢姆罗德特(Jens Blumrodt)

[法] 朱莉娅·罗尔夫(Julia Roloff)* 陆晓禾 译

[提要] 欧洲职业足球/足球队是通过各种沟通渠道，包括基于网络的沟通(WBC)，认真管理其品牌形象的品牌。本文探讨了法国职业足球联赛(Ligue de football Professionnel)俱乐部如何在其官方网站上报告它们的企业社会责任(CSR)参与情况，以及俱乐部的观众是否认为这种沟通是俱乐部管理层的意图。研究观察了两种CSR沟通策略，其选择取决于预期品牌形象的选择。不做CSR沟通的俱乐部往往只做与品牌形象有关的WBC产品，强调的是对足球和比赛的热情。而做CSR沟通活动的俱乐部，通过代表俱乐部的地方形象和参与社区活动更多地进行与产品无关的品牌形象宣传。这些发现对体育俱乐部仅仅依靠与产品相关的沟通来塑造其品牌形象这一主要假设提出了质疑。

一、导　　言

美式足球在欧洲非常流行，欧洲职业足球联盟注册有886家职业俱乐部(EPFL, 2015)。最近，其中许多俱乐部已经从主要关注团队绩效的体育协会发展为具有职业营销和管理方法的中型公司(Shank and Lyberger, 2015)。虽然CSR可以为品牌形象作出贡献，但只有一些职业足球俱乐部参与和交流其CSR活动。品牌形象网络传播(WBC)的一个重要工具是俱乐部

作者詹斯·布卢姆罗德特(Jens Blumrod)，法国雷恩高等商学院(ESC Rennes School of Business)管理和组织系助理教授；作者朱莉娅·罗尔夫(Julia Roloff)法国雷恩高等商学院管理和组织系教授。——译者

的官方网站(Won, Green, Yong, Seunghwan & Schenewark, 2007)。勒沃莫尔和摩尔(Levermore and Moore, 2015)提出的批评是,体育俱乐部往往只是表面上参与 CSR,而忽视了职业体育中严重的道德问题,如兴奋剂、操纵比赛和腐败。这造成了 CSR 的参与和沟通是否以及如何对俱乐部的品牌形象产生预期影响的问题。

我们研究这个问题的方法是,从 3 个角度:经理意图、WBC 和观众对俱乐部品牌形象的看法,来研究法国职业足球联盟的所有 20 个俱乐部。因此,我们通过对网站的内容(CSR 传播内容)来分析俱乐部在其网站上报告了哪些 CSR 参与情况。其次,我们调查俱乐部经理是否打算使用 CSR 参与作为表达特定品牌形象的手段(CSR 沟通的意图)。为此目的,对所有 20 个俱乐部的主要经理进行了访谈。第三,我们采访了俱乐部的每个成员平均 12 名观众,借此来研究观众对品牌形象和 CSR 参与(CSR 沟通的效果)的看法。通过对 WBC 的内容、意图和 CSR 参与的影响数据进行综合分析,我们能够区分出两种不同的品牌形象 WBC 策略。我们建议,这两种策略不仅适用于体育产业,而且类似的策略也可以有效地应用于其他产业。

二、文献综述

(一) 社会责任与体育娱乐产业

欧盟(2011: 6)对 CSR 的定义是"企业对其社会影响的责任。"即使从事社会责任的组织不是企业,也会使用 CSR 一词,就像许多足球俱乐部一样。关于 CSR 的文献描述了,为何和如何将体育作为履行其社会责任承诺的手段,以及体育组织需要做些什么才能被认为是负有社会责任的。布莱巴特、霍夫曼和沃尔泽尔(Breitbarth, Hovemann & Walzel, 2011)提出了一个完整的社会责任管理系统,职业足球俱乐部可以用来确定它们参与的领域,组织实施和衡量结果。另一个关于社会责任和体育的文献涉及,职业运动队是否从参与社会责任活动中在财务和声誉方面获益的问题。在这背景下,埃克斯特(Extejt, 2004),井上、肯特和李(Inoue, Kent & Lee, 2011)分析了体育俱乐部较多的慈善捐款是否与较好的财务业绩有关,但未找到任何重要的关系。然而,体育俱乐部的 CSR 不仅仅包括慈善事业,正如一些研究所表明的,这些研究分析了公众沟通、对体育经理的访谈(Babiak and Trendafilova, 2011; Sheth and Babiak, 2010)以及体育赛事管理(Babiak and Wolfe, 2009)。很少有研究关注"粉丝"在这种情境中的反应,但现有的证据表明,CSR 具有积极的影响。例如,对美国国家篮球协会(NBA)中一支球队的纵向研究发现，球迷对俱乐部承诺CSR的看法与他们的购买行为、口头表达以及他们跟踪球队未来表现的意图之间存在着积极的关系(Lacey and Kennett-Hensel, 2010)。

（二）社会责任是俱乐部品牌形象的一部分

品牌形象被定义为“消费者记忆中的品牌联想所反映的对品牌的认知”(Keller, 1993：3)。凯勒(Keller, 1993、2008)将品牌协会分为三大类：属性、利益和态度。他进而区分了产品相关属性与非产品相关属性。足球俱乐部的一个产品相关属性是球场上的比赛质量，这反过来又受到球员、球队成功和俱乐部管理的影响(Bauer, Stokburger-Sauer & Exler, 2008)。非产品相关属性是与购买或消费有关的产品或服务的外部方面，如俱乐部的历史、体育场、体育场气氛、小吃店和娱乐(Gladden and Funk, 2001; Ross, Hyejin & Sungum, 2007)。消费者利益是消费者附加于产品或服务属性的个人价值观，例如，当支持一个俱乐部时，标志着一种特定的社会身份。品牌态度是消费者对一个品牌的总体评价，它是基于在消费者眼中突出的所有相关属性和利益(Wilkie, 1986)。一些研究表明，球迷的品牌态度在其他方面反映了俱乐部的认知道德度(Blumrodt, Desbordes & Bodin, 2013)。

研究品牌形象与体育俱乐部企业社会责任参与之间的关系，往往会研究球迷和观众。可以说，球迷是运动队的重要利益相关者，因为他们的个人承诺、情感参与(Sutton, McDonald, Milne & Cimperman, 1997)、对俱乐部预算和体育场气氛的贡献。布鲁姆罗特、布里森和弗拉纳甘(Blumrodt, Bryson & Flanagan, 2012)更准确地表明，社会责任、对该地区的参与、透明和诚实、对年轻球员的指导以及体育场的安全有助于品牌形象和对购买行为和忠诚度的影响。另一项研究表明，社会责任可以提高品牌价值，这一结果得到了支持和推广(Blumrodt, 2014)。

总体而言，越来越多的证据表明，CSR对体育娱乐行业的品牌形象有影响。然而，体育经理在多大程度上采用CSR参与度来创造特定的品牌形象还没有被研究，我们也不知道消费者对品牌形象的认知方式是否符合管理者的意图。因此，我们研究观众是否以经理们的意图和俱乐部官方网站上传达的方式来看待俱乐部的品牌形象。

（三）研究方法

基于对俱乐部网站的内容分析、对经理的采访和对观众的采访，我们对2014—2015赛季参加法国甲级联赛的所有20家职业足球俱乐部进行了3项独立研究。与麦克米兰(McMillan, 2000)相一致，我们定义了俱乐部的主页和所有二级页面,以相同的主页 URL 作为分析单元。每个分析单元都被筛选出与社会责任参与度有关的任何信息,每个确定的活动都有一个简短的描述,例如“向其他组织捐款和提供支持”“表彰社区中在体育或课堂上回报他人并取得优异成绩的运动员和教练”和“保护环境”。我们创建的代码反映了网站上描述的活动。随后,将确定的代码归为七类(表 1)。

表 1　社会责任活动守则分类

分　类	代　　码
I. 基金会	1. 向其他组织捐赠资金和支持。2. 出于自己的慈善目的提供资金来源。
II. 慈善活动	1. 对合作组织的捐款。2. 对当地社区的一般捐款。
III. 慈善或志愿活动	1. 为处境不利的疾患青年提供免费的营地或诊所。2. 为青年提供购物日。3. 为处境不利的儿童组织夏令营。4. 在监狱组织比赛。
IV. 感谢社区活动	1. 青年和老年日。2. 向公众或身患绝症孩子开放免费签名会。3. 组织利益相关者支付但收益捐给慈善机构的活动。
V. 参与社区	1. 开设男孩和女孩俱乐部。2. 为儿童提供展示技能的机会。3. 表彰社区中的运动员和教练,表彰他们在体育或课堂上的表现。4. 邀请区域俱乐部参加培训课程。5. 为儿童组织特别培训课程。6. 为社会事业举办特别活动(如,支持尊重同性恋者,足球反种族主义)。7. 组织公司和失业者之间的特别活动。8. 保护环境。
VI. 促销赠品	1. 营地和/或诊所(收费)和筹集资金的社区活动。2. 地区俱乐部年轻足球运动员免费入场。3. 邀请球迷参加特别活动。4. 俱乐部/基金会支付和收益用于慈善的活动。5. 支持女足。
VII. 透明度	1. 俱乐部公布账目。2. 把俱乐部的社会责任参与情况告知球迷。

除了内容分析之外,我们还确定在网站上找到信息的位置以及与 CSR 相关信息更新的频率。为了解我们对俱乐部网站的系统分析是否类似于本网站上普通访问者的体验,我们在采访结束时询问观众对俱乐部网站的看法,以及他们是如何从网站上获知俱乐部的社区承诺的。由于我们主要感兴趣的是研究网站上可用的信息是如何被用户获知的,我们将我们的结果与用户获知进行了比较,以辨明我们的研究中有否潜在偏见(Lee and Kozar, 2012; Rosen and Purinton, 2004)。在观众的网站与我们的结果观察之间没有发现有重大的差异。

在我们的第二项研究中,我们采访了每个俱乐部的一位主管(营销、沟通或公关经理)，询问他们俱乐部的 CSR 参与情况，球迷如何对此作出反应，如何和为什么(或为什么不)进行 CSR 参与，以及 CSR 是否俱乐部战略管理的一部分。采访指南涵盖了关于 CSR 参与和沟通的 7 个问题，采访时间在 25～45 分钟。这些采访大多是通过电话进行的，但有 3 名俱乐部经理接受了采访，采访时间比电话采访要长。

最后，在 2014—2015 赛季期间，每个俱乐部平均有 12 名观众参加足球比赛，包括所有球队的比赛。观众在购买门票时或在比赛前使用球迷数据库的联系信息进行接触。采访是在球队比赛前在俱乐部办公室组织的，两次是在当地一家咖啡馆组织的。共采访了 244 名 18 岁以上的观众。采访持续了 45～60 分钟。观众们热情地分享了他们对俱乐部的看法。采访指南包含了 9 个问题，从受访者如何关注俱乐部的新闻开始。然后，我们询问他们如何看待俱乐部、球队、教练和管理层的形象。我们继续询问受访者是否关心俱乐部的历史，享受体育场的氛围、服务的质量(例如，出售的零食)，然后更具体地询问俱乐部的社会责任，其重要性和如何传达给球迷的。

所有对管理层和观众的访谈都是用 NVivo 软件录音或拍摄、转录和分析的(Silverman, 2013)。分析的重点是 CSR 的参与情况。我们根据经理和他们参与这些活动的理由以及在俱乐部网站上交流或不交流 CSR 活动的情况来编码 CSR 活动。然后，我们对 CSR 是否俱乐部战略管理一部分的反应进行编码。对观众反应的分析更为详细，因为我们不仅研究了他们知道哪些 CSR 活动，还研究了他们是如何听说这些活动的。我们还分析了观众对俱乐部形象的看法。最后对所有这三项研究的结果进行了分析，以更真实地了解足球俱乐部与 CSR 相关的沟通内容、意图和效果。这一研究设计类似于用于分析其他部门信息服务质量的研究设计(Minghetti and Celotto, 2014)。

（四）调查结果

表 2 列出了从最富有的俱乐部开始的所有俱乐部(第 2 栏是预算)。第 3 栏说明了如何从俱乐部的主页访问 CSR 信息，例如，该术语是否直接在菜单选项卡上可见，或者是否需要打开子菜单以查找与 CSR 相关的信息。第 4 栏包含网站上提到的 CSR 活动的次数，以及这类信息是否定期更新。这一栏中的“0”表示未找到 CSR 信息。最后 3 个专栏总结了哪些代码是在网站和俱乐部的经理和观众的访谈中找到的。在足球赛季(2014 年 8 月 8 日开始至 2015 年 5 月 23 日结束)，所有与企业社会责任有关的活动都有守则。当网站上描述以往的活动时，例如在存档中，它们并不包括在本文的分析中。为了简洁起见，我们使用表 1 中的编号来表示在分析访谈和网站时生成的 79 个代码。

表 2　2014—2015 年季节在网站和活动中列出的俱乐部及其社会责任活动

俱乐部和网站	预 算	放在主页上	网站上 CSR 活动的数量	是否更新(是/否)	网站上的社会责任活动	由经理人预示的社会责任活动
1. 巴黎圣日耳曼足球俱乐部(Paris SG) http:// www.psg.fr	490M€	菜单选项	31/是	I. 1, I. 2, II. 1, II. 2, III. 1, III. 3, IV. 2, IV. 3, V. 1, V. 2, V. 3, V. 5, V. 6, VI. 3, VI. 4, VI. 5, VII. 2	I. 1, I. 2, II. 1, II. 2, III. 1, III. 3, IV. 2, IV. 3, V. 1, V. 2, V. 3, V. 5, V. 6, VI. 2, VI. 3, VI. 4, VII. 1, VII. 2	I. 2, II. 2, III. 1, III. 3, IV. 2, V. 1,V. 3, V. 5, V. 6, VI. 3, VII. 1, VII. 2
2. 摩纳哥足球俱乐部(AS Monaco) http:// www.asm-fc.com	160M€	—	0	—	II. 1, IV. 2, V. 2, VI. 2, VII. 1	IV. 2, V. 2, V. 3
3. 里昂足球俱乐部(Olympique Lyonnais) http:// www.olweb.fr	115M€	子菜单	46/是	I. 1, I. 2, II. 1, II. 2, III. 1, III. 4, IV. 2, IV. 3, V. 1, V. 2, V. 3, V. 6, V. 7, VI. 2, VI. 4, VI. 5, VII. 2	I. 1, I. 2, II. 1, II. 2, III. 1, III. 4, IV. 2, IV. 3, V. 1, V. 2, V. 3, V. 6, V. 7, VI. 2, VI. 4, VI. 5, VII. 1, VII. 2	I. 2, II. 2, III. 1, III. 4, IV. 2, IV. 3, V. 1, V. 2, V. 3, V. 6, V. 7, VI. 2, VI. 5, VII. 2
4. 马赛足球俱乐部(Olympique de Marseille) http:// www.om.net	105M€	子菜单	29/是	I. 2, II. 1, II. 2, III. 1, IV. 2, IV. 3, V. 2, V. 3, V. 6, V. 8, VI. 1, VI. 2, VII. 2	I. 2, II. 1, II. 2, III. 1, V. 3, IV. 2, V. 2, V. 3, V. 6, V. 8, VI. 1, VI. 2, VII. 1, VII. 2	I. 2, II. 2, III. 1, IV. 2, V. 2, V. 3, V. 6, V. 8, VI. 2, VII. 2
5. 里尔俱乐部(Losc Lille) http:// www.losc.fr	65M€	子菜单	7/是	II. 1, III. 1, VI. 1	II. 1, III. 1, IV. 2, V. 2, V. 4, VI. 1, VI. 2, VII. 1, VII. 2	III. 1, IV. 2, V. 2, V. 4, VI. 2, VII. 1, VII. 2

续 表

俱乐部和网站	预 算	放在主页上	网站上 CSR 活动的数量	是否更新(是/否)	网站上的社会责任活动	由经理人预示的社会责任活动
6. 波尔多足球俱乐部 (Girondins de Bordeaux) http:// www. girondins.com	55M€	—	0	—	II. 1, III. 1, V. 2, VI. 2, VI. 3, VII. 1	II. 2, III. 1, IV. 2, V. 2, VI. 2, VI. 3, VII. 1, VII. 2
7. 圣埃蒂安足球俱乐部 (AS Saint-Etienne) http:// www.om.net.0	50M€	子菜单	64/是	II. 1, II. 2, III. 1, IV. 1, IV. 3, V. 2, V. 3, V. 4, V. 6, V. 7, V. 8, VI. 1, VI. 2, VI. 4, VII. 2	II. 1, II. 2, III. 1, IV. 1, IV. 3, V. 2, V. 3, V. 4, V. 6, V. 7, V. 8, VI. 1, VI. 2, VI. 4, VII. 1, VII. 2	II. 2, III. 1, IV. 1, IV. 3, V. 2, V. 4, V. 5, V. 6, V. 7, V. 8, VI. 2, VII. 1, VII. 2
8. 朗斯足球俱乐部(RC Lens) http:// www.rclens.fr	46M€	—	0	—	II. 1, III. 1, IV. 2, V. 2, V. 4, VI. 2, VI. 3, VII. 1	III. 1, IV. 2, V. 2, V. 4, VI. 2, VI. 3, VII. 1
9. 蒙彼利埃足球俱乐部 (Montpellier HSC) http:// www. mhscfoot.com	40M€	—	0	—	II. 1, III. 1, IV. 2, V. 2, V. 4, VI. 2, VI. 3, VII. 1	II. 2, III. 1, IV. 2, V. 2, V. 4, V. 5. , VI. 2, VI. 3, VII. 1
10. 雷恩足球俱乐部 (Stade Rennais FC) http:// www. staderennais.com	40M€	—	0	—	II.1, IV. 2, V. 2, V. 4, V. 7, VI. 2, VI. 3, VII. 1	II. 1, II. 2, IV. 2, V. 2, V. 4, V. 5, V. 7, VI. 2, VI. 3, VII. 1

续 表

俱乐部和网站	预 算	放在主页上	网站上 CSR 活动的数量	是否更新(是/否)	网站上的社会责任活动	由经理人预示的社会责任活动
11. 尼斯足球俱乐部(OGC Nice) http://www.ogcnice.com	40M€	菜单选项	11/否	I. 2, II. 1, III. 1, IV. 2, V. 2, V. 5, V. 7, VI. 1, VI. 2, VI. 4, VII. 2	I. 2, II. 1, III. 1, IV. 2, V. 2, V. 5, V. 7, VI. 1, VI. 2, VI. 4, VII. 1, VII. 2	I. 2, IV. 2, V. 2, V. 5, V. 7, VI. 2, VII. 1, VII. 2
12. 洛里昂足球俱乐部(FC Lorient) http://www.fclweb.fr	36M€	子菜单	10/是	II. 1, V. 1, V. 4, V. 7, VI. 2, VII. 2	II. 1, V. 1, V. 4, V. 7, VI. 2, VII. 1, VII. 2	II. 2, V. 1, V. 4, V. 7, VI. 2, VII. 1, VII. 2
13. 图卢兹足球俱乐部(Toulouse FC) http://www.tfc.info	32M€	菜单选项	10/否	I. 1, I. 2, II. 1, V. 3, V. 4, V. 5, V. 6, V. 8, VI. 3, VII. 2	I. 1, I. 2, II. 1, IV. 2, V. 3, V. 4, V. 5, V. 6, V. 8, VI. 2, VI. 3, VII. 1, VII. 2	I. 2, V. 3, V. 4, V. 5, V. 6, V. 8, VI. 3, VII. 1, VII. 2
14. 南特足球俱乐部(FC Nantes) http://www.fcnantes.com	32M€	子菜单	5/不	II. 1, III. 1, VI. 1, VI. 4, V. 5, VII. 2	II. 1, III. 1, IV. 2, V. 2, VI. 1, VI. 4, V. 5, VII. 1, VII. 2	III. 1, V. 5, VI. 1, VI. 4, VI. 2, VII. 1, VII. 2
15. 兰斯足球俱乐部(Stade de Reims) http://www.stade-de-reims.com/	30M€	子菜单	2 不	V. 3, V. 4, V. 5, VII. 2	V. 3, V. 4, V. 5, VI. 2, VII. 1, VII. 2	V. 3, V. 4, V. 5, VI. 2, VII. 1, VII. 2

续 表

俱乐部和网站	预 算	放在主页上	网站上 CSR 活动的数量	是否更新(是/否)	网站上的社会责任活动	由经理人预示的社会责任活动
16. 伊维恩托农盖拉德足球俱乐部(Evian TG) http:// www.etgfc.com	28M€	—	0	—	VI. 2, V. 4, V. 5, VII. 1	II. 2, V. 4, V. 5, VI. 2, VI. 3, VII. 1
17. 梅斯足球俱乐部(FC Metz) http:// www.fcmetz.com	28M€	—	0	—	V. 5, VI. 2, VII. 1, VII. 2	II. 2, V. 5, VI. 2, VI. 3, VII. 1
18. 卡昂足球俱乐部(Stade Malherbe de Caen) http:// www.smcaen.fr	26M€	子菜单	6/不	II. 1, V. 6, VII. 2	II. 1, V. 6, VI. 2, VII. 1, VII. 2	V. 5, V. 6, VI. 2, VII. 1, VII. 2
19. 甘冈前进会(EA Guingamp) http:// www.eaguingamp.com	25M€	—	0	—	VI. 2, VII. 1	IV. 2, V. 5, VI. 2, VII. 1
20. 巴斯蒂亚体育俱乐部(SC Bastia) http:// www.sc-bastia.net	22M€	—	0	—	VI. 2, VII. 1	IV. 2, V. 5, VI. 2, VII. 1

（五）CSR 沟通的内容

在我们研究的 20 家俱乐部中，只有 11 家在其网站上公布了他们的 CSR 参与情况，尽管所有的经理人都至少描述了他们俱乐部参与的两项 CSR 活动，例如，允许地区俱乐部的年轻球员免费观看比赛和了解俱乐部账户。互联网上描述的活动类型有很大的不同，结果是每个俱乐部都发布有一个独特的 CSR 简介。然而，有些俱乐部报道的活动比其他俱乐部要多。5 个或更多的俱乐部介绍了向慈善组织捐款和资助活动，为儿童举办的夏令营和培训班以及关于回馈社区或在课堂上表现出色的教练和球员的报告。有趣的是，当经理们谈论其俱乐部的 CSR 活动时，他们不仅强调这些活动，而且还强调一些其他活动。俱乐部经理还谈到了组织孩子们可以展示自己才华的日子，为他们的球员签名，并邀请孩子们免费观看比赛。几乎所有的人都指出，俱乐部的预算是由法国足球联赛的财务监督机构国家管理总局(DNCG)公布的。

有一种趋势是，预算较高的俱乐部在其网站上报告更多的 CSR 活动，这是可以预料到的，因为较富裕的俱乐部可以在非体育活动上投资更多。与其他行业一样，大俱乐部比小俱乐部有更多的品牌形象元素需要交流(Blumrodt and Palmer, 2014)。尽管如此，没有报告年度预算的成功球队和预算较少的不太成功的俱乐部都可以在联赛中找到。总的来说，最富有的巴黎圣日耳曼足球俱乐部与排名垫底的俱乐部之间的预算差别很大，最富有的俱乐部的预算是最穷的俱乐部的 20 倍(Sportune, 2014；以及采访中的信息)。值得注意的是，在业绩和预算方面排名第二的摩纳哥足球俱乐部，没有宣传其适度的 CSR 活动，而其他富有的俱乐部，如巴黎圣日耳曼足球俱乐部、里昂足球俱乐部、马赛足球俱乐部和圣埃蒂安足球俱乐部则公布了广泛的 CSR 活动情况。

综上所述，超过半数的法甲俱乐部在网站上介绍了他们的 CSR 活动。不同的俱乐部所介绍的活动类型各不相同，因而 CSR 的简介也各不相同。

三、CSR 沟通的意图

一般来说，管理者讨论的 CSR 活动比在网站上公布的活动更多，这表明，俱乐部少报了它们的参与情况，从(一些)到完全无报告的程度(表 2，第 6 栏)。虽然无报告的俱乐部经理往往比报告的俱乐部经理介绍的 CSR 活动更少，但也有与报告的俱乐部开展了范围相似的 CSR 活动。有时俱乐部会不报告 CSR，因为他们认为需要在公开之前改善他们的参与情况：

> 我知道，我们在 CSR 沟通方面有点欠缺，但我们会开发这一战

略要素。我们已经参与到社区，但我们必须构建我们的路径。（经理的证言）

大多数顶级联赛的俱乐部都试图培育与CSR相关的品牌形象：

我们在运动场和其他比赛之外的所有活动都是社区参与的一部分。我们正在协调所有人道主义的或社会的活动。我们的俱乐部必须以清晰可见的方式参与到城市和地区事务中。甚至国家和国际的项目以及协会可以依靠我们的支持。（经理的证言）

法国足球俱乐部的品牌形象通常反映了它们家乡的形象。没有一家俱乐部会搬到另一个城镇，因为球迷往往居住或扎根在俱乐部所在的地区。因此，通过其CSR参与，大多数俱乐部强调他们在家乡社区中的作用，即使这种参与活动没有予以报道：

重要的是，我们的俱乐部是社区的一部分。CSR与我们的俱乐部息息相关。（经理的证言）

然而，一些俱乐部尽管有相当多的CSR参与，但却没有提供报告，因为管理层有意识作出的选择是，发展一个不扮演CSR角色的品牌标识：

俱乐部从事不同的活动，但我认为，即使这（CSR）是必要的，但不是我们品牌形象的一部分（经理的证言）

这些俱乐部倾向于促进竞争、纪律和对获胜的热情等价值观，而不是把它们的球队作为帮助邻居的隔壁男孩。例如，摩纳哥足球俱乐部是一个成功的俱乐部，预算庞大，位于富裕的社区，但却没有公布任何CSR的参与活动。由于摩纳哥是一个非常国际化的社会，它的足球俱乐部树立了一种基于业绩的形象，而不是像其他许多俱乐部那样强调本土根源。

总之，CSR沟通和不沟通被有意识地用来培育特定的品牌形象。品牌形象通常反映了俱乐部社区的特点。因此，CSR被用来加强与社区的联系。

CSR沟通的影响

当被问及他们是否知道他们最喜欢的俱乐部的任何CSR活动时，观众能够说出他们俱乐部的许多CSR活动（见表2，第7栏），并认为它们对俱乐部的形象很重要（244名受访者中有239人）。甚至在俱乐部没有在网站上提到任何CSR参与的情况下也是如此，因为球迷使用各种来源保持自己的信息，并在观看比赛时观察到一些参与。球迷定期通过俱乐部的网页（244/244）、Facebook页面（244/244）、报纸（244/244）、电视（244/244）、通讯（并非所有俱乐部都有通讯：89/244）、俱乐部电视（只有少数俱乐部有自己的电视频道：35/244）和Twitter（并非所有俱乐部都有账户：201/244）关注俱乐部

的新闻。虽然球迷一致认为体育成绩是他们正在寻找的最相关的信息,但他们认为 CSR 参与也很重要:

> 在我的办公室里,通过笔记本电脑或手机,我每天都会浏览俱乐部网站获取新闻。但更新的只是体育新闻的标签。我对此感到失望。(球迷的证言)

这一观察令人惊讶,因为沃克和他的同事在研究了美国职业体育俱乐部的 CSR 报告后得出结论,"CSR 对大多数球迷来说可能并不重要"(Walker, et al., 2010: 192)。与此相反,我们的调查对象知道他们的俱乐部所支持的 CSR 活动,他们赞赏这些活动是有用的、有趣的,并以积极的态度评价它们。

球迷们最常看的是教育活动(235/244),他们中的许多人认为这些活动是对当地社区的贡献:

> 很明显,我的俱乐部必须在不同层次上参与社区活动。一个足球俱乐部不仅仅是踢足球,它也是教育的同义词。我知道,我的俱乐部与当地业余俱乐部有很强的联系,正在组织会议和培训会议。(球迷的证言)

第二大最常提及的主题(202/244)是与健康有关的 CSR 活动,如向医院捐款、职业运动员看望长期患病儿童或为协会的健康项目筹款而组织的活动。这些活动再一次被解释为对社区的贡献:

> 俱乐部是社区的一部分,可以为改善社区儿童的福利作出贡献。我记得探访过当地医院。(球迷的证言)

总之,球迷看到和记得他们的俱乐部的大部分 CSR 活动,即使这些活动没有通过网站积极沟通。此外,他们将 CSR 的参与解释为对当地社区的重要贡献。他们不仅赞赏这种参与,而且强调它对社区的重要性,认为足球俱乐部可以在培养社区的某些价值观方面发挥重要作用。

四、讨论和结论

我们观察到,体育经理们为了传递特定的品牌形象而战略性地使用基于网络的 CSR 沟通和不沟通。总的来说,观众所感知到的品牌形象与管理者想要传达的品牌形象是一致的,尽管观众从广泛的来源和观察中构建了他们的体育俱乐部形象。因此,它们包含了一些管理者选择不去传达的信息,因为管理者认为这些信息不利于他们所追求的品牌形象。然而,球迷们要么没有注意到品牌形象信息中的任何不一致,要么他们构建的品牌形象比管理者预期的更复杂。

我们观察到，经理们采用了两种不同的沟通和形象策略，策略的选择似乎与俱乐部的家乡和很大一部分球迷居住的社区有关(图 1)。主要从当地公民那里获得支持的俱乐部，位于经历高失业率等社会经济问题的社区，往往成为社区的一部分。这些俱乐部在他们的网站上积极公布他们的 CSR 承诺。他们的 CSR 活动旨在改善社区的社会状况。例如，有 5 个俱乐部为公司和失业者组织会议。这可能不像一个职业体育俱乐部的典型 CSR 活动，但它确实传递了这样的信息，即俱乐部致力于社区的福祉，它非常关心社区的福祉，所以从事超出其体育俱乐部角色的活动。圣艾蒂安(Saint-Etienne)是一个拥有邻居品牌形象的俱乐部的例子。该俱乐部从事广泛的 CSR 活动，是网站上提到 CSR 参与最频繁的俱乐部。根据我们的观察，我们假设：

命题 1：旨在塑造“俱乐部作为邻里一部分”品牌形象的俱乐部开展更多的 CSR 活动(在数量上)，并喜欢开展社区关注点的活动(在质量方面)。

不愿在其网站上发布企业社会责任信息的俱乐部通常都位于更城市化、社会经济条件更多样化的社区。他们的球迷来自社会各方面，品牌形象强调运动表现和对比赛的热情。摩纳哥就是一个例子，虽然它是一个富裕的俱乐部，但它不报告其 CSR 参与情况。该俱乐部的 CSR 活动旨在培养儿童和青少年的体育热情，并以慈善的方式为公益事业作出贡献。这一形象适合摩纳哥非常国际化和富有的社区，在那里，体育俱乐部除了促进体育之外没有其他社会功能。因此，这家俱乐部和其他法国俱乐部选择将自己首先展现为一个高度竞争、热爱足球的俱乐部。我们观察到，这种类型的俱乐部较少开展 CSR 活动，而更倾向于选择有助于其作为体育俱乐部的角色的活动，例如招募年轻球员，通过邀请年轻人免费观看比赛来灌输对足球的热情等。对于这种类型的俱乐部，我们假设：

命题 2：旨在塑造“高度竞争性的俱乐部”品牌形象的俱乐部开展较少的 CSR 活动(在数量上)，更喜欢进行以体育为重点的活动(在质量上)。

侧重于社区或体育这两种品牌形象策略的区别，我们能够更好地分析 CSR 参与和报告的作用，即使对于采用这两种战略的俱乐部也是如此。例如，巴黎 SG 确实报告了它的竞争力和它对社区的贡献，以满足其不同“粉丝”群体的广泛期望。预算较少的俱乐部，如卡昂足球俱乐部(Stade Malherbe de Caen)，试图通过选择从事少量的 CSR 活动，来表达他们对社区的承诺。我们的研究表明,即使经理们想通过强调与产品相关的 WBC 来创造一个单一的品牌形象,球迷也可能构建一个更多元的品牌形象,因为他们不只是通过官方的报告渠道来寻找信息。

在图 1 中,我们总结了我们发现的俱乐部经理试图创造的预期品牌形象(意图)、他们使用 CSR 活动和沟通(内容)以及 CSR 活动和沟通对观众所描述的感知品牌形象的反映(效果)之间的关系,以及家乡社区的特征如何激发 CSR 参与和单一和多元品牌形象。

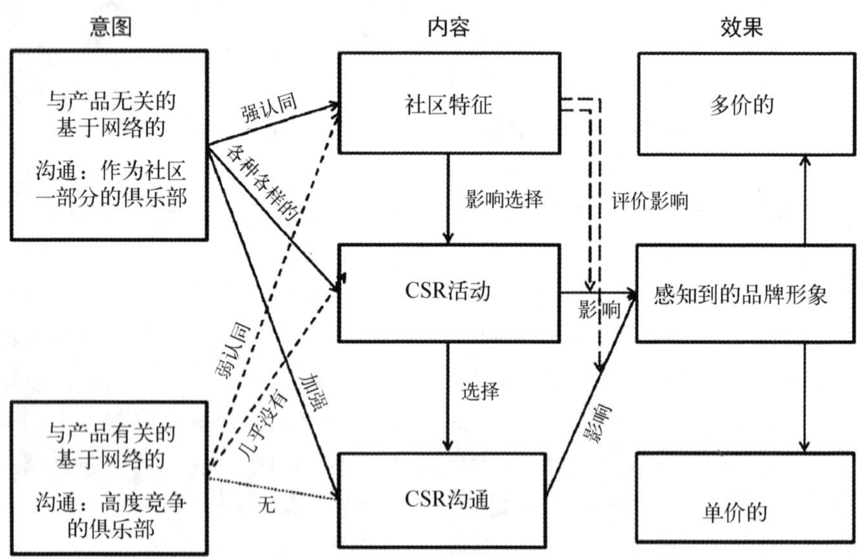

图 1　品牌形象、CSR 参与和沟通的模式或关系

参考文献

Babiak, K., & Trendafilova, S. 2011. CSR and Environmental Responsibility: Motives and Pressures to Adopt Green Management Practices. Corporate Social Responsibility & Environmental Management 18(1): 11 – 24.

Babiak, K., & Wolfe, R. 2009. Determinants of Corporate Social Responsibility in Professional Sport: Internal and External Factors. Journal of Sport Management 23(6): 717 – 742.

Bauer, H.H., Stokburger-Sauer, N.E., & Exler, S. 2008. Brand Image and Fan Loyalty in Professional Team Sport: A Refined. Model and Empirical

Assessment. Journal of Sport Management 22：205－226.

Blumrodt, J. 2014. Enhancing Football Brands' Brand Equity. Journal of Applied Business Research, 30(5)：1551－1558.

Blumrodt, J., Bryson, D., &Flanagan, J. 2012. European Football Teams' CSR Engagement Impacts on Customer-based Brand Identity. Journal of Consumer Marketing 29(7)：482－493.

Blumrodt, J., Desbordes, M., &Bodin, D. 2013. Professional Football Clubs and Corporate Social Responsibility. Sport, Business, Management：An International Journal, 3(3)：205－225.

Blumrodt, J., &Palmer, A. 2014. Online Destination Branding：An Investigation of Divergence between Brand Goals and Online Implementation. Journal of Applied Business Research, 30(6)：1597－1604.

Breitbarth, T., Hovemann, G., &Walzel, S. 2011. Scoring Strategic Goals：Measuring Corporate Social Responsibility in Professional European Football. Thunderbird International Business Review 53(6)：721－737.

European Commission. 2011. Communication from the Commission to the European Parliament, the Council, the European Economic and Social Committee and the Committee of the Regions：A Renewed EU Strategy 2011－14 for Corporate Social Responsibility. COM(2011) 681 final. Brussels：European Commission.

Extejt, M. M. 2004. Philanthropy and Professional Sports Teams. International Journal of Sport Management 5(3)：215－218.

Gladden, J. M. &Funk, D. C. 2001. Understanding Brand Loyalty in Professional Sport：Examining the Link between Brand Associations and Brand Loyalty. International Journal of Sports Marketing&Sponsorship 3：67－91.

Inoue, Y., Kent, A., &Lee, S. 2011. CSR and the Bottom Line：Analyzing the Link Between CSR and Financial Performance for Professional Teams. Journal of Sport Management 25：531－549.

Keller, K. L. 1993. Conceptualization, Measuring, and Managing Customer-Based Brand Equity. Journal of Marketing, 57：1－22.

Lacey, R., &Kennett-Hensel, P. A. 2010. Longitudinal Effects of Corporate Social Responsibility on Customer Relationships. Journal of Business Ethics

97: 581 - 597.

Lee, Y., &Kozar, K. A. 2012. Understanding of Website Usability: Specifying and Measuring Constructs and Their Relationships. Decision Support Systems, 52(2): 450 - 463.

Levermore, R.& Moore, N. 2015. The Need to Apply New Theories to "Sport CSR". Corporate Governance: The International Journal of Business in Society, 15(2): 249 - 253, 11.

McMillan, S. J. 2000. The Microscope and the Moving Target: The Challenge of Applying Content Analysis to the World Wide Web. Journalism & Mass Communication Quarterly, 77(1): 80 - 98.

Minghetti, V., & Celotto, E. 2014. Measuring Quality of Information Services: Combining Mystery Shopping and Customer Satisfaction Research to Assess the Performance of Tourist Offices. Journal of Travel Research, 53(5): 565 - 580.

Ross, S. D., Hyejin, B., & Seungum, L. 2007. Assessing Brand Associations for Intercollegiate Ice Hochey. Sport Marketing Quarterly, 16(2): 106 - 114.

Sheth, H., &Babiak, K. 2010. Beyond the Game: Perceptions and Practices of Corporate Social Responsibility in the Professional Sport Industry. Journal of Business Ethics 91(3): 433 - 450.

Sutton, W. A., McDonald, M. A., Milne, G. R., &Cimperman, J. 1997. Creating and Fostering Fan Identification in Professional Sports. Sport Marketing Quarterly, 6: 15 - 22.

Walker, M., Kent, A., &Vincent, J. 2010. Communicating Socially Responsible Initiatives: An Analysis of U. S. Professional Teams. Sport Marketing Quarterly 19: 187 - 195.

Won, J. S., Green, B. Ch., Yong, J. K., Seunghwan, L., &Schenewark, J. 2007. The Effect of Web Cohesion, Web Commitment, and Attitude toward the Website on Intentions to Use NFL Teams' Websites. Sport Management Review, 10(3): 231 - 252, 12.

五、职场文化、公司治理和领导力伦理

塑造职场文化中的创新

[英]西蒙·维布利(Simon Webley)* 杜 晨 陆晓禾 译

[提要] 在全球不同经济和社会部门的组织发生了一系列广为人知的声誉危机之后①,企业内部人士和媒体评论员都强调,有必要解决如何开展业务的问题。② 本研究旨在促进组织内部基于可持续伦理价值观的企业文化。③ 这种文化的特征之一是组织内部的人际关系,以及与企业外部那些已建立联系的人之间的关系。④ 其特点是所谓的"开放"文化,它有望增强相关各方之间的信任。开放文化的前提是,问题会比较封闭的文化更快地浮出水面。调查数据显示,尽管大型组织中为员工提供了"表达"担忧的机制,但这种机制的使用是有限的,并且在使用时,员工对结果有很大的不满。⑤ 本文将考察各种组织为植入一种开放的文化所采用的通常是创新性的不同方法。本文将基于许多国家的举报数据,包括如何使用"热线"和其他举报手段,以及它们为何有时被忽略的案例。特别要注意的是,当员工表达自己的关切时,他们会有怎样的感受,以及国际企业采用创新的方式,来确保他们在世界任何地方的经营方式是一致的,即使这意味着拒绝有利可图的合同。换言之,组织塑造职场文化主要是为了将声誉风险降至最低。

作者西蒙·维布利,英国伦敦经济伦理研究所研究主任。——编者

① 例如:奥林巴斯、东芝、大众、国际足联和汇丰银行。

② 例如,The Guardian Newspaper, Ethical Business: Companies Need to Earn Our Trust (11 July 2013)。

③ 许多跨国公司已经采用了这种方法。例如,英国巴克莱银行(Barclays)董事长在该公司伦理准则的前言中指出,该文件"为一种企业文化提供了框架,这种文化鼓励以价值观为基础的决策,并对任何低于预期标准的行为或行动提出了挑战"。

④ 关于这项研究的文献,参见 Ipsos Global Reputation Centre, Your Stakeholders and Your Reputation (2011)。

⑤ Johnson D, Ethics at Work, 2015 Survey of Employees, Institute of Business Ethics (2015).

一、导　　言

企业和其他组织的违法和不道德的行为成为大多数媒体每日的头条新闻。[①] 另一部分原因在于坏消息能卖报纸,吸引观众收看电视频道的新闻时段,或在社交媒体上引发高"点击率"。后者意味着人与人之间的交流方式正指数式地增长。因此,越来越多的组织(在其企业准则中)提供了指导,告诉员工上网发帖时应做什么与不应做什么。目的是制止影响组织声誉的风险。

公司为制止这类曝光的影响所做的努力,从加强公共关系职能,到制订方案以促进开放文化,这种文化使得非法或不道德的行为在事态发展到不可控之前能够认识和得到解决。尽管声誉损失是减少重大危机发生概率的一个重要动因,但大多数评论者看了,这并不是引入和坚持企业行为高标准的主要原因。他们认为重要的是,表现好是因为这是"要做的正确的事情"。[②]

本文假设已经认识并接受了"做正确的事情"的哲学理由。论文所要试图解释的是这两方面的落差:一方面以保持行为的高道德标准为企业的一个目标,另一方面何以这一政策并不总是能够实现。论文将从员工的观点来探讨企业文化问题。

二、职 场 文 化

最近针对员工对职场伦理问题看法的调查显示,所谓的"上层的声音"与实际落实到组织底层的情况之间存在相当大的差距。[③] 虽然企业文化——其定义、效果、对其的影响,在会议、媒体和董事会上被广泛讨论,但它依旧很难定义,因此也很难衡量。[④]

大多数人都认为这与行为有关。可以将这个观点定义为"这里的事情是怎么做的"。组织中的每个单位、办公室或部门都有自己的独特文化。当一种既定的经营方式已经存在很长时间时,要改变它是很困难的,通常需要一种激进的方法。没有一个企业的文化仅靠总裁、首席执行官或其他高级管理

---

① Business Ethics Briefing on Ethical Concerns and Lapses, Institute of Business Ethics (2015).

② 例如,参见 S. Webley and E. More, Does Business Ethics Pay? Institute of Business Ethics, (2003)。本文引用了惠普首席执行官的话,"好的领导力意味着做正确的事情,即便没有人注意"。

③ Op cit fn[5].欧洲大陆的经理人对职场伦理的认知要比非经理人更积极。

④ 许多不同组织已发表了大量有关企业文化及其有效衡量方法的文件,各种组织对有效的衡量方法已有很多相关文章。例如,William Grieser, Nishad Kapadia, Qingqiu Li and Andrei Simonov 在他们的论文"Fifty Shades of Corporate Culture" (2016)中讨论了这个问题。

人员的一声令下就能改变的。[①] 然而,各级领导的参与却是一个至关重要的因素。[②] 高层管理让所有相关人员明白,他们已经为如何开展业务定了基调和范例,这一点很重要,而且确实是一项基本要求。下面便是关于这种表达方式的 3 个例子:

> 对我来说,作为首席执行官,没有什么比员工和公司基于价值观的行为更重要的了。我想领导一个让每个员工都为自己的成就感到自豪的企业,因为他们努力工作,取得了不可思议的成绩,而且是以正确的方式取得的。(葛兰素史克公司首席执行官)
>
> 我将全力支持最佳的决策和实践,并将要求自己以及高层领导团队负起责任,确保这一框架成为并继续成为我们所有业务、职能和管辖范围不可或缺的运作方式。无论这有多么艰难,我仍乐观地相信我们会以正确的方式做正确的事情。毕竟,我们已经看到了不这样做的后果。(巴克莱银行董事长)
>
> 在森特理克集团,我们认为,企业拥有伦理和道德指南以确保持续的业务成功,并在社会中创造价值,这是至关重要的。从安全至上到尊重人权和保护环境,我们的经营原则设定了我们所期望的最高道德标准和我们承诺遵守的原则。(森特理克董事长和首席执行官共同签署)

任何产生文化变化的有效方案的第一步,都是要确定每个单位目前运作方式的的文化地图。具体的员工调查确实可以用来启动这个有点复杂的过程。[③] 调研需要创新、有吸引力、在线或书面、匿名、易于理解。员工的回答将表明的是,目前与预期的文化规范不协调的领域在哪里。但是,员工在被要求完成销售目标或增加现金流时的实际表现,将提供有关当前企业文化的大量信息,而这些行为方式与企业的伦理准则相悖。这比书面回答人力资源部门发起的的定期调查问题要现实得多。员工通常非常了解他们的同事和经理的行为,尤其是当他们面临法律、法规或公司流程尚未明确规定的困境时。定期收集和利用员工对组织文化相关问题的看法,可以作为检测偏差的温度

---

① 在 Blue Ocean Strategy 一书中,W. Chan Kim and Renee Mauborgne 认为,这是经理人在组织中推行广泛变革面临的主要障碍。

② 见 Ethical Leadership Institute, Tone from the Top: What Non-executive Directors Need to Know (2015)。该文分析了管理层在伦理问题上领导的重要性以及此类行为对组织文化的影响。

③ Good Practice Guide, Surveying Staff on Ethical Matters, Institute of Business Ethics, 2008.

计。这些看法将表明企业是如何经营的——企业的伦理立场。同时,他们还会指出,如果要保持与组织价值一致的文化,需要作出哪些改变。

三、这方面的一些国际调研数据

根据最近在进行的一些伦理调研,我们有可能从各级组织的员工的角度,了解企业行为中更令人担忧的方面。[①] 虽然大多数大型商业企业都以伦理或实践准则的形式向员工提供指导,但涉及违法和伦理问题的工作失误报告的频率并未减少。事实证据表明,在鼓励开放文化的地方,严重报告的频率往往低于遵守法律法规的文化主导的组织。在企业文化中,"如何"开展业务是一大特色。在这样的职场,人们往往在早期阶段就会提出问题,并能相对较快地解决问题。

值得关注的是,在过去 12 个月内,有多少员工声称亲眼目睹或掌握了公司内部事件的第一手信息。[②] 毕马威会计师事务所(KPMG)对美国员工的一项调查显示,2000—2013 年,美国员工的平均比例为 73%~76%。[③] 然而,ERC 在 2015 年底对美国员工进行的另一项调查显示,有 30%的员工存在不当行为。[④] 2015 年,一项针对英国员工的调查也提出了类似的问题,结果显示,在过去的 12 个月里,自称了解不当行为的员工比例为 20%。[⑤] 4 个欧洲大陆国家对类似问题的回答显示,在西班牙,了解的水平为 45%;意大利是 32%;法国是 30%,德国是 23%。[⑥] 国与国之间存在着很大差异,在一定程度上反映了民族文化对个人行为的开放性。这些不当行为包括对同事的辱骂或恐吓,对客户、供应商和同事说谎,伪造文件,提供或接受不适当的礼物或款待。在美国的调查中,知道有不当行为的人中,有 3/4 的人会"直言不讳"。在英国,有半数意识到不当行为的员工表示了担忧。对于英国组织中不报告已知不当行为,给出的最常见理由是,第一,"我觉得这可能危及我的工作";第二,"对此无能为力";第三,"如果我冒险,会遭到报复"("我觉得管理层会认为我是个惹麻烦的人")。

这个问题的另一个方面是理解为什么员工会屈服于行为不端。这方面

---

① Op cit fn[5]参见脚注 5。
② Ethics Research Center: The Global Business Ethics Survey 2015.
③ *Ibid*.
④ *Ibid*.
⑤ Op cit fn[5]参见脚注 5。
⑥ 同上。

的数据不太容易获得,但最常见的答案是“我们必须尽一切努力来实现我们的目标”。第二个常见的原因是“害怕如果达不到目标就会失去工作”。英国调查给出的其他原因还包括:“我感到时间压力很大”;“我在服从老板的命令”;“我们的资源不足”;“我必须实现不切实际的业务目标”。

虽然害怕遭到报复并非总是员工保持沉默的最常见原因,但许多高管认为,这是员工不敢承认的主要障碍。①

来自非正式小组讨论的反馈表明,可能是普遍存在的被称作为的“心理”报复,是员工保持沉默的一个原因。在这个问题上公开发布的数据表明,在美国,超过半数的人成为某种报复的受害者。在英国,有30%的人认为是这个原因。② 大多数美国人表示,这发生在报告该问题后的三周内。

如果发现这是普遍的情况,那么保持开放文化的手段必须包括一种有效的手段,以防止对那些认为他们应该就潜在的法律或道德过失直言不讳或举报的人进行任何形式的报复。在由总裁、董事长或首席执行官签署的组织伦理准则的导言中,可以发现一个令人鼓舞的特点是:他们现在越来越倾向于明确保证,不会容忍对那些报告担忧的人进行报复。例如:

> 如果您发现任何违反本准则的行为,请勇敢地说出来。您的担忧将得到认真考虑- BP不会容忍针对任何人的报复。(BP首席执行官)
>
> 我们都要对自己的行为负责,你有责任直言不讳,处理你意识到的任何错误或让你感到不舒服的事情。我个人致力于创造一种文化,让我们所有人都能畅所欲言,而不必担心遭到报复。(劳斯莱斯CEO)
>
> 我们都要对自己的行为负责,你有责任大声说出来,处理你意识到的任何错误或让你感到不舒服的事情。(劳斯莱斯首席执行官)
>
> 伦理问题很少是简单的。我们的力量在于有勇气解决这些问题。不要将这些问题存在心里:直言不讳,并征求建议。在这个过程中,您将一直得到支持。(欧莱雅高级副总裁兼首席伦理官)

高级管理人员期望告知那些举报人,他们有特别的义务确保不容忍举报

① 在英国,这是主要原因。

② Ethics and Compliance Initiative, Increasing Employee Reporting Free from Retaliation. Insights from The National Business Ethics Survey® (2013) and op cit fn[5].

人遭受任何报复。建议实现这个目的的一种方法是，确保那些举报的人与那些收到举报的人之间至少在首次举报后的1个月内有个人联系。如果匿名举报者希望获得帮助，应该向他们提供获得帮助的方法。

四、内部伦理行为的指标

虽然监测所报告的不当行为的频率和细节至关重要，但这并不是有关职场不道德行为的唯一信息来源。对于员工的担忧，年度员工评估包含了充分利用的信息来源。如果评估的结构包括一个讨论伦理问题经历的机会，那么就能提供关于实际或预期的道德失误的早期迹象的来源。

另一项指标也许是，常规的员工调查（通常由人力资源部门组织）的结果，负责公司治理的人最常使用该指标来识别组织内的不道德行为。这些调查的目的通常是多种多样的，但其中一项是主要针对行为问题的调查，可以帮助确定员工如何看待在其组织内日复一日地坚持的道德标准。

在员工调查中被问到的问题有：

一般来说，您觉得你的公司的行为有多道德？

您觉得我们在这家公司恪守了我们的企业原则吗？

您认为这家公司在外界眼中行事诚信吗？

您认为这家公司是一个可以工作的伦理地方吗？

您会把这家公司推荐给朋友吗？

你会说你的部门经理做事公正吗？

关于实际的内部伦理行为反馈的另一个（保密的）来源，可以是“**离职**”面谈的结果。员工离开组织时，通常员工会有更大程度的坦率，因此这些离职面谈被认为了解职场实际情况的有用工具。对某种形式报复的恐惧通常会降低现有员工的开放程度，但当离职时，这种程度会显著降低。

五、结　　论

虽然各种年会和报告都在强调组织与利益相关者之间的行为关系，但员工的士气可能不太容易测量和报告。在企业责任报告中，有许多篇幅用于支持慈善事业、教育场所和保持低碳使用。很少会告诉员工有多少人被解雇，为什么被解雇，有什么问题是在举报热线上提出的，以及有多少比例的发票是按照合同日期支付的。这些都是企业文化在多大程度上基于伦理价值观的指标。以伦理准则的形式向工作人员提供指导，被认为是保持这种文化的必要条件。但在实践中，保持本身是不够的。提高意识、培训、举报监测都是该方案有效的必要条件。如果要避免道德失范无法弥补的风险,就必须更多地注意保持规定的行为标准。要想持续地与所有员工就组织的价值观进行有效的沟通,就需要一种比以往更具创新性的方法,才能保持“我们如何经营”的职场文化。

论职业伦理在公民道德建设中的地位和作用

张　霄*

［提要］ 当前中国社会一定程度上的失范状况，在根本上是由市场经济的祛道德化造成的。它不仅瓦解了职业伦理对市场经济的规范作用，也弱化了道德在非经济领域的社会功能。由于职业生活是现代人最主要的生活方式，职业伦理对现代人道德观念的影响作用巨大。因此，发展职业伦理，不仅可以保障市场经济的健康发展，还能为家庭道德、社会公德和个人品德的发展提供一个良好的基础，从根本上净化社会风气。所以，在新时期开展公民道德建设，应当把职业伦理放在关键地位，发挥核心作用。从具体实施的角度来看，发展职业伦理有3个重要维度：需要通过职业伦理活动把伦理结构带入组织治理，需要建立健全以行业为中心的职业伦理共同体，需要发展面向行动的职业道德培训。

100多年前，法国社会学家涂尔干在《社会分工论》的第2版序言中写道："现代经济生活存在着的法律和道德的失范状态。……那些最该受到谴责的行为也往往因为成功而得到迁就，允许和禁止、公正和不公正之间已经不再有任何界限，个人几乎以一种武断的形式把这些界限挪来挪去。道德也是那样的含混不清，反复无常，根本形成不了任何纪律。因此，集体生活的整个领域绝大部分都超出了任何规范的调节作用之外。……假使没有道德不断限制我们自身的行为，我们怎么就养成了习惯了呢？假使我们整天忙来忙去，除了考虑自己的利益之外没有其他规范可循，我们怎么会体会到利他主义、无私忘我以及自我牺牲的美德呢？经济原则的匮乏，不能不影响到经济领域

* 作者张霄，中国人民大学哲学系副教授、伦理学与道德建设研究中心秘书长。该文发表于《新视野》2016年第4期。——编者

之外的各个领域，同样，公民道德也随之世风日下了。”[①]在涂尔干看来，由于经济原则本身的匮乏，现代经济生活存在法律上和道德上的失范。经济领域的混乱和失序会影响整个社会生活，造成公民道德的衰退。涂尔干并没有简单地从道德的角度评判这种失范状态，而是认为，当经济变革带来社会结构的调整，维系社会团结的旧道德就会失去约束力，如果稳定社会的新道德尚未建立，社会失范及其随之而来的道德滑坡将不可避免。要从根本上解决这个问题，最好的办法就是重建职业群体的组织方式以及由这种组织方式产生的职业伦理。可以说，涂尔干提出的这套治理社会失范问题的思路对当下中国社会的公民道德建设具有重要的参考价值。

一、市场经济祛道德化是社会失范的根源

从现实的必要性来看，实施公民道德建设，主要是针对当前社会一些领域和一些地方的失范状况。因此，我们首先应当了解的是：造成社会失范的根源是什么？

（一）走出公民道德建设在认识上的误区

任何一个社会的道德问题，都不只是道德本身的问题，而是社会问题在道德领域的折射：

1. 由于道德是一种具有依附性的社会意识形式，道德从来都不是独立自存的东西。所以，一旦社会出现大面积道德问题，社会有机体已经发生病变就是一个大概率事件。从这个意义上讲，只有找准影响道德变动的社会深层原因，才能从根本上认清事态发生发展的过程和趋势。

2. 治理社会道德问题需要走出两个误区：

(1) 应当从社会整体的角度通盘考虑道德问题，不能就道德谈道德，仅仅把道德建设限定在道德领域，简单地采用头痛治头、脚痛治脚的疗法。

(2) 不能用简单的二分法把社会道德和社会道德所依附的社会事实分离开来，更不能把这种区分硬性地带入实际工作。在现实生活中，任何一种社会事件都是社会存在和社会意识的结合体，根本就没有独立的社会意识和社会存在。[②] 例如，任何一种经济事件都是某种经济伦理事件。所以，处理经济领域的道德问题，就是用一种经济伦理模式置换另一种经济伦理模式。如

① ［法］埃米尔·涂尔干：《社会分工论》，渠东译，生活·读书·新知三联书店2000年，第14—16页。

② Hilary Putnam, For Ethics and Economics without the Dichotomy, Review of Political Economy, Vol.15, issue 3, July 2003, p.396.

果把经济问题和道德问题拆分开来各自加以对待，就会掉入模式单一化的陷阱，最终滑向经济决定论或道德万能论的思维方式和工作方式。因此，一旦我们把经济活动归结成价值无涉的社会事实，实际上就消解了道德。当我们把道德独立出来加以抬高的时候，其实又弱化并架空了道德。更为严重的是，经济领域对道德的排挤和抵制，会削弱道德对其他社会领域的约束力。如果这种连锁反应造成恶性循环的局面，道德就失去了应有的社会功能。它不再折射社会深层问题，不再构成调适社会秩序的现实力量。久而久之，道德失灵势必带来社会失范。

当前中国社会一定程度上的失范状况，在根本上是由市场经济的祛道德化造成的。它不仅瓦解了职业伦理对市场经济的规范作用，也弱化了道德在非经济领域的社会功能。不少人一直认为，市场经济事件是纯粹的社会事实，与道德价值无关，无需道德介入。但在事实上，市场经济体制并非价值无涉。伦理利己主义就是它原生性的价值观念。所谓市场经济的祛道德化，就是把伦理利己主义理性化和中立化，排除以职业伦理为核心的利他性道德在市场经济中的地位和作用。伦理利己主义虽是一种道德价值，但常常不被人提起，这和人们通常把道德理解为某种形式的利他主义有关。因此，对伦理利己主义的非道德化理解反而渐渐造成了“市场经济无道德”的错觉。这种错觉反过来又为伦理利己主义在市场领域的蔓延提供了“直觉上的”正当性。久而久之，借着非道德化理解这个护身符，不受约束的伦理利己主义会偏离它的上位价值：个人主义，逐渐滑向它的下位价值：唯我主义。它不断模糊并越出职业伦理的边界，无尽地刺激自利的欲望和冲动。由于伦理利己主义是一种不宜公开宣教的价值观念，滑向唯我主义的伦理利己主义势必给社会带来伪善的一面：每个人都只顾自己的利益，每个人都是心照不宣的利己主义者。[①] 因此，对共同价值的期许就成了利己策略或骗人的东西。作为偶然的存在，利他主义完全是感情用事。

（二）伦理利己主义的泛化及其危害

市场经济是一种基于交易的分工合作体系。这个体系由一种合力与一种分力拧在一起的张力维系。合力表现在：社会合作是职业化分工的基础。合作在客观上形成了一个由供需关系推动的社会纽带。它把彼此分离的社会要素整合起来，使所有处在这个体系中的人相互依赖。分力表现在：产权

---

① ［美］雅克·蒂洛、基思·克拉斯曼：《伦理学与生活》，程立显、刘建等译，世界图书出版公司2008年，第二章第2节。

不仅是交易的前提，也是自利意识的物质基础。它在人与人之间划出了清晰的界限，是每个人在市场领域的存在方式和生存边界。所以，尽管人与人之间相互依赖和彼此需要，但前提却是基于产权的自利。处在分工合作网络中的每个人，既依靠这个网络生存，同时也有控制这个网络为他存在的冲动。这就是主观为自己、客观为他人的伦理利己主义道德价值所依附的社会事实。更为重要的是，这个网络越是精密宽广，人们就越依赖这个网络，也越觉得自己微不足道。他的存在感会越来越稀薄，从而容易加剧自身的危机感和自保意识。如果没有职业组织强化社会团结和集体归属感，如果没有职业伦理提供的价值意义系统和社会职责观念，当每个人独自面对这个庞大而神秘的经济系统时，一种强烈的自保意识和投机心理就会油然而生，不由自主的投机和自保只能进一步强化自利意识和侵略性冲动行为。从表面上看，自利可能给个体带来短期收益的最大化，但从社会发展的长期格局来看，一旦社会团结的力量不复存在，不受约束的个体自利势必瓦解整个社会。

在现代社会，经济生活控制着人类生活的基础构架和基本走向。如果市场经济的祛道德化不能得到有效规制，伦理利己主义势必会泛化入整个社会生活。更为重要的是，如果经济领域不能有效遏制伦理利己主义，那些在根本上受制于经济生活的非经济领域很难与它抗衡。这样一来，市场经济的祛道德化势必催生出一个功利的社会。金钱和交易会跨越它们的边界，把所有社会存在都转化为明码标价的交易品。当各种标准和界限变得模糊，越界和不讲规则就会成为常态，混乱和失序将不可避免。[①] 更为严重的是，当源自伦理利己主义的自保意识和侵略性冲动已经形成社会气候，人际冷漠和社会戾气就会充斥着整个社会，从而进一步恶化社会大环境。历史地看，市场经济祛道德化是绝大多数市场经济国家都曾遇到或正在面临的问题，能否处理好这个问题，体现了不同国家市场经济治理水平的高下。如今，人们愈发意识到：市场经济不仅是法制经济、信用经济，也是道德经济。而只有成为道德经济，它才可能是比较好的法治经济和信用经济。

二、职业伦理是公民道德建设的关键与核心

现在我们知道，当前中国社会所面临的道德问题在根本上是由市场经济的祛道德化造成的。它不仅恶化了市场经济环境，也腐蚀了社会道德，还造成了一定程度上的社会失范。因此，改善市场经济的道德环境，不仅对市场

① 张霄：“功利逻辑、伦理精神与社会信任”，《光明日报》(理论版)2013 年 6 月 4 日。

经济本身有利，也是从根本上改善社会道德风气的有效路径。由于职业伦理是现代经济生活的道德意识形式，是规范经济生活、影响社会道德的主导力量，所以，通过治理市场经济祛道德化的方式净化社会风气，发展职业伦理就是关键与核心。从这个意义上讲，职业伦理在当代中国公民道德建设中的地位和作用应当是基础性的、根本性的。个人品德、家庭美德和社会公德虽然重要，但不足以支撑现代道德生活的总体构架。

（一）个人品德、家庭美德和社会公德不是公民道德建设的基础

1. 个人品德是纯粹的私人道德

它处理两个层面的道德关系：一个是个体与自身的道德关系，一是个人与朋友或个别陌生人的道德关系。一旦超出这两层道德关系，个人品德就转化成家庭道德、职业道德和社会公德。从道德实现的角度来看，在第一个层面，个人品德类似中国传统道德中的“慎独”，就是在自己独处的时候，也能按照一定的道德规范要求自己。虽然“慎独”也涉及与他人的道德关系，但不是“面对面”的直接方式，而是“背对背”的间接方式。在第二个层面，个人品德也只能在私人关系中发挥作用，不具有社会意义上的普遍性和公共性。总之，个人品德就是私人道德。它只能协调私人生活中的道德关系，不可能成为公民道德的基础。

2. 在古代社会，家庭道德是个体道德的源泉和根基

个体道德的全部内容几乎都来自家庭道德。它不仅是基层生活最基本的道德活动方式，也是国家进行道德治理的现实依据。甚至可以说，古代中国朝廷的“以德治国”就是以家庭道德为核心而展开的治国方略。在自然经济条件下，家庭不仅是私人生活领域，也是基本的经济生产单位。家庭经济就是整个社会的经济生活方式。因此，家庭道德就不只是私人道德，也是协调社会基本经济关系的基础道德。正因为如此，它在传统社会才有极端重要的地位。但在现代社会，家庭已经变成纯粹的私人生活领域，不再涉足社会生产活动。它的社会经济职能只是为社会化大生产提供劳动力。家庭的结构和活动方式不仅不再是社会的结构和活动方式的基础，反过来还要受职业化社会活动的调节和干预。由于家庭对个人生活的影响力越来越弱，家庭道德对个体道德的影响力也就越来越弱。所以，它也不是公民道德的基础。

3. 在公民道德诸领域中，社会公德最具普遍性和公共性

然而，与其说社会公德是公民道德的基础和公民道德建设的起点，不如说它是一定社会公民道德建设是否富有成效的检验标准。它不应当作为公民道德建设的出发点，而是一个自然而然的结果。从公民道德建设的实施效

果来看,社会公德的时空领域特别广大,国家虽然可以做宏观部署并开展有针对性的投入,但无论如何也承担不了大范围实施公共道德建设的综合成本。更为重要的是,在非职业化的公共生活领域,流动人群以松散或随机的形式建立起来的偶然联系,不足以形成影响公共行为的强约束力。对于道德来说,这种约束力越小,它的力量就越是薄弱。从这个意义上讲,指望单靠社会公德建设改善社会道德大环境,既不可能,也不现实。

4. 我们强调要把职业伦理当作公民道德的基础和公民道德建设的主体框架、主导力量,并不是说个人品德、家庭美德和社会公德不重要,可以放手不管

而是说,在公民道德建设中,应当根据公民道德发生发展的规律,找准问题所在,集中力量抓主要矛盾,通过合理布局和实施规划,有策略有步骤地推进各项工作。在我们看来,这个问题就出在市场经济的祛道德化上,主要矛盾就是通过发展职业伦理规范市场经济,通过发展职业伦理带动个人品德、家庭美德和社会公德的进步。那么接下来的问题是,职业伦理为什么可以是公民道德建设的主体构架和主导力量?

(二)职业伦理对公民道德生活具有主导作用

以往,为了从宏观上理解社会现象,我们通常会在人与社会之间、个人道德与社会道德之间建立直接的解释关系。这种简化的理解方式容易给人造成一种假象:好像人可以和社会直接发生关系,社会道德就是个人道德的加总。然而,在实际生活中,人是不可能与宏观社会直接发生联系的。人总是生活在各式各样的社会群体和社会组织中。一般说来,人只有借助于他所在的组织才能和上下级组织发生现实的社会联系。社会联系的脉络通常在上位组织和下位组织之间传递,下至家庭,上至一定政治社会最高的权威组织:国家。相应地,人的道德观念的形成和道德习惯的养成是和他所在的组织以及在组织中形成的生活经历分不开的。社会组织的构成方式及其组织伦理在很大程度上塑造了个人道德,是个人道德发生发展的源泉和基础。在自然经济条件下,家庭是人的一生中最重要的社会组织。对于缺乏组织化公共生活的前现代社会来说,家庭是个人绝大部分甚至唯一的生活空间。家庭生活就是个人的全部生活。作为一种社会组织的构成方式,家庭成了整个社会组织形式的主体和样板,单个家庭也好,国家朝廷也罢,大多如此。可想而知,在这样的社会条件下,家庭道德就必定是整个社会最基本的道德形态,即便是国家道德,也只不过是放大了的家庭道德。

进入现代社会以后,建立在社会化大生产基础上的市场体系,开始把经济生活从私人的家庭领域剥离出来,在国家和家庭之间衍生出一个前所未有的、职业化的公共生活领域：市民社会。随着现代经济从家庭走向市场,现代人的生活也开始从家庭走向职业共同体。职业化组织越来越成为人们最主要的活动场所,职业化生活越来越成为人们最重要的生活方式。相应地,职业伦理对现代人道德生活的影响力也越来越大。虽然现代人最初的道德意识多半源自家庭生活,然而,由于职业生活控制着人作为社会存在的社会化过程,所以,当家庭道德观念与职业生活伦理发生冲突的时候,往往是职业生活伦理干预或调整家庭道德观念,而不是相反。从这个意义上讲,如果一个社会的职业伦理环境比较好,社会道德大环境比较好的可能性就很大,家庭道德、社会公德和个人品德的发展就会有一个良好的基础。如果职业伦理环境不好,社会道德大环境不好的可能就很大,这个时候,即便家庭道德、社会公德和个人品德能在一定程度上起到缓解作用,最终也会因为无力对抗而被连带恶化。从这个角度来看,虽然家庭领域和非职业化公共生活领域各有其特殊的道德问题,但大面积的家庭道德问题和社会公德问题一旦出现,那就意味着问题或许不是由这些领域本身所引发的。而在我们看来,它在根本上是由职业生活中的道德问题引发的。更为重要的是,如果我们把凝聚社会共同体、加强社会团结、内化社会责任、历练个人品质看作道德的社会功能的话,那么,在现代社会,也只有借助于职业伦理的发展,这些功能才会实现。

三、发展职业伦理的3个重要维度

发展职业伦理推进公民道德建设,可以从下列3个方面着手：通过职业伦理活动把伦理结构带入组织治理,建立健全以行业为中心的职业伦理共同体,发展面向行动的职业道德培训。

(一) 通过职业伦理活动把伦理结构带入组织治理

所谓职业伦理活动,就是把行业和职业的发展要求通过各种具有伦理相关性的职业化活动带入组织经营管理过程和组织文化,从而在各个层面改善组织管理的伦理质量,同时为个体道德发展提供良好的框架、措施和指南。一般而言,职业伦理活动可以由第三方机构搭建平台并推动,政府、企业、科研机构和社会组织共同参与。政府不是实施主体,只负责引导和监管。职业伦理活动更多地体现了社会在道德治理中的自组织能力。美国经济伦理学家狄乔治在一篇《经济伦理学历史》的文章中曾经提到,经济伦理在美国的发展有3种含义,分别是“职业生活中的日常道德”“经济伦理学术”和“经济伦理运动”。特别是经济伦理运动,就是融合各种社会力量治理经济领域道德问题的职业伦理活动。[①] 20 世纪 70 年代前后,鉴于社会公众要求企业履行社会责任的呼声越来越高,美国企业开始把各种具有伦理性质的社会责任评价系统引入公司治理(这是一个被动的过程),通过相关法律法规、行业规范、责任评价、信用评级等的各种举措,营造企业发展的道德舆论环境,促使企业在内部推进职业伦理建设,包括制定伦理守则、建立有自我约束性质的行动委员会、向社会定期发布企业社会责任报告、设立公司伦理官员等。这些举措很好地改善和净化了职业环境,对美国经济社会发展起到了重要的作用。在狄乔治提出的 3 个经济伦理含义中,“职业生活中的日常道德”是规范行为的内在信念,主要靠宗教发挥作用;“经济伦理运动”是外在的,主要靠法律、社会监管和舆论发挥作用。只有把内在作用和外在作用结合起来,逐步起到由行业他律走向职业自律的过程,才可能达到深入持久的社会效果。中国的情况与美国等西方国家不同,在内心信念层面,从文化性格和民族心理出发,我们完全可以在中国传统文化中寻找有价值的资源,以具有中国特色的职业伦理活动框架整合社会道德治理的内外环境。

（二）建立健全以行业为中心的职业伦理共同体

推进职业伦理活动,最终目的就是要建立以行业为中心、支撑并维系行业发展的职业伦理共同体。所谓职业伦理共同体,就是从事某一个职业的一群人,他们共同享有并认同相对一致的职业价值观,并按照一致认可的行业规范约束自己的言行。他们热爱并拥护自己所在的职业伦理共同体,并把自己的职业发展规划和伦理共同体的建设融在一起。在这样的伦理共同体中,从业人员会产生强烈的归属感和身份感,他们认为自己的工作不是谋生,而是在做有意义、有价值的工作。这样的职业伦理共同体一旦形成,对个体道德品质的养成有着极其重要的影响。一个把自己所从事的职业当作事业来做的人,会是一个乐于助人、有较高利他主义精神的人。因为从社会必要性的角度来看,所谓“做事业”就是做全心全意服务他人的事,就是从服务他人的过程中寻找自己的人生价值。就当前中国社会的情况来看,要建立这样的职业伦理共同体,需要从两个大方向着手。诺贝尔经济学奖得主阿玛蒂亚·森在《伦理学与经济学》中曾提到,现代经济学的贫困源于对伦理学的忽视。要改变这种状况,需要 1. 用“伦理相关的动机观”替代追

① Richard T. De George, A History of Business Ethics, in The Accountable Corporation, Marc Epstein and Kirk Hanson. ed., Praeger Publishers, 2005.

求自利的经济人假设。2. 用“伦理相关的社会成就观”替代以效用为基础的社会成就判断。① 不难看出，森的两个建议一个涉及经济行为的内部动机；另一个涉及经济行为的外部评价。虽然这两个建议针对的是福利经济学，但它们对职业伦理共同体的发展也有特别重要的借鉴价值。从职业行为的内部动机来看，一旦从业者把职业当作谋生的手段，他就会以自利的动机对待工作，就不会考虑到职业的社会化意义。从职业行为的外部评价来看，如果从业者只能按照效用标准衡量自己的成功，他势必会把获利当作个人成功的最终标准。这样一来，即便他作出了应该受到谴责的行为，也会因为“成功”而得到迁就和允许。因此，建立健全以行业为中心的职业伦理共同体，首先要从职业行为内部动机和职业行为外部评价两个方面重建行业规范、职业信誉和个人的职业成就观念。通过多元化动机引导和成就评价的实现，让更多的从业人员在职业工作中找到真正属于自己也属于社会的人生价值。

（三）发展面向行动的职业道德培训

如果说发展职业伦理活动和职业伦理共同体是面向行动框架的、面向社会环境的，那么，职业道德培训就是面向个体的、面向具体行动的。职业道德培训区别于传统意义上的职业道德教育，更加注重有针对性和可操作性的道德养成活动，是道德教育的实践环节。道德养成是一个知行合一的行动过程，是内在品质长期积淀的过程。道德培训的重点不是灌输价值观或习得某种道德知识，而是如何让人认同特定的价值观并把特定的道德知识当作自己行动的向导。由于这是一个心理过程，所以，道德培训依托的是道德心理学。总的来看，现代职业培训体系非常丰富、发达，但职业道德培训却非常贫弱。这是因为：1. 人们在认识上有误区，认为职业道德培训就是道德说教，听听就行，没什么特别的地方。2. 人们不够重视，认为职业道德培训没有“硬”效果，是可有可无的东西。3. 现有的职业道德培训没有脱离传统的道德教育模式，大多以道德说教和灌输价值为主，培训内容也比较空泛，没有凸显道德养成的专业性和技术性特征。4. 职业道德培训的周期很短，未能结合道德心理的发展过程，未能达到实际的心理效果。② 实际上，职业道德培训的欠缺在很大程度上严重制约了现代职业生活。在讲求效用至上的大环境下，慢工出细

---

① ［美］阿玛蒂亚·森：《伦理学与经济学》，王宇、王文玉译，商务印书馆2001年，第9—10页。

② 从道德发展心理学的角度来讲，人的道德心理从起源到成熟，需要经过3个水平、6个阶段。参见［美］劳伦斯·科尔伯格：《道德发展心理学》，郭本禹等译，华东师范大学出版社2004年，第1章。

活的职业道德培训根本得不到重视。它会造成一种恶性循环：由于职业道德培训周期长、见效慢，所以大家都不愿投入，但从业人员的道德素质越不高，职业失范的风险就越大，最终的后果往往是，“职业失范”的代价会远远高于职业道德培训的成本，“节约”职业道德培训，实在是得不偿失。

目的论与道义论对比之下的伦理决策研究

——基于中基层管理者的质性分析

刘彧彧　李　昕*

［提要］ 管理者决策过程中的伦理日益重要，事关企业的存续与发展。与以往从认知—判断—意向—行为的视角来考量决策行为的研究不同，本文关注伦理问题的产生，以人的行为为出发点，分析不同道德认知阶段背后的态度与认知，对认知之前的哲学基础进行补充，并识别目的论与道义论的异同。通过理论推演和来自中基层管理者的访谈资料，本文验证了从伦理行为到认知，再到哲学思维的模型框架，讨论了不同哲学思维背后的逻辑原则。

一、研 究 背 景

决策是管理的中心，而企业决策要融入道德的考量，承担社会责任，体现人文关怀。就现有的伦理决策研究来看，学界主要关注两大议题：(1) 伦理行为的过程模型；(2) 包括个体、环境和伦理问题等在内的伦理行为的影响因素。国内外学者对第二个议题进行了深入的讨论，挖掘了道德认知阶段、道德强度等对伦理决策的影响；本文则同时关注这两个研究议题，就伦理决策行为的过程模型和影响因素再做探究。

自费雷尔和格雷沙姆(Ferrell & Gresham)①首次提出伦理过程模型，相关研究已有 30 余年。学者从众多角度解释伦理决策过程，并有了诸多发现。

---

* 刘彧彧，中国人民大学商学院组织与人力资源系副教授；李昕，中国人民大学商学院组织与人力资源系硕博研究生。——编者

① Ferrell, O.C, Gresham, L.G.A, Contingency Framework for Understanding Ethical Decision Making in Marketing. The Journal of Marketing, 1985, 49: 87 - 96.

比如,亨特和维泰尔(Hunt & Vitell)①从伦理哲学角度提出了伦理决策的一般模型,特雷维诺(Trevino)②从个人和情境因素的交互作用视角,提出了伦理决策的一般模型。相较于此,莱斯特(Rest)③提出的伦理认知—判断—意向—行为的一般模型则简单明了,概括了组织中的决策流程,影响深远,成为经典。而后,琼斯(Jones)④从伦理问题本身的特性来考察整个伦理决策过程,首次总结性地提出了道德强度的综合特征。此后,理论研究数量相对较少,对模型的讨论多是围绕莱斯特提出的基本框架。这些模型有两个共同点:每个模型的提出者都认为自己提出的模型能够解释公司所有层次的人员在面临伦理决策问题时的决策过程,具有普遍性;这些模型在对决策的结果是否符合伦理以及决策过程的影响因素给予充分关注的同时,却忽略了伦理问题产生的根源。

本文尝试对上述两点进行补充:在识别不同道德发展阶段的伦理问题差异的基础上,归纳总结理论模型;以来自中基层管理者的质性资料为基础,结合理论分析提出命题,补充莱斯特的伦理决策阶段模型的前端,对伦理问题进行分类,阐明它与决策逻辑的关系。通过引入科尔伯格(Kohlberg)⑤的道德发展阶段模型,本文对组织成员在伦理困境中的作用作了阐释。通过分析6个发展阶段的特点,本文匹配了变量,强化了模型的解释和预测效度。

二、文献回顾

(一)伦理决策

1. 概念

国外学者对伦理决策的模型和影响因素展开了讨论,而国内研究相比之

① Hunt, S.D, Vitell, S.A, General Theory of Marketing Ethics. Journal of Macromarketing, 1986, 6(1): 5-16.

② Trevino, L.K., Ethical Decision Making in Organizations: A Person-Situation Interactionist Model. Academy of Management Review, 1986, 11(3): 601-617.

③ Rest, J.R., Barnett, R., Moral Development: Advances in Research and Theory. New York: Praeger, 1986.

④ Jones, T.M., Ethical Decision Making by Individuals in Organizations: An Issue-Contingent Model. Academy of Management Review, 1991, 16(2): 366-395.

⑤ Kohlberg, L., Stage and Sequence: The Cognitive-Developmental Approach to Socialization. New York: Rand McNally, 1969.

下，起步较晚。泰勒(Taylor)[①]认为伦理学就是对道德的性质与范围的探究，而贝拉斯克斯和罗斯坦科夫斯基(Velasquez & Rostankowski)[②]指出，伦理行为是受自由意志支配的，并且能够给他人带来幸福或者造成伤害的行为。琼斯的观点比较有影响，他认为管理者一直在做伦理决策，只是他们本身没有意识到。台湾学者方妙玲[③]认为，伦理决策是指当人们面临伦理困境时，依据自由意志权衡事件关系人的利益得失之后所进行的抉择活动。而梅胜军[④]认为，伦理决策就是伦理行为的心理机制。与琼斯的理念一致，本文视“伦理”与“道德”为同义，且可以互换。本文将伦理决策定义为“管理者或者员工个人在面临决策时，考虑和顾及他人利益之后，所作出的有益于最多数群体利益的行为举止”。

2. 理论模型

(1) 费雷尔和格雷沙姆的模型

这个伦理模型用以解释市场营销人员的伦理决策行为。该模型主要包括3个阶段：个体决策—行为—行为评价。在他们看来，伦理问题产生的根源是社会文化环境，而个体在决策时会受到个人和外界因素的影响。[⑤] 作为该领域研究的开端，他们的模型为此后的研究奠定了一定的基础。遗憾的是，该模型没有对道德判断和选择加以区分，而是将其视为同样的概念。

(2) 莱斯特的四阶段模型

莱斯特提出了个体伦理决策的四阶段模型，该模型也成为伦理决策领域的经典之作。它简明扼要地描述了个体在作出伦理决策时候的心理—行为过程。首先，个体会认识到伦理问题的存在，并且会认为自己有必要针对该伦理问题采取行动；其次，个体将作出伦理判断，辨明是非，并基于伦理规范，从众多备选方案中选出合乎伦理的行动方案；再次，个体会形成执行或者不执行某行为的意图，构成最终行动的直接原因；最后，个体将意图转化为行为。在莱斯特的四阶段模型中，认识到伦理问题的存在不仅起着基础性的作用，也意义重大。本文所探究的内容就是与“认识到伦理问题”这一本源的开始有关。本文

---

① Taylor, P. M., Principles of Ethics: An Introduction. Encino, CA: Dickenson Publishing Company, 1975.

② Blake, R. B., CARROLL, D A. Ethical Reasoning in Business. Training & Development Journal, 1989, 43: 99 - 104.

③ 方妙玲：“员工伦理决策意向模式之研究，新世代工作者为研究对象”，台北大学2003年。

④ 梅胜军“伦理决策研究进展与展望”，《人类工效学》2009年第3期。

⑤ MARCH J G. Primer on Decision Making: How Decisions Happen. Simon and Schuster, 1994.

后续将重点阐述与“伦理认知”有关的哲学基础上的差异。

(3) 琼斯的伦理阶段模型

该模型建立在莱斯特的四阶段模型基础之上,并以伦理问题为导向,从伦理问题的特性出发,讨论了组织内个体伦理决策的众多影响因素。琼斯以道德强度为伦理问题本身的特性,强调这种特性给个体伦理决策带来的影响。道德强度指伦理问题涉及道德层面的强度,涉及层面越广越深则受到的争议就越大。

(二) 道德认知阶段

道德认知阶段是个人的道德评估过程,个人对事物进行是非善恶的判断、分析因果关系、衡量利弊得失以及在选择行动方案的过程中所采取的道德思考方式。

科尔伯格提出了道德认知发展阶段的理论模型,解决了伦理问题决策认知过程如何随着道德认知的发展而变得复杂和成熟的问题。该理论认为,道德意识和人的认知是并行发展的,因此随着人们认知成熟度的发展,道德认知会往高层次发展。在每一个相承的阶段上,个人道德变得越来越不依赖外界的影响。阶段一的个体注重避害,阶段二的个体强调趋利,阶段三的个体重视社会期望,阶段四的个体重视法则,阶段五的个体推崇契约精神,而阶段六的个体关心普适伦理原则。该模型强调,尽管人们会依据伦理原则思考问题,但是行为仍会受到诸多因素的影响。尽管科尔伯格模型存有争议,后续学者所提出的发展模型,依然是基于该模型。

(三) 研究评述

伦理决策的理论模型已经比较定型与系统化,很难作出重大的变革与突破。但是,现有模型对内涵的挖掘依然不够深入,且相关研究多是纯粹的理论或者实证研究。道德认知发展阶段是理解伦理决策的重要视角,将其与伦理决策结合,可有助于更全面的伦理决策认知。

三、理论推演与模型框架

本文从目的论与道义论的对比整合出发,讨论不同哲学目的之下的逻辑原则,并以此为基础,结合道德认知阶段,讨论针对伦理问题的理论决策模型。本文在介绍目的论、道义论和决策逻辑的基础之上,通过理论分析,提出本文的模型框架。

(一) 认知哲学方式:目的论与道义论

几乎所有有关伦理问题的决策思路可以归结为两种——目的论

(teleology)和道义论(deontology)。目的论强调每个行为的目的性和最终结果,个体可通过衡量结果对个体或利益相关者造成的影响来制定决策;道义论则认为行为本身以及背后的动机对伦理决策影响更大,决策制定应该独立于结果。有着不同伦理哲学思维的人员,在解读相同问题时,答案并不一致。目的论者面临的两难往往出现在不同选择导致的结果和风险是否能够最大化地实现目的。他们不得不从多种结果之间选择能够实现各方面最大化或最满意化目的的结果。比如面对公司业绩下滑,裁员和降薪可能对于他们而言都是“合理的选择”,一旦选择了某种途径却没有实现最终目的的话,该途径就会被认为是非伦理的。因此目的论者的伦理问题常常产生在对不同方案对目的的满足预期之间进行最优/最满意选择时刻,我们将它称之为“结果型伦理问题”。

与上述有所不同,对道义论者来说,环境所要求的行为和内心对行为的评定是一件两难的事情。同样以公司业绩下滑为例,道义论者也会在裁员和降薪这两个选择之间摇摆不定。但是,这是因为这些选择对他而言都是不合理和难以接受的。决策者知道,这两种选择都是外界环境对自己内心的道德观和原则的挑战,因为降薪和裁员都不能算作是具备普适性的手段。故道义论者的伦理问题常常产生在内心对不同方案中的行为评价冲突时刻,我们将它称之为“过程型伦理问题”。

（二）逻辑原则：理性与适当性

基于目的论与道义论的不同,本文对这两种认知方式背后的逻辑进行归纳和对比。对于目的论者来说,重要的是伦理决策的结果。行为的结果应当让每个利益相关者从中受益,而这是典型的理性逻辑。若上述的裁员行为可以保证股东利益和大多数员工的利益,则意味着结果所带来的利益和减少的风险大于不裁员时带来的利益和潜在的风险,目的论者会选择一“裁”了之。结果的利益和风险评估在其评估体系中占据更大的比例,这是理性逻辑人进行决策的惯性思路。由此,目的论的认知方式,内含了理性逻辑的原则。

与目的论者有所不同,道义论者更加关注决策过程本身,会考虑决策途径和自己的意图是否能够首先被自我接受,并被他人认可,而这是适当性逻辑的体现。他们并不通过行为带来的结果来判断行为是否伦理,而是通过行为本身进行判断。权益原则是道义论者所需遵守的原则,该原则有两个标准:(1) 每个行为必须基于大众都接受的理由(普适性);(2) 每个行为必须基于行为实施者自己也愿意接受的原则(反推性)。依旧以上述裁员为例,对于道义论者的管理者,他会考虑:(1) 裁员行为是否为大众所接受,是否是必然;(2) 如果我是员工,是否愿意接受自己被裁的实施。即便通过层层思考与抉择，最后不得不实施裁员的行为时，他也不会像目的论者般绝情，而更可能会提供后续措施来弥补被裁人员的损失。准则本身和自身身份之间的匹配对他们而言更重要。

马奇(March)提到，人们在制定决策时遵从两种逻辑：理性逻辑和适当性逻辑。理性逻辑通过对风险偏好的判断来决策，其目的是为了实现利益最大化或结果满意化；而适当性逻辑则通过对身份和规则的匹配来进行伦理决策，核心是在遵循规则和身份上实现双赢。

绝大多数理性逻辑的管理者遇到问题时都会秉承目的论的伦理原则来制定伦理决策，因此目的论者的个体在理性逻辑下会面对结果型伦理问题。而当管理者更多地通过适当性逻辑进行决策时，首先会解读环境对身处其中的个体提出的规则要随后匹配内心身份遵循的权益原则和公平原则。因此，在制定决策时，当管理者面临身份与规则冲突情况下的决策情境时，伦理问题就产生了。

于是，我们可以看到，不同类型的伦理问题来源于彼此冲突对立的目的论与道义论的哲学理念，而从哲学理论到伦理问题的过程，也贯穿着不同的逻辑原则。

(三) 理论模型

本文提出下面的模型框架(见图 1)。在这个模型框架中，目的论与理论逻辑相对应，是结果型导向的伦理问题，同时又主要在道德认知的前 4 个阶

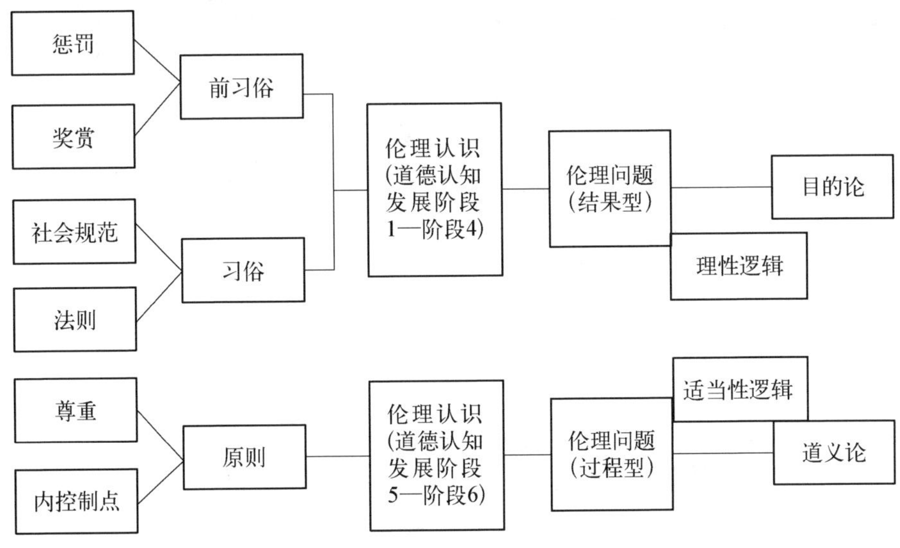

图 1　本文理论模型框架图

段体现；而道义论与适当性逻辑相对应，是过程型导向的伦理问题，同时又主要与道德认知的后两个阶段相联系。

四、资料分析

（一）研究方法

本文结合问卷调查与访谈资料，利用相关资料对命题进行验证。通过设置众多的伦理情境，问卷调查方法主要是根据被试的填写情况和内容，用来了解被试的道德认知发展阶段。而后根据被试的填写情况，在研究分析的基础之上，选择合适的被试展开访谈。

以北京某高校在职MBA学生为样本，本研究共发出问卷100份，收回有效问卷69份，回收率69%，其中男性33名，女性36名。年龄上以25～35岁作为主导群体，百分比为93.1%。在工作年限上，工作2～5年的被试和6～10年的被试均为29名，工作年限超过10年的11名。学历上，本科生学历的被试占44.8%，研究生及以上的学历占51.7%。而在公司层次上，高层管理者、中层管理者和基层管理者所占的百分比分别为1.7%、43.1%和55.2%。测量结果显示：每个道德认知发展阶段上都有至少2名被试，这表明研究者可以从每个层次中找到符合要求的个体进行深入访谈从而验证相关命题。

与质性研究的要求相一致，本研究主要通过理论抽样（即非随机抽样）来选择被试，在选择上应该体现理论适应性。在访谈调研时，每个道德阶段的群体都保证至少采访了2个被试，不过从采访第6个被试开始就已经和先前个体出现比较明显的信息内容重叠。当打算再继续深入访谈第11个被试时，后面的调查出现了与先前被试案例的高度一致性。吴宗佑认为，当增添的新资料没有出现新的观点时，研究即进入了理论饱和阶段，此时可停止资料收集。基于此，最终的访谈是在调查问卷的基础之上，对10位被试展开的。

（二）访谈资料分析与研究命题

根据访谈资料，本研究在简单的数据编码和诠释性分析之后，共发现四大类共9个命题，下面进行详细的阐述与解释。

1. 伦理决策的主导影响因素因道德认知阶段而不同

伦理决策所指的决策不仅仅在法律上，更应该在道德上被大众所接受。个体在制定决策时会不可避免地受到各种因素的影响。这些影响是什么，它们是否也会“不可避免地”影响每一个决策人？这些都是值得细细思索的问题。本研究通过对访谈资料的分析，发现处于不同道德认知发展阶段的个体在认知伦理问题及其后续伦理决策的过程中，占主导地位的影响因素存在差异。

以下通过对访谈截取资料进行分析论述，逐一提出相应的命题。

> 采访人：那么最后您怎么选择的？
>
> 被访人 A：那个……肯定得做啊，不然项目就失败了，而且你知道那个是 5 亿元的项目，带来的收益远远高于一个手机的钱吧，远远大于一顿饭的钱吧？

在访谈中，当问及公司追查公款用途时，被访人明确表示因为存在一定的风险，所以会斟酌。这从侧面部分地表明个体决策时确实先考虑避免惩罚，只有当惩罚的风险得到规避后才开始考虑奖励的最大化。由此，提出命题 1。

命题 1：处于前习俗层阶段 1 的管理者进行伦理判断时通过战略遵从(Strategic Obedience)以防止惩戒(Sanction)。

此外，该访谈内容也透露出被访者在制定决策时考虑的是利益与风险的权衡，被访人更多考虑项目成功后所带来的利益，无论是对公司还是自身。总的来看，对于第 2 阶段的个体而言，在访谈中反复提到的都是利益、对自我以及公司的影响，而且对该层次的个体而言，在制定决策时最重要的是“奖赏”。由此，提出命题 2。

命题 2：处于前习俗层阶段 2 的管理者进行伦理判断时通过最小化遵从(Minimal Standard)以最大化利益(Reward)。

对于第 3 阶段的个体而言，访谈中常常出现的字眼依旧可归类于利益的范畴，但是和第 2 阶段不一样的地方在于，这个利益不再是单纯的个人利益或集体利益，还包括上游、下游各个利益相关者的利益。当问及具体原因时，个体将其归因于行业中其他利益相关者对于公司以及员工自身“好的行为”的期望。该期望通过“社会”“人情”“规范”等频繁出现的词汇得以体现。

> 采访人：那您介意给我们举一个例子吗？也是伦理方面的。
>
> 被访人 B：我不知道这个算不算伦理啊，反正我是觉得有点像。就还是开始的供应商和公司打交道之间的问题，你也知道我们做粮食行业的，供应商对我们来说很重要，这个是行业里面公认的。

从这个片段可以发现，对于第 3 阶段的个体而言，伦理问题来源于和自身有重要关系的个体以及所属群体的规范。由此，提出命题 3。

命题 3：处于习俗层阶段 3 的管理者进行伦理判断时采用习俗主义中的社会规范(Social Norms)以满足周围对自身的期望。

对第4阶段的个体来说，利益在其决策体系中似乎已经不再占据主导地位，取而代之的是制度。在该层次的个体看来，制度带来的确定性和消除不确定性对于决策来说才是尤其重要的。

采访人：没关系，您可以和我分享。因为伦理与否的判断在于你，而不是在于我的。

被访人H：好的，就说这关系户的问题吧。我这个人做事有一个最基本的原则，就是先撇开伦理道德，按照岗位能力，工作岗位匹配与否来判断是否应该招聘这个对象。

上述片段主要针对招聘中的关系户问题，该被访者在接下来的访谈中也表示了对此现象无法杜绝的无奈。但是个体之所以认为关系户问题不属于伦理问题的一个重要原因在于，处理过程中“有依可据”“有制度可参考”，即便该制度并不等同于法律，而是单纯的公司内部规章。由此，提出命题4。

命题4：处于习俗层阶段4的管理者进行伦理判断采用习俗主义中的法则遵从以履行自身所赞同的义务。

对于第5阶段个体的决策来说，最为关键的是综合考虑多方群体的权利。其背后不仅包含长远利益，还涉及比较明确的道德判断。当个体面对伦理困境时，单纯的规则和身份的冲突也能让他们陷入沉思。

采访人：那你有采取什么措施吗？

被访人D：有啊，打报告，想了很久最后还是决定打报告反映一下情况，毕竟长久下去肯定不是个事儿，你说对吧，对咱们行业来说也不好！

即便最后公司不会受影响，被访人D仍认为对于行业发展而言，先前的行为依旧是不可取的。他们会将多方群体的权利放在整个决策过程中重要的位置，首先考虑这个行为是否妥当，其后再考虑行为造成的结果是否能够支持该行为的合理性。由此，提出命题5。

命题5：处于第5阶段的管理者进行伦理判断时以尊重来维护各方的权利。

第6阶段的个体虽然也会考虑行为的适当性，但其决策的主导因素同第五阶段依旧不同。这些个体常常会非常明显地表现出利他行为，但背后的行为动机不是利益计算而是“应该如此”。

被访人J：……但是确实会可能受到怀疑。比如有的时候别人丢了手机很着急，我就会立刻去帮忙。但是别人最开始可能会带着怀疑的眼神看你，觉得你是不是另有所图。但是其实我只是觉得他需要帮助……没想那么多。

这是比较典型的、相对纯粹的“适当性逻辑”。如果第6阶段的个体也如先前的认知阶段个体那样考虑结果的影响后再决定是否施以援手,那么他们应当不会立刻提供帮助,而是搜集更多信息(如第5阶段)或者类似于第4到第1阶段中的某一个体那样直接交给其他人来处理免得“带来不必要的风险”。由此,提出命题6。

命题6:处于第6阶段的管理者进行伦理判断时以内控制点来忠于自我,听从自己内心。

2. 道德认知发展阶段因伦理哲学观而异

认知本身会因个体而呈现出不同,伦理认知也遵循着该规律表现为道德认知发展阶段。研究中,通过对不同阶段(阶段2到阶段6)的访谈对象资料进行分析,明显发现处于阶段2、3、4的被访者在制定决策时带有比较明确的目的性,更多考虑的是行为带来的后果;但是对于阶段5和阶段6的个体而言,更多考虑的却是行为是否符合伦理道德。下列3个访谈片段是阶段2到阶段4的个体对“灰色地带行为”的解读。

被访人B:就是说做决策的时候啊,不能光考虑自己的受益,如果想着占眼前的小便宜,那最后肯定是要吃大亏。

被访人C:……你看,就这么说吧“这个世界上凡事都是有目的的”。没有人会平白无故地对你好……

被访人D:有那么一点点,不过总的来说,应该还好,毕竟大部分时候也不是故意的,因为工作顺手就带回来了……

这几个阶段的个体对于工作中的一些“灰色行为”都带有“目的性”的解读,且多集中在功利性的层面上,秉持着目的论的伦理哲学观。以下是对阶段5和6的访谈资料,由此,提出命题7。

被访人I:占公家的便宜,我觉得挺不道德的,所以觉得没什么意思,应该说,只要是占公家的便宜,不管是什么便宜都没意思。

被访人E:因为这个行为很不道德。……总之……尽可能通过正规渠道来解决,而不是通过这些不道德的行为来竞争。

命题7:道德认知阶段处于前习俗或习俗阶段的为目的论者,道德认知阶段处于原则阶段的为道义论者。

3. 决策逻辑因伦理哲学观而异

根据访谈内容分析,发现不同的个体对相同的伦理困境的解读及其态度存在明显区别:对于道德认知发展阶段处于第5阶段的个体而言,整个访谈中对于访问人和自己所提出的总共6个伦理困境,其都反复提到“规则”“要求”等字眼。他们一致认为迫于环境或工作内容的要求,个体才会作出一些不够伦理的行为。这些行为诞生于对环境和规则的详尽解读和思考之后,也印证了马奇对于适当性逻辑的描述,即行动通过遵循与身份一致的规则而与情境相符合。

对于被访者A来说,其做事都带着明显的目的性:

> 采访人:所以个人职业生涯利益,不伤害他人利益就是您做决策考虑的因素了?
>
> 被访人A:差不多,你也知道,现实社会里没必要去谈论伦理道德,基本上大家就是在做事,有的时候那都是没有办法的。只要咱们不违法,不去伤害他人的利益就可以了。
>
> 采访人:那么您是表明自己会带着目的去做?
>
> 被访人A:(点头)

该对话与第5阶段个体的对话在面对伦理两难时都作出了外部归因,即都认为行为背后是“没有办法”。由此提出了命题8。

命题8:目的论者多数采用理性逻辑,道义论者多数采用适当性逻辑。

4. 伦理问题类型因决策逻辑而异

所谓伦理问题,即某个行为会对他人的利益产生一定的影响,并且这个行为发生与否是基于行为实施者的判断。

通过对道德认知发展第5、6阶段的个体在面对一些社会伦理现象的看法进行分析,发现他们都承认问题的伦理属性,其情景认知依据行为本身是否符合道义伦理,是比较典型的道义论者。具体来看,对于第5阶段的个体J来说,四大行行长合力围剿余额宝是很不道德的行为。同样地,对于第6阶段的个体E来说,在面临是否购买票贩手中的挂号时,最后会拒绝;因为其行为评价体系会告诫这是不道德的行为,即便结果可能会满足个体需求。

以上论述表明,这两个阶段的个体在进行伦理认知时依赖的是行为评价的方式而不是结果,这是道义论的特点,并且第三层次的个体都将原则而非制度作为决策的主导因素。综合来看,对于处于和低于第4阶段的被访者而言,利益和风险等外界因素是决策制定的主导因素,体现了理性逻辑原则。决策制定的本质都是风险规避、利益最大化或最满意化。他们遵循着外界对于可能结果所能提供的决策信息的轨迹线,体现出结果型伦理问题的特质。由此,提出命题9。

命题 9：理性逻辑下的伦理问题类型属于结果型伦理问题，适当性逻辑下的伦理问题类型属于过程型伦理问题。

五、结论与讨论

本文初步证实了所提出的模型，推进了伦理决策阶段的模型研究及其与伦理决策影响因素的结合研究。

（一）理论意义与实践价值

首先，本文的研究内容和结论回应了吴红梅和刘洪在 10 年前的号召，扩展延伸了莱斯特的伦理决策模型。我们将该伦理决策模型的本质扩展至不同人的哲学理念差异：目的论与道义论。基于不同哲学思维的人，会采用理性或适当性的逻辑原则，对事物的认知和问题的识别产生不同的影响。

其次，本文的归纳表明，无论是中基层管理者，还是普通员工，甚至社会大众的伦理决策，都可以归纳为目的论与道义论的两大哲学范畴，从而有助于伦理决策的本质来源研究。目的论强调人的利己心态和目的性，更多的是考虑自身行为所带来的最终结果的净收益；而道义论则有关利他主义和过程性，更多的是关注在决策过程中和行为决定时候的影响。

再次，本文结合道德认知发展阶段的模型，将其与伦理决策的模型相结合，这是伦理决策研究的常用方式。本文则借助于伦理决策的阶段模型研究，识别了不同道德发展阶段所对应的哲学思维和逻辑原则。因此有助于道德认知发展阶段的研究。

最后，本研究的结论有助于中基层管理者实现良好的自我认识和认知。对于管理者而言，其行为本身的伦理与否关系到企业整体和各个部门的经营决策，也在一定程度上影响着企业的经营发展和进步。

（二）研究不足与未来展望

通过质性的分析与理论推演，本文证实了相关模型。但是，本研究依然有待后续研究进行拓展与优化提升。

首先，本研究的质性访谈资料相对较少，后续研究可以增加样本量进行进一步的证实和探究。其次，本研究所讨论的目的论与道义论的思想是对真实世界中的人的哲学理念所做的简单二分法，不能涵盖全部人群。最后，本研究主要考虑个人的性格特征、哲学理念等对其行为的影响，而相对忽略了环境的影响。后续研究可以在这些问题上进行具体和系统的研究。

为何"最好的"公司治理做法不道德且竞争力更差

［澳］尚恩·特恩布尔（Shann Turnbull）* 陆晓禾 译

［提要］ 本文确定法律、监管者和公司治理规范如何引入和/或方便了损害上市企业公司业绩的不道德做法。本文主张，有必要修改公司治理规范，原因在于立法者、监管者和证交所不负责任地允许董事获得过度的和不适当的治理权力，使他们自己以及企业能够腐败，从而损害利益相关者。修改公司章程，以消除和/或节制不道德的做法，也将增进股东和其他利益相关者的利益，但在许多司法管辖区，被认为并不需要修改公司法律。这些修改将把董事的治理权力与企业管理所需的权力分开。权力的划分产生了类似于美国宪法、银行家使用的贷款契约或风险资本家的股东协议中的制衡。

一、导　　言

本文解释了为什么在美国、英国和其他"盎格鲁"类型公司治理的国家和地区，如澳大利亚、中国香港、印度、马来西亚、新西兰、菲律宾、新加坡、泰国等上市公司（PTCs）是不道德的。本文还指出了无处不在的不道德冲突是如何使企业竞争力下降的。

接着将概述上市公司如何通过市场力量有效和公平分配资源而表现为一种次佳机构，因为它们允许投资者获得超额报酬。超额报酬的投资是低效的，因此与市场经济的基本原理不相一致。会计师们并不清楚投资者是如何获得超额报酬和模糊的投资回报的。可以认为，投资者的超额报酬是不道德的。

第三节探讨盎格鲁（PTCs）的章程如何赋予董事绝对权力来管理其自身

---

* 作者尚恩·特恩布尔，澳大利亚国际自治研究所（International Institute for Self-governance）所长。编者对文末参考文献作了少许删略。——译者

的利益冲突。这使得董事们有能力使自己和企业腐败,并/或损害利益相关者的利益。它还助长了高管薪酬过高和不道德的企业行为。出于这个原因,银行家和风险投资家引入了对董事权力的制衡机制,以保护它们借给公司的资金。这种做法提出了一个问题:为什么证券交易所、监管机构和法律不要求在上市公司的章程中引入类似的制衡机制?

最后第四部分描述了如何消除董事滥用权力的行为,以及如何通过股东对公司的构成或章程进行伦理上的管理,如在一些非盎格鲁国家所发现的那样。具有讽刺意味的是,权力的集中否定了大公司董事的如下能力:(1) 获得独立于管理层之外的情报,以评估和指导管理层或业务;(2) 高效和有力地控制企业。

本文概述了如何通过公司章程引入增加的运营和竞争优势,并为利益相关者提供正式的流程,让董事了解独立于管理层的业务及其管理的优势、劣势、机会、威胁(SWOT)。本文阐明了为什么所谓的"最好的公司治理做法"既不道德又缺乏竞争力。本文还表明了,通过采用"网络治理",可在自我加强的基础上,同时纠正这两个问题(Turnbull, 2002a)。

二、对投资者的超额报酬是不道德的也是低效和不公平的吗?

现代上市公司缺乏效率、公平和伦理的原因可以追溯到其作为一种制度安排的发展,即英国主权国家在提高收入的同时,将帝国建设的成本私有化。

在中世纪,皇家特许成立了"法人团体",授予英国城镇一些自治的权利。"伦敦金融城公司"的特许状始于 1067 年。"伦敦市法人团体"(City of London Corporation)的特许状始于 1067 年。1601 年皇家特许状授予了英国东印度公司自治权。有意义的是,它的董事会被描述为"治理者法庭"。该公司获得了垄断贸易的权利,作为回报,它要支付进口商品税,同时还要支付商人建立殖民地的治理费用。

英国公司的特许状与它们建立帝国和统治外国殖民地的角色相一致,永久地获得了它们的权利。作为对南海公司破产的回应,英国法律规定,从 1721 年至 1825 年,20 名或 20 名以上的个人在没有政府特许状的情况下创办企业是非法的。然而,在欧洲大陆,公司可以在没有君主或法律授予特许状的情况下成立。它们反而可以通过普通法章程/股东协议而建立,据此企业的寿命往往限制在 20～30 年(Turnbull, 1998)。

有限使用年限许可状的商业动机是,它允许投资者获得其投资回报,及其在不需要企业上市的情况下获得有竞争力的投资回报。无限使用年限使外国和当地投资者都能得到比他们获得投资动机所需要的更长时间的回报。投资者在有剩余激励的情况下获得的超额报酬，表现为一种“剩余利润”。剩余利润不由会计师报告，也不被经济学家所认可（Turnbull, 2000b: 403, 2006: 451）。

除了提供剩余利润，无限使用年限许可状允许外国利益集团控制本土经济，就像 1775—1782 年美国独立战争前美洲殖民地的情况一样。“革命者推翻了英国的统治，没有给地方行政长官、法官或将军批准特许公司的权力。公民确信立法者签发的特许状，一次一份，为期年数有限”（Grossman and Adams, 2003: 6）。此外，如果企业造成损害，公司特许状也会被取消。当美国最高法院被要求裁定新罕布什尔州无权废除 1769 年由乔治三世国王签发的一份战前特许状时，一位议员表示，这种行动会实现“在八年血腥冲突之后大英帝国的全部力量未能对我们的父辈实现的东西”（Grossman and Adams, 1993: 11）。

美国第二银行的 20 年特许状在 1836 年没有展期，即使它向国会议员、记者和“杰出人士”提供贿赂（Galbraith, 1976: 80）。然而，后来“19 世纪的几位法官给予公司比人类享有更多的财产权利”（Grossman and Adams, 1993: 4），获得了无限使用年限来积累财富。此外，公司贿赂立法官，“改写了自己制定的法律”（Grossman and Adams, 1993: 16）。

终止公司的使用年限并不意味着它的实体业务也被终止，正如美国许多私人建造的收费高速公路被移交给公众所表明的那样。我的另一个建议是，随着时间的推移，将公司所有权从投资者手中转移到“战略利益相关者”手中，因为没有员工、供应商和客户，任何企业都无法生存（Turnbull, 1997, 2000b: 406 - 8, 2001）。

所有权从投资者转移到有案可稽的战略利益相关者，将限制投资者的过高报酬，同时将财富分配给许多公民，而不需要税收和福利（Turnbull, 1975: 98, 2000b: 410）。财富不平等在政治上造成了政府有权增大福利支出和税收规模，从而增大政府的规模和负担成本。

会计师并不会报告投资者的过高报酬，因为他们不知道投资者需要多长时间才能获得回报，从而使投资具有吸引力。风险越大，投资时间越短。风险投资家使用的时间范围可能只有几年，而成熟的公司可能使用长达 10 年的时间范围。

在可预见的未来，投资者需要确定性。即使在成熟的工业中，由于竞争、市场变化、技术过时、社会和政治变化，可预见的未来也不到 10 年。无论如何,10 年后收到的预期未来现金的现值在以复合权益机会率折现后而变得微不足道(Turnbull, 2000b: 409)。

此外,由于从投资回报(return on the investment)中扣除了折旧或损耗,造成了投资回报的缩小,会计利润少报了投资者收到的现金。例如,如果一项投资在 5 年内被冲销,为减少报告利润而引入的非现金支出将在 5 年内每年占 20%。因此,如果忽视会计准则,而利润是以每年产生的现金盈余来报告的,那么投资回报报告中就会再增加 20%。[①]

剩余利润不符合市场经济有效配置资源的基本原理。没有将剩余利润由创造它们的人来分享是不公正的。让利益相关者分享剩余利润还可以通过分配经济中的购买力来维持生产,从而创造一种公共产品。以这种方式分配财富,而不是增加税收、福利支出和政府成本,对政治家来说是一项更具吸引力的政策举措(Turnbull, 1975: 98)。

如果道德与否是由正义、权利、公共产品或功利主义的结果所决定的,那么向投资者提供剩余利润的公司就不符合道德标准。这样一来,人们将被迫得出结论:当代公司资本主义制度是不道德的。特恩布尔(2004)提出了缓解这个问题的方案,这个问题是“资本主义的七宗死罪”(Turnbull, 2002b)之一。

斯派泽(Speiser, 1989)认为,不与员工“分享一杯羹”(Speiser, 1977)是不道德的。这种观点符合圣雄甘地(1979: 7)所表达的“托管”(Trusteeship)概念,他说:“假设我获得了大笔财富,无论是通过遗产,还是通过贸易和产业,我都必须知道所有财富并不属于我:属于我的是诚实生活的权利,诚实生活优于其他数百万人享有的那种生活。我剩下的财富属于这个社会,而且必须用于这个社会的福利。”

上市公司变得不道德的另一种方式是滥用权力。上市公司的权力集中为董事带来了不合理的利益冲突。具有讽刺意味的是,它还否定了董事履行其指导和监督管理层的基本受托职责的能力。为了可靠地实现这些目标,董事们需要不依赖于管理层获得的信息。董事仅依靠管理层提供的信息来评估管理或经营,既不负责也不可靠。这些问题是本文下一节讨论的主题。

---

① 这还意味着,当出现亏损时,董事们可以报告盈利。考虑这样一个公司,它只拥有上面描述的一项没有保险的投资,但在第一年营业利润报告后不久就被毁了。除非投资的税后回报率超过 60%,否则投资的回报率不超过 40%,投资者才有现金损失。这说明了历史成本会计是如何依赖于假设未来的经营会像过去一样继续下去。当这种情况没有发生时,董事们可能会被指控在报告利润时存在误导和欺骗性行为。

三、盎格鲁公司章程的腐败权力

本节将讨论董事拥有过多和不适当权力的问题是如何由盎格鲁上市公司章程产生的。所有只拥有一个/单一董事会的公司都赋予了董事绝对的权力来管理自己的利益冲突。当这些冲突在由员工、供应商或客户控制的公司中加剧时，就会出现不稳定，从而可以解释为什么会发生股份制（demutualisation），以及为什么在盎格鲁文化中这样的公司如此之少。

然而，在盎格鲁文化中确实存在可持续的由员工控制的企业，但这些企业通过引入分权来避免不可防止的冲突（Turnbull，2000c：177－198）。在一些欧洲司法管辖区，法律要求公司拥有2个或2个以上的权力中心（Analytica，1992）。美国的维萨国际公司（Visa International），就像西班牙利益相关者控制的蒙德拉贡合作公司（Mondragon Corporacion Cooperativa，MCC）一样，拥有100多个董事会。这两家公司都证明了自己的高效率和竞争力。原因之一是，引入了分布式的多个董事会：情报、监控和控制，同时还减少了信息超载、处理和决策的复杂性（Turnbull，2000c：239－249）。

正如阿克顿勋爵（Lord Acton，1887）所指出的，"权力易于腐败，绝对的权力易于绝对的腐败"。单一董事会的董事拥有绝对的权力来管理自己的利益冲突，从而使他们自己以及企业都腐败。例如，他们拥有对如下的控制权：他们自己的任命、薪酬、退休、交易关联方的管理以及审计师的控制权。所有这些权力都提供了从股东那里转移价值或巩固董事地位的方式，而没有一种权力是为股东增值所需要的。出于这些原因，银行家和风险投资家提供资金是很有商业意义的，条件是他们可以否决这些活动中的任何一项。蒙克斯和赛克斯（Monks and Sykes，2002：9）发现了其他"不当的"权力。当一家公司与风险资本家达成协议时，将减小、抑制或排除这些权力。

董事拥有可以增进自己的利益，但不需要为股东增值的其他不适当的权力是控制股东会议、董事选举的选票计数或报酬，以及让所谓的独立法定审计师做其他工作的权力。

指定向股东报告的英国法定审计师的法律目的，与指定同时向董事和股东报告的美国监管审计师的法律目的不同（Turnbull，2005b：55）。然而，在这两个司法管辖领域，与在法庭上被审判的人选择、控制和向法官支付报酬是不道德一样，选择、控制和聘用指定的审计师来审理董事的账目出于同样的理由也是不道德的（Shapiro，2004）。

审计师的诚信和他们的职业受到了损害，因为他们被置于审理向他们支付薪酬的董事的账目的位置。如果法律要求他们证明,他们是"独立"于那些他们所审理的人,而在"独立"一词的一般意义上,他们并不是"独立"的,那么他们的可信性将进一步受到损害(Turnbull, 2007)。当审计人员可以合法地进行误导性和欺骗性的行为而声称自己是"独立的",为什么公众要相信他们的审计报告呢?

同样地,公司董事们也被迫陷入了一场不合理的利益冲突中,要向那些审理他们账目的人支付报酬。所有董事都对财务报表中公布的结果负责,无论该董事是否被归类为"独立的"。要求公司成立由所谓"独立董事"组成的审计委员会,并不能消除内在的利益冲突。它承认存在这个问题,但却让问题变得更糟,因为一方面给出虚假的安慰,另一方面又混淆了检查管理层的内部审计师的角色与外部审计师的角色,在英国,外部审计师的职责是对董事进行检查(Turnbull, 2005b: 56)。

克拉克认为(Clarke, 2006),"设立独立董事的整个目的令人吃惊地还处于理论化的状态,这导致了不一致的规则"。他还说,"独立董事的概念和基本原理的重要因素仍然令人费解地模糊和未经检验"。这使得罗德里格斯(Rodrigues, 2007)提到了对独立的"盲目崇拜"。

尽管对公司董事和审计师都造成了不合理的利益冲突,但这种不道德的做法已被萨班斯-奥克斯利法案(Sarbanes-Oxley)制度化成法律,并被写入许多公司章程,在许多其他司法管辖区被称为所谓的"最佳做法"。利益冲突和不道德的做法就这样变成了"最佳做法",并由法律强制执行!萨班斯-奥克斯利法案被描述为"庸医式的公司治理"(Romano, 2004),特恩布尔报告(2008)对其失败作了案例研究。

许多欧洲司法管辖区都避免了这种不道德的关系,因为它们要求审计委员会由股东而非董事组成。笔者组织了一家初创公司股东修改其公司章程,在这家澳大利亚公司引入这种方法(Turnbull, 2000a)。不需要修改公司法,这可能适用于许多其他国家和地区。与1862年《英国公司法》一起发布的一种非强制性章程范本就采纳了这一条款。这些条款是由全国养老基金协会于2004年向英国政府提出的(Accounting Age, 2004)。

为了证明超额支付的薪酬是合理的,董事及其助手们反复宣称董事的作用是为股东增值。然而,公司法并不要求这一目标。因为公司法也适用于非营利性组织或捐赠价值的慈善机构。公司章程可能会规定,公司的目的是增加股东价值。但笔者并没有发现这样的要求写进了任何所考察的数百家公司的章程中。

在美国和英国,董事的法定职责都是增进“整个公司”的利益。法院可以从很多方面来解释这一点。由于任何运营中的公司都离不开供应商、员工和客户,因而这为董事关心这些利益相关者和股东提供了基础。它还为债权人和债券持有人提供了基础,他们期望董事们增进他们的利益,就像法院有时会支持的那样。

为了让董事考虑股东以外的利益相关者的利益,可以修改公司章程,让各种利益相关者表达自己的意见。因为公司的运营、可持续发展和盈利能力取决于其战略利益相关者的支持,所以董事们不仅要听取利益相关者的意见,而且要与他们接触,以增进他们共同的企业利益。这在很大程度上符合股东的利益。这就是为什么正式承认利益相关者,并让他们在企业治理中有发言权,具有良好经营意义的原因所在。

员工、供应商、承包商、分销商、代理人、顾客和企业所在地社区正式参与企业治理能够提供多重好处,像蒙德拉贡合作公司这样由利益相关者控制的企业,出于特恩布尔(2000c: 239 - 49)确定的理由就是例子。下一节将讨论如何消除、减轻或可信地管理可能导致滥用权力和不道德行为的利益冲突。

四、管理权不需要治理权

本节讨论如何以可信和道德的方式消除、减轻和/或管理董事的利益冲突。结论是,法律、监管机构、证交所上市规则、公司治理准则和公司章程在使不道德的利益冲突长久存在上是不负责任的。许多利益冲突的产生,是因为董事不仅获得了管理企业的权力,而且获得了管理他们治理企业过程的权力。正是因为董事拥有使他们自己和企业都腐败的权力,金融家们才把限制董事的权力作为提供资金的一个条件,以使董事会为企业增值的能力不受限制。

例如,与银行家签订的贷款合同可能要求下列情况获得他们的批准:变更审计师、董事会的组成、董事会薪酬、向董事会成员发放贷款和重大的投资决定。风险资本家可能要求另外的限制,可能要求一位或多位被提名人员参加董事会会议和/或成为董事。对于银行家,这些权力成为贷款协议的一部分,通常不涉及股东。风险资本家通过与所有股东达成的协议获得权力,因为他们通常需要更广泛的保障。

公司的组建条款(Articles of Association)也代表了全体股东对如何治理这家公司达成的协议。股东协议可以用来推翻代表公司章程的这些协议。

私人公司转让股份通常须经董事会批准。证券交易所要求,希望上市公司修改公司章程,以允许公司股票自由转让。他们还可能强加其他规定,证券交易所的做法决定了如何治理一家公司是可接受的。公司法也决定了公司章程的内容。因此,这就提出了一个问题:为什么证券交易所和监管机构允许公司成为 PTCs,而这样的公司的董事拥有使他们自己和公司都可以腐败的权力?

一个特别令人不解的问题是,为什么安排一家公司成为 PTC 的风险资本家(VC)没有将股东协议中的投资者保护条款纳入被投资公司的章程中。风险资本家这样就能够保护自己和公众的股份。为了保护公众投资者,证券交易所通常禁止风险资本家在一家公司成为 PTC 时抛售其所有股份。然而,为了成为一家 PTC,证券交易所要求风险资本家解除其股东协议,这样就没有任何一个股东拥有任何特殊的否决权。然而,这就剥夺了 VC 保护自己或公众利益的能力!

由于在公司章程中纳入股东协议的制衡机制,任何特定的股东都不会获得允许所有投资者获得更高级别投资者保护的特殊权力。此外,通过与战略利益相关者进行如下合作,公司可以获得卓越的运营和竞争优势。

为什么 VC 会面临缺乏经验和/或不道德的董事滥用权力的风险?一个可能的答案是,他们根本没有考虑修改公司章程的选择。原因之一是,大学没有关于如何设计公司章程的课程,因为它们被广泛接受为一个由文化决定的给定变量,而不是一个操作设计变量。

在盎格鲁上市公司的章程中存在两种根本的设计缺陷:(1) 董事的权力不适当、不道德;(2) 董事缺乏系统的程序来履行其基本的受托责任,具有与他们监控和指导的人无关的信息,来监督和指导管理层和投资者的业务。

说明信任盎格鲁的上市公司是不合理的其他一些主要原因是:(3) 控股股东能够通过关联方交易不公平地、秘密地抽取价值;(4) 董事能够从公司经营中不公平地、秘密地抽取价值;(5) 董事不能确定他们对管理层的信任何时可能错位;(6) 任何一个董事都不能防止不适当或不道德的行为;(7) 能够安排外部审计师,使其能够按他们选择的方式提供账目;(8) 董事能够通过控制股东大会,包括计票和行使代理投票权,控制对股东负责的方式;(9) 董事能够利用内幕信息交易公司股票而不通知交易对手,无论董事后来是否公开他们的交易,并在大型复杂的组织;(10) 信息超载以抑制和/或混淆决策的能力。这些以及其他"单一董事会的腐败权力"载特恩布尔的表 3.6 (2000c: 115)。

为了克服在盎格鲁公司章程中的前两个根本缺陷及其许多衍生问题,我们需要提出两点修正意见：(1) 对董事权力的制衡；(2) 董事系统地获得来自利益相关者而非股东的反馈和前馈信息的程序，不依赖于管理层关于管理和经营的 SWOT(优势、劣势、机会和威胁)的意见。

公司章程的设计有无数种方法，因此没有一种方法可以适用于所有情况。有多种方法可以将董事管理业务的权力与他们治理公司的权力分离开来，而不影响业绩。美国法律学者达拉斯(Dallas, 1997)建议设立"双重委员会和董事会监察员"。在澳大利亚，我在一家初创公司引入了一个被称为"公司参议院"的第二董事会，以使其能够更有效地筹措资金。详情载特恩布尔(Turnbull, 2000a)。它仿效的是蒙德拉贡合作公司设立的"监督董事会"(Watchdog Boards)。

公司参议院的 3 名成员是由股东在每位股东 1 票的民主基础上而不是 1 股 1 票的富豪基础上选举产生的。这种安排保护了投资者，因为参议院有权否决任何董事有利益冲突的行动。参议院的行政权仅限于任命和控制审计师和控制股东大会。参议院成为股东审计委员会。因为它可以否决任何利益冲突的董事，它还可以扮演薪酬或提名委员会的角色。

虽然董事是在每股 1 票的基础上选举产生的，但每一股获得的票数与董事会空缺的票数相等，这样就可以将选票累积到任何特定的董事身上。这种形式的优先投票被称为"累积投票"，在菲律宾等家族控制的 PTCs 占主导地位的一些国家或地区规定如此。累积投票(Bhagat and Brickley, 1984)允许 PTC 的小股东，即使是另一家公司的子公司，有权选举 1 名或多名董事。通过这种方式，更多的董事可以独立于任何母公司或主要投资者进行选举。

累积投票为单个董事获得私下向公司参议院揭发不道德行为的意愿提供了基础。董事会仍然有权召开股东大会，以推翻 1 股 1 票的否决投票，但他们没有权力控制会议，而且会有一个有组织的、公开的"忠诚反对派"反对他们的行动。如果一个大股东确实推翻了参议院的否决，那么市场力量就可以通过对他们的股票价值进行折价来发挥作用。

董事独立行事的一个必要但不充分的条件是：(1) 有采取行动的信息；(2) 有行动的意愿；(3) 有行动的能力。累积投票可以让董事愿意私下里充当告密者，并确保他再次获得董事会的任命。凭借其否决权，参议院可以为单个董事提供私下行动的能力，以防止她/他的同事和/或任何主要股东作出不道德的决定。然而，为了获得运营信息，董事也需要有独立于管理层获取信息的系统程序。

利益相关者可以不依赖管理层，为董事会提供关于管理层和企业的

SWOT 的信息。为了让员工、供应商和客户等战略利益相关者有意愿和手段告知董事会,需要建立独立于管理层的利益相关者咨询论坛。正是出于这个原因,利益相关者创建的利益相关者咨询委员会(Stakeholder Advisor Councils)需要纳入公司章程中。

不同的利益相关者群体根据企业的性质与经营关系,分别拥有他们自己的咨询论坛。董事和股东都有不可拒绝的理由批准修改公司章程,允许利益相关者组织他们自己的咨询委员会,如美国的公民公用事业委员会(Givens, 1991 年创立)或日本的经连会(Keiretsu Council)。

对董事而言,利益相关者委员会提供给他们信息,使他们能够独立于管理层,执行其基本的受托责任,即监督和指导管理层以及业务。它为董事提供了一种系统地挑战管理层的信息霸权、获取管理报告另一面的途径。它还允许董事交叉检查管理层提供的信息,以发现等级系统中固有的任何偏差、错误和遗漏,如唐斯所分析的那样(Downs, 1967)。出于这两个原因,支持建立利益相关者咨询论坛符合股东的利益。

利益相关者论坛还为管理层提供了一个框架,以便与供应商合作,及时监控供应品的交付,并与客户合作,全面控制商品和服务的质量。希佩尔(Hippel, 1986)的研究发现,对产品创新贡献最大的不是公司的研发部门,而是客户。利益相关者委员会正是通过这些方式来改善运营和竞争优势(Turnbull, 1997, 2005a)。

监督委员会和利益相关者委员会的引入创造了“网络治理”(network governance),正如在生活系统中发现的那样(Turnbull, 2002a)。琼斯、赫斯特利和博尔加蒂(Jones, Hesterly & Borgatti, 1997)描述了复杂动态行业中的竞争压力如何迫使企业采用网络治理。网络治理之所以能让普通人取得非凡的成就,其原因正如第 3 节中在蒙德拉贡合作公司(MCC)中所发现的以及特恩布尔所解释的那样(Turnbull, 2000c: 239 - 49)。

网络治理不仅造成分权来消除和管理利益冲突,而且引入了必要的各种沟通渠道、控制和决策过程,从而尽可能减少错误和完善经营。本文概述的网络治理说明了为什么所谓的“最佳公司治理实践”既不道德又缺乏竞争力。

参考文献

Accountancy Age 2004. NAPF Urges Auditor Shake-up, December 13, http:// www.accountancyage.com/ news/ 1138949.

Acton. 1887. Letter to Bishop Mandell Creighton, April 5, Readings on Freedom and Power, ed. Gertrude Himmelfarb, 335 - 6 (1972).

Analytica. 1992. Board Directors and Corporate Governance: Trends in the G7 Countries over the Next Ten Years, Oxford Analytica Ltd., England.

Bhagat, S. and Brickley, J.A. 1984. Cumulative Voting: The Value of Minority Shareholder Voting Rights, Journal of Law&Economics, 27, October, pp.339 - 365.

Clarke, D. C. 2006. Setting the Record Straight: Three Concepts of the Independent Director, GWU Legal Studies Research Paper No.199, George Washington University Law School.

Downs, A. 1967. Inside Bureaucracy, Little Brown & Co., Boston.

Galbraith, J. K. 1976. Money: Whence it came, Where it Went, Penguin Books, England.

Gandhi, M.K.1979. The Steep Ascent in Baratan, R.K.(Ed.) Trusteeship: The Indian Contribution to a New Social Order, Sriniketan, Madras.

Givens, B. 1991. Citizens' Utility Boards: Because Utilities Bear Watching, Centre for Public Interest Law, University of San Diego School of Law, California.

Grossman, R.L. and Adams, F.T. 1993. Taking Care of Business: Citizenship and the Charter of Incorporation, Charter Ink, Cambridge, MA.

Hippel, E. von. 1986. Lead Users: A Source of Novel Product Concepts, Management Science 32: 7 (July), 791 - 805.

Jones, C., Hesterly, W. S. and Borgatti, S. T. 1997. A General Theory of Network Governance: Exchange Conditions and Social Mechanisms, Academy of Management Review, 22: 4, 911 - 45.

Monks,R.A.G. and Sykes, A. 2002. Capitalism without Owners Will Fail: A Policymaker's Guide to Reform, Centre for the Study of Financial Innovation (CSFI), New York.

Rodrigues,U.2007.The Fetishization of Independence, The UGA Legal Studies Research Paper No.07 - 007, University of Georgia Law School, March.

Romano, R. 2004. The Sarbanes-Oxley Act and the Making of Quack Corporate Governance, ECGI — Finance Working Paper 52/2004. http://papers.ssrn.com/abstract_id=596101.

Shapiro, A. 2004. Who Pays the Auditor Calls the Tune? Auditing Regulation and Clients' Incentives, Legal Studies Research Paper Series, paper No.04 - 014, Cornell Law School, forthcoming Seton Hall Law Review, Vol.30, June.

Speiser, S. M. 1977. A Piece of the Action: A Plan to Provide Every Family with a $100,000 Stake in the Economy, Van Nostrand Reinhold Co.

Speiser, S.M.1989. Ethical Economics and the Faith Community: How We Can Have Work and Ownership for All, Meyer Stone & Co.

Turnbull, S. 1975. Democratising the Wealth of Nations, The Company Directors' Association of Australia, Sydney.

Turnbull, S. 1993. Improving Corporate Structure and Ethics: A Case for Corporate "Senates", Director's Monthly, National Association of Company Directors, Washington, DC, May, 17: 5, 1 - 4.

Turnbull,S.1995.The Need for Stakeholder Councils in Social Audits, Social&Environmental Accounting,The Centre for Social and Environmental Accounting Research, University of Dundee, 15: 2, September, 10 - 3.

Turnbull, S. 2000a. Corporate Charters with Competitive Advantages', St. Johns Law Review, 74: 44, 101 - 59, Winter.

Turnbull, S. 2000c. The Governance of Firms Controlled by More Than One Board: Theory Development and Examples, PhD Thesis, Macquarie University, Sydney, Graduate School of Management.

Turnbull, S. 2002a. A New Way to Govern: Organisations and Society after Enron, New Economics Foundation, Public Policy Pocket Book No.6, London.

Turnbull, S. 2002b. Seven Deadly sins of Capitalism Workers On line, NSW Labor Council Issue No.147, August 9th.

Turnbull, S. 2004. Agendas for Reforming Corporate Governance, Capitalism and Democracy, Conference on Corporate Governance, Capitalism and Democracy: Can they Co-exist? Australian Stock Exchange Auditorium, June 30.

Turnbull, S. 2006. Grounding Economics in Commercial Reality: A Cash-flow Paradigm in Kreisler,P.,Johnson,M.and Lodewijks,J. (Eds.), Essays in Heterodox Economics: Proceedings, Refereed Papers, Fifth Conference of Heterodox Economics, University of New South Wales,Australia, pp.438 - 61.

Turnbull, S. 2007, How can Auditors Lie about Being Independent Corporate Governance Quarterly, Chartered Secretaries Canada, Spring, pp.12 - 14, Ontario.

Turnbull, S. 2008, Men Behaving Badly in Banking: Revealing the Irrelevance of Best Practices in Corporate Governance, in URL of Governance, Risk and Compliance Handbook: Technology, Finance, Environmental, and International Guidance and Best Practices, Anthony Tarantino, ed. Wiley & Sons, New York.

领导力伦理对组织创新的影响：以组织信任为中介

——拉脱维亚的情况

[拉] 茱莉亚·雅克莫德(Julija Jacquemod)* 陆晓禾 译

[提要] 在全球化程度越来越高的企业世界里，组织的创新力成为生存的关键。拉脱维亚经济也面临解决创新根本基础问题的紧迫性。组织的创新力是指产生新的解决方案、实验和投入创造过程的能力，许多作者强调它是组织的生存和竞争力的根本要素之一，是区域发展的基础。

本研究探讨领导者与下属之间关系的性质以及组织信任对组织创新力的重要性，并提出实证研究结果来支持这些理论的论点。在这方面，本研究通过增加来自拉脱维亚的研究结果，对先前关于这两种现象之间关系的研究作出了贡献，从而从跨文化的角度验证了这种模型的可靠性。

本文讨论了领导力的伦理维度以及领导-成员交流(leader-member exchange, LMX)是否可以归因于伦理领导理论的问题。本文首先讨论了拉脱维亚的社会-文化背景的一些特征，其次提出了研究框架，最后给出了讨论的结果和得到的结论。

一、拉脱维亚社会的社会-文化特性

作为一个具体群体或社会所特有的价值观基本体系，文化塑造了某些人格特征的发展，并激励在一个社会中的个人参与在其他社会中可能不适当的行为。霍夫施泰德(Hofstede, 2003)把文化定义为心灵的集体编程，哈尔(Hall, 1989，引自 Ludviga, 2012)称之为“在独特的社会群体和阶级当中基于其特定的历史条件和关系而形成的意义和价值观，他们通过这种意义和价

---

* © Julija Jacquemod, 2020.作者茱莉亚·雅克莫德，拉脱维亚应用科学大学里加国际经济与工商管理学院，(RISEBA University of Applied Sciences)博士研究生。——译者

值观‘处理’和回应生存状况。”由于文化能够对社会、社会现象的理解和评判造成影响，我们研究与价值有关的问题必须考虑社会-文化背景(Schwab, 2005)，这使人们能够了解组织中的管理实践，并有助于理解其具体内容(Kanungo and Jaeger, 1990)。

这项研究关注的是拉脱维亚的社会，拉脱维亚是一个波罗的海国家，先前是苏联的一部分。自 2004 年以来，它是北约和欧盟的成员。拉脱维亚的总人口不到 200 万。主要的民族群体是拉脱维亚人占 57.7%，随后是俄罗斯人占 29.6%，白俄罗斯人占 4.1%，乌克兰人占 2.7%，波兰人占 2.5%，立陶宛人占 1.4%，其他族群占 2%(http://www.csb.gov.lv/en)。

可以认为，像经历了社会-政治转型变化的其他国家那样，由扬(Young, 2003)提出的“野蛮的资本主义”这个术语最能描述拉脱维亚所经历的现象。回顾资本主义关系在我们区域的开始，可以用扬(2003: 14)的话来说明：

> “……所有企业(都被置于)一种反社会的环境中，为了生存而进行残酷的竞争。这种自由市场的极端主义将个人自治的逻辑推向极致。目标是主宰他人；没有必要承担受托责任。只考虑自利而不考虑整个环境就是我们所需要的……”

的确，在分析爱沙尼亚社会快速的经济和政治变化的影响时，科斯科拉(Kooskora, 2008)表明，社会价值观的快速变化导致企业界的责任意识淡漠，社会对企业的信任度降低。其他波罗的海国家的情况也类似。霍廷格(Huettinger, 2008)的研究基于霍夫斯泰德(Hofstede)模型，表明这 3 个波罗的海国家的所有文化方面都非常相似。他还认为，“在许多情况下，不称职的经理人使新公司破产，使员工失业。”

正如一项基于 2003—2005 年间这概念的社会表现而对经济伦理的期望研究(Bulatova, 2006)所提出的，拉脱维亚的经济伦理与“不必要的浪费时间”相关，而这种词语组合本身并没有任何意义。如莫莱(Mole, 2003)所注意到的，拉脱维亚和立陶宛的公民“非常清楚经济转型的不公正和意外的艰辛”。普切泰特(Pučėtaitė, 2014)指出，这是后社会主义背景下苏联历史的遗产，解释了经济关系中缺乏责任感、低信任度和机会主义行为。在对立陶宛政治制度信任的分析时，普切泰特和莱姆塞(Pučėtaitė and Lämsä, 2008)主张，在后社会主义社会中，人们期望领导人自信和果断，而下属必须表现服从。

佐莱尼克(Zaleznik, 1992)指出，领导人直接用价值观工作，定义环境及其对他人的意义。研究表明，领导人在组织中具有促成变革的作用。高层领导的态度和决策在整个组织中引起共鸣(Kaptein, 2008; Treviño et al.,

2003)。这就提出了这样的问题：谁是那些要认同的领导人？谁是变革的推动者？他们为社会带来哪些创新？正如吉诺和阿里耶利(Gino and Ariely, 2011)所提醒的，创新包括承担风险的成分，这可能会促使个人以不负责任的方式行事。在拉脱维亚的企业领袖和政治精英的不负责任的行为导致了经济的崩溃，而且是在长期基于信贷的投机和房地产价值的极度膨胀之后(Ludviga, 2012)，拉脱维亚经济在 2008 年下半年进入了财政紧缩的阶段。根据印丹斯(Indans, 2010)的研究，约 9 万名拉脱维亚居民移民到其他国家，主要去爱尔兰、英国和德国，"尤其是因为对雇主和工作条件的幻想"。拉脱维亚中央统计局说每千人的生育率为 9.24，而死亡率仍为每千人约 14 人，这意味人口增长呈负增长趋势(http://data.csb.lv)。虽然在拉脱维亚有关企业责任的社会意识正在逐步改变，但这项吸引人们关注领导人的行为及其对组织和整个社会影响的研究对拉脱维亚有典型意义。拉脱维亚在 2014 年全球创新指数中排名第 34(相比之下，芬兰排名第 4，爱沙尼亚第 19，立陶宛第 39)，它的增长有前景，因此，存在可持续创新的基础问题，那些将提高社会福祉和促进社会健康和繁荣的问题极其重要。

安然、爱尔兰联合银行、帕玛拉特(Parmalat)、美国国际集团、巴克莱银行、世界通讯公司(World.com)、所罗门兄弟和许多其他公司的案件是极不负责任的领导人的突出例子，他们几近造成全国经济的崩溃，引发了资本主义的道德根基的问题。因此，呼吁负责任的领导人似乎不仅是拉脱维亚社会的现实话题。还可以认为，当我们提出为未来培养有道德和负责任的领导人时，重要的不是某种政治格局、它的崩溃或一种新的政治格局或秩序的诞生，而是对具体的领导力实践的研究。这项研究试图引起人们注意组织创新和组织信任，它们可以是在领导人与下属之间发生的具体关系的结果；注意当高质量的关系形成时，即有关各方的伦理担忧得以消除而领导人在这个过程中发挥了他们的作用时，创新和信任能够得以增强。

二、概念背景和假设发展

因为创新有各种形式，所以人们区分了组织创新的各种方面，例如，产品与过程的创新，激进与渐进的创新，管理与技术的创新。按照加西亚和卡兰托内(Garcia and Calantone, 2002)的说法，创新度(innovativeness)最常用于创新的新度(the degree of newness)量度。约翰内森等人(Johannessen et al., 2001)提出，为了区分创新度，应该回答 3 个与新度有关的问题：(1) 新在哪里；(2) 怎么新法；(3) 对谁是新的。本文主要采用王和艾哈迈德

(Wang and Ahmed, 2004)关于组织创新的考虑。这些作者区分了组织创新的产品、过程、市场、行为和战略形式。产品创新意味着一个组织的产品和服务的新颖性。市场创新涉及达到目标受众的新方法。过程创新指的是有助于提升生产和经营实践的新的生产方法、经营风格和技术的使用。行为创新指的是员工对新的做事方式的兴趣,管理人员对这种行为的支持,以及创造允许创新发生的氛围的管理技能,如智力上的刺激和情感上的接受。最后,战略创新指的是组织实现其目标的能力,对市场变化的灵活反应,管理层准备为原创的解决方案进行实验和探索。

先前的研究考察了领导力在达致组织关键目标中的作用,尤其是创新度(例如,Basu and Green)。例如,胡塔拉等人(Huhtala et al., 2013)的研究证明,经理人的伦理价值观的确增强了组织文化,而组织文化反过来又能作为创新的基础。里瓦里安德・莱姆塞(Riivari and Lamsa 2012)的研究证明,管理的一致特别对推进创新、公共组织的过程和行为,以及私营部门组织的产品和过程很重要。例如,里瓦里安德等人(Riivari et al., 2012)的研究揭示了,管理的一致性、可讨论性和可支持性(伦理组织文化的维度,主要依赖于管理实践)增强了组织的创新性(Kaptein, 2008)。因此,假设领导力对组织的创新性有影响是有背景的。

本研究使用领导力关系的观点[Graen and Uhl-Bien 提出的领导-成员交流理论,LMX),1995],聚焦领导人与下属之间二元关系的发展,分析具体的人际关系,从而增强培养这种特定关系的意识和责任。对一种具体关系的这种体贴态度使人们掌握领导力和服从的技能,这些技能可以逐渐在整个组织中传播(Fukuyama, 1995)。此外,关于领导力的学术话语将领导人-成员交流的概念与伦理领导力的概念联系起来(Hansen, 2011; Walumbwa et al., 2011; Pučėtaitė, 2014),因为问题涉及像互惠、互信和尊重这样的价值观。因此,这一理论的使用有助于与强调领导责任与道德的必要性的最初论点保持一致。

假设 1:LMX 理论可以用来研究领导层的伦理性;LMX 的量度与布朗(Brown)的伦理领导力的量度相关。

根据 LMX 理论,当事人之间存在着信息和情感的交流,这种交流可以分为低 LMX 和高 LMX(Anand et al., 2011)。高交流关系(高 LMX)意味着高质量的信息交流、信任、忠诚和情感慰藉。这种关系是由领导与下属形成的,这些下属构成"小集团"圈子(Dansereau et al., 1975)。小圈子的下属负有更大的责任,他们从领导那里获得更多的注意,他们被给予履行其职责的更多自由；这种关系超出了正式契约的范围。就“外围成员”而言，信息和情感支持的交流质量很低，信任水平更低；领导方采用更多的控制，下属方的主动性更少(Graen and Uhl-Bien, 1995)。强调这点也很重要：关系的质量并不取决于主观感受和评价(例如，喜欢或不喜欢共同的爱好)，而是取决于完成领导与下属所扮演的社会角色的质量。尽管有人反对将 LMX 理论直接归因于伦理领导(Yukl et al., 2009)，但正如研究表明，LMX 理论在历史上除了伦理和变革型领导理论之外，还有另一个概念平台(O'Donnell et al., 2012)，这与本研究的目的并不矛盾，在本研究中，员工对领导的行为进行评估，衡量这种关系的质量。

斯科特和布鲁斯(Scott and Bruce, 1994)的研究表明，上下级关系的性质与创新行为具有重要的正相关性。巴苏和格林(Basu and Green, 1997)发现，创新行为与交流的性质直接相关。利登等人(Liden et al., 1997)解释了高质量的交流涉及来自领导以及下属的贡献之间的联系。这些贡献为信息交流创造了更大的机会，使领导与下属能够自由地表达他们的想法。正如格伦和斯坎杜拉(Graen and Scandura, 1987)所主张的，高质量的二元关系使领导能够信任他们的下属，而下属则可以自由地利用他们的自主权进行创新。在立陶宛进行的研究(Pučėtaitė and Novelskaite, 2014)也揭示了，在 LMX 与创新之间存在积极的关系。上面提到的研究发现，领导对公共部门组织的组织创新具有统计上的重要解释力。尤其是，领导影响行为创新，当员工寻求创造性地解决复杂问题时，可以认为是行为创新的一种优势。然而，LMX 对其他形式的创新的影响相对弱小。根据上述那些研究，笔者提出如下假设：

假设 2：LMX 的质量和领导的伦理性对组织创新具有积极的影响。

我们可以将组织信任定义为个人对其他组织成员的才干、可靠性和仁爱所抱有的积极期望(McKnight et al., 1998)。已经出现了几种理论，它们描述了将工作关系中固有的风险最小化的信任机制。由克鲁斯和科斯塔-席尔瓦(Cruz and Costa-Silva, 2004)进行的元分析和内容分析表明，信任可以用不同的理论框架来解释，例如交易成本理论(Williamson, 1975)、社会交换理论(Blau, 1964)、代理理论(Eisenhardt, 1989)、基于资源的观点(Barney and Hansen, 1994)、系统论(Luhmann, 1979)和归因理论(Kelley, 1967，在 Adams 2008 中提到)。

根据麦卡利斯特(McAllister, 1995)的观点，组织信任可以细分为认知成分和情感成分。组织信任的认知成分包括评价分析和对对方的一定程度的经验和认识。它意味着,一方信任另一方,是因为双方过去都遵从同样的伦理原则并且都以值得信任和能胜任的方式来行动(Gulati and Sytch, 2008)。基于认知的信任在短期事务中效果最好,而实现可持续合作,需要基于情感的信任。基于情感的信任形式具有价值观与利益的一致性,是一种可靠、互惠、有效的信任关系(Gulati and Sytch, 2008; Lämsä and Pučėtaitė, 2006; Lewicki and Bunker, 1996)。

信任被认为是领导效能的关键因素(Tyler, 2003; Mayer et al., 1995)。事实上,组织信任与员工满意(Shockley-Zalabak et al., 2000)、承诺(Dirks and Ferrin, 2001)和业绩(Barney and Hansen, 1994)之间的相互依赖业已确定。如果领导致力于与下属建立信任的二元关系,那么这种关系就会逐渐扩展到整个组织(Fukuyama, 1995)。根据约瑟夫森研究所(Josephson Institute)的研究结论(www.charactercounts.org),领导的伦理价值观可以分为才能、善意和行为,在信任构建过程中发挥重要作用。其中,人们区分了诚实、关爱、尊法、追求卓越、尊重他人、公平、对组织忠诚、可靠、诚信、问责和敬重(自己的和公司的)声誉。

正如尼汉和马洛(Nyhan and Marlowe, 1997)所述,为了成功领导,领导者必须有获取信息的渠道,而信任反映了员工对其领导者能力的信心程度。当下属信任他们的领导时,他们愿意感受愿景和目标,相信他们的权利、利益和精力不会被忽视(Nyhan and Marlowe, 1997)。另一方面,对员工的信任也会赋予他们力量(Gómez and Rosen, 2001; Shockley-Zalabak, 2000),因此,这就为创新打开了大门(Ellonen et al., 2008; Savolainen, 2008)。

虽然有证据表明,信任在职业关系中起着至关重要的作用,但关于信任在 LMX 理论中的综合研究却很少。斯坎杜拉和佩莱格里尼(Scandura & Pellegrini, 2008)解释说,由于早期的观点认为只有正式的雇佣合同才意味着基于计算的信任(calculus-based trust),因此有关 LMX 的信任被作为单方面的构成来研究。杜莱博恩等人(Dulebohn et al., 2012)的研究发现,变量之间存在显著的正相关关系,这为相关理论提供了可能性。然而,关于信任是 LMX 的前提还是后果的争论仍然悬而未决。戈麦斯和罗森(Gomez and Rosen, 2001)认为信任是一种先行条件,而沃特和谢弗(Wat and Shafer, 2005)的研究表明,信任是 LMX 的结果(Cruz and Costa-Silva, 2004)。因此,这项研究有助于这种讨论,因为使用了来自拉脱维亚文化的数据,在这种文化中权力距离相当大(根据文化度量工具为 44 点,相比之下,丹麦为 18 点,德国为 35 点,参见 Huettinger, 2008),而且领导对组织文化具有强有力的影响(Mole, 2003)。因此第三个假设是：

假设 3：LME 的质量和领导的伦理性对组织信任具有积极的影响。

根据伊萨克森和拉韦尔(Isaksen and Laver, 2002)的研究，高 LMX 意味着有关各方的忠诚和公开支持，从而创建这种关系中的信任。具有忠诚和信任的工作环境，更有利于下属的创新。已有研究发现，尊重、公平、互惠的领导行为可以增强组织的创新能力，增强下属的内在动机，提升主动适应能力，自我实现能力和积极的自我感知能力(Zhang and Bartol, 2010; Savolainen, 2008)。普切泰特和诺韦尔斯凯特(Pučėtaitė and Novelskaitė, 2014)的研究表明，组织的信任在 LMX 与创新度之间起了中介作用，并建立了部分中介效应。莱佩迈基等人(Leppämäki et al., 2013)在 LMX 与创新度之间寻找信任的中介作用，他们报告称，中介确实起了作用，尽管它在统计上并不显著。

因此，第四个假设是：

假设 4：组织的信任在 LMX 与创新关系中起中介作用。

因此，当前的研究考察 LMX 与组织创新度之间由信任的中介影响支持的关系。在下面展示这项研究各种变量之间的概念模型和假设的关系。

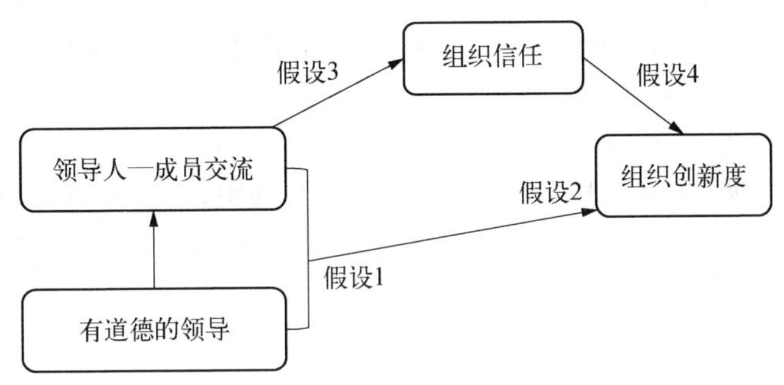

图 1　本研究的概念模型

这个模型表现了分析的逻辑：进行了一系列的回归分析，为了建立对因变量的影响及其强度(Muller et al., 2005)，在这种情况下，组织创新，以及 LMX 与伦理领导量表的相关分析。

三、研 究 方 法

该调查是在 2014 年底和 2015 年期间在代表拉脱维亚的外国和当地资本的六个不同行业的组织中进行的。选择它们是为了解决提供服务和组织生产这两个问题。我们有意从不同行业中选择一些组织，因为研究现象而不是行业是调查的重点,这被认为是社会科学的有效和适用的方法(Schwab,2005)。其次,这是一项尝试,看看不同行业的公司之间的结果是否会有统计上的显著差异,以及如果有差异,这些差异是否可以归因于外国的与当地的管理做法。

其中的一个组织是一家使用本土资本的化妆品公司,雇佣1 000多名员工,有自己的历史传统、精心设计的组织结构、不同的部门、业务活动和组装线。另一家提供服务的公司是博彩业组织的代表,它生产和维修赌博机器,为拉脱维亚市场的翘楚,在拉脱维亚各地雇佣1 000多名员工,而且是一家外资公司。第三家外资公司生产和销售医疗设备,提供医疗旅游服务,它还检测和维护其他国有和私营的医疗实验室,雇佣80多名员工:工程师、销售代表、行政管理人员、专家和经理;选择它的原因是其品牌在拉脱维亚家喻户晓。

另一家公司代表银行业,无论按员工满意度排名还是按市场份额来看,都是拉脱维亚的主要银行之一。它雇佣1 000多名员工,从伦理的观点看,它也像一家赌场公司,显示出了一种经济部门的雄心勃勃,它是一家外资公司。另一家公司与食品业,尤其是酒精生产有关,按照企业统计数据,它也拥有拉脱维亚家喻户晓的品牌,有着100多年本土资本和经营实践历史。从伦理观点看,IT部门的公司不那么值得怀疑,它是一个相对年轻的本地资本公司,但已获得了知名度并成为拉脱维亚领先的IT公司之一,拥有约200名员工。

这次调研参与者(n=385)的年龄为24岁到63岁,中位年龄为44岁。这个样本是同质的,由53%的男性和47%的女性组成,其中既有拉脱维亚族又有俄罗斯族。超过70%的人读过大学。9%高级管理职位;17%中级管理职位;72%员工-专家。

这些受访者获知,他们目前的组织属于这项研究范围。调研人员个别接触所有受访者,从而排除群体决定或群体影响对个人回答的可能性。调研人员使用书面问卷收集数据,受访者在他们工作场所的一个单独房间内单独填写问卷,经理除外,他们就在自己的办公室里填写问卷。调研人员向受访者保证予以保密。

这么做的原因之一是拉脱维亚的组织期望员工忠诚,我们可以把忠诚理解为不向公司以外的任何人员泄露有关公司、公司经营和员工活动的任何信息,而且公司经常提醒员工牢记这种被高度强调的组织价值,哪怕在书面合同或协议中没有明确表述过(http://businessculture.org/eastern-europe/latvia/)。这就是为什么在收集调研结果时应该采取某种观念,确保受访者安全,这样他们就不会害怕因非-忠诚的行为而受到雇主的指责。尽管如此,这些数据可能反映了社会期望偏差。

这份问卷由5个主题部分构成：受访者的背景资料，即社会人口资料，其中涉及性别、教育、在这个组织里的工作年数和在这个组织中的职位。调查使用的是名义水平的问题。其他4组问题涉及LMX、组织信任和组织创新的量表。LMX的测量采用7个陈述的问卷(Graen and Uhl-Bien, 1995)，采用利克特(Likert)的5点量表(1表示"完全不同意"，5表示"完全同意")。伦理领导力的10项量表(Brown, ...)，也使用利克特的5点量表。麦卡利斯特(McAllister 1995)的组织信任概念是这项研究分析组织信任现象的基础。该工具允许分别测量情感信任和认知信任，而这份包含11个项目的问卷涉及团队信任(例如，Cook and Wall, 1980; Gillespie, 2003; Cummings and Bromiley, 1996)和领导信任(Dirks and Ferrin, 2001; Korsgaard et al., 2002; Podsakoff et al., 1990)的其他衡量标准，显示了一个相当恒定的内部信度和结构效度。陈述用利克特7点量表来衡量，1表示"完全不同意"，7表示"完全同意"。而组织创新度用王和艾哈迈德(Wang and Ahmed, 2004)的问卷来衡量，问卷包括20个问题，衡量产品、市场、过程、行为和创新的战略方面。他们还使用利克特的7点量表。这份问卷由英语译成拉脱维亚语，然后译回英语，也就是用了翻译和回译的方法，据说确保了这种工具的可靠性和有效性(Brislin, 1970)。

为了确定3个研究现象之间的联系，调研人员作了关联和回归分析。由于样本不均匀，他们采用了非参数检验。正如巴伦和肯尼(Baron and Kenny, 1986)所证明的，当涉及中介或中介作用是否在研究关注范围内的方法问题时，需要更大的清晰度。由于这项研究并没有提出变量之间关系的性质问题，因此它遵循了研究的中介测量设计的逻辑；这种方法并不意味着要对假设的中介变量进行操作，而只是涉及对其进行测量(Pearl, 2012)。

四、调 查 结 果

在这一节中，介绍了所有4家公司的综合调查结果，并提供了一些解释。首先，对测量值进行了初步验证。LMX量表和组织信任度和组织创新度的检验均得到了较高的克龙巴赫(Cronbach)阿尔法，说明量表内在一致性较高，数据可用于进一步分析。

描述性的调查结论证明，大多数变量得到的评价高于中位数水平。尤其是，组织创新度的最低数值高于平均值，而产品创新度的得分在所有创新类型中最高。应用单样本的科尔莫戈罗夫-斯米尔诺夫(Kolmogorov-Smirnov)

检验证明,这些分布并非是正态的。因此,研究人员使用斯皮尔曼(Spearman)系数计算这些量度如何彼此相关。下面证明了组织创新度与LMX以及创新度与基于情感和认知的信任之间的关联。建立领导-成员关系质量与组织信任之间的相关性有统计学意义:基于情绪的信任为0.8,基于认知的信任为0.7(显著性水平分别为0,0.01)。

这种关联分析还表明,组织信任度最显著的表述是LMX量表的表述7,它直接要求评价领导与下属之间关系的效果。

应用T检验表明,组织在统计上对量表的评价是不同的。例如,在LMX量表上得到更低评价的领导得到的基于情感的信任(在7分中得分3.6分)和基于认知的信任(在7分中得分3.4分)也低。虽然在这个具体组织中的行为创新指数并没有得到很高的评价(在7分中得分2.9),但由于市场和产品创新量度的得分高,总体创新指数仍然在中位数水平上(在7分中得分4分)。在地方资本企业与外资企业之间没有发现在统计上显著的差异。

巴伦和肯尼(Baron and Kenny, 1986)用回归检验中介模型,检验自变量是否影响中介变量,以及是否反过来又影响因变量,提出了必须满足的几个要求。它要求三个步骤。首先,对自变量上的因变量进行回归,从而确认这个自变量是这个因变量的一个重要预测因子。其次,必须确定自变量是中介变量的重要预测因子。而步骤三应该证明,这个中介变量是这个因变量的一个重要预测因子,同时控制这个自变量:当同时使用中介和自变量来预测因变量时,前面自变量与因变量之间重要的路径(在步骤一中)就大为减少,如果中介关系存在的话。

回归分析表明,高质量的领导-成员交流增进了组织信任:在$\beta=0.81$,$p<0.001$的情况下,调整后的$R^2=0.67$。在以LMX对组织创新度(在中介变量与自变量之间)进行回归分析之后得到的结果是:在$\beta=0.54$,$p<0.001$的情况下,调整后的$R^2=0.49$;而在计算LMX以及组织信任对组织创新度的回归时,产生的结果是,在对LMX来说,$\beta=0.22$,对组织信任来说,$\beta=0.35$,$p<0.001$的情况下,调整后的$R^2=0.58$。在检验中存在组织信任产生的模型比不存在组织信任的模型强9%。在测试中,组织信任的存在产生了一个比不存在组织信任的模型强9%的模型。不过,从那些β系数可以看出,它并不能完全调节这种关系。

因此,数据分析证实了三个假设:LMX与组织创新之间存在显著的正依赖关系;LMX对组织信任的影响也具有统计学意义,最后,组织信任在这种关系中起着决定性的作用。

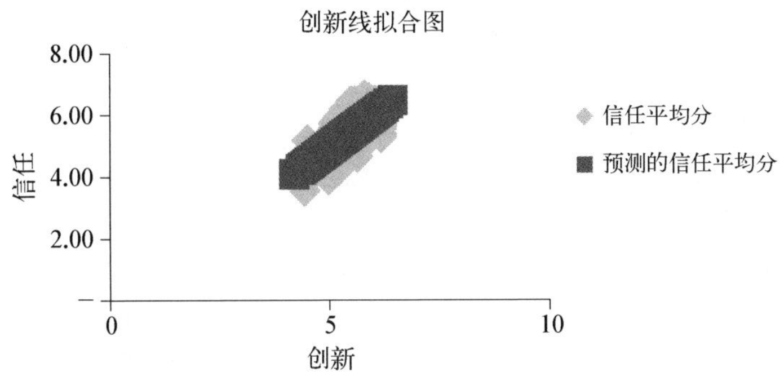

图 2　组织创新与组织信任线拟合图(信任平均分;预测的信任平均分)

五、讨论与结论

总体结果表明,领导对组织创新能力的发展至关重要,为了提高组织的创新能力,组织对组织信任的发展进行投资是值得的。

研究结果支持了最初的假设：LMX 对组织信任有较强的影响,在信任的支持下,LMX 对组织创新的差异有较强的解释力。

本研究的受访者对他们的领导—成员的交流质量给予了高度评价(5 分中获平均 3.54 分)。情感信任和认知信任也获得了高分(7 分中获平均 5.47 分)。有趣的是,员工的创新能力,特别是产品创新也获得比较高的评价,但正如上面说的,本研究可以反映社会期望偏差,应以一定的概念为依据。

T 检验结果显示,各组织对组织创新能力的评价存在显著的统计学差异;这些组织对信任和 LMX 的评估也有所不同。这可能表明在领导力、组织信任和“专业化”组织的创新方面存在组织特性。进一步的研究可以从所研究的现象上看产业分化。

这项研究的调查结果与之前 2013 年在芬兰(Leppamaki et al., 2013)和 2014 年在立陶宛(Pučėtaitė, 2014; Pučėtaitė Novelskaitė, 2014)的研究相一致。在对公私营部门组织(n=719)的芬兰研究中,发现了在组织创新、组织信任与 LMX 之间存在正相关,确定了组织信任在 LMX 与组织创新度之间的中介效应,尽管在统计上并不重要(Leppämäki et al., 2013)。这些结果类似于立陶宛研究的结果(Pučėtaitė, 2014),后者确定了信任在 LMX 与创新度之间的中介效应。至于组织创新度,在普切泰特(2014)进行的研究中,过程和行为创新得到最高分,而产品和市场创新的得分更低。在本研究中,相对于问卷的其他量表,产品创新性得分较高。这可以归因于两项研究的样本差异。普切泰特研究的是一个公共组织,而本研究在私营部门组织中进行。不过,总的来说,对拉脱维亚各组织的研究在与波罗的海和北欧社会中具有一定的一致性,它也证实了以上所述假设的相关性。

本研究在样本量和组成方面有一定的局限性。以不同行业的组织为例;因此,不能对整个企业情境进行概括。为了平衡生产和服务,提供的公司样本在未来应该扩大。此外,我们的分析并未显示本地资本或外来资本公司及其经营实践方面存在的显著差异,未来对样本的选择和定性维度的添加上更加谨慎的注意,有可能揭示这些差异。进一步的研究还应该对组织信任的情感和认知成分及其在关系中的中介作用进行更深入的探讨。因此,定性调查或某种混合研究方法可能有助于探讨受访者对所研究现象给出的意义(Zammuto & Krakower, 1991),即信任关系、领导关系的质量和不同类型的组织创新;这可能有助于更好地确定拉脱维亚商业环境的特性。

参考文献

Anand, S., Hu, J., Liden, R.C. & Vidyarthi, P.R. 2011. Leader-Member Exchange: Recent Research Findings and Prospects for the Future. In A. Bryman et al. (Eds) The Sage Handbook of Leadership, pp. 311 - 325. London: Sage Publications.

Baron, R. M. and Kenny, D. A. 1986. The Moderator-Mediator Variable Distinction in Social Psychological Research — Conceptual, Strategic, and Statistical Considerations, Journal of Personality and Social Psychology, Vol.51(6): 1173 - 1182.

Bulatova, J. 2006. Employees' Expectations in Regards to Business Ethics in Latvia: Three Years of Study. Conference Proceedings. The European Business Ethics Network Research Conference "Normative Foundations of Corporate Responsibility" 15th - 17th, June 2006, School of Management of St.Petersburg State University.

Dansereau, F. Jr., Graen, G. and Haga, W. J. 1975. A Vertical dyad Linkage Approach to Leadership within Formal Organization: A Longitudinal Investigation of the Role Making Process, Organizational Behavior & Human Performance. Vol.13 No.1: 46 - 78.

Garcia, R. and Calantone, R. 2002, A Critical Look at Technological

Innovation Typology and Innovativeness Terminology: A Literature Review. The Journal of Product Innovation Management, Vol.19: 110－132.

Graen, G. B. &Uhl-Bien, M. 1995. Relationship-Based Approach to Leadership: Development of Leader-Member Exchange (LMX) Theory of Leadership over 25 Years: Applying a Multi-Level Multi-Domain Perspective. Leadership Quarterly, 6: 219－247.

Huettinger, M. 2008. Cultural Dimensions in Business Life: Hofstede's Indices for Latvia and Lithuania. Baltic Journal of Management, Vol.3 Iss 3: 359－376.

Hofstede, G. 2003. What is Culture? A Reply to Baskerville. Accounting, Organizations and Society, Vol.28: 811－813.

Johannessen, J-A., Olsen, B. and Lumpkin, G. T. 2001. Innovation as Newness: What is New, How New and New to Whom? European Journal of Innovation Management, Vol.4 No.1: 20－31.

Leppämäki, P., Lämsä, A.-M., Riivari, E. 2013. The Role of Leader — Member Exchange Quality and Organisational Trust in Organisational Innovativeness. Conference paper. "Management Theory and Practice" Synergy in Organisations. 6th International Conference, Tartu, 11－12 April.

Ludviga, I. 2012. National Identity and Culture Grounded Competitive Advantage: Innovative Business Models. 7th International Scientific Conference "Business and Management". May, 10－11, 2012. Vilnius, Vilnius Gediminas Technical University.

Pučėtaitė, R., Lämsä, A.-M. 2008. Developing Organizational Trust Through Advancement of Employees Work Ethics in a Post-socialist Context. Journal of Business Ethics 82: 325－337.

Wang, C. L. and Ahmed, P. K. 2004. The Development and Validation of the Organizational Innovativeness Construct Using Confirmatory Factor Analysis. European Journal of Innovation Management 7: 303－313.

Young S. 2003. Moral Capitalism. California: Berrett-Koehler Publishers, Inc.

Zaleznik, A. 1992. Managers and Leaders: Are They Different? Harvard Business Review Classics. HBR Press.

六、可持续性、正义与减贫

巴西工业物质资源使用的伦理处理

[巴西]埃德娜·卡帕尼奥尔(Edna Maria Campanhol)
[巴西]马里恩斯·史密斯(Marinês Santana Justo Smith)*
陆晓禾 译

[提要] 公司和社会更清楚地认识到环境资源的有限性及其短缺对经济发展的影响。巴西的工业多样化,广泛参与巴西国内生产总值的形成和就业创造。一方面这种工业集中对巴西的经济作出了积极贡献,另一方面对当地的环境影响必须以道德的和负责任的方式加以管理,以满足利益相关者的期望,并促进可持续发展。为了实现这一目标,需要在生产过程和生产系统所用各种资源的管理方面进行创新。可以说,物料平衡(Mass Balance)是平衡生产系统的投入和产出的度量标准,可以作为一种创新成本管理流程和与利益相关者沟通的方式。本文的目的是,表明在鞋类生产成本管理系统中利用物料平衡进行创新的可能性,控制对环境可持续性的影响,以指导企业家在生产新产品、可重复使用的废物、一次性废物和排放中,能够伦理地管理物质资源的使用。为此目的,我们对经济伦理、巴西工业的病症和物料平衡的特征及其在控制物质资源使用方面的适用性作了文献评论;追溯了揭示创新的动态产生、获取和传播的新熊彼特理论;对于在目前的生产过程中发现的社会、政治、环境和伦理评价范式的挑战,请教了阿什利、阿鲁达、纳什、巴维里、克雷茨(Ashley, Arruda, Nash, Barbieri, Kroetz)等人。至于物料平衡的讨论,我们将基于化学工程、皮革工业和管理文献。最后,我们还进行了实

* 两位作者均为巴西弗朗卡市大学中心(Centro Universitario Municipal de Franca)教授。该文在收入本书时,编者对参考文献作了删略。——译者

证研究,作了多个案例研究。数据收集工具是一份问卷,由两家公司的生产经理回答,本文将巴西弗兰卡市(Franca)鞋业的这两家公司称为公司 1 和公司 2,它们属于中小型企业。详细的研究结果将在正文中介绍。

一、导　　言

长期以来,环境问题迫使公司必须改善环境。这些改善是由环境组织和媒体推动的,它们努力促进更好的生活质量。这些改善有时是通过法律、监管和环境机构的检查来达到的。在某些情况下,这些改善是自愿行动的结果。

消费者越来越重视公司的伦理行为,包括环境绩效。环境绩效要求,在从设计到运作的所有管理活动中,投资应通过经济的可行性分析(Moura, 2000)。另一方面,对财务状况和公司竞争力的了解,包括环境绩效、会计和管理的报告应尽可能透明。

仅仅宣布使用新技术、新工艺和新材料是不够的。这些有利于环境的行动在世界任何地方都应该以可以理解的表述加以强调。虽然在披露某些成本方面存在困难,例如外部性,这是当生产系统的作用影响到其他外部系统时所造成的成本,例如水污染或受化学影响的原材料或废物的化学处理,这些都是在普通填埋场中进行的。通过采取环境政策,隐含地将环境损害和污染成本纳入产品价格。对于公司解释其环境政策并在企业管理中提出的环境责任来说,对环境行为的市场披露是不够的,重要的是以透明的方式披露所产生的环境影响。

本研究旨在通过可用的有关公司的各种信息资源,表明巴西鞋业,特别是弗兰卡市的鞋业,在何种程度上强调了在生产过程中使用材料方面的伦理处理。因此,它对有关鞋业中使用资源的伦理、环境责任和管理成本,以及传播和管理这些资源的习惯等方面的文献作了系统整理,并强调了物料平衡。

在实证研究中,弗兰卡市鞋类行业的两家公司的生产经理回答了我们的问卷。从所收集的数据中,有可能提出关于在这些公司应用物料平衡的实验,以透明地披露其环境成本及其对企业管理中环境责任伦理承诺的情况。

二、行业资源管理的伦理和环境责任

企业中的伦理这一主题进入公司的所有领域。它也进入了媒体。因伦理丑闻而曝光的公司要付出高昂的代价。

回顾 1990 年代的理论,阿鲁达(2001：54)强调了公司的 3 种伦理研究方法：语义的(商谈伦理)、理论的(思考伦理)和实践的(行为伦理)研究方式。

企业的伦理责任涉及建立一套伦理标准，以阐明公司的目标。从伦理价值观的选择来看，影响公司的伦理困境更有可能找到负责任的解决方案。

"责任"这个词并不那么平和。对于弗里德曼(1988)来说，公司的社会责任是在法律范围内创造利润。只有人才有责任。公司只有法律责任。这是股东的方法。它以责任为导向，与法律的资本要求相联系(Ashley, 2005)。利益相关者关注的问题，例如，环境问题，是关于企业社会责任的新问题。

对伦理和企业社会责任的社会契约理论或契约论方法，假定是企业、政府和社会之间的一个公平契约(Barbieri and Cajazeira, 2009)。这些理论指导企业社会责任，涉及经济、法律、伦理和慈善多重责任。

最近，新的研究方法和主题丰富了社会责任运动，尤其是对环境的关切。从环境运动产生了可持续运动：如斯德哥尔摩(1972)、布伦特兰报告(1987)、Eco(1992)、京都议定书(1997)(Barbieri and Cajazeira, 2009)。

对于南方共同市场(Mercosur)，在2001年关于环境的框架协定中明确了目标，以便通过使用经济的和监管的管理工具促进环境成本的内部化(Barbieri, 2004: 53)。

纳什(Nash, 2001: 131)说："没有什么比成本压力更能为解决伦理问题制造障碍了。"关于环境成本没有一个精确的和广泛接受的定义，但一些作者将其视为外部性，而另一些作者则将其视为，例如质量成本(Azevedo, 2007: 4)。

在公司的正常会计系统中确定环境质量成本并不容易(Moura, 2000: 35)。作者指出，环境管理系统- ISO14001 -允许环境业绩的改善。环境管理系统(EMS)提供的更好的管理实例如下：

- 提高管理效率，使采购、设计、生产和维护以及生产过程中材料的使用保持一致。
- 减少固体废物最后处置的成本、气体排放(污染)、环境罚款、保险费的价值、因环境问题赔偿的货币储备数额、因环境事故而停机；使用危险材料以降低损害和保险费用。

值得询问的是，这些公司是否对每项计划行动都有非常详细的成本估计和对实际成本的会计监测，以便确定效益、补偿和成本削减，从而确定行政报表是否显示了环境管理的证据。

穆拉(Moura 2000: 35)指出，应当强调预期的环境改善，其中包括：

- 烟囱气体排放
- 储存固体废物

— 每公斤(单位)产生的废物,每单位产生的废物
— 回收或循环的废物
— 产品或产品包装中使用的回收材料
— 每单位生产的电力
— 每种产品使用的水;每单位生产的天然原料
— 受过环境问题培训的雇员
— 投资于环境改善
— 社区对环境问题的投诉(每年)
— 环境事故(每年)
— 环境事件的费用
— 环境惩罚的价值
— 与环境问题有关的法律诉讼
— 一年中因环境问题而休假的天数
— 每单位产生的固体废物处置费用

到目前为止,我们讨论了伦理问题、社会责任和环境管理的方法。现在需要核实的是,对环境责任的承诺在多大程度上是通过行政控制得到证明的。

三、物质资源管理披露的可能性

关于提供证明企业在生产过程中对物料资源管理行动的结果,重点介绍了环境会计的方法:与物流、能源和信息相关的管理和与收入、环境成本、支出和责任会计记录相关的与材料、能源和信息流动有关的财务(Tinoco and Kraemer, 2004: 151)。根据科鲁兹(Cruz, 2009: 16),公司已要求获得社会和环境的财务信息。但在实践中,私营和公共实体对环境与所建立的经济活动之间的相互作用几乎没有任何信息。

席尔瓦(Silva, 2003: 78)指出,与环境有关的会计编制了若干信息,并强调其中一些信息是:

— 风险分析展览
— 保存和养护环境的投资披露
— 编制资产负债表和法律报告,以便能够发展环境司法会计
— 在财务报表中披露环境突发事件
— 介绍影响组织的市场价值的变量,如或有资产和负债
— 所作投资和改善公司形象(商誉)向负责环境管理的人员提供援

助和支持

巴西拥有大量的自然资源,需要采用侧重于环境成本披露和控制的程序和会计制度,这就有理由知道在披露与生产所用资源有关的数据方面取得了哪些进展,以及这些数据对环境产生了哪些影响。

直到最近,人们才想到提供有关公司经济状况和环境权益的质量和数量变化的信息。要求采用传统财务会计的条件,将环境管理的效果从确定与环境管理有关的销售收入、成本和费用分开来。

财务报表应在每套会计信息中表明环境管理的影响(Silva, 2009; Ribeiro, 2005),即:

— 资产负债表

— 收入表

— 现金流量表

— 增值说明

— 解释性说明

— 管理报告

— 社会报告或社会平衡

社会收支包括环境报告,其中包括自然资源的养护、保护和恢复,物理量描述,污染物数量(Iudícibus, et al., 2013)。克雷茨(Kroetz, 2000: 90)说,通过对社会平衡的审计,公司减少了环境风险。

根据熊彼特(1988)和新熊彼特派(neoschumpeterian)的说法,创新的变化是由导致经济增长的人们的更广泛的观点造成的。环境问题要求创新的立场来整合日常流程,即一种新的生产方法。物料平衡是公司在生产过程中对材料进行伦理处理的创新信息资源之一。

巴西的工业是多样化的,广泛参与巴西国内生产总值的形成(28.5%)和提供就业机会,该国21%的劳动力在该行业。虽然创新是公司提高竞争力、生产力、利润和国际化潜力的绝大多数经营战略的一部分,但研究表明,创新水平较低,并且物料平衡在工业部门并不普遍。

四、物 料 平 衡

联合国可持续发展司(The Division for Sustainable Development of the United Nations, 2001)说,公司的环境管理取得成功业绩的基础是,通过对投入和产出的分析,记录物流的质量物理单位(公斤、t)、体积(升、m3)或能源(MJ、kWh)。同一研究建议并将物料平衡概念表述为:“一个方程式,它的原理是,所有进来的东西都会出来或被储存。在物料衡算中记录所有关于所用材料的信息以及相应的产品、废物和排放物的数量。”

该研究指出,所有项目——材料、水和能量——都以物理单位:质量、体积或能量来衡量。方法是将各种投入的消耗与生产和销售的数量以及排放量和废物量进行比较。因此,物料平衡——投入和产出,旨在提高原材料和生产过程管理的效率。这可以单独为一组材料、工艺或废物按产品进行准备,但也可以在全球范围内为整个公司的所有材料、产品和废物进行准备。

蒂诺科和克雷默(Tinoco and Kraemer, 2004: 156)强调,“物料平衡”是一种会计制度,它提供了具体说明因而收入、成本和费用透明的可能性,体现出对自然资源管理的明确承诺。从物料平衡来看,公司在环境管理方面使用的材料和工艺的记录,除了提高在经济和环境方面管理材料的效率外,还有助于以客观和透明的方式传播环境管理政策(Tinoco and Kraemer, 2004)。

从图1所示的建议——工业过程的物流和资金流,可以说,能够安排物料平衡来表明,有效纳入最终产品的购买材料的数量以及作为废物和液体或气体排放物而浪费或丢弃的数量。

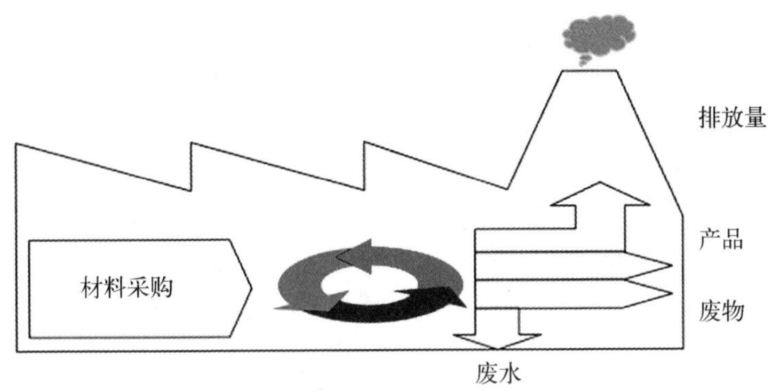

图1 鞋业流程的实物和资金流动

资料来源:Dimitroff/ Jasch/ Schnitzer, 1997, Apud Divisao para o Desenvolvimento Sustentavel das Nacoes Unidas(2001, 37)。

对于皮革部门,布连、里奇和卢维克(Buljan、Reich & Ludvik, 2000)在东南亚皮革工业污染控制区域方案中显示了物料平衡,并指出其结构可有助于管理涉及牛皮晒黑的各种工艺,这种生产活动产生大量晒黑的废物,含有铬,并被归类为对环境有害的活动。

在同一部门,阿奎姆(Aquim, et al., 2004)表明了,作为巴西皮革部门一项建议的物料平衡是如何可行的，其方式是，所获得的数据可以用作工具，通过确定原材料、湿蓝皮革的步骤加工的优缺点来改进生产过程。

在皮革加工业中，通过尽量减少水和能源的使用、使化学投入的合理化和污水处理来管理环境成本，应该是实现该部门生态工艺效率和可持续发展的途径(Camara, 2007：1)。

作为鞣皮最大目的地之一的制鞋业，德特默(Dettmer, 2009)在其研究中对这一生产部门的浪费表示关切，因为它产生的废物来自剩余的废料或未用于鞋类鞣制刨花中的铬。作者指出，在处理这些废物的许多替代品之间，对废料的热处理进行了研究，以获得富含氧化铬的灰分。并指出，该原料可作为原料在铬酸钠获得过程中重复使用，这是碱性硫酸铬的前体，盐广泛用于制革。

戈迪奥(Godinho, 2006)和罗德古斯(Rodrigues, 2009)强调了热处理作为处置固体废物的一种替代方法，有可能减少废物量和稳定危险成分。这种可能性除了在工业本身产生可循环利用的灰烬外，还适应了寻找替代能源的新挑战，因为这些残渣的燃烧由于其高热值而非常有吸引力，因此可以利用热能发电。

除皮革修边外，制鞋业还产生大量废物，这一事实引起了对所用各种资源管理的关注。在巴西，大部分废物都是填埋的，如果处理不当，就会造成土壤和水的污染，损害环境和人类健康。这种情况引起了研究人员对残留物管理和处理的关注。

生态设计(ecodesign)是由克鲁格(Kruge, 2009)提出的，作为一种设计新产品的方法，使用的是来自鞋类行业的残留物，据作者说，鞋类生产经常浪费材料，使用新方法还或可重新设计现有的产品，整合环境参数和重复使用残余物。

克恩(Kern, 1999)在他的研究中提出了鞋壁切割废料回收利用的可行性。这种残余物最终的处置是在适当的垃圾场填埋，作者的建议是将这种残余物掺入石膏基质中，形成一种新的复合材料，供以后用于材料和建筑构件的生产。

对于鞋底的残余物，伊尔德方索(Ildefonso, 2007)分析了从共聚物乙烯(EVA)鞋底残余物——鞋业丢弃的鞋底固体残渍可以改性使用为沥青混合料中使用改性沥青混合物——鞋类工业丢弃的固体残留物。描述了分析由共聚物乙烯(EVA)——鞋业丢弃的鞋底固体残渣改性使用的沥青混合料。由于 EVA 的特性，作者论证了可以建立实验室试验，加入该残渣可以改善沥青的力学性能和耐磨性。

五、中小制鞋业的物质资源

对阿比卡尔卡德斯(Abicalcados, 2012)的一项研究表明,2010 年,巴西以 8.4 亿双鞋而位列世界第三大鞋生产国。在出口排名中,它以 1.43 亿双鞋在国际市场销售中名列第八。

巴西鞋业在巴西经济中的就业能力方面发挥着重要作用。2010 年,仅有 8 000 多个行业创造了约 33 万个就业机会。2012 年,弗兰卡鞋业年平均雇用的员工数增加了 2.7 万个工作岗位(Sindifranca, 2013)。

圣保罗州是巴西的主要工业中心,巴西的大多数鞋业位于该州东北部。

弗兰卡市被认为是一个重要的鞋业中心,并以其在制造男鞋方面的专长脱颖而出,尽管它增加了女鞋的生产。它为集群研究提供了参考。2009 年,有 1 015 家公司活跃在生产链。其中,有 283 家公司是投入和原材料的供应商;有 265 家服务供应商,如缝纫和裁剪摊位和 467 家制鞋企业(SIND IF RANCA, 2011)。至于规模,根据雇员人数标准,有研究表明,法国的 467 个鞋业分布如下:212 个微型企业;195 个小企业;54 个中型公司;6 个大公司(Sindifranca, 2013)。

如果一方面,工业集中对巴西经济作出了积极贡献;另一方面,它对当地环境也会产生影响,必须以道德和负责任的方式加以管理,以满足利益相关方的期望并促进可持续发展。在这种情况下,需要对生产过程和生产系统中使用的各种资源的管理进行创新。为撰写本文,我们调查了位于弗兰卡市的两家中小型公司,详情如下。

(一) 披露中小型鞋业的环境成本

对弗兰卡鞋业的这两家公司进行了问卷调查,公司 1 和公司 2 属于中小企业。问卷由生产经理来回答。

公司 1 年生产 192 000 双鞋,月生产 16 000 双鞋,平均日生产 800 双鞋。该公司生产 85%的女鞋,直接雇有 87 位员工。它在弗兰卡鞋市场有 20 年的历史,位于弗兰卡工业区,面积 2 300 平方米,没有绿色区域。

公司 2 年生产 156 000 双鞋,月生产 13 000 双鞋,平均日生产 650 双鞋。该公司生产 65%的男鞋,直接雇有 73 位员工。它在弗兰卡鞋市场有 45 年的历史,占地 2 146 平方米,公司前面有一个花园,位于弗兰卡市区。

在这两家公司(1 和 2)中,都没有明确的和对内外披露的环境政策,因此没有专门对环境管理的投资、费用、义务和人员的正式承诺。没有 ISO 系列的认证，在公司网站上也没有任何信息表明公司与环境的关系。在谈到财务报表时，两位经理(公司1和公司2)对是否按照IFRS(《国际财务报告准则》)准备编制财务报表的问题，作了否定的回答，理由是小企业。

然而，我们的研究发现，这两家公司没有具体报告可回收利用残余物的销售、许可费和环境税，以及与环境管理有关的员工工资。同样，在这两家公司中也没有找到解释性说明、管理报告、社会报告和DVA，尽管声称知道每一种信息资源。他们不知道物料平衡，因此不使用这种方法，但愿意提供一些相关的信息，为他们的公司准备物料平衡。

在本实验研究中，有必要具体说明制鞋中使用的直接和间接材料：皮革、衬里、外底、鞋垫、鞋跟、鞋帮、胸板、泡沫、包装材料、纸套、胶水、螺纹、装饰、扣、铆钉、眼皮、弹性、化学产品、油漆和遥控器。

关于鞋类工艺的生产，据观察，这取决于电力和水。需要注意的是，直接进入鞋子的水消耗是最少的，最多的消耗由于员工的数量多。他们说，近年来，电力管理的生产过程和电气系统没有变化。关于水的处置，他们答复说，没有差别处理，都是在城市排水系统中处置的。关于成品库存的作废问题，经确认，公司1和公司2不存在报废的可能性。

关于直接和间接材料的残余物的处理。公司1确认，一些作为扶壁、护甲和弹性材料的废物可以用于其他产品，如手工艺品。其他的，如皮革屑，EVA和泡沫可在特定垃圾填埋场处理；然而，另一组材料，如塑料包装，线，钉子和碎条是一次性的常规垃圾。公司2表示，皮革和衬里未经处理就被丢弃，特别是由法律确定的填埋场，每月的处理费用为480雷亚尔[Real，巴西货币用R$来表示。——译者]，由承包商负责。按每双0.04雷亚尔的成本审核，生产13 000对，每年产生5 756.40雷亚尔的成本，这是消费者所承担的销售价格。

仍然是关于废料或残余物，当问及他们的鞋子造型和样品时，公司1告知会丢弃已出售的或穿孔的。该公司表示，样品被分发给慈善机构。

（二）关于鞋业物料平衡的建议

为了准备物料平衡结构，需要以雷亚尔和重量来量化购买的直接材料和间接材料以及实际分配给鞋类的部分。

根据公司1收集的数据，可以编制表1：公司1购买的和在生产鞋子时消耗的材料说明，其中涉及生产鞋子使用材料的购买、消耗和由此产生的残余物。本表还列出了按公斤和雷亚尔来计算的材料，必须获得这些材料才能满足生产过程以及制鞋中材料的实际消耗。

表 1 公司 1 在生产鞋的过程中采购和消耗的材料清单

	购买		消耗		废物	
	kg/双	R$/双	kg/双	R$/双	kg/双	R$/双
皮革/牛皮	0.146 250	R$ 13.09	0.117 0	R$ 10.47	0.029 250 0	R$ 2.62
衬里	0.041 400	R$ 1.24	0.036 0	R$ 1.08	0.005 400 0	R$ 0.16
泡沫	0.005 750	R$ 0.17	0.005 0	R$ 0.15	0.000 750 0	R$ 0.02
弹性材料	0.013 800	R$ 0.74	0.012 0	R$ 0.64	0.001 800 0	R$ 0.10
背衬	0.014 950	R$ 0.35	0.013 0	R$ 0.30	0.001 950 0	R$ 0.05
传递	0.002 100	R$ 0.03	0.002 0	R$ 0.03	0.000 100 0	R$ 0.00
缝纫线	0.001 100	R$ 0.04	0.001 0	R$ 0.04	0.000 100 0	R$ 0.00
涤纶线	0.001 396	R$ 0.08	0.001 3	R$ 0.07	0.000 126 9	R$ 0.01
鞋垫	0.025 200	R$ 0.35	0.024 0	R$ 0.33	0.001 200 0	R$ 0.02
鞋跟	0.015 750	R$ 1.52	0.015 0	R$ 1.45	0.000 750 0	R$ 0.07
鞋底	0.263 550	R$ 7.22	0.251 0	R$ 6.88	0.012 550 0	R$ 0.34
总计	0.531 246 2	R$ 24.83	0.477 3	R$ 21.44	0.054 0	R$ 3.39

资料来源：Elaborated by the authors from data collected in the Company 1。

我们可以区分购买和消费之间的差异，允许从表 1 推断废物的价值，以公斤和雷亚尔为单位。关于财务价值，计算的影响是购买价值的 14%，而物料废物对环境的影响是生产所获得的物料废物的 10%，如表 2 所示：废物与公司 1 购买的材料有关的意义。由此可看到废物在鞋业中的重大意义。在每年 192 000 双鞋的生产中，产生 10 363.57 公斤废物，损害环境。此外，这种物料，总价值达 650 537.97 雷亚尔，由鞋的消费者来承担，因为这一成本是嵌入产品的销售价格中的。

表 2 公司 1 采购材料的浪费情况

		购买		消耗		废物		废物影响	
生产	双	kg	R$	kg	R$	kg	R$	kg	R$
日产	800	425.00	R$ 19 860.32	381.82	R$ 17 149.75	43.18	R$ 2 710.57	10%	14%
月产	16 000	8 499.94	R$ 397 206.47	7 636.31	R$ 342 994.97	863.63	R$ 54 211.50		
年产	192 000	101 999.26	R$ 4 766 477.63	91 635.69	R$ 4 115 939.67	10 363.57	R$ 650 537.97		

资料来源：Elaborated by the authors from data collected in the Company 1。

然而,公司2仅提供了两种原材料的数据,因为它是鞋类生产中最相关的材料,因此可以勾勒出物料平衡,部分如表3所示:公司2在生产鞋子中购买和消耗的材料报表。这表明,虽然只分析两个生产项目,但每双鞋产生的废物总量(0.129 4公斤)大于公司1(0.054 0公斤/双),这可以部分地用设备和技术的类型来解释,公司1使用的是提高利用率的合成衬里,公司2使用的是牛皮衬里,后者是一种利用率较低的无形状的材料,因此其废物较重。

表3　公司2在生产鞋的过程中采购和消耗的材料清单

	购　买		消　耗		废　物	
	kg/pair	R$/pair	kg/pair	R$/pair	kg/pair	R$/pair
面　革	0.220 5	$　11.68	0.164 0	$　8.13	0.056 5	$　3.55
衬里革	0.119 1	$　3.33	0.046 2	$　2.04	0.072 9	$　1.29
总　计	0.339 6	$　15.02	0.210 2	$　10.18	0.129 4	$　4.84

资料来源:Elaborated by the authors from data collected in the Company 2。

关于财务价值是由公司2确定的,残余物的影响约为购买价值的32%,关于物料对环境的影响是为生产而获得的物料的38%,如表4所示:公司2的鞋面和衬里皮革废物的价值。由此可以看到固体废物在鞋业中的重要意义。每年生产15.6万双鞋,产生了20多吨废物,鞋业消费者承担了755 038.48雷亚尔的财务价值。

表4　公司2鞋面和里皮浪费情况

		购　买		消　耗		废　物		废物影响	
生产	双	kg	R$	kg	R$	kg	R$	kg	R$
日产	650	220.74	R$　9 761.89	136.63	R$　6 615.90	84.11	R$　3 145.99		
月产	13 000	4 414.80	R$　195 237.86	2 732.60	R$　132 317.99	1 682.20	R$　62 919.87	38%	32%
年产	156 000	52 977.60	R$ 2 342 854.34	32 791.20	R$ 1 587 815.86	20 186.40	R$　755 038.48		

资料来源:Elaborated by the authors from data collected in the Company 2。

关于电力,它被认为是对生产鞋子至关重要的消费。虽然可以认为各种手工细活是一种工艺活动,但它是一个高度自动化的行业,因此依赖于电力。公司2可能将2 895.45雷亚尔的财务价值全部用于每月1.3万双鞋的生产。

关于水，只能收集公司 2 的财务费用。每月生产 1.3 万双鞋月用水为 150.51 雷亚尔，已知产品中没有直接消费水，而是主要由员工消费，并丢弃在公共下水道网络中。

关于公司 2 生产中使用的化学产品，如表 5 所示：公司 2 制鞋生产中使用的化学品和水，可以理解其中部分用于鞋子，部分被浪费了。据生产经理估计，每双鞋子化学品材料的大气排放量为 0.000 01 公斤，因此，从每月生产 13 000 双鞋子中，共产生 0.070 3 公斤的大气排放量。

表 5　公司 2 生产鞋类所用的化学品和水

货物名称	kg/双	日	月	年
线	0.022 3	14.50	289.9	3 478.80
酒精	0.003 4	2.21	44.2	530.40
加速剂	0.000 2	0.13	2.6	31.20
锡纸	0.015 0	9.75	195	2 340.00
蒸汽/水	0.000 7	0.455	9.1	109.20
总计 公斤	0.041 6	27.04	540.80	6 489.60

资料来源：Elaborated by the authors from data collected in the Company 2。

六、结　　论

研究表明，被调研的这两家公司的会计记录中没有适当记录环境成本。此外，它们之中也没有一个采取了环境政策。但两家公司都将鞋子生产过程中产生的废物、环境损害和污染成本计入了鞋子产品的销售价格，这些影响环境的成本被转嫁给了消费者，而没有正式证明它们是环境成本。这些公司没有按照 ISO14001 标准实施环境管理体系。

本文所调研的公司按照法律要求将一些残余物的清除工作外包出去，因而不涉及该行业的环境后果，此外，还将其他未经处理的废物丢弃到公共普通垃圾中。

在对调查表的答复中，他们假定，没有适当登记有关环境的信息。然而，他们提供了这项研究的数据，事实上承认了关于物料平衡的设想，尽管还是初步的。制定物料平衡的倡议可以被认为是弗兰卡鞋业部门的先驱。

通过物料平衡，可以将鞋业生产的各组成部分的获取、消费和浪费联系起来并加以量化。同时还要估计残余物在财务和物料方面的重要性,这将影响企业预算、消费者购买力和环境。

因此,这是一项开拓性的研究,所获得的信息来自没有特定的环境管理会计制度的公司,必须对这些工具进行调整,以便提供数据,来评估所获得的鞋业生产的定量数据,以及生产过程在产品、残余物和排放方面的结果。

在证明适当控制生产成本和与利益相关者沟通的意义上,可以认为物料平衡是创新的。当公司有所准备时,这可能是一个指标,表明公司是按指导企业社会责任的伦理标准来管理的。它明确了,对新产品的产生、可重复使用的废物、一次性废物和排放中的物质资源方面的伦理管理。

参考文献

Aquim, P. M. et al. 2016. Balanço de Massa nos Processos de Ribeira e Curtimento.Universidade Federal do Rio Grande do Sul, Departamento de Engenharia Química, Laboratório de Estudos em Couro e Meio Ambiente.

Arruda, Maria Cecília Coutinho de, Whitaker, Maria do Carmo e Ramos, José Maria Rodriguez. 2001. Fundamentos de Ética Empresarial e Econômica. SP. Atlas.

Ashley, Patrícia Almeida (Coord). 2005. Ética e Responsabilidade Social nos negócios. SP. Saraiva.

Barbieri, José Carlos e Cajazeira, Jorge E. R. 2009. Responsabilidade Social Empresarial e Empresa Sustentável: da Teoria à Prática. SP.Saraiva.

Cámara, Renata P.B.,Gonçalves Filho, Eduardo V. 2007. Análise dos Custos Ambientais da Indústria de Couro sob a ótica da Ecoeficiência.

Dettmer, Aline. 2008. Recuperação do Cromo das Cinzas do Tratamento Térmico de Resíduos da Indústria Calçadista Visando o Curtimento de peles. Dissertação de Mestrado. UFRGS. Porto Alegre.

Godinho, Marcelo.2006. Gaseificação e Combustão de Resíduo Sólidos da Indústria Calçadista. Tese de Doutorado. Universidade Federal do Rio Grande do Sul. Porto Alegre.

Kern, Andrea Parisi. 1999. Estudo da Viabilidade da Incorporação de Resíduos de Contrafortes de Calçados em Matriz de Gesso Para uso Como Material de Construção Civil. Dissertação de Mestrado. Universidade Federal do Rio Grande do Sul. Porto Alegre.

Kluge, Anelise. 2009. Contribuição ao Estudo do Aproveitamento de Resíduos de Couro: uma Abordagem Holística do Ecodesign Focado em Calçados Infantis. Dissertação de Mestrado. Universidade Federal do Rio Grande do Sul — UFRGS. Porto Alegre.

Ribeiro, Maísa S. 2005. Contabilidade Ambiental. São Paulo: Saraiva.

Silva, Benedito. G. 2009. Contabilidade Ambiental sob a Ótica da Contabilidade Financeira. Curitiba: Juruá Editora.

Sindifranca. 2013. Sindicato da Indústria de Calçados de Franca. Informações Gerais Sobre O setor Calçadista. Franca: Sindifranca.

葡萄牙岱塔咖啡：可持续企业发展

［葡］奥杰尔德·斯维亚特科维茨(Olgierd Swiatkiewicz)*

陆晓禾 译

［提要］ 在岱塔咖啡(Delta Cafés)案例研究中，我们讨论了这家葡萄牙公司和品牌在其存在55年中的可持续发展。已有的研究从营销活动、社会责任、管理控制体系等方面对岱塔作了分析。本文中，我们参考了这些研究，并追溯了案例的来源，即由岱塔提供的信息。根据咖啡市场的性质和案例研究方法，我们首先从更广泛的背景描述了这个案例、世界咖啡市场以及葡萄牙咖啡市场，然后介绍了公司和岱塔品牌的发展史，本文最后根据岱塔公司和品牌战略的发展，讨论了社会和环境责任问题。

一、导　　言

作为一个品牌和公司，岱塔成立于1961年，位于葡萄牙中部，靠近西班牙边境。它由30岁的瑞·纳贝罗(Rui Nabeiro)创立，在已故父亲和叔叔的咖啡烘焙厂工作了17年之后，他与3名员工成立了自己的企业，在一个面积50平方米的仓库和两个容量30公斤的烤箱里，开始创建自己的烘焙咖啡品牌。

当时，葡萄牙不仅是咖啡的进口国和咖啡销售的目标市场，而且也是咖啡生产商，因为其部分领土位于欧洲以外的热带地区。

今天，岱塔不再是一家小企业，而是一家国际化和多元化的控股公司，由纳贝罗家族的三代人：子女、孙辈和该公司的创始人管理。在公司的发展中，我们可以看到许多转折点，既有外部条件产生的，也有公司自身的影响，

---

* 作者为葡萄牙塞图巴尔理工学院(Polytechnic Institute of Setubal)教授。编者对参考文献作了删略。——译者

以及不同管理策略(差异化、降低成本、国际化、垂直整合、收购、联盟等)的运用。其发展中不变的要素似乎只是原材料即咖啡、岱塔品牌以及与消费者的直接联系,需要做的项目以及整个控股公司都是围绕着这些要素而展开的。

在世界和欧洲高度集中的咖啡贸易市场,岱塔是一个无关紧要的参与者,但它在葡萄牙拥有近 80%的业务,在多个领域都是无可争议的市场领导者。

岱塔并没有完全失去一家小型家族企业的最初特征,在这个公司中,这位 85 岁创始者的品格、激情、远见和活力的特点继续发挥着强大的影响力,尽管其他人发展了他的一些理念,他最初的价值观也得到了扩展。瑞·纳贝罗已经并仍然发挥着重要的战略作用,因为正如沃特森(Watson, 2003)和阿吉尼斯和格拉瓦斯(Aguinis and Glavas, 2013)所强调的,战略家们不断地带来他们自己的价值观、谋划和优先事项,这些都会影响战略的制定过程,同时也会受到他们所参与的战略制定过程的影响。

在中小型企业中,社会责任与企业经营战略的联系往往具有不同于大公司的性质。兰贝蒂和诺奇(Lamberti and Noci, 2012)认为,中型企业的战略与社会责任之间的关系具有一定的特征,从而有别于小公司和大公司。其中的一些特征似乎仍可以在岱塔宣布和实施的活动中找到。正如他们所指出的,这些公司具有小公司的一些典型特征(例如,基于风险的 CSR 方法、社会倾向、环境和社会依赖),而其他方法则是典型的大公司的做法(例如,资金和管理技能的可用性)。然而,无论是中小企业还是大公司,都对不同的利益相关者给予不同的优先性,优先考虑监管机构和股东,而环境组织和当地社区团体则处于较次地位。

岱塔是葡萄牙著名的和受人尊敬的品牌,它被认为是在葡萄牙市场上运营的最富有人文价值观的公司之一。

为了分析该公司和岱塔品牌,我们采用了案例研究方法,结合研究对象所处的环境,即其真实状况,对研究对象提供了全面和深入的分析。案例研究方法是一种解释性和特质性的分析方法。我们不会把这里描述的案例分析与教学中使用的方法相混淆,尽管我们试图使对岱塔的分析也有助于这一目的。

二、咖啡和世界咖啡市场

咖啡是干的或发酵的(“绿色”咖啡),通常是烘焙咖啡树的果实后,作为纯粹、研磨和加工的咖啡出售,并作为由它制成的热饮或冷饮。咖啡来自东北非洲和阿拉伯半岛，在赤道附近的70多个国家种植。咖啡不喜寒冷，在山区的森林山坡上生长得最好，大多由小的、独立的或与合作社有联系的农民种植。在近100种咖啡中，其中两种更常见，即阿拉比卡(Arabica)，更受赞赏和更温和，以及罗布斯塔(Robusta)，更有抵抗力，但味道苦涩。咖啡是世界上主要的商品之一，它是一种经济作物。

据统计，咖啡是世界上仅次于石油的第二大最受欢迎的商品，也是世界上仅次于水的第二大消费饮料。根据国际咖啡组织(ICO)的年度报告，2013—2014年度世界"绿色"咖啡产量共计1.468亿袋，每袋60公斤，而同年咖啡出口为1.118亿袋，其中阿拉比卡出口达6 910万袋，罗布斯塔出口为4 270万袋(ICO, 2015)。

在发展中国家，咖啡种植是其主要出口商品之一。例如，在东帝汶，高达80%的出口收入来自咖啡出口。正如麦克默特里(McMurtry, 2008)所强调的，咖啡经济，如椰子、茶或香蕉等商品，是以殖民时期遗留下来的经济关系为基础的，在殖民时期，作物/原料的获取发生在"南方"，其附加值和消费则发生在"北方"。根据2011年的数据，咖啡的最大消费国是美国(世界咖啡消费量的17%)、德国(7.8%)、日本(5.8%)、意大利(4.5%)和法国(4.5%)(ICO, 2012)。

咖啡种植需要大量人力，因为它不允许机械化。咖啡也是数百万从事咖啡种植的人及其家庭的唯一生计来源。据估计，2 500万小生产者及其家庭收入完全取决于咖啡。咖啡生产过剩，正如巴西20世纪上半叶的历史所发生的那样(巴西是世界上最大的"绿色"咖啡生产国)，往往导致大量咖啡被毁，为的是提高市场价格(ICO, 2014)。

广泛种植咖啡，使用杀虫剂、化肥、农田灌溉等，对自然环境产生负面影响：它剥夺了鸟类的栖息地；它造成热带森林砍伐、土壤污染等。

与咖啡供求大幅波动有关的问题以及由此产生的商品价格波动，导致了通过国际协定、建立不同的监督机构和20世纪初以来的进出口配额制度来调节市场的尝试(ICO, 2014)。

在联合国主持下，1962年在纽约谈判的《国际咖啡协定》获得批准后，国际咖啡理事会于1963年在伦敦成立，目的是"促进所有类型和形式的咖啡国际贸易的扩大和透明度"(ICO, 2012: 1)，并促进咖啡出口国与进口国之间的合作(ICO, 2015)。ICO是一个政府间组织，其使命是咖啡部门的可持续发展和发展中国家的减贫(ICO, 2015)。国际咖啡组织的成员是咖啡的最大生产者和消费者，占世界生产的94%和世界咖啡消费的75%(ICO, 2015)。

世界咖啡消费量正以每年2%～2.5%的速度增长，在不久的将来，这一趋势有望继续下去(ICO, 2015)。从1960年至2010年，"绿色"咖啡的产量几乎翻了一番(Pokorna and Smutka, 2010)。

由于咖啡的国际(经济、社会和环境)重要性，世界各地成立了不同的组织，其主要目标是促进世界经济的这一部门及其可持续发展，但它们也支持诸如提高和认识妇女在咖啡部门的作用、消费者、分销商和制造商的社会和环境责任、公平贸易等目标，例如像欧洲咖啡联合会(European Coffee Federation)、国际妇女咖啡联盟(International Women's Coffee Alliance)、咖啡科学和信息协会(Association for Science and Information on Coffee)所做的那样。

在世界咖啡市场上，根据可持续种植、加工和贸易标准：公平贸易、雨林联盟、有机和Utz认证，有4种经过认证的咖啡(Kolk, 2012)。科尔克(Kolk, 2012)强调，诸如雀巢、卡夫(Kraft)和斯马克(Smucker)等跨国公司和以前的宝洁公司在生产者和消费者之间的咖啡加工链中发挥着特别重要的中介作用。根据世界咖啡市场的可持续种植、加工和贸易标准，咖啡的份额，即已认证的4种基本咖啡，包括星巴克(Coffee and Farm Equity Proactive, CAFE)、雀巢(AAA Nespresso)和4C(Coffee Common Code for the Coffee Community)的项目，仅占6%。

在有利于环境或人的条件下，种植的咖啡数量很少，国际咖啡贸易对发展中国家的支持不足，导致参与建立其价值链的各方生产和贸易产生的收入分配不均。虽然近年来情况似乎正在发生积极变化，因为许多公司(麦当劳、宜家、英国石油、沃尔玛等)正在根据社会责任制订计划，以公司可持续发展总体战略的形式，或只是储存经认证的咖啡(Utz, Fairtrade, Rainforest Alliance or Organic)，这在现有统计数据中是看不到的，因为它们指的是历史数据而不是当前数据(Kolk, 2012)。

根据欧洲监测国际对21个进口咖啡的国家进行的市场调查，1997—2011年葡萄牙在世界咖啡进口中的参与率仅为0.7%(ICO, 2012)。葡萄牙进口咖啡的主要国家是西班牙(14.8%)、巴西(12.6%)、越南(9.6%)、乌干达(8.5%)和象牙海岸(7.4%)(ICO, 2012)，但在其他年份有所不同。

2011年葡萄牙的咖啡年人均消费量为4.7公斤，低于欧洲6.4公斤的平均水平(Lusa, 2014; ICO, n.d.)。

1997—2011年的统计数据表明，焙炒咖啡占葡萄牙咖啡总消费量的83.5%(1997年为89.3%，2011年为82.6%)，速溶咖啡占14.7%(ICO,

2012)。同样的统计数据表明,葡萄牙是少数几个咖啡大部分不是在家消费的国家之一(60.3%),在家消费只占 39.7%。家庭以外的大部分咖啡消费发生在独立的、业主经营的咖啡馆和餐厅,只有一小部分消费是在咖啡馆连锁店。然而,近年来,人们可以看到相反的趋势,即,家庭外咖啡消费减少,家庭内咖啡消费增加(ICO, 2012)。里贝罗·席尔瓦和朱尼尔(Ribeiro Silva and Junior, 2012)证明了这一点,因为喝咖啡的习惯发生了变化:从传统的消费模式转向更有价值和高质量的胶囊咖啡。2010 年,胶囊咖啡消费量分别增长了 75%(价值)和 61%(数量),占全国咖啡市场总量的 49%咖啡胶囊的消费量在 2010 年增加了 75%(价值)和 61%(数量),达到了该国咖啡市场总量的 49%。

由马奎斯(Marques, 2013)在 919 个人的非随机样本中进行的调查表明,葡萄牙最受欢迎的咖啡品牌(首选品牌)是岱塔,其次是雀巢(Nespresso)。相同的调查显示,55.2%的消费者忠于他们喜欢的咖啡品牌。

在葡萄牙,有 16 家咖啡生产商拥有 40 个咖啡品牌,占国内市场的 85%,其余 15%属于 15 家市场份额较小的公司(Marques, 2013)。岱塔咖啡,连同卡梅洛(Camelo)品牌,都属于纳贝罗集团(GrupoNabeiro),而 Buondi、Sical、Tofa、Christina、Nespresso、Nescafe、Nescafe Dolce Gusto 品牌,都属于雀巢,它们是葡萄牙最受欢迎的咖啡品牌(Marques, 2013)。

几乎所有这些品牌和公司都在它们的使命中写下了社会和环境责任,或开发了各种相关项目和活动。

三、岱塔咖啡公司的发展和品牌

自成立以来,岱塔的总部设在坎波·迈尔(Campo Maior)村,目前居住着约 7 500 名居民,位于阿连特茹(Alentejo)地区。这个地区作为葡萄牙最大的地区,更不用说海岸了,人口不断减少。找到工作的机会很少或根本没有。

在 1972—1986 年的短暂休息期间,岱塔公司/品牌创始人管理着公司,他还担任坎波·迈尔村的村长,这使他有机会研究更广泛的社会经济和环境问题。

创立之初,岱塔专注于获得市场信任和建立品牌形象。为此多年来,它展开了一个获得消费者忠诚度的朋友网络,他们转而又向朋友和熟人推荐这个品牌(DeltaCafes, n.d.)。瑞·纳贝罗遵循的管理原则体现在岱塔的"有人情味的品牌"口号中,以及基于假定"客户是朋友"的贸易关系中(Lendrevie, et al., 1996; Lindon et al., 2010; Delta Cafés, 2012)。这种策略包括对客户采取个性化的方法;每种情况都被视为独特的和不同的,这在实践中意味着与客户的直接亲身接触(Lendrevie, et al., 1996; Delta Cafés, 2012)。

1984 年,岱塔将贸易与生产分开。商业活动由纳贝罗(Manuel Rui Azinhais Nabeiro Lda)公司承担。同时,生产由新岱塔(Novadelta, S. A.)掌管。

在 1980 年代末和 1990 年代初,岱塔开始了一场大规模的电视广告活动(Delta Cafés, n.d.)。

岱塔的国际化进程始于 80 年代进入西班牙市场。接着其业务的国际发展方向是沿着葡萄牙侨民的路线发展。1998 年岱塔进入安哥拉市场,创建了安哥纳贝罗(Angonabeiro)公司,并购买了生产当地咖啡品牌任加(Ginga)的兰戈尔(Liangol)工厂,通过当地分销商分销岱塔品牌。2000 年岱塔在东帝汶建立了第一家私营公司 Delta Cafes Timern S.A.。2008 年岱塔开办了新岱塔法国公司,在巴黎购买了一家当地经销商,并在 2011 年创建了新岱塔卢森堡公司(Novadelta Luxembourg),从合作 10 年的 Bexeb 公司购买了客户网络。2012 年 Delta 进入巴西,创建了 Delta Foods Brazil,并购买了 Q-Brasil(Oliveira, 2014),目前它在巴西有一个由 DeltaExpreso 的 47 个销售点组成的网络。一年多来,岱塔最初与一家本地合作伙伴一起进入中国市场,现在也由 Delta Foods Shanghai 独立运营(Delta Magazine, 2014, October-December; Silva, 2015)。2016 年,该公司成立了 NovadeltaSuisse,收购了该公司的前经销商及其 350 名客户群(Lopes, 2016)。

1994 年,岱塔以 42%的份额赢得了葡萄牙咖啡市场的领导地位,直到现在。

1994 年,Novadelta 公司成立,是咖啡部门第一家按照欧洲标准 EN29002/ISO9002 而获得质量证书的公司。2000 年,公司以 Diamante(钻石)、Platina(铂)和 Ouro(金)等品牌的混合咖啡品牌获得质量认证(Lindon, et al., 2010; Silva, 2013)。

1994 年,该公司在 Campo Maior 开设了咖啡博物馆,后来博物馆变成了教育和科学中心,致力于咖啡和区域发展(Delta Cafés, n.d.)。

岱塔控股只制定了岱塔品牌的战略,并根据战略业务单元和与市场的沟通,实施或创建各种细分服务(Delta Cafés, n.d.)。

1998 年,由于重组控股公司 Grupo Nabeiro/Delta Cafes,成立了 22 家公

司，其业务重点是特定的战略领域，以支持控股公司的核心业务即咖啡(Delta Cafés, n.d.; Delta Cafés, 2015)。

2005年后，岱塔把从里斯本到坎普-马约尔的咖啡运输从卡车改为铁路(Lisbon-Elvas)，这使得减少温室气体排放(减少碳足迹)和运输成本成为可能(Oliveira, 2014)。

2007年，Delta开发了Delta Q-咖啡胶囊和使用这些胶囊的机器(Delta cafe, n.d.)，并于2012年在葡萄牙市场取得了这一领域的领先地位(Delta Cafés, 2015)。

目前，岱塔属于Nabeirogest SGPS, S.A.控股公司，它在运输、分销、服务和贸易、酒店和餐馆、房地产、农业和食品工业(包括葡萄酒和橄榄加工)、汽车修理、工业设备安装等各个行业拥有27家公司；这种多样化的活动围绕着咖啡这一基本产品而发展(Delta Cafés, 2015)。

岱塔雇用了2.5万多名员工，为伊比利亚市场6.1万多名直接客户提供服务，在葡萄牙有22个销售办事处，在西班牙有16个销售办事处，在30个国家开展业务，在其中7个国家领导直接业务，从60多个不同产地运来咖啡(Delta Cafés, 2015; Lopes, 2016)。

岱塔过去和现在与多个合作伙伴一起参与的项目有：

- 作为“可持续源头发展”项目的一部分，岱塔支持对当地工人的培训，并为东帝汶、安哥拉、巴西和圣多美的当地小咖啡农社区的发展作出了贡献，目的是促进环境友好行动，包括土壤的合理种植、种植的可持续发展、水源保护和使用可再生能源(Lindon, et al., 2010)。该项目现在安哥拉继续进行。
- Um Café por Timor是在“可持续源头发展”倡议范围内组织的一项运动，其目的是建立地方基础设施，重建学校和设备，提供处理“绿色”咖啡设备，实行公平价格；送往东帝汶的Delta Timor混合咖啡每包售价为0.25欧元(Delta Cafés, n.d.; Lindon et al., 2010)。
- 2000年，员工自愿采取名为“岱塔之心”(Um Coracao Chamado Delta)的倡议活动，为葡萄牙、安哥拉、莫桑比克和东帝汶的贫困家庭收集衣服、书籍和玩具。2005年，这个项目转变成名为岱塔之心的社会援助协会，由控股公司及其员工参与。作为这项活动的一部分，2007年成立了Alice Nabeiro教育中心，以照顾115名儿童，发展他们的创业技能。青年创业发展项目继续在不同年龄组(3～12岁和13～18岁)开展，并为他们编写了创业教科书。

— “地球岱塔”(Planeta Delta)是2007年发起的一项倡议，涉及地球气候变化(Lindon, et al., 2010; Andrade, 2013)。

— “重新思考”(ReThink)(2009—2011)，是一个亲生态的研究项目，它将结束产品的循环，由 planet Delta 计划开发，旨在回收 Delta Q 的咖啡渣和胶囊，并用生物聚合物替代胶囊生产中的塑料(Lindon, et al., 2010; Andrade, 2013)。

— “Q创新”(Q Innovation)(2011—13)是一个旨在提高公司竞争力、增加其在国内市场的份额、出口和渗透新市场的项目；它还旨在提高工厂生产力和团队绩效、提高信息效率、控制等。

— “咖啡艺术”(Coffeeart)(2012—2014)是公司开发的一个项目，服务于咖啡消费新市场的开发，涉及基于研究(消费者行为、咖啡增值分析等)的咖啡新概念的开发，结合设计和艺术创造力，因为正如菲特和卡普林斯基(Fitter and Kaplinsky, 2002)所说，“咖啡是一种具有巨大差异化潜力的产品”(第4页)。

— “岱塔咖啡馆”(Grão Maior-Escola Barista Delta Cafés)—为在坎普·马约尔的国际研究生中心(Centro Interacional de Pos-Graduacao Comendador Rui Nabeiro)工作的调酒师建立的职业学校，以培养调酒师为目标，拓展调酒师职业，组织调酒师大赛(Delta Cafes n.d.)。

— “咖啡记忆”(Café Memória)是一项旨在消除阿尔茨海默病症状的举措(Delta Magazine, 2014, October-December)。

— “给予时间”(Tempo Para Dar)是一项与志愿服务和建立地方伙伴网络有关的倡议，以确保满足老年人的基本需要。

— “欧洲最大村庄”(Campo Maior Vila Solidaria da Europa)旨在促进成功的学习、罗姆人的融合、促进企业家精神和经济活动(Delta Magazine, 2014, April-June)。

四、公司三重底线战略与岱塔咖啡馆品牌

由于这个例子来自顶层，并影响其他人，所以许多作者(例如，Lendrevie et al., 1996; Castro, 2012; Silva, 2013)将岱塔取得的成功归功于其创始人瑞·纳贝罗的性格特征、职业道德和与人相处的技巧。

瑞·纳贝罗被认为是企业家和咖啡市场规则方面的专家(Delta Cafes, n.d.)，一个有远见的人(Lindon et al., 2010)，他个人认识90%的直接客户

(Lendrevie, et al., 1996),他以奉献于人民的方式管理公司(Lendrevie, et al., 1996)。他向员工灌输谦逊、团队合作和对公司奉献的理念,从而促进与客户建立良好而持久的关系(Lendrevie, et al., 1996; Castro, 2012)。

来自岱塔的一些交谈者强调,他作为坎普马约尔村长多年,同时作为该地区最大公司的经理,对他对当地事务(人民、其生存条件和环境)的态度、知识和兴趣产生了重大影响。

根据朗德维等人的说法(Lendrevie, et al., 1996),公司的活动以四大支柱为基础:持续专注产品和服务的质量;以"有人情味的品牌"为口号管理公司;以"顾客是朋友"为原则建立贸易关系;提供全面服务,以培训为支持,使用宣传材料提供技术知识;与有需要的社会团体积极合作,以减少他们的短缺。

林顿等人(Lindon, et al., 2010)进而阐述了岱塔正在发展的综合社会责任体系的三个层面:在企业层面上,以公司可持续发展为目标,注重创新、自我指导的学习和富有远见的领导;在人力层面,努力向合作者传输变革的意愿和能力,同时尊重他们及其家庭的发展;在社会层面,帮助解决社会问题。

外部可见的公司文化,发展了诸如谦逊、毅力、团队合作、奉献公司、尊重他人的原则,这些原则大大促进了消费者对岱塔的忠诚和信任,这意味着该公司是在葡萄牙市场上经营的最富有人文价值观的公司之一。安德拉德(Andrade, 2013)将其描述为组织幸福的案例,并增加了一些其他特征,如团结、安全、技术能力和强烈的学习意愿。公司本身提倡的价值观是诚信、透明、忠诚、全面质量、负责任创新、可持续性、团结和真实(Delta Cafes, 2011; Delta Cafes, 2015)。

自活动开始以来,该公司的主要战略目标之一不是扩大市场份额,而是保持客户忠诚度,因此在岱塔,"每一种情况都被认为是特殊的和个别处理的"(Delta Cafés, n.d.; Lendrevie, et al., 1996)。进一步对外扩张、非相关的多元化和市场份额的增长是其他战略目标,这些目标随着纳贝罗家族第三代成员进入董事会开始占主导地位,这反映在他们的活动中(例如,Silva, 2015)。未来将表明这是正确的、错误的还是互补的方向,因为对顾客的个性对待和与市场的定量扩张似乎会造成张力,并迫使人们作出必要的权衡。

岱塔是第一个葡萄牙品牌,而且多年来是唯一(在 2012 年)根据社会责任标准 SA8000 认证的品牌(Lindon, et al., 2010; Silva, 2013)。

岱塔一直积极参与社区慈善活动(在地方、区域、全国各地和国际层面),

为此，公司获得了许多奖项和荣誉，同时瑞·纳贝罗被认为是一个值得信赖的人(Delta Magazine, 2015)。2003年，东帝汶的"Um café por Timor"运动为岱塔赢得了由"社会责任国际"颁发的"社会积极影响"国际奖。

岱塔没有将总部从小的省级村庄移到里斯本或波尔图这样的大城市中心。它位于阿连特茄地区，与葡萄牙所有内陆地区一样，不包括海岸线，人口正在减少。与其他公司相反，Delta没有将总部转移到税收天堂，也没有将其转移到国外以降低生产成本(Delta咖啡品牌从未在葡萄牙境外生产)(Oliveira, 2014)，这种行为有助于公司和该品牌作为一个值得信赖和对社会负责的品牌形象和声誉。

岱塔和瑞·纳贝罗发挥着重要的社会作用，支持40多个社会机构(Lendrevie, et al., 1996)，如消防部门、学校，包括特殊学校、家长协会、防治艾滋病和癌症组织、葡萄牙红十字会。该公司组织职业培训和实践，支持科学研究、业余体育运动、艺术活动、葡萄牙奥林匹克委员会等。它参与了好几个符合更广泛的社会、环境和经济责任或三重底线的项目：它促进当地社区的社会经济发展，关心员工及其家庭的生活质量，赞助体育项目，资助科学研究，努力合理管理自然资源(减少水和电的消耗)，关心环境(增加废物的回收利用、水的处理等)，以可持续方式扩大贸易(它从经雨林和优质咖啡等认证的可持续种植/贸易的来源进口咖啡，尽管数量很小。在照顾生物多样性的同时，它从60多个不同来源进口咖啡，有时直接从种植者那里购买，正如在安哥拉的情况)，支持员工自愿工作，与非政府组织合作等(Lindon, et al., 2010; Delta Cafés, 2015)。

可持续发展战略和社会责任列入了岱塔的使命中，同时公司自己多年来也发布了可持续发展报告，包括在线报告。2015年11月，它根据"全球报告倡议"的指南——GRI G4发布了第七次报告(Delta Cafes, 2015)。这报告已由普华永道会计师事务所独立外聘审计员核实。基于GRI标准，岱塔可以使用可持续性报告来确定其在企业社会责任方面的战略目标和义务，并衡量其绩效水平(Pichola, 2012)。

岱塔的企业社会责任政策对品牌形象产生了积极影响，因为岱塔激发的消费者协会影响了他们的行为(提高品牌忠诚度)，这反过来又影响消费者为其产品支付更高价格(溢价)的意愿，提高营销工具的有效性，并导致公司取得更好的经济效益。然而，正如奥利维拉和罗德格斯(Oliveira and Rodrigues, 2012)在其关于竞争品牌雀巢的研究摘要中所指出的，尽管与社会责任有关的公司政策对于建立一个强大的品牌形象很重要，影响了消费者的忠诚度，并且反映在愿意为商品和服务支付更高的价格，但在变量（良好的品牌形象和/或公司声誉）与消费者支付更高价格（溢价）倾向之间的关系是脆弱的，无法在经济困难时期生存。

岱塔在其历史上有几个关键时刻，它巧妙地并带着一点点运气利用了它的优势：

> 在1974年之前所谓“新国家”（Estado Novo）的社团主义独裁政权期间，尽管受到税务当局的骚扰，公司在市场上幸存甚至发展。
>
> 1974年“康乃馨革命”后，公司在获得原材料方面遇到了困难，因为葡萄牙失去了以前的殖民地，那里曾种植过咖啡。随后，纳贝罗以果断但冒险的行动解决了问题。他把所有的东西都写在一张卡片上，租了一艘船，把所有必需的“绿色”咖啡从罗安达（安哥拉）送到坎波·马约尔。
>
> 2000年之后，在对葡萄牙和葡萄牙人造成严重影响的经济衰退之前不久，公司开发了Delta Q胶囊咖啡，并在2012年凭借雀巢的Dolce Gusto系列获得了市场领导地位。当以强劲的上升趋势进入一个新的市场时，它必须克服现有的市场壁垒（新产品的研发成本，国内市场规模小1 000万，跨国竞争对手强大，等等），但它已经与其他全国性公司联合起来，利用这场运动支持国内生产（Compro o que é nosso-“我买我们的东西”），并且公司的品牌形象和信誉具有国家认可的质量（Ribeiro, Silva and Junior, 2012）。岱塔反对经济衰退，达到6%的销售增长，而且咖啡胶囊的销售实现了90%的增长（Lopes, 2012）。然而，似乎岱塔并没有真正积极地反对衰退，而是经济衰退加上社会和制度对国内生产的支持帮助岱塔取得了成功。
>
> 企业社会责任沟通策略不仅影响企业在外部利益相关者之间的声誉和信任，还影响企业内部成员、员工对职场的认同、忠诚度等。外部利益相关者的企业社会责任沟通被认为是最有影响力的沟通策略之一，因为它甚至适用于那些不相信它的人（Morsing, 2006）。岱塔深知与利益相关者沟通与合作的重要性，因此愿意接受他们的建议，并以伙伴关系开展项目，但它也对任何潜在的负面影响非常敏感。2006年，由于涉嫌税务欺诈，它成为税务警察行动的目标。在回应媒体时，岱塔强调“事实的严重性（违反调查机密性）影响集团的国家和国际形象”（Candoso, 2006）。

根据奥利韦拉(Oliveira, 2014)的说法,岱塔未来的战略发展与生产绿色咖啡的国家(发展中国家)和所谓的新兴经济体的新市场密不可分,因为与欧洲或北美相比,这些国家的咖啡消费正在不成比例地增长。岱塔已经在其中一些国家开展业务。在安哥拉,新岱塔安哥拉分公司(Angonabeiro S.A.)正在开发精选的混合咖啡(Delta Mussulo),并直接支持当地咖啡种植者。在巴西,它正在通过与战略伙伴(Fazenda Ipanema)的关系开发精选的混合咖啡(Delta Manaus),这种伙伴关系是根据岱塔的伦理原则管理的。在中国,独家在线销售 DeltaQ 的咖啡机和胶囊(Lindon, et al., 2010)。

建立可持续发展战略是一个持续、动态的过程,并不是所有的业务都能顺利进行。正如经常发生的那样,当一家公司试图将经济维度与社会和环境维度结合起来时,就会出现失败和必要的改变。例如,2000 年在东帝汶的一个项目由于该国政治局势不稳定以及岱塔财产遭到破坏而没有后续行动。然而,公司仍然从东帝汶进口咖啡,直接从该国购买咖啡,而对培育环境可持续性种植者的伙伴关系和支持则集中在安哥拉。

尽管如此,岱塔企业的持续发展仍面临威胁,凯茨 · 弗里斯(Kets de Vries, 1993)将这称为家族企业的致命弱点,例如,在圣埃斯皮里托银行(Banco Espírito Santo)的"可持续/负责任"经营中,这种情况变成了现实,它给葡萄牙和国外的个人和组织造成了连锁问题,并导致圣埃斯皮里托家族(1个多世纪前成立)被逐出银行管理部门。

参考文献

Aguinis, H. and Glavas, A. 2013. Embedded versus Peripheral Corporate Social Responsibility: Psychological Foundations. Industrial and Organizational Psychology: Perspectives on Science and Practice, 6 (4): 314 - 332.

Andrade, M. F. M. 2013. O Poder Económico da Felicidade Organizacional. Estudo de Casos: Delta Cafés, Bruno Janz, Novabase e Eu-Steel. Master Degree Dissertation, Porto: Universidade Portucalense.

Candoso, M. A. 2006. Delta Cafés entra na Lista da Investigação Fiscal, Diário de Notícias.

Delta Cafés 2012. Relatório de Contas 2010 - 2011.

Delta Cafés(n.d.). http://www.delta-cafes.pt/ (accessed on March 06, 2015).

Delta Magazine (2014, April-June). No.59.

Delta Magazine (2015, January-March). No.61.

Fitter, R. and Kaplinsky, R. 2001. Who Gains from Product Rents as the Coffee Market Becomes More Differentiated? A Value Chain Analysis. IDS Bulletin, 32(3):68 - 92.

Fitter, R. and Kaplinsky, R. 2001. Who Gains from Product Rents as the Coffee Market Becomes More Differentiated? A Value Chain Analysis. IDS Bulletin, 32(3): 68 - 92.

ICO (n.d.). Country Data on the Global Coffee Trade: Coffee Trade Statistics.

ICO. 2012. ICC 109 - 8. Trends in Coffee Consumption in Selected Importing Countries, London.

ICO. 2014. The International Coffee Organization 1963 - 2013: 50 Years Serving the World Coffee Community.

ICO. 2015. Annual Review 2013 - 14. Strengthening the Global Coffee Sector Through International Cooperation.

Kets de Vries, M.1993. The Dynamics of Family Controlled Firms: the Good and the Bad News. Organizational Dynamics, 21(3): 59 - 71.

Kolk, A. 2012. Towards a Sustainable Coffee Market: Paradoxes Faced by a Multinational Company. Corporate Social Responsibility and Environment Management, 19: 79 - 89.

Lamberti, L. and Noci, G. 2012. The Relationship between CSR and Corporate Strategy in Medium-sized Companies: Evidence from Italy. Business Ethics: A European Review, 21 (4): 402 - 416.

Lendrevie, J., Lindon, D., Dionísio, P. and Rodrigues, V.1996. Mercator. Teoria e prática do Marketing. 6 ed. Lisboa: Pub. D. Quixote.

Lindon, D., Lendrevie, J., Lévy J., Dionísio, P. and Rodrigues J. V. 2010. Mercator XXI: Teoria e Prática do Marketing. 13ed. Alfragide: Pub. D. Quixote.

Lopes, D. 2016. Delta Cafés Reforça no Mercado Externo com a Compra de Empresa na Suiça, Económico Digital.

Lusa. 2014. Industria Quer Aumento de 50% no Consumo de Café, Diário de Notícias (Economia).

Marques, P. F. B. 2013. Os Efeitos do país de Origem e Comércio Justo na Criação de Valor de Marca e a sua Influência na Intenção de Compra do Consumidor de café em Portugal. PhD Thesis, Lisboa: Universidade Autónoma de Lisboa — Departamento de Ciências Económicas, Empresariais e Tecnológicas.

McMurtry, J. J. 2008. Ethical Value-added: Fair Trade and the Case of Café Femenino. Journal of Business Ethics, 86: 27 - 49.

Morsing, M. 2006. Corporate Social Responsibility as Strategic Auto-communication: On the Role of External Stakeholders for Member Identification. Business Ethics: A European Review, 15(2):171 - 182.

Oliveira, E. R. and Rodrigues, P. 2012. The Importance of Corporate Social Responsibility in the Brand Image: the "Nespresso" Case Study. International Journal of Engineering and Industrial Management, 4: 77 - 87.

Pichola, I. 2012. Raportowanie i Ocena Społecznej Odpowiedzialności. In W. Gasparski (ed.), Biznes, etyka, odpowiedzialność (pp.394 - 411). Warszawa: Wydawnictwa Profesjonalne PWN.

Pokorna, I. and Smutka, L. 2010. What is the Structure of the Coffee Market: Can the Real Poor Benefit from the Coffee Trade? Agris On-line Papers in Economics and Informatics, 2: 27 - 37.

Ribeiro, F. B., Silva, E. C. and Junior, L. G. C. 2012. Delta Cafés: Exemplo Para a Produção de Café em Cápsulas no Brasil. Bureau de Inteligência Competitiva do Café, Lavras, MG.

Silva, A. R. 2015. Rui Miguel Nabeiro. Público, p.3.

Silva, A.M. P.2013. A Relevância do Controlo de Gestão em Empresas de Sucesso. Estudo de Caso Delta Cafés SGPS, S. A. Master Degree Dissertation, Setúbal: Instituto Politécnico de Setúbal — Escola Superior de Ciências Empresariais.

Watson, T. J. 2003. Strategists and Strategy-making: Strategic Exchange and the Shaping of Individual Lives and Organizational Futures. Journal of Management Studies, 40(5): 1305 - 1323.

Yazan, B. 2015. Three Approaches to Case Study Methods in Education: Yin, Merriam, and Stake. The Qualitative Report, 20 (2): 134 - 152.

可持续发展视野下的代际正义探析

马思农　何建华*

［提要］　代际正义是可持续发展的伦理基础。随着现代科学技术的发展和人类自我意识的提高，人们对自然资源的索取日益增长，由此带来了人类生存状况的恶化，代际正义问题日渐凸显。代际正义是指人类在世代延续的过程中既要保证当代人满足自身生存的需要，又要支撑生态系统对社会持续发展的负荷能力，以保证后代人获得相应的利益需求。代际正义可以理解为一种分配正义，在现实中表现为一种生态伦理，其价值目标是人与自然、人与人的可持续发展。由于当代人与后代人关系的"非现实性"及后代人的缺位等问题，人们对于代际正义问题还存在一些争论，以合理的功利主义、人类利益共同体理论和建立在"爱"的基础上的情感论为代际正义提供了可能性论证。代际正义的原则包括必要保护原则、可持续性原则、公平储蓄原则等。但代际正义存在着诸如认知的局限性、监督的缺失、发展的不平衡性等诸多制约因素。必须坚持可持续发展观和消费观，以促进当代人的福祉与后代人平等的生存和发展机会为目标，建构代际正义的制度伦理，为可持续发展提供伦理支撑。

现时代是人类社会大发展的时期，科学技术的不断创新，物质财富空前增长。但由此而导致的人口压力、资源能源的危机、生态环境的破坏、自然灾害的频发等问题，已严重地威胁到人类的生存和发展。越来越多的人意识到，当代人借助于科学技术取得了对后代人强有力的影响力，能够决定后代人和整个人类的命运，因而必须切实承担起保证后代人生存发展和享有人类文明的义务。由于人类只能在地球这个唯一的生命之舟上生存和发展，自然

* 作者马思农，英国贝尔法斯女王大学助理教授；作者何建华，浙江行政学院教授。——编者

资源是全人类的“共享资源”,是人类共同体(包括当代人和后代人)的公共财产。因此必须重新考虑当代人与后代人的关系。由于当代人与后代人关系的“非现实性”及后代人缺位等问题,人们对于代际正义问题还存在一些质疑和争论,但作为可持续发展的核心内容之一,对代际正义问题进行深入的思考和研究,无疑有其重大的理论和现实意义。

一、代际正义:可持续发展的伦理基础

代际正义是可持续发展的伦理基础。可持续发展观被定义为既能满足当前人需要又不损害后代人满足其发展的需求,其核心思想是代际公平。“可持续发展具有非常清楚的代际公平的含义。事实上,可持续性一直被定义为代际公平的某种形式”[①]

在当今世界,“所有的环境问题不仅仅涉及同整个人口关系中的自然资源的有限性,而且也涉及对它们的公平分配。”“公正是世界秩序的总体。它是使生活成为可能的世界秩序的表达。”[②]代际正义要求自然资源、人的劳动和由人生产的财富,在当代人与后代人之间公正地分配。这是人与自然和谐交往的基本准则,也是可持续发展的重要条件。代际正义是可持续性的题中应有之义,也是可持续发展的基本目标。

代际正义是当代正义理论的一个重要方面。代际正义主要体现在自然资源在代际之间的公平分配。它要求以空间同一性、时间差异性为维度,在当代人与后代人利用自然资源、满足自身利益、谋求生存与发展上权利均等。代际正义是人类在面临自然资源稀缺和生态环境恶化的严峻形势下,反思人类活动所提出的一个新的正义理念。1972 年联合国第一次人类环境会议明确提出:“人类有权在一种能够过着尊严的和福利的生活的环境中,享有自由、平等和充足的生活条件的基本权利,并且负有保证和改善这一代和世世代代的环境的庄严责任。”罗尔斯也曾经运用其“无知之幕”理论证明代际正义的存在,认为“不同时代的人和同时代的人一样相互之间有种种义务和责任。现时代的人不能随心所欲地行动,而是受制于原初状态中将选择的用以确定不同时代的人们之间的正义的原则”。[③] 代际正义实际上是要维持“帕累

---

① 戴维.皮尔斯等:《世界无末日——经济学、环境与可持续发展》,张世秋等译,中国财政经济出版社 1996 年,第 311 页。

② 克里斯托弗·司徒博:《环境与发展:一种社会伦理学的考量》,邓安庆译,人民出版社 2008 年,第 354、351、350 页。

③ 约翰·罗尔斯:《正义论》,何怀宏等译,中国社会科学出版社 1988 年,第 283 页。

托改进”的代际关系,即当代人在增加自己收益的同时,不应损害后代人应得的福利。

然而,迄今为止,人类在代际正义问题上还存在一些质疑和争论。代际正义的支持者认为,人类作为地球的管理人,对后代负有道德义务,而且这种义务是世代相传的。从道义上讲,每一代人都有均等地享有环境资源的权利。当代人在开发资源、改造环境以满足自身生存发展需要的同时,要本着机会平等和待遇对等的原则,为后代人合理存储资源,并以某种形式对后代人给予补偿。而代际正义的否定者认为,未来的人究竟是谁以及他们的利益、需求等是本代人无法确知的,因而本代人与无法确知的后代人之间的正义也就无从谈起。未来不确定的事实却让当代人作出牺牲,改变目前的生活方式和生产方式,是不可思议的。同时由于后代人在实际上还是不存在的,本代人无法确定自己的义务的受惠者,无法在时间上确定今天的生态环境问题究竟会影响到未来的哪一代人,无法确定未来的人类是否与我们拥有同样的价值观及共识,所以也就无法讨论代际正义问题。

我们以为,对代际正义的辩护虽然还存在一些理论和实践上的障碍,在具体运用这一原则解决实际问题时仍然举步维艰,但地球作为所有人(包括当代人和后代人)的共同财富,任何国家、地区或任何一代人都不应为了局部的小团体利益而置生态系统的稳定和平衡于不顾。为了人类的持续生存和发展,本代人要选择合理的经济增长方式,自觉地节制对资源的消耗,合理地抑制消费,在满足自身需要的同时,不影响和危害后代人满足需要的能力,给他们留下一个良好的生存空间。应当说,代际正义的确立是有伦理基础的。因为人类是一个延续的生命体,我们直觉地感到自己对后代人有关怀的义务和责任。从伦理学史上来看,合理的功利主义、利益共同体理论及建立在“爱”的基础上的情感论等理论,为代际正义提供了理论支持。

西方伦理学中的功利主义认为,“判断正当、不正当和尽义务的唯一基本标准就是功利原则。它还严格地规定,我们的全部行为所追求的道德目的,对全人类来说,就是使善最大限度地超过恶(或者尽量减少恶超过善的可能性)”①。在当代人和后代人之间的关系问题上,按照“增进最大多数人的最大善的原则”,当代人影响后代人的行为的道德性就转化为:如果当代人的行为“增进包括当代人和后代人在内的所有人的最大善”,那它就是一种在道德

① 威廉·弗兰克纳:《伦理学》,关键译,生活·读书·新知三联书店1987年,第71页。

上正当的或者"善"的行为,否则就是一种道德上不正当的或者"恶"的行为。在当代人和后代人之间的关系上,"最大多数人"的"最大善"是不考虑时间因素的,而是从整个人类所存在的时间对作为整体的人类产生的作用来说的。当代人的行为应该是能够促进所有世代的"最大善"的行为,否则就是一种不正义的行为。所以功利主义对代际正义的证明是比较容易理解的。

人类利益共同体理论认为,人类的过去、现在和未来之间存在着"互酬"关系。现代人和未来人都是具有相同利害关系的主体。人类社会的一个世代和另一个世代之间是一种承接关系,彼此承担义务又享有权利,当代人从先辈那里获得生存和发展的物质和精神资源,并把这些资源应用在自己的世代之中获得价值保持或增加,然后再传递给下一个世代。这种连续的世代更替过程就是整个人类利益共同体文明维持和进步的过程。在生态环境意义上,整个世界是一个利益共同体。在这个利益共同体中,人类的生存状况是与人类社会、自然界甚至整个宇宙相联系的。因为人不仅是一种国家意义上的社会存在,而且是一种与人类社会、自然界乃至是与整个宇宙具有连锁关系的生命存在。人类的共同利益要求任何国家和民族在谋求生存和发展的过程中有一种人类共同利益的视角,这种共同体关系把所有的世代联系在一起,每个世代在促进人类全部事业的同时,必须承担不伤害其他世代利益的义务。"一件事情,当它有助于保护生命共同体的完整、稳定和美丽时,它就是正确的;反之,它就是错误的。"[①]当代人应该采取一些措施保证人类的文明传承,矫正当代人与后代人之间的不平衡关系,这是当代人对后代人正义对待的必要前提。

建立在"爱"的基础上的情感论认为,我们不应该把后代人抽象地理解为"未来的人类",而应该把他们看作是我们的直系子孙。也就是说,我们之所以要为后代保护环境,是因为他们是我们的"直系子孙",爱的纽带把我们与他们相牵。对于现实生活中父母和子女之间的关系来说,这种爱的情感是最容易理解的。父母对子女的爱是建立在自己的父母对自己的爱的基础上的,作为一种天生的情感,在自己有了孩子以后,就会把先辈对自己的爱转移到自己的子女身上。这种连续不断的父母与子女之间的爱构成一个循环的链条,而且这种爱的链条是跨越时间界限的,贯穿在人类社会的始终。基于血缘关系,现在的父母关心自己的子女、孙子女可以不断地扩展,按照"己所不欲,勿施于人"以及"老吾老以及人之老,幼吾幼以及人之幼"的原则,实现

① 莱奥波尔德:《沙乡年鉴》,侯文蕙译,吉林人民出版社 1997 年,第 212 页。

“爱”的范围由近及远、从家人到陌生人、从这一世代到未来世代的传递，从而为实现代际正义提供了情感基础。

二、代际正义的实质和基本原则

代际正义实质上是一种分配正义。代际正义要解决的是资源如何在当代人与后代人之间进行公平合理分配的问题。对于人类而言，地球是唯一的生命之舟。与此同时，地球上的许多资源都是有限的，这就要求当代人必须公平合理地考虑后代人的有关利益和需求。对于资源在代际之间如何分配的问题，C.L.斯拜士对以往的思路做了仔细梳理：(1) 除了对下一代人以外，人类对以后的各代没有道义责任；(2) 人类对后代有着道义上的责任，但后代的重要性小于当代人；(3) 后代应拥有与当代人同样的权利和利益；(4) 人类不仅对后代有道义责任，而且后代比当代人更重要。[①] 他认为第一、二条思路显然是与可持续发展的要求相悖。而第四条思路则“无异于要求穷人向富人送礼”。[②] 因此，只有第三条思路才是恰当的，因为它最符合代际正义的原则。从伦理学意义上讲，人类不仅要从当代人，而且要从未来人的角度看待发展中的共同利益。在未来人作为利益主体缺位的情况下，如果当代人为满足自己的利益需要，透支自然资源、生态和环境，伤害未来人赖以生存发展的客观条件，这是不道德的。

代际正义在现实中主要表现为一种生态伦理。代际正义的目标是人、自然和社会的可持续发展。每代人都有均等地享有资源环境和健康生活的权利。作为可持续发展的题中应有之义，代际正义应该包含以下几项原则：

(一) 必要保护原则

人类社会的目的应当是实现、保护所有世代的安全和幸福，这就需要让地球的生命维持体系、自然环境、人类生存条件和重要的文化资源等持续下去。按照爱蒂丝·布朗·魏伊丝教授的观点，代际正义的必要保护原则有 3 项：(1)“保护选择”原则，要求每一代人保护自然和文化遗产的多样性并且传递给后代人，以保证后代人享有足够的多样性以供生存发展选择；(2)“保护质量”原则，要求在代际传递的过程中自然资源的质量得到保持，使后代人享有与当代人相当的环境质量以供生存；(3)“保护获取”原则，人类社会的每个成员都有权公平地获取其从前代继承的遗产并保护

① 转引自何中华：“可持续发展面临的几个问题”，《天津社会科学》2000 年第 1 期。

② J.泰伊：“二十一世纪的环境和资源”，张美英译，《国外社会科学》1988 年第 12 期。

后代人的这种获取权。[①] 当社会发展过程中已经出现前代人对当代人的利益损害时，当代人不应把损失扩大并传递给下一代，而是要把通过利用资源所获得的经济收益进行适当扣除后，补偿到后代人的损失中去。必要保护原则要求既尊重后代人的权利又不剥夺当代人的生活选择，并适当限制当代人对环境的不合理地使用，以保护不确定的后代人的需要。

（二）可持续性原则

可持续性原则是指人类在利用自然资源、能源来发展社会经济时，不能超越自然资源与环境的承载能力，不得损害维持地球生命的自然系统，使经济增长与资源、环境的承载能力相适应，从而达到地球资源的永续利用，实现人类生态经济社会的可持续发展。可持续性原则主要包含以下 3 个方面：(1) 生物多样性的可持续。地球上生存的物种的种类和数量的多样性对于人类尤其是未来世代具有非常重要的意义。除非出于生命攸关的需要，人类无权减少生命形式的丰富性和多样性。(2) 环境和资源能源的可持续。罗马俱乐部创始人佩西指出，“在涉及代际问题时，必须对传给下一代的资源基础的质量明显地加以约束。因为资源基础的质量限定了每一代人的生存条件，并在更大程度上限定了每一代人的福利问题。”[②]因此，当代人应该限制不可更新资源的消耗并把这种消费水平维持在满足当代人的基本需要上，其经济活动也应主动接受自然环境和资源容量的限制和约束。(3) 社会制度安排的可持续。现代社会的民主、法治、人权保障等各种社会基本制度保证了社会的和平与稳定、保护了人们的自由和人权。要尽量保持这种社会制度安排的持续性。同时，也要给后代人保留进行修改和完善的权利。

（三）公平储蓄原则

正义的储存原则是代际之间的相互理解和伦理关怀，主要体现在两个方面：(1) 家庭中的公平储蓄。诚如厉以宁所言，“社会成员总希望生活渐渐好起来，总希望子女的生活能过得比自己这一代好一些。这就是‘生活中的希望’”[③]。家庭中储蓄率的确定正是受这一“希望”支配和主导的，它体现了家庭中的利他主义。(2) 整个社会的储蓄率。罗尔斯指出，在原初状态中，人

---

① 魏伊丝：《公平地对待未来人类：国际法、共同遗产与世代间衡平》，汪劲等译，法律出版社 2000 年，第 41—42 页。

② 转引自章伶：“从经济人到可持续性——自然资源经济学基本换范的转变”，《中国社会科学辑刊》，1995 年 5 月春季卷。

③ 厉以宁：《超越市场与超越政府——论道德力量在经济中的作用》，经济科学出版社 1999 年，第 175 页。

们"为了紧邻的后代所愿意储存的数量和他们感到对自己的前一代有权利要求的数量之间达到平衡",这"可以被视为是代际之间的一种相互理解,以便各自承担实现和维持正义社会所需负担的公平的一份"①。在罗尔斯看来,社会公平储蓄有两种类型:其一,可再生性社会资源的储存。这主要是指每代人所创造的社会财富的储存。其二,非可再生性资源的储存。因为,前代人对非可再生性资源的过度消耗意味着后代人对非可再生性资源的较少占有。要重视非可再生性资源的储存,确立既满足当代人的需要,又不对后代人满足其需要的能力构成危害的发展思路。

总之,代际正义原则强调当代人在获取体面生活的同时,有义务保障后代人的生存权利。它建立在通过确立具体的正义储备而形成的必要保护和可持续性的基础上,要求既满足当代人生活的需要,又给后代人留下美好生活的机会,从而推动文明的传递和人类社会的不断进步。这也是当代人必须承担的一种保证后代人获得可持续生存发展和享有人类文明公平机会的基本义务。

三、实现代际正义的制约性因素

对于可持续发展条件下的代际正义,各国政府和研究者大都认为,相对的公平是可以做到的,可持续发展也是可以期待的。但现实表明,人类与自然界之间还无法达到一种和谐共处的状态,国家之间、地区之间仍存在着极不平等的发展条件和权利,在经济社会发展中,人们并没有履行好自己对子孙后代的责任和义务,保障子孙后代生存和发展的环境资源依然在恶化和过度消耗。实现可持续发展视野下的代际正义还存在着种种障碍。

人的认知的局限性及难免的功利主义倾向。代际正义要求当代人的发展不能影响到后代人的发展,而实际上当代人的许多行为后果已经给后代人造成了无法克服的困难。因为与后代人相比,当代人在对资源的开发利用上处于一种无竞争的主导地位,满足自身的生存发展需要往往是当代人的第一考虑。由于人的认知局限及其难免的功利主义倾向,使当代人很难理性、自觉地站在后代人的角度考虑问题。即使是作为公共政策目标的分配正义而言,也存在着忽视代际正义而偏重代内正义的结构性缺陷。如政府在解决公平问题时,总是设法让穷人的境况逐渐好起来,而不能使富人的境况坏下去,其"公共政策只有当他们提高(最大化)最穷(最低收入)人群组的福利时,才

---

① 约翰·罗尔斯:《正义论》,第279—280页。

应该被采纳执行”。[①] 可见，人们在实现代内正义目标时，不是靠清教徒式的节俭，而是靠成本的不断投入，靠自然资源利用量的不断增加，来最大限度地提高社会平均效益，并扩大其在穷人当中的得益面与得益程度的。当代人公共政策的这种具有明显缺陷的功利主义倾向，难以对超越资源与环境的承载能力、过度追求当代人自身利益的要求进行有效限制，结果必然会影响未来人发展的条件，从而制约经济、社会的可持续发展。

难以实现的代内正义问题的制约。代内正义强调当代人在利用自然资源、满足自身发展的机会均等；在谋求生存利益上权利均等；在“只有一个”的地球上，不同国家和地区享有权利和义务的公正和平等。从一定意义上讲，代内正义是解决代际正义的前提和条件，如果代内正义问题不解决，代际正义只是一句空话。现实地看，当今世界的代内正义问题尚未解决。不论是在国家、地区之间，还是在不同群体、个人之间，严重的不公平是有目共睹的事实，正如原联合国粮农组织总干事所说：“真正的敌人是贫穷和社会不平等，怎么能让饥饿的人们在生存都无法保证的情况下，来保护自然资源和环境以及为后代创造财富呢？”[②]如果代内正义作为一个问题还不能解决，代际正义又如何能够实现？

缺乏实施代际正义有效的法律和监督机制。首先，缺乏后代人及自然的有效监督。由于后代人权利主体的缺失及不在场、自然的被动性等，他们的代言人只能是当代人。当代人既是自己利益的主人，又是后代人、自然的利益代表者。在代际正义问题上，当代人既是行为的实施者，又是唯一的监督者。这就使得当代人对当代人自己行为的监督只能建立在自觉自愿自省的基础上，没有制约性。其次，当代人之间的监督不力，尤其是国家间的监督会因利益而相互妥协。如在环境问题上，各个国家可能都会强调自己经济发展的权利，而对全球环境的不断恶化采取“各扫门前雪”的利己主义策略。由于各国的利益趋向不同，存在着自己的特殊利益，在对待公正性的问题上也不可避免地存在双重倾向：一是相对后代人和自然来说更倾向于保证当代人的利益；二是相对当代人来说更倾向于保证本国的利益。这就使得现实的利益主体为达到互利的目的而相互让步，从而使彼此之间的监督力度存在被消减的危险。

代际“储存率”难以量化。罗尔斯认为，正义的储存原则“就是这样一个

① 保罗·萨缪尔森等：《经济学》(第12版)，高鸿业译，中国发展出版社1992年，第1256页。

② “联合国粮农组织认为贫穷加速环境恶化”，《人民日报》1992年6月2日。

问题：即不计时间地同意一种在一个社会的全部历史过程中公正地对待所有世代的方式”。[①] 然而，问题的难点在于：当代人消耗了资源，怎样为下一代作出合理的回补。每一代人总是从前人留下的不可更新的资源存量、生产力、资金起步的，以此为开创和发展基础。每一代人都应该有平等的发展机会，按其付出的劳动获得对等的享受。如果过多地为未来几代着想，储蓄、投资和消费资源收费过高过大，当代人就会负担过重过大。现有的资源存量是保存了，但经济发展减缓或停滞了，当代人自身的需求难以满足。反之，如果当代人偏爱自己的有生之年，追求眼前的最大利益，替代量过低过小，社会就会加快或加大开发和利用自然资源，甚至形成掠夺式的浪费，从而造成资源匮乏，影响后代人的生存和发展。所以，代际正义要求在制度上作出“适度开发”和“适度消费”的安排，寻求适度的替代率和公共贴现率。1995 年世界银行制定了一种新的财富计算法，认为把因消耗掉资源而增加的收入，用于投资尤其是开发人力资源方面，即在教育、营养和医疗保健方面投资，某些替代是可能的，代际正义是可以落实到行动中的。但代际“储存率”依然存在着难以量化的问题，从而影响正义的储存原则对可持续代际关系的伦理支持。

四、代际正义实践机制探索

虽然实施代际正义存在着各种障碍，但面对全球范围内的资源短缺、环境污染、人口剧增、生态破坏等严峻问题，面对自然界的报复，理性的人们开始重新思考人与自然的关系、人类的行为模式，并倡导代际正义和可持续发展，给子孙后代留下一个良好的生存空间。必须顺应可持续发展的时代潮流，积极探索实现可持续发展视野下的代际正义的有效途径，从整个人类的延续性上看待人类发展过程中的公共利益问题，处理好人与自然、人与人、人与社会之间的关系，更好地促进经济、社会的可持续发展。

树立正确的发展观和消费观。可持续发展的核心是发展，消除贫困是实现可持续发展的必不可少的条件。可持续发展并不否定经济增长，但批判那种把增长等同于发展的传统模式，可持续发展强调健康的经济发展应该建立在生态持续能力、社会公正和人民积极参与自身发展决策的基础上，是质与量相统一的发展，它重视代际之间的协调，强调不应当只考虑当代人的利益而置子孙后代的利益于不顾。必须立足当代社会的发展实践，重新认识人在自然生态系统中的位置及责任，适度调整其生存方式和发展目标，既要使当

---

① 约翰·罗尔斯：《正义论》，第 279 页。

代人的各种需要得到满足，个人得到充分发展，又要保护资源和生态环境，不对后代人的生存和发展构成威胁。同时，要提倡适度消费。“消费问题是环境危机问题的核心，人类对生物圈的影响正在产生着对于环境的压力并威胁着地球支持生命的能力。从本质上说，这种影响是通过人们使用或消耗能源和原料所产生的。”[①]人们消费方式不当，会造成资源浪费，加剧环境恶化。必须树立适度消费观，倡导适度消费，反对过量消费；倡导绿色文明消费，反对奢侈消费。

强化责任意识，发达国家应该更积极承担生态危机的责任。从道义上讲，所有国家都应该对环境问题承担公平的责任，但这并不意味着每个国家都应承担同样的责任。“从历史观点来看，富裕国家到达今日发展阶梯之顶端是通过采用最为廉价和直接的方式和对环境和劳工健康的客观消耗来达成的，因而今天出现的地球变暖和臭氧层消耗等问题，基本上是富裕国家以前采取高速度、低成本的发展方式所造成的后果积累而成的。因此出于实际和道义上的双重需要，富裕国家应当作出经济补偿，以使相对贫困的国家能够有一个公平的机会发展自身”。[②] 发达国家应该在保护全球环境中率先行动，率先削减其污染物的排放量，率先在生产和消费方式上作出实质性的改革，并对发展中国家提供更多的、不附加商业性条件的资金和技术以帮助他们提高保护环境的技术和能力。

正确处理好长远发展和短期利益的关系，大力发展绿色产业。要妥善处理长远发展与短期利益的矛盾，合理利用自然资源，大力发展绿色产业。要合理估算自然资本的价值并纳入经济体系，实施可持续生产和消费。减少对自然资本的消耗，提高自然资本的利用率，以最少的资源实现最大的利益；做好产品售后的回收环节，并负责其全部产品消费后的回收再利用；开发、利用人力资本，减轻自然资本的消耗；使自然资本的恢复成为盈利的行业。此外，在发展指标上，不再单纯用 GDP 作为衡量发展的唯一指标。应该建立绿色 GDP 核算体系，把环境污染造成的损失纳入 GDP 的核算之中。

建构代际正义的制度体系。代际正义的实现以有效的社会制度的客观存在为前提。代际正义的制度建构应该包括制度设计与制度实施两个方面。制度设计要以代际关系的可持续发展为目标。可持续发展的核心问题是社

---

① 施里达斯·拉尔夫：《我们的家园——地球》，夏堡等译，中国环境科学出版社 1993 年，第 13 页。

② 麦克迈克尔：《危险的地球》，江苏人民出版社 2001 年，第 352 页。

会资源的代际分配。如何在代际间进行社会资源的合理分配与适当消费,使当代人与后代人共享有限的社会资源,实现利益互赢,是制度设计必须考虑的。制度设计的总原则是:既不能竭泽而渔,又不能为了后代的福利而牺牲当代人的合理幸福。制度实施的目标在于通过公共权力的伦理运作使制度得到公正实施。罗尔斯说:"形式的正义是对原则的坚持,或像一些人所说的,是对体系的服从。"[①]这种坚持不仅是慑于正式制度的国家强制力的一种被动接受,更重要的是由于对制度道德"合法性"的认可而产生的一种发自内心的遵从和坚守。

总之,可持续发展视野下的代际正义是从时间、空间特性和人类认识能动性出发提出的当代人类应有的责任感和对未来人类利益的义务感。代际正义的真正实现,归根结底要诉诸当代人的实践和以后若干代人共同的努力。对代际正义问题的探讨能使人们从一种正义的角度深入思考后代人的利益和价值,思考自身的生活方式和消费方式,而不再认为当代人关注后代人利益的行为仅仅是一种仁慈或者施舍,使人们能够站在人类共同体的角度上思考问题,不再把自然资源当作"天赐之物",而把它看作是全人类的共享资源,树立正确的消费观,通过合理的制度安排和制度设计,在代际之间实现人类对资源、生态、环境的共同利用,给子孙后代留下一个良好的生存和发展空间,从而促进人类的可持续发展。

---

① 约翰·罗尔斯:《正义论》,第54页。

贫富悬殊、按劳分配与创新发展

——基于对《21世纪资本论》的批评

徐大建*

［提要］ 贫富悬殊是当今时代的一大社会问题，皮凯蒂的《21世纪资本论》探讨了欧美各国近300年以来的财富分配和贫富悬殊问题，切中时弊，引起了学术界的巨大反响。本文以《21世纪资本论》作为讨论财富分配问题的平台，分析批判了皮凯蒂的财富分配思想，对财富的公平分配原则和标准以及它们与创新和经济发展的关系提出了自己的看法。本文的核心观点是，皮凯蒂虽然以大量数据对市场经济体制本身必然会产生贫富悬殊的机制进行了解读，并据此提出了全球资本累进税的政府干预方案，但由于他在资本的来源中没有区分不含劳动的无风险纯资本收益、含有劳动并带有风险的金融资产收益、以及作为创新性劳动报酬并带有风险的知识产权收益和股票期权收益，其全球资本税干预方案虽然可能有效缓解市场经济导致的贫富悬殊问题，但也可能阻碍创新和经济增长。因此我们在制定应对贫富悬殊问题的资本税政策时，应当注意其税收品种和累进税税率对创新性劳动的不利影响。

经济学所研究的经济活动虽然包括财富的生产和分配，其核心问题却始终是旨在生产决策的资源配置问题。

古典政治经济学的核心问题是物质财富的性质和生产问题，其探讨虽然涉及财富的分配问题，其最大成就却是以经济增长为中心的市场体制理论：只要政府能够通过法治消除市场欺诈和垄断，以公平竞争为基础的市场价格体系就能有效地配置资源。至于财富的分配，那是由投入的生产要素决定

---

* 作者徐大建，上海财经大学人文学院教授。该文已发表于《上海财经大学学报》2016年第3期。——编者

的。亚当·斯密等人承认，尽管由资本带来的利润和土地带来的地租来自劳动创造的财富，属于不劳而获，但只要不妨碍经济发展，由生产要素决定的财富分配状况就是理所当然的。[①] 李嘉图等人虽然担心，由于人口和产出的稳步增长会使得土地资源越来越稀缺，进而导致地租的上涨和财富分配的失衡，危及社会稳定，但由于这种担心脱离了工业化大生产的本质而陷于空想，并未使财富分配问题成为古典政治经济学的核心问题。[②] 财富的分配仅仅是物质生产活动中资源配置的一个环节。

马克思对古典政治经济学进行了深刻的批判，他的政治经济学批判第一次深刻地揭示出，资本主义生产方式由于其生产资料私有制与社会化大生产的内在矛盾，存在着生产过剩和周期性经济危机不断加重乃至社会崩溃的必然趋势。在这一过程中，由市场竞争导致的贫富两极分化、财富和资本不断集中的趋势起着关键性的作用。由此，财富分配问题成为马克思政治经济学的核心问题。

由于马克思的深刻批判，二十世纪二三十年代席卷欧美的经济大危机迫使欧美相继实施了罗斯福新政和凯恩斯主义的宏观经济调控，"二战"后英国等欧洲国家又开始推行福利国家政策。这样的变革使得在欧美发达国家一度盛行的自由资本主义市场经济演变为政府干预性的市场经济，并使得它们进入了消费社会，西方发达国家的贫富悬殊在"二战"后一度得到缓和。

市场经济社会的这种演变和社会贫富分化得到缓和使得西方主流经济学对财富分配的不平等得出了乐观的结论。库兹涅茨于"二战"之后第一次系统地运用历史数据和统计工具，发现美国的收入不平等于1913—1948年突然减少，由此提出了一个乐观的理论：他虽然提到，这种社会贫富差距的缩小是由于"大萧条"时期和"二战"后的多重外部冲击造成的，但却认为，撇开任何政策干预和外部冲击不谈，经济发展的内在逻辑也可以产生同样的结果。随着工业化的进展，由于越来越多的公众参与分享经济增长的丰硕成果，收入不平等会自动减缓(11－15)。这种乐观倾向，使得自20世纪以来在西方占主导地位的新古典经济学虽然经历了边际革命和数学化，其市场理论与斯密等人的古典经济学却并无根本区别，忽视贫富两极分化而不重视财富分配问题。

---

① 参阅亚当·斯密：《国民财富的性质和原因的研究》(上卷)，商务印书馆1972年，第43—45页、47页。

② 参阅皮凯蒂：《21世纪资本论》，巴曙松等译，中信出版社2014年，第6页。(本文括号的页码如无特别注明，均为该书页码。——编者)

然而,西方发达国家的贫富悬殊、生产过剩和经济危机虽然在“二战”后一度得到缓和,但并没有解决市场经济社会的基本矛盾和贫富两极分化的趋势。自20世纪80年代以来,随着世界范围的贫富差距扩大以及由此引起的经济社会问题,财富分配问题已成为伦理学、政治学和经济学的热门问题。正是在这样的背景下,法国经济学家皮凯蒂经过艰苦的资料收集和数据分析,于2013年发表了《21世纪资本论》一书。此书以丰富的历史资料和数据,探讨了18世纪以来300年间全世界特别是欧美各国的财富和收入分配的走向,揭示出贫富两极分化是市场经济社会内在固有的趋势,对主流经济学忽视贫富两极分化问题提出了严厉批评,并认为财富分配才是经济学的核心问题,引起了经济学界和学术界的震动。

一、贫富两极分化是市场经济运行的必然结果

《21世纪资本论》的核心问题是财富分配问题,其基本观点是:库兹涅茨关于经济发展自身能够消除贫富两极分化的理论是全然错误的,就决定财富分配的经济运行机制而言,市场经济的固有趋势是财富分配的不平等和日益扩大。根据西方发达国家在收入、资本、人口、增长率等方面的历史数据分析表明,自18世纪工业革命以来,西方主要资本主义国家300余年的贫富差距大致经历了3个阶段:从18世纪初至“一战”前,贫富差距持续扩大并达到历史高点;自“一战”到“二战”后的30多年时间里,贫富差距有所下降并以下降后的差距水平维持到20世纪七八十年代;而自那时以来,贫富差距则重新出现扩大趋势并于本次金融危机爆发期间达到高点。尽管库兹涅茨关于1913—1948年美国的收入不平等状况下降的说明大体是正确的,但他关于经济发展的内在逻辑也可以产生同样的结果的预测显然是错了,因为,导致西方发达国家贫富差距在“一战”到“二战”后的30多年时间里有所下降的原因是“源于战争以及为应对战争冲击而出台的一系列政策”(21、279－280),与市场经济本身的运作无关。如果没有政府干预等政治伦理因素,市场经济的运行必然会导致贫富差距日益扩大。由于市场机制本身的运行在当前的社会生产中起着主导作用,西方发达国家于21世纪的今天正在重复19世纪那种会产生严重经济社会问题的不可持续的收入不平等,这就必须重视财富分配问题,将财富分配问题视为经济学的核心问题,寻找可能的解决问题之道。

在皮凯蒂的财富分配分析框架中,财富可分为作为存量的财产和作为流量的收入两个部分。就财产与收入的关系而言,一方面,财产是指“能够划分

所有权、可在市场中交换的非人力资产的总和,不仅包括所有形式的不动产(含居民住宅),还包括公司和政府机构所使用的金融资本和专业资本(厂房、基础设施、机器、专利等)"。简而言之,主要包括房地产和金融资产两部分,它们能够带来收入,因此皮凯蒂把财产等同于资本(46－47)①,其带来的收入就是资本收入,包括全部不动产的收入(主要是房租)和金融资产的收入(例如体现了企业利润的股权红利、债权和银行利息,也包括知识产权收入)。另一方面,财产又来源于收入,除了财产本身带来的包括遗产在内的资本收入外,收入主要来自劳动收入,即"工资收入",扣除遗产之后的资本收入加上劳动收入,大致相当于国民经济的净产出。这样来定义资本和劳动收入虽然与传统的看法不太一致,容易引起质疑,却由于资本分配蕴含着资本收入的分配,我们便能够将财富分配简化为资本的分配和劳动收入的分配。按照这样的概念分析框架,皮凯蒂运用数据分析,对欧美主要发达国家的财富分配状况及其演变得出了 3 个具体论点。

(一) 无论是从历史还是从现状看,欧美发达社会中的财富分配都是高度不平等的,而这种财富的高度不平等分配,主要体现在资本或财产及其收入的不平等分配之上。

尽管财富分配可分为资本分配和劳动收入分配两个方面,但是,"资本导致的不平等总比劳动导致的不平等更严重,资本所有权(及资本收入)的分配总比劳动收入的分配更为集中。……劳动收入分配中收入最高的 10%的人一般拿到总劳动收入的 25%～30%,而资本收入分配前 10%的人总是占有所有财富的 50%还多(在有些社会高达 90%)。……工资分配底层的 50%总能占到总劳动收入的相当比例(一般为 1/4～1/3,与最上层 10%的人大体一样多),而资本收入分配底层 50%的人一无所获(总是低于总财富的 10%,一般低于 5%。或者相当于最富有 10%的人 1/10)。劳动方面的不平等一般较为轻微或者比较适度,甚至是合情合理的……相比而言,资本方面的不平等则总是很极端。"(248)

具体而言,在 1910 年,欧洲最上层统治阶级 1%的人占有社会总资产的 50%,其后 9%的富裕阶层占有 40%,两者合计最上层 10%的人占有社会总

① 皮凯蒂将财富分配分为两个方面:作为存量的资本(即财产)分配和作为流量的收入分配,作为流量的收入又包括资本收入和劳动收入(工资)。但在《21 世纪资本论》的中文版中,"财富"一词的主要含义是指资本,这样"财富"就有了两种含义,一种含义只是指资本,另一种含义还包括收入。为了避免误解,除引文外,本文所说的"财富"包括资本和收入,而将资本称为"财产"或"资产",不称为"财富"。

资产的90%,中间的40%中产阶层占有社会总资产的5%,而最下层50%的人也占有社会总资产的5%,所谓的中间阶层与最下层人民贫富相差不大,整个社会是一个少数人极富裕而大多数人极贫困的贫富悬殊的社会。到了2010年,美国最富有的10%人群拥有全部资本的70%,其中有一半为最富有的1%人群所有。在此10%人群之下的40%人群,即中产阶级,拥有全部资本的大约25%(其中很大部分为房产),全部人口中剩下的50%几乎一无所有,只拥有总财富的5%,同时期典型的欧洲国家稍微平均一些:最富有的1%人群拥有25%的总资本,中产阶级拥有35%,其余阶层与美国相同。相对于1910年欧洲中产阶级不拥有任何财富的极其不平等的“承袭制社会”,2010年的欧美社会虽然多出了中产阶级这个规模的财产所有权,但这样的财富分配仍然是极其不平衡的(252)。

因此,资本及其收入的不平等是导致贫富差距拉大的根本因素,即便20世纪与21世纪之交工资收入的不平等也是造成晚近欧美发达国家贫富差距扩大的原因之一,但这种工资收入的不平等迟早会通过储蓄和承袭转化为资本及其收入的不平等,成为贫富差距扩大的根本因素(340、391)。

(二)造成欧美发达社会这种财富高度不平等分配的原因,主要在于市场经济体制本身的运行,而其具体机制则在于,“r>g(资本收益率>经济增长率)”是市场经济的基本规律。

皮凯蒂认为,历史数据表明,市场经济本身的运行含有r>g即资本收益率始终大于经济增长率的规律(590,362-367)。由于资本收益率等同于资本增长率,经济增长率又等同于国民收入增长率,因此r>g意味着,如果没有政治和社会的外部力量冲击,市场经济本身的运行必然会导致资本或财产的增长快于国民收入和劳动收入的增长,长此以往又会导致资本/收入比与资本收入占国民收入比重的不断上升。① 而由于初始资本分配的不平等,资本收入越来越高于劳动收入的趋势就必然会使资本或财产越来越集中、贫富差距越来越大。用皮凯蒂本人的话来说,“如果g=1%,r=5%,节约下1/5

① “资本/收入比”是“某个时点上的财产总额”与“某段时间内(一般为一年)生产与分配的产品数量”之比,皮凯蒂发现,当今发达国家的“资本/收入比”大约为5~6,即人均私人财富大约是15万~20万欧元,而人均国民收入大约是3万~3.5万欧元。由此可导出:资本收入占国民收入的份额=资本收益率(r)×资本/收入比。上述论证也可以表述如下:由于资本/收入比=储蓄率/经济增长率(s/g),当r=g时,资本收入占国民收入的份额=储蓄率(s),这意味着,唯有资本收入全部变为储蓄或投资时,才能保持“资本/收入比”的长期稳定;因此,当r>g、使得资本收入占国民收入的份额>储蓄率时,就会导致储蓄率上升,从而导致资本/收入比上升,随之又会导致资本收入占国民收入的份额上升。

的资本收入(消费掉剩下的 4/5)就已足够保证从上一代继承下来的资本可以与经济增速保持一致。如果财富足够多,不必消耗完每年的租金就可以过得很好,从而有更多的储蓄,那么财富的增长将快于经济的增长,即使没有从劳动中得到收入,财富的不平等也会有扩大的倾向”(360 - 361)。

当然,皮凯蒂并不否认 20 世纪末以来的工资收入差距扩大也是造成欧美发达国家贫富差距扩大的原因之一。法国从 1982—1983 年,至 2010 年,“国民收入中的利润比重飞速上涨”,“资本/收入比几乎回到了一战前夕的水平”。与此同时,“工资不平等再次上升”,“尤其是大型企业和金融机构高管们的报酬达到了惊人的程度”,两者共同使得收入不平等上升。美国在这一时期的财富分配差距扩大趋势则更为明显,从 1980 年至 2010 年,前 10%人群的收入占总收入的比重从不足 35%上升至近 50%,其中前 1%人群的收入比重上升得最快最大。而在这样的贫富差距扩大中,工资收入不平等所起的作用更甚于欧洲:工资收入最高的 1%人群在全部工资收入中所占的份额为 12%,其下的 9%人群占 23%,中产阶级的份额大约为 40%,剩余的 50%人群拥有 1/4 左右。相对而言,欧洲的工资收入不平等要小一些:最高 10%人群的份额略低,另两个群体的份额略高(295 - 300、251)。与 20 世纪初的贫富差距几乎全是由资本及其收入的差距所决定不同,欧美发达国家 21 世纪初的贫富差距扩大在很大程度上也是由工资收入的不平等造成的,从而使皮凯蒂将前者称为“食利者社会”,而将后者称为“经理人社会”。

但皮凯蒂强调,高工资收入并不能被消费掉而总是会转化为财产或资本及其收入。因此,“发挥决定作用的还是不平等规律 r>g,大部分的财富集中都可用该规律解释。不论一个 50～60 岁年龄段的人的财富是挣来的还是继承来的,只要财富超过了相应的界限,那么资本就会不断自我复制并开始加速累积。r>g 这一规律意味着,每个创业者最终都会变成食利者”(406)。总而言之,即资本收益率超过经济增长率造成的过高资本收益是导致贫富两极分化的根本原因。

(三) 虽然造成贫富悬殊的原因主要在于市场经济体制本身的运行,但决定财富分配状况的因素还有社会和政治等各种其他因素。为了解决贫富悬殊的问题,主要应当依靠资本税等政治伦理因素。

皮凯蒂认为,就市场社会而言,有两种主要力量推动着财富分配的动态变化,推动财富分配趋同或差距缩小的主要力量是“知识的扩散以及对培训和技能的资金投入”,因为它能“使整个社会群体从经济增长中受益”,而推动财富分配分化或差距扩大的主要力量是资本收益率高于经济增长率所导致的过高资本收入,以及劳动收入分配差距的扩大。在这两种力量的较量中,“无论传播知识和技能的力量有多么强大,……它都可能被强大的敌对力量阻挠和击溃,从而导致更大的不平等”(22-24)。不过,除了对知识和技能的投资之外,还有政府政策等其他因素也能够缩小财富的不平等分配。

例如,19 世纪欧美发达国家极为悬殊的财富分配差距在 20 世纪发生了显著的缩小,就不是由于经济体制本身运行的结果,而是源于一系列外在的政治等因素的冲击。以法国为例,法国 20 世纪收入不平等程度的显著缩小,完全来自上层人群资本收入的减少:自 1910 年以来,法国前 10%人群的收入占国民收入的比重从“一战”前的 45%～50%下降至今天的 30%～35%。这种不平等程度的缩小主要是因为资本及其收入分配不平等程度的缩小,与劳动收入分配的不平等无关,因为从 1910 年至 2010 年,法国工资收入的不平等程度没有变化,工资收入最高的 10%人口的收入始终保持在总工资收入的 25%,而工资收入最低的 50%人口的收入也始终保持在 25%～30%。进一步的数据分析表明,法国收入不平等的这种缩小很大程度上集中于 1914—1945 年,在这一时期,前 10%和前 1%人群的收入占总收入的比重跌至谷底并延续至今。这就说明,这些人群资本收入的坍塌式下降,是因为这一时期两次大战、经济大萧条以及高额累进税等各种公共政策对私有资本或财产造成了极大的破坏(276-280)。

基于以上的数据分析和理论解读,皮凯蒂最后对欧美发达国家的财富不平等分配趋势作了悲观的预测,并提出了相应的政策建议。

在他看来,一方面,21 世纪欧美发达国家的平均资本收益将维持在 4%～5%,另一方面,无论采取何种经济政策,无论怎样通过投资教育、知识和无污染技术来促进经济增长,发达国家在 21 世纪的经济增长率都不大可能提高到 4%～5%,而大致会保持在 1%～1.5%。于是,“r＞g 可能将再度成为 21 世纪的准则,就像它曾经贯穿历史,直到第一次世界大战前夜一样。”这是一个令人可怕的前景,而要避免这样的前景,“正确的解决方案是征收年度累进资本税。……100 万欧元以下的财富的税率为 0.1%～0.5%,100 万～500 万欧元为 1%,500 万～1 000 万欧元为 2%,几千万或数十亿欧元的税率高达 5%或 10%”(590-591、225)。

二、按劳分配的救治方案

皮凯蒂为了遏制贫富差距扩大而提出征收财产税或资本税的主张,实质上乃基于按劳分配的价值观念。

显然,除非基于某种目的或价值追求,单凭事实是无法提出任何政策建议的。同样,关于财富分配的政策建议需要基于公平合理的价值追求之上:除非认为贫富悬殊是不公平不合理的,否则就没有理由提出任何建议去遏制贫富悬殊。因此,关于财富分配的政策建议是否合理的关键问题之一便在于,什么样的财富分配状况和分配原则是公平合理的?但对这一问题,《21世纪资本论》并没有进行系统的论证,也没有给出十分清晰的答案,而只是提出了两个皮凯蒂所说的价值共识。

(一)贫富悬殊之所以是不公平不合理的,并非因为完全平等或均等的财富分配才公平合理:“不平等本身未必是坏事,关键问题是判断它是否为正当的,是否有存在的理由”,而是因为,唯有公共福祉,即“有利于全体公众特别是有利于最弱势的社会群体,……将基本权利和物质福利尽可能覆盖每一个人”,才是衡量财富分配是否公平合理的标准,“因为这最有利于那些权利最小和机会最少的弱势群体”;“在权利方面,人人与生俱来而且始终自由平等,非基于公共福祉不得建立社会差异”(20、494、1)。

(二)贫富悬殊之所以是不公平不合理的,是因为贫富悬殊是极少数人凭借不劳而获的资本收入或高额工资收入占据大部分社会财富形成的“承袭制社会”和“食利者社会”。

皮凯蒂根据数据分析强调,“1900—1910年资本收入在最高1%人群的收入中占据了绝大部分比重。1932年,尽管处于经济危机之中,资本收入仍然是收入分布中最高0.5%人群的主要收入来源。”今天的情况虽然有了意义深远的变化,即社会已“从‘食利者社会’走向了‘经理人社会’,也就是说,从一个由食利者占最高1%的社会,转向一个最高收入层级主要由那些靠劳动收入为主的高薪个体构成的社会”,但与此同时,和过去一样,“随着收入阶层的逐步提升,劳动收入的地位逐步削弱,而在收入分布最高1%和0.1%中,资本收入越来越占主导地位——这一结构性特征并没有改变”(280-283,284-286、300-302),另一方面,这些人数极少的高薪阶层迟早也会变成食利者。

针对有些美国经济学家认为高级经理人的超高收入是对他们的劳动成果即个人才能和成就的物质回报的看法,皮凯蒂进行了驳斥。皮凯蒂认为,“从个体‘生产率’角度为这部分人的高薪寻求客观依据是十分天真的。当工作是重复性劳动时,我们可以估计每增加一个工人或服务生带来的‘边际产出’的增加。而当个体的工作职能具有独一无二的性质时,这一误差幅度将大得多。实际上,一旦我们在标准经济模型中引入信息不对称假设,则‘个人边际生产率’这一概念将变得很难定义。……唯一合理的解释是:那些有权决定薪酬的人天然拥有对自己慷慨的动机,或至少会对自己的边际生产率给出过度乐观的估计”(338-339)。换言之,皮凯蒂并不认为那些高级经理人的超高薪酬其实属于劳动收入,因而一旦当它们转化为资本时,也应该征收高额累进税。

总之,贫富悬殊之所以不合理的价值观依据主要有两个方面:不利于公共福祉以及不劳而获。但这两个方面是可以通过按劳分配加以克服而关联在一起的:一方面,贫富悬殊有利于少数不劳而获的富人而不利于广大辛勤劳动的平民,不符合民主社会的平等价值观,会导致社会危机乃至战争,因此是不可控和不可持续的(2、485-486);另一方面,按劳分配不仅能够消除不劳而获,而且不会产生贫富悬殊而有利于每一个人。换言之,唯有按劳分配才能达到公平的财富分配。

不可否认,按劳分配大概是西方经济伦理中争议最小的财富公平原则,无论是古典正义理论的代表亚里士多德的正义原则、古典经济学的代表人物亚当·斯密的经济分配理论、马克思的《资本论》、还是当代罗尔斯的正义理论,都蕴含着按劳分配的原则。然而,按劳分配又仅仅是一个抽象的原则,要具体贯彻这一原则,还会遇到许多复杂的问题。就它的“不劳动者不得食”的第一层含义来说,会涉及这样的问题:资本收益是否涉及劳动呢?而就它的“按劳动份额进行分配”的第二层含义来说,则又会涉及:如何衡量劳动份额?是仅仅考虑劳动时间?抑或还要考虑到劳动成果、进而涉及与劳动成果有关的其他因素如人的能力、市场风险等?于是会产生各种不同的按劳分配方案,例如只考虑劳动时间的计时工资制、考虑到劳动能力的计件工资制、综合考虑劳动时间和劳动能力的底薪加奖金制,乃至包括市场风险在内的个人边际生产率工资制等等。具体的按劳分配方案并不存在唯一正确的模式。

那么皮凯蒂提出的资本税救治方案体现了哪一种具体的按劳分配原则呢?

如前所述,在皮凯蒂看来,20世纪中期西方发达国家贫富差距缩小的因素,除了战争等外部冲击之外,主要的途径有两条:政府干预性质的税收政策和对教育的投资。遗产税和房产税等财产累进税能够遏制资本或财产的集中度,所得累进税能够遏制不劳而获性质的资本收益和高额工资收入的增长,对教育的投资能够普遍提高大众的劳动能力从而平抑劳动收入的差距;而20世纪末以来西方发达国家贫富差距重新扩大的主要原因,则在于政府为了刺激经济而导致的遗产税和房产税等财产累进税以及所得累进税税率的倒退(522-523)。因此,要避免21世纪重复19世纪的社会因贫富悬殊而走向危机乃至战争的覆辙，救治的办法除了加大教育投资的力度与提高最低工资标准之外，主要的途径是调整政府税收政策：除了保留原有的所得（包括资本收入和劳动收入）累进税和财产累进税并加以调整之外，还要增加一个新的税种即资本累进税。这一资本税不同于原有财产税的地方在于，原有的财产累进税不计入金融资产，而资本累进税除了要计入房地产之外，还要计入全部金融资产（314、316－317、533－534）。

就体现按劳分配原则而言，皮凯蒂遏制贫富悬殊的方案主要体现了按劳分配的第一层含义，即不劳而获是不正当的或“不劳动者不得食”：由于资本收益和超高工资收入属于不劳而获，食利和承袭制是不正当的，所以应当通过保留原有的所得（包括资本收入和劳动收入）累进税和财产累进税并加以调整，来遏制资本收益、超高工资收入和财产的不合理增长，并通过增加新的资本累进税来进一步遏制财产及其资本收益的不合理增长。至于按劳分配的第二层含义，即财富应当“按劳动份额进行分配”，由于皮凯蒂觉得劳动份额难以计量而将劳动收入等同于合理的工资收入，于是只能通过大力发展教育来提高底层人群的劳动能力，从而缩小工资收入的不合理差距，不过这一缩小贫富差距的措施在皮凯蒂的政策建议中不占主导地位。

从贯彻按劳分配原则的角度看，皮凯蒂政策方案是否合理的关键在于区分正当的劳动收入和不正当的不劳而获：工资收入作为劳动收入是正当的，应当通过各种办法提高它们在国民收入中的比重，而基于房地产等的租金收入和基于金融资产的股权红利、债权利息和知识产权则属于不劳而获的不正当资本收入，应当通过资本累进税降低它们在国民收入中的比重。

这样来区分正当的劳动收入和不正当的不劳而获，的确有其合理性。其一，将劳动收入归结为工资收入，包括企业家和高级管理人员的奖金和股票期权（309），这就考虑到了，影响劳动收入分配差距的要素不仅有劳动时间，也包括劳动能力，虽然不符合传统的劳动价值论，却避免了传统劳动价值论的缺陷：即忽视劳动能力的差异而仅仅以体力劳动时间来衡量劳动，由此仅把工人的工资视为劳动收入，而不加区分地把企业家的劳动收入与资本家的利润一概归入剩余价值和不劳而获，不仅抹杀了能力的价值，甚至会将脑力劳动归之于不劳而获。其二，将资本归结为财产，将资本收入归结为包括知识产权收益在内的基于不动产的租金以及基于金融资产的股权和债权收入，虽然也不太符合传统的资本定义，拓宽了资本的外延，但也并没有违反资本的本质，反倒简化了财富分配问题。

但这样来体现按劳分配原则，也存在着一些明显的争议性问题。根据皮凯蒂的资本定义,他提出的新增资本累进税的财产计税范围应当包括3个方面的来源,(1) 遗产、无风险的不动产租金和国债利息等资本收入;(2) 含有风险的股权债权利息和知识产权等资本收入;(3) 企业家的奖金、股票期权等高额工资收入。问题在于:(1) 遗产、无风险的不动产租金和国债利息等资本收入尽管属于非劳动收入,应当通过税收加以遏制,但对于已存在遗产税和所得税的地区来说,新增的资本累进税明显属于重复征税;(2) 含有风险的股权债权利息和知识产权等资本收入大都属于风险投资收入,是要劳心劳力的,因此也包含着劳动与承担风险的收入,不应划入纯资本收益;(3) 激励性股权价值和奖金既然含有劳动所得,更不应划入纯资本收益。

三、按劳分配与创新和风险

从经济伦理的角度来说,合理的财富分配状况和分配原则不仅应当有利于公平正义,还应当有利于经济效率或经济发展。由于并不存在永恒不变的公平正义,当有利于公平正义的财富分配不利于经济发展时,我们便应当调整公平的财富分配,使之也有利于经济效率。

根据历史唯物主义的观点,财富分配是由生产方式决定的,财富的分配"只要与生产方式相适应、相一致,就是正义的;只要与生产方式相矛盾,就是非正义的。"[①]但从生产方式是否合理的角度来看,现实的财富分配方式是否公平正义,归根结底要看决定它的生产方式及其包含的产权制度是否适应或促进了生产力的发展:"当一种生产方式处在自身发展的上升阶段的时候,甚至在和这种生产方式相适应的分配方式下吃了亏的那些人也会欢迎这种生产方式";"只有当这种生产方式已经走完自身的没落阶段的颇大一段行程时,当它多半已经过时的时候,当它的存在条件大部分已经消失而它的后继者已经在敲门的时候——只有在这个时候,这种越来越不平等的分配,才被认为是非正义的,只有在这个时候,人们才开始从已经过时的事实出发诉诸所谓永恒正义。"[②]因此,财富分配的公平与否归根结底要取决于它是否有利于经济的发展。

就此而言,皮凯蒂的资本累进税建议蕴含着一个公平与效率的矛盾:它尽管能够消除不公平的贫富两极分化导致的尖锐的社会矛盾,甚至能够消除有效需求的不足而防止经济危机,但也有可能阻碍各种创新而阻碍经济发

---

① 《马克思恩格斯文集》(第7卷),人民出版社2009年,第379页。

② 《马克思恩格斯文集》(第9卷),人民出版社2009年,第155页。

展。由于按劳分配的原则并没有唯一的实施标准，因此在根据按劳分配原则实施资本累进税时，我们还应当考虑到财富分配的效率原则，即按劳分配的具体方案与创新和风险的关系。

具体地说，皮凯蒂为了缩小贫富差距提出的资本累进税政策，是建立在 r>g 即资本收益率大于经济增长率这一市场经济运行规律会扩大贫富差距的理论之上的，但这种理论和政策主张却蕴含着一种公平与效率的矛盾。一方面，r>g 会扩大贫富差距，为了缩小贫富差距就必须设法遏制 r>g，皮凯蒂的办法是增设资本累进税。但另一方面，r 从理论上说完全有可能因"资本边际收益递减律"而随着资本积累规模的扩大不断下降至小于 g，那么现实中 r 为什么会大于 g 呢？原因就在于人们的创新和技术进步打破了"资本边际收益递减律"，由于风险资本在创新和技术进步中发挥着巨大的作用，而运用风险资本进行创新以谋取资本收益和劳动收益是风险投资的主要驱动力，不加区别地征收资本累进税以遏制 r>g，就可能阻碍创新和科技进步，最终影响经济增长。

历史经验表明，科学技术的发展和各种创新是推动经济增长和人类历史进步的根本动力，但这种动力的背后是为了牟利引发的激烈竞争，需要资本的参与或运用资本的劳动。因此，运用风险资本进行创新是一把双刃剑，一方面能够推动经济增长，另一方面却能够加剧贫富分化。这是皮凯蒂的新增资本累进税一方面能够遏制贫富分化、另一方面也会阻碍创新进而阻碍经济增长的根源。

从近现代市场经济社会的发展来看，科技创新不仅是以大工业生产为特征的现代市场社会形成的核心要素之一，而且是克服因竞争而生产过剩发生的经济危机、使市场社会保持经济增长活力的根本要素之一。为了克服生产过剩引发的经济危机，除了设法缩小贫富差距来提高有效需求之外，根本的途径是创新和技术进步，用新产品来取代旧产品，例如用各种高产优质的农产品新品种取代传统的低产劣质的农产品品种，用数码相机取代光学相机，用激光光盘取代录音带，用液晶显示器取代显像管，乃至用智能手机将传统的电话机与电脑合二为一，如此等等。为了应对国际竞争、产能过剩和发展经济，发达国家无一不专注于科技创新战略，美国近年来制定了在清洁能源、注重生物技术和纳米技术的先进制造业、空间技术、卫生医疗领域和教育水平等 5 个方面作出突破性创新的战略计划；英国制定了在信息技术、现代服务业、清洁能源、航空和海洋风电等方面大力创新的战略计划；而德国则提出了旨在建立一个高度灵活的个性化和数字化的产品与服务生产模式、在技术和市场两方面都要继续处于领先地位的《德国工业4.0战略》,以区别于用机器替代人工的工业1.0、大规模零件制造和流水线整机生产的工业2.0、运用电子和信息化技术的机器人生产的工业3.0,其战略内容涉及互联网、物联网、供应链、信息安全、智能工厂、云计算等领域。①

然而,基于牟利和竞争的科技创新也造就了不同于小规模的传统农业生产和商业经营模式的大规模的现代工业生产和商业经营模式,从而使得创新性劳动成为贫富差距扩大的主要原因之一:在竞争中胜出的创新性劳动能够获得巨大财富,而在竞争中失败的创新性劳动则一无所有。传统社会的贫富悬殊是由权力和财产的世袭造成的,小规模经营的农业和商业劳动不可能产生巨大的收入差异,现代社会的贫富悬殊则往往出于科技进步和规模经营导致的巨大劳动收入差异、然后通过财富的继承造成的。如同皮凯蒂所强调的,尽管资本往往会进行有风险的投资,资本也伴随着开拓创新的企业家精神,但是,资本"总是在积累到够大的数额后向租金的形式转化,那是它的使命,也是它的逻辑终点"(第116页)。

传统农业和商业的产出与投入之间有极强的线性关系,例如粮食生产所需要投入的种子、肥料和劳动的边际成本难以随着产量的增加而递减,这就使农业生产难有规模效应,限制了农民创收空间。但现代制造业的产出和投入之间不完全是线性关系,它们可以通过新技术提高生产效率并减少人工成本占比,还可以利用生产规模优势迫使供应商降低价格,使生产资料和劳动投入的边际成本能够随着产量的增加而递减,形成规模效应,即便每件产品的边际成本降至一定水平后其产出和投入之间依然会趋向于一种线性关系,其收入仍然远高于传统农业。至于腾讯和微软这样的新兴信息产业,其产出和投入之间的关系则完全是非线性的,只要投入一定的创新性劳动开发出一款新产品后,厂商卖1万份还是卖10亿份,总体成本差别很小,因为每一份的边际成本几乎为零,这就造成了其收入和成本投入之间的关系非常弱,赚钱能力空前提高。

皮凯蒂并没有充分认识到科技创新既能够促进经济发展同时也会扩大贫富差距这一矛盾。他尽管也认识到,持久的科技创新是经济发展与平衡私人资本积累的重要因素,并指责马克思忽视了这一点,但另一方面却认为,"历史经验表明,财富的这种巨大不平等与企业家精神没有任何关系,也对提

---

① 参阅黄海霞、陈劲:"主要发达国家创新战略最新动态研究",《科技进步与对策》2015年第32卷第7期。

高增长毫无益处,……它也和任何'公共福祉'无关"(第 591 页)。正因为如此,他提出的资本累进税方案对财产征税对象的来源不加区别。

如上所说,皮凯蒂将资本或财产分为两个主要部分,一是以房地产为主的不动产,二是体现了生产资料、以股权和债权为主的金融资产。由于贫富悬殊表现为这些资本或资产主要集中在前 10%尤其是前 1%的富裕人群之中,新增资本累进税便能够遏制贫富悬殊。问题在于,这些资本或财产既可以来自遗产、房租和国债利息等资本收入,也可以来自含有风险的股权债权利息和知识产权等资本收入,以及企业家的奖金、股票期权等高额工资收入,而后两者其实都源于运用资本的创新性劳动。皮凯蒂的资本税方案对此不加区分,因此在遏制贫富悬殊的同时也完全可能阻碍创新和技术进步。由于资本税的双重作用,为了尽量缓和资本税的不利后果,必须区分资产的来源。

首先,遗产、房租和国债利息等纯资本收益属于不劳而获,产生"腐朽"的"寄生"的食利阶层,食利和不劳而获既不公平也不利效率,对它们征收高额累进税符合公平原则。据皮凯蒂的数据,遗产可能占整个国民收入的 5%～20%;20 世纪初,英、法、德三国每年的新继承遗产相当于国民收入的 20%,经过两次世界大战,降至 1960 年代的 5%左右,然后稳步上升至 2010 年的约 15%(图 11、12,第 438 页)。因此,仅累进遗产税就能在很大程度上遏制贫富两极分化。但对遗产税的幅度也要考虑到对创新激励的影响,若征收 100%的遗产税,即禁止财富的继承,也会抑制创造财富的动力。

其次,除去遗产之外,剩下的资本税征税对象还包括含有风险的股权债权利息和知识产权等资本收入、以及企业家的奖金、股票期权等高额工资收入,它们也是皮凯蒂所说的资本即房地产和金融资产的主要来源。对遗产等纯资本收益征税,对创新激励没有直接影响,但对债息、红利等金融资产征收重税,不免会妨碍资本的利用,而资本对于现代经济是不可或缺的因素。尤其是,诸如乔布斯和马云等人所展现的创新性人力资本,是经济发展最稀缺和最宝贵的资源,其亿万身家主要来自知识产权和激励性股权,对知识产权和激励性股权征收重税,其实是对创新性劳动所得征收重税,不仅不符合公平原则,而且会沉重打击对经济发展至关重要的创新性劳动,最终影响全社会包括低收入群体的绝对收入的增加。

四、结　　语

《21 世纪资本论》一书揭示了重大的现实经济问题,其主要贡献有三:首先,花大力气收集和梳理了资本主义发达国家 300 年来的财富分配数据;其次,运用经验不等式 r>g 对这些数据进行了趋势分析:由于经济增长等于工资增长与资本收益增长的加权平均和,r>g 意味着劳动收入增长落后于资本收益的增长,由于市场经济中没有自然的力量可以遏制这种趋势,如果没有政府的干预,贫富差距将日益扩大。最后,解决问题的办法是新增资本累进税来对冲 r,降低资本收益的份额,提高劳动者的收入比例。根据索洛的看法,这一资本税或财产税也许能将资本回报率与经济增长率之间的差额压缩 1.5%,从而遏制贫富差距的扩大。①

然而皮凯蒂的论述也存在一些可争议的问题。

其一,皮凯蒂以"资本/收入比"和 r>g 等概念,对市场经济体制本身的运行必然会产生贫富差距扩大的机制进行了解读,却并没有说明 r>g 是市场经济运行规律的内在机理。其实这种内在机理早就为马克思的经济危机理论深刻地揭示出来:资本主义私有制所内含的生产无计划或自由竞争,必然会导致生产过剩和企业的优胜劣败,进而导致资本的高度集中和贫富两极分化。马克思没有明确说明的仅仅是,导致优胜劣败的根本原因在于人与人的能力不同以及市场的不确定性。

其二,皮凯蒂论证贫富悬殊不合理的价值观依据是,造成贫富悬殊的原因在于不劳而获的资本收益过高,需要用"按劳分配"的伦理原则来加以克服。但是,他对资本收益的界定没有区分基本不涉及劳动的纯资本收益与涉及劳动的资本收益。如果劳动意味着时间和能力的运用,那么资本收益至少可以区分为:(1) 遗产、房租和国债利息等纯资本收入;(2) 含有劳动的知识产权与股权债权利息等风险资本收入;(3) 被他纳入劳动收入而又不认为真正属于劳动收入的企业家奖金、股票期权等高额工资收入。后两者不仅与资本有关,而且与劳动能力有关,包括资本运作能力,管理能力,创新能力,承担风险的能力等。"按劳分配"应当考虑到,由于个人能力的不同,不同的劳动具有不同的价值,同等劳动时间的所得就会有很大差异,这就会导致明显的财富收入差别,即便这种收入差别也会造成贫富悬殊,但社会精英的贡献对整个社会的财富创造的确起着很大作用,不仅也会惠及弱者,而且不至于引起大的嫉妒心而导致社会不稳。至于如何确定其边际收益或贡献,除了市场定价之外似乎并无更好的方法。

其三,就"按劳分配"与创新的关系来说,皮凯蒂没有充分认识到科技创

---

① 索洛:"托马斯·皮凯蒂是对的:关于《21 世纪资本论》一书你所需要知道的一切",《比较》2014 年第 4 期。

新性劳动既能够促进经济发展也能够扩大贫富差距的双重效应,导致他的资本累进税建议不仅没有区分财产征税对象中来源于不劳而获的部分与来源于含有劳动的风险资本收入,也没有看到这种区分对创新激励的影响,因此虽然能够遏制贫富分化,却也会阻碍创新乃至经济发展。合理的资本累进税应当充分考虑公平与效率的平衡,遗产、房租和国债利息等纯资本收入既不公平,也不利于财富创造,应当利用累进遗产税和所得税加以抑制,但对于含有劳动的风险资本收入特别是知识产权和激励性股权征收重税,就需要考虑高额累进税税率对创新积极性的影响,因为任何市场创新都不仅需要能力,而且必然要冒一定的风险,劳动收入的差异除了受能力影响之外,还受到市场不确定性的影响,过分的累进税税率会打击市场创新的积极性。

最后,皮凯蒂理论的主要分析对象是法制比较完善的西方发达国家,没有涉及权力腐败、违法乱纪和经济垄断等不法行为对于贫富悬殊的影响。而造成中国贫富悬殊的原因要比皮凯蒂的分析复杂得多。因此,皮凯蒂的理论对分析中国的贫富悬殊问题作用有限。

毋庸讳言,中国自改革开放走上社会主义市场经济道路以来,市场经济内在的竞争和优胜劣败因素所产生的资本集中和两极分化趋势的确是造成贫富悬殊的原因之一,就此而言,皮凯蒂基于市场经济财富分配状况的分析提出的资本税“二次分配”方案,对我们克服贫富悬殊问题无疑具有启示和参考价值。然而,中国的改革蕴含着社会转型,在社会转型时期,法治的不健全所产生的权力腐败、违法乱纪和经济垄断等不法行为可能是贫富悬殊形成更为重要的原因,就此而言,皮凯蒂的分析和对策便毫无启示作用。因此,在分析和克服中国的贫富两极分化问题时,除了关注政府税收和转移支付等“二次分配”领域之外,更重要的可能是关注市场经济运行产生的“初次分配”领域,即通过法治形成公平竞争,从根本上遏制各种不法行为,消除既不靠办企业、也不靠真正意义上的“资本运作”、更不靠科学技术的“农村圈地运动的腐败”“国企改制中的腐败”“城市拆迁运动中的腐败”“金融领域中的腐败”等各种利用政治权力谋取经济利益的腐败行为,消除不是凭借技术、管理和创新,而是依靠行政权力,包括行政许可权、行业准入权、资源占有权、价格制定权、行政执法权等,对生产、市场和经营管理等进行高度控制,凭借对政策、资源、审批等的高度垄断谋取高额利润的不正当竞争行为,如此等等。当然,并非可以忽视的还有,一定要设法遏制房地产投机和金融投机产生的巨大贫富差距。[①]

① 参阅徐大建:“社会主义市场经济的财富分配原则”,《伦理学研究》2013 年第 3 期。

论贫困的道德风险及其治理

龙静云*

［提要］ 当前，社会风险呈现出频繁发生的态势。由贫困所引发的严重后果，正是目前道德风险的重要表现形式之一。中国的贫困问题表现为物质贫困与精神贫困并存、绝对贫困与相对贫困并存、狭义贫困与广义贫困并存等特点。贫困现象若得不到减轻和消除，有可能产生以下道德风险：对贫困群体的身心健康带来严重伤害；对市场经济的健康发展和经济增长带来潜在隐患；对社会正义与社会和谐带来极大威胁。可以通过新型城镇化建设治理贫困及其道德风险；通过包容性增长以减少贫困并降低风险；通过提升贫困者的发展能力以帮助他们走出贫困并化解风险；通过人文道德关怀使贫困人口的不满情绪及时得到宣泄以分散道德风险；通过反对奢侈消费和发展慈善事业以减少贫困并降低道德风险。

联合国发布的相关数据表明，尽管处于赤贫生活水平的人口正在不断减少，但全球目前仍有超过 7 亿人长期处于贫困和营养不良的状态。就当下中国的情况而论，一方面，社会主义市场经济的发展使贫困问题得到有效遏制；另一方面，按照中国的标准，中国仍有 7 000 万人没有脱贫。而按照联合国标准，中国还有 2 亿左右人口生活在贫困线以下。这一严峻的现实需要我们从跨学科的视角加以思考，从而为解决这一难题贡献我们的智慧。

一、贫困与道德风险的关系

关于贫困问题，中外学者一般从经济学的视角来研究，因而最早对贫困内涵的认识集中在低收入方面。例如，英国的朗特里对贫困的理解是："如果

---

* 作者龙静云，华中科技大学教授。该文已发表于《哲学动态》2016 年第 4 期。——编者

一个家庭的总收入不足以维持家庭人口最基本的生存，那么，这个家庭就基本上陷入了贫困之中。"[①]美国学者劳埃德·雷诺兹也认为，"贫困最通行的定义是年收入。"[②]但从英国的汤森开始，收入的内涵由生活必需品扩展至复杂的资源分配和再分配系统，这其中包括就业和拥有资产带来的现金收入、社会公共福利待遇以及其他各种形式的个人收入等。[③] 汤森的研究进一步丰富了贫困的内涵。美国经济学家、诺贝尔经济学奖获得者舒尔茨在此基础上把贫困界定为"某一特定社会中特定家庭的特征的一个复杂的社会经济状态"[④]，认为正是大量的经济不平衡使得一部分人陷入贫困。欧共体也对贫困作出界定："贫困应该被理解为个人、家庭和人的群体所拥有的资源(物质的、文化的和社会的)十分有限，以致他们被排除在社会可以接受的最低限度的生活方式之外。"[⑤]中国国家统计局贫困课题组也主要从物质生活方面对贫困下定义："贫困一般是指物质生活困难，即一个人或一个家庭的生活水平达不到一种社会可接受的最低标准。他们缺乏某些必要的生活资料和服务，生活处于困难境地。"[⑥]可见，上述对贫困的理解和认识，主要遵循的是"从低收入到复杂的经济层面再到更广泛意义上的社会层面"这样一种思路。

印裔诺贝尔经济学奖得主阿马蒂亚·森在综合学术界的贫困理论基础上对贫困问题作了更进一步的探讨，并提出了全新的见解。森认为，应将"可行能力剥夺"纳入贫困："在分析社会正义时，有很好的理由把贫困看作是对基本可行能力的剥夺，而不仅仅是收入低下。"[⑦]所谓"可行能力"也就是自由，即"个人有理由珍视的那种生活的实质自由"。它包括免受困苦(如饥饿、营养不良、缺乏医疗保障以及过早死亡等)的自由、接受教育的自由、参与社会政治生活和公共生活的自由，以及享受基本权益的自由等。因而，贫困应被理解为自由的被剥夺，亦即基本可行能力的被剥夺。森对贫困概念的这一拓展获得了联合国开发计划署的认同。在 1996 年的《人类发展报告》中，联合

---

① 转引自刘纯阳、蔡盈："贫困含义的演进及贫困研究的层次论"，《经济问题》2004 年第 10 期。

② 劳埃德·雷诺兹：《微观经济学》，马宾译，商务印书馆 1982 年，第 430—431 页。

③ 转引自叶普万：《贫困经济学研究》，中国社会科学出版社 2004 年，第 4 页。

④ 西奥多·W.舒尔茨：《经济增长与农业》，郭熙保、周开年译，北京经济学院出版社 1991 年，第 65 页。

⑤ 转引自谭诗斌："贫困概念的经典释义"，《脱贫与致富》2003 年第 7 期。

⑥ 转引自樊怀玉等：《贫困论——贫困与反贫困的理论与实践》，民族出版社 2002 年，第 44、45 页。

⑦ 阿马蒂亚·森：《以自由看待发展》，任赜、于真译，中国人民大学出版社 2002 年，第 15 页。

国开发计划署首次使用了"能力贫困"这一概念，认为贫困不仅是缺少收入，更重要的是缺乏基本生存与发展的能力。世界银行也在森的意义上理解贫困，认为"贫困就意味着饥饿，意味着没有栖身之地；贫困就是缺衣少药，没有机会上学也不知道怎样获得知识；贫困就是失业，害怕面对未来，生命时刻受到威胁；贫困就是因为缺少清洁的饮用水而导致儿童生病甚至死亡；贫困就是权力和自由的丧失"。[①]

综合国内外学者对贫困的理解和认识可以发现，贫困与以下几个方面具有紧密联系：第一，贫困一般与收入来源缺乏、生活必需品匮乏、生活质量低下等不利因素相关，它们涉及的是收入、财产、文化、身体健康、精神状况等多种因素；第二，贫困与社会排斥、机会被剥夺以及发展能力有关，其实质是自由权利和发展能力的缺失；第三，一个人、一个家庭、一个群体或一个社会，如果长期处于贫困状态而得不到改善，势必带来巨大的社会风险。

在英语中，风险一词是指"可能发生的危险"或"遭受损失、伤害、不利或毁灭的可能性"。道德风险(moral hazard)最初是研究保险合同时提出的一个概念，指在委托-代理双方信息不对称的情况下，一方由于机会主义行为而给另一方带来的风险。这一概念后来被经济学家广泛使用，意指市场主体片面追求自身利益最大化而给对方或整个社会带来的利益损失。笔者以为，伦理学视域中的道德风险可以被用来广泛描述各种社会问题未能得到及时有效解决而产生的对一部分个体、家庭和某些群体乃至整个社会利益的巨大伤害，这种伤害既有悖伦理原则，也是对社会正义的背离。

从风险社会理论的视角看，道德风险是各类社会风险中的一种。在风险社会理论的代表人物乌尔里希・贝克看来，现代化消解了 19 世纪封建社会的结构并产生了工业社会，而现代化衍生而成的自反性现代化正在消解着 19 世纪以后的工业社会，进而产生了风险社会。在工业社会，特别是财富短缺的前工业社会，"大部分人口的贫困化——贫穷风险——迫使 19 世纪一直屏住呼吸"[②]。而风险社会的特点是："不明的和无法预料的后果成为历史和社会的主宰力量社会的政治、经济及其他各种风险呈现出前所未有的不确定性并随时可能发生。例如，核技术、基因技术、化工技术的广泛应用所产生的生

① 乌尔里希・贝克：《风险社会》，何博闻译，译林出版社 2004 年，第 19、20 页。

② 北京大学中国与世界研究中心(CCGA)研究报告："论全球化时代的贫困问题与利益分化冲突"，《研究报告》2010 年第 4 期。

态环境危机;全球化进程中贫富差距不断扩大而带来的新的贫困化等。就后者而言,它主要不是由财富短缺造成的,而是由财富分配不公所引发的,属于'丰裕中的贫困'。其具体的表征为:一方面是财富的积累和过剩;另一方面是一部分人陷入贫困。例如,迄今全球最富有的1%成年人口拥有全球高达40%的家庭财富;10%最富有的成年人口拥有全球85%的家庭财富;而另外占世界人口50%的成年人口所拥有的全球财富比例只有1%。迄今,全球大约有10亿人(约占世界总人口的1/6)居住在城市大大小小的贫民窟中,这部分人口到2020年有可能增至14亿人。"可见,全球财富分布极为不均,而北美、欧洲的一些发达国家和亚太的一些国家与地区是全球财富最为集中的地方。恰如研究全球正义和世界贫困问题的专家托马斯·博格(Thomas Pogge)所说:"现今全球经济秩序的话语权,掌握在少数强权政府的手中,没有实现世界贫困人口的经济权利,甚至部分基本人权:如食品、医疗、卫生、教育权利等。"[①]目前,全球化进程中贫富鸿沟的进一步扩大正困扰着整个国际社会。随着市场经济的发展,中国社会也无可避免地进入了风险社会,社会风险呈现出频繁发生的态势。这其中,与财富分配差距扩大相伴随的一部分人陷入"丰裕中的贫困"及其所引发的严重后果,正是目前中国社会道德风险的重要表现形式之一。

二、中国的贫困问题及其道德风险

目前,中国仍然有2亿左右人口生活在贫困线(联合国标准)以下。总的来看,中国的贫困问题具有以下特点。

(一)物质贫困与精神贫困并存

一般来说,衡量物质贫困的指标是就业收入的有无和多少,因而物质生活方面是否贫困在很大程度上决定着城市居民生活水平的高低。中国城市目前有1 000多万失业人口,由于社会保障体系尚不完善,这部分人在失去收入来源后往往面临着衣食匮乏、无钱医病、住房条件十分简陋等种种窘境,生活质量处于较低水平。而农村贫困人口相较于城市贫困人口来说,其基本生活更加困苦。由于缺乏物质生活条件的保障,贫困人口的精神生活也几乎停留在贫困化状态。一份调查结果表明,八成进城务工人员的文化生活呈现"孤岛化""边缘化""沙漠化"趋势,究其原因,主要是收入太低。由此可见,正

① "耶鲁大学THOMAS POGGE教授应邀来我校作学术报告",2015年1月16日上海财经大学新闻网。

是获取收入的不足才使得贫困人口难以过上较好的物质生活并享受一定的精神生活。

（二）绝对贫困与相对贫困并存

绝对贫困表现为贫困人口在衣、食、住、行方面都处于极其艰难的赤贫状况。例如，在农村，绝对贫困家庭一般缺乏基本的生产资料，他们连简单再生产都不能维持，更谈不上扩大再生产了。与生产资料匮乏相联系，他们在生活方面的消费资料也严重不足，有的挣扎在生存的边缘。“食不果腹、衣不蔽体、房不遮风雨”，是对处于绝对贫困状态家庭生活的最贴切描述。据统计，中国目前有7 000多万极端贫困人口。而相对贫困是把那些较为不贫困社会成员的收入和生活水平与赤贫人员进行比较而言的贫困。根据世界银行的研究，一个人的收入若在平均水平1/3以下，他便被视为处于相对贫困状态。相对贫困的实质是不平等，由于不平等是常态，因而相对贫困也将普遍存在。中国自改革开放以来，随着贫富差距不断扩大，处于相对贫困状态的人数也在不断发生变动。

（三）狭义贫困与广义贫困并存

狭义贫困单指收入或经济方面的贫困，它说明的是贫困人口在经济层面的拮据和困苦；广义贫困的内容则比较宽泛，除收入外，生存条件恶劣、受教育水平低、共享资源和公平分配利益的权利不足、平均寿命短、医疗卫生福利低、表达利益诉求的机会少、遭受社会排斥、人格尊严被漠视等，都可以被纳入广义贫困的范围之内。例如，中国西部地区的许多贫困人口生活于不适宜人类居住的险恶环境中，加上卫生福利不足，一旦遭遇疾病，很可能因无钱医治而导致生命过早夭折；而由于教育资源分配不公，生长在农村的青少年很难享受城市青少年所拥有的教育资源和受教育权利，有的青少年因为家庭贫困而不得不辍学回家务农。又如，在利益分配格局中贫困群体处于不利地位，而他们表达自身利益诉求的渠道比较缺乏，社会很难倾听到他们发自内心的呼声。再如，城市贫困人口，尤其是进城务工的农民工，由于生活在社会底层以及社会的某些偏见，他们所遭遇的显性或隐性的歧视和排斥时常发生。而所有这些都可以视为广义的贫困。

上述种种贫困现象若得不到减轻和消除，有可能产生以下道德风险：

首先，对贫困群体的身心健康带来严重伤害。根据联合国统计，目前全球仍有10.15亿人（占总人口的19.4%）每天生活开支不足1美元；26.14亿人（占总人口的50%）每天生活开支不足2美元。其中，每日收入低于全球贫困线标准1.25美元的人口为极度贫困人口。截至2010年，全世界约有12亿人处于极度贫困状态。[①] 奥本海默在《贫困真相》一书中曾对处于极度贫困中的人作了如下描述：他们处于物资上的、社会上的和情感上的匮乏状态，而这种状态“夺去了人们建立未来大厦——‘你的生存机会’的工具。它悄悄地夺去了人们享有生命不受疾病侵害、有体面的教育、有安全的住宅和长时间的退休生涯的机会”。相较于成年人来说，贫困对儿童的生长发育尤其会带来严重的道德风险。美国科学促进会的最新研究证明，极度贫困会使儿童高度营养不良，而这又会导致儿童的神经系统发育受到严重损害，他们的智力如语言能力、记忆力、理解力和人际交往能力等，都处于较低水平。因而他们的学习能力较差，一般很难掌握生存所需要的技术和技能，长大以后不得不在贫苦的生活中煎熬。在中国一些大、中、小城市中，也经常可见流浪乞讨的幼儿或少年，他们本该坐在明亮宽敞的教室里读书学习，但由于家庭贫困，乞讨和流浪成了他们生活的一种方式，同时也是被社会孤立的一种形式，其最终结果是他们的自由权利和发展能力的丧失。

2000 年，联合国将多维“幸福感剥夺(deprivation in well-being)”纳入对贫困问题的研究，自此，贫困人口的主观幸福感问题也进入学界讨论的视野。如利夫(Lever)等人的调查和研究发现：“和普通人相比，穷人的工作自尊、竞争性、主观幸福感更低。”[②]中国的相关调查显示，选择“贫穷是其感到不幸福的主要原因”的城镇居民分别达到 54.6%和 66.4%。[③] 一项对重庆市贫困人口的调查统计也发现，在受测的 911 名贫困人口中，SCL - 90[④] 总分大于或等于 160 分的有 274 人，心理问题检出率为 30.1%。[⑤] 目前，高校贫困大学生约占大学生总人数的 20%～30%，其中，特困生占 5%～10%[⑥]相对于非贫困大学生来说，贫困大学生在竞争激烈的学习和生活中心理压力更大，各种各样的心理问题经常发生，如“在躯体化、强迫、人际关系、抑郁、焦虑等各因子分及总分上均高于非贫困大学生，且差异均十分显著，说明贫困大学生的心理健康水平明显低于非贫困大学生”。[⑦] 贫困人口的幸福感、尊严感和心理健康

---

① 刘访、江宇娟：“世行上调国际贫困线标准，全球减贫仍需付出巨大努力”，2015 年 10 月 5 日新华网。

② 转引自吴胜涛、张建新：“贫困与反贫困：心理学的研究”，《心理科学进展》2007 年第 15 期。

③ 转引自同上文。

④ 90 项症状清单(Symptom Checklist 90, SCL - 90)，又名症状自评量表(self-reporting Inventory)。此量表包含有广泛的精神病症状学内容，如思维、情感、行为、人际关系以及生活习惯等。症状自评量表得分大于或等于 160 分的被认为存在心理问题。

⑤ 王晋等：“重庆市贫困人口的归因方式和心理健康的相关研究”，《重庆医学》2011 年第 35 期。

⑥ 宋传颖、李小青：“高校贫困生 16PF 人格特征调查分析”，《高教论坛》2015 年第 9 期。

⑦ 邱小艳、唐君：“贫困大学生心理健康状况比较研究”，《求索》2011 年第 2 期。

水平明显低于非贫困人群,这将直接导致他们对社会、群体和他人的疏离感、被抛弃感及孤独感,严重的还会产生心理疾病和反社会的负面情绪。

其次,对市场经济的健康发展和经济增长带来潜在隐患。根据美国人类学家奥斯卡·刘易斯(Oscar Lewis)的贫困文化理论,穷人因为贫困而不得不居住在条件简陋的狭小和边缘区域,他们彼此相互交往,由此形成了独特的交往语言和生活方式,但却与社会其他阶层相对隔离。这是贫困亚文化产生的原因和条件。贫困亚文化通过"圈内"交往得到强化和积淀,是他们摆脱贫困生活的障碍之一。因为在这种文化环境中成长的下一代会自然地习得贫困文化,他们极易形成负面的自我评价和消极的人生态度,又由于缺乏生产技能,因而很难抓住那些能够改变自身命运的机会,只能被动或心甘情愿地适应底层生活。贫困文化既是市场经济发展的产物,也对市场经济的健康发展带来负面影响。社会流动理论也认为,在流动率较高的"开放型社会"中,个人自身的努力和能力能够提升其人力资本的含量,最终帮助人们摆脱贫困进而改变命运,实现向上的社会流动并进入主流社会。而在一个流动率较低的"封闭型社会"中,底层向上的社会流动非常困难,他们在贫困的"陷阱"中往往会越陷越深。从中国的实际情况看,尽管我们已经由"封闭型社会"进入了"开放型社会",但贫困的代际遗传特征依然十分显见。另外,在市场经济条件下,随着竞争机制全面进入经济和政治生活,就业领域中的竞争更为激烈,劳动力过剩是一种常态,一部分人不得不面临失业。而这不仅仅困扰着低学历的人,也困扰着一大批高学历者。目前,低收入的大学毕业生聚居群体——"蚁族",是出现在中国的又一贫困群体。之所以称其为"蚁族",是因为该群体和蚂蚁有诸多类似之处:智商高、弱小、群居。这种知识越多越贫困的反常现象如若持续下去,将会导致很多有志青年的天赋和才能得不到应有的开发和利用,全社会人力资本的累积效应无法扩大,从而对中国市场经济的健康发展和未来的经济增长带来潜在隐患。

最后,对社会正义与社会和谐带来极大威胁。社会正义是人类孜孜以求的道德目标之一。然而,贫困问题是横亘在社会正义实现之路上的阻力因素。《新约全书·马太福音》中早就对贫富不均现象给予了强烈谴责:"对于已经富有的人还要给予,使之锦上添花;而对于一文不名的人,即使有了一文,也要强行夺走",这是极不人道的。世界财富分配的"二八现象"(20%的世界人口拥有世界80%的财富)也是对社会正义的严重背离。目前中国20%的最贫困人口在总收入和总消费份额中仅占4.7%,而20%最富裕人口在总收入和总消费中所占份额高达50%,贫富差距已然突破了合理限度。这说明,贫困已剥夺了弱势群体对经济社会发展成果的共享,这种基于收入差距过大所产生的利益分化,有悖于社会主义的本质——消灭剥削,消除贫穷,实现共同富裕。对此若不予以矫正,将会直接引发不同利益群体之间的不信任、不合作、相互仇视甚至是剧烈的对抗和冲突,弱势群体中的个性偏激者就会突破社会公认的道德底线,对分配不公实施病态式矫正社会和谐与稳定的根基也会因此受到严重破坏。近年来各地频繁发生的因为贫困而向社会进行恶意报复的暴力犯罪事件,恰是对此问题的强烈警示。

三、治理贫困及其道德风险的思路和对策

习近平主席在访问英国时的讲话中指出:"全面小康是全体中国人民的小康,不能出现有人掉队。未来5年,我们将使中国现有标准下7 000多万贫困人口全部脱贫。"①这是中国国家领导人向国际社会作出的庄严承诺。为实现此承诺,全社会必须从以下几个方面作出努力。

(一)通过新型城镇化建设治理贫困及其道德风险

目前,全球逾3/4的赤贫人口生活在农村,而且是不适宜人类居住的恶劣环境中。中国亦如此,这本身就是一种居住空间的不正义。而城镇化一直是减少极端贫困现象的关键驱动力。因为贫困地区的发展不能仅仅靠外生动力,还必须依赖内生动力,即依靠高新技术和高素质的劳动力发展产业,走内外结合发展之道。通过新型城镇化建设,将不具生存条件地区的农民整体迁移到生存环境良好、基本公共服务完备的区域,是帮助贫困农民摆脱贫困的重要路径之一。但特别要引起重视的是,"如果我们在新型城镇化建设中以资本为核心,以利润率最大化为导向,片面地追求GDP,必然会出现新开发的城镇产生资本主义城镇化'唯有钱者居之'的现象,这不仅无助于对以往空间不正义的结果作出补救,而且还会产生新的不平等"。党的十八届三中全会决定指出,新型城镇化是以人为核心的城镇化,必须健全体制机制,形成以工促农、以城带乡、工农互惠、城乡一体的新型工农城乡关系,让广大农民和中小城镇居民平等参与现代化进程,这是摆脱贫困和实现社会正义的可行路径。

(二)通过包容性增长以减少贫困并降低风险

经济增长与消除贫困的关系,是经济学家和政治家都十分重视的问题。最初人们以为,经济增长必然会带来贫困的减少。但事实并非如此。"如果

① 乔洪武、曹希:"新型城镇化必须重视空间正义",《光明日报》2014年6月18日。

经济增长过程中收入差距扩大，表现为低收入人群收入的衰退，甚至有可能出现经济增长与贫困程度上升并存的状态。”①因此，必须对片面的GDP增长(纯粹的增长)进行反思。1990年，世界银行提出了“普惠式增长”概念，认为发展成果能够惠及普通民众的经济增长才是值得追求的增长。1999年，亚洲开发银行提出了“益贫式增长”概念，突出强调要给穷人创造就业机会，增加穷人的收入，减少机会不平等和分配不平等状况。2007年，亚洲开发银行提出“包容性增长”(又译“共享式增长”)，强调经济机会均等和发展成果共享。“包容性增长”的核心要义是：经济机会对每个人都是平等的；绝大多数人应广泛参与经济增长过程并从中受益；发展成果应由绝大多数人共同分享。可见，国际社会对经济增长的认识先后经历了“纯粹的增长”——“普惠式增长”——“益贫式增长”——“包容性增长”四个阶段。党的十八届五中全会提出五大发展理念，其中之一就是“共享发展”，“共享发展”恰恰是对“包容性增长”的进一步拓展。所谓“共享发展”，就是“坚持发展为了人民、发展依靠人民、发展成果由人民共享”。为此，要按照“人人参与、人人尽力、人人享有的要求，坚守底线、突出重点、完善制度、引导预期，注重机会公平，保障基本民生，实现全体人民共同迈入全面小康社会”。② “共享发展”在反贫困方面的具体要求就是做好“五个一批”脱贫工程，即“通过扶持生产和就业发展一批，通过易地搬迁安置一批，通过生态保护脱贫一批，通过教育扶贫脱贫一批，通过低保政策兜底一批”。③ 这些都是非常具体的措施，若能转变为实实在在的行动，必将大大减少贫困及其带来的道德风险。

(三) 通过提升贫困者的发展能力以帮助他们走出贫困并化解道德风险

最早关注人力资本的学者舒尔茨指出，在一切生产资源中，人力资本是最重要的因素，而人力资本又是投资的结果。只有通过不断地投资，个人才能掌握较高的知识和技能，这些知识和技能在个人身上的凝结与集合，就是这个人的人力资本。人力资本相较于物质资本在推进国家进步方面具有更重要的作用。例如，“在美国之前的半个多世纪的经济增长中，物质资本投资增加了4.5倍，对应的经济收益仅增加了3.5倍；而人力资本投资增加了3.5倍，由此带来的经济收益却增加了17.5倍。”继舒尔茨之后，库兹涅茨通过研究进一步证实了人力资本理论的正确性，认为西方发达国家在国民收入增长

---

① 罗楚亮：“经济增长、收入差距与农村贫困”，《经济研究》2012年第2期。

② 中共十八届五中全会公报，《人民日报》2015年10月29日。

③ 习近平：“实施‘五个一’脱贫工程”，2015年11月28日新华网。

方面，物质资本的贡献率已经由传统社会的45%下降至25%，而人力资本的贡献率由55%提高至75%。卢卡斯强调，特殊的专业化的人力资本是经济增长的真正动力，是增长的发动机。在现代信息社会，人力资本是促进经济发展的首要因素，也是贫困人口摆脱贫困的关键。因此，在中国的扶贫实践中，应特别重视教育在人力资本投资中的作用，以提升贫困者的发展能力为重点，融扶志于扶贫之中，融发展基础教育和职业培训以及提升贫困者的技术技能于扶贫之中，使扶贫工作从“输血式扶贫”走向“造血式扶贫”，由此切断贫困的代际传递。这是帮助贫困人口最终摆脱贫困、走向富裕的最为重要的举措。

（四）通过人文道德关怀使贫困人口的不满情绪及时得到宣泄以分散道德风险

根据美国的研究，贫困人口对造成自己贫困原因的认识包括两个方面：一是外部因素即外部归因，如机遇、居住环境、社会制度等；二是内部因素即个人归因，如个人的学历、能力、见识等。这就是所谓贫困人口贫困归因的“双重意识”现象。基于这种“双重意识”现象，2000年美国心理学会通过《关于贫困与社会经济地位的决议》，希望“心理学家应当尊重所有人的权利、尊严和价值”，“心理学家作为研究者、服务者、教育者以及政策的倡导者，有责任去更好地理解贫困的原因及其对健康和心理健康的影响，从而帮助预防和减少贫困的蔓延”，并“对那些维护和容忍贫穷和社会不公政策的人和集体，以及他们对穷人的偏见和消极态度，要做更多的研究”。也就是说，对贫困人口的心理健康状况进行跟踪分析和研究，必要时由心理专家和社区工作者给予及时有效的心理咨询和干预，是道德关怀的重要内容，也是帮助贫困人口摆脱心理危机的必要路径。此外，消除健康贫困，帮助贫困人口掌握必要的健康知识，提高预防疾病的能力，并组织医生短期或不定期地为贫困人口送医送药和进行心理疾病诊治，既是反贫困的重要内容之一，也是对贫困人口道德关怀的深切体现，应坚持不懈。

（五）通过反对奢侈消费和发展慈善事业以减少贫困并降低道德风险

当下中国存在着两个极端：一边是一部分人连温饱都难以为继，一边是一部分人不惜花大价钱购买豪车、豪宅、珠宝和豪华服饰以炫耀身份。“虚荣效应”理论认为，奢侈品消费是一种净经济损失，也是社会不平等的表现。而反对奢侈消费的措施，一是要建立法律等相关制度以限制奢侈品的生产和消费，二是要引导富人树立正确的财富伦理观，通过慈善把手中的部分财富和金钱转移到穷人身上。托马斯·博格认为，任何个体作为人的存在都具有道德意义上的目的性,“不仅共同体内的公民相互间有着扶贫的义务,而且共同体以外的公民因国际交往也形成了与穷人的责权关系”。因此,发展慈善,救助穷人,既是人类的美德,也是每一个公民的义务和责任。但唯有建立健全的法律并以切实的管理为保障,慈善事业才能够绽放出伦理的光辉而吸引人们投身其中。

发展中国家减少贫穷、创新和农业生产

[印度] 苏德斯纳·比斯瓦斯(Sudeshna Biswas)* 陆晓禾 译

[提要] 由于穷人的核心特征之一是,他们是农村人口,而农业和农村部门是农村穷人就业的主要提供者,农业生产力的增长可能对贫穷产生重大影响。在世界各地,农业现在是并将继续是实现千年发展目标(MDGs)的主要组成部分。到 2050 年,农业生产需要增加 70%,才能养活世界。长期以来,研究人员和发展中国家政府普遍认为,农业增长将直接惠及农村穷人,并通过降低粮食价格来改善城市穷人的地位。虽然文献为此提供了合理的理论推理,但关于农业生产力与贫困之间关系的经验证据是零碎的,主要集中在单一国家分析上。另一方面,有人认为,即使在农业驱动增长的情况下,随着结构转型的进行,农业也可能导致就业和收入比例下降。因此,农业生产力的提高应该既有利于穷人,也有利于增长。

农业的生产潜力多种多样,取决于自然资源禀赋、地理位置、与其他经济部门以及人口的社会各方面的联系。文献预期,农业扶贫增长的成功战略,通过提高农业生产力和技术创新得以实现。这些努力应侧重于改善条件,以便更多地获得技术创新,因为有人指出,农业技术变革对于减贫、促进发展和刺激经济增长,特别是在发展中国家至关重要。因此,许多发展中国家的农业发展模式主要基于技术方面。随着人口增长和人均收入的增加,预期的农业需求增长将需要农业增长的持续增长。历史表明,过去 40 年减贫率的不同与农业绩效特别是农业增长率的差异密切相关。简言之,这意味着设法提高农业生产力的国家也设法降低了贫困率。因此,农业仍然是大多数发展中国家和发达国家的经济核心。

---

* 作者系印度西孟加拉邦加尔各答妇女基督教学院(Women's Christian College)经济学系副教授。译者对论文的图表格式从编辑的角度略有调整。——译者

本文从实证的角度,重点阐述了期望农业增长减贫的理论原因。应用了若干似乎是合理而有力的论证,包括创造在农业土地上的就业机会、从农业到农村经济其他部分的联系,以及整个经济的实际粮食成本的下降,但在所有情况下,影响的程度都取决于具体情况。然而,本文不仅强调提高农业土地的生产力,而且强调中小农户更多地参与生产。在这个背景下,本文试图提供农民技术包,作为增加农业生产和减少贫穷的主要工具。

一、导　　言

世界性的贫穷主要是一种农村现象,由于农业和农村部门是农村穷人就业的主要提供者,农业生产力的增长可能对贫穷产生重大影响,特别是在发展中国家。对于生活在农村地区的70%的世界穷人来说,农业是收入和就业的主要来源(根据世界银行最近的估计)。因此,在世界各地,农业现在是并将继续是实现千年发展目标的主要组成部分。[①] 根据世界银行的估计,2012年,世界人口的12.7%每天生活在1.90美元以下。这比1990年的37%和1981年的44%有所下降。尽管取得了这些进展,但全球生活在赤贫中的人数仍然高得令人无法接受。2012年,发展中世界超过21亿人每天生活费不到3.10美元,而1990年为29亿人。因此,尽管生活在这一门槛之下的人口比例几乎减少了一半,从1990年的66%减少至2012年的35%,但太多的人还生活在贫乏的条件下。到2050年,世界需要生产至少50%以上的粮食来养活90亿人。

因此,减贫正成为政治议程上的一个高优先级的项目。世界实现了第一个千年发展目标,即到2015年将1990年的贫困率降低一半,比预定的2010年提前了5年。2015年10月,世界银行首次预测,生活在赤贫中的人口数量将下降至10%以下。

贫穷在撒哈拉以南非洲和南亚普遍存在。世界上90%的穷人居住在亚洲和撒哈拉以南非洲(Thirtle, et al., 2002)。由于这些地区的大多数国家都是以农业为基础的,农村地区的贫困现象多于城市地区。利普顿等人(Lipton et al., 2002)表明,全世界12亿赤贫人口(每天生活费不足1美元)中有75%生活和工作在农村地区。大约有8亿人没有粮食保障。在亚洲,70%的农村家庭收入来自农业,而在非洲和拉丁美洲,这一数字为60%。预

① http://data.worldbank.org/topic/agriculture-and-rural-development#tp_wdi(2016年4月查阅)。

测表明,到 2025 年,世界上 60%的最贫穷人口将继续生活在农村地区。

本研究包括 3 个要点:(1) 它系统地研究了世界不同区域的贫穷发生率,即东亚和太平洋、欧洲和中亚、拉丁美洲和加勒比、中东和北非、南亚和撒哈拉以南非洲。它特别强调对发展中区域普遍存在的贫穷问题的研究,并将这些区域的数字与世界总数作了比较。还注意到来自世界不同区域的 5 个发展中国家,即中国、印度、印度尼西亚、南非和越南的一些意见。(2) 它追踪这些地区农村部门观察到的趋势,以评价农业在减贫方面的作用。(3) 它评估了农业生产力作为发展中国家贫困发生率决定因素的重要性。

分析的实证部分主要基于世界银行提供的关于贫困与农村和农业发展的数据,并从 www.data.worldbank 网站上的检索。对于不同的区域集团,如"发展中世界""低收入国家""中低收入国家""中上收入国家"和"高收入国家",分析依赖于联合国分类。本项研究的结构如下:

第二节概述了文献调查,描述了与农业生产力和减贫有关的几个合理的解释。第三节研究不同世界区域的贫穷发生率,特别强调发展中世界。还通过对发展中国家不同农村趋势的观察,分析了农业生产力与贫困发生率之间的关系。

二、文 献 综 述

长期以来,研究人员和发展中国家政府普遍认为,农业增长将直接惠及农村穷人,并通过降低粮食价格提高城市穷人的地位。一些作者指出,改进农业技术可以通过直接和间接的影响来帮助减贫。直接影响是家庭消费生产的增加、销售总收入的增加和生产成本的降低。间接影响是通过食品价格对消费者的粮食价格、农业的就业和工资的影响;用工、工资、和收入通过与农业有关的生产、消费和储蓄而对其他经济活动部门的影响;农业原材料成本的降低;雇主名义工资的降低(由于粮食价格的降低);以及农业对整体经济增长的外汇贡献(De Janvry and Saboulet, 2001)。农业生产率的增长也直接影响到 GDP 的增长,并通过农业与更广泛的经济之间的联系产生非农收入的增长。农业增长和国内生产总值增长都对贫困产生影响

相关文献提供了非常明确的理论和经验证据,证明农业增长是必不可少的,特别是在较贫穷的发展中国家。关于从农业研究直接到贫穷、从研发到生产力、新技术对穷人收入的影响以及生产力与增长之间的关系,也有大量文献。它确定了农业在增长和发展过程中的不同作用,以及整个经济增长与

减贫之间的联系(图 1)。这一文献以这种间接的方式显示了,农业研究如何造成生产力增长,进而改善穷人的生活条件。

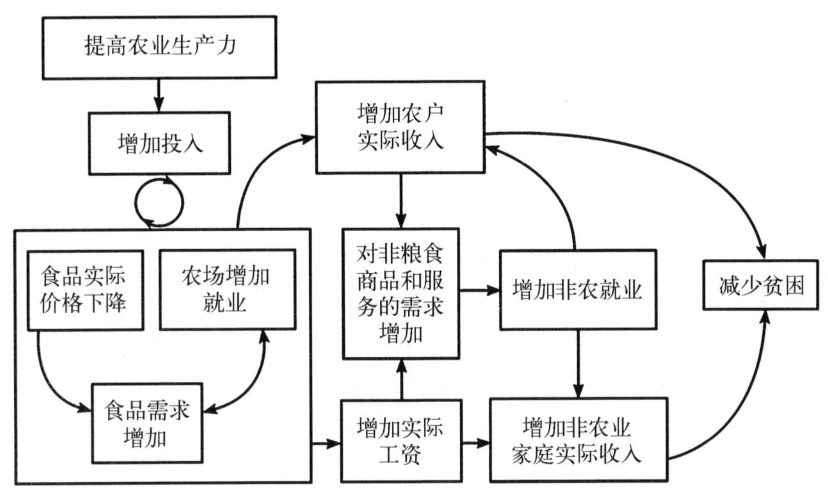

图 1　农业生产力-贫穷

资料来源:Schneider、K.和 M. K. Gugerty, 2011。

发展经济学家还认为,如果农业产出要以足够快的速度增长,以满足不断增长的粮食需求,农业部门的生产力增长就至关重要(Hayami and Ruttan, 1985; Mellor, 1976)。虽然该文献为此提供了合理的理论推理,但关于农业生产力与贫困之间关系的经验证据是零碎的,主要集中在单一国家分析上(Thirtle, et al., 2002)。然而,一些跨国估计表明,源自农业的国内生产总值增长在减贫方面至少是源自农业以外的国内生产总值增长的 2 倍。

也有人认为,即使在农业驱动增长的情况下,随着结构转型的进行,农业也可能导致就业和收入比例下降。在许多国家,服务业在国内生产总值中所占的份额超过制造业。这些趋势表现在劳动力向城市部门迁移的增加以及农业对总就业的贡献减少(Lewis, 1966)。然而,农业对 GDP 的贡献下降速度远快于其作为就业提供者的下降速度。因此,远离农业的趋势不一定与非农业部门创造就业相匹配。此外,一些评论者认为,许多国家(例如南亚国家)服务部门所占比例过高,这一点引起了某种担忧(Tisdell, 1999)。

近年来,一些研究表明,农业的增长在减少极端贫困(即每天收入≤1.25 美元)起着主导作用,从而为农业在减贫方面的作用提供了支持。(收入≤每天 1.25 美元)贫困,但非农业增长在减少较富裕穷人(即每天收入≤2.00 美元)的贫困方面更有力量。随着各国变得更加富裕,收入不平等加剧,农业在减少赤贫方面的效果也会下降,但这是否由于农业在总体生产中的作用下降,还是由于每增加一个农业增值单位对贫穷的影响下降,这是一个需要进一步研究的问题。

农业的生产潜力多种多样,取决于自然资源禀赋、地理位置、与其他经济部门的联系以及人口的社会各方面情况。相关文献预期,农业扶贫增长的成功战略,通过提高农业生产力和技术创新得以实现(Bravo-Ortega, et al., 2005)。2001 年《人类发展报告》指出,当今发达工业化国家和发展中世界最近工业化国家的经济转型,其成功的主要原因在于它们的创新历史。农业技术变革对于减少贫穷、促进发展和刺激经济增长,特别是在发展中国家至关重要。因此,许多发展中国家的农业发展模式主要基于技术方面。

达特和拉瓦雷(Datt and Ravallion, 1998)发现,每单位土地产出对印度的贫穷差距缩小有很大影响。孟加拉国的沃登(Wodon, 1999)和印度尼西亚的索贝克和荣格(Thorbecke and Jung, 1996)的研究表明,农业增长对发展中国家的农村和城市地区都很重要。

经验证据表明,相对于现代部门生产力而言,较高的农业劳动生产率与撒哈拉以南非洲和南亚较低的贫穷人口数量有关,但在拉丁美洲则不然(Hanmer and Nashchold, 2000)。由研究导致农业生产力增长对发展中国家减贫的重大积极影响见施特尔等人(Thirtle, et al., 2002)。

拉瓦雷和陈(Ravallion and Chen, 2007)为农业发展在解释中国减贫方面的重要作用提供了证据。他们的研究还支持农业和农村增长相对于非农业活动增长的扶贫性质。

简弗里和萨多莱托(Janvry and Sadoulet, 2009)利用农业土地和劳动生产率研究了它们对减少农村贫困的影响。他们发现,产量和农业劳动生产率的增长与减贫高度相关,但它们对贫穷的影响程度因区域而异。

所有这些研究都支持农业发展对穷人的作用。这些文献强调指出,事实上,有力的证据表明,发展中国家的农业生产力和减贫有所提高。报告还强调,虽然农业产出增长对农村贫穷的影响明显大于其他部门的变化,但还有一个好处是,农业产出增长对城市贫穷的影响也特别大。这是因为粮食产出的增加导致价格下降,与那些较富裕的人不同,城市贫民中 30%～40%的人将其收入的更大比例用于粮食。

三、发展中国家贫穷发生率和农业生产力对减贫的贡献

（一）发展中国家贫穷发生率[①]

贫穷的发生率取决于所采取的具体措施，但普遍的共识是，自 1980 年以来，发展中国家的贫穷人口已大大减少，其中一些国家提前实现了到 2015 年将赤贫减半的千年发展目标。格雷瓦尔等人(Grewal et al., 2012)在一项对 5 个发展中国家的研究中报告说，中国和越南的减贫量最大，印度尼西亚也取得了令人印象深刻的进展。南非的减贫工作进展缓慢，严重依赖社会保护。印度是世界上穷人最多的国家，在减贫方面取得了缓慢但稳步的进展。无论过去的表现如何，所有这些国家在进一步减少贫穷和减少外部冲击造成的脆弱性方面仍然面临重大挑战。世界银行(2009 年)指出，尽管在 1981—2004 年期间有 50 多万人脱贫，但中国仍然面临着相当大的减贫挑战，2010 年有 11.2%的人生活在贫困中(表 1)。仅中国一国就是过去 30 年来赤贫下降的主要原因。在 1981—2011 年，7.53 亿人超过每天 1.90 美元的门槛。与此同时，整个发展中世界的贫穷减少了 11 亿人(表 2)。

表 1　贫穷：5 个发展中国家每天 1.90 美元收入计量(2011 年购买力平价)

国家	2006		2007		2008		2009		2010		2011		2012	
	总人数	贫穷差距	总人数	贫穷差距	总人数	贫穷差距	总人数	贫穷差距	总人数	贫穷差距	总人数	贫穷差距	总人数	贫穷差距
中国	14.7					3.9			11.2	2.7				
印度	—						31.4	7.0		4.3	21.3			
印度尼西亚	—				21.3	4.3			15.9	2.9				
南非	23.1	7.2			15.1	4.2					16.6	4.9		
越南	22.0	5.5			16.2	4.1			4.8	1.0			3.2	0.6

资料来源：www.data.worldbank.org。

① 中国、印度、印度尼西亚、南非和越南。

表 2 1981—2012 年全球贫穷估计数，每天 1.90 美元(2011 年购买力平价)

年份	区 域	人数(%)	贫穷差距(%)	贫困差距(%)	穷人人数(百万)	人口(百万)
2012	东亚和太平洋	7.21	1.47	0.48	147.20	2 041.56
	欧洲和中亚	2.11	0.58	0.28	10.14	480.78
	拉丁美洲和加勒比	5.58	2.64	1.82	33.68	603.58
	中东和北非	调查覆盖率太低，取消了调查结果				
	南亚	18.75	3.73	1.12	309.23	1 649.25
	撒哈拉以南非洲	42.65	16.47	8.56	388.76	911.51
	发展中世界	14.88	4.35	1.98	896.70	6 026.23
	世界共计	12.73	3.72	1.69	896.70	7 043.07
2011	东亚和太平洋	8.54	1.83	0.61	173.12	2 027.22
	欧洲和中亚	2.39	0.67	0.31	11.44	478.85
	拉丁美洲和加勒比	5.92	2.76	1.89	35.33	596.77
	中东和北非	调查覆盖率太低，取消了调查结果				
	南亚	22.21	4.61	1.43	361.66	1 628.38
	撒哈拉以南非洲	44.35	17.34	9.12	393.55	887.37
	发展中世界	16.52	4.83	2.18	983.33	5 952.36
	世界共计	14.12	4.13	1.86	983.33	6 964.51
2010	东亚和太平洋	11.21	2.55	0.86	225.65	2 012.93
	欧洲和中亚	2.78	0.77	0.36	13.24	476.15
	拉丁美洲和加勒比	6.45	2.89	1.92	38.06	590.01
	中东和北非	调查覆盖率太低，取消了调查结果				
	南亚	27.21	5.99	1.94	437.22	1 606.84
	撒哈拉以南非洲	46.11	18.35	9.77	398.34	863.89
	发展中世界	19.05	5.58	2.49	1 119.75	5 877.94
	世界共计	16.27	4.76	2.13	1 119.75	6 883.90

续　表

年份	区　域	人数（%）	贫穷差距（%）	贫困差距（%）	穷人人数（百万）	人口（百万）
2008	东亚和太平洋	14.96	3.75	1.37	296.92	1 984.74
	欧洲和中亚	3.10	0.91	0.40	14.63	472.04
	拉丁美洲和加勒比	7.12	3.11	2.04	41.06	576.66
	中东和北非	2.70	0.53	0.18	8.56	316.90
	南亚	32.06	7.38	2.45	501.46	1 564.14
	撒哈拉以南非洲	47.81	19.28	10.38	391.53	818.93
	发展中世界	21.87	6.48	2.87	1 253.90	5 733.41
	世界共计	18.65	5.52	2.45	1 253.90	6 724.66
2005	东亚和太平洋	18.61	4.74	1.75	361.19	1 940.82
	欧洲和中亚	5.46	1.68	0.76	25.66	470.02
	拉丁美洲和加勒比	9.90	4.31	3.87	55.09	556.46
	中东和北非	3.34	0.64	0.21	10.05	300.82
	南亚	34.95	8.28	2.77	523.90	1 499.00
	撒哈拉以南非洲	50.46	21.22	11.81	381.66	756.36
	发展中世界	24.58	7.43	3.45	1 357.67	5 523.48
	世界共计	20.92	6.32	2.94	1 357.67	6 489.78
2002	东亚和太平洋	29.19	8.80	3.66	552.74	1 893.58
	欧洲和中亚	6.21	1.84	0.78	29.17	469.79
	拉丁美洲和加勒比	13.17	5.41	3.33	70.49	535.23
	中东和北非	调查覆盖率太低，取消了调查结果				
	南亚	40.78	10.35	3.66	582.95	1 429.51
	撒哈拉以南非洲	57.05	25.72	14.92	399.01	699.40
	发展中世界	30.96	10.06	4.67	1 645.12	5 313.68
	世界共计	26.29	8.54	3.97	1 645.12	6 257.41

续 表

年份	区 域	人数（%）	贫穷差距（%）	贫困差距（%）	穷人人数（百万）	人口（百万）
1999	东亚和太平洋	37.45	11.59	4.90	689.35	1 840.71
	欧洲和中亚	7.81	2.50	1.21	36.77	470.87
	拉丁美洲和加勒比	13.87	5.96	3.76	71.11	512.66
	中东和北非	4.17	0.81	0.26	11.33	271.68
	南亚	调查覆盖率太低,取消了调查结果				
	撒哈拉以南非洲	57.96	26.37	15.41	374.59	646.29
	发展中世界	34.34	11.31	5.29	1 751.45	5 100.31
	世界共计	29.08	9.58	4.48	1 751.45	6 022.95
1996	东亚和太平洋	39.59	11.92	4.89	704.45	1 779.36
	欧洲和中亚	6.97	2.37	1.24	32.76	470.08
	拉丁美洲和加勒比	14.11	6.01	3.79	68.96	488.75
	中东和北非	6.10	1.20	0.39	15.65	256.58
	南亚	42.85	11.39	4.21	550.31	1 284.26
	撒哈拉以南非洲	58.53	26.99	15.88	349.27	596.74
	发展中世界	35.30	11.55	5.36	1 721.15	4 875.78
	世界共计	29.78	9.74	4.52	1 721.15	5 779.96
1993	东亚和太平洋	52.62	18.28	8.34	901.86	1 713.91
	欧洲和中亚	5.19	1.58	0.82	24.34	468.98
	拉丁美洲和加勒比	14.38	5.99	3.66	66.77	464.34
	中东和北非	6.95	1.39	0.45	16.80	241.70
	南亚	47.88	13.31	5.08	579.09	1 209.47
	撒哈拉以南非洲	61.06	27.98	16.24	336.08	550.41
	发展中世界	41.40	14.35	6.79	1 924.61	4 648.81
	世界共计	34.79	12.06	5.71	1 924.61	5 531.80

续 表

年份	区 域	人数（%）	贫穷差距（%）	贫困差距（%）	穷人人数（百万）	人口（百万）
1990	东亚和太平洋	60.56	21.52	9.92	995.54	1 643.89
	欧洲和中亚	1.89	0.57	0.31	8.78	464.41
	拉丁美洲和加勒比	15.47	6.22	3.60	68.04	439.80
	中东和北非	5.98	1.15	0.38	13.53	226.23
	南亚	50.65	14.77	5.84	574.87	1 134.98
	撒哈拉以南非洲	56.75	24.94	14.18	287.64	506.86
	发展中世界	44.12	15.41	7.23	1 948.41	4 416.17
	世界共计	36.91	12.89	6.05	1 948.41	5 278.87
1987	东亚和太平洋	58.68	20.89	9.89	917.91	1 564.27
	欧洲和中亚	1.95	0.53	0.25	8.86	454.30
	拉丁美洲和加勒比	16.72	6.66	3.81	69.45	415.36
	中东和北非	8.44	1.62	0.51	17.50	207.38
	南亚	54.09	16.29	6.57	574.50	1 062.11
	撒哈拉以南非洲	调查覆盖率太低，取消了调查结果				
	发展中世界	44.37	15.57	7.41	1 849.96	4 169.39
	世界共计	36.96	12.97	6.17	1 849.96	5 005.24
1984	东亚和太平洋	70.14	27.01	13.24	1 043.91	1 488.32
	欧洲和中亚	调查覆盖率太低，取消了调查结果				
	拉丁美洲和加勒比	23.01	9.11	5.08	90.00	391.14
	中东和北非	8.35	1.58	0.48	15.85	189.86
	南亚	55.27	17.31	7.27	548.32	992.07
	撒哈拉以南非洲	调查覆盖率太低，取消了调查结果				
	发展中世界	49.35	18.22	8.86	1 939.93	3 930.97
	世界共计	40.84	15.08	7.33	1 939.93	4 750.09

续 表

年份	区　域	人数（%）	贫穷差距（%）	贫困差距（%）	穷人人数（百万）	人口（百万）
1981	东亚和太平洋	80.60	38.16	21.48	1 142.50	1 417.50
	欧洲和中亚	调查覆盖率太低，取消了调查结果				
	拉丁美洲和加勒比	19.65	7.70	4.34	72.16	367.21
	中东和北非	调查覆盖率太低，取消了调查结果				
	南亚	58.11	18.99	8.27	537.93	925.71
	撒哈拉以南非洲	调查覆盖率太低，取消了调查结果				
	发展中世界	53.48	22.64	12.12	1 982.08	3 706.21
	世界共计	43.96	18.61	9.96	1 982.08	4 508.57

资料来源：www.data.worldbank.org。

注：这些区域估计数是根据2011年购买力平价每天1.90美元计算的，但孟加拉国、佛得角、柬埔寨、老挝和约旦除外，它们在2005年购买力平价每天1.90美元。

表1还显示，在印度这个世界上贫困人口最多的国家，贫困人口数量在2009年至2011年的短时间内急剧下降。然而，仍有超过20%的人口生活在贫困线以下(2011年PPP每天1.90美元)。

跨区域贫穷估计数比较(表2)表明，过去几十年来，特别在发展中世界，减贫工作取得了显著进展(图2)。这意味着，在发展中国家，2012年，每天生活费不到1.9美元的人口为8.96亿人，而1990年为19.5亿人，1981年为19.9亿人。然而，发展中地区的贫困发生率仍然很高(从表2看，2012年为

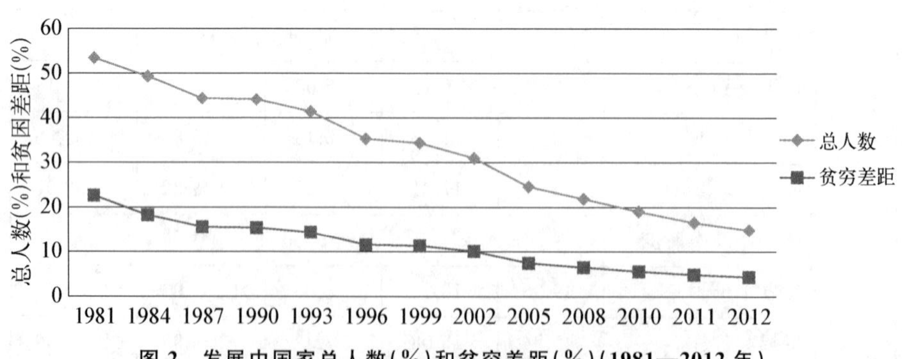

图2　发展中国家总人数(%)和贫穷差距(%)(1981—2012年)

15%)。此外,虽然所有地区的贫困率都有所下降,但进展不均衡。贫穷在南亚和撒哈拉以南非洲最为持续,2012 年分别有 19%和 43%的人生活在贫困线以下。77.8%的赤贫人口生活在南亚(3.09 亿人)和撒哈拉以南非洲(3.887 亿人)。

东亚的赤贫减少幅度最大,从 1981 年的 80%降至 2012 年的 7.2%。在南亚,生活在赤贫中的人口比例现在是 1981 年以来最低的。拉丁美洲和加勒比以及东欧和中亚的赤贫人口不到 4 400 万人。

（二）农业生产力对减贫的贡献

全球人口的 47%生活在农村地区,南亚和撒哈拉以南非洲的农村人口分别占 67%和 63%(表 4)。至少 70%的世界赤贫人口和 50%的东亚穷人生活在农村地区,很大一部分是儿童和年轻人(IFAD, 2010)。99%以上的中国穷人生活在农村地区。从农村到城市的移徙人数从 2001 年的 8 400 万人增加至 2007 年的 1.37 亿人,往往留下最脆弱的人,如老年人和受教育程度较低的人。在印度尼西亚,一半以上的穷人仍然依靠农业谋生,尽管这一比例从 2002 年的 57.7%下降至 2008 年的 52.3%(Grewal, et al., 2012)。根据世界银行 2010 年的估计,南非 77%的人口是农村穷人,而越南 2014 年的数字是 18.6%。在印度,农村贫困状况正在以非常缓慢的速度改善(1993—1994 年至 2004—2005 年和 2004—2005 年至 2011—2012 年期间,贫困率年均下降幅度从不到 1%增至 2.32%)。超过 80%的穷人仍然生活在农村地区,2011—2012 年,近 26%的人口是农村穷人(表 3)。

表 3 印度农村穷人的百分比和人数 Tendulkar 法估算

	贫困率(%)		贫穷人口(百万)	
	农村	共计	农村	共计
1993—1994	50.1	45.3	328.6	403.7
2004—2005	41.8	37.2	326.3	407.1
2011—2012	25.7	21.9	216.5	269.3
年平均下降：1993—1994 年至 2004—2005 年(年百分比)	0.75	0.74		
年平均下降：2004—2005 年至 2011—2012 年(年百分比)	2.32	2.18		

资料来源：Press Note on Poverty Estimates, 2011 - 2012, Government of India, Planning Commission, July, 2013。

表 4 农村人口：世界区域(2000 年和 2014 年)

区　　域	农村人口(占总数的百分比)	
	2000	2014
东亚和太平洋	59	44
欧洲和中亚	32	29
拉丁美洲和加勒比	25	20
中东和北非	41	36
北美洲	21	19
南亚	73	67
撒哈拉以南非洲	69	63
世界共计	53	47
低收入国家	75	70
中低收入国家	67	61
中上收入国家	52	38
高收入国家	23	19

资料来源：www.data.worldbank.org。

从历史上看，农业和农村部门一直是发展中国家就业的主要来源。表 7 显示，南亚 43%的男性和 59%的女性人口在农村部门谋生(2011—2014 年)。然而，过去 30 年来，农业在世界国内生产总值中所占的份额一直在稳步下降，这有利于制造业和服务业。在过去 10 年中，在所有区域，服务业在国内生产总值中的份额都超过了制造业或工业(表 5、图 3 和图 4)。

表 5 农业、工业和服务业占国内生产总值的百分比：世界区域(2000 年和 2014 年)

区　域	国内生产总值(10 亿 $)		农业(占国内生产总值的百分比)		工业(占国内生产总值的百分比)		制造业(占国内生产总值的百分比)		服务(占国内生产总值的百分比)	
	2000	2014	2000	2014	2000	2014	2000	2014	2000	2014
东亚和太平洋	8 123.8	21 468.0	6	4	35	32	24	22	59	64
欧洲和中亚	9 925.6	23 183.8	3	2	29	25	19	15	68	73

续　表

区　域	国内生产总值（10亿＄）		农业（占国内生产总值的百分比）		工业（占国内生产总值的百分比）		制造业（占国内生产总值的百分比）		服务（占国内生产总值的百分比）	
	2000	2014	2000	2014	2000	2014	2000	2014	2000	2014
拉丁美洲和加勒比	2 263.1	6 253.5	5	5	33	30	18	15	62	65
中东和北非	961.7	3 520.1	8	6	45	48	13	—	47	46
北美洲	11 027.7	19 210.1	1	1	23	21	16	12	76	78
南亚	692.2	2 588.7	23	18	26	29	15	17	51	53
撒哈拉以南非洲	362.9	1 745.2	17	15	34	27	13	11	49	58
世界共计	33 289.9	77 960.6	4	—	29	—	19	—	67	—
低收入国家	110.9	397.8	35	32	20	22	11	9	45	47
中低收入国家	1 307.3	5 781.1	22	17	31	31	17	17	47	52
中上收入国家	3 859.0	18 958.1	10	7	38	36	24	22	52	57
高收入国家	28 011.9	52 850.5	2	2	28	25	18	15	70	74

资料来源：www.data.worldbank.org。

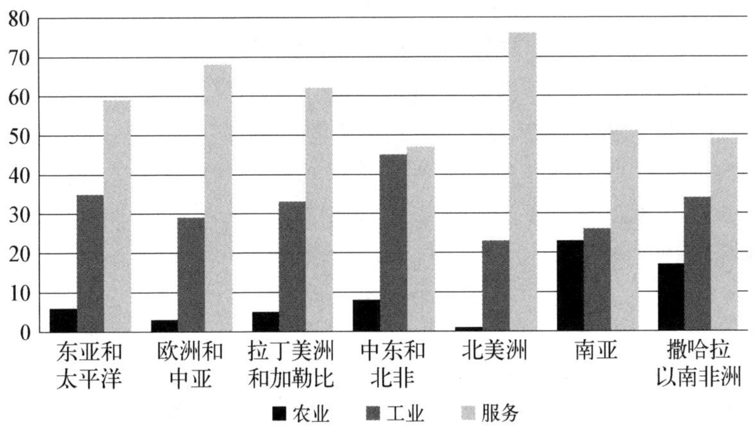

图 3　农业、工业和服务业的份额：世界区域(2000 年)

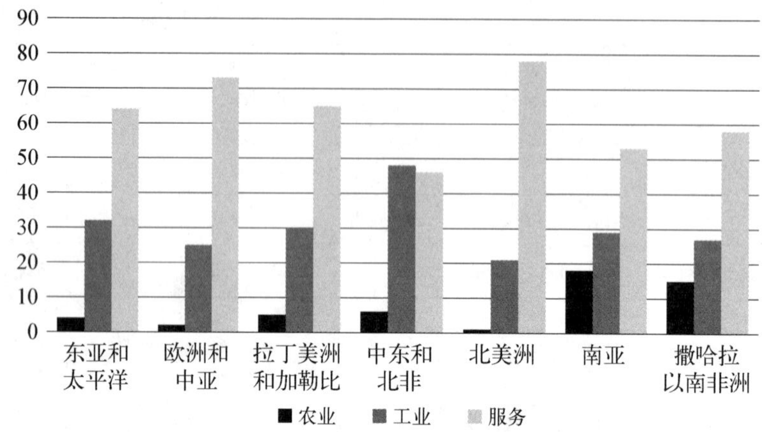

图 4 农业、工业和服务业的份额：世界区域(2014 年)

随着经济的增长，这些国家将经历一场行业转型，其特点是农业在国内生产总值和就业中的比例下降，即使农业部门的绝对规模在产出方面继续增长。所有发达国家在其经济发展过程中都经历了这一过程。这种行业转型的一个共同特点是，农业在一个国家经济中的比例(即国内生产总值和就业)随着工业和服务业的增长而下降。这种转变的主要驱动力体现在所谓的恩格尔定律中。① 农业部门的比例在各国之间的下降速度各不相同，取决于许多因素，包括一个经济体的替代部门增长速度如何快，非农业收入的分配如何平等或不平等，城市化的反馈效应对农产品的需求有多大。

表 5、表 6 和表 7 表明，南亚和撒哈拉以南非洲地区农业对 GDP 和就业的贡献有所下降，那里的大多数人口生活在农村地区，他们也很穷。然而，国内生产总值比例的下降比其作为就业提供者的下降快得多(表 5 和表 6)。在南亚，该部门对国内生产总值的贡献下降了 21.7%(2000—2014 年)，而在 2000—2002 年至 2011—2013 年，农村就业创造减少了 16.9%。因此，远离农业的趋势不一定与非农业部门创造就业相匹配。表 7 显示，2011—2014 年，南亚工业和服务业的男女就业人数几乎相同，远远低于农业创造的就业人数。此外，南亚和撒哈拉以南非洲服务部门在国内生产总值中所占比例过高(表 5)，与该部门创造就业机会的比例不相匹配，这无疑令人关切。

① 恩格尔定律是 19 世纪德国统计学家恩斯特恩格尔(Ernst Engle)首次阐明的收入增长与一般消费收入所占比例之间的关系，特别是与食品之间的关系。恩格尔发现，随着收入水平的上升，用于食品的收入比例下降，尽管食品支出的绝对数量没有下降。因此，这种关系表明，随着一个国家经历经济发展，农业在其经济中的份额下降(工业和服务部门的份额增加)。

表 6 农业就业：世界区域(2000—2002 年和 2011—2013 年)

区　域	农业就业（占总就业人数的百分比）	
	2000—2002	2011—2013
东亚和太平洋	40.6	8.9
欧洲和中亚	11.8	8.4
拉丁美洲和加勒比	18.2	14.2
中东和北非	—	—
北美洲	2.5	—
南亚	59.2	49.2
撒哈拉以南非洲	—	—
世界共计	36.1	—
低收入国家	—	—
中低收入国家	54.0	44.0
中上收入国家	38.8	7.6
高收入国家	5.3	4.3

资料来源：www.data.worldbank.org。

表 7 按部门分列的就业情况：世界区域(1990—1992 年和 2011—2014 年)

区　域	农　业				工　业				服　务			
	（男性就业百分比）		（女性就业百分比）		（男性就业百分比）		（女性就业百分比）		（男性就业百分比）		（女性就业百分比）	
	1990—1992	2011—2014	1990—1992	2011—2014	1990—1992	2011—2014	1990—1992	2011—2014	1990—1992	2011—2014	1990—1992	2011—2014
欧洲和中亚		7		6		35		14		57		80
拉丁美洲和加勒比	23	19	14	8	29	28	15	13	48	52	72	79
北美洲	4		1		34		14		62		85	
南亚		43		59		26		21		31		20
高收入国家	6	5	4	3	38	34	19	13	55	60	76	83

资料来源：www.data.worldbank.org。

农业与减贫之间的联系是通过四种“传播机制”形成的：

— 农业业绩改善对农村收入的直接的和相对直接影响；
— 廉价食品对城市和农村穷人的影响；
— 农业对非农业部门增长和创造经济机会的贡献；
— 农业在刺激和维持经济转型中的基本作用，因为国家从主要是农业转向更广泛的制造业和服务业基础。

然而，未来通过这些传播机制减少贫穷的潜力取决于农业生产力可提高的程度。

农业增长通过增加农民收入对减贫的直接贡献取决于若干影响的相互作用。(1) 穷人从事农业的程度。这反过来又取决于特定地点的农业类型。例如，在高度机械化的农业中，穷人和非熟练者的参与可能很少。另一方面，在自给农业或果蔬种植方面，穷人的参与率可能相对较高。洛安萨和拉达茨(Loayza and Raddatz, 2010)强调，农业中非熟练劳动力的使用强度在确定其减贫能力方面具有重要性。世界上大多数生活在农村地区的穷人要么是小农户，要么是无地者(Jazairy, et al., 1992)。事实上，许多小农户可能不得不购买食品。因此，农业收入可能只占其总收入的一小部分。(2) 产出增长提高收入的程度。如果土地稀缺，农业回报的增加可能反映在更高的土地租金上。如果穷人仍然耕种属于他人的土地，那么将收益资本化为更高的租金可能会严重损害对减贫的贡献。(3) 农业对减贫的总贡献取决于该部门的相对规模，即农业部门在国民经济中的份额。

当产出因技术革新而增加时，对耕种的穷人和他们收入的主要来源来说，其利益可能受到几个原因的限制。首先，穷人的采用可能受到限制(Hazell and Haddad, 2000)，因为他们无法获得使用该技术所需的投入和知识，而且新技术存在规模偏见(由于使用不可分割的投入)。其次，市场缺陷或限制小农户获得包括信贷在内的投入的政策也可以解释这一点。贫穷的农民可能比富裕的农民更不愿意承担风险。再次，新技术可能不适合许多适合小农户类型的农业气候条件(Barker and Herdt, 1985)。许多农村穷人生活在雨水灌溉地区以及干旱和半干旱地区(Lipton, 2001)。

四、结　　论

随着人口增长和人均收入增加，农业需求的预期增长将需要农业增长的持续增长。历史表明，过去40年来不同的减贫率与农业绩效的差异特别是农业增长率密切相关。简言之，这意味着那些设法提高农业生产力的国家也设法降低了贫困率。因此,农业仍然是大多数发展中国家的经济核心。

本文从实证的角度,重点阐述了期望农业增长减贫的理论原因。应用了几个合理而有力的论点,包括创造农村就业机会,从农业到农村经济的其他部分的联系,以及整个经济的实际粮食成本下降。本项研究认为,农业在发展中国家有着特殊的地位,尽管农业在 GDP 和就业创造中所占的份额在不断下降。

诚然,随着经济增长,对非农产品和服务的需求增长快于农产品的需求,农业在国内生产总值和就业中的份额随着时间的推移而下降。这种经济结构转型的基本教训是,虽然农业部门的绝对规模继续增长,但由于农业以外的就业增长较快,农业部门在就业中的份额将下降。然而,这一跨区域的分析表明,在发展中地区(特别是在贫穷的南亚),农业创造就业机会的减少与非农业创造就业机会的增加并不匹配。

因此,可以得出结论说,大多数发展中国家尚未充分发挥农业部门在减贫方面的潜力。在适当的政策和机构的支持下,农村地区还可以在非农业活动中创造更多就业机会。这些促进农村经济增长的政策,要求提高对公共基础设施投资的水平和效率,增加用于教育、保健、其他社会服务和弱势群体安全网的支出。

参考文献

ABARE. 2001. The Impact of Agricultural Trade Liberalization on Developing Countries, ABARE Research Report No. 01.6. Canberra: Australian Bureau of Agricultural and Resource Economics.

Barker, R. and R. Herdt. 1985. Who Benefits from the New Technology? The Rice Economy in Asia, Washington, DC: Resources for the Future.

Bravo-Ortega, C., and Lederman, D. 2005. Agriculture and National Welfare Around the World: Causality and International Heterogeneity Since 1960, Policy Research Working Paper 3499, Washington, D. C.: World Bank.

Cox, A., J. Farrington, and J. Gilling. 1998. Reaching the Poor? Developing A Poverty Screen for Agricultural Research Proposals, ODI Working Paper 112, London: Overseas Development Institute.

Datt,G.and Ravallion,M.1998. Farm Productivity and Rural Poverty in India, Journal of Development Studies, Vol. 34 No. 4.

Grewal, B., H. Grunfeld and P. Sheehan. 2012. The Contribution of Agricultural Growth to Poverty Reduction, Impact Assessment Series 76, Australian Centre for International Agricultural Research (ACIAR), Government of Australia.

Hanmer, L and F. Nashchold. 2000. Attaining the International Development Targets: Will Growth be Enough? Development Policy Review, Vol. 18 No. 1.

Hayami, Y. and V. W. Ruttan. 1985. Agricultural Development: An International Perspective, Balimtore: Johns Hopkins University Press.

Hazell, P. and l. Haddad. 2001. CGIAR Research and Poverty Reduction, Draft Paper Prepared for the Technical Advisory Committee of the CGIAR, Washington, DC: IFPRI, September.

International Fund for Agricultural Development. 2010. Rural Poverty Report 2011: New Realities, New Challenges: New Opportunities for Tomorrow's Generation, IFAD: Rome.

Jazairy, I., M. Alamgir and T. Panuccio. 1992. State of World Rural Poverty, London: Intermediate Technology Publications for IFAD.

Janvry de, A. and E. Sadoulet. 2002. World Poverty and the Role of Agricultural Technology: Direct and Indirect Effects, Journal of Development Studies, Vol. 38, No. 4.

Lipton, M., S. Sinha and R. Blackman. 2002. Reconnecting Agricultural Technology to Human Development, Journal of Human Development, Vol. 3, No. 1. United Nations Development Programme.

Loayza, N.V. and C. Raddatz. 2010. The Composition of Growth Matters for Poverty Alleviation, Journal of Development Economics, Vol. 93, No. 1.

Mellor, J. W. 1976. The New Economics of Growth, New York: Cornell University Press.

Ravallion, M. and S. Chen. 2007. China's (uneven) Progress Against Poverty, Journal of Development Economics, Vol.82, No.1.

Schneider, K. and M.K. Gugerty. 2011. Agricultural Productivity and Poverty Reduction: Linkages and Pathways, The Evans School Review, Vol. 1, No. 1, Spring.

Thirtle, C. L. Lin and J. Piesse. 2002. The Impact of research Led Agricultural Productivity Growth on Poverty Reduction in Africa and Latin

America, Research paper 016, King's College, Management Research Centre, University of London.

Thorbecke, E. and Jung, H.S.1996. A Multiplier Decomposition Method to Analyse Poverty Alleviation, Journal of Development Economics, Vol.48 No.2.

Tisdell, C.A.1999. Socio-economic Policy and Change in South Asia: A review Concentrating on Bangladesh, in M. Alauddin and S. Hasan (eds.), Development, Governance and the Environment in South Asia: A focus on Bangladesh, London: Macmillan.

Wodon, Q.1999. Growth, Poverty and Inequality: A Regional Panel for Bangladesh, Policy Research Working Paper 2072. Washington, DC: World Bank.

World Bank. 2007. World Development Report 2008: Agriculture for Development, World Bank, Washington, DC, USA.

World Bank. 2009. From Poor Areas to Poor People. China's Evolving Poverty Reduction Agenda: An Assessment of Poverty and Inequality in China, Poverty Reduction and Economic Management Department. World Bank: Washington, DC.

七、全球化、福祉与公民视角

全球化：避免自我毁灭的四种途径

[德]乔治·科尔(Georg Kell)*　陆晓禾 译

[提要]　在过去的20年里，越来越多的公司开始将环境、社会和治理问题(ESG)整合到战略和运营中，推动了一场全球运动。在我们这个相互依赖的世界里，公共和私人的需求日益交迭，要求更大的可持续性和责任的企业理由变得更加充分。但是金融世界已经落后了。随着越来越多的证据表明，良好的ESG业绩与良好的财务业绩密不可分，随着量化ESG业绩的信息越来越多，金融界开始更好地将其估值和配置与全球企业的可持续发展运动结合起来。这将使市场转向更可持续的道路、绿色基础设施急需的投资和体面的就业机会。

在1999年1月的一次具有里程碑意义的讲话中，前联合国秘书长科菲·安南(Kofi Annan)警告说，市场的扩展超过了社会适应市场的能力，全球化是脆弱的，很容易受到冷战后的世界所有"主义"("isms")的反弹：保护主义、民粹主义、民族主义、种族沙文主义和恐怖主义。这些"主义"的共同之处在于，它们从根本上利用了那些感到被遗弃的人的痛苦和不安全感。为了应对这一威胁，他提出了一项"共享价值观的全球契约"，并要求企业带头。

今天，许多分析人士和评论人士意识到，英国脱欧标志着大西洋两岸的西方民主正在发生更深刻的变化，与此同时，全球民族主义正在抬头。科菲·安南在20世纪末所警告的"主义"已经被释放出来了，现在正在影响世界各地的公共话语和政策制定。1945年后的秩序现在似乎正在瓦解。权力

---

* © Georg Kell, 2016.作者乔治·科尔，联合国全球契约组织(United Nations Global Compact)创始主任和前执行主任；德国资产管理公司(Arabesque Partners)董事长。——译者

正在分裂，建立在开放基础上的相互依存和基于规则的商业的全球一体化时代，正在让位于保护主义、内导向和恐惧。事实上，我们现在面临的真正前景是，在没有可行的替代办法的情况下，使人类能够以前所未有的规模维护和平和扩展经济机会的制度。

所以我们必须问自己一个重要的问题：怎样才能避免走上这种自我毁灭的道路？具体而言，我们如何才能重新确立主导的时代精神，使之既能保留我们从过去汲取的最好教训，又能应对未来最紧迫的挑战，包括气候变化、不平等和冲突？我认为有四种明确的方法可供我们选择。

一、我们需要承认，经济不平等及其引发的怨恨，是当前西方民主国家市场与社会之间紧张关系的核心所在

技术、创新和自动化推动了最近的全球结构变化，导致了生产力的大幅度提高。然而，这种转变本来就有利于受过教育和社会流动的人，同时削弱了劳动力的经济地位。另一方面，贸易只是一种适度的破坏，而它的积极作用是降低价格和传播更好的产品，使所有人受益，帮助数百万人摆脱贫困。然而，太多的政客和煽动家发现，在当前的气候下，把贸易和移民作为替罪羊是很方便的。他们这样做，不仅歪曲事实，抛弃常识，而且不计后果地危及所有人繁荣的基础。

我们现在需要的是勇敢的政治家和企业领袖，他们能够用事实而不是恐惧进行条理清晰的辩论。我们应该赋予那些愿意阐明真正需要做什么来解决不平等根本原因的人权力——重塑一种适合未来的社会契约。一个好的开始方式就是对每个人的优质教育进行大量投资，创造一种新的学习文化。要做到这一点，少数享有特权的人需要抛弃旧的政治教条，放弃特权和杜绝税收漏洞，才能真正为全民教育投资。**通过教育平等获得机会**，可以说是调和市场与社会之间紧张关系的最佳途径。教育是培养基于成绩的结果和社会凝聚力的伟大均衡器。

二、“二战”后建立的机构需要更好地适应我们快速变化的世界

虽然我们比以往任何时候都更加相互依赖，但我们处理紧急问题的集体能力却有所恶化。我们必须提出**重新塑造多边主义**的理由，因为国家利益日益与我们应对不遵守边界的挑战的**集体能力**联系在一起。气候变化、恐怖主义、拐卖儿童、非法武器贸易、人道主义灾难和大规模移民问题只能通过合作

和分担责任来解决。为提出开放和团结的理由可能会与当前许多国家的情绪相悖。但多边主义的论点比以往任何时候都更加引人注目。

围绕全球伙伴关系发展一种新的叙事,使世界各地的人都能产生共鸣,这是至关重要的。政府也需要开始下放实际的权力,以解决世界上最大的问题,并邀请新兴市场发挥更大的作用。同样重要的是,各国政府需要开始下放真正的权力,以解决世界上最大的问题,并邀请新兴市场发挥更大的作用。愤世嫉俗的人会说,创造行为需要一场战争,制度不能从内部改变。但我们必须证明他们是错的。随着一些全球挑战变得越来越紧迫,合作的理由将变得更加强烈,气候变化等问题很可能成为真正转变思维和行为的催化剂。

三、企业高管和投资者现在有一个获得领导资格的独特机会

科菲·安南1999年发出的呼吁导致发起了一场全球运动。在世界各大洲,越来越多的公司已经开始了**以普遍原则为基础,协调社会优先事项与企业使命、战略和运营之间关系**的旅程。一些著名的高管已经以身作则,并以理性的声音说话。然而,我们需要更大的公司政治才能,让市场有人情味,改善工人的条件、环境和更广泛的治理事务,尤其是反腐败。这些努力现在需要加快步伐,许多仍然以短期利润为信条的观望者需要加入这场运动中来,使其更有影响力。

投资者迟迟没有意识到,市场成功的框架条件已经改变。在一个透明的时代,投资者行为的社会和环境影响不再能够外部化。必须对它们进行核算和定价。随着越来越多的经验证据表明,企业责任与良好的经济业绩是直接相关的,人们希望,金融世界将重新与社会的实际需求相一致。**现在有了新的投资方法,这些方法以对社会影响的系统评估为基础,而且重要的是,这些方法可以加以衡量**。事实上,**从内部改变市场**是我们力所能及的,因为现在越来越多的人可以引导资本流向能够创造就业、解决方案和我们需要的产品的可持续企业。市场现在确实有机会成为解决方案的一部分。

四、在这个数字赋权的新时代,我们都必须承担起个人责任

我们比以往任何时候都可以通过各种广泛的渠道表达和形成意见。正如今年的爱德曼信任度晴雨表所显示的,**数字赋权**已经导致了重大的混乱,它特别导致了权威的倒置,这对机构和公共部门的信任有着深刻的影响。它

大大加速了社会的分裂，即使是按照种族划分。但是，由于我们正处于这种深刻的转变之中，每个人现在都可以构建自己的信仰和想法的回音室，关键是，对是非的基本意识成为新话语的一部分。虽然我们不能指望每个人都能从历史中吸取教训，但我们至少可以坚持**基本的礼貌和普遍的道德价值观**，其中必须包括非暴力、互惠和尊重他人的黄金法则。宗教领袖、教师和家长现在必须加紧努力，确保相互尊重、同情和接受是在这个勇敢的新数字时代不会失去的价值观。

所以比赛开始了。在这个气候不断变化、不平等加剧和政治日益两极化的不确定世界上，未来取决于我们现在是否愿意为人民重新制定公共政策，是否愿意使国际合作发挥作用，以及市场是否有能力成为解决办法的一部分而不是问题的一部分。人们有能力让这一切发生。我们就是人民。

全球化对印度人民福祉的影响

[印度] 达温德·马达恩(Davinder Kumar Madaan)* 陆晓禾 译

[提要] 印度是一个中低收入的经济体,在 1991 年 7 月实施了以自由化、私有化和全球化构成的企业主导模式的经济改革。因此,在 1991 年—2019 年,它的平均经济增长率明显上升,每年的增长率为 6.6%。本研究试图根据人类发展、贸易开放度、生活成本等来分析全球化对印度人民福祉的影响,发现在 1992 年—2018 年印度的人类发展指数和性别发展指数的复合增长率超过中国、美国和世界其他地方。因此,全球化对印度人民福祉的影响是非常积极的。印度开放其经济的程度超过中国、美国和世界其他地方。2005—2018 年的腐败减少也对印度人民的福祉造成良好的影响。此外,就生活成本而言,印度是世界上物价便宜的国家之一。然而,这个国家经历了全球化对农业、就业、教育、减少贫穷、不平等程度等的不利影响,而且大部分人口没有得到发展的好处。尽管如此,印度的工作年龄段人口的增长、中产阶级的壮大、城市化程度的提高和金融系统的健康支持其人民的福祉。我们可以有把握地说,1991 年以来的经济改革有助于印度改善其经济业绩和提高人民的福祉。

一、导　　言

广义地说,"全球化"一词是指通过信息、观念、技术、商品、服务、资本融资和人员跨国流动的经济一体化。开放程度的提高,不仅限于贸易,而且包括投资、金融、服务、技术、信息、思想和人员的跨越国界。人们认为,贸易开放度是发展中国家经济增长的主要决定因素之一。国际经济建立在国际货币基金组织(IMF)、世界银行(WB)和世界贸易组织(WTO)这三根支柱之

作者达温德·马达恩,印度旁遮普大学(Punjabi University)社会科学院经济学教授和系主任。本文在收入本书时作者对文章作了更新和修订。——译者

上。成立于 1945 年的 IMF 和 WB 是拥有 189 个成员国的世界金融托管机构。WTO 成立于 1995 年,它是 164 个成员国之间以规则为基础的强有力的多边贸易制度安排。121 个发展中国家是世贸组织的成员,其中 30 个是欠发达国家。此外,22 个国家处在加入 WTO 的过程中。在 WTO,任何成员的谈判力量取决于它在世界贸易中所占的比重。WTO 的成立是世界经济走向全球化的一种趋势。发展中国家推动这种全球化,将其作为经济发展的一种战略。在 2019 年,83 个高收入经济体仅以 16%的世界人口和 28%的世界地理区域控制了世界生产总值的 63%和世界贸易的 54%(World Bank, 2016)。另一方面,构成世界人口 84%的 135 发展中经济体,以 72%的世界地理区域贡献了世界生产总值的 37%和世界贸易的 46%。

在工业革命前夕(1770 年前后),印度是世界上第二大经济体,贡献了世界总产值的 20%以上。到 20 世纪 70 年代,在 2 个世纪经济相对滞涨之后,这个比例下滑到不足 3%——是它有记录历史上的最低比例。1991 年,印度占世界生产总值的比重为 1.2%,在 2019 年增长到 3.3%。在 2019 年间,这个国家占世界人口的 17.8%(13.6 亿人)和世界贸易的 2.1%。无疑,在 2019 年间,就国内生产总值的规模而言,印度是世界上第五大经济体(2.875 万亿美元),但鉴于它占世界生产总值和贸易的比重微乎其微,印度不可能是一个全球强国。高盛经济研究部(2010)说,印度的潜在产值增长率在 2030 年前可以达 8%。确实,印度的国内生产总值(按美元计算)到 2030 年将超过日本,在 2050 年前超过美国,使其成为仅次于中国的第二大经济体。印度对世界经济增长的贡献率很高。印度的工作年龄段人口的增长、中产阶级的壮大、城市化程度的提高和金融系统的健康支持其人民的福祉。

印度采用了企业主导的经济改革模式,由 1991 年 7 月的自由化、私有化和全球化构成。结果,经济增长率明显提高。1991—2019 年,总体年增长率为 6.6%(Govt. of India, 2020)。2019 年,印度经济增长了 4.2%,而全球仅增长了 2.4%。世界银行预测,2021 年印度的实际 GDP 增长率将是 3.1%(World Bank, 2020)。过去,印度经济在 1900—1950 年增长 0.8%,在 1950—1980 年增长 3.5%,在 1981—1990 年期间增长 5.6%。本文旨在考察印度自 1991 年以来的后经济改革时期的经济表现,并从人的发展、贸易开放、生活成本等方面分析全球化对印度人民福祉的影响。

二、人的发展

人的发展意味着创造人民能够发展其充分潜力的环境并带来长期、健康和创造性的生活。过去,任何国家的进步都取决于经济发展。但经济发展在贫穷、文化程度、健康等领域里造成差异。为了克服这个问题,提出了“人的发展”理念。联合国开发计划署(UNDP)在1990年发表了第一份“人的发展报告”,把国际注意力吸引到人的发展理念上来。“人的发展指数”(HDI)是这份《人的发展报告》的重要部分。HDI提供了人的发展的3个方面的综合量度:长寿而且健康,以预期寿命来衡量;知识或教育,以入学年龄的孩子预期接受教育的年数和25岁的人平均接受教育的年数来衡量;体面的生活水平,以人均国民收入(GNI)和购买力平价(PPP)来衡量。如果所有的人的发展指数在一段时间内都呈上升趋势,那就意味着这个国家的经济发展的持续过程有坚实的基础。按2018年的HDI,挪威排名第一,尼日尔排名第188位,印度排名第129位。2018年其他国家的HDI排名如下:美国(15)、中国香港地区(4)、斯里兰卡(71)、中国内地(85)和巴基斯坦(152)(UNDP, 2019)。

表1显示了在后经济改革时期(1992—2018年)印度和世界其他地方“人的发展指数”。在这个时期里,印度“人的发展指数”的分数提高到47.4%,相比之下,中国是27.6%,世界是20.8%,发展中国家是33.7%,发达经合组织成员国是14%,美国是7.1%。因此,印度“人的发展指数”的综合增长在这个时期里高于世界其他地方,表明全球化和经济改革对印度人民福祉的影响非常鼓舞人心。然而,作为一个发展中国家,印度2018年的“人的发展指数”比美国低42.6%,比中国低17.5%,比全球水平低13.3%,比发展中世界低6.4%。

性别发展指数(GDI)衡量人类发展成果中的性别差距,采用的是与人类发展指数相同的构成指标,即健康、知识和生活水平,用来说明男女在人类发展的这三个基本方面的差别。“性别发展指数”是对女性和男性分别计算的“人的发展指数”比率,使用的是与“人的发展指数”同样的方法。印度在2018年间,“性别发展指数”在166个国家中排名第153位,“人的发展指数”在189个国家中排名第129位(UNDP, 2019)。表1比较了印度在1992—2018年与中国、美国、世界、发展中国家和发达经合组织成员国的复合增长率。我们从这张表中可以看到,在1992—2018年,印度的“性别发展指数”的复合增长率为106.7%,相比之下,中国为67.7%,发展中国家为63,9%,世界为47.5%。因此,印度的“性别发展指数”的复合增长率在这个时期里高于世界其他地方。不过,印度在2018年的“性别发展指数”比中国低15.9%,比美国低91.5%,比全球水平低13.5%。

表 1 1992—2018 印度和其他世界的人类发展指数

指 标		印 度		中 国		美 国		世 界		发展中国家		发达 OECD	
	年 数	1992	2018	1992	2018	1992	2018	1992	2018	1992	2018	1990	2018
人类发展指数	分值	0.439	0.647	0.594	0.758	0.859	0.92	0.605	0.731	0.513#	0.686	0.785	0.895
	增长(%)	47.4		27.6		7.1		20.8		33.7		14.0	
	排名	134	129	111	85	2	15						
性别发展指数	分值	0.401	0.829	0.573	0.961	0.901	0.991	0.638	0.941	0.56	0.918	0.869	0.976
	增长(%)	106.7		67.7		10.0		47.5		63.9		12.3	
出生时预期寿命	年数	58.9	69.4	69.3	76.7	75.6	78.9	65.7	72.6	63.2	71.1	74.5	80.4
	增长 (Yrs)	10.5		7.4		3.3		6.9		7.9		5.9	
平均受教育年数	年数	3	6.5	4.9	7.9	12.3	13.4	5.4	8.4	3.4	7.4	9.3	12
	增长 (Yrs)	3.5		3.0		1.1		3.0		4.0		2.7	
预计受教育年数	年数	7.6	12.3	8.8	13.9	15.2	16.3	9	12.7	8.3	12.2	13.3	16.3
	增长 (Yrs)	4.7		5.1		1.1		3.7		3.9		3.0	
人均国民收入 (GNI)	不变 2011 PPP $	1 788	6 829	1 845	16 127	37 592	56 140	8 620	15 745	3 411	10 476	26 783	40 615
	增长(%)	281.9		774.1		49.3		82.7		207.1		51.6	

注：
#＝data of 1990
OECD 国家：经合发展组织 34 个成员国
性别发展指数：男女比例，人类发展指数，出生时预期寿命，平均和预期受教育年数，人均国民总收入和购买力平价。
平均受教育年数：25 岁人群受教育的平均年数。这是 1990 年而不是 1992 年的数据。
预计受教育年数——小学至大学(适龄儿童)。
PPP：购买力平价：国际美元与美元在美国的购买力相同。
资料来源：UNDP. 2019：Human Development Report 2019, December;
UNDP 1995：Human Development Report 1995, May.

HDI的一个方面是考虑自出生后活得长久和健康的预期寿命。这个指标在印度从1992年的58.9岁增加至2018年的69.4岁。因此,与中国的7.97年、世界的6.9年、美国的3.3年和发达国家的5.9年相比,印度在1992—2018年提高了10.5年。这对印度人民的福祉也有非常积极的影响。然而,2018年印度人的预期寿命仍然比发达国家少11年,比美国少9.5年,比中国少7.3年,比世界少3.2年。因此,印度必须为人们的健康生活采取某些救济措施。

知识或教育程度是HDI的另一个指标。这是通过平均受教育年数和预期受教育年数来衡量的。人们在25岁时所获得的学校教育年数均值或平均年数在印度从1990年的3年增加至2018年的6.5年。因此,在1990—2018年这种增长为3.5年,比中国多3年,比美国多1.1年,比全球水平多3年。在2018年间,印度的平均受教育年数比美国少6.9年,比世界少1.9年,比中国少1.4年。同样,在印度,达到入学年龄的孩子预期接受教育年数也从1990年的7.6年增加至2018年的12.3年。在1990—2018年印度的这种增长是4.7年,相比之下,中国是1.3年,发展中世界是3.9年,全球是3.7年。在2018年间,印度的学校教育预期年数比美国少4年,比世界少0.1年,比中国少1.6年。因此,就印度而言,在后改革时期里,这个指标的改善高于全球水平。事实上,就提高初等教育入学率和扫盲率而言,印度取得了进步。它的识字率从1991年的52.2%上升至2011年的74.04%(Govt of India, 2011)。

此外,人的发展指数的第三个维度是生活水平,使用近年来的购买力平价比率,以人均GNI衡量。按2011年恒定购买力平价计算,印度人均GNI从1992年的1 788美元增长至2018年的6 829美元。1992—2018年,中国的复合增长率为281.9%,而发展中国家的复合增长率为82.7%,发展中国家为207.1%,发达国家为51.6%。然而,同期印度的经济增速低于中国的774.1%。2018年,与美国的56 140美元、发达国家的40 615美元、世界的15 745美元和中国的16 127美元相比,印度人均GNI要低得多。这意味着印度人民的生活水平远远低于世界其他地区。因此,可以观察到,虽然印度的人均收入在1991年以后的经济改革时期增长迅速,但这一增长远远低于中国。然而,全球化对印度人民生活水平的影响是非常积极的。

我们也可以通过一些其他指标来考察印度民众的福祉。表2展示了在1991—2018年印度和世界其他地方民众福祉的一些常用指标。从这张表中可以看到,印度每1 000名婴儿出生的死亡率从1991年的86.1人下降至2018年的29.9人。在1991—2018年印度的这种减少为56.2人,相比之下,发展中世界为38.4人,中国为34.4人,全球为33.2人。但是,印度在2018年

表 2　1991—2018 年印度和其他国家人民福祉的一些指标

指　标		印　度		中　国		美　国		世　界		发展中国家		高收入国家	
		1991	2018	1991	2018	1991	2018	1991	2018	1991	2018	1991	2018
婴儿死亡率(每 1000 例活产婴儿)	分值	86.1	29.9	41.8	7.4	9.1	5.6	62.1	28.9	69.7	31.3	8.3	4.3
	减少(%)	56.2		34.4		3.5		33.2		38.4		4.0	
城市人口(占总人口比)	分值	25.8	34.0	27.3	59.2	75.7	82.3	43.3	55.3	34.2	50.3	74.5	80.9
	增加(%)	8.2		31.9		6.6		12.0		16.1		6.4	
互联网用户(每 100 人)	分值	0	34.5	0	54.3	1.2	87.3	1.7	49.7	0	42.9	1.7	84.6
	增加(%)	34.5		54.3		86.1		48.0		42.9		82.9	
失业率(占劳动力比)	分值	4.3	5.3	4.9	4.3	6.9	3.9	6.3	5.4	5.9	5.5	7.7	5.1
	减少(%)	−1.0		0.6		3.0		0.9		0.4		2.6	

资料来源：World Bank. 2019：https://databank.worldbank.org/source/world-development-indicators。

的这种29.9的千人死亡率，高于世界的33.2，中国的7.4，美国的5.6。然而，在1991—2018年印度婴儿死亡率的大幅度减少对在印度的健康生活是一个积极的信号。此外，印度的城市人口比重从1991年的25.8%上升至2018年的34%。但是2018年世界总人口的49.7%居住在城市地区。就发达国家而言，这种比重是80.9%。因此，印度应该开发更多的城市地区，以增加城市人口的比例。印度的互联网用户比重在2017年仅为34.5%，小于全球的49.7%、美国的87.3%和中国的54.3%。然而，印度的失业率占总劳动力的比例从1991年的4.3上升至2018年的5.3。在全球范围内，2018年这一比例为5.4。因此，印度的失业率低于世界其他地区，这对该国的人力和经济发展是一个积极的迹象。

三、贸易开放度

全球化标志着国际贸易的开放程度越来越大。贸易被视为经济活动的一个组成成分，其开放程度被认为是发展中国家经济增长的主要决定因素之一。衡量国际贸易对经济的重要性的一个指标是贸易与国内生产总值的比率。或许可以有把握地说，一个贸易占国内生产总值比率逐渐升高的国家，在经济上对全球贸易水平的变化是敏感的。1991年改革开始后，印度开始通过逐步降低其极高的贸易壁垒和促进出口来解放其封闭的经济。表3显示了1991—2018年印度与世界其他地区的贸易开放情况。贸易占印度GDP的比例从1991年的16.7%上升至2018年的43.4%。在这一期间，中国和世界的这一比率分别从33%增加至37.5%，从38.5%增加至59.4%。1991—2018年，印度贸易开放程度提高了26.7%，相比之下，全球贸易开放程度提高了20.9%，中国提高了4.5%，发达国家提高了27.9%。因此，印度的经济开放速度比世界上其他国家都要快。

表3　1991—2018印度和其他世界的贸易开放度

国家/集团	贸易(% of GDP)		
	1991	2018	增长(%) 1991-2018
印度	16.7	43.4	26.7
中国	33	37.5	4.5
美国	19.7	27.5	7.8

续 表

国家/集团	贸易（% of GDP）		
	1991	2018	增长(%) 1991－2018
高收入 OECD	34.9	62.8	27.9
中和低收入	39	50.7	11.7
世界	38.5	59.4	20.9

资料来源：World Bank. 2019：http://databank.worldbank.org/。

四、腐　败

人民的福祉程度也可以从这个国家的腐败程度来衡量。腐败是为了私人利益而滥用受托的权力。腐败的减少可以提高人均收入和识字率。在全球层面,丹麦和新西兰是 2019 年全球 180 个国家中最廉洁的国家(Transparency International, 2020)。另一方面,索马里、南苏丹和叙利亚被列为最腐败的国家。印度从 2005 年的第 88 位上升至 2019 年的第 80 位,进入世界上腐败程度最低的国家。这一改善是由于 2005 年政府实施了《信息权法》(RTI)。中国的排名从 2005 年的 78 位降至 2019 年的 80 位。然而,美国的排名从 2005 年的第 17 位降至 2019 年的第 23 位(Transparency International, 2020)。尽管印度的腐败程度仍然很高,但为了人民的福祉,腐败正在持续减少。

五、生 活 成 本

人民的福祉也可以通过世界上低廉的生活成本来评估。事实上,国家的经济发展必须使人民能够享受长寿和健康的生活。印度是世界上生活成本非常便宜的国家。就人民的福祉而言,该国食品杂货、住宿费和外出就餐的费用都很低。在 2010—2020 年,印度被评为全球生活成本最低的国家。全球生活成本指数报告(Number, 2020)显示了世界上生活成本最低的国家。表 4 是印度和世界其他国家 2010—2020 年的生活成本指数。印度一直被列为世界上生活成本最低的国家。2020 年,与纽约市的生活成本相比,它的生活成本指数是 24.58%。在 2010—2020 年,印度的这一指数下降了 4.13%。同样,2020 年印度的生活成本加租金指数为 15.54%,与纽约市持平,在 2010—2020 年也下降了 4.62%。另一方面,中国内地、中国香港地区和美国在 2020 年的世界生活成本指数中分别排在第 53 位、122 位和 113 位。在

2010—2020 年,中国香港地区的这一指数上升了 12.31%。然而,就美国而言,该指数从 2010—2020 年下降了 17.41%。此外,在 2020 年的全球生活成本加租金指数中,中国内地和香港地区以及美国分别排在第 61 位、131 位和 122 位。在 2010—2020 年,香港的这一指数上升了 16.43%。然而,从 2010—2020 年,美国和中国的指数分别下降了 14.74%和 5.11%。从以上分析可知,印度是世界上生活成本低廉的国家。因此,全球化对印度人民福祉的影响是非常积极的,这与印度低廉的生活成本有关。

表 4　2010—2020 在印度和世界其他国家的生活成本

序号	国　家	生活成本指数			生活费加租金指数		
		2010	2020	增长(%) 2010 - 2020	2010	2020	增长(%) 2010 - 2020
1	印度	28.71	24.58	−4.13	20.16	15.54	−4.62
	排名	1	3		1	3	
2	中国	40.05	40.04	−0.01	33.83	28.72	−5.11
	排名	8	53		10	61	
3	中国香港	64.91	77.22	12.31	61.92	78.35	16.43
	排名	30	122		37	131	
4	美国	88.46	71.05	−17.41	71.1	56.36	−14.74
	排名	44	113		45	122	

注:生活成本指数是消费品价格、食品、餐馆、交通和公用事业的比较指标。该指数与纽约市比较。如果任何一个国家的生活成本指数为 50,这意味着它的生活成本比纽约低 50%。该表格将每个国家的消费者价格指数(CPI)与纽约市进行了比较,后者的 CPI 为 100。包括租金在内的生活成本指数是对相当于纽约市的包括租金在内的消费品价格的估计。

资料来源:Numbeo. 2020:https://www.numbeo.com/cost-of-living/rankings_by_country.jsp?title=2020。

六、印度的排斥性增长

然而,印度也目睹了经济改革对农业、就业、教育、贫困、不平等等方面的不利影响。因此,增长不是包容的,很大一部分人口被排除在发展利益之外。经济改革逐渐消除了经济自由的障碍,印度已经开始追赶,稳步地重新融入全球经济。按世界银行估计,2010 年,59.2%的印度人每天的生活费低于

2 美元(PPP 购买力平价)。根据 2015 年 7 月 3 日发布的《印度农村社会经济和种姓普查报告》,2011 年,印度 640 个地区的 2.439 亿户家庭中,有 1.791 亿户是农村家庭。75%的农村家庭月收入不到 5 000 卢比。对于一个平均 5 人的家庭来说,这相当于人均不到 1 000 卢比。农业收入被故意压低。印度 38%的农村家庭没有土地,只能做临时工。此外,印度只有 5%的农村家庭在政府部门有薪水。2019 年,印度占全球财富(360.6 万亿美元)的 3.5%。《2019 年全球财富报告》(Credit Suisse)指出,最富有的 10%印度人拥有国家财富的 74.3%,而其余 90%的人只拥有 25.7%的财富。此外,最富有的 1%人口在印度总财富中所占的比例已从 2010 年的 40.3%上升到 2019 年的 42.5%(Credit Suisse, 2019)。事实上,穷人手中的钱比富人手中的钱促进发展的速度更快,因此否定了世界银行早先宣扬的"涓滴理论"(trickle-down theory)。

七、结　　论

全球化是指国际贸易日益开放的程度,这被认为是印度和中国等发展中国家经济增长的主要决定因素之一。1991 年 7 月,印度采取了由企业主导的经济改革模式,包括自由化、私有化和全球化。结果,1991—2019 年平均经济增长率显著提高,每年 6.6%。本研究试图从人类发展、贸易开放、生活成本等方面分析全球化对印度人民福祉的影响。1992—2018 年,印度的 HDI (预期寿命、知识和人均收入的综合指数)的复合增长率超过了中国、美国和世界其他地区。然而,作为一个发展中国家,2018 年印度的人类发展指数在全球水平上仍然较低。此外,同期印度国民生产总值(GDI)的复合增长率也超过了中国、美国和世界其他地区。报告证实,全球化对印度人民福祉的影响是非常积极的。这个国家的经济开放速度比世界上其他国家都快。2005—2019 年,由于实施了《知情权法》和其他措施,腐败现象有所减少,这也有利于人民的福祉。此外,就生活成本而言,印度是世界上最便宜的国家。在 2010—2020 年期间,印度被定位为世界上生活成本最低的国家,这对人民的福祉是一个积极的信号。但是,这个国家目睹了经济改革对农业、就业、教育、贫穷、不平等等方面的不利影响,很大一部分人口被排除在发展的好处之外。然而,印度不断增长的劳动年龄人口、不断壮大的中产阶级、不断推进的城市化进程以及健康的金融体系,都支持着人民的福祉。可以有把握地得出结论,自 1991 年以来实行的自由化、私有化和全球化政策帮助印度改善了其经济表现和人民的福祉。

参考文献

Credit Suisse Research Institute. 2019. The Global Wealth Report 2019. October.

Government of India. 2020. Economic Survey 2019 - 2020. Ministry of Finance.

Government of India. 2015. Socio Economic and Caste Census 2011, www.secc.gov.in/ welcome, Ministry of Rural Development.

Government of India. 2011. http:// www.censusindia.gov.in/ , Office of the Registrar General & Census Commissioner, India, Ministry of Home Affairs.

Government of India. 2002. National Human Development Report, Planning Commission.

Goldman Sachs. 2009. The Long-Term Outlook for the BRICs and N-11 Post Crisis, 4 December, http:// www2.goldmansachs.com/ ideas/ brics/ long-term-outlook-doc.pdf.

Goldman Sachs. 2007. India's Rising Growth Potential.

Goldman Sachs. 2003. Dreaming with BRICS: The Path to 2050.

Numbeo.2020. http: // www. numbeo. com / cost-of-living / rankings_by_country.jsp? title=2020.

Transparency International. 2020. Corruption Perceptions Index 2019, www.transparency.org.

World Bank. 2020. Global Economic Prospects: Weak Investment in Uncertain Times, Washington, D.C., June.

World Bank. 2020. World Development Indicators. Washington, D.C.

World Bank. 2020. http:// databank.worldbank.org/ data/ reports.aspx? source=world-development-indicators.

WTO. 2020. https:// www.wto.org/ . May.

UNDP.2019. Human Development Report, Oxford University Press.

U. N. 2009. World Economic Situation and Prospects 2010 — Global outlook, http:// www.un.org/ esa/ policy/ wess/ wesp.html.

金砖国家的价值观和公民意识：来自巴西和俄罗斯的见解

［巴西］玛利亚·阿鲁达（Maria Cecilia Coutinho de Arruda）
［俄］安娜·格里兹诺娃（Anna Gryaznova）* 陆晓禾 译

［提要］ 价值观危机导致诸如过度援助和腐败等社会疾病，这些疾病致使领导危机、贫穷、缺乏教育和其他问题长期存在。作为 2016 年 7 月 13 日在中国上海举行的世界大会的一个专题论坛，"金砖国家：价值观与公民"，旨在"BRICS"即世界最大和最有影响力的 5 个新兴经济体：巴西、中国、印度、俄罗斯和南非中，讨论我们对世界的看法，分享我们的经验、期望和可能的提案。本文的目的是，由两位来自 BRICS 的"B"和"R"：巴西和俄罗斯的专题论坛发言人来总结她们认为的专题论坛深入讨论的相关问题或方面。

一、导　　言

价值观危机导致诸如过度援助和腐败等社会疾病，这些疾病致使领导危机、贫穷、缺乏教育和其他问题长期存在。是什么支撑着经济、政治和社会的发展？价值观和公民权？谁在鼓舞伦理领导者？社会运动？价值观和公民权教育的现状如何？作者们讨论了他们国家的经济、政治和社会进程的背景、历史根源和催化因素，介绍了他们对转型过程的观点和认识，以了解和预见巴西和俄罗斯的价值观和公民的未来。

金砖国家的经济增长率不同，因为它们的情况差异很大（表 1）。可以看到，巴西和俄罗斯面临类似的经济现实和趋势。这一事实可以让作者以描述

---

* © Maria Cecilia Coutinho de Arruda & Anna Gryaznova，2020.作者玛利亚·阿鲁达，巴西海蒂卡企业培训中心（Hetica Business Training）主任、拉丁美洲经济伦理网络（ALENE）主席；作者安娜·格里兹诺娃，俄罗斯国立高等经济大学（HSE University）组织和人力资源管理系副教授。本文收入本书时，作者对原文作了修订。编者对参考文献作了少许删略处理。——译者

性的或信息性的方式提出他们的看法,而不作比较分析。

表 1 全球增长——国内生产总值

国家/区域	2014	2015	2016e	2017f
世界	2.7	2.7	2.3	2.7
EMED	4.3	3.5	3.4	4.2
金砖五国	5.1	3.8	4.3	5.1
巴西	0.5	−3.8	−3.4	0.5
俄罗斯	0.7	−3.7	−0.6	1.5
印度	7.2	7.6	7.0	7.6
中国	7.3	6.9	6.7	6.5
南非	1.6	1.3	0.4	1.1

e=估计 f=预测;EMDE=新兴市场和发展中经济体

资料来源: Global Outlook Summary — January 2017 Forecasts

<http://www.worldbank.org/en/publication/global-economic-prospects#data> (Access on Jan. 31, 2017)>。

这两个国家存在着令人感兴趣的差异(表 2)。例如,巴西的多维度贫困人口比例较大(40.2%),但低于收入贫困线的人口比例较小(3.8%)。这种不一致表明,不平等可能对教育、健康和公民的价值观产生影响。俄罗斯[这两者]的相似关联导致对社会和政治制度的分析。

表 2 多维贫穷指数——发展中国家

国 家	多维度贫困人口(%)	生活在收入贫困以下的人口(%)
巴西	40.2	3.8
俄罗斯[1]	13.3	13.2
印度	51.1	23.6
中国	43.3	6.3
南非	39.6	9.4

资料来源: Human Development Report 2015

<http://hdr.undp.org/en/composite/MPI> (Access on Jan. 31, 2017)

[1]Russia: Poverty & Equity Databank and PovcalNet (2015)

<http://povertydata.worldbank.org/poverty/country/RUS> (Access on Jan. 31, 2017)。

二、巴西的价值观和公民

政治家和企业领袖经常提出一些特定的做法，这些做法会承载某种道德的或伦理的价值观。自2013年以来，巴西许多城市的社会运动数量和公民要求的问题都有所增加。

虽然有明确的规则和法律，但大多数私营或公民组织的合规并未得到充分加强，尽管最近颁布了《反腐败法》(Lei, 12846/2013)。共谋和纵容是如此普遍，以至于缺乏信任来支持企业和政府的努力。政治家和企业领袖似乎对伦理概念感到困惑，在涉及腐败对公民的影响时，他们甚至更为怀疑。

在以雄辩的方式讨论严重的伦理问题的演讲中，经常发表的是对道德的和宗教的价值观的主观、肤浅和感伤的解释，表达更多的是演讲术而非对真实的价值观的承诺。大多数政治领袖和企业领袖的言行不一，只要刑不上上层社会，就是鼓励人们把腐败、甚至是犯罪的态度当作有价值的东西来对待。

如今，可能是由社会运动发起的，或与之相伴的，洗车运动已经把一些主要的财富持有者送进了监狱。年轻的律师们已经展现为新一代的正义和法律拥护者。因此，巴西人坚定不移地愿意看到巴西宪法适用于所有人，无论贫穷还是富裕的公民。

一些行业协会、非政府组织(非政府机构)和宗教机构为提高个人、职业和社会实践的道德水平和表现作出了重大贡献。这些组织通过讲习班、会议、咨询、教学和培训，为有兴趣制定伦理标准和原则以满足巴西公民现代要求的政治家、企业领袖和学者提供了大量支持。为了保证高水平的伦理表现，有必要制定法律、企业和专业协会的协议以及自愿的技术规范。

这种努力的一个例子是，1998年创建的拉丁美洲经济伦理网络(ALENE — Associação Latino-Americana de Ética, Negócios e Economia)。ALENE经常在不同的拉丁美洲国家举行会议，但主要是在巴西。巴西因其庞大的地域和人口而具有代表性。这些研讨会使我们能够在巴西的牵头下深入和富有成效地讨论困扰着本区域的严重问题。这些研讨会产生的出版物，使学术界和企业界的领袖们能够很好地融合一起。ALENE成员——主要来自巴西——在“国际企业、经济学和伦理学学会”(ISBEE)中发挥了重要作用，带来了有助于发展中国家建立价值观和公民意识的案例和经验。在2年或3年期间，ISBEE大会的筹备工作通常提供了分享和扩大关于价值观和伦理学的富有成效的讨论的机会，与会者主要是来自巴西全国各地的教育工作者。

由于遵守了《联合国全球契约》《反腐败法案》和经济合作与发展组织(OECD)的规定，在巴西建立的公司在过去10年中非常重视经济伦理实践。90%以上的巴西公司制定了伦理守则或价值观宣言。通过提供更好的工资、福利和工作条件，它们试图推动公司内部政策朝良好的举止、伦理行为和道德品行发展。企业往往是比普通学校或大学更好的教育工作者。纪律、等级和权威的概念最终因政治目的而遗忘。混乱的环境似乎有利于意识形态的改变。社会运动有利于2016年罢免国家总统的弹劾程序。

社会注意到在制造过程和质量控制方面更好的变化。因此，巴西公民开始变得更强烈地要求和更努力地在市场上寻找新的、更好的、更健康和更可持续的产品。通过正当纳税，企业逐渐增加了政府收入。这种行为的改变在价值观方面意义重大。由于公共行政部门的腐败程度极高，大多数企商界领袖都感到没有纳税的动机。

由于"国有化"的努力，全球化进程导致巴西的跨国公司审视它们的伦理准则或行为守则。它们开始按照社会运动的要求，更仔细地处理有关性别、年龄和社会地位的多样性、可持续性和偏见等问题。

巴西自然资源丰富，过去对国际投资者，主要是大公司有吸引力。然而，经济增长受到腐败的影响，降低了他们的投资动力。财富的流动保护了巴西的精英阶层，他们通过为政府工作而发家致富，并在收购拍卖的资产后变得更加富有，这通常是通过糟糕的道德程序。

由于向正规合同工人支付的税收极高，现在的工作往往是临时性的，报酬低，集中在特定的经济部门。虽然管理私有化改革成为一项高利润的活动，但为了使公司更具竞争力，许多中低阶层工人失去了工作。以非法方式雇用劳动力已成为惯例，因为这些做法降低了成本。较高的失业率使公民易受伤害，不得不接受非法要求。因此，公民违反法律似乎总是有一个社会或个人的"借口"。不幸的是，巴西的"Jeitinho"文化(找到一种简单而不道德的方法来解决任何问题，不论它的道德性质如何)在所有社会阶层中都存在(Appy, 1992)。

投资大多集中在大城市，而偏远地区则难以生存，短期内获得新投资的机会不多。即使在城市地区，许多巴西公民也生活在贫民窟，很少或根本无法获得自来水、电力、排水系统、适足住房、基本卫生设施、教育和医疗。政府从1990年代开始计划降低经济发展升温的社会代价，但贫困仍然是所有领域的一个重要问题。

巴西不公平的收入分配是通货膨胀和腐败造成的物质主义的结果，这种腐败使政府工作人员不能根据法律规定使用资源。通货膨胀文化导致公民缺乏责任感，对生产力漠不关心，贬低专业工作，寻求轻松的赚钱方式。

巴西的文盲和教育水平低也导致了不道德实践的处理。尽管罗马天主教是巴西最重要的宗教，但许多人已经失去了对或错的感觉。为了恢复公民意识，彻底改变习惯似乎是必要的。

面对这些“扭曲”的价值观，在与政府机构和其他利益相关者的关系中，企商业人士在试图恢复道德规范方面遇到了困难。贿赂、回扣、礼物和其他“支付”在许多部门已经变得司空见惯，甚至是强制性的。在管理伦理和领导力伦理方面出现了真正的道德困境。

一些企业高管在这方面发挥了重要作用，他们避免腐败，按时支付账单，保护环境和环境伦理，勇于诚实。巴西作为一个发展中国家，对世界市场的竞争提出了挑战，这种竞争促使工业化国家聚集在区域经济板块：欧盟(EU)、北美自由贸易协定(NAFTA)以及与中国和日本等亚洲国家的一些联盟。巴西认为有必要在1991年建立的南美洲共同市场(MERCOSUR)面临与阿根廷、巴拉圭和乌拉圭的公平和不公平的竞争，试图使其经济一体化，并保护自己免受来自其他国家的歧视性关税(Manzetti, 1994)。

与其他拉丁美洲国家一样，巴西经历了深刻的政治和经济变革。不同意识形态的影响以及政府在教育、保健、住房项目和社会福利工作等重要领域缺乏行动，使私营和非政府组织认识到它们的社会责任。

在处理与一般公民有关的社会责任活动之后，企业领导人似乎更有兴趣在内部加强其伦理守则的合规。考虑到公司治理的伦理观点，公司主管、董事会或最大组织股东的个人丑闻引发了对“最佳实践”的讨论和修订。

在巴西，伦理教育已成为各级的当务之急。公民在其家庭、教会、媒体渠道、学校、大学、公司、非政府组织和政府机构中采取行动，正在成功地开始实施基于坚实的道德价值观的伦理标准和制度。

三、价值观和公民意识：俄罗斯

媒体对俄罗斯社会和企业的报道远非乐观：侵犯人权和财产权、缺乏透明度、缺乏法治和高昂的生意成本，往往是人们所关注的焦点。俄罗斯在各种腐败排名中得分很高。有数百项关于经济伦理的描述性和比较性研究，突出了在俄罗斯与在其他国家有关经营的规范和惯例之间有意义的差异，使俄罗斯的情况看起来非常独特，与其他国家不同。

大部分经济伦理出版物的语气都是令人担忧的：他们质疑“西方伦理标

准”对俄罗斯经济的适用性,并建议“研究人员完全同意”俄罗斯的经济伦理水平很低。俄罗斯人被认为倾向于欺骗,主要是对政府,但也彼此之间欺骗,而且他们似乎不在乎试图掩盖这一点。那些很快被认定为不道德的行为被解释为“过去的遗产”和路径依赖的范式。最近的出版物延续了这一传统,提供了有关伦理价值观差异的“经验”证据,并通过文化和历史背景的棱镜来解释它们。

然而,我们如果看看世界价值观调查(图 1)第 6 波的结果,就会发现,有一些微小的偏差,来自俄罗斯的受访者与其他金砖国家的受访者一样重视高效率工作、闲暇时间、朋友和家人。俄罗斯人在政治和宗教两个方面或多或少地存在分歧。政治价值在俄罗斯得到了最低的分数:只有 27%的受访者认为这非常重要或相当重要。宗教价值是划分这个受访组的另一个领域。中国和俄罗斯与其他国家不同,前者与后者分别有 10%受访者和 42%的受访者认为宗教非常重要或相当重要。

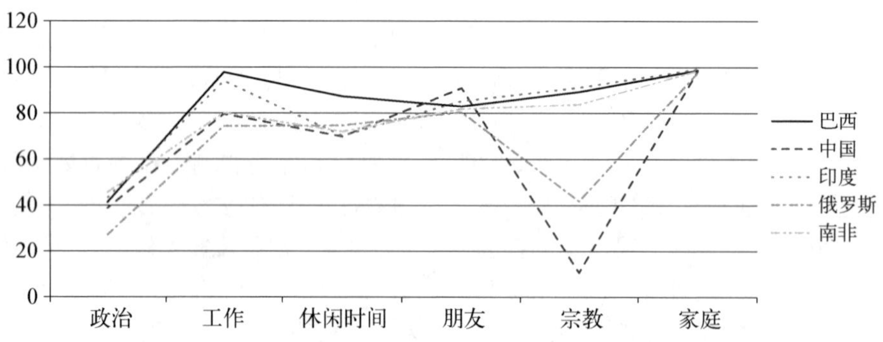

图 1　2010—2014 年世界价值观调查,“非常重要”和“相当重要”的答案

资料来源:www.worldvaluessurvey.org。

俄罗斯政治缺乏乐趣并不令人意外。俄罗斯政治制度的许多特征(例如后帝国主义综合症、家长式政治领导、颠覆、非正式治理占主导地位)以及人们对它们的态度似乎在历史上就是根深蒂固的(Gel'man, 2016),这使得对路径依赖的讨论是有效和切题的。

俄罗斯过去 4 个世纪的政治历史是以强大的独裁领导人为核心的,他们在国家的建设和巩固中发挥了决定性的作用。持不同政见的时期,以及有组织地试图对俄罗斯君主的强大中央权力进行竞争或限制,这些都是短暂的,通常会遭到残酷的镇压,随后往往会出现残酷的、情绪化的反应。彼得一世试图使所有政治和社会机构服从帝国发展的利益和一种抽象但有力的国家利益观念，戏剧性地与欧洲启蒙运动以人为中心的概念和在欧洲开始的改革背道而驰。19 世纪初，米哈伊尔·斯佩兰斯基伯爵（Mikhail Speranskii，1772—1839）在写给沙皇亚历山大一世的一封信中描述了这种对君主的最终依赖和服从：

> 自由的俄罗斯人民现在并没有被划分为贵族、商人等自由阶级，我只看到了两种状况：君主的奴隶和地主的奴隶。前者只有相对于后者才称自己是自由的；俄罗斯没有真正自由的人民，只有乞丐和哲学家……如果君主统治必须不仅仅是自由的幽灵，那么我们肯定还没有君主统治（引自 Yanov，2014）。

1917 年后，社会和政治制度的转变并没有改变国家与社会之间的道德、伦理和权力的动态系统，而是将其从政治扩展到经济和社会。以专制和正统为支柱的一套僵化的道德规范被规定的更严格的个人道德和社会秩序标准所取代。苏联的意识形态将一种绝对的、客观的、不可改变的道德传统推向了极致，主张社会主义制度在伦理和历史上优于资本主义制度（Fedorova，2016）。它需要一种一尘不染的意识，并且没有留下任何问题、怀疑、异议、分歧或讨论的余地。

苏联意识形态消除了社会中独立的政治、社会和经济领域，并将它们合并为“一个单一的官僚金字塔”（Gellner，1994：42）。金字塔反过来又建立在绝对的基础上，在苏联早期，隐含的道德价值观是服从于社会发展的科学的和“客观的”目的的。

我们从直接的和间接的资料来源对 1960 年代的苏联社会有很大的了解。它不仅变得愤世嫉俗和不信任，而且变得被动、绝望和依赖当局。双重思维成为极权国家生存的心理工具和社会规范。

20 世纪 90 年代，俄罗斯开始从计划经济向市场经济过渡，完全依赖当局的框架发生了变化。共产主义意识形态褪色，自由民主的精神和思想慢慢进入了视野。从理论上讲，这一意识形态空虚时期（Kharkhordin，2015）是一个进入道德发展的后传统阶段并为新社会提出道德基础的机会。不幸的是，意识形态上的空白伴随着一种法律真空——在“不被禁止的东西是允许的”最佳传统内，这种结合给个人的自由裁量留下了太多的问题。新的民主国家的伦理和价值观被视为改革议程的第二或第三优先事项（Rossouw，1998），而从属于更紧迫的市场发展问题。就俄罗斯而言，这种对伦理问题的缺乏重视对自由市场体制和自由思想的进一步合法化产生了不利影响，因此，通过一系列的政治事件，固化了公民对政治的疏离感和家长式的政治领导风格。

鉴于俄罗斯东正教的强大传统，人们可能会认为，教会是道德权威和规范的重要来源，西欧的情况就是如此。虽然情况确实如此，但这种影响采取了一种相当特殊的形式：俄罗斯东正教被国家用作建国的有力工具。在这一角色中，教会被用来完成两个看似有争议的角色：加强士气和压迫俄罗斯人民。

从1721年至1917年，教会由圣彼得一世建立的12个世俗教会之一的圣议会管理，由一名代表国家利益的公务员领导。1721年的《精神条例》(Spiritual Regulations)为国家、教会和人民之间的关系确定了框架，并将东正教定义为"皇帝的臣民所共享的信仰体系"。在这种情况下，东正教成为19世纪俄罗斯民族思想的支柱之一，与独裁统治和民族主义齐名。

彼得的改革结束了对信仰团体与国家的分离和区别的法律承认。"彼得大帝的改革在原则上和法律上试图将俄国社会的宗教职能与中央集权的帝国行政当局结合起来"(Meyendorff, 1976)。教会被从政治家的角度进行了重组(Shevzov, 2005)，成为国家官僚机构的一部分，以至于牧师的责任之一是在定期的星期日礼拜时传播官方公告。1774年，礼拜日服务和其他主要服务成为强制性服务。

有迹象表明，人们对政治和参与政治进程的态度正在改变。虽然我们可以合理地预期，关键的基础价值观(按"世界价值观调查"，工作、休闲、朋友、家庭来衡量)将很可能与世界其他地方一样保持不变，但对更多操作性的价值观的评价可能会有重大波动。社会和社会生活的数字化似乎是一个重要的驱动因素，既破坏了传统的专制领导模式的牢固性，又使公民能够发展安全的互动、沟通和协调方式。各种形式的公民参与的兴起：数字请愿、生态保护和环境范围内的社会和公民活动、所有形式的志愿活动(老年人、儿童、动物)都由于信息技术的迅速发展而成为可能。俄罗斯不太可能采用类似阿拉伯之春的场景。为了国家安全的利益，俄罗斯政府严格控制信息空间，在采用和发展现代监控方式方面似乎非常先进。

参考文献

Anti-Corruption Act — Brazil Lei n. 12846, Aug. 1, 2013-<http://www.planalto.gov.br/ccivil_03/_ato2011-2014/2013/lei/l12846.htm>(Accessed on Jan. 29, 2017).

Appy, R. E. 1992. Ética Empresarial e Inflação. In Teixeira, N.G.A Ética no Mundo da Empresa, Pioneira, pp.47 – 55.

Ardichvili, A.; Jondle, D.; Kowske, B.; Cornachione, E.; Li, J; Thakadipuram, T. 2012. Ethical Cultures in Large Business Organizations in Brazil, Russia, India, and China. Journal of Business Ethics 105: 415 – 428.

Arruda, M. C. C.; Whitaker, M. C.&Ramos, J. M. R. 2009. Fundamentos de Ética Empresarial e Econômica. 4th ed., Atlas.

Arruda, M. C. C. 2002. Código de Ética: Um Instrumento que Adiciona Valor, Atlas.

Ashley, P. A. (Coord.) 2003. Ética e Responsabilidade Social nos Negócios, Saraiva.

Debeljuh, P. 2003. El desafio de la Etica. Buenos Aires, Temas Grupo Editorial.

Fedorova, M. 2016. The Pedagogy of Patriotism. America and Americans in Soviet Children's Literature. In Kurilla, I.and Zhuravleva, V. I. (Eds). Russian/Soviet Studies in the United States, Amerikanistika in Russia. Mutual Representations in Academic Projects, Lexington Books.

Filatov, A. 1994. Unethical Business Behavior in Post-Communist Russia: Origins and Trends. Business Ethics Quarterly, 4 (1): 11 – 15.

Gel'man, V. 2015. Political Opposition in Russia: a Troubled Transformation. Europe-Asia Studies, 67(2): 177 – 191.

Gel'man, V. 2016. Studying Russian Politics After the Cold War: Changes and Challenges. In Russian/Soviet Studies in the United States, Amerikanistika in Russia. Mutual Representations in Academic Projects. Edited by Kurilla, I., Zhuravleva, V.I. Lexington Books.

Gellner, E. 1994. Conditions of Liberty: Civil Society and Its Rivals. Allen Lane (Penguin).

Humberg. M. E. 2002. Ética na Política e na Empresa. São Paulo, Editora CLA.

Kharkhordin, O. 2015. From Priests to Pathfinders: The Fate of the Humanities and Social Sciences in Russia after World War II. American Historical Review, October.

Meirovich, G.; Reichel, A. 2000. Illegal but E: An I into the Roots of Illegal Corporate Behavior in Russia. Business Ethics: A European Review, 9 (3).

Meyendorff, Fr. J. 1978. Russian Bishops and Church Reform in 1905. A lecture Delivered During a Conference on Russian Orthodox under the Old Regime at the University of Minnesota, Minneapolis, Minn., in April 1976. In R. L. Nichols and Th. G. Stavrou (1978). Russian Orthodoxy under the Old Regime, University of Minnesota Press, Minneapolis. <http://www.jacwell.org/Supplements/russian_bishops_and_church_reform.htm> (Accessed on May 11, 2016).

Monett, L. 1994. The Political Economy of MERCOSUR. Journal of Anti-American Studies and World Affairs, 3(4): 101 - 141.

Newton, L.; Ford, M. M. 1992. Taking Sides: Clashing Views on Controversial Issues in Business Ethics and Society, 2nd. Ed., Dusking Publishing Group.

OECD — Organization for Economic Cooperation and Development — <www.oecd.org> (Accessed on Jan. 31, 2017).

Rossouw, G. J. 1998. Establishing Moral Business Culture in Newly Formed Democracies. Journal of Business Ethics, 17: 1563 - 1571.

Shevtsov, V. 2004. Russian Orthodoxy on the Eve of Revolution. Oxford University Press.

Schmidt, E. 2000. Etica y Negocios para America Latina. 3rd. Ed. Universidad del Pacifico/OXY.

Steinberg, H. (Coord). 2003. A Dimensão Humana da Governança Corporativa: Pessoas Criam as Melhores e as Piores Práticas. Editora Gente.

World Values Survey. 2016. <www.worldvaluessurvey.org> (Accessed on Jan., 18, 2016).

Yanov, A. 2014. The Decembrists and Russian Nationalism. Institute of Modern Russia. <http://imrussia.org/en/society/635-the-decembrists-and-russian-nationalism> (Accessed on May 11, 2016).

从企业公民角度评估中国企业在非洲的活动

[南非] 布莱恩·罗宾逊(Bryan Robinson)
[南非] 雅各布·约恩克(Jacobus Jonker)* 陆晓禾 译

[提要] 中国在非洲的影响是一个有争议的问题。一方面,中国参与非洲事务的动机可能被视为自私、殖民主义和资源"掠夺";另一方面,中国可能被视为提供资源和技术,以改善非洲的经济增长和发展。对中国与非洲日益增长的联系影响的研究还很有限,而且一般说来,需要有数量较多和质量较高的对于企业公民责任在非洲的学术研究。卡普林斯基(Kaplinsky)描述了学术研究的这种"滞后"性质以及对中国在撒哈拉以南非洲地区的活动的实证研究和中国对这个地区影响的原因、性质和重要性的理论方面存在不足。然而,中国作为一个全球大国的出现及其对发展中国家的政策表明,为了更好地理解这种联系的后果,迫切需要进行研究。本研究旨在解决关于中国对非洲影响现有研究的一些不足之处。它将通过引入企业公民原则来研究中国组织对实现中国外交政策议程的责任,以及这些组织对非洲欠发达国家的增长和发展需要的贡献。本文具体探讨了"安哥拉模式"框架协议,作为中国为安哥拉和刚果民主共和国的基础设施项目提供资金以换取矿产和资源的一种方式。

一、方 法 结 构

首要的研究目标是评估参与"安哥拉模式"框架协议的中国企业应用企业公民原则的情况。为此,有必要:探讨中国对非洲的外交政策;理解中国

---

* © Bryan Robinson & Jacobus Jonker, 2020.作者布莱恩·罗宾逊,南非纳尔逊·曼德拉都会大学(Nelson Mandela Metropolitan University)商学院教师;作者雅各布·约恩克,南非纳尔逊·曼德拉都会大学商学院教授。——译者

与安哥拉以及中国与刚果民主共和国之间的“安哥拉模式”协议的内容和背景；评估基础设施项目的影响和可持续性；评估基础设施项目对安哥拉和刚果民主共和国的发展重点的影响，具体关注就业创造；反思像资源依赖和缺乏经济多样性、腐败和对中国企业侵犯人权和伦理不当行为的指责这些关切；反思“安哥拉模式”框架协议对社会经济发展的积极贡献；评价安哥拉人和刚果人在积极影响他们与中国关系的结果方面应当发挥的作用。

研究方法是定性的，采用案例研究与内容分析相结合的方法。

过去对于中国参与安哥拉和刚果民主共和国方面的研究集中在特定的兴趣领域。尽管这些研究项目值得称赞，但它们并不是为了全面描述中国企业在“安哥拉模式”框架协议中对非洲国家的隐性的和显性的影响。

本研究考虑了这些过去的重要贡献，特别是哈比亚雷姆耶(Habiyaremye, 2013)从经济角度对安哥拉模式协议的评价；达罗查(Da Rocha, 2012)对安哥拉经济增长前景的论述；唐(Tang, 2010)对劳动力的地方化以及对基础设施项目选择“推土机”与“火车头”方法的描述；杜阿尔特、帕谢科、桑托斯和琴瑟兰(Duarte, Pacheco, Santos and Tjønneland, 2015)对安哥拉洛比托走廊(Lobito Corridor)铁路建设影响的评价。

我们对中国参与非洲的正面和负面的媒体报道的内容进行分析，还参考了统计数据，如国内生产总值增长、腐败感知指数和油价波动，以便更好地了解安哥拉和刚果民主共和国面临的挑战。

此外，我们还就中国在非洲经营的组织之间的关系，对思想领袖进行了个人采访。这包括南非人文科学研究理事会(HSRC)经济绩效和发展部高级研究专家亚历克西斯·哈比亚雷米(Alexis Habiyaremy)博士，他探讨了安哥拉模式框架协议对欠发达经济体的经济增长和发展的潜在影响；埃林·琴瑟兰(EllingTjønneland)先生，他是挪威克里斯蒂安·米凯尔森研究所(Chr. Michelsen Institute)的政治学家和高级研究员，广泛了解中国在安哥拉的基础设施项目的影响；北京卡内基清华全球政策中心(Carnegie-Tsinghua Center for Global Policy)副主任唐晓阳教授，他对在安哥拉和刚果民主共和国经营的中国企业聘用当地人与中国员工的趋势作了评估。

访谈内容包括与他们各自专业领域相关的问题，并在对他们过去的研究和发表的文章作了深入研究后起草的。访谈通过Skype进行，并在参与者同意的情况下进行录音。对访谈作了转录，并辨别和评价了新出现的主题。本文叙述了这些发现。

虽然我们试图联系参与安哥拉模式框架协议的中国公司，但没有得到回应,也没有表现出参与的兴趣。从数据收集的角度看,对中国参与非洲的研究特别困难,并不是本研究特有的情况。“与中国人交谈,与高层官员对话非常困难。他们要么无法访问,要么不打算共享信息。例如有关洛比托走廊财务方面有许多细节,我们就是不知道细节。我们无法深入了解。”(Tjønneland, Personal interview, 2016)

在此,我们要感谢在翻译服务方面提供帮助的林沁怡(音译,Chin-I Ling),他帮助我们与中国公司联系,并参与了本项研究。

二、企业公民的更广泛解释

大型组织(或发展中国家中相对较大的组织)能够对他们在其中活动的社会造成重大的影响:“企业的影响力越大,社会对企业的期望必定越大,企业的责任也越大。”(Rossouw and Van Vuuren, 2010: 37)

从罗索夫和范维伦关于企业公民的论述中,或许可以得到比较有用的区分。他们(Rossouw and Van Vuuren, 2010: 37)提出,组织不得不日益承担传统上被认为是国家的责任,“尤其是在发展中国家,(当公司)被期望或感到必须提供设施和基础设施,如道路、医院和学校时。”在发生侵犯人权、武装冲突或种族灭绝的国家中运营时,组织可能被期望或感到有义务保护弱势群体的人权。同样,在环境立法或监督不力的国家,组织可以自行承担保护环境的责任。因此,企业公民是指除了组织通常的权利和义务之外,还要接受国家的或政治的目标。

本研究从中国企业推动中国对非洲外交政策的角度,探讨企业公民意识对非洲国家增长和发展需求的影响。

三、中国企业对非洲外交政策的推动

中国公开表示,中国的需要与非洲的需要是一致的,即实现和平、发展、振兴和强盛的“中国梦、非洲梦”(FOCAC, 2015)。哈比亚雷米从过去殖民化的角度解释了这种程度的认同:“(中国)在19世纪的鸦片战争中遭受屈辱。所以,它真切地知道遭受屈辱的感觉。在某种程度上,它认同了将非洲国家从这种极为屈辱的从属关系中解放出来的必要性。”(Personal interview, 2016)

从企业公民的角度看,中国企业对推进中国外交政策的贡献是一个需要评估的重要方面。为此,安哥拉模式框架协议被认为是促进中国政策目标的重要工具。下面将详细介绍安哥拉模式框架协议,并从企业公民的角度解释和评价中国国有和私营公司在这些协议中的作用。

四、"安哥拉模式": 一种不同的方式

安哥拉模式是指以基础设施项目交换矿物资源的中国模式。基础设施建设主要由中国机构提供资金,工程由中国公司承建。安哥拉模式的基础设施项目的融资通常通过中国进出口银行进行——它发放的贷款用矿产来偿还。安哥拉模式的成功让人们重新燃起希望: 资源丰富的非洲国家可以利用其固有财富实现可能的工业化。这被称为"非洲雄狮"的经济体的觉醒(Habiyaremye, 2013: 636)。

安哥拉模式安排的互惠性质不仅有可能促进非洲国家的发展,而且旨在支持中国自身的发展增长雄心,推进它们的外交政策目标。中国可能拥有世界上最大的一个基础设施建筑行业,但它的石油和矿产资源有限,无法继续保持其增长轨迹。中国的资源短缺和政治需求与非洲国家的发展重点之间的这种互补性,在中非贸易的动力中起着关键作用(Habiyaremye, 2013: 639)。

事实是,非洲在基础设施发展方面落后于世界其他地区,这构成了非洲发展的主要瓶颈,哈比亚雷米强调了这一点(Personal interview, 2016)。此外,就这种开发来说,哈比亚雷米质疑非洲国家或西方干预是否会取得这样的发展:"当我们看到非洲国家,尤其是撒哈拉沙漠以南的国家努力解决这个问题时,我们意识到,中国一直指望西方、欧洲、美国和世界银行提供资金支持。我们意识到,中国在发展足够的基础设施方面没有走那么远。"

琴瑟兰(Tjønneland)持类似的观点(Personal interview, 2016),他认为,"除非基础设施发展有重大投资,否则非洲将不能够腾飞,从非洲商品,尤其是资源的需求增长中获益。"琴瑟兰描述了中国的重大投资如何也动员了外国投资者和捐助者,造成基础设施建设的繁荣。

安哥拉模式的优点在于不涉及现金交易。"一旦涉及金钱,就像通常由西方资助的基础设施项目那样,大部分资金可能会被挪用,然后返还给外国银行。但如果是用基础设施来交换资源,就不太可能出现这种情况。"(Habiyaremye, Personal interview, 2016)

安哥拉模式的干预似乎在减少撒哈拉以南非洲基础设施发展的瓶颈方面发挥了重要作用(Habiyaremye, 2013: 636)。为了确定安哥拉模式的协议对增长和多样化的影响,哈比亚雷米(2013: 640 - 642)进行了面板数据的估算。作者发现,基础设施供应与总增长和出口多样化呈正相关,尽管出口多样化程度有限,而且仍然相对集中于矿物出口。

2001—2010 年,撒哈拉沙漠以南非洲地区 10 个增长最快的经济体中有 6 个归因于这个模式的成功(安哥拉、埃塞俄比亚、尼日利亚、乍得、莫桑比克和卢旺达),而且国际货币基金组织预测,2011—2015 年还将增长至 7 个经济体(埃塞俄比亚、莫桑比克、坦桑尼亚、刚果、加纳、赞比亚和尼日利亚)(Habiyaremye, 2013: 636 - 638)。安哥拉国内生产总值显著增长数据反映在表 1 中,尽管在 2000 年代末全球危机期间有所减缓,但仍保持着高增长率。刚果民主共和国的经济增长率超过安哥拉,2014 年的 GDP 增长率达到了 9%。这些增长率见表 2。只有在 2016 年 GDP 数据出台后,才能衡量石油和大宗商品价格下跌的影响。

表 1 国内生产总值增长率——安哥拉

	2006	2007	2008	2009	2010	2011	2012	2013	2014	2015
GDP 增长率	18.6	23.2	13.8	2.4	3.5	3.9	5.2	6.8	4.8	4.9

资料来源: Trading Economics, 2016。

表 2 国内生产总值增长率——刚果民主共和国

	2000	2006	2007	2008	2009	2010	2011	2012	2013	2014	2015
GDP 增长率	−6.9	5.3	6.3	6.2	2.9	7.1	6.9	7.2	8.5	9	

资料来源: World Bank, 2016。

结论似乎是,安哥拉模式是为基础设施项目融资、减少发展瓶颈的一种独特的替代方法,也是安哥拉和刚果民主共和国等国家经济取得显著增长的一个促进因素。因此,参与这些项目的中国企业从实现发展和振兴"中国梦、非洲梦"的角度,为中国对非洲的外交政策作了隐含的贡献。

五、中国企业在支持中国对非洲的外交政策吗?

虽然从直觉上看,这些框架协议似乎支持中国对非洲的外交政策,但问题是中国企业是否支持这些政策。为了深入了解这个问题,我们询问参与的思想领军人物,他们是否相信中国企业及其领导人支持中国的外交政策目标。

唐晓阳(Personal interview, 2016)简单地解释了中国企业与中国对非洲政策之间的紧密关系:中国企业执行中国政策。中国国有企业的投资会认真考虑中国的政治意图,而且往往是双边贸易协定的结果。即使是私营企业也会考虑政府的战略,因为中国政府经常提供融资、保险、贸易和投资的便利。

哈比亚雷米从中国企业领导人对中国政府非洲政策的认识角度解释说:"被派到非洲的人知道融资来自哪里,后期项目如何得到中国政府的担保保障。我们不应该弄错,他们是为中国战略的利益而工作的。"(Personal interview, 2016)

虽然中国企业在实现中国外交政策目标方面似乎或明或暗地发挥了作用,但问题是,这些企业通过安哥拉模式的协议,是否对非洲国家的增长和发展重点作出了积极贡献。

六、中国企业对安哥拉和刚果民主共和国的经济增长和发展需求的贡献

安哥拉和刚果民主共和国饱受几十年内战的蹂躏。唐晓阳(2010: 351)概述了两国的严峻形势:"两国的交通基础设施、水和电力供应都受到战争的破坏;在大多数农村地区,公共教育和医疗体系几乎不存在;成千上万的失业者住在贫民区,那里几乎没有稳定、高薪的工作,只有少数几家开采业公司。"

在这种背景下,中国企业如何支持这些经济体的发展需要是值得思考的。广泛深入研究增长和发展的所有方面,将超出本文的研究,但是过去对安哥拉洛比托走廊基础设施项目(Duarte, et al., 2015)以及对安哥拉和刚果民主共和国劳动力地方化(Tang, 2010)的重要社会经济影响的研究,提供了有关安哥拉模式框架协议的好处和关切的具体领域的有用见解。对过去的研究描述和评价如下。

七、基础设施项目对发展的影响:安哥拉洛比托走廊案例研究评论

洛比托走廊连接洛比托港口与安哥拉内陆,并最终将安哥拉与刚果民主共和国和赞比亚甚至莫桑比克连接起来。它需要并将继续需要巨量的资本投资。这些投资包括洛比托港的现代化改造;修复走廊内的公路和铁路;修复洛比托和刚果民主共和国之间的本格拉铁路。这条铁路主干线的修复工作主要在中国的帮助下进行,这项工作始于 2005 年,于 2014 年 2 月完工。首班列车于 2015 年 2 月在本格拉铁路营运(Duarte, et al., 2015: 1)。

虽然本格拉铁路和 9 号跨非洲公路在提供过境运输之前还需要许多年

的投资，但它们已经证明有助于安哥拉的国内需求。杜阿尔特等人(Duarte, et al., 2015: 20)描述了两位作者在这条铁路上亲身旅行的经历并做了如下观察。这条铁路为社区之间提供了定期且经济实惠的交通。客运列车在洛比托与本格拉之间运行，东部的洛比托和万博(Huambo)之间每周有两次客运列车运行。它重新建立了城乡之间以及内陆和沿海地区之间的商业联系。

围绕这些铁路线路发展起来的“中间贸易中心”起到了市场和集散地的作用——“战时看来已经废弃的沿线村庄和居民点，现在因小规模贸易、农产品市场和旅客活动而变得熙熙攘攘。”(Duarte, et al., 2015: 21)杜阿尔特等人(2015: 21)指出了意义更为深远的积极影响，例如提供了比较公平的社会服务分配，以及信息、思想和社会动员的传播。铁路建设的另一个有趣的结果是摩托车运输部门的发展，它支持和促进了商业贸易，并创造了非正式的就业机会。铁路沿线城镇的公共和行政中心也正在恢复。

虽然琴瑟兰(Personal interview, 2016)指出，这条铁路可能没有达到它在刚果民主共和国与洛比托之间运输的目标，但这条铁路已经对社区服务产生了重大的影响，尤其是贸易关系的复兴和沿着洛比托走廊的一系列发展。

有关洛比托走廊重建的担忧集中在它是否物有所值，以及这种方法是否最有效地解决了安哥拉所面临的社会经济问题。杜阿尔特等人(2015: 30)解释说，由于缺乏预算和成本的透明度，很难确定投资回报是否足够。加之，有腐败的机会，如材料定价过高、虚假发票和转让定价，可能会对项目成本产生重大的负面影响。此外，当地(安哥拉)的货物和服务投入有限，大部分重建工作由外国建筑公司进行。在这些项目中也主要使用中国工人，不仅在技术和管理职位，也包括非技术岗位，从而限制了这些项目对当地居民带来的好处。

洛比托走廊的成功，尤其是这条铁路的成功，取决于安哥拉在中国退出后能否有效经营这条铁路。安哥拉在便利物流(例如货运的质量、时效、跟踪与追踪)方面的不良记录，是杜阿尔特等人担心的问题(2015: 16)。为了解决这个问题，安哥拉政府已经创办了许多公私合作企业(public-private partnerships)，但不幸的是，在杜阿尔特等人(2015: 30)看来，这些大多涉及国际公司与有政治关系的安哥拉公司合作，合作的条款和条件是模糊的或未披露的。

杜阿尔特等人(Duarte, et al.,)在这方面提出以下问题：“使用条件是如何决定的？谁将从使用这种新的基础设施中获得经济利益？谁负担费用？要交多少费用和税？政府将如何监控走廊的运作？最重要的是，是否有足够的资源确保新基础设施得以维持？"铁路运营初期就出现了明显的问题，随启用而来的是关闭和推迟；中断和暂时停止(2015：31)。

八、安哥拉模式对劳动力"本土化"的影响

从增长和发展的角度来看，值得研究的第二个方面是，安哥拉模式框架协议以及参与此类协议的中国企业如何有助于创造就业和技能转移。在这方面，唐晓阳(2010)关于劳动力本地化的研究是一个有价值的资料。劳动力本地化被说成这样一个过程：根据安哥拉模式框架协议的要求，或者考虑到不同的生产率水平，雇用当地工人而不是昂贵的中国劳动力的经济原理，用本地工人来取代中国工人。

唐晓阳(2010：362)描述了两种中国企业模式，它们对劳动力本地化的影响各不相同。一种是"推土机"，注重速度和成本效率，然而，当项目完成时，几乎没有长期效益。另一种受欢迎的模式是"火车头"，"专注于在中国人和当地人之间建立密切的联系，以便让中国公司融入当地社区……利用中方在资金、技术、效率等方面的优势，这一模式就像火车头一样，可以为当地更大规模的发展作出贡献，包括培训、间接就业和市场繁荣"。

唐晓阳的(2010)研究提供了一些关于中国企业采用"推土机"与"火车头"方法对安哥拉和刚果当地就业产生的影响的见解。

在安哥拉，政府项目中当地人就业的低水平可归因于迫切需要重建水供应和道路建设这样的项目，或者是提供需要高水平技术专长的电力和电信项目，这在安哥拉当地居民中非常缺乏。唐晓阳(2010：354)提供的当地劳工在每个部门就业的统计信息凸显了这一差异：技术密集型产业如水力发电站和输变电产业雇用了42.6%的安哥拉人、电信产业雇用了37.8%的安哥拉人，相比之下，农业和灌溉业等低技术依赖型产业雇用了安哥拉人81%、贸易雇用了安哥拉人73.8%。当地安哥拉人就业水平低的次要原因是，中国管理者不熟悉当地劳动力，对安哥拉人的能力缺乏信心。

唐晓阳(2010：354)在说了农业和贸易中当地人就业高水平的情况后，提出了进一步的观点，认为政府不愿意在这些低技术领域提供工作许可；在简单的工作中使用当地安哥拉人比使用中国人更便宜。另一个不利于聘用中国员工的因素是，他们的工作满意度较低，导致他们签的是短期合同，不愿延长他们的工作合同——通常只待2～3年。这种不满的原因可以归结为生

活在如卢安达这样的城市中的费用、恶劣的生活条件、有问题的食品供应、缺乏娱乐、卫生和安全服务差、与家人分离(Tang, 2010: 355)。

当被问及越来越多的中国人在非洲生活更长时间的长期趋势时,唐晓阳(Personal interview, 2016)似乎持怀疑态度,他估计只有大约15%的中国人考虑长期留在非洲。不过,唐晓阳也承认,中国人的生活质量正在提高,他们建造了更好的房子,支付了更高的工资,并越来越适应非洲的环境。

认识到中国员工的成本和短期性质,中国雇主采用了两种方法(Tang, 2010: 355)试图用当地安哥拉人来取代中国人(称之为"本土化"的过程): 培训当地员工提高他们的技能水平,雇用更多的当地经理人,使其融入企业并提高生产率(由于不当的中国管理和误解)。

在2007年唐晓阳(2010: 360)开展研究时,刚果民主共和国的安哥拉模式协议还没有实施。由于中国与刚果民主共和国之间的经济关系较长久,唐晓阳研究的大多数企业在刚果民主共和国经营的时间相对较长(5~10年),这导致了就业的本土化程度较高。唐晓阳将此归因于许多经济现实。这些现实包括大多数中国企业不是承包商或建筑公司,而是在消费品市场上经营,这就需要雇用大量当地员工来进行销售和营销。此外,由于没有紧迫的项目进度安排,中国企业注重长期发展,注重当地员工的就业和培训,以建立一支可靠的劳动力队伍。最后,随着公司的发展,中国企业通过在培训方面的大量投资,在管理和技术岗位上,用刚果民主共和国的本地人取代中国人(Tang, 2010: 361)。

唐晓阳(2010)和杜阿尔特等人(2015)进行的这两项研究表明,参与安哥拉模式框架协议的中国企业,以及投资于这些协议的中国企业,在积极地影响当地社区的社会经济发展,并支持就业机会创造和技能转移。尽管如此,对这些基础设施项目的透明度和可持续性,以及是否创造了足够的就业机会和技能转移的担忧,未能使这些积极贡献尽显出来。

九、提高企业公民意识

批评中国企业在非洲经营的人士指出,中国企业侵犯人权(Action Against Impunity for Human Rights, 2010 and Amnesty International, 2016)、公司不当行为(Tjønneland, Personal interview, 2016)、腐败,以及事实上中国企业正在造成资源依赖,而没有足够的经济多样化。

虽然不能否认对侵犯人权和严重企业不当行为的关注,但值得更详细地反思中国企业在面对腐败和潜在的资源依赖时的行为方式。

十、安哥拉模式的融资模式：对腐败的约束

在安哥拉和刚果民主共和国，腐败现象表现在许多方面。例如，达罗查(Da Rocha, 2012：4)认为，在安哥拉，"收入分配由少数公民来安排，程序不是由明确的规则构成的，而是建立在一个难以渗透的知识和影响力网络之上。"对来自安哥拉石油和钻石收益的财富集中在"小精英圈"中这一现象，哈珀(Harper, 2015)恰如其分地描述如下："财富和权力主要掌握在极少数家族手中，他们比我在非洲大陆看到的任何其他家族都更接近非洲贵族。"

衡量腐败是一项困难的任务。透明国际(Transparency International)发布的"腐败感知指数"(corruption Perceptions Index)或许是反映两国腐败程度的更有用的指标之一。公众对腐败的感知程度分为 0，高度腐败，和 100，非常干净(2012 年之前，指标是 0—10，作者将其调整为 1—100)。从表 1 和表 2 可以看出，安哥拉和刚果民主共和国的得分都很低，并且安哥拉的分数在 2013—2015 年急剧下降。

表 3　腐败感知指数——安哥拉

	2000	2006	2007	2008	2009	2010	2011	2012	2013	2014	2015
感知指数	17	22	22	19	19	19	20	22	23	19	15

(Transparency International 2000、2006、2007、2009、2010、2011)

表 4　腐败感知指数——刚果民主共和国

	2000	2006	2007	2008	2009	2010	2011	2012	2013	2014	2015
感知指数	N/A	20	19	17	19	20	20	21	22	22	22

(Transparency International 2000、2006、2007、2009、2010、2011)

参与大型基础设施项目的中国公司越大，由于项目的重要性，他们得到非洲领导人的支持也越大，而且腐败不太可能成为开展业务的重大障碍。中国进出口银行还为参与安哥拉模式框架协议的公司安排融资，资金从未流入安哥拉或刚果民主共和国，从而降低了腐败的可能性。

小型企业可能更容易受到腐败的影响，因为它们必须与地方政府以及政治和社会的方方面面打交道，尽管它们明显地看到了这个发展中市场的机会(Tang, Personal interview, 2016)。然而，正如哈比亚雷米(Personal interview,

2016)指出的,中国人的足智多谋会在一定程度上减轻腐败的挑战。

难以衡量中国企业的腐败程度,同样也难以衡量这种腐败的影响。本节旨在强调,腐败在安哥拉和刚果民主共和国是一个令人担忧的问题,中国企业也将面临这种渎职行为,即使安哥拉模式的融资可能在一定程度上减轻腐败的程度。进一步的担忧是,中国企业不会面临其西方同行相同程度的公众监督,因此伦理不端行为可能更难确定(Tjønneland, Personal interview, 2016)。为了解决这一问题,建议中国企业及其签订的协议在性质上更加透明。

十一、“资源诅咒”:依赖自然资源,缺乏经济多样化

“资源诅咒”指的是矿业繁荣导致经济增长的净损失,并指的是经济繁荣时对自然资源的依赖和经济缺乏多样化。这些缺乏多样化的经济体抵御大宗商品价格波动的能力较弱,而矿业繁荣可能导致政府对矿业收入过于乐观,造成它们以未来可能无法实现的收入为抵押进行借贷(Davis, 1995: 1769)。

以安哥拉为例,达罗查(Da Rocha,2012: 43)进一步警告说,安哥拉惊人的增长轨迹(以及由此带来的经济增长的可持续性)受到两种经济行为的破坏:(1) 以石油为基础的国内生产总值增长受国际价格变化的影响;(2) 非石油部门(指的是大规模基础设施项目的完成)增长能力的下降。

假定安哥拉对石油收入的依赖是安全的,那么资源诅咒的负面影响可能会随着 2015 年和 2016 年石油收入的大幅下降而凸显出来。尽管油价已从撰写本文时每桶 33 美元的低点略有回升,但仍不到前几年每桶 90～110 美元价格的一半。图 1 很好地说明了这种价值的下降。

这个问题是向受访者提出的,问的是油价下跌是否会影响中国与安哥拉之间的关系。哈比亚雷米(Personal interview, 2016)观察到,这种情况不太可能发生,因为这是一个市场过程,而且安哥拉仍然需要出售石油:“中非贸易的战略利益不仅仅是价格的暂时变化,我们可以预期商品价格会再次上涨。因此,如果非洲领导人真的致力于长期发展,他们应该将其视为一种暂时不舒服的局面。”

唐晓阳(Personal interview, 2016)指出,虽然安哥拉模式框架协议的成功尚未得到证明,但由于安哥拉仍然依赖石油,这种协议的缺陷可能在大宗商品价格走低的情况下暴露出来。

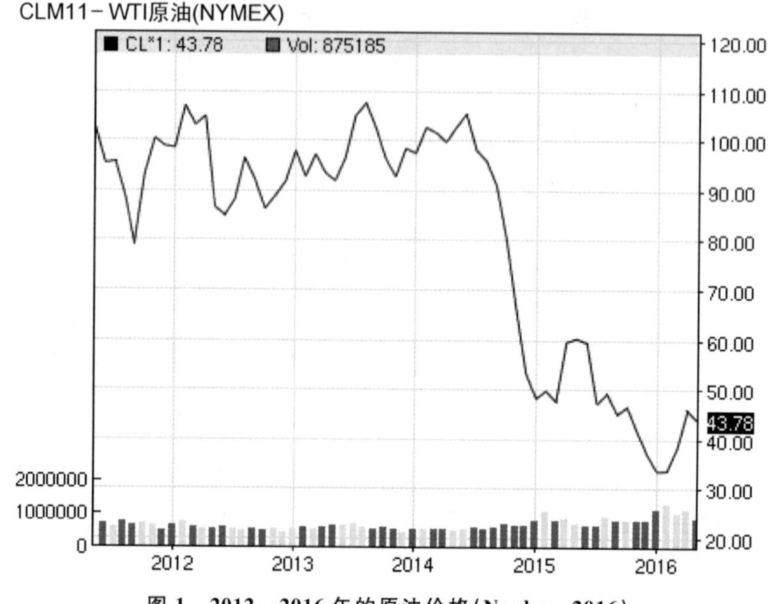

图 1　2012—2016 年的原油价格(Nasdaq, 2016)

琴瑟兰(Personal interview, 2016)从不同角度来回答这个问题,指出人们的担忧还在于中国经济高速增长的放缓,这将影响中国对非洲原材料的需求,以及中国的支持在非洲扩张的能力。

资源诅咒的问题在于人们担心它可能会阻碍经济多样化。琴瑟兰(Personal interview, 2016)描述了 2016 年石油价格的下降导致了安哥拉的重大金融危机。提到本格拉铁路,显然缺乏经济多样化,只有较小规模的附带利益,例如贸易的改善。

哈比亚雷米(Habiyaremye, 2013: 644)提出的另一个负面影响是,非洲经济体没有大量参与这些基础设施项目,这限制了收入的乘数效应,也限制了技术学习和能力建设的转移。中国进出口银行的要求是,50%的原材料必须来自中国,这进一步限制了当地生产商参与此类项目并从中受益的机会。

从企业公民的观点看,中国企业是否延续了资源诅咒,是否能够减轻资源诅咒的影响?这是一个复杂的问题,但中国企业可能会产生更有影响力的效果。例如,中国企业在改善就业水平和技能转移方面做得够多吗?报告还提出,中国企业也许可以通过支持当地工业的供应商,而对经济多样化作出更大的贡献。

十二、结论：非洲国家需要一种积极主动的方式

如果认为中国对非洲外交政策的成功，以及非洲自身的增长和发展，完全是中国企业参与安哥拉模式框架协议的责任，那就大错特错了。

正如哈比亚雷米警告的那样，中国的这些投资要转化为发展，需要付出努力，"特别是非洲方面要克服许多制约因素。尤其是向中国学习的能力，也开发自主发展的能力，办法是学习中国所能教的东西……而不是依赖中国代表非洲来建设和开发非洲，如果发展不是内生的，如果非洲人自己不去学习，那么获益就仍将是有限的"(Personal interview, 2016)。

因此，在确保他们全面得益于中国企业在非洲的投资上，显然非洲各国自己要发挥至关重要的作用。为了做到这一点，非洲各国领导人和民众自身需要某种范式转变。也许哈比亚雷米(Personal interview, 2016)的话可以作为对安哥拉模式框架协议的潜力和局限性的宝贵提醒："除非我们(非洲)与他们(中国)携手制定这种战略工作，除非我们付出的努力大于迄今为止我们能够付出的努力，否则我们不会成功实现这种从贸易和资源到工业水平上的转变，这种转变可以更有利于双方。"

参考文献

Action Against Impunity for Human Rights. 2010. Chinese Private and Public Investments in the Mining Sector in Katanga: Good Governance and Human Rights, http://oecdwatch.org/publications-fr/Publication_3527-fr/.../fullfile/ (Accessed on 6 May 2016).

Amnesty International. 2016. Exposed: Child Labour behind Smart Phone and Electric Car Batteries, https://www.amnesty.org/en/latest/news/2016/01/child-labour-behind-smart-phone-and-electric-car-batteries/ (Accessed on 26 April 2016).

Cheru, F., and Obi, C. 2010. The rise of China & India in Africa. New York: Zed Books Ltd.

Da Rocha, A. 2012. Economic Growth in Angola to 2017: The Main Challenges. Angolan Brief, 2 (4): 1 - 4, http://www.cmi.no/publications/publication/? 4669=economic-growth-in-angola-to-2017 (Accessed on 1 October 2015).

Davis, G. 1995. Learning to Love the Dutch Disease: Evidence from the Mineral Economies, World Development,23 (10): 1765 – 1779.

Duarte, A., Pacheco, F., Santos, R. and Tjønneland, E. 2015. Diversification and Development, or "White Elephants"? CMI Report, 2015:07: 1 – 37, http://www.cmi.no/publications/publication/?5510=diversification-and-development-or-white-elephants (Accessed on 2 October 2015).

FOCAC. 2015. Chinese Dream, African Dream Speech by Mr. Lu Shaye, http://www.focac.org/eng/xsjl/zflhyjjljh/t1059481.htm (Accessed on 20 February 2015).

Habiyaremye, A. 2013. "Angola-mode" Trade Deals and the Awakening of African Lion Economies, African Development Review, 24 (4): 636 – 647.

Harper, M. 2015. Elite Hoard Angola's New-found Wealth. BBC News, http://www.bbc.com/news/world-africa-32067602 (Accessed on 29 September 2015).

Kaplinsky, R. 2013. What Contributions Can China Make to Inclusive Growth in Sub-Saharan Africa? Development and Change, 44 (6): 1295 – 1316.

McIntosh, M., Middleton, C. and Visser, W. 2006. Corporate Citizenship in Africa: Lessons from the Past; Paths to the Future. Sheffield: Greenleaf Publishing Ltd.

Nasdaq. 2016. Crude Oil Price 2012 to 2016, http://www.nasdaq.com/markets/crude-oil.aspx?timeframe=5y (Accessed on 5 May 2016).

Rossouw, D., and Van Vuuren, L. 2010. Business Ethics (4th Ed.). Cape Town: Oxford University Press.

Tang, X. 2010. Bulldozer or Locomotive? The Impact of Chinese Enterprises on the Local Employment in Angola and the DRC, Journal of Asian and African Studies, 45 (3): 350 – 368.

Trading Economics. 2016. GDP Growth Rate: Angola, http://www.tradingeconomics.com/angola/gdp-growth (Accessed on 5 May 2016).

Transparency International. 2015, 2011, 2010, 2009, 2007, 2006, 2000. Corruption Perceptions Index: Angola and the DRC, http://www.transparency.org/cpi2015 and 2011, 2010, 2009, 2007, 2006, 2000 (Accessed on 5 April 2016).

World Bank. 2016. GDP Growth Rate: DRC, http://databank.worldbank.org/data/reports.aspx?source=2&country=COD&series=&period (Accessed on 5 May 2016).

伦理学视域下企业与人权的关联

孙丰云*

[提要] 在贸易、经济全球化的背景下，企业面临着人权责任的压力和挑战。本文拟从伦理学视域来考察企业与人权的关联，并从企业面临的外在压力和挑战以及企业内在的伦理动机来阐明这种关联的合理性。作者认为，责任是关联两者的纽带，或者说是外部影响内部化的伦理节点。企业的人权责任至少包括3个要素：责任主体、责任类型和责任分配。在企业的现实活动中，责任由"应然"意义上的理论建构向"实然"意义上的实践过渡，"应有的勤勉"是一个必不可少的支撑路径。企业与人权的伦理关联并不是全覆盖的，而是具有限度和边界的，这可由两者关联的相对性和难度得到解释。

人权，在一般意义上，是指每一个个体都享有被合乎尊严地对待的权利。[①] 包括对"不可分割、相互依赖、相互关联的"的政治、经济、社会和文化权利在内的广泛的权利认可。将具有一般意义的人权问题纳入特殊的企业伦理领域进行检视，是当前国际社会企业伦理研究的前沿问题。在贸易、经济全球化的背景下，这一前沿问题同样属于"我们"的前沿议题。从伦理学视域思考该议题，具有其他学科领域(如法律、政治等)的理论论证所不可替代的基础性意义。为此，本文拟围绕"外在的压力和挑战与内在的伦理动机、责任问题、应有的勤勉、限度"这些方面，对企业与人权伦理的合理性、关联纽带、支撑条件以及关联边界等问题尝试作一初步描述。

---

* 作者孙丰云，南京财经大学马克思主义学院教授。——编者

① The Corporate Responsibility to Respect Human Rights: An Interpretive Guide. United Nations Human Rights Office of the High Commissioner for Human Rights. Advance Unedited Version.

一、外在的压力和挑战与内在的伦理动机

外在的压力和挑战与内在的伦理动机，是企业与人权伦理关联合理性证明的两个必要因素。如果说前者具有工具理性的意义，那么后者则具有目的理性的意义。

外在的压力和挑战包括两方面因素：

（一）自20世纪90年代，一个由广泛的计算机信息技术和因特网及类似设施所推动的竞争世界里，全球贸易和商业给许多国家带来了更大程度的经济繁荣。同时，传统上被视为国家层面的人权问题也日渐转向非国家层面，尤其是转向对人权有着积极或消极影响的商业企业领域。由此，基于竞争性环境而产生的企业与人权关系的问题及其挑战也应运而生。

（二）新一轮的经济交换和劳动分工在致使企业做大做强的同时，也带来了如何应对这种强大力量的问题。许多社会缺乏相应的机构和制度层面的可行能力(capability)来应对因腐败、环境污染等企业丑闻而带来的负面影响。这种企业发展与机构制度之间的张力和错位，导致了现代商业企业面临人权问题所带来的愈益增强的压力与挑战。约翰·鲁杰(John Ruggie)在其2007年《企业与人权》报告中指出，“这一根本性的企业发展与机构之间的张力和错位导致了这样一个许可的环境，即由企业造成的值得责怪的行为，在缺乏适当审批或修复的情况下发生了。为避免企业的全球化不被‘滥用’，并把它当作一种积极的和可持续的力量，错位问题必须得到解决。”①由此可以说，跨国公司、其他的商业企业及社会行为者(actor)应对企业人权的挑战和压力具有客观上的必然。

如果说，“外在的压力和挑战”是促使企业从伦理上思考人权问题的必要的助力因素，但它并非是充分的，而只具有工具性价值。从根本上看，内在于企业的“伦理动机”，才是促使企业主观能动地思考人权问题的主导因素，或者说是具有决定意义的生长性力量。因为企业的“伦理动机”好比是一个人的内在德性②，“就本身来说，德性就是自身的目的，当然也就是自身的奖赏。”

---

① John Ruggi. Business and Human Rights, Human Rights Council. Fourth Session, A/HRC4/35, 2007.

② 该比喻基于两个理由：一是阿马蒂亚·森在论及经济学的本质时，多次强调“伦理考虑的重要性”，如忽视“伦理相关的动机观和伦理相关的社会成就观”会给经济学带来损失，参见森：《经济学与伦理学》，商务印书馆2000年版，第13、15、28、29、37页。二是细读亚当·斯密的《国富论》和《道德情操论》可知，“自利心”和“同情心”对于经济和贸易的普遍性具有同等的重要性。

"它所带来的'道德强制'是不可抗拒的,是道德行为得以发生的必然,任何偶然性和命运都无法剥夺。"[①]

企业人权内在伦理动机的合理化解释,首先需回应两个不可回避的流行批评和质疑。由此揭示企业人权伦理动机的内生性与价值。

一个批评是来自法律上的正当性批评,即人们惯常认为,人权只是法律范畴的事情,与伦理无涉。[②] 常见的一个理由是,人权是法制系统产生的结果,通过国家作为最终的法制权威所核准的明确定义的刚性权益,[③]而非以任何样态出现的伦理要求。不可否认,人权在历史上确实是由国家托管,并以基本的法律实体样态存在着,具有工具理性的作用,但不能以此拒绝乃至忽略其先于法制的道德性要求。也就是说,它还具有超越实际的刚性法律权利的潜在范围,即可接受的伦理上的性质。这些权利通过法律来执行看上去极其不恰当。或者,一些权利被普遍地认为是重要的并得到广泛的支持,但暂时尚未取得受尊重的约束形式。比如,企业中员工参与决策的程度、男女同工同酬等。另一个例子是"受他人尊重的权利",把它制定为法律并加以实施会面临很大的困难甚至困惑。因此,如果把人权简单地等同于由立法制定的法律权利,只是描述了实际人权的一个部分,并不是"完整和真实"的人权[④],因为人权还包括一组伦理要求(ethical claims),具有伦理期待的合法正当性,因此,这些要求应当受到与法律意义上的同等重视。当然,法律确定和保护的人权是以道德权利为基础的,道德权利比法律权利更广泛,法律权利是道德权利的底线权利。

另一个则是极具敏感性也是至关重要的质疑,即企业与人权的伦理关联是否会和企业的自利目标相冲突?

该质疑的典型论点是,企业价值无涉论。基于古典经济学的假设,该论点主张帕累托最优(经济效率)是判断企业行为的唯一准则,换言之,追求自利的行为是经济选择的唯一基础,而一切与伦理有关的命题,包括人权、责任等,都是"无意义的"和"没有意思的"。

不难发现,上述论点和主张无异于这样一个命题:自利是企业的唯一动

① 康德:《道德形而上学原理》,苗力田译,上海人民出版社2002年,第4页。

② 或只是认为,人权仅存在于政治形式当中。笔者认为,人权的政治形式是法律观点的延伸,故在文中不另赘述。

③ 阿马蒂亚·森:《以自由看待发展》,任赜、于真译,中国人民大学出版社2008年,第15、233页。

④ 万俊人在谈到伦理学前沿问题的视角选择时,强调"完整和真实"。这一视角同样适用于对人权概念的理解。参见万俊人:"当代伦理学前沿检视",《哲学的动态》2014年第2期。

机，除此之外，企业不存在任何其他的伦理动机。对此，森一针见血地指出，“这是一个容易理解、却难以接受的命题”，“把‘无意义的’，或者‘没有意思的’直接等同于‘伦理的’，这种奇怪的表述可能反映了经济学家们看待伦理学的方式。”①

森之所以提出这一批评，是基于一个值得思考且有意思的现象：在经济学家的著作中，通常喜欢引用亚当·斯密关于屠夫、酿酒家和面包师的故事，而“同情心”却不见了。其实，仔细阅读这一段话②就不难发现，斯密在这里所强调的是市场互惠贸易的普遍性，如正常的交易活动为什么会发生、如何完成、劳动分工是如何形成的这些问题，但并不能由此推断，斯密满足于把经济拯救建立在单一的自利动机上，或者赋予自利的追求以一种普遍的优势。恰恰相反，他明确地指出，“根据斯多葛派哲学家的观点，人应该把他自己视为，不是某种独立分离的东西，而是这世界的一个公民，是这浩瀚的大自然共和国当中的一个成员。为了这个伟大的共同生活体的利益，他应该随时甘愿承受他那渺小的自我的利益被牺牲掉。”③此外，他还进一步强调，自利最大化(精明)也只是“最有利于个人的美德之一”，“仁慈、公正、慷慨以及公德心，是对他人最有用的心性”。④ 由此可见，在斯密那里，“有利于个人的美德”和“对他人最有用的心性”并行不悖地被视作驱动人类行为的原动力，而不是如经济学家的著作所描述的那样，把自利最大化(精明)当作人类行为的最好近似。毕竟，一个善的社会应当是包含着经济行为和道德情操等多重景象在内的复合画卷。

与此同时，森对企业的自利动机有着更为直截了当的裁定，认为人们的行为模式能够超越被狭隘定义的自利。这一点，他在《以自由看待发展》一书中有明确的陈述，“自利当然是一个极端重要的动机，而且许多经济和社会工作由于对这个基本动机的重视不足而受挫。但是我们每日每时都看到，人们的一些行动反映了明显具有社会成分的价值观，那些价值观使我们远远超出纯粹自私行为的狭隘局限。”⑤不仅如此，他还从组织成功的角度进一步指出社会动机的重要性。“正义意识是那些能够，而且常常确实激发人们的动机

① 阿马蒂亚·森：《伦理学与经济学》，王宇、王文玉译，商务印书馆 2000 年，第 15、32、34—35 页。

② 见亚当·斯密：《国富论》(上)，郭大力译，商务印书馆 1972 年，第 14 页。

③ 亚当·斯密：《道德情操论》，谢宗林译，中央编译出版社 2008 年，第 167、235 页。

④ 同上书，第 167、235 页。

⑤ 阿马蒂亚·森：《以自由看待发展》，第 15、233 页。

因素之一。社会价值观对确保多种形式的社会组织的成功,可以发挥,而且一直发挥着重要作用。"[①]这里的"社会价值观",亦即是森在《伦理学和经济学》当中所称的"与伦理相关的动机观",[②]是对于忠诚、公平、正义、责任以及社会合作的伦理考虑。[③]

基于上述分析,我们可以说,简单的自利追求并不是企业伟大的拯救者。因为企业行为的最好近似,除了包括基于技术或经济效率意义上的自利考虑外,还包括基于企业关系和活动的其他伦理考虑。所以,试图将企业的自利动机和其他伦理动机割裂开来的做法,无异于"是一种精神分裂症式的生活,"[④]必将导致真实生活中经济利润的损失和学科的贫困。

需特别指出的是,从全球范围来看,企业与人权的伦理关联,已经在实践层面上引起了广泛的关注。比如,人们比以往更加关注"血汗工厂"问题、劳工权益的保障问题、在发展中国家如何保障基本的医疗药物问题等。

二、责 任 问 题

上述谈到的外在的压力和挑战与内在的伦理动机,看上去是各自独立地存在着,但并不意味着两者是彼此割裂的二元对立关系,或者,也不意味着两者只是表面上的偶然联系,相反,它们是一个具有各自特殊重要性而又相互补充的共生过程,对企业而言,这个共生过程也是外部影响内部化的价值转化与吸收过程。

这里一个关键问题是,连接两个看似相互分离但实际上却是共生的元素的纽带(内在逻辑)是什么?当然,这个纽带必然也是企业外部影响内部化的伦理节点,或者说,是外部工具性价值向内部目的性价值转化并吸收的中枢。

众所周知,责任是企业伦理的核心问题,当然,企业与人权并没有超越企业伦理的范畴,因此,毫无例外地,责任也是企业与人权的核心问题。而外在的压力和挑战与内在的伦理动机,是在前文已经得到证明的企业与人权伦理关联合理性的两个必要元素,归根结底,这两个必要元素的关系也只能由企业与人权的核心得到阐明,或者说,无从撇开或超越对于责任的理解。毕竟,这两个元素不会自动发挥作用。由此可以说,在两个元素的共生过程当中,

---

① 阿马蒂亚·森:《以自由看待发展》,第15、233页。

② 阿马蒂亚·森:《伦理学与经济学》,第15、32、34—35页。

③ 这些"伦理考虑"也是罗尔斯在其《正义论》《社会合作与首要善》等著作中所强调的。日本企业的伦理实践也有大量的经验证据证明了这一点。

④ 阿马蒂亚·森:《伦理学与经济学》,第15、32、34—35页。

责任充当着连接纽带(内在逻辑)的作用,是企业外部价值内部化的伦理节点。

在真实的企业活动中,责任主体、责任类型以及责任分配,是企业人权实践的3个具有关键意义的方面,下面拟对这三个问题进行检验。

责任主体是指"谁"承担责任。显然,这不是一个新问题,但却十分重要。企业作为一个集合体,具有指向目标的行为"意图",能够表达道德义务,因而是道德行为者[①],这为企业承担责任提供了可能性。德国哲学家沃尔特·舒尔茨形象地把"责任"的概念比作"两极",包括"内极"(inner pole)和"外极"(outer pole)。[②] 内极是指企业基于自由空间产生的、由内部决策作出的"自我承诺";外极是指现实的企业关系,内极根源于外极并终结于外极。基于这样一个责任概念,责任被"锚定"(anchor)于一个或几个主体("谁"负责),延伸至"对谁"负责这样的责任对象,并关涉到非常具体的"负什么"责任的问题。由此,我们可以获得至少3个有意思的启示:

(一) 基于自由空间产生的"自我承诺"意味着,企业责任由传统意义上的经济角色及法律界定的外在的强制性义务,扩展至社会角色及自觉性的内在义务。企业身份的道德"锚定",使得企业对待人权责任不再是防御性的态度,而是采取一种前摄性的保护态度。[③] 在全球化的过程中,这对于解决上述提到的世界范围的机构错位带来的人权挑战,具有深远意义。

(二) 由于这种道德"锚定",对于企业而言,具有决定意义的挑战也发生了变化:不是去追问企业责任是托管的还是自愿的,关键问题是在新的生存场域下,企业是否基于自由空间作出了自我承诺并包含着保护人权的康德式的伦理命令(the ethical imperative)。

(三) 这种自我承诺以及保护人权的伦理命令不仅包括法律文本或规章制度上有约束力的刚性限制,而且包括社会对于企业的合理合法的伦理期待,这种伦理期待既是刚性文本"形"之生成的丰厚土壤,也是超越形之上的"精神"。由是,原则上,企业的人权责任涵盖国际社会上认可的有关人权的所有方面。

---

① 笔者在"企业社会责任合理性的内在依据"一文中对此问题有详细论述,见《西北大学学报》(哲社版)2007年第2期。

② Schulz, W., Philosophie in der veränderten Welt. Pfullinggen: Neske 1972, p.632.

③ Georges Enderle, Some Ethical Explications of The UN-Framework For Business and Human Rights. In: O. F. Williams (ed.), Sustainable Development: The Millennium Development Goals, The Global Compact and the Common Good. Notre Dame: University of Notre Dame Press 2013, pp.1-22.

与责任主体直接相关的下一个问题是责任类型，关涉到企业“负什么责任”。根据人权责任的实现方式，联合国企业人权高级委员会将企业人权责任分为3种类型：尊重、保护、补救。[①]

（一）尊重，从消极的意义来看，意味着“不违背”，即企业的生产经营活动不对任何其他的个体人权（包括员工、顾客、供应链的工人以及企业经营周边的社区）造成伤害。比如，一个厂矿不污染周边社区的水资源，不影响人们像以前一样享用安全饮用水的权利。从积极的意义来看，尊重意味着“应该”，即企业主动提出实际或潜在卷入的人权问题的负面影响。比如，企业未经应有的程序、咨商及补偿而赶走一个社区，实际上违背了人们合宜的居住权利，企业应该主动提出这方面的负面影响。

从内容上来看，尊重适用于3个层面：（1）对当地法律条款的遵守，这也是企业的底线责任；（2）适用于所有情境下所有企业的，具有提升意义的全球性标准，如，OECD为全球企业提供的人权指南，该指南规定了值得期待的企业人权准则；（3）企业独立作出的有关支持和提升人权的自我承诺，如为改善某个群体的生存状况而自愿作出的慈善，这是较高层面上的尊重。企业对人权的尊重需要同时满足这三个层面的需要，而非其中的任何一个。所以说，一个企业如果没有满足尊重的责任，则意味着潜在地提出了法律、金融或声誉上的人权风险。

（二）保护，是指在基于对尊重责任的认知之上，企业不仅应该在理念上知晓而且在实际上有能力表明实践中确实尊重人权。这包括企业具备与其规模和环境相适宜的政策承诺和程序陈设。政策承诺清晰地表达着企业经营的最低标准，以及与企业关联的所有利益相关者的伦理期待。但它又有别于更为具体的、操作性的内部政策。它是哲学意义上的抽象，对于内部政策具有指导性的作用。程序陈设是指企业的承诺被转化到实践中并能够植入企业价值链中的政策和程序。

（三）补救，是指当企业识别出它们已经造成的人权的负面影响或是对负面影响有贡献的行为，通过合法程序给予受影响的利益相关者提供权利恢复或补偿的途径。这里，合法的程序是指企业建立的透明、可操作的冤情机制。这一机制与人权的公平原则、责任与公正的理念相一致。

---

① United Nations Human Rights Office of the High Commissioner, Guiding Principles on Business and Human Rights: Implementing The United Nations “Protect, Respect And Remedy” Framework, United Nations New York and Geneva, 2011.

企业人权责任的这三个类型相互独立,又相互关联,以"你中有我,我中有你"的方式构成了企业人权责任的基本框架。这种有区别的联系,有助于克服成问题的,在避免采取行动和积极地采取行动之间存在的二分法,也有助于以一种细化的方式分配责任。

因此,在责任分配的问题上,基于企业伦理的国家宏观层面和企业组织的中观层面,联合国高级人权委员会对上述责任类型进行了基本的分配:国家主要承担"保护"义务。包括防止、调查、惩罚和提出人权的滥用,以及明确提出管辖范围内的所有企业尊重人权的合法正当的伦理期待;企业组织的核心义务是"尊重"。包括避免违背人权,以及提出它们卷入的负面的人权影响。而"补救"的义务则由国家、企业甚至其他社会行为者共同承担。

三、应有的勤勉

无疑,上述企业人权责任的 3 个目标并非满足于"应然"意义上的理论建构,而是需要"实然"意义上的实践检验,因此,一个合宜性的由"应然"到"实然"的支撑要素在这里显得尤为必要。"应有的勤勉"(due diligent)具有这一角色所需的属性。因为对负面人权影响的鉴别、预防、减少以及解释,都离不开"应有的勤勉"。根据联合国高级人权委员会,应有的勤勉是指,由一个理性且审慎的人或企业在特定的环境下,被恰当地期望并常规性地践行的诸如,审慎、活动或努力的尺度;它不是由任何一个绝对化的标准来测量,而是取决于特殊事件的相关事实。包括评价、整合与行动、追踪和沟通等 4 个基本的结构要素。①

评价,是指企业识别所需信息以便及时理解特殊时间点,以及特殊场景下的实际发生的负面人权影响和潜在的人权风险。这种人权影响和风险既可能是企业自身活动造成的,也可能是由企业关系造成的,如企业的合作伙伴。

整合与行动,是指企业通过内部功能和恰当的已有程序,对上述负面影响和风险进行调查,并评估整合所获得的调查结果,而后采取恰当的行动。

追踪,是指企业基于一定数量和质量的指标,利用来自内部和外部的资源反馈,尤其是受影响的利益相关者,回应实际发生的和潜在的人权的负面影响。

---

① United Nations: The Corporate Responsibility to Respect Human Rights, Advance Unedited Version.

沟通,指当受影响的利益相关者或者其代表提出有关人权影响的关切时,企业做好外部沟通的准备。

不难看出,"应有的勤勉"是一个动态的、开放式的系统,合宜性地理解这个系统需要进一步分析系统所蕴含的伦理精神。大致来说,包括以下几方面:

(一)"应有的勤勉"并不意味着一个标准化的处方式的公式,而是一个指导性的道德原则。这意味着,不同行业当中不同规模的企业,根据不同的企业结构和不同的操作环境,在各自的"可行能力"范围内满足自身的义务以及责任需求。这样,避免了对于"应有的勤勉"无根式的泛泛而谈。

(二)"应有的勤勉"是由4个关联要素构成的一个整体,因此,真正的"应有的勤勉",在本性上需要上述4个要素协同联动,而非某一单个要素独自地发挥作用。

(三)"应有的勤勉"意味着一定范围内的必要活动,限定于由企业自身的活动或者与其企业关系直接相关的活动,如企业经营、产品、或服务造成的负面的人权影响。

(四)由于企业经营以及经营环境在不断地发生变化,因此,"应有的勤勉"并不意味着一次性的举动,而是一个持续的或重复性的过程。

(五)"应有的勤勉"终极关怀是指向"人"的问题,反映着每一个人都应该"有尊严地"被对待的权利。因此,它需要企业以及可能受其行为影响的利益相关者的广泛参与,包括理解潜在地受影响的个体和群体的观点,以"商谈对话"或直接"咨商"(consultation)的方式进行。

(六)值得特别指出的是,对于"应有的勤勉"的重视并不是表明企业从动机上"无意于"(no intention)承担人权责任,相反,而是表达这样一种认知:即使企业在实践中最大限度地做好自己,依然会有超出自身控制的实际的负面人权影响的发生和潜在的人权风险的存在。[①] 由此,从风险防范的意义上来看,"应有的勤勉"恰是企业承担人权责任的一个必备补充。

四、限　　度

讨论"限度",是完整而真实地描述伦理学视域下企业与人权关联的一个不可缺少的组成部分。简单来说,它可以从两方面来解释:关联的相对性和

---

① 威廉姆斯·伯纳德将这种超出自身控制,但实际上影响我们生活和决策的各种不确定因素,称为"道德运气",见 Williams. B, "Moral Luck", Cambridge University Press, 1981, p.20.

关联的复杂性。

关联的相对性，是指由于现实的企业在自身规模、经营环境、企业结构以及与其他利益相关者的关系等方面存在着差异，使得不同的企业带来的人权负面影响的严重程度也不尽相同。因此，企业将承担与自身条件和环境相匹配的人权责任。[①]

关联的复杂性，是由一系列勘定和评价上的难度构成的，包括人权"共谋(complicity)"的勘定、影响范围的标准的勘定以及风险评价的难度。

(一) 首要的难度是，由社会不同部门"共谋"带来的人权问题的勘定。因为一些社会劳动部门的划分并未得到合法化的证明，而企业并不会因为社会不同部门无法严格地彼此分离而不影响和违背人权。由此，在对前述不同类型的责任进行分配的问题上，负面影响以及"共谋"的标准就变得相当有争议。也就是说，既可以以直接违背人权的理由，也可以以间接的理由为勘定标准，尤其是"共谋"以多种形式发生的时候，就变得非常难以勘定和评价。

(二) 人权所涉及的范围标准也比较模糊，从而，无法以令人满意的方式加以应用。比如，如何一般性地界定影响的范围？以及违背人权的肇事者？还有就是，即使一个企业现在有能力(is able to)像政府部门那样履行"保护"人权的责任，其潜在的能力(capacity)未必能够，这样一来，将给企业长久地履行"保护"的责任带来困难。由于这些困难，无疑需要一个系统的政府力量实施"保护"的义务。

(三) 合宜性地评价行为者可行能力(capability)的标准难度更大，甚至超过评价人权违背的直接或生成原因。一方面，可行能力是"保护"人权免受"第三方"违背的一个必要条件，但它不是充要条件，因为除了企业以外，被赋予合法地履行"保护"责任的其他具有可行能力的行为者，如良好发挥作用的国家，同样能够做得很好。必须承认的是，如果国家行为者只是在一个被削弱的程度上或者根本不具备这一可行能力的时候，情况会更加复杂。

不过，承认并试图澄清这些相对性和难度，并不意味着企业与人权伦理关联的不可能性，或者否定两者关联的绝对性；相反，只是努力标示出企业与人权关联的伦理边界，从而，为人权责任的细化分配提供有意义的指南。

联合国人权与企业高级委员会对人权的企业责任作出的细分如下：企业行为者无需承担"保护、尊重、补救"等全部责任，而是部分地也是不可托辞

---

① 孙春晨用"场域性"图景这一概念来表示此处的"关联相对性"，参见"历史主义人权观与应用伦理学研究"，《道德与文明》2015年第1期。

地承担"尊重"的责任[①]。包括：

（一）跨国企业以及其他的商业企业必须"尊重"世界范围的所有的人权，不得直接地造成，或者是直接或间接地作为共谋者而卷入到违背人权的行为当中。

（二）为感知并践行"尊重"的责任，企业必须基于一个常规的基础上，自愿践行自身的人权义务，通过实施"应有的勤勉"，检测所有对人权有影响的潜在的和实际上的活动与战略，确保所有的人权是受到"尊重"的。

（三）从整体上看，强调企业在其可行能力范围内的"尊重"。这种细分，对于企业自身及其类似的观察者而言，具有极大的实践意义。[②]

五、结　　语

本文从较为宏观的层面粗略地分析了伦理学视域下企业与人权的关联，认为企业面临的外在的压力和挑战，与得到广泛证明的内在于自身的伦理动机，分别从工具理性和目的理性两个维度，共同催生并证明着企业与人权关联的伦理合理性。这两个维度以相互补充的方式共存于企业外部影响内部化的过程当中。

不可否认，对许多人而言，从字面上看，企业与人权是一对具有矛盾冲突的措辞，即便讨论两者的关联也是极具冒险的行为，遑论讨论两者伦理上的关联。但风险并非等同于不可能，相反，有时意味着相当大的诱惑力，或者说，为探讨责任问题探索一个新的可能性和生长空间。而这也正是企业伦理的核心所在。在关涉企业人权的责任问题上，无疑，"责任主体、责任类型以及责任分配"是实践理性意义上的根本问题。

还必须承认的是，企业人权责任的目标建构不管具有多么完美的形式，如果没有实践中"应有的勤勉"的实质性支持，企业的人权责任也是不可想象的。因此，在这个意义上，可以说，"应有的勤勉"是企业人权责任实现的支撑要素。

然而，承认企业与人权的伦理关联，并不意味着两者是绝对意义上的完备关联，而是意味着对于关联限度和边界的接纳。这对于细化分配乃至践行

---

① 根据联合国"企业与人权指导原则"，"保护"责任主要由国家来承担，包括制定国家和地方性的法律法规；补救责任根据合法程序和规章制度由国家和企业共同承担。见 Guiding Principles and Human Rights: Implementing the United Nations "Protect, Respect and Remedy Framework"。

② 企业与人权资源中心网站监测到，已有 5 000 多家企业有意愿阐明并贯彻联合国的指导原则。

有关人权的企业责任具有不可忽略的意义。

最后需要指出的是,本文对这种关联的证明自身也许并不是充分的,但可能的也是必要的是,在当前企业全球化的背景下,尤其是企业人权问题日益凸显的场域下,哲学伦理学上的思考会激发更为广泛的对于企业人权问题的关注,进而,为企业尊重人权向实践中的行动转化提供概念支持和学术力量。

由于企业人权是一个非常复杂的问题,对于企业人权责任的理解,还需要进一步研究"公正""正直"以及"伦理领导"等更为基础性的道德原则,有意思的是,这将构成有关企业人权责任的伦理问题链。如是否能够以及如何用"公正"来解释企业人权的尊重责任?"正直"在企业人权责任当中如何以及在多大限度上发挥作用?"伦理领导"在何种层面以及何种意义上能够为企业人权当中应有的勤勉作出贡献?等等。诚然,这些更为宽泛而具体的问题非本文所能涉及。但可以肯定的是,更为基本的伦理思考和开放式的智力活动与企业实际行为之间的联系,以及与企业人权其他议题之间的联系均将得到检验。

八、区域报告、创新方法和未来议题：研究与教学

日本公司的伦理制度化与日本经理人的企业伦理观：十年与二十年的比较

[日] 中野千秋(Chiaki Nakano)
[日] 山田敏之(Toshiyuki Yamada)* 陆晓禾 译

[提要] 本文报告了2014年日本经济伦理调查研究的结果，并将该结果与1994年和2004年进行的其他两项调查进行比较。在过去20年中，日本公司在伦理制度化方面作出了巨大努力，同时日本对经济伦理的兴趣也在增长。与前两项研究一样，最新的数据表明，日本企业经理的伦理观念几乎没有改变，包括他们倾向于境遇伦理和公司政策在伦理决策中的重要性。然而，目前的数据显示，日本企业经理人的观点发生了长期变化，例如：一、不道德的行业做法下降；二、在伦理决策中更优先考虑个人伦理；三、在某些虚构案件中表现出伦理方面的严谨。

一、导　　言

在美国，经济伦理学在1970年代被确立为一个学术领域，至1980年代，商务部门已经开始实施全面措施，将伦理制度化(De George, 1987; Center for Business Ethics at Bentley College, 1986)。相反，在日本，直到1990年左右，人们才开始认真考虑现代意义上的经济伦理问题；直至1990年代末和2000年代初，商业部门才开始实施全面措施(Nakano and Yamada, 2008)。日本的经济伦理学被描述为至少落后于美国10年或更长时间(Mizutani,

---

作者中野千秋(Chiaki Nakano)，日本千叶市丽泽大学(Reitaku University)经济学部教授；作者山田敏之，日本东京大东文化大学(Daito Bunka University)教授。——译者

1998)，但在过去的20年里发生了什么变化？在这项研究中，我们根据作者每10年进行的3次调查的结果(1994年、2004年和2014年的最新调查)，从经济伦理的制度化和企业经理人的伦理观点来考虑在日本发生的这些变化。

二、文献综述与假设

本研究始于20世纪90年代初，当时美国等主要经济国家对经济伦理学的兴趣越来越大，作者意识到日本令人担忧的缺乏关于经济伦理学的信息。本文的共同作者之一中野千秋使用了在美国进行的一些调查研究的框架，这些调查研究的主题是经济伦理制度化和企业经理人的伦理观点(例如，Baumhart, 1961; Brenner and Molander, 1977; Vitell and Festervand, 1987)，并于1994年在日本进行了类似的调查。目的是在经济伦理刚刚开始受到质疑的时候，向世界传达日本公司的现实(Nakano, 1997)。为此，中野对1994年调查的主要兴趣是通过与美国已经进行的调查结果的比较，揭示日本经济伦理的特点。1994年调查的主要结果可归纳为以下3点(Nakano, 1997)：

(一) 与1990年左右美国公司所取得的进展相比，日本公司在经济伦理制度化方面进展非常缓慢。

(二) 然而，日本与美国经理人对企业伦理看法的差距并无调查之前预期的那样大。事实上，令人惊讶的是，在回答几个调查问题时，结果非常相似。

(三) 但是，必须指出的是，日本经理人所特有的伦理观点具有一些特点，例如倾向于采用境遇方法，以及"公司政策"作为经理人决策因素的重要性。

10年后，在2004年，作者对1994年的调查进行了重复研究(Nakano and Yamada, 2008)。这项调查的目的是通过与1994年调查结果的比较，说明在这10年间发生了什么变化。[①] 2004年调查的主要结果可归纳为以下3点：

(一) 10年中，在经济伦理制度化方面取得了显著进展。

(二) 然而，日本经理人的伦理观念，特别是他们采取境遇方法的倾向，并没有发生很大变化。

(三) 日本经理人的伦理观点在某些方面有变化的迹象。这种变化的例子包括：(1) 减少"公司政策"在经理人伦理决策中的重要性；(2) 在主要利

---

① 在进行2004年调查时，应韩国研究人员的要求，日本和韩国都进行了同样的调查，并对两国进行了比较研究(Choi and Nakano, 2008)。然而，本文将其范围局限于日本的按时间顺序的比较。关于国际比较观点的讨论将留待以后的文件讨论。

益相关者中给予股东相对更大的优先地位。

又一个 10 年后，2014 年，作者进行了第 3 次调查。经济伦理、合规管理和企业社会责任等概念现在已经在公司社会中牢固确立，那些否认其重要性的人正日益成为少数。2004 年调查确定的 1994—2004 年变化不大的事项在 2014 年调查中是否仍保持不变？在过去 10 年中，2004 年调查中发现的变化和变化迹象是否有进一步的发展？本文中，我们使用了 2004 年调查的上述发现(一)至(三)作为假设，以验证 2014 年调查的结果是否可以确定相同的变化趋势。①

调查问卷是以与上次调查相同的方式发给各公司的一般事务部门的。没有具体说明受访者的部门和职位，并要求由"具有详细经济伦理知识的工作人员，如果可能的话，部门经理或更高级别管理人员"作出答复。为了获得尽可能最诚实的答复，要求不要提交受访者的公司名称和姓名，如果需要对核对结果进行反馈的话，则只应在调查问卷的末尾输入联系方式。表 1 提供了 2014 年调查的受访者及其公司的概况。

表 1　受访者及其公司概况

1. 受访者的部门和级别			
(A) 受访者部门(N=139)		(B) 受访者职级(N=137)	
一般事务和人事	70(50.4%)	高级管理人员(执行董事、董事总经理、业务干事)	9(6.6%)
法律和合规	21(15.1%)	上层中层管理人员(部门主管、总经理、总经理助理)	41(29.9%)
企业伦理和企业社会责任	17(12.2%)	中层管理人员(部门经理等)	60(43.8%)
一般管理*	16(11.5%)	下级管理人员(助理经理、高级工作人员)	20(14.6%)
公共关系	2(1.4%)	其他***	7(5.1%)
规划和战略	8(5.8%)		
审计	2(1.4%)		
其他**	3(2.2%)		

① 在进行 2014 年调查时，韩国和中国也进行了同样的调查。日本、中国和韩国对这项调查的比较研究将在每个国家的调查结果报告后单独发表。

续 表

2. 受访者公司的规模			
(C) 按员工人数分列的公司规模(N=138)		(D) 按资本划分的公司规模(N=141)	
5 000 及以上	23(16.7%)	1 000 亿日元以上	15(10.6%)
10 004 999	47(34.1%)	100 亿日元	36(25.5%)
500 999	22(15.9%)	100 亿日元	64(45.4%)
少于 500	46(33.3%)	1 亿日元	25(17.7%)
		1 亿日元以下	1(0.7%)
(E) 公司的业务领域(N=141)			
N=57(40.4%)		(非制造业)N=84(59.6%)	
食品	12	渔业	0
纺织品	3	采矿	0
纸和纸浆	1	建筑	7
化学工程	6	贸易	10
药品和药物	6	零售	11
石油	0	银行业务	2
橡胶、玻璃和沉积物	0	证券	0
钢铁	0	保险	1
有色金属和金属制品	6	其他金融服务	5
机械	5	房地产	5
电器设备	9	陆地、海洋和空中运输	4
运输设备	3	储存和运输	4
精密仪器	2	电信	6
其他制造业领域	4	电力和天然气	4
		服务业	23
		其他	2

* 一般管理部门包括总裁办公室和行政总部。

**“其他”的受访者部门包括东日本总部和第二财务司等。

***“其他”的受访者的职位包括“无职等”、助理、一般级别和专家职位等。

三、现行调查方法(2014)

与前两次调查(1994 年和 2004 年)相同，问卷的基本框架是根据鲍姆哈特(Baumhart, 1961)、布伦纳和莫兰德(Brenner and Molander, 1977)、维特尔和菲斯特范德(Vitell and Festervand, 1987)以及本特利学院经济伦理研究中心(Center for Business Ethics at Bentley College 1986; 1992)进行的调查建立的。目的是对照以前的调查结果进行比较研究，因此，对调查表中的问题几乎没有作任何修改。

问卷已于 2014 年 8 月 1 日邮寄给在 2014 年夏季发行的"东洋基财季度公司报告光盘版"中的 3 600 家上市公司。回复截止时间为 2014 年 9 月 1 日。回复率极低，仅收到 141 家公司的有效回复，有效回复率为 3.9%。①

四、调查结果摘要

(一) 公司应为谁服务：公司对主要利益相关者的责任

对于公司如何看待自己对各利益相关者的责任，人们普遍接受的观点是，日本公司优先考虑员工，而美国公司优先考虑股东，而不是其他利益相关者(例如，Thurow, 1992)。然而，中野(Nakano, 1997)表明，日本公司的答复与 1985 年美国调查(Vitell and Festervand, 1987)的答复之间实际上几乎没有差异，这两项调查都按以下顺序对公司利益相关者进行了排序：第一客户、第二员工、第三股东。这一趋势在 2004 年的调查或最近的 2014 年调查中都没有重大变化。然而，仔细研究这些数字表明，尽管 2004 年调查中对客户和股东的重视程度有所提高，但 2014 年的调查产生了与 1994 年调查类似的结果(表 2)。这表明，日本已经作出努力，纠正日本公司过分重视股东的做法。

表 2 公司应该为谁服务？公司对主要利益相关方的责任

公司对各种利益相关者群体负有责任。你认为公司应该为谁服务？请按您个人认为最重要的顺序将下列利益相关者从 1 到 7 排序。(1＝最重要的责任；7＝不太重要)					
	美国(1976)	美国(1985)	日本(1994)(N＝150)	日本(2004)(N＝223)	日本(2014)(N＝138)
客　户	1.83(1)	1.95(1)	1.71(1)	1.45(1)	1.70(1)
员　工	2.86(3)	2.67(2)	2.58(2)	2.68(2)	2.52(2)

① 1994 年调查收到 159 家公司的答复(有效答复率为 7.2%)，2004 年调查收到 227 家公司的答复(有效答复率为 6.1%)。

续 表

	美国 (1976)	美国 (1985)	日本 (1994) (N=150)	日本 (2004) (N=223)	日本 (2014) (N=138)
股 东	2.52(2)	3.00(3)	3.01(3)	2.74(3)	3.12(3)
当地社区	5.10(6)	4.78(4)	4.31(4)	4.44(4)	4.48(4)
供应商	4.44(4)	5.75(6)	4.99(6)	4.71(5)	4.63(5)
一般社会	5.72(7)	5.48(5)	4.37(5)	4.91(6)	4.72(6)
政 府	4.97(5)	6.23(8)	6.70(7)	6.76(7)	6.68(7)
经销商(中间商)	*	5.94(7)	*	*	*

注：给出的值是从1(最重要)到7或8(最不重要)的重要性方面从排名计算的平均值。右边括号()中的值是每项调查中每一组利益相关者的排名。

*未列入问题项目。

（二）不道德的经营做法

表3整理了对这一问题的答复："在你的行业中，有什么普遍接受的做法你认为是不道德的？"回答"无"的受访者比例稳步上升——从1994年调查的32.2%上升至2004年调查的37.3%和2014年调查的56.6%。相应地，回答"是，少数"和"是，许多"的受访者的百分比也有所下降。我们可以将其解释为不道德的经营行为在过去20年中实际上已经减少。

表3 存在普遍接受的不道德的经营做法

在每个行业都有一些普遍接受的经营惯例。在你的行业里，有什么你认为不道德的做法吗？请圈出下面最接近的答案							
	美国 (1961)	美国 (1976)	美国 (1985)	日本 (1977)*	日本 (1994) N=143	日本 (2004) N=225	日本 (2014) N=136
没有	19%	27%	44%	10%	32.2%	37.3%	56.6%
是的，一些	59%	49%	47%	69%	46.2%	35.6%	20.6%
是的，很多	9%	6%	3%	13%	6.3%	3.6%	1.5%
我不知道	13%	18%	6%	8%	15.4%	23.6%	21.3%

* Kuno (1977)

此外，2014年的调查将“对员工不公平”(26.7%)与“价格歧视和不公平定价”(20.0%)列为前两项“最不受欢迎的经营做法”。在1994年的调查(19.3%)和2004年的调查(29.9%)中名列前茅的“与竞争对手的价格串通”下降至3.3%，在总共有10种选择中排名第8位(表4)。这表明，《消除和防止参与串通投标法案》(2003年生效)和日本的宽大政策(2006年出台)的效果开始显现。

表4　最不受欢迎的经营做法

你最想从你的行业中消除哪些不道德的经营做法？(可以有多种回答)						
	美国(1961)(单一回答)	美国(1976)(单一回答)	美国(1985)(单一回答)	日本(1994)(单一回答)(N=57)	日本(2004)(多个回答)(N=77)	日本(2014)(多个回答)(N=30)
对员工不公平	6%	9%	7.5%	17.5%	13.0%	26.7%
价格歧视和不公平定价	18%	8%	22.7%	19.3%	23.4%	20.0%
赠送礼物、酬金和贿赂	23%	26%	21.2%	17.5%	22.1%	16.7%
欺骗顾客	9%	14%	19.7%	5.3%	13.0%	16.7%
不诚实的广告	14%	5%	6.0%	0.0%	6.5%	10.0%
过分吹嘘	*	*	1.5%	*	3.9%	10.0%
订立或保持合同时不诚实	7%	1%	7.5%	5.3%	10.4%	6.7%
竞争对手的价格串通	8%	3%	9.0%	19.3%	29.9%	3.3%
各种不公平竞争做法不公平的信用做法	10%	14%	*	*	7.8%	3.3%
其他	*	*	3.0%	0.0%	1.3%	0.0%
	5%	20%	1.5%	15.8%	19.5%	33.3%

* 未列入问题项目。

（三）经济伦理的制度化

表5显示了公司在被问及其将经济伦理制度化的具体努力时的反应。当被问及他们的公司是否正在“具体努力为组织制定伦理价值观”时，大多数(51.1%)回答“是的，非常急切”(比2004年的调查增加14.3点，比1994年的

调查增加 36.4 点)。当结合回答“是的,在某种程度上”的公司的百分比(42.3%)时,总百分比达到 93.4%。[①]

表 5 公司将经营伦理制度化的努力

贵公司是否一直在作出具体努力,为贵组织建立伦理价值观?请圈出下面最接近的答案。					
	美国 (1989—1990) (N=207)		日本 (1994) (N=156)	日本 (2004) (N=223)	日本 (2014) (N=137)
是的	93%	是的,非常急切	14.7%	36.8%	51.1%
没有	5%	是的,在某种程度上	46.8%	54.3%	42.3%
我们计划	2%	是的,但是很少	25.0%	7.2%	4.4%
		不,一点也不	13.5%	1.8%	2.2%

察看已实施的具体措施(表 6),我们可以看到,已经取得了重大的进展:79.0%的受访者报告说“已经建立了一套伦理或合规准则”(自 2004 年调查以来增加了 10.2 个点,自 1994 年调查以来增加了 42.0 个点);68.8%的人报告说“已经实施员工伦理培训”(2004 年调查增加了 5.9 个点,1994 年调查增加了 45.1 个点);79.7%的人报告说“设立了伦理和合规内部联络点”(比 2004 年调查增加了 18.2 个点,比 1994 年的调查增加了 66.4 个点)。然而,也有必要指出,在 2004 年的调查中,回答“首席执行官经常发表有关伦理的报告”的受访者比例从 57.0%下降了 13.5 个百分点,跌至 43.5%。这将是非常令人担忧的,如果这一下降是因为高管们只为了形式而建立伦理和合规制度,而没有充分考虑实际实施或有效性。

表 6 将经济伦理的制度化纳入组织的方法

贵公司采取了哪些措施来建立经济伦理?请圈出下面适用的任何答案。						
	美国 (1984) N=223 (多项)	美国 (1989—1990) N=229 (多项)	日本 (1994) N=135 (多项)	日本 (2004) N=221 (多项)	日本 (2014) N=138 (多项)	
伦理守则	93.3%	93%	37.0%	68.8%	79.0%	除了公司理念外,还制定了伦理守则

① 这一趋势与作者进行的一系列研究(“日本公司伦理制度化调查研究”)所确定的趋势相吻合。请参阅中野、山田、福昆加和野村(Nakano, Yamada, Fukunaga & Nomura, 2009)。

续　表

<table>
<tr><th></th><th>美国
(1984)
N=223
(多项)</th><th>美国
(1989—
1990)
N=229
(多项)</th><th>日本
(1994)
N=135
(多项)</th><th>日本
(2004)
N=221
(多项)</th><th>日本
(2014)
N=138
(多项)</th><th></th></tr>
<tr><td>伦理操守委员会</td><td>17.9%</td><td>25%</td><td>6.7%</td><td>57.5%</td><td>55.8%</td><td>成立了伦理委员会</td></tr>
<tr><td>员工伦理培训</td><td>44.4%</td><td>52%</td><td>23.7%</td><td>62.9%</td><td>68.8%</td><td>已经实施员工的伦理或合规培训</td></tr>
<tr><td>公司结构的变化</td><td>20.6%</td><td>13%</td><td>*</td><td>50.7%</td><td>46.4%</td><td>专门部门或官员被分配到伦理部门</td></tr>
<tr><td>司法委员会</td><td>1.3%</td><td>*</td><td>6.7%</td><td rowspan="3">34.8%</td><td rowspan="3">46.4%</td><td rowspan="3">有外部第三方(外部董事、外部审计师等)进行检查的机制</td></tr>
<tr><td>监察员</td><td>7.6%</td><td>*</td><td>1.5%</td></tr>
<tr><td>社会审计</td><td>43.9%</td><td>*</td><td>8.9%</td></tr>
<tr><td>伦理操守建议制度</td><td>*</td><td>*</td><td>13.3%</td><td>61.5%</td><td>79.7%</td><td>设立了伦理和合规内部联络点</td></tr>
<tr><td>对不道德行为的惩罚</td><td>*</td><td>*</td><td>59.3%</td><td>65.6%</td><td>67.4%</td><td>对不道德的行为有惩罚制度</td></tr>
<tr><td>参加“百分之一俱乐部”</td><td>*</td><td>*</td><td>9.6%</td><td rowspan="2">34.8%</td><td rowspan="2">37.0%</td><td rowspan="2">利润的一部分用于社会/文化活动</td></tr>
<tr><td>对社会/文化活动的贡献</td><td>*</td><td>*</td><td>24.4%</td></tr>
<tr><td>首席执行官在伦理操守方面的频繁声明</td><td>*</td><td>*</td><td>33.3%</td><td>57.0%</td><td>43.5%</td><td>首席执行官经常发表有关伦理的报告</td></tr>
<tr><td>包括伦理在内的公司理念</td><td>*</td><td>*</td><td>67.4%</td><td>33.9%</td><td>34.1%</td><td>公司哲学包括伦理</td></tr>
<tr><td></td><td>*</td><td>*</td><td>*</td><td>19.5%</td><td>24.6%</td><td>遵循母公司在公司业务集团内的政策</td></tr>
<tr><td>其他</td><td>0.9%</td><td>11%</td><td>6.7%</td><td>4.5%</td><td>0.0%</td><td>其他</td></tr>
</table>

*未列入问题项目。

(四) 经理人的伦理冲突经历

当经理人被问及他们是否经历过伦理冲突时，28.1%的受访者回答“是的”。在所有3项调查中，约30％的日本经理人承认有伦理冲突的经历，尽管这些调查之间略有差异（表7）。这与美国50％～70％的经理人报告有伦理冲突的经历形成了对比，尽管美国的数据现在已经相当陈旧。

表7　伦理冲突的经验

你在工作中是否遇到过这样的情况：你觉得公司利益与你自己的良心之间存在伦理冲突？请圈出适用的答案。					
	美国（1961）（N=796）	美国（1976）（N=698）	日本（1994）（N=158）	日本（2004）（N=225）	日本（2014）（N=135）
是的	75.8％	57.2％	28.5％	31.6％	28.1％
没有	24.2％	42.8％	71.5％	68.4％	71.9％

当我们询问对上述伦理冲突的具体性质作出“是”答复的受访者（表8）时，2014年调查中最常见的答复是“与对客户或员工有关的公平和歧视”（36.8％），其次是“解雇和裁员”（26.3％）和“价格串通和定价做法”（23.7％）。这与2004年的调查相同。“内部沟通中的诚实”（15.8％；在2014年调查中排名第4）与2004年和1994年的调查相比有所上升，而“未履行合同和协议”（5.3％；排名第7）比2004年调查的第3名和1994年调查的第4名则有下降。

表8　伦理冲突的细节

在什么情况下，公司的利益会与你的个人良心相冲突？请圈出所有适用的答案。						
	美国（1961）单一回答	美国（1976）单一回答	美国（1985）多项回答	日本（1994）多项回答（N=45）	日本（2004）多项回答（N=71）	日本（2014）多项回答（N=38）
与客户或员工有关的公平和歧视	*	7.0％	22.4％	31.1％（2T）	38.0％（1）	36.8％（1）
解雇和裁员	16.2％	4.8％	18.1％	37.8％（1）	25.4％（2）	26.3％（2）
价格串通和定价做法	12.5％	2.3％	18.4％	31.1％（2T）	22.5％（3T）	23.7％（3）
内部沟通中的诚实	*	*	16.5％	17.8％（6）	16.9％（7）	15.8％（4）
礼品、娱乐和回扣	8.9％	12.3％	29.3％	22.2％（4T）	18.3％（6）	13.2％（5）

续　表

	美国(1961)单一回答	美国(1976)单一回答	美国(1985)多项回答	日本(1994)多项回答(N=45)	日本(2004)多项回答(N=71)	日本(2014)多项回答(N=38)
对外交流中的诚实	(13.5%)	(22.3%)	7.8%	15.6%(7)	19.7%(5)	7.9%(6)
未履行合同和协议	*	5.5%	15.5%	22.2%(4T)	22.5%(3T)	5.3%(7)
其他	48.8%	40.1%	*	8.9%	18.3%	7.9%

*项目不包括在问题项目中。

从伦理冲突发生的关系类型来看(表 9),排名第 1 和第 2 的回答是“上级”(59.5%)和“客户”(35.7%)。与 2004 年和 1994 年的调查相比,这些排名保持不变。排名第 3 的回答是“供应商”(21.4%),在 2004 年调查中排名第 4、在 1994 年的调查中排名第 5。这表明,旨在防止价格串通的更强有力的监管和更严厉的惩罚,导致经理人在与供应商的关系中经历伦理冲突的次数增加。

表 9　出现伦理冲突的关系

在什么关系中会出现导致公司利益与你个人良心之间冲突的情况？请圈出所有适用的。					
	美国(1976)单一回答	美国(1985)多项回答	日本(1994)多项回答 N=45	日本(2004)多项回答 N=71	日本(2014)多项回答 N=42
上级	12.8%	29.5%	46.7%(1)	42.3%(1T)	59.5%(1)
客户	12.0%	50.0%	42.2%(2)	42.3%(1T)	35.7%(2)
供应商	2.5%	49.5%	20.0%(5)	23.9%(4)	21.4%(3)
下属	11.5%**	40.0%**	24.4%(3)	25.4%(3)	19.0%(4)
法律和政府	4.8%	36.3%	4.4%(8T)	21.1%(5)	11.9%(5)
一般社会	*	*	15.6%(6)	18.3%(6T)	9.5%(6)
竞争对手	4.8%	41.9%	22.2%(4)	18.3%(6T)	7.1%(7)
同事	*	*	6.7%(7)	12.7%(8)	4.8%(8T)
股东	*	*	4.4%(8T)	5.6%(9)	4.8%(8T)
其他	51.6%	*	13.3%	7.0%	4.8%

*项目不包括在问题项目中。

**与“员工”的关系。

特别有趣的是，当面对“公司利益”与自己的“个人良心”之间的冲突时，日本经理人的回答趋势(表 10)。在最近的一次调查中，回答将“优先考虑公司利益”的受访者比例一直下降至 21.4%(与 2004 年的调查相比下降了 4.0 个百分点，与 1994 年的调查相比下降了 20.8 个百分点)。相比之下，回答“遵从个人良心”的受访者比例上升至 28.6%(与 2004 年的调查相比上升了 4.7 个百分点，与 1994 年的调查相比上升了 13.0 个百分点)。值得注意的是，在 2014 年的调查中，这两种回答的排名发生了变化。这表明，日本经理人的心态已经逐渐放弃了自日本经济高速增长时期以来盛行的以公司为导向的理念，随着我们朝“建立个性”的方向发展时就会逐渐发生变化。

表 10　伦理偏好——公司利益或个人道德

当面对上述情况时，你会优先考虑公司的利益还是遵循你的个人良心？请圈出适用的答案。			
	日本(1994) N＝45	日本(2004) N＝71	日本(2014) N＝42
优先考虑公司利益	42.2%	25.4%	21.4%
遵从个人良心	15.6%	23.9%	28.6%
视情况而定	42.2%	50.7%	50.0%

然而，我们也需要密切关注这样一个事实，即答复“视情况而定”的受访者的百分比保持在大约一半(50%)。看来，日本经理人采取境遇方法的倾向仍然很强。

(五) 影响经理人伦理决策的因素

中野(1997)指出，在影响经理人的伦理(基于良心)决策的因素中，根据 1994 年的调查，日本经理人的特点是“公司政策”排在最前面，尽管幅度很小，相比之下，美国的调查(Baumhart, 1961)中，“个人行为准则”的回答名列前茅。然而，在 2004 年的调查中，“个人行为准则”位居榜首，这表明日本人的一个典型特征已经消失了。在 2014 年的调查中，“个人行为准则”再次名列前茅，但与排名第二位的回答“公司政策”之间的差距缩小了(表 11)。

表 11　影响管理人员伦理(基于良心)决策的因素

到目前为止，你在工作中作出的许多决定在很大程度上都是出于道德原因或基于你的良心。在做这些决定时，下列任何一个因素对你有影响吗？请将下列因素从 1 到 5 按效果最强的顺序编号。 (1＝对道德决策的影响最大；5＝影响不大)

续　表

	美国(1961)	日本(1994)(N=154/均值)	日本(2004)(N=215/均值)	日本(2014)(N=137/均值)
个人行为守则	1.5(1)	1.99(2)	1.73(1)	1.97(1)
公司政策	2.8(2T)	1.94(1)	2.12(2)	2.07(2)
上级的行为	2.8(2T)	2.92(3)	2.79(3)	2.63(3)
在公司里平等的行为	4.0(5)	4.31(5)	4.16(5)	4.12(4)
行业的伦理氛围	3.8(4)	3.93(4)	4.11(4)	4.14(5)

同样，影响经理人不道德决策的因素也是如此（这些决策是在违背他们个人良心的情况下作出的）。中野（1997）指出，与美国的调查（Baumhart, 1961; Brenner and Molander, 1977）相比，其中，“上级行为”是最突出的回答，在1994年的调查中，日本经理人的特点再次是，“公司政策或缺乏政策”是最常见的回答。在2004年的调查中，最高排名的回答变成了“上级行为”，而与美国调查的差异似乎消失了。在2014年的调查中，虽然“上级行为”仍然是排名靠前的回答，但排在它之后的最常见的回答“公司政策或缺乏政策”的差距已经变得非常小了（表12）。

表12　影响管理人员不道德决策的因素

当企业界作出反对他们的道德或个人良心的决定时，你认为哪些主要因素会产生影响？请将下列因素从1至5按效果最强的顺序编号。
（1＝对不道德决策的影响最大；5＝影响不大）

	美国(1961)	美国(1976)	日本(1994)(N=154/均值)	日本(2004)(N=224/均值)	日本(2014)(N=137/均值)
上级的行为	1.9(1)	2.15(1)	2.14(2)	2.04(1)	2.19(1)
公司政策或缺乏政策	3.3(4)	3.27(2)	2.00(1)	2.30(2)	2.20(2)
行业的伦理氛围	2.6(2)	3.34(3)	3.08(3)	3.22(3)	3.07(3)
个人财务需求	4.1(5)	4.46(6)	3.75(4)	3.29(4)	3.30(4)
在公司里平等的行为	3.1(3)	3.37(4)	4.18(5)	4.09(5)	4.21(5)
社会的道德氛围	*	4.22(5)	*	*	*

*项目不包括在问题项目中。

在 2004 年的调查中,人们认为日本经理人在回答上述两个问题时强调"公司政策"的倾向正在逐渐减弱。然而,我们如果察看 1994—2014 年的 20 年调查,可以看到,"公司政策"是日本经理人在伦理决策情况下的一个极其重要的因素,这一特征趋势很可能在日本可预见的未来继续下去。

(六) 经理人对虚构的伦理决策案例的反应

表 13 显示了经理人在 4 种特定情况下对虚构的伦理决策情况的反应。中野(Nakano, 1997)表明,与美国的调查结果(Baumhart, 1961; Brenner and Molander, 1977; Vitell and Festervand, 1987)相比,在 3 个案例中几乎没有差异:案例 1(一位重要高管,一直在虚报开支账目);案例 2(一位猎头,从竞争对手那里挖人);和案例 3(强制促销)。在 2004 年和 2014 年的调查中,这一趋势没有显著变化。然而,重要的是要注意,在 2014 年的调查中,在案例 2"可能不会雇用他"和案例 3"发出停止未来付款的命令,并减少销售人员的薪酬,其金额相当于他们在未来付款后获得的销售佣金"中,相对严格的回答在道德方面的百分比略有增加。

相反,在案例 3(当发展中国家的公职人员要求贿赂时),中野(1997)指出,日本公司的经理人有一种强烈的倾向,从文化上讲是伦理相对主义的——大多数日本经理人回答说,他们会"支付费用,感觉在外国环境下是合乎道德的",而大多数美国经理人则回答说,他们会"拒绝支付,即使销售失败了",或者"支付费用,感觉这是不道德的,但必须有助于确保销售"。2004 年的调查和 2014 年的调查可以发现同样的趋势,没有发现重大变化。①

(七) 企业界的伦理标准

与 10 年前相比,回答"今天的标准更高"的受访者比例为 68.6%,自 1994 年调查(38.6%)和 2004 年调查(50.7%)以来,这一比例稳步上升。回答"今天的标准更低"的受访者比例几乎下降到十分之一(12.4%)。在过去的 20 年里,日本企业界对提高伦理标准的认识似乎稳步提高(表 14)。

---

① 在日本,经济、贸易和工业部制定了《不正当竞争预防法的部分修正法》,并公布了《防止贿赂外国公职人员准则》(两者均在 2004 年),这改变了用来决定惩罚措施目标的原则,从"属地管辖原则"改为更严格的"国籍原则"。自这一变化以来,案件 3 所述向外国公职人员的便利支付类型已成为非法。如果我们只看法律、合规或企业社会责任部门经理在 2014 年的调查中对这一问题的回答(总共 138 名受访者中的 37 名受访者),大多数受访者(54.1%)的回答是,就"自己"而言,他们会"拒绝支付,即使失去销售"。作为伦理和法律方面的专家,管理者会作出这样的反应是意料之中的。然而,62.2%的同样受访者回答说,"普通经理"将"支付费用,感觉在外国环境下是合乎道德的"。按鲍姆哈特(Baumhart, 1961)和最近的行为伦理学的观点来看,这表明这些经理的回答是说,作为法律、合规或社会责任部门的管理者,他们会"拒绝支付",但他们真正的伦理立场是一种文化相对主义。

表 13　管理人员对虚构的伦理决策情况的反应

下面介绍 4 个虚构案例。请回答每一个案例，包括(A)你自己和(B)一般经理。

案例 1：一位年薪 4 000 万元的高管每年为他的支出账户填充了大约 200 万英镑。*

	美国(1961)		美国(1976)		美国(1985)		日本(1994)		日本(2004)		日本(2004)	
	自己	一般经理	自己	一般经理	自己	一般经理	自己(N=157)	一般经理(编号=155)	自己(N=225)	一般经理(N=223)	自己(N=138)	一般经理(N=139)
不可接受，不论情况如何	86%	60%	89%	53%	98%	54%	84.1%	71.0%	90.7%	64.1%	89.9%	67.6%
如果公司的其他高管也做同样的事情，那是可以接受的	6%	27%	4%	28%	0%	26%	1.9%	11.0%	0.4%	9.4%	1.4%	10.8%
如果行政长官知道这件事，却什么也不说，那是可以接受的	11%	28%	9%	33%	2%	20%	14.0%	18.1%	8.9%	26.5%	8.7%	21.6%

* 数额改为每次调查时认为适当的数额。

案例 2：假设你是一个竞争激烈的行业的公司总裁。你了解到某个竞争对手已经取得了一项重要的科学发现，这将使他获得优势，并会大大降低你公司的利润。如果有希望雇用了解竞争对手发现细节的员工，你会尝试雇用他吗？

	美国(1961)		美国(1976)		美国(1985)		日本(1994)		日本(2004)		日本(2014)	
	自己	一般经理	自己	一般经理	自己	一般经理	自己(N=158)	一般经理(N=157)	自己(N=223)	一般经理(N=219)	自己(N=137)	一般经理(N=137)
可能会雇他	48%	70%	50%	73%	61%	82%	50.0%	74.5%	48.0%	69.9%	42.3%	66.4%
可能不会雇他	52%	30%	50%	27%	39%	18%	50.0%	25.5%	52.0%	30.1%	57.7%	33.6%

案例 3：作为一个公司高管，外国的部长要求你支付 3 000 万欧元的咨询费。作为回报，他承诺将提供特别协助，以获得一份价值 100 亿美元的合同，该合同至少能为你的公司带来 5 亿美元的利润。你会怎么做？

	美国(1976)		美国(1985)		日本(1994)		日本(2004)		日本(2014)	
	自己	一般经理	自己	一般经理	自己(N=156)	一般经理(N=157)	自己(N=224)	一般经理(N=222)	自己(N=138)	一般经理(N=137)
拒不付款，即使买卖失败	42%	9%	51%	21%	19.2%	6.4%	31.7%	10.8%	41.3%	21.9%
付这笔钱，觉得在外国的环境下是合乎道德的	36%	45%	16%	27%	66.0%	55.4%	62.9%	63.1%	52.9%	59.9%
支付费用，觉得这是不道德的，但必须有助于确保销售	22%	46%	33%	52%	14.7%	38.2%	5.4%	26.1%	5.8%	18.2%

案例 4：想象一下，你是一家大型工业供应公司的区域销售经理，你的销售人员给采购经理钱以获得销售。这超出了一般接受的食物或促销项目。假设不违法，你会怎么做？								
	美国(1985)		日本(1994)		日本(2004)		日本(2014)	
	自己	一般经理	自己 (N=158)	一般经理 (N=155)	自己 (N=224)	一般经理 (N=221)	自己 (N=138)	一般经理 (N=137)
发出停止未来付款的命令，并减少销售人员的薪酬，其金额相当于他们在未来付款后获得的销售佣金	18%	6%	19.6%	8.4%	27.2%	13.6%	30.9%	16.7%
发出停止未来付款的命令，但不要减少销售人员的薪酬	77%	74%	75.9%	67.1%	69.2%	60.2%	66.9%	66.7%
什么都别说	5%	21%	4.4%	24.5%	3.6%	26.2%	2.2%	16.7%

表 14　企业界最近的伦理标准：与 10 年前的比较

从最近整个企业界来看，你会说企业的道德水平与 10 年前相比有所提高吗？请圈出最接近的答案。

	美国(1976)(N=1205)	美国(1985)	日本(1977)*	日本(1994)(N=153)	日本(2004)(N=225)	日本(2014)(N=137)
今天的标准更高	27%	40%	55%	38.6%	50.7%	68.6%
差不多吧	41%	45%	20%	38.6%	33.3%	19.0%
今天的标准更低	32%	15%	25%	22.8%	16.0%	12.4%

* Kuno(1977), pp.41 - 42.

当我们考察标准更高的原因(表 15)时，"对企业在社会中作用的新的社会期望"是 96.2% 的最常见回答，其次是"公开披露、宣传和媒体报道"(71.5%)、"提高公众意识和监督"(63.8%)和"最高管理层对道德行为的重视"(48.5%)。特别是，"对企业在社会中作用的新的社会期望"一直是 3 次调查中更高标准的首要原因。另一方面，与 1994 年和 2004 年的调查相比，回答"最高管理层对道德行为的重视"的受访者比例有所下降。这意味着什么？这是否表明员工已经理解并认识到经济伦理的重要性，即使这一点没有得到具体的强调？或者这是否意味着最高管理层正在优先考虑除建立经济伦理之外的其他因素？

表 15　导致企业伦理标准提高的因素

你认为改善企业伦理的主要原因是什么？请圈出所有适用的答案。

	美国(1976)(单一回答)	美国(1985)(单一回答)	日本(1994)(多项回答)(N=59)	日本(2004)(多项回答)(N=193)	日本(2014)(多项回答)(N=130)
对企业在社会中作用的新的社会期望	5%	2.3%	93.2%	92.2%	96.2%
公开披露、宣传和媒体报道	31%	2.3%	59.3%	77.7%	71.5%
提高公众意识和监督	20%	9.3%	67.8%	73.6%	63.8%
最高管理层对道德行为的重视	*	32.6%	50.8%	49.7%	48.5%

续 表

	美国(1976)(单一回答)	美国(1985)(单一回答)	日本(1994)(多项回答)(N=59)	日本(2004)(多项回答)(N=193)	日本(2014)(多项回答)(N=130)
公司对文化和环境保护活动的承诺增加	*	*	50.8%	34.2%	32.3%
政府条例、立法和干预	10%	11.6%	16.9%	7.3%	15.4%
加强管理人员的专业精神和教育	9%	23.3%	13.6%	4.7%	9.2%
企业更大的社会责任感	5%	13.9%	*	*	*
其他	20%	4.7%	1.7%	4.7%	2.3%

* 未列入有关项目。

关于道德标准降低的原因(表 16)，最常见的回答是“过度竞争造成的压力增大”，为 61.0%(比 2004 年的调查增加了 7.3 点，比 1994 年的调查增加了 21 点)，其次是“经济不景气中生存的压力”(52.0%)、“贪婪和对增长的欲望”(40.0%)以及“缺乏个人诚信”(38.0%)。

表 16　导致企业道德标准降低的因素

你认为企业伦理恶化的主要原因是什么？请圈出所有适用的答案。					
	美国(1976)(单一回答)	美国(1985)(单一回答)	日本(1994)(多项回答)(N=35)	日本(2004)(多项回答)(N=164)	日本(2014)(多项回答)(N=100)
过度竞争造成的压力增大	13%	14.3%	40.0%	53.7%	61.0%
经济不景气中的生存压力	*	*	34.3%	67.1%	52.0%
贪婪和对增长的欲望	8%	19.0%	74.3%	45.1%	40.0%
缺乏个人诚信	*	19.0%	40.0%	27.4%	38.0%
社会的标准更低	34%	28.6%	65.7%	50.0%	32.0%
政治腐败和对政府失去信心	9%	19.0%	54.3%	41.5%	27.0%

续 表

	美国 (1976) (单一回答)	美国 (1985) (单一回答)	日本 (1994) (多项回答) (N=35)	日本 (2004) (多项回答) (N=164)	日本 (2014) (多项回答) (N=100)
媒体报道和传播为不道德行为创造了氛围	9%	*	*	*	*
来自公司内部上级的利润压力	9%	*	*	*	*
其他	21%	*	5.7%	5.5%	3.0%

* 未列入有关项目。

五、结论：2014 年调查的主要结果

最后，与 1994 年和 2004 年调查结果相比，2014 年调查的主要结果可归纳如下：

（一）可以看到在经济伦理制度化方面取得了进展。

（二）日本经理人的伦理观点几乎没有变化，包括对伦理冲突的态度、公司政策的重要性以及以境遇方法或文化相对主义为特征的伦理立场。

（三）然而，可以从多个方面看到长期的变化，包括每个行业不道德的经营行为减少，在伦理冲突的情况下尊重“个人良心”，以及在假设的情况下采取更严格的伦理做法的迹象。

（四）最高管理层对经济伦理制度化的承诺可能下降，这是一个潜在的问题。

在过去 20 年中，旨在建立日本公司伦理的制度性举措方面取得了显著进展。由于这一进展，在日本企业界的伦理标准和伦理意识中可以看到一定程度的成就。另一方面，除非我们看到个别经理人的基本伦理观点发生重大变化，否则我们将面临伦理制度化方面的新的研究挑战。其中包括确定以日本企业文化特有的方式将伦理制度化的方法，以及对中高层管理人员的伦理领导力抱有的愿景。

致谢

本文报告的一些调查研究结果是通过 JSPS 的“科学研究资助(C)资助

编号 26380474”的支持获得的。

参考文献

Baumhart, R.C. 1961. How Ethical Are Businessmen? Harvard Business Review, Vol.39: 6 - 176.

Brenner, S. N. and E. A. Molander. 1977. Is the Ethics of Business Changing? Harvard Business Review, Vol.55: 57 - 71.

Center for Business Ethics at Bentley College. 1986. Are Corporations Institutionalizing Ethics? Journal of Business Ethics, Vol.5: 85 - 91.

Center for Business Ethics at Bentley College. 1992. Instilling Ethical Values in Large Corporations, Journal of Business Ethics, Vol.11: 883 - 867.

Choi, T.H. and C. Nakano. 2008. The Evolution of Business Ethics in Japan and Korea over the Last Decade, Human Systems Management, Vol.27: 183 - 199.

De George, R. T. 1987. The State of Business Ethics, Journal of Business Ethics, Vol.6: 201 - 212.

Kuno, K. 1977. Kigyou Moral no Nichi-Bei Hikaku: Mu-do ga Senkousuru Nihon no Businessman (A Comparative Study of Corporate Morals between Japan and the U. S.), Diamond Harvard Business (November-December 1977), pp.36 - 44.

Mizutani, M. 2008. Keieirinrigaku no Susume (Introduction to Business Ethics Studies), Maruzen.

Nakano, C. 1997. A Survey Study on Japanese Managers' Views of Business Ethics, Journal of Business Ethics, Vol.16: 1737 - 1751.

Nakano, C. and T. Yamada. 2008. Institutionalization of Ethics at Japanese Corporations and Japanese Managers' Views of Business Ethics: Comparisons with Ten Years Ago, Reitaku International Journal of Economic Studies, Vol.16, No.1: 1 - 27.

Nakano, C., T. Yamada, A. Fukunaga and C. Nomura. 2009. Daigokai Nihon ni okeru Kigyo Rinri Seidoka ni kansuru Teiki Jittai Chosa Hokoku (The Fifth Survey Study of the Institutionalization of Ethics in Japanese Corporations), Journal of Japan Society for Business Ethics Study, No.16: 151 - 163.

Thurow, L.C.1992. Head to Head, New York: William Morrow and Company (written by Thurow, L.C. and translated by Tsuchiya N. "Daisessen (Head-to-Head)" Koudansha.

Toyo Keizai Inc. 2014. Quarterly Corporate Report CD-ROM Version, Summer 2014 Issue.

Vitell, S. T. and T. A. Festervand. 1987. Business Ethics: Conflicts, Practices, and Beliefs of Industrial Executives, Journal of Business Ethics, Vol.6: 111 - 122.

经济伦理学在拉美：相关国家报告*

［巴西］玛利亚·阿鲁达等　陆晓禾 译

［提要］ “拉丁美洲经济伦理”地区论坛发言人对6个不同国家：阿根廷、巴西、智利、哥伦比亚、墨西哥和委内瑞拉发表了重要评论。本论坛是2016年在中国上海举行的ISBEE第六届世界大会专题论坛区域论坛3。本论坛所有发言人都是“拉丁美洲伦理学、企业和经济学学会”(ALENE)的会员，并可以自由地按照自己的意愿组织自己的观点。相关国家报告的发言人应邀写一篇简短的论文，其中包括他们对本国经济伦理的主要评论。这些论文将收入大会论文集。他们中的一些人询问了其他没有作为论坛成员也未出席大会的ALENE成员对其国家的建议。本报告收集了相关国家的简要报告，旨在提供突出该地区不同国家正在发生的情况。7篇报告的每篇第一作者都给出了自己的信息，以供进一步交流。最后，对在6个国家的20名ALENE会员对经济伦理的看法进行了简短的调查。

导　言

［巴西］玛利亚·阿鲁达(Maria Cecilia Coutinho de Arruda)

这个题为“拉丁美洲经济伦理区域专题论坛”包括了来自6个不同国家(阿根廷、巴西、智利、哥伦比亚、墨西哥和委内瑞拉)10位学者的7篇论文。

该论坛原为ISBEE第六届世界大会专题论坛12、区域论坛3(2016年7月14日下午举行)。现在收入的论坛报告已由论坛负责人、拉丁美洲伦理学、企业和经济学学会主席阿鲁达教授联系作者在会后作了整理和修订。——译者

本专题的国家报告和讨论的结构如下：1. 阿根廷经济伦理学(米格尔·阿尔佐拉)；2. 巴西经济伦理学(玛利亚·阿鲁达)；3. 智利经济伦理学(阿尔瓦罗·佩索阿)；4. 哥伦比亚经济伦理学(戴安娜·尼诺-穆诺茨)；5. 墨西哥经济伦理学(玛莎·萨努多、杰尔曼·斯卡尔佐)；6. 委内瑞拉经济伦理学(露丝·卡普里莱斯等)；7. 拉丁美洲经济伦理调查(玛利亚·阿鲁达)。所有的演讲人都是 ALENE(Asociación Latinoamericana de Ética, Negocios y Economia)的成员，他们应邀撰写简短的论文，其中包括他们对本国经济伦理的主要评论。本报告集汇总了这些相关国家的报告，提供了聚焦这个地区不同国家的经济伦理研究和实践动态。

一、阿根廷的经济伦理研究：金钱、政治和学术界

[阿根廷] 米格尔·阿尔佐拉(Miguel Alzola)*

在这篇简要的报告中，我的目的是总结经济伦理学作为一个学术领域在阿根廷大学中的进展和现状，以有助于更广泛的关于拉丁美洲经济伦理学科状况的对话。我将首先简要介绍本文的范围，然后快速描述经济伦理学在阿根廷商学院和公共对话中的作用。接着，我将指出我们这一领域今天的主要趋势和主题，并批判性地审视我认为学术研究与公共话语之间的鸿沟。我将解释为什么会发生这种情况，并最后对阿根廷经济伦理学术的未来提出一些建议。

本文讨论经济伦理学作为一个学术领域的地位。它不侧重于可能被广泛理解为"企业伦理"的经营惯例或咨询活动。它是以轶事而非"科学"证据为基础的简短叙述。

从历史的角度来看，在阿根廷的经营活动的政治背景可以说是过去 40 年来从右到左以及从左到右的一个摇摆不定的运动。这种不稳定的轨迹导致了经济和社会危机、政治动荡、机构暴力、日益增长的贫困和日益严重的不平等。以我在阿根廷教 MBA 学生的经验来看，腐败问题仍然是企业与政府互动中最紧迫的问题，就像过去几十年在大多数拉丁美洲国家一样(Husted, 2002)。

阿根廷最近的贿赂大丑闻不仅暴露了公共部门的道德氛围状况，而且还揭露了大型跨国公司和国内公司贿赂政府官员，以换取与政府做生意的机

* Miguel Alzola, 2017. 作者米格尔·阿尔佐拉，阿根廷托卡托蒂特亚大学(Universidad Torcuato di Tella)和美国福特汉姆大学(Fordham University)经济伦理学副教授。——译者

会。从 1996 年 IBM 为赢得与阿根廷国家银行的合同而支付了 3 700 万美元的“分包费”，到 1999 年为获得在阿根廷提供新国民身份证的合同而向阿根廷国家政府支付了 4 000 多万美元的贿赂，再到最近一起前公共代理人何塞·洛佩兹(Jose Lopez)的案件，他在 2003—2015 年为公共工程部长工作，被发现去年试图在凌晨 3 时将 900 万美元藏在一家修道院。

有趣的是，当我向我在阿根廷的 MBA 学生询问他们的企业家榜样时，他们通常会提到外国企业领袖，如史蒂夫·乔布斯、比尔·盖茨或沃伦·巴菲特。他们几乎没有提到阿根廷或拉丁美洲的企业家作为自己的榜样，尽管他们都在阿根廷的大公司工作。

如果说经济伦理学作为一个研究领域在世界范围内还处于起步阶段，那么它在阿根廷则还处于萌芽状态。对这门学科的第一批文章是 1980 年代在大众媒体上发表的。在美国和欧洲，经济伦理学的创始人是哲学家，而在阿根廷，对学术经济伦理学的第一批文章是由在商学院工作的牧师和宗教领导人撰写的。同样，经济伦理学的最早课程是在宗教取向的私立大学开设的(Alzola, 2003)。

这个领域今天更加巩固，但主要是在教学层面。根据全球趋势，大多数阿根廷商学院提供工商管理硕士和本科课程。相比之下，在经济伦理学方面没有学术研究和出版的传统，只有少数经济伦理学者担任全职学术职位。比较普遍的一种现象是，阿根廷大多数大学的大多数教师都是兼职学者，他们不需要为了被聘用而发表论文。然而，学者的媒体知名度和咨询活动相对较强。事实上，在一些阿根廷商学院，大众报刊和咨询被视为晋升的标准，以表明其影响力。更一般地说，阿根廷只有少数大学进行有高度影响力的研究，只有少数学者在国际社会科学同行评审期刊上发表他们的论文。只有少数人在经济伦理方面这样做。然而，阿根廷的经济伦理学者确实写书，这些书是为企业而不是学术受众而写的(例如，Etkin, 2014)。

我们如何教授经济伦理呢？从历史上看，阿根廷教师采用了外国文献(主要来自美国)并试图使外国框架适应当地环境。这种做法的局限性值得注意(Alzola, 2005)。例如，考虑公司的社会责任和相关概念是按照米尔顿·弗里德曼的“股东价值论”的思路来设计的，而忽略了弗里德曼的假设在阿根廷从未得到实现这一事实。首先，弗里德曼假设自由市场和完美竞争，反对合法地将公司资金用于社会目的。同样，弗里德曼认为企业与政治是两个分开的领域。然而，在现实中，阿根廷的市场从来都不是完美的，如果不了解国家在经济体系中的作用，就无法理解如何在阿根廷开展业务。人们可以补充说,典型的阿根廷企业家是有寻租技巧的人。此外,弗里德曼的论文聚焦公众公司(在这种公司中,财产权与控制权是分开的),但在现实中,大多数阿根廷的企业仍然是家族拥有的中小企业。

至于研究活动,学者和从业人员目前正在研究诸如企业社会责任项目、企业公民、环境可持续性项目、影响力投资和社会企业家精神、公司伦理守则以及工作-生活平衡等问题。在阿根廷有关这一主题的文章主要发表在书籍或大众报刊上,而不是在同行评审的期刊上(除了一些显著的例外,例如Melé, Debeljuh & Arruda, 2006; Yakovleva and Vazquez-Brust, 2012; Liston-Heyes and Brust, 2016)。而且,更重要的是,这种处于萌芽状态的研究在阿根廷的公众对话中没有产生任何重大影响。我将此描述为学术经济伦理学、公共话语与政治辩论之间的脱节。换句话说,我们的研究与被认为真正重要的东西之间存在脱节。

在阿根廷,每一次新的丑闻被揭露——就像这些天发生的那样,不是由经济伦理学家作的研究,而是记者、律师或社会活动家的工作决定了阿根廷经济伦理方面的公共议程。为什么?我将根据以下5个因素来解释阿根廷学术经济伦理与公共话语之间的脱节:

(一)经济伦理学仍然是一个新的边缘领域。它没有一套明确的优先事项或统一的议程(也许除了教学活动),而且难以建立一种没有争议的方法来衡量研究质量和影响。

(二)国内"有用的"内容与可在国际同行审查出版物上发表的内容之间存在着张力关系。

(三)大多数经济伦理培训教师和学者并没有被教育成为伦理学家。相反,他们是哲学家或企业家,对经营中的伦理问题的兴趣还在其次。

(四)学术研究与商企业公司之间存在着缺乏独立性和利益冲突的问题:商学院与行业之间的经济联系(以及与国家和州政府的其他联系)使人们很难对实际上充当捐助者的公司、行业和高管采取批判性的观点。这也适用于私立学校(它们与行业有着更强的联系)以及公立大学(它们通常与政治家以及地方和国家政府有着更强的联系)。当涉及伦理和腐败(根据民意调查,从社会角度来说,这是很重要的事情),更严格、及时和有趣的研究来自记者、司法机构和独立研究人员,而不是我们在商学院的工作。

(五)在将经济伦理学转化为公共政策问题方面,州(国家和地方州)与大学之间缺乏研究合作,这可能也有助于解释我们的研究何以影响力相对较低。此外,大学内部没有太多的合作,因此,阿根廷大学社会学系的学者发展出比商学院教授(例如,Svampa and Álvarez, 2009)更具批判性的立场就不足为奇了。虽然有著名的国家和州机构赞助和协调在阿根廷大学和研究所进行的大部分科学和技术研究，如国家科学和技术研究理事会或CONICET,但它们并不资助经济伦理学方面的研究项目或研究团队,几乎没有从事经济伦理学的研究人员因为他们在经济伦理方面的同行评审工作而获得 CONICET 成员的身份。

尽管存在这些问题,但在结束这些评论时,我想对我们的领域及其未来贡献的潜力持更积极的看法,这在一定程度上取决于经济伦理学家的能力,即我们作为一种职业(或作为团体)应该服务于什么目的。这种对话不仅应该引起经济伦理学者的关注,而且也应该引起整个教育体系的关注。

在公共讨论和审议方面真正重要的议题是哪些？我不想说这些是唯一重要的话题,但我将建议三个研究方向,它们在智力上有前途,在社会上也有价值。

首先,一个需要更多系统研究的主要社会和制度项目是,企业、金钱与政治之间的关系。这里,我不仅要包括有关腐败、贿赂、裙带关系、滥用权力等方面的研究,而且要更广泛地包括关于政治活动的资金来源、白领犯罪、游说活动以及关于毒品、暴力和非正规经济的监管和司法努力的研究。

其次,阿根廷仍然需要在工商业和人权方面开展更严格的工作。我将这分为两个工作,即前瞻性工作和回顾性工作。关于工商企业的人权义务,有可能开展丰富而有价值的工作,随《联合国全球契约》和一些类似的近期举措,最近已经开展了多方面的工作。阿根廷企业需要在工作场所执行人权标准。采用保护、促进和补救人权的做法将有助于促进诸如童工和性别歧视等问题的改善。还有一些有价值的回顾工作,是关于 1970 年代种族灭绝期间侵犯人权和民间(和企业)的同谋关系的问题。一些阿根廷公司(及其所有者和高管)与军事政权合作,诛灭政治(左翼)活动家,他们在许多情况下确实是军事政权的雇员(Verbitsky and Bohoslavsky, 2013)。

再次,作为上次经济危机的结果,出现了新的公司治理形式和方法,为经济伦理研究创造了机会。内奥米·克莱因(Naomi Klein)的电影《黑道之家》(The Take)引起了全世界注意“恢复工厂运动”,这是大约 15 年前在阿根廷开始的运动。一个恢复了的工厂是这样一个公司,其控制权或所有权已被工人合作社接管,通常是为了应对即将到来的或实际的破产。虽然已经发表了关于这些举措相对成功的良好研究(例如,Rebon, 2005),但仍有可能进行新的研究,探索更民主的公司治理形式的规范维度,例如合作社——以无等级的方式组织的公司,工人在这些公司中积极参与战略决策,这在阿根廷有着悠久的传统。更宽泛地说,关于财产权和保护少数股东的法律研究为经济伦理研究开辟了有趣的途径。

总之,经济伦理学在阿根廷仍然是一个不发达的领域,但鉴于其研究对象在当地的重要性,如果学者们愿意弥合学术研究与公众审议之间的脱节,那么这对未来相关社会价值的贡献将具有很大的潜力。

参考文献

Alzola, M. 2003. Business Ethics in Argentina: An Academic Perspective. Annals of the Latin-American Conference on Ethics, Business and Economy. Fundação Getulio Vargas, Escola de Administração de Empresas de São Paulo. ISBN 85 - 9038891 - 3.

Alzola, M. 2005. Collective Moral Responsibility. The Ontological Status of Organizations and the Limits of the Moral Community. Revista de Economía y Estadística, 43(1): 7 - 54.

Etkin, J. 2014. Capital Social y Valores en la Organización Sustentable: El debe ser, Poder Hacer y la Voluntad Creativa. Ediciones Granica.

Husted, B. W. 2002. Culture and International Anti-corruption Agreements in Latin America. Journal of Business Ethics, 37(4): 413 - 422.

Liston-Heyes, C., & Brust, D. A. V. 2016. Environmental Protection in Environmentally Reactive Firms: Lessons from Corporate Argentina. Journal of Business Ethics, 135(2): 361 - 379.

Melé, D., Debeljuh, P., & Arruda, M. C. 2006. Corporate Ethical Policies in Large Corporations in Argentina, Brazil and Spain. Journal of Business Ethics, 63(1): 21 - 38.

Rebón, J. 2005. Trabajando sin patrón. Las Empresas Recuperadas y la Producción. Documentos de Trabajo 44. Instituto de Investigación Gino Germani, Facultad de Ciencias Sociales, Universidad de Buenos Aires.

Svampa, M., Bottaro, L., & Álvarez, M. S. 2009. La Problemática de la Minería Metalífera a Cielo Abierto: Modelo de Desarrollo, Territorio y Discursos Dominantes. Minería Transnacional, Narrativas del Desarrollo y Resistencias Sociales, pp.29 - 50.

Verbitsky, H., & Bohoslavsky, J. P. 2013. Cuentas Pendientes. Los

Cómplices Económicos de la Dictadura. Buenos Aires: Siglo XXI.

Yakovleva, N., & Vazquez-Brust, D. 2012. Stakeholder Perspectives on CSR of Mining MNCs in Argentina. Journal of Business Ethics, 106(2): 191 - 211.

二、经济伦理学在巴西

[巴西] 玛利亚·阿鲁达

腐败、欺诈、挪用公款和不良行为是巴西的一些地方性问题。公民们认为这些问题比缺乏健康和教育更严重。伦理项目已经证明不足以应对来自政府机构和巴西“jeitinho[诀窍]”[①]的压力。

(一) 经济伦理学教学

一个国家的一种教育方式是教礼貌、道德、责任、公民意识和领导力。在巴西,专为工商管理专业本科生开设的商学院数量显著增加(表 1)。2013 年,巴西工商管理专业本科生注册人数为 830 万人(Bayeux, 2015)。

表 1　巴西工商管理学院本科生数量

年	巴西工商管理学院
1967	31
1973	177
1980	245
1990	330
1998	549
2013	2384 (+ 198 with distance learning #NAME? 2582)

资料来源: Bayeux, 2015。

2017 年,巴西有 2.07 亿居民(IBGE, 2017)。考虑到该国 85%的工作都在服务业,这些学生应该在公共管理(全国 5 570 个城市)、物流、人力资源、销售、教育和卫生等领域找到大量重要机会。

巴西政府要求,这些学生要么作为一个特定的学科讨论道德,要么在本科课程的不同阶段进行横向讨论。关于哪种选择更好的争论仍未结束。

---

① “jeitinho”,一种让事情发生的方式,不管它的道德特征怎样,有的解释为“诀窍”。——译者

关于伦理在一些大学院课程中的地位的信息可供快速浏览表2。该比例表明,在课程设置中,伦理学或相关学科并不是重点。在大多数学院,这些课程都是在课程刚开始时教授的,那时学生们还没有足够的专业知识和经验,也没有更深入的决策标准的信息。

表2 本科课程涉及伦理的学科和学时

学　校	课　　程	项目总时数	这门课程的课时	这门课程的学期
FAAP	人类行为	3 024	72	1st - 2nd
FESP	人本主义思想	2 720	80	1st - 2nd
FGV - EAESP	哲学	3 600	72	1st - 2nd
Mackenzie	社会科学-哲学	3 120	68	1st - 2nd
PUC - SP	神学/哲学思想 I/II	3006	136	7th - 8th
UNICARIOCA	知识哲学	3 030	78	n/a
USF	当代人类研究	3060	72	2nd
UNISUAM Rio	哲学-社会和环境责任	2 980	156	3rd - 4th
NICAM	社会和环境责任	2820	60	2nd

资料来源:Bayeux, 2015。

2016年CPI(腐败感知指数)显示,巴西在全球排名第79位,得分为40,而第1位为90(Transparency, 2016)。

关于这一点的辩论是:

- 巴西有很多商学院的本科生,难道没有必要在伦理学课程上花更多的时间吗?
- 课程大纲中的伦理内容是否足够?教师是否受过适当的培训?
- 在本科课程中教授经济伦理学的动机是为了未来企业管理者进行伦理的或非伦理的决策吗?
- 是否讨论伦理案例?有足够的教材吗?
- 学生在毕业前,是否已经接触或接受了足够的概念、信息、调查、研究、数据、组织氛围和文化的分析、各种模式和模拟,以便作出伦理决策并有效地影响伦理实践?

（二）经济伦理与合规

为了响应相关的社会运动，巴西于 2013 年通过了《反腐败法令》。社会对政府的腐败作出了反应，大部分的政客和公司是为政府服务的。有了这个法令，大多数公司开始关注他们的伦理规范和合规项目。法律和咨询公司利用法律要求，制定了复杂的程序，以最大限度地降低风险。不幸的是，伦理似乎还不是大多数企业领袖的动机。文化的改变需要时间，而“jeitinho”程序似乎仍然盛行。高层教育一直是人力资源和公司治理领导者的试探性工作。丑闻不断出现，民众似乎支持政府机构与腐败作斗争。

（三）经济伦理以及在社会环境中

巴西企业伦理研究所（Instituto Brasileiro de Etica nos Negocios）成立于 2003 年，目的是在儿童和青少年中培养原则、价值观和促进伦理实践，这些儿童和青少年将成为未来的企业领袖、高管和工人。

许多行业和职业协会、公司治理机构和非政府组织赞助了关于伦理、合规和可持续性的研究团体。他们开展促进活动、研究项目、出版物，所有这些都可以加强在企业和社会中实践伦理的努力。

（四）企业社会责任

企业和社会责任伦理研究所（The Instituto Ethos de Empresas e Responsabilidade Social）于 1998 年在圣保罗成立，它依靠许多致力于环境、人权、诚信、可持续管理、可持续经济和支持的巴西企业的支持。它们的目标是激励专业人员、私人和公共机构努力打击腐败、贫困和社会不平等。它们的行动超越了巴西国界，在整个拉丁美洲建立了一个广泛的网络。

（五）可持续性

巴西可持续发展企业理事会（Conselho Empresarial Brasileiro para o Desenvolvimento Sustentavel, CEBDS）是世界可持续发展企业理事会（World Business Council for Sustainable Development, WBCSD）的巴西分支机构，它通过举办活动、提供出版物、项目和倡议来鼓励领导人、专业人士和学者促进可持续企业。它们致力于在巴西企业界传播有关联合国可持续发展目标（SDG - UN）的信息和关切。

2000 年，医学研究所（the Instituto Mais）开始培养一种新的文化建设和可持续发展意识。它将其多项活动的重点放在这三个部门的新目标上，分享知识和提高辩论水平。其中的一个活动是建立良好的社会和环境实践交流论坛（FIBoPS Tecnica）。他们的会议采用小型听众的形式，以便让他们所在领域的专业人士和领导人了解他们的组织中可持续发展的“运作方式”。他们的出版物对所有公众都很有用。

(六) 创建伦理文化

自2013年以来,随着社会运动的日益频繁,大量关于伦理的出版物、媒体节目、演出、活动和网站出现。现在比以前更需要伦理。透明、诚信、尊重和诚实已日益成为日常经营关系的一部分。许多作者发表了关于企业、政治、公共管理、社会学、哲学、法律、传播、心理学等领域的伦理的著述。人们开始谈论伦理,解读伦理,学习如何伦理地行事。在这个国家,伦理是有希望的。

参考文献

Arruda, M.C.C. and Enderle, G. 2006. Is Corporate Ethics in Latin America Becoming More Articulated? Views from Experts in the Field. In Presentation at the Academy of Management, Atlanta, GA, USA.

Anti-Corruption Act — Lei n. 12846, Aug. 1, 2013. <www.planalto.gov.br/ccivil_03/_ato2011-2014/2013/lei/l12846.htm>.

Bayeux, M.A.A Ética e a Administração. 2015. Speech to the GEES-CRA (Group of Excellence in Ethics and Sustainability) (Regional Council of Administration — São Paulo). Oct. 10.

CEBDS. 2017. Conselho Empresarial Brasileiro para o Desenvolvimento Sustentável <www.cebds.org>.

Haddad, F.; Reggio, M. and Gonçalves, M. 2012 - 2014. Perfil ético dos Profissionais das Corporações Éticas Brasileiras: Compliance Individual. Relatório Bienal. ICTS Protivity.

IBGE — Instituto Brasileiro de Geografia e Estatística. <www.ibge.gov.br> (Access on Jan. 29, 2017).

Instituto Brasileiro de Ética nos Negócios. <www.eticanosnegocios.org.br> (Access on Jan. 29, 2017).

Instituto Ethos de Responsabilidade Social. <www3.ethos.org.br/> (Access on Jan. 29, 2017).

Prêmio Ética nos Negócios 2016. <www.premioeticanosnegocios.org.br> (Access on Jan. 29, 2017).

Transparency International. 2016. CPI — Corruption Perceptions Index-<www.transparency.org/news/feature/corruption_perceptions_index_

2016> (Accessed on Jan. 29, 2017).

三、智利经济伦理学：概述

[智] 阿尔瓦罗·佩索阿(Alvaro E. Pezoa)*

(一) 关于经济伦理教学、研究和培训的一些考虑

在智利，尽管已有经济伦理的教学、培训和研究，但发展的程度相对较低。教学和研究主要在商学院，而培训则分散在商学院、非政府组织和咨询机构之中。在本科和研究生课程中也有类似的聚焦经济伦理和企业社会责任的内容，不过可持续发展在研究生课程中更为常见。

一般而言，可以说智利在经济伦理领域是不发达的。可能由于几个原因。最重要的似乎是，经济伦理学在美国和欧洲的发展引发了对该领域的日益增长的重视和兴趣，但与之存在明显的时间落差或者说滞后。其次，它是一门年轻的学科，在我国发展相对较晚。这些特点部分地解释了在这一知识领域缺乏有充分准备的教研人员。此外，与历史上的腐败程度相比，过去几年中腐败程度更高，这可能使人们感到，在纠正社会和企业的真实情况方面几乎无能为力，甚至根本无能为力，这就很容易理解，这种趋势有时可能成为那些真正有兴趣发展经济伦理的人的沮丧因素。尽管如此，在智利，持续的经济发展和国际贸易的开放迫使这个国家在经济伦理和企业社会责任方面逐渐向比较严格的标准迈进。

(二) 经济伦理学的重点领域

经济伦理的概念很宽泛，包括腐败、金融伦理、营销伦理、消费者伦理等。经济伦理通常指公司内部的某些方面，如准则、价值观、文化、管理和领导力问题等。相反，企业社会责任聚焦的是利益相关者的管理方法，强调企业的外部环境。虽然可持续发展是一个相对较新的领域，但它正在迅速发展。

(三) 经济伦理教学：一些特征

一方面，在智利，最常见的教学方案类型和所教课程的性质的特点主要是第一世界的影响，其次是智利在这个问题上的更迫切的需要。另一方面，经济伦理学和企业社会责任发展的先行者的学术或专业背景和兴趣决定了他们思考的主题。与美国和欧洲相比，该领域在智利的发展较晚，学者也不多。

---

* 作者阿尔瓦罗·佩索阿，智利安第斯大学(Universidad de los Andes) ESE 商学院经济伦理和企业责任讲席教授。——译者

该领域的主要议题是：管理和企业内部的企业伦理，道德准则和加强企业伦理的工具，企业社会责任，关于企业伦理、环境、可持续发展和企业伦理的教学和培训。目前似乎有必要对公共政策伦理、经济和公私部门关系中的腐败问题进行更深入的研究。

学术期刊上的文章很少，尤其是在该地区以外的期刊上。更常见的出版物是学术报告、论文和观点专栏。在较小程度上，可以看到书以及作为书的章节的论文出版。显然，研究的展开及其后的出版有很大的空间。

（四）公司中的经济伦理

在公司内部，文件、活动和方案的编写在重要性和数量上都在增大。其中最常见的是：伦理规范、为员工举办的内部研讨会、企业社会责任内部规划、有外部(GRI)支持的企业社会责任、可持续性内部分析。无论如何，有很大的空间来开展更多的活动，特别是让更多的公司开始开展这类活动。

在过去的几年里，更常见的和相关的伦理失范是：串通舞弊、卡特尔、不公平竞争、滥用市场支配地位和消费者欺诈、不公平的经营行为、使用内幕信息、缺乏透明度以及对生态系统的环境破坏。

（五）未来5年的主要问题

专家们表示，智利未来5年的主要问题是：腐败(显然是目前最令人担忧的问题)、财富分配不均、可持续性、经济伦理与全球化，以及人力资源管理中的伦理问题。

（六）结论

本文的主要结论是：关于经济伦理的主题和活动正在增长。它们仍不发达。腐败是近期的主要问题，研究(在议题和出版物方面)仍然是地方性的，将从微观到宏观(公司伦理从企业社会责任和环境问题到现在的可持续性)，需要更多的商学院、大学和非政府组织致力于经济伦理和企业社会责任。

参考文献

Pezoa, A.E. 2016. Recopilación de Información en Prensa Sobre La ética Empresarial en América Latina Para el Periodo 2011/2015: Argentina, Brasil, Chile, Colombia, México y Perú. Working Paper. Santiago de Chile: ESE Business School, Universidad de los Andes.

Pezoa, A.E. and Riumalló, M. P. 2012. Global Survey of Business Ethics in Latin America, In D. Rossouw & C. Stückelberger (eds.), Global Survey of Business Ethics in Teaching, Training, and Research. Globethics.net Global.

Geneve, Switzerland.

Pezoa, A.E. and Riumalló, M. P. 2012. Survey of Teaching, Training, and Research in the Field of Economic and Business Ethics in Latin America. Journal of Business Ethics 104, Supplement 1: 43 – 50.

四、哥伦比亚企业社会责任背景

[哥] 戴安娜・尼诺-穆诺茨(Diana Niño-Muñoz)*

(一) 经济伦理与企业社会责任

在首次审视哥伦比亚最好的 53 所大学的经济学和商业的职业生涯时，很难找到课程教学内容的细节。在最初的研究中，我们发现，在这些职业中缺乏伦理学和社会责任的课程。然而，我们最初的认识是，天主教大学有这些科目。鉴于这些局限性，我们认为，本文对企业社会责任的调查作为了解经济伦理的一种途径是合适的。

(二) 企业社会责任在哥伦比亚

1944 年"哥伦比亚全国企业协会"(ANDI)的成立代表了这个国家第一次以企业社会责任实践为重点的重大和具体的努力。它的主要目的是在其成员中展开和促进良好实践。近 40 年后，企业开始提交《社会平衡报告》(Social Balance Reports)。1990 年，道德准则成为公司战略的重要组成部分。同年，"哥伦比亚慈善中心"(CCRE)成立，其目的是教育社区企业社会责任的概念。最后，重要的是要强调，哥伦比亚在 2004 年签署了《全球契约》(Global Compact)。此后，在全球背景下，企业社会责任继续在企业的议程中占据重要地位。在哥伦比亚，这一趋势近年来也在增强(Correa, 2007)。挑战是在企业中促进企业社会责任实践，同时确立企业社会责任作为促进可持续发展的工具的范围和可能性(Niño-Muñoz & Llorente, 2012)。

直至 2012 年，由私营部门支持的两家机构 CCRE 和 ANDI 参与了对哥伦比亚企业社会责任实践的调查。这些代理机构有助于更好地通过概念和讨论了解采用企业社会责任做法的战略以及促进这些做法的潜在后果。因此，这两个机构都开展了各自有关企业社会责任实践深入情况的调查。不幸

---

* © Diana Niño-Muñoz, 2020. 作者戴安娜・尼诺-穆诺茨，哥伦比亚《文明商业与经济》杂志(Journal Civilizar Empresa y Economía)主编；哥伦比亚塞尔吉奥・阿波列达大学(Universidad Sergio Arboleda)经济学院研究员。——译者

的是，CCRE已不复存在，而ANDI的调查也停止了。尽管如此，它们获得的最显著成就如下所示。

表1　哥伦比亚企业社会责任调查

特　　征	CCRE调查	ANDI调查	Lopez的调查
可用的时间	2006	2003—2013	1997—2004
地理范围	哥伦比亚四大城市：波哥大、卡利、麦德林和巴兰基利亚。	波哥大、卡塔赫纳、卡利、布卡拉曼加、圣玛尔塔、巴兰基利亚、伊瓦格、佩雷拉、马尼萨莱斯、麦德林和考卡。	波哥大

资料来源：Own elaboration

CCRE调查(2006)在图1中显示，尽管企业将大量资源投入企业社会责任实践中，但在2005年，分别有52%和40%的受访企业和公民认为，这些实践并不意味着企业对社会责任的真正承诺。根据这项调查，42%的公司承认自己对企业社会责任有一些概念(见图2)。他们对其他公司或他们自己的公司的社会责任实践也知之甚少。

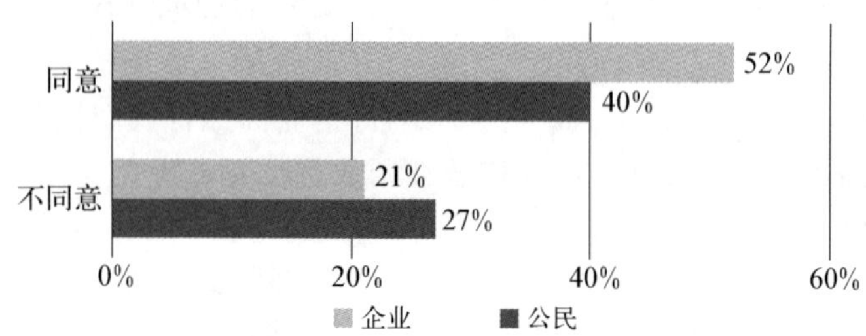

图1　许多公司推广企业社会责任但并不承诺履行它

资料来源：CCRE(2006)。

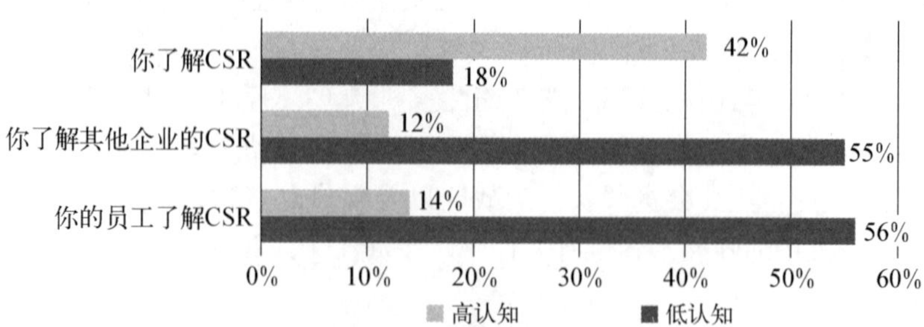

图2　对企业社会责任的了解

资料来源：CCRE(2006)。

当CCRE(2006)问及企业的责任时，41%的企业认为企业社会责任是遵守法律，而只有28%的企业认为企业社会责任是促进伦理价值观和原则。从图3可以看出，企业对企业社会责任的概念有不同的、有时是不清楚的观点。当我们把研究重点放在哥伦比亚首都波哥大时，我们发现了萨尔大学在2004年所做的调查(López, Quiroga, López, & Torres, 2006)，其中55%的公司承认企业社会责任实践并不符合他们的利益。当洛佩斯等人(López, et al., 2006)问及CSR的定义时，87%的人由于无知或缺乏兴趣而没有回答。

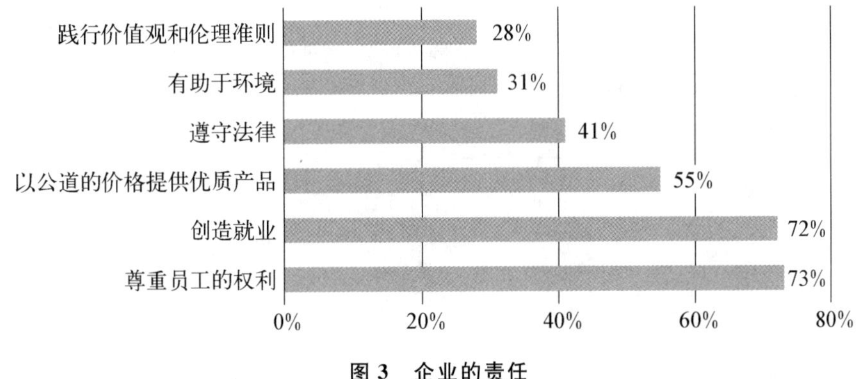

图3 企业的责任

资料来源：CCRE(2006)。

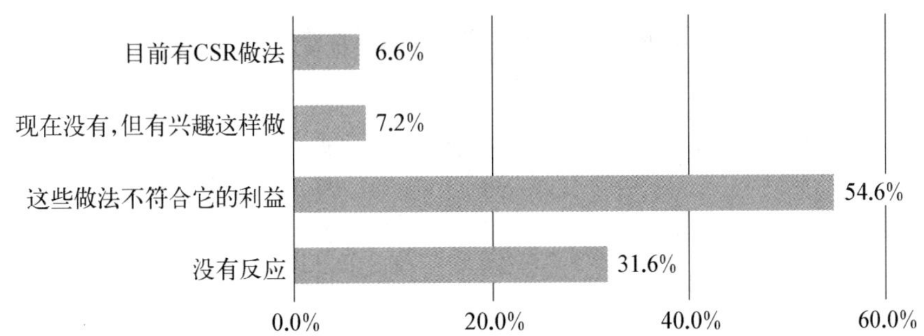

图4 将企业社会责任项目纳入波哥大的企业活动

资料来源：López et al. (2006)。

根据ANDI(2013)，2012年约有2.4%的销售额用于企业社会责任活动。虽然是一个消极的趋势，不可能建立一个基于这些调查结果的趋势，因为每个时期的样品没有可比性，但它提供了关于2003年和2012年之间这个指标的稳定性的某种观念，即使在2008年金融危机。此外，图6显示，自2008年以来，拥有企业社会责任政策或战略的企业数量一直在增加。

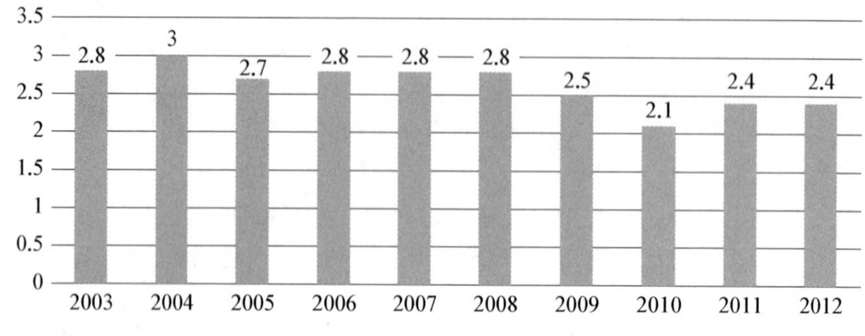

图 5 企业社会责任投资(销售比)

资料来源：ANDI(2013)。

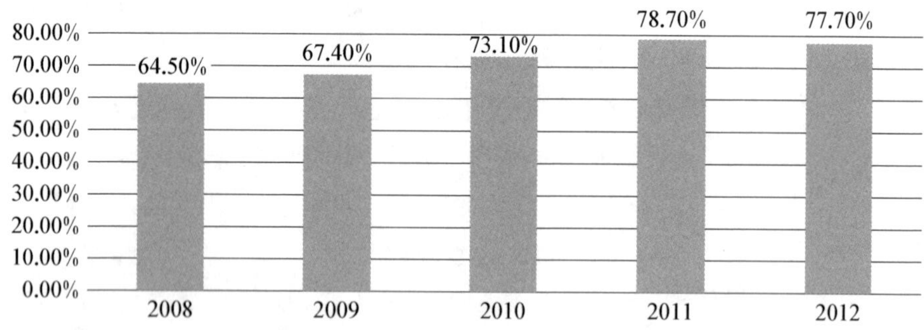

图 6 你们有 CSR 的政策或策略吗?

资料来源：ANDI(2013)。

调查还显示,自 2009 年以来,企业社会责任倡议的主要动机之一就是提高声誉(见图 7)。然而,这一趋势近年来略有下降。就这个意义而言,利用企业社会责任作为一种改善企业形象或品牌价值的策略可以促进对公司产品的忠诚度(Park, Lee & Kim, 2014)。当这些实践不是公司业务的结果时,这种策略就成了问题(Pezoa, 2004)。这让人怀疑他们的诚意(Niño-Muñoz, 2015)。而在危机中,企业社会责任将首先出现在削减预算的名单上。

(三) 哥伦比亚目前的背景情况

如果我们将哥伦比亚与拉丁美洲地区的其他国家进行比较,它显示出正增长率,但相对是下降的(International Monetary Fund, 2015)。自 2013 年以来,这个国家经历了不同的经济冲击。根据国际货币基金组织(IMF, 2015)的数据,其通货膨胀率的上升是由于货币对美元的急剧贬值(从 2013 年 1 月至 2015 年 12 月下降了 66%)。另一方面,国际油价的下跌减少了石

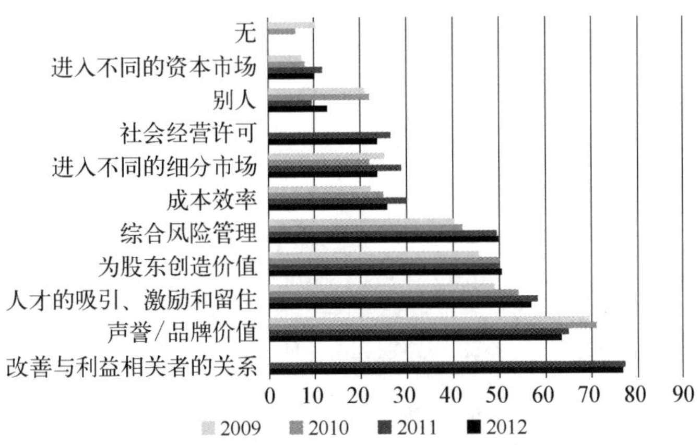

图 7 企业社会责任的主要动机

资料来源：ANDI(2013)。

油财政收入。根据 IMF(2015)的数据，2015 年公共赤字占 GDP 的 2.9%。这两个因素都促成了目前增长率的收缩。

在这种背景下，企业面临重大挑战。当经济增长放缓时，就会产生需求下降，影响企业的收入。此外，目前的哥伦比亚和平进程也经历了 30 年的武装冲突。它提供了通过企业社会责任实践而成为创新与和平努力积极促进者的机会。但重要的是要认识到，哥伦比亚的历史表明，在危机期间，首当其冲被削减预算的是企业社会责任。这种持久的局势对和平发展构成重大挑战。

已有文献表明，用不同的方法来实施企业社会责任是企业战略的一部分(Krick, Forstater, Monaghan & Sillanpää, 2005; Porter and Kramer, 2006; Hernández Rodríguez, 2013; Vera Acevedo and Peláez Villada, 2013)。但它们中没有一篇文章认为，这个领域是公司可以有助于建设和平的一个因素。因此，在 2016 年 ISBEE 大会的论文研讨会上，有论文提出了在哥伦比亚组织中实施具有区域范围的创新企业社会责任的方法(Niño-Muñoz, Galán-Barrera & Álamo, 2016)。它在战略上确定了那些公司在这个领域里拥有的机会，特别是在目前哥伦比亚和平进程的情况下，当公司在若干区域开展业务时。

参考文献

ANDI. 2013. Encuesta Sobre Responsabilidad Social Empresarial RSE 2013. ANDI. Retrieved from http://www.andi.com.co/.

CCRE. 2006. Línea de Base Sobre Responsabilidad Social Empresarial en Colombia. CCRE. Retrieved from http://www.ccre.org.co/CCRE-ESTUDIO DE LINEA DE BASE 2006.pdf.

Correa, J. G. 2007. Evolución Histórica de los Conceptos de Responsabilidad Social Empresarial y Balance Social. Semestre Económico, 10(20): 87-102.

Hernández Rodríguez, D. R. 2013. Modelo de Contabilidad Para la Responsabilidad Social Empresarial. Civilizar de Empresa Y Economía, 8: 60-77.

International Monetary Fund. 2015. Perspectivas de la Economía Mundial. Ajustándose a Precios más Bajos para las Materias Primas. Washington, DC: International Monetary Fund.

Krick, T., Forstater, M., Monaghan, P., and Sillanpää, M. 2005. The Stakeholder Engagement Manual Vol.2.

López, A. P., Quiroga, A., López, C., & Torres, M. 2006. La Responsabilidad Social de las Empresas Bogotanas y su Relación con el Empleo y la Pobreza. Revista Equidad & Desarrollo, 6: 83-110.

Niño-Muñoz, D. 2015. Corporate Social Responsibility of Colombian Tobacco Industry: Is It a Strategy? Civilizar, 15(29): 113-134.

Niño-Muñoz, D., Galán-Barrera, J., and Álamo, P. 2016. Implementation of a Holistic CSR Method with Regional Scope. Bogotá.

Niño-Muñoz, D., & Llorente, B. 2012. Vivir la Libertad y la Responsabilidad Social en el Ámbito Personal y Comunitario. In Humanización de la vida Sociopolítica Según Caritas in Veritate (Segunda ed, pp.181-198). Bogotá: Editorial San Pablo.

Park, J., Lee, H., & Kim, C. 2014. Corporate Social Responsibilities, Consumer Trust and Corporate Reputation: South Korean Consumers' Perspectives. Journal of Business Research, 67(3): 295-302.

Pezoa, A. 2004. Hacer o Parecer? In M. Paladino (Ed.), La Responsabilidad de la Empresa en la Sociedad (pp.273-286). Buenos Aires: Ariel Sociedad Económica.

Porter, M. E., & Kramer, M. R. 2006. Strategy and Society: The Link between Competitive Advantage and Corporate Social Responsibility. Harvard Business Review, 84(December), 78-92.

Vera, L.D., & Peláez, D.C. 2013. Análisis de los Dominios Ético, Legal y Económico de la Responsabilidad Social Empresarial: un caso Empresarial. Civilizar, 13(25), 85－102.

五、墨西哥经济伦理学

[墨] 玛莎·萨努多(Martha Sañudo)
[墨] 杰尔曼·斯卡尔佐(Germán Scalzo)*

20年前,在一份关于北美经济伦理的报告中,布莱恩·赫斯特德(Bryan Husted)指出,墨西哥的经济伦理刚开始成为企业界和学术界所关注的焦点(Dunfee and Werhane, 1997: 1594)。不幸的是,这种评价在今天仍然适用,因为墨西哥的经济伦理发展还处于起步阶段,例如,与北美其他两个国家,美国和加拿大相比。不过,它比大多数拉美国家都要出色。例如,从学术角度来看,经济伦理学仍然是一个新兴领域,尽管有一些大学,如蒙特雷理工大学或泛美大学,以及它们各自的商学院、ITESM① 和 IPADE②,参与的程度更高。值得一提的是,通过支持诸如人本管理网络、负责任管理教育原则(PRME)、全球契约(GI)或拉丁美洲伦理学、企业和经济学学会(ALENE)等国际倡议,经济伦理在墨西哥商学院课程中变得越来越普遍。最重要的研究领域包括腐败和透明、人权、社会-经济正义和贫穷、土著民族的权利和体制改革。

彼得里克等人(Petrick, et al., 2012)认为,墨西哥文化在许多方面与其北部邻国不同,墨西哥文化更加阶层化和男性化。此外,它使用了一种直观的问题解决方法,所有这些都部分解释了为什么墨西哥公司不太可能有伦理准则和其他正式机制,而更可能行贿。此外,95%的墨西哥公司都是家族企业,它们对工作的态度比较放松,这也是它们不善待低级员工的主要原因之一。在腐败盛行的经济体系中,多数公司由少数控股股东经营,这给制度建设工作带来了明显的伦理挑战。

---

* © Martha Sañudo & Germán Scalzo, 2020.作者玛莎·萨努多,墨西哥蒙特雷校区ITESM哲学和伦理学教授;作者杰尔曼·斯卡尔佐,墨西哥泛美大学(Universidad Panamericana)。

① ITESM,墨西哥蒙特雷科技大学。——译者

② IPADE, PanAmerican Institute for High Business Direction,泛美高级商业方向研究所。——译者

然而,1994 年墨西哥与加拿大和美国签订北美自由贸易协定(NAFT)时,该国经受了巨大的压力,并适应了许多北方经营惯例,尽管墨西哥的民族文化差异依然完好无损。与此同时,由于郝斯特德和塞拉诺(Husted and Serrano, 2002)所称的墨西哥的“模仿同构”,已经并正在作出相应的一致变化。在墨西哥,企业家们正在对美国、日本和欧盟的治理运动作出反应。目前,墨西哥的一些组织因其伦理文化而得到国际认可,包括 Alfa, Axa, Bimbo, Carplastic, Cemex, Cydsa, General Electric, Ica, Metalsa, Pyosa, USEM, Visa, Vitro,和 Yasaki Co。但这些公司的良好记录不能说在墨西哥开创了比较广泛的趋势。

许多墨西哥企业生活在一个精神分裂的现实中:一方面,它们试图遵守国际伦理标准,同时却受到歧视、分包(服务和责任)、操纵其财务报告和为自身利益进行非法游说等文化和社会惯例的拖累。这意味着,要评估墨西哥的企业文化是很复杂的,这种文化究竟是造成其许多社会问题(高贫困水平、明显的不平等、地方性腐败、面对越来越多的肥胖和糖尿病而破产的社会保障体系)的部分原因,还是解决这些问题的部分办法?这一现实由于似乎存在着两个墨西哥:大路墨西哥和越野墨西哥之间的鸿沟而变得更加复杂(Sañudo, 2017)。大路墨西哥由受益于北美自由贸易协定推动的现代化进程的公司和企业界人士组成,这一推动包括修建公路以促进北美自由贸易协定国家之间的货物运输。这个大路墨西哥更能意识到,墨西哥是世界的一个主要经济体,它已经达到了一种发展水平,使它能够在全球发挥优势作用。另一方面,越野墨西哥代表了墨西哥的地理和社会方面,没有参与国际贸易带来的转型。

墨西哥与庞大的美国市场的边界是吸引外国直接投资的主要因素(墨西哥每天有价值 10 亿美元的出口越过北美自由贸易协定的边界——2014 年每月 300 亿美元)。然而,随着唐纳德·特朗普当选为美国总统,美国最近的政治变化给墨西哥经济蒙上了一层阴影,尤其是考虑到有可能提高贸易税,并改变北美自由贸易协定(NAFTA)的规定,以造福于美国本土市场。在这方面的进一步考虑是可能执行一项遣返无证墨西哥工人的新政策,这将需要墨西哥吸收多达 600 万名遣返工人。与此同时,“北美自由贸易协定一代”(Sañudo, 2017)可能会借此机会寻找其他市场,特别是中国和其他亚洲国家,作为更强大的商业伙伴,有效地减少墨西哥对美国的经济依赖。这种变化的气候为墨西哥提供了充分的机会,使其能够更认真、更协调地考虑经济伦理问题。

参考文献

Dunfee, T., and Werhane, P. 1997. Report on Business Ethics in North America. Journal of Business Ethics, 16(14): 1589 - 1595.

Husted, B., and Serrano, C. 2002. Corporate Governance in Mexico. Journal of Business Ethics, 37: 337 - 348.

Petrick, J., Cragg, W. and Sañudo, M. 2012. Business Ethics in North America: Trends and Challenges. Journal of Business Ethics, 104: 51 - 62.

Sanudo, Martha. 2017. Business Ethics in Mexico: The Seeds of Justice. In S. Ardichvili and D. Jondle (Eds.). Ethical Business Cultures in Emerging Markets. Cambridge University Press.

六、委内瑞拉的经济伦理学：一项评估

[委] 露丝·卡普里莱斯(Ruth Capriles)
[委] 埃利塞奥·萨缅托(Eliseo Sarmiento)
[委] 维克多·古德兹(Víctor Guédez)
[委] 米格尔·于尔加(Miguel del Valle Huerga)*

在今日的委内瑞拉,经济伦理学呈现了其兴起受阻的景象,然而也有一幅从焦土中冒出绿草的画面。

在 20 世纪 80 年代和 90 年代,经济伦理学开始出现在委内瑞拉的企业和教育中心,升起了一道企业责任的曙光。企业设计或采用内部伦理规范,甚至将它们的关注转化为社会责任。在教育方面,伦理学成为少数教育机构(即政府的“社会管理学院”)和大学的一些研究生项目的基础课程。

出现的范式是健全的,在组织内部把事情做好和按照组织活动的预期结果做“好事”之间没有区别。在商业实践和教学方向上发展起来的愿景是把做正确的事情和做好事结合起来。这就是说,在委内瑞拉的经济伦理领域中,企业伦理、经济伦理、社会责任、可持续性等范畴之间没有内部的学科区别或专业化。

---

* © Ruth Capriles, Eliseo Sarmiento, Víctor Guédez & Miguel del Valle Huerga, 2020.作者露丝·卡普里莱斯,委内瑞拉安德烈斯贝洛天主教大学(Titular Universidad Católica Andrés Bello)教授;作者埃利塞奥·萨缅托,委内瑞拉西蒙·玻利瓦尔大学(Universidad Simón Bolivar);作者维克多·古德兹,委内瑞拉加拉加斯大都会大学(Universidad Metropolitana de Caracas);作者米格尔·于尔加,委内瑞拉安德烈斯·贝洛天主教大学(Universidad Católica Andrés Bello)。——译者

然而，随着时间的推移，对那些范畴的强调也有不同的变化。在新范式开始时，我们可以设想对这个领域的各个方面作试探性的尝试：首先是内部行为(伦理准则)，接着是社会责任，然后是可持续性。但这些尝试并没有发展成一种严肃的、日益增长的企业责任的承担，这可以在实际项目中体现出来，例如履行或激励伦理准则、为工人和社区提供福利、实施生态和可持续控制的实际项目中得到体现。

突然间没有时间了。从 1998 年开始，私营企业本身的生存就处于危险之中，面对政府要消灭它们的威胁，企业对伦理的兴趣随着生存策略的不同而变化。

1998 年，国家的经济模式发生了变化，伦理实践和教学项目的预期增长没有遵循国际标准。就像 2016 年的今天一样，委内瑞拉的大多数企业(只有很少的企业)没有鼓励伦理行为的项目，没有社会责任或可持续性的工作项目，以及不需要外部支持(GRI, SDG-ONU, etc.)

在教育方面，在本科和研究生的阶段，很少有企商业职业教学大纲包括伦理学的学分，大学也不同 PRME-ONU① 那样与外部项目建立联系。

我们可以发现委内瑞拉经济和企业伦理发展受阻的几个原因。我们必须考虑到企业界人士缺乏伦理意识，经济主体不顾共同利益来行事。这无疑暗淡了经济伦理的火焰。还有一些历史的原因、委内瑞拉思考经济的方式，它们不重视自由市场或私人企业，高估了国家干预和控制资源平等分配的作用。

因此，政治和经济政策利用私营部门的这种疏忽和私人行为的整体伦理方式的特质，试图使国家针对私营部门的行动合法化。政治在很大程度上确实中断了 20 世纪最后 20 年出现的伦理意识的可能增长。

我们现在看到的是，根据政府的经济政策，经济伦理实践和学术项目在强度和利益目标(企业行为与腐败、利益相关者福利、社会责任、可持续性等)上都有影响。本文的作者们通过教学和咨询实践的观察，得出了这种相关性。

在革命进程的初期，大约在 2000 年左右，由于各种各样的动机，组织对社会责任的兴趣增加了，教育项目也相应增加了。从自我反思私营企业责任，创造了这样一种状况：一个有魅力的民粹主义领导人可以扭转我们的长期民主和自由的企业游戏的局面。总的来说，在一些委内瑞拉人心中，有一种负罪感。贫穷和无情的不平等总是需要解释的。

一些公司对此深信不疑，大公司能够承担社会责任成本。因为我们需要

---

① PRME-ONU，负责任管理教育原则-奥利弗拿撒勒大学。——译者

考虑伦理行为的成本。实施伦理计划，无论是为工人、他们的家庭、他们的社区、更大范围的国家，都需要训练有素的人、与业务对象本身不同的学科专家；需要新的部门和办事处、组织程序和工艺流程；需要重新考虑公司创造的财富的分配。将伦理规范融入经营主体中需要一个非常复杂的过程。根据我们的观察，在委内瑞拉，只有极少数的公司成功地将伦理作为其愿景和目标的核心。

其他一些公司也开始将社会项目作为一种生存策略来推行，它们认为，如果它们表现出社会敏感性和提出社会责任项目，政府就会让它们生存，不会拿走它们的产品和资产，它们会获得外国交易以继续运营。

广告在强调社会责任方面显示出这种明显的转变，我们看到和听到的广告都模仿了革命话语，在某种程度上与公司的产品或活动有关系。

这些公司很快发现政府的偏袒并不取决于良好的行为。随着经济限制、控制、没收、偏袒、内行的掠夺，经济伦理的全景发生了变化。由于国家控制经济的政治模式产生了腐败而不受惩罚，并降低了经济自由的价值，学科的兴趣转向了基本经济价值和反腐败做法的紧迫问题。这就是当今对教育、咨询和辅导机构的需求。

因为这个问题，就像今天一样，面临的是关于经济人权的根本伦理问题。革命进程所表明的是，我们在劳动力、经济主体、自由竞争和私有财产方面的价值观是多么脆弱。在“太平洋革命”中追随乌戈·查韦斯(Hugo Chavez)的大多数人，伴随着塞壬宣扬的社会正义，许多人为政府对私人机构实施的没收、征用和暴行而欢呼。此外，一些银行和企业界人士支持政府的行动，以换取支持或保护。他们中的许多人后来发现自己失宠了，而成为其他更密切、更纯粹的“革命事业”的人的替罪羊。

因此，我们的经济形势——经济和伦理能够蓬勃发展的土壤，变得极其复杂。除了将企业范围缩小到政府机构(国有化的工业和服务)和革命的新企业家之外，我们还必须加上有组织的犯罪，因为它是多重的，并且与公共力量、经济代理人相互关联。处于法律边缘的新行动者，完全不受惩罚，远离道德考虑和实践。

在经济犯罪和腐败问题上做了一些工作。银行和企业已经安装了防范经济犯罪的安全系统，一些研究人员一直在研究这些问题。尽管如此，在我们能够预见在经济和商业伦理方面认真工作以应对经济犯罪之前，还有很长的路要走。

在这一经济和企业伦理的概论中，需要做什么，可以做什么？

(一) 为了发展经济伦理,我们需要首先在各级教育中致力于伦理价值观。价值观的认同和持续的德性实践在婴儿时期就开始,并通过榜样(家庭、职场、社区)和教育在持续的关怀下成长。因此,伦理教育的需要超越了商业和管理学科,必须从幼儿园到研究生阶段都这样做。要有经济伦理,我们必须承认我们自己努力的价值以及我们的自由竞争和行动的权利。没有工作、投资和竞争的自由,就不会有经济伦理。

作为经济和企业伦理学方面的教授、研究人员和顾问,我们希望向学生和教师以及管理者和工人推广伦理项目。我们需要在人类行为的所有领域,包括在提及社会正义时往往被取代的经济权利,将做对的事情与做好事结合起来的一种综合伦理。

(二) 经济伦理的繁荣需要透明的环境、稳定的经济规则和司法安全。考虑到革命的模式,这是不可能的情况。然而,在这样的情况下,我们仍然可以看到一些案例,企业的伦理行为和社会责任已经成为抵御革命风暴的堡垒。对这些人来说,做对的事情和做好事,在工人和利益相关者的团结中,在产品和技能的力量中,使他们抵抗了政府的冲击。这些案例可以作为教育和实践中的示范案例。

(三) 考虑到我国社会和经济的严峻形势,专家们指出,提出资源可持续性的建议是不够的,仅限于生态、以地球为中心的和经济的变量。他们建议,按照联合国开发计划署(PNUD)和牛津大学等机构的建议,选择采用人类可持续发展的模式。

(四) 有组织的犯罪和腐败是我们社会透明度和公平竞争的两大障碍,它们阻碍了经济和企业伦理,它们窒息了企业。

它们向我们提出了本世纪最大的挑战。

七、拉丁美洲经济伦理学:对 ALENE 成员认知的简要调查

[巴西] 玛利亚·阿鲁达

拉丁美洲伦理学、企业和经济学学会(ALENE)成立于 1998 年,并尽可能频繁地举行区域大会。2015 年在智利圣地亚哥洛斯安地斯大学举办的年会上,我们提出了让成员了解我们地区经济伦理的必要性。

为了提供"经济伦理学——拉丁美洲专题论坛",早在 2016 年初,我就向所有 ALENE 成员询问了他们对本国的经济伦理、企业社会责任和可持续发展的看法。20 个答案来自 7 个国家:阿根廷(5)、巴西(7)、哥伦比亚(2)、厄

瓜多尔(1)、墨西哥(1)、秘鲁(1)、乌拉圭(1)。

本简短报告的目的是介绍这一调查的要点。虽然就数量有限的答案来说非常不够,但这个报告可以作为未来对拉丁美洲经济伦理进行更深入、更复杂研究的起点。

调查问卷通过电子邮件向所有 ALENE 成员转发,ALENE 中大部分成员是与经济伦理相关的学者。第一批邮件发出 1 个月后就有收回。答案会在每个问题之后以表格形式提供。由于受访者人数有限,因此不会有分析或结论。所有受访者都感到有必要为本地区制订一个未来的研究规划。

表 1　比较重要的经济伦理议题

问题：当我们说经济伦理时,哪个议题在你们国家似乎更重要?

国　家	公司伦理	企业伦理	企业社会责任	可持续性
阿根廷		2		1
巴　西	3	1	1	
哥伦比亚		1	1	1
厄瓜多尔	1			
墨西哥				1
秘　鲁		1	1	1
乌拉圭	2	1	1	1

提到的其他议题是：透明度(2)、诚信、治理、问责、人权、合规、腐败(巴西:“洗车”等)。

表 2　在特定学科中教伦理学

问题：在大学里,商科(经济学和管理学)教特定学科的伦理学吗?

国　家	是	否	大多数	很　少
阿根廷	2			3
巴　西	3	1		3
哥伦比亚		2		1
厄瓜多尔				1
墨西哥			1	
秘　鲁				1
乌拉圭	1	1		1

表 3 研究生课程中特定的伦理科目

问题：在大学里，商科（经济学和管理）的研究生课程是否把伦理学作为一门特殊的学科来教授？

国家	是	否	大多数	很少
阿根廷	2	1		2
巴西	3		2	2
哥伦比亚	1	1		1
厄瓜多尔				1
墨西哥			1	
秘鲁	1			1
乌拉圭	1			1

表 4 向 PRME－UN 开放

问题：大学对 PRME－UN 项目开放吗？

国家	是	否	大多数	很少
阿根廷	2		3	
巴西			1	5
哥伦比亚	1			1
厄瓜多尔			1	
墨西哥				1
秘鲁	1			1
乌拉圭				2

表 5 公司伦理准则

问题：公司是否有企业伦理规范？

国家	是	否	大多数	很少
阿根廷				5
巴西	1	1		2
哥伦比亚		2		

续　表

国　家	是	否	大多数	很　少
厄瓜多尔		1		
墨西哥			1	
秘　鲁	1			1
乌拉圭				2

表 6　伦理行为实施规划

问题：公司是否有持续的伦理行为实施规划？

国　家	是	否	大多数	很　少
阿根廷		2		3
巴　西	1	1	1	4
哥伦比亚				2
厄瓜多尔			1	
墨西哥				1
秘　鲁	1			1
乌拉圭			1	1

表 7　内部社会责任规划

问题：公司是否有内部社会责任规划？

国　家	是	否	大多数	很　少
阿根廷		2	3	2
巴　西	1	1	2	4
哥伦比亚	1			1
厄瓜多尔			1	
墨西哥				1
秘　鲁	1			1
乌拉圭			1	1

表 8 企业社会责任的外部支持

问题：公司是否有外部支持的社会责任项目(GRI 等)？

国家	是	否	大多数	很少
阿根廷			1	4
巴西				5
哥伦比亚		1		2
厄瓜多尔				1
墨西哥				1
秘鲁				1
乌拉圭				2

表 9 可持续发展内部规划

问题：公司是否有内部可持续发展计划？

国家	是	否	大多数	很少
阿根廷				4
巴西	1	2		2
哥伦比亚				2
厄瓜多尔				1
墨西哥				1
秘鲁	1			1
乌拉圭				2

表 10 对可持续发展项目的外部支持

问题：公司是否有外部支持的可持续发展项目(SDG - UN 等)？

国家	是	否	大多数	很少
阿根廷		2		3
巴西	1	1	1	4
哥伦比亚				2
厄瓜多尔			1	
墨西哥				1

续 表

国 家	是	否	大多数	很 少
秘 鲁	1			1
乌拉圭			1	1

表 11 重要的经济伦理问题

问题 11：在你们国家，哪些问题是最重要的经济伦理问题？

国 家	重要的经济伦理问题
阿根廷	— 跨国公司缓慢但日益增长的影响力。跨国公司更苛刻的标准。 — 政府在经济中的作用。私有财产。腐败。童工。性别。 — 道德价值观下降，主要表现在政府与企业的关系上。
巴 西	— 认为道德是重要的，但对于行为而言，为了目的可以不择手段。 — 社会保障。个人和群体的身心健全。 — 巴西没有商业道德，总是存在欺诈。 — 认识个人在社会中的作用。需要尊重和经济活动中的伦理价值观。 — 全国出版物。更多关于组织(公共的，私人的和非政府组织)中的伦理讨论。道德的研究。基于透明性和问责制的治理模式。 — 集体感觉“小偏差”是可以接受的、受到鼓励的。
哥伦比亚	— 不存在经济伦理。 — 在许多与社会责任有关的案例中纳入道德规范。
厄瓜多尔	— 为社会责任、公司治理增加法律标准，基于对法律、价值观和原则的尊重。
墨西哥	— 大学里正在进行的讨论。
秘 鲁	— 盛行短期内效用最大化心态。伦理学不允许这样的目标。 — 支持社区。
乌拉圭	— 腐败程度相对较低，但人们认为是这样的感觉增加。在大学和商业环境里讨论这个问题的机会。 — 商业领袖和专业人士应该明白，人的活动不会降低盈利能力，但它必须整合到一种更广泛的合理性中。

表 12 经济伦理缺失

问题 12：在你看来，你们国家最缺少的经济伦理是什么？

国 家	经济伦理缺失
阿根廷	– 较少社会营销和声誉追求。过度关注关于公司说什么而不是公司做什么。 – 合格的教师学术研究与企业之间的独立。国家和大学在公共政策方面更多的合作。 – 提高价值观的教育和公共政策。 – 对企业腐败提供法律支持，加大惩治力度。
巴 西	– 对伦理行为的关注。伦理是可持续发展的要求；因为在缺乏伦理领导者的情况下，应该提供更多的公众努力来发展伦理意识：奖品、竞赛、媒体范例。 – 考虑谈判对人的影响。 – 如果其中一个部分是道德的，就不会有交易。 – 政府的腐败必须被曝光。 – “轻松获利”的文化遗产。不关心是非，由于缺乏惩罚而被强化。 – 缺乏对工人的道德教育。 – 为教师和研究人员提供讨论和交流伦理学经验的机会。 – 当局和公司采取有效措施，要求道德行为，惩罚不道德行为。
哥伦比亚	– 打造经济伦理。 – 在组织中实现政策和原则的真正整合。需要生活道德，不仅仅是在公司的声明或形象中。
厄瓜多尔	– 培养道德意识，使合规就不仅仅是害怕法律惩罚的结果。
墨西哥	– 遵守法规
秘 鲁	– 中长期成果愿景。 – 了解更多有关贪污的概念。
乌拉圭	– 将经济伦理学作为大学的一门学科，本科或研究生水平。 – 道德高于法律的意识。在公私互动中，有时“非禁即许”的观念很流行。 – 达到可持续发展的阶段，而这需要企业和企业领袖的成长。

用实验教授经济伦理

[德] 马提亚斯·乌尔(Matthias Uhl)
[德] 克里斯托夫·卢伊奇(Christoph Luetge)* 陆晓禾 译

[提要] 我们认为,当涉及提高学生对经济伦理的认识、解决现代社会中行为者的伦理行为问题时,教学实验是有价值的。许多学生是由他们习惯了的生活环境的个人主义伦理思维创造出来的。在我们的课堂上,通过使用那些理想情况下有真实动机的实验,我们让他们面对自己的道德行为的易变性。我们认为实验是一个强大的工具,不仅可以说明理论概念,而且可以使学生亲身体验到经济激励的强制力。这可能会使我们认识到,人们比预期更容易受到偶发事件的影响。实验可能使学生质疑自己的行为,并重新评估他们作为消费者、公民和管理者的道德理想的可实现性。

一、导　言

建构主义学习理论(例如,见 Duffy and Jonassen, 2013)认为,学习是一个积极的、社会的和情感的过程。情感意味着,学生必须亲身受到影响,才能可持续地学习。如果人们希望开车,他们唯有在驾校中学习知识和技能。大卫·科尔布(David Kolb)强调了情绪在学习过程中所起的作用,他概述,说学习“[…]包括整个有机体的综合功能——思维、感觉、感知和行为”(Kolb, 1984: 31)。虽然经验学习被认为是教授哲学的适当手段(Jackson, 2016),但经济伦理教学实验的案例——据我们所知,还没有作出。让学生参与实验是一种基于经验的学习方法,它能激发人们的积极性,让他们在情感上参与

---

* © Matthias Uhl & Christoph Luetge, 2020.作者马提亚斯·乌尔,德国慕尼黑工业大学(Technical University of Munich)管理学院教授;作者克里斯托夫·卢伊奇,德国慕尼黑工业大学管理学院经济伦理学彼得莱斯彻讲习教授。——译者

进来。在本文中，我们提倡在经济伦理教学中使用简单的实验。

在研究中，实验被用来反驳有关经验事实的假设。它们有助于通过自变量的控制来识别因变量的因果影响。实验的一个关键特征是可重复性，因此也就有了复制结果的可能性。几十年来，实验一直在心理学和经济学研究中扮演着重要角色，但它们在哲学（尤其是经济伦理学）中的应用才刚刚起步。过去10年中，实验伦理学领域的出版物数量大幅增加(Dworazik and Rusch, 2014)。因此，经济伦理学研究的实验范围和限制是正在进行辩论的主题（例如，Trevino, 1992; Robertson, 1993; O'Fallon and Butterfield, 2005）。然而，在这个领域的顶级期刊中，实验作为经济伦理教学工具的价值被广泛忽视。

大约30年前，布雷迪和洛格斯登(Brady and Logsdon, 1988)提出了社会心理学实验与经济伦理教学的相关性观点。他们批评流行的教学方法低估了情境因素对伦理行为的强大影响。特别是他们提到津巴多的"斯坦福监狱实验"[①]及其对组织内部伦理行为的影响。我们同意这一观点。在我们看来，被批评的方法特别有问题，因为学生在他们的第一学期仍然习惯于从他们的家庭、社区和学校受到的，通常以个人主义为主的伦理思维的强烈影响。不过，我们的观点比布兰迪和洛格斯登更进一步，我们认为，让人们积极参与实验比仅仅采用他人报告的结果要更有前途。然而，像津巴多或米尔格拉姆[②]这样的现场实验在经济伦理学课堂上几乎无法实现。我们提出的实验可以更省力地进行，因为它们通常是由行为经济学的实验室研究启发的，可以很容易地转移到课堂上，也不需要通过伦理审查委员会的繁琐审批程序。

二、应用实验教授经济学

当保罗·塞缪尔森(Paul Samuelson, 1947)强调，经济学是一个非实验领域，缺乏硬科学所特有的可控制伪造的严谨性时，爱德华·钱柏林(Edward Chamberlin, 1948)进行了第一次关于不完全竞争的课堂实验。钱柏林的学生弗农·史密斯(Vernon Smith)后来证明了市场结果对这些市场运作的机构的敏感性（例如，参见 Smith, 1962）。2002年，史密斯因在实证

---

① 指菲利普·津巴多(Philip George Zimbardo)，美国心理学家、斯坦福大学退休教授，以斯坦福监狱实验和编写大学心理学教材而著称。——译者

② 指斯坦利·米尔格拉姆(Stanley Milgram)，美国社会心理学家，曾在耶鲁大学、哈佛大学和纽约市立大学工作。在耶鲁大学时进行了米尔格兰姆实验(Milgram experiment)，又称（权力服从研究，Obedience to Authority Study)是一个非常知名的针对社会心理学的科学实验。——译者

经济学分析中运用实验方法而获得诺贝尔经济学奖。在接受鲁斯·罗伯茨(Russ Roberts)的采访时,他说,如果一个人没有时间教人们一些关于经济学的东西,那么做一个课堂市场实验是最好的选择(Library of Economics and Liberty, 2007)。在经济学教学中使用实验是一种比较广泛的现象,这需要几年的时间。1993 年出版的《经济教育杂志》完全致力于在实验经济学框架内开发课堂游戏和模拟(Becker and Watts, 1995)。

至于传统教学方法的其他替代方法,与以讲座为导向的方法相比,课堂实验成功的证据还是有限的。弗兰克(Frank, 1997)是第一个对在经济学教学中使用简单课堂实验的有效性进行实证研究的人之一。他发现,参加某一场比赛的学生在"公地悲剧"的多项选择测试中得分高于来自同一课程的对照组。艾默生和泰勒(Emerson and Taylor, 2004)比较了微观经济学原理课程的实验与讲座导向课程的学生成绩。他们发现,参加实验课程的学生在"大学经济学理解测试"(TUCE)分数上取得了显著的更高成绩。同样,迪基(Dickie, 2006)发现,在控制学生的自然倾向和其他特征之后,实验也提高了 TUCE 考试成绩。这些结果得到了艾默生和英格利希(Emerson and English, 2016)最近关于使用课堂实验的研究支持,他们发现,接触实验的学生比无实验的对照组的学生获得了显著更高的积极学习收获。[①]

霍尔特描述了教授经济学的一些特定的实验游戏,并认为课堂实验对教授经济学是有效的,因为它们直接将学生置于正在研究的经济环境中。他注意到,在作为卖方和买方参与市场交易的实验后,当受试者知道观察到的价格标准被证明是理论上预测的均衡价格时,他们会惊讶地作出反应(Holt, 1999)。他还说,即使标准理论失败,它们也常常以有趣的方式失败。例如,鲁宾斯坦(Rubinstein, 1999)用独裁者和最后通牒的实验来说明,货币和游戏的偿付是不一样的:从教育家的角度来看,这是一个非常重要的问题。

货币激励在教学实验中的作用一直是一个争论的话题。根据霍尔特(1999)的观点,激励机制可能有助于减少选择中的噪音。鲁宾斯坦(1999)对货币激励对于教学的必要性提出了怀疑。然而,罗苏等人(Rousu, et al., 2015)对 4 所大学 641 名经济学原理学生进行了大规模调查。他们发现了强有力的证据证明了,为了真正的钱而玩囚徒困境游戏的学生,要比玩假设的

① 在一个拿些游戏(a take-some game)中,所有玩家同时提交各自的货币要求。如果他们的总和不超过一个已知间隔的随机数字,受试者就会收到他们个人要求的数额,否则他们什么也得不到。

游戏或根本不玩任何游戏的学生获得的考试分数更高。因此,他们对金钱激励在课堂实验中没有必要的观点提出了挑战。

三、应用实验教授经济伦理学

(一) 境况的力量

人们倾向于低估境况因素对我们的道德决策的影响。这可能由于说教的谬误使我们相信,我们的道德直觉,如果有的话,对于偶然的影响是强大的。我们可能不喜欢这样的想法,认为例如,我们帮助他人的倾向取决于令人愉快的气味的存在或不存在(Baron, 1997; Baron and Thomley, 1994)。一个人不应该相信道德直觉,因为它很容易被操纵。阿皮亚(Appiah, 2008)认为这是对美德伦理的严重威胁,因为当我们通常认为人们做了一些有道德的事情时,这可能是由境况的影响而不是积极的品质特征所造成的。决策构成的重要性及其对选择心理学的影响似乎是对伦理学的严重挑战,就像对理性选择理论的挑战一样。这些问题在理论上只能在有限的范围内加以解决。

我们认为,经济伦理学课程除了教授学生规范道德理论的基础之外,还应该对境况因素和制度设置在多大程度上造成了我们自己的决策具有敏感性。让学生面对各自的实证结果是很重要的。让他们体验到这些境况对他们自己行为的影响①,至少有两个原因使我们相信,这样一堂课将导致更深的理解。

体验之有价值的第一个原因是,人们很难超越自己的观点,而设身处地为他人着想(Galinsky, et al., 2008),这需要一个接受观点的过程。第二个原因是,人们甚至难以理解自己在与当前境况不同的境况下会有什么感受或反应。这种现象在文献中(Loewenstein, 2005)被称为“共情差距”。通过参与实验的个人体验是一种接受观点、缩小共情差距的方式。

(二) 小场景实验

小场景是对虚构境况的口头描述。人们通常会面对小场景,然后要求他们对讨论中的境况作出他们的假设选择或评价。一个小场景实验系统地掌控某些感兴趣的因素来研究它们对受试者回答的影响。这一过程作用的关键是,为了进行因果推论,每次只改变一个兴趣因素。“诺布效应”(“Knobe Effect”)是一个特别有名的例子,说明在另一个相同的小场景中,单个单词的

---

① 詹姆斯(James, 1998)在推广在经济伦理学课程中使用“囚徒困境”练习时也提出了类似的观点,因为人们自己的行为可以很清楚地描述出来,并与基本的伦理原则相关。

变化如何导致受试者从根本上改变他们对行为的意向性归属（Knobe，2003）。特别是，人们必须想象一位主席，他启动了一个最大化利润的项目，并被告知，这个项目的一个副作用是，也会促进或损害环境（取决于被分配给受试者的条件）。主席宣布，在这两种情况下都不关心环境而只关心利润。事实证明，环境实际上分别得到了促进或伤害。处于相应条件的人要么必须判断主席是“故意促进”还是“故意损害”环境。只有23%的受试者认为主席故意促进环境，而82%的受试者认为他故意损害环境。

“诺贝效应”（“Knobe Effect”）为经济伦理学教学提供了重要启示。它向学生表明，人们对某一行动的道德谴责取决于这一行动的具体结果。如果人们在判断中反思这种不对称，他们可能会得出这样的结果，即偶然的结果不应该与确定的意向有关。了解民间道德直觉中的这种不对称性是一项重要的练习，因为它应该使学生更加谨慎地相信自己的直觉。然而，我们相信，让人们参与实验，将他们随机地分配到两组中的一组，并让他们各自作出可能遵循所描述的模式的选择，而不仅仅是引用“诺贝效应”，会引发更深层次的思考。情况就是这样，因为学生们会发现，被随机分配到另一组的同学给出了相反的答案。抽象地理解“诺贝效应”是一回事，体验它又是另一回事。不仅学生在体验了这种效应后会更好地内化这种效应的相关性，而且他们随后对这种效应对伦理影响的讨论的质量也会有所不同。

小场景实验的成本可以忽略不计。实验可以用纸和铅笔来进行。学生被随机分配给不同的条件，并相应地得到不同的小场景的指令。然后，参与者阅读这些小场景并选择他们的答案。这些答案可以由研究助理在短时间内进行评估，并在课堂结束时提出，也可以在课后进行分析，并在下一节课中提出。另一种办法是使用简单的在线调查工具，这些工具可以在计算机或移动设备上使用，并允许对收集的数据进行实时评估。

（三）激励实验

1. 激励的目的

在市场实验中，霍尔特（Holt，1999）观察到，学生们对以统一价格交易的强大压力印象深刻。显然，这种经验甚至是最高水平的理论洞察力也无法获得的。我们认为，将人们直接置于与实际激励结构相关的特定境况下，对经济伦理具有特别的价值。经济伦理教学通常采用说明性案例研究。例如，学生们被要求想象他们会像经理人在具体案例中描述的那样处于类似的境况，并反思他们现在将采取的行动。从我们作为教师的经验来看，通常情况下，人们当然由于选修了经济伦理学课程而变得敏感，给出的答案在伦理上得到了高度反映。当在这些境况下面对管理者的实际行为时,他们通常会对其他人作出的“不道德的”决定感到惊愕。很少有人会怀疑,一个人在实际被置于所描述的这种境况中是否会采取类似的行动。[①]

尽管霍尔特对在许多经济学实验中使用货币激励的必要性有些怀疑,但在经济伦理学教学中使用货币激励可能更有说服力。原因是,当这种说法对他们没有影响时,人们往往会口头上对道德行为作出承诺。在经济学实验中,货币激励的基本原理通常是触发认知努力,而在经济伦理学实验中,它的基本原理是让人们把钱用在他们的嘴巴上。这不仅仅因为人们是伪君子,在利他主义方面欺骗别人。已经令人信服地证明,人们也某种程度上在利他主义方面成功地欺骗了自己(例如,见 Dana, et al., 2007)。说一个人愿意和一个陌生人平均分享 10 欧元,这与实际这样做是不同的。因此,激励实验依赖于人们的实际行为,而不是他们所做的声称。在这种背景下,对比激励和非激励实验本身可能提供一个有趣的教训,因为它们揭示了说话与行动之间的距离。

提供关于他人在一个基于循环的实验中选择相关收益的反馈,对受试者的行为有重要影响。例如,古尔克等人(Gürerk, et al., 2006)表明,在一个不受制裁或一个实行制裁的机构中,玩一种基于循环的公益游戏时,人们可以自行选择,一旦他们得知另一个机构的同事系统地获得了更高的收益,他们就会从前者转向后者。当人们进入游戏时,他们倾向于喜欢一个没有制裁的世界,经验很快就告诉他们,实行制裁的世界只是让人们更好地合作,以获得每个人的个人利益。给受试者学习的机会,让他们体验到“放任”的机构在促进个人利益方面可能不那么有效,这提供了一个有价值的见解。多年来经济学家一直在研究的公益游戏,也对经济伦理学产生了重要影响。因此,它可能使人们更好地理解,为什么许多公司在市场压力下的行为方式会被人们指责为不切实际的自私。从某种意义上说,这些实验证明了在现代社会匿名环境中对道德的侵蚀。

也正如霍尔特所建议的,激励实验的成本可以通过不支付参加实验的每个受试者的费用来控制。这意味着,在实验结束时,只有一些受试者被随机选中,实际得到他们的收入。如果受试者参加了多轮实验,通常只有一轮是随机选择并支付给他们费用。这样做也是为了避免受试者在实验进行时减少投

---

① 詹姆斯(1998)在经济伦理课程中提倡使用囚徒困境练习时提出了类似的论点,因为一个人自己的行为可以清楚地描绘出来,并与基本的道德原则有关。

入的认知努力,因为在某种程度上,他们期望他们的累积收益已经足够高。

2. 关于作弊行为的课堂实验

作为小场景研究,课堂实验可以通过计算机或移动设备来进行,这些计算机或移动设备可以提供给学生,或者他们可以自己带来。然而,在下面,我们描述了一个简单的纸笔版本的课堂实验。这个实验论证了境况因素或机构对学生作弊行为的影响。我们定期举办中等规模的经济伦理学讲座,有50～100 名学生参加。学生聚集在报告厅前,画一张有着参与号码的优惠券,随机分配给不同的研讨室。在每个研讨室进行不同的实验。实验的数量取决于教师想要执行的操作数量。在实验开始时,受试者在整个实验过程中收到书面指示。为了在学生中建立共同的知识,指示通常也由实验者大声朗读。

这项实验建立在菲施巴赫和福米-侯斯(Fischbacher and Follmi-Heusi, 2013)引入的测量作弊行为的实验设计基础上。每个受试者都收到一个六面骰子并可以私下里滚动它。受试者被鼓励多次掷骰子,以说服自己骰子没有装起来,但要记住他们第一次掷骰子的结果。受试者的回报是掷骰子的结果乘以 2 欧元,这就产生了说谎的动机。这种简单的设计提供了两大优势(Fischbacher and Follmi-Heusi, 2013)。首先,不可能在个人层面上发现作弊,从而排除潜在的需求影响。其次,在诚实的情况下,结果的分布是已知的,这允许对多种理论预测进行测试。

我们实施的第一个具体操作涉及公众监督对作弊的影响。人们常说,道德是从问自己是否愿意在报纸上读到你的行为开始的。这项实验旨在验证个人行为的公开展示对作弊水平的实证效果。在大声朗读指令后,受试者被要求在答题纸上写上他们的参与号码。然后,受试者按他们想要的次数掷他们的骰子。下一步,他们被要求在答题纸上报告他们第一次掷骰子的结果。然后,收集答题卡。这样做是为了防止学生事后修改他们的报告。然后,要求学生们按参与编号随机排序。他们来到教室前面,大声而清晰地报告答题卡上的成绩。注意,这是所有受试者从一开始就知道的,因为完整的说明是预先提供的。在控制处理中,在没有任何公开公告的情况下收集答卷后,程序结束。因此,实验对比了受试者在公共和私人场合的作弊行为。每个实验组的平均报告现在可以与完全诚实情况下的统计期望以及公开和私下报告的实验组之间的统计期望进行比较。

第二种具体操作是指"善意谎言"的影响(Erat and Gneezy, 2011)。善意的谎言不是纯粹的自私,而是专门或额外地帮助别人。有欺诈行为的管理者往往声称他们不是为自己,而是为了公司和员工。我们的善意谎言实验用掷骰子的任务来论证不同报酬接受者对被试的欺骗意愿的影响。在善意谎言的实验中,受试者不为自己赚钱,但可能只是为了一个正当的理由而撒谎。在实验开始的时候,他们被告知掷骰子赚的钱将会捐给慈善组织。在对照实验(也可以称为恶意谎言实验)中,受试者保留他们挣到的钱。同样,这个实验允许比较诚实情况下的平均期望报告,以及善意谎言组和对照组之间的平均期望报告。

根据我们的经验,公众监督和慈善活动的收益通常会增加作弊的程度。在了解了结果之后,学生们对他们各自操作的倾向感到惊讶,我们相信,这给他们上了一堂重要的课。

3. 关于先发制人的移动在线实验

我们使用一个专门开发的手机应用程序,用于社会实验的教学目的,允许学生在线提交选择。这一过程采用了“带上你自己的设备”的方法,从而使我们能够以可控的成本在一大批学生中进行实验。在参加了这些实验后,为确保匿名,学生可以在课后用密封的信封领取他们的报酬。移动实验的另一个优点是可以分析伦理行为的动态,因为学生不仅可以在课堂上提交选择,还可以在路上或在家的时间中提交选择。

我们用简单的任务来调查,例如,从小型社会过渡到大型社会时的道德沦丧。下面描述这样的实验。学生注册这个应用程序并获得一个身份号码,之后才有资格支付款项。在学生注册后,根据不同的处理方法,他们将被随机地分成两组、三组或四组。这个应用程序会显示一个计数器,它会在特定的时间段里以固定的速度增加金额,从 0 欧元增加至 20 欧元(双人组),30 欧元(三人组),40 欧元(四人组)。这个应用程序计算的时间范围以及最终的金额都是受试者所知道的。然而,时间框架和最终金额可以很容易地加以参数化。

当指定的时间结束并达到最终金额时,这个金额将在该组的所有成员之间平均分配。对上面提到的示范性金额,这相当于成双、三组和四组的金额为 10 欧元。然而,学生们可以在柜台下面找到一个按钮,让他们可以随时获取到目前为止累计的金额。在这种情况下,另一个小组的其他成员或成员们会在应用程序中得到一个信息,即他们的竞争对手已经拿到了各自的钱,而他们将什么也得不到。实验结束后,受试者在报告厅前面的密封的匿名信封中领取他们的收益。为了确保完全匿名,如果愿意,他们也可以拿起一个空信封,以防被对方抢去。

这个实验让学生们感受到霍布斯式的压力,即在其他人可能也会这么做的情况下,提早抢东西。这种压力会随着受试人数的增加而增加。因此,这一实验有助于证明,在不断发展的社会中,需要一个适当的监管框架。它的好处是,有一个明确的货币基准来衡量人们可以挣多少钱,如果他们能撑到最后:在我们的例子中是10欧元。通常,人们在达到这个数额之前就开始抢了。效率损失随着群体中受试人数的增加而增加。值得注意的是,如果抢到的金额低于10欧元,即使是抢到者(唯一挣到钱的人)的境况也比他可能的情况更糟,如果这个小组已经达到了时限。因此,群体成员之间缺乏有约束力的社会契约导致了帕累托效率低下的情况。作为困境状况结果的帕累托效率低下的情况是现代社会经济伦理的一个中心特征,它是由复杂的结构问题和相关性造成的。我们认为,学生们在参与了这一所描述的实验并亲身经历了效率损失的后果之后,对这一概念的理解更加深刻。

四、结　　论

本文中,我们提供了在经济伦理教学中应用实验的案例。实验使学生直接体验境况对伦理行为的影响力。因此,在促进道德目标时,实验可能有助于提高对需要进行适当体制设计的认识。这种意识对他们作为负责任的消费者、公民和企业领袖具有特别的价值。正如布雷德和洛格斯登(Brady and Logsdon, 1988: 703)所说:“如果道德行为在某种程度上是境况因素的作用,那么道德管理者需要管理这些因素,以最大化道德行为,并将其下属违反道德规范的可能性降至最低。”我们还要补充说,他们也可能意识到自己往往只是“有限道德的”(Bazerman and Tenbrunsel, 2011)。这种敏感性增加了他们经常质疑自己的直觉和行动的机会。我们认为,这是一个关于哲学文本和仅解决案例研究的反思所无法达到同样程度的课程。

然而,为了避免误解,我们要强调除了采用和提供经验之外,还需要进行道德反思。在随后的反思练习中,讨论学生在各种条件下的实际行为,并将其与学术文献联系起来,这是必不可少的。我们也远没有投票赞成用纯粹的经验主义观点来取代经济伦理的规范观点。我们认为,规范而不知情的经济伦理是盲目的。然而,一个没有经验的人,往好里说是没有用的,往坏里说是危险的。没有用的,如果想要的答案是不可行的。危险的,如果这些措施意图良好但信息不灵通的,从理论上看,会导致反直觉和有害的累积效应。这可能是由于个人行动和集体后果之间的鸿沟,这是一个具有两难结构和战略相互依赖的世界的特征。实验可以有助于加强学生对经济伦理的经验因素的鉴赏能力,并帮助他们以可能更现实的角度批判性地重新考虑实现自己道德理想的机会(有关讨论,另见 De los Reyes, et al., 2016)。

参考文献

Appiah, K. A. 2008. Experiments in Ethics, Harvard University Press.

Baron, R. A. 1997. The Sweet Smell of Helping: Effects of Pleasant Ambient Fragrance on Prosocial Behavior in Shopping Malls, Personality and Social Psychology Bulletin 23, 498 - 503.

Baron, R. A. and Thomley, J. 1994. A Whiff of Reality: Positive Affect as a Potential Mediator of the Effects of Pleasant Fragrances on Task Performance and Helping, Environment and Behavior 26:6, 766 - 784.

Bazerman, M. H. and Tenbrunsel, A. E. 2011. Blind Spots: Why We Fail to Do What's Right and What to Do about It, Princeton University Press.

Becker, W. E. and Watts, M. 1995. Teaching Tools: Teaching Methods in Undergraduate Economics, Economic Inquiry 33: 4, 692 - 700.

Brady, F. N. and Logsdon, J. M. 1988. Zimbardo's "Stanford Prison Experiment" and the Relevance of Social Psychology for Teaching Business Ethics, Journal of Business Ethics 7(9):703 - 710.

Chamberlin, E. H. 1948. An Experimental Imperfect Market, Journal of Political Economy 56: 95 - 108.

Dana, J., Weber, R. A. and Kuang, J. X. 2007. Exploiting Moral Wiggle Room: Experiments Demonstrating an Illusory Preference for Fairness. Economic Theory 33: 1, 67 - 80.

De los Reyes, G., Kim, T. W. and G. Weaver 2016. Teaching Ethics in Business Schools: A Conversation on Disciplinary Differences, Academic Provincialism, and the Case for Integrated Pedagogy. Academy of Management Learning & Education.

Dickie, M. 2006. Do Classroom Experiments Increase Learning in Introductory Microeconomics? The Journal of Economic Education 37: 3, 267 - 288.

Duffy, T. M. and Jonassen, D. H. (Eds.) 2013. Constructivism and the Technology of Instruction: A Conversation, Routledge.

Dworazik, N. and Rusch, H. 2014. A Brief History of Experimental Ethics, In Luetge, C., H. Rusch and Uhl, M. (Eds.), Experimental Ethics: 38 - 56. Palgrave Macmillan.

Emerson, T. L. and Taylor, B. A. 2004. Comparing Student Achievement across Experimental and Lecture-oriented Sections of a Principles of Microeconomics Course. Southern Economic Journal 70: 3, 672 - 693.

Emerson, T. L. andL. K. English. 2016. Classroom Experiments: Teaching Specific Topics or Promoting the Economic Way of Thinking? The Journal of Economic Education 47: 4, 288 - 299.

Erat, S. and Gneezy, U. 2011. White Lies, Management Science 58: 4, 723 - 733.

Fischbacher, U. and Föllmi-Heusi, F. 2013. Lies in Disguise — An Experimental Study on Cheating, Journal of the European Economic Association 11: 3, 525 - 547.

Frank, B. 1997. The Impact of Classroom Experiments on the Learning of Economics: An Empirical Investigation, Economic Inquiry 35: 4,763 - 769.

Galinsky, A., Maddux, W., Gilin, D. and White, J. 2008. Why it Pays to Get Inside the Head of Your Opponent, Psychological Science 19: 4, 378 - 384.

Gürerk, Ö., Irlenbusch, B. and Rockenbach, B. 2006. The Competitive Advantage of Sanctioning Institutions, Science 312: 5770, 108 - 111.

Hamburger, H. 1974. Take Some — A Format and Family of Games, Behavioral Science 19: 1, 28 - 34.

Holt, C. A. 1999. Teaching Economics with Classroom Experiments, Southern Economic Journal 65: 3, 603 - 610.

Jackson, D. 2016. Experiential Learning in Philosophy, Julinna Oxley and Ramona Ilea, editors. Teaching Philosophy, 39(3): 372 - 376.

James, H. S. 1998. Using the Prisoner's Dilemma to Teach Business Ethics — When Personal and Group Interests Conflict, Teaching Business Ethics 2: 211 - 222.

Knobe, J. 2003. Intentional Action and Side Effects in Ordinary Language, Analysis 63: 190 - 193.

Kolb, D. A. 1984. Experiential Learning: Experience as the Source of Learning and Development, Prentice-Hall.

Library of Economics and Liberty 2007. Vernon Smith on Markets and Experimental Economics, http://www.econtalk.org/archives/2007/05/vernon_smith_on.html.

Loewenstein, G. 2005. Hot-Cold Empathy Gaps and Medical Decision-Making, Health Psychology 24, S49 – S56.

Luetge, C., Rusch, H. and Uhl, M. (Eds.) 2014. Experimental Ethics, Palgrave Macmillan.

O'Fallon, M.J. and Butterfield, K.D. 2005. A Review of the Empirical Ethical Decision-Making Literature: 19962003, Journal of Business Ethics 59: 4, 375 – 413.

Robertson, D. C. 1993. Empiricism in Business Ethics: Suggested Research Directions. Journal of Business Ethics, 12: 8, 585 – 599.

Rousu, M. C., Corrigan, J.R., Harris, D., Hayter, J. K., Houser, S., Lafranco, B. A., Onafowora, O., Colson, G. and Hoffer, A. 2015. Do Monetary Incentives Matter in Classroom Experiments? Effects on Course Performance, The Journal of Economic Education 46: 4, 341 – 349.

Rubinstein, A. 1999. Experience from a Course in Game Theory: Pre- and Postclass Problem Sets as a Didactic Device, Games and Economic Behavior 28: 155 – 170.

Samuelson, P. A. 1947. Foundations of Economic Analysis, New York: Atheneum.

Smith, V. L. 1962. An Experimental Study of Competitive Market Behavior. The Journal of Political Economy 70: 2, 111 – 137.

Trevino, L. K. 1992. Experimental Approaches to Studying Ethical-Unethical Behavior in Organizations, Business Ethics Quarterly 2: 2, 121 – 136.

Tversky, A. and Kahmeman, D. 1981. The Framing of Decisions and the Psychology of Choice, Science 211: 4481, 453 – 458.

在中国情境中通过慕课探索负责任企业家精神的创新教育和学习潜力

［瑞士］罗世范(Stephan Rothlin)*　董汉玲　陆晓禾 译

［提要］　与在世界其他地方一样，慕课(MOOCs，大规模开放在线课程)在中国为教育和学习创造了新的机会。本文探讨了在慕课的发展和教学中可能隐含的创新和创造力的新框架，该框架将为每个参与者打开思考和探索新实践的新空间。本文尤其关注讲授和推动负责任的企业家精神而开发的慕课。这些慕课由企业社会责任管理咨询企业——罗世力有限公司与对外经济贸易大学(UIBE)在北京联合开发，它们表明可以如何将中国传统智慧的见识融入这种教育和学习之中，从而激发“跳脱窠臼”的思考并且在慕课中向参与者发起探讨实施其经营计划的新方式的挑战。

一、导　　言

本文旨在探讨大规模开放在线课程的**规范**潜力，将参与者重新与在中国经营的丰富的道德智慧传统联系起来，其中包括儒家、道家、佛教和基督教，并使之在竞争性非常强的企业环境中造成影响。虽然与中国法律框架的联系很重要，但在有必要不断响应道德原则的情况下，我们还是可以认为，专靠法律及其各种程度的惩罚，不足以在企业中造就一位真正的“游戏规则改变者”，能消除腐败和不诚实的做法。对本文的目的而言，“游戏规则改变者”意味着造成一种文化变革，使之从只注重利润最大化和人数极少的精英的福利的经济学观念转向面向共同福祉和所有人，尤其是处在金字塔底层的那些人

---

* © Stephan Rothlin, 2020.作者罗世范，罗世力有限公司(Rothlin International Management Consultancy, Ltd, Beijing and Hong Kong)创办者和总裁；澳门圣约瑟夫大学的澳门利氏学社(Macau Ricci Institute at the University of Saint Josehp, Macau)社长。——编者

的福利的一种经济模式。

在亚洲情境中，一个至关重要的目标也是为更多地考虑亚洲伦理传统中大量隐藏的宝藏奠定基础。随着亚洲国家尤其是中国和印度，继续在世界舞台上发挥越来越大的影响作用，理解并且真正欣赏他们的伦理智慧传统也很重要。然而，这些伦理传统往往倚重睿智师长的教诲。另一方面，学生的作用被强烈地导向通过旨在让这些学生再现师长不同见解的考试。因此，关键的挑战是开发学习和教育的创造性模式，这将补充自上而下的传统方法，传统方法具有屈就和限制特定参与者自己的思想和发展潜力的风险。为了唤醒创造性的潜力，有必要经常参考案例研究。最后，在教育条件有限的情况下，一个主要目的是让那些由于经济或其他原因而无法接受教育的人有机会接受教育。

就教学而言，赋予学生创造性思维力量的某种奋斗肯定不仅限于中国。经常发生的情况是，角色学习(role learning)和标准化测试优先于更为开明的其他教学方法。诗歌、艺术、文学、历史、哲学和宗教的引进可能往往注重记忆力的运用，这种情况也是一种挥之不去的问题，使用慕课的一种创造性方法可能有助于相辅相成。如何做到这一点？就其性质而言，慕课的科目主题千变万化。课程平台不限于这门或那门学科。可以而且应该教授任何和所有科目，让感兴趣的每一个人学习。这样一来，无论谁对慕课感兴趣，他都必然能够上一些课程，这些课程可以打开他们的思维，以新的方式看待自己、世界、自己的家庭和社区。本文主要关注两套有关负责任企业家精神的慕课，它们由罗世力企业社会责任管理咨询公司与对外经济贸易大学远程教育学院合作开发。在这个阶段试图对慕课在中国的运用进行任何综合性评价当然超越了这项研究的范围。

二、伦理教育和良好企业实践教学中改善教育创新方法的机会

慕课模式通常以相对短暂的15～30分钟的授课来组织，辅以多项选择测验、同学评分作业和小组讨论。然而，这些模块需要包括严格的规则，如不准剽窃，不抄袭同学答案等，从而确保公平。那些进行传统课堂教学的人观察到，学生很难完成规定的阅读作业。为了克服这一障碍，慕课模式对不习惯于长篇阅读作业的学生的吸引力在于，通过互动、容易消化的视频内容来传达必要的信息。

慕课关于负责任企业家所采用的进路本质上是毫不掩饰的功利主义，它

认真考虑了这样一个事实：许多教育机构没有让他们的学生为“现实世界”做好准备。企业社会责任(CSR)在中国已经成为一个确定的术语,并在很大程度上纳入了中国商学院的课程。然而,一些中国公司仍然经常无视它,把它视为侵入性的西方概念,认为它忽视了当地企业文化的具体情况,特别是在送礼方面。更具体地说,有人批评这些西方模式没有考虑到政府各层面的决定性作用。因此,企业社会责任被一些人视为在中国开展业务的主要障碍。

慕课面向的是自主学习速度的学习者。基于注册率与完成率之间相当大的差异,不是每个人都是一个自律的、自我控制的学习者。但慕课面向的正是这些学生,他们通常是最成功的学生,并且能有效地利用课程。

也就是说,就像传统的课堂教育中会出现辍学、缺乏动力和成绩不佳的学生一样,慕课也是如此。慕课运动最初的使命,如 Coursera 和 edX 等早期先驱所宣扬的,是为那些最需要的人提供世界级的教育。现在就对这一目标是否已经实现作出评估当然还为时过早。目前以在北京的对外经济贸易大学提供有关负责任的企业家精神的课程为其基础的这个项目,注重企业计划的制订,当然利用了它与全中国约 60 个学习中心有联系的情况,从而为参与者提供了与其教师互动的机会。也许有人会说,如果慕课完全缺乏人与人之间的互动,那么它就有可能是不完整的。与经理级工商管理硕士课程形式类似,该课程可能包括在线模块和密集课程,让学生与教授进行互动。一些批评人士认为,慕课未能真正接触到大部分没有机会接受一流教育的人。慕课课程最适合有能力的学生,他们中的许多人已经接受了教育。慕课当然需要高度的自律,在某些情况下,可能无法适应有困难的学生,监测他们的弱点,并提供教学上适当的解决方案。从某种意义上说,它无法有例外,因为它对所有学生都一视同仁。如果说传统课堂上的学生需要在其他方面得到个性化的关注来学习和进步,那么在线课堂上的学生也一样。

当然,不可能一下子对数以千计的学生提供个性化的关注。但有可能重组慕课,通过学生交作业或内容参与行为,使之更适应学生的需求。如果能花更多时间开发额外的材料,提供给那些表现出难以理解内容迹象的课程注册者,将是有帮助的。教育的目标并没有随慕课的出现而改变。教育工作者仍然希望学生要学习,尽管在中国各地发现标准化测验的效用肯定存在一些问题。然而,这些方法所隐含的希望是,学生确实学习了教育工作者或教育系统认为的对充实生活有意义的东西。慕课需要考虑,如何利用可得到的技术来开发其学习模式。一种特别的挑战是在残酷竞争的经营环境中引入伦理原则，在那样的情境中，人们往往感到这些原则是对取得经济成就的一种严重路障。在有着意识形态灌输的悠久传统的情况下，我们应该特别注意避免某种权威或“明星”只是把他的观点强加给参与者。因此，为了真正理解这些伦理原则，似乎有必要让慕课的参与者之间就这些关键术语和问题展开讨论。这种讨论的黄金规则之一是不允许任何人重复另一个人刚说的话。禁止躲在其他人后面，可以鼓励每位参与者加强自己的自信。

有大量文献讨论慕课的优势、缺点和潜力。主要的危险是把慕课看作信息的大众消费，缺乏目标市场和相关的教学法。另一个风险是，围绕某一特定领域的顶尖学者或专家的名人崇拜是否可能真正提供真知灼见；它可能造成的影响是，进一步增强自上而下的教学模式，而不是适应学生的需求及其在中国极其复杂的经营环境中的具体经验和观点。

本研究将中国情境视为一个巨大的商机，但在人们所感到的“残酷竞争的商业环境”里，道德和法律会在中国某些地方被当作对迅速赚钱的严重路障而遭到忽视，而且某些企业与政府机构之间的腐败关系持续。

就作为传统教育的真正有效的替代之道而言，慕课面对的矛盾是如何为数以万计的在线学生创造一种定制化的学习环境，那种环境常见于学生与教师比例不超过 1∶25 的教室场景。也就是说，可能克服这个问题的一种方式是关注最需要帮助的那些学生。慕课的批评者说像 Coursera 和 edX 那样的早期慕课提供者的使命是，把教育带给最需要它的那些人。然而，在实践中，它们的课程一般来说只对要么已经受过教育要么随时可以接受教育的那些人有吸引力。那么，慕课的设计者们该如何考虑满足传统课堂设置帮助最多的那些人呢？

总之，他们需要彻底地重新思考分享知识的不同方式。大多数慕课遵循某种“不让一个学生掉队”的模式，相对而言它们不关心某个学生学到了什么东西，只关心学生是不是通过了一套规定的评分标准。换言之，内容优先于方法。尤其是在中国，这是一个长期存在的问题。在中国，学生智力的衡量标准是通过严格的考试体系来衡量的。

另一个问题是，在开发适合每个学生进步的个性化方法时，没有充分利用现有的基于网络的技术。应该特别注意研究那些挑战学生从不同角度分析问题，特别是找到他们自己的语言。附件中的案例研究集中在最近的煤矿抗议，这是由我的同事丹尼斯·麦卡恩(Dennis McCann)教授、博士和马克·普夫帕夫(Mark Puffpaff)撰写的，描述了学生如何受到挑战，以适应观察、判断和行动的方法，通过跳出框框的思考。

第二个风险围绕着对杰出教授的偶像化。如果慕课课程的营销依据是教授或其所在大学的公众声誉,那么可能会对那些知名度不高、但同样聪明迷人的教授的慕课招生产生负面影响。换句话说,只让学生对知名大学知名教授开发的课程产生影响,会阻碍整个慕课生态系统的发展。很明显,早期MOOC提供商获得发展势头,得益于强大品牌的支持。但这是一个有问题的起点,因为向包容性更大的营销策略转型很困难。

在中国,教育系统变得竞争如此激烈,而且偏向来自像北京和上海这样的一线城市,而来自较为贫穷地区的农村学生开始认为他们不值得把时间和努力花在高等教育,有时甚至是高中上,把时间和努力花在工作上可能更好。事实上,尽管中国政府付出了巨大的努力来扭转这一趋势,但容易获得教育渠道的富裕城市学生与农村学生之间的差距仍在不断扩大。慕课有能力扭转这种趋势,但前提是它们开始战略性地瞄准这一群体。

三、智慧传统的贡献

慕课可以利用其参与者创造潜力的另一个关键因素是,明确借鉴中国的智慧传统即儒家思想的世俗方法、佛教、道教、伊斯兰教和基督教,它们全都在经历程度不同的复兴。充分探讨在这些智慧传统中的如尊严和团结这样的常见关键术语,显然超出了本文的范围。然而,我从我的中国学生那里经常得到的反馈是,他们认识到,例如儒家思想教诲的价值。不过,他们爽快地承认,记住一些语录绝不意味着他们超越了肤浅的理解。有兴趣的是注意到,对儒家传统的一些关键术语的辩论相当激烈,例如,中国共产党挑选出"尊严"这个术语用于描述每个人的内在价值,无论他的社会地位如何。事实上,在不同的方面,"人权"这个西方术语对应于"尊严"这个儒家概念。

在中国,将慕课的教学方法建立在文化和哲学遗产的基础上,是一种非常有战略意义的做法。正如上一节所主张的,教育仍然有必要个性化,无论它是在线的或服务于数以万计学生的"课堂"。为了做到这一点,教育工作者会明智地借助于那些千年以来奠定中国认同感基础的传统。

将宗教的或哲学的智慧传统融入中国学习模式中,已经通过各种渠道开始了,包括中国中央电视台的热门电视连续剧,从各个方面介绍中国的哲学。慕课的发展聚焦于中国智慧传统,无疑会对更广泛地理解和欣赏智慧的关键见识作出重要贡献。

因为中国正在全球化,所以它与西方智慧传统的互动可能变得更为紧密,而有关他们自己的传统的知识正在变得无所不在。例如,在中国政府试图形成某种社会主义价值体系的过程中,儒家智慧的复兴受到非常大的鼓励,那种体系可能维持中国政府目前对腐败的斗争。西方学术界是否充分认识到中国文化和伦理的极其丰富的潜力,这仍然是一个有待解决的问题。

在教育中,这些智慧传统形成了在实践中理解其他学科的基础。从伦理学到认识论再到形而上学,中国的一系列智慧传统可以使物理学(如生物学)或社会科学(如社会学)的应用充满活力。它们可以形成开展业务的道德框架。"儒商"一词被许多非常成功的商人采纳,目的是强调他们对诚信、真实和诚实的价值观的承诺,他们认为这些价值观对他们开展业务至关重要。

然而,中国智慧传统带给教育的真正价值在于向学生显示如何思考,而不是思考什么。

四、慕课和减少腐败的措施

目前,中国领导人致力于一场大规模的反腐运动。与前些年的反腐运动形成鲜明对比的是,目前运动的进行没有显现减速的任何迹象。对犯罪者来说,无视这场反腐运动并且继续实施腐败行为可能招致严重的后果。然而,鉴于腐败在社会各个层面的普遍存在,慕课的优势在于,我们可以利用慕课把一套条理分明的论点和案例研究传播给广大民众,从而证明腐败对从政治到经济到文化的一切造成的灾难性影响。

在反腐败的斗争中,慕课可以利用两大方式。一种是针对学生,另一种是针对企业。今天的学生是明天的领导人,无论在商界还是在政界。至关重要的是,还在学校的时候,不仅及早而且创造性地影响他们,从而吸引并且保持他们的注意力。慕课模式适合有效地做这件事,因为它是在线的、免费的而且适应性很强的。对学生的教育发展来说,与大学合作会是一个很好的方式,使反腐举措成为其不可或缺而不是可有可无的部分。虽然这场反腐运动需要从顶层开始,但它不可能停留在那里。惩罚腐败官员是不够的。让民众反思有毒的腐败文化,促使他们以创造性和务实的方式思考消除腐败的斗争,反腐的进行可能最有效果。慕课有这种潜力使政府的反腐运动深入草根层面。

企业转向慕课,把它作为实施培训的重要平台。全世界的主要品牌正在采用慕课,而员工的反映良好。例如,谷歌有 8 万多名员工在优达学城(Udacity)的 HTML5 课程注册。作为一次思想实验,想象一下阿里巴巴集团或腾讯或汇丰银行的数千名员工接受有关反腐的慕课。慕课提供者与企业之间合作的潜在影响力可能巨大。我自己为一家重要的国际基础设施公司设计和制作过一套反腐课程,使我认识到至关重要的是,一个组织的领导人致力于在不断进行的基础上用参与者的经验和创造性思维的方式进行这样的反腐培训。

五、全面理解可持续经济发展

使用案例研究并且借鉴像儒家思想这样的智慧传统作为语境,慕课的开发可以为参与者提供负责任地做生意意味着什么的某种全面论述。远非异想天开的是,中国主要智慧传统的基本道德见识可以用来破除经济发展中涉及破坏环境和根深蒂固的腐败文化的狭隘观点。然而,为了让人信服,似乎有一点是至关重要的,那就是慕课要反对普遍存在的认为伦理与现实商业世界脱节的偏见。在有关"负责任的企业家精神"的慕课中,它的目标恰恰是证明,为了使企业的成功是可持续的,对进一步制订企业计划来说,有条不紊地实施伦理健全的做法会是必不可少的。要理解企业与政府的角色,远不只是致力于不同目标的不相关联的实体。慕课的这种战略运用可以使它们在中国成为真正的"游戏改变者",因为它们可以表明政府机构如何能够增强企业的社会责任。需要以特殊方式向参与者挑战,促使他们反思需要什么样的制度框架和经济激励措施,使得道德见识成为现实。因此,慕课也可以作为一种必要的工具,使志同道合的企业家围绕他们对健全的企业实践的承诺而联系起来。然而,还有一个决定性的要素是诉诸每位参与者的个人天职。无论职位、成就和社会地位如何,每个人都有自己的独特方式按照自己的良心行事。

这种慕课模式使个人故事能够以创造性的方式来讲述。从视频到案例研究到评论,学生可以受到在整个经济场景的各行各业中的英雄的影响,而不失去批评的健康感觉,因为哪怕是成功企业家的道路是以许多失败铺出来的,以这种方式,学生学会如何以造福于广大社会的方式开始践行他们的理想和计划。

六、小　　结

本文认为,尽管慕课存在严重的风险和可能的网络公开课的缺陷,大规模网络公开课,有一个独特的伦理潜力可能需要进一步开发,目的是不仅给许多人获得教育的机会,这些人到目前为止缺乏这种机会,而且也发挥作为用创新方法挑战学生的游戏规则改变者的作用,并且他们不但不会提供反效果的洗脑练习，反而会让自己的知识和实践技能接受至关重要的经济伦理方法。[①]

参考文献

Bhide, A. 1996. The Questions Every Entrepreneur Must Answer, Harvard Business Review 74:120－130.

Brenkert, G. G. 2002. Entrepreneurship, Ethics, and the Good Society, The Ruffin Series 3:5－43.

Freeman, R. E. and S. Venkataraman (Eds.). 2002. Ethics and Entrepreneurship. The Ruffin Series No.3. A publication for the Society for Business Ethics.

Hannafey, F. T. 2003. Entrepreneurship and Ethics: A Literature Review, Journal of Business Ethics 46: 99－110.

Jarillo, J.C.1989. Entrepreneurship and Growth: The Strategic Use of External Resources, Journal of Business Venturing 4: 133－147.

Peverelli, P.J. and Song, J. 2012. Chinese Entrepreneurship: A Social Capital Approach, Berlin, Heidelberg: Springer.

Pontifical Council for Justice and Peace (Ed.). 2012. The Vocation of a Business Leader, Rome/St.Paul; Chinese Translation: 企业界的使命。正义与和平委员会，光启社，河北信德社，2015。

Rothlin, S. 2010. Towards a Socially Responsible China. A Preliminary Investigation of the Implementation of the Global Compact, Journal of International Business Ethics 3 (1): 3－13.

Rothlin, S. and McCann, D. 2015. International Business Ethics: Focus on China, Berlin, Heidelberg: Springer.

Rothlin, S., Myers, T. A., Thompson, M. 2015. Responsible Entrepreneurship. How to Write a Business Plan, University of International Business and Economics Press, Beijing.

Rothlin, S., Hanson, K.O. 2010. Taking Your Code to China, Journal of International Business Ethics 3: 1, 69－80.

① 特别感谢丹尼斯·麦卡恩(Dennis McCann)教授和博士以及在香港罗世力有限公司的研究人员马克·普夫帕夫先生(Mark Puffpaff)提供建设性的批评意见。澳门，2016年5月14日

基于德尔菲分析的欧洲经济伦理研究议题

[西] 莱雷·圣荷西(Leire San-Jose)
[西] 何塞·雷托拉萨(Jose Luis Retolaza)* 陆晓禾 译

[提要] 本文考察了欧洲专家有关经济伦理的研究思路。采用了德尔菲法①在专家对经济伦理问题的见解之间达成共识。此外,本研究采用了2015年3月—9月来自8个国家(法国、西班牙、英国、荷兰、瑞典、瑞士、德国和匈牙利)的12名专家参与发展的德尔菲研究议程。从基于专家组对经济伦理紧迫问题的共识而得到的学科现状,可以及早发现紧迫的领域,从而缩小了研究范围和缩短了课题选择的时间。而且,还根据研究人员、国家和调查范围绘制了动态的研究示意图。在经济伦理中,对某些管理主题的研究在代表性上存在差距,因此本研究将构成重要和有价值的工具。这对于制定研究课题是很有用的。

一、导 言

每个研究领域都有许多主题,经济伦理学在这方面也不例外,有相当多的不同问题结合成为经济伦理学的主题和问题。本文的目的是确定经济伦理学中最重要问题。我们将向经济伦理学专家提出一系列问题,以确定他们

---

* © Leire San-Jose & Jose Luis Retolaza,2018 Open Access.作者在原文提交大会后作了修订,并发表于:European Journal of Futures Research 13 July 2018.网址:https://eujournalfuturesresearch.springeropen.com/articles/10.1186/s40309-018-0141-0.引用请注明该文出处。——译者

作者莱雷·圣荷西,西班牙毕尔巴鄂巴斯克地区大学(University of the Basque Country)副教授,英国哈德斯菲尔德大学(University of Huddersfield)访问研究员;作者何塞·雷托拉萨,西班牙毕尔巴鄂德乌斯托大学(University of Deusto)副教授。译者据作者在European Journal of Futures Researc发表的论文对作者提交给大会的论文格式作了一些改动。——译者

① 据作者来信解释,所谓"德尔菲分析"(Delphi Analysis),指的是一种基于结构化的定性分析程序。采用德尔菲分析的目的是与参与专家沟通,使他们获得对于某个议题或未来观点的最佳共同答案。参与者的选择是重要的,同样重要的是,在每一轮中(通常是三轮)把研究者的信息提交给专家,但需要删除专家的直接影响。——译者

对经济伦理学中紧迫问题的看法,从而制定研究议程。

本文的目的是基于现实经济伦理学专家的观点,阐明未来可能对欧洲从事经济伦理或相关领域研究的学者有意义的建议主题。总的来说,欧洲的经济伦理学研究方法比美国的研究方法更强调经济和社会结构,而较少强调企业活动。可以预见,由于作者的喜好不同,这个建议列表可能会无限制地扩大。然而,我们将表明,欧洲该领域的一些最重要专家可能会就这方面的预期未来研究范围达成一致。

我们决定采用德尔菲法,因为它与其他方法(例如调查、访谈或焦点小组)相比,有某些优点。参与的专家非常诚实,没有感到团队压力,反馈对他们有帮助。这方法基于共识,但辩论和讨论是此过程中的关键因素,并且当专家们在不同国家实际工作时,可以降低成本。因此,自 2015 年 3 月至 2015 年 9 月,我们使用了德尔菲法,来自 8 个欧洲国家(法国、西班牙、英国、荷兰、瑞典、瑞士、德国和匈牙利)的 12 名专家参与了这项研究。

与韦哈尼和弗里曼(Werhane and Freeman, 1999)多年前的研究相一致,这项研究将有助于提供该学科的健康图景。此外,主题预测对于该领域的新奇和新颖的研究人员将有所帮助,既可以增强他们对将要研究主题的兴趣的信心,也可以提高检测主题和先前研究人员的信心。经济伦理领域的成熟理论将使这一过程变得更加容易。这对博士研究也将很有帮助,因为如果这种研究动态得到了学院的认可,它将减少博士论文头几个月的困惑。

本文其余部分的结构如下。我们首先描述了有关德尔菲法的文献,并使用汤姆森·路特斯(Thomson Reuters)的《期刊引用报告》(按 SSCI 的引用)和国家标准分析该地区发表论文的情况,因为本研究的目的只是提供欧洲经济伦理研究议程的前景。接着,将介绍我们的数据收集和分析步骤,关于德尔菲法和专家选择的信息,以及应用成功和严格方法的步骤。

我们的研究结果显示了专家们更重视的主题、对每个主题现状的简要说明、每个领域检测到的研究者的活跃图谱以及专家们对经济伦理主题(论坛)进展的意见。最后,给出了结论和参考文献。

二、经济伦理学概念和文献综述:一种欧洲观点

尽管经济伦理学是一个相对比较年轻的研究领域,但伦理学与经济学之间的关系却是古老的(Gentile, 2011)。根据 1998 年诺贝尔经济学奖得主阿玛蒂亚·森的观点,经济学与伦理学理论之间有着重要的联系。因此,经济伦理学是涉及经济世界的一种应用伦理学。尽管我们在本文中使用了经济

伦理学这一术语,但很难就类似概念的唯一术语并且在全球范围内仅仅使用这个术语达成一致。更重要的是,有时对同一术语会有不同的理解。诸如“公司或企业中的伦理”就是如此,在不同的应用层面上用不同的术语来描述它。在所使用的术语中,我们可以找到如下用不同的语言来表达的术语:“business ethics,”“Wirtschaftsethik,”“Unternehmensethik,”“Éthique écono-mique,”“éthique des affaires,”“economic ethics,”和“ética de empresa”。有时,这些术语用作同义词,但有时它们的区别又是至关重要的。然而,有可能(至少从道德角度)同意,经济伦理学应该考虑3个不同的层面:微观(或个人)的,中观(或组织)的,和宏观(或制度)的。按此思路,恩德勒(Enderle, 1996)提议根据对3个问题的回答来分析经济领域中的道德问题:做什么、可以做什么和应该做什么。已经提出使用这三个视角(个人、组织和制度)来建立一个完整的分析,对个人困境、企业社会责任和社会经济制度的伦理意义进行分析并相互联系以获得全面的经济伦理的道德观点。但是,误解来自对所使用的术语以及国家影响的理解。在这方面,恩德勒(Enderle, 1996)指出,在欧洲,首选的问题是与宏观层面有关的问题,只有通过间接分析才能将这些缺口包括在内。因此,伦理与公司或经济伦理行为正面临缺口,特别是在考虑合法性方面。在其他地方,例如北美,微观(个人)的方法是关键。因此,从这种观点来看,直接的方法更容易,并且解决经济伦理问题的选项是自下而上的。回到欧洲,本文的观点使我们可以说,欧洲人强调宏观问题。在理论基础上,他们考虑了一些微观层面上的问题,特别是从心理学的角度而不是哲学的角度。直到最近,欧洲的研究和专家才明确包括中观问题(Enderle, 1996)。最近,中观分析在欧洲变得非常重要。因此,这项工作在这方面的兴趣以及对“组织伦理”和“公司伦理”的关注非常重要。

关于经济伦理学的定义,有很多方面使得对它的定义非常困难,如果不是不可能的话。例如,在20世纪80年代,路易斯(Lewis, 1985)对150多本教科书进行了评阅,试图定义经济伦理学。他确定了一些重要的方面,例如:关注社会责任、强调诚实和公平、共同的价值观、与个人的宗教信仰相符的行为、善与恶的哲学,或者对美德、领导力、品格的重视。但是,在努力将所有主题与经济伦理学联系起来之后,他得出的结论是,“经济伦理学并非仅仅是美德、诚信或品格。它涉及人们在伦理困境时对什么是道德上正当和真实的理解的应用”(Lewis, 1985: 383)。

因此,本研究的目的不是制定经济伦理学的定义,而是理解经济伦理学将是定义该领域主题的根源。那么,很明显,围绕经济伦理的道德和行为方面是最重要的主题,但不是唯一的主题。因此,本文的目的是达成从欧洲的观点来看的新兴的经济伦理议题的共识,世界范围内关于经济伦理的广泛话题和潜在的不同观点(例如见 Palazzo, 2002, Enderle, 1996, Mele, 2008, Resick et al., 2011)。这些都是在这项研究中提供一个狭义观点的原因。

为了解经济伦理学的现状,我们决定基于选择那些只发表在 SSCI 期刊上的经济伦理学论文,使用系统的和相关的方法来评论这些论文(更多信息,见 http://wos-ssci.fecyt.es/)。然后,我们选择了科学网,因为它在学术出版物中非常重要。我们的德尔菲参与者的合作和已经找到的文件被很好归档的确定性,给了我们使用这种方法的信心。为了搜索所有必要的问题,我们遵循以下步骤:首先,我们进入科学网搜索栏的主题“经济伦理 * ”。其次,标出我们感兴趣的类别,即“经济”和“伦理”。最后,由于本研究的重点是欧洲,我们选择了欧洲的国家和地区(英国[英格兰-威尔士-苏格兰-北爱尔兰]、西班牙、荷兰、法国、德国、比利时、瑞典、瑞士、挪威、芬兰、丹麦、意大利、葡萄牙、爱尔兰、斯洛文尼亚、塞浦路斯、奥地利、匈牙利、希腊、爱沙尼亚、波兰和捷克共和国)。按照所有这些步骤,2015 年 5 月 28 日在期刊引用报告浏览器上总共显示了 355 个结果。这些结果有助于我们选择用德尔菲方法帮助我们的专家组。每个国家都有不同数量的文章。这一信息如图 1 所示(见图 1)。

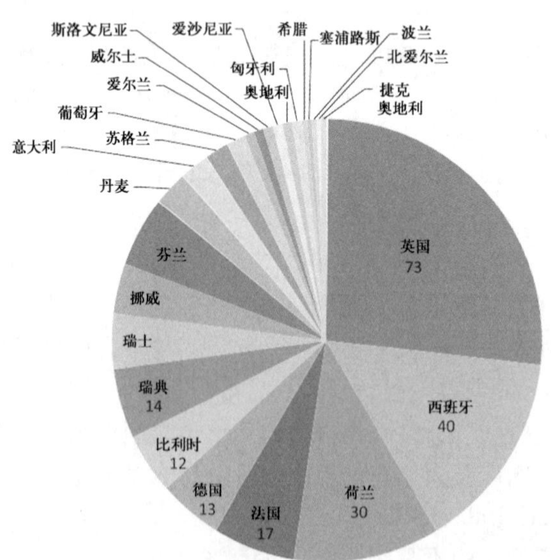

图 1 欧洲国家的经济伦理论文结果

关于经济伦理的文章最多的地区是英国(26.74%),其次是西班牙(14.75%)和荷兰(10.99%)。这意味着前三个国家占欧洲经济伦理出版物总数的52.48%。值得注意的是,这些年来,经济伦理学文章的发表数量和被引用次数都有明显的不同,如图2所示。

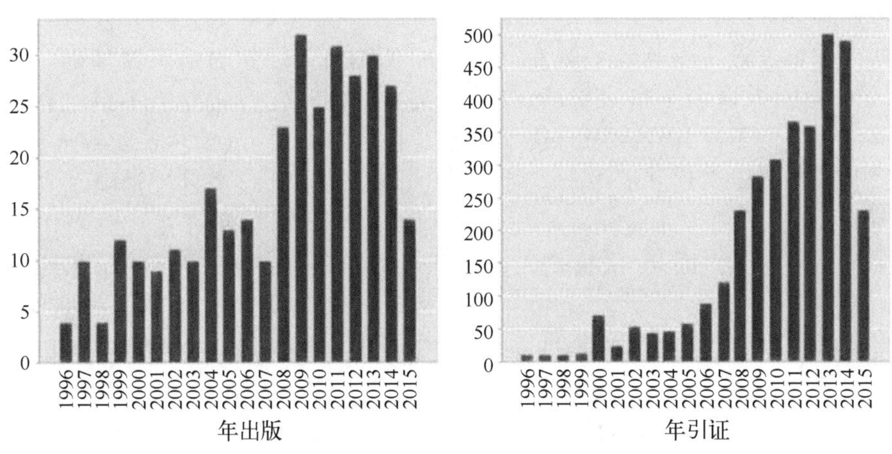

图2 论文发表与引证之间的差异

图2显示的时期从2008年至2015年。这一增长可能是由于经济危机。经济丑闻一开始,经济伦理就成了人们普遍关注的话题。研究经济伦理的学术专家们指出,财务丑闻和一般企业丑闻损害了许多公司的声誉(Enderle,2013)。当这场信任危机开始时,人们把注意力转向了经济伦理。

三、方　　法

(一)德尔菲法是干什么用的?

在回顾了可能的方法论工具(访谈、调查、焦点小组和德尔菲法)后,德尔菲法虽然很少用于经济伦理学研究,但选择它,是因为它有助于确定来自不同地区的专家的共识和消除胁迫效应(San-Jose, 2016)。

德尔菲法更多的是提供反馈,获得最大的共识,对群体的评估适中,沟通流量提高,但参与者之间不记名,这是选择其他人来实现本研究目的的最重要原因。此外,德尔菲法适用于专家贡献高度分散的情况,如来自欧洲不同国家的专家情况一样(e.g., Schmiedel, 2013)。而且,德尔菲法的成本适中(Okoli, 2004)。因此,在没有研究预算而分散的参与者的共识和意见是重要的情况下，这一研究问题的方法是有效的。在这方面，我们认为在线调查是与学术专家沟通的最有效工具。德尔菲法不是一种现代的方法，因为它自20世纪60年代才开发。然而，在21世纪的今天，它的应用已经扩展到社会领域，特别是帮助解决经济研究问题。

综上所述，我们之所以采用德尔菲法是因为达成共识是实现我们研究项目目标的必要条件。德尔菲法是20世纪50年代兰德公司开发的。这种方法以发送给相互匿名的专家小组的几轮调查问卷的结果为基础。每轮问卷发出，匿名专家回复后，收集答案并在每一轮后转发给小组。有很多专家被问了好几轮问题。这个评审过程和与访谈者(德尔菲组织者)的直接关系为专家建立了一个清晰透明的过程。此外，这个过程消除了其他专家的直接影响。加之，专家来自不同的欧洲国家，这种方法允许考虑他们的所有意见。因此，从我们的角度和我们的研究目的来看，德尔菲法是合适的。

德尔菲法的主要目的最初是通过进行一系列的问卷调查和获得可控的意见反馈，从一个专家小组中获得最可靠的一致意见。显然，要根据专家小组的意见确定某一主题的重大问题，就需要这样的共识。

（二）研究过程：循序渐进

为了保证方法的有效性，我们向专家们发送了三轮问卷。如上所述，德尔菲法的目的是一致确定欧洲经济伦理领域中的有兴趣和紧迫的问题，以及欧洲经济伦理学校和研究团体或中心的期望的未来。在这种情况下，这种方法是一种可行的方法，因为它使专家们有可能达成共识，分析伦理在经济中的重要性和未来。为了恰当发展这种方法，取得显著的结果，有必要进行系统的遴选专家的工作。在这种情况下，在期刊引用报告中，至少有3篇关于经济伦理问题的论文作为具备学术经济伦理专家的资格条件。此外，还增加了一些其他经济伦理专家，因为希望考虑到在经济伦理领域具有广泛代表性的欧洲国家。我们有国际企业、经济学和伦理学学会(ISBEE)的支持。经济伦理专家的选择由ISBEE作了审核。德尔菲法对于本研究的目的(了解和认识经济伦理学专家感兴趣的问题)和专家的选择标准被认为是适用的。最后，专家名单获得了ISBEE的赞成。所有这些决定都是在2015年通过在线联系(电子邮件)和与责任方进行的47分钟非结构化的会议中作出的。专家们确认了自己对经济伦理的了解程度，认为自己有资格进行这项分析。然后，简言之，使用连贯的德尔菲法的步骤如图3。

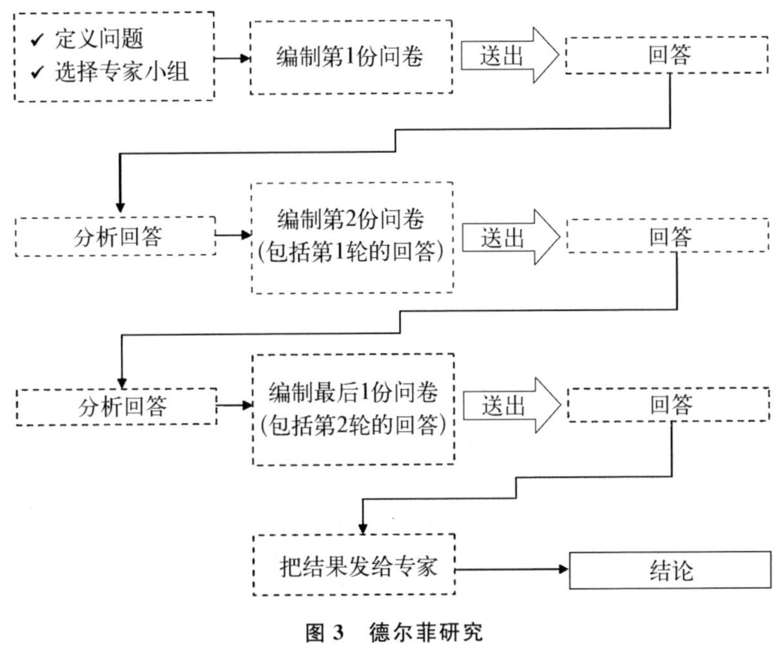

图 3 德尔菲研究

首先,我们定义要分析的问题。根据目标,我们需要选择一个专家小组来帮助我们制定所有的步骤。一旦我们有希望通过共同研究问题来解决问题的专家名单,我们就会进行问卷调查(见表 2)。

(三)介绍德尔菲数据

专家们彼此之间是匿名的,但对研究人员却不是匿名的。所以我们没有给他们发送个人信息。我们与 12 位经济伦理专家进行了合作,采用德尔菲法(Delphi method)(见表 1),所选专家的回复率为 70.58%。8 个欧洲国家(法国、西班牙、英国、荷兰、瑞典、瑞士、德国和匈牙利)都有代表。从 2015 年 3 月至 9 月采用了德尔菲法。由于专家所在国家的不同,代表了最重要的欧洲观点。此外,构想的有效性是有保证的,因为专家们(在每一轮中)都可以选择解释他们的观点,对结果发表评论,或者在没有团队压力的情况下提出建议。他们接受了所使用的小组和措辞,并在每一轮中作出评估。整个过程只有 5 次未能进行互动,第三轮只有 1 位专家没有参与。这一发现显示了参与者在这一过程中的高度参与和责任。除了高回复率外,考虑到这些学术专家在他们的大学所承担的责任,处理的时间(平均 7.14 天)相当快。

表 1 德尔菲数据搜集和分析

数据搜集	2015 年 3 月 10 日—2015 年 9 月 6 日
程序摘要	我们向欧洲专家发送了一份问卷,其中有 3 个开放问题。接下来,我们根据对第一个调查的回答设计了另一个调查。然后我们完成了基于排名问卷的第三轮。
样本的代表性	德尔菲专家小组的专家是根据两个标准选择的:在高质量期刊上发表至少 3 篇经济伦理论文(期刊引证报告 JCR)。 欧洲专家。
样本大小为统计效力和重要发现	我们选出了 17 位专家,但有 12 位同意成为我们的德尔菲专家参与者,所以德尔菲专家组由 12 位专家组成。 国家:欧洲(法国、西班牙、英国、荷兰、瑞典、瑞士、德国和匈牙利)。
建构效度	它是保证。 专家们对变量的解释和分类进行了验证。 除了问题,也有一个开放的地方来解释他们的回应意见或提出一些建议。
匿名	所有的专家彼此之间都是匿名的,但对调研者不是匿名的。
无响应的问题	29 次迭代中有 5 次失败。
辍学率	只有一个辍学生;有一位专家没有参加第三轮。然而,我们提供的结论是铭记这一点。
轮数	3 轮。每一轮有 3 位专家。每一轮有三份专家请愿书。
响应时间	平均 7.14 天(第一轮 6.5 天; 第二轮 5.33 天,第三轮 9.6 天)。
联系形式	电邮调查。
调查类型	结构化的调查。

资料来源:Own production, application and adaptation of Okoli and Pawlowski (2004)。

德尔菲法是 2015 年通过电子邮件进行的。我们把问题发给了每位专家。一旦我们收集了所有的回答,我们就会分析和评论它们,并在第一轮中找出它们的相似点和不同点。然后,我们发送了第二轮问题以及专家的集体回答,等等。我们总共用了 9 个问题,分为三轮。这些问题会在不同的回合中反复出现(见表 2)。

表 2　德尔菲轮数：问卷和一般结果

	问　　卷	一　般　结　果
第一轮	由一般问题组成： 1. 欧洲经济伦理学关键词。 2. 欧洲经济伦理学研究问题。 3. 欧洲经济伦理学未来紧迫问题思路。	在这一轮讨论中，我们将欧洲经济伦理中的 22 个紧迫问题分组。
第二轮	第二轮问题是： 1. 紧迫问题单子的重要性排序。 2. 添加任何关键词。 3. 标记 5 个你认为在未来 10 年里最重要的紧迫问题。	一旦专家们标出了更重要的紧急问题，我们就保留了其中的 17 个。 此外，经济伦理中 6 个最相关的紧迫问题是(取决于学术专家的意见)： 1. 伦理能力。 2. 行为伦理。 3. 数字化文化，隐私和伦理。 4. 精神。 5. 金融伦理。 6. 风险管理。
第三轮	第三轮问题： 1. 您是如何看待这些紧迫问题的？您想如何解决这些问题？ 2. 欧洲经济伦理专家、机构或中心。 3. 欧洲经济伦理教学。	最后，通过第三轮，我们得出了如下结果(见结果部分)。

简言之，整个过程如下。第一轮问题回答完后，就会收集回答并对问题进行调整。因此，在接下来的几轮调查中，我们根据参与者的意见和反馈对问卷进行了修改。由于列出了 22 个紧迫问题，因此需要更具体的答案。然后是发送第二轮问题的时候了。在这一轮调查中，专家们关注的是更为具体的调查。这份问卷是由封闭式问题组成的。最后一轮的重点是获得最精确和正确的答案。我们的目标是界定欧洲经济伦理的状况，并为学科界建立未来的研究方向。所有的进程都基于相同的目标，每一轮都取得了一些进展。最后一轮由更多的开放式问题组成，这些问题是基于专家之前的答案。在问卷的最后，专家们可以包括他们对德尔菲方法和一般经济伦理的意见或反思。在德尔菲程序结束后，我们与德尔菲小组的一些专家进行了交谈，他们描述了他们的积极感受、进行分析的客观性，以及他们对研究人员解释的兴趣。

四、结　　果

在12位专家的参与下完成了3轮德尔菲后,我们将所有的反馈进行了汇总。所得结果分为3个层次。首先是选择和检测出的紧迫问题,其次是对选择的最重要的紧迫问题的意义进行简要的解释。此外,还提供正在从事这些学科研究的专家或对这些学科感兴趣的中心和研究所的分布图。当然,这是一幅持续发展的地图,但它是以德尔菲进行时的画面来表示的。最后,专家们围绕学校在每个领域的进展发表了意见,并根据他们的个人意见,在探索性观点的基础上进行了分析。

(一)经济伦理的发展亟待解决的问题

专家们指出了欧洲经济伦理方面出现的17个紧迫问题。然后,就欧洲经济伦理中出现的每一个问题的发展,征求他们的意见和期望。在下一节中,将对这些紧迫问题进行简短的描述。专家们可以选择在第二轮中检查和评审这些问题,因为德尔菲法是一个协商一致的过程,在这个过程中,前一步的结果作为一般要点向与会者展示。这并没有违背这些专家的匿名性,但确实将他们的想法向全球公开。此外,按照德尔菲程序,一些专家可以选择在2015年的一个公开论坛中讨论他们的想法,这是结果被接受的证据。

下面的图4说明了专家们认为这些紧迫问题在未来10年内将发展到的水平与他们希望看到的发展范围之间的差异。在大多数情况下,专家们认为这些问题的发展水平远低于预期。只有在不平等、水资源危机、社会网络中的社会责任、多样性与整合、数字化文化、隐私与伦理等方面的发展高于他们的期望。其中一个亟待解决的问题是,当地社区作为利益相关者,在"真实"的发展与期望的发展之间并没有区别。

在未来10年,专家希望在伦理能力和金融伦理方面得到最大的提高。这可能是因为它们在过去几年中非常重要。金融危机无疑标志着经济伦理界的前后变化。此外,我们有社会责任这个问题,专家们希望它发展到他们认为它真正会发展的水平以下。这可能是因为,正如德尔菲的一位专家指出的那样,社会责任已被视为一个更重要的领域,并倾向于取代经济伦理。因此,企业社会责任在过去10年有了较大的发展,这也是专家们认为没有必要发展的原因。

在每个主题的预期进展与专家对进展的期望之间存在很大的差距。这一发现反映出,一些主题在某种程度上是"受传染的",因为它们不受实际利益的控制。原因之一是"羊群效应";通常更容易进行类似的研究,尽管论文

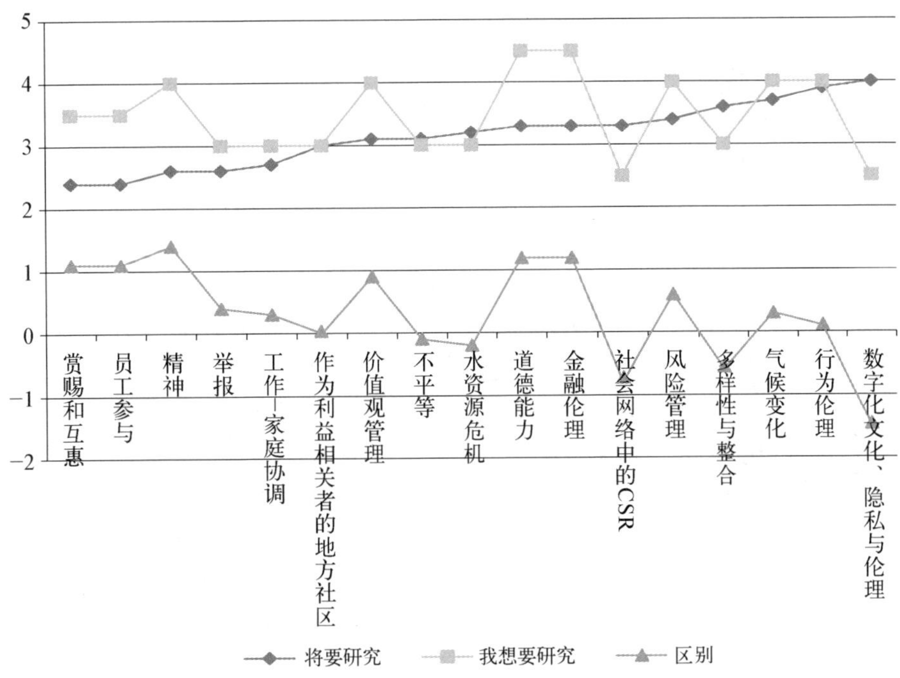

图 4　经济伦理紧迫问题研究进展

的贡献不如原来的作者,因为创新的研究方向,一般来说,是在这样的意义上提出的,即对一个成熟的研究方向作出贡献比开发一个新的研究方向更容易。其中一个原因是,必须说服评论家和专家,让他们相信,有关这一新研究方向的贡献、兴趣、相关性和潜在影响是有价值的。

(二) 经济伦理紧迫问题: 简要定义

以下是与会者在德尔菲第一阶段确定的紧迫问题。下面是对这些紧迫问题的简要描述。其中一些定义非常一般化。这是因为它们都是紧迫问题,本节的目的只是提供一些关于经济伦理领域中预期的未来课题的一般概念。

1. 赏赐和互惠

互惠可以定义为公司与员工之间、不同雇主之间、企业与外部各方之间的相互依赖。它是公司不同部门之间的一种关系。赏赐和互惠是“社会生活中最有趣的方面”(Deckop, 2003: 101)。

2. 员工参与

当员工参与公司的决策时,并且当他们是职场过程的一部分时,参与就发生了。员工可以为自己和公司做决定。“确定影响个人、集体和组织决策的相关价值观是很重要的。从本质上讲，员工分享组织的价值观是至关重要的，这样才能使自己的行为与企业标识相一致。”(Peguero et al., 2015: 17)

众所周知，客户、员工和一般人都很注重伦理。伦理在业务流程中的重要性迫使组织遵循战略，并在伦理方面变得更具有竞争力和效率。

3. 精神

“在管理文献中出现的一个主题是，职场精神与经济伦理是相关的”(Doyle, 2009: 377)。有两种方式可以解释这种关系：职场精神可能会刺激那些不得不处理伦理问题的人的道德想象力(Gull,2004: 128 - 139)，或者职场精神可能会提供与他人深层次的联系，从而提供丰富的信息，更好地指导伦理决策(Jackson, 1999: 61 - 70)。

“职场精神是指个人和组织将工作视为一种精神道路、一种成长机会，一种以有意义的方式对社会作出贡献的机会。”它是对他人的关心、同情和支持；是关于诚信和人们对自己和他人诚实。它意味着个人和组织试图在他们所做的工作中更充分地体现他们的价值观(International Center for Spirit at Work)。

4. 举报

许多企业要求员工对公司或雇主负有一定的义务。举报是指员工为了对公司和社会忠诚而向公众披露自己的一些不当行为。

“如果你是一名员工并且举报了某些类型的不当行为，那么你就是一个举报者。你披露的不当行为必须符合公众利益。这意味着它一定会影响到他人。如果你举报了刑事犯罪，某人的健康和安全处于危险之中，对环境造成的危险或实际损害，司法不公，公司违反了法律，或者你认为有人在掩盖不当行为，那么你都受到法律的保护。”(UK Government)。

5. 工作-家庭协调

许多有孩子的欧洲员工在平衡工作与家庭生活时面临困难。在过去的几年里，欧洲有一种被称为“弹性”就业的合同一直在增长。“灵活的工作时间，在工作时间安排上的高度自主权，尤其是兼职工作，可能有助于协调工作和家庭责任，但它们往往伴随着经济和职业方面的惩罚”(Scherer, 2009: 528)。这类工作也会产生消极的后果，比如不安全感、更差的工作条件或更差的薪酬。为了满足社会需求，需要找到一种平衡。

6. 作为利益相关者的地方社区

利益相关者是指利益相关者中包括的任何个人、团体或社区。当公司定义并实施良好的项目计划时,识别这些受影响的参与者是至关重要的。公司采取的任何行动都会影响到这些个人或团体。

一类利益相关者包括那些对项目结果有兴趣的组织。在这一类利益相关者中,我们包括地方社区。此外,"当一个公司影响或能够影响利益相关者时,利益相关者也能影响公司"(Fassin, 2012: 83)。

7. 价值观管理

正如布兰查德在他的一本书中断言的那样,价值观管理包括"一个令人难以置信的过程,它涉及发展其使命和价值观的整个组织。这个过程保证了你的员工会热情地支持和应用这些声明。"

价值观管理使用以下工具:使命、愿景和价值观。

8. 不平等

当一个社会的资源分配不平等时,不平等就会发生。这就导致了社会按不同的类别来划分,这就叫作社会不平等。这些不同的类别可以涉及宗教、文化、种族或性别等等。这与经济不平等有关,经济不平等指的是收入或财富的不平等分配。

9. 水资源危机

水正成为地球上最稀缺的资源之一。正因为如此,节约用水可能成为新的规范。"在 20 世纪,用水量的增长速度是人口增长速度的两倍多。到 2025 年,估计将有 18 亿人生活在缺水的地区,由于使用、增长和气候变化,世界人口的 2/3 将生活在缺水地区。我们现在面临的挑战是如何有效地保护、管理和分配我们拥有的水。"(National Geographic, www.nationalgeographic.com)

尽管不断投资并作出若干努力控制污染,发展中世界大部分地区的城市水环境正在恶化(Bader, et al., 2007: 49)。为了更好地治理水,没有必要为实施改革规定一个标准。实现有效的水治理存在一些基本问题,包括效率、责任和伦理(Mohamed, 2009: 736)。

10. 道德能力

"在这个不断变化的全球世界里,我们越来越缺乏道德指导,越来越需要知道如何做正确的事情,道德能力成为我们关注的重要问题。"(Kavathatzopopulos, 2006: 55)道德能力"是发现或形成真正重要的价值观的能力,以及将它们应用于现实生活困境和问题的能力"(Kavathatzopoulos, 2003: 50)。道德能力的两个最重要的因素是教育和技术。

11. 金融伦理

金融是经营中最常见的领域之一。在出现危机和金融丑闻时,这一问题开始被视为当务之急的事。

金融管理开始强调伦理原则，也许没有完全消除欺诈或非法行为的风险，但通过整合、责任和亲和力的增加(Cowton, 2002: 393)，使得基于原则和价值观进行管理成为可能。

12. 社会网络中的 CSR

企业社会责任(CSR)被定义为企业对社会和经济改善作出的积极贡献。它包括一些对公司对社会福祉的影响进行评估和承担责任的举措。我们可以在没有 S(社会)的情况下定义 CR，从而采用一种更普遍的方法，并将环境包括在内，这在当前同样重要。

正如曼纽尔·委拉斯奎兹(Manuel G. Velasquez)在一次经济伦理演讲中所评论的那样，"企业社会责任是指企业对社会的责任或义务。"企业伦理既是企业社会责任的一部分，也是企业社会责任理由的一部分。1991 年，卡罗尔(Carrol)构建了社会责任金字塔(如图 1 所示)，其中伦理责任处于第三位。

13. 风险管理

风险管理是一个分析经营中的危险影响的过程。这个过程"包括理解、分析和处理风险，以确保组织实现其目标。"因此，它必须与所涉及的组织的复杂性和类型成比例。因为风险存在于我们所做的每一件事之中，所以风险专家所承担的角色类型非常多样化。它们包括保险、业务连续性、健康和安全、公司治理、工程、规划和金融服务等方面的角色。

14. 多样性与整合

现实的金融和经济境况导致了全球经营一体化的发展。"此外，多样性的一个因素是腐败对新兴国家影响的重要性。腐败会降低金融机构和市场的可信度"(Venard, 2008: 481)，我们可以发现几个影响经营的不同因素。其中一些可能是职场、教育或就业状况。

15. 气候变化

"地球的气候在历史上一直在变化。(……)大多数气候变化归因于地球轨道的微小变化，这种变化改变了地球接收到的太阳能的总量。"(NASA's Jet Propulsion Laboratory)

这是天气模式分布的变化，而气候变化中最重要的因素之一是经济。

因此，列入了一系列与全球变暖有关的活动和具体条例。经济在全球变暖的政治和减缓全球变暖方面发挥着关键作用。

正如本杰明·热米内尔(Benjamin Geminel)所言，应对气候变化问题于

2015年12月首次得到解决，在巴黎峰会上，195个国家达成了第一个全球性气候协议。与会国家决定通过《联合国气候变化框架公约》下的《巴黎协定》。

16. 伦理行为

"按照社会和个人通常认为的良好价值观行事。合乎道德的行为往往对企业有利，包括表现出对诚实、公平、平等、尊严、多样性和个人权利等关键道德原则的尊重。"(Business Dictionary)

曼纽尔·委拉斯奎兹界定了实现伦理行为的4个步骤：

(1) 认识到一种境况是伦理境况。

(2) 判断伦理行为需要道德推理。

(3) 决定实行伦理行动或决定做合乎伦理的事情。

(4) 进行伦理决策。

17. 数字化文化、隐私和伦理

我们生活在一个数字时代，这个时代正在改变着生活的许多方面，包括世界的政治、社会、经济和文化因素。为了防止不道德的态度，这种改变是必要的。经济交流可能被不恰当地使用，而对公司的影响可能是巨大的。"可以毫不夸张地说，我们今天所面临的许多新的伦理问题，都与信息革命有关。"(Floridi, 2009：650)

(三) 欧洲经济伦理图谱中的紧迫问题

我们请专家列出欧洲关注每一个紧迫问题的研究小组、研究所或中心的名称，并确定其原产国。图5描述了每个紧迫问题。每个紧迫问题都分成不同行。

每行都提到了一位经济伦理专家的名字、他所属的机构或中心，以及研究这些紧迫问题的机构所在的国家。

这张欧洲经济伦理研究小组、专家和组织地图可以对高级或初级学者、专家和经济伦理研究小组作出重要贡献。文献中有一个缺口，通过德尔菲法，我们已经为缩小这个缺口作出了贡献。如上图所示，被引用最多的国家是西班牙。这可能因为西班牙是最著名的经济伦理文献发布者之一(14.16%)，而且可能与私立和公立大学的经济伦理课程水平有一定关系。

然而，拥有最多经济伦理出版物的国家是英国(正如我们在基于科学期刊网络的文献综述中提到的)。事实上，两者之间并没有太大的区别。英国和西班牙是经济伦理论文发表数量最多的国家(分别为26.74和14.65%)，也是被专家引用最多的国家。因此，专家给出的结果和科学网(Web of Science)的搜索结果有重叠，这两个国家的研究团体、机构或中心最多，经济

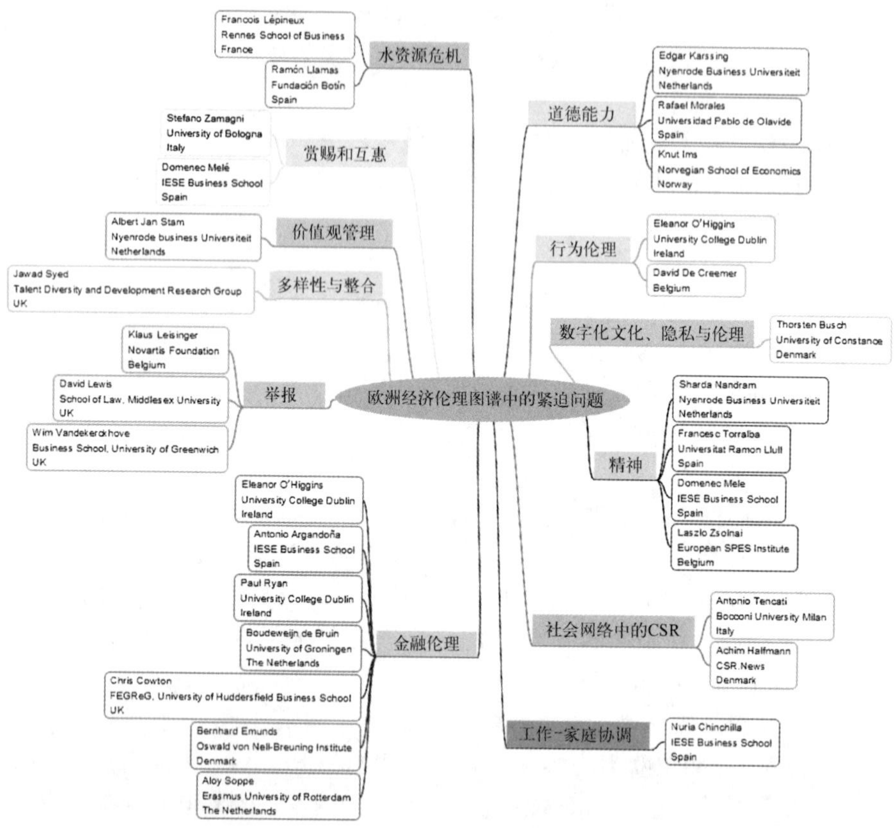

图 5　欧洲经济伦理图谱中的紧迫问题

伦理出版物也最多。由于这些国家是最活跃和最令人难忘的国家,这可能意味着要努力在社会上传播它们的成果和贡献。

1. 学校在经济伦理学方面的进步

目前,商学院的课程中没有(至少没有系统地)包括经济伦理方面的内容(Krehmeyer, 2007)。此外,研究发现,超过一半的硕士学位学生在课堂上作弊。这种不道德的行为会对日常的经营决策产生负面影响,因为那些没有道德意识的毕业生是那些决定公司的选择、规则和规范的管理者(Shin, 2009)。

这个问题是科学界所关心的。因此,我们想评估欧洲经济伦理教学的演变。从图 5 中我们可以看到,根据专家的观点,欧洲教授经济伦理的学校数量是增加了、保持不变、还是减少了。需要强调的是,这一经济伦理教学研究是近十年来的重点。

毫无疑问,从图 6 中可以看出,在过去 10 年中,教授经济伦理课程的学校数量在很大程度上有所增加。例如,许多学校已经开设了社会责任课程。然而,许多经济伦理的必修课变成了选修课和/或转换成其他类型的课程。在这种情况下,我们将社会责任作为一个与经济伦理学相关的科目来考虑。然后,如果把社会责任包括在内,那么这种兴趣就增加了。

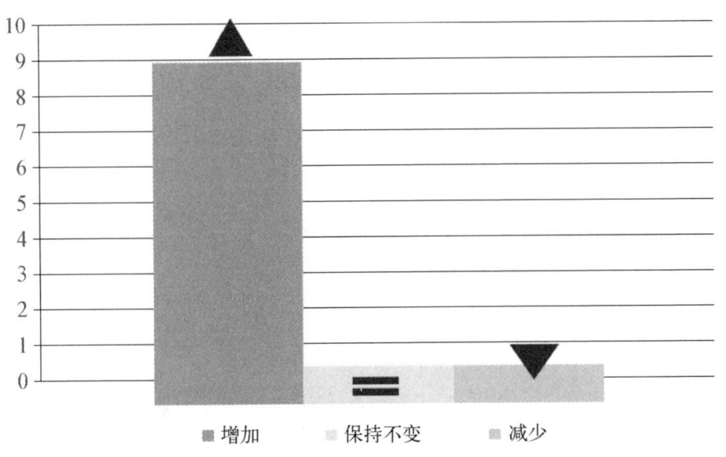

图 6 在欧洲已教授经济伦理的学校

资料来源:作者。

一位德尔菲专家告诉我们,"CSR"这个术语已经有取代"business ethics"的趋势,特别是在教学课程中。他指出,"这在很大程度上取决于人们是否区分了 business ethics 与 CSR。"许多学者认为,"经济伦理一般更为侧重于伦理决策。"

在欧洲,公众越来越关注经济行为的道德方面。这种关注的增长反映在欧洲各大学和商学院提供的企业研究项目中。

的确,在 2004 年,只有 1/3 获得认证的商学院开设了伦理学课程。2010 年,我们发现欧洲企业社会责任教育持续增长。这种增长在专门的硕士教育中最为显著(Swanson and Fisher, 2010: 5)。这表明,近年来,商学院提供的经济伦理教学在某种程度上已经变得更为成熟了。

按照斯旺森和费希尔(Swanson and Fisher, 2010)的观点,教授经济伦理课程最多的欧洲国家是英国和西班牙。他们在西班牙进行研究。这可能与前面的分析一致,就研究团体、机构或中心来说,西班牙和英国是致力于经济伦理紧迫问题的专家引用最多的国家。此外,英国是 SSCI 中发表经济伦理论文最多的第一个欧洲国家,西班牙和荷兰分别是第二和第三个欧洲国家。

五、结　　论

对经济很容易定义,但对经济伦理就不容易了。为了更好地理解这个术语,我们介绍了不同的观点。在确定和评论经济伦理议程的文献中存有分歧,而本研究试图在这方面作出贡献。

为了实现这一目标,我们分析了德尔菲法的各个步骤和结果,围绕经济伦理的紧迫问题,它们的发展和学校在经济伦理学的进步。我们现在可以得出有助于经济伦理文献和未来研究者的一些结论。

在来自 8 个欧洲国家的 12 位学术经济伦理学专家(以期刊引文报告期刊的发文量作为衡量学术专家的标准)参与使用了德尔菲方法后,我们得出了紧迫问题图谱和研究者/机构图谱。这些欧洲专家认可了这些图谱。关于预期的紧迫问题的共识和该领域专家的知识是相关的,因为它说明了经济伦理主题和研究人员的恶名,至少在其他经济伦理专家中是如此。

在 17 个新问题中,伦理能力、行为伦理、精神、金融伦理、风险管理和数字化文化、隐私权和伦理是最重要的。17 个新问题可以帮助欧洲有兴趣的研究人员、学校和机构了解经济伦理。重要的不仅是未来的课题,而且还有在经济伦理专家之间建立共识的可能性。这些结果打开了合作的窗口,并对那些被认可的紧迫课程作出了严谨的贡献。

此外,我们还绘制了欧洲经济伦理专家分布图,向其他研究人员和社会展示了欧洲及其国家在经济伦理方面最重要的专家、组织和研究团体。就学校来说,这是一种进步,让我们知道学生要求新的模式。此外,它增强了学生对经济伦理主题的重视。

选择经济伦理专家的标准可能会带来一些潜在的限制,因为一些不讲英语的人没有被完全考虑在内。例如,西班牙、德国和法国的经济伦理专家不太可能作为专家组成员,因为他们使用本国的语言出版。而且,经济伦理学在欧洲被认为是独特的,但很显然,经济伦理学可以根据不同的国家有不同的观点和视角。

在未来的研究中,有几个问题有待进一步研究。首先,欧洲商学院经济伦理教学的增长,以及经济伦理教学对学术界对经济伦理兴趣增长的影响,是可以分析的。最近的研究可以追溯到 2010 年。此外,不同的经济伦理教学方法及其在企业和社会问题上的特点是未来研究的挑战。

尾注

1 这些图表是在 2015 年设计的,所以 2014 年和 2015 年发表的文章和引用有很大的差异。从开始撰写论文到最终发表,可能需要几年的时间,这也应该考虑在内。2016 年 2 月,发表的文章数量与 2015 年相比发生了变化。2015 年发表的文章数量增加至 22 篇。

2 它是一个非营利性机构,帮助改善政策,并为美国军队提供研究和分析。

致谢

我们要感谢在这个项目中帮助过我们的所有专家,也感谢阿尔巴·费尔南德斯(Alba Fernandez)在这个项目中的合作。另外,还必须感谢 ECRI 研究组 GIU15/10 和 UPV/EHU 项目 US17/24 的支持。在 2015 年的研究中,ISBEE 主席的评论和有用的想法对于这个过程的完整性和连贯性至关重要。此外,她的帮助对获得这些新兴问题和研究人员的地图,这些对未来的学术和同事是非常有用的。

参考文献

Bader HP, Huang DB, Scheidegger R, Schertenleib R, Gujer W. 2007. Confronting limitations: New Solutions Requires for Urban Water Management in Kunming City. J Environ Manag 48: 49 – 61.

Bhattacharya M, Petrick I, Mullen T, Kvasny L. 2011. A Delphi Study of RFID Applicable Business Processes and Value Chain Activities in Retail. J Technol Manag Innov 6(3): 63 – 81.

Cowton C. 2002. Integrity, Responsibility and Affinity: Three Aspects of Ethics in Banking. Bus Ethics 11(4): 393 – 400.

Cyphert FR, Gant WL. 1971. The Delphi Technique: A Case Study. Phi Delta Kappan 52(5): 272 – 273.

Deckop J., Cirka CC, Andersson L. 2003. Doing Unto Others: The Reciprocity of Helping Behavior in Organizations. J Bus Ethics 47(2): 101 – 113.

Doyle P. 2009. Workplace Spirituality and Business Ethics: Insights from an Eastern Spiritual Tradition. J Bus Ethics 85(3): 377 – 389.

Enderle G. 1996. A Comparison of Business Ethics in North America and Continental Europe. Bus Ethics 5(1): 33 - 46.

Fassin Y. 2012. Stakeholder Management, Reciprocity and Stakeholder Responsibility. J Bus Ethics 109(1): 83 - 96.

Floridi L. 2009. Network Ethics: Information and Business Ethics in a Networked Society. J Bus Ethics 90(4): 649 - 659.

Gentile, V.2011. Business Ethics. Bankpedia Rev 1: 17 - 26.

Gull G, Doh J. 2004. The Transmutation of the Organization: Toward a More Spiritual Workplace. J Manag Inq 13(2): 128 - 139.

Jackson K.1999. Spirituality as a Foundation for Freedom and Creative Imagination in International Business Ethics. J Bus Ethics 19(1): 61 - 70.

Kavathatzopoulos I. 2003. The Use of Information and Communication Technology in the Training for Ethical Competence in Business. J Bus Ethics 48(1): 43 - 51.

Landeta J. 2006. Current Validity of the Delphi Method in Social Sciences. Technol Forecast Soc Chang 73(5): 467 - 482.

Lewis PV.1985. Defining "Business Ethics": Like Nailing Jello to a Wall. J Bus Ethics 4(5):377 - 383.

McCabe DL, Butterfield KD, Trevino LK. 2006. Academic Dishonesty in Graduate Business Programs: Prevalence, Causes, and Proposed Action. Acad Manag Learn Educ 5(3): 294 - 305.

Melé D.2008. Business Ethics: Europe Versus America. In Leadership and Business Ethics. Springer: Netherlands, pp.13 - 27.

Mohamed MM.2009.A Numerical Method to Index the Risk of Conflict Around the Transboundary Water Resources. Water Resour Dev 36(6): 731 - 742.

Okoli C., Pawlowski SD. 2004. The Delphi Method as a Research Tool: An Example, Design Considerations and Applications. Inform Manag 42(1): 15 - 29.

Palazzo B. 2002. US-American and German Business Ethics: An Intercultural Comparison. J Bus Ethics 41(3): 195 - 216.

Pätäri S. 2010. Industry-and Company-level Factors Influencing the Development of the Forest Energy Business—insights from a Delphi Study.

Technol Forecast Soc Chang 77(1): 94 – 109.

Peguero E, Berenguera A, Pujol-Ribera E, Roman B, Prieto CM, Terribas N. 2015. The Workers Opinions Have a Value in the Code of Ethics: Analysis of the Contributions of Workers in Virtual Forum Catalan Institute of Health. BMC Med Ethics 16(1): 90 – 108.

Resick CJ, Martin GS, Keating MA, Dickson MW, Kwan HK, Peng C. 2011. What Ethical leadership Means to Me: Asian, American, and European Perspectives. J Bus Ethics 101(3): 435 – 457.

Kavathatzopoulos I, Rigas G. 2006. A Measurement Model for Ethical Competence in Business. Journal of Business Ethics Education, 3: 55 – 74.

San-Jose L, Retolaza JL. 2016. Is the Delphi Method Valid for Business Ethics? Eur J Fut Res 4(1): 1 – 19.

Scherer S. 2009. The Social Consequences of Insecure Jobs. Soc Indic Res 93(3): 527 – 547.

Schmiedel T, Vom Brocke J, Recker J. 2013. Which Cultural Values Matter to Business Process Management? Results from a Global Delphi Study. Bus Process Manag J 19(2): 292 – 317.

Shin JC, Harman G. 2009. New Challenges for Higher Education: Global and Asia-Pacific Perspectives. Asia Pac Educ Rev 10(1): 1 – 13.

Tersine RJ, Riggs WE. 1976. The Delphi Technique: A Long-range Planning Tool. Bus Horiz 19(2): 51 – 56.

Turoff M. 1970. The Design of a Policy Delphi. Technol Forecast Soc Chang 2(2): 149 – 171.

Van Dijk JA. 1990. Delphi Questionnaires Versus Individual and Group Interviews: A Comparison Case. Technol Forecast Soc Chang 37 (3): 293 – 304.

Venard B, Hanafi M. 2008. Organizational Isomorphism and Corruption in Financial Institutions: Empirical Research in Emerging Countries. J Bus Ethics 81(2): 481 – 498.

Werhane P. H, Freeman RE. 1999. Business Ethics: The State of the Art. Int J Manag Rev 1(1): 1 – 16.

论西方经济伦理思想的研究对象

乔洪武*

[提要] 西方经济伦理思想研究对象的选择和确定，是这一方向研究的基础。它包含两大基本问题：第一，这是"谁"的关于经济问题的道德理论？第二，是关于什么经济问题的道德理论？本文认为，当西方经济学还在从属于神学和西方道德哲学的时代，即亚当·斯密将西方经济学创建成为一门独立和系统化的科学之前，西方经济伦理思想的研究对象是研究西方哲学家们对经济问题和人的经济行为的伦理判断和道德评价，即研究他们如何从伦理到经济的认识模式来研究经济中的伦理道德问题。而从亚当·斯密创立古典经济学之后，我们研究的则是西方经济学家如何从经济到伦理的认识模式来研究经济中的伦理道德问题。从古典到新古典经济学的研究范式中，我们可以得出所要研究的是关于什么经济问题的道德理论的重要结论，这就是关于生产、交换、分配和消费等方面的价值判断和道德评价。

伦理思想是各种道德理论的总称。在我国，一般将它划分为两大部分，其一是中国伦理思想，其二是西方伦理思想。无论是中国伦理思想，还是西方伦理思想，所涉及的问题都很广，概括起来主要有：关于道德的起源和本质、道德原则和规范、德性的内容和分类、意志自由和道德责任、道德情感与理性的关系、道德概念和道德判断的价值分析、道德教育和道德修养以及人生目的和理想生活方式等问题。经济伦理思想只是伦理思想中关于经济问题的道德理论。而西方经济伦理思想是从属于西方伦理思想范畴内的一个部分。由于经济伦理思想是关于经济问题的道德理论，因此就需要先弄清

---

* 作者乔洪武，武汉大学经济与管理学院教授。原文发表于《哲学研究》2016 年第 5 期。——编者

楚，这是“谁”的关于经济问题的道德理论？是关于什么经济问题的道德理论？

一

在西方被称为“社会科学的皇后”的西方经济学，作为一门独立的学科还非常年轻。据考证，是马歇尔（1842—1924）成功地从制度上实现了经济学作为一门学科的独立化。“在19世纪末的剑桥大学和牛津大学，政治经济学仅是道德科学和历史学荣誉学位考试的从属性科目。马歇尔对这一状况非常不满，认为道德科学学位考试的课程过于追求形而上学，不能吸引那些‘适合从事最尖端和最繁难经济学研究的学生’，也不利于培养学生们‘保持头脑冷静和清晰，以追踪和分析由多种原因而造成的复杂现象的能力’。因此，在就任政治经济学教授之后的近二十年中，马歇尔撰写了多篇文章，通过各种途径不断吁请剑桥大学设立独立的经济学科。直到1903年，独立的经济学荣誉学位考试的设立终于获得批准。”（关永强、张东刚，第57—58页）当然，这并不是说西方经济学在成为独立的学科之前就没有自己的学说和理论，只不过在西方经济学发展的最初阶段，它确实只是神学和“道德哲学”的从属分支。现代西方经济学的开山鼻祖亚当·斯密1740年去牛津大学读书获得斯内尔奖学金的资助，该基金就要求接受资助的学生回国担任圣职为苏格兰教会服务。斯密在离开牛津大学两年后致信学校，宣布放弃作为奖学金获得者的一切权利，也不再享受剩余5年的奖学金。他由此也终止了可能的牧师事业。1759年4月，斯密出版了《道德情操论》，为他赢得了英国著名伦理学家的美誉，埃德蒙·伯克（1729—1797）在1759年的《年鉴》中评价道：“作者在我们最常见、最广泛承认的感情之中，寻求正义、合理、恰当、公正的基础。同时，区分了什么是美德，什么是邪恶，并证明它们建立在同感的基础之上，根据这个纯朴的真理建立起也许是前所未有的最壮丽的道德理论大厦。”（斯密，第80—81页）休谟在此书出版后也给予了高度评价，并建议斯密“我仍然希望您考虑一下‘哲学史’这个题材”（斯密，第72—73页）。然而，在格拉斯哥大学担任道德哲学教授的他却开始研究法学和政治经济学，据他自己的计划，是准备写一部追溯法律、市民政府和财产权的起源，从而提出一种完备的正义论的著作。1895年发现的《亚当·斯密关于法律、警察、岁入及军备的演讲》证实了这一点。而在《道德情操论》出版17年后，亚当·斯密终于出版了《国民财富的性质和原因的研究》这一奠定现代经济学基础的巨著，它并不是一种完备的正义论的著作，却是一本专门的政治经济学的著作，熊彼特高度评价道:“《国富论》一书不仅是最为成功的经济学著作,而且也是或许除了达尔文的《物种起源》外迄今出版的最为成功的科学著作。”(熊彼特,1991年,第276页)所以,至少在斯密以前,研究经济中的道德问题的主要还是神学家和哲学家。从《圣经》到苏格拉底,再到斯密之前的休谟(1711—1776),这些神学家和哲学家大都采取了从伦理到经济的认识模式来研究经济中的伦理道德问题。这一认识模式在神学的地位下降之后,依然被哲学家们所沿用。例如,现代西方哲学家罗尔斯和诺齐克的正义理论就是运用从伦理到经济认识模式的典范,而他们从哲学世界观的高度对经济正义问题高瞻远瞩的解析,富于理论思辨的逻辑推理和演绎,显示了伦理学解释经济中的问题的强大力量,其研究结论为许多当代西方经济学家所认同。斯密是第一个作为哲学家和经济学家双重角色来研究经济中的伦理道德问题的思想家。在斯密之后的古典经济学中,这种以哲学家和经济学家双重身份,试图同时从伦理到经济和从经济到伦理的双向认识模式来研究经济中的伦理道德问题的现象依然存在,如约翰·穆勒(1806—1873)作为经济学家在1848年出版了著名的《政治经济学原理——及其在社会哲学上的若干应用》,他又作为哲学家先后出版过《论自由》(1859)和《功利主义》(1863)等哲学著作。亨利·西季威克(1838—1900)于1874年出版《伦理学方法》一书,对边沁和穆勒创立的古典功利主义理论作了最系统、最清晰也是19世纪最好的阐释。他还在1883年出版了《政治经济学原理》一书,熊彼特对此书的评价是,“这本书遵循了穆勒派的传统,用自己在概念化上的简练改善了这个传统,并且在好些方面提出许多有价值的意见,……譬如国际价值理论方面。其中对货币与利息的论述特别值得注意”(熊彼特,1994年,第119页)。在古典经济学中新起的从经济到伦理的认识模式,是指经济学家依据刚刚兴起的古典经济学理论对社会经济现象和人的经济行为动机和效果进行解析,再结合一定的伦理理论加以哲学上的评价和说明,它注重实证分析与规范分析相结合,弥补了从伦理到经济研究范式中对经济现象和经济行为过度抽象、对社会经济的具体实践缺乏精确深入研究的缺陷,它们研究得出的规范性结论相较于哲学家的结论更容易引起社会各界的兴趣,这为新生的古典经济学迅速提升自身在哲学中的地位作出了极为重要的贡献。

在西方经济学的发展历程中,1870年代“边际革命”无疑是一场重大的历史事件。英国的杰文斯在1871年发表的《政治经济学理论》,奥地利的门格尔同年出版的《国民经济学原理》,法国的瓦尔拉斯于1874—1877年出版了《纯粹政治经济学纲要》。他们以不同的术语与不尽相同的方法,论证同一个思想：商品价值是人对商品效用主观心理评价，价值量取决于物品满足人最后的亦即最小欲望的那一单位的效用。1884 年，维塞尔在其《经济价值的起源及主要规律》一书中把这个效用称为“边际效用”。此后，边际效用概念即被沿用。所以，“边际革命”是以经济分析中的“边际分析”而命名的。在《纯粹政治经济学要义》中，瓦尔拉斯指出，要准确地划分经济学的学科属性，首先应当将经济学划分成 3 个学科：纯粹经济学、应用经济学和经济伦理学(或经济社会学)。“纯粹经济学本质上是，在完全自由竞争制度假设下确定价格的理论。对一切物质的和非物质的事物所以能设定一个价格，是由于它们是稀少的，这些事物的总和构成了社会财富。因此，纯粹经济学也就是社会财富论。”“至于自由竞争是否处处说来总是最完美的方法，那是应用经济学所研究的问题”(瓦尔拉斯，第 16—17 页)。纯粹经济学理论是一门科学，它是经济学中最基础的学科，正如先有纯粹力学而后有应用力学一样，“假定有纯粹经济学理论，那就必须先有它，而后有应用经济学”(瓦尔拉斯，第 54—55 页)。而经济伦理学，它研究的目的是在于“把个人所应有的归还给个人，”“也就是说，如果是以公道作为其指导原则的，那就可以肯定，它必然是关于社会财富分配的科学，我们把这门科学叫做社会经济学”(瓦尔拉斯，第 64—65 页)。这两类科学的标准也是不同的，前者的标准是真、效用(指的是物质福利)，后者是善(指的是公道)(瓦尔拉斯，第 46 页)。而由他们开创的经济学与伦理学相分离的研究范式，在以边际效用分析为基础的新古典经济学中获得极大的认同，为现代西方经济学登上“社会科学的皇后”的宝座作出了极为重要的贡献。

正是由于上述原因，阿马蒂亚·森等人认为，现代西方经济学有两个根源，其一就是由“边际革命”创始人开创的经济学产生于工程学的根源。“‘工程学’方法的特点是，只关心最基本的逻辑问题，而不关心人类的最终目的是什么，以及什么东西能够培养‘人的美德’或者‘一个人应该怎样活着’等这类问题。在这里，人类的目标被直接假定，接下来的任务只是寻求实现这些假设目标的最适手段。较为典型的假设是，人类的行为动机总是被看作是简单的和易于描述的”(森，第 10—11 页)。而经济学的另外一个根源其实更为古老，这就是“经济学与伦理学、政治学中有关伦理观念的联系”(森，第 10 页)。“经济学与伦理学的传统联系至少可以追溯到亚里士多德。在《尼各马可伦理学》的开篇，亚里士多德就把经济学科与人类行为的目的联系起来，”而在被他视为可以统辖经济学的政治学里，“经济学研究最终必须与伦理学研究和政治学研究结合起来，这一观点已经在亚里士多德的《政治学》中得到了说明和发展”(森,第9页)。森还强调,“由经济学与伦理学之间不断加深的隔阂所造成的损失具有两面性。”这是因为,“在经济学经常使用的一些标准方法中,尤其是经济学中的‘工程学’方法,也是可以用于现代伦理学研究的。因此,我认为,经济学与伦理学的分离,对于伦理学来说也是一件非常不幸的事情”(森,第15页)。“事实上,经济学不仅能够直接帮助我们更好地理解伦理学问题的本质,而且还具有方法论上的意义。”“经济学推理受到‘工程学’方法的影响对取得了非常实质性的进展。在这方面,伦理学完全可以从经济学所使用的推理方法中获得一些有益的东西”(森,第16页)。由此可见,森反对经济学与伦理学分离的价值导向,他指出,“事实上,在那些伟大的经济学家们的著作中,这两个特征都是可以看到的,只是突出的程度不同而已。一些经济学家更重视伦理学问题;而另外一些经济学家则更重视工程学问题”(森,第12页)。森坚持认为,经济学与伦理学的分离不仅导致了现代经济学的严重的贫困化现象,也会导致现代伦理学的贫困化。因此,“由‘伦理相关的动机观’和‘伦理相关的社会成就动机观’所提出的深层问题,应该在现代经济学中占有一席重要地位”(森,第12页)。经济学家应该处理好的是将伦理学与工程学“这两种方法如何在经济学中进行平衡的问题”(森,第13页)。

从以上经济学如何从伦理学中产生到分离,再发展到新的融合的历程中,我们就可能找出第一个问题的答案,即我们所要研究的对象是谁?当西方经济学还从属于神学和西方道德哲学的时代,即亚当·斯密将西方经济学创建成为一门独立和系统化的科学之前,西方经济伦理思想研究的主要内容是研究西方哲学家们对经济问题和人的经济行为的伦理判断和道德评价,即研究他们如何从伦理到经济的认识模式来研究经济中的伦理道德问题。而从亚当·斯密创立的古典经济学之后,我们研究的是西方经济学家如何从经济到伦理的认识模式来研究经济中的伦理道德问题的。而对于现代西方经济学,我们不仅要研究那些更加突出伦理学问题的经济学家们的经济伦理思想,还要研究那些更重视工程学方法的经济学家们的方法与研究结论所蕴含的经济伦理意义。

二

至于第二个问题,即我们所要研究的是关于什么经济问题的道德理论?这也需要根据上节所述的哲学家从伦理到经济的研究范式和经济学家从经济到伦理的研究范式相结合的思维来选择和确定。

从伦理学来看，它是关于道德的科学。又称道德学、道德哲学。在西方，伦理学这一概念源出希腊文 ετησs，其本意是“本质”“人格”，也与“风俗”“习惯”的意思相联系。古希腊哲学家亚里士多德最先赋予其伦理和德行的含义，亚里士多德《尼各马可伦理学》一书中指出，“德性分为两类：一类是理智的，一类是伦理的。理智德性大多数是由教导而生成、培养起来的，所以需要经验和时间。伦理德性则是由风俗习惯熏陶出来，因此把‘习惯’(ethos)一词的拼写方法略加改变，就形成了‘伦理’(ethics)这个名称”(亚里士多德，第25页)。在西方伦理思想中，伦理学家们的主要论题是：

(一) 什么是善？如果说人们可以认识至善，那么，这种善的本质又是什么？一些伦理学家注意到善或至善同社会物质生活条件的关系，重视并强调道德与利益、道德与幸福的关系；另一些伦理学家则从上帝的意志、先验理性和人的主观意识中寻找善的来源和本质，从而这样或那样地抹杀或否认道德与社会物质生活条件的关系。关于善或至善的研究，在西方也被称为道德价值论。不同的伦理学派和伦理学家，对什么是至善的回答是各不相同的，有的伦理学家把知识或智慧作为至善，有的把幸福作为至善，有的把仁爱作为至善，还有的把荣誉、权力作为至善，等等。此外，还有一种以自我实现为至善的理论，这种理论，常常表现为多元论的价值观。

(二) 什么样的行为是正当的？什么样的品性才是符合道德的？在评价人们的行为和品性时，应以什么为标准？在生活中，应该履行什么样的义务？解决这方面问题的关键，在于如何看待和处理个人与社会、个人利益与整体利益的矛盾。一些伦理学家强调满足个人的欲望，否认或抹杀人的行为应该受社会整体利益的制约；另一些伦理学家强调义务的重要，强调对社会和他人应负的责任。由于主要涉及义务问题，所以在西方又称为义务论。由于人们研究价值或研究至善的目的，在于使人们有一种理想的道德品质，同时也在于用至善这一目标去影响和规范人们的行为。所以，西方伦理学家们一般都把19世纪以前的传统伦理学称之为规范伦理学。

在西方哲学家和伦理学家从伦理到经济的研究范式里，他们关注经济中的伦理议题也可以分成与上述相同的两大类，一是关注经济利益、经济行为的动机与后果与幸福和善的关系；二是评价人的什么样的品性是符合道德的？什么样的经济行为是正当的？在经济生活中人应当履行什么样的义务？并进一步追问，什么样的生产关系和社会经济制度是公平正义的？制度的安排对保障人的经济利益和合理的经济运行秩序又应当承担什么样的责任和义务？以上两方面的问题，往往又交织在一起融合在他们关于经济伦理的看法中。而在西方伦理思想史的不同阶段,伦理学家对这两方面问题的看法也是不同的。即使在同一社会的同一时代,社会上也存在着不同的、甚至是相互对立的经济伦理思想,这是因为社会上不同的阶级和利益集团的政治、经济和道德文化的偏好与诉求不同,他们对于即便是相同或相似的社会经济行为和现象的看法和评价必然有差异,由此导致经济伦理思想,尤其是对于评价社会的经济制度和生产方式,从善与幸福的角度看待人们经济行为的动机和效果,提出不同的激励人们经济活力的伦理精神和规范人的经济行为的道德准则等方面的认识和理解也不一样。阶级性的不同是造成这种不一样的首要原因,这是人类进入阶级社会以后的一种客观存在。

而在回答什么是经济学家从经济到伦理的研究范式之前,我们需先清理一下什么是经济学的研究范式。以直白的语言讲,研究范式是学者研究问题的套路或框架。西方经济学关于研究范式的基本分类是两类:规范性研究和实证性研究。按照一般的理解,规范性研究是在若干假定的前提下,依据事物的内在联系和逻辑关系,从纯理论上演绎推导出结论;实证性研究是从调查、观测或实验获取的样本数据和资料中,发现事物的本原,从个别到一般,归纳总结出带规律性的结论。西方经济学家认为,这两种范式的出发点和归属是不一样的:规范性研究的出发点和基础是一定的价值标准、行为准则,它从理论上对被研究的对象进行纯粹的逻辑思辨和数学演绎,对经济现象或经济问题作出合理与否的判断,通常要给出“应该怎样”“怎样才是合理的”解说;实证性研究的出发点和基础是观测实验数据,通常要对被研究的现象作出“是什么”的回答。

但是,在西方经济学中,还有另一类研究范式的划分是受到广泛认可的,这就是古典经济学与新古典主义经济学。按照西方经济学家的较为共同的认识,古典经济学的开创者虽然是亚当·斯密和大卫·李嘉图,但其研究范式的正式确立是在萨伊(1766—1832)。1803 年他出版了《政治经济学概论》,他提出的“三分法”明确了古典经济学研究的基本范式,后来的经济学家大都采用了萨伊的研究范式,只不过有的在他的生产、分配和消费“三分法”里再加上“交换”,使“三分法”演变为“四分法”。有的在此基础上又区分出了静态与动态经济学。如约翰·穆勒最早提出,在我们掌握了静止的、不变的社会经济法则之后,“我们尚须考察易于变化的,而且实际上(在较先进的民族及其影响所及的一切地区)总在不断变化的人类经济状况。我们必须考察这些变化是什么,变化的法则是什么,变化的基本趋势又是什么。所以,我们必须在已有的均衡理论之外加上一种运动的理论,即在政治经济学的静态理论之外加上一种政治经济学的动态理论”(穆勒,第 256 页)。

在萨伊的《政治经济学概论》中,我们可以发现这一范式的主要特征。

(一) 经济学不是与政治学和统计学混为一体的学说,它是一门专门研究和阐明财富是怎样生产、分配与消费的科学。萨伊指出,“严格地局限于研究社会秩序所根据的原则的政治学,在长久时间内,和阐明财富是怎样生产、分配与消费的政治经济学混为一谈。……有些著作家把良好政治的根本原则和国家财富与私人财富的增长所依存的根本原则混在一起研究,这就难怪他们不但不能把上述问题弄得明白,而且使它们含糊不清了”(萨伊,第 11 页)。自亚当·斯密以来,才把这两者分开。他特别对这一名词解释道:“这门科学并不是研究天然财富或大自然无代价地和无限制地供给我们的财富,而是专门研究社会财富。社会财富的基础是交换与财产权受到承认,而这两者产生自社会制度。”(萨伊,第 12 页)政治经济学与统计学也不一样,“统计学说明一个国家在一个特定时期的生产与消费,”(萨伊,第 15 页)。它与政治经济学的一个最重要的区别是:它是一门关于“发生着的事件的知识”而政治经济学是一门“关于存在着的物体的”知识,“政治经济学根据那些总是经过仔细观察的事实,告诉我们财富的本质。它根据关于财富本质的知识,推断创造财富的方法,阐明分配财富的制度与跟着财富消灭而出现的现象。它所传授的是关于结果及其原因的知识。它说明那些事实不断相结合,以致一个事实总是另一个事实的结果,以及为什么是这样。但它不用假设来作进一步的说明,而要从事物的本质去明白理解事物的联系。政治经济学必须引导人们从一个环节到另一个环节,使得有理解的人都能理会这个链条是怎样联系起来。现代用哲理推究的方法的优点就在于此”(萨伊,第 15 页)。而“统计学如果它不指出它所搜集的事实的来源与后果,就不能对我们有所裨益;可是,如果它指出事实的来源与后果,它立即变为政治经济学。”这也正是斯密在《国富论》中的一个缺陷,他把最正确的政治经济学原理与一大堆统计材料杂乱地放在了一起(萨伊,第 16 页)。

(二) 政治经济学采用的是“以哲理推究的良好方法,”“这个方法的优点在于:只承认经过仔细观察的事实,以及根据这些事实所作的精确推论,从而有效地排斥在文学上和科学上往往阻碍人们获得真理的偏见与先入之见”(萨伊,第 13 页)。而事实按严格地分类,又可以分为“存在着的物体”和“发生着的事件”两种。只有“事物怎样存在或怎样发生,构成所谓事物本质,而对于事物本质的仔细观察,则构成一切真理的唯一根据”(萨伊,第 13—14 页)。这种事实并不在于数量多少,“重要的,是掌握基本的和有直接影响的事实。更重要的,是从各个方面研究这些事实,使我们能够从这些事实推出正确的结论,并使我们所认为由这些事实产生的结果确是来自这些原因而不是其他原因"(萨伊,第 20 页)。政治经济学不光要"只知道事实,而不知道事实的相互关系,即不能指出为什么这个是原因那个是结果,这样的认识,实际上和政府或机关办事员的浅薄知识并无二致"(萨伊,第 17 页)。"就政治经济学说,我们能够得到完全的知识,因为一切构成这一门科学的一般事实都可发现出来。……如果构成政治经济学基础的原则是从无可否认的一般事实正确地推断出来,那么政治经济学就建立在不可动摇的基础上。"(萨伊,第 16 页)

(三)政治经济学并不是与伦理科学相分离的学说,相反,它并不需要借助于数学手段的帮助。在萨伊为政治经济学的科学性进行辩护时,他是将其放在和伦理科学一起进行的,而且是从来如此的。他指出:一些人以为,"绝对真理只限于数字和自然科学上经过仔细观察与试验的结果。他们以为,伦理科学和政治科学不包含不变的事实或无可争辩的真理,因而不能看作真正的科学"(萨伊,第 21 页)的观念是错误的。"人们在能够从各方面观察的情况下所屡次观察到的事实,一经被确定和被正确叙述,就不能再看作只是意见,而应当看作绝对真理。物体受热膨胀,一经被证明,就成为真理,不能被怀疑。伦理科学和政治科学说到同样无可非议但更难解释的真理",同理也可视为绝对真理(萨伊,第 47 页)。"正如严正科学(指数学)一样,政治经济学是由几个基本原则,和由这几个基本原则所演绎出来的许多系论或结论组成的。所以,为使这门科学有所发展,那就必须严格地根据观察推断这些原则,至于由这些原则所演释出来的结论的数目,可由研究者按他所拟定的研究目的酌量增减。"当这门科学发展起来后,"就越不需要从它的原则演释结论,因为这些结论将自然而然地呈现在每个人面前。"当各个人都能掌握这其中的原理时,"政治经济学的论著,将限于阐明几个一般原则,甚至不需要例证,因为这种论著将只是各个人所能知道的原则的说明"罢了(萨伊,第 23 页)。"但是,如果认为,通过使用数学来解决这一门科学上的问题,就会使这一门科学的研究弄得更正确或使这一门科学的研究有更可靠的指导,那是没有根据的。"(萨伊,第 23 页)"当我们使用数学计算说明政治经济学上的现象时,我们总会受迷惑。在这个情况下,政治经济学成为危险性最大的抽象理论。"(萨伊,第 25 页)与此相反,伦理学却对政治经济学具有极大的帮助。萨伊指出,"许多政治经济学上的意见,不但是基于人类最普遍弱点,即虚荣心,而且是基于另一个同样普遍的弱点,即自私自利。这两者不知不觉地、不由自主地对我们的思想方法产生强有力的影响。因此,这些激烈和偏颇的成见,往往把真理吓退,迫使真理不得不退缩。当真理敢于抬头时,这些偏见就贬黜真理,有的甚至迫害真理”(萨伊,第48页)。然而,“伦理科学和政治科学的类似部门的巨大进展,使我们能够很容易探索因果连锁的环节。因此,当我们一旦了解政治事实和经济事实是怎样相互影响时,我们就能够决定,在一定情况下,什么行动方针是最有利的”(萨伊,第50页)。

在1870年“边际革命”之后,随着边际效用学派的兴起,以边际分析为代表的新古典的研究范式开始挑战古典经济学研究的基本范式。在新古典经济学方法论上影响极大的是罗宾斯1932年出版《经济科学的性质和意义》一书。罗宾斯指出,近年来,某些经济学家认识到了,“经济学不能脱离伦理学。”“不幸的是,这两个学科从逻辑上说似乎只能以并列的形式联系在一起。经济学涉及的是可以确定的事实,伦理学涉及的是估价与义务。这两个研究领域风马牛不相及。在实证研究和规范研究的法则之间有一条明确无误的逻辑鸿沟,任何聪明才智都无法掩盖它,任何空间或时间上的并列也无法跨越它”(罗宾斯,第120页)。那么经济学的意义是什么呢?“经济学在其一般法则的结构之内并不提供对实践有束缚力的规范。它不能决定不同的取舍。它根本不同于伦理学。”(罗宾斯,第122—123页)“经济学研究的是用稀缺手段达到既定目的所引发的行为。因此,经济学对于各种目的而言完全是中立的。只要达到某一目的需要借助于稀缺手段,这种行为便是经济学家关注的对象。经济学并不讨论目的本身。它假设人们在下述意义上是有目的的,即人们拥有一些可以界定并可以理解的行为倾向。经济学要回答的问题是:人们达到其目标的过程如何受制于手段在稀缺——稀缺手段的配置如何依赖于最终的估价。”(罗宾斯,第26页)“因此,决不应认为经济学像伦理学或美学那样,关心目的本身。”(罗宾斯,第32页)

1976年取得诺贝尔经济学奖的弗里德曼于1953年发表《实证经济学方法论》一文中也指出,“原则上,实证经济学是独立于任何特别的伦理观念或规范判断的。正如凯恩斯[这里指的是:约翰·内维尔·凯恩斯的著作《政治经济学的范畴与方法》。约翰·内维尔·凯恩斯(1852—1949)是约翰·梅纳德·凯恩斯之父。——引者注]所说的那样,它研究的是‘是什么’的问题,而不是‘应该是什么’的问题。总之,实证经济学是或者可以是一门‘客观’科学,其‘客观性’与任何一门自然科学的完全相同”(弗里德曼,第121页)。1967年在《经济学中的价值判断》一文中,弗里德曼又指出,“哲学家或多或少地有这种印象:经济学家在回避哲学家心目中的根本性问题,即影响并参与私人决策和公共政策的价值判断。在使用价值判断一词时,哲学家并不是指相对交换价值,而是指'道德'或'伦理'价值"(弗里德曼,第3页)。弗里德曼从3个方面回答了哲学家的这个问题。(1)经济学中并不存在价值判断。虽然,"经济学的确涉及价值判断。首先,没有任何目标是被真正充分地限定的,而只是部分地反映在它们的结果中。其次,我们从来没有真正地了解我们财全部价值观。""进一步讲,经济学家并不仅仅是经济学家,他们也是人,因此,他们自己的价值观无疑会影响他们的经济学。'不受价值观影响的'经济学只是一种理想,"经济学家的价值判断无疑会影响他所得出的结论,他的结论又反作用于他的价值判断。"但是,这并不改变这样一种基本观点:原则上,经济学中并不存在价值判断。"(弗里德曼,第4页)(2)关于经济政策上的分歧并非是经济学家价值判断方面的"真正"分歧,而主要是(并非全部)实证分析预测方面的分歧。"这种分歧并不是道德性分歧,而是科学性分歧,是原则上可以为经验证据所解决的分歧。"而人们之所以将政策方面的分歧归因于价值判断上的分歧,"是因为怀疑一个人的动机常常要比迎战他的争论或面对他的论据容易得多。通过将与我们的观点不同的那些人看作是想取得'坏'目标的'坏人',我们就可以缩短分析和收集证据的艰苦过程,同时,还能得到公众义愤和道德热情对我们的观点的支持"(弗里德曼,第6页)。(3)市场在形成共同价值的过程中,作为许多人自愿合作的一种工具而发挥积极作用。"在很多方面,这是自由市场在商品领域和思想领域的基本作用:使人类能够在探索和发展价值观的过程中携手合作。"而揭示这一结构是如何从个人之间自发自愿的合作中产生并发展起来的,"这正是经济分析能够对政治学家和哲学家作出最大贡献之所在。"当然,"毫无疑问,价值观的社会演化过程并不能够确保发展起来的一体化制度与人们的价值观所偏好的那种社会相一致"(弗里德曼,第10页)。

罗宾斯-弗里德曼所代表的是一种新古典主义范式的经济学,它的研究范式明显不同于萨伊确立的古典经济学的研究范式。显而易见,在古典经济学中从经济到伦理的研究范式中,西方经济学家们是从经济的"三分法"或者"四分法"出发,对社会经济现象、经济行为、经济体制和经济制度的规范性的价值判断和伦理评价,社会经济行为主要被分为生产、交换、分配和消费等4个方面。而在新古典主义的经济学中,最极端的看法是根本就不存在经济学家从经济到伦理的研究范式,因为他们认为"原则上,经济学中并不存在价值判断。"但是,除了这种最极端的看法之外,新古典经济学中还是有许多学派和学说是不同意完全割断经济学与伦理学的联系,认为经济学中是存在价值判断的。先后受教于奥地利学派的庞巴维克和新古典学派马歇尔的熊彼特就指出,“社会过程实际上是一个不可分割的整体。在它的洪流中,研究工作者的分类之手人为地抽出了经济的事实。把一个事实称为经济的事实这已经包含了一种抽象,这是从内心上模拟现实的技术条件迫使我们不得不作出的许多抽象中的头一个。一个事实决不完全是或者纯粹是经济的,总是存在着其他的——并且常常是更重要的方面”(熊彼特,1990年,第5页)。而最先提出“边际效用”一词的维塞尔,在他的《自然价值》出版后的第25年,他又推出《社会经济学》这一力作。在这部著作中,维塞尔不再赞同他原先也支持的边际效用学派将伦理学“请出”经济学的主张,反对经济学纯数理化的发展方向,强调伦理和政治的考量必须包含在经济学理论之中。他指出,除了在简单经济中个人被假定为理想化的经济主体,所以不需要考虑比鲁滨逊经济更多的利益冲突和经济公正外,在交换理论中,“古典学者把他们的主要注意力局限于良好规制的、年衡的竞争。”正是在这一理想假设下,“竞争的力量将引导个人追逐私利的努力实现一般福利这个目标”。“但是,一旦注意到强者和弱者之手围绕着工资而进行的斗争,这种观点就不再真实了。”“因此,现代理论在其假设中必须考虑占有的不平等,以及个人才能由于自然天赋和教育所引起的不平等。它必须修正它的理想化假设”。(维塞尔,第56—57页)在对资本主义私有制的评价上,维塞尔认为它是一把双刃剑,既具有促进生产力发展的积极作用,又带来了社会两极分化的严重后果,应当运用道德、宗教和政府干预的力量来加以改善。他指出,几千年的实践经验证明,私有经济“这一体制是比一致服从统一命令的体制更为成功的一种有保障的社会结合方式”(维塞尔,第495页)。但是,也应当看到,“如果社会被分裂成只有小部分拥有大量财富的人和大量无产者而没有中产阶级,或者即便现在的状况被凝结,那么赞美的资本主义技术和组织就会被宣判为人类文化的终结”(维塞尔,第497页)。即便是在20世纪80年代以来才迅速发展起来的运用博弈论来对经济伦理问题进行研究的数理伦理学派的主要代表肯·宾默尔(1940—),也正是借助于斯密的“同感”这一概念,展开了对公平理论的分析(乔洪武、沈昊驹,第105页)。1982年诺贝尔经济学奖得主乔治·施蒂格勒也认为,“无论经济学的说教者是引导还是跟随(某种政策主张),都需要某种伦理体系来指导他们提出建议”(施蒂格勒,第436页)。阿马蒂亚·森也批评道:“我认为,随着现代经济学与伦理学之间隔阂的不断加深,现代经济学已经出现了严重的贫困化现象。”(森,第13页)在《伦理学与经济学》一书中,阿马蒂亚·森深入阐释了“经济行为与道德情操”、“经济判断与道德哲学”以及“自由与结果”等经济学研究中的伦理问题，生动展示了作为新古典体制内的经济学家从经济到伦理的研究范式。他强调指出，“既没有证据表明自利最大化是对人类实际行为的最好近似，也没有证据表明自利最大化必然导致最优的经济条件。他以自由市场经济为例来说明这个问题，比如在日本，那里以规则为基础的行为，系统地偏离了自利行为的方向——责任、荣誉和信誉——都是取得个人和集体成就的极为重要的因素”(森，第3页)。

综上所述，经济学家从经济到伦理的研究范式不仅是存在的，而且是与哲学家从伦理到经济的研究范式具有同等重要地位的研究范式。从古典到新古典经济学的研究范式中，我们可以得出我们所要研究的是关于什么经济问题的道德理论的重要结论，这就是关于生产、交换、分配和消费等方面的价值判断和道德评价——加上后来经济学对动态经济学与静态经济学的区分，它还包括关于经济动态过程中的经济动机和经济力量中的价值判断和道德评价。而这些价值判断和道德评价，则源自不同的伦理学理论。

参考文献

关永强、张东刚：“英国经济学的演变与经济史学的形成(1870—1940)”，《中国社会科学》2014年第4期。

亚当·斯密：《亚当·斯密通信集》，林园夫等译，商务印书馆1992年。

熊彼特：《经济分析史》(第1卷)，朱泱等译，商务印书馆1991年。

熊彼特：《经济分析史》(第3卷)，朱泱等译，商务印书馆1994年。

熊彼特：《经济发展理论》，何畏等译，商务印书馆1990年。

瓦尔拉斯：《纯粹经济学要义》，蔡受百译，商务印书馆1989年。

阿马蒂亚·森：《伦理学与经济学》，王宇等译，商务印书馆2000年。

亚里士多德：《尼各马科伦理学》，苗力田译，中国社会科学出版社1990年。

萨伊：《政治经济学概论》，陈福生译，商务印书馆1963年。

穆勒：《政治经济学原理》(下卷)，赵荣潜等译，商务印书馆1991年。

罗宾斯：《经济科学的性质和意义》，朱泱译，商务印书馆2000年。

弗里德曼：《弗里德曼文萃》，胡雪峰等译，首都经贸大学出版社2001年。

维塞尔：《社会经济学》，张旭昆等译，浙江大学出版社2012年。

乔洪武、沈昊驹：“宾默尔经济伦理思想探讨”，《哲学研究》2009年第6期。

施蒂格勒：《施蒂格勒论文精粹》，吴珠华译，商务印书馆2010年。

论慧能禅学思想的经济伦理价值

黄云明*

[提要] 慧能禅学的"佛法在世间""打坐不能成佛""明心见性"等诸多思想与路德和加尔文的思想具有同构性,具有赋予世俗活动以宗教价值、打破世俗活动的精神禁锢、倡导理性生活方式的意义,是中国近代启蒙文化的先导。

德国思想家马克斯·韦伯在《新教伦理与资本主义精神》一书中断言,西方基督教之所以能够率先创造资本主义市场经济制度,推动社会现代化,是因为马丁·路德和加尔文领导了基督教的革命,基督教新教伦理为资本主义市场经济提供了发展的精神动力。中国社会尽管有一系列的有利于资本主义市场经济发展的文化因素,但是,由于中国宗教没有像基督教新教的改革,所以,不能提供资本主义市场经济发展所需要的价值观。全面审视中国儒释道三家唐宋以后的思想发展,我们不难看出韦伯思想的偏颇。实际上,内涵了社会现代化所需要的价值文化因素。钱穆先生在《再论禅宗与理学》中说佛教禅宗六祖慧能相当于中国的马丁·路德,余英时在《儒家伦理与商人精神》中也肯定了此说。可见,理清慧能禅学思想及其经济伦理价值,对于重新审视中国社会现代化的思想进程意义重大。

一、佛法在世间与世俗生活宗教价值的确立

宗教经济伦理变革首先要解决的问题是消除传统宗教圣俗两分的绝对界限,摆脱贬低世俗活动的价值观念,解除世俗经济活动的传统伦理束缚。基督教新教的改革要点之一就是对世俗活动价值认识的转变。

---

* 作者黄云明,河北大学教授、河北省伦理学学会副会长。——编者

传统佛教将世界分为尘世和净土，认为世俗世界是尘世、秽土、苦海或者火宅，修行佛教的目的就是要往生西天佛国净土世界。慧能一反传统佛教的思想，主张成佛就在当下、此世。他说："佛法在世间，不离世间觉，离世觅菩提，恰如求兔角。"[①]慧能弥合了圣俗、僧俗的界限，他认为佛教修行不一定在寺院、真心修行在家也可以。

宗教经济伦理变革不仅要摆脱贬低世俗活动的价值观念，解除世俗经济活动的传统伦理束缚，还要更进一步赋予世俗活动以宗教的神圣价值，才能做到将宗教伦理价值转化为世俗活动的精神动力。基督教新教加尔文宗认为人的行为与其能否得救无关，人在现世生活的唯一目的应该是荣耀上帝，世俗的成功是荣耀上帝的根本方式，世俗活动因此获得了神圣的价值。

慧能说："所以佛言：'随其心净，即佛土净。'使君！东方人但心净即无罪；虽西方人，心不净亦有愆。东方人造罪，念佛求生西方；西方人造罪，念佛求生何国？凡愚不了自性，不识身中净土，愿东愿西，悟人在处一般。所以佛言：'随所住处，恒安乐。'使君！心地但无不善，西方去此不遥；若怀不善之心，念佛往生难到。"[②]慧能认为，佛国净土和现世秽土的差别不是东方西方的差别，心净、心善就是佛国，在现世依善心而行，就是佛行，就是修行，慧能赋予了现世活动以宗教的价值。

当然，慧能的本意与经济伦理几乎是风马牛不相及。但是，禅宗僧人对其学说的进一步发挥使其具有了明确的经济伦理价值。宋代禅师大慧宗杲将慧能的佛法在世间表述为"世间法即佛法，佛法即世间法"，世俗的宗教价值更加明确。百丈怀海则以此为价值指导确立了禅宗的"普请"制度，重新制定了禅宗僧人的生活戒律，规定禅宗僧人"朝参夕聚，饮食随宜，示节俭也。行普请法，示上下均力也"[③]。这种普请制度规定僧人必须过节俭的生活，大家一起睡通铺，一起劳动，一天不劳动，一天不吃饭，百丈怀海禅师率先垂范，"师凡作务，执劳必先于众，主者不忍，密收作具，而请息之。师曰：吾无德，争合劳于人？既遍求作具不获，而亦忘餐。故有'一日不作，一日不食'之语，流波寰宇。"[④]佛祖最初为佛教僧人确立的是托钵乞讨的生活方式，修行就是要摆脱世俗活动的纷扰，而普请制度却将劳动作为修行不可或缺的功课。后来的禅僧逐渐将修行与日常生活相结合，强调修行不能脱离日常生活，日常

---

① 《禅宗七经·坛经》，宗教文化出版社 1991 年，第 335 页。
② 《禅宗七经·坛经》，宗教文化出版社 1997 年，第 336 页。
③ 慧皎等：《高僧传合集·宋高僧传》，上海古籍出版社 1991 年，第 445 页。
④ 普济：《五灯会元》，中华书局 1984 年，第 136 页。

生活中时时刻刻都可以修行。唐朝著名的居士庞蕴作偈云:“日用事无别,唯吾自偶谐。头头非取舍,处处没张乖。朱紫谁为号,北山绝点尘。神通并妙用,运水与搬柴。”大珠慧海禅师说修道用功就是“饥来吃饭,困来即眠”。历代的祖师大德,出身行单的很多,雪峰在德山座下当饭头,道匡在招庆座下任桶头,绍远在石门座下任田头,晓聪在云居座下任灯头,义怀在翠峰座下任水头,香岩刈除草木,云岩帮人补鞋、做鞋,临济锄地栽松,仰山开荒牧牛,洞山锄茶园,玄沙砍柴,赵州扫地,印光行堂,诸多大德莫不是在劳动中领悟禅的滋味,成为一代龙象。当然,禅僧将修行与日常生活融会,目的不在圣化日常生活,而是将修行普遍化,但是,既然融合,圣俗的界限就被打通,赋予世俗生活以神圣价值已经是题中应有之义。

佛法在世间的思想对日本佛教思想也产生了重大影响。日本著名学者山本七平在《日本资本主义精神》一书中认为,日本高僧铃木正三在禅宗思想的基础上提出“劳动即禅行”的思想,实现了日本佛教的世俗化,促使日本佛教徒确立了现代生活发展所需要的价值观,为资本主义市场经济的主体提供了敬业的精神基础。铃木正三主张,“任何职业皆为佛行,人人各守其业即可成佛,而佛行之外并无成佛之道,必信其所事之业皆于世界有所益。世无铁匠以下诸工匠,则无诸品可用;世无武士,则无以治国,世无农人,则无谷粟充饥;世无商人,则无货物流通。此外尚有诸多职业,亦皆于世界有所益。”①

近代社会以后,太虚、虚云等大和尚以及赵朴初先生,发扬禅宗思想精神,倡导实践佛陀教导、利济众生的人间佛教,主张佛教不是消极地避世,而是积极地救世;不是空虚玄谈,而是真笃实践;不是追求做神做鬼,而是利用佛教思想改造现实社会,推进社会进步,促使众生觉悟人生。“生活禅”是沿着这条道路创造的更切合现代生活特色佛教形式。

二、明心见性与个性自由和解放

精神革命是社会革命的前提和基础。基督教新教改革倡导因信称义,主张信徒凭着信仰就可以在上帝面前称义,每一个信徒自己都可以祈祷和忏悔,可以通过《圣经》而获得神意,打破了天主教宗教组织的神学权威,废除了天主教神职人员对神权的垄断,为信徒的精神解放创造了空间。在天主教中,神职人员垄断着《圣经》的解释权,《圣经》只有希腊文和拉丁文,为了便于

① 转引自山本七平:《日本资本主义精神》,生活·读书·新知三联书店1995年,第117页。

信徒阅读《圣经》,路德倡导各民族用自己的语言翻译《圣经》。

慧能创立禅宗同样具有打破传束缚的佛教革命意义。慧能认为,人人皆有佛性,人人皆可成佛。据《坛经》记载:

祖问曰:"汝何方人?欲求何物?"

惠能对曰:"弟子是岭南新州百姓,远来礼师,惟求作佛,不求余物。"

祖言:"汝是岭南人,又是獦獠,若为堪作佛?"

惠能曰:"人虽有南北,佛性本无南北;獦獠身与和尚不同,佛性有何差别?"[①]

慧能强调人人皆有佛性,将终生成佛的依据内在化,与基督教新教的称义依据内在化具有同构型。

人人皆可成佛,不是说人人就是佛。佛和众生的区别是迷和悟。慧能说:"佛向性中作,莫向身外求。自性迷,即是众生;自性觉,即是佛。慈悲,即是观音;喜舍,名为势至。能净,即释迦;平直,即弥陀。"[②]他还说:"善知识,凡夫即佛,烦恼即菩提;前念迷,即凡夫;后念悟,即佛;前念着境,即烦恼;后念离境,即菩提。"[③]"不悟,即佛是众生;一念悟时,众生是佛。故知万法尽在自心,何不从心中顿见真如本性?"[④]

既然自性的迷悟是成佛的关键,所以,佛教修行的根本就是剥除内心自性的尘垢,而不必拘泥于读经、念佛、打坐等传统的修行方法,所以,慧能主张:"教外别传,不立文字,直指人心,见性成佛",据《坛经》记载:

尼乃执卷问字,

师曰:"字即不识,义即请问。"

尼曰:"字尚不识,焉能会义?"

师曰:"诸佛妙理,非关文字。"[⑤]

慧能主张不立文字,诸佛妙理,非关文字,并不是说佛经没有价值,而是说不要拘泥佛经,如果拘泥佛经,还不如不读经。慧能说:"三世诸佛、十二部经,在人性中本自具有,不能自悟,须求善知识指示方见。若自悟者,不假外求;若一向执谓须他善知识方得解脱者,无有是处。何以故?自心内有知识

① 《禅宗七经·坛经》,宗教文化出版社 1997 年,第 324 页。

② 同上书,第 337 页。

③ 同上书,第 331 页。

④ 同上书,第 333 页。

⑤ 同上书,第 344—345 页。

自悟,若起邪迷,妄念颠倒,外善知识虽有教授,救不可得;若起真正般若观照,一刹那间,妄念俱灭。若识自性,一悟即至佛地。"[①]

单从外在形式上来看,慧能对待经典的态度与路德截然不同,一个是打破经典权威;一个是确立经典权威,但是,两者要打破传统宗教束缚的根本价值追求是相同的。当然,我们也可以认为,在冲破传统教义束缚,追求精神解放上,慧能更彻底、更坚决。

佛、法、僧是佛教三宝,皈依佛教就要皈依佛、法、僧。慧能禅学革命,将传统皈依佛、法、僧改为皈依自心三宝,"若言归依佛,佛在何处? 若不见佛,凭何所归? 言却成妄。'善知识! 各自观察,莫错用心。经文分明言、自归依佛,不言归依他佛。自佛不归,无所依处。今既自悟,各须归依自心三宝,内调心性,外敬他人,是自归依也。'"[②]由此可见,慧能和路德都重视宗教组织和神职人员的作用,但是反对把它们绝对化、权威化。

慧能的后人与慧能相比,走得更远,他们不仅不再强调佛、僧和经的重要性,而且为了追求心灵的自由,贬低佛、僧和经的重要性,甚至于呵佛骂祖,说佛经是拭疣疮纸,德山宣鉴骂禅宗祖师:"达摩是老臊胡!"出于同样的道理,义玄禅师,还骂出了更厉害的话,认为求法之人,真要想获得佛法见解,就一定不要受人从外欺惑,逢着就要把它们杀掉,逢佛杀佛,逢祖杀祖,逢罗汉杀罗汉,逢父母杀父母,逢亲眷杀亲眷,只有不被任何一物所拘束,心灵才能够真正自由自在。

既然明心见性是成佛要旨,传统佛教的修行,诸如:念经、参禅、打坐、持戒……都不必拘泥。所以就有了"酒肉穿肠过,佛祖心中留",有的僧人不仅喝酒吃肉,甚至嫖娼狎妓,简直是视清规戒律为无物,百无禁忌了。

市场经济是竞争的经济,市场经济体制的建设要求其主体个体人格的独立以及个性的自由和解放。禅宗僧人的精神解放是为了追求心灵的自由和幸福,没有世俗社会经济发展的目的,但是其产生以唐宋市民社会的发展为背景,也促进了中国人的个性的自由解放,对于明清之际的社会启蒙具有深远的影响。

三、打坐不能成佛与理性生活方式

韦伯将人类现有宗教分为两种:禁欲主义宗教和神秘主义宗教,他说:

---

① 《禅宗七经·坛经》,宗教文化出版社 1997 年,第 333 页。

② 同上书,第 342 页。

"宗教信仰者既可以因为他觉得自己是圣灵的容器也可以因为觉得自己是神的意愿的工具而确信自己已处于恩宠状态。在前一种情况下,他的宗教生活倾向于神秘主义和感情主义,而在后一种情形里则倾向于禁欲行为。"[①]在韦伯看来,西方宗教倾向于禁欲主义宗教,东方宗教则倾向于神秘主义宗教,基督教新教是最典型的禁欲主义宗教,而佛教、印度教和中国道教等则是典型的神秘主义宗教。神秘主义宗教往往与信念伦理相关,禁欲主义宗教则往往是与责任伦理相连,与神秘主义宗教相比,禁欲主义宗教更具有理性主义精神,更适应资本主义市场经济发展的要求。

与西方基督教相比,佛教具有更浓郁的神秘主义宗教色彩是不容置疑的,但是,佛教到中国以后发生了很大变化,特别是隋唐以后,慧能禅宗对佛教的改革,使佛教具有了更多的理性主义精神,这种倾向表现在两个方面,其一是对成佛的状态的认识的转变,其二是佛教修行方法的转变。

首先,禅宗将佛教的彼岸追求现实化,强调佛法在世间,在现世当下也可以成佛,而且禅宗的信仰者强调成佛就是一种自然而然的生活状态,就是搬柴运水、穿衣吃饭,并不神秘。《坛经》记载:

> 薛简曰:"京城禅德皆云:'欲得会道,必须坐禅习定。若不因禅定而得解脱者,未之有也。'未审师所说法如何?"
>
> 师曰:"道由心悟,岂在坐也?经云:'若言如来若坐若卧,是行邪道。'何故?无所从来,亦无所去,无生、无灭,是如来清净禅。诸法空寂,是如来清净坐。究竟无证,岂况坐耶?"[②]

成佛就是觉悟人生,能够顺其自然地接受生活的实有状态。

其次,修行的根本在于明心见性,所以参禅、打坐等就不是关键。《坛经》记载:

> 宗复问曰:"黄梅付嘱?如何指授?"
>
> 惠能曰:"指授即无,惟论见性,不论禅定解脱。"
>
> 宗曰:"何不论禅定解脱?"
>
> 谓曰:"为是二法,不是佛法,佛法是不二之法。"[③]

简化圣礼以及减少圣礼的宗教价值是基督教新教对天主教改革的重要表现之一。天主教认为,洗礼、圣餐礼、坚振礼、告解礼、终傅礼,圣秩礼,

---

① 马克斯·韦伯:《新教伦理与资本主义精神》,生活·读书·新知三联书店 1987 年,第 86—87 页。

② 《禅宗七经·坛经》,宗教文化出版社 1997 年,第 359 页。

③ 同上书,第 329 页。

婚礼等七件都是圣礼。基督教新教改革后只承认洗礼和圣餐礼为圣礼，尤其是清教信仰者几乎反对所有的宗教仪式，认为所有宗教仪式都有神秘主义倾向。

佛教的禅定是典型的神秘主义的宗教仪式，禅定是佛教徒追求与佛际遇的根本方式，也是获得神机妙用的基本途径。慧能创立禅宗就不主张强调参禅打坐，《坛经》记载：

心平何劳持戒？行直何用修禅？
恩则孝养父母，义则上下相怜。
让则尊卑和睦，忍则众恶无喧。
若能钻木出火，淤泥定生红莲。
苦口的是良药，逆耳必是忠言。
改过必生智慧，护短心内非贤。
日用常行饶益，成道非由施钱。
菩提只向心觅，何劳向外求玄？
听说依此修行，天堂只在目前。[①]

慧能的后学更有人明确反对参禅打坐。《五灯会元》载，“开元中有一沙门道一，即马祖耶。在衡岳山常习坐禅。师（南怀岳让）知是法器，往问曰：‘大德坐禅图什么？’一曰：‘图作佛。’师乃取一砖，于彼庵前石上磨。一曰：‘磨作什么？’师曰：‘磨作镜。’一曰：‘磨砖岂得成镜耶？’师曰：‘磨砖既不成镜，坐禅岂得作佛？’”[②]

“心平何劳持戒？行直何用修禅？”“菩提只向心觅，何劳向外求玄？”将修行融汇在日用常行，而不是追求玄虚的参禅打坐，生活方式的理性色彩强化是显而易见的。尽管禅僧的目的是修炼成佛，但是，生活方式的理性因素的增加可以间接地影响社会，促进市场经济的发展。

韦伯把世界宗教区分为禁欲主义和神秘主义两种，认为禁欲主义宗教更具有理性主义精神，神秘主义宗教具有情感主义倾向。佛教禅宗改革理性主义追求增加了，但是佛教神秘主义的性质没有改变，慧能思想与路德思想相比显然理性化程度不够。禅宗僧人虽然强调成佛可以在现世当下、在日用常行中，但是也强调成佛的觉悟境界是如哑受义、不可言说、“一落唇吻即不是”的神秘境界。

---

① 《禅宗七经·坛经》，宗教文化出版社 1997 年，第 337—338 页。

② 普济：《五灯会元》，中华书局 1984 年，第 127 页。

研究慧能的思想以及将其与路德和加尔文比较，目的不在于说明西方社会的东西，我们的祖先早已就有，而是通过比较研究促使我们更加准确地理解中国传统思想，盘点中国社会现代化的传统文化资源，以利于推进现代化的进程。

探索创新信息技术促进经济伦理

［美］张福山（Fushan〈Sam〉Zhang）、
［美］基普·彼得斯（Kip Peters）* 陆晓禾 译

［提要］ 虽然有大量关于信息技术伦理问题的文献，但很少有信息技术如何从根本上改变经济伦理研究、教育和实践方面的讨论。本文中，我们使用经济伦理应用程序（即服务）试图找到经济伦理标准的交迭共识，可以支持研究人员、教育工作者和其他人解决非常复杂的经济伦理问题。

一、商业信息技术时代

信息技术（IT）的创新从根本上改变了许多关键的业务实践。在表 1 中，我们为经营定义了 IT 时代。第一代是从 1940 年代到 1980 年代，在计算性能和数据库领域进行了重大创新，促使会计和金融领域的业务实践发生变化。第二个时代始于 1990 年代，互联网的增长深刻地影响了营销和销售方面的经营实践。然而，直到几年前，我们还没有看到创新 IT 对经济伦理的显著影响。此后，一些技术创新开始从根本上影响经济伦理研究、教育和实践。

表 1 商业资讯科技的时代

商业资讯科技时代	年 代	典型公司	主要创新	附 注
会计和财务	1940 年代—1990 年代	IBM、甲骨文、苹果、微软。	UN IVAC，IBM360，Oracle 数据库。	苹果和微软是这个时代里的关键公司，但准备了下一个时代。

作者单位：美国西得梅因农业局金融服务公司（FBL Financial Group, Inc.）。——译者

续 表

商业资讯科技时代	年 代	典型公司	主要创新	附 注
营销和销售	1990—2020 年	苹果、微软谷歌、亚马逊Face book、Twitter、腾讯。	互联网、万维网、电子邮件、微信等。	Face book 和腾讯是站在这个时代的关键公司，但是为下一个时代而准备的。
伦理和人力资本	2010 年—?	csrhub.com，Airbnb、Uber、电信公司。	大数据、链接数据、机器学习。	

这些最近的创新包括数据可视化、语义 Web、大数据、机器学习和认知计算(Allemang, 2011; KellyIII, 2013)。它们使计算机能够处理结构数据和非结构数据。结构数据通常保存在关系数据库中，并使用综合技术进行处理。非结构化数据包括文本文件、文档、文章、图像、音频、视频等，约占世界所有数据的 80%。特别是，非结构化数据包括所有经济伦理书籍、案例研究、会议论文和企业社会责任报告。非结构化数据可以用多种格式来保存，需要语义功能来处理数据。

目前大多数信息技术只具有句法能力，无法理解非结构化经济伦理数据的含义。相反，最近的创新，如 IBM 的沃森(Watson)，代表了认知计算的最新进展，具有语义能力。这使计算机不仅能够处理数据，而且能够理解这些数据在自然语言中的含义，如汉语和英语。此外，一些新的大数据技术可以更低的成本与几乎实时的方式有效地处理各种格式的大量数据。这些创新可以帮助人类更容易解决一些复杂的经济伦理问题。更重要的是，它可以帮助人们在日常企业生活中运用经济伦理。

这些新技术一直在创造新的商业机会，如保险公司的远程信息技术，甚至是全新的公司，如 CSRhub.com、Uber 和 Airbnd。如果我们可以说麦当劳在房地产行业，那么 Uber 在“透明行业”，Airbnb 在“信托行业”。这两者都可以视为“经济伦理行业”的一部分。

因此，我们认为，下一个时代可能是伦理时代(及其相关活动，如领导力、信息安全、人力资源、法律、合规等)。道德相关的 IT 服务将不像属于公司内部特定部门的会计或销售应用；相反，它们将与几乎所有其他服务集成在一起。

本文将探讨这些新的创新如何应用于经济伦理研究、教育和实践。通过这样做,我们应该显著改善经济伦理决策质量。首先,我们需要了解经济伦理和对于不久未来的挑战和机遇。

二、挑战和机遇

(一) 问题定义

这些技术创新可以解决经济伦理研究、教育和实践中的哪些问题?有 3 个问题(机遇)领域:

1. 寻找经济伦理标准的交迭共识,特别是用于国际商务。

2. 开发经济伦理决策支持系统,使普通人能够在日常工作和个人生活中遇到经济伦理问题时找到经济伦理问题的答案或得到建议。

3. 对上市公司来说,估计经济伦理政策和行为对其财务结果或股票价格的影响。

(二) 概念和定义

很难对经济伦理作出明确和全面的定义(Enderle, 1993)。首先,我们需要了解经济伦理的主体(情境中最重要的部分)。主体有 3 个层次:微观层次,个人;中观层次,公司和非营利性组织;宏观层次,国家和国际组织(Enderle, 1993 和 2016)。

从 IT 系统的角度来看,这三个层次的所有主体都是"生命系统"(Miller, 1978)。生命系统是开放的,自我组织的生物,与他们的环境相互作用。

这些生物系统有许多相似之处。从一个层次到另一个层次也有差异。例如,在微观层次,企业家是一个人,一个法人,也是一个道德人。在中观层次,如果一家公司应该是一个法人、一个道德人,或者不是一个人,我们可能会找到一个不同的答案(Stanford Ethics, 2016)。

然后,我们必须以一种简单的方式来定义伦理。在《韦氏词典》中,伦理是"一种道德价值观体系"。另一个定义是,伦理是"一套关于什么是对什么是错的信念"(Peters, 2015)。衡量这两个定义之间的差异并不容易。由于经济伦理应该以实践为导向(Enderle, 1993),我们选择了第一个定义,因为获得道德价值观的数据比获得信仰的数据更容易。

在将上述定义加一起后,从信息系统的角度,我们得到了以下结果:

> 经济伦理(包括用户)是开放的、自组织的概念系统,与它们的环境相互作用,并由关于什么是对和什么是错的价值观所组成。(注意:没有用户,他们就不是生命系统。)

接下来,我们需要弄清楚如何定义对错,人类有两种主要的伦理风格来决定是非：正义伦理或关爱伦理。根据卡罗尔·吉利根(Carol Gilligan)的说法，一种关爱伦理处理的是相互冲突的道德责任，而不是相互竞争的权利。在这个决策过程中，伦理关怀思维模式在考虑责任和关系时是情境性和叙事性的。正义伦理需要一个更加形式和抽象的思维过程，根据权利和规则来确定什么是公平(Gilligan, 1982)。从我们的目的来看，机器将提供正确答案的选择，可能主要基于形式的正义伦理。然而，人类最终要决定正确的行动方针，并可能在他们的推理中考虑一种谨慎的伦理。

（三）建模或绘图

我们如何建立基于技术的信息系统来支持经济伦理？个人价值观、他对什么是对什么是错的信念在他的“我在”，而“我在”是一个人的“创造性的/无意识的”部分(Willingham, 2005: 27)。我们可能永远无法获得关于一个人或一个组织的“创造性的/无意识的”部分的完整数据或信息。但我们可以做的是模拟这些开放的、自组织的系统，就像我们可以有地球地图一样。我们不能拥有关于生命系统所有细节的完整信息；同样，我们也不能绘制地球的所有信息。我们可以有不同的地图，有不同层次的地球细节，实际上，这些地图比整个地球更有用，因为我们个人只能处理整个地球的一小部分。

总之，经济伦理体系是定义什么是对什么是错的价值观的概念体系。这些系统(包括其用户)是开放的、自组织的系统，与其他人类和 IT 系统(环境)相互作用。

（四）复杂的系统和新方法

这些系统由元素(概念)和关系组成。它看起来很简单，但考虑到所有关于经济伦理的概念和关系，这是一个典型的复杂系统，不是任何一个人都能掌握的(Complex System, 2016)。我们需要一种新的方法来应对复杂系统的挑战(Powell, 2015)。在没有现代计算能力好处的情况下，已经完成了大量的经济伦理研究、教育和实践。但对于单个人来说，想要推动这一领域的发展越来越困难。还原论产生的回报更低(Powell, 2015)。在下一节中，我们将探索某种信息技术，这些技术可以帮助我们建立经济伦理体系。有了这些新的体系，我们或许能够发现一些未知的、鲜为人知的自我组织原则、可能在经济伦理实践中发挥关键作用的概念，并帮助解决一些复杂的问题。

三、技术和工具

这些技术在解决经济伦理研究、教育和实践问题方面具有最大的潜力：数据可视化、语义 Web(链接数据)、大数据、机器学习、IBM Watson、Gamification

和 RESTfulWeb 服务。

（一）数据可视化

数据是事实，以某种格式编码，可以通过机器存储、处理和传输，它们代表经济伦理概念、关系和实例。数据可视化有助于人类更好地理解数据之间的概念和关系。最好的数据可视化例子之一是汉斯·罗斯林（Hans Rosling）的 TED 演讲（Rosling, 2009）。在这篇演讲中，罗斯林使用他的数据泡沫软件来打破关于发展中世界的神话。他的演讲改变了许多人的思想。为了准备他的演讲，罗斯林努力收集了他从多个数据源中收集了他所需的所有数据。我们如何自动收集和整合世界上大量的经济伦理数据？可以使用语义技术。

（二）语义技术

语义技术包括语义 Web（Semantic Web, 2016）或链接数据（Linked Data, 2016）。在本文中，我们交替使用链接数据和语义 Web。蒂姆·伯纳斯-李（Tim Berners-Lee）被广泛认为是万维网（WW W）的发明者，他有另一个愿景，即语义网络。虽然他的 WWW 愿景得到了广泛的实现，但他的语义 Web 愿景只在某些特定领域实现。这两种愿景是相似的，但 WWW 是在网页层面上，是为人类服务的，而链接数据是在数据层面上，是为人类和机器服务的。

伯纳斯-李在 2009 年贸易、环境和发展会议上介绍了相关数据。他在报告中重申了相互关联的数据原则，称之为 3 项“极其简单”的规则（Berners-Lee,2009 年）：

1. 各种各样的概念事物，它们都有以 HTTP 为起点的名称。

2. 这些 HTTP 事物中的每一个都可以被取消引用。

3. 在每个 HTTP 概念中，关系也由链接到其他 HTTP 概念的 HTTP 定义。

更准确地说，各种概念事物都有一个国际化的资源标识符（IRI）。HTTP 是 IRI 的一个实例。理论上，链接数据很简单。然而，在实践中，将世界上所有的概念转换成一个万维网是极其困难的，因为在这类项目上进行全球合作是极其困难的。许多人认为语义 Web 永远不会成功。虽然这是一个多年来讨论的话题，但世界上只有很小一部分数据被转换成语义 Web 数据。语义 Web 或链接的数据真的有意义吗？为了理解这个问题，我们需要看看 WWW 和 Linked Data 是如何实现的。

（三）WWW 和 REST Web 服务

万维网，或 Web，是历史上最成功的、全球性的、广泛开放和协作的项目之一。它之所以成功,很大程度上是因为它的软件体系结构是为了满足互联网规模的分布式超媒体系统的需要而设计的(Fielding, R. 2001)。在他的博士论文中,罗伊·托马斯·菲尔丁(Roy Thomas Fielding)介绍了具象状态传输(REST)的建筑风格,并描述了 REST 是如何被用来指导现代网络建筑的设计和开发的。这些体系结构要求包括性能、可伸缩性、简单性、可修改性、可见性、可移植性和可用性。自 2000 年以来,REST 已经证明了它是一个非常成功的体系结构,允许人类通过阅读、更新或添加各种网页进行协作。

REST 还可以通过遵守 REST 体系结构约束的 RESTfulWeb 服务进行机器协作。要将 REST 应用于链接数据,我们需要重新访问 REST 的所有先决条件。需要非常注意的一个条件是:数据的大小。菲尔丁清楚地指出,"REST 接口的设计是为了有效地进行大晶粒超媒体数据传输,优化了 Web 的常见情况,但导致了一个不适合其他形式的体系结构交互的接口"(Fielding, 2001, section 5.1.5)。大颗粒数据为 1 KB 至 1 MB。一篇典型的会议论文约 50 KB,数据的大小可能是极其重要的。例如,在典型情况下,要获得完整的 6 000 字纸,一次访问远程服务器可能需要 6 秒,但获得一个单词可能需要 2 秒,而不是 0.001(6/6 000)秒。换句话说,通过 6 000 次访问远程服务器,可以花费 3 个多小时才能获得 6 000 字纸。因此,如果我们理解上述伯纳斯-李定义中的"各种概念事物"是一个词(或几个词),那么使用 RESTfulWeb 服务来实现伯纳斯-李的第 2 个版本是不实际的。

为了使语义 Web 或链接数据的实现切实可行,我们仍然可以使每个概念事物都有一个唯一的 IRI,但我们可以将许多概念集成到一个大粒度文件中。事实上,对于一个特定的话语领域,所有的概念及其关系都可以被创造、整合在一起,并被称为本体论。在信息科学中,本体论(或本体论工程)是采用分类法的哲学本体论的实际应用。本体论是对概念系统的类型(类)、属性和相互关系的形式命名和定义。只要本体论的大小类似于普通的网页,并且我们传输本体论而不是单个单词,链接的数据在全球层面上就像 WWW 一样实用。

(四) JSON - LD

语义 Web 采用得如此缓慢的另一个原因是,它早期的大多数标准都是基于 XML 的。XML 太复杂了。XML 的设计目标强调了整个互联网的简单性、通用性和可用性,但在现实中,XML 不够简单,过于冗长(Atwood, 2009)。简单性,特别是对于全球合作,是极其重要的。

最近,一种新的语义标准 JSON - LD 被开发出来,于 2014 年 1 月 16 日

W3C 正式推荐了 JSON－LD1.0。JSON－LD 对人类来说更容易读写。机器也更容易以 JSON 格式解析和生成数据。在过去几年中，JSON－LD 已经被许多关键成员采用。

（五）大数据技术

大数据是一个热门话题。许多人认为，大数据可以改变我们的生活、工作和思维方式(Mayer-Schonberger, 2013)。大数据具有以下一个或多个特性(Big Data, 2016)：

量：数据集非常大。大数据没有样本。它只是观察和跟踪所有的数据发生了什么。

多样性：数据的类型和性质可能有很大的不同。

速度：生成数据的速度通常是高速或实时的。

可变性：数据可能不一致。

准确性：数据的质量可能会有很大的变化。

使用传统的信息技术，如关系数据库管理系统，处理大数据可能很困难。新的大数据相关技术，如 Hadoop、NoS QL 和机器学习，可以有效地处理大数据，并获得使用传统技术不可能的新见解。

（六）机器学习

许多人将机器学习定义为与大数据密切相关。我们将两者分开，因为机器学习可以建立在小数据和大数据之上。机器学习使用算法让计算机从数据中学习模式或业务洞察力。最流行的机器学习算法是建议、类别和分类。建议被用来推荐书籍，例如，根据用户在过去购买的东西和一些“相似的”读者在过去也购买了什么。分类算法用于在定义和测量领域话语中数据实例之间的距离的基础上发现新的类别。最后，使用分类将实例分配给现有类。基于机器学习的实施已经在许多与经济伦理相关的活动中得到了应用，例如针对银行和保险公司的反欺诈实施。

（七）IBM Watson

为用自然语言定义的数据创建机器学习算法并不是一项容易的任务。我们可以使用一些现有的服务，如 IBM Watson(IBM Watson, 2016)。据 IBM 称，沃森(Watson)标志着一个信息技术的新时代，即所谓的认知时代。沃森在 2011 年的“Jeopardy(危险)”中获胜。沃森证明了一台计算机能够理解自然语言，并击败了两名人类 Jeopardy 冠军。我们终于达到了信息系统在广泛的自然语言的现实世界中良好运作所需的准确性水平。由于 95%以上的经济伦理相关数据是以自然语言提供的，这一突破对经济伦理学来说是个好消息。

沃森开发成本极高,但 IBM 已经在 IBM Cloud 上向公众提供了沃森生态系统。因此,客户不需要购买沃森本身,他们只需要为沃森生态系统的使用付费。IBM 一直在增加越来越多的与自然语言相关的服务,这些服务承诺提供更多的功能。

(八) 游戏化和 DevOps

加特纳(Gartner)将游戏化定义为“使用游戏机制和体验设计来数字化地吸引和激励人们实现他们的目标”。“当组织目标与玩家目标保持一致时,组织由于玩家实现了他们的目标而实现了目标”(Burke, 2014)。

这些游戏机制和游戏化的体验是什么?在他的书《可操作的游戏化:积分、徽章和领导板中》,周玉凯(Yu-Kai-Chou, 2012)定义了游戏化的八分析框架。这个框架包含 8 个游戏机制,称为 8 个核心驱动:史诗意义和召唤、发展和成就、增强创造力和反馈、所有权和占有、社会影响和关联、稀缺和不耐烦、不可预测和好奇、损失和回避。

最好的游戏化例子之一是 Foldit(2016)。15 年来,世界上许多顶尖科学家试图破译一种引起艾滋病的病毒,称之为 Mason - Pfizer 猴子病毒(M - PMV)的晶体结构,但无法解决它。Foldit 使用了一个类似游戏的拼图界面,允许来自世界各地的人“玩”并竞争,以确定符合研究者标准的各种折叠结构。令每个人惊讶的是,超过 24 万名“玩家”报名参加比赛,彼此激烈竞争,艾滋病研究领域取得了重大突破。史诗意义和召唤是最合适的核心驱动力,因为玩家相信他们是在为更大的利益做些事情。

最近,DevOps 在 IT 领域变得越来越流行。DevOps 是一组工具,或用于快速、持续交付的管道,但更重要的是,它是一款强调多个角色协作和沟通的协作游戏。例如,在 DevOps 中,核心驱动程序的丢失和避免是这样使用的:所有东西都保存在源代码中,并保存在修订控制系统中。DevOps 检查是否有东西坏了,如果是,它会通知开发人员由谁来修复它。

(九) 总结:分类和数据化

综上所述,我们讨论了两个主要概念:游戏化和数据化(Mayer-Schonberger, et al., 2013, chapter 5)。游戏化将鼓励更多的人从事某些活动。数据化将单词、概念和各种媒体转换为由链接数据集成的数据。这些数据将用于解决各种问题的新方法,也将可供人类阅读。

四、解 决 方 案

在高水准上,我们可以使用游戏化(和 DevOps)进行公开、诚实、仔细和持续的全球对话，讨论如何建立经济伦理体系，以及如何找到经济伦理的交迭共识。我们使用语义技术来创建经济伦理的本体论，我们称之为“BeOntology”，它规范了经济伦理的概念和关系。我们可以称之为经济伦理的数据化(大数据)。在 BeOntology 基础上，我们可以建立经济伦理知识图。我们可以使用机器学习，如 IBM Watson，来增强或简化这些服务的开发。我们可以使用 RESTful Web 服务和 JSON－LD 来集成这些服务和数据，并创建额外的服务，如伦理决策支持系统。更重要的是，我们可以将这些经济伦理服务与金融系统等其他商业 IT 系统集成起来，并找到经济伦理数据与上市公司股票价格(PER)之间的相关性。最后，我们可以使用数据可视化来可视化经济伦理的概念、关系、知识图和洞察力。

我们要再次强调游戏化的价值。虽然存在许多技术挑战，但成败的关键因素取决于全球合作。经过 20 多年的研究，德马尔科和李斯特(DeMarco and Lister)估计，在持续了 25 个工作年(25 人工作一年)或更长时间的 IT 项目中，整整 25%没有完成。这些失败的主要原因不是技术上的，而是社会学的；因此，IT 专业人员大多在人类通信行业(DeMarco, 1999: 4)。由于我们不能在同一地点进行全球合作，游戏化可以是进行公开、诚实、谨慎和持续的全球对话的最佳方式。

(一) 经济伦理本体论服务

经济伦理本体论服务(BeOntology)的最终愿景是用于创建经济伦理本体论的互联网网站。这些服务将确定经济伦理学的概念。一个概念是一种类型，或一个类别。每种类型都可以有超类型或子类型。表 2 中定义的接口可以转换为超类型。这些服务还将确定这些概念之间的关系，包括可应用的超类型和子类型。它们还将确定与其他现有本体论的关系，如 Schema.org、FOAF 词汇、Dublin Core 等概念。

表 2　经济伦理 IT 系统接口

接口类型	接口实例值
关键词(子)业务领域	安全、犯罪、隐私、经济、访问、社会和社会互动、治理、自由意志、健康、生死、领导力、激情、团队合作、诚信、服务、问责、关怀、沟通、信任、积极的骄傲、积极的自我等。
伦理风格	正义伦理、关怀伦理。
伦理学研究方法	目的论的、道义论的。

续　表

接口类型	接　口　实　例　值
宗教或文化	孔子、道教、基督教、伊斯兰教等。
业务职能	营销商业伦理，销售商业伦理，财务商业伦理，会计商业伦理，人力资源商业伦理等。
水平	个人信念，集体价值观，一般义务。
国家/国际组织	联合国、美国、中国、亚洲、非洲。
美国的世代	传统婴儿潮一代，X 代，千禧年一代。
中国的世代	1950 年代，1960 年代，1970 年代，1980 年代，2000 年代。
资料来源：	核心价值观陈述，从文字中学习，从所做的事情中学习等。
CSR	环境、社区、员工、政府等。
消极伦理	不杀人，不作弊等。
积极伦理	领导，积极的自我，积极的骄傲等。

为了实行这些服务，我们首先需要注册一个 IRI，例如 BeOntology.org。然后，我们需要使这些服务成为游戏化服务。会有两种类型的用户：真人，以及代表用户。代表用户需要是论文、书籍等的作者。我们可以使用 IBM Watson Alchemy 语言服务来识别作者，并使用 IBM 概念洞察服务来识别概念及其定义。用户/播放器将有多个特权级别。举如下例子：

1. 第一级：任何人都可以阅读任何内容。
2. 第二级：注册用户可以添加概念或关系。
3. 第三级：信用用户可以给概念的价值投票。
4. 第四级：超级用户可以编辑其他用户创建的概念或关系。

代表用户可由其相应的真实用户编辑。

我们必须强调，我们需要仔细设计特权是如何工作的。可以为用户赢得特权，而不是预先决定。例如，在用户通过识别一个概念或一种关系作出贡献后，然后获得积极的投票，那么他就可以享有投票的特权。这只是一个起点，我们需要从这项服务的用户以及基于这项服务的服务用户那里得到反馈。

我们需要从游戏化的 8 个核心驱动因素（史诗意义和呼唤、发展和成就、增强创造力和反馈能力、所有权和占有权、社会影响和相关性、稀缺和匮乏、不可预测性和好奇心,或损失和回避)中使用一个适当的驱动因素,以吸引和激励人们实现我们的目标。我们还可以创建其他本体论机器学习服务,包括本体论构建(OC)和本体论富集(OE),以增强或简化这种本体论服务。

(二) 经济伦理知识图表服务

经济伦理知识图服务(BeKnowledge)是另一个用于创建经济伦理知识图谱的互联网网站。BeKnowledge 是 BeOntology 的实例。可以有多个知识服务;其中一个将定义每个道德价值(一个概念)是如何在每个国家定义和实践的知识。这种知识可以通过 BeOntology 与其他地缘政治本体之间的关系来定义,例如联合国粮食及农业组织开发的本体论(FAO Ontology, 2016)。这些服务也将是游戏化服务。玩家和特权类似于 BeOntology 服务。我们还可以利用 IBM Watson 关系提取服务和其他本体论人口技术自动添加更多,这些关系可以通过游戏化的真实用户(玩家)来验证。

(三) 找出交迭共识

在我们拥有了 BeOntology 和 BeKnowledge,之后,我们就可以开发许多分析和数据的可视化服务。其中一项服务将找到交迭共识。如果一个道德价值(一个概念)与所有国家具有相同的关系价值,由地缘政治本体论定义,那么我们可以说,这种道德价值属于交迭共识。在检查 BeOntologies 中的所有概念后,我们可以找到属于交迭共识的概念(道德价值观)的列表。

(四) 经济伦理决策支持系统(BEDSS)

一个简单的 BEDSS 是将经济伦理知识图导出到 IBM Watson 的对话服务中。你可以问一些具体的经济伦理问题,来获得一个精确的答案。

经济伦理的语义搜索是 BEDSS 的另一种类型。通过设置意图、上下文和其他条件(如表 2 中定义的接口),用户将能够缩小到最适用于用户的考虑范围。这样,用户将有更多的信息用于他或她的决策过程。

这种 BEDSS 可以嵌入其他业务的应用中。例如,当电子邮件内容中有密码或社会保险号码时,电子邮件可以警告发件人潜在的安全风险。

(五) 与股票价格的相关性

在我们有了更好和更多的数据之后,我们可以找到一家上市公司的经济伦理实践与价格收益比(PER)之间更精确的关系。例如,我们应该能够得到团队成员的漏洞和 IT 系统的漏洞的数据识别。我们可以从许多公开交易的公司获得这些数据,然后我们可以确定团队成员的漏洞、系统的漏洞和股票的 PER 之间的相关性。

（六）简易的构架

毋庸置疑，创建 BeOntology 和 BeKnowledges，收集所有的经济伦理问题，并建立一个经济伦理对话服务来回答经济伦理问题，仍然是一个巨大的挑战。在实践中，我们需要保持我们的架构非常简单。架构是一个 IT 术语，很多人试图定义它，但很少达成一致。根据福勒(Fowler, 2003, P.1)，IT 体系结构有两个共同的元素：(1) 系统的最高层次分解为其部分；(2) 难以改变的决策。

对于最高级别的故障，我们可以使用基于 RESTfulWeb 服务的微服务架构(Fowler, 2014)。在第二部分，我们需要减少今后难以改变的决定的需要。我们可能只需要做两个将来很难改变的决定：(1) 我们只会使用 RESTfulWeb 服务来分解和集成服务；(2) 我们只使用 JSON - LD 来定义和集成数据。有了这两个决定，我们就可以通过全球合作建立开放的、各种经济伦理服务。

（七）伦理问题

这一应用的道德问题包括剥削和操纵(Kim, 2015)，以及应用本身的可持续性。如果我们假设，3 年后，在人类建立了非常成功的经济伦理体系之后，问题是"这会改变哈耶克的论文'知识在社会中的运用'(Hayek, 1945)中讨论的 3 个假设吗？"

"如果我们拥有所有相关的信息，如果我们可以从给定的偏好系统开始，如果我们完全了解可用的手段，那么剩下的问题纯粹是逻辑问题。"

即使我们非常成功，我们仍然不能拥有所有相关的信息或掌握完整的可用手段知识。经济伦理问题不是纯粹的逻辑问题。人们的直觉在经济伦理决策中仍然起着关键作用。肢体语言仍然会比单词、概念交流更多。

从一组信念到经济伦理应用系统，我们已经绘制了很多次。我们从"伦理是一套信念"绘制到"道德价值观体系"，到自然语言，再到"JSON - LD 经济伦理数据"。每一张地图，我们丢失的信息很可能比我们绘制的更多。至少，我们不知道我们丢失了多少信息。

由于这些假设仍然是一样的，我们不能让一个单一的头脑，或单一的计算机系统为整个社会作出伦理决策。这只是一个支持系统，涉及多个系统或听取其他人的补充性意见仍然是一个好主意。

当我们设计游戏化时，真实的用户总是比由 IBM Watson 或其他自然语言处理工具生成的相应用户表示的用户拥有更高的特权。

五、结　　论

信息技术极大地改变了会计、财务、销售和营销方面的业务做法。未来20年,IT将极大地改变经济伦理、研究、教育和实践。经济伦理IT系统(包括用户)是一个复杂的系统。技术不会取代人类活动,而会与人类的活动相结合。我们可以使用游戏化来提高用户粘性,并使用数据化来提高全球用户粘性。我们可以使用大数据分析来获得经济伦理的新见解。

在这次ISBEE世界大会即"经济伦理学的奥林匹克"之后,世界上越来越多的个人和组织(以及作者的代表)将继续玩经济伦理游戏。这些游戏将产生大量关于经济伦理的更好数据,我们将看到更多更好的可视化见解。

参考文献

Atwood, J. 2009. XML: The Angle Bracket Tax. http://blog.codinghorror.com/xml-the-angle-bracket-tax (Accessed on March 2, 2016).

Berners-Lee, T.2009. The Next Web (2016). http://www.ted.com/talks/tim_berners_lee_on_the_next_web (Accessed on March 20, 2016).

Big Data. 2016. https://en.wikipedia.org/wiki/Big_data (Accessed on May 5, 2016).

Burke, B. 2014. Gartner Redefines Gamification. http://blogs.gartner.com/brian_burke/2014/04/04/gartner-redefines-gamification (Accessed on April 25, 2016).

Chou, Y. 2015. Actionable Gamification — Beyond Points, Badges, and Leaderboards, Octalysis Media.

Complex system. 2016. https://en.wikipedia.org/wiki/Complex_system (Accessed on April 2, 2016).

Davis, K. 2012. Ethics of Big Data: Balancing Risk and Innovation, O'Reilly Media.

De George, R. T. 2003. The Ethics of Information Technology and Business, Blackwell.

DeMarco, T., T. Lister. 1999. Peopleware: Productive Projects and Teams, Dorset House Publishing.

Enderle, G. 1993. What is Business Ethics? in Dunfee T.W., Nagayasu Y. (Eds.), Business Ethics: Japan and the Glo-bal Economy, Klu-wer Aca-demic Pub-lishers, pp.133 - 150.

Enderle, G. 2016. Ethical Innovation in Business and the Economy — a Challenge that Cannot be Postponed, in G. Enderle and P. E. Murphy (Eds.), Ethical Innovation in Business and the Economy, Edward Elgar.

FAO Ontology. 2016. http://aims.fao.org/geopolitical.owl (Accessed on April 15, 2016).

Fielding, R.2000. Architectural Styles and the Design of Network-based Software Architecture. http://www.ics.uci.edu/~fielding/pubs/dissertation/rest_arch_style.htm (Accessed on January 8, 2016).

Foldit. 2016. http://fold.it/portal (Accessed on March 29, 2016).

Fowler, M. 2003. Patterns of Enterprise Application Architecture, Addison-Wesley.

Fowler, M. 2014. Microservices — A Definition of This New Architectural Term. http://martinfowler.com/articles/microservices.html (Accessed on January 16, 2016).

Gilligan, C. 1982. In a Different Voice: Psychological Theory and Women's Development. Cambridge: Harvard University PressHayek, F (1945) The Use of Knowledge in Society, The American Economic Review Vol.35, Issue 4 (Sept., 1945), pp.519 - 630.

IBM Watson. 2016. http://www.ibm.com/smarterplanet/us/en/ibmwatson/developercloud/services-catalog.html (Accessed on March 20, 2016).

Kelly III, J., and Hamm, S.2013. Smart Machines — IBM's Watson and the Era of Cognitive Computing, Columbia Business School Publishing.

Kim, TW. 2015. Gamification Ethics: Exploitation and Manipulation. http://gamification-research.org/wp-content/uploads/2014/11/GAMICHI15_kim.pdf (Accessed on January 9, 2016).

Linked Data. 2016. https://en.wikipedia.org/wiki/Linked_data (Accessed on March 21, 2016).

Mayer-Schonberger, V, Cukier, K. 2013. Big Data: A Revolution That Will Transform How We Live, Work and Think, Houghton Mifflin Harcourt Publishing Company.

Miller, J. 1978. Living Systems, Boston, MA: McGraw-Hill Professional.

Peters, K. 2015. Technology Ethics. https://s3.amazonaws.com/v3-app_

crowdc/ assets/ 2/ 2b/ 2b2d2bbaabb177ac/ Kip_Peters_(Technology_Ethics). original.1446579378.pdf (Accessed on May 5, 2016).

Powell, J. 2015. A Librarian's Guide to Graphs, Data and the Semantic Web, Chandos Publishing.

Reynolds, G. 2014. Ethics in Information Technology, Course Technology.

Rosling, H. 2009. Let My Dataset Change Your Mindset. http:// www.ted.com/ talks/ hans_rosling_at_state (Accessed on March 5, 2016).

Semantic Web. 2016. https: // en. wikipedia. org / wiki / Semantic_Web (Accessed on March 28, 2016).

Stanford Ethics. 2016. http: // plato. stanford. edu / entries / ethics-business (Accessed on May 5, 2016).

Willingham, R. 2005. Integrity Service, Free Press, p.27.

附　　录

ABSTRACTS

Part One Keynote Speeches

I. Ethical Foundation of China's Economic Development and Its Challenges: The Contemporary Value of Traditional Chinese Business Ethics

Zhan Wang, Former President, Professor, Shanghai Academy of Social Sciences; President, Shanghai Federation of Social Sciences Association; China

A profound solution to Chinese enterprises' social responsibilities and industry economics requires sophisticated and universally binding codes and market rules that apply to today's enterprises and co-founders. Meanwhile, the codes and the rules must be in line with international business practices. These codes and rules should be based on sound moral principles as well as laws and government regulations.

II. Innovation Systems and Ethics

Richard T. De George, Distinguished Professor and Co-Director of the International Center for Ethics in Business, Emeritus, University of Kansas, USA

This paper looks at three recent cases of innovation on the systems levels. It briefly analyzes the moral claims made about each. The paper attempts to help clarify the pitfalls of making judgments on this level and identifying the extent to which such judgments are legitimate. Innovation in the first case is identified by the rise of finance capitalism in the United States; in the second case by the new relation of government to the economy in the case of

China; and in the third, by the way, the South has shattered the old paradigm of dependency on the North and replaced it with individual states taking action internally and Southern states helping the development of other Southern states. The paper argues that all three are cases of evaluating a moving target, are complex, and that moral defects of each are best remedied piecemeal through law, regulation, and ethics.

III. Moral Dimension of an Innovative Economy

Junren Wan, President of China Association for Ethical Studies; Professor and Dean of the School of Humanities, Tsinghua University; China

This article aims to create a simple moral framework for analyzing values. It also offers a critical moral analysis of the innovative contemporary economy in China.

The author's judgment and preliminary conclusion urge a rational ethical reflection on the Chinese government's mass innovative economic campaign. The author argues that it is necessary to have morality-value regulation that avoids the blindness of past consequences and efficiently controls for the possible negative impact and, at some point, irreversible consequences of new technologies and their application.

IV. Innovation, the Techno-Human Condition and Ethics in Radical Uncertainty

Daniel Sarewitz, Professor of Science and Society, and Co-director and Co-founder of the Consortium for Science, Policy, and Outcomes (CSPO), Arizona State University, USA

Gene editing is the only latest instance of the progressive integration of the human and the technological. This integration can be viewed at three levels of complexity: 1) the primary function of a specific technology; 2) the position of that technology in a broader, but still definable, socio-technical network; 3) the context of that network in the open Earth system. Ethical considerations for guiding decision-making about techno-human integration must differ for each level of complexity. The role of individual human agency, and the links between action and consequence, become increasingly uncertain and unpredictable as complexity and a variety of possible consequences increase. Uncertainty and unpredictability require ethical approaches that are rooted neither in individual accountability nor regulatory reaction. Instead, to responsibly govern level 2 and level 3 complexity, ethical frameworks must value participation in pluralistic deliberation about alternative futures. The goal here is not a vain effort to dictate technological trajectories or outcomes but to build awareness into the innovation system of choices and opportunities for guiding technology more consciously in accordance with societal aspirations.

V. People's Well-Being: Public Policy and the Role of Business

Martine Durand, Director of Statistics and Chief Statistician of the OECD

For years overall economic and societal progress of nations has been measured through GDP. While GDP remains a useful proxy of a country's macroeconomic health, its inadequacy to measure people's lives and well-being has grown uncontested and led governments to deploy massive efforts to build new data and initiatives that capture what really matters to people.

The OECD has played a central role in this movement supporting many countries of the world in their ambition to generate more meaningful metrics of well-being and progress and to embed these metrics in everyday public policies. Since 2011 the OECD also regularly produces well-being evidence and analysis through its Better Life Initiative and mainstreams well-being in a growing number of its policy instruments.

If well-being is today at the center of policymaking, should it also have a business role, one of the major actors in society? In this presentation, I will argue that business has a substantial impact on people's well-being in today's terms and within the national boundaries of one country and on well-being in the future and across multiple territories. However, a big research agenda lies ahead of us in capturing these impacts in a more precise fashion and with data that can tell us what the best business practices are for enhancing people's well-being.

VI. Corporate Governance in an Era of Disruption

Lynn S. Paine, John G. McLean Professor of Business Administration, Senior Associate Dean, Harvard Business School, Boston, USA

The theory of corporate governance is a matter of utmost practical importance. How companies are governed — by whom, according to what principles, through what processes, to what ends — has far-reaching implications for individuals and societies around the globe. Over the past few decades, much thinking about corporate governance has been based on a school of thought known as "agency theory." In this session, I will offer a critique of this approach and propose an alternative, enterprise-centered approach grounded in the corporation's status as an independent entity endowed by law with the capacity to endure over time. I will argue that agency-based governance theories are ill-suited to an era of rapidly changing technology, shifting markets, and unprecedented economic, social, and environmental upheaval. Investors, companies, and society would be better served by an approach to governance that acknowledges the real challenges of innovation, organizational renewal, and investment in the future presented by these disruptive forces.

VII. Responsible Investing in the Well-Being of People

Nathan Fabian, Director of Policy and Research of UN Principles for Responsible Investment

Since the economic downturn of 2008, numerous investors — pension funds, investment managers, and other stakeholders — across the globe have begun to realize that looking at financial factors in isolation does not represent whether a particular company is a good investment. We need to look no further than Volkswagen to see what happens when governance issues are ignored to pursue the bottom line.

Increasingly, investors now see that environmental, social, and governance (ESG) issues can provide a fuller picture of how a company manages critical problems such as climate change. They have also seen that considering ESG can help them better manage risk and identify new investment opportunities across their decision-making processes, thereby contributing to more sustainable markets.

We have had numerous acknowledgments that factors such as climate change, and its direct consequences with regard to creating food and water scarcity, represent serious material risks to investors. Bank of England Governor Mark Carney warned UK investors last year of the "catastrophic risk" around climate change, particularly concerning stranded assets.

In the last ten years, the PRI has seen the concept of sustainable investing grow across the developed world. We also see a considerable appetite to understand how can use ESG issues to improve investment decision making and company management across many emerging markets, particularly those in Asia, Latin America, and Africa.

Investor dissatisfaction with the way companies are run and how they invest has been growing in recent years, with the rise of shareholder activism and other models. But it is not enough. Investors need to use their financial clout to hold companies accountable for how they are managed, including how they manage ESG considerations. A strong financial system that benefits all investors is only possible through greater transparency and disclosure. It is up to investors to play their part in ensuring this scenario becomes a reality.

PART TWO PANEL DISCUSSIONS

I. Teaching Business Ethics

Moderator: *Vasanthi Srinivasan*, Professor at Bangalore School of Management, India

Panelists: *Deon Rossouw*, Professor at Ethics Institute of South Africa, South Africa; *Yong Su*, Professor at Fudan University, China; *Richard T. De George*, Professor, University of Kansas, USA; *Cecilia Arruda*, Director of Hetica Business Training, Brazil; *Ronald Jeurissen*, Professor, at Module Marketing, Law and Business Ethics, Nyenrode University, Netherlands; *Xiaoxi Wang*, Professor at Nanjing Normal University, China

The economic crisis witnessed in 2008 has exposed the unethical actions of both the corporations and their leaders. As a result, management education has come under increased scrutiny, and calls to rethink the curriculum have been growing at a fundamental level. Yet, the findings of the Global Survey of Business Ethics published in 2012 indicate that Business Ethics as a field of teaching, training, and research has witnessed substantial growth across all regions. It has also been widely felt that more attention needs to be paid to issues of accountability, ethics, and social responsibility. As educators, our role in developing responsible business leaders of the future adds further significance to teaching ethics.

Teaching ethics has never been more challenging than it is now. The panelists will focus on three broad issues — their experiences of teaching ethics-related courses and the innovations that they have made in their courses, pedagogy and delivery (both in graduate and under-graduate teaching); the extent to which the global context has affected their teaching frames; and the key lessons that they have for faculty who are teaching business ethics.

II. Meeting the Editors

Moderator: *Daryl Koehn*, Co-Editor in Chief of Business and Professional Ethics Journal, Professor of Wicklander Chair in Professional Ethics at DePaul University, USA

Panelists: *Michelle Greenwood*, Editor in Chief, Journal of Business Ethics, Springer; *Zeying Wang*, Editor of Ethical Studies, Professor at Hunan Normal University, China; *Denis Arnold*, Business Ethics Quarterly, Professor at University of North Carolina, USA; *Yiqin Yang*, Editor of Morality and Spiritual Civilization, Professor at Tianjin Academy of Social Sciences, China; *Colin Higgins*, Associate Editor of Business and Society, Professor at Deakin University, Australia; *Harry Van Buren*, Editor of Emerald Books: Research and Practice in Business and Society, Professor at University of New Mexico, USA

The Editorial Panel will examine the kinds of articles the various journals of business ethics seek to publish. The editors will touch briefly upon trends they see in submissions to their journals.

III. Networking and Research Opportunities for International Business Ethics Scholars

Moderator: *Richard Wokutch*, Pamplin Professor at the Department of

Management, Virginia Polytechnic Institute and State University, USA

Panelists: *Philip Cochran*, Professor of Management at Indiana University's Kelley School of Business, USA; *Dawn Elm*, Professor at University of St. Thomas, USA; *Colin Higgins*, Professor at Deakin University, Australia; *John Mahon*, Professor at University of Maine, USA; *Jon* Jungbien *Moon*, Professor at Business School of Korea University, Korea; *Christoph Stueckelberger*, President of Globethics.net Foundation, Swiss; *Mitsuhiro Umezu*, Professor at Keio University, Japan; *Zucheng Zhou*, Professor at Shanghai Jiaotong University, China

This panel will discuss international business ethics organizations that scholars might connect with to expand their network of contacts with business ethics scholars. The panel will also discuss research opportunities in the field of business ethics with particular emphasis on international business Ethics.

Professor Richard E. Wokutch will serve as the Chair of the Panel. As such, he will explain the purposes of the panel, which are: 1) to facilitate networking of international business ethics scholars by discussing activities of business ethics organizations with which such scholars can become involved, and 2) to explore opportunities for international collaboration on international business ethics research topics. He will also provide some historical background and perspective on the development of the fields of business ethics and corporate social responsibility in the United States, Europe, and Asia based upon his research on that history, his 30+years of experience with business ethics/CSR research in Asia and Europe, and his leading of 13 month-long study abroad programs focused on business ethics and CSR to countries in these locations.

Professor Philip L. Cochran (IABS President) will explore the intersection between the fields of business ethics, corporate social responsibility, corporate philanthropy, social entrepreneurship, and impact investing. Some of these areas are changing rapidly. But their domains overlap and are entangled with each other. Each of these areas is distinct and, although similar, they all evolved from different starting points. Even in the area of CSR, we see different origins for essentially the same concept. For example, CSR in the West has very different roots than CSR in China. Nonetheless, all of these areas overlap significantly and can inform each other in many dimensions.

Professor Dawn R. Elm will provide a brief overview of the mission of the Society for Business Ethics and its journal, *Business Ethics Quarterly*. Recent activities of the society have focused on increasing international participation in the annual conference with a particular emphasis on China. Submitting a paper is only one way to become involved in all of the panel members' organizations. Coming to the conference, becoming involved in ways other than paper presentations can be equally valuable to networking with colleagues interested in the same research areas or developing new and exciting collaborations in research.

The most recent research trends seen in the membership of SBE are clearly directed toward global and international issues. Some examples include the examination of aesthetics (arts) and business ethics theory and practice, the development of sustainable and environmentally conscious business models and inventions (e.g., Boylan Slat & Ocean Clean-up), and ethical issues in the sharing economy. In addition, questions about whether ethics can/should be used as a corporate strategy are being addressed (Husted & Allen, 2000). Cutting-edge research focuses on significant questions in global human rights, behavioral ethics, and consideration of cultural, ethical concerns beyond WEIRD morality (Western, educated, industrialized, rich, and democratic societies). Publishing in *Business Ethics Quarterly* will have been covered earlier in the day in the editors' panel.

Professor Colin Higgins will discuss the following topics: 1. What is IABS? Where does it come from? Who does it target? Why would you participate? 2. The importance of finding a "scholarly home" and how important it is to be involved and network in the field (e.g., get to know editors, collaborators, build an international reputation); 3. Some key features of IABS (e.g., *Business & Society* the journal of IABS (a fuller discussion will have been covered earlier in the day in the editors' panel), writing camp, manuscript development); 4. How to get involved.

Professor John Mahon will discuss the links between ethics and business and society, which he believes are strong and occur in multiple ways (in both practice and research). He will argue that, unfortunately, the links between ethics and business and society and strategy are far less firm and pervasive. He believes we have pursued links between corporate financial performance and corporate social performance as a surrogate for the link between ethics and strategy with inconclusive results and suggests that perhaps we ask the wrong question and should look elsewhere. In his remarks, he will look elsewhere.

Professor Jon Moon will discuss the Korea Academy of Business Ethics (KABE). KABE is a scholarly organization aimed at promoting ethical business practices and better business ethics education in business schools. It was founded in 1998, and by the end of 2015, it grew to a total of 500 members, including many prominent corporate members such as POSCO, Hyundai Motors, SK Telecom, and LG Chemical. It serves three main purposes: First, it hosts biannual academic conferences that serve as a forum for academic discussion and networking for business scholars and practitioners interested in business ethics research and education. Secondly, it hosts a biannual "Korea Ethical Business Award" to highlight Korean firms with exemplary ethical practices, which began in 2003. Thirdly, it publishes its academic journal, entitled *Korea Business Ethics Review*, which reached its 15th volume in 2015. Its effort to expand its boundary and gain international recognition hosted an international conference in the fall of 2015, with the theme of "Corporate Social Responsibility in East Asia." Scholars from Japan and China participated in the conference, laying an important milestone in the history of KABE.

Professor Christoph Stueckelberger, as Founder and President, will present Globethics.net Foundation (see: www.globethics.net) based in Geneva and with nine regional offices including China (Beijing) as a global ethics network. It offers various opportunities for networking and research with its low-cost online publishing, online ethics library especially for developing countries, an online directory of business ethics experts, joint research projects on business ethics, a first global survey on business ethics teaching published, CSR-China online collection with 6000 CSR reports of Chinese companies, a multilingual platform and online teaching modules for leadership training. Opportunities for scholars to collaborate with Globethics.net Foundation will be explored during the panel.

Professor Mitsuhiro Umezu will describe the three institutions' activities that promote the study and practice of business ethics in Japan. First, The Japan Society for Business Ethics (JABES), which began activities in 1993, is the only academic society to promote both theoretical and empirical research of business ethics in Japan. Currently 450 members are enrolled and about 10 divisions of study groups are active. JABES became a sister organization with the Society for Business Ethics in the USA, and we have visited each other's ten annual meetings ever since.

Second, the Business Ethics Research Center (BERC) was founded in 1997. Its aim is to promote practical research of business ethics in Japanese corporations. Currently, 150 corporate members are registered for 20 monthly study group meetings. BERC is a sister organization with Ethics and Compliance Initiative (former ECOA in the USA); we have many annual regional and international symposiums.

The third organization is the Association of Certified Business Ethics Experts (ACBEE), an NPO that marked its 20th anniversary this year. This organization's main purpose is to promote business ethics to professionals whose expertise is in business ethics in corporate practice. After finishing a year-long training course on business ethics and completing an examination and interviews, any individual can be a certified business ethicist. There are more than 400 certified business ethics experts in Japan; many of them are actively involved in business ethics consultation.

As one of the founding members of these three organizations, Professor Umezu can confidently conclude that the Japanese public's level and awareness toward business ethics has improved remarkably in the past 20 years. Although there is still a long way to go until there is a perfect situation in both academic and practice research, he can state that these continuous efforts to promote business ethics have resulted in the improvement of corporate and social level of awareness and recognition of legitimate corporate conduct which raises the ethical level of Japanese society as a whole.

Professor Zucheng Zhou will talk about current trends in research in business ethics by Chinese scholars and the activities of the Chinese business ethics organizations with which he is affiliated.

IV. Ethics and Innovation in China's Medicine and Health Care Sector

Moderators: *Pei Chen*, Vice President of Shanghai Medical Ethics Association, Deputy Director of the Department of Obstetrics & Gynecology, Renjin Hospital; *Binghua Fang*, Vice President of Shanghai Medical Ethics Association;Director of Shanghai Children's Hospital; China

Panelists: *Qiang Ma*, Executive member of Association of Ethics of Chinese Medical Association; *Di Xue*, Professor at School of Public Health, Fudan University; *Guoying Cao*, Director of Drug Clinical Trial Institute Office, Huashan Hospital Affiliated to Fudan University; *Yifeng Xu*, President of Shanghai Mental Health Center, China; *Shanguo Li*, Member of ART Experts Committee of State Secretary for Health and Family Planning Commission of Women and Children; *Suyun Hu*, Professor at Shanghai Academy of Social Sciences; *Yongxing Shi*, Executive Deputy Director of the Research Department of Chinese Association for Life Care; *Minsheng Fan*, Professor at Shanghai University of Traditional Chinese Medicine; *Yong Wang*, Vice General Manager at Shanghai Pharmaceutical Management Headquarters of Sinopharm Holding; China

A great deal of innovation, ethical and social issues that concern much of individual, household, and social well-being can be found in the medicine and the health care sector. Since the reform at the end of the 1970s, the health care sector, medical system, and pharmaceutical industry have been confronting serious ethical challenges. What do the people working in the sector think of these ethical challenges? How will they respond to the challenges? What experience, lessons, and innovative processes can they share with us? The panel of Ethics and Innovation in China's Medicine and Health Care Sector is co-organized by the Shanghai Association of Medical

Ethics, Shanghai Committee of Medical Ethics Experts, Ethical Association of Chinese Medical Association. It invites Qiang Ma, Shanguo Li, Yifeng Xu, Di Xue, Guoying Cao, Minsheng Fan, Suyun Hu, Yongxing Shi, Zhongyi Cai, the representatives and experts from hospitals, universities, pharmaceutical companies, to discuss and share their opinions on the different serious issues resulting from cutting-edge technology that have gained public attention. The topics cover assisted reproductive technology (ART), biobank, care for the elderly services, hospice care, the pharmaceutical industry, and CSR. The panel aims to provide a platform for dialogue between the practitioners in the health care sector and the public and improve mutual understanding, trust and support.

Mrs. Pei Chen and Mr. Binghua Fang will chair this panel.

V. Worker Participating in China

Moderators: *Xiaohe Lu*, Professor at Shanghai Academy of Social Sciences, China; *Georges Enderle*, Professor at Notre Dame University, USA

Panelists: *Li Yuan*, President of Shanghai Fuda Group Co., Ltd., China; *Jianxia Mu*, President of Integrity Group, Hebei, China; *Diane Hampton*, Global Compliance Manager, New Era Cap Co., Inc., USA; *Heming Chen*, HR and Administration Manager, Wintax Caps, Shenzhen, China; *Wenjuan Yao*, NGO Verité, China

The panel on Worker Participation in China has two parts. First, two CEOs of Chinese medium-sized companies, Mr. Li Yuan from Shanghai Fuda Group Co., Ltd. and Ms. Jianxia Mu from Integrity Group (Hebei), report on the reality of worker participation in their organizations. They share their experiences in collaborating with employees at all levels to build up successful companies of integrity that care about people and the planet. The second part of the panel presents the "Worker Participation Pilot Project" of the University of Notre Dame. It is about a policy change of Notre Dame to buy Notre Dame-licensed products from Chinese factories, which take worker participation seriously. Speakers are Mr. Heming Chen, Manager of Wintax Caps (factory in Shenzhen); Ms. Diane Hampton from New Era Cap Co., Inc. (license company); Ms. Wenjuan Yao, from NGO Verité (specializing in assessing worker participation around the world).

VI. Traditional Chinese Culture, Ethics and Management

Moderators: *Zucheng Zhou*, Professor at Shanghai Jiaotong University; *Gang Chao*, Professor at South China University of Technology; China

Panelists: *Zhongqun Mao*, Chairman, and CEO of FOTILE; *Yong Su*, Professor at Fudan University; *Shanhong Qi*, Professor at Nankai University; *Jien-ming Jue*, Professor at Huafan University; *Li Lv*, Professor at Wuhan Institute Technology, Wuhan; China

Chinese companies have been following Western management theories and practices since the reform and opening up in the late 1970s. In recent years, an increasing number of Chinese companies try to incorporate traditional Chinese culture into management practices and have made significant progress. This emerging phenomenon may profoundly impact both management and business ethics; therefore, it deserves academic and practical attention. The panel "Traditional Chinese Culture, Ethics, and Management" is intended to examine the phenomenon by addressing three specific questions. (1) Why? What is the motivation that Chinese companies intentionally combine traditional culture with management practices? (2) What? What are the fundamental differences between management practices based on traditional Chinese culture and Western management practices? Which parts of traditional Chinese culture should be incorporated into the management practices of Chinese companies, and which should not? (3) How? How to apply the abstract values and principles of traditional culture to concrete management practices and guide daily employee behaviors? How to combine traditional Chinese culture with Western management theories and practices? Mr. Zhongqun Mao, Chairman and CEO of FOTILE, a leading company in the kitchenware industry in China, will share with participants his thoughts and experiences in incorporating traditional Chinese culture into management practices, seven professors of management: Gang Chao, Li Lv, Shanhong Qi, Yong Su, Zucheng Zhou and Jien-Ming Jue (Jimmy Jue) will discuss the questions mentioned above with Mr. Mao.

VII. Business Ethics and Innovation

Moderator: *Joanne B.Ciulla*, President of ISBEE

Panelists: *Richard T. De George*, Professor at University of Kansas, USA; *Kefeng Liu*, Professor at Zhongnan University of Economics and Law, Wuhan, China; *Xiuyi Zhao*, Professor at East China Normal University, China; *Xiaohe Lu*, Professor at Shanghai Academy of Social Sciences, China; *Thomas Mark*, Professor at University of South Australia; *Lanfen Li*, Professor at Suzhou University, China

The Panel on Business Ethics and Innovation aspires to explore innovation in the discipline in area srelated to our theme innovation in business and economy. Business ethics has received acknowledgment from academics, corporations, and governments worldwide since the 1970s. However, it is facing new serious challenges, not only from global economic, social, and environmental crises but from its conceptual, theoretical, and normative foundations. We believe that business ethics itself needs innovation as well. This panel invites Professor Richard T. De George, the founder and first President of ISBEE; Professor Thomas Mark, the next President of ISBEE, and Professors who have been working on the field in China since 1990, Xiaohe Lu (Shanghai), Kefeng Liu (Wuhan), Lanfen Li (Suzhou), and Xiuyi Zhao (Shanghai) to focus on this interesting topic. Professor Joanne Ciulla, the current President of ISBEE, will chair the panel.

PART THREE PAPER SESSIONS

I. BUSINESS ETHICS: SOCIAL, SYSTEMIC AND PHILOSOPHICAL PERSPECTIVES

1. How Can Business Ethics Strengthen the Social Cohesion of a Society?

Georges Enderle, Professor of International Business Ethics, Mendoza College of Business, University of Notre Dame, USA

The essay aims to show how business ethics — understood as a three-level approach — can strengthen the social cohesion of a society, which is jeopardized today in many ways. In the first part, the purpose of business and the economy is explained as the creation of wealth defined as a combination of private and public wealth that includes natural, economic, human, and social capital. Special emphasis is placed on the implications of creating public wealth, which requires institutions other than the market and motivations other than self-regarding ones. In the second part, the question of what holds a society together is discussed through different approaches: enlightened self-interest, a new game-theoretical approach, and the concept of the common good advanced by Catholic Social Teaching, followed by my proposal. The third part presents several perspectives for business ethics to strengthen the social cohesion of a society (a) by focusing on the purpose of business and the economy to create natural, economic, human, and social capital; (b) by advancing public goods that stand the test of ethical scrutiny, and (c) by securing human rights conceptualized as public goods.

Key words: business ethics; capital (natural, economic, human, social); human rights; potential and limitations of market institutions; self- and other-regarding motivations; public goods: social cohesion; wealth creation

2. Sympathy, Money and Society: Milton Friedman and the Economic Philosophy of Adam Smith

Mark Rathbone, Professor at North-West University, Potchefstroom, South Africa

Stakeholder theorists often vilify the shareholder CSR of Milton Friedman for not incorporating social and ethical responsibility. However, the strength of Friedman's approach is that it has a clear economic focus, and responsibility is embedded in business praxis. The problem with many CSR theorists is that their approaches are a fragmented approach that divides business, ethical, social, and philanthropic responsibility. This presents businesses with the challenge to deal with possible competing aims that can become impractical for business. At this point, new research on the work of Adam Smith may be insightful and may provide innovative alternatives for business. Adam Smith is widely regarded as the founder of modern economics. Unfortunately, his economic philosophy is almost exclusively associated with his work An inquiry into the nature and causes of the wealth of nations (1776) (WN) and his conceptualization of self-interest as the impetus for commerce. I argue that Smith's earlier and lesser-known work with its emphasis on sympathy, The theory of moral sentiments (1759) (TMS), contains a social-ethical framework that forms the basis of his economic philosophy. This framework may provide innovative and perhaps overlooked perspectives on business and, specifically, contemporary CSR. The major contribution of this new research is the notion of sympathy that highlights that business, society, and ethics do not represent different goals because business aims to benefit society and for this to happen, ethical conduct is paramount. The implication for Friedman is that it emphasizes that he had a point to affirm the economic focus of business; however, and this is where TMS challenges the economics of Friedman because business, society, and ethics are interconnected.

Key words: Adam Smith; Economic philosophy; CSR; Moral development; Sympathy; Milton Friedman

3. Publicness and Self-interest: An Analysis of Value Conflicts between Economic System and Its Implementations

Farong Qiao, Professor at Henan University of Economics and Law, Henan, China

Business ethics research at the macro-level involves ethical considerations of the economic system and policymaking. The public nature of business represents requirements in the political system and moral appeals towards the economic system and policymaking behavior. Public goods provided by government must represent society's public interests to maintain fairness and social justice. Self-interest refers to the commonly held desires, needs, and motivations of human beings, which are a necessary condition for government officials' survival and development. Public interest and self-interest exist in the structural relationships between government, society, company (or organization), and individual citizens. It is important to note that self-interest is not equal to selfishness or self-serving. However, under the background of varied moral values and lack of institutional constraints, self-interest may span the border of legitimacy and become selfishness and even greediness. To safeguard the publicness of government economic functions and to prevent improper self-interests, it is important to evaluate the rationality and legitimacy of the economic system from an ethical perspective and to pay attention to cultivate government officials' virtue of self-discipline and construct a "people-oriented" government.

Key words: publicness; self-interest; morality; good government; construction

4. Ethical Implications of Economic Governance

Yuqiao Xiang, Professor at Huan Normal University, Hunan, China

Economic governance is a kind of human activity with profound ethical implications. It is goodness-orientated in nature. Its operation should meet certain ethical requirements. And in effect, it should be conducive to national development, social progress, and personal well-being to show its lofty moral value. Economic governance is an issue of ethics as well as economics. It covers an economic dimension and an ethical dimension. To highlight the ethical implications of economic governance, we human beings should learn from our moral memory formed in the long history of economic governance, defend the intrinsic good nature of economic governance power, and strive to achieve the ethical goal of economic justice. We should adhere to rule by law and virtue to promote economic growth and have an international ethical view of how to achieve mutual prosperity, mutual benefit, and shared development.

Key words: economic governance; moral memory; public power; international ethics

5. The Absence of Hospitality in Managerial Business Ethics

Kim Meijer, Ph. D. Researcher, Hospitality Business School, Saxion University of Applied Sciences, Deventer, Netherlands

This article builds upon the groundwork laid by critical scholars who claim that business ethics has evolved into a managerial strategy that has become devoid of morality in striving for pragmatic approaches. The article further examines this critique by revisiting Emmanuel Levinas' understanding of morality as hospitality. This understanding of morality pays heed to the often neglected internal, or verstehende, complex dimension of morality. The article concludes by providing multiple reasons why Levinas' ideas should be taken more seriously in business ethics, and in doing so, it aims to offer some future direction for the discipline.

Key words: business ethics; Emmanuel Levinas, ethics, hospitality, morality

II. BUSINESSES, ORGANIZATIONS: ETHICS AND EVALUATIONS

1. The Analysis Based on Big Data for Business Ethics and Network Governance

Shaoqing Tang, Professor, Associate Dean, School of Business, Beijing Union University, Beijing, China;
Liguo Liu, *Xiangwei Duan*, and *Pengfei Jiang*, Lecturers, School of Business, Beijing Union University, Beijing, China

Big Data have deeply influenced people's daily lifestyles, work habits, and thinking patterns. But the Big Data collection, storage, and use pose many security risks. For example, big data privacy can result in serious problems for the user, and false data can lead to wrong or invalid data analysis results. So, I think the enterprise has to bear the social responsibility and moral constraint, and the government should shoulder the burden of network governance. This paper expounds on users' "privacy" in China's big data and discusses the related concepts and problems of network ethics and network governance. It argues that self-discipline of enterprises, and government regulation, strengthens user "privacy" protection mechanisms.

Key words: big data; business ethics, network governance

2. Moral Capital of Enterprises and Its Evaluation System

Xiaoxi Wang, Professor at Nanjing Normal University, Nanjing, China

Moral capital refers to the capacity and value of putting productive resources into production and promoting value proliferation, including moral ideas, moral standards, value orientation, good customs, and moral behavior. As mental capital, moral capital has some unique characteristics that cannot be measured but can be evaluated according to enterprises' moral behavior and norms. The evaluation index of business moral capital is designed around two essential directions presenting as improvement of enterprise man and harmonious coordination of relationships within the enterprise, which include business moral ideas, ethics system, moral environment, moral loyalty, ethical product, ethical sales, social, moral responsibility, moral leadership, and so on. The evaluation index of business moral capital is also the practice index of business moral capital.

Key words: enterprises; capital; moral capital; evaluation

3. Dimension of Justice of Entrepreneur's Philanthropy

Jianhua He, Professor at Zhejiang University of Administration, Hangzhou, China;
Sinong Ma, Assistant Professor at Queen Belfast University, United Kingdom

The creation and distribution of welfare are two principal themes of human economic life and two major missions for successful entrepreneurs. After more than thirty years' experience, both in the policy of reform and opening-up and in the market economy, many entrepreneurs have emerged in China, and a growing first generation of millionaires has been created. Meanwhile, a significant income gap between rich and poor has manifested in China, and this gap is widening. To enable social wealth to be shared by the majority of people, on the one hand, we need effective government redistribution, and the social security system improved. On the other hand, we should adopt social philanthropy, especially among entrepreneurs who can affect wealth distribution. Belonging to the third category of welfare distribution, entrepreneurial philanthropy is an important means of achieving social justice. Since it is non-profit and voluntary-based, this method of wealth distribution has a stronger sense of ethics, reflecting elements of perfection and holiness in human nature. Therefore, entrepreneurial philanthropy is, in essence, justice. In terms of specific philanthropic activities, entrepreneurial philanthropy must be based on scientific procedures and rules, emphasizing its ethical values, especially justice. In entrepreneurial philanthropy, two things must be guaranteed: the wealth used for philanthropic activities should be obtained in a just way, and the philanthropic motives should be just. Ethical philanthropy must be pure philanthropy that uses just methods. The effect of philanthropy should be a unity of fairness and efficiency. In order to ensure the justice of entrepreneurial philanthropy, we must focus on its quality and effectiveness, and prevent the adverse consequences that come with immoral wealth distribution.

Key words: entrepreneur; philanthropy; justice

4. Ethical Evaluation of Corporate Philanthropy Innovation

Zhongzhi Zhou, Professor at Shanghai Normal University, Shanghai, China

Philanthropy is a voluntary act of dedication, which expresses the conscience of human society and citizens; its essence is ethical. But under the development of the socialist market economy in China, many enterprises and entrepreneurs entering the field of philanthropy. Philanthropy in China faces a series of new problems. Business and philanthropic boundaries may become increasingly blurred. Philanthropy is divided into two categories, one is a kind of non-utilitarian philanthropy, and the other is utilitarian philanthropy. The highest level of philanthropy is non-utilitarian philanthropy because it rests on ideals. But in China's contemporary social life, this philanthropy is not the most pervasive form; however, society should encourage it. Utilitarian philanthropy exists in society, but it needs to be regulated and guided. Enterprise utilitarian philanthropy raises the question of whether it undercuts the spirit of philanthropy. "Barbaric" philanthropy will fail if it is only meant to be "senior advertising" and not an initiative to help seniors. It is important to distinguish the boundaries between philanthropy and business, ideally, under the guidance of realistic social thought. There must be laws to regulate philanthropy and ethics to guide it. Also, philanthropy is the unity of "doing good" and "doing well." "Doing good" refers to the good of society and others, "doing well" is in the process of "doing good," when the charitable resources are reasonably and effectively allocated. Therefore, from the perspective of philanthropy, business still is a utilitarian (efficiency) pursuit.

Key words: enterprises; philanthropy; innovation; ethics

5. The Credit Ecology of Non-Profit Organizations

Yuhua Yu, Professor at East China Normal University, Shanghai;
Min Li, Associate Professor at Shanghai Conservatory of Music, Shanghai; China

The credit ecology of non-profit organizations (NPOs) is an ethical system and a credit system formed by NPOs with the core-value of high credibility, which exhibits multiple dimensions from inside to outside. Such a credibility ecosystem resembles a real ecosystem and extends the scope of social trust to help promote a good life and develop other ethical ideals. However, the credibility of NPOs has been questioned continuously in recent years. The NPOs are facing a serious credit crisis and other challenges. The credit ecology of NPOs has become unbalanced due to dishonesty incidents and credit crisis. Such a crisis has to be resolved via ethical approaches from both the inside and outside. Other measures of rebuilding the credibility ecosystem are also required.

Key words: credit ecology; non-profit organizations; recovered via ethnic approaches

III. FINANCIAL INNOVATIONS : ETHICAL CHALLENGES AND DUTIES

1. The Antinomy between the Financialized World and the Spiritual World

Xiong Zhang, Professor at Shanghai University of Finance and Economics, Shanghai, China

The financialized living world in the 21st century is a world of high economic rationality, high secularization, and high-value commensurability. The spread of profit-seeking financial voluntarism directly leads to the "financial internalization" of individual life and the decay of the spirit of human holism. The development of the world is inseparable from the innovation of the financial system, but the reality of the financial system has deviated from its essence. Undeniably, compared with the capital in Marx's time, the nature of capital in the 21st century to pursue surplus value has not changed, and the wealth leverage of capital has not changed. However, the development of capital logic in the 21st century has undergone a great change: with the powerful promotion of the global capital and financial system, capital has become more abstract and non-regional, the subject positioning of capital is heterogeneous and diversified, and the operation mode is virtual and illusive. In particular, with the assumption of instrumental rationality, the spiritual orientation of capital becomes more subjective. Through the spiritual phenomenological interpretation of the financialized world, this paper aims to reveal the alienation between the spiritual essence of human beings and the objectified world of human beings in the 21st century so as to provide the spiritual dimension for the objective understanding of the capital system in the 21st century.

Key words: financialized world; capital; intrinsic negativity; holism spirit

2. Why Risk Management Failed: Ethical and Behavioral Explanations

John R. Boatright, Professor of Business Ethics in the Quinlan School of Business at Loyola University Chicago, USA

The recent crisis was the first one in which modern risk management played a significant role, and in this initial major test, risk management failed — demonstrably and spectacularly. The reasons for the failure of risk management in the crisis are many. This paper focuses on the ethical and behavioral aspects of this failure and, in particular, on how individual, organizational, and societal factors played a role. The impacts of individual factors on risk management include creating a false sense of confidence, the encouragement of greater risk-taking, and the use of risk management for the wrong purposes. The failure of risk management in the crisis can be explained further by the manner in which risk management is implemented in organizations, which affects the choice of risks to be managed, the shifting of risk, the assignment of responsibility for managing risks, and the determination of the level of risk. Finally, the use of risk management to meet society's expectations for maintaining legitimacy and an image of competent control were significant factors in the crisis.

Key words: risk management; financial crisis; ethical and behavioral aspects; legitimacy and competent control

3. The Indirect Ethics of AIG's "Backdoor Bailout"

Daniel G. Arce, Ashbel Smith Professor of Economics, University of

Texas at Dallas, USA;
Laura Razzolini, Professor of Economics at Virginia Commonwealth University and Editor in chief of the Southern Economic Journal, USA

We experimentally assess the ethics of the US government's indirect bailout of the bank counter-parties of American International Group (AIG) during the 2008 financial crisis. When the indirect bailout is jointly compared with a counter-factual where the government directly bails out the banks, subjects judge the indirect bailout to be far more unethical. On the other hand, when the two scenarios are judged separately, subjects consider a direct bailout of banks more unethical. This suggests that ethical judgments of indirect versus direct action exhibit a type of preference reversal that is dependent upon whether the evaluation mode is joint or separate. The pedagogical and policy implications of this preference reversal are discussed.

Key words: ethics; indirect agency; bailout; AIG; financial crisis; preference reversals; framing effects

4. Investor Ethics: From SRI to Principled Investments

Shunsuke Sugimoto, Associate Professor of Ethics, Kyoto University
Faculty of Business Administration, OSAKA University of Economics, Japan

This paper examines ethics in finance, specifically related to investors. Socially Responsible Investing (SRI) has been the subject of a good deal of literature on business ethics. SRI has received wide criticism over the years. In recent years, ethical principles are rapidly becoming the de facto standard for not only socially responsible but also profitable investing. For instance, the United Nation developed Principles for Responsible Investment (PRI) in 2006, which require institutional investors to incorporate ESG (Environmental, Social, and Corporate Governance) issues into investment analysis and decision-making processes. I call these phenomena "Principled Investments". This raises the following question: if SRI is problematic, then are these Principled Investments also problematic? In this paper, I first explain the historical background of SRI and Principled Investments. Then, I turn to the problem of SRI and argue that there is no problem in the case of Principled Investments. Finally, I examine the argument against the Evil-Company Principle and argue that it fails. Therefore, my conclusion is that they are less problematic than SRI is.

Key words: fiduciary duty; ethics; PRI, socially responsible investment; principled investment

5. The Logic of Gift and Social Capital in the Early Development of Financial Institutions in Spain

Germán Scalzo, Professor of Business Ethics at the Universidad Panamericana, Mexico;
Antonio Moreno Almárcegui, Universidad de Navarra, Spain

This paper is about religion and economics. More specifically, it explores the relationship between reciprocity, social capital, and the development of financial institutions. Since the beginning of modernity, mainly thanks to Protestantism, both gift and contract logics move in completely separate and independent spheres, leaving the contractual relationship as the only social model possible. We will support the thesis that the development and functionality of the market and the State result from something previous, i.e., the presence of the gift in social relations. This is also the foundation of what is called "social capital." We will study Spain's case, particularly the evolution of the creation of charities during the fourteenth through nineteenth centuries as an indicator of building social capital to better connect the logic of gift and economic development. We add evidence to answer the question of whether or not the defense of the primacy of the gift prevented modern Spain's economic development at the same rate as most dynamic Protestant countries.

Key words: Logic of gift; social capital; institutions; Spain; Hénaff

IV. Innovation: Corporate Structure and Corporate Responsibility

1. From Corporate Social Responsibility to Social Innovation: Developments and Ethical Issues

Kit-Chun Joanna Lam, Professor Emeritus, Department of Economics, Hong Kong Baptist University; Guest Professor, Center for Business Ethics Studies, Shanghai Academy of Social Sciences; China

Stephen Y.S. Wong, Adjunct Associate Professor, The University of Hong Kong School of Professional and Continuing Education, China

The expected Corporate Social Responsibility (CSR) and the drivers of CSR activities vary over time. At first, CSR is commonly associated with philanthropy, compliance to social performance standards, and avoidance of negative externalities related to production and distribution of goods and services by a company, subject to different external regulations and social norms. CSR reporting standards push businesses to a greater commitment to CSR while providing guidance and incentives, but their effectiveness is subject to limitations. As businesses are expected to contribute more to society by solving a wider range of environmental and social problems, and corporate sustainability becoming a demanding issue, some businesses see new opportunities to create social values through social innovations, not only through CSR performance but also by working with social enterprises or integrating social impacts into their business models. There is a close interdependence between CSR and social innovations. CSR's evolution represents an evolution of capitalism — from a self-seeking profit-maximizing paradigm to Creative Capitalism creating shared value. In this paper, we study the developments of CSR and related ethical issues. We conclude that with greater transparency, creative partnership with other non-profit sectors, prudent government regulations, and effective Social Impact Assessments, CSR can play a more effective role in creating social values and promoting social innovation. Still, corporations cannot take over the government's role in meeting all the social needs, and the government should remain as the ultimate provider of social welfare for the needy.

Key words: Corporate Social Responsibility(CSR); social innovation; creative capitalism; social enterprises; social impact assessments

2. The Benefit Corporation as an Exemplar of Integrative Corporate Purpose (ICP): Delivering Maximal Social and Environmental Impact with a New Corporate Form

David S. Steingard, Associate Professor of Leadership, Ethics, and

Organizational Sustainability; Associate Director, Pedro Arrupe Center for Business Ethics, Department of Management, Erivan K. Haub School of Business, Saint Joseph's University, Philadelphia, PA, USA;
William H. Clark, Partner in the Corporate & Securities Practice Group of Drinker Biddle & Reath, LLP, Philadelphia, PA, USA

Corporate purpose (Hollensbe et al., 2014) is a burgeoning area of interest within the wider domain of business ethics and corporate social responsibility. This paper offers three models of corporate purpose and applies them to a novel form of legal business incorporation chartered to deliver positive social and environmental benefit — the benefit corporation (Model Benefit Corporation Legislation, 2016; Benefit Corporation Information Center, 2016). First, corporate purpose is applied to the two dominant perspectives of ethical considerations for the corporation — the shareholder (Friedman 2008/1970, Jensen and Meckling, 1976) and stakeholder models (Freeman, 1984; Freeman et al., 2010; Freeman, 2013). Both shareholder and stakeholder models of corporate purpose are inadequate to fulfill an obligatory and maximal promotion of positive social and environmental impact by corporations. Fundamentally anchored in a profit-seeking corporate purpose, shareholder and stakeholder models are severely constrained in promoting the common good beyond minimal legal and ethical requirements to do so. Second, an alternative model of corporate purpose is offered to eschew constraints on maximizing the promotion of the common good — Integrative Corporate Purpose (ICP). Third, the ICP will be applied to a newly emerging corporate model embracing the ICP — the benefit corporation. The benefit corporation, as an exemplar of ICP, is offered as an ethically superior and efficacious model for promoting the common good. The benefit corporation offers four substantive advancements over shareholder and stakeholder perspectives, enabling it to deliver maximal positive social and environmental impact: 1) Positive duties to stakeholders and expanded shareholder rights; 2) legal protections for managers and directors to manage for the common good and 3) a requirement to have a purpose geared toward public benefit; and 4) required measurement, reporting, and accountability of benefits to stakeholders and the natural environment. The implications of the benefit corporation as an exemplar of ICP will be discussed within the larger arena of corporate social responsibility and its practice.

Key words: benefit corporation; corporate governance; purpose; stakeholder; shareholder primacy; corporate social responsibility; B Corp, hybrid

3. Neither Bodies Nor Souls: The Corporation as Bearer of Responsibility

Christoph Schank, Professor at Institute for Business Ethics, University of St. Gallen, Swiss; *Verena Rauen*, Senior Research Fellow at Institute for Business Ethics, University St. Gallen, Swiss

According to the 18th-century lawyer and politician Edward Thurlow, "corporations have neither bodies to be punished, nor souls to be condemned; they, therefore, do as they like." This belief has been quite influential in economics and business ethics for a long time, where responsibility was ascribed to the micro individuals or the macro (laws, regulations) level, yet not to the meso-level of collective actors or organizations. It is a rather recent phenomenon that enterprises (not only corporations) are explicitly addressed and conceptualized as bearers of responsibility.

Over the last decades, enterprises were discussed with regard to their agency and moral qualities. For example, as nexus of contracts (Macey 2008), they were reduced to the sum of contractual relations underlying them (association or aggregation model) and thus denied agency and distinct responsibility. They were compared to deterministic machines (Ladd 1983) that are capable of action but possess no moral quality. As organisms (Goodpaster/Matthews, 1983), they have the capabilities to interact and reflect, but not necessarily moral responsibility. They were ascribed artificial responsibility due to being artificial constructs (Friedman 1970) and even equated with natural entities, by which they were described as fully responsible (French, 1979).

In this paper, we analyze the history of economic thought, asking how and when responsibility was ascribed to the enterprise as an artificial construct. We start with early precursors of economics, from Ancient

Greece to the early modern era, and elaborate how they lack a concept of the enterprise as a construct. The Ancient authors (like Aristotle, Plato, Cicero, and Seneca) developed an understanding of business, which survived until the (Christian) Middle Ages when these classics were still read and interpreted. Their focus lies on the household (oikos) and its management. Doing business in Ancient times was normatively and politically permeated (Aristotelian Trias). This could have been a reference point for identifying responsibilities at this early stage of economic thinking. However, Aristotle lacks an explicit notion of the "enterprise." The household is no independent business entity but only the site for natural entities — people- to do business. Such business had two aims, i. e., ensuring the autarky of the household and granting economic security and freedom to the head of the household, who thereby could fulfill his civic duties as a free (political) citizen.

We then turn to modern scholars of economics and business ethics, beginning with 18th-century economists and philosophers and ending with economists and business ethicists in the 19th and 20th century. The birth of economics as an academic subject is closely tied to Scottish Enlightenment and especially with Adam Smith and the (less influential) physiocrats whose ideas challenged dominating strands of mercantilism and cameralistics in Europe. Smith himself does not develop a concept of enterprise responsibility but rather refers to the individuals.

In contrast to the Aristotelian perspective, he considers self-interested business no longer immoral per se but as legitimate as long as pursuing self-interest serves the public good. Smith defines other responsibilities only ex negativo, for example, by criticizing very low wages threatening workers' existence, rigid guild laws, price-fixing, and cartelisation. In Smith's thinking, economic actors are responsible as long as they do not undermine the rules of the free market and do not take advantage of its flaws.

In the 19th and 20th centuries, our focus is on those scholars who pursue an explicitly neoclassical approach to questions of responsibility. On the one hand, this emphasis provides evidence of "economic" reasoning about responsibility; on the other, it allows us to point out the restrictions of this approach.

We contrast this approach by reviewing pioneering scholarly work and events from the 1950s to the 2000s, which have advanced the idea that enterprises as constructs can and should bear responsibility (e.g., Clark 1916; Donham 1929; Bowen 1953; Carroll 1979). The meaning and extent of responsibility depend on the type of construct used to conceptualize the enterprise (e.g., legal, transactional, cultural, organizational, etc.). We conclude the paper by indicating avenues for future research.

Key words: responsibility, enterprise, bearer of responsibility, economic thought, business ethics, moral actor

4. CSR and Profitability: What Relation

Shuqin Wang, Professor at Capital Normal University, Beijing, China;
Benyuan Xie, Associate Professor at Capital Normal University, Beijing, China

There are two kinds of opinions about the relationship between the performance of CSR and corporations' making profits. The holders of the "burden" opinion argue that CSR's performance will waste resources of corporations, increase costs of corporations, and directly segment profits. The holders of "burden" opinion argue that there is no conflict between CSR and profits. From the point of view of corporations, CSR's performance is not only a strategic choice, which can help them avoid the punishment from their society and promote their development but also a basis on which corporations can obtain the recognition and respect of their employees and consumers. We should discuss the relationship between CSR and profits on different levels. At the ought level, morality and profits can constitute a logical unity, while at the factual level, there exists possible conflict between them. Once the market lacks an effective monitoring mechanism for making profits, corporations may pursue interests in an immoral way. The paradox between morality and profits happens on a factual level, which has a close relationship with the social, institutional environment, media environment, and business managers' values. In fact, corporations' attitude towards CSR mainly depends on the fitness of CSR with profits. Corporations will usually hold a positive attitude if their practice of CSR contributes to the increase of profits. Otherwise, they will hold a negative attitude towards CSR.

Key words: corporations; CSR; profits

5. The Influence of Confucianism on Innovation of Corporate Social Responsibility: The Case of Sinyi Group

Liu Shih-Ching, Research Director of Sinyi School for Business Ethics and Sustainable Development, College of Commerce, Chengchi University, Taiwan, China;

Lai Ko-Chu, Assistant professor of the Dept. of Chinese Literature, Chung Cheng University, Taiwan, China

Some business ethics scholars believe that ethics can be adopted in business. However, the majority of those studies come from Western ethics, while Eastern ethics is rarely adopted due to its features of self-cultivation and self-reflection. According to Eastern ethics' features, it is not easy to apply them to business management and innovation. According to this context, this study will investigate how Confucianism integrates into business operations and brings innovation in corporate social responsibility through one representative case- Sinyi Group.

Key words: business ethics; Confucianism; ethical innovation; Sinyi Realty Inc.

6. The Role of Empathy in Managing Corporate Social Responsibility

Maria Lai-Ling Lam, Professor of Business, Calvin University, Grand Rapids, MI, USA

This paper is based on the author's extensive literature review about empathy, ten years of fieldwork in China (2006 – 2016), and personal reflections. She defines empathy as a process to consider a particular perspective of another person, to feel as another person feels, and to take action for the needs of another person. Effective corporate social responsibility (CSR) management needs to be practiced with empathy in a culture of care and justice. Empathetic morality needs to be nurtured and has been validated through the CSR practices of two multinational enterprises in China. Practicing empathetic morality allows companies to be committed to CSR, to be connected with stakeholders, and to consistently allocate scarce resources for the needs of stakeholders at the expanse of short-term profit.

Key words: empathy; empathetic morality; corporate social responsibility; foreign multinational enterprises in China; stakeholder management

7. Swimming in a Sea of Information: Is There a Corporate Duty to Purify Data Pollution?

Kevin Gibson, Professor Emeritus, Department of Philosophy, Marquette University, Milwaukee, USA

The paper explores the notion of data purity and data pollution: that is, a concern that inaccurate or incomplete information has the potential to do harm, and if so, whether there a duty to mitigate those consequences. I use an analogy with environmental ethics to make the case that businesses should minimize potential harms both on strategic and deontological grounds.

Key words: information; data; pollution; moral duty; stakeholder; deontology

8. Innovating the Brand Image of Professional Football Clubs by Communicating CSR: The Case of the French First League

Jens Blumrodt, Assistant Professor, ESC Rennes School of Business, Management and Organization, Rennes, France;

Julia Roloff, Professor, ESC Rennes School of Business, Management and Organization, Rennes, France

European professional football / soccer teams are brands that carefully manage their brand image through various communication channels, including web-based communication (WBC). This article explores how the clubs in the French professional football league (Ligue 1 de Football Professional) communicate their corporate social responsibility (CSR) engagement on the clubs' official websites and whether this communication is perceived by the clubs' spectators as intended by the clubs' management. Two types of strategies for communicating their CSR were observed, the choice depending on the intended brand image. Clubs that do not communicate their CSR tend to do exclusively product-related WBC of brand image emphasizing passion for football and competition. Clubs that communicate their CSR activities do more non-product related WBC of their brand image by representing the club as local and engaged in the community. These findings call the dominating assumption into question that sports clubs rely solely on product-related communication for shaping their brand image.

Key words: brand image; CSR; football; social responsibility; web-based communication

V. Workplace Culture, Corporate Governance, and Leadership Ethics

1. Innovation in Molding Workplace Culture

Simon Webley, Research Director of the Institute of Business Ethics, London, United Kingdom

Following a series of well-publicized reputation crises for organizations in different economic and societal sectors across the world, the need to address *how* business is conducted has been highlighted by those within companies as well as media commentators.

The stated aim of this approach is the enhancement of a corporate culture within an organization based on sustainable, ethical values.

One of the characteristics of such a culture is the interpersonal relationships within an organization and also with those outside the business with whom connections have been established.

This is characterized by what has become known as an "open" culture, which is expected to enhance trust between the parties concerned. An open culture presupposes that problems will be brought to the surface much faster than in a more closed culture.

Survey data indicates that, while provision is made in larger organizations for employees to "speaking" about concerns, the use of this facility is limited, and when used, there is significant dissatisfaction with the outcomes.

This paper will examine the different and often innovative methods used by organizations to embed an open culture. It will be based on data around speaking up (whistleblowing) from several countries and include examples of how "hotlines" and other means of reporting are used and why they are sometimes ignored.

In particular, attention will be given both to what employees experience when they express a concern and innovative ways that international businesses use to ensure that "how" they do their business in any part of the world is consistent, even if it means turning down profitable contracts. In other words, organizations molding their workplace culture principally to minimize reputation risk.

Key words: culture; ethics; speaking up: retaliation; reputation

2. On the Status and Function of Professional Ethics in the Construction of Civic Morality

Xiao Zhang, Associate Professor at Chinese People's University, Beijing, China

At present, a certain degree of anomie in the current Chinese society is fundamentally caused by the demoralization of the market economy. It dissolves the normative function of professional ethics in the market economy and weakens the social function of morality in non-economic fields. Since professional life is the most important life for most modern people, professional ethics has a huge impact on modern people's moral ideas. Therefore, the progress of professional ethics can not only guarantee the healthy development of the market economy but also provide a good foundation for the development of family morality and personal character and purify the social atmosphere fundamentally. So, to develop civic morality in the new era, professional ethics should be placed in the key position and play a central role. From the perspective of implementation, we need to bring the ethical structure into organizational governance through professional ethics activities, establish and perfect the industry-centered professional ethics community, and conduct action-oriented professional ethics training.

Key words: professional ethics; civic moral construction; demoralization of the market economy; ethical economy

3. Ethical Decision-Making Research Under the Comparison of Teleology and Deontology: Qualitative Study of Managers in Middle and Basic Level

Yuyu Liu, Associate Professor, Department of Organization and Human

Resources, Business School, Renmin University of China, China;
Xin Li, Ph.D. student, Department of Organization and Human Resources, Business School, Renmin University of China, China

The current paper identifies the difference between ethical problems in different moral development stages and summarizes a theoretical model. With qualitative data from managers in the middle and bottom level, the current paper proposes several ideas to make up for the shortcoming of the theoretical model proposed by Rest. The current paper also categorizes the ethical problems and clarifies the relationships between these problems and decision logics. By combining questionnaires and interviews, the paper validates the propositions with relative data. By setting massive ethical contexts, the questionnaire is used to get to know the basic moral development stage of the subjects, based on their answering conditions. Later on, several subjects are interviewed on the basis of basis analysis. The data are mainly from part-time MBA students in Beijing. We send out 100 questionnaires and received 69 responses. Different moral cognitive stages have different effects on ethical decision making; different perspectives on philosophy have different effects on both moral cognitive development stages and decision logics, thus on different ethical problems. By reviewing the literature concerning concepts and models of ethical decision making, the current paper examines the theoretical model proposed in the paper. With teleology and deontology, rationality, and appropriation, the paper further validates the propositions with data from managers in middle and bottom levels. The paper makes several contributions for ethical decision stages and is integrated with research on antecedents of ethical decision.

Key words: ethical decision-making; teleology; deontology: qualitative study; managers

4. Why "Best" Corporate Governance Practices are Unethical and Less Competitive

Shann Turnbull, Principal, International Institute for Self-governance, Sydney, Australia

This paper identifies how the law, regulators, and corporate governance codes have introduced and/or facilitated unethical practices that jeopardize publicly traded firms' corporate performance. The paper argues that the need for corporate governance codes arises because lawmakers, regulators, and stock exchanges have been irresponsible in allowing directors to obtain excessive and inappropriate governance powers that can corrupt both themselves and the business to harm stakeholders. Amendments in corporate constitutions for eliminating and/or mitigating unethical practices that would also further the interest of shareholders and other stakeholders are described in many jurisdictions that would not require changes in the law. The amendments would separate governance powers of directors from those required to manage the business. The division of power creates checks and balances similar to that found in the US constitution or in lending covenants used by bankers or in venture capitalists' shareholder agreements.

Key words: competitiveness; conflicts; corporate constitutions; ethics; separation of powers

5. The Impact of the Leadership Ethicality on Organizational Innovativeness, Mediated by Organizational Trust Latvian Data

Julija Jacquemod, RISEBA University of Applied Sciences, Riga, Latvia

In an increasingly globalizing business world, where organizational innovation becomes the key for existence, the Latvian economy crisis needs to address the underlying basis of innovation. Organizational innovation creates the capability to produce new solutions, experiment, and engage in creative processes. Many authors emphasize this as a fundamental element of survival and competitiveness for organizations and regional development.

This research argues that the quality of the relationship between leader and follower and organizational trust is important for organizational innovation and presents empirical findings to support the conceptual arguments. In this respect, the study contributes to the prior research on the relationship between the phenomena by adding findings from Latvia and confirms the reliability of the model from a cross-cultural perspective.

The ethical dimension of leadership is posed, and the question of whether LMX may or may not be attributed to the ethical leadership theory is discussed. Therefore, in this paper, first, some characteristics of the

Latvian social-cultural context are discussed. Second, the study's framework is presented, and, finally, the results followed by discussion and conclusions are provided.

Key words: leadership ethicality; organizational innovation; organizational trust; Latvian Data

VI. Sustainability, Justice and Poverty Reduction

1. Ethical Treatment in the Use of Material Resources in the Brazilian Industry

Edna Maria Campanhol, Professor, Uni-FACEF, Centro Universitário Municipal de Franca, Brazil;
Marinês Santana Justo Smith, Professor, Uni-FACEF, Centro Universitário Municipal de Franca, Brazil

Companies and society are more aware of the finitude of environmental resources and limiting the shortage to economic development. The Brazilian industry is diverse and has broad participation in Brazilian GDP and job creation. On the one hand, this industrial concentration contributes positively to the Brazilian economy. On the other, there is a local environmental impact, which must be managed ethically and responsibly to meet stakeholders' expectations and contribute to sustainability. For this goal to be met, innovation is needed in production processes and in managing the various resources used in production systems. It can be said that the *Mass Balance* is a metric that balances the inputs and outputs of a production system, can be a way to innovate the cost management process and communication with stakeholders. This work aims to show the possibility of using the Mass Balance for innovation in the management system of shoe production costs to control the impact on environmental sustainability. This could be used to guide the entrepreneur on the ethical management of material resources in their use and generate new products, reusable waste, disposable waste, and emissions. To this purpose, a literature review was done in business ethics, indications of the Brazilian industry, and the characterization of the *Mass Balance* and its applicability in controlling material resource use. The neo-Schumpeterian theories that shed light on the dynamic generation, acquisition, and dissemination of innovations will be retrieved. The challenge of finding the social, political, environmental, and ethical-evaluative paradigm in the current production process Ashley, Arruda, Nash, Barbieri, Kroetz, and others will be consulted. For Mass Balance, the discussion will be based on chemical engineering literature and the leather industry and management (Tinoco and Kraemer, Buljan; Reich; Ludvik; Aquim). And finally, we developed empirical research and did multiple case studies. The data collection instrument was a questionnaire, answered by the production manager in two companies, named company 1 and company 2, in the shoe industry of Franca — SP (Brazil). They are classified as small and medium enterprises. Detailed research results will be presented in the full work. Still, from the data collection, it was possible to present an experiment on the application of the Mass Balance in these companies to control and transparently disclose its environmental costs and ethical commitment to environmental responsibility in business management.

Key words: ethics; industry; material resources; mass balance

2. Delta Cafés (Portugal): Sustainable Business Development

Olgierd Swiatkiewicz, Polytechnic Institute of Setubal, Setubal School of Technology, Setubal, Portugal

In the case study of *Delta Cafés*, we discuss the sustainable development of the Portuguese company and brand over their 55 years of their existence. *Delta* has already been analyzed in terms of marketing activity, social responsibility, management control systems, etc. In this paper, we refer to these studies, and their sources, i.e., the information provided by *Delta* itself. Due to the nature of the coffee market and the use of case study methodology, we start by characterizing this case in a broader context, describing the coffee market globally and in Portugal. Then we present the history of the development of the company and the brand *Delta*. The paper ends with concluding remarks in which we discuss social and environmental responsibility issues in light of the development of Delta's business and brand strategies.

Key words: sustainability, corporate social responsibility, case study, strategy, coffee market, Delta Cafés, Portugal

3. Studies on Inter-generational Justice with a Perspective of Sustainable Development

Sinong Ma, Assistant Professor, Queen Belfast University, United Kingdom;
Jianhua He, Professor, Zhejiang University of Administration, Hangzhou, China

Inter-generational justice is the ethical foundation for sustainable development. With the development of modern science and technology and increased self-awareness, humans require ever more resources from nature. As a result, their living conditions are deteriorating, and the issue of inter-generational justice is becoming more prominent. Inter-generational justice means that it is important not only to ensure the survival needs of those living today but also to maintain the sustainability of the social ecosystem to ensure that future generations' interests and needs are satisfied. Inter-generational justice can be understood as a kind of distributive justice, manifested in reality as an ecological ethic, with the target of sustainable development, balancing the needs of different people and people and nature. Due to problems such as an "unrealistic" relationship between current and future generations and the inevitable absence of future generations, there is an ongoing controversy in inter-generational justice discussions. An emotional theory based on reasonable utilitarianism, a theory of human communities of interest, and a foundation of "love" might provide a possible solution. Inter-generational justice includes the principles of necessary protection, sustainability, and fair saving. However, there are many constraints, such as cognitive limitations, lack of supervision, and uneven development. We must adhere to a sustainable concept of development and consumption, with the goals of promoting well-being (for the current generation) and of equal opportunities for survival and development (for future generations). Only in this way can we construct intergenerational justice's institutional ethics and provide ethical support for sustainable development.

Key words: sustainable development; intergenerational justice; connotation; principle; implement way

4. Disparity between Rich and Poor, Distribution According to Work and Development by Innovation: Based on Criticism of Thomas Piketty's Capital in the 21st Century

Dajian Xu, **Professor,** School of Humanities, Shanghai University of Finance and Economics, Shanghai, China

The disparity between the rich and poor is a big social problem nowadays. Thomas Piketty's Capital in the 21st Century discusses the problems of wealth distribution and the disparity between the rich and poor in Europe and the United States since the 18th century, cutting into the present-day evils and causing a considerable reaction in academic circles. With Piketty's Capital in the 21st Century as a platform for discussing the problem of wealth distribution, this paper puts forward some opinions on the principle and standards of justice in wealth distribution as well as their relation to innovation and economic development, based on the analysis and criticism of Piketty's thoughts on wealth distribution. Although the global capital progressive tax put forward by Piketty as government intervention, the critical point is based on his interpretation of the mechanism of disparity between the rich and poor that inevitably arises from the market economic system. With a large amount of data, Piketty says we may effectively relieve the rich and poor's polarization caused by the market economy. Doing so could hinder innovation and economic growth. We must distinguish between sources of capital, such as pure capital gains without labor and risk, financial asset gains with labor and risk, intellectual property income, stock option income, with innovative labor and risk. Therefore, we should pay attention to the adverse effect of various progressive capital tax rates on innovative labor and economic growth when formulating a capital tax policy to relieve the polarization between the rich and poor.

Key word: Capital in the 21st Century; wealth distribution; distribution according to work; innovation

5. The Governance of Poverty's Moral Hazard

Jingyun Long, Professor at Central China Normal University, Wuhan, China

At present, social risks tend to occur frequently. At present, the serious consequences of poverty are important manifestations of moral hazard. Poverty in China is characterized by the coexistence of material poverty and spiritual poverty, absolute poverty and relative poverty, and poverty in a narrow and broad sense. If poverty is not alleviated and eliminated, the following moral hazards may arise: First, serious harm to poor groups' physical and mental health. Second, potential problems for the healthy development and growth of the market economy. Third, it poses a great threat to social justice and social harmony. Poverty and its moral hazards can be controlled through new urbanization construction. Reducing poverty and reducing risk should be done through inclusive growth. Also, helping the poor move out of poverty and mitigate risks enhances their capacity for development. Through humanistic and moral care, the poor's dissatisfaction can be relieved in time to disperse potential moral hazards. Reducing poverty and moral hazard can also be achieved by opposing luxury consumption and developing philanthropy.

Key words: poverty; moral hazard; governance

6. Poverty Reduction, Innovation and Agricultural Cultural Productivity in Developing Countries

Sudeshna Biswas, Associate Professor, Department of Economics Women's Christian College, Kolkata, West Bengal, India

Since one of the central characteristics of the poor is that they are significantly rural, and the agro-rural sector is the predominant provider of employment for the rural poor, agricultural productivity growth is likely to have a significant impact on poverty. Around the world, agriculture is and will continue to be a major building block in achieving the Millennium Development Goals (MDGs). Agricultural production needs to increase by 70 percent by 2050 in order to feed the world. There has long been a broad consensus amongst the researchers and developing country governments that agricultural growth will directly benefit the rural poor and improve the urban poor's position by reducing food prices. On the one hand, the literature provides sound theoretical reasoning for this, the empirical evidence on the agricultural productivity-poverty nexus is piecemeal and concentrates primarily on single country analysis. On the other hand, there are views that even in cases of agriculture-driven growth, as the structural transformation proceeds, agriculture may account for a falling proportion of employment and income. Thus, agricultural productivity improvements should be both pro-poor and pro-growth.

The productive potential of agriculture is varied and depends on the natural resource endowment, geographical location, links with the rest of the economy, and social dimensions of the population. Literature expected that success strategies from pro-poor growth in agriculture passed through improved agricultural productivity and technological innovation. These efforts should focus on improving conditions for greater access to technological innovation because it is pointed that technological change in agriculture is essential for reducing poverty, fostering development, and stimulating economic growth, especially in developing countries. Thereby, the agricultural development model, in many developing countries, is based primarily on technical aspects. The expected increases in agricultural demand, associated with population growth and increase in per capita incomes, will require a continued increase in agricultural growth. History shows that different poverty reduction rates over the past 40 years have been closely related to differences in agricultural performance, particularly the rate of growth of agriculture. In simple terms, this means that the countries that have managed to increase their agricultural productivity have reduced their poverty rates. According to that, agriculture remains the economic heart of most developing and developed countries.

This paper takes an empirical perspective and focuses on the theoretical reasons for expecting agricultural growth to reduce poverty. Several plausible and strong arguments apply — including the creation of jobs on the land, linkages from farming to the rest of the rural economy, and a decline in the real cost of food for the whole economy — but the degree of impact is in all cases qualified by particular circumstances. However, it not only emphasizes increasing the productivity of agricultural land but also highlights the increased participation of small and medium farmers in the production. In this context, it tries to provide farmers' technological package designed as the main instrument to increase agricultural production and to reduce poverty.

Key words: poverty reduction; agricultural productivity; innovations

VII. GLOBALIZATION, WELL-BEING, AND CITIZEN PERSPECTIVE

1. Globalization: Four Ways to Avoid Self-Destruction

Georg Kell, Founder and former Executive Director of the United Nations Global Contract; Chairman of Anglo-German asset manager, Arabesque Partners, Germany

Over the past two decades, a growing number of companies have started to integrate environmental, social, and governance issues (ESG) into strategy and operations, propelling a global movement. As public and private imperatives increasingly overlap in our interdependent world, the business case for greater sustainability and responsibility has become more robust. But the world of finance has been lagging behind. But as evidence is mounting that good ESG performance goes in hand with good financial performance. As information is increasingly available to quantify ESG performance, the world of finance is starting to better align its valuations and allocations with the global corporate sustainability movement. This holds the promise to shift markets towards more sustainable pathways, much-needed investment in green infrastructure, and decent jobs.

Key words: Globalization; Self-Destruction; ESG performance; global corporate sustainability movement

2. Impact of Globalization on People's Well-Being in India

Davinder Kumar Madaan, Professor of Economics & Head, School of Social Sciences, Punjabi University, Patiala, India

India, a lower-middle economy, adopted a corporate-led model of economic reforms consisting of liberalization, privatization, and globalization in July 1991. As a result, the average economic growth rate increased appreciably at the rate of 6.75 percent per annum during 1991 – 2016. The present study attempted to analyze the impact of globalization on the people's well-being in India in terms of human development, trade openness, cost of living, etc. It has been found that the compound growth of India's Human Development Index as well as Gender Development Index was more than China, the USA, and the other parts of the world during 1992 – 2014. Hence the impact of globalization on people's well-being was very much positive. The country has opened its economy faster than China, the USA, and other parts of the world. The reduction in corruption during 2005 – 16 also worked fine for the country's well-being.

Further, India is a cheap country in the world in terms of the cost of living. However, the country witnessed the adverse effects of globalization on agriculture, employment, education, poverty, inequality, etc., and a large section of the population was excluded from the benefits of development. Nevertheless, an increasing working-age population, a growing middle class, rising urbanization, and India's healthy financial system support the people's well-being. It can safely be concluded that the economic reforms followed since 1991 have helped India improve its economic performance and well-being.

Key words: globalization; India; people's well-being; HDI; GDI. cost of living

3. Values and Citizens in the BRICS: Insights from Brazil and Russia

Maria Cecilia Coutinho de Arruda, Director, Hetica Business Training, Sao Paulo, Brazil; President, ALENE;
Anna Gryaznova, Deputy Dean & Associate Professor, Graduate School of Business / Department of Organizational Behaviour and Human Resource Management, HSE University, Moscow, Russia

The crisis of values leads to social diseases, such as excessive assistance and corruption, that perpetuate leadership crises, poverty, lack of education, and other issues. A panel at the ISBEE Congress happened on July 13, 2016, in Shanghai, China, participants from the BRICS discussed how they see the world, their shared experiences, expectations, and proposals for the future of the five largest and most influential emerging countries Brazil, China, India, Russia, and South Africa. This paper aims to summarize what two panelists from (Brazil) and Russia countries of BRICS consider important issues.

Key words: Brazil; bribery; civil society, corruption; fraud; human and property rights violation; lack of punishment; poverty; Russia; social and political systems; transparency

4. Evaluating the Engagement of Chinese Enterprises in Africa from a Corporate Citizenship Perspective

Bryan Robinson, Dr., Nelson Mandela Metropolitan University Business School, South Africa;

Jacobus Jonker, Professor, Nelson Mandela Metropolitan University Business School, South Africa

China's influence in Africa is a contentious issue. On the one hand, China's motivation for engagement in Africa could be regarded as selfish, colonialist, and a resource "grab," while on the other hand, China could be seen to be providing the resources and know-how to improve Africa's economic growth and development.

Research on the impact of China's growing association with Africa is limited (Cheru & Obi, 2010: 4), and in general, a higher quantity and quality of scholarly research on corporate citizenship is needed on Africa (McIntosh, Middleton &Visser, 2006: 11). Kaplinsky (2013: 1295) described the "laggard" nature of academic research with deficiencies in the empirics of China's presence in sub-Saharan Africa and in the theorizing of the cause, nature, and significance of China's impact on the region. Yet, the emergence of China as a global power and its policy towards developing nations suggest that research is urgently required to understand the consequences of this association better.

This research intends to address some of the shortcomings of existing research on China's impact on Africa. It will do so by introducing corporate citizenship principles in addressing the responsibilities of Chinese organizations toward the achievement of China's foreign policy agenda and the contribution of these organizations toward the growth and development needs of Africa's lesser developed nations.

This paper explores the "Angola-mode" framework agreements explicitly as a method China has adopted to finance infrastructural projects in Angola and the Democratic Republic of the Congo (DRC) in exchange for minerals and resources.

Key words: Angola-mode; China; Africa; Angola; Democratic Republic of the Congo; corruption; corporate citizenship; corporate social responsibility; resource curse; development

5. The Relevance of Enterprises to Human Rights from an Ethical Perspective

Fengyun Sun, Professor at Nanjing University of Finance and Economics, Nanjing, China

Against the backdrop of the globalization, enterprises face the pressure and challenge of treating human rights responsibility. This paper intends to explore the relationship between enterprises and human rights from an ethical perspective and clarify the rationality of the relationship from enterprises' external pressures and challenges and the internal ethical motivation of enterprises. The author believes that responsibility is the link between the two or the ethical node of the internalization of external influence. Corporate responsibility for human rights includes at least three elements: subjects for the responsibility, types of the responsibility, and allocation of the responsibility. In the practical activities of enterprises, "due diligence" is an essential path for supporting the transition from the theoretical construction of "ought to be" to the practice of "what is." In the author's view, the ethical relation between enterprises and human rights is not completely covered but has limits and boundaries, which can be explained by the two associations' relativity and difficulty.

Key words: enterprises; human rights; responsibilities; due diligence

VIII. Regional Reports, Innovative Teaching Methods and Future Agenda: Research and Education

1. Institutionalization of Ethics at Japanese Corporations and Japanese Managers' Views of Business Ethics: Comparisons with Ten and Twenty Years Ago

Chiaki Nakano, Professor, International School of Economics and Business

Administration, Reitaku University, Kashiwa, Chiba, Japan;
Toshiyuki Yamada, Professor, Daito Bunka University, Itabashi, Tokyo, Japan

This paper reports the results of a survey study on business ethics in Japan conducted in 2014 and compares the results with two other surveys conducted in 1994 and 2004. During the last two decades, Japanese corporations have made great efforts in institutionalizing ethics, in parallel to the growing interest in business ethics in Japan. Like in the previous two studies, the latest data shows that little has changed in Japanese business managers' views of ethics, including their propensity toward situational ethics and the importance of company policy in their ethical decision-making. However, the current data shows long-term changes in the views of Japanese business managers, such as (i) a decline in unethical industry practices; (ii) higher priority given to personal ethics in ethical decision-making; and (iii) indications of ethical rigorousness in some fictitious cases.

Key words: institutionalization of business ethics; managers' views of ethics; ethical decision-making; situational approach to business ethics

2. Business Ethics in Latin America: A Country-Related Report

Maria Cecilia Coutinho de Arruda, Director, Hetica Business Training, President of ALENE

The Regional Panel, named Business Ethics in Latin America, was proposed to gather the contributions of academics from six different countries: Argentina, Brazil, Chile, Colombia, Mexico, and Venezuela. The 12th topic was presented in the Panels III Section, which happened on July 14, 2016, during the Sixth ISBEE Congress in Shanghai, China. The panel presentations and discussion were structured as follows:

- Business Ethics Scholarship in Argentina: Money, Politics and the Academia

Miguel Alzola, Associate Professor of Business Ethics, Fordham University (USA), Universidad Torcuato di Tella, Argentina

- Business Ethics in Brazil

Maria Cecilia Coutinho de Arruda, Brazil

– Business Ethics in Chile: An Overview

Alvaro E. Pezoa, Chair Professor of Business Ethics and Corporate Responsibility ESE Business School, Universidad de los Andes, Chile

– Business Ethics in Colombia

Diana Niño-Muñoz, Editor of Journal Civilizar Empresa y Economía, Researcher at School of Economics, Universidad Sergio Arboleda, Colombia

– Business Ethics in México

Martha Sañudo, Profesora Depto. Filosofía y Ética ITESM, campus Monterrey, Mexico; *Germán Scalzo*, Universidad Panamericana, campus México , Mexico

– Business Ethics in Venezuela: An Assessment

Ruth Capriles, Profesora Titular Universidad Católica Andrés Bello, Venezuela;

Eliseo Sarmiento, Universidad Simón Bolivar , Venezuela;

Víctor Guédez, Universidad Metropolitana de Caracas, Venezuela;

Miguel del Valle Huerga, Universidad Católica Andrés Bello, Venezuela

– Business Ethics in Latin America: A Survey with Perceptions of ALENE Members

Maria Cecilia Coutinho de Arruda, Brazil

All the presenters are members of ALENE (Asociación Latinoamericana de Ética, Negocios y Economía — Latin American Association of Ethics, Business, and Ethics or ALENE) and had the freedom to structure his/her ideas as wished. The country-related panelists were invited to write a short paper with their main remarks about Business Ethics in their nations for the Congress Proceedings. Some asked for suggestions from other ALENE members from their countries that did not participate as panelists or attended the Congress.

This report gathers these brief country-related contributions, aiming to offer highlights of what is happening in the different nations of the region. The first author's information of each one of the seven Parts is indicated for further communication. A short survey on twenty ALENE members' perceptions of Business Ethics in six countries is presented in the end.

Key words: Argentina; Brazil; Business ethics; Chile; Colombia; Compliance; Corporate social responsibility; Mexico; Sustainability; Venezuela

3. Teaching Business Ethics with Experiments

Matthias Uhl, Professor, School of Governance, Technical University of Munich, Germany;
Christoph Luetge, Peter Loescher Chair of Business Ethics, School of Governance, Technical University of Munich, Germany

We believe that teaching experiments are valuable when it comes to sensitizing students to business ethics questions that address agents' behavior in modern societies. Many students are marked by the often predominantly individualistic ethical reasoning that they are accustomed to from their living environments. In our classes, we confront them with the volatility of their own ethical behavior by using experiments that ideally work with real incentives. We believe experiments to be a powerful tool for illustrating theoretical concepts but also to make students experience the compulsion of economic incentives first-hand. This may lead to the insight that one is more prone to the situation's contingencies than expected. Experiments may make students question their own behavior and re-evaluate the feasibility of their moral ideals — as consumers, citizens, and managers.

Key words: experiments; teaching; experiential learning; vignettes; incentives

4. Exploring the Potential of Innovative Teaching & Learning of Responsible Entrepreneurship through Massive Open Online Courses in the Chinese Context

Stephan Rothlin, Director of the Macau Ricci Institute at the University of Saint Joseph, Macau, China

"Massive Open Online Courses," MOOCs, have opened new opportunities for teaching and learning, in China as in the rest of the world. This paper explores the potential for a new framework for innovation and creativity implicit in MOOCs' development and teaching, which opens to each participant new spaces for thinking and exploring new practices. Particular attention is paid to MOOCs, which have been developed to teach and promote responsible entrepreneurship. The MOOCs developed by the CSR Management Consulting firm Rothlin Ltd. in collaboration with the University of Business and Economics (UIBE) in Beijing show, among other things, how the insights of Chinese wisdom traditions may be integrated into the teaching and learning to stimulate thinking "outside the box" and challenge participants in MOOCs to explore new ways to carry out their business plans.

Key words: innovative teaching; learning of responsible entrepreneurship; massive open online Courses, the Chinese Context; innovation in China

5. European Business Ethics Agenda based on a Delphi Analysis

Leire San-Jose, Associate Professor at the University of the Basque Country in Bilbao, Spain and Visiting Research Fellow at University of Huddersfield, UK;

Jose Luis Retolaza, Associate Professor at University of Deusto in Bilbao, Spain

This paper examines the flow of thought in business ethics research from experts from European countries. A Delphi method was used to achieve consensus about experts' perceptions and opinions about business ethics matters. Moreover, the researchers used a Delphi process developed with the participation of 12 experts from eight countries (France, Spain, UK, Netherlands, Sweden, Switzerland, Germany, and Hungary and administered between March to September of 2015. State-of-the-art business ethics is based on the expert panel's consensus about emerging issues. This permits the early detection of emerging research questions, which helps narrow research lines and shorten subject selection time. Additionally, an active research map has been drawn up of researchers, countries, and lines of investigation. In certain areas, there is a gap in the research agenda on certain management topics. This is a significant and valuable tool for novel researchers. It is useful for creating a research agenda.

Key words: consensus; panel; Europe; social responsibility; research

6. A Study of the Objects of Western Economic Ethics

Hongwu Qiao, School of Economics and Management, Wuhan University, Wuhan, China

This study is on the selection and establishment of Western research on economic ethics. It contains two basic questions: Firstly, "whose" moral theory do they applied to economic issues? Secondly, "what" economic issues is the moral theory about? This article argues that western research on economic ethics is either based on western philosophers' ethical judgments and moral evaluations on economic issues and human economic behaviors or ethical issues in the economy based on economic rationality. This was when western economics was still subordinated to theology and western moral philosophy before Adam Smith established western economics as an independent and systematic science. After establishing classical economics, we began to study how western economists studied the ethical and moral issues in the economy, while their research was based on the cognitive model from economics to ethics. From the classical to neo-classical economics research paradigm, we can draw important conclusions about the research topics of economic ethics and thought. The moral theories are about "what" or economic issues, or the value judgment and moral evaluation of production, exchange, distribution, and consumption.

Key words: western; thoughts of economic ethics; research object

7. On Hui Neng's Religious Economic Ethical Thinking

Yunming Huang, Professor at College of Political Science and Law, Hebei University, Baoding, China

Huineng's thought on Zen Buddhism, including "Buddhism existing in the earthly world," "Meditation can't become Buddha," "understand the mind and see the disposition," etc. shares a great similarity to the ideas of Luther and Calvin. All of these thinkers emphasize the significance of religious values, setting secular activities free from religion, and initiating a rational lifestyle, all of which become the forerunners of modern Chinese enlightenment culture.

Key words: Hui Neng; Zen Buddhism; economic ethics; religious economic ethics

8. Exploring Innovative Information Technology for Business Ethics

Fushan (Sam) Zhang, *Kip Peters*, Farm Bureau Financial Services, West Des Moines, USA

While there is a significant quantity of literature on ethical issues in information technology (see, for example, De George 2003; Davis 2012; Reynolds 2014), few discussions can be found about how information technology can fundamentally change business ethics research, education, and practice. In this paper, we use business ethics applications (i. e., services) to attempt to find an overlapping consensus of business ethics standards that can support researchers, educators, and other people to solve very complex business ethics problems.

Key words: overlapping consensus; business ethics standards; ethical decision support systems; innovation in information technology; ethics of information technology

(Revised by Joanne B. Ciulla February 15, 2021)

作 者 索 引

（按姓氏拼音首字母顺序排列）

晁　罡(Gang Chao)／186,191,193,194,195,196,197,198,199,202
陈鹤鸣(Heming Chen)／162,178

D
[美] 理查德 · 狄乔治(Richard T. De George)／36,46,49,50,106,108,204,205,219,220
[美] 托马斯 · 唐纳德森(Thomas Donaldson)／99,100,102
[法] 马汀 · 杜兰德(Martine Durand)／75
段祥伟(Xiangwei Duan)／292

E
[美] 乔治 · 恩德勒(Georges Enderle)／7,8,13,14,162,174,182,185,225
[美] 道恩 · 艾尔姆(Dawn Elm)／127,129

F
[澳] 南森 · 费边(Nathan Fabian)／91,101,102
方秉华(Binghua Fang)／144,150,159,160,161
樊民胜(Minsheng Fan)／140,141,155,160

G
[美] 凯文 · 吉布森(Kevin Gibson)／494
[俄] 安娜 · 格里兹诺娃(Anna Gryaznova)／675
[澳] 米歇尔 · 格林伍德(Michelle Greenwood)／115,123,124,125
[委] 维克多 · 古德兹(Víctor Guédez)／753

H
[美] 黛安 · 汉普顿(Diane Hampton)／162,174,183,184
[澳] 科林 · 希金斯(Colin Higgins)／115,119,124,127,130
[委] 米格尔 · 于尔加(Miguel del Valle Huerga)／753
何建华(Jianhua He)／316,602
胡苏云(Suyun Hu)／140,141,151
黄云明(Yunming Huang)／817

J
[南非] 雅各布・约恩克(Jacobus Jonker)/685
[拉] 茱莉亚・雅克莫德(Julija Jacquemod)/561
[荷] 罗纳德・杰里森(Ronald Jeurissen)/106,110,113
姜鹏飞(Pengfei Jiang)/292

K
[德] 乔治・科尔(Georg Kell)/1,11,660
[美] 金黛如(Daryl Koehn)/9,115,122,125,126
赖柯助(Lai Ko-Chu)/477

L
[德] 克里斯托夫・卢伊奇(Christoph Luetge)/763
[美] 林丽玲(Maria Lai-Ling Lam)/487
龙静云(Jingyun Long)/629
刘可风(Kefeng Liu)/204,206,217,218
刘彧彧(Yuyu Liu)/536
林洁珍(Kit-Chun Joanna Lam)/422
李兰芬(Lanfen Li)/204,213,217
陆晓禾(Xiaohe Lu)/13,162,169,173,204,209,216
刘立国(Liguo Liu)/292
李善国(Shanguo Li)/140,150
吕　力(Li Lv)/186,195,199
李　昕(Xin Li)/536
李　敏(Min Li)/332

M
[韩] 文丁斌(Jon Jungbien Moon)/127,132
[澳] 托马斯・马克(Thomas Mark)/204,211,215,220,222
[印度] 达温德・马达恩(Davinder Kumar Madaan)/664
[美] 约翰・马洪(John Mahon)/127,131,137,138
[荷] 金姆・梅耶尔(Kim Meijer)/281

马　强(Qiang Ma)/140,141
穆建霞(Jianxia Mu)/162,165,170,172,184
茅忠群(Zhongqun Mao)/186,187,197,198,200
马思农(Sinong Ma)/316,602

N

[日] 中野千秋(Chiaki Nakano)/711
[哥] 戴安娜·尼诺-穆诺茨(Diana Niño-Muñoz)/745

P

[智] 阿尔瓦罗·佩索阿(Alvaro E. Pezoa)/743
[美] 基普·彼得斯(Kip Peters)/825
[美] 潘夏琳(Lynn S. Paine)/83,99,100,102

Q

乔法容(Farong Qiao)/261
乔洪武(Hongwu Qiao)/804
齐善鸿(Shanhong Qi)/186,193,198,199,201

R

[南非] 马克·拉斯伯恩(Mark Rathbone)/243
[美] 劳拉·拉佐里尼(Laura Razzolini)/381
[西] 何塞·雷托拉萨(Jose Luis Retolaza)/783
[法] 朱莉娅·罗尔夫(Julia Roloff)/503
[南非] 迪恩·罗索夫(Deon Rossouw)/106
[南非] 布莱恩·罗宾逊(Bryan Robinson)/685
[瑞士] 罗世范(Stephan Rothlin)/775
[瑞士] 薇雷娜·劳恩(Verena Rauen)/457

S

[美] 丹尼尔·萨里维茨(Daniel Sarewitz)/60,70,72,73
[美] 大卫·斯泰因哈特(David S. Steingard)/437

[西] 莱雷·圣荷西(Leire San-Jose)/783
[巴西] 马里恩斯·史密斯(Marinês Santana Justo Smith)/574
[葡] 奥杰尔德·斯维亚特科维茨(Olgierd Swiatkiewicz)/588
[瑞士] 克里斯托弗·尚克(Christoph Schank)/457
[瑞士] 克里斯多夫·斯图尔伯格(Christoph Stueckelberger)/127,133,138,139
[日] 杉本俊介(Shunsuke Sugimoto)/402
[墨] 玛莎·萨努多(Martha Sañudo)/751
[墨] 吉尔曼·斯卡尔佐(Germán Scalzo)/412,751
[印度] 瓦桑蒂·斯里尼瓦桑(Vasanthi Srinivasan)/105,112
[委] 埃利塞奥·萨缅托(Eliseo Sarmiento)/753
孙丰云(Fengyun Sun)/699
苏　勇(Yong Su)/106,107,113,186,192,196,197,199,200
施永兴(Yongxing Shi)/140,153,159
刘世庆(Liu Shih-Ching)/477

T

[澳] 尚恩·特恩布尔(Shann Turnbull)/548
唐少清(Shaoqing Tang)/292

U

[德] 马提亚斯·乌尔(Matthias Uhl)/763
[日] 梅津光弘(Mitsuhireo Umezu)/127,134,138

W

[美] 帕特里夏·韦哈尼(Patricia Werhane)/70,74
[美] 理查德·乌卡其(Richard Wokutch)/127,137,139
[英] 西蒙·维布利(Simon Webley)/519
万俊人(Junren Wan)/52,70,71,73,74
王淑芹(Shuqin Wang)/469
王小锡(Xiaoxi Wang)/106,111,305
王泽应(Zeying Wang)/115,117,123,125

王　战(Zhan Wang)/29,47,48,50
王　永(Yong Wang)/140,158,160
黄元山(Stephen Y.S. Wong)/422

X
解本远(Benyuan Xie)/469
徐大建(Dajian Xu)/613
徐一峰(Yifeng Xu)/140,148,160
薛　迪(Di Xue)/140,145
向玉乔(Yuqiao Xiang)/273

Y
[日] 山田敏之(Toshiyuki Yamada)/711
余玉花(Yuhua Yu)/332
杨义芹(Yiqin Yang)/115,119,123,125
姚文娟(Wenjuan Yao)/162,179
袁　立(Li Yuan)/162,163,171,172,173,184

Z
[美] 张福山(Fushan 〈Sam〉 Zhang)/825
朱建民(Jianmin Zhu)/186,194,197,201,202
周祖城(Zucheng Zhou)/127,136,139,186,191,203
周中之(Zhongzhi Zhou)/327
赵修义(Xiuyi Zhao)/204,208,216,221
张　雄(Xiong Zhang)/344
张　霄(Xiao Zhang)/526

图书在版编目(CIP)数据

企业和经济发展中的伦理、创新与福祉 / 陆晓禾主编 .— 上海 ：上海社会科学院出版社，2021
ISBN 978-7-5520-2052-6

Ⅰ.①企… Ⅱ.①陆… Ⅲ.①企业管理—经济管理—研究 Ⅳ.①F272

中国版本图书馆 CIP 数据核字(2021)第 192394 号

企业和经济发展中的伦理、创新与福祉

主　　编：陆晓禾
客座编辑：[美] 乔安妮·齐佑拉(Joanne B. Ciulla)
责任编辑：董汉玲
封面设计：黄婧昉
出版发行：上海社会科学院出版社
　　　　　上海顺昌路 622 号　邮编 200025
　　　　　电话总机 021-63315947　销售热线 021-53063735
　　　　　http://www.sassp.cn　E-mail：sassp@sassp.cn
排　　版：南京展望文化发展有限公司
印　　刷：上海盛通时代印刷有限公司
开　　本：720 毫米×1000 毫米　1/16
印　　张：57.25
插　　页：20
字　　数：1035 千
版　　次：2021 年 10 月第 1 版　　2021 年 10 月第 1 次印刷

ISBN 978-7-5520-2052-6/F·683　　定价：186.00 元
